Rechtshandbuch
Wohngemeinschaften

Rechtshandbuch Wohngemeinschaften

Herausgegeben von

Prof. Dr. Marco Staake

und

Tobias von Bressensdorf, MJur

bearbeitet von

Dr. Jennifer Antomo, Tobias von Bressensdorf MJur, Anja Christow, Dr. Christian Deckenbrock, PD Dr. Daniel Effer-Uhe, Dr. Matthias Fervers, Mathias Fromberger, Dr. Tony Grobe, Dr. Sascha Gruschwitz, Prof. Dr. Erik Hahn, Dr. Rafael Harnos, Prof. Dr. Franz Hofmann LL. M., Dr. Tim Husemann, Dr. Robert Korves, Prof. Dr. Linda Kuschel LL. M., Dr. David Markworth, Prof. Dr. Philipp Maume SJD, Prof. Dr. Lena Maute, Prof. Dr. Olaf Muthorst, Dr. Claudia Raupach LL. M., Prof. Dr. Lena Rudkowski, Prof. Dr. Adam Sagan MJur, PD Dr. Angie Schneider, Prof. Dr. Paul T. Schrader, Dr. Thilo Schülke, Dr. Tilman Schultheiß, Prof. Dr. Dirk Selzer, Prof. Dr. Marco Staake, Dr. Stephan Szalai LL. M., Dr. Denise Wiedemann LL. M.

2019

Zitiervorschlag:
Bearbeiter in Staake/v. Bressensdorf Wohngemeinschaften-HdB § ... Rn. ...

www.beck.de

ISBN 978 3 406 72351 3

© 2019 Verlag C. H. Beck oHG
Wilhelmstraße 9, 80801 München
Druck: Beltz Grafische Betriebe GmbH
Am Fliegerhorst 8, 99947 Bad Langensalza

Satz und Umschlaggestaltung: Druckerei C. H. Beck Nördlingen

Gedruckt auf säurefreiem, alterungsbeständigem Papier
(hergestellt aus chlorfrei gebleichtem Zellstoff)

Vorwort

Über vier Millionen Menschen leben in Deutschland in Wohngemeinschaften. Deren Erscheinungsformen sind vielfältig. Die bekannteste Form ist sicherlich die Studenten-WG. Rund 30% der Studierenden leben in einer solchen. Aber auch moderne Konzepte wie Business-Wohngemeinschaften, Wohngemeinschaften für Alleinerziehende, Pflege-Wohngemeinschaften und alternative Wohnprojekte erfreuen sich einer zunehmenden Beliebtheit. In Zukunft wird das Zusammenleben mit anderen – sei es in der Studienzeit oder im Alter, in nichtehelicher Lebensgemeinschaft oder alternativen Wohnprojekten – noch an Bedeutung gewinnen. Insbesondere die anhaltend hohe Nachfrage nach Wohnraum in Ballungsgebieten setzt entsprechende Anreize.

Auch die rechtlichen Probleme, die bei Begründung, Bestehen und Beendigung von Wohngemeinschaften auftreten, sind mannigfaltig. Dies ist bereits dem Umstand geschuldet, dass es keine einheitliche Rechtsform der Wohngemeinschaft gibt, sondern die gemeinschaftlichen Aspekte des Wohnens in unterschiedlichem Maße ausgeprägt sein können. Bei Wohngemeinschaften kann es sich um im Außenverhältnis in Erscheinung tretende Gesellschaften handeln, aber auch um bloße, auf das Innenverhältnis beschränkte schuldrechtliche Abreden zwischen den Mitbewohnern. Die Fragen, die sich im Verhältnis zwischen Wohngemeinschaften und Vermietern stellen, unterscheiden sich grundlegend von den Fragen nach den Rechten und Pflichten der Mitbewohner untereinander. Zu miet- und gesellschaftsrechtlichen Fragestellungen können, je nach Konstellation, auch prozess- und vollstreckungsrechtliche, familien- und sozialrechtliche Probleme treten.

Vor diesem Hintergrund überrascht es, dass Wohngemeinschaften rechtswissenschaftlich bislang nur rudimentär behandelt worden sind. Einige wenige Aufsätze beschäftigen sich mit ausgewählten Fragestellungen. Die Beiträge in den mietrechtlichen Standardkommentaren weisen auf die Besonderheiten dieser Form des Zusammenlebens in der Regel nur hin, ohne sich vertieft mit ihnen auseinanderzusetzen. Handbücher zum Thema gibt es bislang nicht. Insgesamt ist der Grad der juristischen Durchdringung dieses Themenfeldes gering. Der praktischen Bedeutung von Wohngemeinschaften wird damit bislang nicht adäquat Rechnung getragen. Ziel dieses Handbuchs ist es, die Diskrepanz zwischen praktischer Relevanz der Wohngemeinschaften und ihrer rechtlichen Aufarbeitung zu beseitigen. Praktische Probleme sollen erläutert und unter Berücksichtigung der verschiedenen rechtlichen Erscheinungsformen von Wohngemeinschaften erörtert werden.

Es freut uns sehr, dass wir zahlreiche Kolleginnen und Kollegen aus Wissenschaft und Praxis für das Projekt begeistern konnten. Wir sind ihnen nicht nur fachlich, sondern auch freundschaftlich verbunden. Die Zusammenarbeit mit ihnen war uns eine große Freude.

Dank schulden wir Frau Clarissa Heid und Herrn Jakob Timmel für ihre Unterstützung bei der Durchsicht der eingereichten Manuskripte. Bedanken möchten wir uns auch bei Herrn Prof. Dr. Tim Drygala. Er hat uns nicht nur wertvolle Lehrstuhlressourcen zur Verfügung gestellt, sondern in unserer Zeit als Mitarbeiter an seinem Lehrstuhl auch den nötigen wissenschaftlichen Freiraum gelassen, Projekte wie dieses zu verfolgen. Dem Verlag C. H. Beck und hier insbesondere Herrn Frank Lang danken wir für die Aufnahme des Handbuchs in das Verlagsprogramm sowie die fachlich kompetente und äußerst angenehme Betreuung.

Für Anmerkungen und Kritik aus dem Kreis der Leserinnen und Leser sind wir stets dankbar. Unsere Kontaktdaten sind im Internet leicht zu finden.

Bayreuth, im Juni 2019

Prof. Dr. Marco Staake
Tobias von Bressensdorf, MJur

Inhaltsübersicht

Vorwort	V
Inhaltsverzeichnis	IX
Literatur	XXXI
Bearbeiter	XXXVII

1. Kapitel. Grundlagen und Entstehung von Wohngemeinschaften

§ 1 Bedeutung und Erscheinungsformen von Wohngemeinschaften	1
§ 2 Begründung von Mietverhältnis und Wohngemeinschaft	15
§ 3 Untervermietung	51

2. Kapitel. Die Wohngemeinschaft im Außenverhältnis

§ 4 Miete, Mietpreisbremse, Mieterhöhung	73
§ 5 Mietsicherheiten	109
§ 6 Betriebskosten	127
§ 7 Versicherungen	153
§ 8 Mietrechtliche Gewährleistung	177
§ 9 Erhaltungs- und Modernisierungsmaßnahmen	209
§ 10 Gebrauchsrechte und Nebenpflichten aus dem Mietverhältnis	223
§ 11 Verhältnis von Nichtvertragspartnern zum Vermieter	259
§ 12 Rechtsnachfolge auf Seiten des Vermieters	269
§ 13 Rechtsschutz gegen unzulässige Maßnahmen des Vermieters	301

3. Kapitel. Das Innenleben der Wohngemeinschaft

§ 14 Innenordnung von Wohngemeinschaften	327
§ 15 Einbringung und Anschaffung von Sachen zur gemeinsamen Nutzung	345
§ 16 Hausrecht in der Wohngemeinschaft	363
§ 17 Internetanschluss und Haftung	381
§ 18 Eintritt, Ausscheiden und Wechsel von Mitbewohnern	395
§ 19 Zwangsvollstreckung durch Gläubiger eines Mitbewohners und Verbraucherinsolvenz	421

4. Kapitel. Die Beendigung der Wohngemeinschaft

§ 20 Die Beendigung des Mietverhältnisses der Wohngemeinschaft	443
§ 21 Rückgabeansprüche und Räumung bei Wohngemeinschaften	477
§ 22 Auflösung und Auseinandersetzung von Wohngemeinschaften	499

5. Kapitel. Sonderformen der Wohngemeinschaft

§ 23 Zusammenwohnen in nichtehelicher Lebensgemeinschaft	515
§ 24 Couchsurfing, Airbnb und andere Formen der kurzfristigen Gebrauchsüberlassung	543
§ 25 Wohngemeinschaften in Eigentumswohnungen	563
§ 26 Multinationale Wohngemeinschaften – Anwendbares Recht und internationale Zuständigkeit	593

Inhaltsübersicht

§ 27 Wohngemeinschaften als Bedarfsgemeinschaften 615
§ 28 Ambulant betreute Wohngruppen (Pflege-WG) – Sozialrechtliche
 Fragestellungen 631
§ 29 Alternative Wohnprojekte 645

Sachverzeichnis 665

Inhaltsverzeichnis

Vorwort	V
Inhaltsübersicht	VII
Literatur	XXXI
Bearbeiter	XXXVII

1. Kapitel. Grundlagen und Entstehung von Wohngemeinschaften

§ 1 Bedeutung und Erscheinungsformen von Wohngemeinschaften	1
A. Grundlagen	1
I. Begriff der „Wohngemeinschaft"	1
II. Typische Merkmale	3
1. Mindestens zwei Personen	3
2. Zwecksetzung	4
a) Gemeinsames Wohnen	4
b) Gemeinsames Wirtschaften	4
c) Weitergehende Zwecke?	5
3. Dauer des Zusammenschlusses	6
B. Praktische Bedeutung	6
C. Rechtliche Erscheinungsformen	7
I. Zweck einer Kategorisierung	7
II. Anknüpfungspunkt	8
III. Die sechs Grundtypen	8
1. WG-Typ A – Untermiete	8
2. WG-Typ B – Einzelverträge	9
3. WG-Typ C – Gesamtschuld	9
4. WG-Typ D – Außen-GbR	10
5. WG-Typ E – Mitbewohner ohne Mietvertrag	10
6. WG-Typ F – Eigentümer als Mitbewohner	11
7. Mischformen	11
IV. Hierarchische und gleichberechtigte Wohngemeinschaften	12
D. Rechtliche Schnittstellen	12
I. Grundkonflikt: Mietrecht vs. Gesellschaftsrecht	12
II. Weitere Rechtsmaterien	13
§ 2 Begründung von Mietverhältnis und Wohngemeinschaft	15
A. Einführung	16
B. Vertragsschluss und Mängel bei Vertragsschluss	16
I. Vertragsabschlussfreiheit und ihre Grenzen	17
II. Verschulden bei Vertragsschluss	17
1. Abbruch von Vertragsverhandlungen	17
2. Verletzung von Aufklärungspflichten	18
III. Angebot und Annahme nach den allgemeinen Vorschriften	19
IV. Willensmängel	20
V. Insbesondere: Fragerecht des Vermieters	21
1. Umfang des Vermieter-Fragerechts	21
2. Rechtsfolgen unzulässiger Fragen und unrichtiger Angaben	22
3. Innenverhältnis der Mitbewohner	23
VI. Störung der Geschäftsgrundlage	24

Inhaltsverzeichnis

	VII. Verbraucherschützendes Widerrufsrecht	24
	VIII. Besonderheiten bei Wohngemeinschaften	27
	1. Einzelwirkung bei selbstständigen Einzelverträgen	27
	2. Einheitliches Vertragsverhältnis bei der Gesamtschuld	28
	3. Wirkung für und gegen die Außen-GbR	29
C.	Auswirkungen des AGG auf das Wohnraummietverhältnis	30
	I. Geltung des AGG im Bereich der Wohnraummiete	30
	II. Ausnahmen und Rechtfertigungsgründe	31
	III. Rechtsfolgen der Verletzung eines Diskriminierungsverbots	32
	IV. Besonderheiten bei Wohngemeinschaften	32
D.	Parteien des Mietvertrags und Stellvertretung bei dessen Abschluss	34
	I. Vertragsparteien bei selbstständigen Einzelverträgen	34
	II. Vertragsparteien bei einheitlichem Mietvertrag	34
	III. Stellvertretung	37
E.	Die Form des Mietvertrags	38
	I. Anwendungsbereich des § 550 BGB	38
	II. Formbedürftiger Vertragsinhalt	38
	III. Anforderungen an die Schriftform	39
	1. Grundsätzliche Anforderungen	39
	2. Unterzeichnung durch alle Vertragspartner	40
	IV. Folgen von Verstößen gegen das Schriftformgebot	41
	V. Ausschluss der Berufung auf den Formmangel	42
	1. Grundsatz	42
	2. Unwirksamkeit von Schriftformheilungsklauseln	43
	VI. Vereinbarte Schriftform	43
F.	Formularmietverträge	44
	I. Anwendungsbereich der §§ 305 ff. BGB	44
	II. Verwendung von AGB	44
	III. Einbeziehungs- und Inhaltskontrolle	46
	IV. Rechtsfolgen der Verwendung unwirksamer AGB	47
	V. Besonderheiten bei Wohngemeinschaften	47
G.	Beschränkt geschäftsfähige Mitbewohner	48

§ 3 Untervermietung ... 51

A.	Einleitung	51
B.	Untervermietung und Erlaubnispflicht gemäß § 540 Abs. 1 S. 1 BGB	52
	I. Gebrauchsüberlassung	52
	II. Dritte	53
	III. Entgelt	54
C.	Anspruch auf Erlaubnis zur Gebrauchsüberlassung gemäß § 553 BGB	54
	I. Berechtigtes Interesse	54
	II. Nach Vertragsschluss	56
	III. Teil des Wohnraums	56
	IV. Entgegenstehende Interessen gemäß § 553 Abs. 1 S. 2 BGB	59
	V. Erlaubniserteilung bei Erhöhung der Miete gemäß § 553 Abs. 2 BGB	60
	VI. Durchsetzung/Rechtsfolgen	61
	VII. Vertraglicher Ausschluss/Einschränkung der Gebrauchsüberlassung	62
D.	Rechtsfolgen unbefugter Gebrauchsüberlassung	63
	I. Verhältnis Hauptvermieter und Hauptmieter	63
	II. Verhältnis Hauptmieter und Untermieter	66
	III. Verhältnis Hauptvermieter und Untermieter	66
E.	Zu den einzelnen Rechtsverhältnissen bei befugter Gebrauchsüberlassung	67
	I. Verhältnis Hauptvermieter und Hauptmieter	67

Inhaltsverzeichnis

II. Verhältnis Hauptmieter und Untermieter	68
III. Verhältnis Hauptvermieter und Untermieter	70
F. Fazit und Ausblick	72

2. Kapitel. Die Wohngemeinschaft im Außenverhältnis

§ 4 Miete, Mietpreisbremse, Mieterhöhung	73
A. Miete	74
I. Leistungsgegenstand	74
II. Entstehung und Fälligkeit der Mietschuld	75
1. Allgemeines	75
2. Besonderheiten bei WG-Typ A (Untermiete)	77
3. Besonderheiten bei WG-Typ D (Außen-GbR)	78
III. Schuldner der Miete	78
1. WG-Typ A (Untermiete) und B (Einzelverträge)	78
2. WG-Typ C (Gesamtschuld)	79
3. WG-Typ D (Außen-GbR)	79
IV. Leistung und Erfüllung	80
1. Leistung	80
2. Erfüllung; Regress	81
3. Leistung an Erfüllungs statt	82
4. Aufrechnung	82
V. Mietzahlungspflicht bei persönlicher Verhinderung	83
VI. Verjährung; Verwirkung	84
VII. Zurückbehaltungsrecht	85
B. Miethöhe	85
I. Allgemeines	85
II. Mietpreisüberhöhung	86
III. Mietwucher	87
IV. Mietpreisbremse	88
1. Allgemeines, insb. Verfassungsmäßigkeit	88
2. Anwendbarkeit	89
3. Gebiete mit angespanntem Wohnungsmarkt	91
4. Abschluss eines neuen Mietvertrags	92
5. Mietpreisgrenzen	92
a) 110 % der ortsüblichen Vergleichsmiete	92
b) Modernisierungszuschlag	93
c) Vormiete	94
6. Auskunftspflichten des Vermieters	95
7. Rechtsfolgen beim Verstoß gegen die Mietpreisbremse	97
a) Unwirksamkeit der Mietpreisvereinbarung; Rückzahlungsanspruch	97
b) Besonderheiten der WG-Situation	98
V. Geförderter und preisgebundener Wohnraum	99
C. Mieterhöhung	100
I. Überblick	100
II. Vertragsvereinbarung	100
III. Staffelmiete	101
IV. Indexmiete	101
V. Erhöhung bis zur ortsüblichen Vergleichsmiete	102
1. Allgemeines	102
2. WG-typische Besonderheiten	103
VI. Mieterhöhung bei Modernisierungsmaßnahmen	104

Inhaltsverzeichnis

VII. Abwälzung der Mieterhöhung bei WG-Typ A (Untermiete)	105
D. Mietminderung	107
E. Betriebskosten	107

§ 5 Mietsicherheiten ... 109
- A. Allgemeines ... 109
- B. Vermieterpfandrecht ... 110
  - I. Anwendungsbereich ... 110
  - II. Gesicherte Forderung ... 110
  - III. Eingebrachte pfändbare Sachen des Mieters ... 111
  - IV. Erlöschen oder Ausübung des Vermieterpfandrechts ... 113
- C. Die vertragliche Mietsicherheit ... 114
  - I. Anspruch auf Mietsicherheit ... 114
    - 1. Schuldner ... 114
    - 2. Arten ... 115
    - 3. Höhe ... 116
    - 4. Fälligkeit und Durchsetzung ... 117
    - 5. Ergänzungs- oder Austauschpflicht ... 119
  - II. Gesicherte Forderung ... 119
  - III. Verwertung oder Rückgabe der Sicherheit ... 120
- D. Wechsel auf Gläubiger- oder Vermieter-, Schuldner- oder Mieterseite ... 122
  - I. Vermieterpfandrecht ... 122
  - II. Vertragliche Mietsicherheit ... 123
    - 1. Gläubigerwechsel und Vertragsübernahme auf Seiten des Vermieters ... 123
    - 2. Veräußerung der Mietsache ... 123
    - 3. Schuldner-/Mieterwechsel ... 124
- E. Die Mietsicherheit in Zwangsvollstreckung und Insolvenz ... 124
  - I. Vermieterpfandrecht ... 125
  - II. Vertragliche Mietsicherheit ... 125

§ 6 Betriebskosten ... 127
- A. Einführung ... 128
  - I. Bedeutung im Allgemeinen ... 128
  - II. Relevanz für Wohngemeinschaften ... 128
  - III. Gesetzliche Grundlagen ... 128
- B. Begriffsbildung ... 129
  - I. Betriebskosten ... 129
    - 1. Laufende Kosten ... 129
    - 2. Konkrete Kosten ... 130
  - II. Abgrenzung zu anderen Kostenarten ... 130
    - 1. Verwaltungskosten ... 130
    - 2. Instandhaltungs- und Instandsetzungskosten ... 130
- C. Ausgewählte Betriebskostenarten – § 2 BetrKV ... 131
  - I. Laufende öffentliche Lasten des Grundstücks – Nr. 1 ... 131
  - II. Kosten des Betriebs des Personen- oder Lastenaufzugs – Nr. 7 ... 131
  - III. Kosten der Straßenreinigung und Müllbeseitigung – Nr. 8 ... 132
  - IV. Kosten der Gebäudereinigung und Ungezieferbekämpfung – Nr. 9 ... 132
  - V. Kosten der Gartenpflege – Nr. 10 ... 132
  - VI. Kosten der Beleuchtung – Nr. 11 ... 133
  - VII. Kosten für den Hauswart – Nr. 14 ... 133
  - VIII. Sonstige Betriebskosten – Nr. 17 ... 134
- D. Vereinbarung von Betriebskosten ... 134
  - I. Ausgangslage ... 134

Inhaltsverzeichnis

II. Nettomiete	135
1. Vorauszahlung	135
2. Pauschale	137
III. Inklusivmiete	137
IV. Kombinationsmodelle	138
E. Abrechnungszeitraum, § 556 Abs. 3 S. 1 BGB	138
F. Die Abrechnung im Einzelnen	139
I. Rechtliche Einordnung	139
II. Form der Abrechnung	140
III. Inhaltliche Anforderungen	141
1. Formelle Richtigkeit	141
2. Inhaltliche Richtigkeit – insbesondere die Wahl des Umlageschlüssels	142
a) Zwingende Vorschriften	143
b) Fläche	143
c) Abrechnung nach Verbrauch	144
d) Personenanzahl	144
IV. Abrechnung bei Wechsel der Vertragsparteien	144
1. Problembeschreibung	144
2. Mieterwechsel	145
3. Vermieterwechsel	145
V. Abrechnungsfrist	146
VI. Ergebnis der Abrechnung	146
1. Nachforderung	146
2. Guthaben	148
G. Rechte des Mieters	148
I. Belegeinsicht	148
II. Einwendungen	149
G. Anhang	150
§ 7 Versicherungen	**153**
A. Einführung in das Privatversicherungsrecht	154
I. Rechtsquellen	154
II. Begriff der (Privat-)Versicherung	154
III. Der Versicherungsvertrag	155
IV. Regress	155
B. Der Vermieter als Versicherungsnehmer	156
I. Umlagefähigkeit von Versicherungsprämien	156
1. Grundlagen	156
2. Grundsatz der Wirtschaftlichkeit	157
3. Einzelfragen der Umlagefähigkeit	158
a) Sachversicherungen	158
b) Haftpflichtversicherungen	160
c) Private Versicherungen des Vermieters	160
II. Regressschutz des Mieters	161
C. Die Wohngemeinschaft und ihre Mitbewohner als Versicherungsnehmer	162
I. Haftpflichtversicherung	162
1. Deckungsbereich	162
2. Person des Dritten	163
a) Nahestehende Personen	164
b) Mehrheit von Versicherungsnehmern	164
c) Gesellschaft bürgerlichen Rechts als Versicherungsnehmer	164
d) Mitversicherte Personen	164

Inhaltsverzeichnis

3. Besonderheiten bei Sachschäden	165
a) Eigentum des Versicherungsnehmers	165
b) Eigentum und Besitz des Dritten	165
c) Eigentum des Geschädigten bei Besitz des Versicherungsnehmers	165
II. Hausratversicherung	167
1. Versicherte Gefahren	167
2. Versicherte Sachen	167
3. Häusliche Gemeinschaft	169
4. Vertragsgestaltungsmöglichkeiten und jeweilige Rechtsfolgen	170
a) Ein Mitbewohner als Versicherungsnehmer	170
b) Mehrheit von Versicherungsnehmern	172
c) WG als Versicherungsnehmer	173
d) Zusammentreffen von Einzelverträgen	173
5. Unterversicherung	173
6. Regressprivileg	175
§ 8 Mietrechtliche Gewährleistung	**177**
A. Einleitung	178
B. Die mietrechtliche Gewährleistung bei den einzelnen WG-Typen	178
I. WG-Typ C: Mietvertrag zwischen dem Vermieter und mehreren Mitbewohnern gemeinsam	178
1. Der Instandsetzungsanspruch nach § 535 Abs. 1 S. 2 Alt. 2 BGB	178
a) Der vertragliche Soll-Zustand der Mietsache	179
b) Der Ausschluss des Anspruchs	182
c) Die Geltendmachung des Erfüllungsanspruchs	184
2. Die Mietminderung nach § 536 BGB	185
a) Einheitliche Bestimmung des Mangels	186
b) Die Verteilung der Mietminderung im Innenverhältnis	186
3. Exkurs: Das Zurückbehaltungsrecht nach § 320 BGB	186
4. Der Anspruch auf Schadensersatz nach § 536a Abs. 1 BGB	187
a) Erläuterung	187
b) Mitverschulden nach §§ 254 Abs. 2 S. 2, 278 BGB	188
5. Selbstvornahmerecht und Aufwendungsersatz nach § 536a Abs. 2 BGB	189
a) Das Verzugserfordernis	189
b) Die erforderliche Mahnung	191
6. Der Ausschluss der Mängelrechte bei Kenntnis oder grob fahrlässiger Unkenntnis des Mieters nach § 536b BGB	191
a) Überblick	191
b) Der Normzweck des § 536b BGB	192
c) Die Auswirkungen der Mangelkenntnis oder grob fahrlässigen Mangelunkenntnis einzelner Mieter auf die Mängelrechte der übrigen Mieter	193
d) Die Auswirkungen der Mangelkenntnis eines Mieters auf seine eigenen Mängelrechte und die Minderung	195
e) Keine analoge Anwendbarkeit von § 536b BGB	196
7. Die Vorschrift des § 536c BGB	196
a) Überblick	196
b) Pflichtenkreis des Mieters: Verpflichtung zur Anzeige nach § 536c Abs. 1 S. 1 BGB	197
c) Ergebnisse und konkrete Fallgestaltungen für die Wohngemeinschaft	198
d) Rechtsfolgen	201

II. WG-Typ A: Mietvertrag mit einem Mieter als Hauptmieter, der Untermietverträge mit seinen Mitbewohnern abschließt 202
  1. Der Instandsetzungsanspruch nach § 535 Abs. 1 S. 2 Alt. 2 BGB .. 202
  2. Die Mietminderung nach § 536 BGB 203
  3. Die Ansprüche nach § 536a und der Ausschluss der Mängelrechte nach § 536b BGB 203
  4. Die Vorschrift des § 536c BGB 204
III. WG-Typ D: Mietvertrag mit der Wohngemeinschaft als Außen-GbR . 204
  1. Der Instandsetzungsanspruch nach § 535 Abs. 1 S. 2 BGB 205
    a) Der Ausschluss des Anspruchs 205
    b) Die Geltendmachung des Erfüllungsanspruchs 205
  2. Die Mietminderung nach § 536 BGB 206
  3. Das Zurückbehaltungsrecht nach § 320 BGB 206
  4. Die Ansprüche nach § 536a Abs. 1, Abs. 2 BGB 207
  5. Der Ausschluss der Mängelrechte bei Kenntnis oder grob fahrlässiger Unkenntnis des Mieters nach § 536b BGB 207
  6. Die Vorschrift des § 536c BGB 208

§ 9 Erhaltungs- und Modernisierungsmaßnahmen 209
A. Einleitung 209
B. Allgemeine mietrechtliche Regelungen 210
  I. Erhaltungsmaßnahmen 210
    1. Umfang und Grenzen 210
    2. Erhaltungspflichtiger 210
      a) Kleinreparaturen 211
      b) Schönheitsreparaturen 211
  II. Modernisierungsmaßnahmen 213
    1. Durchführung der Modernisierungsmaßnahmen 214
    2. Folgen der Modernisierungsmaßnahmen 214
C. Besonderheiten bei Wohngemeinschaften 215
  I. Erhaltungsmaßnahmen 215
    1. WG Typ A (Untermiete) 215
    2. WG Typ B (Einzelverträge) 215
    3. WG Typ C (Gesamtschuld) 216
    4. WG Typ D (Außen-GbR) 216
    5. WG Typ E (Mitbewohner ohne Mietvertrag) 217
    6. WG Typ F (Vermieter als Mitbewohner) 218
  II. Modernisierungsmaßnahmen 218
    1. WG Typ A (Untermiete) 218
    2. WG Typ B (Einzelverträge) 220
    3. WG Typ C (Gesamtschuld) 220
    4. WG Typ D (Außen-GbR) 220
    5. WG Typ E (Mitbewohner ohne Mietvertrag) 221
    6. WG Typ F (Vermieter als Mitbewohner) 221
D. Zusammenfassung und Ergebnisse 222

§ 10 Gebrauchsrechte und Nebenpflichten aus dem Mietverhältnis 223
A. Einführung 224
B. Zum Gebrauch der Mietsache 225
  I. Begriff 225
  II. Grenzen des vertragsgemäßen Gebrauchs 226
  III. Rechte von Vermieter und Mieter bei vertragswidrigem Gebrauch ... 227
    1. Rechte des Vermieters 227
    2. Rechte des Mieters 228

Inhaltsverzeichnis

C. Erscheinungsformen von Wohngemeinschaften und ihre Auswirkungen auf den Rechte- und Pflichtenkanon der Mietparteien	228
D. Besondere Gebrauchsrechte, ihre Grenzen und Duldungspflichten	229
I. Unbefugte Gebrauchsüberlassung an Dritte	229
II. Lärm- und andere Geräuschentwicklungen	229
1. Allgemeines	229
2. WG-spezifische Probleme bei Lärm- und anderen Geräuschentwicklungen	230
III. Bauliche Veränderungen an der Mietsache	231
1. Allgemeines	231
2. WG-spezifische Probleme bei baulichen Veränderungen an der Mietsache	232
IV. Gewerblicher Gebrauch	233
1. Allgemeines	233
2. WG-spezifische Probleme beim gewerblichen Gebrauch	234
V. TV- und Radioempfang	235
1. Allgemeines	235
2. WG-spezifische Probleme bei TV- und Radioempfang	237
VI. Nutzung von Gemeinschaftsflächen und -räumen; Gartennutzung	238
1. Allgemeines	238
2. WG-spezifische Probleme bei der Nutzung von Gemeinschaftsflächen und -räumen; Gartennutzung	239
VII. Tierhaltung	241
1. Allgemeines	241
2. WG-spezifische Probleme bei der Tierhaltung	242
VIII. Rauchen	243
1. Allgemeines	243
2. WG-spezifische Probleme beim Rauchen	244
IX. Musizieren	246
1. Allgemeines	246
2. WG-spezifische Probleme beim Musizieren	247
E. Sonstige Nebenpflichten aus dem Mietverhältnis	248
I. Vor- und nachvertragliche Rechte und Pflichten	248
1. Allgemeines	248
2. WG-spezifische Besonderheiten bei vor- und nachvertraglichen Rechten und Pflichten	249
II. Obhuts- und Anzeigepflichten des Mieters	250
1. Allgemeines	250
2. WG-spezifische Besonderheiten bei Obhuts- und Anzeigepflichten des Mieters	250
III. Fürsorge-, Aufklärungs- und andere Nebenpflichten des Vermieters	252
1. Allgemeines	252
2. WG-spezifische Besonderheiten bei Fürsorge-, Aufklärungs- und anderen Nebenpflichten des Vermieters	254
IV. Wegnahmerecht nach §§ 539 Abs. 2, 552 BGB	254
1. Allgemeines	254
2. WG-spezifische Besonderheiten beim Wegnahmerecht nach §§ 539 Abs. 2, 552 BGB	256
V. Zutritt des Vermieters zur Wohnung	257
1. Allgemeines	257
2. WG-spezifische Besonderheiten beim Zutritt des Vermieters zur Wohnung	258

Inhaltsverzeichnis

§ 11 Verhältnis von Nichtvertragspartnern zum Vermieter 259
  A. Einleitung 259
  B. Ansprüche von Nichtvertragspartnern gegen den Vermieter 260
    I. Vertrag zugunsten Dritter 260
      1. Abgrenzung 260
      2. Ansprüche des Dritten 261
      3. Obliegenheiten; Gestaltungsrechte; Ansprüche gegen den Nutzer .. 261
    II. Vertrag mit Schutzwirkung zugunsten Dritter 262
      1. Allgemeines 262
      2. Leistungsnähe 263
      3. Gläubigernähe/Einbeziehungsinteresse 263
      4. Erkennbarkeit 263
      5. Schutzbedürftigkeit 264
    III. Deliktische Haftung des Vermieters 264
  C. Ansprüche des Vermieters gegen Nichtvertragspartner oder aufgrund des Verhaltens von Nichtvertragspartnern 265
    I. Beschädigung der Mietsache 265
      1. Ansprüche gegen den Dritten 265
      2. Ansprüche gegen den Mieter, insbesondere Verschuldenszurechnung 265
    II. Negatorischer Anspruch des Vermieters gegen Nichtvertragspartner .. 267

§ 12 Rechtsnachfolge auf Seiten des Vermieters 269
  A. Vorüberlegungen zur Rechtsnachfolge und Problemstellung 270
    I. Einzel- und Gesamtrechtsnachfolge 270
    II. Relevanz 271
  B. Einzelrechtsnachfolge und Eintritt in das Mietverhältnis 271
    I. Eintritt in bestehende Mietverträge – § 566 BGB Voraussetzungen und Umfang 271
      1. Allgemeines 271
      2. Voraussetzungen 272
        a) Wohnraum 272
        b) Vermietung 273
        c) Veräußerung von dem Vermieter an einen Dritten 273
        d) Nach Überlassung an den Mieter 273
      3. Rechtsfolge 274
    II. Folgefragen 276
      1. Ausgangspunkt 276
      2. Gutglaubensschutz 276
      3. Schicksal des (Alt-)Mietverhältnisses 276
        a) Grundsatz 276
        b) Verhältnis zwischen den Mietern 277
      4. Folgen der Rückabwicklung 278
      5. Veräußerung an Personenmehrheiten 278
    III. Einzelfragen im Zusammenhang mit § 566 BGB – WG-Typen 279
      1. WG-Typ B (Einzelverträge) 279
      2. WG-Typ A (Untermiete) 280
      3. WG-Typ C (Gesamtschuld) 280
      4. WG-Typ D (Außen-GbR) 280
      5. WG-Typ E (Mitbewohner ohne Mietvertrag) 281
      6. WG-Typ F (Eigentümer als Mitbewohner) 281
    IV. Besonderheiten und erweiternde Anwendung des § 566 BGB 282
      1. Grundsatz der Identität von Vermieter und Eigentümer 282

Inhaltsverzeichnis

2. Veräußerungstatbestände bei mehreren Vermietern	283
3. Miteigentum	283
C. Einzelrechtsnachfolge und das Vorkaufsrecht gem. § 577 BGB	285
I. Mietervorkaufsrecht nach § 577 BGB	285
1. Allgemeines	285
2. Voraussetzungen	285
3. Rechtsfolgen	289
a) Ausübung	289
b) Umfang	289
c) Haftung	290
II. Folgefragen	290
III. Einzelfragen im Zusammenhang mit den WG-Typen	292
1. WG-Typ B (Einzelverträge)	292
2. WG-Typ A (Untermiete)	293
3. WG-Typ C (Gesamtschuld)	293
4. WG-Typ D (Außen-GbR)	294
5. WG-Typ E (Mitbewohner ohne Mietvertrag)	294
6. WG-Typ F (Eigentümer als Mitbewohner)	294
D. Gesamtrechtsnachfolge	294
I. Überblick	294
II. Eintritt in das Mietverhältnis	295
III. Vorkaufsrecht nach § 577 BGB	295
E. Praktische Fragen der Rechtsnachfolge	295
I. Disponibilität	295
II. Nachweis der Rechtsnachfolge	296
1. Nachweis	296
2. Wissenszurechnung	296
F. Gestaltungshinweise	297
I. Ablauf eines notariellen Übertragungsvertrages	297
II. Gestaltungshinweise in Bezug auf den Mietvertrag	298
III. Gestaltungshinweise in Bezug auf den Übertragungsvertrag	299
§ 13 Rechtsschutz gegen unzulässige Maßnahmen des Vermieters	301
A. Einführung	302
B. Rechtsgrundlagen von Abwehrrechten	302
I. Abwehrrechte aus Vertrag	302
1. Grundlagen	302
2. Sachliche Reichweite	303
3. Auswirkungen	304
a) Gebot der Interessenabwägung	304
b) Insbesondere: Betretung und Besichtigung durch Vermieter	304
4. Sonderfall: WG-Mitglied als Vermieter	307
II. Abwehrrechte aus nachvertraglicher oder vertragsähnlicher Rechtsbeziehung	308
III. Abwehrrechte aus sonstigen Rechtsgrundlagen	308
1. Besitz	309
a) Grundlagen	309
b) Verbotene Eigenmacht	310
c) Weitere Einzelfälle	312
2. Hausrecht	313
3. Notwehr	313
a) Einordnung	313

	b) Notwehrlage	314
	c) Notwehrfähige Rechtsgüter des Mieters	314
	4. Selbsthilfe	315
	5. Weitere Rechtsgrundlagen?	315
C.	Durchsetzung der Abwehrrechte	316
	I. Instrumente der Abwehr	316
	1. Leistungsklage	316
	a) Beispiele für Leistungsklagen	316
	b) Unterlassungsklagen	317
	c) Besondere Formen der Leistungsklage	317
	2. Feststellungsklage	318
	3. Einstweiliger Rechtsschutz	318
	a) Sicherungsverfügung	319
	b) Leistungsverfügungen	319
	c) Besonderheiten bei § 940a ZPO	320
	4. Vollstreckungsrechtliche Rechtsbehelfe	321
	a) Vollstreckungsabwehrklage	322
	b) Erinnerung	323
	c) Sofortige Beschwerde	324
	5. Behördliche (polizeiliche) Hilfe	324
	II. Aktivlegitimation und Prozessführungsbefugnis	325
	III. Ersatzfähigkeit von Rechtsverfolgungskosten	325

3. Kapitel. Das Innenleben der Wohngemeinschaft

§ 14 Innenordnung von Wohngemeinschaften 327

A.	Gesellschaft bürgerlichen Rechts	327
B.	Innen- und Außengesellschaft	329
C.	Beitragspflichten	331
	I. Mietsicherheit	332
	II. Mietanteil	332
	III. Haushaltsführung	333
	1. Kollektive Haushaltspflichten	333
	2. Individuelle Haushaltspflichten	334
	3. Vergemeinschaftete Haushaltspflichten	334
	4. Übertragung auf Dritte	334
D.	Rücksichtnahmepflichten	335
	I. Grundlagen	335
	II. Ruhezeit, Gäste und Feiern	336
	III. Rauchen	337
	IV. Privatsphäre	337
	V. Tierhaltung	338
E.	Geschäftsführung	338
	I. Inhalt	338
	II. Grenzen	339
	III. Kostenerstattung und Innenausgleich	340
	IV. Information und Rechnungslegung	341
	V. Inkurs: WG-Kasse und WG-Konto	342
F.	Haftung	343
G.	Anhang: Checkliste zur Innenordnung einer Wohngemeinschaft	344

Inhaltsverzeichnis

§ 15 Einbringung und Anschaffung von Sachen zur gemeinsamen Nutzung ... 345
  A. Einführung ... 345
  B. Einbringung und Anschaffung durch die Mitbewohner ... 346
    I. Einbringung durch einen Mitbewohner ... 347
      1. Sacheinlage als Beitrag ... 347
        a) Einlagen und Beiträge ... 347
        b) Eigentumsverhältnisse ... 347
      2. Grundlagen und Spezifika der Vertragsgestaltung ... 350
        a) Grundlagen ... 350
        b) Gesellschaftsvertragliche Regelung ... 350
    II. Anschaffung durch die Mitbewohner ... 356
      1. Eigentumsverhältnisse ... 356
        a) Eigentum der GbR ... 356
        b) Gesamthandseigentum ... 356
        c) Eigentum des Mitbewohners ... 357
      2. Gesellschaftsvertragliche Ebene ... 357
        a) Nutzungsverhältnisse ... 357
        b) Verletzung von Sorgfalts- und Treuepflichten ... 358
        c) Reparatur- und laufende Kosten ... 358
        d) Verteilung der Sachgefahr ... 358
        e) Verbleib oder Rückgabe bei Ausscheiden ... 359
  C. Bereitstellung durch Vermieter ... 359
    I. Mietrechtliche Ebene ... 359
      1. Vom Vermieter gestellte Sache ... 359
      2. Rechte und Pflichten der Parteien ... 360
        a) Allgemein ... 360
        b) Gebrauchsüberlassung und Instandhaltung ... 360
        c) Mietminderung, Mängelanzeige und Gewährleistung ... 361
        d) Beendigung des Mietverhältnisses ... 361
    II. Gesellschaftsvertragliche Ebene ... 362

§ 16 Hausrecht in der Wohngemeinschaft ... 363
  A. Einführung ... 363
  B. Grundlagen ... 364
    I. Geschichte und Doppelnatur ... 364
    II. Hausrecht, Hausverbot und Hausverweis ... 365
    III. Rechtliche Grundlage und Träger des Hausrechts ... 366
    IV. Vereinbarungen über das Hausrecht ... 367
    V. Einschränkungen des Hausrechts ... 367
  C. Das Hausrecht des Vermieters ... 368
    I. Besitzverhältnisse ... 368
    II. Vermieter und Mieter ... 368
    III. Gäste des Mieters ... 369
    IV. Betretungs- und Besichtigungsrechte des Vermieters ... 370
  D. Das Hausrecht der WG-Bewohner ... 371
    I. Besitzverhältnisse ... 371
    II. Das Hausrecht untereinander ... 372
    III. Das Hausrecht gegenüber Dritten ... 373
    IV. Das Hausrecht gegenüber Gästen ... 373
      1. Duldungspflichten und Interessenabwägung ... 373
      2. Verhältnismäßigkeit ... 374

3. Soziale Prägung der WG	375
4. Zweck des Besuchs	375
E. Hausfriedensbruch	376
I. Tatbestand und Rechtswidrigkeit	376
II. Strafantrag	377
F. Die Durchsetzung des Hausrechts	377
I. Zivilrechtliche Durchsetzung	377
1. Gerichtliche Durchsetzung	377
2. Notwehr	378
II. Polizeirechtliche Durchsetzung	379

§ 17 Internetanschluss und Haftung ... 381

- A. Wohngemeinschaften und das gesellschaftliche Bedürfnis nach Internetzugang ... 382
- B. Gang der Darstellung ... 384
- C. Übersicht Haftungskonzepte ... 384
  - I. Täterhaftung ... 384
  - II. Teilnehmerhaftung ... 385
  - III. Störerhaftung und Sperranspruch ... 385
- D. Der Internetanschlussinhaber als Störer ... 387
  - I. Aufsichts-, Überwachungs- und Belehrungspflichten innerhalb familiärer Beziehungen ... 387
  - II. Aufsichts-, Überwachungs- und Belehrungspflichten außerhalb familiärer Beziehungen ... 388
  - III. Zwischenfazit ... 388
  - IV. Anhaltspunkte für Rechtsverletzungen ... 389
  - V. Netzsperren ... 389
- E. Der Internetanschlussinhaber als Täter ... 390
- F. Rechtsschutzmöglichkeiten ... 392
- G. Regelungsobliegenheiten ... 392

§ 18 Eintritt, Ausscheiden und Wechsel von Mitbewohnern ... 395

- A. Allgemeines ... 396
- B. Typendifferenzierung ... 397
  - I. Wohngemeinschaften mit privilegierter Zentralfigur ... 397
  - II. Wohngemeinschaften mit gleichrangigen Mitbewohnern ... 397
  - III. Sonderfall: Der Vermieter als entscheidungsbefugter Dritter ... 398
  - IV. Atypische Fälle: Auseinanderfallen von Innen- und Außenverhältnis .. 398
- C. Ausscheiden ... 398
  - I. Personengesellschaftsrechtliche Grundsätze ... 398
  - II. Zeitablauf ... 399
    - 1. Wohngemeinschaften mit privilegierter Zentralfigur oder entscheidungsbefugtem Vermieter ... 399
    - 2. Wohngemeinschaften mit gleichrangigen Mitbewohnern ... 400
  - III. Kündigung ... 401
    - 1. Wohngemeinschaften mit privilegierter Zentralfigur oder entscheidungsbefugtem Vermieter ... 401
    - 2. Wohngemeinschaften mit gleichrangigen Mitbewohnern ... 402
      - a) Kündigung durch den einzelnen Mitbewohner ... 402
      - b) Ausschluss eines einzelnen Mitbewohners ... 403
  - IV. Aufhebungsvertrag ... 403
  - V. Insolvenz ... 404

Inhaltsverzeichnis

VI. Rechtsfolgen	404
1. Wohngemeinschaften mit privilegierter Zentralfigur oder entscheidungsbefugtem Vermieter	404
2. Wohngemeinschaften mit gleichrangigen Mitbewohnern	405
a) Gesamtschuldner (WG-Typ C)	405
b) Außen-GbR (WG-Typ D)	407
D. Eintritt	407
I. Personengesellschaftsrechtliche Grundsätze	407
II. Wohngemeinschaften mit privilegierter Zentralfigur oder entscheidungsbefugtem Vermieter	408
1. Eintritt einer weiteren privilegierten Zentralfigur	408
2. Eintritt eines weiteren einfachen Mitbewohners	408
III. Wohngemeinschaften mit gleichrangigen Mitbewohnern	409
1. Innenverhältnis	409
2. Außenverhältnis	410
a) Außen-GbR (WG-Typ D)	410
b) Gesamtschuldner (WG-Typ C)	410
c) Rechtsfolgen	410
E. Mitbewohnerwechsel	411
I. Personengesellschaftsrechtliche Grundsätze	411
II. Wohngemeinschaften mit privilegierter Zentralfigur oder entscheidungsbefugtem Vermieter	411
1. Wechsel der privilegierten Zentralfigur	411
2. Wechsel einfacher Mitbewohner	412
a) Doppelvertrag	412
b) Vertragsübernahme	412
III. Wohngemeinschaften mit gleichrangigen Mitbewohnern	413
1. Innenverhältnis	413
2. Außenverhältnis	413
a) Außen-GbR (WG-Typ D)	413
b) Gesamtschuldner (WG-Typ C)	414
3. Rechtsfolgen	414
F. Tod eines Mitbewohners	415
I. Personengesellschaftsrechtliche Grundsätze	415
II. Wohngemeinschaften mit privilegierter Zentralfigur oder entscheidungsbefugtem Vermieter	416
1. Außenverhältnis	416
2. Innenverhältnis	416
3. Rechtsfolgen	417
III. Wohngemeinschaften mit gleichrangigen Mitbewohnern	418
1. Gesamtschuldner	418
a) Außenverhältnis	418
b) Innenverhältnis	418
2. Außen-GbR	419
§ 19 Zwangsvollstreckung durch Gläubiger eines Mitbewohners und Verbraucherinsolvenz	421
A. Zwangsvollstreckung durch Gläubiger eines Mitbewohners	421
I. Allgemeine Voraussetzungen der Zwangsvollstreckung	421
II. Vollstreckung in Haushaltsgegenstände	423
1. Richtiger Vollstreckungsschuldner	423
2. Betreten und Durchsuchen der Wohnung	423
3. Vollstreckung wegen Geldforderungen in Haushaltsgegenstände	425

4. Zwangsvollstreckung zur Herausgabe von Sachen	428
5. Zwangsvollstreckung bei Miteigentum der Mitbewohner	428
III. Pfändung des GbR-Gesellschaftsanteils	429
IV. Zwangsversteigerung der Wohnung	430
B. Auswirkungen der Verbraucherinsolvenz eines Mitbewohners auf die WG	431
I. Das Verbraucherinsolvenzverfahren im Überblick	431
II. Allgemeine Wirkungen der Verbraucherinsolvenz	431
1. Vollstreckungsverbot und Befriedigung aus der Insolvenzmasse	431
2. Besonders gesicherte Gläubiger	432
III. Auswirkungen auf den Mietvertrag über die Wohnung	433
1. Der Schuldner als Mieter	433
a) Keine Kündigung durch den Insolvenzverwalter	433
b) Kündigung durch den Vermieter	434
2. Der Schuldner als Vermieter	435
IV. Kaution	437
1. Der Schuldner als Mieter	437
2. Der Schuldner als Vermieter	438
V. Mitgliedschaft in einer Wohnungsgenossenschaft	438
VI. Auflösung der GbR durch die Verbraucherinsolvenz	440

4. Kapitel. Die Beendigung der Wohngemeinschaft

§ 20 Die Beendigung des Mietverhältnisses der Wohngemeinschaft	**443**
A. Einführung	444
B. Kündigung	444
I. Kündigung durch den Vermieter	445
1. Formelle Anforderungen an die Kündigung	445
a) Kündigungsberechtigter	445
b) Adressaten der Kündigung	445
c) Formerfordernis	448
d) Pflicht zur Angabe der Kündigungsgründe	449
2. Ordentliche Kündigung	449
a) Erfordernis eines berechtigten Interesses	449
b) Kündigungsfrist	453
c) Kündigungsschutz wegen sozialer Härte	454
3. Außerordentliche fristlose Kündigung aus wichtigem Grund	456
a) Wegen unbefugter Überlassung von Räumlichkeiten an einen unbefugten Mitbewohner	457
b) Störung des Hausfriedens	458
c) Zahlungsverzug	459
II. Kündigung durch die Wohngemeinschaft beziehungsweise die Mitglieder der Wohngemeinschaft	462
1. Formelle Anforderungen an die Kündigung	462
a) Kündigungsberechtigter	462
b) Anspruch gegen die Mitbewohner auf Zustimmung zur Kündigung	463
c) Pflicht zur Angabe der Kündigungsgründe	464
2. Ordentliche Kündigung	464
3. Außerordentliche Kündigung	465
a) Vorenthaltung des vertragsgemäßen Gebrauchs (§ 543 Abs. 2 S. 1 Nr. 1 BGB)	465
b) Erhebliche Gesundheitsgefährdung (§ 569 Abs. 1 BGB)	466
c) Sonderkündigungsrechte aus § 555e BGB und § 561 BGB	467

C. Zeitablauf	467
D. Mietaufhebungsverträge	468
E. Sonderfälle	469
I. Die Auflösung der Mieter-Außen-GbR	469
II. Todesfälle	469
1. Tod eines Mitbewohners bei WG-Typ D (Außen-GbR)	469
2. Tod des Alleinmieter-Mitbewohners	470
3. Tod eines Mitmieters bei Mietermehrheit	470
III. Überlassung der Ehewohnung nach § 1568a BGB	471
IV. Insolvenz	472
1. Insolvenz eines Mitbewohners	472
2. Insolvenz des Vermieters	472
V. Begründung von Wohnungseigentum an der Wohnung	472
VI. Rechtsnachfolge aufseiten des Vermieters	473
F. Rechtsfolgen der Beendigung des Mietverhältnisses	473
I. Nachvertragliche Ansprüche der Mieterseite	473
II. Nachvertragliche Ansprüche der Vermieterseite	474
1. Rückgabepflicht	474
2. Entschädigung für verspätete Rückgabe	474
3. Vornahme von Schönheitsreparaturen	475
III. Stillschweigende Verlängerung des Mietverhältnisses	475
§ 21 Rückgabeansprüche und Räumung bei Wohngemeinschaften	**477**
A. Überblick	478
B. Ansprüche des Vermieters auf Rückgabe und Räumung	478
I. Rückgabepflicht des Mieters gemäß § 546 Abs. 1 BGB	478
1. Grundlagen	478
2. Gläubiger	479
3. Schuldner	479
4. Zeitpunkt der Rückgabe	480
5. Inhalt des Anspruchs	482
a) Besitzverschaffung durch Schlüsselübergabe	482
b) Räumung	483
c) Reinigung	484
d) Schönheitsreparaturen	484
6. Annex: Übergabeprotokoll	485
II. Rückgabepflicht Dritter gemäß § 546 Abs. 2 BGB	485
1. Grundlagen	485
2. Voraussetzungen	486
a) Gebrauchsüberlassung an Dritten	486
b) Beendigung des (Haupt-)Mietverhältnisses	487
c) Rückforderungserklärung	487
3. Inhalt der Rückgabepflicht	487
III. Vindikation (§ 985 BGB)	488
C. Zwangsweise Durchsetzung der Ansprüche	489
I. Handlungsmöglichkeiten des Vermieters	489
II. Voraussetzungen der Zwangsräumung	490
1. Überblick	490
2. Vollstreckungstitel	490
a) Räumungsklage	490
b) Einstweilige Verfügung gegen Dritte nach § 940a Abs. 2 ZPO	492

	3. Vollstreckungsschutz	493
	a) Räumungsfrist nach § 721 ZPO	493
	b) Maßnahmen nach § 765a ZPO	494
	III. Durchführung der Zwangsräumung	495
	1. Räumungsvollstreckung nach § 885 ZPO	495
	2. Praktische Probleme und „Berliner Räumung"	495
	3. Lösung des Gesetzgebers: § 885a ZPO	496

§ 22 Auflösung und Auseinandersetzung von Wohngemeinschaften ... 499

- A. Problemstellung ... 500
  - I. Praktische Probleme der Auflösung und Auseinandersetzung von Wohngemeinschaften ... 500
  - II. Rechtliche Probleme der Auflösung und Auseinandersetzung von Wohngemeinschaften ... 500
- B. Auflösungsgründe bei GbR ... 501
  - I. Überblick ... 501
  - II. Kündigung ... 501
    - 1. Kündigungsrecht ... 502
    - 2. Kündigung des Mietverhältnisses ... 502
    - 3. Beschränkung des gesellschaftsrechtlichen Kündigungsrechts ... 503
  - III. Tod ... 503
  - IV. Insolvenz eines Gesellschafters ... 504
  - V. Insolvenz der Gesellschaft selbst ... 505
  - VI. Zweckerreichung und Auflösungsbeschluss ... 505
  - VII. Wirkungen der Auflösung ... 506
- C. Fortsetzung der Gesellschaft aufgrund einer Fortsetzungsklausel ... 506
- D. Ad-hoc-Fortsetzung durch Gesellschafterbeschluss ... 508
- E. Ablauf von Auflösung und Auseinandersetzung der GbR ... 508
  - I. Schritte der Auflösung einer Außen-GbR ... 509
    - 1. Beendigung aller schwebenden Geschäfte ... 509
    - 2. Rückgabe der zur Nutzung überlassenen Gegenstände ... 509
    - 3. Tilgung der Schulden der Gesellschaft ... 510
    - 4. Rückzahlung der Einlagen ... 511
    - 5. Verteilung des Gesellschaftsvermögens / Nachschüsse ... 511
    - 6. Vollbeendigung ... 512
  - II. Auseinandersetzung der Innen-GbR ... 512
  - III. Praktische Umsetzung der Vorgaben zur Auseinandersetzung ... 512
- F. Zusammenfassende Differenzierung nach WG-Typen ... 512
  - I. WG-Typ A ... 512
  - II. WG-Typ B ... 513
  - III. WG-Typ C ... 513
  - IV. WG-Typ D ... 513
  - V. WG-Typ E ... 514
  - VI. WG-Typ F ... 514

5. Kapitel. Sonderformen der Wohngemeinschaft

§ 23 Zusammenwohnen in nichtehelicher Lebensgemeinschaft ... 515

- A. Die nichteheliche Lebensgemeinschaft ... 516
- B. Rechtsgrundlage des Zusammenwohnens in nichtehelicher Lebensgemeinschaft ... 518
  - I. Verhältnis zum Vermieter ... 519
    - 1. Mietvertrag mit beiden Partnern ... 519
    - 2. Mietvertrag mit einem der Partner ... 519

Inhaltsverzeichnis

II. Innenordnung zwischen den Lebensgefährten	521
1. Meinungsstand	521
2. Die Voraussetzungen der Begründung einer Innen-GbR	522
C. Besonderheiten bei der Wohnungsvermittlung	523
I. Persönliche Kongruenz des abgeschlossenen Mietvertrages	523
II. Ausschluss des Provisionsanspruchs nach § 2 Abs. 2 Nr. 2 WoVermG	524
D. Eintritt und Wechsel von Mitbewohnern	524
I. Aufnahme des Lebensgefährten in bestehende WG	524
II. Aufnahme Dritter in die Wohnung der nichtehelichen Lebensgemeinschaft	524
E. Mietzahlungen	525
I. Mietvertrag mit beiden Partnern	525
II. Mietvertrag mit einem der Partner/Wohneigentum	525
F. Besitz und Eigentum an Haushaltsgegenständen	526
I. In den Haushalt eingebrachte Gegenstände	526
II. Während des Zusammenlebens erworbene Gegenstände	526
G. Unterhaltspflichten	528
H. Haftungsfragen	528
I. Haftung der Partner untereinander	529
II. Mietvertrag als Vertrag mit Schutzwirkung zugunsten Dritter	529
I. Zwangsvollstreckung	529
I. Räumungsvollstreckung	529
II. Zwangsvollstreckung in bewegliches Vermögen	530
J. Beendigung der nichtehelichen Lebensgemeinschaft durch Trennung	530
I. Rechtliches Schicksal der Wohnung	530
1. Beide Partner sind Mieter	530
2. Ein Partner ist Mieter oder Eigentümer	532
3. Abweichende Wohnungszuweisung?	532
II. Eigentum an Haushaltsgegenständen	533
1. Grundsätze	533
2. Haustiere	533
III. Ausgleich unentgeltlicher Leistungen	533
1. Entwicklung	534
2. Grundsätze	535
a) Rechtsgrund unentgeltlicher Leistungen	535
b) Herausgabe der Bereicherung (condictio ob rem – § 812 Abs. 1 S. 2 Var. 2 BGB	536
c) (Teil-)Rückgewähr der Leistung (§§ 313 Abs. 1, 3, 323, 346 Abs. 1 BGB)	536
3. Einzelne Zuwendungen	537
a) Mietzahlungen und Darlehensraten	537
b) Finanzierung von Haushaltsgegenständen und Wohneigentum	538
c) Arbeitsleistungen zur Renovierung der Wohnung	539
K. Beendigung der nichtehelichen Lebensgemeinschaft durch Tod eines Partners	539
I. Weiterwohnen des überlebenden Partners	539
1. Mietwohnung	539
2. Wohneigentum	540
II. Ausgleich unentgeltlicher Zuwendungen	540
1. Tod des Zuwendenden	540
2. Tod des Zuwendungsempfängers	541

§ 24 Couchsurfing, Airbnb und andere Formen der kurzfristigen Gebrauchsüberlassung 543
A. Praktische Relevanz der kurzfristigen Gebrauchsüberlassung 544
B. Voraussetzungen der Zulässigkeit der Gebrauchsüberlassung einer Mietwohnung an Nichtmieter 545
   I. Grundsatz der Unzulässigkeit der Gebrauchsüberlassung durch den Mieter 545
   II. Vorbehalt der Erlaubnis des Vermieters 545
      1. Erlaubnispflichtigkeit der Gebrauchsüberlassung 545
         a) Abgrenzung: „Dritte" und „Gäste" 545
         b) Einschränkung des Vermieterinteresses bei der WG: Eher Gäste als Dritte in einer WG? 547
         c) Keine Relevanz der verwendeten Terminologie „Gast" und „Gastgeber" 548
      2. Anspruch auf Erlaubniserteilung 548
         a) Wirkung des bestehenden Anspruchs gegen den Vermieter 548
         b) Voraussetzungen des Anspruchs auf Erteilung der Erlaubnis 548
      3. Umfang der Erlaubnis zur Gebrauchsüberlassung 550
         a) Inhaltlicher Bezugspunkt der Erlaubnis 550
         b) Einschränkungen durch Zweckentfremdungsverbote 551
   III. Notwendigkeit der Zustimmung der anderen Mitbewohner zur partiellen Gebrauchsüberlassung 553
C. Folgen unberechtigter Untervermietung 554
   I. Unterlassungsverlangen des Vermieters 554
   II. Kündigung des Mietverhältnisses 554
      1. Möglichkeit der Kündigung 554
         a) Kündigungsgrund: unbefugte Untervermietung 554
         b) Kündigungsgrund: nachhaltige Störung des Hausfriedens 554
         c) Kündigungsempfänger 555
      2. Erfordernis der vorherigen Abmahnung 555
   III. (Keine) Pflicht zur Herausgabe der Untermiete 556
D. Der Gastgeber als Unternehmer 558
   I. Informationspflichten im Fernabsatz 558
   II. Vertragsschluss außerhalb des Internets 559
E. Steuerrechtliche Aspekte der Untervermietung 559
F. Ergebnisse 561

§ 25 Wohngemeinschaften in Eigentumswohnungen 563
A. Grundlagen 564
   I. Wohngemeinschaft – Versuch einer Begriffsbildung 564
      1. Zusammenwohnen im Rahmen familienrechtlicher Statusverhältnisse 565
      2. Zusammenwohnen im Rahmen öffentlich-rechtlicher Statusverhältnisse 566
      3. Zusammenwohnen jenseits von Statusverhältnissen 566
      4. Wohngemeinschaft als Rechtsbegriff 566
   II. Wohnungseigentum als Rechtsbegriff 567
   III. Die Wohngemeinschaft im Wohnungseigentum 569
B. Rechtsverhältnisse 569
   I. Die Wohnungseigentümer untereinander und ihr Verhältnis zu Dritten 569
      1. Die Wohnungseigentümergemeinschaft als (teil-)rechtsfähiger Verband 571
         a) Teilrechtsfähigkeit 571

  b) Verwaltungsvermögen 571
  c) Wahrnehmungskompetenzen 573
  d) Haftungsverfassung 573
 2. Die Wohnungseigentümer als (Bruchteils-)Gemeinschaft 574
 II. Die Wohngemeinschaft zum überlassenden
  Wohnungseigentümer 575
 III. Die Wohngemeinschaft zu den anderen Wohnungseigentümern 575
 IV. Die Wohngemeinschaft zu der (teil-)rechtsfähigen
  Wohnungseigentümergemeinschaft 577
 V. Die Wohngemeinschaft zu den Bewohnern anderer
  Eigentumswohnungen 578
C. Die Vermietung von Wohnungseigentum 579
D. Das vermietete Wohnungseigentum 580
 I. Gebrauch von Sonder- und Gemeinschaftseigentum 580
 II. Mietgewährleistung, Sekundärrechte 581
 III. Barrierefreiheit (§ 554a BGB) 582
 IV. Die wohnungseigentumsrechtliche Verwalterabrechnung und die
  mietrechtliche Betriebskostenabrechnung 582
  1. Grundsätze der Verwalterabrechnung 583
  2. Unterschiede zur Betriebskostenabrechnung 584
   a) Umlageschlüssel 584
   b) Abrechnungszeitraum, Abrechnungszeitpunkt 584
   c) Abfluss- und Leistungsprinzip 584
  3. Spezifika einzelner Abrechnungsposten 585
   a) Grundsteuer 585
   b) Heizkosten 585
  4. Folgen für die Erstellung der Betriebskostenabrechnung 586
  5. Insbesondere Wohngemeinschaften 587
  6. Belege und Einsichtsrecht 588
  7. Gestaltungsmöglichkeiten 589
   a) Gemeinschaftsordnung 589
   b) Mietverhältnis 590
   c) insbesondere Wohngemeinschaften 591
   d) Verwaltervertrag 591

**§ 26 Multinationale Wohngemeinschaften – Anwendbares Recht und
internationale Zuständigkeit** 593
A. Einleitung 594
B. Anwendbares Recht 594
 I. Mietvertrag 594
  1. Mietstatut 594
   a) Allgemeines Mietstatut 594
   b) Kurzfristige Mietverhältnisse 595
   c) Engere Verbindung 596
  2. Rechtswahl 597
   a) Grundsatz 597
   b) Reine Inlandssachverhalte 598
   c) Binnenmarkt-Sachverhalte 599
  3. Reichweite des Mietvertragsstatuts 599
   a) Form des Mietvertrags 599
   b) Umfang und Beendigung des Mietvertrags 601
   c) Dingliche und quasi-dingliche Wirkungen 601
   d) Eingriffsnormen 602

II. Die WG als Gesellschaft	604
1. Das Gesellschaftsstatut	604
2. Innengesellschaft	605
3. Außengesellschaft	606
III. Verhältnis zu Dritten	606
1. Verträge mit der WG	606
2. Deliktische Rechtsverletzungen in der WG	608
C. Internationale Zuständigkeit	609
I. Rechtsstreitigkeiten aus dem Mietvertrag	609
1. Ausschließliche Zuständigkeit, Art. 24 Nr. 1 S. 1 EuGVVO	609
2. Zusätzlicher Gerichtsstand bei kurzfristigen Mietverhältnissen, Art. 24 Nr. 1 S. 2 EuGVVO	610
II. Sonstige Rechtsstreitigkeiten	610
1. Allgemeiner Gerichtsstand: Wohnsitz	611
2. Besondere Zuständigkeiten	612
3. Verbrauchergerichtsstand	612

§ 27 Wohngemeinschaften als Bedarfsgemeinschaften ... 615

A. Einführung	615
B. Ausgangssituation	616
C. Die Bedarfsgemeinschaft	618
I. Sozialrechtliche Bedeutung und Herkunft	618
II. Voraussetzungen	619
1. Person vs. Partner	620
a) Ausschließlichkeit	621
b) Möglichkeit der Heirat	622
2. Zusammenleben in einem Haushalt	622
a) Zusammenleben	623
b) Gemeinsamer Haushalt	623
3. Wechselseitiger Wille, füreinander Verantwortung zu tragen und füreinander einzustehen	623
4. Widerlegung des Verantwortungs- und Einstehenswillens	625
D. Verfahren	625
I. Ermittlung	625
II. Vertretung	626
III. Im Prozess	626
E. Weitere Gemeinschaften	627
I. Wohngemeinschaft	627
II. Haushaltsgemeinschaft	627
III. Gemeinschaften nach dem SGB XII	628
F. Fazit	629

§ 28 Ambulant betreute Wohngruppen (Pflege-WG) – Sozialrechtliche Fragestellungen ... 631

A. Grundlagen	631
B. Leistungsvoraussetzungen	632
I. Allgemeine Leistungsvoraussetzungen (SGB XI)	633
1. Versicherungsverhältnis und Wartezeit	633
2. Pflegebedürftigkeit des Anspruchstellers im Sinne von § 14 SGB XI	633
3. Leistungsantrag	633
4. Leistungsbezug nach §§ 36, 37, 38, 45a oder § 45b SGB XI	633
II. Anforderungen an die Wohngruppe	634
III. Gemeinschaftlich beauftragte Unterstützungskraft	637
IV. Ambulante Versorgungsform	640

Inhaltsverzeichnis

C. Leistungen (§§ 38a und 45e SGB XI)	641
I. Zusätzliche monatliche Leistung (§ 38a SGB XI)	641
1. Wohngruppenzuschlag	641
2. Inanspruchnahme von Leistungen der Tages- und Nachtpflege neben dem Wohngruppenzuschlag	642
II. Anschubfinanzierung (§ 45e SGB XI)	642
D. Leistungskonkurrenzen	643
§ 29 Alternative Wohnprojekte	**645**
A. Einleitung	646
B. „Wohnen für Mithilfe" und andere Wohnformen zur Unterstützung einer Vertragspartei	646
I. Grundlagen	647
1. Dienstleistung als Leistungspflicht	647
2. Abgrenzung zum Arbeitsvertrag	647
3. Allgemeine Hinweise zur Vertragsgestaltung	648
II. „Wohnen für Mithilfe" als Mietvertrag mit (teilweise) atypischer Gegenleistung	648
1. Vorliegen eines Mietvertrags mit atypischer Gegenleistung	648
2. Anwendung des Mietrechts im Einzelnen	649
3. Sonderfall: Möblierter Wohnraum	650
4. Sonderfall: Wohnen für Mithilfe in angemietetem Wohnraum	650
III. „Wohnen für Mithilfe" als typengemischter Vertrag	651
1. Vorliegen eines typengemischten Vertrags	651
2. Anwendung des Dienstvertrags- und des Mietrechts im Einzelnen	651
a) Leistungsstörungen	652
b) Vertragsbeendigung	652
IV. Weitere Hinweise für die Vertragsgestaltung	653
C. „Plus-WG" und andere Modelle ohne Unterstützungsleistungen Dritter	653
I. Verhältnis der Wohngemeinschaft zu außenstehenden Dritten	654
II. Verhältnis der Mitbewohner untereinander	655
1. Genossenschaftsinterne Rechtsverhältnisse	655
a) Verhältnis der Mitglieder zur Genossenschaft	655
b) Verhältnis der Genossenschaftsmitglieder untereinander	657
2. Innenverhältnis der BGB-Gesellschafter	657
D. „Senioren-WG" und andere Modelle mit Unterstützungsleistungen Dritter	658
I. Spezielle gesetzliche Vorschriften	658
1. Pflichten nach dem Heimrecht	658
2. Rechte des Verbrauchers nach dem WBVG	659
3. Sozialrechtliche Leistungen	659
II. Verhältnis der Wohngemeinschaft zu außenstehenden Dritten	659
III. Verhältnis der Mitbewohner untereinander	660
E. Wohngemeinschaft als „Kommune"	661
I. Die Kommune als BGB-Innengesellschaft	661
II. Fehlen des Rechtsbindungswillens	662
F. Sonderfall: Alternative Wohnprojekte in zwischenvermieteten Räumen	662
Sachverzeichnis	665

Literatur

Bamberger, Heinz Georg / Roth, Herbert / Hau, Wolfgang / Poseck, Roman, (Hrsg.) .... Beck'scher Online-Kommentar zum Bürgerlichen Gesetzbuch, 49. Edition, Stand: 1.2.2019

Bärmann, Johannes / Seuß, Hanns / Drasdo, Michael (Begr. und Hrsg.) ...... Praxis des Wohnungseigentums, 7. Aufl. 2017

Bärmann, Johannes (Begr.) .... Wohnungseigentumsgesetz: WEG, 14. Aufl. 2018

Bärmann, Johannes / Pick, Eckhart (Begr. und Hrsg.) .... Wohnungseigentumsgesetz: Kommentar, 19. Aufl. 2010

Baumbach, Adolf / Hopt, Klaus J. (Begr. und Hrsg.) .... Handelsgesetzbuch: Kommentar, 38. Aufl., 2018

Baumbach, Adolf / Lauterbach, Wolfgang / Albers, Jan / Hartmann, Peter (Begr. und Hrsg.) .... Zivilprozessordnung: ZPO, 77. Aufl. 2019

Baumgärtel, Gottfried / Laumen, Hans-Willi / Prütting, Hanns (Hrsg.) .... Handbuch der Beweislast, 4. Aufl. 2018

Baur, Fritz / Stürner, Rolf / Bruns, Alexander .... Zwangsvollstreckungsrecht, 13. Aufl. 2006

Baur, Jürgen F. / Stürner, Rolf .... Sachenrecht, 18. Aufl. 2009

Bayerlein, Walter (Begr.) .... Praxishandbuch Sachverständigenrecht, 5. Aufl. 2015

Beckmann, Roland Michael / Matusche-Beckmann, Annemarie (Hrsg.) .... Versicherungsrechts-Handbuch, 3. Aufl. 2015

Blank, Hubert / Börstinghaus, Ulf P. .. Miete: Das gesamte BGB-Mietrecht, 5. Aufl., 2017

Blümich, Walter (Begr.) .... EStG, KStG, GewStG, 143. Aufl. 2018

Börstinghaus, Ulf P. .... Miethöhe-Handbuch, 2. Aufl. 2016

Böttcher, Roland .... Zwangsversteigerungsgesetz: Kommentar, 6. Aufl. 2016

Braun, Eberhard (Hrsg.) .... Insolvenzordnung (InsO): Kommentar, 7. Aufl. 2017

Brehm, Wolfgang / Berger, Christian .. Sachenrecht, 3. Aufl. 2014

Brox, Hans / Walker, Wolf-Dietrich ... Zwangsvollstreckungsrecht, 11. Aufl. 2018

Bruns, Alexander .... Privatversicherungsrecht, 2015

Bub, Wolf-Rüdiger / Treier, Gerhard / Kraemer Hans-Jörg (Begr. und Hrsg.) .. Handbuch der Geschäfts- und Wohnraummiete, 4. Aufl. 2014

Bültmann, Herbert / Hausmann, Rainer / Hohloch, Gerhard (Hrsg.) ..... Das Recht der nichtehelichen Lebensgemeinschaft, 2. Aufl. 2004

Calliess, Ralf-Peter .... Rome Regulations, 2. Aufl. 2015

Dauner-Lieb, Barbara / Langen, Werner (Hrsg.) .... Nomos-Kommentar zum Bürgerlichen Gesetzbuch, Schuldrecht, Bd. II, 3. Aufl. 2016

Diverse (Hrsg.) .... Reichsgerichtsrätekommentar zum Bürgerlichen Gesetzbuch, 12. Aufl., seit 1974

Dölle, Hans .... Familienrecht, 1964

Literatur

Eicher, Wolfgang / Luik, Steffen (Hrsg.)	SGB II – Grundsicherung für Arbeitsuchende: Kommentar, 4. Aufl. 2017
Elzer, Oliver / Riecke, Olaf	Mietrechtskommentar, 2009
Emmerich, Volker / Sonnenschein, Jürgen (Begr.)	Miete: Handkommentar, 11. Aufl. 2014
Erman, Walter (Begr.)	Kommentar zum Bürgerlichen Gesetzbuch, 15. Aufl. 2017
Ferrari, Franco / Kieninger, Eva-Maria / Mankowski, Peter	Internationales Vertragsrecht: Kommentar, 3. Aufl. 2018
Fikentscher, Wolfgang / Heinemann, Andreas	Schuldrecht, 11. Aufl. 2017
Flume, Werner	Allgemeiner Teil des Bürgerlichen Rechts, Erster Band/Erster Teil: Die Personengesellschaft, 1977
Fridgen, Alexander / Geiwitz, Arndt / Göpfert, Burkard (Hrsg.)	Beck'scher Onlinekommentar zur Insolvenzordnung, 13. Edition, Stand: 28.1.2019
Fritz, Jürgen	Gewerberaummietrecht, 4. Aufl. 2005
Fromm, Axel / Nordemann, Jan Bernd (Hrsg.)	Urheberrecht: Kommentar, 12. Aufl. 2018
Gagel, Alexander (Begr.)	SGB II / SGB III, 72. EL März 2019
Gaul, Hans-Friedhelm / Schilken, Eberhard / Becker-Eberhard, Ekkehard	Zwangsvollstreckungsrecht, 12. Aufl. 2010
Ghassemi-Tabar, Nima / Guhling, Hartmut / Weitemeyer, Birgit (Hrsg.)	Gewerberaummiete: Kommentar, 2015
Gies, Richard (Hrsg.)	Beck'sches Formularbuch Mietrecht, 5. Aufl. 2016
Graf von Westphalen, Friedrich / Thüsing, Gregor (Hrsg.)	Vertragsrecht und AGB-Klauselwerke, 42. EL, Dezember 2018
Graf-Schlicker, Marie Luise (Hrsg.)	Kommentar zur Insolvenzordnung, 4. Aufl. 2014
Gramlich, Bernhard	Mietrecht, 14. Aufl. 2018
Gsell, Beate / Krüger, Wolfgang / Lorenz, Stephan / Reymann, Christoph (Hrsg.)	beck-online.GROSSKOMMENTAR Zivilrecht, Stand: 15.5.2019
Güllemann, Dirk	Internationales Vertragsrecht, 3. Aufl. 2018
Gummert, Hans / Weipert, Lutz (Hrsg.)	Münchener Handbuch des Gesellschaftsrechts, 5. Aufl. 2019
Gummert, Hans (Hrsg.)	Münchener Anwaltshandbuch Personengesellschaftsrecht, 2. Aufl. 2015
Hannemann, Thomas / Wiegner, Michael (Hrsg.)	Münchener Anwaltshandbuch Mietrecht, 4. Aufl. 2014
Hauck, Karl / Noftz, Wolfgang (Hrsg.)	Sozialgesetzbuch Gesamtkommentar, Stand: März 2019
Henssler, Martin / Strohn, Lutz (Hrsg.)	Gesellschaftsrecht: Kommentar, 4. Aufl. 2019

Literatur

Herberger, Maximilian / Martinek, Michael / Rüßmann, Helmut / Weth, Stephan / Würdinger, Markus (Hrsg.)	juris PraxisKommentar zum Bürgerlichen Gesetzbuch, 8. Aufl. 2017
Herrlein, Jürgen / Kandelhard, Ronald	Mietrecht: Praxiskommentar, 4. Aufl. 2010
Hügel, Stefan / Elzer, Oliver (Hrsg.)	Wohnungseigentumsgesetz, 2. Aufl. 2018
Jaeger, Ernst (Begr.)	Insolvenzordnung: Kommentar, seit 2004
Jarass, Hans D. / Pieroth, Bodo (Hrsg.)	Grundgesetz: Kommentar, 15. Aufl. 2018
Jauernig, Othmar (Begr.)	Bürgerliches Gesetzbuch: Kommentar, 17. Aufl. 2018
Jennißen, Georg (Hrsg.)	Wohnungseigentumsgesetz: Kommentar, 5. Aufl. 2017
Joecks, Wolfgang / Miebach, Klaus (Hrsg.)	Münchener Kommentar zum StGB, 3. Aufl., seit 2017
Kayser, Godehard / Thole, Christoph (Hrsg.)	Heidelberger Kommentar zur Insolvenzordnung, 9. Aufl. 2018
Kindl, Johann / Meller-Hannich, Caroline / Wolf, Hans-Joachim (Hrsg.)	Gesamtes Recht der Zwangsvollstreckung: Handkommentar, 3. Aufl. 2016
Kinne, Harald / Schach, Klaus / Bieber, Hans-Jürgen	Miet- und Mietprozessrecht: Kommentar zu den §§ 535–580a BGB mit Schriftsatz- und Klagemustern für die Rechtspraxis, 7. Aufl. 2013
Kirchhof, Paul / Seer, Roman (Hrsg.)	Einkommensteuergesetz (EStG): Kommentar, 17. Aufl. 2018
Klein-Blenkers, Friedrich / Heinemann, Jörn / Ring, Gerhard (Hrsg.)	Miete | WEG | Nachbarschaft: Spezialkommentar zu den §§ 535 ff. BGB, dem gesamten WEG, den §§ 903 ff. BGB, 2. Aufl. 2019
Knickrehm, Sabine / Kreikebohm, Ralf / Waltermann, Raimund (Hrsg.)	Kommentar zum Sozialrecht, 5. Aufl. 2017
Koch, Jens	Gesellschaftsrecht, 10. Aufl. 2017
Koreng, Ansgar / Lachenmann, Matthias (Hrsg.)	Formularhandbuch Datenschutzrecht, 2. Aufl. 2018
Körner, Anne / Leitherer, Stephan / Mutschler, Bernd / Rolfs, Christian (Hrsg.)	Kasseler Kommentar Sozialversicherungsrecht, SGB X, 101. EL September 2018
Kossmann, Ralph / Meyer-Abich, Matthias	Handbuch der Wohnraummiete, 7. Aufl. 2014
Krauß, Hans-Frieder	Immobilienkaufverträge in der Praxis, 8. Aufl. 2017
Krenzler, Michael / Borth, Helmut,	Anwalts-Handbuch Familienrecht, 2. Aufl. 2012
Lackner, Karl / Kühl, Kristian (Begr. und Hrsg.)	Strafgesetzbuch (StGB): Kommentar, 29. Aufl. 2018
Lammel, Siegbert	AnwaltKommentar Wohnraummietrecht, 2007
Lammel, Siegbert	Heizkostenverordnung: HeizkV, 4. Aufl. 2015
Langenberg, Hans / Zehelein, Kai	Betriebskosten- und Heizkostenrecht, 9. Aufl. 2019

Literatur

Langheid, Theo / Wandt, Manfred (Hrsg.)	Münchener Kommentar zum Versicherungsvertragsgesetz, 2. Aufl. 2016
Langheid, Theo / Rixecker, Roland (Hrsg.)	Versicherungsvertragsgesetz: VVG, 5. Aufl. 2016
Larenz, Karl / Canaris, Claus-Wilhelm,	Lehrbuch des Schuldrechts Band II – Halbband 2, 13. Aufl. 1994
Laufhütte, Heinrich / Rissing-van Saan, Ruth / Tiedemann, Klaus (Hrsg.)	Leipziger Kommentar StGB, 12. Aufl., seit 2007
Limmer, Peter / Hertel, Christian / Frenz, Norbert / Mayer, Jörg (Hrsg.)	Würzburger Notarhandbuch, 5. Aufl. 2017
Lindner-Figura, Jan / Oprée, Frank / Stellmann, Frank (Hrsg.)	Geschäftsraummiete: Handbuch, 4. Aufl. 2017
Littbarski, Sigurd	Kommentar: Allgemeine Versicherungsbedingungen für die Haftpflichtversicherung (AHB), 2001
Looschelders, Dirk	Schuldrecht Allgemeiner Teil, 16. Aufl. 2018
Looschelders, Dirk / Pohlmann, Petra	Versicherungsvertragsgesetz: Kommentar, 3. Aufl. 2017
Lützenkirchen, Klaus (Hrsg.)	Anwalts-Handbuch Mietrecht, 6. Aufl. 2018
Lützenkirchen, Klaus (Hrsg.)	Mietrecht: Kommentar, 2. Aufl. 2015
Martin, Anton (Begr.)	Sachversicherungsrecht: Kommentar zu den AVB und Klauseln, 3. Aufl. 1992
Maunz, Theodor / Dürig, Günter (Begr.)	Kommentar zum Grundgesetz, 85. Aufl. 2019
Medicus, Dieter / Petersen, Jens	Bürgerliches Recht, 26. Aufl. 2017
Merten, Detlef / Papier, Hans-Jürgen (Hrsg.)	Handbuch der Grundrechte, seit 2006
Mitsch, Wolfgang (Hrsg.)	Karlsruher Kommentar zum Gesetz über Ordnungswidrigkeiten, 5. Aufl. 2018
Müller-Glöge, Rudi / Preis, Ulrich / Schmidt, Ingrid (Hrsg.)	Erfurter Kommentar zum Arbeitsrecht, 19. Aufl. 2019
Muscheler, Karlheinz	Familienrecht, 4. Aufl. 2017
Musielak, Hans-Joachim / Voit, Wolfgang (Hrsg.)	Zivilprozessordnung: ZPO, 16. Aufl. 2019
Nerlich, Jörg / Römermann, Volker (Hrsg.)	Insolvenzordnung (InsO): Kommentar, 38. EL Januar 2019
Oestreicher, Ernst / Decker, Andreas (Begr. und Hrsg.)	SGB II/SGB XII, 86. EL März 2019
Oetker, Hartmut (Hrsg.)	Handelsgesetzbuch: Kommentar, 5. Aufl. 2017
Palandt, Otto (Begr.)	Kommentar zum Bürgerlichen Gesetzbuch, 78. Aufl. 2019
Pawlowski, Hans-Martin	Allgemeiner Teil des BGB, 7. Aufl. 2003
Prinz, Ulrich / Hoffmann, Wolf-Dieter (Hrsg.)	Beck'sches Handbuch der Personengesellschaften, 4. Auflage 2014
Prölss, Jürgen / Martin, Anton	Kommentar zum Versicherungsvertragsgesetz, 30. Aufl. 2018
Prütting, Hanns / Wegen, Gerhard / Weinreich, Gerd (Hrsg.)	BGB: Kommentar, 13. Aufl. 2018

Literatur

Prütting, Hanns / Gehrlein, Markus (Hrsg.)	ZPO: Kommentar, 10. Aufl. 2018
Rauscher, Thomas	IPR, 5. Aufl. 2017
Rauscher, Thomas (Hrsg.)	Europäisches Zivilprozess- und Kollisionsrecht EuZPR/EuIPR, 4. Aufl. 2015
Rauscher, Thomas / Krüger, Wolfgang (Hrsg.)	Münchener Kommentar zur Zivilprozessordnung, 5. Aufl. 2016
Reithmann Christoph / Martiny, Dieter (Hrsg.)	Internationales Vertragsrecht, 8. Aufl. 2015
Rieck, Jürgen (Hrsg.)	Ausländisches Familienrecht, 17. Aufl. 2018
Rolfs, Christian / Giesen, Richard / Kreikebohm, Ralf / Udsching, Peter (Hrsg.)	Beck'scher Onlinekommentar zum Sozialrecht, 52. Edition, Stand: 1.3.2019
Rüffer, Wilfried / Halbach, Dirk / Schimikowski, Peter (Hrsg.)	Nomos-Kommentar zum Versicherungsvertragsgesetz, 3. Aufl. 2015
Säcker, Franz Jürgen / Rixecker, Roland / Oetker, Hartmut / Limperg, Bettina	Münchener Kommentar zum Bürgerlichen Gesetzbuch, 7. Aufl. (seit 2015) und 8. Aufl. (seit 2018)
Saenger, Ingo (Hrsg.)	Nomos-Handkommentar zur Zivilprozessordnung, 7. Aufl. 2017
Saenger, Ingo,	Gesellschaftsrecht, 4. Aufl. 2018
Schach, Klaus / Schultz, Michael / Schüller, Peter (Hrsg.)	Beck'scher Online-Kommentar zum Mietrecht, 15. Edition, Stand: 1.3.2019
Schack, Haimo	Internationales Zivilverfahrensrecht, 7. Aufl. 2017
Scherer, Stephan (Hrsg.)	Münchener Anwaltshandbuch Erbrecht, 5. Aufl. 2018
Schimikowski, Peter	Versicherungsvertragsrecht, 6. Aufl. 2017
Schlegel, Rainer / Voelzke, Thomas (Hrsg.)	juris PraxisKommentar SGB X, 2. Aufl. 2017
Schmid, Michael J. / Harz, Annegret	Fachanwaltskommentar Mietrecht, 5. Aufl. 2017
Schmid, Michael J.	Handbuch der Mietnebenkosten, 16. Aufl. 2019
Schmidt, Andreas	Handbuch Privatinsolvenz: Schuldenbereinigung, Restschuldbefreiung, Insolvenzplan, 4. Aufl. 2014
Schmidt, Karsten	Gesellschaftsrecht, 4. Aufl. 2015
Schmidt, Karsten (Hrsg.)	Insolvenzordnung, 19. Aufl. 2016
Schmidt, Karsten (Hrsg.)	Münchener Kommentar zum HGB, 4. Aufl., seit 2016
Schmidt-Futterer, Wolfgang (Begr.)	Mietrecht: Großkommentar des Wohn- und Gewerberaummietrechts, 13. Aufl. 2017
Scholz, Harald / Stein, Rolf / Kleffmann, Norbert / Doering-Striening, Gudrun (Begr. und Hrsg.)	Praxishandbuch Familienrecht, 35. EL August 2018
Schönke, Adolf / Schröder, Horst (Begr.)	Strafgesetzbuch: Kommentar, 30. Aufl. 2019
Schricker, Gerhard / Loewenheim, Ulrich (Hrsg.)	Urheberrecht: Kommentar, 5. Aufl. 2017
Schulze, Reiner (Hrsg.)	Nomos Handkommentar zum Bürgerlichen Gesetzbuch, 10. Aufl. 2019

Literatur

Schuschke, Winfried / Walker, Wolf-Dietrich (Hrsg.)	Vollstreckung und Vorläufiger Rechtsschutz: Kommentar, 6. Aufl. 2016
Soergel, Theodor (Begr.)	Kommentar zum Bürgerlichen Gesetzbuch, 13. Aufl. 2011
Späte, Bernd (Begr.) / Schimikowski, Peter (Hrsg.)	Haftpflichtversicherung, Kommentar, 2. Aufl. 2015
Staake, Marco	Gesetzliche Schuldverhältnisse, 2014
Staub, Hermann (Begr.)	HGB: Großkommentar, 5. Aufl., seit 2009
Stein, Friedrich / Jonas, Martin (Begr. und Hrsg.)	Kommentar zur Zivilprozessordnung, 22. Aufl. (seit 2002) und 23. Aufl. (seit 2017)
Sternel, Friedemann	Mietrecht aktuell, 4. Aufl. 2009
Stöber, Kurt (Begr.)	Zwangsversteigerungsgesetz: Kommentar, 22. Aufl. 2019
Stürner, Rolf / Eidenmüller, Horst / Schoppmeyer, Heinrich (Hrsg.)	Münchener Kommentar zur Insolvenzordnung, 3. Aufl., seit 2013
Udsching, Peter / Schütze, Bernd (Hrsg.)	SGB XI: Soziale Pflegeversicherung, 5. Aufl. 2018
Uhlenbruck, Wilhelm / Hirte, Heribert / Vallender, Heinz / Kuhn, Georg (Hrsg.)	Insolvenzordnung: Kommentar, 14. Aufl. 2015
van Bühren, Hubert W. (Hrsg.)	Handbuch Versicherungsrecht, 7. Aufl. 2017
v. Bar, Christian / Mankowski, Peter,	Internationales Privatrecht Band 2: Besonderer Teil, 1991
v. Hoffmann, Bernd / Thorn, Karsten	IPR, 9. Aufl. 2007
v. Staudinger, Julius (Begr.)	Kommentar zum Bürgerlichen Gesetzbuch, Neubearbeitung, fortlaufend seit 2003
Vorwerk, Volkert / Wolf, Christian (Hrsg.)	Beck'scher Onlinekommentar zur Zivilprozessordnung, 32. Edition, Stand: 1.3.2019
Wandt, Manfred	Versicherungsrecht, 6. Aufl. 2016
Weitnauer, Herman (Begr.)	Wohnungseigentumsgesetz, 9. Aufl. 2004
Westermann, Harm Peter / Gursky, Karl-Heinz / Eickmann, Dieter	Sachenrecht, 8. Aufl. 2011
Wetekamp, Axel	Mietsachen: Handbuch zur Wohnraummiete, 4. Aufl. 2007
Wieczorek, Bernhard / Schütze, Rolf A. (Hrsg.)	Großkommentar zur Zivilprozessordnung, 4. Aufl., seit 2015
Wiedemann, Herbert	Gesellschaftsrecht Band I, 1980
Wieprecht, André / Wieprecht-Kotzsch, Annett	Praxisratgeber Pflegeversicherung, 2016
Windbichler, Christine	Gesellschaftsrecht, 24. Aufl. 2017
Wolf, Eckhard / Eckert, Hans-Georg / Ball, Wolfgang / Günter, Peter	Handbuch des gewerblichen Miet-, Pacht- und Leasingrechts, 11. Aufl. 2017
Wolff, Martin / Raiser, Ludwig	Sachenrecht, 10. Aufl. 1957
Zöller, Richard (Begr.)	Zivilprozessordnung: Kommentar, 32. Aufl. 2018

Bearbeiter

Dr. Jennifer Antomo, Johannes Gutenberg-Universität Mainz

Tobias von Bressensdorf MJur, Universität Leipzig

Anja Christow, Universität Rostock

Dr. Christian Deckenbrock, Universität zu Köln

PD Dr. Daniel Effer-Uhe, Universität zu Köln

Dr. Matthias Fervers, Ludwig-Maximilians-Universität München

Mathias Fromberger, Technische Universität München

Dr. Tony Grobe, Universität Leipzig

Dr. Sascha Gruschwitz, Staatsanwalt (Sachsen)

Prof. Dr. Erik Hahn, Hochschule Zittau/Görlitz

Dr. Rafael Harnos, Universität Bonn

Prof. Dr. Franz Hofmann LL. M., Friedrich-Alexander-Universität Erlangen-Nürnberg

Dr. Tim Husemann, Ruhr-Universität Bochum

Dr. Robert Korves, Ruhr-Universität Bochum

Prof. Dr. Linda Kuschel LL. M., Bucerius Law School Hamburg

Dr. David Markworth, Universität zu Köln

Prof. Dr. Philipp Maume SJD, Technische Universität München

Prof. Dr. Lena Maute, Universität Augsburg

Prof. Dr. Olaf Muthorst, Freie Universität Berlin

Dr. Claudia Raupach LL. M., Richterin (Brandenburg)

Prof. Dr. Lena Rudkowski, Justus-Liebig-Universität Gießen

Prof. Dr. Adam Sagan MJur, Universität Bayreuth

PD Dr. Angie Schneider, Universität zu Köln

Prof. Dr. Paul T. Schrader, Universität Bielefeld

Dr. Thilo Schülke, Rechtsanwalt

Dr. Tilman Schultheiß, Rechtsanwalt

Prof. Dr. Dirk Selzer, Hochschule der Bundesagentur für Arbeit

Prof. Dr. Marco Staake, Universität Bayreuth

Dr. Stephan Szalai LL. M., Notariatsverwalter (Brandenburg)

Dr. Denise Wiedemann LL. M., Max-Planck-Institut für ausländisches und internationales Privatrecht

§ 1 Bedeutung und Erscheinungsformen von Wohngemeinschaften

Übersicht

	Rn.
A. Grundlagen	1
I. Begriff der „Wohngemeinschaft"	1
II. Typische Merkmale	6
1. Mindestens zwei Personen	6
2. Zwecksetzung	8
a) Gemeinsames Wohnen	8
b) Gemeinsames Wirtschaften	10
c) Weitergehende Zwecke?	12
3. Dauer des Zusammenschlusses	15
B. Praktische Bedeutung	16
C. Rechtliche Erscheinungsformen	20
I. Zweck einer Kategorisierung	20
II. Anknüpfungspunkt	22
III. Die sechs Grundtypen	24
1. WG-Typ A – Untermiete	24
2. WG-Typ B – Einzelverträge	25
3. WG-Typ C – Gesamtschuld	26
4. WG-Typ D – Außen-GbR	27
5. WG-Typ E – Mitbewohner ohne Mietvertrag	28
6. WG-Typ F – Eigentümer als Mitbewohner	29
7. Mischformen	30
IV. Hierarchische und gleichberechtigte Wohngemeinschaften	31
D. Rechtliche Schnittstellen	34
I. Grundkonflikt: Mietrecht vs. Gesellschaftsrecht	34
II. Weitere Rechtsmaterien	37

Schrifttum:
Bunn, Zum Innenverhältnis von Wohngemeinschaften, MDR 1989, 127; *Grunewald,* Wohngemeinschaften und nichteheliche Lebensgemeinschaften als Mieter, JZ 2015, 1027; *Horst,* Vertragsgestaltung bei Vermietung an Wohngemeinschaften, MDR 1999, 266; *Jacobs,* Die Haftung der (studentischen) Wohngemeinschaft nach Anerkennung der Rechtsfähigkeit der Außen-GbR; *Martinek,* Der Student als Mieter vor und nach der Mietrechtsreform 2001 – Praktische und rechtliche Betrachtungen zur studentischen Wohnraummiete; *von Renesse,* Ein rechtliches Dach für Wohn- und Lebensgemeinschaften, ZRP 1996, 21.

A. Grundlagen

I. Begriff der „Wohngemeinschaft"

Für den Begriff der Wohngemeinschaft hat sich **weder in der Alltagsprache noch in der juristischen Fachsprache** bislang eine **einheitliche Bedeutung** herausgebildet.[1] Dementsprechend besteht auch keine Einigkeit darüber, welche Formen des Zusammenlebens als Wohngemeinschaften bezeichnet werden sollten. Zwar werden bestimmte Erscheinungsformen einhellig als Wohngemeinschaften angesehen, etwa das Zusammenleben von Studierenden in Studenten-WGs. Und zumeist wird man eben diese als erstes mit dem

---
[1] Zutreffend *Blank* in Schmidt-Futterer MietR BGB § 540 Rn. 18.

Begriff Wohngemeinschaft assoziieren, was sicherlich auch dem Umstand geschuldet ist, dass Studenten-WGs in der Praxis häufig vorkommen (→ Rn. 17). Jedoch ist die Reichweite des Begriffs der Wohngemeinschaft keineswegs geklärt. Umstritten ist insbesondere, ob nichteheliche Lebensgemeinschaften als Wohngemeinschaften angesehen werden können oder ob sich um eine hiervon strikt zu unterscheidende Form des Zusammenlebens handelt (→ Rn. 13). Zu bedenken ist auch, dass das gemeinschaftliche Wohnen in der jüngeren Vergangenheit einen praktischen Bedeutungswandel erfahren hat und in Zukunft „alternative", also dem traditionellen Bild des familiären Zusammenlebens nicht entsprechende Wohnformen noch mehr an Bedeutung gewinnen werden (→ Rn. 18). Dem sollte bei der Begriffsbestimmung – oder genauer: der Begriffsbildung – Rechnung getragen werden. Kurzum: Man sollte den **allgemeinen** Begriff der Wohngemeinschaft nicht zu eng fassen (→ Rn. 5). Zudem kann es für bestimmte rechtliche Fragestellungen auch **spezielle** Begriffe der Wohngemeinschaft geben, die mit Blick auf den Normzweck, etwa sozialrechtlicher Vorschriften, enger zu fassen sind.

2 Als **Gesetzesbegriff** sucht man die Wohngemeinschaft im Zivilrecht vergeblich. Das **BGB** kennt ihn **nicht**. Er findet sich aber mittlerweile in zahlreichen öffentlich-rechtlichen, namentlich **sozialrechtlichen Gesetzen**. § 5 Abs. 4 Wohngeldgesetz (WoGG) in der bis zum 31.12.2015 geltenden Fassung bestimmte etwa, dass eine Wohngemeinschaft vorliegt, „wenn Personen Wohnraum gemeinsam bewohnen". Bei Vorliegen einer Wohngemeinschaft in diesem Sinne soll vermutet werden, dass eine Wirtschaftsgemeinschaft besteht, die dahingehend definiert wird, dass „Personen sich ganz oder teilweise gemeinsam mit dem täglichen Lebensbedarf versorgen" (§ 5 Abs. 5 WoGG). Mit der Neufassung der Vorschrift ist die Wohngemeinschaft als Begriff aus dem WoGG gestrichen worden, wenngleich in § 3 Abs. 4 WoGG weiterhin davon die Rede ist, dass „Wohnraum gemeinsam bewohnt wird". Das Begriffspaar Wohn- und Wirtschaftsgemeinschaft findet sich weiterhin aber in anderen sozialrechtlichen Gesetzen. So definiert etwa § 18 Abs. 1 Wohnraumfördergesetz (WoFG) Haushaltsangehörige als „Personen, die miteinander eine Wohn- und Wirtschaftsgemeinschaft führen", sofern es sich um Ehegatten, Lebenspartner, Partner nichtehelicher Lebensgemeinschaften, Verwandte oder Verschwägerte bestimmten Grades handelt. Ersichtlich sollte damit nicht der Begriff der Wohngemeinschaft definiert werden, vielmehr dient der Terminus hier lediglich als Tatbestandsmerkmal für andere Rechtsbegriffe. Ebenfalls nicht weiter hilft § 42a Abs. 4 S. 1 SGB XII (Sozialhilfe), der die Wohngemeinschaft als das „Zusammenleben leistungsberechtigter Personen in einer Wohnung" definiert. Zusammengefasst lässt sich festhalten: Wenn der Begriff Wohngemeinschaft im Gesetz auftaucht, hat dieser entweder eine **beschreibende Funktion** oder einen **spezifisch sozialrechtlichen Gehalt**. Für die Festlegung eines allgemeinen Begriffs der Wohngemeinschaft ist damit noch nichts gewonnen.

3 Obschon der Begriff der Wohngemeinschaft in zivilrechtlichen Gesetzen bislang keine Verwendung findet, ist ein Großteil der rechtlichen **Fragestellungen** rund um das gemeinsame Wohnen **zivilrechtlicher Natur**. In der Kommentarliteratur zum BGB wird die Thematik sowohl beim Mietrecht (§§ 535 ff. BGB) als auch bei der Gesellschaft bürgerlichen Rechts (§§ 705 ff. BGB) verortet, was auch sachgerecht ist, da ersteres zumeist im Außenverhältnis, letzteres im Innenverhältnis eine maßgebende Rolle spielt (→ Rn. 35). Bisweilen wird die Wohngemeinschaft auch in den familienrechtlichen Darstellungen thematisiert, insbesondere um diese von der – gesetzlich ebenfalls nicht geregelten – nichtehelichen Lebensgemeinschaft abzugrenzen. Zivilrechtliche Aufsätze rund um das Thema Wohngemeinschaften sind hingegen vereinzelt geblieben[2], Monographien gar nicht zu finden, was angesichts der praktischen Bedeutung (→ Rn. 16 ff.) und der Mannigfaltigkeit der rechtlichen Fragestellungen doch überrascht.

4 In der zivilrechtlichen Literatur finden sich verschiedene **Vorschläge** für eine Begriffsbestimmung:

---

[2] Siehe die Literaturhinweise am Anfang dieses Kapitels.

A. Grundlagen

- „Hier wird unter einer Wohngemeinschaft ein lockerer Zusammenschluss von mehreren Personen verstanden, die eine Wohnung oder ein Haus gemeinsam bewohnen."[3]
- „Mieten mindestens zwei Personen, die keine Lebensgemeinschaft oder dgl. bilden, gemeinsam eine Wohnung, um durch gemeinsames Wohnen und Wirtschaften Kosten zu sparen, spricht man von einer Wohngemeinschaft (WG)."[4]
- „Wohngemeinschaft ist die ohne die inneren Bindungen einer Lebensgemeinschaft auskommende, sich selbst verwaltende Haushalts- und Wirtschaftsgemeinschaft mehrerer Personen."[5]
- „Als Wohngemeinschaften bezeichnet man lockere Zusammenschlüsse von mehreren Personen zwecks gemeinsamer Nutzung einer Wohnung oder eines Hauses."[6]
- „Wohngemeinschaften haben sich ausschließlich zu dem Zweck zusammengefunden, eine Wohnung gemeinsam zu nutzen und sich die Kosten dafür zu teilen. Es besteht also überwiegend eine räumliche Gemeinschaft, ohne die für das Vorhandensein einer nichtehelichen Lebensgemeinschaft notwendigen Voraussetzungen."[7]

Diese Definitionen können als solche nicht falsch sein, da es sich um Bedeutungszuweisungen handelt, die verschiedene Autoren für ihre Zwecke jeweils vornehmen. Sie sind zudem allesamt geeignet, die Wohnformen zu erfassen, die man in der Alltagssprache zumeist als Wohngemeinschaft bezeichnet, etwa die bereits erwähnten Studenten-WGs. Die nachfolgenden Ausführungen werden aber zeigen, dass die Definitionen **für die Zwecke dieses Handbuchs teilweise zu eng** sind. Ein Handbuch, das sich den rechtlichen Fragestellungen rund um das Thema Wohngemeinschaften widmet, sollte den Begriff zunächst einmal weit fassen. Sinnvoll erscheint daher weniger eine starre Begriffsbestimmung, sondern eine **typisierende Betrachtung**. Hierzu sind in einem ersten Schritt die prägenden Merkmale von Wohngemeinschaften herauszuarbeiten (→ Rn. 6 ff.), um dann in einem zweiten Schritt anhand dieser Merkmale eine Abgrenzung zu anderen Gemeinschaften vorzunehmen (→ Rn. 12 ff.).

II. Typische Merkmale

1. Mindestens zwei Personen

Von einer **Wohngemeinschaft** lässt sich sinnvoll nur bei einem Zusammenschluss von mindestens zwei Personen (**Mitbewohnern**) sprechen. Mit sich selbst allein kann man keine Gemeinschaft bilden. Vereinzelt wird das Postulat aufgestellt, eine Wohngemeinschaft liege nur vor, wenn mindestens drei Personen zusammenleben.[8] Dem ist nicht zu folgen. Zum einen genügen auch in den anderen Fällen, in denen im Rechtssinne von einer „Gemeinschaft" die Rede ist, zwei Personen, etwa bei der Bruchteilsgemeinschaft im Sinne der §§ 741 ff. BGB oder der bereits erwähnten nichtehelichen Lebensgemeinschaft. Zum anderen sind die grundlegenden Rechtsfragen, die das gemeinsame Zusammenleben aufwirft, bei zwei Mitbewohnern nicht wesentlich anders als bei drei oder mehr Mitbewohnern. Dementsprechend ist auch keine der unten aufgeführten Kategorien (→ Rn. 24 ff.) auf „Wohngemeinschaften" beschränkt, bei denen mehr als zwei Mitbewohnern vorhanden sind.

Eine feste **Obergrenze** für die Anzahl von Mitbewohnern, die gemeinsam eine Wohngemeinschaft bilden können, **gibt es nicht**. Faktische Begrenzungen ergeben sich aber aus dem Umstand, dass die Wohneinheiten nur eine begrenzte räumliche Kapazität haben. Wie viele Mitbewohner sich zu einer Wohngemeinschaft zusammenschließen können, hängt

---

[3] *Blank* in Schmidt-Futterer MietR BGB § 540 Rn. 18.
[4] *Häublein* in MüKoBGB § 535 Rn. 49.
[5] *Weber* in BeckOK MietR, 15 Ed., 1.12.2018, BGB § 540 Rn. 13 und § 553 Rn. 15.
[6] *Emmerich* in Staudinger BGB § 540 Rn. 52.
[7] *von der Tann* in BeckHdB FamR, 34. EL April 2018, Teil N Rn. 11.
[8] LG Köln NJW-RR 1991, 1414.

damit entscheidend von der Größe des Wohnraums, der Anzahl der zur Verfügung stehenden Zimmer und den individuellen Platzbedürfnissen der Mitbewohner ab. Es ist jedenfalls nicht ausgeschlossen, dass sich Mitbewohner – auch über Küche und Badezimmer hinaus – einzelne Räume teilen. Möglich ist es aber auch, dass Mitbewohner mehr als einen Raum zur alleinigen Nutzung erhalten.

2. Zwecksetzung

a) Gemeinsames Wohnen

8 Zentraler Zweck einer Wohngemeinschaft ist das gemeinsame Wohnen. Es handelt sich mithin stets um **räumliche Gemeinschaften**. Der Begriff „Wohnen" impliziert dabei, dass gewisse Grundbedürfnisse erfüllt werden können, etwa das Schlafen, Waschen, Kochen und Essen usw. Ein „gemeinsames Wohnen" liegt jedenfalls dann vor, wenn ein Teil der entsprechenden Räumlichkeiten (insbesondere Küche und Badezimmer, gegebenenfalls ein gemeinsames Wohnzimmer) von sämtlichen Mitbewohnern **mitgenutzt** werden können. Nicht erforderlich ist es hingegen, dass sämtliche Räume allen Mitbewohnern zur Nutzung zur Verfügung stehen. Im Gegenteil: In den meisten Wohngemeinschaften werden den Mitbewohner einzelne Räume zur **alleinigen Nutzung** zugewiesen. Hinsichtlich dieser „privaten" Räume kann der Berechtigte den anderen Mitbewohnern den Zutritt gestatten oder verweigern.

9 Wohngemeinschaften werden oftmals in **Wohnungen** gebildet, also in räumlichen Teileinheiten von Häusern. Dabei kann es sich um rechtlich selbständige Einheiten nach dem WEG handeln, aber auch um nicht sonderrechtsfähige Teile eines Hauses, die von den übrigen Räumen abgegrenzt sind, insbesondere durch eine Wohnungstür oder einen separaten Eingang. Die Begrenzung auf einen abgrenzbaren Teil eines Wohnhauses ist indes kein notwendiges Merkmal einer Wohngemeinschaft. Daher können auch **sämtliche Räume eines Wohnhauses** für eine Wohngemeinschaft genutzt werden. Sind auf einem Grundstück mehrere Gebäude vorhanden, können auch diese zu einer Wohngemeinschaft zusammengefasst werden. Zu denken ist hier etwa an eine „Kommune", die einen Gutshof mit mehreren Einzelgebäuden bewohnt. Erforderlich ist dann aber zumindest, dass bestimmte Räume gemeinsam genutzt werden. Schließlich sind sogar Wohngemeinschaften ganz ohne Haus denkbar, zum Beispiel auf einem Hausboot.

b) Gemeinsames Wirtschaften

10 Das gemeinsame Wohnen bedingt stets auch ein gemeinsames Wirtschaften. Dies folgt bereits aus dem Umstand, dass die gemeinsame Nutzung von Räumen wie einem Badezimmer oder der Küche Kosten verursacht, die nicht einzelnen Mitbewohnern konkret zugeordnet werden können. In jeder Wohngemeinschaft gibt es daher **gemeinschaftliche Kosten**. Ob hierzu nur die Kosten für Strom, Wasser und Abwasser sowie sonstige Betriebskosten zählen oder ob die Mitbewohner darüber hinaus gemeinsam wirtschaften wollen, richtet sich nach der Abrede, die die Mitbewohner untereinander treffen. Sie bestimmen selbst, ob aus der Wohngemeinschaft auch eine umfassendere Wirtschaftsgemeinschaft wird.

11 Aus dem Umstand, dass gemeinschaftliche Kosten anfallen, folgt nicht zwangsläufig, dass diese Kosten auch gemeinsam von den Mitbewohnern getragen werden. Wer im Außenverhältnis zum Vermieter die Kosten zu tragen hat, richtet sich nach der mietvertraglichen Gestaltung (zu den verschiedenen WG-Typen → Rn. 24 ff.). Im Innenverhältnis entscheidet die vertragliche Abrede, die die Mitbewohner getroffen haben, und, falls eine solche Abrede fehlt, die dispositiven gesetzlichen Vorschriften, namentlich jene des GbR-Rechts (→ Rn. 35 und § 14). Ein gemeinsames Wirtschaften im hier verwendeten Sinne liegt jedenfalls auch dann vor, wenn ein Mitbewohner im Außen- und/oder Innenverhältnis zur Kostentragung verpflichtet ist.

A. Grundlagen

c) Weitergehende Zwecke?

Die Verfolgung weiterer, über das gemeinsame Wohnen und Wirtschaften hinausgehender Zwecken schließen das Vorliegen einer Wohngemeinschaft grundsätzlich nicht aus. Daher ist es durchaus möglich, dass die Mitbewohner in der Wohnung – über das räumliche Zusammenleben hinaus – gemeinsam eine berufliche oder gewerbliche Tätigkeit ausüben, zusammen ihren Hobbys nachgehen oder auf andere Weise ihre Freizeit miteinander gestalten. Bei manchen Wohngemeinschaften gehören die **gemeinsamen Aktivitäten** zum integralen Bestandteil des Zusammenlebens, bei anderen hingegen steht allein das (zumeist kostensparende) Teilen von Wohnraum im Vordergrund.

12

Umstritten ist, ob **nichteheliche Lebensgemeinschaften** den Wohngemeinschaften zuzuordnen sind. Die oben (→ Rn. 4) aufgeführten Definitionen zeigen, dass manche Autoren eine klare Abgrenzung zwischen Wohn- und Lebensgemeinschaft vornehmen wollen. Die Lebensgemeinschaft zeichne sich durch innere Bindungen aus, die bei der Wohngemeinschaft gerade fehle sollen.[9] Dementsprechend wird auch umgangssprachlich zwischen Wohn- und Lebensgemeinschaften unterschieden. Bei näherer Betrachtung zeigt sich aber schnell, dass eine **trennscharfe Abgrenzung nicht immer möglich** ist. Die nichteheliche Lebensgemeinschaft ist – anders als Ehe und Lebenspartnerschaft – gesetzlich nicht geregelt, sodass es keine rechtlichen Mindestanforderungen an ihr Vorliegen gibt. So bedarf es keines besonderen formalen Aktes, um eine nichteheliche Lebensgemeinschaft einzugehen. Auch hinsichtlich der Art und Intensität der inneren Bindung zwischen den Partner lassen sich keine allgemeingültigen Anforderungen aufstellen. So ist etwa ein (regelmäßiger) sexueller Kontakt zwischen den Partner weder eine notwendige noch eine hinreichende Bedingung für eine nichteheliche Lebensgemeinschaft. Die inneren Bindungen, die nichteheliche Lebensgemeinschaften auszeichnen sollen, sind letztlich nichts anderes subjektive Empfindungen, die die Partner teilen. Kategorien wie Liebe, Zuneigung oder Freundschaft können bestenfalls einen Beitrag dazu leisten, den rechtlich nicht definierten (und wohl auch nicht definierbaren) Begriff der nichtehelichen Lebensgemeinschaft greifbarer zu machen. Es sind aber letztlich immer die Partner, die für sich darüber entscheiden, ob sie zusammen eine Lebensgemeinschaft bilden oder ob zwischen ihnen lediglich eine Freundschaft besteht. Die **Grenzen zwischen (bloßer) Wohngemeinschaft und nichtehelicher Lebensgemeinschaft** können daher **fließend** sein. Was als Wohngemeinschaft beginnt, wird in der Praxis manchmal zur Lebensgemeinschaft. Umgekehrt werden gescheiterte Lebensgemeinschaften bisweilen (jedenfalls zeitweilig) als reine Wohngemeinschaften fortgesetzt. Zudem gibt es Konstellationen, in denen die Partner einer nichtehelichen Lebensgemeinschaft mit anderen Personen in einer Wohngemeinschaft leben. Es sprechen daher gute Gründe dafür, nichteheliche Lebensgemeinschaft in einem Handbuch zu Wohngemeinschaften mitzubehandeln (→ § 22), jedenfalls soweit sich spezifische Probleme des gemeinsamen Wohnens auch hier stellen. Auf diese Weise können zugleich die rechtlichen Unterschiede beider Gemeinschaftsformen dargestellt werden. Diese betreffen vornehmlich das Innenverhältnis und weniger das Außenverhältnis, wenngleich es auch hier Besonderheiten geben kann.

13

Für **Ehen und eigetragene Partnerschaften** gilt etwas anderes. Zwar haben Ehegatten und Lebenspartner typischerweise und auch nach dem gesetzlichen Leitbild einen gemeinsamen Lebensmittelpunkt. Doch wird insoweit der Begriff Wohngemeinschaften weder umgangssprachlich noch im rechtlichen Kontext verwendet[10]. Insoweit ist eine trennscharfe Abgrenzung zu Wohngemeinschaften wie auch zu nichtehelichen Lebensgemeinschaften möglich, da sowohl die Begründung als auch die Beendigung einer Ehe oder Lebenspartnerschaft einen formalisierten Akt verlangen. Hinzu kommt, dass diese für diese Formen des Zusammenlebens ausführliche gesetzliche Regelungen in den §§ 1353 ff. BGB sowie

14

---

[9] *Weber* in BeckOK MietR, 15 Ed. 1.12.2018, BGB § 540 Rn. 13 und § 553 Rn. 15.
[10] Anders aber Roth in MüKoBGB § 1353 Rn. 34, wobei der verwendete Begriff der „Wohngemeinschaft" aber nur einen deskriptiven Charakter hat.

im LebenspartnerG vorhanden sind, die nicht nur das Innenverhältnis, sondern auch das Verhältnis zu Dritten betreffen (siehe etwa § 1357 BGB). Ehen und Lebenspartnerschaften sind mithin **keine Wohngemeinschaften in dem in diesem Handbuch zugrunde gelegten Sinne.** Dies schließt es freilich nicht aus, dass Ehegatten oder Lebenspartner gemeinsam mit anderen Mitbewohnern eine Wohngemeinschaft bilden, auch wenn dies seltener vorkommen mag als das Zusammenleben der Partner nichtehelicher Lebensgemeinschaften mit anderen.

3. Dauer des Zusammenschlusses

15 Die **beabsichtigte oder tatsächliche Dauer** des Zusammenlebens in Wohngemeinschaften kann ganz **unterschiedlich** sein. Häufig ist es so, dass Wohngemeinschaften nur für einen bestimmten Lebensabschnitt eingegangen werden. So bilden Studierende während ihrer Studienzeit häufig Wohngemeinschaften mit anderen Studierenden, um sich danach anderen Wohnformen zuzuwenden. Es ist aber durchaus möglich, dass die Mitbewohner eine spätere Auflösung der Wohngemeinschaft bei ihrer Begründung gar nicht ins Auge fassen, sondern vielmehr eine Dauerlösung für ihre gemeinsame Wohnsituation anstreben. Dies kann etwa auf nichteheliche Lebensgemeinschaften zutreffen, die man durchaus als Wohngemeinschaften ansehen kann (→ Rn. 13). Wohngemeinschaften spielen aber auch zunehmend für Senioren eine Rolle, die ihren Lebensabend gemeinsam mit anderen – sei es nun mit oder ohne soziale oder medizinische Hilfe – erleben und gestalten wollen. Abhängig von den individuellen Bedürfnissen und Vorstellungen der Mitbewohner kann eine Wohngemeinschaft daher **sowohl wenige Wochen als auch viele Jahre** lang bestehen.

B. Praktische Bedeutung

16 Wohngemeinschaften haben eine signifikante praktische Bedeutung. Dies belegen **statistische Erhebungen** zur Verbreitung dieser Wohnform. Eine Studie des *Instituts für Demoskopie Allensbach (IfD)* zeigt, dass konstant **über vier Millionen Menschen** in Deutschland in Wohngemeinschaften leben. Bemerkenswert ist, dass Wohngemeinschaften hier als Alternative zum eigenen Haus, zur Eigentumswohnung und zur Miete behandelt werden, obwohl es sich insoweit ersichtlich um verschiedene Aspekte handelt und der Großteil der Wohngemeinschaften „zur Miete lebt". Dennoch sind die Zahlen aufschlussreich.

C. Rechtliche Erscheinungsformen § 1

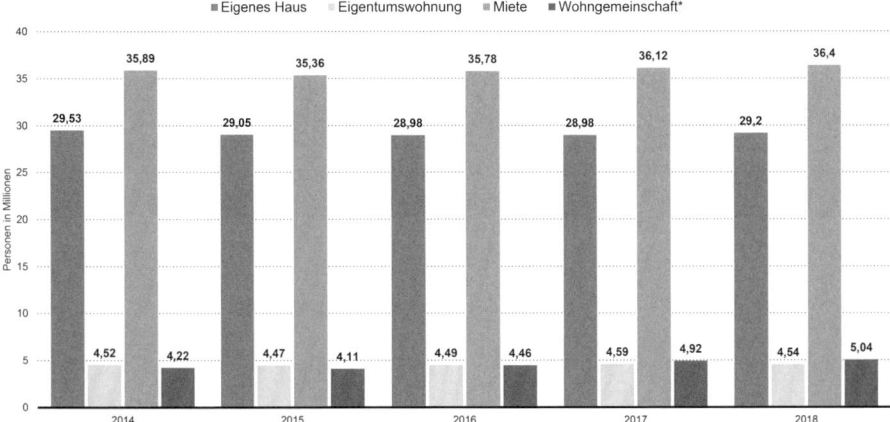

Bevölkerung in Deutschland nach Wohnsituation von 2014 bis 2018 (in Millionen Personen)
Umfrage in Deutschland zur Wohnsituation der Bevölkerung bis 2018

Hinweis(e): Deutschland; 2014 bis 2018; ab 14 Jahre; deutschsprachige Bevölkerung
Quelle(n): IfD Allensbach; ID 171237

Die praktischen Erscheinungsformen von Wohngemeinschaften sind vielfältig. Die bekannteste Form ist sicherlich die **Studenten-WG**. Erhebungen des *Deutschen Studentenwerks* zeigen, dass rund 30 % und damit eine relative Mehrheit der Studierenden in Wohngemeinschaften leben, wobei nichteheliche Lebensgemeinschaften nicht mitgerechnet sind. 17

Die hohe Verbreitung von Studenten-WGs hat sicherlich dazu geführt, dass Wohngemeinschaften zumeist als **Wohnform für junge Menschen** angesehen werden. Allerdings erfreuen sich auch andere Konstellationen des Zusammenwohnens einer wachsenden Beliebtheit, etwa in Gestalt von Business-WGs, Wohngemeinschaften von Alleinerziehenden sowie alternativen Wohnprojekte (zu diesen → § 29). Zudem werden Wohngemeinschaften **auch für ältere Menschen zunehmend beliebter**. Bestätigt wird dies durch eine Umfrage der Deutschen Telekom AG und des F. A. Z.-Instituts aus dem Jahr 2011. Darin haben immerhin 14 % der Befragten angegeben, dass sie im Alter das Wohnen in einer Wohngemeinschaft mit Freunden oder Bekannten bevorzugen würden. 18

Dass die Wohngemeinschaft längst nicht mehr dem tradierten Bild der Student-WG verhaftet sein muss, zeigen die sogenannte **Pflege-WGs**, in denen pflegebedürftige Personen zusammenwohnen und medizinische Betreuung erhalten. Pflege-WGs bilden damit eine zunehmend wichtiger werdende Alternative zur Betreuung zu Hause und dem Wohnen in Pflegeheimen. Sie sind mittlerweile Gegenstand zahlreicher sozialrechtlicher Vorschriften, weshalb ihnen in diesem Handbuch ein eigenes Kapitel gewidmet ist (→ § 28). 19

C. Rechtliche Erscheinungsformen

I. Zweck einer Kategorisierung

Die rechtlichen Probleme, die bei Begründung, Bestehen und Beendigung von Wohngemeinschaften auftreten können, sind vielfältig. Dies ist bereits dem Umstand geschuldet, dass es keine eine einheitliche (Rechts-)Form der Wohngemeinschaft gibt, sondern die gemeinschaftlichen Aspekte des Wohnens in unterschiedlichem Maße ausgeprägt sein können. Diese Unterschiede betreffen sowohl das Außenverhältnis, insbesondere wenn 20 der Wohnraum – wie praktisch häufig – von einem außenstehenden Dritten gemietet wird, als auch das Innenverhältnis der Mitbewohner untereinander. Bei Wohngemeinschaften kann es sich um im Außenverhältnis in Erscheinung tretende Gesellschaften handeln, aber auch um bloße, auf das Innenverhältnis beschränkte schuldrechtliche Abreden zwischen den Mitbewohnern. **Die Wohngemeinschaft schlechthin gibt es also nicht.**

21 Ungeachtet dessen gibt es aber in der Praxis wiederkehrende Erscheinungsformen von Wohngemeinschaften, die eine Kategorisierung möglich machen. Eine solche Kategorisierung ist auch sinnvoll, da auf diese Weise die **verschiedenen, aber auch gemeinsamen Strukturen herausgearbeitet** werden können. Die Kategorisierung kann mithin eine Vorarbeit für die Lösung konkreter rechtliche Fragestellungen leisten. Zu diesem Zweck werden im Folgenden **sechs Grundtypen** der Wohngemeinschaften vorgestellt. In den späteren Kapiteln wird diese Typisierung dann, soweit hierfür Bedarf besteht, wieder aufgegriffen. Mit der hier vorgenommenen Kategorisierung soll ein **Vereinfachungseffekt** einhergehen. Die Kategorisierung ist in erster Linie ein Hilfsmittel. Konkrete Erkenntnisse lassen sich aus ihr hingegen nicht ableiten. Hierfür ist es vielmehr erforderlich, die spezifischen Fragen herauszuarbeiten und diese anhand der vertraglichen Abreden zwischen den Parteien und den einschlägigen – zwingenden oder dispositiven – gesetzlichen Regelung zu beantworten.

II. Anknüpfungspunkt

22 Die hier vorgeschlagene Typisierung knüpft an die **Gebrauchsüberlassung** des Wohnraums an. Abgestellt wird also auf das Außenverhältnis und nicht auf das Innenverhältnis zwischen den Mitbewohnern. In den meisten Fällen ist der von der Wohngemeinschaft genutzte Wohnraum von einem Dritten, der nicht selbst Mitglied der Wohngemeinschaft ist, angemietet. Insoweit haben sich in der Praxis verschiedene vertragliche Gestaltungsformen herausgebildet (siehe insbesondere WG-Typen A bis D). Bisweilen fehlt es aber auch an einem Außenverhältnis, namentlich in den Fällen, in denen der Eigentümer eines Hauses oder einer Wohnung mit anderen eine Wohngemeinschaft bildet. Auch diesen Fällen trägt die Kategorisierung Rechnung (siehe WG-Typ F).

23 Es gäbe durchaus andere Anknüpfungspunkte für eine Kategorisierung. So könnte vornehmlich auf das Innenverhältnis, also die bestehenden Abreden zwischen den Mitbewohnern abgestellt werden. Indes sind die Unterschiede zwischen den verschiedenen Erscheinungsformen von Wohngemeinschaft hier deutlich weniger ausgeprägt als bei der auf das Außenverhältnis abstellenden Kategorisierung. Im Innenverhältnis handelt es sich nämlich in den ganz überwiegenden Fällen um eine GbR zwischen den Mitbewohner. Für die folgenden Betrachtungen ist das Anknüpfen an die Gebrauchsüberlassung daher **ertragreicher**. Einen Anspruch auf Allgemeingültigkeit erhebt die Kategorisierung indes nicht. Es handelt sich, wie bereits ausgeführt, vornehmlich um ein Hilfsmittel, das eine praktikable Unterscheidung liefern soll (und kann). Die Typisierung ist **nicht abschließend**. Weitere Gestaltungsformen sind – zumindest theoretisch – möglich. Zudem können die verschiedenen **WG-Typen miteinander kombiniert** werden (→ Rn. 30).

III. Die sechs Grundtypen

1. WG-Typ A – Untermiete

24 Bei WG-Typ A besteht im Außenverhältnis zwischen dem Vermieter und einem der Mitbewohner (Hauptmieter) ein Mietvertrag über die gesamte Wohnung. Aufgrund dieses **Hauptmietverhältnisses** ist der Hauptmieter berechtigt, **Untermietverträge** mit weiteren Mitbewohnern abzuschließen. Die Untermieter leiten ihre Besitz- und Nutzungs-

berechtigung hinsichtlich der ihnen allein zugewiesenen sowie der gemeinschaftlich zu nutzenden Räume daher nicht vom Vermieter ab, sondern vom Hauptmieter. Aufgrund dessen ist dieser – zumindest mietrechtlich – die zentrale Figur der Wohngemeinschaft. Hauptmieter und Untermietern bilden zusammen eine Gesellschaft bürgerlichen Rechts im Sinne der §§ 705 ff. BGB. Hierbei handelt es sich um eine sogenannte Innen-GbR, also um ein rein schuldrechtliches Rechtsverhältnis. Die Innen-GbR tritt als solche nach außen nicht in Erscheinung. Sie wird – schon mangels Rechtsfähigkeit – aus dem Vertrag mit dem Vermieter nicht berechtigt oder verpflichtet.

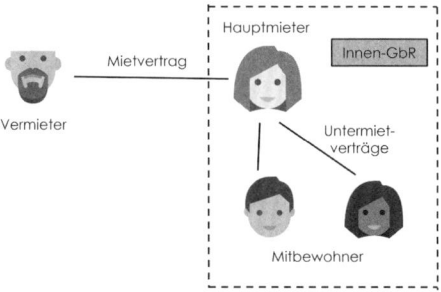

2. WG-Typ B – Einzelverträge

Bei WG-Typ B schließen sämtliche Mitbewohner mit dem Vermieter Einzelmietverträge über die ihnen jeweils zugewiesenen Räume sowie die Mitnutzung der Gemeinschaftsräume. Die Mietverträge sind dabei nicht miteinander verknüpft, sodass jeder Mitbewohner im Außenverhältnis nur einen Teil der Miete schuldet. Im Innenverhältnis bilden die Mitbewohner eine **Innen-GbR**.

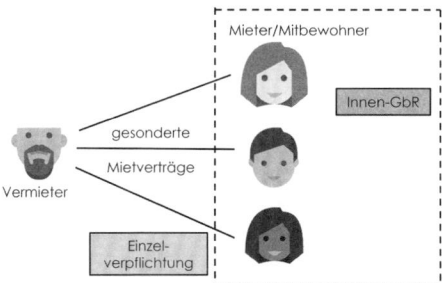

3. WG-Typ C – Gesamtschuld

Bei WG-Typ C schließen die Mitbewohner gemeinsam einen **einheitlichen Mietvertrag** mit dem Vermieter ab, aus dem jeder von ihnen hinsichtlich der gesamten Wohnung berechtigt und verpflichtet wird. Die Mitbewohner haften hier als Gesamtschuldner, weshalb im Außenverhältnis jeder die gesamte Miete schuldet. Untereinander bilden die Mitbewohner wiederum eine **Innen-GbR**.

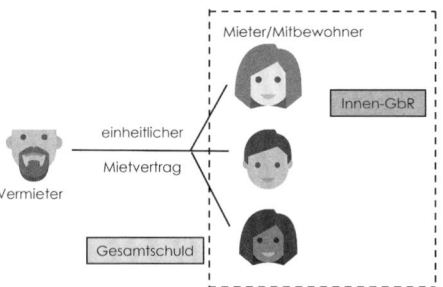

4. WG-Typ D – Außen-GbR

27 WG-Typ D zeichnet sich dadurch aus, dass die Mitbewohner hier eine Außen-GbR bilden. Diese ist nach heute herrschender Ansicht rechtsfähig, das heißt sie kann und soll selbst Vertragspartner werden. Der Mietvertrag kommt hier zwischen dem Vermieter und der Außen-GbR zustande. Die Mitbewohner haften **analog §§ 128 ff. HGB**[11] für unmittelbar, persönlich und als Gesamtschuldner für die Verbindlichkeiten der Gesellschaft. Diese Gestaltungsform hat den Vorteil, dass ein Wechsel im Mitgliederbestand ohne Veränderung der mietvertraglichen Beziehungen möglich ist. Trotz dieser dogmatischen Vorzüge findet sich diese Gestaltung in der Praxis nur selten. Ob die Mitbewohner eine Außen-GbR gründen wollten und der Vermieter diese als Vertragspartner akzeptiert, ist durch Auslegung der Gesellschafts- und Mietverträge zu ermitteln. Da es an einem schriftlichen Gesellschaftsvertrag oftmals fehlen wird, kommt der Bezeichnung der Vertragsparteien im Mietvertrag hier regelmäßig eine entscheidende Bedeutung zu. Wird hier die Wohngemeinschaft als solche benannt oder gar als GbR bezeichnet, spricht vieles für das Vorliegen eines WG-Typs D. Werden die Mitbewohner hingegen namentlich aufgeführt, ist eher ein WG-Typ C gegeben. Im Innenverhältnis unterscheiden sich beide Typen hingegen nicht.

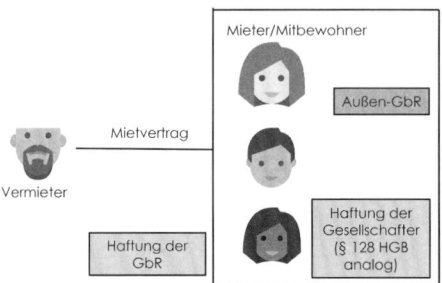

5. WG-Typ E – Mitbewohner ohne Mietvertrag

28 In der Praxis finden sich auch Gestaltungen, in denen **nicht alle Mitbewohner mietvertraglich** mit dem Vermieter oder (bei WG-Typ A) dem Hauptmieter verbunden sind. Stattdessen werden sie aufgrund einer mit den mietenden Mitbewohnern getroffenen Abrede in die Wohngemeinschaft aufgenommen. Dies ist etwa dann der Fall, wenn ein Mitbewohner oder ein bisher allein wohnender Mieter einen Lebensgefährten, Angehörigen oder Bekannten in die Wohnung mitaufnimmt. Auch dies kann zur Begründung einer

---

[11] Grundlegend zu Rechtsfähigkeit der Außen-GbR und zur Haftung der Gesellschafter nach §§ 128 ff. HGB analog BGHZ 146, 341 – ARGE Weißes Ross.

Wohngemeinschaft führen. Dies gilt selbst dann, wenn die Aufnahme durch den Vermieter nicht gestattet wurde, da die Zulässigkeit des Zusammenwohnens im Außenverhältnis keine Voraussetzung für das Vorliegen einer Wohngemeinschaft ist. In welchen Fällen Vermieter oder Mitbewohner die Aufnahme einer nichtmietenden Person dulden müssen, wird in späteren Kapiteln dieses Handbuchs näher behandelt (→ § 3, → § 11). Zwischen dem bislang alleinlebenden Mieter und der aufgenommenen Person kann dann eine **Innen-GbR**, eine **nichteheliche Lebensgemeinschaft** oder ein **Gefälligkeitsverhältnis** (etwa bei der Aufnahme von Verwandten) bestehen. Bestand bereits zuvor eine Innen-GbR tritt der nichtmietende Gesellschafter in diese ein, sofern die übrigen Mitbewohner dem zustimmen.

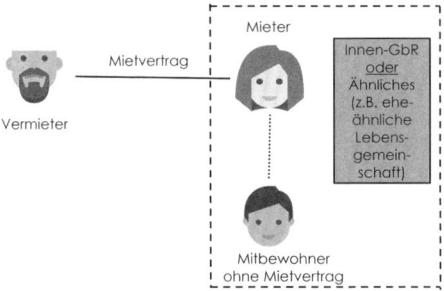

6. WG-Typ F – Eigentümer als Mitbewohner

Bei WG-Typ F fehlt es an dem für die anderen WG-Typen charakteristischen Außenverhältnis. Der **Vermieter** ist hier **selbst Mitglied der Wohngemeinschaft**. Die Nutzungsüberlassung an die anderen Mitbewohner erfolgt dabei entweder aufgrund von Mietverträgen (so in der Abbildung) oder im Rahmen einer nichtehelichen Lebensgemeinschaft oder eines Gefälligkeitsverhältnisses. Je nach Gestaltung kann dabei zwischen dem Vermieter und der anderen Mitbewohner eine **Innen-GbR** vorliegen. Zu diesem WG-Typ können schließlich auch die Fälle gerechnet werden, in denen die Mitbewohner **Miteigentümer** eines Hauses oder einer Wohnung sind, um dort gemeinsam zu wohnen. In diesen Fällen finden liegt eine Bruchteilsgemeinschaft im Sinne der §§ 1008 iVm 741 ff. BGB vor.

29

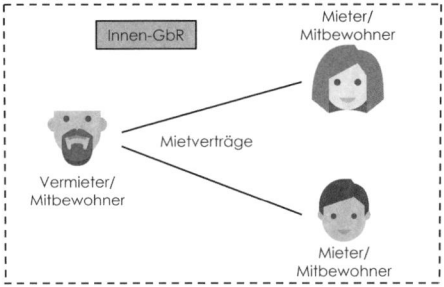

7. Mischformen

Die hier vorgestellte Kategorisierung ist **nicht abschließend**. Sie deckt aber einen Großteil der Erscheinungsformen von Wohngemeinschaften ab. Dabei sind durchaus auch Mischformen möglich, bei denen **verschiedene Formen der Gebrauchsüberlassung mit-**

30

einander kombiniert werden. So können beispielsweise die WG-Typen A und C verknüpft werden, indem der Vermieter einen Mietervertrag mit zwei Personen schließt, denen er die Untervermietung an eine Dritte Person gestattet. Zur Lösung auftretender Problem kann die komplexere Gestaltung dann auf die einfacheren Grundformen heruntergebrochen werden.

IV. Hierarchische und gleichberechtigte Wohngemeinschaften

31 An dieser Stelle bietet sich noch eine weitere Unterscheidung an – und zwar zwischen hierarchischen und gleichberechtigten Wohngemeinschaften.[12] Die Unterscheidung ist insbesondere für die Frage relevant, wer für **Entscheidungen über die Veränderung des Mitgliederbestands** einer Wohngemeinschaft zuständig ist (eingehend dazu → § 18).

32 Hierarchische Wohngemeinschaften sind solche, bei denen ein einzelner Mitbewohner im Innenverhältnis primär zur Entscheidung über Veränderungen befugt ist. Dies trifft in der Regel, wenn auch nicht notwendigerweise für die WG-Typen A (Untermiete) und F (Eigentümer als Mitbewohner) zu. Dort schließt der Hauptmieter bzw. Eigentümer jeweils eigenständige Mietverträge mit den übrigen Bewohnern. Er tritt also gegenüber seinen Mitbewohnern als Vermieter auf und befindet sich somit in einer herausgehobenen Position. Daher kann auch von Wohngemeinschaften mit „privilegierter Zentralfigur" gesprochen werden (so → § 18 Rn. 4). Auch der Mitbewohner ohne Mietvertrag bei WG-Typ E hat eine schwächere Stellung als Mitbewohner mit Mietvertrag.

33 Gleichberechtigte Wohngemeinschaften sind demgegenüber dadurch geprägt, dass alle Mitbewohner gemeinsam und gleichberechtigt über die Zusammensetzung des Mitgliederbestands entscheiden. Davon ist insbesondere dann auszugehen, wenn die Mitbewohner den Mietvertrag als Gesamtschuldner (WG-Typ C) oder als Außen-GbR (WG-Typ D) abschließen. Aber auch bei WG-Typ B, bei dem Einzelverträge über den gesamten Wohnraum geschlossen werden, spricht im Ausgangspunkt sehr viel für eine gleichberechtigte Stellung der Mitbewohner.

D. Rechtliche Schnittstellen

I. Grundkonflikt: Mietrecht vs. Gesellschaftsrecht

34 Das „Recht der Wohngemeinschaften" ist eine **Schnittstellenproblematik**. Die praktischen Fragestellungen sind vielfältig und betreffen verschiedene Rechtsmaterien. Manche Aspekte lassen sich dabei klar einer bestimmten Materie zuordnen. So lassen sich etwa sozialrechtliche Fragest nicht durch einen Blick in das BGB lösen, sondern nur anhand der öffentlich-rechtlichen Spezialgesetze. Andere Aspekte des Zusammenlebens in Wohngemeinschaften betreffen hingegen gleichzeitig mehrere Rechtsmaterien, sodass es zu **normativen Wechselwirkungen und Konflikten** kommen kann, die es aufzulösen gilt.

35 Die beiden „großen" Rechtsmaterien, von denen in den folgenden Kapiteln in vielfältigen Zusammenhängen die Rede sein wird, sind das **Mietrecht** (§§ 535 ff. BGB) und das Gesellschaftsrecht, genauer: das **Recht der GbR** (§§ 705 ff. BGB). Das Mietrecht gibt die Regeln vor, nach denen sich die Überlassung des Wohnraums und die Pflichten zwischen Mieter und Vermieter richten. Das GbR-Recht stellt hingegen den rechtlichen Rahmen für das Zusammenleben der Mitbewohner untereinander zur Verfügung. Nur auf den ersten Blick lassen sich beide Materien klar dem Außen- oder Innenverhältnis zuordnen. Zwar ist das Mietrecht in erster Linie maßgeblich für das Verhältnis zwischen Wohngemeinschaft und Vermieter (Außenverhältnis), doch zeigt die oben entwickelte Typisierung, dass auch

---

[12] So ansatzweise auch *Häublein* in MüKoBGB § 535 Rn. 49.

im Innenverhältnis Mietverträge eine Rolle spielen können. Dies gilt namentlich für die Konstellationen der Untermiete (WG-Typ A) und des mitbewohnenden Eigentümers (WG-Typ F). Zum anderen bilden zwar Wohngemeinschaften vielfach eine Innen-GbR, die gleichsam als Innenordnung anzusehen ist, doch können die Mitbewohner auch eine Außen-GbR gründen, die dann Vertragspartner des Vermieters wird (WG-Typ D).

Die Fragen, die sich im Verhältnis zwischen Wohngemeinschaften und Vermietern 36 stellen, unterscheiden sich zwar grundlegend von den Fragen nach den Rechten und Pflichten der Mitbewohner untereinander. Allerdings kann je nach Gestaltung die Rechtslage im Außenverhältnis auch auf das Innenverhältnis **einwirken** – und umgekehrt. Besonders relevant ist dies, wenn es um die Beendigung der Wohngemeinschaft oder den Wechsel im Mitgliederbestand geht, die jeweils sowohl **„von innen"** (durch die Mitbewohner) als auch **„von außen"** (durch den Vermieter) initiiert werden können. Insoweit kann es zu normativen Konflikten kommen. Diese resultieren vor allem daraus, dass das Mietrecht aufgrund seiner sozialpolitischen Funktion vielfach zwingende Vorschriften zum Schutz der Mieter enthält, die natürlich auch für Wohngemeinschaften und deren Mitbewohner gelten, andererseits aber das GbR-Recht durch eine weitreichende Gestaltungsfreiheit geprägt ist und die gesetzlichen Regeln vielfach nur dispositiver Natur sind. Ziel dieses Handbuchs ist es, die Spannungen aufzuzeigen und dogmatisch stimmige wie auch praktikable Lösungen zu entwickeln.

II. Weitere Rechtsmaterien

Neben dem Miet- und Gesellschaftsrecht werden in diesem Handbuch zahlreiche weitere 37 Rechtsmaterien behandelt. Neben mietrechtlichen Vorschriften spielen auch die allgemeinen Vorschriften zur **Rechtsgeschäftslehre** und das **allgemeinen Schuld- und Haftungsrecht** bei der Begründung, Durchführung und Beendigung der Miet- und Gesellschaftsverträge eine maßgebliche Rolle. **Sachenrechtliche** Fragestellungen ergeben sich bei der Einbringung und dem gemeinsamen Erwerb von Gegenständen durch Mitbewohner. Bezüge zum **Erbrecht** gibt es bei der Frage, wie sich der Tod des Vermieters oder eines Mitbewohners auf die bestehenden vertraglichen Beziehungen auswirken. Da in Wohngemeinschaften auch nichteheliche Lebensgemeinschaften anzutreffen sind, spielen auch die entsprechenden **familienrechtlichen** Aspekte eine Rolle. Beim „Wohnen zur Mithilfe" wird das gemeinschaftliche Wohnen um **dienstvertragliche** Elemente ergänzt. Multinationale Wohngemeinschaften werfen Fragestellungen auf, die mithilfe des Internationalen Privatrechts (IPR) zu beantworten sind. Die Themen „Räumung von Wohngemeinschaft" und „Rechtsschutz gegen unzulässige Maßnahmen" sind vornehmlich im **Zivilprozess- und Zwangsvollstreckungsrecht** angesiedelt. Bei Wohngemeinschaften in Eigentumswohnungen ist das **WEG-Recht** von besonderer Bedeutung. Schließlich enthält auch das hier bereits mehrfach angesprochene **Sozialrecht** ganz eigenständige Probleme und Regelungen bereit. Und nicht selten stellen sich in der Praxis auch **versicherungsrechtliche** Fragen.

Diese mannigfaltigen Aspekte werden **in den folgenden Kapiteln behandelt**. Dabei 38 wird zunächst der Blick auf die Begründung von Wohngemeinschaften gelenkt, bevor das Außen- und das Innenverhältnis vertieft behandelt werden, wenngleich eine trennscharfe Abgrenzung zwischen beiden nicht immer möglich ist. Der vierte große Abschnitt ist der Beendigung von Wohngemeinschaften gewidmet. Zum Abschluss werden noch „Sonderformen" behandelt.

§ 2 Begründung von Mietverhältnis und Wohngemeinschaft

Übersicht

	Rn.
A. Einführung	1
B. Vertragsschluss und Mängel bei Vertragsschluss	3
I. Vertragsabschlussfreiheit und ihre Grenzen	4
II. Verschulden bei Vertragsschluss	6
1. Abbruch von Vertragsverhandlungen	7
2. Verletzung von Aufklärungspflichten	9
III. Angebot und Annahme nach den allgemeinen Vorschriften	12
IV. Willensmängel	15
V. Insbesondere: Fragerecht des Vermieters	19
1. Umfang des Vermieter-Fragerechts	20
2. Rechtsfolgen unzulässiger Fragen und unrichtiger Angaben	22
3. Innenverhältnis der Mitbewohner	26
VI. Störung der Geschäftsgrundlage	28
VII. Verbraucherschützendes Widerrufsrecht	29
VIII. Besonderheiten bei Wohngemeinschaften	36
1. Einzelwirkung bei selbstständigen Einzelverträgen	37
2. Einheitliches Vertragsverhältnis bei der Gesamtschuld	38
3. Wirkung für und gegen die Außen-GbR	41
C. Auswirkungen des AGG auf das Wohnraummietverhältnis	43
I. Geltung des AGG im Bereich der Wohnraummiete	44
II. Ausnahmen und Rechtfertigungsgründe	48
III. Rechtsfolgen der Verletzung eines Diskriminierungsverbots	50
IV. Besonderheiten bei Wohngemeinschaften	54
D. Parteien des Mietvertrags und Stellvertretung bei dessen Abschluss	58
I. Vertragsparteien bei selbstständigen Einzelverträgen	59
II. Vertragsparteien bei einheitlichem Mietvertrag	60
III. Stellvertretung	66
E. Die Form des Mietvertrags	69
I. Anwendungsbereich des § 550 BGB	70
II. Formbedürftiger Vertragsinhalt	71
III. Anforderungen an die Schriftform	74
1. Grundsätzliche Anforderungen	74
2. Unterzeichnung durch alle Vertragspartner	76
IV. Folgen von Verstößen gegen das Schriftformgebot	81
V. Ausschluss der Berufung auf den Formmangel	83
1. Grundsatz	83
2. Unwirksamkeit von Schriftformheilungsklauseln	84
VI. Vereinbarte Schriftform	87
F. Formularmietverträge	90
I. Anwendungsbereich der §§ 305 ff. BGB	91
II. Verwendung von AGB	92
III. Einbeziehungs- und Inhaltskontrolle	98
IV. Rechtsfolgen der Verwendung unwirksamer AGB	103
V. Besonderheiten bei Wohngemeinschaften	105
G. Beschränkt geschäftsfähige Mitbewohner	107

Schrifttum:

Beisbart, Stellvertretung bei Abschluss von Mietverträgen und Schriftform, NZM 2004, 293; *Dötsch*, Anfechtung wegen Eigenschaftsirrtums gem. § 119 II BGB im Mietrecht – Konkurrenz zum Gewährleistungsrecht?, NZM 2011, 457; *Drettmann*, Die AGB-Kontrolle im Wohnraummietverhältnis, WuM 2012, 535; *Fervers*, Der

Vermieter als Unternehmer, NZM 2018, 640; *Fischer*, Anfechtung von Willenserklärungen im Mietrecht, WuM 2006, 3; *Fritz*, Wohnraummietverträge in der Klauselkontrolle, NZM 2002, 713; *ders.*, Schriftform bei Erbengemeinschaften und BGB-Gesellschaften als Mietvertragspartei, NZM 2003, 676; *Gather*, Wohnraummietverträge in der Klauselkontrolle, NZM 2002, 719; *Graf v. Westphalen*, Leuchttürme in der BGH-Rechtsprechung zu Miet-AGB, NZM 2018, 97; *Grunewald*, Wohngemeinschaften und nichteheliche Lebensgemeinschaften als Mieter, JZ 2015, 1027; *Heinrichs*, Das neue AGB-Recht und seine Bedeutung für das Mietverhältnis, NZM 2003, 6; *ders.*, Gesamtunwirksamkeit oder Teilaufrechterhaltung von Formularklauseln in Mietverträgen unter besonderer Berücksichtigung der aktuellen Rechtsprechung zu Schönheitsreparatur- und Kautionsklauseln, WuM 2005, 155; *Hinz*, Allgemeines Gleichbehandlungsgesetz – Überlegungen zur Umsetzung in der mietrechtlichen Praxis (Teil 1) und (Teil 2), ZMR 2006, 742 und 826; *Jacobs*, Haftung der (studentischen) Wohngemeinschaft nach Anerkennung der Rechtsfähigkeit der Außen-GbR, NZM 2008, 111; *Jacoby*, Die Gesellschaft bürgerlichen Rechts als Mietvertragspartei, ZMR 2001, 409; *Kraemer*, Die Gesellschaft bürgerlichen Rechts als Partei gewerblicher Mietverträge, NZM 2002, 465; *Lehmann-Richter*, Änderungen der mietvertraglichen Geschäftsgrundlage aufgrund von Wohnungseigentümerbeschlüssen, ZWE 2009, 345; *ders.*, Mietvertragsbedingungen und ihre AGB-rechtliche „Verwendung", „Stellen", „Aushandeln" und „Verbrauchervertrag" oder: Die Lehren aus der Gebrauchtwagen-Entscheidung BGH NJW 2010, 1131, NZM 2011, 57; *Lindner-Figura/Reuter*, Nach dem Ende der Schriftformheilungsklauseln in Mietverträgen: Was nun?, NJW 2018, 897; *Mediger*, Das neue (?) Widerrufsrecht des Mieters. Ein Beitrag zur Auslegung der §§ 312, 312b, 312c, 312g BGB nF, die überraschende Momente für Rechtsanwälte – ua beim Prozessvergleich – birgt, NZM 2015, 185; *Niebling*, Wird das Mietrecht AGB-freie Zone?, ZMR 2010, 509; *Piepers/Robles y Zepf*, Der Wirksamkeitsumfang von Vorsorgeklauseln zur Einhaltung der Schriftform bei langfristigen Mietverträgen, NZM 2014, 152; *Rolfs/Möller*, Widerrufsrechte im Wohnraummietrecht, NJW 2017, 3275; *Schmidt-Räntsch*, Auswirkungen des Allgemeinen Gleichbehandlungsgesetzes auf das Mietrecht, NZM 2007, 6; *Schraufl*, Schriftform bei Partei eines Langzeitmietvertrags, NZM 2005, 443; *Streyl*, Mietermehrheiten, NZM 2011, 377; *ders.*, Zur Heilkraft von Schriftformklauseln, NZM 2015, 28; *Thüsing/von Hoff*, Vertragsschluss als Folgenbeseitigung: Kontrahierungszwang im zivilrechtlichen Teil des Allgemeinen Gleichbehandlungsgesetzes, NJW 2007, 21; *Timme/Hülk*, Schriftform bei langfristigen Mietverträgen – ein Dauerproblem, NJW 2007, 3313; *Wagner/Potsch*, Haftung für Diskriminierungsschäden nach dem Allgemeinen Gleichbehandlungsgesetz, JZ 2006, 1085; *Weitemeyer*, Die Schriftform bei der Vertretung einer GbR, NZG 2006, 10; *Wendt/Schäfer*, Kontrahierungszwang nach § 21 I 1 AGG?, JuS 2009, 206.

A. Einführung

1 Die Rechtsprobleme bei Wohngemeinschaften, die die Begründung des Vertrags betreffen, unterscheiden sich kaum vom sonstigen Wohnraummietverhältnis. Im Folgenden werden daher die wesentlichen Aspekte, die allgemein bei der Begründung eines Wohnraummietvertrags beachtet werden müssen, erläutert. Dabei werden freilich die besonderen Merkmale bei Wohngemeinschaften herausgestellt.

2 Zunächst befasst sich dieses Kapitel mit den beim **Vertragsschluss** geltenden allgemeinen Grundsätzen und den möglichen **Abschlussmängeln** bei der Begründung von Mietverhältnis und Wohngemeinschaft (→ Rn. 3 ff.). Sodann beschäftigt es sich mit dem **Diskriminierungsschutz durch das AGG** (→ Rn. 43 ff.). Anschließend werden die **Parteien des Mietvertrags** sowie die **Stellvertretung** bei der Begründung des Mietverhältnisses (→ Rn. 58 ff.) und Fragen der **Form des Mietvertrags** (→ Rn. 69 ff.) behandelt. Schließlich werden die Besonderheiten dargestellt, die sich daraus ergeben, dass es sich bei Wohnraummietverträgen typischerweise um **Formularverträge** handelt (→ Rn. 90 ff.). Das Kapitel schließt mit den Besonderheiten, die zu beachten sind, wenn ein **minderjähriger Mitbewohner** beteiligt ist (→ Rn. 107 ff.).

B. Vertragsschluss und Mängel bei Vertragsschluss

3 Der Abschluss des Wohnraummietvertrags richtet sich grundsätzlich nach den allgemeinen Vorschriften, die jedoch teilweise durch mietrechtliche Besonderheiten modifiziert werden.

B. Vertragsschluss und Mängel beim Vertragsschluss § 2

I. Vertragsabschlussfreiheit und ihre Grenzen

Im Wohnraummietrecht gilt der Grundsatz der Privatautonomie; diese umfasst die Abschluss- und Gestaltungsfreiheit. Freilich ist die Vertragsfreiheit im Wohnraummietrecht einigen Grenzen unterworfen. Das (Wohnraum-)Mietrecht enthält eine große Zahl **zwingender beziehungsweise halbzwingender Vorschriften**[1], von denen weder durch AGB noch durch Individualvereinbarung abgewichen werden darf. So ist etwa eine **Befristung** des Mietverhältnisses nur nach Maßgabe des **§ 575 BGB** möglich; abweichende Vereinbarungen sind gem. § 575 Abs. 4 BGB unwirksam.[2] Weiterhin gibt es eine gefestigte Rechtsprechung, inwieweit von den dispositiven gesetzlichen Vorschriften in **Formularmietverträgen,** die individuell ausgehandelte Mietverträge inzwischen weitgehend verdrängt haben, abgewichen werden darf. Die Unwirksamkeit einzelner Klauseln kann sich also auch aus den §§ 305 ff. BGB ergeben (→ Rn. 90 ff.). Eine weitere Einschränkung der Vertragsabschlussfreiheit erfährt das Wohnraummietrecht durch den **Diskriminierungsschutz des AGG** (→ Rn. 43 ff.). Schließlich sind einige mietrechtliche Besonderheiten zu beachten, die Ausdruck des Sozialstaatsprinzips sind, nämlich die Einschränkung der Vertragsfreiheit durch **Mietpreisbindung** und **Sozialwohnungsbau,** durch das **Zweckentfremdungsverbot** in Art. 6 § 1 des Mietrechtsverbesserungsgesetzes vom 4.11.1971, wonach die Umwandlung von Wohnraum in Räume zu gewerblicher Nutzung einem Genehmigungsvorbehalt unterliegen kann, und durch **Hoheitsakte,** etwa die ordnungsbehördliche Einweisung von Obdachlosen.[3]   4

Im Ausnahmefall kann der Wohnraummietvertrag nach den allgemeinen Vorschriften   5
wegen **Sittenwidrigkeit** (§ 138 BGB), Verstoßes gegen ein **Verbotsgesetz** (§ 134 BGB) oder wegen **Wuchers** (§ 138 Abs. 2 BGB, § 5 WiStG, § 291 StGB) nichtig sein.[4]

II. Verschulden bei Vertragsschluss

Bereits durch die Aufnahme von Vertragsverhandlungen oder die Anbahnung eines Miet-   6
vertrags kann es zu einem vorvertraglichen Schuldverhältnis nach § 311 Abs. 2 BGB mit Pflichten im Sinne von § 241 Abs. 2 BGB kommen.[5] Ein **Schadensersatzanspruch aus culpa in contrahendo** gem. §§ 280 Abs. 1, 311 Abs. 2, 241 Abs. 2 BGB kann sich dann insbesondere[6] in **zwei Fallgruppen** ergeben: wegen des Abbruchs von Vertragsverhandlungen oder wegen der Verletzung von Aufklärungspflichten.

1. Abbruch von Vertragsverhandlungen

Der Abbruch von Vertragsverhandlungen führt wegen der grundsätzlich geltenden Ver-   7
tragsabschlussfreiheit nur unter strengen Voraussetzungen zum Schadensersatz. Erforderlich ist, dass ein Verhandlungspartner beim anderen zurechenbar das berechtigte Vertrauen erweckt hat, dass es zum Vertragsabschluss kommen werde, die Vertragsverhandlungen dann aber ohne triftigen Grund abbricht.[7] Nach der Rechtsprechung ist ein **qualifizierter**

---

1 Überblick bei *Häublein* in MüKoBGB § 535 Rn. 29.
2 Vertiefend *Drettmann* in v. Westphalen/Thüsing VertrR/AGB-Klauselwerke, Wohnraummiete, 41. EL April 2018, Rn. 22; *Blank* in Schmidt-Futterer MietR BGB § 575 Rn. 66 ff.
3 Vgl. zu allen Aspekten *Bellinghausen* in MAH MietR § 8 Rn. 2–17; *v. Brunn/Schüller* in Bub/Treier BeckHdB II Rn. 3 ff.
4 Überblick bei *Bub* in Bub/Treier BeckHdB MietR II Rn. 2212 ff.; *Emmerich* in Staudinger BGB Vor § 535 Rn. 114 f.; *Häublein* in MüKoBGB § 535 Rn. 30 ff.
5 Zu Anbahnungsverhältnissen mit Rechtsbindungswillen, etwa dem Mietvorvertrag, s. *Drettmann* in Bub/Treier BeckHdB MietR II Rn. 241 ff.
6 Zu den anderen Fallgruppen der culpa in contrahendo s. *Drettmann* in Bub/Treier BeckHdB MietR II Rn. 370 ff.
7 BGH NJW 1996, 1884 (1885).

Vertrauenstatbestand erforderlich, der gegeben sein soll, wenn der Abbrechende den Vertragsschluss als sicher hingestellt hat.[8] An das Vorliegen eines triftigen Grundes werden keine hohen Anforderungen gestellt.

8 Infolge des Abbruchs von Vertragsverhandlungen kann jedoch **nur Geldersatz** gefordert werden — etwa für in Erwartung des Vertragsabschlusses durch den potentiellen Mieter bereits getätigte Aufwendungen oder für entgangene Mieteinnahmen, die der Vermieter mit einer anderweitigen Vermietung hätte erzielen können[9] —, nicht aber der Abschluss des Mietvertrags als Naturalrestitution.[10] Denn Pflichtverletzung ist genau genommen nicht der unterlassene Vertragsabschluss, sondern das zurechenbare Erwecken berechtigten Vertrauens auf den Vertragsabschluss bzw die unterlassene rechtzeitige Aufklärung darüber, dass es doch nicht zu einem solchen kommen werde. Bei pflichtgemäßem Verhalten wäre folglich ebenfalls kein Vertrag zustande gekommen.

2. Verletzung von Aufklärungspflichten

9 Schadensersatzansprüche kann außerdem die Verletzung von Aufklärungspflichten begründen. Aufgrund des Dauercharakters des Wohnraummietverhältnisses sind im Regelfall beide Vertragsseiten in besonderem Maße daran interessiert, vor dem Abschluss des Vertrags Informationen über ihren Vertragspartner beziehungsweise die Mietsache zu erhalten. Dabei sind sie jedoch nicht dazu verpflichtet, den anderen ungefragt über sämtliche für diesen möglicherweise relevanten Tatsachen und Verhältnisse aufzuklären. Eine **Aufklärungspflicht** besteht **nur unter engen Voraussetzungen,** nämlich in Bezug auf wichtige Punkte, die für den Entschluss des anderen erkennbar von besonderer Bedeutung sind und deren Mitteilung daher nach Treu und Glauben und unter Berücksichtigung der Verkehrsanschauung erwartet werden kann.[11] Zu differenzieren ist zwischen dem Problem, welche Fragen der Vermieter dem Mieter zulässigerweise stellen darf (unrichtige Antworten können dann zur Anfechtung oder Kündigung berechtigen, dazu → Rn. 24 f.), und der Frage, ob eine Pflicht besteht, den anderen ungefragt aufzuklären. So darf der Vermieter den Mieter etwa zulässigerweise nach dessen Einkommens- und Vermögensverhältnissen fragen (zu den zulässigen Vermieter-Fragen → Rn. 21); es besteht aber grundsätzlich keine Pflicht des Mieters, den Vermieter ungefragt über diese Verhältnisse aufzuklären,[12] wenn nicht besondere Umstände vorliegen (etwa die Eröffnung eines Insolvenzverfahrens oder die Abgabe einer Vermögensauskunft).[13] Umgekehrt trifft den Vermieter eine Aufklärungspflicht in Bezug auf alle Umstände, die dem Zweck des Mietvertrags — dem unbeeinträchtigten Wohnen — entgegenstehen können und die für den Mieter nicht unmittelbar erkennbar sind.[14] So muss er den Mieter beispielsweise bei einem Mietvertrag auf unbestimmte Zeit auf eine drohende Beendigung des Vertrags wegen Eigenbedarfs, auf besondere Störfaktoren oder, wenn besondere Umstände vorliegen, auf die voraussichtliche Höhe der Nebenkosten[15] hinweisen. Zu den konkreten Aufklärungspflichten in Bezug auf die Mietsache und den Mietgebrauch existiert eine umfassende Rechtsprechung.[16] Im Falle einer WG des Typs B (Einzelverträge) (→ § 1 Rn. 25) kann den Vermieter ausnahmsweise auch eine Aufklärungspflicht hinsichtlich besonderer Eigenschaften oder Umstände der Mitbewohner, die bereits in der Wohnung wohnen, treffen.

---

[8] AG München BeckRS 2013, 4660; ähnlich OLG Düsseldorf BeckRS 1999, 8295.
[9] Dazu AG Göttingen BeckRS 2008, 17516, insb. Rn. 7 f.
[10] *Gößl* in MAH MietR § 7 Rn. 109.
[11] BGH NJW 2010, 3362 Rn. 22; *Emmerich* in MüKoBGB § 311 Rn. 90; *ders.* in Staudinger BGB Vor § 535 Rn. 72a.
[12] *Emmerich* in Staudinger BGB Vor § 535 Rn. 72a.
[13] *Häublein* in MüKoBGB Vor § 535 Rn. 65; *Emmerich* in Staudinger BGB Vor § 535 Rn. 72a.
[14] *Gößl* in MAH MietR § 7 Rn. 115.
[15] S. vertiefend *Emmerich* in Staudinger BGB Vor § 535 Rn. 63a.
[16] S. vertiefend *Drettmann* in Bub/Treier BeckHdB MietR II Rn. 374 ff.; *Gößl* in MAH MietR § 7 Rn. 116.

B. Vertragsschluss und Mängel beim Vertragsschluss   § 2

Im Falle der Verletzung einer Aufklärungspflicht kann der Geschädigte nicht nur **Ersatz** 10
frustrierter Aufwendungen verlangen, die er aufgrund der unterlassenen oder falschen
Aufklärungen getätigt hat (etwa Maklerkosten[17] oder Umzugskosten[18]), sondern nach
Ansicht des BGH auch **Naturalrestitution** gem. § 249 Abs. 1 BGB im Wege der Rückgängigmachung des Vertrags.[19] Um das frist- und vorsatzgebundene Anfechtungsrecht aus
§ 123 Abs. 1 Alt. 1 BGB nicht auszuhöhlen, will der BGH Naturalrestitution nach den
Grundsätzen der culpa in contrahendo bei nur fahrlässiger Irrtumserregung jedoch nur
unter der zusätzlichen Voraussetzung eines Vermögensschadens nach der Differenzhypothese gewähren, danach muss es sich bei dem rückgängig zu machenden Vertrag also um einen
insgesamt wirtschaftlich nachteiligen Vertrag handeln.[20] Außerdem kann der Geschädigte
den Nachweis bringen, dass er bei ordnungsmäßiger Aufklärung mit dem anderen Teil oder
mit einem Dritten einen für ihn günstigeren Vertrag hätte abschließen können, und
Anpassung des Vertrags oder Ersatz des ihm entgangenen Gewinns (§ 252 BGB) aus dem
hypothetischen anderen Vertrag verlangen.[21] Ein Schadensersatzanspruch aus culpa in contrahendo wegen Verletzung einer Aufklärungspflicht wird aber, wenn es um einen Mangel
der Mietsache geht, nach überwiegender (aber umstrittener) Meinung von den mietrechtlichen Gewährleistungsvorschriften der **§§ 536 ff. BGB verdrängt**, sofern dem Vermieter
nicht Vorsatz anzulasten ist.

Besondere Aufklärungspflichten treffen den Vermieter, der sich bei der Bestimmung 11
der Miethöhe auf eine **Ausnahme zur sogenannten Mietpreisbremse** beruft. S. dazu
→ § 4 Rn. 54 ff.

III. Angebot und Annahme nach den allgemeinen Vorschriften

Für die Begründung eines Wohnraummietvertrags gelten die **allgemeinen Vorschriften** 12
zum Vertragsschluss, also insbesondere die §§ 104 ff. (→ Rn. 107 ff.), 116 ff. (→ Rn. 15 ff.),
130 ff., 145 ff. und 305 ff. BGB (→ Rn. 90 ff.), die jedoch teilweise durch die besonderen
mietvertraglichen Bestimmungen modifiziert werden. Es bedarf also eines Vertragsschlusses
durch Angebot und Annahme, der ausdrücklich, aber **auch konkludent** erfolgen kann.[22]
Kommt der Vertrag allein durch schlüssiges Handeln der Parteien zustande, richtet sich sein
Inhalt nach den gesetzlichen Vorschriften und den tatsächlichen Handhabungen der Parteien.[23] Ist allerdings ein schriftlicher Mietvertrag vereinbart, ist der Vertrag im Zweifel
nicht geschlossen, bis die schriftliche Niederlegung erfolgt ist (§ 154 Abs. 2 BGB). Doch
auch in diesem Fall können die Parteien, indem sie den zunächst nur mündlich geschlossenen Vertrag einvernehmlich in Vollzug setzen, zu erkennen geben, dass der Vertrag ohne
Rücksicht auf die nicht eingehaltene Schriftform wirksam werden soll.[24] Scheitert jedoch
die Annahme eines konkludent geschlossenen Mietvertrags, besteht Einigkeit, dass die
Lehre vom faktischen Vertragsverhältnis kraft sozialtypischen Verhaltens im Mietrecht nicht
anwendbar ist.[25]

Der Mietvertrag unterliegt zu seiner Wirksamkeit **keiner gesetzlichen Formvor-** 13
schrift. Ein Mangel der Schriftform des § 550 BGB (→ Rn. 69 ff.) lässt seine Wirksamkeit
unberührt; möglich ist aber ein vereinbartes Schriftformerfordernis (→ Rn. 87 ff.).

---

[17] LG Mannheim NZM 1999, 406 (407).
[18] *Gößl* in MAH MietR § 7 Rn. 114.
[19] *Emmerich* in MüKoBGB § 311 Rn. 196 mwN; *Gößl* in MAH MietR § 7 Rn. 113.
[20] BGH NZM 2008, 379; NJW-RR 2002, 308 (310); NJW 1998, 302 (303); krit. aber zu Recht etwa *Herresthal* in BeckOGK, 1.8.2018, BGB § 311 Rn. 239 ff. mwN.
[21] *Emmerich* in MüKoBGB § 311 Rn. 198 mwN.
[22] *Häublein* in MüKoBGB § 535 Rn. 3; *Emmerich* in Bub/Treier BeckHdB MietR II Rn. 786 ff.
[23] OLG Düsseldorf ZMR 1988, 54.
[24] BGH NJW 2009, 433 Rn. 28 mwN.
[25] BGH NJW 1980, 1577 (1578); *Häublein* in MüKoBGB § 535 Rn. 13 mwN.

14 Die Einigung muss sich grundsätzlich auf **alle wesentlichen Vertragsbestandteile** – also die Parteien des Mietvertrags, das Mietobjekt, die Dauer der Überlassung und die Höhe des Mietzinses – beziehen; bei deutlichem Rechtsbindungswillen der Parteien lassen sich Lücken hinsichtlich der Höhe des Entgelts aber auch im Wege der ergänzenden Vertragsauslegung, subsidiär über eine analoge Anwendung der §§ 612 Abs. 2, 632 Abs. 2 BGB (angemessene beziehungsweise ortsübliche Miete) schließen.[26] Davon abgesehen gelten für einen **offenen oder versteckten Dissens** die allgemeinen Auslegungsregeln der §§ 154, 155 BGB. Der Zweifelssatz des § 154 Abs. 1 BGB wird aber etwa dann als widerlegt angesehen, wenn die Parteien den Mietvertrag tatsächlich und einvernehmlich durchführen,[27] also der Mieter die Wohnung bezogen hat und der Vermieter den Mietzins über einen längeren Zeitraum vorbehaltlos entgegengenommen hat.[28]

IV. Willensmängel

15 Bei Abschluss des Mietvertrags kann es zu Willensmängeln kommen. In Bezug auf die **§§ 116–118 BGB** ergeben sich, soweit sie denn überhaupt einmal zur Anwendung gelangen, keine Besonderheiten.[29] **Umstritten** sind dagegen **Zulässigkeit und Rechtsfolgen der Anfechtung**.

16 In Betracht kommen alle Anfechtungsgründe der §§ 119 ff. BGB.[30] Der Anfechtende kann also einem **Inhaltsirrtum** unterlegen sein (etwa einem Irrtum über die Identität des Mietgegenstands), einem **Erklärungsirrtum** (etwa indem er sich verspricht oder verschreibt) oder einem **Eigenschaftsirrtum**. Eine Anfechtung wegen Irrtums über eine verkehrswesentliche Eigenschaft der Mietsache kommt insbesondere durch den Mieter in Betracht, der bei Vertragsschluss zum Beispiel einem Irrtum über die Größe, Lage oder Beschaffenheit der vermieteten Räume unterlag.[31] **Umstritten** ist aber, ob und unter welchen Voraussetzungen eine Anfechtung wegen Irrtums über eine verkehrswesentliche Eigenschaft der Mietsache von den **gewährleistungsrechtlichen Vorschriften der §§ 536 ff. BGB verdrängt** wird.[32] Auch kann ein Vertragspartner zur Abgabe der Willenserklärung durch **widerrechtliche Drohung** oder **arglistige Täuschung** bestimmt worden sein. Eine Anfechtung wegen arglistiger Täuschung gem. § 123 Abs. 1 BGB kommt immer dann in Betracht, wenn der Mieter (1.) auf zulässige Fragen des Vermieters unrichtige Antworten gegeben hat (zu den Fragerechten des Vermieters und den Rechtsfolgen falscher Antworten → Rn. 19 ff.) oder (2.) von sich aus vorsätzlich unrichtige Angaben zu für den Vermieter relevanten Punkten gemacht oder (3.) eine Aufklärungspflicht verletzt hat.[33] Im Falle der Verletzung einer Aufklärungspflicht kann daneben ein Schadensersatzanspruch aus culpa in contrahendo bestehen (→ Rn. 9 f.).

17 **Vor der Überlassung** der Mietsache ist die Anfechtung unproblematisch mit ex tunc-Wirkung (§ 142 Abs. 1 BGB) möglich.[34] **Umstritten** ist dagegen, ob die Anfechtung

---

[26] Dazu *Bellinghausen* in MAH MietR § 8 Rn. 73; *Emmerich* in Staudinger BGB Vor § 535 Rn. 67; *ders.* in Bub/Treier BeckHdB MietR II Rn. 835; *Häublein* in MüKoBGB § 535 Rn. 3, jeweils mwN.
[27] *Emmerich* in Bub/Treier BeckHdB MietR II Rn. 729, 790 ff.
[28] *Bellinghausen* in MAH MietR § 8 Rn. 82 mwN.
[29] *Häublein* in MüKoBGB § 535 Rn. 37 mwN. Vertiefend *Bub* in Bub/Treier BeckHdB MietR II Rn. 2125 ff.
[30] Vgl. *Fischer* WuM 2006, 3 (7); *Gößl* in MAH MietR § 7 Rn. 91 ff., jeweils m. Bsp. zu den einzelnen Anfechtungsgründen.
[31] Dazu *Emmerich* in Staudinger BGB Vor § 535 Rn. 71. Vgl. auch LG Essen NZM 2006, 294: Anfechtung gem. § 119 Abs. 2 BGB wegen fehlender „Kinderfreundlichkeit" einer Mietwohnung.
[32] Gegen einen Vorrang des Gewährleistungsrechts etwa *Dötsch* NZM 2011, 457; *Emmerich* in Staudinger BGB Vor § 535 Rn. 71. Für einen Ausschluss der Anfechtung (außer bei Arglist, § 123 Abs. 1 BGB) etwa *Häublein* in MüKoBGB Vor § 536 Rn. 24 f.
[33] *Emmerich* in Staudinger BGB Vor § 535 Rn. 72.
[34] *Bub* in Bub/Treier BeckHdB MietR II Rn. 2139 ff.; *Emmerich* in Staudinger BGB Vor § 535 Rn. 70; *Häublein* in MüKoBGB § 535 Rn. 37.

nach der Überlassung der Mietsache durch das Recht zur Kündigung aus wichtigem Grund nach §§ 543, 569 BGB verdrängt wird[35] oder nach der dem Arbeits- und Gesellschaftsrecht entlehnten Lehre vom fehlerhaften Vertrag jedenfalls nur ex nunc wirkt[36].[37] Zu Recht hat sich der BGH inzwischen gegen eine solche Einschränkung der Anfechtungsmöglichkeit im Mietrecht gestellt und entschieden, dass eine Anfechtung auch nach Überlassung der Miträume (neben der Kündigung) möglich ist und gem. § 142 Abs. 1 BGB auf den Zeitpunkt des Vertragsschlusses zurückwirkt.[38] Im Schrifttum wird diese Ansicht weitgehend geteilt.[39]

Die **Rechtsfolgen** richten sich dann nach den §§ 812 ff. BGB. Der Vermieter hat also **18** den Mietzins herauszugeben, der Mieter die Miträume und Wertersatz für die gezogenen Nutzungen, grundsätzlich also den objektiven Mietwert, das heißt die ortsübliche Miete. Die Ansprüche sind nach der Saldotheorie miteinander zu verrechnen.[40] Dem Schutzbedürfnis des Mieters will man im Schrifttum durch die analoge Anwendung einzelner Normen, etwa des § 556 Abs. 3 S. 2 BGB, Rechnung tragen.[41] Eine weitergehende Haftung des Mieters kann sich aus den §§ 989, 987, 990 BGB ergeben.[42] Außerdem kann der Anfechtende gem. § 122 BGB seinem Vertragspartner zum Ersatz des Vertrauensschadens verpflichtet sein.[43] Siehe zu den Besonderheiten bei der Anfechtung im Falle eines einheitlichen Mietvertrags mit mehreren gesamtschuldnerisch haftenden Mitbewohnern oder einer Außen-GbR → Rn. 38 ff.

V. Insbesondere: Fragerecht des Vermieters

Nicht selten kommt es zu Streit um die Zulässigkeit von Fragen des Vermieters zu den **19** persönlichen und wirtschaftlichen Verhältnissen des Mieters und um die Rechtsfolgen falscher Angaben durch den Mieter. Neben individuellen Fragen sind in der Praxis **Mietinteressenten-Fragebögen** und **Selbstauskunftsformulare** gängig.

1. Umfang des Vermieter-Fragerechts

Die Grenzen des Fragerechts des Vermieters werden kontrovers diskutiert. Ist das AGG **20** anwendbar, sind Fragen, die einer **diskriminierenden Auswahlentscheidung** dienen, bereits nach §§ 19 Abs. 1 und 2, 2 Abs. 1 Nr. 8 AGG unzulässig (→ Rn. 44). Jenseits des Anwendungsbereichs des AGG sind das Interesse des Mieters am Schutz seiner persönlichen Daten und das Auskunftsinteresse des Vermieters in Einklang zu bringen. Aufgrund des **Verbots der Erhebung personenbezogener Daten** muss ein **Erlaubnistatbestand des Art. 6 DSGVO** vorliegen. Die Zulässigkeit kann sich aus Art. 6 Abs. 1 lit. b DSGVO ergeben, wenn die Datenerhebung für die Erfüllung des Vertrags oder zur Durchführung vorvertraglicher Maßnahmen erforderlich ist. Andernfalls kommt der Erlaubnistatbestand des Art. 6 Abs. 1 lit. f DSGVO in Betracht, wonach die Datenerhebung zulässig ist, wenn sie zur Wahrung der berechtigten Vermieterinteressen erforderlich ist, sofern nicht die Interessen oder Grundrechte und Grundfreiheiten des (potentiellen) Mieters überwiegen.[44]

---

[35] So etwa LG Wuppertal BeckRS 1998, 11648; *Wetekamp* BeckHdB Wohnraummiete Kap. 1 Rn. 36.
[36] So etwa LG Mannheim ZMR 1990, 303; AG Hamburg NZM 1998, 233.
[37] Weitere Nachweise zu den unterschiedlichen Ansichten bei *Blank* in Schmidt-Futterer MietR BGB Vor § 535 Rn. 7; *Fischer* WuM 2006, 3 (5).
[38] BGHZ 178, 16 = NJW 2009, 1266 (1267); noch offen gelassen in BGHZ 137, 255 = NJW 1998, 531 (534).
[39] Vgl. etwa *Blank* in Schmidt-Futterer MietR BGB Vor § 535 Rn. 7; *Emmerich* in Staudinger BGB Vor § 535 Rn. 70; *Fischer* WuM 2006, 3 (5); *Häublein* in MüKoBGB § 535 Rn. 13, 37.
[40] *Fischer* WuM 2006, 3 (4).
[41] *Häublein* in MüKoBGB § 535 Rn. 13, 38.
[42] *Fischer* WuM 2006, 3 (5).
[43] *Fischer* WuM 2006, 3 (5).
[44] *Achtermann* in Koreng/Lachenmann DatenschutzR-FormHdB Kap. I. IV.3.

Wie bei § 28 Abs. 1 S. 1 Nr. 1 BDSG a. F. ist also ein **berechtigtes Informationsinteresse** des Vermieters erforderlich, das sich aus einem unmittelbaren sachlichen Zusammenhang zwischen der Auskunft und dem Vertragszweck ergeben muss.[45] Sodann erfolgt eine **Abwägung** des Rechts des Vermieters, sich den Mieter nach seinen Vorstellungen aussuchen zu dürfen, mit dem allgemeinen Persönlichkeitsrecht des Mieters in Form des **Rechts auf informationelle Selbstbestimmung** (Art. 2 Abs. 1, 1 Abs. 1 GG).[46]

21 **Zulässige Fragen** des Vermieters betreffen insbesondere die **finanzielle Leistungsfähigkeit** und **Zuverlässigkeit** des Mieters. So darf sich der Vermieter nach der Person und Anschrift des Vorvermieters, der Dauer des vorangegangenen Mietverhältnisses sowie der Erfüllung der mietvertraglichen Pflichten und nach den Einkommens- und Vermögensverhältnissen erkundigen, weil diese Fragen grundsätzlich geeignet sind, die Bonität und Zuverlässigkeit des potenziellen Mieters beurteilen zu können.[47] Auch darf der Vermieter nach Beruf und Arbeitgeber des Mieters fragen.[48] **Unzulässig** sind etwa Fragen nach **Schwangerschaft oder Kinderwunsch**, aber grundsätzlich auch andere Fragen zu den **intimen oder höchstpersönlichen Verhältnissen** des Mieters – etwa nach dem Gesundheitszustand oder einer Behinderung, nach der Mitgliedschaft in einem Mieterverein oder einer politischen Partei,[49] nach Hobbys, nach der Religionszugehörigkeit beziehungsweise Konfession oder nach Vorstrafen oder anhängigen Ermittlungsverfahren, sofern diese keine mietvertragsbezogenen Umstände betreffen.[50] **Umstritten** ist die Zulässigkeit von Fragen nach den **persönlichen Gewohnheiten** des Mieters, etwa danach, ob **geraucht** wird oder welche **Tiere gehalten** werden.[51] Ebenso umstritten ist die Zulässigkeit von Fragen nach **Staatsangehörigkeit** und **Aufenthaltsberechtigung**[52] sowie nach dem **Familienstand**[53]. Es besteht jedenfalls kein schützenswertes Interesse des Vermieters, nach der **persönlichen Verbindung der (potentiellen) Mitbewohner untereinander** zu fragen – etwa danach, ob diese „lediglich" Mitbewohner sind oder etwa eine nichteheliche Lebensgemeinschaft bilden; derartige Fragen sind folglich **unzulässig**.

2. Rechtsfolgen unzulässiger Fragen und unrichtiger Angaben

22 Unzulässige Fragen muss der Mieter nicht beantworten. Die Rechtsprechung des BAG zum Fragerecht des Arbeitgebers, wonach falsche Antworten auf unzulässige Fragen aufgrund eines **„Rechts zur Lüge"** nicht zur Anfechtung wegen arglistiger Täuschung berechtigen,[54] ist auf das Mietrecht zu übertragen; dieselben Grundsätze schließen auch das Recht zur außerordentlichen Kündigung aus.[55]

23 Im Einzelfall kann die unzulässige Frage Ansprüche aus § 21 AGG (→ Rn. 50 ff.) begründen; außerdem sind Ansprüche aus unerlaubter Handlung denkbar, etwa aus § 823

---

[45] *Polenz* VuR 2014, 99 (100).
[46] BVerfGE 84, 192 = NJW 1991, 2411.
[47] BGH NJW 2014, 1954 (1955).
[48] LG München I BeckRS 2009, 16692; *Blank* in Schmidt-Futterer MietR BGB § 543 Rn. 204 mwN; *Wetekamp* BeckHdB Wohnraummiete Kap. 1 Rn. 31.
[49] Beachte aber AG Göttingen BeckRS 2017, 132201: Der potenzielle Mieter muss dem Vermieter nicht seine politische Auffassung offenbaren, er muss ihn aber darüber aufklären, wenn er „linksgerichtete Gewalt anziehe".
[50] Beispiele und Rechtsprechungsnachweise bei *Bub* in Bub/Treier BeckHdB MietR II Rn. 2164; *Blank* in Schmidt-Futterer MietR BGB § 543 Rn. 204; *Gößl* in MAH MietR § 7 Rn. 115; *Häublein* in MüKoBGB Vor § 535 Rn. 65; *Fischer* WuM 2006, 3 (10).
[51] Für die Zulässigkeit *Häublein* in MüKoBGB Vor § 535 Rn. 65; einschränkend (Zulässigkeit der Frage, ob der Mieter *starker* Raucher ist) *Blank* in Schmidt-Futterer MietR BGB § 543 Rn. 204.
[52] *Wetekamp* BeckHdB Wohnraummiete Kap. 1 Rn. 34.
[53] Für die Zulässigkeit etwa *Blank* in Schmidt-Futterer MietR BGB § 543 Rn. 204; dagegen etwa *Wetekamp* BeckHdB Wohnraummiete Kap. 1 Rn. 32. Vgl. zum Streitstand die Nachweise bei *Häublein* in MüKoBGB Vor § 535 Fn. 231.
[54] StRspr, vgl. etwa BAG NJW 1987, 397.
[55] *Blank* in Schmidt-Futterer MietR BGB § 543 Rn. 204; *Häublein* in MüKoBGB Vor § 535 Rn. 65.

Abs. 1 BGB wegen Verletzung des allgemeinen Persönlichkeitsrechts oder analog § 1004 BGB.

Zulässige Fragen muss der Mieter dagegen richtig beantworten. **Unrichtige Antworten** auf zulässige Fragen oder ungefragt erteilte **falsche Angaben**, etwa in einer vom Mieter initiativ zur Wohnungsbesichtigung mitgebrachten Selbstauskunft, können den Vermieter zur Anfechtung nach § 123 Abs. 1 BGB, uU auch nach § 119 Abs. 2 BGB, sowie zur außerordentlichen Kündigung gem. §§ 543, 569 BGB berechtigen.[56] Eine Anfechtung ist nach überwiegender und auch hier vertretener Ansicht auch nach der Überlassung der Miträume möglich (→ Rn. 17). Für eine Anfechtung ist dann im Einzelfall zu prüfen, ob der Vermieter durch die Täuschung beziehungsweise den Irrtum zum Vertragsschluss bestimmt worden ist, für die Kündigung, ob ihm die Fortsetzung des Mietverhältnisses unzumutbar ist.[57] Die Anfechtung soll aber unter Berücksichtigung sozialer Gesichtspunkte etwa dann ausgeschlossen sein, wenn sich eine fehlerhafte Angabe des Mieters hinsichtlich seiner Einkommensverhältnisse nicht auf das Mietverhältnis ausgewirkt hat.[58]

24

Die Anfechtung wegen arglistiger Täuschung kann zu einem Schadensersatzanspruch nach § 122 BGB und zur Rückabwicklung des Mietvertrags nach den §§ 812 ff. BGB führen (→ Rn. 18). Unrichtige Angaben oder Täuschungen können auch einen Schadensersatzanspruch aus culpa in contrahendo gem. §§ 280 Abs. 1, 311 Abs. 2, 241 Abs. 2 BGB (→ Rn. 9 f.) begründen. Denkbar sind auch Ansprüche aus EBV und aus den §§ 823 ff. BGB, etwa in Verbindung mit § 263 StGB. Siehe zu den Besonderheiten bei der Anfechtung im Falle eines einheitlichen Mietvertrags mit mehreren gesamtschuldnerisch haftenden Mitbewohnern oder einer Außen-GbR → Rn. 38 ff.

25

3. Innenverhältnis der Mitbewohner

Stehen die Mitbewohner in einem **mietvertraglichen Verhältnis zueinander** – etwa bei WG Typ A (Untermiete) (→ § 1 Rn. 24) oder bei WG Typ F (→ § 1 Rn. 29), wo der Vermieter selbst Mitbewohner ist – gelten die oben dargestellten Grundsätze zur Zulässigkeit von Fragen und zu den Rechtsfolgen unzulässiger Fragen oder falscher Angaben (→ Rn. 20 ff.) sowie zur Haftung aus culpa in contrahendo wegen vorvertraglicher Aufklärungspflichtverletzung (→ Rn. 9 f.) auch im Verhältnis zwischen den Mitbewohnern. Allerdings dürfte das Interesse, Informationen zu den persönlichen Verhältnissen und Gewohnheiten des jeweils anderen zu erlangen, wegen des geplanten Zusammenwohnens größer sein als in einer „typischen" Vermieter-Mieter-Beziehung. In Bezug auf die Zulässigkeit von **Fragen zu den persönlichen Verhältnissen und Gewohnheiten** ist daher ein entsprechend **großzügigerer Maßstab** anzulegen. So dürfte etwa die **Frage nach geplantem Zigarettenkonsum** in der gemeinsam genutzten Wohnung in jedem Fall **zulässig** sein; eine falsche Antwort löst also die oben (→ Rn. 24 f.) beschriebenen Rechtsfolgen aus. Ebenso ist eine **Aufklärungspflicht** nach Treu und Glauben und der Verkehrssitte **eher anzunehmen** als in einem „normalen" Mietverhältnis, weil für beide Vertragspartner leichter erkennbar sein dürfte, welche Umstände, Verhältnisse oder Gewohnheiten für den künftigen Mitbewohner und dessen Entschluss zum Vertragsabschluss von Bedeutung sein könnten.

26

In den anderen Fällen, in denen die Mitbewohner untereinander **nicht im Verhältnis von Mieter und Vermieter** stehen, werden diese dennoch ein Interesse haben, vor dem Einzug Informationen über solche Umstände, Verhältnisse und Gewohnheiten des jeweils anderen zu erlangen, die für das Zusammenleben von Bedeutung sein können. Da die Mitbewohner einer Wohngemeinschaft im Innenverhältnis grundsätzlich eine **GbR** bilden,

27

---

[56] OLG Koblenz NJW 2008, 3073; AG Kaufbeuren NZM 2013, 577; *Häublein* in MüKoBGB Vor § 535 Rn. 65 mwN in Fn. 223. Zur Kündigung zB BGH NJW 2014, 1954; zur Anfechtung zB LG Gießen NZM 2002, 944.
[57] *Häublein* in MüKoBGB Vor § 535 Rn. 65. Vgl. zB LG Wuppertal BeckRS 1998, 11648.
[58] LG Wiesbaden BeckRS 2004, 30943966; *Blank* in Schmidt-Futterer MietR BGB Vor § 535 Rn. 8.

deren Zweck auf das gemeinsame Wohnen gerichtet ist,[59] gelten die **§§ 705 ff. BGB**. Grundsätzlich gelten auch für den **Gesellschaftsvertrag im Sinne von § 705 BGB** die **§§ 145 ff. BGB**[60] (wobei der Vertrag häufig konkludent geschlossen wird), es kommen also die allgemeinen Vorschriften zur Anwendung. Die (potentiellen) Mitbewohner kann daher nach den **allgemeinen Grundsätzen** eine aus Treu und Glauben und der Verkehrssitte herzuleitende Aufklärungspflicht treffen. Ist die GbR bereits entstanden, kann außerdem die gesellschaftsrechtliche Treuepflicht gegenüber den Mitgesellschaftern zu einer Aufklärung verpflichten. Eine Verletzung der Aufklärungspflicht oder die Erteilung falscher Angaben auf zulässige Fragen kann dann grundsätzlich zur Anfechtbarkeit des Gesellschaftsvertrags führen,[61] wobei bei in Vollzug gesetzten Verträgen die Grundsätze zur fehlerhaften Gesellschaft zu beachten sind.[62] Denkbar sind ebenfalls Ansprüche aus culpa in contrahendo. Anfechtbarkeit und Schadensersatzansprüche betreffen aber freilich stets **nur das Innenverhältnis** zwischen den Gesellschaftern, nicht das Außenverhältnis zum Vermieter.

Hat ein Mitbewohner den anderen über seinen exzessiven Zigarettenkonsum getäuscht und hat sich der Getäuschte nur deshalb zur Gründung einer Wohngemeinschaft bereit erklärt, berechtigt ihn die Täuschung nicht zur Kündigung oder Anfechtung gegenüber dem Vermieter. Kündigt er aber bei WG Typ B (Einzelverträge) (→ § 1 Rn. 25) seinen Einzelvertrag mit dem Vermieter wegen des Zigarettenkonsums seines Mitbewohners nach den allgemeinen Vorschriften ordentlich, kann er über § 122 BGB oder aus culpa in contrahendo Ersatz des Vertrauensschadens von seinem Mitbewohner verlangen, den er aufgrund der Täuschung erlitten hat – etwa für die (wegen der täuschungsbedingt bloß kurzen Wohndauer überwiegend) frustrierten Umzugs- oder Makleraufwendungen.

VI. Störung der Geschäftsgrundlage

28   Eine **Anpassung** oder – subsidiär – die **Auflösung** des Mietvertrags kann ausnahmsweise wegen Störung der Geschäftsgrundlage nach § 313 BGB erfolgen.[63] Das Festhalten am unveränderten Vertrag ist den Parteien aber zumutbar, wenn allein die vertragstypische Risikosphäre einer Partei betroffen ist. So trägt der Mieter grundsätzlich das Finanzierungs- und Verwendungsrisiko, der Vermieter das Risiko der Geldentwertung sowie der Überlassung der Mietsache.[64] Diskutiert wird, ob es zu einer berücksichtigungsfähigen Änderung der mietvertraglichen Geschäftsgrundlage kommen kann, wenn in einer Wohnungseigentümeranlage Beschlüsse gefasst werden, die dem Mietvertrag widersprechen.[65]

VII. Verbraucherschützendes Widerrufsrecht

29   Handelt es sich bei dem Wohnraummietvertrag um einen Verbrauchervertrag im Sinne des §§ 312 Abs. 1, 310 Abs. 3 BGB, also um einen Vertrag zwischen einem Unternehmer und einem Verbraucher, der eine entgeltliche Leistung des Unternehmers zum Gegenstand hat, finden die §§ 312 ff. BGB in dem von § 312 Abs. 4 BGB bestimmten Umfang Anwendung.[66] Dem Mieter kann dann ein **verbraucherschützendes Widerrufsrecht gem.**

---

[59] Allg. Meinung, vgl. BGHZ 136, 314 = NJW 1997, 3437 (3439); LG Berlin NJW-RR 1999, 1387; *Emmerich* in Staudinger BGB Vor § 535 Rn. 77; *ders.* in Bub/Treier BeckHdB MietR II Rn. 591; *Jacoby* ZMR 2001, 409 (409); *Weber* in BeckOK MietR, Ed. 1.12.2018, BGB § 553 Rn. 15; *Jacobs* NZM 2008, 111 mwN in Fn. 7.
[60] *Schäfer* in MüKoBGB § 705 Rn. 20; *Schöne* in BeckOK BGB, Ed. 1.2.2019, § 705 Rn. 42 ff.
[61] Zur Anfechtbarkeit s. *Schöne* in BeckOK BGB, Ed. 1.2.2019, § 705 Rn. 79.
[62] Dazu *Schäfer* in MüKoBGB § 705 Rn. 323 ff., insb. 328.
[63] Vertiefend *Bub* in Bub/Treier BeckHdB MietR II Rn. 2002 ff.
[64] *Bellinghausen* in MAH MietR § 8 Rn. 125 mwN.
[65] Weiterführend *Lehmann-Richter* ZWE 2009, 345.
[66] Überblick bei *Fervers* NZM 2018, 640 (642); *Mediger* NZM 2015, 185; *Rolfs/Möller* NJW 2017, 3275. Kritisch in Bezug auf die Erstreckung der Vorschriften über die Verbraucherwiderrufsrechte auf Wohnraummietverhältnisse *Fervers* NZM 2018, 640.

§ 312g iVm § 312b oder § 312c BGB zustehen, wenn es sich um einen außerhalb von Geschäftsräumen geschlossenen Vertrag (sogenannte „Haustürgeschäft", § 312b BGB) oder um einen Fernabsatzvertrag (§ 312c BGB) handelt. Dann sind die **Informationspflichten gem.** § 312d BGB iVm Art. 246a EGBGB zu beachten. Die **Ausübung des Widerrufsrechts** und die **Rechtsfolgen** richten sich nach den §§ 355 ff. BGB.

Bei dem Mietvertrag muss es sich stets um einen **Verbrauchervertrag** handeln, §§ 312 Abs. 1, 310 Abs. 3 BGB. Unproblematisch ist die Verbrauchereigenschaft des Wohnraummieters im Sinne von § 13 BGB (→ Rn. 31); dagegen ist aber nicht jeder **Vermieter** von Wohnraum automatisch **Unternehmer im Sinne von § 14 BGB**. Nicht immer ausreichend ist es, dass der Vermieter zur Verwaltung seines Vermögens die Mietwohnung am freien Markt anbietet und so am Wettbewerb teilnimmt.[67] Denn von der gewerblichen Tätigkeit ist die Verwaltung eigenen Vermögens abzugrenzen.[68] Der BGH stellt weniger auf den Umfang beziehungsweise Wert des Immobilienvermögens als vielmehr auf den Umfang der vom Vermieter betriebenen Geschäfte ab.[69] Viele Instanzgerichte machen die Unternehmereigenschaft gleichwohl weiterhin von der Anzahl der vermieteten Wohnungen abhängig.[70] Dem Sinn und Zweck der verbraucherschützenden Vorschriften, die insbesondere die Informationsasymmetrie zwischen den Vertragsparteien ausgleichen sollen, entspricht es aber mehr, mit dem BGH auf **Umfang, Komplexität und Anzahl der Geschäftsvorgänge** und die daraus folgende **Professionalität des Vermieters** abzustellen, die sich in einem **planmäßigen Geschäftsbetrieb mit Büro und Organisation** niederschlägt.[71] Da aber manche Gerichte die Unternehmereigenschaft bereits bei wenigen Wohnungen bejaht haben,[72] sollte der Vermieter von mehr als zwei Wohnungen den Informationspflichten aus § 312d BGB iVm Art. 246a EGBGB vorsorglich nachkommen, insbesondere um die Rechtsfolge des § 356 Abs. 3 S. 1 BGB (kein Beginn der Widerrufsfrist) zu vermeiden.[73]

Problematisch ist außerdem die **Verbrauchereigenschaft** im Falle einer **Außen-GbR**.[74] Der BGH bejaht die Verbrauchereigenschaft dann, wenn die Gesellschaft allein aus natürlichen Personen besteht, die das Rechtsgeschäft nicht primär zu gewerblichen oder selbstständigen beruflichen Zwecken abschließen.[75] Demnach kann den Mitbewohnern auch dann, wenn es sich um eine WG des Typs D (Außen-GbR) (→ § 1 Rn. 27) handelt, ein Widerrufsrecht zustehen.

Ob ein **außerhalb von Geschäftsräumen geschlossener Vertrag** vorliegt, richtet sich nach der Legaldefinition in § 312b BGB. Nicht zu den Geschäftsräumen zählen insbesondere die Privatwohnungen des Mieters und des Vermieters. Ein Widerrufsrecht nach §§ 312g, 312b BGB kann dem Mieter nicht nur wegen der Begründung des Mietverhältnisses in einer Haustürsituation, sondern auch in Bezug auf einen Mietänderungsvertrag[76] oder Mietaufhebungsvertrag[77] zustehen. Schließlich kann es gerade bei Miet-

---

[67] So aber OLG Düsseldorf NJW-RR 2005, 13 (17).
[68] *Zehelein* in BeckOK BGB, Ed. 1.2.2019, § 535 Rn. 250.
[69] BGHZ 149, 80 = NJW 2002, 368 (369).
[70] Überblick zu der uneinheitlichen Rechtsprechung der Instanzgerichte bei *Fervers* NZM 2018, 640 (641); *Mediger* NZM 2015, 185 (187).
[71] Ebenso *Mediger* NZM 2015, 185 (187); *Blank* in Schmidt-Futterer MietR BGB Vor § 535 Rn. 68; *Rolfs/Möller* NJW 2017, 3275 (3275); *Zehelein* in BeckOK BGB, Ed. 1.2.2019, § 535 Rn. 250.
[72] Etwa OLG Düsseldorf NZM 2004, 866 (869): Vermietung von zwei Einfamilienhäusern und einer Einliegerwohnung.
[73] Ähnlich *Rolfs/Möller* NJW 2017, 3275 (3277).
[74] Zum Streit *Bamberger* in BeckOK BGB, Ed. 1.2.2019, § 13 Rn. 22.
[75] BGH NJW 2017, 2752; BGHZ 204, 325 = NJW 2015, 3228; BGHZ 149, 80 = NJW 2002, 368. Weiter (Verbrauchereigenschaft auch möglich, wenn die GbR auch eine juristische Person als Gesellschafterin hat) aber OLG Köln NZG 2017, 944. S. zum Überblick *Beck* VuR 2017, 370; *Siemienowski* NZG 2018, 168.
[76] BGH NJW 2017, 2823 Rn. 12; *Rolfs/Möller* NJW 2017, 3275 (3276); *Blank* in Schmidt-Futterer MietR BGB § 535 Rn. 75.
[77] *Mediger* NZM 2015, 185 (187); *Rolfs/Möller* NJW 2017, 3275 (3277).

änderungsverträgen in einer Haustürsituation typischerweise zu einer Überrumpelungssituation kommen, in welcher der Vermieter vom Mieter in der Mietwohnung ohne Vorankündigung die Zustimmung zu einer Mieterhöhung oder einer Vertragsänderung verlangt.

33 Schwieriger ist die Frage zu beantworten, ob und wann dem Mieter ein Widerrufsrecht nach §§ 312g, 312c BGB wegen eines **Fernabsatzvertrags** zukommt. Ein Fernabsatzvertrag liegt nach der Legaldefinition des § 312c Abs. 1 BGB vor, wenn beide Vertragspartner für die Vertragsverhandlungen und den Vertragsschluss ausschließlich Fernkommunikationsmittel verwenden, es sei denn, dass der Vertragsschluss nicht im Rahmen eines für den Fernabsatz organisierten Vertriebs- oder Dienstleistungssystems erfolgt. Fernkommunikationsmitteln sind nach § 312c Abs. 2 BGB alle Kommunikationsmittel, bei denen der Vertragsschluss ohne gleichzeitige körperliche Anwesenheit der Vertragsparteien erfolgt, wie etwa Briefe, Telefonanrufe oder E-Mails. Ein Fernabsatzvertrag scheidet nach einer Entscheidung des BGH nicht schon deshalb aus, weil er durch einen **individuellen Briefwechsel** und ohne Verwendung „automatisierter Software" zustande gekommen ist. Ob der Briefwechsel im Rahmen eines für den Fernabsatz organisierten Vertriebs- und Dienstleistungssystems im Sinne von § 312c Abs. 1 Hs. 2 BGB stattgefunden hat, sei vielmehr eine Frage des Einzelfalls.[78] Wird dies bejaht, steht dem Mieter etwa dann ein Widerrufsrecht zu, wenn er den Mietvertrag ohne vorherige Besichtigung der Wohnung postalisch abgeschlossen hat, etwa weil er erst zur Aufnahme des Studiums an den Studienort umzuziehen beabsichtigt und zuvor eine Wohnung sucht. Neben diesen (in der Praxis eher seltenen) Fällen, in denen der Mietvertrag ausschließlich über Fernkommunikationsmittel begründet wird, kann es vorkommen, dass Änderungs- und Aufhebungsverträge über Fernkommunikationsmittel abgeschlossen werden.[79] Jedenfalls für den Fall, dass der Vermieter vom Mieter über ein Fernkommunikationsmittel die **Zustimmung zu einer Mieterhöhung nach den §§ 558 ff. BGB** verlangt, hat der BGH ein Widerrufsrecht des Mieters verneint. Danach ist der **Anwendungsbereich des § 312 Abs. 4 BGB einschränkend auszulegen,** denn der Mieter sei bei Mieterhöhungen bis zur ortsüblichen Vergleichsmiete durch die §§ 558 ff. BGB bereits ausreichend geschützt.[80] Ob die Entscheidung auch auf andere Fälle der nachträglichen Vertragsänderung im Wege des Fernabsatzes übertragen werden muss, ist noch offen. Da sich der BGH ausdrücklich auf Mieterhöhungen nach § 558 BGB bezieht, ist davon auszugehen, dass eine Vereinbarung über eine Mieterhöhung nach § 557 BGB, die ausschließlich im Wege der Fernkommunikation zustande kommt, in den Anwendungsbereich des § 312 Abs. 4 BGB fällt, sodass dem Mieter ein Widerrufsrecht zusteht.[81]

34 In der Praxis ist das Widerrufsrecht häufig ausgeschlossen. Denn für Verträge über die **Begründung eines Wohnraummietverhältnisses** (nicht aber für den Neuabschluss eines Mietvertrags, der lediglich einen bereits bestehenden ersetzen soll, oder bei Mietänderungsverträgen[82]) ist **§ 312 Abs. 4 S. 2 BGB** zu beachten, wonach **kein Widerrufsrecht** besteht, wenn der **Mieter die Wohnung zuvor besichtigt** hat. Es muss sich um eine Besichtigung der konkreten Wohnung vor Vertragsschluss handeln. Eine Sammelbesichtigung mit anderen Interessenten genügt, nicht aber die Besichtigung einer baugleichen Musterwohnung.[83] Im Falle einer **Wohngemeinschaft** ist grundsätzlich erforderlich, dass **alle Mieter die Wohnung besichtigen.**[84] Allerdings können sich die Mieter beim Vertragsschluss durch einen Mitbewohner oder einen Dritten vertreten lassen (→ Rn. 66 ff.). Dann muss ihnen ebenso die Besichtigung durch einen Mitbewohner oder einen Dritten

---

[78] BGH BeckRS 2018, 28889 Rn. 20 f.
[79] Dazu *Fervers* NZM 2018, 640 (647); *Mediger* NZM 2015, 185 (189); *Rolfs/Möller* NJW 2017, 3275 (3277).
[80] BGH BeckRS 2018, 28889 Rn. 39 ff.
[81] *Bub/Pramataroff* FD-MietR 2018, 411445.
[82] Vgl. *Blank* in Schmidt-Futterer MietR BGB § 535 Rn. 80 f. m. Bsp.
[83] Zum Ganzen vgl. *Blank* in Schmidt-Futterer MietR BGB § 535 Rn. 79.
[84] *Mediger* NZM 2015, 185 (190).

nach den Grundsätzen der Stellvertretung zugerechnet werden, wenn diese Besichtigung auch für die anderen Mieter beziehungsweise für die Vertretenen erfolgte.[85]

Scheidet eine Vertretungssituation dagegen aus und haben manche Mitbewohner die Wohnung nicht besichtigt, steht nur diesen ein Widerspruchsrecht zu.[86] Bei WG Typ B (Einzelverträge) (→ § 1 Rn. 25) führt dann die Ausübung des Widerspruchsrechts durch den jeweils dazu berechtigten Mieter dazu, dass der **jeweilige Einzelvertrag** gem. § 355 Abs. 1 BGB ex nunc in ein Rückgewährschuldverhältnis umgewandelt wird und nach den §§ 355 Abs. 3, 357 BGB rückabzuwickeln ist. Hingegen war bei **einheitlichen Verträgen** – also bei WG Typ C (Gesamtschuld) (→ § 1 Rn. 26) – bislang streitig, ob der einzelne zum Widerruf berechtigte Verbraucher seine auf den Abschluss des Vertrags gerichtete Willenserklärung selbstständig widerrufen darf. Der BGH hat eine solche **selbstständige Widerrufsmöglichkeit** jüngst bei einem gesamtschuldnerisch eingegangenen Verbraucherdarlehensvertrag bejaht, weil der Übereilungsschutz jedes einzelnen Verbrauchers das Interesse aller am Fortbestand des Verbrauchervertrags überwiege.[87] Ein Verbraucher könne den Vertrag also widerrufen, obwohl seinen Mitdarlehensnehmern kein Widerrufsrecht zustehe. Der Widerruf wirke dann zwar nicht unmittelbar für und gegen die anderen. Er führe aber nach **§ 139 BGB** regelmäßig dazu, dass der Vertrag im Verhältnis zu sämtlichen Darlehensnehmern in ein Rückgewährschuldverhältnis umgewandelt werde.[88] Diese Grundsätze müssen auch auf den einheitlichen Mietvertrag übertragen werden: Der einzelne Mitbewohner darf also seine auf den Vertragsschluss gerichtete Willenserklärung widerrufen. Dann ist der Vertrag nach dem Rechtsgedanken des § 139 BGB aber regelmäßig insgesamt nach den §§ 355 Abs. 3, 357 BGB rückabzuwickeln, weil davon auszugehen ist, dass der Vermieter den Wohnraum nur an alle Mitbewohner vermieten und diese nur gemeinsam mieten wollten.[89]

VIII. Besonderheiten bei Wohngemeinschaften

Bei Wohngemeinschaften stellt sich die Frage, wer Berechtigter und Verpflichteter der möglichen Ansprüche, Rechte und Pflichten ist, die im Zusammenhang mit der Begründung des Mietverhältnisses entstehen können. Siehe zur Beendigung des Mietverhältnisses vertiefend → § 20.

1. Einzelwirkung bei selbstständigen Einzelverträgen

Unproblematisch sind alle Konstellationen, in denen die Mitbewohner jeweils selbstständige Einzelverträge schließen oder einzelne Mitbewohner in keinerlei mietvertraglicher Beziehung stehen, also WG Typ A (Untermiete) (→ § 1 Rn. 24), WG Typ B (Einzelverträge) (→ § 1 Rn. 25), WG Typ E (→ § 1 Rn. 28), wo der Mitbewohner des Mieters ohne Mietvertrag in der gemeinsam genutzten Wohnung lebt, und WG Typ F (→ § 1 Rn. 29), wo der Vermieter selbst in der Wohnung wohnt und mit seinen Mitbewohnern mehrere Einzelverträge schließt. Bei solchen Konstellationen handelt es sich nicht um Mietermehrheiten, sondern um mehrere Einzelmieter.[90] Da alle **Einzelverträge abstrakt voneinander zu betrachten** sind, treffen die jeweiligen Rechte und Pflichten auch nur die jeweiligen Vertragspartner: Allein dem getäuschten Mitbewohner kann dann also ein An-

---

[85] *Blank* in Schmidt-Futterer MietR BGB Vor § 535 Rn. 79; *ders.* in Blank/Börstinghaus MietR BGB § 535 Rn. 133 mwN. Zur problematischen Rechtsgrundlage der Zurechnung vgl. *Fervers* NZM 2018, 640 (645).
[86] *Blank* in Schmidt-Futterer MietR BGB Vor § 535 Rn. 79.
[87] BGHZ 212, 207 = NJW 2017, 243 (244).
[88] BGHZ 212, 207 = NJW 2017, 243 (245). So schon zuvor mehrheitlich das Schrifttum, vgl. statt vieler *Knops/Martens* WM 2015, 2025 (2026).
[89] So bereits *Blank* in Schmidt-Futterer MietR BGB Vor § 535 Rn. 79.
[90] *Emmerich* in Bub/Treier BeckHdB MietR II Rn. 521.

spruch aus culpa in contrahendo zustehen. Allein das Mietverhältnis des Mitbewohners, der in der Selbstauskunft falsche Angaben gemacht hat, ist dann unter Umständen kündbar beziehungsweise anfechtbar. Und für jeden Mitbewohner ist gesondert zu prüfen, ob ihm ein verbraucherschützendes Widerrufsrecht zusteht, das er dann nur mit Wirkungen für diesen konkreten Einzelvertrag ausüben kann (dazu schon → Rn. 35).

2. Einheitliches Vertragsverhältnis bei der Gesamtschuld

38 Schließt der Vermieter dagegen mit allen Mitbewohnern einen gemeinsamen Mietvertrag, handelt es sich also um eine WG des Typs C (Gesamtschuld) (→ § 1 Rn. 26), liegt ein **einheitliches Vertragsverhältnis** vor. Die Einheitlichkeit des Mietvertragsverhältnisses folgt aus der grundsätzlichen Unteilbarkeit der Gebrauchsüberlassungs- und Rückgabepflicht und hat erhebliche Folgen. Die Mitbewohner sind in Bezug auf die mietvertraglichen Ansprüche gegen den Vermieter Mitgläubiger einer unteilbaren Leistung gem. § 432 BGB und hinsichtlich der Ansprüche des Vermieters Gesamtschuldner im Sinne von §§ 431, 421 BGB.[91] Für die Gesamtschuldnerschaft ordnet § 425 BGB eigentlich Einzelwirkung von Tatsachen, wie etwa einer Kündigung oder dem Verschulden, an. Auch findet § 351 BGB, der eine Unteilbarkeit des Rücktrittsrechts bestimmt, auf andere Gestaltungsrechte keine Anwendung.[92] Allerdings gilt die Einzelwirkung gem. § 425 Abs. 1 BGB nur, „soweit sich nicht aus dem Schuldverhältnis ein anderes ergibt". Beim einheitlichen Mietvertrag soll dies aber wegen der **Unteilbarkeit der Leistung** nach herrschender Meinung gerade der Fall sein. Entsprechend darf das Mietverhältnis nach der herrschenden Ansicht in Bezug auf die unteilbare Gebrauchsüberlassungspflicht und andere unteilbare Vertragspflichten als solches grundsätzlich nur mit Wirkung für und gegen alle geändert werden. Nur soweit Rechte und Pflichten teilbar sind, kann es nach Maßgabe der §§ 422–425 BGB zu Einzelwirkung kommen.[93]

39 Konkret hat die herrschende Ansicht zur Folge, dass der Mietvertrag entgegen § 425 BGB **nur einheitlich gegenüber allen Mietern gekündigt** werden kann.[94] Die Frage, ob der nur in Bezug auf einen Mieter vorliegende Kündigungsgrund den Vermieter zur Aufhebung des gesamten Vertrags berechtigt, muss dann nach der Art der Bestimmung, aus der das Recht zur Kündigung hergeleitet wird, sowie der Ausgestaltung des einzelnen Vertragsverhältnisses beurteilt werden.[95] Grundsätzlich kann sich aber im Wege einer Interessenabwägung ergeben, dass die schuldhafte Pflichtverletzung nur eines Mieters Gesamtwirkung hat und für eine Kündigung gegenüber allen Mietern genügt.[96] Dieselben Grundsätze müssen dann auch für das Anfechtungsrecht des Vermieters gelten. Auch hier soll aus der Unteilbarkeit des Schuldverhältnisses folgen, dass der Vermieter die **Anfechtung nur gegenüber allen Mietern** erklären kann.[97] Im Regelfall wird das Anfechtungsrecht des Vermieters ohnehin in Bezug auf alle Mitbewohner bestehen, etwa weil ein Irrtum im Sinne von § 119 Abs. 1 oder 2 BGB alle Mitbewohner oder die Mietsache betrifft oder weil ein täuschender Mitbewohner im Verhältnis zu den anderen kein Dritter im Sinne von § 123 Abs. 2 BGB ist, sondern in deren Lager steht, oder weil die anderen Mitbewohner die Täuschung gem. § 123 Abs. 2 BGB kannten oder hätten kennen müssen. In den anderen Fällen sollte wiederum eine Interessenabwägung vorgenommen werden,

---

[91] *Emmerich* in Bub/Treier BeckHdB MietR II Rn. 530 ff.; *Streyl* NZM 2011, 377 (384).
[92] *Gaier* in MüKoBGB § 351 Rn. 7; *Schall* in BeckOGK, 15.7.2018, BGB § 351 Rn. 12 mwN.
[93] *Streyl* NZM 2011, 377 (384).
[94] BGH NJW 2010, 1965 (1966); BGHZ 26, 102 = NJW 1958, 421; *Emmerich* in Bub/Treier BeckHdB MietR II Rn. 539. Krit. aber mit teilw. beachtlichen Argumenten *Kreße* in BeckOGK, 1.9.2018, BGB § 425 Rn. 5 ff.
[95] BGHZ 26, 102 = NJW 1958, 421 (422); *Streyl* NZM 2011, 377 (385 mwN).
[96] *Streyl* NZM 2011, 377 (387 mwN).
[97] BGHZ 96, 302 = NJW 1986, 918; *Bydlinski* in MüKoBGB § 425 Rn. 12; *Busche* in MüKoBGB § 143 Rn. 17. Krit. wiederum *Kreße* in BeckOGK, 1.9.2018, BGB § 425 Rn. 74 ff., der allerdings über § 139 oder § 278 BGB überwiegend zum selben Ergebnis gelangt.

B. Vertragsschluss und Mängel beim Vertragsschluss § 2

wobei nach dem Rechtsgedanken des § 139 BGB der nur in Bezug auf einen Mieter bestehende Anfechtungsgrund den Vermieter zur Anfechtung gegenüber allen Mitbewohnern befähigen kann, wenn er den Vertrag nur mit allen Mitbewohnern abgeschlossen hätte, was regelmäßig der Fall sein dürfte.

Umgekehrt können auch die **Mitbewohner** solche **Rechte und Ansprüche, die den Bestand des Mietvertrags als solchen betreffen** – etwa eine Vertragsauflösung als Folge der Anfechtung oder im Wege des Schadensersatzes wegen culpa in contrahendo –, wegen der Unteilbarkeit des einheitlichen Vertragsverhältnisses nach herrschender Ansicht **nur gemeinsam ausüben**.[98] Die interne Entscheidungsfindung richtet sich dann wegen der Organisation als Innen-GbR (→ Rn. 60) nach den §§ 709 ff. BGB, wobei einem Mitbewohner bei berechtigtem Interesse gegen seine Mitgesellschafter ein Anspruch auf Mitwirkung zustehen kann.[99] Nach **anderer Ansicht** ist jeder dazu berechtigt, sein **Anfechtungsrecht selbstständig auszuüben**, wobei sich dann aber die Gesamtnichtigkeit des Vertrags wiederum aus **§ 139 BGB** ergeben könne.[100] Siehe zum verbraucherschützenden Widerrufsrecht → Rn. 35.

40

3. Wirkung für und gegen die Außen-GbR

Ist die Wohngemeinschaft ausnahmsweise eine Außen-GbR und schließt als solche den Mietvertrag ab – handelt es sich also um eine WG des Typs D (Außen-GbR) (→ § 1 Rn. 27) –, gelten die im Zusammenhang mit der Begründung des Mietvertrags entstehenden **Rechte und Pflichten nur für und gegen die Gesellschaft** (zur Abgrenzung, wann die Mitbewohner gesamtschuldnerisch den Mietvertrag schließen und wann die GbR als solche Mieterin wird, → Rn. 60 ff.). Das Verschulden der Gesellschafter-Mitbewohner, die gem. §§ 714, 709 BGB grundsätzlich gesamtvertretungsberechtigt sind, muss sich die GbR nach § 278 BGB beziehungsweise analog § 31 BGB zurechnen lassen.[101] Täuschungen oder falsche Angaben einzelner Mitbewohner-Gesellschafter werden der Gesellschaft über § 166 BGB, der auch für organschaftliche Vertreter von Personengesellschaften gilt,[102] zugerechnet und sind damit als solche der Gesellschaft selbst anzusehen. Auch im Rahmen der §§ 543, 569 BGB muss sich die Gesellschaft das Verhalten der Gesellschafter zurechnen lassen.[103] Dem Vermieter steht damit stets ein **Schadensersatzanspruch, Anfechtungs- beziehungsweise Kündigungsrecht gegenüber der GbR** zu, auch wenn nur einzelne Mitbewohner gehandelt haben. Daneben kommt eine Haftung der Gesellschafter, etwa für Schadensersatz, analog § 128 HGB in Betracht (zur Haftung der Gesellschafter → Rn. 61 und § 1 Rn. 27, § 14 Rn. 55 ff.).

41

Umgekehrt können die **Mitbewohner** wiederum nur **gemeinsam Ansprüche und Rechte gegenüber dem Vermieter geltend machen**, die unmittelbar den Bestand oder Inhalt des Mietvertrags betreffen, weil allein die Außen-GbR Vertragspartner des Vermieters ist. Intern müssen sie sich nach den §§ 709 ff. BGB einigen. Der einzelne Mitbewohner kann bei berechtigtem Interesse einen Anspruch auf Mitwirkung der anderen Mitbewohner an der Geltendmachung der Rechte gegen den Vermieter haben, uU nach Kündigung des Gesellschaftsvertrags im Rahmen von § 730 BGB. Auch für eine Anfechtung durch die Mitbewohner gilt § 166 Abs. 1 BGB. Danach kommt es in Bezug auf Willensmängel oder die Kenntnis beziehungsweise das Kennmüssen gewisser Umstände auf die Person des Vertreters an. (Täuschungsbedingte) Irrtümer der Mitbewohner berechtigen folglich die

42

---

[98] *Streyl* NZM 2011, 377 (384). Explizit für die Anfechtung LG Berlin ZMR 1992, 450; *Emmerich* in Staudinger BGB Vor § 535 Rn. 70.
[99] *Emmerich* in Bub/Treier BeckHdB MietR II Rn. 637 (für die Kündigung).
[100] *Kreße* in BeckOGK, 1.9.2018, BGB § 425 Rn. 76 mwN.
[101] Vgl. *Schäfer* in MüKoBGB § 718 Rn. 30, auch mwN zum Streit, ob die Organhaftung nach § 31 BGB zur Unanwendbarkeit des § 278 BGB führt.
[102] BGHZ 140, 54 = NJW 1999, 284; *Schubert* in MüKoBGB § 166 Rn. 14 mwN.
[103] *Emmerich* in Bub/Treier BeckHdB MietR II Rn. 634.

GbR zur Anfechtung. Dabei muss es auf den Willensmangel beim Gesamtvertreter ankommen, der gehandelt (zum Beispiel die Vertragsverhandlungen geführt) hat. Haben mehrere die Vertragsverhandlungen gemeinsam geführt, genügt der Willensmangel nur eines handelnden Gesamtvertreters. Siehe zum verbraucherschützenden Widerrufsrecht bei der Außen-GbR → Rn. 31.

C. Auswirkungen des AGG auf das Wohnraummietverhältnis

43 Das Mietrecht erfährt eine Einschränkung der Privatautonomie, indem sowohl bei der Begründung als auch bei der Durchführung des Wohnraummietverhältnisses der zivilrechtliche Diskriminierungsschutz des AGG zu beachten sein kann.

I. Geltung des AGG im Bereich der Wohnraummiete

44 Gem. § 2 Abs. 1 Nr. 8 AGG sind Benachteiligungen aufgrund eines der in § 1 AGG genannten Merkmale (Rasse, ethnische Herkunft, Geschlecht, Religion oder Weltanschauung, Behinderung, Alter und sexuelle Identität) unzulässig, wenn sie in Bezug auf den Zugang zu und die Versorgung mit Gütern und Dienstleistungen, die der Öffentlichkeit zur Verfügung stehen, einschließlich von Wohnraum, erfolgen. Konkretere Vorgaben macht das **allgemeine zivilrechtliche Benachteiligungsverbot in § 19 Abs. 1 AGG.** Diese Vorschrift spricht zwar allgemein von „zivilrechtliche[n] Schuldverhältnisse[n]", verlangt aber, dass es sich um ein Massen- oder vergleichbares Geschäft im Sinne von § 19 Abs. 1 Nr. 1 AGG handelt, damit der Diskriminierungsschutz greift. Eine Erweiterung erfolgt wiederum in **§ 19 Abs. 2 AGG:** Danach ist eine Benachteiligung aus Gründen der Rasse oder wegen der ethnischen Herkunft auch bei öffentlich verfügbaren Mietverhältnissen im Sinne von § 2 Abs. 1 Nr. 8 AGG unzulässig.[104]

45 **Öffentlich verfügbare Mietverträge** im Sinne von § 19 Abs. 2 iVm § 2 Abs. 1 Nr. 8 AGG sind weit auszulegen: Es genügt, wenn der Wohnraum auf irgendeine Weise öffentlich, etwa durch Zeitungs- oder Internetannonce oder durch Aushang, angeboten wird.[105]

46 **Massen- oder solchen vergleichbare Geschäfte** im Sinne von § 19 Abs. 1 Nr. 1 AGG sind Schuldverhältnisse, die typischerweise ohne Ansehen der Person zu vergleichbaren Bedingungen in einer Vielzahl von Fällen zustande kommen (Massengeschäft, Alt. 1) oder bei denen das Ansehen der Person nach der Art des Schuldverhältnisses eine nachrangige Bedeutung hat und die zu vergleichbaren Bedingungen in einer Vielzahl von Fällen zustande kommen (Alt. 2). Es müssen also drei Voraussetzungen erfüllt sein: (1.) die Vielzahl von Fällen, die wohl in Anlehnung an § 305 BGB (→ Rn. 93) bei dreifacher Verwendung und dann bereits bei der ersten Verwendung erfüllt ist,[106] (2.) die vergleichbaren Bedingungen und (3.) die fehlende oder nachrangige Bedeutung der Person des Mieters. Problematisch wird häufig das dritte Merkmal sein, denn bei Wohnraummietverhältnissen ist die Person des Mieters selten von fehlender oder lediglich nachrangiger Bedeutung. Jedenfalls bei der Vermietung von Wohnraum nur zum vorübergehenden Gebrauch (§ 549 Abs. 2 Nr. 1 BGB) kann die Person des Mieters aber in den Hintergrund rücken.[107] Außerdem dürfte bei professionellen Wohnungsunternehmen die Person des Mieters so nachrangig sein, dass von einem Geschäft im Sinne von § 19 Abs. 1 Nr. 1 AGG

---

[104] Zur Diskriminierung bei öffentlich verfügbarem Wohnraum aus Gründen der ethnischen Herkunft vgl. OLG Düsseldorf BeckRS 2018, 143553 mAnm *Bub/Bernhard* FD-MietR 2018, 404380.
[105] *Hinz* ZMR 2006, 742 (743); *Schmidt-Räntsch* NZM 2007, 6 (10); *Block* in BeckOGK, 1.12.2018, AGG § 2 Rn. 68 ff.
[106] *Bellinghausen* in MAH MietR § 8 Rn. 20.
[107] *Hinz* ZMR 2006, 742 (743).

C. Auswirkungen des AGG auf das Wohnraummietverhältnis § 2

ausgegangen werden kann.[108] Der Vermieter kann die Bedeutung, die er der Person des Mieters beimisst, aber beispielsweise durch typisierte Mieterfragebögen deutlich machen, wobei er allerdings die Grenzen zulässiger Fragen zu achten hat (→ Rn. 20 f.).[109] Eine **widerlegbare Vermutung** stellt außerdem **§ 19 Abs. 5 S. 3 AGG** auf. Nach dieser sogenannten **Kleinanbieterklausel** ist die nicht nur vorübergehende Wohnraumvermietung in der Regel kein Geschäft im Sinne von Abs. 1 Nr. 1, wenn der Vermieter insgesamt nicht mehr als 50 Wohnungen vermietet.[110]

Es gelten damit **folgende Grundsätze:** Jeder Vermieter, der den Wohnraum öffentlich – **47** etwa in der Zeitung oder einem Internetportal – anbietet, ist gem. § 19 Abs. 2 iVm Art. 2 Abs. 1 Nr. 8 AGG an das Diskriminierungsverbot aus Gründen der Rasse oder wegen der ethnischen Herkunft gebunden.[111] Handelt es sich um ein Massengeschäft oder um ein einem solchen vergleichbares Geschäft im Sinne von § 19 Abs. 1 Nr. 1 AGG, darf der Vermieter den Mieter wegen aller in § 1 AGG aufgezählten Merkmale (mit Ausnahme der Weltanschauung, die in § 19 Abs. 1 AGG nicht genannt wird) nicht benachteiligen. Eine Diskriminierung ist dann untersagt, unabhängig davon, ob sie unmittelbar oder mittelbar erfolgt (§ 3 Abs. 1 und 2 AGG).[112] Ein Massen- oder einem solchen vergleichbares Geschäft liegt aber bei der nicht nur vorübergehenden Wohnraumvermietung im Zweifel nicht vor, wenn der Vermieter insgesamt nicht mehr als 50 Wohnungen vermietet (§ 19 Abs. 5 S. 3 AGG).

II. Ausnahmen und Rechtfertigungsgründe

Die Vorschriften über den zivilrechtlichen Diskriminierungsschutz finden gem. **§ 19** **48** **Abs. 5 S. 1 AGG** jedoch dann keine Anwendung, wenn ein **besonderes Nähe- oder Vertrauensverhältnis** der Parteien oder ihrer Angehörigen begründet wird, was nach S. 2 insbesondere dann der Fall sein kann, wenn die Parteien oder ihre Angehörigen Wohnraum auf demselben Grundstück nutzen. Dass ein besonderes Näheverhältnis in diesem Fall vorliegt, wird aber nicht unwiderlegbar vermutet; es liegt aber zum Beispiel bei der Untermiete oder bei Einliegerwohnungen nahe.[113] In diesem Fall sind sogar Durchbrechungen des Gleichbehandlungsgrundsatzes in Bezug auf die absolut geschützten Merkmale Rasse und ethnische Herkunft möglich.[114]

Greift keine Ausnahme, kann eine Ungleichbehandlung gleichwohl zulässig sein, wenn **49** sie **gerechtfertigt** ist. Nach dem allgemeinen Rechtfertigungsgrund in **§ 5 AGG** kann eine Ungleichbehandlung zulässig sein, wenn durch geeignete und angemessene Maßnahmen bestehende Nachteile wegen eines in § 1 genannten Grundes verhindert oder ausgeglichen werden sollen. Darüber hinaus kann bei der Vermietung von Wohnraum gem. **§ 19 Abs. 3 AGG** eine unterschiedliche Behandlung im Hinblick auf die Schaffung und Erhaltung „sozial stabiler Bewohnerstrukturen und ausgewogener Siedlungsstrukturen sowie ausgeglichener wirtschaftlicher, sozialer und kultureller Verhältnisse" gerechtfertigt sein. Die Norm verfolgt den Zweck, Ungleichbehandlungen zu Präventionszwecken erlauben.[115] Nach zutreffender herrschender Ansicht im Schrifttum verstößt sie aber in Bezug auf die Benachteiligung von Mietinteressenten aus Gründen der Rasse und der

---

[108] *Schmidt-Räntsch* NZM 2007, 6 (10). Ähnlich auch LG Köln NZM 2016, 254: Benachteiligung aus Gründen der sexuellen Identität bei versagter Vermietung einer Villa an ein homosexuelles Paar für eine Hochzeitsfeier.
[109] *Bellinghausen* in MAH MietR § 8 Rn. 24.
[110] Weiterführend *Hinz* ZMR 2006, 826.
[111] Zu der Frage, wann der verweigerte Mietvertragsschluss mit einem Ausländer eine Benachteiligung darstellt, vgl. *Hinz* ZMR 2006, 742 (744).
[112] Dazu *Schmidt-Räntsch* NZM 2007, 6 (12) m. Bsp.
[113] Weiterführend *Hinz* ZMR 2006, 826 (828).
[114] *Hinz* ZMR 2006, 826 (828).
[115] *Groß* in BeckOGK, 1.9.2018, AGG § 19 Rn. 57.

ethnischen Herkunft gegen die Richtlinie 2000/43/EG und muss teleologisch reduziert werden.[116] Auch eine Rechtfertigung wegen Vorliegens eines sachlichen Grundes nach § 20 AGG ist dann nicht möglich, weil die Vorschrift ebenfalls keine Ungleichbehandlungen wegen der Rasse oder ethnischen Herkunft ermöglicht. Es bleibt nur § 3 Abs. 2 aE AGG, wonach eine Ungleichbehandlung dann keine mittelbare Benachteiligung ist, wenn sie einem rechtmäßigen Ziel dient, angemessen und erforderlich ist.[117]

III. Rechtsfolgen der Verletzung eines Diskriminierungsverbots

50 Kommt es zu einer Verletzung eines Diskriminierungsverbots, können dem Mieter beziehungsweise Mietinteressenten **Ansprüche aus § 21 AGG** zustehen. § 21 Abs. 1 AGG gewährt ihm einen Folgenbeseitigungs- und Unterlassungsanspruch. § 21 Abs. 2 AGG normiert einen Schadensersatzanspruch, der inhaltlich einem Anspruch aus §§ 280 Abs. 1, 241 Abs. 2 BGB weitgehend entspricht. Gem. § 21 Abs. 2 S. 3 AGG kann auch eine Entschädigung für Nichtvermögensschäden verlangt werden.

51 Ob und unter welchen Voraussetzungen der Beseitigungsanspruch aus § 21 Abs. 1 S. 1 AGG oder der Schadensersatzanspruch aus § 21 Abs. 2 AGG auch zu einem **Kontrahierungszwang** führt, gehört zu den umstrittensten Fragen im Bereich des AGG und kann hier nicht vertieft erörtert werden. Zutreffend wird der Kontrahierungszwang mehrheitlich (mit unterschiedlicher Herleitung) bejaht.[118] Dafür spricht bereits ein Umkehrschluss aus § 15 Abs. 6 AGG, der nur im Bereich des Arbeitsrechts Anwendung findet und dort ausdrücklich regelt, dass ein Verstoß des Arbeitgebers gegen das Benachteiligungsverbot des § 7 Abs. 1 AGG keinen Anspruch auf Vertragsbegründung gewährt.[119]

52 Bei der Durchsetzung der Ansprüche aus § 21 Abs. 1 und 2 AGG ist die **Ausschlussfrist des § 21 Abs. 5 AGG** zu beachten. Zu Gunsten des Mieters gilt dann im Prozess die **Beweislastvorschrift des § 22 AGG**.

53 Schließlich können gem. § 21 Abs. 3 AGG **Ansprüche aus unerlaubter Handlung** neben die Ansprüche aus § 21 Abs. 1 und 2 AGG treten. In Betracht kommen Ansprüche aus § 823 Abs. 1 BGB wegen Verletzung des allgemeinen Persönlichkeitsrechts, aus § 823 Abs. 2 BGB mit § 19 AGG als Schutzgesetz oder aus § 1004 BGB analog. Ansprüche aus unerlaubter Handlung kommen freilich auch in Betracht, wenn ein Anspruch aus § 21 Abs. 1 oder 2 AGG an der fehlenden Passivlegitimation des Diskriminierenden scheitert.[120] Das Verhältnis zu einem möglichen **Anspruch aus culpa in contrahendo** (→ Rn. 6 ff.) regelt das AGG nicht; nach herrschender Meinung wird auch ein solcher Anspruch nicht vom AGG verdrängt.[121]

IV. Besonderheiten bei Wohngemeinschaften

54 Die zivilrechtlichen Diskriminierungsverbote des § 19 AGG kommen bei Wohngemeinschaften nicht immer zur Anwendung. Liegt ein **besonderes Nähe- und Vertrauensverhältnis im Sinne von § 19 Abs. 5 S. 1 und 2 AGG** vor, handelt es sich also etwa um eine Einliegerwohnung im Haus des Vermieters, ist dieser von vornherein nicht an die

---

[116] *Schmidt-Räntsch* NZM 2007, 6 (13); *Groß* in BeckOGK, 1.9.2018, AGG § 19 Rn. 59.
[117] Dazu *Hinz* ZMR 2006, 742 (745).
[118] *Groß* in BeckOGK, 1.9.2018, AGG § 21 Rn. 31 mwN in Fn. 106; *Schmidt-Räntsch* NZM 2007, 6 (14); *Thüsing* in MüKoBGB § 21 AGG Rn. 17 ff.; *Thüsing/von Hoff* NJW 2007, 21; *Wagner/Potsch* JZ 2006, 1085 (1098); *Wendt/Schäfer* JuS 2009, 206. Anders *Drettmann* in Bub/Treier BeckHdB MietR II Rn. 237 mwN.
[119] *Hinz* ZMR 2006, 826 (831).
[120] Vgl. etwa OLG Köln NZM 2010, 294: Anspruch aus § 831 Abs. 1 BGB wegen der gelegentlich eines vereinbarten Termins zur Wohnungsbesichtigung geäußerten Bemerkung, die Wohnung werde „nicht an Neger, äh … Schwarzafrikaner und Türken vermietet".
[121] *Wendtland* in BeckOK BGB, Ed. 1.2.2019, AGG § 21 Rn. 37.

Benachteiligungsverbote gebunden. Entsprechend dürfte der Hauptmieter bei WG Typ A (Untermiete) (→ § 1 Rn. 24) gegenüber seinen Untermieter-Mitbewohnern, aber auch der Vermieter bei WG Typ F (→ § 1 Rn. 29), der hier selbst Mitglied der Wohngemeinschaft ist, gegenüber seinen Mitbewohnern nie an die Benachteiligungsverbote des AGG gebunden sein.

Liegt dagegen **kein besonderes Nähe- und Vertrauensverhältnis** vor, darf eine unzulässige Benachteiligung aufgrund der Rasse oder ethnischen Herkunft bereits dann nicht erfolgen, wenn der Vermieter den **Wohnraum öffentlich inseriert** hat (§ 19 Abs. 2 iVm § 2 Abs. 1 Nr. 8 AGG). Handelt es sich um ein **Massengeschäft** oder um ein **einem solchen vergleichbares Geschäft** im Sinne von § 19 Abs. 1 Nr. 1 AGG – in der Regel also bei professionellen Wohnungsunternehmen mit mehr als 50 Wohnungen, bei denen die Kleinanbieterklausel des § 19 Abs. 5 S. 3 AGG nicht greift –, darf eine unzulässige Benachteiligung aufgrund keines der in § 19 Abs. 1 AGG genannten Merkmale erfolgen. 55

Eine Diskriminierung kann dann vorliegen, wenn der Vermieter Mitbewohnern mit und ohne inkriminiertes Merkmal **ungleiche Vertragsbedingungen** stellt, also etwa einem ausländischen Mitbewohner bei WG Typ B (Einzelverträge) (→ § 1 Rn. 25) schlechtere Vertragsbedingungen stellt als den anderen Mitbewohnern. Die Bestimmungen des zivilrechtlichen Benachteiligungsschutzes gelten aber, wie sich aus § 19 Abs. 1 und 2 AGG ergibt, nicht nur bei der **Begründung**, sondern auch bei der **Durchführung** und **Beendigung des Mietverhältnisses**. Eine Diskriminierung kann daher auch dann vorliegen, wenn der Vermieter den **Vertrag ungleich handhabt,** zum Beispiel indem er Mitbewohnern, bei denen eines der inkriminierten Merkmale vorliegt, die Benutzung bestimmter Gemeinschaftseinrichtungen (etwa der Waschküche) weniger oft gestattet.[122] Ebenso kann eine Diskriminierung gegeben sein, wenn er nur gegenüber einem ausländischen Mitbewohner, nicht aber gegenüber den anderen Mitbewohnern eine Mieterhöhung nach § 558 BGB geltend macht oder ein Verhalten des ausländischen Mitbewohners – etwa einen Zahlungsverzug – zum Anlass für eine (fristlose) Kündigung nimmt, bei den anderen Mitbewohnern aber die gleiche Verhaltensweise hinnimmt.[123] 56

Benachteiligt der Vermieter einen Mieter beziehungsweise Mietinteressenten unzulässigerweise wegen eines verpönten Merkmals, etwa weil er Ausländer ist, stellt sich die Frage, ob stets nur diese Person Ansprüche aus § 21 AGG geltend machen kann oder ob auch die anderen (potentiellen) **Mitbewohner, die keine Träger des verpönten Merkmals sind, aktivlegitimiert** sind.[124] Richtigerweise ist darauf abzustellen, ob der Nicht-Merkmalsträger (1.) in den Anwendungsbereich des speziellen Nichtdiskriminierungsrechts fällt, (2.) durch die Diskriminierung ebenfalls benachteiligt wird und (3.) eine Verbindung zwischen dem Merkmalsträger und dem Nicht-Merkmalsträger besteht.[125] Dabei sollten keine zu hohen Anforderungen an die Nähebeziehung zwischen Merkmalsträger und Nicht-Merkmalsträger gestellt werden. Ausreichend muss es sein, dass sich der Nicht-Merkmalsträger „in Ausübung seiner Freiheitsrechte dafür entscheidet, sich mit dem Merkmalsträger zu assoziieren."[126] 57

Verweigert der potentielle Vermieter einer Gruppe befreundeter Mietinteressenten, die gemeinsam eine Wohnung zur Begründung einer Wohngemeinschaft suchen, insgesamt den Abschluss des Mietvertrags, weil einer von ihnen Ausländer ist, können bei Vorliegen der sonstigen Voraussetzungen auch Ansprüche der anderen potentiellen Mitbewohner, die keine Merkmalsträger sind, aus § 21 AGG bestehen.

---

[122] Zu diesen Formen der Diskriminierung s. *Schmidt-Räntsch* NZM 2007, 6 (15).
[123] *Hinz* ZMR 2006, 826 (829).
[124] Grundlegend zu dieser Frage EuGH BeckRS 2015, 80950 Rn. 60 – CHEZ Razpredelenie Bulgaria; NJW 2008, 2763 – Coleman./.Attridge Law.
[125] *Block* in BeckOGK, 1.12.2018, AGG § 3 Rn. 154.
[126] *Block* in BeckOGK, 1.12.2018, AGG § 3 Rn. 157 mwN.

D. Parteien des Mietvertrags und Stellvertretung bei dessen Abschluss

58 In der Praxis herrscht häufig Streit um die Frage, wen die Rechte und Pflichten aus dem Mietvertrag überhaupt treffen, wer also Partei des Mietvertrags geworden ist.[127] Dies kann bei Wohngemeinschaften wegen der zwangsläufigen Beteiligung von mehr als zwei Personen besonders problematisch sein.

I. Vertragsparteien bei selbstständigen Einzelverträgen

59 Eher unproblematisch dürfte die Feststellung der Vertragsparteien bei allen WG Typen gelingen, bei denen **jeder Mitbewohner einen eigenen Vertrag** schließt oder einzelne Mitbewohner in keinerlei mietvertraglichem Verhältnis stehen. So existieren bei WG Typ A (Untermiete) (→ § 1 Rn. 24) mit dem Hauptmietvertrag zwischen dem Vermieter und dem Hauptmieter sowie den davon zu trennenden Untermietverträgen zwischen dem Hauptmieter und seinen Mitbewohnern mehrere selbstständige Mietverträge. Vertragspartner des Vermieters ist hier allein der Hauptmieter. Auch bei WG Typ E (→ § 1 Rn. 28), wo der Mitbewohner des Mieters in keinerlei mietvertraglicher Beziehung zum Vermieter oder Mieter steht, hat der Vermieter nur einen Vertragspartner. Für den Vermieter bestehen hier keine schwierigen Abgrenzungsprobleme, wer sein Vertragspartner ist, dafür kann er für die Erfüllung der Verbindlichkeiten aus dem Mietvertrag auch nur denjenigen Mitbewohner in Anspruch nehmen, der Partei des Mietvertrags ist.[128] Auch bei WG Typ B (Einzelverträge) (→ § 1 Rn. 25) und bei WG Typ F (→ § 1 Rn. 29), wo der Vermieter (der bei WG Typ F zugleich Mitbewohner ist) mehrere Einzelverträge mit den Mitbewohnern abschließt, dürfte klar zu erkennen sein, wer Vertragspartei welchen Mietvertrags und damit Adressat der jeweiligen mietvertraglichen Rechte und Pflichten ist. In diesen Fällen hat der Vermieter aus den selbstständigen Mietverträgen mehrere Vertragspartner, die jedoch jeweils nur in Bezug auf den Inhalt des konkreten Vertrags verpflichtet sind (Einzelverpflichtung). Die jeweiligen **Einzelverträge** sind in all diesen Konstellationen **rechtlich selbstständig** und damit in Bezug auf Inhalt und Wirksamkeit **getrennt voneinander** zu betrachten (dazu schon → Rn. 37)

II. Vertragsparteien bei einheitlichem Mietvertrag

60 Schwieriger kann die Frage, wer Vertragspartei geworden ist, zu beurteilen sein, wenn der Vermieter mit den Mitbewohnern – wie in der Praxis typisch[129] – einen **einheitlichen Mietvertrag** geschlossen hat. In diesem Fall kann es sich entweder um eine WG des Typs C (Gesamtschuld) (→ § 1 Rn. 26) handeln, bei der die Mitbewohner selbst gesamtschuldnerisch haftende Mieter sind. Möglich ist aber auch die Einordnung als WG des Typs D (Außen-GbR) (→ § 1 Rn. 27), bei der die Wohngemeinschaft in ihrer Eigenschaft als teilrechtsfähige Außen-GbR den Mietvertrag abschließt, sodass nur diese Vertragspartner des Vermieters wird. Die **Organisation im Innenverhältnis** ist dabei **wenig aussagekräftig,** weil sich die Mitbewohner im Innenverhältnis regelmäßig und unabhängig vom WG Typ zu einer **Innen-GbR** zusammenschließen, deren Zweck auf das gemeinsame Wohnen gerichtet ist (→ Rn. 27). Um eine Außen-GbR handelt es sich dagegen nur – aber auch schon – dann, wenn über die Zweckvereinbarung hinaus eine ausdrückliche oder konkludente Vereinbarung der Gesellschafter vorliegt, von nun an für die GbR als solche

---

[127] *Specht* in BeckOK MietR, Ed. 1.3.2019, BGB § 535 Rn. 3. Für Formulierungshilfen s. *Achenbach* in MAH MietR § 11, insb. Rn. 102 ff.
[128] *Blank* in Blank/Börstinghaus MietR BGB § 535 Rn. 253.
[129] *Jacobs* NZM 2008, 111.

und nicht mehr für die Gesellschafter Rechte und Pflichten zu begründen.[130] Es handelt sich allerdings auch bei dem Mietvertrag einer Außen-GbR-Wohngemeinschaft um einen Wohnraummietvertrag, auch wenn die Gesellschaft selbst nicht „wohnen" kann.[131]

Die **Abgrenzung von Gesamtschuld und Außen-GbR** kann insbesondere für Fragen **61** des Wechsels der Mitbewohner (→ § 18) und für Zurechnungs- und Haftungsfragen entscheidend sein[132] und hat durch **Auslegung des Mietvertrags nach den §§ 133, 157 BGB** zu erfolgen. Sie richtet sich maßgeblich danach, ob die GbR dem Vermieter gegenüber im eigenen Namen auftritt. Dies schlägt sich zum einen in der **Bezeichnung des Mieters im Rubrum der Vertragsurkunde** nieder, zum anderen können sich Anhaltspunkte dafür, ob die WG als solche Vertragspartner werden soll, aber auch daraus ergeben, von wem und in welcher Rolle die Vertragsurkunde auf Mieterseite **unterzeichnet** worden ist. Im Zweifel ist davon auszugehen, dass die Mitbewohner den einheitlichen Mietvertrag **im eigenen Namen** abschließen und selbst Vertragspartner des Vermieters werden wollen, also eine WG des Typs C (Gesamtschuld) (→ § 1 Rn. 26) vorliegt.[133] Es entspricht **nur im Ausnahmefall** dem Willen der Beteiligten, dass die **Außen-GbR als solche Mieterin** wird. Zwar bleiben hier gesellschaftsinterne Vorgänge, wie ein Wechsel der Gesellschafter, ohne Einfluss auf den Mietvertrag,[134] sodass diese Konstruktion grundsätzlich einen unproblematischen Wechsel der Mieter ermöglicht, ohne dass der Vermieter darauf einen Einfluss hätte (→ § 18 Rn. 61 f.), und damit für die Mitbewohner von Vorteil sein kann.[135] Dies macht den Vertragsabschluss mit einer Außen-GbR aber für den Vermieter, dessen Wille bei der Auslegung ebenfalls Beachtung finden muss, im Regelfall nicht interessengerecht.[136] Für die Mitbewohner dürfte außerdem das strenge Haftungsrecht der Außen-GbR abschreckend sein, insbesondere die unbeschränkte Haftung aller Gesellschafter analog § 128 HGB, die Haftung neu eintretender Gesellschafter für Altschulden analog § 130 HGB und die Forthaftung ausscheidender Gesellschafter nach § 736 Abs. 2 BGB iVm § 160 HGB (zur Haftung der Außen-GbR → § 1 Rn. 27).[137] Nachteilhaft für die Mitbewohner ist zudem, dass beim Vertragsschluss durch die Außen-GbR eine Kündigung des Vermieters bereits mit Zugang bei einem gesamtvertretungsberechtigten Gesellschafter wirksam wird (zur Kündigung → § 20).[138] Es gelten daher die **folgenden Grundsätze zur Abgrenzung von bloßer Gesamtschuld und Außen-GbR:**[139]

Unproblematisch sollen die Mitbewohner als Gesamtschuldner selbst Vertragspartner des **62** Vermieters werden, wenn sie allein im Mietvertrag auf Mieterseite aufgeführt sind. Dies gilt im Zweifel auch dann, wenn sich die Mitbewohner unabhängig von dem Mietvertrag zu einer Außen-GbR zusammengeschlossen haben. Denn die grundsätzliche Organisation als Außen-GbR hindert sie nicht daran, den konkreten Vertrag im eigenen Namen abzuschließen.[140] Unerheblich ist auch, wer den Mietvertrag unterzeichnet hat. Haben etwa nicht alle Mieter den Vertrag unterzeichnet, kann dies Mängel der Stellvertretung (→ Rn. 66) oder

---

[130] *Streyl* NZM 2011, 377 (380).
[131] *Kraemer* NZM 2002, 465 (468); *Streyl* NZM 2011, 377 (382); *Blank* in Schmidt-Futterer MietR BGB Vor § 535 Rn. 338; *Emmerich* in Bub/Treier BeckHdB MietR II Rn. 587.
[132] Zu diesen Aspekten *Grunewald* JZ 2015, 1027 (1028); *Jacobs* NZM 2008, 111 (113); *Jacoby* ZMR 2001, 409 (410).
[133] LG Frankfurt a. M. BeckRS 2012, 8350; *Emmerich* in Staudinger BGB Vor § 535 Rn. 77, § 540 Rn. 53; *Achenbach* in MAH MietR § 11 Rn. 110; *Häublein* in MüKoBGB § 535 Rn. 49; *Jacobs* NZM 2008, 111 (112, 119); *Grunewald* JZ 2015, 1027 (1027); *Streyl* NZM 2011, 377 (380).
[134] *Specht* in BeckOK MietR, Ed. 1.3.2019, BGB § 535 Rn. 152.
[135] *Emmerich* in Staudinger BGB Vor § 535 Rn. 77, § 540 Rn. 51, 51b mwN.
[136] *Streyl* NZM 2011, 377 (382).
[137] *Emmerich* in Staudinger BGB Vor § 535 Rn. 77, § 540 Rn. 53; *ders.* in Bub/Treier BeckHdB MietR II Rn. 589; *Streyl* NZM 2011, 377 (381).
[138] BGH BeckRS 2011, 29802 Rn. 34.
[139] Vgl. zu der folgenden Abgrenzung insb. *Jacobs* NZM 2008, 111 (112, 119) sowie *Jacoby* ZMR 2001, 409 (410).
[140] *Jacoby* ZMR 2001, 409; *Kraemer* NZM 2002, 465 (470); *Streyl* NZM 2011, 377 (381); *Weitemeyer* NZG 2006, 10 (13).

der Form (→ Rn. 76 ff.) bedeuten, ändert aber nichts daran, dass im Zweifel die einzelnen Mitbewohner und nicht die GbR Vertragspartner des Vermieters werden sollen.

Werden in einem einheitlichen Mietvertrag die Mitbewohner „Frau X, Herr Y und Herr Z" als Mieter genannt, werden sie selbst Vertragspartner des Vermieters. Es handelt sich also um eine WG des Typs C (Gesamtschuld) (→ § 1 Rn. 26). Dies gilt im Zweifel auch dann, wenn die Mitbewohner Gesellschafter der „XYZ-GbR" sind, die sich in einem anderen Zusammenhang erwerbswirtschaftlich betätigt. Denn aus der Nennung der Mitbewohner im Vertragsrubrum folgt jedenfalls dann, wenn keine besonderen Umstände ersichtlich sind, dass sie nicht für die Gesellschaft, sondern im eigenen Namen handeln wollen.

63 Schwieriger sind die Fälle zu beurteilen, in denen im Vertragsrubrum auf Mieterseite zwar die GbR als solche aufgeführt wird, gleichzeitig aber auch deren Mitglieder benannt werden. Ob die Gesellschaft einen Sachnamen oder etwa einen (verkürzten) Personennamen trägt, kann ein Indiz bei der Auslegung sein. Gleiches gilt für die Frage, ob der Zusatz ‚GbR' gebraucht wird oder nicht. Es sind der gesamte sonstige Vertragsinhalt und die außerhalb der Vertragsurkunde liegenden Umstände als Auslegungshilfe heranzuziehen. Auch die Möglichkeit einer Falschbezeichnung ist in Erwägung zu ziehen.[141] Eine Außen-GbR als Vertragspartei ist eher dann anzunehmen, wenn die GbR bereits unabhängig vom Mietvertrag am Rechtsverkehr teilnimmt; dagegen wollen die Mitbewohner regelmäßig selbst Vertragspartei werden, wenn sie unabhängig vom Mietvertrag und außerhalb des Mietverhältnisses noch keine Gesellschaft bilden.[142] Im Zweifel ist wegen der aufgezeigten Haftungsstrenge bei der Außen-GbR (→ Rn. 61) davon auszugehen, dass die Mitbewohner den Vertrag im eigenen Namen abschließen, also eine WG des Typs C (Gesamtschuld) (→ § 1 Rn. 26) eingehen wollten.

Wird in einem einheitlichen Mietvertrag auf Mieterseite die „Wohngemeinschaft ‚Jura-Erstsemester in Mainz', bestehend aus Frau X, Herrn Y und Frau Z" ohne den Zusatz ‚GbR' angegeben, ist im Zweifel ebenfalls davon auszugehen, dass die Mitbewohner den Vertrag im eigenen Namen schließen, also eine WG des Typs C (Gesamtschuld) (→ § 1 Rn. 26) begründen wollen, wenn sich aus dem sonstigen Vertragsinhalt und den außerhalb der Vertragsurkunde liegenden Umständen nichts Anderes ergibt. Steht auf Mieterseite im Rubrum die „XYZ-GbR, bestehend aus Frau X, Herrn Y und Frau Z" liegt es vergleichsweise näher, dass die XYZ-GbR selbst Mietvertragspartei werden soll, insbesondere wenn sie bereits unabhängig von dem Mietverhältnis als solche am Rechtsverkehr teilnimmt.

64 Wird dagegen im Mietvertrag auf Mieterseite ausschließlich die GbR als solche genannt, spricht einiges dafür, dass sie selbst Vertragspartner des Vermieters werden soll. Dies ist insbesondere dann anzunehmen, wenn sie dem Vermieter gegenüber auch den Zusatz ‚GbR' verwendet.[143] Selbst in einem solchen Fall kann aber der wirkliche Wille der Beteiligten, der sich im sonstigen Vertragsinhalt niedergeschlagen hat, auf ein anderes Ergebnis hindeuten. Möglich ist wiederum eine Falschbezeichnung durch die Parteien. Insbesondere wenn die Mitbewohner unabhängig von dem Mietvertrag und außerhalb des Mietverhältnisses noch keine Gesellschaft bilden, kann die Bezeichnung als GbR im Mietvertragsrubrum irrigerweise erfolgt sein. Ein Indiz dafür kann es auch sein, wenn alle Mitbewohner den Vertrag im eigenen Namen unterzeichnet haben. Allerdings kann der Unterzeichnung kein zu starkes Gewicht bei der Auslegung beigemessen werden. Denn wegen der gesetzlich vorgesehenen Gesamtvertretungsmacht bei der GbR (§§ 714, 709 BGB) können die unterzeichnenden Mitbewohner auch als Gesamtvertreter der Außen-GbR und nicht im eigenen Namen gehandelt haben wollen (zur Schriftform nach §§ 550, 126 BGB bei der Außen-GbR → Rn. 80).

Wird im Mietvertragsrubrum allein die „Jura-Erstsemester in Mainz-GbR" oder die „XYZ-GbR" als Mieterin benannt, ist im Zweifel davon auszugehen, dass die GbR selbst Vertragspartei werden soll und eine WG des Typs D (Außen-GbR) (→ § 1 Rn. 27) vorliegt. Allerdings kann die Auslegung auch hier

---

[141] *Jacoby* ZMR 2001, 409 (410).
[142] *Jacoby* ZMR 2001, 409 (410).
[143] *Streyl* NZM 2011, 377 (380, 381).

ergeben, dass es sich um eine Falschbezeichnung handelt. Dies ist insbesondere dann denkbar, wenn dem Vermieter die einzelnen Mitbewohner bekannt sind, erkennbar an diese Mitbewohner vermietet werden sollte und eine Außen-GbR unabhängig von dem Mietvertrag und außerhalb des Mietverhältnisses noch gar nicht besteht.

Bei einem einheitlichen Mietvertrag sollte durch **klare Vertragsgestaltung** deutlich gemacht werden, ob die Mitbewohner gesamtschuldnerisch Mieter werden sollen oder eine aus den Mitbewohnern bestehende GbR. Wollen die Beteiligten sicher vermeiden, dass die GbR Vertragspartnerin wird, sollten alle Mitbewohner namentlich im Rubrum des Mietvertrags als Mieter genannt und auf Sammelbezeichnungen verzichtet werden. 65

III. Stellvertretung

Eine Stellvertretung bei Vertragsabschluss ist **sowohl auf Vermieter- als auf Mieterseite möglich,**[144] und zwar unabhängig vom Typ der WG. Stellvertreter kann ein Dritter sein, der selbst nicht am Mietvertrag beteiligt ist. Typischer ist aber der Fall, dass ein Mitbewohner den oder die anderen vertritt. Wirksam ist die Stellvertretung dann nach den allgemeinen Grundsätzen, wenn erstens **offenkundig** ist, dass der Stellvertreter den Vertrag (auch) im Namen des oder der Vertretenen schließt, und er zweitens **mit Vertretungsmacht** handelt. Das Handeln im Namen eines anderen kann dabei ausdrücklich erfolgen, sich aber auch aus den Umständen ergeben (§ 164 Abs. 1 S. 2 BGB). Handelt der Vertreter ohne Vertretungsmacht, kann der Vertretene den Vertragsabschluss nachträglich genehmigen. 66

Von der Frage, ob die Stellvertretung wirksam und wer damit Vertragspartner geworden ist, **abzugrenzen** ist die Frage nach der Einhaltung der **Schriftform** des § 550 BGB oder einer Schriftformklausel. Die Stellvertretung kann wirksam sein, aber die Schriftform dennoch nicht eingehalten, weil sich aus der Unterzeichnung des Vertreters auf der Vertragsurkunde nicht ergibt, dass er für den Vertretenen handeln wollte. Umgekehrt kann es auch an einer Voraussetzung der Stellvertretung gefehlt haben, obgleich der Vertrag ordnungsgemäß unterzeichnet und damit die Schriftform gewahrt worden ist; (siehe zum Verhältnis von Schriftform und Stellvertretung → Rn. 76 ff.). Schließlich bedarf die Vollmacht gem. § 167 Abs. 2 BGB auch dann nicht der Schriftform, wenn für den Mietvertrag ein Schriftformerfordernis besteht. 67

In Mustermietverträgen finden sich gelegentlich **Formularklauseln zu Stellvertretungsfragen.** Überraschend im Sinne von § 305c Abs. 1 BGB sind Formularklauseln, nach denen der Vertreter den Mietvertrag zugleich im fremden und im eigenen Namen abschließt; dagegen soll es möglich sein, in AGB zu bestimmen, dass der Vertreter ausdrücklich als „Mitmieter" oder „weiterer Mieter" benannt und der Mietvertrag von ihm im eigenen Namen unterzeichnet wird.[145] Auch Formularklauseln, in denen sich die Mitbewohner gegenseitig zur Entgegennahme von Erklärungen, einschließlich einer Mieterhöhung[146] oder Kündigung[147] durch den Vermieter, bevollmächtigen, sind wirksam.[148] Der BGH sieht die Mieter dadurch hinreichend geschützt, dass die Vollmacht frei widerruflich ist.[149] Eine unangemessene Benachteiligung der Mieter wird aber dann bejaht, wenn die Klausel nicht nur eine Empfangsvollmacht der anderen Mieter enthält, sondern darüber hinaus die Vereinbarung, dass die rechtsgeschäftlichen Erklärungen des Vermieters keine 68

---

[144] Dazu *Specht* in BeckOK MietR, Ed. 1.3.2019, BGB § 535 Rn. 22 ff.
[145] *Drettmann* WuM 2012, 535 (537); *ders.* in v. Westphalen/Thüsing VertrR/AGB-Klauselwerke, Wohnraummiete, 41. EL April 2018, Rn. 6
[146] OLG Schleswig NJW 1983, 1862.
[147] BGHZ 136, 314 = NJW 1997, 3437.
[148] *Drettmann* in v. Westphalen/Thüsing VertrR/AGB-Klauselwerke, Wohnraummiete, 41. EL April 2018, Rn. 6 mwN.
[149] BGHZ 136, 314 = NJW 1997, 3437; weiterf. *Hannemann* in MAH MietR § 10 Rn. 103 f.

Einzel- sondern Gesamtwirkung haben sollen.[150] Klauseln, in denen sich die Mitbewohner gegenseitig zur Abgabe von Erklärungen bevollmächtigen, sind jedenfalls dann wegen Verstoßes gegen § 307 Abs. 1 BGB unwirksam, wenn sie den Bestand des Mietverhältnisses betreffen (Kündigung, Mietvertragsaufhebung).[151]

E. Die Form des Mietvertrags

69   Der Wohnraummietvertrag kann **grundsätzlich formfrei** eingegangen werden; auch ein mündlich abgeschlossener Vertrag ist voll wirksam. Für **Mietverträge mit einer Vertragsdauer von mehr als einem Jahr** existiert aber mit **§ 550 BGB eine Sondervorschrift.** Nach S. 1 gilt der Mietvertrag, wenn er für längere Zeit als ein Jahr nicht in schriftlicher Form geschlossen wurde, für unbestimmte Zeit. Nach S. 2 ist die Kündigung dann frühestens zum Ablauf eines Jahres nach Überlassung des Wohnraums zulässig. Der Vorschrift wird „Sprengkraft"[152] nachgesagt, sie kann sich leicht zur „Haftungsfalle des Beraters entpuppen"[153]. Tatsächlich kann es erhebliche wirtschaftliche Folgen haben, wenn sich ein langfristig eingegangener Mietvertrag mangels Schriftform als kündbar herausstellt. Auch wenn § 550 BGB nicht anwendbar ist, können die Mietvertragsparteien **Vereinbarungen über die Schriftform** treffen (→ Rn. 87 ff.).

I. Anwendungsbereich des § 550 BGB

70   § 550 BGB gilt unmittelbar für **alle Wohnraummietverträge** mit **über ein Jahr hinausgehender Vertragsdauer.** Für den Beginn der Vertragsdauer ist auf den Zeitpunkt des vertraglich vereinbarten Nutzungsbeginns abzustellen.[154] Mietverträge im Sinne von § 550 BGB sind auch **Untermietverträge.**[155] Die Vorschrift findet also bei WG Typ A (Untermiete) (→ § 1 Rn. 24) auch auf die Untermietverträge zwischen dem Hauptmieter und den anderen Mitbewohnern oder bei WG Typ F (→ § 1 Rn. 29) auf die Mietverträge zwischen dem Vermieter, der selbst Mitglied der Wohngemeinschaft ist, und seinen Mitbewohnern Anwendung.

II. Formbedürftiger Vertragsinhalt

71   Das Schriftformerfordernis bezieht sich zunächst auf alle **Hauptelemente des Mietverhältnisses,** erfasst also insbesondere die Parteien, das Mietobjekt, die Höhe der Miete sowie Beginn und Dauer des Vertrags.[156]

72   Weil **Sinn und Zweck** des § 550 BGB primär im **Schutz des Grundstückserwerbers** besteht, der gem. § 566 BGB an den Mietvertrag gebunden ist und sich daher über dessen Details informieren können soll,[157] muss die Schriftform darüber hinaus aber auch hinsichtlich aller **Nebenabreden,** die für den Erwerber irgendwie von Bedeutung sein können, eingehalten werden.[158]

---

[150] LG München I BeckRS 2016, 114562.
[151] OLG Frankfurt NJW-RR 1992, 396 (400); *Drettmann* in v. Westphalen/Thüsing VertrR/AGB-Klauselwerke, Wohnraummiete, 41. EL April 2018; *Hannemann* in MAH MietR § 10 Rn. 104 mwN.
[152] *Timme/Hülk* NJW 2007, 3313.
[153] *Timme/Hülk* NJW 2007, 3313 (3317).
[154] *Lammel* in Schmidt-Futterer MietR BGB § 550 Rn. 18.
[155] BGHZ 81, 46 = NJW 1981, 2246; *Bieber* in MüKoBGB § 550 Rn. 5; *Lammel* in Schmidt-Futterer MietR BGB § 550 Rn. 11.
[156] BGHZ 176, 301 = NJW 2008, 2178; BGH NJW 2009, 2195 Rn. 22.
[157] BGH NJW 2010, 1518 Rn. 14; *Bieber* in MüKoBGB § 550 Rn. 2; *Timme/Hülk* NJW 2007, 3313.
[158] *Lammel* in Schmidt-Futterer MietR BGB § 550 Rn. 33 ff.; *Bieber* in MüKoBGB § 550 Rn. 7.

Auch alle **Vertragsänderungen und Zusatzabreden,** an die ein Erwerber gebunden wäre – etwa nachträgliche Änderungen der Miethöhe, die Verlängerung der Vertragslaufzeit oder der (vorübergehende) Eintritt eines weiteren Mieters –, unterliegen dem Schriftformerfordernis.[159] Einer früher teilweise daran ausgerichteten Differenzierung, ob es sich bei einer späteren Änderung oder Ergänzung um eine wesentliche Abweichung zum ursprünglichen Vertrag handelt, scheint der BGH mit Recht nicht mehr zu folgen. So stellt inzwischen etwa jede noch so geringfügige Änderung der Mietvertragshöhe eine dem Formzwang unterfallende Vertragsänderung dar.[160] Dem ist zuzustimmen, denn alle Änderungen und Nebenabreden stellen letztlich eine Konkretisierung der mietvertraglichen Hauptpflichten aus § 535 BGB dar, sodass es letztlich keine unwesentlichen Änderungen geben kann.[161]

III. Anforderungen an die Schriftform

1. Grundsätzliche Anforderungen

Für die Einhaltung der **Schriftform** gilt § 126 BGB.[162] Die Unterzeichnung des Vertrags muss also durch alle Vertragsparteien eigenhändig durch Namensunterschrift oder mittels notariell beglaubigten Handzeichens erfolgen (Abs. 1), und zwar entweder auf derselben Urkunde[163] oder, wenn mehrere gleichlautende Vertragsurkunden aufgenommen werden, jeweils auf der für die andere Partei bestimmten Urkunde (Abs. 2). In letzterem Fall ist es für die Einhaltung der Schriftform erforderlich, dass der Vermieter eine Urkunde und der Mieter eine gleichlautende Urkunde unterzeichnet haben, eines Zugangs dieser Urkunden beim jeweiligen Vertragspartner bedarf es hingegen nicht, denn der Zugang ist eine Frage des Vertragsschlusses, nicht der Form.[164] Lange war umstritten, ob die Schriftform des § 550 BGB auch dann gewahrt ist, wenn zwar eine von beiden Parteien unterzeichnete Mietvertragsurkunde existiert, eine Partei jedoch das formgerechte Angebot der anderen verspätet angenommen hat und ein inhaltsgleicher Vertrag im Anschluss daran erst durch Vollzug konkludent abgeschlossen wurde. Der BGH hat sich in einer Grundsatzentscheidung aus dem Jahr 2010 dafür entschieden, dass es ausreicht, wenn eine der äußeren Form des § 126 Abs. 2 BGB genügende Urkunde existiert.[165] Gem. § 126 Abs. 3 BGB genügt schließlich auch die **elektronische Form nach § 126a BGB.**[166]

Die **Schriftform von Anlagen und Zusatzabreden** ist nur gewahrt, wenn in der Zusatzvereinbarung klargestellt wird, dass es von ihrem Inhalt abgesehen bei den Regelungen des ursprünglichen Mietvertrags bleibt.[167] Außerdem muss die Zusatzabrede, wenn der Ursprungsvertrag in mehreren Urkunden abgefasst wurde, in ebenso vielen Exemplaren ausgefertigt und jeder dieser Urkunden zugeordnet werden.[168] Eine feste Verbindung des Hauptvertrags mit Nebenurkunden und Zusatzvereinbarungen ist nicht erforderlich; der Zusammenhang muss sich aber aus anderen Kriterien eindeutig ergeben, etwa durch fortlaufende Nummerierung oder zweifelsfreie Bezeichnung und wechselseitige Bezugnahme in den Urkunden.[169]

---
[159] *Bieber* in MüKoBGB § 550 Rn. 9; *Timme/Hülk* NJW 2007, 3313 (3315).
[160] BGH NZM 2016, 98 Rn. 17 ff.; NZM 2018, 515 Rn. 18.
[161] *Lammel* in Schmidt-Futterer MietR BGB § 550 Rn. 33, 41.
[162] Vgl. den Überblick zu den Voraussetzungen bei *Hannemann* in MAH Mietrecht § 47 Rn. 10 ff.
[163] Dazu BGH NJW 2004, 2962.
[164] BGH NJW 2018, 1540 Rn. 22 ff.
[165] BGH NZM 2010, 319 Rn. 22 ff.
[166] Vertiefend *Lammel* in Schmidt-Futterer MietR BGB § 550 Rn. 47 ff.; *Hannemann* in MAH Mietrecht § 47 Rn. 55.
[167] BGH NJW-RR 2000, 744 (745); NJW 2003, 1248; *Hannemann* in MAH Mietrecht § 47 Rn. 34. Enger *Lammel* in Schmidt-Futterer MietR BGB § 550 Rn. 44.
[168] BGH NJW 2005, 2225 (2227).
[169] Vertiefend *Timme/Hülk* NJW 2007, 3313 (3315).

2. Unterzeichnung durch alle Vertragspartner

76 Liegen **mehrere selbstständige Mietverträge** vor – also etwa bei WG Typ A (Untermiete) (→ § 1 Rn. 24) der Vertrag zwischen Vermieter und Hautmieter und die jeweiligen Verträge zwischen dem Hauptmieter und seinen Untermietern oder bei WG Typ B (Einzelverträge) (→ § 1 Rn. 25) die gesonderten Mietverträge zwischen dem Vermieter und den jeweiligen Mitbewohnern –, gelten die Formerfordernisse für jeden dieser Verträge getrennt. Der konkrete Vertrag muss also von den jeweils an diesen Vertrag gebundenen Parteien unterzeichnet werden.

77 Schließt der Vermieter dagegen mit mehreren oder allen Mietern **einen einheitlichen Mietvertrag,** muss dem Schutzzweck von § 550 BGB entsprechend für den potentiellen Erwerber des Mietobjekts stets erkennbar sein, wer die Mietvertragsparteien sind, d. h. wer beim Vertragsschluss in welcher Funktion gehandelt hat. Daher gelten folgende Grundsätze:

78 Bei **WG Typ C (Gesamtschuld)** (→ § 1 Rn. 26) müssen grundsätzlich **alle Mitbewohner** die für den Vermieter bestimmte Vertragsurkunde unterzeichnen. Möglich ist aber auch eine **Stellvertretung** durch einen Mitbewohner oder einen Dritten (→ Rn. 66). In diesem Fall muss aber zur Wahrung der Schriftform die Vertretung aus der Urkunde selbst, zum Beispiel durch einen die Vertretung verdeutlichenden Zusatz, hinreichend deutlich zum Ausdruck kommen.[170] Denn andernfalls ist nicht erkennbar, ob der Unterzeichnende nur für sich selbst oder auch für den Vertretenen handeln wollte. Ob der unterzeichnende Mitbewohner dagegen über Vertretungsmacht verfügt, kann hinsichtlich der Schriftform dahinstehen; Fragen der Form und Fragen der Wirksamkeit der Stellvertretung sind streng voneinander zu trennen (→ Rn. 67).

Werden Frau X, Herr Y und Herr Z im Rubrum der Mietvertragsurkunde als Mieter genannt, werden sie gesamtschuldnerische Vertragspartner einer WG des Typs C (Gesamtschuld) (→ § 1 Rn. 26). Soll das Kündigungsrecht für zwei Jahre ausgeschlossen werden, bedarf der Vertrag der Schriftform (§§ 550 S. 1, 126 BGB). Zur Einhaltung der Schriftform können die drei Mitbewohner die für den Vermieter bestimmte(n) Vertragsurkunde(n) unterzeichnen. Es genügt aber auch, wenn nur einer von ihnen oder ein Dritter den Vertrag als Stellvertreter unterzeichnet. Dann muss sich aber aus dem Vertrag – idealerweise durch einen die Stellvertretung kennzeichnenden Zusatz – das Vertretungsverhältnis ergeben.

79 Auch wenn die Mitbewohner unabhängig von dem konkreten Mietvertrag eine **Außen-GbR** bilden, sind sie nicht daran gehindert, den Mietvertrag **im eigenen Namen** zu schließen (→ Rn. 61 ff.). Dann müssen sie zur Wahrung der Schriftform die für den Vermieter bestimmte Vertragsurkunde selbst unterzeichnen beziehungsweise sich von einem Mitbewohner oder einem Dritten vertreten lassen, wobei die Vertretung wiederum hinreichend deutlich zum Ausdruck kommen muss. In diesem Fall kann die Vertragsgestaltung aber leicht irreführend sein, weil dann häufig nicht klar erkennbar ist, ob nun die GbR oder die einzelnen Gesellschafter Vertragspartner des Vermieters werden sollen (→ Rn. 61 ff.).[171] Dem ist durch klare Formulierung vorzubeugen.

80 Soll dagegen die Außen-GbR selbst Mieterin werden, wollen die Beteiligten also eine **WG des Typs D (Außen-GbR)** (→ § 1 Rn. 27) gründen, stellt sich die Frage, wer den Vertrag auf Mieterseite unterzeichnen muss, damit die Schriftform gewahrt ist. Da die Mitbewohner grundsätzlich über Gesamtvertretungsmacht verfügen (§§ 714, 709 BGB), können sie alle den Vertrag unterzeichnen. Fraglich ist jedoch, ob es darüber hinaus für die Einhaltung der Schriftform auch genügen kann, wenn **ein Mitbewohner** den Vertrag mit einem Zusatz, der ihn **als Vertreter der GbR** ausweist, oder gar gänzlich ohne einen

---

[170] BGH NJW 2013, 1082 Rn. 10; BGHZ 176, 301 = NJW 2008, 2178 (2180); BGH NJW 2003, 3053 (3054); NJW 2002, 3389 (3391); BGHZ 125, 175 = NJW 1994, 1649; *Bieber* in MüKoBGB § 550 Rn. 10; *Timme/Hülk* NJW 2007, 3313 (3314).
[171] Ähnlich *Weitemeyer* NZG 2006, 10 (13).

solchen Zusatz unterzeichnet. Aus der Anerkennung der Rechtsfähigkeit der Außen-GbR müsste eigentlich folgen, dass es ausreicht, wenn der Unterzeichnende irgendwie erkennbar im Namen der GbR handelt – etwa weil allein diese im Rubrum als Mieterin genannt wird (dann ist im Zweifel die GbR selbst Vertragspartei, dazu → Rn. 64). So lässt es der BGH denn auch bei anderen rechtsfähigen Gesellschaften für die Einhaltung der Schriftform genügen, wenn ein Vertreter den Vertrag ganz ohne einen die Vertretung kennzeichnenden Zusatz unterzeichnet, sich aber aus dem Rubrum des Vertrags ergibt, dass die Gesellschaft Vertragspartner werden soll.[172] Hingegen genügt die Unterschrift eines Gesellschafters einer Außen-GbR nach der Rechtsprechung des BGH nicht für die Einhaltung der Schriftform. Wegen der in den §§ 714, 709 BGB vorgesehenen Gesamtvertretungsmacht sei nicht ersichtlich, ob der Unterzeichnende (1.) als alleinvertretungsbefugter Vertreter für die Gesellschaft oder (2.) als gesamtvertretungsbefugter Vertreter für die Gesellschaft und zugleich auch für die anderen zur Vertretung befugten Gesellschafter gehandelt habe oder ob (3.) eigentlich vorgesehen war, dass auch diese die Urkunde noch unterschreiben würden, deren Unterschrift also noch fehlte. Der BGH verlangt daher, dass der Unterzeichnende durch einen Zusatz kenntlich macht, dass er zugleich **in Vertretung aller Gesellschafter** handle, wenn nicht aus der Urkunde deutlich wird, dass er über Einzelvertretungsmacht verfügt.[173] Im Schrifttum wird diese Rechtsprechung zu Recht als zu eng kritisiert und gefordert, dass die Gerichte auch in Bezug auf die Außen-GbR der sonst geltenden Andeutungstheorie folgen. Danach müsse es ausreichen, wenn sich aus der Urkunde – etwa dem Rubrum oder einem Zusatz bei der Unterschrift – oder aus den Umständen außerhalb der Urkunde ergibt, dass der Unterzeichnende für die Gesellschaft handeln wollte.[174] Anderenfalls verkenne die Rechtsprechung die Grenzen zwischen Form und Stellvertretung und berücksichtige zudem nicht die Gesamtpersönlichkeit der GbR.[175] Gleichwohl sollten Vertragsparteien, denen an der langfristig eingegangenen Bindung des Mietvertrags gelegen ist, angesichts der Rechtsprechung des BGH besser Sorge für eine wasserdichte Formulierung tragen.

Wird im Mietvertragsrubrum die XYZ-GbR als Mieterin benannt, wird die Gesellschaft im Zweifel Vertragspartnerin und es handelt sich um eine WG des Typs D (Außen-GbR) (→ § 1 Rn. 27). Soll das Kündigungsrecht für zwei Jahre ausgeschlossen werden, bedarf der Vertrag der Schriftform (§§ 550 S. 1, 126 BGB). Um sicherzugehen, dass der Vertrag die Schriftformvoraussetzungen der Rechtsprechung erfüllt, sollten entweder alle Gesellschafter die für den Vermieter bestimmte Vertragsurkunde unterzeichnen, wobei sie dann deutlich machen sollten, dass sie in ihrer Eigenschaft als Gesamtvertreter (§§ 714, 709 BGB) und nicht im eigenen Namen handeln, um Zweifel hinsichtlich der Frage, wer Vertragspartei werden soll, vorzubeugen. Es ist aber auch möglich, dass ein Gesellschafter den Vertrag unterzeichnet. Dann sollte sich aber aus einem die Stellvertretung kennzeichnenden Zusatz ergeben, dass er als Vertreter der Gesellschaft und aller anderen gesamtvertretungsberechtigten Gesellschafter handelt.

IV. Folgen von Verstößen gegen das Schriftformgebot

Ein Verstoß gegen das Schriftformgebot ändert nichts an der Wirksamkeit des Vertrags. Der Formmangel hat aber gem. § 550 BGB zur Folge, dass der Vertrag, auch wenn er für eine feste Zeit von mehreren Jahren geschlossen wurde, nach Ablauf eines Jahres nach der Überlassung des Wohnraums nach den gesetzlichen Vorschriften **vorzeitig gekündigt** werden kann. Wird die Schriftform bei **Zusatzabreden** nicht eingehalten, wird dadurch nach herrschender Meinung grundsätzlich auch der formgerecht abgeschlossene **Ur-**

81

---

[172] BGH NJW 2005, 2225 (2226) bei der GmbH; BGHZ 205, 99 = NZM 2015, 490 bei der AG.
[173] BGH NJW 2005, 2225 (2226 f.); NJW 2003, 3053 (3054); NJW 2004, 1103. Sich grundsätzlich anschließend *Schraufl* NZM 2005, 443 (444).
[174] *Weitemeyer* NZG 2006, 10 (13); ähnlich *Beisbart* NZM 2005, 293 (294).
[175] *Lammel* in Schmidt-Futterer MietR BGB § 550 Rn. 26 mwN.

sprungsvertrag in seiner Gesamtheit formwidrig; der gesamte Vertrag gilt dann also für unbestimmte Zeit.[176] Der schriftlich abgeschlossene Hauptvertrag bleibt danach nur dann bis zur vereinbarten Laufzeit wirksam, wenn es sich bei der formwidrigen Zusatzvereinbarung lediglich um einen Verlängerungsvertrag handelt.[177] Greift der Formmangel der später abgeschlossenen Zusatzvereinbarung auf den Hauptvertrag über, tritt an die Stelle der „Überlassung" im Sinne von § 550 S. 2 BGB aber zum Schutz des Mieters der Abschluss der Zusatzvereinbarung. Der Mietvertrag kann dann also frühestens ein Jahr nach Abschluss der Zusatzvereinbarung mit den gesetzlichen Fristen gekündigt werden.[178] Die Schriftform kann von den Parteien jederzeit nach Vertragsschluss **nachgeholt** und der Formmangel so mit ex tunc-Wirkung geheilt werden.[179]

82 Hat der Vermieter den Mietvertrag **mit einem Mieter formgerecht** auf längere Zeit als ein Jahr geschlossen, **mit einem anderen Mieter hingegen nicht** – etwa weil ein Mitbewohner formlos, zum Beispiel nur mündlich, einem bestehenden Mietverhältnis beigetreten ist – wird das an sich einheitliche **Mietverhältnis aufgespalten:** Für das Mietverhältnis mit dem neu dazugekommenen Mieter gelten die Rechtsfolgen des § 550 BGB. Der formgerecht eingegangene Mietvertrag zum anderen Mieter bleibt dagegen wirksam und für die vereinbarte Vertragslaufzeit bindend.[180] Dies kann zu der Situation führen, dass ein Mitbewohner-Mieter für die vereinbarte Vertragszeit gebunden ist, der andere, neu dazugekomme hingegen nicht.

Im Mietvertrag zwischen Vermieter V und Mieter M ist das Kündigungsrecht für zwei Jahre ausgeschlossen; dabei wahrt der Vertrag die Schriftform (§§ 550, 126 BGB). Der mit M befreundete F tritt dem Vertrag wirksam bei und zieht zu M. In diesem Fall haben M und F eine WG des Typs C (Gesamtschuld) (→ § 1 Rn. 26) gegründet. Obwohl ein einheitlicher Mietvertrag vorliegt, wird er aber in Bezug auf die Kündigungsmöglichkeit aufgespalten: M kann den Vertrag für die Dauer von zwei Jahren nicht kündigen; F hingegen nach Ablauf eines Jahres (§ 550 S. 2 BGB).

V. Ausschluss der Berufung auf den Formmangel

1. Grundsatz

83 Diskutiert wird, ob die Berufung auf den Formmangel im Einzelfall wegen Treuwidrigkeit ausgeschlossen ist. Richtigerweise ist die **Berufung auf den Formmangel** aber **nur ausnahmsweise treuwidrig** und damit als unzulässige Rechtsausübung ausgeschlossen, wenn sie zu einem „schlechthin untragbaren Ergebnis führen würde"[181]; im Regelfall bleibt eine Kündigung nach § 550 BGB in Verbindung mit den gesetzlichen Vorschriften dagegen möglich. Insbesondere genügt es für die Annahme von Treuwidrigkeit einer vorzeitigen Kündigung nicht, wenn der formmangelhafte Mietvertrag bereits jahrelang anstandslos durchgeführt worden ist.[182] Die Berufung auf den Formmangel kann aber treuwidrig sein, wenn „der eine Vertragspartner den anderen schuldhaft von der Einhaltung der Schriftform abgehalten oder sich sonst einer besonders schweren Treuepflichtverletzung schuldig gemacht hat oder wenn bei Formwidrigkeit die Existenz der anderen Vertragspartei bedroht wäre".[183] Der BGH hat die Treuwidrigkeit insbesondere für den Fall bejaht, dass eine Mietvertragspartei eine nachträglich nicht schriftlich getroffene Abrede, die ihr eigentlich

---
[176] BGHZ 125, 175 = NJW 1994, 1649 (1651) mwN; *Bieber* in MüKoBGB § 550 Rn. 14; *Lammel* in Schmidt-Futterer MietR BGB § 550 Rn. 60.
[177] BGHZ 125, 175 = NJW 1994, 1649 (1651); BGHZ 50, 39 = NJW 1968, 1229 (1230).
[178] OLG Düsseldorf BeckRS 2005, 12567.
[179] BGH NJW 2004, 2962 (2963); *Hannemann* in MAH MietR § 47 Rn. 64.
[180] BGHZ 65, 49 = NJW 1975, 1653; *Lammel* in Schmidt-Futterer MietR BGB § 550 Rn. 63 mwN.
[181] Vgl. *Bieber* in MüKoBGB § 550 Rn. 19; *Lammel* in Schmidt-Futterer MietR BGB § 550 Rn. 66 ff.; *Timme/Hülk* NJW 2007, 3313 (3316); *Schraufl* NZM 2005, 443 (445), jeweils m. Bsp.
[182] BGH NJW 2004, 1103.
[183] BGH NZM 2018, 38 Rn. 24 mwN.

zum Vorteil gereicht, allein aufgrund des Formverstoßes zum Anlass nimmt, sich von dem gesamten Mietvertrag zu lösen.[184] Ein Fall unzulässiger Rechtsausübung dürfte also etwa dann vorliegen, wenn der Hauptmieter bei WG Typ A (Untermiete) (→ § 1 Rn. 24) den Vermieter um die Zustimmung zur Untervermietung bittet, dann aber aufgrund der lediglich mündlich gewährten Zustimmung und damit formmangelhaften Vertragsänderung den eigentlich für mehrere Jahre bindend eingegangenen Mietvertrag unter Berufung auf § 550 BGB zu kündigen versucht.[185]

2. Unwirksamkeit von Schriftformheilungsklauseln

84 Bislang war umstritten, ob sich die Treuwidrigkeit der Berufung auf einen Formmangel auch aus einer sogenannten **mietvertraglichen Vorsorge- beziehungsweise Schriftformheilungsklausel** ergeben kann.[186] In solchen Vereinbarungen verpflichten sich die Parteien des Mietvertrags, um dessen langfristige Bindung abzusichern, etwa dazu, die Schriftform im Falle ihrer Nichteinhaltung nachzuholen und keine vorzeitige Kündigung des Mietverhältnisses auszusprechen.

85 Der BGH hat bereits 2014 entschieden, dass derartige Regelungen gegenüber dem Erwerber, der nach § 566 BGB in den Mietvertrag eintritt, nicht bindend sind.[187] Demgegenüber wurde bislang von vielen vertreten, dass solche Klauseln im Verhältnis zwischen den ursprünglichen Mietvertragsparteien wirksam seien, danach begründeten sie erstens einen Anspruch auf Mitwirkung bei der nachträglichen Heilung eines Formmangels durch Abschluss eines schriftlichen Vertrags und schlossen zweitens eine vorzeitige Kündigung als treuwidrig aus.[188] Inzwischen hat der BGH entschieden, dass derartige Regelungen **stets unwirksam** sind, und zwar unabhängig davon, ob sie in AGB oder individualvertraglich vereinbart werden, und nicht nur gegenüber dem Erwerber, der nach § 566 BGB in den Mietvertrag eintritt, sondern auch im Verhältnis der ursprünglichen Mietvertragsparteien. Bei § 550 BGB handle es sich um zwingendes Recht, von dem die Mietvertragsparteien nicht abweichen könnten.[189] Den Zweck der Vorschrift sieht der BGH nicht nur in dem Schutz des späteren Grundstückserwerbers, sondern auch darin, „die Beweisbarkeit langfristiger Abreden auch zwischen den ursprünglichen Vertragsparteien zu gewährleisten und diese vor der unbedachten Eingehung langfristiger Bindungen zu schützen".[190] Eine Berufung auf einen Formmangel scheidet also nicht aufgrund einer Schriftformheilungsklausel als treuwidrig aus.

86 Wegen der besonderen Bedeutung der gesetzlichen Schriftform bei langfristigen Mietverträgen sollten die Vertragsparteien infolge der Entscheidung des BGH die **langfristige Bindung des Mietvertrags auf anderem Wege absichern,** etwa im Wege eines Vorvertrags oder über eine qualifizierte Schriftformklausel (→ Rn. 88 f.). Diskutiert wird außerdem, ob Vereinbarungen zur Heilung eines konkret befürchteten Formmangels auch nach der Entscheidung des BGH wirksam sind.[191]

VI. Vereinbarte Schriftform

87 Haben die Parteien vereinbart, dass der Vertragsinhalt schriftlich niedergelegt werden soll, können sie der Schriftform entweder **konstitutive Wirkung** beimessen; die Vereinbarung kann aber nach dem Willen der Parteien auch allein **deklaratorisch,** die Schriftform also

---
[184] BGH NZM 2018, 38 Rn. 41; NJW 2016, 311 Rn. 27.
[185] In diese Richtung OLG Düsseldorf NJW-RR 2002, 1451; Timme/Hülk NJW 2007, 3313 (3316).
[186] Überblick bei Lindner-Figura/Reuter NJW 2018, 897.
[187] BGH NJW 2014, 2102; BGHZ 200, 98 = NJW 2014, 1087 Rn. 27.
[188] Vgl. zum Überblick Piepers/Robles y Zepf NZM 2014, 152 (153) mwN. Krit. aber Streyl NZM 2015, 28.
[189] Grundlegend BGH NZM 2018, 38 Rn. 33 ff.; s. auch BGH NZM 2018, 515 Rn. 25.
[190] BGH NZM 2018, 38 Rn. 35 mwN; BGH NZM 2018, 515 Rn. 25.
[191] Zu all diesen Vorschlägen s. Lindner-Figura/Reuter NJW 2018, 897.

lediglich Beweiszwecken zu dienen bestimmt sein[192], was durch Auslegung zu ermitteln ist.[193]

88   Individualvertragliche **einfache Schriftformvereinbarungen,** wonach nachträgliche Änderungen und Ergänzungen des Vertrags der Schriftform bedürfen, sind wirksam, aber laufen leer: Sie hindern die Parteien nicht daran, mündliche Vertragsänderungen vorzunehmen; in der mündlichen Vereinbarung ist dann gleichzeitig eine einvernehmliche Aufhebung der vertraglich vereinbarten Schriftform für den Einzelfall zu sehen.[194] Die Parteien müssen daher eine **qualifizierte („doppelte") Schriftformvereinbarung** treffen. Solche Vereinbarungen legen nicht nur die Schriftform für den Vertrag fest, sondern enthalten auch eine Regelung, wonach die Aufhebung der Schriftform ihrerseits einer schriftlichen Vereinbarung bedarf. Individualvertraglich sind solche Klauseln möglich.[195]

89   Die Wirksamkeit solcher **Schriftformklauseln in AGB** ist dagegen umstritten. Überwiegend wird vertreten, die Klausel verstoße gegen § 307 Abs. 1 BGB, weil sie beim Mieter den Eindruck erwecke, dass mündliche Abreden generell unwirksam seien, wodurch er von der Durchsetzung der ihm zustehenden Rechte abgehalten werde.[196] Jedenfalls bleiben derartige Klauseln wegen des Vorrangs der Individualvereinbarung nach § 305b BGB wirkungslos.[197]

F. Formularmietverträge

90   In kaum einem anderen Rechtsgebiet hat sich die Verwendung von Formularverträgen so stark durchgesetzt wie im Mietrecht. Typischerweise ist es der Vermieter, der sich eines Vertragsmusters bedient. Dabei hat sich der Mustermietvertrag aus dem Jahr 1976[198] in der Praxis kaum durchgesetzt; dagegen nutzen die meisten Vermieter **Vertragsmuster von Vermieterverbänden.**

I. Anwendungsbereich der §§ 305 ff. BGB

91   Bei Wohngemeinschaften wird es sich kaum um einen Mietvertrag auf einem der in § 310 Abs. 4 S. 1 BGB genannten Gebiete handeln, sodass die §§ 305 ff. BGB grundsätzlich Anwendung finden. Die Besonderheiten des § 310 Abs. 1 S. 1 BGB können in dem – praktisch eher seltenen – Fall zum Tragen kommen, in dem die Mitbewohner die AGB stellen und es sich beim Vermieter um einen Unternehmer handelt.

II. Verwendung von AGB

92   AGB sind gem. § 305 Abs. 1 S. 1 BGB alle für eine Vielzahl von Verträgen vorformulierten Vertragsbedingungen, die eine Vertragspartei – der Verwender – der anderen Vertragspartei bei Abschluss eines Vertrags stellt.

---

[192] So etwa in BGH NJW 2009, 433.
[193] Dazu *Blank* in Schmidt-Futterer MietR BGB Vor § 535 Rn. 20, 22; *Hannemann* in MAH MietR § 47 Rn. 41.
[194] *Wetekamp* BeckHdB Wohnraummiete Kap. 1 Rn. 57.
[195] *Lammel* in Schmidt-Futterer MietR BGB § 550 Rn. 76. Auch deren Wirkung ist allerdings umstritten, vgl. *Hannemann* in MAH MietR § 47 Rn. 42 mwN.
[196] Vgl. etwa OLG München BeckRS 2016, 6798 Rn. 29; OLG Rostock NJW 2009, 3376; *Blank* in Schmidt-Futterer MietR BGB Vor § 535 Rn. 49 mwN; *Drettmann* in v. Westphalen/Thüsing VertrR/AGB-Klauselwerke, Wohnraummiete, 41. EL April 2018, Rn. 21; *Hannemann* in MAH MietR § 10 Rn. 384, § 47 Rn. 43.
[197] BGH NZM 2017, 189 Rn. 16.
[198] Mustermietvertrag 1976, BAnz. Nr. 22 v 3.2.1976 Beil. Nr. 2.

F. Formularmietverträge

Weil die Bedingungen für eine Vielzahl von Verträgen vorformuliert sein müssen, bedarf **93** es einer **Mehrfachverwendungsabsicht** des Verwenders. Grundsätzlich ist eine dreimalige Verwendung erforderlich, dann gelten die §§ 305 ff. BGB bereits bei der ersten Verwendung.[199] AGB liegen jedoch auch dann vor, wenn ein Vertragspartner das von einem Dritten für eine Vielzahl von Fällen entworfene Vertragsmuster verwendet, selbst wenn er es selbst nur in einem einzigen Fall verwenden will.[200] Folglich handelt es sich schon dann um AGB, wenn sich der Vermieter einmalig eines Vertragsmusters eines Vermieterverbands bedient.

Weiterhin müssen AGB **vorformuliert** und von einem Vertragspartner **einseitig gestellt** **94** worden sein. Dagegen liegen AGB gem. § 305 Abs. 1 S. 3 BGB nicht vor, soweit die Vertragsbedingungen zwischen den Vertragsparteien im Einzelnen ausgehandelt wurden; dafür erforderlich ist aber, dass der Verwender die Klausel inhaltlich ernsthaft zur Disposition gestellt und seinem Vertragspartner die Möglichkeit gegeben hat, auf den Inhalt Einfluss zu nehmen. Auch bei einem handschriftlich abgefassten Mietvertrag ist nicht automatisch von einer Individualvereinbarung auszugehen, denn auch in diesem Fall ist es möglich, dass der Vertragspartner keinen Einfluss auf den Inhalt des Vertrags nehmen konnte.[201] Ebenso macht der auf dem Vertragsformular vermerkte Hinweis, die Bestimmungen seien mit dem Mieter besprochen und von ihm ausdrücklich anerkannt worden, den Vertrag nicht zu einer Individualvereinbarung;[202] eine solche Klausel wäre im Übrigen wegen Verstoßes gegen § 309 Nr. 12 Buchst. b BGB unwirksam[203]. Auch wenn der Vermieter dem Mieter die Auswahl zwischen mehreren vorgeschlagenen Alternativmustern oder zwischen einzelnen Klauseln überlässt, etwa durch Ankreuzen möglicher alternativer Textstellen, handelt es sich nicht schon um ausgehandelte Klauseln.[204]

Im Einzelnen ist umstritten, inwieweit der Vermieter den Restriktionen des AGB- **95** Rechts dann entgehen kann, wenn sich der Mieter damit einverstanden erklärt, dass der Vermieter zur Vertragsunterzeichnung ein Muster mitbringt, oder wenn er dem Mieter zumindest die Möglichkeit eröffnet hatte, dem Vertrag ein eigenes Muster zugrundezulegen.[205] Nach einer Entscheidung des BGH bleibt der Vermieter jedenfalls auch dann Verwender, wenn der Mieter auf Wunsch des Vermieters ein bestimmtes Mietvertragsmuster zu den Vertragsverhandlungen mitbringt.[206]

Freilich kann der Vertrag sowohl individuell ausgehandelte als auch einseitig gestellte **96** Klauseln enthalten. Bei solchen **Mischverträgen** ist im Hinblick auf das Erfordernis des „Stellens" jede streitgegenständliche Klausel einzeln zu betrachten.[207] In Bezug auf einzelne Klauseln kann auch eine nachträgliche individuelle Vereinbarung vorliegen, die dann – wie aus § 305b BGB folgt – Vorrang hat.[208]

Handelt es sich bei dem Mietvertrag um einen **Verbrauchervertrag** (zur Frage, wann **97** der Vermieter Unternehmer ist, → Rn. 30), gelten die AGB gem. **§ 310 Abs. 3 Nr. 1 BGB** stets als vom Unternehmer gestellt, es sei denn, dass sie durch den Verbraucher in den Vertrag eingeführt wurden.

---

[199] *Drettmann* WuM 2012, 535 (535).
[200] BGHZ 184, 259 = NJW 2010, 1131 Rn. 10; *Blank* in Schmidt-Futterer MietR BGB Vor § 535 Rn. 39.
[201] BGHZ 181, 188 = NZM 2009, 541 Rn. 14.
[202] OLG Hamm NJW 1981, 1049.
[203] *Drettmann* WuM 2012, 535 (536).
[204] BGH NZM 2013, 230; BGHZ 184, 259 = NJW 2010, 1131 Rn. 10; *H. Schmidt* in BeckOGK, 1.10.2018, BGB § 535 Rn. 100; *Blank* in Schmidt-Futterer MietR BGB Vor § 535 Rn. 40 mwN.
[205] Zum Streitstand s. *Häublein* in MüKoBGB § 535 Rn. 11; *Lehmann-Richter* NZM 2011, 57 m. Bsp.; *Niebling* ZMR 2010, 509.
[206] BGH NZM 2018, 556 Rn. 11.
[207] *Blank* in Schmidt-Futterer MietR BGB Vor § 535 Rn. 38.
[208] *H. Schmidt* in BeckOGK, 1.10.2018, BGB § 535 Rn. 103.

III. Einbeziehungs- und Inhaltskontrolle

98 AGB werden grundsätzlich nur dann wirksam in den Vertrag einbezogen, wenn die Voraussetzungen des § 305 Abs. 2 BGB vorliegen. Der Verwender muss auf die AGB also **deutlich hinweisen** (Nr. 1), dem Vertragspartner die **Möglichkeit zumutbarer Kenntnisnahme** von ihrem Inhalt eröffnen (Nr. 2) und der Vertragspartner muss mit der Geltung der AGB **einverstanden** sein (§ 305 Abs. 2 aE BGB). Die Vorschrift zielt allerdings auf den Fall ab, in dem vorformulierte Vertragsbedingungen in einen ansonsten individuell ausgehandelten Vertrag einbezogen werden.[209] Handelt es sich dagegen – wie in der mietvertraglichen Praxis üblich – insgesamt um einen Formularmietvertrag, bedarf es einer Ansicht nach keines Hinweises im Sinne von § 305 Abs. 2 Nr. 1 BGB[210], während die andere Ansicht zwar das Hinweiserfordernis aufrechterhält, es aber in jedem Fall durch die Aufnahme des Klauselwerks in die Vertragsurkunde als erfüllt ansieht.[211] § 305 Abs. 2 Nr. 2 BGB, der unbestritten gilt, verlangt, dass für die Möglichkeit zumutbarer Kenntnisnahme auf erkennbare körperliche Beeinträchtigungen, etwa eine Sehschwäche, Rücksicht genommen wird.[212]

99 Im Rahmen der Einbeziehungskontrolle ist außerdem das von § 305c Abs. 1 BGB statuierte **Verbot überraschender Klauseln** zu berücksichtigen. Überraschend ist eine Klausel, die (1.) nach den Gesamtumständen des konkreten Vertragsschlusses objektiv ungewöhnlich ist und mit der (2.) subjektiv aus der Sicht des vertragstypischen Verwendungsgegners nicht gerechnet werden muss (sogenannter Überrumpelungseffekt).[213]

100 Ist eine Klausel Vertragsinhalt geworden, unterliegt sie der **Inhaltskontrolle nach den §§ 307–309 BGB**. Gem. § 307 Abs. 3 S. 1 BGB gilt dies freilich nicht für Klauseln, die sogenannte kontrollfreie Hauptleistungspflichten betreffen. Bei den Bestimmungen in Bezug auf die Hauptleistungspflichten, also hinsichtlich der Mietdauer, der Miethöhe und des Mietobjekts, handelt es sich jedoch ohnehin häufig um Individualvereinbarungen, die per se nicht der AGB-rechtlichen Kontrolle unterliegen.[214] Auch in Bezug auf die kontrollfreien Klauseln gilt außerdem das Transparenzgebot des § 307 Abs. 3 S. 2 iVm Abs. 1 S. 2 BGB. Alle den Mieter treffenden Rechte und Pflichten müssen im Vertragstext also auch für einen rechtlich nicht vorgebildeten Mieter klar, durchschaubar, verständlich und vollständig dargestellt werden.[215]

101 In Bezug auf die Einbeziehungs- und Inhaltskontrolle sind bei **Verbraucherverträgen** die **Besonderheiten nach § 310 Abs. 3 Nr. 2 und 3 BGB** zu beachten (zur Unternehmereigenschaft des Vermieters → Rn. 30). Gem. § 310 Abs. 3 Nr. 2 BGB sind die Bestimmungen der §§ 305c Abs. 2, 306, 307–309 BGB auf vorformulierte Vertragsbedingungen stets anzuwenden, auch wenn die Bedingungen nur zur einmaligen Verwendung bestimmt sind, soweit der Verbraucher aufgrund der Vorformulierung auf ihren Inhalt keinen Einfluss nehmen konnte. Der Verbraucher hat also nur darzulegen und zu beweisen, dass die Vertragsklausel vorformuliert worden ist und er ihren Inhalt infolgedessen nicht beeinflussen konnte.[216] § 310 Abs. 3 Nr. 3 BGB bestimmt, dass bei der Beurteilung der unangemessenen Benachteiligung nach § 307 Abs. 1 und 2 BGB auch die den Vertragsschluss begleitenden Umstände zu berücksichtigen sind.

---

[209] *Häublein* in MüKoBGB § 535 Rn. 11.
[210] *Häublein* in MüKoBGB § 535 Rn. 11.
[211] *H. Schmidt* in BeckOGK, 1.10.2018, BGB § 535 Rn. 107.
[212] *Blank* in Schmidt-Futterer MietR BGB Vor § 535 Rn. 55; *Häublein* in MüKoBGB § 535 Rn. 11; *H. Schmidt* in BeckOGK, 1.10.2018, BGB § 535 Rn. 107; *Heinrichs* NZM 2003, 6 (8).
[213] BGH NJW-RR 2001, 439 (440); *Blank* in Schmidt-Futterer MietR BGB Vor § 535 Rn. 57 m. Bsp. aus der Rspr.
[214] *H. Schmidt* in BeckOGK, 1.10.2018, BGB § 535 Rn. 113.
[215] *Zehelein* in BeckOK BGB, Ed. 1.2.2019, § 535 Rn. 231.
[216] BGHZ 176, 140 = NJW 2008, 2250 unter Nr. II 3 a.

Zu überraschenden Klauseln und zur inhaltlichen Wirksamkeit einzelner Klauseln im Wohnraummietvertrag gibt es eine **Fülle an Rechtsprechung**.[217] Die praktisch besonders relevanten Klauseln werden nicht an dieser Stelle abstrakt, sondern in diesem Kapitel und in den folgenden Kapiteln im Zusammenhang mit den einzelnen Themenschwerpunkten behandelt.

IV. Rechtsfolgen der Verwendung unwirksamer AGB

Sind AGB nicht Bestandteil des Mietvertrags geworden oder hat die Inhaltskontrolle ergeben, dass eine Klausel unwirksam ist, gelten die allgemeinen Grundsätze: Der **Vertrag** bleibt gem. § 306 Abs. 1 BGB **im Übrigen wirksam**. Dass es nach § 306 Abs. 3 BGB ausnahmsweise zur Gesamtnichtigkeit des Mietvertrags kommt, ist angesichts der damit verbundenen nachteiligen Folgen für den Mieter kaum denkbar.[218] An die Stelle der nichtigen Klausel tritt gem. § 306 Abs. 2 BGB das **dispositive Gesetzesrecht.** Die Vorschrift des § 306 BGB ist zwingend und kann nicht durch salvatorische Ersetzungsklauseln umgangen werden.[219] Auch bei Wohnraummietverträgen gilt das **Verbot geltungserhaltender Reduktion;** eine unbillige Klausel kann also nicht auf einen gerade noch zulässigen Teil reduziert werden. Durch Auslegung ist aber zu ermitteln, ob die Klausel in dem Sinne teilbar ist, dass ein inhaltlich selbstständiger Teil aufrechterhalten werden kann. Auch dann kann jedoch Gesamtunwirksamkeit eintreten, wenn die eigentlich trennbaren Teile einer Klausel einen Summierungseffekt aufweisen und der Mieter durch das Zusammenspiel der beiden Klauselteile unbillig belastet wird.[220]

Schließlich kann die Verwendung von beziehungsweise die Berufung auf unwirksame AGB **zivilrechtliche Haftungsansprüche** aus § 280 Abs. 1 BGB, aus culpa in contrahendo oder aus Bereicherungsrecht begründen.[221]

V. Besonderheiten bei Wohngemeinschaften

Auch das Mietverhältnis der Wohngemeinschaft wird selten durch Individualvertrag, sondern **in den meisten Fällen** durch einen oder mehrere **Formularmietverträge** begründet. Das Vertragsmuster kann im Einzelfall von den künftigen Mitbewohnern eingebracht worden sein, wird aber in aller Regel vom Vermieter gestellt. Schließt der Vermieter den Vertrag in Ausübung seiner unternehmerischen Tätigkeit (zur Unternehmereigenschaft des Vermieters → Rn. 30) ab, handelt es sich um einen **Verbrauchervertrag** und die AGB gelten nach § 310 Abs. 3 Nr. 1 BGB, ohne dass es einer weiteren Prüfung bedarf, als vom Vermieter gestellt (dazu → Rn. 97); außerdem sind dann bei der Einbeziehungs- und Inhaltskontrolle die Besonderheiten nach § 310 Abs. 3 Nr. 2 und 3 BGB zu beachten (dazu → Rn. 101).

Etwas anderes gilt für die **Mietverträge zwischen Mitbewohnern** – etwa bei WG Typ A (Untermiete) (→ § 1 Rn. 24) für die Untermietverträge zwischen dem Hauptmieter und seinen Mitbewohnern oder für die Mietverträge bei WG Typ F (→ § 1 Rn. 29), wo der Vermieter selbst Mitglied der Wohngemeinschaft ist. Hier ist es wegen der besonderen persönlichen Beziehung zwischen den Vertragsparteien wahrscheinlicher, dass sie einen

---

[217] Zum Überblick s. *Bub* in Bub/Treier BeckHdB MietR II Rn. 1036 ff.; *Drettmann* in v. Westphalen/Thüsing, VertrR/AGB-Klauselwerke, Wohnraummiete, 41. EL April 2018, Rn. 5–176; *ders.* WuM 2012, 535 (539); *Zehelein* in BeckOK BGB, Ed. 1.2.2019, § 535 Rn. 229; *Hannemann* in MAH MietR § 10 Rn. 102 ff.; *Wetekamp* BeckHdB Wohnraummiete Kap. 1 Rn. 7–29; *Fritz* NZM 2002, 713; *Gather* NZM 2002, 719; *Graf v. Westphalen* NZM 2018, 97.
[218] *H. Schmidt* in BeckOGK, 1.10.2018, BGB § 535 Rn. 120 mwN.
[219] *Drettmann* WuM 2012, 535 (537).
[220] Bspw. BGH NJW 2003, 2234. Vgl. *Heinrichs* WuM 2005, 155.
[221] Vgl. insgesamt zu den Folgen der Verwendung unwirksamer AGB *H. Schmidt* in BeckOGK, 1.10.2018, BGB § 535 Rn. 116 ff. mwN; *Hannemann* in MAH MietR § 10 Rn. 98.

(möglicherweise gar nur mündlich oder konkludent geschlossenen) **Individualvertrag** eingehen. Und selbst wenn die Vertragsparteien ein Mietvertragsmuster verwenden, wird es sich jedenfalls **nicht um einen Verbrauchervertrag** im Sinne von § 310 Abs. 3 BGB handeln. Denn der Vermieter, der den Vertrag zum privaten Zweck des gemeinsamen Wohnens abschließt, handelt hier nicht als Unternehmer, selbst wenn er andere Wohnungen als Unternehmer vermietet.

G. Beschränkt geschäftsfähige Mitbewohner

107 Insbesondere bei Wohngemeinschaften von Studenten und Auszubildenden kann es vorkommen, dass alle oder einzelne Mitbewohner noch nicht volljährig und damit in der Geschäftsfähigkeit beschränkt sind. Weil der Mietvertrag für den Minderjährigen immer auch rechtlich nachteilhaft ist, bedarf es für seine Wirksamkeit grundsätzlich der **Zustimmung des gesetzlichen Vertreters,** also der Eltern (§§ 1626, 1629 BGB) oder des Vormunds (§ 1793 BGB), nach den §§ 107 ff. BGB. Dabei kann die Einwilligung beziehungsweise Genehmigung auch durch schlüssiges Verhalten erklärt werden.[222] Ebenso werden empfangsbedürftige Willenserklärungen des Vermieters, wie dessen Willenserklärung im Rahmen des Vertragsschlusses, gem. § 131 Abs. 2 BGB erst mit **Zugang beim gesetzlichen Vertreter** wirksam.[223]

108 Schließt der Minderjährige den Vertrag ohne Zustimmung der Eltern, ist er grundsätzlich unwirksam. Ausnahmsweise kann der Mietvertrag aber von der **Ermächtigung zur Arbeitsaufnahme** im Sinne des § 113 BGB oder der **Ermächtigung zum selbstständigen Betrieb eines Erwerbsgeschäfts** nach § 112 BGB erfasst sein.[224] Außerdem kann der Vertrag nach dem sogenannten **Taschengeldparagrafen** des § 110 BGB jeweils insoweit wirksam sein, als der Minderjährige den Mietzins mit ihm unter den Voraussetzungen dieser Vorschrift überlassenen Mitteln bezahlt hat; über diesen Zeitabschnitt hinaus bleibt der Vertrag aber schwebend unwirksam.[225] Zieht der beschränkt Geschäftsfähige in eine Wohngemeinschaft an seinem Ausbildungsort, ergibt sich die Wirksamkeit des Geschäfts im Zweifel nicht aus § 112 BGB.[226] Allerdings kann es in diesem Fall entbehrlich sein, auf § 110 BGB abzustellen, weil sich eine **Zustimmung des gesetzlichen Vertreters zum gesamten Vertrag** auch **aus den Umständen** ergeben kann,[227] etwa durch monatliche Überweisung des Mietzinses. Dafür spricht der Schutz des Minderjährigen. Denn würde man hier § 110 BGB anwenden, stünde der Minderjährige bei einer monatlichen Lücke in der Mittelüberlassung durch seine Eltern ohne wirksamen Mietvertrag und damit ohne Anspruch auf Überlassung der Wohnung gegenüber dem Vermieter da.[228]

109 Die Zustimmung des gesetzlichen Vertreters zu einem Mietvertrag, der eine Bindung des beschränkt Geschäftsfähigen für längere Zeit als ein Jahr nach Eintritt seiner Volljährigkeit vorsieht, bedarf der **Genehmigung durch das Familiengericht,** wie sich aus (§ 1643 Abs. 1 BGB iVm) § 1822 Nr. 5 BGB ergibt. Fehlt die Genehmigung, ist der Vertrag aber nicht unbedingt gesamtnichtig, sondern kann bei Vorliegen eines entsprechenden Willens der Beteiligten nach § 139 BGB für die gesetzlich längst mögliche Dauer und damit bis zum Eintritt des 19. Geburtstags des bei Vertragsschluss Minderjährigen wirksam sein.[229]

---

[222] *Specht* in BeckOK MietR, Ed. 1.3.2019, BGB § 535 Rn. 33.
[223] *Specht* in BeckOK MietR, Ed. 1.3.2019, BGB § 535 Rn. 37.
[224] *Emmerich* in Bub/Treier BeckHdB MietR II Rn. 514 f.
[225] *Schmitt* in MüKoBGB § 110 Rn. 14; *Derleder/Thielbar* NJW 2006, 3233 (3235 mwN).
[226] *Specht* in BeckOK MietR, Ed. 1.3.2019, BGB § 535 Rn. 35.
[227] *Derleder/Thielbar* NJW 2006, 3233 (3235).
[228] *Schmitt* in MüKoBGB § 110 Rn. 32 mwN.
[229] BGH NJW 1962, 734; *Achenbach* in MAH MietR § 11 Rn. 129a, 119; *Specht* in BeckOK MietR, Ed. 1.3.2019, BGB § 535 Rn. 36; *Häublein* in MüKoBGB § 535 Rn. 36.

G. Beschränkt geschäftsfähige Mitbewohner § 2

Stellt sich heraus, dass der **Mietvertrag unwirksam** war, ist er nach den **§§ 812 ff.** 110
BGB rückabzuwickeln. Zum Schutz des Minderjährigen, der grundsätzlich nach § 818
Abs. 2 BGB Wertersatz für die ihm rechtsgrundlos gewährte Gebrauchsüberlassung leisten
müsste, kann dann aber § 818 Abs. 3 BGB greifen.[230]

Den Mietvertrag eines beschränkt geschäftsfähigen Mieters kann zur **Wahrung der** 111
Schriftform des § 550 BGB oder einer vereinbarten Schriftformklausel sein gesetzlicher
Vertreter unterzeichnen, wobei sich die Vertretung dann aus den Umständen oder einem
Zusatz ergeben muss (→ Rn. 78). Es reicht aber ebenfalls aus, wenn der Minderjährige den
Vertrag selbst unterzeichnet. Unterschreibt er ohne Zustimmung seiner Eltern, ist das kein
Problem der Form, sondern der Wirksamkeit des Vertrags nach den §§ 107 ff. BGB.

---

[230] *Häublein* in MüKoBGB § 535 Rn. 36.

§ 3 Untervermietung

Übersicht

	Rn.
A. Einleitung	1
B. Untervermietung und Erlaubnispflicht gemäß § 540 Abs. 1 S. 1 BGB	2
I. Gebrauchsüberlassung	4
II. Dritte	5
III. Entgelt	7
C. Anspruch auf Erlaubnis zur Gebrauchsüberlassung gemäß § 553 BGB	8
I. Berechtigtes Interesse	9
II. Nach Vertragsschluss	13
III. Teil des Wohnraums	14
IV. Entgegenstehende Interessen gemäß § 553 Abs. 1 S. 2 BGB	26
V. Erlaubniserteilung bei Erhöhung der Miete gemäß § 553 Abs. 2 BGB	28
VI. Durchsetzung/Rechtsfolgen	30
VII. Vertraglicher Ausschluss/Einschränkung der Gebrauchsüberlassung	33
D. Rechtsfolgen unbefugter Gebrauchsüberlassung	36
I. Verhältnis Hauptvermieter und Hauptmieter	37
II. Verhältnis Hauptmieter und Untermieter	44
III. Verhältnis Hauptvermieter und Untermieter	47
E. Zu den einzelnen Rechtsverhältnissen bei befugter Gebrauchsüberlassung	48
I. Verhältnis Hauptvermieter und Hauptmieter	49
II. Verhältnis Hauptmieter und Untermieter	53
III. Verhältnis Hauptvermieter und Untermieter	60
F. Fazit und Ausblick	67

Schrifttum:

Derleder, Die Mietvertragskonformität von Untermietverträgen, ZMR 2015, 521; *Diederichsen*, Ansprüche des Vermieters bei unberechtigter Untervermietung, NJW 1964, 2296; *Eichel*, Entscheidungsbesprechung BGH, Urteil vom 12.8.2009 – XII ZR 76/08, ZJS 2009, 702; *Erman*, Bürgerliches Gesetzbuch, Band I, 14. Aufl. 2014; *Heilmann*, Risiken der Untervermietung für Mieter und Vermieter, NZM 2016, S. 74; *Jablonski*, Modernisierung: Wenn der Untermieter nicht duldet, GE 2015, 234; *Kern*, Vermieterstellung bei unerlaubter nicht gewerblicher Untervermietung, NZM 2009, 344; *Kinne/Schach/Bieber*, Miet- und Mietprozessrecht, 7. Aufl. 2013; *Nassall*, Die Untermiete im Spiegel der Rechtsprechung, ZMR 1983, 333; *Pauly*, Hauptprobleme der Untermiete, WuM 2008, 320; *Proppe*, Pflicht zur Erlaubnis einer Untervermietung an zwei Personen, ZMR 2008, 802; *Riehm*, Herausgabe des unberechtigt erlangten Untermietzinses bei unberechtigter Untervermietung – BGH, NJW 1996, 838, JuS 1998, 672; *Sonnenschein*, Untervermietung und sonstige Gebrauchsüberlassung an Dritte, PiG 23, 167 ff.; *Theuffel*, Herausgabe des Untermietzinses bei unberechtigter Untervermietung? – BGH, NJW 1996, 838, JuS 1997, 886.

A. Einleitung

Häufig entstehen Wohngemeinschaften durch Untervermietungen. Die Untervermietung **1** von Wohnraum ist der praktisch bedeutsamste Fall der Gebrauchsüberlassung der Mietsache an Dritte im Sinne des § 540 Abs. 1 S. 1 BGB. Einige Varianten sind denkbar: Der Mieter vereinbart Untermietverträge mit einzelnen oder mehreren Personen, behält aber einen Teil des Wohnraums zum selbstständigen Gebrauch (WG-Typ A; → § 1 Rn. 24), er vermietet die zunächst selbst bewohnte Wohnung an eine oder mehrere Person(en) weiter[1]

---

[1] Sofern der Eigentümer Wohnraum an einen Zwischenvermieter vermietet, der diesen an einzelne Mieter untervermietet und selbst nicht zu Wohnzwecken nutzt, gelten im Verhältnis zwischen Eigentümer und Zwischenvermieter die Vorschriften über die Wohnraummiete nicht (BGH NJW 2016, 1086; OLG Frankfurt a. M. BeckRS 2010, 28918).

oder die Untermieter vermieten Wohnraum an weitere Untermieter etc. Im folgenden Beitrag sind die Grundlagen zur Untervermietung darzustellen. Es fragt sich, in welchen Fällen der Gebrauchsüberlassung von Wohnraum an Dritte überhaupt Mietrecht gilt. Da eine Gebrauchsüberlassung der Mietsache an Dritte gemäß § 540 Abs. 1 S. 1 BGB erlaubnispflichtig ist, ist zu klären, wann sie der Vermieter nach § 553 BGB gestatten muss. Ebenfalls zu erörtern sind die Rechtsfolgen, die sich aus einer unbefugten Gebrauchsüberlassung infolge einer Untervermietung ergeben. Einzugehen ist schließlich auf das nach Abschluss eines Untermietvertrages entstehende Mehrpersonenverhältnis zwischen Vermieter, Untervermieter und Untermieter einschließlich der Haftungsfragen und der Rechtslagen, wenn das Haupt- oder Untermietverhältnis beendet werden soll. In diesem Beitrag nicht behandelt werden das Rechtsverhältnis der Mitglieder einer Wohngemeinschaft untereinander sowie die Fragen, die sich im Zusammenhang mit dem Ausscheiden, Eintritt und Wechsel von Mitgliedern der Wohngemeinschaft ergeben. Das gilt ebenso für die Frage, ob die Aufnahme eines neuen Mitglieds im Innenverhältnis die Zustimmung der anderen Mitbewohner erfordert, da diese Rechtsprobleme nicht auf die Gestaltung von Wohngemeinschaften durch Untermietverträge beschränkt sind (hierzu ausführlich → § 18).

B. Untervermietung und Erlaubnispflicht gemäß § 540 Abs. 1 S. 1 BGB

2 Die Erlaubnispflicht des § 540 Abs. 1 S. 1 BGB gründet auf dem Gedanken, dass das vom Vermieter gemäß § 535 Abs. 1 S. 1 BGB zu gewährende Gebrauchsrecht grundsätzlich nicht die Befugnis des Mieters einschließt, dieses teilweise oder vollständig auf Dritte zu übertragen.[2] Unter den Voraussetzungen des § 540 Abs. 1 S. 1 BGB – auf die sogleich eingegangen wird – ist die Gebrauchsüberlassung von Wohnraum infolge eines Untermietvertrages daher erlaubnispflichtig. Ein solcher Vertrag ist zudem „echter" Mietvertrag nach § 535 BGB, weshalb die mietrechtlichen Schutzvorschriften, vor allem diejenigen für Wohnraummietverhältnisse (§§ 549 ff. BGB), greifen. Er ist insoweit von sonstigen Fällen der Gebrauchsüberlassung von Wohnraum an Dritte abzugrenzen, bei denen Mietrecht nicht gilt.[3] Diese Fälle können ihrerseits erlaubnispflichtig nach § 540 Abs. 1 S. 1 BGB sein oder sogar Wohngemeinschaften begründen, die erlaubnisfrei sind.

3 Bei einem Untermietvertrag über Wohnraum vereinbaren Untervermieter und Untermieter eine Gebrauchsüberlassungspflicht des vom Untervermieter gemieteten Wohnraums insgesamt oder einzelner Räume gegen Entgelt.[4]

I. Gebrauchsüberlassung

4 Eine erlaubnispflichtige Gebrauchsüberlassung im Sinne des § 540 Abs. 1 S. 1 BGB ist grundsätzlich unabhängig davon, ob die Mietsache teilweise oder vollständig zum selbstständigen Gebrauch oder zur unselbstständigen Mitbenutzung überlassen wird.[5] Allerdings handelt es sich um einen vertragsgemäßen Eigengebrauch der Wohnung, wenn der Mieter Besucher[6] beziehungsweise Gäste[6] empfängt (→ § 24 für AirBnB, Couchsurfing und andere

---

[2] *Bieber* in MüKoBGB § 540 Rn. 1.
[3] *Ehlert* in Bamberger/Roth BGB § 535 Rn. 3 f.
[4] Vgl. *Weidenkaff* in Palandt BGB Einf. v. § 535 Rn. 3.
[5] BGH NJW 2014, 622; BGHZ 157, 1 = NJW 2004, 56; OLG Hamm 4 REMiet 1/82, OLGZ 1982, 481 = NJW 1982, 2876; *Blank* in Schmidt-Futterer MietR BGB § 540 Rn. 2; *Ehlert* in Bamberger/Roth BGB § 540 Rn. 3.
[6] Zum Begriff Besucher und zu der im Einzelfall schwierigen Abgrenzung, ab wann eine längerfristige erlaubnispflichtige Gebrauchsüberlassung vorliegt *Blank* in Blank/Börstinghaus MietR BGB § 540 Rn. 38 ff.; *Kern* NZM 2009, 344.

B. Untervermietung und Erlaubnispflicht gemäß § 540 Abs. 1 S. 1 BGB

Formen der kurzfristigen Überlassung) oder Besitzdiener wie Haus- und Pflegepersonal[7] aufnimmt. Eine Untervermietung von Wohnraum setzt voraus, dass dem Dritten ein selbstständiges Gebrauchsrecht an diesem insgesamt oder zumindest an Teilen eingeräumt werden soll.[8] Es genügt somit, dass der/die Untermieter einen Raum[9] in der Wohnung zum eigenen Gebrauch erhalten soll(en) und an „Gemeinschaftsräumen" wie Küche, Bad, Flur etc. ein Mitbenutzungsrecht. Sofern Dritte den gemieteten Wohnraum insgesamt lediglich mitbenutzen, mag dies erlaubnispflichtig nach § 540 Abs. 1 S. 1 BGB sein,[10] ein Untermietvertrag liegt dem aber nicht zugrunde. Das gilt selbst dann, wenn die Mitbenutzung gegen Entgelt erfolgt.[11]

II. Dritte

Besonderheiten können sich aus der Person des Dritten ergeben. Als Ausnahme zu dem 5 Grundsatz, dass jede teilweise oder vollständige selbst- oder unselbstständige Nutzung des gemieteten Wohnraums durch eine dritte Person erlaubnispflichtig ist, gelten folgende praktisch wichtige Ausnahmen: Die Aufnahme des Ehegatten[12] sowie naher Angehöriger (Eltern,[13] Kinder[14] und Stiefkinder,[15] Enkelkinder,[16] Schwiegermutter, -vater,[17] nicht der Bruder oder die Schwester[18]) ist nach Sinn und Zweck der Vorschrift wegen deren engen, unter dem Schutz der Verfassung (Art. 6 GG) stehenden, persönlichen Beziehungen zum Mieter von der Erlaubnispflicht ausgenommen.[19] Sie sind nicht Dritte im Sinne des § 540 BGB.[20] Richtigerweise zählen nach überwiegender Auffassung auch Lebenspartner gemäß § 1 Abs. 1 LPartG zu dem privilegierten Personenkreis.[21] Soweit hierzu noch andere Meinungen vertreten werden (worden sind),[22] sind diese mit Gesetz „zur Einführung des Rechts auf Eheschließung für Personen gleichen Geschlechts" vom 20.7.2017[23] überholt. Dagegen bleibt es nach mittlerweile gefestigter Rechtsprechung bei der Erlaubnispflicht gemäß § 540 BGB, wenn der Mieter seinen nichtehelichen Lebensgefährten in die Wohnung aufnehmen möchte.[24]

---

[7] *Blank* in Schmidt-Futterer MietR BGB § 540 Rn. 40.
[8] *Blank* in Schmidt-Futterer MietR BGB § 540 Rn. 3.
[9] Möglich ist auch, dass der Untermieter nur einen Teil eines Raumes zum selbstständigen Gebrauch erhält, zum Beispiel wenn er in ein bereits von einem weiteren Untermieter bewohntes Mehrbettzimmer einzieht.
[10] Sogleich noch im weiteren Text unter II.
[11] Zur dargestellten Rechtsnatur der Untermiete *Blank* in Blank/Börstinghaus MietR BGB § 540 Rn. 3.
[12] BGH NJW 2013, 2507. Das gilt nach dieser Entscheidung sogar dann, wenn der Ehegatte, der allein Mietvertragspartei ist, anlässlich der Trennung der Ehegatten aus der Wohnung auszieht und sie dem anderen Ehegatten, der nicht Mietvertragspartei ist, allein überlässt. Selbst wenn der Ehegatte, der die Wohnung gemietet hat, diese über einen längeren Zeitraum nur noch gelegentlich nutzt, verliert sie während der Trennungsphase nicht die „Eigenschaft als Ehewohnung".
[13] BayObLG RE-Miet 2/96, BayObLGZ 1997, 292 = NJW 1998, 1324.
[14] BGH NJW 1991, 1750.
[15] OLG Hamm 30 REMiet 1/97, NJW-RR 1997, 1370; LG Potsdam BeckRS 2012, 23221.
[16] LG Wuppertal MDR 1971, 49.
[17] *Bieber* in MüKoBGB § 540 Rn. 5.
[18] BayObLG ReMiet 9/82, BayObLGZ 1983, 285 = MDR 84, 316; LG Berlin GE 1991, 879.
[19] BGHZ 157, 1 = NJW 2004, 56.
[20] BGH NJW 2013, 2507. Zu weiteren Beispielen *Kinne* in Kinne/Schach/Bieber MietR BGB § 540 Rn. 4 ff.
[21] *Lützenkirchen* in Erman BGB § 540 Rn. 6; *Ehlert* in Bamberger/Roth BGB § 540 Rn. 4.
[22] *Bieber* in MüKoBGB § 540 Rn. 5.
[23] BGBl. 2017 I S. 2787 (siehe auch BT-Drs. 18/6665 und 18/12989).
[24] BGHZ 157, 1 = NJW 2004, 56; OLG Hamm 4 REMiet 1/82, OLGZ 1982, 481 = NJW 1982, 2876. Im Regelfall besteht nach der Rechtsprechung ein Anspruch auf Erteilung der Erlaubnis gemäß § 553 BGB. Für eine Gleichstellung des Partners einer nichtehelichen Lebensgemeinschaft mit dem Ehegatten des Mieters plädiert – insbesondere wegen § 563 Abs. 2 S. 3 BGB – *Blank* in Schmidt-Futterer MietR BGB § 540 Rn. 32.

6   Die Gebrauchsüberlassung an privilegierte Personen und damit auch diejenige in Erfüllung eines Untermietvertrages ist nicht erlaubnispflichtig gemäß § 540 BGB. Bei längerfristiger, nicht bloß vorübergehender Aufnahme in die Wohnung ist der Mieter allerdings verpflichtet, diese dem Vermieter anzuzeigen.[25] Die Grenze der Erlaubnisfreiheit ist außerdem erreicht, wenn die Gebrauchsüberlassung zu einer Überbelegung führen würde[26] oder der Mieter (Untervermieter) die Wohnung selbst nicht mehr benutzt.[27] Die Überlassung der Wohnung insgesamt zum selbstständigen Gebrauch bleibt erlaubnispflichtig.[28]

III. Entgelt

7   Schließlich muss, damit Mietrecht gilt, die Pflicht zur Gebrauchsüberlassung gegen Entgelt vereinbart sein. Eine Untervermietung scheidet daher vor allem aus, wenn die Wohnung leih- oder tauschweise zum Gebrauch überlassen wird. An dieser Stelle ergibt sich das Problem der Abgrenzung zu den Fällen der Gefälligkeit, beispielsweise benutzt ein Dritter die Wohnung während einer urlaubs- oder berufsbedingten Abwesenheit des Mieters, damit er die Haustiere des Mieters versorgen kann. Solche Gefälligkeiten sind ebenfalls erlaubnisfrei.[29]

C. Anspruch auf Erlaubnis zur Gebrauchsüberlassung gemäß § 553 BGB

8   Nach vorstehenden Grundsätzen ergibt sich folgende Unterscheidung: Die Überlassung einer Wohnung in Erfüllung eines Untermietvertrages ist stets erlaubnispflichtig, wenn dem Dritten ein selbstständiges Gebrauchsrecht an der gesamten Wohnung eingeräumt werden soll. Beschränkt sich dieses auf einen Teil der Wohnung – vor allem auf ein Zimmer –, kann eine Gebrauchsüberlassung an privilegierte Dritte erlaubnisfrei sein, im Übrigen besteht eine Erlaubnispflicht. Unter den Voraussetzungen des § 553 BGB kann der Untervermieter die Erlaubnis zur Gebrauchsüberlassung vom Mieter verlangen. Die Vorschrift greift außerdem auch dann, wenn der Gebrauch unentgeltlich überlassen wird. Auf sie ist im Folgenden einzugehen.

I. Berechtigtes Interesse

9   Zunächst bedarf es eines berechtigten Interesses des Mieters zur Gebrauchsüberlassung. Es gelten keine strengen Maßstäbe. Ein Interesse gemäß § 553 Abs. 1 S. 1 BGB besteht bereits dann, wenn dem Mieter „vernünftige Gründe zur Seite stehen, die seinen Wunsch nach Überlassung eines Teils der Wohnung an Dritte nachvollziehbar erscheinen lassen".[30] Es darf nicht ganz unerheblich sein und muss mit der geltenden Rechtsordnung in Einklang stehen.[31]

10 Im Einzelfall ist bei Prüfung des Interesses der Zweck des § 553 BGB zu berücksichtigen. Dem Mieter soll die Wohnung erhalten bleiben, auch wenn er sie aus persönlichen oder wirtschaftlichen Gründen selbst nicht mehr vollständig benutzen kann oder will. Grundsätzlich darf der Mieter selbst bestimmen, in welcher Weise er sein Privatleben innerhalb

---

[25] *Weidenkaff* in Palandt BGB § 540 Rn. 5.
[26] Zur Feststellung einer Überbelegung und zu einzelnen Beispielen aus der Rechtsprechung *Blank* in Schmidt-Futterer MietR BGB § 540 Rn. 28.
[27] BGH NJW 2013, 2507; *Blank* in Blank/Börstinghaus MietR BGB § 540 Rn. 31, § 553 Rn. 12.
[28] → Rn. 8, 14 ff.
[29] Hierzu *Blank* in Schmidt-Futterer MietR BGB § 540 Rn. 21.
[30] BGHZ 92, 213 = NJW 1985, 130.
[31] BGH NJW 2014, 2717; BGHZ 92, 213 = NJW 1985, 130.

C. Anspruch auf Erlaubnis zur Gebrauchsüberlassung gemäß § 553 BGB   § 3

der Wohnung gestaltet.³² Dazu gehört die Aufnahme von Personen, um mit ihnen eine Wohn- oder Lebensgemeinschaft zu gründen.³³ Das gilt vor allem für den Lebensgefährten, sofern man ihn als Dritten im Sinne des § 540 Abs. 1 S. 1 BGB ansieht.³⁴ Umgekehrt führt der Auszug eines Mitglieds der Wohn- oder Lebensgemeinschaft zu einem berechtigten Interesse, falls der Mieter auch künftig in einer Wohngemeinschaft leben und zu diesem Zweck Wohnraum an Dritte untervermieten möchte.³⁵

Nach Beendigung einer Partnerschaft, Lebensgemeinschaft oder bei Veränderung familiärer Verhältnisse können neben dem Wunsch, künftig in einer Lebens- und Wohngemeinschaft zu leben, auch finanzielle Interessen – etwa weil die Wohnung für eine Person zu teuer wäre – einen Anspruch auf Erlaubniserteilung begründen.³⁶ Ebenfalls genügt es den Anforderungen eines berechtigten Interesses, wenn wirtschaftliche Verhältnisse sich verschlechtert haben und der bislang alleinlebende Mieter einen Mitbewohner aufnehmen muss, damit die Miete künftig entrichtet werden kann.³⁷ Das gilt weiterhin, wenn der Mieter aus beruflichen Gründen im In- oder Ausland eine Zweitwohnung angemietet hat und einen Teil der Erstwohnung untervermieten möchte, um von Reise und Wohnkosten entlastet zu werden – selbst wenn er beide Wohnungen finanzieren könnte; das Interesse an wirtschaftlicher Entlastung ist ausreichend – und/oder eine Obhut über diese wünscht.³⁸ Das Vorhalten einer Wohnung als „Rückzugsort" begründet nach aktueller Rechtsprechung kein berechtigtes Interesse im Sinne des § 553 BGB, wenn die Mieter ihren „tatsächlichen Wohnsitz und Lebensmittelpunkt" woanders begründet haben und ein „konkreter Rückkehrwille" nicht ersichtlich ist.³⁹ Nicht anerkannt ist weiterhin die Untervermietung, allein um Einnahmen zu erzielen.⁴⁰ Ob humanitäre, altruistische Motive dem berechtigten Interesse genügen, ist umstritten.⁴¹

11

Bei bestehenden Wohngemeinschaften reicht das Interesses eines Mitglieds aus.⁴² Das bedeutet: Hat der Vermieter mehrere Zimmer einer Wohnung durch rechtlich selbständige Mietverträge an mehrere Mieter vermietet (WG-Typ B, ggf. auch WG-Typ A [Untermiete] und WG-Typ F [Eigentümer als Mitbewohner], → § 1 Rn. 25, 29), kann jeder Mieter unter den Voraussetzungen des § 553 BGB einen Anspruch auf Erlaubniserteilung zur Gebrauchsüberlassung seines Teils geltend machen. Haben mehrere Personen eine Wohnung gemeinschaftlich gemietet (als Gesamtschuldner [WG-Typ C] oder Außen-GbR [WG-Typ D], → § 1 Rn. 26, 27), kann sich ein solcher Anspruch sowohl aus einem Interesse ergeben, welches alle Mitbewohner betrifft – beispielsweise müssen alle Mitbewohner berufsbedingt im Ausland einen Zweitwohnsitz begründen und möchten die Wohn- und Reisekosten reduzieren – als auch aus einem, das nur in einer oder mehreren, aber nicht allen Person entsteht – zum Beispiel möchte eine von zwei Freundinnen ihren Lebensgefährten in die Wohnung aufnehmen.⁴³ Schließlich gelten die §§ 540, 553 BGB

12

---

³² BGH NJW 2006, 1200.
³³ BGHZ 157, 1 = NJW 2004, 56; OLG Hamm NJW 1992, 513; *Ehlert* in Bamberger/Roth BGB § 553 Rn. 6.
³⁴ → Rn. 5.
³⁵ Vgl. LG Berlin GE 2005, 619; LG Köln NJW-RR 1991, 1414; LG Berlin NJW-RR 1990, 457; LG Berlin GE 1983, 1111.
³⁶ *Ehlert* in Bamberger/Roth BGB § 553 Rn. 6 mit weiteren Beispielen.
³⁷ LG Hamburg NZM 2013, 143; LG Freiburg BeckRS 2002, 31155100.
³⁸ BGH NJW 2014, 2717; NJW 2006, 1200; AG Tempelhof-Kreuzberg BeckRS 2012, 01823.
³⁹ LG Berlin BeckRS 2017, 107005; hierzu noch näher → III.
⁴⁰ LG Hamburg NZM 2013, 143; LG Freiburg BeckRS 2002, 31155100; LG Hamburg BeckRS 2001, 12092; *Emmerich* in Staudinger BGB § 553 Rn. 9.
⁴¹ *Blank* in Schmidt-Futterer MietR BGB § 553 Rn. 4 mit Nachweisen zum Diskussionsstand.
⁴² *Emmerich* in Staudinger BGB § 553 Rn. 4.
⁴³ Zu beachten ist: Sofern ein Mitglied einer Wohngemeinschaft, die eine Wohnung gemeinschaftlich gemietet haben, ausgewechselt werden soll, indem das neue Mitglied Partei des bestehenden Mietvertrags wird, sollen die bisherigen Mieter nicht verpflichtet sein, ein berechtigtes Interesse iSd § 553 Abs. 1 S. 1 BGB gegenüber dem Vermieter darlegen zu müssen; *Heilmann* NZM 2016, 74 (76).

ebenfalls im Verhältnis Untervermieter und Untermieter, sodass ein Interesse an einer Untervermietung zweiter Stufe begründet sein kann.

II. Nach Vertragsschluss

13 Weiter setzt der Anspruch auf Erlaubniserteilung nach § 553 Abs. 1 S. 1 BGB voraus, dass das berechtigte Interesse nach Vertragsschluss entstanden ist. Die Umstände, die dieses Interesse begründen, dürfen nicht bereits bei Abschluss des Mietvertrages vollständig festgestanden haben. Nicht maßgebend ist der Zeitpunkt der Gebrauchsüberlassung der Mietsache an den Mieter.[44]

III. Teil des Wohnraums

14 § 553 Abs. 1 S. 1 BGB ermöglicht dem Mieter lediglich, einen Teil des Wohnraums einem Dritten zum Gebrauch zu überlassen. Daraus folgt zunächst, dass die Überlassung zu Wohnzwecken zu erfolgen hat. Das entspricht dem Sinn und Zweck der Norm, dem Mieter das Wohnen in Lebens- und Wohngemeinschaften zu ermöglichen. Selbst eine generelle Erlaubnis des Vermieters zur Untervermietung erfasst daher nicht eine tageweise Gebrauchsüberlassung an Touristen (→ § 24 Rn. 24).[45] Auf eine solche hat der Mieter auch keinen Anspruch, sie bleibt erlaubnispflichtig gemäß § 540 Abs. 1 S. 1 BGB. Weiterhin ist aus der Formulierung des § 553 Abs. 1 S. 1 BGB abzuleiten, dass die Wohnung nicht insgesamt zum Gebrauch überlassen werden darf. Eine solche Gebrauchsüberlassung bedarf der Erlaubnis des Vermieters gemäß § 540 Abs. 1 S. 1 BGB. An dieser Stelle ist zu beachten: Der Anspruch nach § 553 Abs. 1 S. 1 BGB umfasst nicht die Überlassung der gesamten Wohnung zum *selbstständigen* Gebrauch.[46] Ein Anspruch auf Erlaubniserteilung kann aber bestehen, wenn ein *unselbstständiges* Gebrauchsrecht an der Wohnung insgesamt eingeräumt werden soll, also beispielsweise die Mieterin ihren Lebensgefährten in die Wohnung aufnehmen möchte. Schädlich für einen Anspruch ist schließlich nicht, wenn dem Untermieter gestattet wird, die nicht zum selbstständigen Gebrauch bestimmten Räume mitzubenutzen.[47]

15 Problematisch ist allerdings, was genau eine Gebrauchsüberlassung eines *Teils der Wohnung* voraussetzt. § 553 Abs. 1 BGB beantwortet diese Frage nicht. Für die Praxis grundlegend hierzu ist eine Entscheidung des BGH vom 11.6.2014.[48] Der Gerichtshof wendet sich gegen die strengen Ansätze, nach denen der Mieter trotz der Untervermietung seinen Lebensmittelpunkt in der Wohnung behalten[49] oder mindestens die Hälfte des Wohnraums zur Eigennutzung verbleiben muss.[50] Zutreffend führt der BGH aus, dass § 553 Abs. 1 S. 1 BGB solche quantitativen oder qualitativen Vorgaben nicht enthält.[51] Sinn und Zweck der Vorschrift ist es – so der BGH – dem Mieter einen Anspruch auf Erteilung der Gebrauchsüberlassung für die Fälle zu geben, in denen er den Wohnraum nicht vollständig aufgeben möchte. Hingegen genügt das in § 540 Abs. 1 S. 1 BGB vorgesehene Kündigungsrecht seinen Interessen, sofern er die gesamte Wohnung weitervermieten will.[52] Auf diese Weise trägt das Gericht der Mobilität und Flexibilität in der heutigen Gesellschaft – insbesondere

---

[44] *Weidenkaff* in Palandt BGB § 553 Rn. 4.
[45] BGH NJW 2014, 622.
[46] *Blank* in Blank/Börstinghaus MietR BGB § 553 Rn. 12; *Heilmann* NZM 2016, 74 (75).
[47] *Blank* in Schmidt-Futterer MietR BGB § 553 Rn. 8.
[48] BGH NJW 2014, 2717.
[49] OLG Hamm BeckRS 1998, 31005973; LG Berlin GE 2005, 126.
[50] LG Mannheim BeckRS 1997, 09450.
[51] BGH NJW 2014, 2717.
[52] BGH NJW 2014, 2717 unter Verweis auf BT-Drs. IV/806 S. 9.

C. Anspruch auf Erlaubnis zur Gebrauchsüberlassung gemäß § 553 BGB § 3

im Berufsleben – Rechnung. Gegenläufige Interessen des Vermieters sind durch § 553 Abs. 1 S. 2, Abs. 2 BGB geschützt.

Damit gilt: Eine teilweise Überlassung von Wohnraum ist nicht mehr anzunehmen, wenn **16** der Mieter den gesamten Wohnraum untervermieten möchte. In diesem Fall erhält sich der Mieter den Wohnraum nicht. Eine Gebrauchsüberlassung ist nur gestattet, wenn sie der Vermieter gemäß § 540 Abs. 1 S. 2 BGB erlaubt. Nach § 553 BGB ist nicht zu prüfen, ob der Mieter in der Wohnung seinen Lebensmittelpunkt behält.[53] Immer noch vertretene abweichende Auffassungen argumentieren, der Mieter könne seiner Pflicht zur Obhut über die Mietsache nicht genügen, wenn er seinen Lebensmittelpunkt an einem anderen Ort begründet hat.[54] Das überzeugt nicht.

Erstens lassen sich kaum feste Grenzen dafür finden, bis wann man in einer Wohnung **17** seinen Lebensmittelpunkt behält. Oftmals ist es aus berufsbedingten Gründen notwendig, einen Zweitwohnsitz an einem anderen Ort als dem Wohnort der Familie zu begründen. Die Wohnung am Zweitwohnsitz, in der man sich unter der Woche tageweise aufhält, stellt dann von vorneherein nicht den Lebensmittelpunkt dar. Dennoch muss es möglich sein, einen Anspruch auf Erteilung der Erlaubnis zur Gebrauchsüberlassung geltend zu machen, wenn ein berechtigtes Interesse im Sinne des § 553 Abs. 1 S. 1 BGB nach Vertragsschluss entsteht. Der Sinn und Zweck dieser Norm, sich Wohnraum zu erhalten, meint nicht nur denjenigen, in dem man seinen Lebensmittelpunkt verbringt. Zu erhalten sein kann auch Wohnraum, um seinem Beruf nachgehen zu können. Gerade in solchen Fällen werden Wohngemeinschaften gebildet, um sich die Wohnkosten am Zweitwohnsitz zu teilen.

Zweitens ist es generell dem Mieter und seiner persönlichen Lebensplanung vorbehalten, **18** darüber zu bestimmen, wo er seinen Lebensmittelpunkt einrichtet oder sich die meiste Zeit aufhält.[55] Einen Anspruch auf Erlaubniserteilung kann auch derjenige haben, der nicht mit dem Dritten in der Wohnung zusammenleben möchte.[56] Insofern steht der Zweck, Wohnraum unterzuvermieten, um Wohn- und Lebensgemeinschaften zu begründen neben demjenigen, sich Wohnraum für eine gewisse Zeit, in der man ortsabwesend ist, für eine absehbare Rückkehr vorzuhalten.

Drittens besteht keine Pflicht des Mieters, die Wohnung persönlich zu gebrauchen.[57] **19** Obhutspflichten kann er unabhängig davon genügen, dass er die Wohnung selbst bewohnt, insbesondere durch Beauftragung Dritter. Keinesfalls ist hierfür notwendig, dass er die wie auch immer zu bestimmende Schwelle überschreitet, ab der er den Lebensmittelpunkt in der Wohnung begründet; wie gerade gesehen besteht an Zweitwohnsitzwohnungen häufig kein Lebensmittelpunkt und dennoch hat der Mieter seine Obhutspflichten zu beachten. Bei der Untervermietung haftet der Hauptmieter außerdem für den Untermieter gemäß § 540 Abs. 2 BGB. Dieser ist Erfüllungsgehilfe des Hauptmieters zur Beachtung der Obhutspflichten, weshalb der Hauptvermieter ausreichend geschützt ist.[58]

Die nach aktueller Rechtsprechung des BGH geltende weite Auslegung des § 553 Abs. 1 **20** S. 1 BGB zugunsten des Mieters führt dazu, dass eine teilweise Überlassung von Wohnraum erst ausscheidet, wenn dieser die Sachherrschaft an dem Wohnraum *vollständig* aufgibt.[59] Der Mieter übt sie aber zumindest teilweise aus, wenn er ein Zimmer einer Wohnung behält, um „Einrichtungsgegenstände zu lagern und/oder dieses gelegentlich zu Übernachtungszwecken (Urlaub, kurzzeitiger Aufenthalt) zu nutzen".[60] Die Sachherrschaft muss demzufolge nicht an der gesamten Wohnung bestehen, es genügt, dass diese nicht vollständig beendet worden ist. Nicht notwendig ist, dass der Mieter die Sachherrschaft am untervermieteten

---

[53] So schon BGH NJW 2006, 1200.
[54] *Bieber* in MüKoBGB § 553 Rn. 6; früher bereits *Lammel* in Lammel WohnraummietR BGB § 553 Rn. 3.
[55] BGH NZM 2011, 151; BGH NJW 2006, 1200.
[56] AG Tempelhof-Kreuzberg BeckRS 2012, 01823.
[57] BGH NZM 2011, 151.
[58] BGH NJW 2014, 2717; NJW 2014, 1653.
[59] ISd bereits LG Hamburg BeckRS 2001, 12092; LG Berlin NJW-RR 1994, 1289. Kritisch zur aktuellen Rechtsprechung des BGH *Derleder* ZMR 2015, 521 (524).
[60] BGH NJW 2014, 2717.

Zimmer behält, was wohl dem Erfordernis entgegenstünde, dass die Untermiete eine Überlassung zum selbstständigen Gebrauch zumindest eines Teils der Wohnung voraussetzt.

21 Die Grenze des Anspruchs gemäß § 553 Abs. 1 S. 1 BGB ist aber erreicht, wenn die Wohnung künftig nicht mehr zu Wohnzwecken benutzt werden soll. Das gilt selbst dann, wenn der Mieter noch (teilweise) Sachherrschaft ausübt, zum Beispiel, indem sich der Hauptmieter im Keller einen Abstell- oder Werkraum vorhält.[61]

22 Die Rechtsprechung des BGH erweitert den Sinn und Zweck des § 553 BGB insbesondere, um die Begründung von Wohn- und Lebensgemeinschaften – vor allem durch Aufnahme des Lebensgefährten[62] – für die Fälle zu ermöglichen, in denen der Mieter beispielsweise aus krankheits- oder berufsbedingten Gründen für eine gewisse Dauer ortsabwesend ist und sich dennoch den Wohnraum für seine Rückkehr vorhalten möchte. Daraus darf aber nicht der Schluss gezogen werden, jeder ortsabwesende Mieter könne sich womöglich mehrere Wohnungen mittels Untervermietung vorhalten. Insofern zeigt das LG Berlin in einer aktuellen Entscheidung einen bedeutsamen Zusammenhang zwischen der Gebrauchsüberlassung eines Teils des Wohnraums und dem berechtigten Interesse, welches es vor dem Hintergrund der aktuellen Rechtsprechung des BGH weiter konkretisiert und dabei den anzustrebenden angemessenen Ausgleich zwischen den Vermieter- und den Mieterinteressen betont.[63] In dem Fall hatte zwar der Mieter die Wohnung nicht vollständig untervermietet, sondern ein Zimmer als Rückzugsort zum eigenen Gebrauch behalten. Unabhängig von der Häufigkeit, in der er sich dort aufhielt und dem Umstand, dass er Einrichtungsgegenstände in der Wohnung beließ, hat das Gericht aber ein berechtigtes Interesse an einer Gebrauchsüberlassung aus folgenden Gründen abgelehnt:

23 Das dauerhafte Vorhalten einer Mietwohnung zur Absicherung künftiger „Eventualitäten und Risiken des Lebens", beispielsweise im Falle einer Trennung vom Lebenspartner, sei vor dem Hintergrund der geltenden Rechts- und Sozialordnung nicht von hinreichendem Gewicht,[64] insbesondere, wenn keine Anhaltspunkte für eine künftige Eigennutzung der Wohnung bestünden.[65] Das Gericht versteht die gesetzgeberischen Bestrebungen, die auf angespannte Wohnungsmärkte reagieren – beispielsweise ZweckentfremdungsverbotsG[66] –, als Teil der Rechts- und Sozialordnung. Nicht jedes Interesse rechtfertige es, wie hier, mehrere Wohnungen – insbesondere wenn zwei in unmittelbarer Nähe liegen – vorzuhalten. Eine auf Dauer angelegte Untervermietung könne die Wohnung dem Markt nicht in gleicher Weise wie im Hauptmietverhältnis erhalten, da der Untermieter gemäß § 546 Abs. 2 BGB zur Herausgabe verpflichtet sei, wenn das Hauptmietverhältnis ende; insoweit das Untermiet- vom Hauptmietverhältnis abhängig sei.[67] Eine Entlastung von Wohnkosten

---

[61] Vgl. *Blank* in Blank/Börstinghaus MietR BGB § 553 Rn. 11, der aber – weitergehend als in der neuen Rechtsprechung des BGH NJW 2014, 2717 vertreten – daran festhält, dass der Mieter die Sachherrschaft über die Wohnung behält (Rn. 12). Da er aber eine solche auch annimmt, wenn der Mieter für „kürzere oder längere" Zeit ortsabwesend ist, dürfte er regelmäßig zu denselben Ergebnissen kommen wie nach dem Ansatz des BGH, nach dem § 553 BGB erst ausscheidet, wenn die Sachherrschaft vollständig aufgegeben wird. Zu weiteren Beispielen der Instanzgerichte *Blank* in Blank/Börstinghaus MietR BGB § 553 Rn. 12 bis Rn. 14.
[62] Beachte: Die Aufnahme des Ehepartners und sonstiger privilegierter Angehöriger ist schon nicht erlaubnispflichtig gemäß § 540 Abs. 1 S. 1 BGB → B. II. Die Gebrauchsüberlassung der Wohnung an ein Kind beispielsweise bedarf auch dann nicht der Erlaubnis, wenn diesem ein Zimmer untervermietet wird. Da die Privilegierung erst endet, wenn der Mieter die Wohnung vollständig und endgültig zum selbstständigen Gebrauch überlässt, können die aus der aktuellen Rechtsprechung zu § 553 BGB entwickelten Kriterien zur Prüfung, ob sich der Mieter die Wohnung wenigstens teilweise noch zu Wohnzwecken vorhält, übertragen werden.
[63] LG Berlin BeckRS 2017, 107005.
[64] LG Berlin BeckRS 2017, 107005.
[65] So auch LG München I BeckRS 2016, 3474.
[66] Diese sollen Wohnraum erhalten und demgemäß unter anderem verhindern, dass Wohnungen gewerblich genutzt werden, wie beispielsweise durch die Vermietung/Untervermietung an Touristen. Zu den dadurch entstehenden Fragen in Bezug auf besondere Formen der Gebrauchsüberlassung wie *couchsurfing* und *airbnb* → § 24.
[67] Zur Argumentation im Einzelnen LG Berlin BeckRS 2017, 107005.

hat das Gericht im konkreten Fall ebenfalls nicht akzeptiert, da sie nicht „infolge arbeitsbedingter Mobilität und Flexibilität durch das räumliche Auseinanderfallen von Wohn- und Arbeitsort" bedingt waren.

Wesentlich im Vergleich zu anderen Entscheidungen, einschließlich der aktuellen Rechtsprechung des BGH, ist, dass sich der Mieter die Wohnung nicht für eine künftige Eigennutzung zu Wohnzwecken erhalten wollte. Insoweit muss es dem Mieter darauf ankommen – wenn er schon nicht gemeinsam mit dem Untermieter/den Untermietern die Wohnung gebraucht – sich diese in besonderen Lebenssituationen, insbesondere berufs- oder krankheitsbedingter, die für eine gewisse Zeit zur Ortsabwesenheit führen, zu erhalten, weil mit einer Rückkehr zu rechnen ist. 24

Unter Zugrundelegung der weiten Auslegung des § 553 Abs. 1 S. 1 BGB durch den BGH besteht bei kleinen Wohnungen, insbesondere einer Einzimmerwohnung, auch dann eine teilweise Überlassung des Wohnraums, wenn die Untervermietung die gesamte Wohnung erfasst. Derjenige, der zum Beispiel nur zu bestimmten Monaten im Jahr aus beruflichen Gründen an einem Ort verweilen muss und dort eine Wohnung angemietet hat, hat ein berechtigtes Interesse daran, die Miete nicht für das gesamte Jahr zahlen zu müssen. Während der Monate, in denen er sich nicht am Ort der Tätigkeit aufhält, möchte er sich den Wohnraum durch kurzzeitige Untervermietungen erhalten, um mit Beginn der Beschäftigungszeit in die Wohnung zurückkehren zu können. Hier muss für eine teilweise Überlassung von Wohnraum genügen, dass er seine Möbel und/oder Einrichtungsgegenstände in der Wohnung belässt und es ihm darauf ankommt, in die Wohnung auf absehbare Zeit zurückzukehren.[68] In diesem Fall wird der Untermieter nicht dauerhaft dem ersten Wohnungsmarkt entzogen,[69] weil das Untermietverhältnis nur auf kurze Zeit angelegt ist. Der Untermieter kann sich demgemäß auch nicht auf einen Bestandsschutz berufen, der ihm in diesem Fall ein längerfristiges Wohnen ermöglicht. Das folgt – je nach Fallkonstellation – aus den §§ 549 Abs. 2 Nr. 1, Nr. 2, 573 Abs. 2 Nr. 2, 573a, 575 Abs. 1 Nr. 1 BGB. Anders liegt es hingegen, wenn es zum „Untervermietungskonzept" des Mieters gehört, die gesamte Wohnung bezugsfertig und daher möbliert jahrelang unterzuvermieten, ohne auf absehbare Zeit selbst in die Wohnung zurückkehren zu wollen. Hier kann allein das Zurücklassen von Einrichtungsgegenständen das Tatbestandsmerkmal „Teil des Wohnraums" nicht erfüllen.[70] 25

IV. Entgegenstehende Interessen gemäß § 553 Abs. 1 S. 2 BGB

Besteht grundsätzlich ein berechtigtes Interesse des Mieters zur Gebrauchsüberlassung, ist zu prüfen, ob der Vermieter diesem ein Interesse entgegensetzen kann. § 553 Abs. 1 S. 2 BGB ermöglicht dies, wenn in der Person des Dritten – hier des Untermieters – ein wichtiger Grund vorliegt, der Wohnraum übermäßig belegt würde oder dem Vermieter die Überlassung aus sonstigen Gründen nicht zugemutet werden kann. Der Vermieter muss das entgegenstehende Interesse darlegen und nötigenfalls beweisen. 26

Ein wichtiger Grund in der Person des Untermieters liegt insbesondere dann vor, wenn die Gefahr besteht, dass er den Hausfrieden stören oder die Mietsache beschädigen könnte,[71] Belästigungen des Vermieters oder anderer Bewohner drohen, beispielsweise wegen früherer Feindseligkeiten.[72] Da der Untervermieter als Hauptmieter gegenüber dem Vermieter zur Zahlung der Miete für den gesamten Wohnraum verpflichtet ist, ist die Zahlungsfähigkeit des Untermieters an dieser Stelle unerheblich.[73] Zur Feststellung, ob im 27

---

[68] AG Tempelhof-Kreuzberg BeckRS 2012, 01823; *Emmerich* in Staudinger BGB § 553 Rn. 7, Rn. 9a.
[69] Zu diesem Argument LG Berlin BeckRS 2017, 107005.
[70] LG München I BeckRS 2016, 3474.
[71] *Blank* in Schmidt-Futterer MietR BGB § 553 Rn. 13.
[72] *Emmerich* in Staudinger BGB § 553 Rn. 13.
[73] BGH NJW 2007, 288.

Einzelfall eine Überbelegung eintreten würde, sind Zimmeranzahl und Raumgröße zur Anzahl der Bewohner ins Verhältnis zu setzen.[74] Faustregeln sind, dass pro Person mindestens ein Raum mit einer Größe von 6 bis 9 qm[75] oder pro Erwachsenem sowie für je zwei Kinder bis zum 13. Lebensjahr jeweils ein Raum mit etwa 12 qm vorhanden ist.[76] Die dritte Variante des § 553 Abs. 1 S. 2 BGB regelt den Auffangtatbestand sonstiger Fälle, bei denen die Interessen des Vermieters derart gewichtig sind, dass eine Gebrauchsüberlassung unzumutbar ist.[77] Beispiele bilden vor allem Änderungen des Verwendungszwecks durch die Parteien des Untermietvertrages[78] oder die Absicht dieser, dem Untermieter weitergehende Befugnisse einzuräumen als im Hauptmietvertrag vorgesehen. Auch die demnächst eintretende Beendigung des Hauptmietverhältnisses kann einer Erlaubniserteilung im Wege stehen.[79] Dass die Untervermietung ein selbstständiges Besitzrecht des Untermieters begründet mit der Folge, im Falle der Beendigung des Hauptmietverhältnisses auch einen Titel auf Herausgabe gegen den Untermieter erstreiten zu müssen, ist im System der §§ 540, 553, 546 Abs. 2 BGB angelegt und kann alleine keinen Verweigerungsgrund darstellen.[80] Sittliche, ethische und moralische Anschauungen des Vermieters sind in der Regel unbedeutend, da der Mieter grundsätzlich auch in der Wohnung sein Leben nach seinen Vorstellungen gestalten und seine Persönlichkeit entfalten darf.[81]

V. Erlaubniserteilung bei Erhöhung der Miete gemäß § 553 Abs. 2 BGB

28 Bei der Gebrauchsüberlassung an Dritte im Sinne des § 540 Abs. 1 BGB handelt es sich selbst dann um eine Erweiterung des dem Mieter eingeräumten Mietgebrauchs, wenn der Mieter gemäß § 553 Abs. 1 BGB einen Anspruch auf Erteilung der Erlaubnis hierzu hat. Das kann dazu führen, dass die ursprünglich vereinbarte Miete nicht mehr angemessen ist; man denke insbesondere an die stärkere Abnutzung von Wohnraum durch eine größere Anzahl an Mitbewohnern einer Wohngemeinschaft. § 553 Abs. 2 BGB schafft hierfür einen Ausgleich, indem er dem Vermieter das Recht einräumt, die Erlaubniserteilung davon abhängig zu machen, dass der Mieter mit einer angemessenen Erhöhung der Miete einverstanden ist. Aus der Formulierung folgt bereits, dass hieraus kein Recht zur einseitigen Vertragsanpassung folgt, sondern es bedarf einer Änderungsvereinbarung zwischen Vermieter und Mieter (§ 557 Abs. 1 BGB).[82] Stimmt der Mieter einer angemessenen Mieterhöhung nicht zu, ist der Vermieter lediglich berechtigt, die Erlaubnis zu verweigern.[83] Es handelt sich um einen sonstigen Grund im Sinne des § 553 Abs. 1 S. 2 Var. 3 BGB.[84] Einigen sich die Mietparteien dagegen auf eine Mieterhöhung, ist die Erlaubnis zur Gebrauchsüberlassung erteilt und der Mieter zur Zahlung der erhöhten Miete verpflichtet. Diese Zahlungspflicht bleibt auch über das Ende des Untermietverhältnisses hinaus bestehen. Die Miethöhe reduziert sich nicht auf die ursprünglich geschuldete Miete, sofern nicht vereinbart worden ist, dass diese nur für die Zeit der Untervermietung bestehen soll,

---

[74] *Blank* in Schmidt-Futterer MietR BGB § 540 Rn. 28 mit einzelnen Beispielen aus der Rechtsprechung.
[75] *Bieber* in MüKoBGB § 553 Rn. 9; *Emmerich* in Staudinger BGB § 553 Rn. 14.
[76] *Blank* in Schmidt-Futterer MietR BGB § 540 Rn. 28.
[77] *Lützenkirchen* in Erman BGB § 553 Rn. 6.
[78] *Ehlert* in Bamberger/Roth BGB § 553 Rn. 13.
[79] *Bieber* in MüKoBGB § 553 Rn. 10.
[80] Andere Auffassung, zumindest für den Fall, dass der Untervermieter seinen Lebensmittelpunkt an einem anderen Ort begründen will, *Bieber* in MüKoBGB § 553 Rn. 10. An welchem Ort der Lebensmittelpunkt des Mieters besteht, ist – wie bereits ausgeführt – für die Anwendung des § 553 BGB unerheblich. Der Umstand, dass die Rechtsdurchsetzung des Rückgabeanspruchs erschwert ist, lässt sich nur als Argument zugunsten des Vermieters berücksichtigen, wenn das Hauptmietverhältnis bald endet; *Blank* in Schmidt-Futterer MietR BGB § 553 Rn. 13.
[81] *Lützenkirchen* in Erman BGB § 553 Rn. 6.
[82] *Proppe* ZMR 2008, 802 (803).
[83] *Emmerich* JuS 1996, 648.
[84] *Weidenkaff* in Palandt BGB § 553 Rn. 6.

C. Anspruch auf Erlaubnis zur Gebrauchsüberlassung gemäß § 553 BGB § 3

beispielsweise indem die Mieterhöhung unter eine entsprechende auflösende Bedingung (§ 158 Abs. 1 BGB) gestellt worden ist.[85]

Im Einzelnen ist umstritten, unter welchen Voraussetzungen der Vermieter die Erlaubniserteilung von einer Mieterhöhung abhängig machen darf und wie die Mieterhöhung zu bestimmen ist. Als Kriterien der Zumutbarkeitsprüfung im Sinne des § 553 Abs. 2 BGB werden entweder genannt, dass die Gebrauchsüberlassung zu einer stärkeren Belastung des Vermieters führt, beispielsweise durch eine stärkere Abnutzung der Wohnung oder eine höhere Belastung mit Betriebskosten[86], oder die Mieterhöhung allein aus der zusätzlich vom Vermieter erbrachten Leistung in Form des erweiterten Mietgebrauchs begründet.[87] Dementsprechend orientiert sich die Mieterhöhung entweder an der zusätzlichen Abnutzung oder am erweiterten Mietgebrauch, was im letzten Fall dazu führt, dass der Umfang der Mieterhöhung davon abhängt, was ortsüblicherweise für Wohnräume mit entsprechender Erlaubnis gezahlt wird (§ 558 Abs. 2 BGB).[88] Jedenfalls im Fall der Untervermietung ist weitgehend eine Erhöhung der Miete um 20 Prozent der Untermiete anerkannt.[89] Dabei müssen die Voraussetzungen des § 558 BGB nicht beachtet werden.[90] Ist eine Gebrauchsüberlassung der Wohnung bereits nach dem Mietvertrag erlaubt, kommt eine Mieterhöhung nicht in Betracht, weil diese dann nicht zu einer Erweiterung des Mietgebrauchs führt.[91]

29

VI. Durchsetzung/Rechtsfolgen

Der Mieter muss vor der Gebrauchsüberlassung die Erlaubnis des Vermieters einholen. Selbst wenn die Voraussetzungen des § 553 BGB im Übrigen erfüllt sind, ist er noch nicht befugt, dem Dritten – hier dem Untermieter – den Gebrauch einzuräumen.[92] Gegenüber dem Vermieter muss er diejenigen Umstände darlegen, die sein berechtigtes Interesse an der Gebrauchsüberlassung begründen. Das hat in der Weise zu erfolgen, dass der Vermieter nachprüfen kann, ob es nach Vertragsschluss entstanden ist und ob Gründe für eine Unzumutbarkeit bestehen.[93] Da der Anspruch personenbezogen ist, gehören hierzu insbesondere die Mitteilung des Namens, des Alters sowie Angaben zur beruflichen Tätigkeit des Dritten.[94] Der Mieter hat gemäß § 553 Abs. 1 S. 1 BGB keinen weitergehenden Anspruch auf Erteilung einer generellen Erlaubnis zur Gebrauchsüberlassung unabhängig vom konkreten Einzelfall und der konkreten Person des Untermieters.[95]

30

Der Anspruch auf Erlaubniserteilung gemäß § 553 Abs. 1 S. 1 BGB ist vom Mieter – erteilt der Vermieter die Erlaubnis nicht – im Wege der Leistungsklage durchzusetzen. Eine

31

---

[85] *Blank* in Blank/Börstinghaus MietR BGB § 553 Rn. 24.
[86] *Bieber* in MüKoBGB § 553 Rn. 11; *Sonnenschein* PiG 23,167 (182); *Ehlert* in Bamberger/Roth BGB § 553 Rn. 15.
[87] So vor allem *Blank* in Schmidt-Futterer MietR BGB § 553 Rn. 19.
[88] *Blank* in Schmidt-Futterer MietR BGB § 553 Rn. 19; *Pauly* WuM 2008, 320 (321). Mitunter werden die Kriterien auch miteinander kombiniert; *Ehlert* in Bamberger/Roth BGB § 553 Rn. 15.
[89] LG Berlin BeckRS 2016, 19443; AG Hamburg BeckRS 2008, 0432; *Blank* in Schmidt-Futterer MietR BGB § 553 Rn. 20; *Ehlert* in Bamberger/Roth BGB § 553 Rn. 15b. Zu beachten ist eine etwaige Preisbindung nach § 26 Abs. 3 MMV 1970, sofern es sich um preisgebundenen Wohnraum handelt.
[90] Die Auswirkungen der Mieterhöhung auf die Anwendung des § 558 BGB sind umstritten; im Einzelnen *Ehlert* in Bamberger/Roth BGB § 553 Rn. 15 ff.; *Blank* in Schmidt-Futterer MietR BGB § 553 Rn. 17; *Emmerich* in Staudinger BGB § 553 Rn. 15 jeweils mit weiteren Nachweisen auch aus der Rechtsprechung. Überwiegend wird vor allem vertreten, dass eine erfolgte Mieterhöhung nach § 553 Abs. 2 BGB dazu führt, dass eine Erhöhung gemäß § 558 Abs. 1 BGB ausgeschlossen ist, wenn durch erstere die ortsübliche Miete erreicht oder überschritten ist. Außerdem ist die Kappungsgrenze nach § 558 Abs. 3 BGB mit Bezug zur erhöhten Miete zu berechnen.
[91] *Blank* in Schmidt-Futterer MietR BGB § 553 Rn. 21.
[92] BGH NJW 2011, 1065.
[93] *Heilmann* NZM 2016, 74 (77).
[94] *Kern* NZM 2009, 344 (346); *Heintzmann* in Soergel BGB § 553 Rn. 5.
[95] BGH BeckRS 2012, 06807; OLG Koblenz NJW 2001, 1948.

einstweilige Verfügung ist nur in Ausnahmefällen möglich.[96] Die Darlegungs- und Beweislast der Voraussetzungen nach § 553 Abs. 1 S. 1 BGB trägt der Mieter.[97] Entgegenstehende Interessen gemäß § 553 Abs. 1 S. 2 BGB sowie die Erfordernisse der Mieterhöhung nach § 553 Abs. 2 BGB hat der Mieter darzulegen und zu beweisen. Die Möglichkeit der Durchsetzung des Anspruchs auf Erlaubniserteilung per Leistungsklage steht neben den Kündigungsrechten des Mieters nach § 540 Abs. 1 S. 2 BGB[98] und § 543 Abs. 2 Nr. 1 BGB.[99] Das Kündigungsrecht nach § 540 Abs. 1 S. 2 BGB besteht allerdings unabhängig davon, ob der Mieter tatsächlich einen Anspruch gemäß § 553 Abs. 1 S. 1 BGB hat und der Vermieter demzufolge die Erlaubnis zu Unrecht verweigert. Im Falle einer nicht rechtmäßigen Erlaubnisverweigerung gewährt die Rechtsprechung zudem einen Anspruch des Mieters auf Ersatz der entgangenen Untermiete als Schaden gemäß § 280 Abs. 1 S. 1 BGB.[100] Die Erlaubnis kann auch noch nachträglich eingeholt beziehungsweise erteilt werden.

32 Sofern der Mieter keinen Anspruch auf Erlaubniserteilung gemäß § 553 Abs. 1 BGB hat, bleibt es bei der Erlaubnispflicht nach § 540 Abs. 1 S. 1 BGB. Erteilt der Vermieter diese nicht,[101] kann der Mieter gemäß § 540 Abs. 1 S. 2 BGB außerordentlich mit der gesetzlichen Frist kündigen, sofern nicht in der Person des Dritten ein wichtiger Grund vorliegt.[102] Dieses Recht ist bei Mietverhältnissen über Wohnraum nicht abdingbar.[103] Hat der Hauptvermieter eine Erlaubnis erteilt, besteht die Möglichkeit, diese zu widerrufen, wenn ein Widerrufsvorbehalt vereinbart[104] worden ist, aber auch aus wichtigem Grund, insbesondere weil die Fortsetzung der Untervermietung für den Hauptvermieter nicht mehr zumutbar ist – etwa wegen eines schuldhaften Verhaltens des Untermieters, für welches der Hauptmieter gemäß § 540 Abs. 2 BGB haftet – oder weil die Grenzen der Untermieterlaubnis nicht eingehalten werden.[105]

VII. Vertraglicher Ausschluss/Einschränkung der Gebrauchsüberlassung

33 Gemäß § 553 Abs. 3 BGB ist eine zum Nachteil des Mieters abweichende Vereinbarung unwirksam. Damit ist es nicht möglich – weder durch Individualvereinbarung noch mittels Allgemeiner Geschäftsbedingungen – eine Gebrauchsüberlassung eines Teils des Wohnraums an Dritte auszuschließen oder von Voraussetzungen abhängig zu machen, die über § 553 Abs. 1 und Abs. 2 BGB hinausgehen. Unzulässig sind demzufolge auch Vereinbarungen, die den Wohnungsgebrauch auf eine bestimmte Personenzahl beschränken oder die Höhe der Mieterhöhung nach § 553 Abs. 2 BGB im Voraus bestimmen.[106] Vorausabtretungen der Forderungen auf Zahlung der Untermiete zur Sicherung der Mietforderungen im Hauptmietverhältnis sind regelmäßig wegen nicht ausreichender Bestimmbarkeit

---

[96] LG Hamburg NJW 2013, 548.
[97] BGHZ 157, 1 = NJW 2004, 56.
[98] *Bieber* in MüKoBGB § 553 Rn. 5.
[99] *Blank* in Blank/Börstinghaus MietR BGB § 553 Rn. 2.
[100] BGH NJW 2014, 2717; LG Hamburg BeckRS 2014, 05151; LG Berlin BeckRS 2007, 11538.
[101] Hierzu *Weidenkaff* in Palandt BGB § 540 Rn. 11.
[102] Der wichtige Grund entspricht demjenigen iSd § 553 Abs. 1 S. 2 BGB.
[103] *Emmerich* in Staudinger BGB § 540 Rn. 19.
[104] Ein Widerrufsvorbehalt kann mittels einer Formularklausel nur aus wichtigem Grund vereinbart werden; *Blank* in Schmidt-Futterer MietR BGB § 540 Rn. 53. Andernfalls verstoßen sie gegen § 307 Abs. 2 Nr. 1 BGB und möglicherweise gegen § 553 Abs. 3 BGB (sogleich im Text). Individualvertraglich ist grundsätzlich auch eine von einem wichtigen Grund unabhängige Vereinbarung möglich. Im Anwendungsbereich des § 553 BGB ist allerdings § 553 Abs. 3 BGB zu beachten. Sofern und solange der Mieter einen Anspruch gemäß § 553 Abs. 1 S. 1 BGB auf die erteilte Erlaubnis hat, ist ein Widerruf dieser nicht möglich. In diesen Fällen braucht es daher stets einen wichtigen Grundes. Dieser liegt vor, wenn der Vermieter gemäß § 553 Abs. 1 S. 2, Abs. 2 BGB nach Erlaubniserteilung entgegenstehende Interessen geltend machen kann oder der Mieter die Grenzen der Erlaubnis nicht einhält.
[105] BGH NZM 2014, 128; LG München I BeckRS 2016, 3474.
[106] *Ehlert* in Bamberger/Roth BGB § 553 Rn. 16.

oder Verstoßes gegen § 307 BGB unwirksam.[107] Die Gebrauchsüberlassung darf auch nicht von der schriftlichen Zustimmung des Vermieters abhängig gemacht werden.[108] Ein Formerfordernis enthält § 553 BGB nicht. Außerhalb des Anwendungsbereichs des § 553 BGB ist es möglich, eine Untervermietung von Wohnraum mittels Individual- oder Formularvereinbarungen auszuschließen.[109]

Unabhängig von § 553 Abs. 3 BGB kann durch Allgemeine Geschäftsbedingungen oder Individualvereinbarung die Aufnahme solcher Personen in die Wohnung nicht untersagt werden, die nicht Dritte im Sinne des § 540 Abs. 1 S. 1 BGB[110] sind.[111] **34**

Hingegen können dem Mieter bereits durch Vertragsklauseln im Mietvertrag Gebrauchsüberlassungen generell oder unter Formulierung bestimmter Bedingungen – sofern sie vor allem die durch § 553 Abs. 3 BGB gesteckten Grenzen beachten (→ § 24 Rn. 24)[112] – gestattet werden. Im Einzelfall kann dann der Umfang der erteilten Erlaubnis fraglich sein. In jüngster Zeit ist durch die Rechtsprechung beispielsweise entschieden worden, dass eine generelle Erlaubnis zur Untervermietung nicht die tageweise Überlassung des Wohnraums an Feriengäste erfasst.[113] Umgekehrt enthält die Erlaubnis zur Untervermietung, die sich auf kurze Zeiträume während berufsbedingter Auslandsaufenthalte beschränkt, nicht die Befugnis, die Wohnung dauerhaft über Jahre hinweg einem Dritten zu überlassen.[114] **35**

D. Rechtsfolgen unbefugter Gebrauchsüberlassung

Im Folgenden sind die wesentlichen Rechtsfolgen darzustellen, die sich im Falle einer unbefugten Gebrauchsüberlassung ergeben. Dabei müssen verschiedene Rechtsverhältnisse unterschieden werden. Zu beachten ist, dass sich die notwendige Erlaubnis gemäß § 540 Abs. 1 BGB nicht auf den Untermietvertrag an sich bezieht – dieser bleibt wirksam[115] –, sondern nur auf die (anschließende) Gebrauchsüberlassung. **36**

I. Verhältnis Hauptvermieter und Hauptmieter

Im Verhältnis zum Hauptvermieter verhält sich der Hauptmieter pflichtwidrig, wenn er die gemietete Wohnung einem Dritten ohne eine entsprechende Erlaubnis zum Gebrauch überlässt. Daher besteht ein Unterlassungsklagerecht des Hauptvermieters nach § 541 BGB. Eilrechtsschutz gemäß §§ 935 ff. ZPO ist möglich, sofern dem Untermieter die Wohnung noch nicht überlassen worden ist.[116] Außerdem gibt § 543 Abs. 1, 2 S. 1 Nr. 2 BGB ein Recht zur außerordentlichen fristlosen Kündigung des Hauptmietverhältnisses. Unabhängig davon kann der Hauptvermieter gemäß § 573 Abs. 1, 2 Nr. 1 BGB kündigen. **37**

Bei den Kündigungsrechten ist allerdings zu berücksichtigen, ob im Kündigungszeitpunkt ein Anspruch des Hauptmieters auf Erlaubniserteilung gemäß § 553 Abs. 1 S. 1 BGB besteht. Dann nämlich ist regelmäßig eine erhebliche Rechtsverletzung im Sinne des **38**

---

[107] Zu Einzelheiten mit weiteren Nachweisen *Blank* in Schmidt-Futterer MietR BGB § 553 Rn. 22.
[108] BGH NJW 1991, 1750.
[109] *Weidenkaff* in Palandt BGB § 540 Rn. 1; andere Auffassung bezüglich eines formularmäßigen Ausschlusses bei befristeten Mietverhältnissen *Blank* in Schmidt-Futterer MietR BGB § 540 Rn. 63.
[110] → Rn. 5.
[111] BayObLG ReMiet 8/82, BayObLGZ 1983, 228 = NJW 1984, 60.
[112] Beispielsweise darf der Vermieter die Überlassung des gesamten Wohnraums zum selbstständigen Gebrauch von weitergehenden Voraussetzungen als die in § 553 BGB genannten abhängig machen.
[113] BGH NJW 2014, 622; LG Berlin BeckRS 2016, 681.
[114] LG München I BeckRS 2016, 3474.
[115] BGH BeckRS 2007, 17581.
[116] *Heilmann* NZM 2016, 74 (79); *Kern* NZM 2009, 344 (347).

§ 543 Abs. 2 S. 1 Nr. 2 BGB zu verneinen.[117] Das gilt ebenfalls für § 573 Abs. 2 Nr. 1 BGB, sofern keine besonderen Umstände die Vertragsverletzung erheblich machen.[118] Eine fristlose Kündigung ist hier vor allem dann rechtmäßig, wenn der Hauptvermieter die ohne Erlaubniserteilung vorgenommene Gebrauchsüberlassung abgemahnt hat, der Hauptmieter diese aber fortsetzt.[119] Letztlich bleibt es einer Würdigung der Einzelfallumstände vorbehalten, um die Erheblichkeit des Pflichtenverstoßes für das jeweilige Kündigungsrecht festzustellen.[120] Die Interessen des Hauptmieters überwiegen regelmäßig dann, wenn er den Hauptvermieter um Erlaubniserteilung gebeten hat, diesen nicht schädigen und dessen Interessen nicht bewusst missachten wollte.[121]

39 Auch gegen eine Räumungsklage des Hauptvermieters kann der Hauptmieter seinen Anspruch auf Erlaubniserteilung gemäß § 553 Abs. 1 S. 1 BGB einredeweise entgegensetzen.[122]

40 Besteht kein Anspruch des Hauptmieters gemäß § 553 Abs. 1 S. 1 BGB, stellt die unbefugte Gebrauchsüberlassung an Dritte grundsätzlich einen schwerwiegenden Pflichtenverstoß dar, der die fristlose Kündigung gemäß § 543 Abs. 1, 2 S. 1 Nr. 2 BGB rechtfertigt. Eine vorherige Abmahnung kann hier gemäß § 543 Abs. 3 S. 2 BGB entbehrlich sein.[123] Bei schuldhaftem Verhalten des Hauptmieters ergibt sich ein Kündigungsrecht zudem aus § 573 Abs. 1, 2 Nr. 1 BGB.[124] Eine nach wirksamem Widerruf der Erlaubnis zur Untervermietung erfolgende erneute Gebrauchsüberlassung kann ebenfalls eine fristlose Kündigung nach § 543 Abs. 1, 2 S. 1 Nr. 2 BGB legitimieren.[125]

41 Um den vertragsgemäßen Gebrauch, insbesondere nach (gebotener) Abmahnung durch den Hauptvermieter, wiederherzustellen, muss der Hauptmieter unverzüglich alles ihm tatsächlich und rechtlich Mögliche tun, um den Untermietvertrag zu beenden und den Untermieter zum Auszug zu bewegen.[126] Das gilt sowohl für den Fall einer von Anfang an nicht erlaubten Gebrauchsüberlassung als auch nach Ablauf einer befristeten oder Widerruf einer zunächst erteilten Erlaubnis – etwa weil ihre Grenzen nicht eingehalten worden sind. Sofern der Untermieter den Mietgebrauch nicht beenden möchte, etwa durch einvernehmliche Vertragsbeendigung gegen Zahlung einer Abfindung,[127] kann der Hauptmieter gehalten sein, das Untermietverhältnis zu kündigen und Räumungsklage zu erheben. Es ist allerdings zu bedenken, dass aus der Tatsache, im Verhältnis zum Hauptvermieter nicht oder nicht mehr zur Gebrauchsüberlassung befugt zu sein, nicht *per se* ein Kündigungsgrund folgt. Der Untermieter von Wohnraum kann sich auf die bestandsschützenden Vorschriften der §§ 568 ff. BGB, insbesondere § 573 BGB, berufen. Im Einzelfall ist zu prüfen, ob sich eine (erleichterte) Kündigungsmöglichkeit, beispielsweise nach §§ 549 Abs. 2 Nr. 1, Nr. 2, 573a BGB ergibt. Ist dem Hauptmieter die Beendigung des Untermietverhältnisses nicht möglich oder unternimmt er Mögliches zur Beendigung dieses nicht, kann der Hauptvermieter unter den Voraussetzungen des § 543 Abs. 1, 2 S. 1 Nr. 2 oder des § 573 Abs. 1, 2 Nr. 1 BGB das Hauptmietverhältnis kündigen.[128] Stattdessen besteht die Möglichkeit,

---

[117] BGH NJW 2011, 1065; BayOLG RE-Miet 1/90, BayObLGZ 1990, 301 = NJW-RR 1991, 461; LG Berlin BeckRS 2003, 30928348.
[118] AG Tempelhof-Kreuzberg BeckRS 2012, 01823.
[119] BayOLG RE-Miet 1/90, BayObLGZ 1990, 301 = NJW-RR 1991, 461: Durch § 543 Abs. 2 S. 1 Nr. 2 soll nicht die „unterlassene Einholung der Vermietererlaubnis geahndet werden, sondern das Belassen des unbefugt überlassenen Gebrauchs."
[120] LG Berlin BeckRS 2011, 22485.
[121] BGH NJW 2011, 1065; LG Berlin BeckRS 2011, 22485; AG Tempelhof-Kreuzberg BeckRS 2012, 01823.
[122] BayOLG RE-Miet 1/90, BayObLGZ 1990, 301 = NJW-RR 1991, 461; *Ehlert* in Bamberger/Roth BGB § 553 Rn. 17.
[123] LG München I BeckRS 2016, 3474; LG Berlin NZM 2015, 248.
[124] LG Berlin BeckRS 2016, 681.
[125] LG München I BeckRS 2016, 3474.
[126] Vgl. BGH NZM 2014, 128; LG Berlin BeckRS 2015, 8287.
[127] Vgl. LG Berlin NZM 1999, 407. Hiernach soll der Hauptmieter sogar verpflichtet sein, den Untermieter durch finanzielle Zuwendungen zum Auszug zu bewegen.
[128] Vgl. LG Berlin BeckRS 2015, 8287.

D. Rechtsfolgen unbefugter Gebrauchsüberlassung § 3

gemäß §§ 985, 986 Abs. 1 S. 2 BGB Herausgabe der untervermieteten Wohnung an den Hauptmieter zu verlangen.

Viel diskutiert worden ist die Frage, ob der Hauptmieter verpflichtet ist, die erlangte **42** Untermiete insgesamt oder zumindest den im Verhältnis zur Miete überschießenden Teil an den Hauptvermieter herauszugeben. Die ständige Rechtsprechung lehnt eine solche Pflicht ab,[129] sodass das Problem für die Praxis geklärt scheint. Die wesentlichen Gründe hierfür sind: Die Untervermietung ohne Erlaubnis ist zwar vertragswidrig, sie ist aber kein Geschäft des Hauptvermieters, weil dieser die Wohnung während des Bestehens des Hauptmietverhältnisses nicht untervermieten könnte. Daher scheidet ein Anspruch aus §§ 687 Abs. 2 S. 1, 681 S. 2, 667 BGB aus. Solange der Hauptmieter gegenüber dem Hauptvermieter auf Grund des Hauptmietvertrages zum Besitz der Mietsache berechtigt ist, fehlt es für eine Nutzungsherausgabe gemäß §§ 987, 990 BGB an der Vindikationslage; dass der Hauptmieter „nicht so berechtigter" Besitzer ist, soll nicht genügen. Die Anwendung des § 816 Abs. 1 S. 1 BGB kommt nicht in Betracht, weil die Gebrauchsüberlassung keine Verfügung im Sinne dieser Vorschrift darstellt.[130] Gegen eine analoge Anwendung der Vorschrift spricht, dass die Gebrauchsüberlassung an den Untermieter nicht gegenüber dem Hauptvermieter wirksam sein kann. Gemäß der Relativität der Schuldverhältnisse erlangt der Untermieter bei unberechtigter Untervermietung kein Recht zum Besitz gegenüber dem Hauptvermieter, der gemäß § 986 Abs. 1 S. 2 BGB Herausgabe an den Hauptmieter verlangen kann.[131] Da – wie gesagt – der Hauptvermieter während des bestehenden Hauptmietvertrages die Wohnung nicht nochmals weitervermieten darf, kann eine Untervermietung auch nicht auf seine Kosten im Sinne des § 812 Abs. 1 S. 1 2. Var. BGB gehen.[132] Nach Rechtshängigkeit des Herausgabeanspruchs gemäß § 546 Abs. 1 BGB besteht nach aktueller Rechtsprechung ein Anspruch auf Herausgabe von Nutzungen gemäß §§ 546 Abs. 1, 292 Abs. 2, 987 Abs. 1 BGB, der nach § 99 Abs. 3 BGB den durch Untervermietung erzielten Mehrerlös sowie eine vom Untermieter an den Hauptmieter gezahlte „Abfindung" für die vorzeitige Beendigung des Untermietverhältnisses erfasst.[133] Dieser Anspruch ist allerdings unabhängig davon, ob die Untervermietung ursprünglich erlaubt gewesen ist oder eine unbefugte Gebrauchsüberlassung stattgefunden hat.[134]

Die ohne Erlaubnis vorgenommene Gebrauchsüberlassung an Dritte begründet unter **43** den Voraussetzungen des § 280 Abs. 1 BGB einen Anspruch auf Schadensersatz, beispielsweise wegen konkret nachweisbarer Schäden auf Grund erhöhter Abnutzung oder Beschädigungen der Mietsache durch den Untermieter. § 540 Abs. 2 BGB gilt auch hier (vgl. die Formulierung des § 540 Abs. 2 BGB letzter Halbsatz: ...auch...). Das bedeutet: Der Hauptvermieter haftet für schuldhaftes Verhalten seines Untermieters. Aber unabhängig davon muss er Schäden ersetzen, die von der pflichtwidrigen Gebrauchsüberlassung, soweit er diese zu vertreten hat, verursacht worden sind. Zurechenbar können daher auch Schäden sein, die der Untermieter schuldlos herbeigeführt hat, weil sie auf die zu vertretende pflichtwidrige Gebrauchsüberlassung zurückzuführen sind. Daran ändert es nichts, dass ein Anspruch auf Erlaubniserteilung gemäß § 553 Abs. 1 S. 1 BGB besteht. Der Hauptmieter muss diesen – notfalls im Wege des Eilrechtsschutzes – durchsetzen und ist nicht berechtigt, ohne Erlaubnis den Gebrauch zu überlassen. Daneben ist ein Anspruch aus § 823 Abs. 2 BGB denkbar, falls man die §§ 540 Abs. 1, 553 BGB als Schutzgesetze begreift.[135]

---

[129] BGH NZM 2009, 701; BGHZ 167, 312 = NJW 2006, 2323; BGH NJW 2002, 60; BGHZ 131, 297 = NJW 1996, 838; OLG Celle BeckRS 1994, 10150.
[130] Andere Auffassung *Diederichsen* NJW 1964, 2296.
[131] Für eine Analogie plädiert vor allem *Emmerich* in Staudinger BGB § 540 Rn. 31.
[132] Ausführlich BGHZ 131, 297 = NJW 1996, 838. Zur Gegenauffassung *Theuffel* JuS 1997, 886 (887). Einen Überblick über die Argumentation der Rechtsprechung sowie der abweichenden Meinungen aus dem Schrifttum gibt *Eichel* ZJS 2009, 702.
[133] BGH NZM 2009, 701.
[134] → Rn. 52.
[135] *Riehm* JuS 1998, 672.

Diese Schadensersatzansprüche erfassen regelmäßig nicht eine entgangene Mieterhöhung gemäß § 553 Abs. 2 BGB.[136] Es fehlt an der Kausalität zwischen Pflichtverletzung und Schaden,[137] weil nicht festgestellt werden kann, dass bei einem Erlaubnisverlangen nach § 553 Abs. 1 S. 1 BGB tatsächlich eine solche unter Erhöhung der Miete gemäß § 553 Abs. 2 BGB erteilt worden wäre. Nicht nur, dass der Hauptvermieter möglicherweise entgegenstehende Interessen nach § 553 Abs. 1 S. 2 BGB geltend gemacht hätte, verlangt eine Mieterhöhung nach § 553 Abs. 2 BGB das rechtsgeschäftliche Einverständnis des Hauptmieters.

II. Verhältnis Hauptmieter und Untermieter

44 Aufgrund des wirksamen Untermietvertrages entstehen die gegenseitigen Pflichten aus § 535 BGB. Gebraucht der Untermieter den gemieteten Wohnraum, auch wenn eine Erlaubnis gemäß § 540 Abs. 1 BGB fehlt, bleibt er zur Zahlung der Untermiete verpflichtet. Allein die fehlende Erlaubnis stellt noch keine Leistungsstörung in Form eines Rechtsmangels gemäß § 536 Abs. 3 BGB dar. Diese Vorschrift verlangt, dass dem Mieter – hier Untermieter – der vertragsgemäße Gebrauch der Mietsache durch das Recht eines Dritten ganz oder teilweise entzogen wird. Der Hauptvermieter als Dritter im Sinne dieser Vorschrift muss daher seine Rechte in der Weise geltend machen, dass der Untervermieter seiner Pflicht zur Gebrauchsgewährung nicht nachkommen kann.[138] Für eine Entziehung des Mietgebrauchs genügt eine Störung des Mieters – hier Untermieters – in dem ihm nach dem Untermietvertrag zustehenden Gebrauch.[139] Erforderlich ist nicht, dass der Hauptmieter seine Rechte gerichtlich durchsetzt. Bereits die mündliche Androhung der Rechtsdurchsetzung kann ausreichend sein, wenn der Untermieter daraufhin den Gebrauch unterlässt oder nicht weiter fortsetzt.[140] Ein Rechtsmangel besteht demzufolge auch dann, wenn der Untermieter nach Erlaubnisverweigerung durch den Hauptvermieter die Wohnung erst gar nicht bezieht oder den Gebrauch aufgibt. Ist also der Hauptvermieter nicht bereit, den Untermieter die Wohnung entsprechend der Vereinbarungen, die im Untermietvertrag getroffen worden sind, nutzen zu lassen, besteht eine Entziehung gemäß § 536 Abs. 3 BGB. Daraus folgt eine Haftung des Hauptmieters nach § 536a Abs. 1 BGB sowie ein Kündigungsrecht des Untermieters gemäß § 543 Abs. 1, 2 S. 1 Nr. 1 BGB.

45 Ein Untermietvertrag kommt allerdings nicht zustande, wenn dieser unter aufschiebender Bedingung der Erlaubniserteilung (§ 158 Abs. 1 BGB) oder auflösender Bedingung der Erlaubnisverweigerung (§ 158 Abs. 2 BGB) abgeschlossen worden ist.

46 Bereits oben[141] ist ausgeführt worden, dass der Hauptmieter, vor allem nach Abmahnung der vertragswidrigen Gebrauchsüberlassung durch den Hauptvermieter, nicht allein wegen der unbefugten Gebrauchsüberlassung berechtigt ist, das Untermietverhältnis zu kündigen und Herausgabe des Wohnraums gemäß § 546 Abs. 1 BGB zu verlangen. Anderes verträgt sich mit dem Grundsatz der Relativität der Schuldverhältnisse und dem mietrechtlichen Bestandsschutz bei Wohnraummietverhältnissen nicht. Die Nichterfüllbarkeit der Gebrauchsgewährung ist leistungsstörungs-, nicht aber kündigungsrelevant.

III. Verhältnis Hauptvermieter und Untermieter

47 Auch im Verhältnis des Hauptvermieters zum Untermieter setzt sich der Grundsatz der Relativität der Schuldverhältnisse fort. Solange das Hauptmietverhältnis besteht, kann der

---

[136] Anders wohl *Ehlert* in Bamberger/Roth BGB § 540 Rn. 21.
[137] *Kern* NZM 2009, 344 (345); *Eichel* ZJS 2009, 702 (704).
[138] BGH NJW 2008, 2771.
[139] Bereits BGH NJW-RR 1999, 1239.
[140] BGH NJW 2008, 2771.
[141] → Rn. 41.

Hauptvermieter keine Herausgabe der Wohnung gemäß § 546 Abs. 2 BGB an sich selbst verlangen. §§ 985, 986 Abs. 1 S. 2 BGB ermöglichen im Regelfall, dass der Untermieter die Mietsache an den Hauptvermieter herausgibt. Da der Untermieter bei unbefugter Untervermietung damit kein Recht zum Besitz gegenüber dem Hauptvermieter hat, kann dieser als Eigentümer Schadensersatzansprüche gemäß §§ 989, 990 BGB geltend machen. Sofern der Untermieter bei Besitzerwerb gutgläubig gewesen ist, gilt § 991 Abs. 2 BGB. Nutzungsherausgabe gemäß §§ 987, 990 BGB schuldet er wegen § 991 Abs. 1 BGB nicht, da der Hauptmieter als mittelbarer Besitzer zum Besitz gegenüber dem Hauptvermieter berechtigt ist. Möglich ist § 987 BGB nach Rechtshängigkeit des Herausgabeanspruchs nach §§ 985, 986 Abs. 1 S. 2 BGB gegen den Untermieter. Sofern Ansprüche auf Schadensersatz aus dem Eigentümer-Besitzer-Verhältnis bestehen, sind Ansprüche aus § 823 BGB ausgeschlossen.

E. Zu den einzelnen Rechtsverhältnissen bei befugter Gebrauchsüberlassung

Abschließend ist auf die einzelnen Rechtsverhältnisse einzugehen, wenn die Gebrauchsüberlassung zur Erfüllung eines Untermietvertrages mit Erlaubnis des Hauptvermieters erfolgt. 48

I. Verhältnis Hauptvermieter und Hauptmieter

Gemäß § 540 Abs. 2 BGB haftet der Hauptmieter gegenüber dem Hauptvermieter – auch bei erlaubter Gebrauchsüberlassung – für ein Verschulden des Untermieters beim Gebrauch der Mietsache. Die Rechtsprechung bringt dies anschaulich mit der Formulierung auf den Punkt, dass der Hauptmieter dafür einstehen muss, dass der Untermieter die „Grenzen des Hauptmietvertrages verletzt".[142] 49

Bei Beendigung des Hauptmietvertrages besteht nicht nur ein Anspruch auf Herausgabe der Wohnung gemäß § 546 Abs. 1 BGB – und bei Eigentümerstellung des Hauptvermieters aus § 985 BGB – gegenüber dem Hauptmieter, sondern auch ein Herausgabeanspruch gegen den Untermieter gemäß § 546 Abs. 2 BGB (§ 985 BGB). Für das Verhältnis dieser Ansprüche gelten die §§ 428, 431 BGB.[143] 50

Gibt der Hauptmieter die Wohnung nach Beendigung des Hauptmietverhältnisses nicht an den Hauptvermieter zurück, kann dieser nach § 546a Abs. 1 BGB Entschädigung für die Dauer der Vorenthaltung in Höhe der vereinbarten oder der ortsüblichen Miete verlangen. § 546a Abs. 2 BGB schließt die Geltendmachung eines weiteren Schadens nicht aus. So könnte der Hauptvermieter beispielsweise darlegen, dass er die Wohnung bei rechtzeitiger Rückgabe gegen Zahlung einer höheren Miete als nach § 546a Abs. 1 BGB vermietet hätte (§§ 280 Abs. 1 und 2, 286 BGB). Für Wohnraummietverhältnisse sind jedoch die weiteren Vorgaben des § 571 BGB zu beachten. 51

Besteht nach Beendigung des Hauptmietverhältnisses das Untermietverhältnis fort, kann der Hauptvermieter die durch den Hauptmieter erzielten Mehreinnahmen aus der Untervermietung beanspruchen. Grundlage hierfür können – je nach Fall – die §§ 687 Abs. 2 S. 1, 681 S. 2, 667 BGB; §§ 987, 990 BGB und/oder § 812 Abs. 1 S. 2 Var. 1 BGB sein.[144] Ab Rechtshängigkeit des Herausgabeanspruchs aus § 546 Abs. 1 BGB hat der BGH noch eine im Einzelfall für den Hauptvermieter einfachere Möglichkeit aufgezeigt, indem er die 52

---
[142] BGH NZM 2014, 158; NJW 2000, 3203; LG Berlin BeckRS 2016, 681.
[143] *Weidenkaff* in Palandt BGB § 546 Rn. 21.
[144] Hierzu einschließlich etwaiger Konkurrenzen *Eichel* ZJS 2009, 702 (704).

Mehreinnahmen aus der Untervermietung gemäß §§ 292 Abs. 2, 987 Abs. 1 BGB zuspricht.[145]

II. Verhältnis Hauptmieter und Untermieter

53 Im Verhältnis zwischen Hauptmieter und Untermieter gilt Mietrecht mit sämtlichen Schutzvorschriften insbesondere der §§ 549 ff. BGB. Der Untermieter von Wohnraum genießt Bestandsschutz vor allem nach §§ 568 ff und § 573 ff. BGB. Der Umfang der Gebrauchsbefugnisse bestimmt sich im Verhältnis zum Hauptmieter nach dem Untermietvertrag.[146] Besonderheiten gelten für die §§ 555a ff. BGB bei Durchführung von Erhaltungs- und Modernisierungsarbeiten durch den Hauptvermieter. Die Pflichten zur Duldung dieser Maßnahmen ergeben sich im jeweiligen Vertragsverhältnis. Dennoch muss der Hauptmieter den Duldungsanspruch gegenüber dem Untermieter geltend machen, wenn der Hauptvermieter entsprechende Maßnahmen durchführen möchte. Gewissermaßen wird hier der Duldungsanspruch im Hauptmietverhältnis zum Anspruch des Hauptvermieters, dass der Hauptmieter auf den Untermieter einwirkt.[147]

54 Ist das Hauptmietverhältnis beendet und muss der Untermieter die Wohnung gemäß § 546 Abs. 2 BGB an den Hauptvermieter herausgeben, obwohl das Untermietverhältnis noch besteht, kann das Ansprüche aus §§ 536 Abs. 3, 536a BGB begründen. Gerade vor dem Hintergrund dieser Haftung des Hauptmieters ist folgendes besonders bedeutsam:

55 Der Bestand des Untermietverhältnisses über Wohnraum kann *nicht* vom Hauptmietverhältnis abhängig gemacht werden.[148] § 572 Abs. 2 BGB verhindert, dass sich der Untervermieter – nicht dagegen der Untermieter – auf eine entsprechend formulierte auflösende Bedingung im Untermietvertrag berufen kann. Der Untermieter von Wohnraum genießt Bestandsschutz gemäß §§ 568 ff. BGB, sodass der Hauptmieter einen entsprechenden Kündigungsgrund braucht, um das Untermietverhältnis einseitig beenden zu können. Insbesondere fragt sich, ob und in welchen Fällen aus der Beendigung des Hauptmietverhältnisses ein berechtigtes Interesse zur Kündigung gemäß § 573 Abs. 1 BGB folgt. Nach einer Auffassung soll die Beendigung des Hauptmietvertrages, selbst wenn dies durch Kündigung seitens des Hauptvermieters geschehen ist, keinen Kündigungsgrund im Untermietverhältnis entstehen lassen.[149] Eine andere Auffassung bejaht diese Möglichkeit.[150] Zutreffend ist ein vermittelnder Ansatz, der im Einzelfall das Interesse des Hauptmieters mit demjenigen des Untermieters abwägt. Entscheidend ist, dass dabei die Schutzvorschriften des Wohnraummietrechts nicht zum Nachteil des Untermieters missachtet werden. Ansonsten hätte es ein Hauptvermieter in der Hand, durch „Dazwischenschalten eines Scheinhauptmieters" den kündigungsrechtlichen Bestandsschutz zu umgehen. Daher können die Interessen des Hauptmieters allenfalls überwiegen, wenn das Verhalten des Untermieters die Kündigung des Hauptmietverhältnisses bewirkt hat oder wie hier bei der Untervermietung von Wohnraum, der vom Hauptmieter selbst zu Wohnzwecken genutzt wird, eine Kündigung des Hauptmietverhältnisses berechtigterweise nach § 573 BGB erfolgt.[151] Kündigt der Haupt-

---

[145] BGH NZM 2009, 701.
[146] Überträgt der Hauptmieter mehr Rechte als er nach dem Hauptmietvertrag hat, kann der Hauptvermieter einen Anspruch gegen den Untermieter gemäß § 1004 BGB geltend machen. Im Verhältnis zum Hauptmieter stehen dem Untermieter dann Rechte nach §§ 536 ff., 543 Abs. 1, 2 S. 1 Nr. 1 BGB zur Seite; *Blank* in Schmidt-Futterer MietR BGB § 540 Rn. 5.
[147] Zum Gesagten sowie zur strittigen Frage, ob ein Kündigungsrecht des Hauptvermieters gegenüber dem Hauptmieter besteht, wenn dieser alles ihm Zumutbare im Verhältnis zum Untermieter getan hat, *Blank* in Schmidt-Futterer MietR BGB § 540 Rn. 4a; *Jablonski* GE 2015, 234.
[148] OLG Düsseldorf BeckRS 2011, 22118; *Rolfs* in Staudinger BGB § 546 Rn. 60, § 572 Rn. 7 ff.
[149] BGH NJW 1996, 1886; LG Osnabrück BeckRS 1993, 30942601; *Hannappel* in Bamberger/Roth BGB § 573 Rn. 119; *Nassal* ZMR 1983, 333 (338); *Pauly* WuM 2008, 320.
[150] LG Kiel BeckRS 1982, 30942067.
[151] Zur überzeugenden Differenzierung in diesem Sinne *Häublein* in MüKoBGB § 573 Rn. 47 ff.; *Blank* in Schmidt-Futterer MietR BGB § 573 Rn. 205 f.

vermieter das Hauptmietverhältnis beispielsweise gemäß § 573 Abs. 2 Nr. 1 oder § 569 Abs. 2 BGB, jeweils in Verbindung mit § 540 Abs. 2 BGB, ergibt sich ohnehin ein Kündigungsgrund auch im Untermietverhältnis nach § 573 Abs. 2 Nr. 1 BGB oder § 569 Abs. 2 BGB. Sofern der Hauptmieter seine Pflichten im Hauptmietverhältnis in eigener Person schuldhaft nicht unerheblich nach § 573 Abs. 2 Nr. 1 BGB verletzt hat, ist nicht einzusehen, weshalb aus einer ausgesprochenen Kündigung des Hauptvermieters ein Kündigungsgrund im Untermietverhältnis folgen soll. Der Hauptmieter darf nicht die Möglichkeit haben, sich durch schuldhaft pflichtwidriges Verhalten selbst einen Kündigungsgrund zu schaffen. Nur wenn die Kündigung des Hauptmietverhältnisses gemäß § 573 Abs. 2 Nr. 2 oder Nr. 3 BGB gestattet ist, überwiegen seine Interessen auf Beendigung des Untermietverhältnisses. Eine Wohnungsaufgabe durch den Hauptmieter wiederum berechtigt allein nicht zur Kündigung gemäß § 573 Abs. 1 BGB. Anderes kann gelten, wenn das Festhalten am Hauptmietvertrag aus persönlichen oder wirtschaftlichen Gründen unzumutbar ist.[152]

Diese Grundsätze gelten entsprechend, wenn der Hauptmieter den Untermietvertrag **56** nach wirksamem Widerruf der Erlaubnis zur Gebrauchsüberlassung durch den Hauptvermieter kündigen möchte. Es kommt ebenfalls auf den Grund des Widerrufs an. Liegt der wichtige Grund im Verhalten des Hauptmieters, der beispielsweise die Grenzen der Erlaubnis nicht einhält, kann er das Untermietverhältnis nicht kündigen. Hat der Untermieter den Widerruf durch vertragswidriges Verhalten ausgelöst, kann der Hauptmieter wieder – je nach Fall – gemäß §§ 543, 569 Abs. 2, 573 BGB kündigen.

Typisch für durch Untervermietung entstehende Wohngemeinschaften (WG-Typ A) ist, **57** dass der Hauptmieter selbst mit der Wohnung lebt. Häufig sind dann die strengen Bestandsschutzvorschriften des Wohnraummietrechts nicht anzuwenden – vor allem nach § 549 Abs. 2 Nr. 2 BGB – oder es gelten erleichterte Kündigungsvoraussetzungen gemäß § 573a BGB, die auf ein berechtigtes Interesse gemäß § 573 Abs. 1 BGB verzichten. Allerdings verlängert sich im letzten Fall die Kündigungsfrist des § 573c BGB um drei Monate (§ 573a Abs. 1 S. 2 BGB).

Sofern im Hauptmietverhältnis die Schutzvorschriften über die Wohnraummiete nicht **58** gelten, weil eine gewerbliche Weitervermietung von Wohnraum vereinbart worden ist, stellt sich die Frage nach einer Kündigung des Untermietverhältnisses bei Beendigung des Hauptmietvertrages nicht. Gemäß § 565 Abs. 1 S. 1 BGB tritt der Hauptvermieter in die Rechte und Pflichten des Untermietvertrages ein.[153]

Ist das Untermietverhältnis beendet, gelten im Verhältnis zwischen Hauptmieter und **59** Untermieter grundsätzlich die Ansprüche, die bereits oben für das Hauptmietverhältnis dargestellt worden sind,[154] insbesondere die §§ 546 Abs. 1,[155] 546a BGB.[156] Ab dem Zeitpunkt allerdings, in dem das Hauptmietverhältnis ebenfalls beendet ist, kann der Hauptmieter eine Nutzungsentschädigung mangels eigener Nutzungsberechtigung nicht mehr verlangen.[157]

---

[152] Häufig ergibt sich eine praktische Lösung dadurch, dass Hauptvermieter und Untermieter mit einem Ausscheiden des Hauptmieters aus dem jeweiligen Vertragsverhältnissen einverstanden sind und ein Mietverhältnis zwischen Haupt- und Untermieter – womöglich als neues Hauptmietverhältnis oder als Untermietverhältnis – nach Aufnahme eines neuen Mieters fortgesetzt wird.

[153] Zum Schutz des Untermieters in Fällen der zwar nicht gewerblichen, aber schlichten Zwischenvermietung – für die § 565 BGB nicht gilt – *Rolfs* in Staudinger BGB § 546 Rn. 101 ff., Rn. 108.

[154] → Rn. 49 ff.; abgesehen – mangels Eigentümerstellung – von Ansprüchen aus § 985 BGB und dem Eigentümer-Besitzer-Verhältnis, sofern letztere nicht gemäß § 292 BGB in Betracht kommen.

[155] § 546 Abs. 1 BGB gilt auch, wenn das Hauptmietverhältnis beendet ist; KG Berlin BeckRS 2012, 09647.

[156] Nach OLG Hamm BeckRS 2017, 106682 bleibt der Untermieter zur Herausgabe gemäß § 546 Abs. 1 BGB an den Hauptmieter verpflichtet, auch wenn er mit dem Hauptmieter einen „eigenen Mietvertrag" abgeschlossen hat, sofern der Hauptmietvertrag noch besteht.

[157] OLG Saarbrücken NZM 2006, 180.

III. Verhältnis Hauptvermieter und Untermieter

60 Zwischen Hauptvermieter und Untermieter gibt es keine unmittelbaren vertraglichen Beziehungen. Das gilt selbst dann, wenn der Untermieter die Miete direkt an den Hauptvermieter zahlt.[158] Die Gebrauchsgewährung schuldet nur der Hauptmieter. Ebenso kann der Hauptvermieter keine Mietzahlungen vom Untermieter begehren. Er hat kein Vermieterpfandrecht nach § 562 BGB. Gemäß der Relativität der Schuldverhältnisse sind etwaige Leistungsstörungen im jeweiligen Vertragsverhältnis, in dem sie auftreten, relevant. Daher hat der Untermieter aus eigenem Recht gegenüber dem Hauptvermieter keine Rechte gemäß §§ 536 ff. BGB. Bei Beschädigungen der Mietsache durch den Untermieter ist der Hauptvermieter gehalten, seine vertraglichen Rechte (§ 541 BGB, Kündigung beispielsweise gemäß § 543 Abs. 1, Abs. 2, S. 2 Nr. 2 BGB oder § 573 Abs. 1, 2 Nr. 1 BGB – jeweils in Verbindung mit § 540 Abs. 2 BGB –, Schadensersatz gemäß §§ 280 Abs. 1, 540 Abs. 2 BGB) im Verhältnis zum Hauptmieter geltend zu machen.[159] Das gilt generell in den Fällen, in denen das gemäß § 540 Abs. 2 BGB zugerechnete Verhalten des Untermieters die Grenzen des Hauptmietverhältnisses überschreitet. Der Hauptmieter ist wiederum verpflichtet, im Verhältnis zum Untermieter für einen vertragsgemäßen Zustand zu sorgen, beispielsweise über § 541 BGB.[160]

61 Grundsätzlich ist der Untermieter nicht in den Schutzbereich des Hauptmietverhältnisses einbezogen. Vorrangig sind seine vertraglichen Beziehungen zum Hauptmieter. Ausnahmsweise wird der Untermieter vom Schutzbereich des Hauptmietvertrages erfasst, wenn nur der Hauptvermieter die Verletzung einer Pflicht gemäß § 241 Abs. 2 BGB, die zur Schädigung des Untermieters geführt hat, zu vertreten hat.[161]

62 Unmittelbare Rechtsbeziehungen zwischen Hauptvermieter und Hauptmieter entstehen vor allem bei Beendigung des Hauptmietverhältnisses. Gemäß § 546 Abs. 2 BGB kann der Hauptvermieter Herausgabe der untervermieteten Wohnung vom Untermieter verlangen.[162] Ein solcher Anspruch kommt ebenso gemäß § 985 BGB in Betracht, wenn der Hauptvermieter Eigentümer der Wohnung ist. In beiden Fällen gilt das unabhängig davon, ob das Untermietverhältnis noch besteht. Mit Beendigung des Hauptmietvertrages erlischt das abgeleitete Besitzrecht gegenüber dem Hauptvermieter. Der Untermieter kann sich im Verhältnis zum Hauptvermieter insbesondere nicht auf die §§ 573, 574 BGB berufen. Zur Durchsetzung der Herausgabeansprüche gegen den Untermieter braucht er einen Räumungstitel gegenüber diesem.[163] Eine Vollstreckung aus einem solchen gegen den Hauptmieter scheidet grundsätzlich aus.[164]

63 § 546a BGB gilt zwar nicht, möglich sind aber Ansprüche gemäß §§ 280 ff. BGB, sofern der Untermieter die Pflicht zur Herausgabe der Wohnung nach § 546 Abs. 2 BGB verletzt. Weiterhin schuldet der Untermieter unter den Voraussetzungen der §§ 987 ff. BGB Nutzungsherausgabe in Form der Gebrauchsvorteile gemäß § 100 BGB, insbesondere ab

---

[158] *Emmerich* in Staudinger BGB § 540 Rn. 28 mwN aus der Rechtsprechung.
[159] Direkt gegen den Untermieter bestehen möglicherweise Ansprüche gemäß §§ 823 ff. BGB. §§ 989, 990 BGB scheitern am bestehenden abgeleiteten Besitzrecht des Untermieters (§ 986 Abs. 1 S. 1 2. Var. BGB).
[160] Soweit er das nicht kann, etwa weil er dem Untermieter einen weitergehenden Gebrauch eingeräumt hat, als ihm nach dem Hauptmietvertrag zusteht, hilft dem Hauptvermieter – neben den Rechten gegenüber dem Hauptmieter – § 1004 BGB.
[161] *Blank* in Blank/Börstinghaus MietR BGB § 540 Rn. 9.
[162] Ganz ausnahmsweise kann der Untermieter den Einwand des Rechtsmissbrauchs erheben, wenn er sich gutgläubig für den Hauptmieter halten durfte (BGHZ 84, 90 = NJW 1982, 1696) oder wenn Hauptvermieter und Hauptmieter kollusiv zusammenwirken, um durch Aufhebung des Hauptmietvertrages die Herausgabe der Wohnung durch den Untermieter zu erreichen; *Emmerich* in Staudinger BGB § 540 Rn. 35.
[163] Eine einstweilige Verfügung kommt insoweit regelmäßig nicht in Betracht; *Ehlert* in Bamberger/Roth BGB § 540 Rn. 22.
[164] *Emmerich* in Staudinger BGB § 540 Rn. 29.

E. Zu den einzelnen Rechtsverhältnissen bei befugter Gebrauchsüberlassung § 3

Bösgläubigkeit gemäß §§ 987 Abs. 1, 990 Abs. 1 BGB, wobei § 991 BGB zu beachten ist. Der Untermieter ist bösgläubig, wenn er weiß, dass er gegenüber dem Hauptvermieter nicht mehr zum Besitz berechtigt ist. Das setzt voraus, dass er die Beendigung des Hauptmietverhältnisses kennt und er vom Hauptvermieter zur Herausgabe aufgefordert wird.[165] Der von der Rechtsprechung für das Verhältnis von Hauptvermieter und Hauptmieter vertretene Ansatz, Nutzungsherausgabe gemäß §§ 546 Abs. 1, 292 Abs. 2, 987 Abs. 1 BGB[166] zuzusprechen, muss auch an dieser Stelle gelten: Ab Rechtshängigkeit des Herausgabeanspruchs gemäß § 546 Abs. 2 BGB schuldet der Untermieter gegenüber dem Hauptvermieter Nutzungsherausgabe über §§ 292 Abs. 2, 987 Abs. 1 BGB. Die herauszugebenden Gebrauchsvorteile (§ 100 BGB)[167] meinen den objektiven Mietwert und nicht die an den Hauptmieter gezahlte Untermiete.[168] Schadensersatz – vor allem bei Beschädigungen der Mietsache nach Beendigung des Hauptmietverhältnisses – kann noch über §§ 989, 990 BGB oder – soweit diese hierdurch nicht verdrängt werden – gemäß §§ 823 ff. BGB verlangt werden.

Sofern der Hauptvermieter gegen den Hauptmieter ebenfalls einen Anspruch auf Nutzungsherausgabe hat, gilt nach aktueller Rechtsprechung des BGH: Der Hauptvermieter kann vom Untermieter, der einen Teil der dem Hauptmieter überlassenen Wohnung untergemietet hat und nur insoweit Besitzer ist, lediglich die auf diesen Teil entfallenden Nutzungen herausverlangen.[169] An sich steht es dem Hauptvermieter frei, ob er den Hauptmieter oder den Untermieter in Anspruch nimmt. Er kann aber nicht sowohl vom Hauptmieter eine Nutzungsentschädigung in Höhe der Miete für die gesamte Wohnung, womöglich plus Herausgabe eines erzielten Mehrerlöses aus der Untervermietung, *und* Herausgabe des objektiven Mietwerts vom Untermieter verlangen.[170] Der Hauptvermieter kann den Anspruch *entweder* gegen den Hauptmieter *oder* gegen den Untermieter geltend machen, aber auch beide in Anspruch nehmen, wobei allerdings § 421 BGB entsprechender Anwendung findet, soweit sich die Forderungen decken.[171] 64

Umgekehrt können sowohl der Hauptmieter als auch der Untermieter gegenüber dem Hauptvermieter als Eigentümer Verwendungsersatz gemäß §§ 994 ff. BGB geltend machen. § 1000 BGB führt allerdings in Fällen der Anspruchskonkurrenz des § 546 BGB mit § 985 BGB nicht dazu, dass die Herausgabe der Wohnung verweigert werden könnte. § 570 BGB schließt eine solche Leistungsverweigerung aus.[172] In Bezug auf Nutzungsherausgabeansprüche bleibt § 1000 BGB unberührt. 65

Im klassischen Fall der Untervermietung von Wohnraum, in dem der Hauptmieter die Wohnung selbst zu Wohnzwecken nutzt, führt die Beendigung des Hauptmietverhältnisses nicht dazu, dass die Untermietverhältnisse auf den Hauptvermieter übergehen.[173] § 565 BGB ist nicht anwendbar.[174] Die Fortsetzung eines Mietverhältnisses zwischen Hauptmieter und Untermieter muss rechtsgeschäftlich vereinbart werden.[175] Allein die Annahme von Zahlungen des Untermieters durch den Hauptvermieter soll nicht genügen.[176] 66

---

[165] *Blank* in Blank/Börstinghaus MietR BGB § 540 Rn. 14.
[166] → Rn. 52.
[167] Sollte der Untermieter einen Unteruntermietvertrag abgeschlossen haben, kann ein den Mietwert übersteigender Erlös aus der Unteruntermiete ebenfalls verlangt werden (§ 99 Abs. 3 BGB).
[168] BGH NZM 2014, 582; BGH NJW-RR 2005, 1542; *Heilmann* NZM 2016, 74 (81).
[169] BGH NZM 2014, 582.
[170] Hierzu auch *Blank* in Blank/Börstinghaus MietR BGB § 540 Rn. 14.
[171] BGH NZM 2014, 582.
[172] *Weidenkaff* in Palandt BGB § 570 Rn. 3.
[173] OLG Düsseldorf BeckRS 2011, 22118.
[174] Das gilt auch dann, wenn Wohnungen von einer gemeinnützigen GmbH als Hauptmieter weitervermietet werden; KG Berlin NZM 2013, 313; AG Wedding GE 2012, 207 = BeckRS 2012, 04085. Eine entsprechende Anwendung des § 565 BGB bei Anmietung von Wohnraum zur Weitervermietung als Werkswohnung für einen Arbeitnehmer des Hauptmieters ist möglich; hierzu OLG Frankfurt a. M. BeckRS 2016, 19751.
[175] Zu den einzelnen Varianten *Emmerich* in Staudinger BGB § 540 Rn. 42 ff.
[176] OLG Düsseldorf NJW-RR 1988, 202; *Rolfs* in Staudinger BGB § 546 Rn. 94.

F. Fazit und Ausblick

67 Untervermietungen führen durch das entstehende Mehrpersonenverhältnis zu einer recht komplexen Rechtslage mit einem dichten Geflecht vieler zu beantwortender Einzelfragen. Derzeit praktisch besonders relevant sind die Erfordernisse des Anspruchs auf Erlaubniserteilung gemäß § 553 Abs. 1 S. 1 BGB. Insbesondere noch nicht abschließend geklärt ist, in welchen Fällen dem Mieter ein berechtigtes Interesse zukommt, gerade einen *Teil des Wohnraums* unterzuvermieten. Die für den Mieter großzügige Rechtsprechung des BGH bedarf weiterer Konkretisierung, um im Einzelfall zu prüfen, ob der Mieter den Gewahrsam an der Wohnung vollständig aufgegeben hat oder nicht. Jedenfalls das Vorhalten von Wohnungen für unbekannte Zukunftslagen ohne konkret feststellbaren Rückkehrwillen, um diese künftig zu Wohnzwecken zu nutzen, kann nicht genügen, um einen Anspruch auf Erlaubniserteilung zu begründen. Das gilt umso mehr vor dem Hintergrund angespannter Wohnungsmärkte in Ballungsräumen. Dies wird weiter zu diskutieren sein.

Näherer Beantwortung durch die Rechtsprechung bedarf die Frage, unter welchen Voraussetzungen eine Kündigung des Untermietverhältnisses bei Beendigung des Hauptmietverhältnisses in Betracht kommt. Diese Rechtsunsicherheit erhöht die ohnehin für den Hauptmieter bestehenden Risiken: Er haftet nicht nur gegenüber dem Hauptvermieter für die gesamte Miete und für schuldhafte Pflichtverletzungen durch den Untermieter, sondern auch für die Gebrauchsgewährung im Verhältnis zu diesem; eben auch, obwohl das Hauptmietverhältnis beendet ist, soweit hieraus aber kein Recht zur Kündigung des Untermietvertrages folgt. Ein solches ist allerdings nur insoweit anzuerkennen, als es den zugunsten des Untermieters geltenden Bestandsschutz beachtet. Erleichterte Kündigungsmöglichkeiten nach § 573a BGB können zumindest dazu führen, dass der Hauptmieter für die Nichtgewährung des Gebrauchs während des 3-monatigen Zeitraums, um den die Kündigungsfrist verlängert ist, einzustehen hat.

Die Eigenschaft, als Hauptmieter Untermietverträge abzuschließen – insbesondere mit mehreren Untermietern –, muss daher wohlüberlegt sein.

§ 4 Miete, Mietpreisbremse, Mieterhöhung

Übersicht

	Rn.
A. Miete	1
I. Leistungsgegenstand	1
II. Entstehung und Fälligkeit der Mietschuld	3
1. Allgemeines	3
2. Besonderheiten bei WG-Typ A (Untermiete)	6
3. Besonderheiten bei WG-Typ D (Außen-GbR)	9
III. Schuldner der Miete	10
1. WG-Typ A (Untermiete) und B (Einzelverträge)	10
2. WG-Typ C (Gesamtschuld)	12
3. WG-Typ D (Außen-GbR)	13
IV. Leistung und Erfüllung	15
1. Leistung	15
2. Erfüllung; Regress	16
3. Leistung an Erfüllungs statt	20
4. Aufrechnung	22
V. Mietzahlungspflicht bei persönlicher Verhinderung	25
VI. Verjährung; Verwirkung	27
VII. Zurückbehaltungsrecht	28
B. Miethöhe	30
I. Allgemeines	30
II. Mietpreisüberhöhung	32
III. Mietwucher	35
IV. Mietpreisbremse	37
1. Allgemeines, insb. Verfassungsmäßigkeit	37
2. Anwendbarkeit	39
3. Gebiete mit angespanntem Wohnungsmarkt	42
4. Abschluss eines neuen Mietvertrags	45
5. Mietpreisgrenzen	47
a) 110 % der ortsüblichen Vergleichsmiete	47
b) Modernisierungszuschlag	49
c) Vormiete	50
6. Auskunftspflichten des Vermieters	54
7. Rechtsfolgen beim Verstoß gegen die Mietpreisbremse	58
a) Unwirksamkeit der Mietpreisvereinbarung; Rückzahlungsanspruch	58
b) Besonderheiten der WG-Situation	61
V. Geförderter und preisgebundener Wohnraum	64
C. Mieterhöhung	66
I. Überblick	66
II. Vertragsvereinbarung	68
III. Staffelmiete	69
IV. Indexmiete	70
V. Erhöhung bis zur ortsüblichen Vergleichsmiete	71
1. Allgemeines	71
2. WG-typische Besonderheiten	74
VI. Mieterhöhung bei Modernisierungsmaßnahmen	75
VII. Abwälzung der Mieterhöhung in einer WG-Typ A (Untermiete)	79
D. Mietminderung	83
E. Betriebskosten	84

Schrifttum:
Blank, Die Regelungen zur Mietpreisbremse im Entwurf zum Mietrechtsnovellierungsgesetz, WuM 2014, 641; *Flatow*, Die höchst zulässige Miete, WuM 2015, 191; *Fleindl*, Die Rückforderung überzahlter Miete bei Verstößen gegen die „Mietpreisbremse", WuM 2015, 212; *Grunewald*, Wohngemeinschaften und nichteheliche Lebensgemeinschaften als Mieter, JZ 2015, 1027; *Hartmann*, Die Mietpreisbremse – Ein Überblick über die §§ 556d bis 556g BGB, jM 2015, 447; *Jacobs*, Haftung der (studentischen) Wohngemeinschaft nach Anerkennung der Rechtsfähigkeit der Außen-GbR, NZM 2008, 111; *Streyl*, Mietermehrheiten, NZM 2011, 377.

A. Miete

I. Leistungsgegenstand

1 Der Mietvertrag begründet ein synallagmatisches Schuldverhältnis: Als Gegenleistung für die Überlassung der Wohnräume kann der Vermieter gem. § 535 Abs. 2 BGB die vereinbarte Miete[1] verlangen. Die Entgeltlichkeit ist ein Kriterium, um den Mietvertrag von der (gem. § 598 BGB unentgeltlichen) Leihe oder einer bloßen Gefälligkeit abzugrenzen.[2] In der Regel wird bei Mietverträgen über Wohnräume eine **Geldmiete** vereinbart, doch sind – wie der weit gefasste Wortlaut des § 535 Abs. 2 BGB („entrichten") belegt[3] – auch **atypische Leistungsarten** denkbar, namentlich Sach- und Dienstleistungen, so etwa Einbringung von Haushaltsgegenständen zur gemeinsamen Nutzung, Hausverwaltungs- und Hausmeisterleistungen, Reinigungsarbeiten oder Versorgungs- und Pflegedienste.[4] In Betracht kommt ferner eine Verbindung beider Gestaltungen derart, dass der Mieter einen Geldbetrag und eine Sach- oder Dienstleistung schuldet.[5] Die Vielfalt der denkbaren Leistungsgegenstände kann die **Abgrenzung zwischen den WG-Typen** erschweren: Zahlen etwa die WG-Mitglieder dem Hauptmieter keine Geldmiete, erbringen sie aber sonstige Leistungen (zB Versorgungs- und Pflegedienste), muss ermittelt werden, ob die Dienste als Gegenleistung für die Nutzung der Wohnräume (WG-Typ A – Untermiete) oder als reine Gefälligkeit (WG-Typ E) erbracht werden.[6] Maßgeblich sind die Art und der Zweck der Tätigkeit, ihre wirtschaftliche und rechtliche Bedeutung – insb. für den Begünstigten – sowie die Interessenlage der Parteien.[7] So wird man im familiären Bereich oder im engsten Freundeskreis eher eine Gefälligkeit und damit eine WG des Typs E annehmen können, während bei Diensten, die durch Fremde erbracht werden, eine atypische Gegenleistung nahe liegt, sodass die WG dem Typ A (Untermiete) zuzuordnen ist. Zur Abgrenzung der atypischen Gegenleistung von einer Leistung an Erfüllungs statt → Rn. 21. Zur Anschaffung und Einbringung von Gegenständen → § 15 Rn. 5 ff. Zum „Wohnen für Mithilfe" → § 29 Rn. 6 ff. Abgrenzungsschwierigkeiten können sich auch bei Vereinbarung eines deutlich unterhalb des Marktniveaus liegenden Entgelts ergeben (sogenannte **Gefälligkeitsmiete**). Die Qualifizierung des Vertrags als Miete, Leihe oder Gefälligkeit – und damit die Zuordnung zu einem bestimmten WG-Typ – hängt vom Anlass und Zweck der Gebrauchsüberlassung und gegebenenfalls von den sonstigen erkennbar zutage getretenen Interessen der Parteien ab.[8] Schließlich ist zu beachten, dass Schönheits- und Kleinre-

---

1 Vor der Mietrechtsreform 2001 war noch vom „Mietzins" die Rede, vgl. § 535 S. 2 BGB aF. Diese Begrifflichkeit wird im Gesetz nicht mehr verwendet, ist aber in Rechtsprechung und Schrifttum noch gebräuchlich, vgl. *Häublein* in MüKoBGB Einl. MietR/PachtR Rn. 4.
2 BGH NJW-RR 2017, 1479 (1480); *H. Schmidt* in BeckOGK, Ed. 1.4.2019, BGB § 535 Rn. 45. Zur unentgeltlichen Überlassung als Leihe BGHZ 82, 354 = NJW 1982, 820.
3 *Eisenschmidt* in Schmidt-Futterer MietR BGB § 535 Rn. 643.
4 *Eisenschmidt* in Schmidt-Futterer MietR BGB § 535 Rn. 643; *H. Schmidt* in BeckOGK, Ed. 1.4.2019, BGB § 535 Rn. 465. Vgl. ferner BGHZ 76, 229 = NJW 1976, 2264.
5 *Gras* in BeckOK MietR, 1.3.2019, BGB § 535 Rn. 2400.
6 *Kossmann/Meyer-Abich* Wohnraummiete-HdB § 33 Rn. 7.
7 Vgl. *Fischer* in BeckOK BGB, 1.4.2019, § 662 Rn. 3.
8 BGH NJW-RR 2017, 1479 (1480).

paraturen, die der Mieter aufgrund vertraglicher Abreden erbringt, in Rechtsprechung und Schrifttum als ein Teil des Entgelts für die Gebrauchsüberlassung eingeordnet werden.[9] Zur Zulässigkeit von Schönheits- und Kleinreparaturklauseln → § 9 Rn. 7 ff.

Einigen sich die Parteien auf eine Geldmiete, ist im Ausgangspunkt zwischen zwei Vertragsgestaltungen zu differenzieren, nämlich der Bruttowarmmiete und der Nettokaltmiete:[10] Aus § 535 Abs. 1 S 3 BGB folgt, dass die **Bruttowarmmiete** gesetzlicher Regelfall ist, das heißt die Miete deckt – vorbehaltlich der Regelungen in der Heizkostenverordnung (→ § 6 Rn. 45 und 47) – im Zweifel auch die mit der Wohnraumnutzung verbundenen Betriebskosten ab.[11] Der Mieter zahlt also unabhängig von seinem Verbrauchsverhalten einen festen Geldbetrag (→ § 6 Rn. 47). Eine solche Gestaltung bietet sich namentlich dann an, wenn ein WG-Zimmer separat für einen kurzen Zeitraum (zwischen)vermietet wird (WG-Typ A), sodass sich eine aufwendige Betriebskostenabrechnung nicht rentiert. In der Praxis dürfte allerdings die **Nettokaltmiete** überwiegen, die für die Nutzung der Wohnräume sowie sonstiger Einrichtungen und Anlagen entrichtet wird.[12] Hinzu kommen Kosten für Wasser und Heizung sowie etwaige weitere Nebenkosten, die im Rahmen von Vorauszahlungen oder als Pauschalbetrag beglichen werden (→ Rn. 84; → § 6 Rn. 35 ff.). 2

II. Entstehung und Fälligkeit der Mietschuld

1. Allgemeines

Im Mietrecht ist zwischen der Entstehung und der Fälligkeit der Mietverbindlichkeit zu unterscheiden: Die Zahlungsverbindlichkeit entsteht in ihrer Gesamtheit bereits im Zeitpunkt des Vertragsschlusses, auch wenn die Miete nach Zeitabschnitten entrichtet werden soll. Die Zeitabschnitte markieren lediglich den Zeitpunkt, in dem die Miete fällig wird. Handelt es sich um einen Mietvertrag über Wohnraum, trifft § 556b Abs. 1 BGB eine Sonderregelung zur **Vorfälligkeit der (Geld-)Miete**, die zu Beginn, spätestens bis zum dritten Werktag der einzelnen Zeitabschnitte zu entrichten ist, nach denen sie bemessen ist.[13] In der Vertragswirklichkeit muss der Mieter die Miete meist monatlich, also bis zum dritten Werktag des jeweiligen Monats entrichten, doch kann die Miete auch nach kürzeren oder längeren Zeitabschnitten bemessen sein (Woche, Vierteljahr, Halbjahr, Jahr). Handelt es sich um eine **kurzfristige (Unter-)Vermietung (WG-Typ A)**, ist die Vereinbarung einer sogenannten Einmalmiete denkbar; in diesem Fall ist die gesamte Miete zu Beginn des Mietverhältnisses fällig.[14] § 556b Abs. 1 BGB ist **dispositiv**, sodass die Parteien einen abweichenden Fälligkeitszeitpunkt bestimmen dürfen. So kann der Mieter einerseits zu einer früheren Zahlung verpflichtet werden, ohne dass ihm die dreitägige Karenzzeit des § 556b Abs. 1 BGB (→ Rn. 4) zugutekommt (zur AGB-Kontrolle solcher Klauseln → Rn. 5). Andererseits kann der Mietvertrag bestimmen, dass der Vermieter vorleistungspflichtig ist, etwa wenn der Mieter die Miete erst nach der Beendigung des (meist kurzfristigen) Mietverhältnisses zahlen soll; dies kommt namentlich bei einer WG-Typ A (Untermiete) in Betracht.[15] Ist der Mieter zur Erbringung einer **atypischen Gegenleis-** 3

---

[9] Statt aller BGHZ 181, 188 (196) = NJW 2009, 2590; *Eisenschmidt* in Schmidt-Futterer MietR BGB § 535 Rn. 647.
[10] ZT wird bei der Bruttowarmmiete auch von Inklusivmiete gesprochen, vgl. *Häublein* in MüKoBGB § 535 Rn. 153; → § 6 Rn. 47.
[11] Vgl. *Eisenschmidt* in Schmidt-Futterer MietR BGB § 535 Rn. 649.
[12] Zu nennen ist etwa die Heizungs- und Sanitärinstallation, vgl. *Kossmann/Meyer-Abich* Wohnraummiete-HdB § 33 Rn. 1.
[13] Zur Vorleistungspflicht des Vermieters vor dem Mietrechtsreformgesetz 2001 und zur Übergangsregelungen *Eisenschmidt* in Schmidt-Futterer MietR BGB § 535 Rn. 635; *Emmerich* in Staudinger BGB § 556b Rn. 2, 9.
[14] *Emmerich* in Staudinger BGB § 556b Rn. 11.
[15] *Wiederhold* in BeckOK BGB, Ed. 1.2.2019, § 556b Rn. 7.

tung verpflichtet, greift § 556b Abs. 1 BGB insb. dann nicht ein, wenn der Mieter regelmäßige Dienste (Pflege, handwerkliche Leistungen; → Rn. 1) verrichten muss.[16] In einem solchen Fall ist die Miete nicht nach Zeitabschnitten bemessen, sodass § 556b Abs. 1 BGB seinem Wortlaut nach nicht erfüllt ist. Selbst wenn die atypische Gegenleistung nur einmal in einem Zeitabschnitt erbracht werden soll, wird § 556b Abs. 1 BGB konkludent abbedungen.

4 Für die Bestimmung der Fälligkeit ist der Beginn des jeweiligen Zeitabschnitts maßgeblich, also die Mietwoche, der Mietmonat oder das Miethalbjahr. Dabei räumt § 556b Abs. 1 BGB dem Mieter eine **dreitägige Karenzzeit** ein; dieser muss die Miete bis zum dritten Werktag des maßgeblichen Zeitabschnitts entrichten. Nicht als Werktage sind jedenfalls Sonn- und Feiertage zu verstehen. Ob ein **Samstag** (Sonnabend) ein Werktag im Sinne des § 556b Abs. 1 BGB ist, ist umstritten: Während zahlreiche Autoren diese Frage verneinen,[17] wollen andere den Samstag grundsätzlich als einen Werktag einordnen.[18] In der letztgenannten Gruppe wenden manche § 193 BGB an mit der Folge, dass die Miete spätestens am folgenden Werktag (Montag) zu entrichten ist, wenn der Samstag auf das Ende der Karenzzeit fällt.[19] Für die Praxis hat der BGH diese Kontroverse 2010 überzeugend gelöst und entschieden, dass der Samstag kein Werktag im Sinne des § 556b Abs. 1 BGB ist:[20] Auch wenn der Samstag im Sprachgebrauch des Gesetzes als ein Werktag gilt, gebietet der **Schutzzweck des § 556b Abs. 1 BGB**, den Samstag bei der Berechnung der Zahlungsfrist nicht zu berücksichtigen. Anderenfalls wäre das Interesse des Mieters, die dreitägige Schonfrist auszunutzen, namentlich dann beeinträchtigt, wenn dieser – wie in der Praxis üblich – die Miete nicht in bar zahlt, sondern an den Vermieter überweist: Die Samstage sind keine Bankgeschäftstage, sodass die Karenzzeit bei einer über das Wochenende auszuführenden Banküberweisung um einen Tag kürzer wäre, wenn man den Samstag bei der Berechnung der Zahlungsfrist als Werktag mitzählen wollte.

5 Ebenfalls umstritten ist die Frage, welcher Umstand für die Einhaltung der Karenzzeit im bargeldlosen Zahlungsverkehr maßgeblich ist: die **Leistungshandlung**, also die Erteilung des Zahlungsauftrags durch den Mieter (§ 675f Abs. 3 S. 2, § 675n Abs. 1 BGB),[21] oder der **Leistungserfolg**, also die Gutschrift auf dem Konto des Vermieters (§ 675t BGB). Für die letztgenannte Ansicht wird insb. die Rechtsprechung des EuGH zur Zahlungsverzugsrichtlinie[22] aufgeführt, der für den Geschäftsverkehr entschieden hat, dass für die Rechtzeitigkeit der Leistung die Gutschrift auf dem Konto des Gläubigers maßgeblich ist.[23] Um eine gespaltene Auslegung der Vorschriften über die Geldschuld zu vermeiden, soll dies auch für Wohnraummietverträge gelten.[24] Der BGH hat sich 2016 zutreffend für die erstgenannte Auffassung ausgesprochen und die Vornahme der Leistungshandlung für ausreichend erachtet:[25] Die Geldschuld ist im deutschen Recht als **qualifizierte Schickschuld** ausgestaltet, sodass der Mieter die Kosten und das Verlustrisiko, der Vermieter das

---

[16] Vgl. *Bruns* in BeckOK MietR, Ed. 1.3.2019, § 556b Rn. 8.
[17] *Wiederhold* in BeckOK BGB, Ed. 1.2.2019, § 556b Rn. 11; *v. Brunn/Paschke* in Bub/Treier BeckHdB MietR III Rn. 588. Diff. *Bruns* in BeckOK MietR, Ed. 1.3.2019, BGB § 556b Rn. 11.
[18] *Herresthal* NZM 2011, 833 (839).
[19] So etwa LG München WuM 1995, 103; *Emmerich* in Staudinger BGB § 556b Rn. 14; *Kossmann/Meyer-Abich* Wohnraummiete HdB § 33 Rn. 11. Vgl. ferner *Bruns* in BeckOK MietR, Ed. 1.3.2019, BGB § 556b Rn. 11; *Wiederhold* in BeckOK BGB, Ed. 1.2.2019, § 556b Rn. 10.
[20] Zum Folgenden BGH NJW 2010, 2879 (2881); NJW 2010, 2882 (2883).
[21] Dafür *Börstinghaus* Miethöhe-HdB Kap. 3 Rn. 16; *Bruns* in BeckOK MietR, Ed. 1.3.2019, BGB § 556b Rn. 12; *Drager* in BeckOGK BGB, Ed. 1.4.2019, § 556b Rn. 20; *Kossmann/Meyer-Abich* Wohnraummiete-HdB § 33 Rn. 21.
[22] RL 2000/35/EG des Europäischen Parlaments und des Rates vom 29.6.2000 zur Bekämpfung von Zahlungsverzug im Geschäftsverkehr, neu gefasst durch RL 2011/7/EU des Europäischen Parlaments und des Rates vom 16.2.2011 zur Bekämpfung von Zahlungsverzug im Geschäftsverkehr.
[23] EuGH NJW 2008, 1935 (1936) – 01051 Telecom GmbH/Deutsche Telekom AG.
[24] So LG Wuppertal NZM 2011, 855 (856); *Artz* in MüKoBGB § 556b Rn. 6; *Wiederhold* in BeckOK BGB, Ed. 1.2.2019, § 556b Rn. 17; *Häublein* in MüKoBGB § 535 Rn. 155; *Emmerich* in Staudinger BGB § 556b Rn. 14a; *Herresthal* NZM 2011, 833 (838).
[25] BGHZ 212, 140 (145 ff.) = NJW 2017, 1596.

Verzögerungsrisiko trägt (→ Rn. 15). Daran ändert das EuGH-Urteil zur Rechtzeitigkeit der Zahlung im Geschäftsverkehr nichts: Der Gesetzgeber hat bei der Umsetzung der Zahlungsverzugsrichtlinie bewusst davon abgesehen, die Richtlinienvorgaben – die nur für den geschäftlichen Verkehr gelten – auf Verbrauchergeschäfte zu erstrecken. Deshalb gebietet weder das europäische noch das deutsche Recht, im Rahmen des § 556b Abs. 1 BGB auf den Leistungserfolg abzustellen. Vielmehr ist es ausreichend, wenn der Mieter am 3. Werktag den Zahlungsauftrag erteilt. Dabei hat er aber zu beachten, dass seine Bank gem. § 675n Abs. 1 S. 3 BGB einen sogenannten **„Cut-Off-Zeitpunkt"** festlegen kann,[26] über den sie nach § 675d Abs. 1 BGB, Art. 248 § 4 Abs. 1 Nr. 2 lit. d BGB informieren muss. Geht der Zahlungsauftrag nach diesem Zeitpunkt zu, wird er gem. § 675n Abs. 3 S. 1 BGB so behandelt, als ob er am darauf folgenden Geschäftstag zugegangen wäre. In einem solchen Fall erbringt der Mieter die Leistungshandlung am 4. Werktag und damit nicht rechtzeitig.[27] Eine in AGB getroffene Vereinbarung, die auf den Zahlungseingang beim Vermieter abstellt (sogenannte **Rechtzeitigkeitsklausel**), ist für den Mieter unangemessen und damit gem. § 307 Abs. 1 BGB unwirksam.[28] Etwas anderes gilt nur dann, wenn die Klausel klarstellt, dass sie sich nicht auf Zahlungsverzögerungen erstreckt, die nicht der Mieter zu vertreten hat, sondern eine andere Person wie etwa der Zahlungsdienstleister.[29] Zur Kündigung wegen verspäteter Zahlung → § 20 Rn. 27, 62 ff.

2. Besonderheiten bei WG-Typ A (Untermiete)

Die Bestimmung der Fälligkeit in § 556b Abs. 1 BGB ist bei einer WG-Typ A (Untermiete) namentlich aus Sicht des Hauptmieters problematisch, der die Miete von den Untermietern am 3. Werktag des jeweiligen Abschnitts verlangen kann, seinerseits aber verpflichtet ist, den Gesamtbetrag an den Vermieter am 3. Werktag des maßgeblichen Zeitabschnitts zu entrichten. Es kann also vorkommen, dass der Hauptmieter die **Gesamtmiete** überweisen muss, bevor er den erforderlichen Betrag von den Untermietern erlangt hat. Vor diesem Hintergrund stellt sich die Frage, ob die Untermieter verpflichtet sind, die Miete an den Hauptmieter bereits **früher zu entrichten**, damit dieser die Verbindlichkeiten gegenüber dem Vermieter begleichen kann. 6

Der Schlüssel zur Lösung dieser Frage liegt in der Erkenntnis, dass die Mitglieder einer WG-Typ A idR eine **Innengesellschaft bürgerlichen Rechts** bilden (→ § 14 Rn. 1 ff.).[30] Als Gesellschafter dieser Innen-GbR sind sie gem. § 705 BGB zur **Leistung der Beiträge** verpflichtet, wozu insbesondere die Zahlung der Mietanteile gehört. Dabei müssen die Untermieter die jeweiligen Mietanteile so rechtzeitig entrichten, dass der Hauptmieter in der Lage ist, die Verbindlichkeiten gegenüber dem Vermieter entsprechend der gesetzlichen oder vertraglichen Fälligkeitsbestimmung zu begleichen; anderenfalls kommen die Untermieter der Beitragspflicht nicht nach (→ § 14 Rn. 17). 7

Um dieses Ergebnis abzusichern, bietet es sich in der Praxis an, § 556b Abs. 1 BGB bei einer WG-Typ A im Verhältnis zwischen dem Hauptmieter und den Untermietern ausdrücklich abzubedingen. Eine solche Vertragsregelung ist jedenfalls als **Individualvereinbarung** unbedenklich. Greift der Hauptmieter auf AGB zurück, muss die Klausel der Inhaltskontrolle am Maßstab des § 307 BGB standhalten. Auch wenn der BGH den Rechtzeitigkeitsklauseln im Wohnraummietrecht kritisch gegenübersteht und sie häufig als un- 8

---

[26] Zulässig sind „Cut-Off-Zeitpunkte", die zwei bis drei Stunden vor dem Ende des Geschäftstags liegen, s. *Jungmann* in MüKoBGB § 675n Rn. 43. IdR werden sie also zwischen 14.00 und 15.00 Uhr liegen, vgl. *Zahrte* in BeckOGK, Ed. 1.4.2019, BGB § 675n Rn. 35.
[27] *Börstinghaus* NZM 2017, 650 (651). AA wohl *Bruns* in BeckOK MietR, Ed. 1.3.2019, BGB § 556b Rn. 12.
[28] Zur Unwirksamkeit der Rechtzeitigkeitsklausel *Emmerich* in Staudinger BGB § 556b Rn. 16; aA *Kossmann/Meyer-Abich* Wohnraummiete-HdB § 33 Rn. 18.
[29] BGHZ 212, 140 (151 ff.) = NJW 2017, 1596; *Schüller/Mehle* NZM 2017, 124.
[30] BGHZ 136, 314 = NJW 1997, 3437 (3439); LG Saarbrücken NJW-RR 1992, 781 (782); *H. Schmidt* in BeckOGK, Ed. 1.4.2019, BGB § 535 Rn. 233.

angemessen ansieht (→ Rn. 5), dürfte in Fällen der Untermiete die Abbedingung des § 556b Abs. 1 BGB AGB-rechtlich unbedenklich sein: Es ist im Rahmen der **AGB-Kontrolle** zu berücksichtigen, dass die Beteiligten nicht nur Parteien eines Mietvertrags sind, sondern auch Gesellschafter einer Innen-GbR. Als solche schulden sie die Beiträge und sind sich gegenseitig zur **Treue** verpflichtet (zur gesellschaftsrechtlichen Treuepflicht → § 14 Rn. 27). Berücksichtigt man diese besondere Verbindung, ist es nicht unangemessen, wenn sich der Hauptmieter AGB bedient, um § 556b Abs. 1 BGB abzubedingen und die Mietanteile der Untermieter früher zu erhalten.

3. Besonderheiten bei WG-Typ D (Außen-GbR)

9   Bei einer WG-Typ D (Außen-GbR) ist die Gesellschaft als solche verpflichtet, die Miete nach Maßgabe des § 556b Abs. 1 BGB oder der abweichenden Vertragsregelung zu entrichten. Die **WG-Mitglieder** haften dem Vermieter gegenüber als Gesellschafter analog § 128 HGB persönlich (→ Rn. 13), wobei sie sich analog § 129 Abs. 1 HGB auf die gesetzliche oder vertragliche Fälligkeitsregelung berufen können. Der Vermieter kann also die WG-Mitglieder nicht früher in Anspruch nehmen als seinen Vertragspartner. Im **Innenverhältnis** sind die WG-Mitglieder der GbR gegenüber verpflichtet, ihre Beiträge so zu leisten, dass die Gesellschaft die Mietverbindlichkeit gegenüber dem Vermieter rechtzeitig erfüllen kann; anderenfalls kommen sie ihrer Beitragspflicht nicht nach (→ Rn. 7).

III. Schuldner der Miete

1. WG-Typ A (Untermiete) und B (Einzelverträge)

10   Wer die Miete schuldet, hängt von der Ausgestaltung der WG im Einzelfall ab, wobei man sich an den unterschiedlichen WG-Typen orientieren kann: Die Person des Schuldners ist am einfachsten zu ermitteln, wenn der Vermieter eine Vielzahl von Mietverträgen über die einzelnen Zimmer abgeschlossen hat (**WG-Typ B**). In einem solchen Fall sind die **jeweiligen Mieter** dem Vermieter gegenüber zur Zahlung der Miete verpflichtet. Wird der Mietvertrag gekündigt oder aufgehoben, schuldet der Mieter die offenen Mietverbindlichkeiten, die bis zur Vertragsbeendigung entstanden sind; ein etwaiger Neumieter ist nur für die Verbindlichkeiten aus dem neu abgeschlossenen Mietvertrag verantwortlich. Tritt der Neumieter an Stelle des Altmieters mit Einverständnis des Vermieters in den Vertrag ein (**Vertragsübernahme**), schuldet der Altmieter in der Regel die Mietverbindlichkeiten, die bis zu seinem Auszug fällig geworden sind (siehe zum Mitbewohnerwechsel → § 18 Rn. 56 ff.). Umgekehrt muss der Neumieter nur die Mietforderungen begleichen, die nach seinem Einzug fällig wurden (zur Fälligkeit → Rn. 3 ff.).[31] Etwas anderes gilt bei einem sogenannten **befreienden Schuldnerwechsel**, der zwischen Vermieter und Neumieter abgeschlossen wird: In einem solchen Fall muss der neue Mieter auch für Verbindlichkeiten einstehen, die vor seinem Eintritt fällig waren; der Altmieter wird von seiner Einstandspflicht befreit.[32]

11   Hat der Vermieter den Mietvertrag mit einem WG-Mitglied als Hauptmieter abgeschlossen (**WG-Typ A**), kann er die Miete allein vom **Hauptmieter** verlangen. Die übrigen Mitbewohner sind keine Schuldner des Vermieters. Vielmehr sind sie nur dem Hauptmieter gegenüber verpflichtet, die Miete zu entrichten.[33] Etwaige Änderungen in der Zusammensetzung der WG sind aus der **Perspektive des jeweiligen Schuldverhältnisses** zu betrachten; es gilt das in → Rn. 10 Gesagte entsprechend.

---

[31] S. nur AG Köln BeckRS 2016, 6706; *Blank* in Blank/Börstinghaus MietR BGB § 535 Rn. 280 ff.
[32] *Blank* in Blank/Börstinghaus MietR BGB § 535 Rn. 283.
[33] Vgl. *Blank* in Blank/Börstinghaus MietR BGB § 535 Rn. 253a.

2. WG-Typ C (Gesamtschuld)

Sind alle WG-Mitglieder Parteien des Mietvertrags (WG-Typ C), greift im Zweifel § 427 BGB ein: Die Mieter sind **Gesamtschuldner** (§§ 421 ff. BGB), sodass der Vermieter entscheiden kann, in welcher Höhe er die jeweiligen Mieter in Anspruch nimmt.[34] So kann er von einem einzelnen Mieter die gesamte Miete verlangen oder ausgewählte Mieter auf anteilige Zahlung in Anspruch nehmen. Denkbar ist aber auch eine **atypische Gestaltung** einer WG des Typs C, bei der ein Mietvertrag zwischen dem Vermieter einerseits und allen WG-Mitgliedern andererseits zustande kommt, die WG-Mitglieder indes nicht nach § 427 BGB für die Mietverbindlichkeiten einstehen müssen, sondern jeder von ihnen nur einen Anteil der Gesamtmiete schuldet.[35] Ändert sich die Zusammensetzung der WG, führen rein tatsächliche Vorgänge nicht zu einem Schuldnerwechsel. Zieht etwa ein Mieter ersatzlos aus oder nutzt eine andere Person die WG-Räume, bleibt der Mieter so lange zur Zahlung der Miete verpflichtet, bis der Mietvertrag geändert wird, was nur mit Zustimmung des Vermieters möglich ist (hierzu im Einzelnen → § 18 Rn. 65 ff.).[36] Ist der Vermieter mit der **Vertragsänderung** einverstanden und akzeptiert er den Personenwechsel, schuldet der Altmieter in der Regel die Mietverbindlichkeiten, die bis zu seinem Auszug entstanden und fällig geworden sind; der Neumieter muss die nach seinem Einzug fällig gewordenen Mietforderungen begleichen (hierzu noch → § 18 Rn. 66).[37] Etwas anderes gilt nur in Fällen des sogenannten **befreienden Schuldnerwechsels**, bei dem der neue Mieter auch für die Altverbindlichkeiten einsteht und der ausdrücklich vereinbart werden sollte, um klare Verhältnisse zu schaffen (→ Rn. 10).[38]

3. WG-Typ D (Außen-GbR)

Hat die WG den Mietvertrag als eine Außen-GbR abgeschlossen (WG-Typ D), schuldet die **Gesellschaft als solche** die Mietzahlung. Darüber hinaus kann der Vermieter analog § 128 HGB auch die einzelnen Gesellschafter auf Mietzahlung in Anspruch nehmen.[39] Treten **neue Mitglieder** in die WG ein, müssen sie analog § 130 Abs. 1 HGB für die bereits begründeten und fälligen Mietverbindlichkeiten der Gesellschaft einstehen. Daneben haften die ehemaligen WG-Mitglieder für Mietforderungen, die während ihrer Gesellschafterstellung entstanden sind und nach ihrem Ausscheiden fällig wurden, nach Maßgabe der § 736 Abs. 2 BGB, § 160 HGB.[40] Anders als es der missverständliche Wortlaut nahelegt, ist § 160 HGB **keine eigenständige Anspruchsgrundlage**, sondern er begrenzt die Haftung ausgeschiedener Gesellschafter für Verbindlichkeiten der Gesellschaft, die vor dem Ausscheiden entstanden sind und deshalb von § 128 HGB umfasst wurden. Die Funktion des § 160 HGB wird in § 736 Abs. 2 BGB deutlich, der ausdrücklich von der **„Begrenzung der Nachhaftung"** spricht. Liest man § 736 Abs. 2 BGB, § 160 HGB in mietrechtlichen Konstellationen zusammen, endet die Haftung der alten WG-Mitglieder gem. § 128 HGB nach Ablauf von fünf Jahren nach dem Zeitpunkt, in dem der Vermieter von dem Ausscheiden positive Kenntnis erlangt hat, wenn der Mietzahlungsanspruch während der Enthaftungsfrist weder in einer in § 197 Abs. 1 Nr. 3 bis 5 BGB bezeichneten

---

[34] BGH NJW 2010, 1965; *J. Emmerich* in Bub/Treier BeckHdB MietR II Rn. 591; *Streyl* NZM 2011, 377 (384).
[35] Zu einer solchen Konstellation *Blank* in Schmidt-Futterer MietR BGB § 543 Rn. 224.
[36] *Blank* in Schmidt-Futterer MietR BGB § 540 Rn. 19; *Kossmann/Meyer-Abich* Wohnraummiete-HdB § 9 Rn. 7. Implizit auch OLG Frankfurt a. M. BeckRS 2014, 18060.
[37] AG Köln BeckRS 2016, 6706; *Blank* in Blank/Börstinghaus MietR BGB § 535 Rn. 253a, 281.
[38] *Blank* in Blank/Börstinghaus MietR BGB § 535 Rn. 253a, 283.
[39] BGH NZM 2012, 205 (206); *Grunewald* JZ 2015, 1027 (1028). Zur dogmatischen Begründung der Gesellschafterhaftung vgl. *J. Koch* GesR § 7 Rn. 11 ff.
[40] BGH NZM 2012, 205 (206); *Blank* in Schmidt-Futterer MietR BGB Vor § 535 Rn. 388; *Specht* in BeckOK MietR, Ed. 1.3.2019, BGB § 535 Rn. 155; *Grunewald* JZ 2015, 1027 (1030). Zur analogen Anwendung des § 130 HGB auf Außen-GbR *J. Koch* GesR § 7 Rn. 23.

14 Die Mieter können den gesellschaftsrechtlichen Haftungsfolgen nur entgehen, wenn sie einen Vertrag mit dem Vermieter abschließen, in dem sie die Folgen der §§ 130, 160 HGB modifizieren.[42] Dabei wird im Schrifttum angenommen, dass §§ 130, 160 HGB hinsichtlich der bereits fällig gewordenen Mieten **konkludent abbedungen** werden, wenn ein Vermieter, der an eine WG vermietet, dem Nutzerwechsel zugestimmt hat:[43] Der Vermieter kenne die Interessenlage und wisse, dass der Zusammenhalt lose sei. Insoweit sei er sich des Umstands bewusst, dass die Fortdauer der Haftung nach dem Ausscheiden eines Gesellschafters für alle Beteiligten fernliegend sei. Auch sei es dem Vermieter klar, dass der neue Nutzer die Altlasten nicht tragen wolle, entsprechende Erträge nicht erwirtschaftet werden würden und regelmäßig kein Gesellschaftsvermögen vorhanden sei, das die Haftung des neuen Nutzers rechtfertige. Dieser Auffassung ist zuzustimmen, weil sie zum einen die **Interessen der Parteien** berücksichtigt und zum anderen einen sinnvollen **Gleichlauf mit anderen WG-Konstellationen** schafft. Auch in Fällen, in denen der Vermieter eine Vielzahl von Mietverträgen über die einzelnen Zimmer abschließt oder der Mietvertrag mit den WG-Mitgliedern als Gesamtschuldnern zustande kommt, führt die Zustimmung des Vermieters zum Mieterwechsel in der Regel dazu, dass der Altmieter und der Neumieter lediglich für die Forderungen einstehen müssen, die während ihrer Stellung als Mieter begründet waren und fällig wurden (→ Rn. 10 ff.). Es ist nicht ersichtlich, wieso der Vermieter bevorzugt werden sollte, wenn er einen Vertrag mit einer (meist vermögenslosen) WG-GbR abschließt und dem Mieterwechsel zustimmt.

IV. Leistung und Erfüllung

1. Leistung

15 Der Mieter kann die Miete in bar zahlen, auf das Konto des Vermieters überweisen oder dem Vermieter eine Einziehungsermächtigung erteilen; maßgeblich ist die vertragliche Regelung.[44] Als Geldschuld ist die Miete eine **„qualifizierte Schickschuld"**, das heißt der Mieter muss die Leistungshandlung an seinem Wohnsitz erbringen (§ 269 Abs. 1 BGB), er trägt aber gem. § 270 Abs. 1 BGB die Kosten und das Verlustrisiko.[45] Überweist der Mieter den erforderlichen Geldbetrag, muss er durch Angabe der Mieternummer, des Namens oder der Einzelheiten zur Mietwohnung dafür sorgen, dass der Vermieter die Zahlung zuordnen kann.[46] Bei Erteilung einer Einzugsermächtigung vereinbaren die Parteien konkludent eine **Holschuld**, sodass der Vermieter von der Ermächtigung Gebrauch machen muss; der Mieter muss für eine ausreichende Kontodeckung zum Fälligkeitstermin (→ Rn. 3 ff.) sorgen.[47] Soll der Mieter die Miete bar begleichen, handelt es sich um eine **Bringschuld**.[48]

---

[41] Zur Funktionsweise des § 160 HGB namentlich bei Dauerschuldverhältnissen *J. Koch* GesR § 18 Rn. 35 ff.
[42] Vgl. *K. Schmidt* in MüKoHGB § 130 Rn. 20, § 160 Rn. 17; *Grunewald* JZ 2015, 1027 (1030).
[43] Zum Folgenden *Blank* in Schmidt-Futterer MietR BGB Vor § 535 Rn. 388; *J. Emmerich* in Bub/Treier BeckHdB MietR II Rn. 589; *Grunewald* JZ 2015, 1027 (1030); *Jacobs* NZM 2008 111 (118).
[44] *H. Schmidt* in BeckOGK, 1.10.2018, BGB § 535 Rn. 449.
[45] BGHZ 212, 140 (146) = NJW 2017, 1596; *v. Brunn/Paschke* in Bub/Treier BeckHdB MietR III Rn. 593, aA *Herresthal* NZM 2011, 833 (838): modifizierte Bringschuld.
[46] *Wiederhold* in BeckOK BGB, Ed. 1.2.2019, § 556b Rn. 15.
[47] Vgl. BGH NJW 2010, 3510 (3513); *Wiederhold* in BeckOK BGB, Ed. 1.2.2019, § 556b Rn. 15; *Häublein* in MüKoBGB § 535 Rn. 156; *Kossmann/Meyer-Abich* Wohnraummiete-HdB § 33 Rn. 24.
[48] *Bruns* in BeckOK MietR, Ed. 1.3.2019, BGB § 556b Rn. 13; *Drager* in BeckOGK, Ed. 1.4.2019, BGB § 556b Rn. 22.

2. Erfüllung; Regress

Die Mietverbindlichkeit ist nur dann im Sinne des § 362 Abs. 1 BGB erfüllt, wenn der Vermieter die Leistung erhält; bei Überweisung ist also auf den **Eingang der Miete** auf dem Vermieterkonto (§ 675t BGB) abzustellen.[49] Erfüllung setzt voraus, dass der Mieter seine Verbindlichkeiten vollständig beglichen hat. Hat er nur eine Teilleistung erbracht, ergibt sich aus seiner **Tilgungsbestimmung**, welche Bestandteile der Mietverbindlichkeit erlöschen sollen (§ 366 Abs. 1 BGB); eine solche Tilgungsbestimmung kann auch **konkludent** erfolgen.[50] Hat der Mieter keine Tilgungsbestimmung getroffen, greift grundsätzlich die gesetzliche Tilgungsfolge des § 366 Abs. 2 BGB ein.[51] Dies bedeutet im Einzelnen: Schuldet der Mieter mehrere Mieten, wird zunächst die älteste offene Verbindlichkeit getilgt.[52] Sind die Kaltmiete und die Betriebskostenvorauszahlung offen, tilgt die Zahlung zunächst die Betriebskostenforderung, weil diese wegen § 556 Abs. 3 S. 3 BGB weniger sicher ist.[53] 16

Sind die Mieter **Gesamtschuldner (WG-Typ C)**, entfaltet die Zahlung durch einen der Mieter nach § 422 Abs. 1 S. 1 BGB **Gesamtwirkung**. Dieser kann seine Mitbewohner gem. § 426 Abs. 2 BGB, der eine cessio legis anordnet, auf Ausgleich in Anspruch nehmen, wobei sich die Höhe der **Regressansprüche** nach der Vereinbarung im Innenverhältnis richtet (zur Kostenerstattung ausf. → § 14 Rn. 44 ff.). Im Zweifel sind die Mieter im Innenverhältnis gem. § 426 Abs. 1 S. 1 BGB zu gleichen Anteilen verpflichtet. Darüber hinaus bilden die Mitbewohner in der Regel eine Innen-GbR (→ § 14 Rn. 1 ff.), sodass der zahlende Gesellschafter gem. § 713 BGB iVm § 670 BGB einen **Aufwendungsersatzanspruch** gegen die übrigen Gesellschafter hat. Die Anspruchshöhe richtet sich – wie bei § 426 BGB – nach der Vereinbarung im Innenverhältnis; im Zweifel haben alle Gesellschafter gem. § 706 Abs. 1 BGB gleiche Beiträge zu leisten (→ § 14 Rn. 44 f.). Haben die Mitbewohner eine gesellschaftsrechtliche Regelung über die Beteiligung an der Gesamtmiete getroffen, ist diese Vereinbarung auch im Rahmen des § 426 BGB zu berücksichtigen (→ § 14 Rn. 49). 17

Bilden die Mitbewohner eine **Außen-GbR (WG-Typ D)**, hat der zahlende Gesellschafter einen **Aufwendungsersatzanspruch** aus § 713 iVm § 670 BGB. Allerdings richtet sich dieser Anspruch – anders als bei einer Innen-GbR – nicht gegen die übrigen Gesellschafter, sondern **gegen die Gesellschaft als solche**, die mit der Zahlung des Gesellschafters von ihrer Mietzahlungspflicht befreit wurde. Ein Rückgriff gegen die Gesellschafter analog § 128 HGB kommt nicht in Betracht, weil sich die persönliche Außenhaftung der Gesellschafter nicht auf Sozialansprüche erstreckt, sondern nur für Drittverbindlichkeiten besteht: § 128 HGB schützt allein die Drittgläubiger, nicht aber die Gesellschafter. Der zahlende Mitbewohner kann die übrigen Gesellschafter nur dann persönlich in Anspruch nehmen, wenn aus der Gesellschaftskasse **keine Befriedigung** zu erlangen ist. Dabei haftet der in Anspruch genommene Mitbewohner dem zahlenden Mitbewohner nicht gesamtschuldnerisch, sondern nur pro rata. Für die Anspruchshöhe ist die jeweilige Verlusttragungspflicht maßgeblich;[54] sie ergibt sich aus der Vereinbarung der WG-Mitglieder im Innenverhältnis. Dies gilt auch für den Regressanspruch aus § 426 Abs. 2 BGB. 18

Bei **WG-Typ B (Einzelverträge)** sind die Mieter für Zahlung nur im **jeweiligen Mietverhältnis** verpflichtet (→ Rn. 10). Gleichwohl können die Mitbewohner die Miet- 19

---

[49] *Bruns* in BeckOK MietR, Ed. 1.3.2019, BGB § 556b Rn. 18.
[50] Zur konkludenten Tilgungsbestimmung BGH NJW 2010, 2208 (2209); *Bruns* in BeckOK MietR, Ed. 1.3.2019, BGB § 556b Rn. 20.
[51] *Häublein* in MüKoBGB § 535 Rn. 157; ausf. zur Anwendung des § 366 Abs. 2 BGB im Mietverhältnis BGH NJW 2018, 3448 (3451).
[52] Vgl. zuletzt BGH NJW 2015, 162 (164).
[53] OLG Brandenburg BeckRS 2015, 01190 Rn. 71; OLG Köln BeckRS 2010, 27104; OLG Brandenburg BeckRS 2010, 14995; *Bruns* in BeckOK MietR, Ed. 1.3.2019, BGB § 556b Rn. 21.
[54] Vgl. *J. Koch* GesR § 16 Rn. 41 f.

verbindlichkeiten eines anderen WG-Mitglieds begleichen, etwa wenn sie einen Wechsel des Mitgliederbestands verhindern wollen und der Vermieter eine Kündigung wegen Zahlungsverzugs angedroht hat (§ 543 Abs. 2 S. 1 Nr. 3 BGB; → § 20 Rn. 62 ff.).[55] Eine solche Zahlung ist gem. § 267 Abs. 1 BGB möglich, wenn der Schuldner (säumiger Mieter) ihr nicht widerspricht und der Gläubiger (Vermieter) sie nicht ablehnt (§ 267 Abs. 2 BGB). Droht der Vermieter dem säumigen Mieter mit Sanktionen wegen Zahlungsverzugs, darf er die Zahlung eines anderen WG-Mitglieds nicht ablehnen, weil er sich dann treuwidrig verhielte. Das zahlende WG-Mitglied sollte eine ausdrückliche **Tilgungsbestimmung** dahingehend treffen, dass er nicht seine eigene Verbindlichkeit begleichen will, sondern auf die Schuld seines Mitbewohners zahlt. Die **Regressansprüche** zwischen den WG-Mitgliedern richten sich nach den Bestimmungen im Innenverhältnis im Einzelfall. Besteht zwischen den Einzelmietern eine Innen-GbR, kann der zahlende Mieter einen Aufwendungsersatzanspruch aus § 713 BGB iVm § 670 BGB geltend machen (→ Rn. 17). Wurde er durch den säumigen Mitbewohner beauftragt, greift ebenfalls § 670 BGB ein. Bei fehlender Beauftragung kann sich der Aufwendungsersatzanspruch aus § 677, § 683 S. 1, § 670 BGB ergeben (berechtigte GoA); denkbar ist darüber hinaus eine Rückgriffskondiktion gem. § 677, § 684 S. 1, § 812 Abs. 1 S. 1 Var. 2 BGB. Schließlich kommt eine schenkweise Zahlung an den Vermieter in Betracht, die keine Regressansprüche des zahlenden WG-Mitglieds begründet.

3. Leistung an Erfüllungs statt

20 Die Mieter können auch auf Erfüllungssurrogate zurückgreifen, um ihre Mietverbindlichkeiten zu tilgen. Als solches Surrogat kommt zunächst eine Leistung an Erfüllungs statt § 364 Abs. 1 BGB in Betracht. So kann der Vermieter an Stelle der im Mietvertrag vereinbarten Geldzahlung eine Sach- oder Dienstleistung annehmen. Bei **WG-Typ A (Untermiete)** kommt es etwa in Betracht, dass ein Untermieter einen Haushaltsgegenstand in die WG einbringt, statt dem Hauptmieter Geld zu überweisen (→ § 15 Rn. 7 ff.). Umgekehrt kann ein Mieter, der eine atypische Gegenleistung schuldet (→ Rn. 1), seine Schuld mit einer Geldzahlung tilgen, wenn der Vermieter damit einverstanden ist. Die **Abgrenzung** zwischen einer Leistung an Erfüllungs statt und einer atypischen Gegenleistung kann sich im Einzelfall als schwierig erweisen. Als Faustformel gilt: Haben die Parteien im Mietvertrag eine Geldmiete festgelegt und erbringt der Mieter im Laufe des Mietverhältnisses mit Einverständnis des Vermieters eine Sach- oder Dienstleistung, handelt es sich um eine Leistung an Erfüllungs statt. Sieht der Vertrag von vornherein eine atypische Gegenleistung vor, ist kein Fall des § 364 Abs. 1 BGB gegeben.

21 Bei **WG-Typ C (Gesamtschuld)** wirkt die Leistung eines Mieters gem. § 422 Abs. 1 S. 2 BGB für die anderen WG-Mitglieder; für den Regress geltend die Ausführungen in → Rn. 16 entsprechend. Leistet ein Mitglied einer **WG des Typs D (Außen-GbR)** an Erfüllungs statt, erlischt die Mietzahlungspflicht der Gesellschaft; zum Regress → Rn. 17. Keine Leistung an Erfüllungs statt, sondern eine Leistung **erfüllungshalber** (§ 364 Abs. 2 BGB) liegt vor, wenn der Mieter dem Vermieter einen Wechsel oder einen Scheck übergibt. In einem solchen Fall erlischt die Mietverbindlichkeit nicht mit der Hingabe des Wertpapiers, sondern erst mit dessen Einlösung.[56]

4. Aufrechnung

22 Die Mieter können die Verbindlichkeiten auch durch Aufrechnung tilgen. Maßgeblich sind dabei die allgemeinen Vorschriften in §§ 387 ff. BGB, das heißt es müssen sich gegenseitige und gleichartige Forderungen gegenüberstehen; der Anspruch des Mieters muss fällig, der

---

[55] Vgl. hierzu *Blank* in Schmidt-Futterer MietR BGB § 543 Rn. 224.
[56] Statt aller *Fetzer* in MüKoBGB § 364 Rn. 8.

Anspruch des Vermieters erfüllbar sein. Bei **WG-Typ C (Gesamtschuld)** wirkt die Aufrechnung durch einen Mieter gem. § 422 Abs. 1 S. 2 BGB zugunsten der anderen WG-Mitglieder. Die jeweiligen Mieter können aber nicht mit einer Forderung aufrechnen, die einem anderen Mitbewohner zusteht. Dies folgt zum einen aus dem Umstand, dass die Gegenseitigkeit der Forderungen fehlt, und zum anderen aus § 422 Abs. 2 BGB (zum Gesamtschuldnerregress → Rn. 16). Ist eine **Außen-GbR** Mieterin **(WG-Typ D)**, kann sie zunächst selbst mit ihren eigenen Ansprüchen gegen den Vermieter aufrechnen, wobei die Aufrechnungserklärung durch die im jeweiligen Einzelfall vertretungsberechtigten WG-Mitglieder abgegeben werden muss. Ist die Aufrechnung wirksam erfolgt, können die WG-Mitglieder die Leistung an den Vermieter analog § 129 Abs. 1 HGB verweigern. Besteht eine Aufrechnungslage zugunsten der Gesellschaft, ohne dass diese die Aufrechnung erklärt hat, können die einzelnen WG-Mitglieder analog § 129 Abs. 3 HGB die Zahlung an den Vermieter verweigern, auch wenn sie nicht (allein)vertretungsbefugt sind.[57] Darüber hinaus können die WG-Mitglieder mit ihren persönlichen Forderungen gegen den Vermieter aufrechnen.[58] Mit der Aufrechnung erlischt die Mietverbindlichkeit der Außen-GbR; für den Regress gilt das in → Rn. 17 Gesagte entsprechend.

Ist die Aufrechnungsmöglichkeit **vertraglich ausgeschlossen** oder eingeschränkt, sind **23** bei einer AGB-Klausel die Grenzen des § 309 Nr. 3 BGB zu beachten. Darüber hinaus greift zum Schutz des Mieters § 556b Abs. 2 S. 1 BGB ein, der nach § 556b Abs. 2 S. 2 BGB einseitig zwingend ist. Nach § 556b Abs. 2 S. 1 BGB kann der Mieter trotz einer anderslautenden Vertragsregelung mit einem Schadensersatzanspruch aus § 536a Abs. 1 BGB (→ § 8 Rn. 34 ff., 94 f., 108), mit einem Aufwendungsersatzanspruch aus § 536a Abs. 2 BGB (→ § 8 Rn. 42 ff., 94 f., 108) beziehungsweise § 539 BGB oder mit einem Bereicherungsanspruch wegen zu viel gezahlter Miete (→ Rn. 34; → Rn. 67) gegen die Mietforderung aufrechnen; auf den Rückzahlungsanspruch aus § 556g Abs. 1 S. 3 BGB ist § 556b Abs. 2 S. 1 BGB analog anwendbar.[59] Die Aufrechnung ist nur wirksam, wenn der Mieter dem Vermieter mindestens einen Monat vor der Fälligkeit der Miete die Aufrechnungsabsicht in Textform (§ 126b BGB) **angezeigt** hat; eine verspätete Anzeige wirkt zum nächstmöglichen Fälligkeitstermin.[60] Aus der Anzeige muss sich ergeben, mit welcher konkreten Forderung und in welcher Höhe der Mieter aufrechnen will.

Da die Anzeige eine reine Wissenserklärung ist, reicht es bei **WG-Typ C (Gesamt-** **24** **schuld)** aus, dass nur ein Mieter die Aufrechnungsabsicht anzeigt (zum vergleichbaren Problem im Zusammenhang mit § 556d Abs. 2 BGB → Rn. 62).[61] Die Aufrechnung mit einer in § 556b Abs. 2 S. 1 BGB genannten Forderung muss dagegen von allen Mietern erklärt werden, da es sich um eine Gesamthandforderung handelt (zum Rückzahlungsanspruch aus § 556d Abs. 1 S. 3 BGB → Rn. 61). Bei **WG-Typ D (Außen-GbR)** reicht die Anzeige eines (nicht alleinvertretungsberechtigten) WG-Mitglieds aus (→ Rn. 63). Das WG-Mitglied kann sich auf die Einrede des § 129 Abs. 3 HGB (→ Rn. 21) erst dann berufen, wenn die Anzeige dem Vermieter zugegangen ist. Für die Aufrechnung selbst sind die Vertretungsverhältnisse in der Gesellschaft maßgeblich (→ Rn. 22).

V. Mietzahlungspflicht bei persönlicher Verhinderung

Aus § 537 Abs. 1 S. 1 BGB folgt, dass den Mieter grundsätzlich das **Verwendungsrisiko** **25** trifft: Er muss die nach § 535 Abs. 2 BGB geschuldete Miete auch dann entrichten, wenn er die Wohnung aus einem Grund nicht nutzen kann, der in seiner Person liegt. So entfällt

---

[57] *Roth* in Baumbach/Hopt HGB § 129 Rn. 12.
[58] *Roth* in Baumbach/Hopt HGB § 129 Rn. 14.
[59] Gegen die Analogiefähigkeit des § 556b Abs. 2 BGB aber *Artz* in MüKoBGB § 556b Rn. 9.
[60] AllgM, vgl. nur *Wiederhold* in BeckOK BGB, Ed. 1.2.2019, § 556b Rn. 32.
[61] AA *Bruns* in BeckOK MietR, Ed. 1.3.2019, BGB § 556b Rn. 55: Anzeige von allen Mietern erforderlich.

die Mietzahlungspflicht nicht, wenn der Mieter wegen einer **Krankheit** nicht in der WG verbleiben kann oder wenn er **berufs- oder studienbedingt** in eine andere Stadt umgezogen ist.[62] Hat aber der Vermieter die fehlende Möglichkeit der Gebrauchsüberlassung zu vertreten oder geht die Verhinderung auf einen Umstand zurück, der nicht in der Risikosphäre des Mieters liegt,[63] greift § 537 Abs. 1 S. 1 BGB nicht ein und der Mieter ist von der Zahlungspflicht befreit. Dies gilt namentlich in Fällen des § 537 Abs. 2 BGB, also wenn die Gebrauchsüberlassung an den Mieter ausgeschlossen ist, weil der Vermieter den Wohnraum einem Dritten überlassen hat oder ihn selbst nutzt.[64] Der Mieter muss keine Miete entrichten, wenn der Vermieter nicht in der Lage ist, das Gebrauchshindernis kurzfristig zu beseitigen.[65]

26 Kann der Vermieter den Wohnraum an den Mieter trotz des Eigen- oder Drittgebrauchs jederzeit überlassen, greift § 537 Abs. 2 BGB nicht ein. In einem solchen Fall muss sich der Vermieter aber gem. § 537 Abs. 1 S. 2 Var. 2 BGB diejenigen Vorteile **anrechnen lassen**, die er aus einer anderweitigen Verwertung der Wohnung beziehungsweise des Zimmers tatsächlich erlangt hat. So kann es bei **WG-Typ A (Untermiete) oder E** vorkommen, dass der Hauptmieter/Vermieter, der die Wohnung mit dem verhinderten WG-Mitglied teilt, das Zimmer des nicht anwesenden Mitglieds nutzt. Kann der Hauptmieter/Vermieter die Nutzung sofort beenden und dem Mieter den Gebrauch überlassen, wird sein Anspruch aus § 535 Abs. 2 BGB um den objektiven wirtschaftlichen Wert des Gebrauchsvorteils gemindert.[66] Hat der Vermieter das Zimmer nicht anderweitig verwertet, obwohl ihm dies möglich wäre, wird sein Anspruch nicht gekürzt. Anders als § 326 Abs. 2 S. 2, § 615 S. 2, § 649 S. 2 Hs. 2 BGB sieht § 537 Abs. 1 S. 2 Var. 2 BGB eine Anrechnung bei einer böswilligen Unterlassung einer Verwendungsoption nicht vor; außerdem ist § 254 BGB nicht anwendbar.[67] Hat der Vermieter infolge der Verhinderung **Aufwendungen erspart**, etwa die (anteiligen) Betriebskosten im Fall einer Bruttowarmmiete (→ Rn. 2), muss er sich gem. § 537 Abs. 1 S. 2 Var. 1 BGB die Ersparnisse auf seinen Anspruch anrechnen lassen.

VI. Verjährung; Verwirkung

27 Für die Verjährung des Mietzahlungsanspruchs gelten die allgemeinen Grundsätze: Die Verjährungsfrist beträgt gem. § 195 BGB grundsätzlich **drei Jahre**. Der Fristbeginn richtet sich nach § 199 Abs. 1 BGB, das heißt die Verjährungsfrist beginnt zu laufen, wenn der **Anspruch entstanden und fällig** ist (§ 199 Abs. 1 Nr. 1 BGB)[68] und der Vermieter von den anspruchsbegründenden Umständen und der Person des Schuldners Kenntnis erlangt oder ohne grobe Fahrlässigkeit erlangen müsste (§ 199 Abs. 1 Nr. 2 BGB). Bei **WG-Typ A (Untermiete) und B (Einzelverträge)** wird die Verjährungsfrist im jeweiligen Mietverhältnis bestimmt. Bei **WG-Typ C (Gesamtschuld)** wird die Verjährung gem. § 425 Abs. 2 BGB für jeden Mieter gesondert berechnet. Etwaige Hemmung der Verjährung nach §§ 203 ff. BGB gilt grundsätzlich nur gegenüber dem WG-Mitglied, in dessen Person der Hemmungstatbestand eingetreten ist (§ 435 Abs. 2 BGB).[69] Die Regressansprüche unter den Mietern (→ Rn. 17) verjähren selbständig.[70] Ist der Mietanspruch gegen eine

---

[62] Weitere Bsp. bei *Langenberg* in Schmidt-Futterer MietR BGB § 537 Rn. 3.
[63] Als Bsp. für solche objektiven Umstände werden höhere Gewalt oder Streiks genannt, vgl. *Bieber* in MüKoBGB § 537 Rn. 5.
[64] *Bieber* in MüKoBGB § 537 Rn. 9.
[65] So treffend *Langenberg* in Schmidt-Futterer MietR BGB § 537 Rn. 22.
[66] Zur Berechnung des Gebrauchsvorteils *Langenberg* in Schmidt-Futterer MietR BGB § 537 Rn. 18.
[67] *Bieber* in MüKoBGB § 537 Rn. 6, 8.
[68] Zwar erwähnt § 199 Abs. 1 Nr. 1 BGB die Fälligkeit nicht, es entspricht aber allgA, dass die Verjährung erst dann beginnen kann, wenn der Gläubiger den Anspruch zum ersten Mal geltend machen kann, vgl. nur *Grothe* in MüKoBGB § 199 Rn. 4.
[69] *Gehrlein* in BeckOK BGB, Ed. 1.2.2019, § 425 Rn. 7.
[70] Vgl. BGH NJW 2010, 62. (zum Versicherungsrecht); *Kreße* in BeckOGK BGB, Ed. 1.3.2019, § 425 Rn. 47.

Außen-GbR (WG-Typ D) verjährt, können sich die akzessorisch haftenden WG-Mitglieder (→ Rn. 13) analog § 129 Abs. 1 HGB auf die Einrede der Gesellschaft berufen; die Gesellschaftsschuld und die Verbindlichkeiten der WG-Mitglieder aus § 128 HGB verjähren einheitlich.[71] Hinsichtlich der **Verwirkung** gelten die allgemeinen Grundsätze.[72]

VII. Zurückbehaltungsrecht

Der Mieter darf sich nach allg. Grundsätzen auf ein etwaiges Zurückbehaltungsrecht (§ 273 BGB) berufen und die Mietzahlung verweigern. Für den vertraglichen **Ausschluss** des Zurückbehaltungsrechts gilt das in → Rn. 23 Gesagte entsprechend; zudem sind die Grenzen des § 309 Nr. 2 lit. b BGB zu beachten. Ist die Wohnung mangelhaft (→ § 8 Rn. 5 ff.), kann der Mieter gem. § 320 BGB die **Einrede des nicht erfüllten Vertrags** erheben. Dem steht nicht entgegen, dass der Mieter bei einem Mietmangel gem. § 535 Abs. 1 S. 2 BGB den Erfüllungsanspruch geltend machen kann und die Miete gem. § 536 BGB qua Gesetzes gemindert ist; die Einrede des § 320 BGB soll dem Mieter ein zusätzliches Druckmittel verschaffen.[73] Die **Höhe** des Zurückbehaltungsrechts lässt sich nicht pauschal festlegen, sondern hängt gem. § 320 Abs. 2 BGB von den Umständen des Einzelfalls ab. Maßgeblich sind insbesondere die Bedeutung des Mangels und die Frage, inwieweit das Zurückbehaltungsrecht den Zweck erfüllen kann, den Druck zur Mangelbeseitigung anzuhalten.[74] Wird die Einrede aus § 320 BGB **vertraglich ausgeschlossen** oder eingeschränkt, ist zwar die Sonderbestimmung in § 556b Abs. 2 S. 1 BGB (→ Rn. 23) nicht anwendbar,[75] es gelten aber die Grenzen des § 309 Nr. 2 lit. a BGB. 28

Bei **WG-Typ A (Untermiete) und B (Einzelverträge)** kann der Mieter ein etwaiges Zurückbehaltungsrecht nur gegenüber seinem eigenen Vertragspartner geltend machen. Bei **WG-Typ C (Gesamtschuld)** kommt es darauf an, worauf das Zurückbehaltungsrecht gestützt wird: Steht das Recht einem Mieter persönlich zu, kann nur dieser die Leistung verweigern; die anderen Mieter können die fremde Einrede nicht erheben. Beruht die Einrede hingegen auf einem Anspruch, der den Mietern als gemeinschaftlichen Nutzern der Wohnung zusteht – wie beispielseise der Erfüllungsanspruch aus § 535 Abs. 1 S. 2 BGB, der Schadens- oder Aufwendungsersatzanspruch aus § 536a BGB beziehungsweise eine Kondiktion wegen überbezahlter Miete – können nur alle Mieter gemeinschaftlich die Einrede erheben, weil sie im Hinblick auf den zugrunde liegenden Anspruch Gesamthandgläubiger sind (ausf. → Rn. 61). Auch bei **WG-Typ D (Außen-GbR)** muss nach dem Inhaber des Zurückbehaltungsrechts differenziert werden: Steht das Recht der Gesellschaft als solchen zu, kann sie selbst – vertreten durch ihre Gesellschafter – die Einrede erheben; die WG-Mitglieder können ihre Haftung als Gesellschafter analog § 128 HGB (→ Rn. 13) mit Hilfe des § 129 Abs. 1 HGB abwenden. Außerdem können die Gesellschafter die Zahlung verweigern, indem sie sich auf ein ihnen persönlich zustehendes Zurückbehaltungsrecht berufen. 29

B. Miethöhe

I. Allgemeines

Das Mietrecht folgt im Ausgangspunkt dem Grundsatz der **Privatautonomie** und überlässt die Vereinbarung der Miethöhe den Vertragsparteien; dies gilt auch in einer WG-Kon- 30

---

71 BGH NZG 2010, 264 (267).
72 *Wiederhold* in BeckOK BGB, Ed. 1.2.2019, § 556b Rn. 21.
73 BGH NJW-RR 2011, 447 (448).
74 Im Einzelnen BGHZ 206, 1 = NJW 2015, 3087 (3091).
75 Vgl. *Emmerich* in Staudinger BGB § 556b Rn. 19, 25.

stellation. Die Spielräume der Vertragsparteien werden im Wohnraummietrecht allerdings durch zahlreiche Vorschriften erheblich **eingeschränkt**: So markieren § 5 WiStG und § 291 StGB die ordnungs- und strafrechtlichen Grenzen der Mietpreisbildung, die sich qua § 134 BGB auf das Zivilrecht auswirken (→ Rn. 34 f.); allerdings ist die praktische Relevanz dieser Vorschriften angesichts der hohen Hürden gering.[76] In Gebieten mit angespannten Wohnungsmärkten haben die Bundesländer die Möglichkeit, eine sogenannte Mietpreisbremse einzuführen und dadurch die Höhe der Wiedervermietungsmiete zu deckeln (§§ 556d ff. BGB; → Rn. 37 ff.). Schließlich ist der privatautonome Gestaltungswille bei gefördertem beziehungsweise preisgebundenem Wohnraum eingeschränkt (→ Rn. 64 f.).

31 Was die Bestimmung der Miethöhe in den unterschiedlichen WG-Typen angeht, sind die Vereinbarungen im jeweiligen Mietverhältnis entscheidend. So sind bei **WG-Typ B (Einzelverträge)** die Abreden des Vermieters mit den einzelnen WG-Mitgliedern entscheidend. Bei **WG-Typ D** wird die Miethöhe zwischen der Außen-GbR, vertreten durch ihre Gesellschafter, und dem Vermieter vereinbart. Bei **WG-Typ C (Gesamtschuld)** ist zu berücksichtigen, dass die Miethöhe für alle Mieter einheitlich bestimmt sein muss.[77] Bei **WG-Typ A (Untermiete)** ergibt sich die Miethöhe aus den Bestimmungen im jeweiligen Mietverhältnis. Dabei ist problematisch, ob es zulässig ist, wenn die Miethöhe in den Untermietverträgen nicht in einem festen Geldbetrag ausgedrückt ist, sondern (flexibel) von der Höhe der Miete im Hauptmietvertrag abhängig ist. In Betracht kommt etwa eine Bestimmung, wonach der Untermieter einen Prozentsatz des Betrags an den Hauptmieter entrichten muss, den dieser dem Vermieter für die Überlassung der WG zahlen muss. Eine solche **bewegliche Miete im Untermietvertrag** steht in einem Spannungsverhältnis mit den (abschließenden) Bestimmungen über die Mieterhöhung in §§ 557 ff. BGB. In → Rn. 79 ff. wird dargestellt, dass es bei WG-Typ A in der Regel nicht zulässig ist, die Miethöhe im Untermietvertrag mit der Miethöhe im Hauptmietvertrag zu verknüpfen.

II. Mietpreisüberhöhung

32 Eine ordnungsrechtliche Schranke der Privatautonomie ist hinsichtlich Miethöhe in § 5 WiStG verankert, der die Mietpreisüberhöhung für unzulässig erklärt. Eine Mietpreisüberhöhung liegt gem. § 5 Abs. 1 WiStG vor, wenn der Vermieter vorsätzlich oder leichtfertig für die Vermietung von Räumen zum Wohnen oder damit verbundene Nebenleistungen **unangemessen hohe Entgelte** fordert, sich versprechen lässt oder annimmt. Dabei sind die Entgelte gem. § 5 Abs. 2 S. 1 WiStG unangemessen hoch, wenn sie infolge der Ausnutzung eines geringen Angebots an vergleichbaren Räumen die üblichen Entgelte um **mehr als 20 von Hundert übersteigen**, die in der Gemeinde oder in vergleichbaren Gemeinden für die Vermietung von Räumen vergleichbarer Art, Größe, Ausstattung, Beschaffenheit und Lage oder damit verbundene Nebenleistungen in den letzten vier Jahren vereinbart oder, von Erhöhungen der Betriebskosten abgesehen, geändert worden sind. Sind die Entgelte zur Deckung der **laufenden Aufwendungen** des Vermieters erforderlich, sind sie gem. § 5 Abs. 2 S. 2 WiStG nicht unangemessen hoch, sofern sie unter Zugrundelegung der nach § 5 Abs. 2 S. 1 WiStG maßgeblichen Entgelte nicht in einem auffälligen Missverhältnis zu der Leistung des Vermieters stehen.

33 Der Begriff des „Raums zum Wohnen" ist weiter zu verstehen als der Wohnraumbegriff des § 549 BGB. Er erfasst alle Räume, die mehrseitig umschlossen sind und **faktisch zum Wohnen vermietet und benutzt** werden.[78] Für die Vermietung solcher Räume darf der

---

[76] S. nur *Börstinghaus* Miethöhe-HdB Kap. 5 Rn. 1.
[77] *Streyl* NZM 2011, 377 (384).
[78] Dazu *Börstinghaus* Miethöhe-HdB Kap. 5 Rn. 9 ff.

Vermieter kein Entgelt fordern, sich versprechen lassen oder annehmen,[79] das die ortsübliche Miete um 20% übersteigt. Dabei erfasst das Entgelt die **Nettomiete zuzüglich aller Nebenleistungen**, die der Mieter entrichten muss;[80] die ortsübliche Vergleichsmiete wird wie bei § 558 Abs. 2 BGB ermittelt (→ Rn. 47, → Rn. 71 f.).[81] Des Weiteren setzt § 5 Abs. 2 S. 1 WiStG voraus, dass der Vermieter die Wohnungsknappheit ausnutzt. Dies ist der Fall, wenn die Nachfrage nach Wohnraum das Angebot übersteigt[82] und der Vermieter diesen Umstand in seine Überlegungen einbezieht, um einen hohen Mietpreis zu erzielen.[83] Nach § 5 Abs. 2 S. 2 WiStG ist das Entgelt nicht unangemessen, wenn der Vermieter im Zusammenhang mit der Überlassung des Raums so hohe **Kapital- und Bewirtschaftungskosten** aufwenden muss, dass er trotz Überschreitung der 20%-Grenze keinen Gewinn erwirtschaftet.[84] Allerdings ist das Entgelt trotz hoher Aufwendungen des Vermieters dann unangemessen, wenn es die ortsübliche Miete um mehr als 50% übersteigt; die Wuchergrenze der § 138 BGB, § 291 StGB (→ Rn. 35 f.) darf also nicht überschritten werden.[85] In subjektiver Hinsicht setzt § 5 WiStG Vorsatz oder Leichtfertigkeit voraus.[86]

Sind die Voraussetzungen des § 5 WiStG erfüllt, kann die zuständige Verwaltungsbehörde gegen den Vermieter ein Bußgeld in Höhe von bis zu 50.000 EUR verhängen. Hinzu kommt, dass die überhöhte Entgeltabrede **teilnichtig** ist, sodass sich der Mietpreis auf die zulässige Höhe reduziert; der Mieter kann den überbezahlten Betrag nach § 812 Abs. 1 S. 1 Var. 1 BGB herausverlangen. Im Übrigen bleibt der Mietvertrag wirksam.[87] Bei **WG-Typ A (Untermiete) und B (Einzelverträge)** entstehen die Rückabwicklungsansprüche im jeweiligen Schuldverhältnis. Bei Vermietung an mehrere Mieter – etwa bei **WG-Typ C (Gesamtschuld)** – sind die Mieter in der Regel Mitglieder einer Innengesellschaft (→ § 8 Rn. 1 ff.) und damit Gesamthandgläubiger (§§ 718, 719 BGB; ausf. → Rn. 61).[88] Ist eine Außen-GbR die Mieterin (**WG-Typ D**), steht der Bereicherungsanspruch der Gesellschaft als solcher zu; er kann von den vertretungsberechtigten WG-Mitgliedern geltend gemacht werden. 34

III. Mietwucher

Die Mietpreisabrede ist gem. § 138 Abs. 2 BGB wegen **Wuchers** nichtig,[89] wenn der Vermieter unter Ausbeutung der Zwangslage, der Unerfahrenheit, des Mangels an Urteilsvermögen oder der erheblichen Willensschwäche der Mieter sich oder einem Dritten für eine Leistung Vermögensvorteile versprechen oder gewähren lässt, die in einem auffälligen Missverhältnis zu der Leistung stehen. Außerdem sieht § 291 Abs. 1 S. 1 Nr. 1 StGB strafbewehrte Regelung zur Miethöhe vor; der **Straftatbestand** entspricht im Wesentlichen § 138 Abs. 2 BGB:[90] Nach § 291 Abs. 1 S. 1 Nr. 1 StGB wird eine Person mit Freiheitsstrafe bis zu drei Jahren oder mit Geldstrafe bestraft, die die Zwangslage, die Unerfahrenheit, den Mangel an Urteilsvermögen oder die erhebliche Willensschwäche eines anderen dadurch ausbeutet, dass sie sich oder einem Dritten für die Vermietung von Räumen zum Wohnen oder damit verbundene Nebenleistungen Vermögensvorteile ver- 35

---

[79] Zu den Tathandlungen *Blank* in Schmidt-Futterer MietR BGB Anh. § 535 Rn. 12 ff.
[80] OLG Stuttgart NJW 1982, 1160 (1161); *Börstinghaus* Miethöhe-HdB Kap. 5 Rn. 12.
[81] Einzelheiten bei *Blank* in Schmidt-Futterer MietR BGB Anh. § 535 Rn. 17 ff.
[82] So BGH NJW 2005, 2156. Großzügiger aber etwa *Börstinghaus* Miethöhe-HdB Kap. 5 Rn. 20.
[83] Vgl. BGH NJW 2005, 2156 (2157). Weiter *Blank* in Schmidt-Futterer MietR BGB Anh. § 535 Rn. 66.
[84] Vgl. dazu *Blank* in Schmidt-Futterer MietR Anh. BGB § 535 Rn. 37 ff.
[85] *Börstinghaus* Miethöhe-HdB Kap. 5 Rn. 19.
[86] Zum Vorsatz- und Leichtfertigkeitsbegriff im Ordnungswidrigkeitenrecht *Rengier* in KK-OWiG § 10 Rn. 3 ff., 48 ff.
[87] *Börstinghaus* Miethöhe-HdB Kap. 5 Rn. 26.
[88] *Blank* in Schmidt-Futterer MietR BGB Anh. § 535 Rn. 77.
[89] Zu den Rechtsfolgen im Einzelnen *Wendtland* in BeckOK BGB, Ed. 1.2.2019, § 138 Rn. 57 ff.
[90] *Bub* in Bub/Treier BeckHdB MietR II Rn. 2360.

sprechen oder gewähren lässt, die in einem auffälligen Missverhältnis zu der Leistung stehen. Ist § 291 Abs. 1 StGB erfüllt, greift § 134 BGB ein mit der Folge, dass die Preisabrede **teilnichtig** ist, soweit sie die zulässige Grenze übersteigt.[91] Die Rückabwicklung erfolgt nach bereicherungsrechtlichen Grundsätzen; es gilt das in → Rn. 34 Gesagte entsprechend.

36 Ein **auffälliges Missverhältnis** im Sinne des § 138 Abs. 2 BGB und § 291 StGB ist in der Regel zu bejahen, wenn die vertraglich vereinbarte Miete die ortsübliche Vergleichsmiete um mehr als 50% überschreitet.[92] Darüber hinaus muss der Vermieter eine **persönliche Schwächesituation** des Mieters ausbeuten, indem er sich übermäßige Vermögensvorteile versprechen oder gewähren lässt. Die Schwächesituation kann sich aus einer Zwangslage, der Unerfahrenheit, dem Mangel an Urteilsvermögen oder einer erheblichen Willensschwäche des Mieters ergeben.[93] Eine Zwangslage liegt vor, wenn der Mieter die Wohnung zu Wucherpreis anmieten muss, um schwere Nachteile abzuwehren.[94] Unerfahrenheit wird verstanden als ein Mangel an allgemeiner Lebenserfahrung oder zumindest an Erfahrung in geschäftlichen Angelegenheiten.[95] Ein Mangel an Urteilsvermögen liegt vor, wenn dem Mieter in erheblichem Maße die Fähigkeit fehlt, sich durch vernünftige Beweggründe leiten zu lassen.[96] An einer erheblichen Willensschwäche leidet der Mieter, wenn er dem Abschluss des Mietvertrags wegen verminderter psychischer Widerstandsfähigkeit nicht entsagen kann, obwohl er die damit verbundenen Nachteile erkennt.[97] Der Vermieter **beutet** die Schwächesituation des Mieters **aus**, wenn er die Lage bewusst und in besonders anstößiger Weise ausnutzt;[98] eine Ausbeutungsabsicht ist nicht erforderlich.[99]

IV. Mietpreisbremse

1. Allgemeines, insb. Verfassungsmäßigkeit

37 Um den Mietanstieg insb. in Ballungsräumen zu dämpfen, hat der Gesetzgeber in §§ 556d ff. BGB Vorschriften über die sogenannte Mietpreisbremse eingeführt, die – anders als die Vorschriften über die Mieterhöhung (→ Rn. 66 ff.) – nicht das laufende Mietverhältnis betreffen, sondern bereits beim **Vertragsschluss** im Rahmen der Mietpreisbildung eingreifen (→ Rn. 46).[100] Liegt die Wohnung in einem Gebiet, der durch eine Landesverordnung als ein angespannter Wohnungsmarkt ausgewiesen wurde (→ Rn. 42 ff.), ist die zulässige Miethöhe auf 110% der ortsüblichen Vergleichsmiete (§ 556d Abs. 1 BGB; → Rn. 47 f.) beziehungsweise auf die Höhe der Vormiete (§ 556e Abs. 1 BGB; → Rn. 50 ff.) begrenzt. Um die Durchsetzung der Regelungen sicherzustellen, räumt § 556g BGB dem Mieter Auskunfts- und Rückforderungsansprüche ein (→ Rn. 54 ff.). Allerdings darf im Hinblick auf die ersten rechtstatsächlichen Studien bezweifelt werden, ob die §§ 556d ff. BGB gelebtes Recht sind: Obwohl die Wiedervermietungsmieten die in §§ 556d f. BGB festgelegten Grenzen häufig übersteigen, berufen sich nur wenige Mieter

---

[91] *Bub* in Bub/Treier BeckHdB MietR II Rn. 2372.
[92] S. nur BGHZ 135, 269 = NJW 1997, 1845 (1846) zu § 4a Abs. 2 S. 2 WoVermittG; BGHSt 30, 280 (281) = NJW 1982, 896; *Börstinghaus* Miethöhe-HdB Kap. 5 Rn. 29; *Pananis* in MüKoStGB § 291 Rn. 29 ff.
[93] Einzelheiten bei *Pananis* in MüKoStGB § 291 Rn. 13 ff.
[94] *Bub* in Bub/Treier BeckHdB MietR II Rn. 2366.
[95] Vgl. BGH NJW 1983, 2780 (2781); *Armbrüster* in MüKoBGB § 138 Rn. 150.
[96] BGH NJW 2006, 3054 (3056); *Pananis* in MüKoStGB § 291 Rn. 18.
[97] *Armbrüster* in MüKoBGB § 138 Rn. 152; *Wendtland* in BeckOK BGB, Ed. 1.2.2019, § 138 Rn. 54.
[98] Zutr. *Börstinghaus* Miethöhe-HdB Kap. 5 Rn. 34; *Bub* in Bub/Treier BeckHdB MietR II Rn. 2370; *Heger* in Lackner/Kühl StGB § 291 Rn. 8; *Heine/Hecker* in Schönke/Schröder StGB § 291 Rn. 29. Großzügiger *Pananis* in MüKoStGB § 291 Rn. 20: qualifizierte Form des Ausnutzens sei nicht erforderlich.
[99] *Börstinghaus* Miethöhe-HdB Kap. 5 Rn. 34; *Wendtland* in BeckOK BGB, Ed. 1.2.2019, § 138 Rn. 55.
[100] Im Einzelnen *Börstinghaus* in Schmidt-Futterer MietR BGB § 556d Rn. 19 ff.

auf die Mietpreisbremse.[101] Um die Effektivität der Mietpreisbremse zu erhöhen, hat der Gesetzgeber mit dem Mietrechtsanpassungsgesetz (MietAnpG)[102] die Auskunftspflichten des Vermieters verschärft (→ Rn. 55 ff.) und die Durchsetzung der Rückforderungsansprüche des Mieters erleichtert, indem er die Anforderungen an die Rüge nach § 556g Abs. 2 BGB gelockert hat (→ Rn. 60).

Zudem ist die **Verfassungsmäßigkeit** der §§ 556d ff. BGB streitig: Während zahlreiche Instanzgerichte und Autoren aus dem Schrifttum die Regelungen über die Mietpreisbremse als verfassungskonform ansehen,[103] äußert sich ein Teil der Literatur kritisch.[104] Auch die 67. Zivilkammer des LG Berlin hält die §§ 566d ff. BGB für verfassungswidrig und hat deshalb beim BVerfG einen Antrag auf konkrete Normenkontrolle gestellt (Art. 100 GG). Das LG Berlin stört sich daran, dass der Bundesgesetzgeber entgegen Art. 80 Abs. 1 S. 2 GG die staatliche Preisintervention von der politischen Willensbildung auf Landesebene abhängig gemacht und den Gleichheitsgrundsatz des Art. 3 Abs. 1 GG missachtet hat.[105] Gleichwohl sprechen die besseren Argumente für die Verfassungskonformität der §§ 556d ff. BGB: Auch wenn die Mietpreisbremse aus politischer Perspektive nicht überzeugt, dürfte das LG Berlin die Anforderungen an den Bundesgesetzgeber überspannt haben; namentlich ist die Einschätzungsprärogative der Legislative zu beachten.[106] Die Entscheidung des BVerfG steht noch aus; trotz der Vorlage des LG Berlin sind Vermieter an §§ 556d ff. BGB gebunden.[107] Ob die Gerichte anhängige Verfahren, in denen §§ 556d ff. BGB streitentscheidend sind, im Hinblick auf die Vorlage des LG Berlin nach § 148 ZPO (ggf. analog) aussetzen, liegt in ihrem Ermessen.[108]

38

2. Anwendbarkeit

Die Vorschriften über die Mietpreisbremse sind nur bei Wohnraummietverhältnissen anwendbar, die nicht von den Ausnahmeregelungen in § 549 Abs. 2 BGB erfasst sind.[109] In WG-Konstellationen ist es zunächst denkbar, dass der Wohnraum nur zum **vorübergehenden Gebrauch** vermietet ist (§ 549 Abs. 2 Nr. 1 BGB). Entscheidend ist der Zweck des Wohngebrauchs und nicht die Dauer des Mietvertrags; von § 549 Abs. 2 Nr. 1 BGB erfasst ist nur ein kurzzeitiger **Sonderbedarf**.[110] Ein solcher kann bei einer Vermietung an Studenten oder an eine WG nicht generell angenommen werden, weil die Mieter auch in WG-Fällen ihren dauernden Lebensmittelpunkt in der Wohnung bilden können.[111] Ein

39

---

[101] So die Ergebnisse der Studie des Berliner Mietervereins, vgl. FD-MietR 2016, 378725. Vgl. ferner DIW-Wochenbericht 22/2016, S. 491 ff.; Umfrage der Deutschen Presse-Agentur, becklink 2004563. Deutlich auch RegE MietAnpG BT-Drs. 19/4672, 1: „Die durch das Mietrechtsnovellierungsgesetz vom 21. April 2015 (BGBl. I S. 610) eingeführten Regelungen über die zulässige Miethöhe bei Mietbeginn (sog. Mietpreisbremse) haben bislang nicht zu den erhofften Wirkungen geführt."
[102] Gesetz zur Ergänzung der Regelungen über die zulässige Miethöhe bei Mietbeginn und zur Anpassung der Regelungen über die Modernisierung der Mietsache v. 18.12.2018, BGBl. I, S. 2648.
[103] So LG Berlin BeckRS 2018, 24838; BeckRS 2018, 15246; NZM 2017, 33; LG Hamburg NZM 2018, 745 f.; LG München I NJW 2018, 407 (411); AG Berlin-Neukölln BeckRS 2017, 128767; NZM 2017, 31 ff.; WuM 2017, 598 (599); AG Hamburg-St. Georg BeckRS 2017, 114791; *Theesfeld* in BeckOK MietR, Stand 1.9.2018, § 556d Rn. 9 ff.; *Lehmann-Richter* WuM 2015, 204 ff.
[104] Vgl. *Blankenagel/Schröder/Spoerr* NZM 2015, 1 (12 ff.); *Leuschner* NJW 2014, 1929 (1932 f.).
[105] Im Einzelnen LG Berlin NZM 2018, 118 (119 ff.). S. ferner LG Berlin BeckRS 2018, 9562; vgl. zudem bereits LG Berlin NZM 2017, 766 ff.
[106] Vgl. LG München I NJW 2018, 407 (411); s. ferner *Hamer/Schuld* NZM 2018, 124 f., die aber einen Verstoß gegen Art. 14 GG annehmen.
[107] *Hamer/Schuld* NZM 2018, 124 (125).
[108] Das Verfahren hat analog § 148 ZPO ausgesetzt LG Berlin BeckRS 2018, 11035. Gegen die Aussetzung nach § 148 ZPO aber LG Berlin BeckRS 2018, 24838.
[109] Außerdem gelten die §§ 556d ff. BGB nicht für preisgebundenen Wohnraum (→ Rn. 64 f.), weil die bundes- und landesrechtlichen Preisbindungsregelungen insoweit Spezialvorschriften sind, vgl. *Börstinghaus* in Schmidt-Futterer MietR § 556d Rn. 18.
[110] Statt aller *Blank* in Schmidt-Futterer MietR § 549 Rn. 4.
[111] Vgl. OLG Hamm NJW-RR 1986, 810 (811); NJW 1981, 290; LG Köln BeckRS 1991, 07732; LG Marburg NJW 1977, 154; *Blank* in Schmidt-Futterer MietR BGB § 549 Rn. 5; *Martinek* NZM 2004, 6 (10).

Sonderbedarf kommt aber namentlich in Fällen einer zeitlich begrenzten **Zwischenvermietung** in Betracht, etwa wenn ein WG-Mitglied in ein Auslandssemester verreist und eine andere Person sein Zimmer in dieser Zeit benutzt.[112] Dauert die Zwischenmiete allerdings länger als ein Jahr, wird man mangels Kurzfristigkeit in der Regel nicht vom vorübergehenden Gebrauch ausgehen können.[113]

40 Überdies kann insb. bei **WG-Typ A (Untermiete) oder E** § 549 Abs. 2 Nr. 2 BGB einschlägig sein. § 549 Abs. 2 Nr. 2 BGB erfasst Fälle, in denen der **Vermieter einen Teil der Wohnung selbst bewohnt** und den Wohnraum überwiegend mit **Einrichtungsgegenständen** auszustatten hat, sofern der Wohnraum dem Mieter nicht zum dauernden Gebrauch mit seiner Familie oder mit Personen überlassen ist, mit denen er einen auf Dauer angelegten gemeinsamen Haushalt führt. Entscheidend ist, ob der Vermieter in seinem eigenen Wohn- und Lebensbereich betroffen ist und ob er sich verpflichtet hat, den Wohnraum so zu möblieren, dass der Mieter sofort einziehen kann.[114] Wird also nur ein leeres Zimmer (unter)vermietet, das ein WG-Mitglied selbst einrichten muss, greift die Ausnahme des § 549 Abs. 2 Nr. 2 BGB nicht ein. Die Rückausnahme in § 549 Abs. 2 Nr. 2 Hs. 2 BGB, die für den dauerhaft angelegten gemeinsamen Haushalt gilt, wird in den typischen Fällen einer WG des Typs A (Untermiete) oder E in der Regel nicht einschlägig sein.

41 Zwei weitere Ausnahmen von der Mietpreisbremse sind in § 556f BGB vorgesehen, der sicherstellen soll, dass der Wohnungsneubau und umfassende Modernisierungsmaßnahmen durch die Dämpfung der Mieten bei Mietbeginn nicht behindert werden.[115] Nach § 556f S. 1 BGB ist § 556d BGB nicht auf eine Wohnung anzuwenden, die nach dem **1.10.2014** erstmalig genutzt und vermietet wird. Es muss sich um einen **Neubau** handeln, also um einen Wohnraum, der in einem neuen selbständigen Gebäude geschaffen wurde (vgl. § 16 Abs. 1 Nr. 1 WoFG).[116] Die Ausnahmeregelung setzt voraus, dass die Wohnung vor dem Stichtag weder vermietet – sei es als Wohnraum, sei es als Gewerberaum[117] – noch anderweitig genutzt – etwa durch den Vermieter selbst – wurde. Bei der Vermietung ist nach hM auf den Vertragsschluss, nicht auf die Invollzugsetzung des Mietverhältnisses abzustellen.[118] Greift § 556f S. 1 BGB ein, ist der Vermieter **dauerhaft** von der Mietpreisbremse befreit.[119] Sind die Voraussetzungen des § 556f S. 1 BGB nicht erfüllt, muss er die Grenze des § 556d BGB berücksichtigen. Darüber hinaus sind §§ 556d, 556e BGB gem. § 556f S. 2 BGB nicht anzuwenden auf die erste Vermietung nach umfassender Modernisierung. Von einer solchen umfassenden Modernisierung ist erst dann auszugehen, wenn sie **qualitativ und quantitativ einem Neubau entspricht**; in quantitativer Hinsicht dürfte in der Regel ein Investitionsaufwand genügen, der ca. 1/3 der Neubaukosten erreicht.[120] Greift § 556f S. 2 BGB ein, ist der Vermieter **bei der ersten Vermietung** bei der Mietpreisbildung frei.[121] Zum Modernisierungszuschlag bei einfacher Modernisierung § 556e Abs. 2 BGB und → Rn. 49. Zu den Auskunftspflichten des Vermieters, die auf § 556f BGB bezogen sind, → Rn. 56.

---

[112] Vgl. *Bieber* in MüKoBGB § 549 Rn. 14; *Bruns* in BeckOK MietR, Ed. 1.3.2019, BGB § 549 Rn. 14.
[113] Zur zeitlichen Komponente *Bieber* in MüKoBGB § 549 Rn. 14; *Blank* in Schmidt-Futterer MietR BGB § 549 Rn. 4. Enger *Bruns* in BeckOK MietR, Ed. 1.3.2019, BGB § 549 Rn. 13: 6 Monate.
[114] Zu den Einzelheiten *Bieber* in MüKoBGB § 549 Rn. 16 ff.
[115] Vgl. RegBegr MietNovG BT-Drs. 18/3121, 31 f.
[116] Einzelheiten bei *Börstinghaus* in Schmidt-Futterer MietR BGB § 556f Rn. 4 ff. Zur Erweiterung als Fall des § 556f S. 1 *Lehmann-Richter* NZM 2017, 497 (498).
[117] S. *Hartmann* jM 2015, 447 (451).
[118] Vgl. *Artz* in MüKoBGB § 556f Rn. 4; *Börstinghaus* in Schmidt-Futterer MietR BGB § 556f Rn. 11; *Hartmann* jM 2015, 447 (451); aA *Flatow* WuM 2015, 191 (202).
[119] *Börstinghaus* in Schmidt-Futterer MietR BGB § 556f Rn. 15.
[120] Einzelheiten bei AG Berlin-Schöneberg BeckRS 2017, 125368; *Börstinghaus* in Schmidt-Futterer MietR BGB § 556f Rn. 18 ff.; *Lehmann-Richter* NZM 2017, 497 (499).
[121] Ausf. *Börstinghaus* in Schmidt-Futterer MietR BGB § 556f Rn. 21 ff.

3. Gebiete mit angespanntem Wohnungsmarkt

Die Mietpreisbremse gilt gem. § 556d Abs. 1 BGB nur in Gebieten, die durch eine 42 Landesverordnung als angespannte Wohnungsmärkte bestimmt wurden.[122] Dabei enthält § 556d Abs. 2 S. 1 BGB eine Ermächtigungsgrundlage für die Landesregierungen; in § 556d Abs. 2 S. 2–7 BGB werden die materiellen Voraussetzungen an eine solche Verordnung aufgestellt, während sich das Aufstellungsverfahren nach landesrechtlichen Vorschriften richtet.[123] Dabei genießen die Verordnungsgeber bei der Festlegung der Gebiete mit angespannten Wohnungsmärkten eine breite **Einschätzungsprärogative**, die einer lediglich eingeschränkten gerichtlichen Kontrolle unterliegt.[124] Zwar richten sich die Vorgaben des § 556d Abs. 2 BGB unmittelbar an die Landesregierungen, sie haben jedoch auch für die Vertragsparteien mittelbar eine Bedeutung, weil die Mietpreisbremse nur dann eingreift, wenn die Rechtsverordnung im Sinne des § 556d Abs. 2 BGB wirksam erlassen wurde.

Die Rechtsverordnung muss sich auf einen Wohnungsmarkt beziehen. Dies zwingt den 43 Verordnungsgeber zunächst zu einer **räumlichen Abgrenzung** (gesamtes Gemeindegebiet; Stadtteil usw.). Außerdem kann der Verordnungsgeber nur einen **Wohnungsteilmarkt** der Mietpreisbremse unterwerfen, zum Beispiel Ein-Zimmer-Wohnungen oder Großwohnungen ab einer bestimmten Quadratmeterzahl.[125] Ein so abgegrenzter Wohnungsmarkt ist gem. § 556d Abs. 2 S. 2 BGB **angespannt**, wenn die ausreichende Versorgung der Bevölkerung mit Mietwohnungen in einer Gemeinde oder einem Teil der Gemeinde zu angemessenen Bedingungen besonders gefährdet ist.[126] Diese **Generalklausel** wird in § 556d Abs. 2 S. 3 BGB durch vier Regelbeispiele konkretisiert, die freilich nicht abschließend sind, sodass die Verordnungsgeber auf weitere Kriterien zurückgreifen können:[127]

– überdurchschnittlicher Mietpreisanstieg (Nr. 1), und zwar im Vergleich zum bundesweiten Durchschnitt;
– überdurchschnittliche Mietbelastung (Nr. 2), und zwar im Vergleich zum bundesweiten Durchschnitt;
– Bevölkerungszuwachs (Nr. 3), ohne dass neuer Wohnraum entsteht;
– Leerstandsquote (Nr. 4) von unter 2 %.[128]

Des Weiteren bestimmt § 556d Abs. 2 S. 4 BGB, dass die Rechtsverordnung spätestens 44 am 31.12.2020 in Kraft treten muss; außerdem muss die Verordnung auf höchstens fünf Jahre befristet sein. Nach § 556d Abs. 2 S. 5 BGB muss sie **begründet** werden, wobei sich aus der Begründung ergeben muss, aufgrund welcher Tatsachen ein Gebiet mit einem angespannten Wohnungsmarkt im Einzelfall vorliegt und welche Maßnahmen die Landesregierung ergreifen wird, um Abhilfe gegen die angespannte Wohnsituation zu schaffen (§ 556d Abs. 2 S. 6–7 BGB).[129] Diese Begründungsvorgaben zwingen die Verordnungsgeber namentlich dazu, **empirische Untersuchungen** durchzuführen und die Ergebnisse zu veröffentlichen. Die Gerichte nehmen § 556d Abs. 2 S. 6–7 BGB durchaus ernst und

---

[122] Bislang haben 11 Landesregierungen von der Verordnungsermächtigung Gebrauch gemacht: MietBgVO BW; MiSchuV (Bayern); MietGrenzVO (Berlin); MietbegrenzV (Brandenburg); BremMietGrenzVO; HbgMPBegrVO; HessMietBgrVO; MietbegrenzVO NRW; RhPfMietPBegrVO; SchlHMietPrVO; ThürMietBegrVO.
[123] *Börstinghaus* in Schmidt-Futterer MietR BGB § 556d Rn. 41 ff.
[124] So zutr. LG Berlin BeckRS 2018, 15246; LG München I NJW 2018, 407 (410); LG Berlin NZM 2017, 332 (335); AG Frankfurt a.M. BeckRS 2017, 125834; AG Berlin-Neukölln NZM 2017, 31 (33).
[125] Vgl. *Artz* in MüKoBGB § 556d Rn. 13; *Börstinghaus* in Schmidt-Futterer MietR BGB § 556d Rn. 28.
[126] Zu den Kriterien *Börstinghaus* in Schmidt-Futterer MietR BGB § 556d Rn. 29 ff.
[127] Im Einzelnen *Emmerich* in Staudinger BGB § 556d Rn. 34 ff.
[128] Vgl. *Börstinghaus* in Schmidt-Futterer MietR BGB § 556d Rn. 37.
[129] Ausf. *Börstinghaus* in Schmidt-Futterer MietR BGB § 556d Rn. 39.

erklären Mietpreisbremseverordnungen für nichtig, wenn die Landesregierungen die Anforderungen an die Begründung unzureichend umgesetzt haben.[130]

4. Abschluss eines neuen Mietvertrags

45 § 556d Abs. 1 BGB greift dem Wortlaut nach nur bei Abschluss eines **Neuvertrags** ein. Deshalb sind Änderungen der Miete im laufenden Mietverhältnis allein an §§ 557 ff. BGB zu messen (→ Rn. 66 ff.). Dies gilt auch, wenn der Vermieter die Kündigung unter der Bedingung zurücknimmt, dass die Miete erhöht wird und der Mieter sich darauf einlässt:[131] Es handelt sich um eine **Fortsetzung** des alten Vertrags, sodass die §§ 556d ff. BGB nicht eingreifen. Auch wenn die Miete anlässlich einer Erweiterung des Vertragsgegenstands oder sonstigen Vertragsänderung erhöht wird, ist die Mietpreisbremse nicht einschlägig.[132]

46 Bei **WG-Typ A (Untermiete)** ist es denkbar, dass der Mietvertrag zwischen dem Hauptmieter und dem Vermieter beendet wird und ein (früherer) Untermieter zum Vertragspartner des Vermieters und damit zum neuen Hauptmieter wird. In einem solchen Fall sind die Vorschriften über die Mietpreisbremse **weiterhin anwendbar**. Es spielt keine Rolle, ob der neue Hauptmieter die Wohnung bereits genutzt hat, sodass der Vermieter bei der Mietpreisbildung den Grenzen der §§ 556d ff. BGB unterworfen ist.[133] Einigen sich Vermieter, Altmieter und Neumieter in einem dreiseitigen Vertrag auf einen **Mieterwechsel** (→ § 18 Rn. 57 ff.) und stimmt der Neumieter zugleich einer Mieterhöhung zu, liegt zwar formell ebenfalls kein Fall des § 556d Abs. 1 BGB vor, es ist aber eine analoge Anwendung der §§ 556d ff. BGB denkbar.[134] Die planwidrige Regelungslücke lässt sich mit einem Verweis auf § 556e Abs. 1 S. 2 Var. 2 BGB begründen, der eine Umgehung der Mietpreisbremse durch Mieterhöhungen verhindern will (→ Rn. 52). Der Umgehungsschutz wäre obsolet, wenn man die Mieterhöhungen im Rahmen eines Mieterwechsels nicht an §§ 556d ff. BGB messen wollte, aber die Mieterhöhungen im Altvertrag bei der Berechnung der zulässigen Miete nach Maßgabe des § 556e Abs. 1 S. 2 Var. 2 BGB nicht berücksichtigen würde. Aus Sicht des Neumieters ist die Lage bei einer Neuvermietung und einem Mieterwechsel im Hinblick auf die Miethöhe vergleichbar, sodass die Lücke im Wege der **Analogie** zu §§ 556d ff. BGB geschlossen werden kann.

5. Mietpreisgrenzen

a) 110 % der ortsüblichen Vergleichsmiete

47 Liegt die Wohnung im Anwendungsbereich einer Rechtsverordnung nach § 556d Abs. 2 BGB und greift eine Ausnahmeregelung in § 556f BGB nicht ein, darf die Wiedervermietungsmiete die ortsübliche Vergleichsmiete nicht mehr als **10 %** übersteigen. Die **ortsübliche Vergleichsmiete** wird gem. § 558 Abs. 2 BGB gebildet aus den üblichen Entgelten, die in der Gemeinde oder einer vergleichbaren Gemeinde für Wohnraum vergleichbarer Art, Größe, Ausstattung, Beschaffenheit und Lage einschließlich der energetischen Ausstattung und Beschaffenheit in den letzten vier Jahren vereinbart oder, von Erhöhungen nach § 560 BGB (→ § 6 Rn. 44) abgesehen, geändert worden sind. Sie wird in der Regel

---

[130] Vgl. LG Hamburg NZM 2018, 745 (746); LG München I NJW 2018, 407 (409); AG Stuttgart Urt. v. 30.10.2018 – 35 C 2110/18, juris Rn. 34 ff.; AG Hamburg-Altona BeckRS 2018, 15377; AG Hamburg-Altona BeckRS 2017, 114057; Großzügiger LG Berlin BeckRS 2018, 15246; LG Berlin VuR 2018, 466; AG Frankfurt a. M. BeckRS 2017, 125834 – aufgehoben durch LG Frankfurt a. M. BeckRS 2018, 4544; AG Hamburg-St. Georg BeckRS 2017, 114791. S. auch den Überblick bei *Börstinghaus* NJW 2018, 665 (666); *Schuldt* NZM 2018, 257 (259).
[131] *Börstinghaus* in Schmidt-Futterer MietR BGB § 556d Rn. 21.
[132] *Börstinghaus* in Schmidt-Futterer MietR BGB § 556d Rn. 23.
[133] Vgl. LG Berlin BeckRS 2018, 11478; AG München BeckRS 2016, 20338.
[134] So AG Berlin-Neukölln BeckRS 2017, 128767 – bestätigt durch LG Berlin BeckRS 2018, 11478. Zurückhaltend aber *Börstinghaus* in Schmidt-Futterer MietR BGB § 556d Rn. 22.

pro Quadratmeter angegeben, sodass die Vergleichsmiete zunächst mit der tatsächlichen Wohnungsgröße multipliziert werden muss. Auf den so errechneten Betrag sind die 10 % aufzuschlagen, um die maximal zulässige Höhe der Wiedervermietungsmiete zu bestimmen. Dabei drückt die Vergleichsmiete die Beträge aus, die in einer Gemeinde üblicherweise für hinreichend vergleichbare Wohnungen gezahlt werden;[135] die Bezugsgröße ist in der Regel die Nettokaltmiete (→ Rn. 2).[136] Um die ortsübliche Vergleichsmiete zu ermitteln, kann auf einen (einfachen) Mietspiegel im Sinne des § 558c BGB zurückgegriffen werden;[137] bei einem sogenannten qualifizierten Mietspiegel (§ 558d BGB) ist die Vermutungswirkung des § 558d Abs. 3 BGB zu beachten.[138]

Ist in der Gemeinde **kein Mietspiegel** vorhanden oder ist der Mietspiegel auf die **48** konkrete Wohnung nicht anwendbar, sind die Vertragsparteien einer erheblichen Rechtsunsicherheit ausgesetzt.[139] Eine solche Situation kann namentlich bei **WG-Typ A (Untermiete),**[140] **B (Einzelverträge)** und **E (Mitbewohner ohne Mietvertrag)** auftreten: In diesen Fällen wird nicht die gesamte Wohnung vermietet, sondern nur einzelne Zimmer, deren ortsüblicher Preis in der Regel nicht in einem Mietspiegel erfasst wird. Theoretisch lassen sich die Unsicherheiten verringern, indem die Vertragsparteien ein Sachverständigengutachten beauftragen, das aber mit erhöhten Kosten verbunden ist. In der Praxis bietet es sich eher an, die zulässige Wiedervermietungsmiete nach § 556e BGB zu bestimmen (→ Rn. 50 ff.).

b) Modernisierungszuschlag

Eine Modifizierung des § 556d Abs. 1 BGB ist in § 556e Abs. 2 BGB geregelt, der dem **49** Vermieter erlaubt, die nach § 556d Abs. 1 BGB berechnete Wiedervermietungsmiete zu überschreiten, wenn der Vermieter in den letzten drei Jahren vor Beginn des Mietverhältnisses mit dem Neumieter **Modernisierungsmaßnahmen** im Sinne des § 555b BGB durchgeführt hat. In diesem Fall kann er der nach § 556d Abs. 1 BGB ermittelten Wiedervermietungsmiete den Betrag hinzurechnen, der sich bei einer Mieterhöhung nach § 559 Abs. 1–3 BGB und § 559a Abs. 1–4 BGB ergäbe (→ Rn. 75 f.).[141] Auch wenn sich § 556e Abs. 2 S. 1 BGB auf den gesamten § 555b BGB bezieht, sind im Rahmen des Modernisierungszuschlags nur Maßnahmen zu berücksichtigen, die den Vermieter zu einer Mieterhöhung nach § 559 BGB berechtigen würden; Maßnahmen nach § 555b Nr. 2 und 7 BGB bleiben also außer Betracht.[142] Bei der Frage, ob die Modernisierungsmaßnahme innerhalb der 3-Jahres-Frist durchgeführt wurde, ist auf den **Abschluss** der Maßnahme abzustellen.[143] Zur Unanwendbarkeit der §§ 556d ff. BGB bei umfassender Modernisierung → Rn. 41. Zu den Auskunftspflichten des Vermieters, die auf § 556e Abs. 2 BGB bezogen sind, → Rn. 56.

---

[135] Pointiert BGH NJW 2005, 2621 (2622): Bandbreite.
[136] *Artz* in MüKoBGB § 556d Rn. 9. Zu Behandlung von Bruttowarmmieten (→ Rn. 2) vgl. *Börstinghaus* in Schmidt-Futterer MietR BGB § 556d Rn. 54 f., 64.
[137] LG Berlin NZM 2017, 332 (340); AG Berlin-Lichtenberg BeckRS 2016, 17279; AG Berlin-Neukölln NZM 2017, 31 (34); AG Berlin-Neukölln WuM 2017, 598 (559); AG Berlin-Wedding BeckRS 2017, 131501. Speziell zur Ermittlung der ortsüblichen Miete bei vollmöblierten Wohnungen *Fleindl* WuM 2018, 544 (548).
[138] AG Frankfurt a. M. BeckRS 2017, 125834; *Börstinghaus* in Schmidt-Futterer MietR BGB § 556d Rn. 49. AA AG Hamburg-St. Georg BeckRS 2017, 114791; *Schüller* in BeckOK BGB, Ed. 1.2.2019, § 558d Rn. 19.
[139] Treffend *Börstinghaus* in Schmidt-Futterer MietR BGB § 556d Rn. 52: „praktisch kaum lösbare Aufgaben".
[140] Wenn die Ausnahme nach § 549 Abs. 2 Nr. 1 oder 2 BGB nicht eingreift, → Rn. 39.
[141] Zu den einzelnen Berechnungsschritten *Börstinghaus* in Schmidt-Futterer MietR BGB § 556e Rn. 56 ff.
[142] *Artz* in MüKoBGB § 556e Rn. 16; *Hartmann* jM 2015, 447 (451).
[143] *Börstinghaus* in Schmidt-Futterer MietR BGB § 556e Rn. 54; *Blank* WuM 2014, 641 (652); *Flatow* WuM 2015, 191 (200).

c) Vormiete

50 § 556e BGB räumt den Parteien weitere Gestaltungsoptionen ein: Nach § 556e Abs. 1 S. 1 BGB darf eine Wiedervermietungsmiete bis zur **Höhe der Vormiete**[144] vereinbart werden, wenn diese höher ist als die nach § 556d Abs. 1 BGB zulässige Miete. Damit will der Gesetzgeber dem Vermieter Bestandsschutz gewähren. Aus dem Telos der Vorschrift folgt, dass der Vermieter dem Alt- und Neumieter im Wesentlichen den **gleichen Leistungsgegenstand** überlassen muss, wenn die Miete nach § 556e Abs. 1 S. 1 BGB bestimmt werden soll; nur in diesem Fall erlangt der Vermieter das gleiche Entgelt für die gleiche Leistung (Äquivalenzgedanke).[145] Hatte etwa der Vermieter bei **WG-Typ A (Untermiete) oder B (Einzelverträge)** Zugriff auf mehr Räume oder Einrichtungsgegenstände als der Nachmieter, sind die Leistungsgegenstände nicht vergleichbar, sodass die maximal zulässige Wiedervermietungsmiete nicht nach § 556e Abs. 1 BGB bestimmt werden kann.[146] Im umgekehrten Fall – also wenn der Neumieter mehr bekommt als der Vormieter – dürfte § 556e Abs. 1 S. 1 BGB analog anwendbar sein.[147] Der Vermieter darf sich auf § 566e Abs. 1 BGB auch dann berufen, wenn die Wohnung zwischen der Beendigung des Vormietverhältnisses und dem Abschluss des neuen Mietvertrags leer stand oder wenn der Vermieter die Wohnung selbst genutzt hat.[148] Zu den Auskunftspflichten des Vermieters, die auf § 556e Abs. 1 BGB bezogen sind, → Rn. 56.

51 § 556e Abs. 1 S. 2 BGB sieht zwei **Ausnahmen** von S. 1 vor: Zum einen haben etwaige Mietminderungen (§ 536 BGB; → § 8 Rn. 28 ff., 93, 100) auf die Bestimmung der Vormiete (und damit der maximal zulässigen Wiedervermietungsmiete) keinen Einfluss (Var. 1), zum anderen bleiben Mieterhöhungen innerhalb eines Jahres vor Beendigung des Vertrags mit dem Vormieter unberücksichtigt (Var. 2; → Rn. 66 ff.). Im Rahmen des § 556e Abs. 1 S. 2 Var. 1 BGB ist zwischen **drei Konstellationen** zu differenzieren:[149]

– Hat der Vermieter den Mangel beseitigt, kann er vom Neumieter gem. § 556e Abs. 1 BGB die Vormiete verlangen, ohne dass sich dieser auf § 536 BGB berufen kann.
– Ist die Wohnung weiterhin mangelhaft, kann die vertraglich vereinbarte Miete zwar die nach § 556e Abs. 1 BGB zulässige Höhe erreichen, der Neumieter ist aber nach Maßgabe des § 536 BGB berechtigt, sich auf die Minderung zu berufen, wobei die Ausschlusstatbestände des § 536b BGB zu beachten sind (→ § 8 Rn. 49 ff., 94 f., 110 ff.).
– Haben sich der Vermieter und der Neumieter darauf geeinigt, dass die Wohnung in einem Zustand überlassen wird, der früher eine mangelbedingte Minderung auslöste, wird ein anderer Leistungsgegenstand vermietet, sodass die Wiedervermietungsmiete nicht nach § 556e Abs. 1 BGB bestimmt werden kann. Die maximal zulässige Miete wird nach § 556d Abs. 1 bestimmt (→ Rn. 47 f.); sie wird nicht nach § 536 BGB gemindert, weil die Wohnung nun der vereinbarten Beschaffenheit entspricht.

52 Die Ausnahme des § 556e Abs. 1 S. 2 Var. 2 BGB soll den Neumieter vor einer Umgehung der Mietpreisbremse schützen, die daraus resultieren kann, dass sich der Vermieter und der Vormieter im Jahr vor der Vertragsbeendigung auf eine **Mieterhöhung** einigen und der Vermieter dadurch an die Grenze des § 556d Abs. 1 BGB nicht gebunden ist. Gleichwohl ist ein kollusives Zusammenwirken des Vermieters und Vormieters kein Tatbestandsmerkmal des § 556e Abs. 1 S. 2 Var. 2 BGB, sodass die Ausnahmeregelung über das Ziel hinausschießt;[150] eine Korrektur im Wege der Rechtsfortbildung erscheint aber im

---

[144] Dabei muss die Vormiete rechtlich zulässig sein, dh ihrerseits den §§ 556d ff. und sonstigen Vorgaben zur Miethöhe entsprechen, s. *Schüller* in BeckOK BGB, Ed. 1.2.2019, § 556e Rn. 3a.
[145] *Börstinghaus* in Schmidt-Futterer MietR BGB § 556e Rn. 15.
[146] Vgl. *Emmerich* in Staudinger BGB § 556e Rn. 7 ff.
[147] *Börstinghaus* in Schmidt-Futterer MietR BGB § 556e Rn. 16.
[148] LG Berlin BeckRS 2018, 27561 Rn. 18 ff. (die diesen Grundsatz auf gewerbliche Zwischenvermietung überträgt); *Artz* in MüKoBGB § 556e Rn. 3; *Börstinghaus* in Schmidt-Futterer MietR BGB § 556e Rn. 7. AA bei Selbstnutzung durch Vermieter *Fleindl* in BeckOGK BGB, Ed. 1.4.2019, § 556e Rn. 8.
[149] Zum Folgenden ausf. *Börstinghaus* in Schmidt-Futterer MietR BGB § 556e Rn. 27 ff.
[150] *Börstinghaus* in Schmidt-Futterer MietR BGB § 556e Rn. 32.

Hinblick auf das gesetzgeberische Ziel nicht möglich. § 556e Abs. 1 S. 2 Var. 2 BGB erfasst insb. eine **Erhöhungsvereinbarung nach § 557 Abs. 1 BGB** (→ Rn. 68) und eine Erhöhung auf die **ortsübliche Vergleichsmiete** nach §§ 558 ff. BGB (→ Rn. 71 ff.);[151] nicht unter die Ausnahmeregelung fallen die Vereinbarung einer Staffel- oder Indexmiete nach §§ 557a, 557b BGB (→ Rn. 69 f.) sowie Mieterhöhungen nach §§ 559, 560 BGB.[152]

Für die Berechnung der Jahresfrist ist die **rechtliche Beendigung des Vertrags** 53 zwischen dem Vermieter und dem Vormieter maßgeblich, also der Zeitpunkt, zu dem die Kündigungserklärung wirksam wird, beziehungsweise der Abschluss des Aufhebungsvertrags; auf den Zeitpunkt der Räumung kommt es dagegen nicht an. Die Mieterhöhung bleibt also bei der Bestimmung der Vormiete außer Betracht, wenn die Erhöhungsvereinbarung nach § 557 Abs. 1 BGB innerhalb der Jahresfrist getroffen wurde oder wenn bei Erhöhung auf die ortsübliche Vergleichsmiete der Vormieter innerhalb der Jahresfrist dem Erhöhungsverlangen des Vermieters zugestimmt hat (§ 558b Abs. 1 BGB) beziehungsweise das Zustimmungsurteil des Gerichts rechtskräftig geworden ist (§ 558b Abs. 2 BGB, § 894 ZPO; → Rn. 73).[153]

6. Auskunftspflichten des Vermieters

Um die Rechte des Mieters zu stärken, räumt ihm § 556g Abs. 3 BGB einen Auskunfts- 54 anspruch gegen den Vermieter ein, der sich auf diejenigen Tatsachen bezieht, die für die Zulässigkeit der vereinbarten Miete nach §§ 556d ff. BGB maßgeblich sind, soweit diese Tatsachen nicht allg. zugänglich sind und der Vermieter hierüber unschwer Auskunft geben kann. Der Vermieter muss die Auskunft nicht ungefragt erteilen, sondern nur dann, wenn ihn der Mieter dazu aufgefordert hat. So kann der Mieter zunächst die Mitteilung der Tatsachen verlangen, die die **Wohnwertmerkmale** des § 558 Abs. 2 BGB bestimmen. Außerdem kann er Auskunft über weitere Umstände verlangen, die für den örtlichen **Mietspiegel** von Bedeutung sind, etwa das Baualter oder die Qualität der Heizungsanlage. Auch kann der Mieter die Vormiete (§ 558e BGB; → Rn. 50) erfragen, nicht aber die Vorlage des Mietvertrags zwischen dem Vermieter und dem Vormieter verlangen.[154] Die Auskunft muss in Textform (§ 556g Abs. 4, § 126b BGB) und innerhalb einer angemessenen Frist erfolgen.[155] Der Anspruch verjährt in der regelmäßigen Verjährungsfrist von drei Jahren (§ 195 BGB), wobei die Verjährung nach Maßgabe des § 199 BGB zu laufen beginnt. Kommt der Vermieter seiner Pflicht nach § 556g Abs. 3 BGB nicht nach, kann der Mieter ein Leistungsurteil erstreiten, das nach § 888 ZPO vollstreckt wird.[156] Zudem kann sich der Mieter gem. § 273 BGB auf ein **Zurückbehaltungsrecht** berufen und die Zahlung der Miete in voller Höhe verweigern (→ Rn. 28).[157] Nach Maßgabe des § 280 BGB kann der Mieter bei fehlender oder fehlerhafter Auskunft **Schadensersatzansprüche** gegen den Vermieter geltend machen.[158]

Bei Mietverträgen, die ab dem 1.1.2019 abgeschlossen wurden, trifft den Vermieter die 55 **erweiterte Auskunftspflicht** nach § 556g Abs. 1a BGB, der im Zuge des MietAnpG neu eingeführt wurde. Orientiert sich die Miethöhe an der Vormiete (§ 556e Abs. 1 BGB,

---

[151] *Emmerich* in Staudinger BGB § 556e Rn. 17. Dabei greift § 556e Abs. 1 S. 2 Var. 2 BGB nach hM auch im Fall eines rechtskräftigen gerichtlichen Urteils, der die Zustimmung des Mieters ersetzt (→ Rn. 72), vgl. *Emmerich* in Staudinger BGB § 556e Rn. 19; *Flatow* WuM 2015, 191 (199); aA *Blank* WuM 2014, 641 (651).
[152] *Theesfeld* in BeckOK MietR, Ed. 1.3.2019, BGB § 556e Rn. 10.
[153] Vgl. *Börstinghaus* in Schmidt-Futterer MietR BGB § 556e Rn. 42.
[154] So die hM im Schrifttum, vgl. *Emmerich* in Staudinger BGB § 556g Rn. 29 mwN; aA etwa *Fleindl* WuM 2015, 212 (223).
[155] *Börstinghaus* in Schmidt-Futterer MietR BGB § 556g Rn. 41; restriktiver *Artz* in MüKoBGB § 556g Rn. 12: unverzüglich.
[156] *Emmerich* in Staudinger BGB § 556g Rn. 30.
[157] *Theesfeld* in BeckOK MietR, Ed. 1.3.2019, BGB § 556g Rn. 27.
[158] Einzelheiten bei *Emmerich* in Staudinger BGB § 556g Rn. 32.

→ Rn. 50 ff.), macht der Vermieter einen Modernisierungszuschlag geltend (§ 556e Abs. 2 BGB, → Rn. 49) oder beruft er sich auf die Neubau-Ausnahme nach § 556f BGB (→ Rn. 41), soll der Mieter die Informationen erhalten, die erforderlich sind, um zu bestimmen, ob eine Abweichung von der Mietpreisbremse in § 556d Abs. 1 BGB gerechtfertigt ist. Anders als bei § 556g Abs. 3 BGB muss der Mieter die Auskunft nicht (aktiv) verlangen, sondern der Vermieter muss die Initiative ergreifen und dem Mieter **ungefragt** die geschuldeten Informationen in Textform (§ 556g Abs. 4, § 126b BGB) erteilen. Die Auskunft muss erfolgen, bevor der Mieter die auf den Abschluss des Mietvertrags gerichtete Willenserklärung abgegeben hat, damit der Mieter bereits vor Vertragsschluss überprüfen kann, ob sich die Miethöhe in den Grenzen des Zulässigen bewegt.[159]

56 Der **Inhalt** der Auskunft ist in § 556g Abs. 1 S. 1 Nr. 1–4 BGB festgelegt. Demnach muss der Vermieter ungefragt nur die **grundlegenden Informationen** über den Grund für die Ausnahme nach §§ 556e, 556f BGB mitteilen. Auf die Details muss er erst dann eingehen, wenn der Mieter es nach § 556g Abs. 3 BGB verlangt. Beruft sich der Vermieter auf die Vormiete (§ 556e Abs. 1 BGB, → Rn. 50 ff.), muss er gem. § 556g Abs. 1a S. 1 Nr. 1 BGB dem Mieter mitteilen, wie hoch die **Vormiete** ein Jahr vor Beendigung des Vormietverhältnisses war. Er erfüllt die Auskunftspflicht bereits dann, wenn er über die nach § 556e Abs. 1 BGB maßgebliche Miethöhe informiert. Will der Mieter weitergehende Informationen – etwa die Daten des Vormieters – erhalten, muss er den Auskunftsanspruch nach § 556g Abs. 3 BGB geltend machen. Verlangt der Mieter personenbezogene Daten des Vormieters, muss der Vermieter die Vorgaben der DS-GVO beachten.[160] Macht der Vermieter den **Modernisierungszuschlag** gem. § 556e Abs. 2 BGB geltend (→ Rn. 49), muss er den Mieter nach § 556g Abs. 1a S. 1 Nr. 2 BGB darüber informieren, dass und in welchem Zeitpunkt er die Modernisierung durchgeführt hat. Will der Mieter Einzelheiten über die Modernisierungsmaßnahmen erfahren, ist er auf die erweiterte Auskunft nach § 556g Abs. 3 BGB angewiesen.[161] Beruft sich der Vermieter auf die **Neubau-Ausnahme** des § 556f BGB (→ Rn. 41), muss er dem Mieter mitteilen, dass die Wohnung erstmals nach dem 1.10.2014 genutzt und vermietet wurde (§ 556g Abs. 1a S. 1 Nr. 4 BGB) beziehungsweise dass es sich um die erste Vermietung nach der Modernisierung handelt (§ 556g Abs. 1a S. 1 Nr. 3 BGB). Einzelheiten schuldet er nur dann, wenn der Mieter es nach § 556g Abs. 3 BGB verlangt.

57 Kommt der Vermieter der Auskunftspflicht nicht nach, sind die **Sanktionen** in § 556g Abs. 1a S. 2–4 BGB geregelt: Nach § 556g Abs. 1a S. 2 BGB kann der Vermieter die nach §§ 556e, 556f BGB zulässige Miete nicht verlangen. Die maximal zulässige Miete liegt also bei 110 % der ortsüblichen Vergleichsmiete (§ 556d Abs. 1 BGB, → Rn. 47 f.). Dies gilt gem. § 556g Abs. 1a S. 4 BGB auch dann, wenn der Vermieter das **Textformgebot** des § 556g Abs. 4 BGB nicht beachtet hat, also die Auskunft etwa mündlich erteilt hat. In diesem Fall kann sich der Vermieter auf §§ 556f, 556g BGB erst dann berufen, wenn er die Auskunft in Textform nachholt. Hat der Vermieter die Auskunft vor Abgabe der Vertragserklärung des Mieters gar nicht – auch nicht mündlich – erteilt, kann er sie ausweislich § 556g Abs. 1a S. 3 BGB nachholen. In diesem Fall darf er aber die nach §§ 556e, 556f BGB zulässige Miete erst **zwei Jahre nach Nachholung der Auskunft** verlangen. Mit § 556g Abs. 1a S. 3 BGB, der auf eine Beschlussempfehlung des Rechtsausschusses zurückgeht, soll der Vermieter veranlasst werden, der Auskunftspflicht nachzukommen, ohne aber die an sich gem. §§ 556e, 556f BGB zulässige Miete für die gesamte Vertragsdauer zu verlieren.[162] Zu den Rückforderungsansprüchen des Mieters → Rn. 58 ff.

---

[159] RegBegr MietAnpG BT-Drs. 19/4672, 27.
[160] S. dazu RegBegr MietAnpG BT-Drs. 19/4672, 27; vgl. ferner *Lützenkirchen* Mietrechtsanpassung 2019 Rn. 11, der auf Art. 6 Nr. 1 lit. d DS-GVO verweist.
[161] S. RegBegr MietAnpG BT-Drs. 19/4672, 28.
[162] BeschlussE des Rechtsausschusses BT-Drs. 19/6153, 20; Vgl. ferner *Lützenkirchen* Mietrechtsanpassung 2019 Rn. 34 ff.

7. Rechtsfolgen beim Verstoß gegen die Mietpreisbremse
a) Unwirksamkeit der Mietpreisvereinbarung; Rückzahlungsanspruch

Überschreitet die vereinbarte Miete die in § 556d Abs. 1, § 556e BGB markierten Grenzen, ist die Vereinbarung gem. § 556g Abs. 1 S. 1–2 BGB **insoweit unwirksam**. Dies gilt auch nach Ablauf einer längeren Zeit nach Abschluss des Mietvertrags; an den Einwand des Rechtsmissbrauchs oder der Verwirkung sind hohe Anforderungen zu stellen.[163] Der Mieter kann gem. § 556g Abs. 1 S. 3 BGB vom Vermieter die **Rückzahlung des Mehrbetrags** nach den Vorschriften über die Herausgabe einer ungerechtfertigten Bereicherung verlangen, wobei sich der Vermieter weder auf § 814 BGB noch auf § 817 S. 2 BGB berufen kann (§ 556g Abs. 1 S. 4 BGB).[164] Es handelt sich um einen **vertraglichen Anspruch eigener Art**, dessen Rechtsfolgen sich nach dem Bereicherungsrecht bestimmen; § 556d Abs. 1 S. 3 BGB enthält also eine **Rechtsfolgenverweisung**.[165] Die **Beweislast** für die Anspruchsvoraussetzungen trägt nach allg. Grundsätzen der Mieter. Der Anspruch aus § 556g Abs. 1 S. 3 BGB entsteht auch dann, wenn die Miethöhe die 110 %-Grenze des § 556d Abs. 1 BGB übersteigt, der Vermieter aber der **Auskunftspflicht** aus § 556g Abs. 1a S. 1 BGB nicht nachgekommen ist, sodass er sich gem. § 556g Abs. 1a S. 2 –4 BGB nicht auf die an sich zulässige Miete berufen kann.[166] In einem solchen Fall kann der Mieter die Differenz zwischen der tatsächlich bezahlten und der nach § 556d Abs. 1 BGB zulässigen Miete verlangen. Die **Beweislast** für die formgerechte Auskunftserteilung trägt der Vermieter.[167]

Der Rückzahlungsanspruch setzt gem. § 556g Abs. 2 S. 1 BGB eine in Textform (§ 556g Abs. 4, § 126b BGB) erfolgte **Rüge** des Mieters voraus, die dem Vermieter vor Fälligkeit der zurückverlangten Miete zugegangen ist. Die Rüge ist eine **Tatbestandsvoraussetzung** des Rückzahlungsanspruchs und nicht nur eine besondere Kondiktionssperre.[168] Bei Mietverhältnissen, die bis einschließlich 31.12.2018 abgeschlossen wurden (Art. 229 § 49 Abs. 2 S. 2 EGBGB), ist überdies gem. § 556g Abs. 2 S. 2 BGB aF eine **qualifizierte Rüge** erforderlich: Sie muss Tatsachen enthalten, auf denen die Beanstandung der vereinbarten Miete beruht. An die Begründung der qualifizierten Rüge dürfen keine allzu hohen Anforderungen gestellt werden: Es reicht aus, wenn der Mieter die Höhe der Wiedervermietungsmiete nicht nur pauschal beanstandet, sondern plausibel vorträgt, wieso die Grenzen der §§ 556d f. BGB nicht eingehalten sind, und dabei auf nachprüfbare Tatsachen verweist.[169] Gleichwohl kann der Mieter gegen den Vermieter, der die Vorgaben der §§ 556d ff. BGB missachtet hat, einen **Schadensersatzanspruch** aus § 280 Abs. 1 BGB geltend machen,[170] ohne dass er nach § 556g Abs. 2 rügen muss.[171]

Da sich die qualifizierte Rüge in der Praxis als ein Hemmschuh für die Mietpreisbremse erwiesen hat, ist sie bei Mietverhältnissen, die ab dem 1.1.2019 abgeschlossen wurden, grundsätzlich nicht mehr erforderlich: § 556g Abs. 2 S. 2 BGB aF wurde im Zuge des MietAnpG modifiziert. Der Mieter kann den Rückzahlungsanspruch aus § 556g Abs. 1

---

[163] AG München BeckRS 2016, 20338: sieben Wochen.
[164] Zur Durchsetzung des Anspruchs durch Inkassodienstleister s. etwa LG Berlin VuR 2018, 466 mit umfassenden Nachw. zum Meinungsstand.
[165] AG Frankfurt a. M. BeckRS 2017, 125834; *Börstinghaus* in Schmidt-Futterer MietR BGB § 556g Rn. 15; *Fleindl* WuM 2015, 212 (213).
[166] Vgl. RegBegr MietAnpG BT-Drs. 19/4672, 28, die von einer Rückzahlungspflicht des Vermieters ausgeht.
[167] RegBegr MietAnpG BT-Drs. 19/4672, 28 f.
[168] LG Berlin BeckRS 2018, 19885 Rn. 36; *Fleindl* WuM 2015, 212 (216).
[169] Vgl. LG Berlin BeckRS 2018, 27561 Rn. 27; AG Frankfurt a. M. BeckRS 2017, 125834; AG Berlin-Neukölln NZM 2017, 31 (34); *Börstinghaus* in Schmidt-Futterer MietR BGB § 556g Rn. 18; *Emmerich* in Staudinger BGB § 556g Rn. 15 ff.
[170] Vgl. LG Berlin BeckRS 2018, 24838.
[171] *Emmerich* in Staudinger BGB § 556g Rn. 41; *Hartmann* jM 2015, 447 (453). Einschränkend *Fleindl* WuM 2015, 212 (226).

S. 3 BGB grds. bereits dann geltend machen, wenn er eine **„einfache" Rüge** erhebt, das heißt dem Vermieter mitteilt, dass die Miete nach seiner Ansicht die Grenzen des nach §§ 556d ff. BGB Zulässigen überschreitet; er muss seine Einschätzung nicht begründen.[172] Eine qualifizierte Rüge ist gem. § 556g Abs. 2 S. 2 BGB nF nur dann erforderlich, wenn sich der Vermieter auf §§ 556e, 556f BGB beruft und er dem Mieter eine **Auskunft** nach § 556g Abs. 1a S. 1 BGB erteilt hat. In einem solchen Fall kennt der Mieter die Umstände, auf denen die Mietpreisbildung beruht, sodass er nicht an einem Informationsdefizit leidet.[173] Deshalb ist es für ihn zumutbar, seine Rüge zu begründen.

b) Besonderheiten der WG-Situation

61 Hat der Vermieter die Wohnung an mehrere Personen vermietet – also etwa bei **WG-Typ C (Gesamtschuld)** – sind zwei Fragen umstritten: zum einen, wie der Rückzahlungsanspruch aus § 556g Abs. 1 S. 3 BGB der Mehrheit der Mieter zugeordnet wird, zum anderen, wer die Rüge des § 556g Abs. 2 BGB erheben muss. Was die Zuordnung des Anspruchs angeht, befürworten manche Autoren die Gesamtgläubigerschaft im Sinne des § 428 BGB,[174] was dazu führte, dass jedes WG-Mitglied die Leistung des gesamten Rückzahlungsbetrags an sich fordern könnte. Andere gehen davon aus, dass mehrere Mieter Gesamthandgläubiger sind.[175] Schließlich ist es denkbar, die Mieter als **Mitgläubiger im Sinne des § 432 BGB** zu qualifizieren[176] mit der Folge, dass der Vermieter seiner Rückzahlungspflicht nur gegenüber allen Mietern gemeinschaftlich nachkommen könnte, jeder einzelne Mieter jedoch die Zahlung an alle fordern könnte. Da die Mitglieder einer WG des Typs C in der Regel eine **Innengesellschaft** gründen (→ § 14 Rn. 1 ff.), sprechen die besseren Argumente dafür, dass der Rückzahlungsanspruch den WG-Mitgliedern in ihrer gesamthänderischen Verbundenheit zusteht (§§ 718, 719 BGB). Dies führt dazu, dass alle Mieter gemeinschaftlich die Leistung an alle fordern können.[177]

62 Auch hinsichtlich der Rüge werden zwei konträre Auffassungen vertreten: Während manche es für ausreichend erachten, wenn ein einzelner Mieter die überhöhte Wiedervermietungsmiete rügt,[178] stehen andere auf dem Standpunkt, dass alle Mieter die Rüge nach § 556g Abs. 2 BGB erheben müssen.[179] Die erstgenannte Auffassung überzeugt: Bei der Rüge handelt es sich nicht um eine Willenserklärung, weil sich die Folgen der Rüge nicht aus der Erklärung selbst, sondern allein aus dem Gesetz ergeben. Insoweit ist sie als eine reine **Wissenserklärung**[180] mit der Mängelanzeige des § 536c BGB vergleichbar, die von einem einzelnen Mieter abgegeben werden kann (→ § 8 Rn. 65);[181] dies sollte auch für die Rüge nach § 566g Abs. 2 BGB gelten.[182] Dieser dogmatischen Einordnung steht nicht entgegen, dass die WG-Mitglieder nur gemeinschaftlich den Rückzahlungsanspruch geltend machen können (→ Rn. 61). Vielmehr ist es konstruktiv denkbar, dass ein einzelnes WG-Mitglied eine Anspruchsvoraussetzung erfüllen kann, der Anspruch selbst aber den

---

[172] RegBegr MietAnpG BT-Drs. 19/4672, 29.
[173] Vgl. BeschlussE des Rechtsausschusses BT-Drs. 19/6153, 20; Vgl. ferner *Lützenkirchen* Mietrechtsanpassung 2019 Rn. 41 ff.
[174] *Fleindl* WuM 2015, 212 (217).
[175] *Börstinghaus* in Schmidt-Futterer MietR BGB § 556g Rn. 14; *Emmerich* in Staudinger BGB § 556g Rn. 9.
[176] Vgl. BGHZ 196, 318 (326) = NJW 2013, 3232 (Mitgläubigerschaft der Mieter hinsichtlich der Gebrauchsüberlassungspflicht); BGH NJW 2005, 3781 (3782 – Mitgläubigerschaft auf Vermieterseite); LG Berlin GE 1997, 1399 (Mietrückzahlungsanspruch); *Häublein* in MüKoBGB § 535 Rn. 48; *Kraemer* NZM 2002, 465 (470); *Streyl* NZM 2011, 377 (384).
[177] Vgl. zur Kautionsrückzahlung LG Gießen NJW-RR 1996, 1162; LG Berlin GE 1996, 1117 (1119). Zur Mietminderung LG Berlin ZMR 1999, 712.
[178] So *Emmerich* in Staudinger BGB § 556g Rn. 13; *Fleindl* WuM 2015, 212 (217).
[179] Dafür LG Berlin BeckRS 2019, 382 Rn. 17 f.; *Börstinghaus* in Schmidt-Futterer MietR BGB § 556g Rn. 23; *Theesfeld* in BeckOK MietR, Ed. 1.3.2019, BGB § 556g Rn. 13a.
[180] Vgl. auch *Emmerich* in Staudinger BGB § 556g Rn. 13: rechtsgeschäftsähnliche Erklärung.
[181] Zur Mängelanzeige *Bieder* in BeckOGK, Ed. 1.4.2019, BGB § 536c Rn. 22.
[182] Vgl. *Fleindl* WuM 2015, 212 (217).

Gesamthandgläubigern zusteht. Aus **Vorsichtsgründen** im Hinblick auf die **unklare Rechtslage** sollten dennoch alle WG-Mitglieder die Rüge erheben, wenn sie den Rückforderungsanspruch geltend machen wollen.

Die dogmatische Einordnung der Rüge als reine Wissenserklärung ist auch bei **WG-Typ D (Außen-GbR)** zu beachten: Wie bei der Anzeigepflicht des § 536c BGB ist es ausreichend, dass ein WG-Mitglied die überhöhte Miete rügt, auch wenn es – wie im gesetzlichen Regelfall (vgl. §§ 714, 709 BGB) – nicht alleinvertretungsbefugt ist;[183] der Rückzahlungsanspruch steht der Gesellschaft als solchen zu und muss von den vertretungsberechtigten WG-Mitgliedern geltend gemacht werden. Bei **WG-Typ A (Untermiete) und B (Einzelverträge)** muss für das jeweilige Mietverhältnis geprüft werden, ob die Anspruchsvoraussetzungen – also auch die Rügeerhebung – erfüllt sind. 63

V. Geförderter und preisgebundener Wohnraum

Die Privatautonomie hinsichtlich der Vereinbarungen über die Miethöhe wird außerdem durch die Vorschriften über die Wohnraumförderung eingeschränkt. Nach der Föderalismusreform 2006 fällt die Wohnraumförderung gem. Art. 74 Abs. 1 Nr. 18 GG in die Zuständigkeit der Länder, sodass sich die Grenzen der Miethöhe aus landesrechtlichen Regelungen ergeben, die meist auf die Bestimmungen in der **Förderzusage** über die höchstzulässige Miete verweisen.[184] Soweit eine landesrechtliche Regelung fehlt, greift § 28 Abs. 1 S. 1 WoFG ein, wonach bei einem nach Maßgabe des Wohnraumförderungsgesetzes geförderten Wohnraum die jeweilige Förderzusage die höchstzulässige Miete bestimmt.[185] An die Bestimmung in der Förderzusage ist der Vermieter gem. § 28 Abs. 2 S. 1 WoFG gebunden. Übersteigt die vertraglich vereinbarte Miete die in der Förderzusage bestimmte höchstzulässige Miete, ist die Entgeltabrede nach den einschlägigen landesrechtlichen Vorschriften oder gem. § 28 Abs. 6 WoFG insoweit unwirksam;[186] der Mieter kann den Mehrbetrag nach Maßgabe der §§ 812 ff. BGB kondizieren. Dabei gilt das in → Rn. 34 Gesagte entsprechend. 64

Wurde der Wohnraum durch eine **Zusage vor dem 1.1.2002** gefördert, sind gem. § 50 WoFG iVm § 1 WoBindG bei der Mietpreisbildung die Vorgaben der §§ 8 ff. WoBindG zu berücksichtigen.[187] So darf der Vermieter nach § 8 Abs. 1 S. 1 WoBindG für die Überlassung eines geförderten Wohnraums lediglich die **Kostenmiete** verlangen. Damit ist das Entgelt gemeint, das zur Deckung der laufenden Aufwendungen erforderlich ist und das nach §§ 8a f. WoBindG ermittelt wird. Unter den Voraussetzungen des § 8 Abs. 3 WoBindG kann der Vermieter für die Überlassung der geförderten Wohnung ein Entgelt bis zur Höhe der Kostenmiete für vergleichbare öffentlich geförderte Wohnungen verlangen (**Vergleichsmiete**).[188] Übersteigt das Entgelt die Grenzen des § 8 Abs. 1 und 3 WoBindG, ist die Vereinbarung gem. § 8 Abs. 2 S. 1 WoBindG insoweit unwirksam; der Mieter hat einen Anspruch auf Rückzahlung des Mehrbetrags aus § 8 Abs. 2 S. 2 WoBindG. 65

---

[183] Zur Mängelanzeige *Bieder* in BeckOGK, Ed. 1.4.2019, BGB § 536c Rn. 22.
[184] Vgl. § 4 Abs. 6, § 13 Abs. 2 S. 1, § 19 LWoFG BW; Art. 15 BayWoFG; § 7 BremWoBindG; § 17 HmbWoFG; § 15 HWoFG; § 9 NWoFG; § 10 Abs. 3 S. 5 und 6, § 16 WFNG NRW; § 19 LWoFG RLP; § 12 SHWoFG; § 20 ThürWoFG. Ausf. Überblick über landesrechtliche Regelungen bei *Börstinghaus* in Schmidt-Futterer MietR BGB Vor § 557 Rn. 36 ff.
[185] Einzelheiten bei *Kossmann/Meyer-Abich* Wohnraummiete-HdB § 177 Rn. 2 ff.
[186] Vgl. *Häublein* in MüKoBGB Vor § 535 Rn. 77.
[187] Zum zeitlichen Anwendungsbereich vgl. *Kossmann/Meyer-Abich* Wohnraummiete-HdB § 177 Rn. 3.
[188] Einzelheiten bei *Kossmann/Meyer-Abich* Wohnraummiete-HdB § 177 Rn. 8 ff., § 178 Rn. 1 ff.

C. Mieterhöhung

I. Überblick

66 Das Mietverhältnis ist als Dauerschuldverhältnis für Veränderungen der wirtschaftlichen Gegebenheiten besonders anfällig. So kann der Vermieter im Laufe der Zeit ein Interesse daran haben, die Miete zu erhöhen, etwa weil die Instandhaltungskosten gestiegen sind und er diese **Kostensteigerung** auf den Mieter abwälzen will. Denkbar ist auch, dass das Mietniveau in der Umgebung gestiegen ist und der Vermieter an dieser Entwicklung partizipieren will, um sein Kapital optimal auszunutzen. Auf der anderen Seite ist der Mieter daran interessiert, den **Preis für seinen Lebensmittelpunkt** möglichst stabil zu halten. Vor diesem Hintergrund hat der Gesetzgeber ein diffiziles System entwickelt, innerhalb dessen eine Mieterhöhung möglich ist. Die besonderen Mieterschutzvorschriften in § 573 Abs. 1 S. 2, §§ 557 ff. BGB greifen aber nur ein, wenn es sich um ein Wohnraummietverhältnis handelt, das nicht unter eine Ausnahmeregelung des § 549 Abs. 2 BGB fällt (ausf. bereits im Zusammenhang mit der Mietpreisbremse → Rn. 39 f.).

67 Eines der Grundpfeiler des Mieterschutzsystems ist § 573 Abs. 1 S. 2 BGB, der eine **Änderungskündigung zum Zwecke der Mieterhöhung** für unzulässig erklärt. Außerdem sind in §§ 557 ff. BGB fünf Wege aufgezählt, die die Vertragsparteien einschlagen können, um die Miete zu erhöhen: Zunächst können sie sich gem. § 557 Abs. 1 BGB auf eine Mieterhöhung **privatautonom einigen** (→ Rn. 68 f.). Sodann können sie im Mietvertrag die **Staffelmiete** (§ 557a BGB; → Rn. 69) oder die **Indexmiete** (§ 557b BGB; → Rn. 70) vereinbaren. Überdies kann der Vermieter einen Anspruch auf Vertragsanpassung geltend machen, wenn er die Miete im Hinblick auf die **ortsübliche Vergleichsmiete** erhöhen will (§§ 558 ff. BGB; → Rn. 71 ff.). Schließlich kann er die Miete nach Durchführung von **Modernisierungsmaßnahmen** einseitig erhöhen (§§ 559 ff. BGB; → Rn. 75 f.). Die Parteien können die Möglichkeiten des Vermieters, die Miete zu erhöhen, nicht erweitern (§ 557 Abs. 4 BGB), aber sich darauf einigen, dass manche Erhöhungstatbestände nicht gelten sollen oder dass der Vermieter die Miete gar nicht erhöhen kann (§ 557 Abs. 3 Hs. 2 BGB). Verlangt der Vermieter die Mieterhöhung nach § 558 BGB oder nach § 559 BGB, steht dem Mieter gem. § 561 BGB ein **Sonderkündigungsrecht** zu, das er bis zum Ablauf des zweiten Monats nach dem Zugang des Erhöhungsverlangens mit Wirkung zum Ablauf des übernächsten Monats ausüben kann. Entrichtet der Mieter die höhere Miete, obwohl die Mieterhöhung unwirksam war, kann er den überbezahlten Betrag nach § 812 Abs. 1 S. 1 BGB kondizieren;[189] zu den Besonderheiten in WG-Konstellationen → Rn. 34. Zum Rechtsschutz des Mieters gegen Mieterhöhungen → § 13 Rn. 3.

II. Vertragsvereinbarung

68 Die Parteien können die Miete im laufenden Mietverhältnis durch eine formfreie Vereinbarung erhöhen, die in der Regel für die Zukunft wirkt; der Mieter muss also erst zum nächsten Fälligkeitszeitpunkt die erhöhte Miete zahlen.[190] In der Vereinbarung kann der konkrete Erhöhungsbetrag, der Prozentsatz, zu dem sich die Miete erhöht oder die neu zu zahlende Miete (der Endbetrag) geregelt sein.[191] An die Grenzen der §§ 556d ff., § 558 Abs. 3 BGB sind die Parteien nicht gebunden, sie müssen aber die Vorgaben der § 5 WiStG

---

[189] *Emmerich* in Staudinger BGB § 557 Rn. 81.
[190] *Artz* in MüKoBGB § 557 Rn. 26.
[191] Einzelheiten bei *Börstinghaus* Miethöhe-HdB Kap. 7 Rn. 29 ff.

und § 291 StGB beachten.[192] Bei **WG-Typ A (Untermiete) und B (Einzelverträge)** wirkt die Änderung der Miethöhe nur im jeweiligen Mietverhältnis. Zur Abwälzung der Mieterhöhung im Hauptmietvertrag auf die Untermieter → Rn. 79 ff. Bei **WG-Typ C (Gesamtschuld)** müssen alle Mieter der Vertragsvereinbarung zustimmen, weil die Miete für alle Mieter einheitlich sein muss (→ Rn. 31). Bei **WG-Typ D (Außen-GbR)** kommt der Änderungsvertrag zwischen der Gesellschaft und dem Vermieter zustande; dieser kann die WG-Mitglieder analog § 128 HGB auf Zahlung der erhöhten Miete in Anspruch nehmen. In welcher Höhe die WG-Mitglieder im Innenverhältnis zur Beteiligung an der Mieterhöhung verpflichtet sind, richtet sich nach den Vereinbarungen im Gesellschaftsvertrag. Im Zweifel wird die Beteiligungsquote dem Mietanteil des jeweiligen Mitglieds entsprechen.

III. Staffelmiete

§ 557a BGB – der nach dessen Abs. 5 halbzwingend ist – ermöglicht den Parteien, die künftige Mietentwicklung vorab zu bestimmen und dadurch Kalkulationssicherheit zu schaffen. Die Vereinbarung über die Staffelmiete kann im ursprünglichen Mietvertrag, aber auch während der Vertragslaufzeit getroffen werden; sie erfordert **Schriftform** (§ 557a Abs. 1 Hs. 1 BGB; § 126 BGB). Beim Formverstoß greift § 125 BGB ein, wobei nur die Vereinbarung über die Staffelmiete und nicht der gesamte Mietvertrag nichtig ist.[193] Zudem muss die Abrede gem. § 557a Abs. 1 Hs. 2 BGB den **festen Erhöhungsbetrag** oder die **zu zahlende Miete** benennen. Die Anknüpfung an einen Prozentsatz oder an künftige Ereignisse ist unzulässig und führt zur Unwirksamkeit der Vereinbarung; im Übrigen bleibt der Vertrag wirksam.[194] Der Höhe nach sind die einzelnen Mietstaffeln nicht nach § 558 BGB begrenzt, doch müssen die Parteien die Vorgaben der § 5 WiStG und § 291 StGB beachten.[195] Außerdem sieht § 557a Abs. 4 BGB vor, dass sich die einzelnen Mietstaffeln innerhalb der in §§ 556d ff. BGB gezogenen Grenzen bewegen müssen; die **Mietpreisbremse** kann also nicht durch die Vereinbarung einer Staffelmiete umgangen werden. Überdies kann die Erhöhung auf die weitere Staffel gem. § 557a Abs. 2 BGB nur **einmal jährlich** erfolgen. Die Mietänderung erfolgt **automatisch** zu den in der Vereinbarung bestimmten Zeitpunkten. Für die Laufzeit der Vereinbarung ist der Anspruch des Vermieters auf Mieterhöhung bis zur ortsüblichen Vergleichsmiete (§§ 558 ff. BGB) und auf die Modernisierungserhöhung (§§ 559 ff. BGB) ausgeschlossen. Schließlich folgt aus § 557a Abs. 3 BGB, dass das **ordentliche Kündigungsrecht des Mieters** ausgeschlossen werden kann. Haben sich die Parteien aber auf eine Staffelmiete geeinigt, ist das Ausschlussrecht auf höchstens vier Jahre seit Abschluss der Staffelmietvereinbarung gedeckelt, damit die Bewegungsfreiheit des Mieters nicht über Gebühr eingeschränkt werden kann. Dessen Kündigung ist gem. § 557a Abs. 3 S. 2 BGB frühestens zum Ablauf des Zeitraums zulässig, in dem das Kündigungsrecht ausgeschlossen ist. Sie kann also bereits vor Ablauf der Vierjahresfrist erklärt werden.[196]

IV. Indexmiete

Bei der Indexmiete im Sinne des § 557b BGB, der gem. § 557b Abs. 5 BGB halbzwingend ist, koppeln die Vertragsparteien die Miethöhe an die **wirtschaftliche Entwicklung**, wobei gem. § 557b Abs. 1 BGB allein der Preisindex für die Lebenshaltung aller privaten

---

[192] S. *Börstinghaus* in Schmidt-Futterer MietR BGB § 557 Rn. 39.
[193] *Schüller* in BeckOK BGB, Ed. 1.2.2019, § 557a Rn. 11.
[194] *Theesfeld* in BeckOK MietR, Ed. 1.3.2019, BGB § 557a Rn. 16.
[195] Einzelheiten bei *Artz* in MüKoBGB § 557a Rn. 10.
[196] Zu den Kündigungsmöglichkeiten des Mieters vgl. *Börstinghaus* in Schmidt-Futterer MietR BGB § 557a Rn. 59 ff.

Haushalte in Deutschland maßgeblich ist; die Kopplung an andere Indizes ist unzulässig und führt zur Unwirksamkeit der Vereinbarung. Wie die Staffelmiete kann die Indexmiete im ursprünglichen Mietvertrag oder nachträglich **schriftlich** (§ 557b Abs. 1, § 126 BGB) festgelegt werden; beim Formverstoß gilt hinsichtlich der Indexmietevereinbarung § 125 BGB. Dabei muss sich aus der Vereinbarung ergeben, ob die Netto- oder die Bruttomiete an den Index gekoppelt ist;[197] die Angabe des Basisjahres, auf das sich die Indexmiete bezieht, ist dagegen nicht erforderlich.[198] Hinsichtlich der Miethöhe sind die Grenzen des § 558 BGB irrelevant. Gleichwohl muss sich die jeweilige Miete im Rahmen der § 5 WiStG, § 291 StGB bewegen. Die **Mietpreisbremse** in §§ 556d ff. BGB gilt gem. § 557b Abs. 4 BGB nur in Bezug auf die Ausgangsmiete, nicht aber hinsichtlich der einzelnen Mietänderungen (abweichend § 557a Abs. 4 BGB bei der Staffelmiete, → Rn. 69). Anders als bei der Staffelmiete wird die Indexmiete nicht automatisch geändert. Vielmehr ist eine **Erklärung einer der Vertragsparteien** erforderlich, die den Vorgaben des § 557b Abs. 3 BGB entsprechen muss (insb. Textform, Angabe der Änderung des Preisindexes und des Erhöhungsbetrags beziehungsweise der neuen Miethöhe; Angabe der prozentualen Veränderung der Indexdaten ist nicht erforderlich[199]). Eine solche Änderung ist gem. § 557b Abs. 2 S. 1 BGB nur **einmal jährlich** zulässig. Der Mieter muss die neue Miete mit Beginn des **übernächsten Monats** nach dem Zugang der Erklärung entrichten (§ 557b Abs. 3 S. 3 BGB). Für die Laufzeit der Indexmietevereinbarung ist der Anspruch des Vermieters auf Mieterhöhung bis zur ortsüblichen Vergleichsmiete (§§ 558 ff. BGB) ausgeschlossen, vgl. § 557b Abs. 2 S. 3 BGB. Der Vermieter kann aber die Miete nach Maßgabe der §§ 559–560 BGB erhöhen, wobei die Modernisierungserhöhung gem. § 557b Abs. 2 S. 2 BGB nur zulässig ist, wenn der Vermieter bauliche Maßnahmen aufgrund von Umständen durchgeführt hat, die er nicht zu vertreten hat.

V. Erhöhung bis zur ortsüblichen Vergleichsmiete

1. Allgemeines

71 In der Praxis hat die Mieterhöhung nach Maßgabe der §§ 558 ff. BGB die größte Relevanz. Der Grundgedanke der Regelungen liegt darin, den Vermieter an der **Mietentwicklung in der Umgebung** partizipieren zu lassen, zugleich aber den Mieter vor zu großen Veränderungen der Miethöhe zu schützen. Die Belange des Vermieters werden dadurch gewahrt, dass ihm in § 558 Abs. 1 S. 1 BGB ein Anspruch gegen den Mieter auf **Zustimmung zur Vertragsänderung** eingeräumt wird. Der Anspruch besteht, wenn die Vertragsmiete niedriger ist als die ortsübliche Vergleichsmiete und die Miete in dem Zeitpunkt, zu dem die Erhöhung eintreten soll, seit 15 Monaten unverändert ist; er kann gem. § 558 Abs. 1 S. 2 BGB frühestens ein Jahr nach der letzten Mieterhöhung geltend gemacht werden, wobei die Modernisierungserhöhungen (§ 559 BGB) und betriebskostenbezogene Erhöhungen (§ 560 BGB) gem. § 558 Abs. 1 S. 3 BGB bei der Berechnung der **Sperrfrist** außer Betracht bleiben. Zur Ermittlung der **ortsüblichen Vergleichsmiete** (§ 558 Abs. 2 BGB) gilt das in → Rn. 47 Gesagte. Die nach §§ 558 ff. BGB erhöhte Miete kann nicht ohne weiteres die ortsübliche Vergleichsmiete erreichen, sondern sie ist nach § 558 Abs. 3 S. 1 BGB innerhalb von drei Jahren auf 20 % der Vertragsmiete gedeckelt. Hat die Landesregierung eine Gemeinde oder einen Gemeindeteil in einer Rechtsverordnung zu einem Gebiet erklärt, in dem die ausreichende Versorgung der Bevölkerung mit Mietwohnungen zu angemessenen Bedingungen besonders gefährdet ist,[200] beträgt die **Kappungsgrenze** 15 %.

---

[197] Im Einzelnen *Emmerich* in Staudinger BGB § 557b Rn. 22.
[198] *Kossmann/Meyer-Abich* Wohnraummiete-HdB § 143 Rn. 5.
[199] BGH NJW 2018, 700.
[200] Bislang haben 11 Bundesländer von der Verordnungsermächtigung Gebrauch gemacht: KappVO BW; MiSchuV (Bayern); KappVO (Berlin); KappGrenzV (Brandenburg); KappVO (Bremen); KappVO (Hamburg); HKappGrVO; KappGrenzVO NRW; RhPfKappGrenzVO; KappGrenzVO (Sachsen); KappVO-SH.

Damit die Miete erhöht wird, muss der Vermieter dies vom Mieter in Textform (§ 126b BGB) verlangen (§ 558a Abs. 1 BGB), wobei er die konkrete Miethöhe benennen muss. Das **Mieterhöhungsverlangen** muss begründet sein, und zwar unter Bezugnahme auf einen Mietspiegel, eine Auskunft aus einer Mietdatenbank, ein Sachverständigengutachten oder durch einen Vergleich mit Entgelten für mindestens drei vergleichbare Wohnungen (§ 558a Abs. 2–4 BGB). Etwaige Mängel des Erhöhungsverlangens können nach Maßgabe des § 558b Abs. 3 BGB im Zustimmungsprozess behoben werden.[201] Stimmt der Mieter dem Verlangen zu, schuldet er die erhöhte Miete mit Beginn des dritten Kalendermonats nach dem Zugang des Erhöhungsverlangens (§ 558b Abs. 1 BGB). Ist der Vermieter ein Unternehmer im Sinne des § 14 BGB und wurde der Mietvertrag im **Fernabsatz** geändert, gelten zwar nach dem Wortlaut des § 312 Abs. 4 S. 1 BGB die verbraucherschützenden Vorschriften in §§ 312a ff. BGB, der Mieter kann die Zustimmung zur Mieterhöhung aber nicht nach §§ 355 Abs. 1, 312g Abs. 1, 312c BGB widerrufen: Da die §§ 558 ff. BGB sicherstellen, dass der Mieter auch in einer Fernabsatzsituation die sachliche Berechtigung des Erhöhungsverlangens ohne Druck überprüfen kann, ist § 312 Abs. 4 S. 1 BGB teleologisch zu reduzieren.[202] Der Mieter kann aber seine Zustimmung zur Mieterhöhung nach §§ 355 Abs. 1, 312g Abs. 1, 312b BGB widerrufen, wenn der Mietvertrag **außerhalb von Geschäftsräumen** des Vermieters geändert wurde, etwa bei einem unangemeldeten Besuch des Vermieters in der Wohnung.[203]

72

Stimmt der Mieter dem Verlangen nicht zu, kann der Vermieter auf Zustimmungserteilung **klagen**, wobei die Klage nicht vor Ablauf des zweiten Kalendermonats nach dem Zugang des formgerechten Erhöhungsverlangens erhoben werden kann (§ 558b Abs. 2 S. 1 BGB). Ist diese **Überlegungsfrist** abgelaufen, muss der Vermieter die Zustimmungsklage gem. § 558b Abs. 2 S. 2 BGB innerhalb von drei Monaten erheben; es handelt sich um eine **Ausschlussfrist**.[204] Die Klage sollte auf die Abgabe einer Willenserklärung (Zustimmungserklärung) gerichtet sein. Sie ist also eine Leistungsklage, die nach Maßgabe des § 894 ZPO vollstreckt wird: Das rechtskräftige Leistungsurteil zugunsten des Vermieters ersetzt die Zustimmungserklärung des Mieters.

73

2. WG-typische Besonderheiten

Bei **WG-Typ A (Untermiete)** muss der Vermieter die Mieterhöhung gem. §§ 558 ff. BGB allein gegenüber dem Hauptmieter geltend machen. Auf welchem Weg der Hauptmieter die Mieterhöhung auf die Untermieter **abwälzen** kann, wird in → Rn. 79 ff. beleuchtet. Bei **WG-Typ B (Einzelverträge)** muss der Vermieter die Mieterhöhung gegenüber den einzelnen Mietern geltend machen. Ob die Voraussetzungen für die Mieterhöhung nach §§ 558 ff. BGB vorliegen, bestimmt sich im jeweiligen Schuldverhältnis. Wie bereits in → Rn. 48 erläutert, wird es in diesem Fall häufig schwierig sein, die ortsübliche Vergleichsmiete zu bestimmen, weil einzelne Zimmer in der Regel nicht in einem Mietspiegel erfasst sind. Da es sich meist nicht lohnen wird, einen Sachverständigen heranzuziehen (vgl. § 558a Abs. 2 Nr. 3 BGB), verbleibt dem Vermieter die Möglichkeit, die Mieterhöhung mit einem Verweis auf die Entgelte für drei vergleichbare Zimmer zu begründen (§ 558a Abs. 2 Nr. 4 BGB). Dies kann zu Streitigkeiten führen, sodass es sich bei WG-Typ B anbietet, eine Staffel- oder Indexmiete zu vereinbaren (→ Rn. 69 f.). Bei **WG-Typ C (Gesamtschuld)** muss der Vermieter die Mieterhöhung gegenüber allen

74

---

[201] Einzelheiten bei *Artz* in MüKoBGB § 558b Rn. 18.
[202] S. BGH NJW 2019, 303 Rn. 39 ff. Vgl. ferner *Fervers* NZM 2018, 640 (647). AA etwa *Hau* NZM 2015, 435 (439); *Rolfs/Möller* NJW 2017, 3275 (3276).
[203] S. RegBegr VRRL-UmsetzungsG BT-Drs. 17/12637, 48; BGH NJW 2019, 303 Rn. 46 ff.; BGH NJW 2017, 2823 (2824) (zur Modernisierungsvereinbarung); *Rolfs/Möller* NJW 2017, 3275 (3276).
[204] *Artz* in MüKoBGB § 558b Rn. 11.

Mietern einheitlich geltend machen.[205] Da die Zustimmungserklärung nicht teilbar ist, sind die Mieter insoweit **keine Gesamtschuldner** im Sinne des § 421 BGB; sie müssen die Zustimmung gemeinsam erteilen. Eine etwaige Klage des Vermieters nach § 558b BGB sollte sich auf gemeinsame Abgabe der Zustimmungserklärung richten.[206] Bei **WG-Typ D (Außen-GbR)** ist das Mieterhöhungsverlangen an die Gesellschaft selbst zu richten. Auch wenn die Gesellschafter gesamtvertretungsbefugt sind (vgl. die Grundregeln in §§ 714, 709 BGB), reicht es aus, wenn das Verlangen einem der Gesellschafter zugeht.[207] Der Zustimmungsprozess ist gegen die Außen-GbR zu führen, wobei die Klage einem der (gesamt-) vertretungsberechtigten Gesellschafter zugestellt werden muss.[208]

VI. Mieterhöhung bei Modernisierungsmaßnahmen

75 Eine weitere Mieterhöhungsoption sieht § 559 Abs. 1 BGB vor, der dem Vermieter das Recht einräumt, bei Modernisierungsmaßnahmen im Sinne des § 555b Nr. 1, 3, 4, 5 oder 6 BGB (→ § 9 Rn. 17 ff., 29 ff.) die jährliche Miete um einen Prozentbetrag der für die Wohnung aufgewendeten Kosten **einseitig** zu erhöhen. Um welchen Betrag der Vermieter die Miete erhöhen kann, hängt nach Art. 229 § 49 Abs. 1 S. 1 EGBGB davon ab, wann der Mietvertrag abgeschlossen wurde und wann der Vermieter dem Mieter die Modernisierungsmaßnahmen nach § 555c BGB angekündigt hat: Ist der Vertrag bis zum 31.12.2018 zustande gekommen und ist die Modernisierungsankündigung dem Mieter bis zum 31.12.2018 zugegangen, kann der Vermieter die Miete um 11 % der für die Wohnung aufgewendeten Kosten erhöhen. Wurde der Mietvertrag nach dem 31.12.2018 abgeschlossen oder ist die Ankündigung nach § 555c BGB dem Mieter nach diesem Zeitpunkt zugegangen, kann der Vermieter **8 % der im Rahmen der Modernisierung aufgewendeten Kosten** verlangen. Die Reduzierung des Erhöhungsbetrags, die im Zuge des MietAnpG umgesetzt wurde, soll nach dem Willen des Gesetzgebers den Mietanstieg bundesweit bremsen.[209]

76 An die Kappungsgrenze des § 558 Abs. 3 BGB ist der Vermieter zwar nicht gebunden,[210] jedoch trifft ihn das **Wirtschaftlichkeitsgebot**; er muss bei Auswahl der Modernisierungsmaßnahmen im Rahmen seines Ermessensspielraums auf die Interessen des Mieters achten. Setzt sich der Vermieter über das Wirtschaftlichkeitsgebot hinweg, sind seine Aufwendungen insoweit nicht zu berücksichtigen.[211] Außerdem muss er bei Mietverträgen, die nach dem 31.12.2018 zustande gekommen sind, die **Kappungsgrenze des § 559 Abs. 3a BGB** beachten, wenn die Modernisierungsankündigung dem Mieter nach dem 31.12.2018 zugegangen ist (s. Art. 229 § 49 Abs. 1 S. 1 EGBGB). Nach § 559 Abs. 3a S. 1 BGB darf sich die monatliche Bruttokaltmiete innerhalb von sechs Jahren nach einer Erhöhung gem. § 559 Abs. 1 BGB nicht um mehr als monatlich **3 EUR je Quadratmeter Wohnfläche** erhöhen; Erhöhungen nach §§ 558, 560 bleiben außer Betracht.[212] Der Kappungsbetrag reduziert sich gem. § 559 Abs. 3a S. 2 BGB auf 2 Euro, wenn die monatliche Bruttokaltmiete weniger als 7 EUR pro Quadratmeter Wohnfläche

---

[205] BGH NJW 2004, 1797; *Emmerich* in Staudinger BGB Vor § 535 Rn. 78; *Kossmann/Meyer-Abich* Wohnraummiete-HdB § 149 Rn. 9; *Streyl* NZM 2011, 377 (384).
[206] *Börstinghaus* in Schmidt-Futterer MietR BGB § 558b Rn. 63.
[207] Zur Kündigung BGH NZG 2012, 69; vgl. ferner *C. Schäfer* in MüKoBGB § 714 Rn. 27.
[208] *C. Schäfer* in MüKoBGB § 714 Rn. 27.
[209] Die geltende Fassung des § 559 Abs. 1 BGB geht auf eine Empfehlung des Rechtsausschusses zurück, s. BeschlussE des Rechtsausschusses BT-Drs. 19/6153, 20 f. Zum Vorschlag der Bundesregierung, die die Reduzierung auf Gebiete mit angespannten Wohnungsmärkten iSd § 558 Abs. 3 S. 2 und 3 BGB begrenzen wollte, vgl. RegBegr MietAnpG BT-Drs. 19/4672, 8, 29 f.
[210] Zum Zusammenspiel zwischen §§ 558 ff. BGB und §§ 559 ff. BGB vgl. *Artz* in MüKoBGB § 559 Rn. 7; RegBegr MietAnpG BT-Drs. 19/4672, 31.
[211] *Artz* in MüKoBGB § 559 Rn. 16.
[212] Zu den Handlungsoptionen des Vermieters s. RegBegr MietAnpG BT-Drs. 19/4672, 31.

beträgt.[213] Schließlich ist die Mieterhöhung in **Härtefällen** ausgeschlossen (§ 559 Abs. 4–5 BGB).[214]

Der Bezugspunkt für die Mieterhöhung ist die jährliche Miete, die errechnet wird, indem die aktuell geschuldete Monatsmiete mit 12 multipliziert wird; auf die in den letzten 12 Monaten vor der Modernisierung gezahlte Miete kommt es also nicht an.[215] Die Kosten für etwaige Erhaltungsmaßnahmen im Sinne des § 555a BGB können nicht nach Maßgabe des § 559 Abs. 1 BGB auf den Mieter umgelegt werden (§ 555b Abs. 2 BGB); außerdem enthält § 559a BGB einen Katalog nicht umlauffähiger Kosten. Beziehen sich die Modernisierungsmaßnahmen auf mehrere Wohnungen, sind die Kosten gem. § 558 Abs. 3 BGB angemessen auf die einzelnen Wohnungen aufzuteilen.[216] Bei **WG-Typ B (Einzelverträge)** ist § 558 Abs. 3 BGB analog anzuwenden, dh jedes WG-Mitglied hat die Modernisierungskosten, die für die gesamte WG anfallen, in einem angemessenen Umfang zu tragen. 77

Die Miete wird durch eine **einseitige** Erklärung des Vermieters erhöht, die gem. § 559b Abs. 1 S. 1 BGB in Textform (§ 126b BGB) erfolgen muss. Für die Frage, an wen sich die Erklärung bei den unterschiedlichen WG-Typen richten muss, gelten die Ausführungen in → Rn. 74 entsprechend. Die Erklärung muss nach Maßgabe des § 559b Abs. 1 S. 2 BGB **begründet** sein. Der Mieter schuldet die erhöhte Miete gem. § 559b Abs. 2 S. 2 BGB mit Beginn des dritten Monats nach dem Zugang der Erklärung, wobei sich die Frist bei nicht ordnungsgemäßer Ankündigung der Modernisierungsmaßnahmen und der Überschreitung der angekündigten Mieterhöhung um 10 % um sechs Monate verlängert (§ 559 Abs. 2 S. 2 BGB). Übersteigt das Investitionsvolumen 10.000 EUR nicht, kann der Vermieter auf das vereinfachte Verfahren nach § 559c BGB zurückgreifen, das im Zuge des MietAnpG eingeführt wurde.[217] Zur Abwälzung der Mieterhöhung auf die Untermieter bei **WG-Typ A** → Rn. 79 ff. 78

VII. Abwälzung der Mieterhöhung bei WG-Typ A (Untermiete)

Insb. bei **WG-Typ A (Untermiete)** ist problematisch, ob und inwieweit der Hauptmieter eine Mieterhöhung im Hauptmietverhältnis auf die Untermieter anteilig weiterreichen kann. Diese Frage kann sich in allen Erhöhungskonstellationen stellen, also wenn der Hauptmieter und Vermieter gem. § 557 Abs. 1 BGB nachträglich eine Mieterhöhung vereinbart haben (→ Rn. 68), die nächste Mietstaffel erreicht wurde (→ Rn. 69), der Vermieter gegenüber dem Hauptmieter eine Erhöhungserklärung nach § 557b Abs. 3 BGB oder § 559b BGB abgegeben hat (→ Rn. 70; → Rn. 78) oder die Miete im Hauptmietverhältnis an die ortsübliche Vergleichsmiete angeglichen wurde (→ Rn. 71 ff.). In all diesen Konstellationen gilt im Ausgangspunkt, dass der Hauptmieter die Mieterhöhung **nicht automatisch** auf die Untermieter abwälzen kann. Vielmehr muss er sich auf eine Vereinbarung oder eine gesetzliche Grundlage stützen. Dabei ist zu berücksichtigen, dass die WG-Mitglieder häufig eine Innen-GbR bilden, sodass sich das Abwälzungsrecht beziehungsweise die Beteiligungspflicht aus gesellschaftsrechtlichen Grundsätzen ergeben können. Um die Handlungsoptionen des Hauptmieters auszuloten, ist zwischen zwei Gestaltungen zu unterscheiden: Ist das Untermietverhältnis von einer Ausnahme nach § 549 Abs. 2 BGB erfasst (→ Rn. 39 f.), stehen dem Hauptmieter einige Möglichkeiten offen, um mit den Untermietern ihre Beteiligung an der späteren Mieterhöhung zu ver- 79

---

[213] Der besondere Schutz der niedrigen Ausgangsmieten geht auf eine Empfehlung des Rechtsausschusses zurück, s. BeschlussE des Rechtsausschusses BT-Drs. 19/6153, 21; Vgl. ferner *Lützenkirchen* Mietrechtsanpassung 2019 Rn. 50 ff.
[214] Im Einzelnen *Artz* in MüKoBGB § 559 Rn. 21 ff.
[215] Ganz hM, vgl. nur *Börstinghaus* in Schmidt-Futterer MietR BGB § 559 Rn. 82 ff.
[216] Zum Umverteilungsschlüssel *Börstinghaus* in Schmidt-Futterer MietR BGB § 559 Rn. 74 ff.
[217] Einzelheiten in RegBegr MietAnpG BT-Drs. 19/4672, 32 ff.; BeschlussE des Rechtsausschusses BT-Drs. 19/6153, 21 f.; vgl. ferner *Lützenkirchen*, Mietrechtsanpassung 2019 Rn. 57 ff.

einbaren (→ Rn. 80). Ist der Hauptmieter aber seinerseits an die Vorgaben der §§ 557 ff. BGB gebunden (→ Rn. 66), bedarf es eines erhöhten argumentativen Aufwands, um die Mieterhöhung durch den Vermieter an die Untermieter weiterzureichen (→ Rn. 81 f.).

80 Fallen die Untermietverträge unter eine der **Ausnahmeregelungen in § 549 Abs. 2 BGB** (→ Rn. 39 f.), sind die Mietparteien nicht an die Vorgaben der §§ 557 ff. BGB gebunden. Deshalb ist es ohne weiteres möglich, dass sich der Untermieter verpflichtet, die Mieterhöhung gegenüber dem Hauptmieter (anteilig) mitzutragen. Eine solche Vereinbarung kann im ursprünglichen Mietvertrag (antizipiert) oder nachträglich getroffen werden. So kann der Untermietvertrag eine Abrede enthalten, wonach der Untermieter keinen festen Betrag zu zahlen hat, sondern die Miete im Untermietverhältnis als ein Prozentsatz der Miete im Hauptmietverhältnis ausgedrückt wird. § 707 BGB, der eine **Erhöhung der Beitragspflichten** für unzulässig erklärt, steht dem nicht entgegen, auch wenn die WG-Mitglieder eine Innen-GbR bilden (→ § 14 Rn. 1 ff.): Ist die Miete im Untermietverhältnis an die Entwicklung des Hauptmietverhältnisses gekoppelt, wird die Beitragshöhe von vornherein flexibel ausgestaltet; die Beiträge werden also nicht nachträglich erhöht.[218] Fehlt eine ausdrückliche Vertragsregelung, ist nach anderen Anhaltspunkten zu suchen, die für eine Abwälzung der Mieterhöhung sprechen können. Dabei sind auch gesellschaftsrechtliche Grundsätze zu beachten: Bilden die WG-Mitglieder eine Innen-GbR, müssen sie als Gesellschafter die Beitragspflicht erfüllen, die im Zweifel auf **Leistung gleicher Beiträge** gerichtet ist (vgl. § 706 Abs. 1 BGB; → § 14 Rn. 17). Dies kann im Einzelfall dafür sprechen, dass sich alle WG-Mitglieder an der Mieterhöhung beteiligen müssen. Ergibt aber die Auslegung des Miet- und Gesellschaftsvertrags, dass die Untermieter lediglich einen festen Betrag an den Hauptmieter zu zahlen haben, müssen sie sich an der Mieterhöhung durch den Vermieter nicht beteiligen. Will der Hauptmieter in einem solchen Fall den Erhöhungsbetrag nicht alleine tragen, muss er nach einer konsensualen Lösung mit den Untermietern suchen.

81 Schwieriger gestaltet sich die Rechtslage, wenn die §§ 557 ff. BGB auch auf die Untermietverträge anwendbar sind. In einem solchen Fall ist eine automatische Kopplung der Miethöhe im Untermietverhältnis an die Entwicklung des Hauptmietvertrags **mietrechtlich bedenklich**, weil die abschließende Aufzählung des § 557 BGB eine solche Gestaltung nicht vorsieht. So kann der Untermieter nicht bereits im ursprünglichen Mietvertrag einer anteiligen Abwälzung der Mieterhöhung im Hauptmietverhältnis zustimmen, weil § 557 Abs. 1 BGB Vereinbarungen beim Abschluss des Mietvertrags nicht erfasst.[219] Außerdem stünde eine solche **antizipierte Zustimmung** mit dem System des Mieterhöhungsrechts im Widerspruch: §§ 557 ff. BGB zählen die Möglichkeiten der Mieterhöhung abschließend auf. Dabei erlaubt § 557b BGB den Vertragsparteien, die Miethöhe an Umstände zu koppeln, die außerhalb des Mietverhältnisses liegen, nämlich an den Preisindex für die Lebenshaltung aller privaten Haushalte in Deutschland (→ Rn. 70). Wollte man eine Kopplung der Miethöhe im Untermietverhältnis an die Miethöhe im Hauptmietverhältnis zulassen, würde man eine Gestaltung erlauben, die in §§ 557 ff. BGB nicht vorgesehen ist.[220] Insoweit ist eine „flexible Untermiete" wohl unzulässig. Der Hauptmieter ist also mietrechtlich gezwungen, mit den Untermietern (nachträglich) eine Vereinbarung im Sinne des § 557 Abs. 1 BGB zu treffen oder den unsicheren Weg der §§ 558 ff. BGB zu beschreiten.

82 Allerdings passt das starre Korsett der §§ 557 ff. BGB nicht auf die Situation bei **WG-Typ A (Untermiete)**, sodass nach einer Lösung auf der gesellschaftsrechtlichen Ebene zu suchen ist: Bilden der Hauptmieter und die Untermieter eine Innen-GbR, können die Untermieter gesellschaftsrechtlich verpflichtet sein, sich an der Mieterhöhung gegenüber dem Hauptmieter zu beteiligen. Die Einschränkungen des § 557 BGB gelten nur für den

---

[218] Zur Zulässigkeit solcher Gestaltungen *C. Schäfer* in MüKoBGB § 707 Rn. 3.
[219] Vgl. *Börstinghaus* Miethöhe-HdB Kap. 7 Rn. 17.
[220] So auch *Börstinghaus* Miethöhe-HdB Kap. 7 Rn. 17.

Mietvertrag, nicht für den Gesellschaftsvertrag. Sieht der Untermietvertrag etwa vor, dass der Hauptmieter die Mieterhöhung durch den Vermieter auf den Untermieter abwälzen kann, ist diese Regelung zwar wegen § 557 BGB unwirksam, sie kann jedoch trotzdem herangezogen werden, um den **gesellschaftsrechtlichen Pflichtenkanon** der WG-Mitglieder zu bestimmen. Auch wenn andere Anhaltspunkte dafür bestehen, dass die WG-Mitglieder die Miethöhe in den Untermietverträgen an den Hauptmietvertrag koppeln wollen, ist dem Willen der Parteien mit gesellschaftsrechtlichen Instrumenten zum Durchbruch zu verhelfen.

D. Mietminderung

Die Mietminderung nach § 536 BGB steht in einem engen Zusammenhang mit der **mietrechtlichen Gewährleistung**, sodass insoweit auf die Ausführungen in → § 8 Rn. 28 ff., 93, 106 ff. verwiesen wird. 83

E. Betriebskosten

Die Parteien können gem. § 556 Abs. 1 S. 1 BGB vereinbaren, dass der Mieter neben der Miete – verstanden als Entgelt für die Überlassung des Wohnraums – auch die Betriebskosten entrichten muss. Unter dem Begriff der Betriebskosten werden alle Kosten verstanden, die **beim Gebrauch** der Mietsache entstehen (→ § 6 Rn. 4). Zu den Betriebskostenarten → § 6 Rn. 12 ff. Wie in → Rn. 2 dargestellt, können die Betriebskosten als fester Betrag ein Bestandteil der zu zahlenden Miete sein (Bruttowarmmiete; Inklusivmiete) oder im Einzelnen abgerechnet werden (Nettokaltmiete zuzüglich Betriebskosten). Im letztgenannten Fall können die Parteien gem. § 556 Abs. 2 BGB vereinbaren, dass die Betriebskosten als **Pauschale** oder als (angemessene) **Vorauszahlung** ausgewiesen werden (Einzelheiten in → § 6 Rn. 36 ff.). Haben sich die Parteien auf eine Betriebskostenpauschale geeinigt und will der Vermieter die Pauschale erhöhen, muss er die Vorgaben des § 560 BGB beachten (→ § 6 Rn. 44). Zur Betriebskostenabrechnung → § 6 Rn. 53 ff. 84

§ 5 Mietsicherheiten

Übersicht

	Rn.
A. Allgemeines	1
B. Vermieterpfandrecht	3
I. Anwendungsbereich	4
II. Gesicherte Forderung	5
III. Eingebrachte pfändbare Sachen des Mieters	8
IV. Erlöschen oder Ausübung des Vermieterpfandrechts	15
C. Die vertragliche Mietsicherheit	22
I. Anspruch auf Mietsicherheit	23
1. Schuldner	26
2. Arten	29
3. Höhe	34
4. Fälligkeit und Durchsetzung	39
5. Ergänzungs- oder Austauschpflicht	46
II. Gesicherte Forderung	47
III. Verwertung oder Rückgabe der Sicherheit	51
D. Wechsel auf Gläubiger- oder Vermieter-, Schuldner- oder Mieterseite	61
I. Vermieterpfandrecht	62
II. Vertragliche Mietsicherheit	66
1. Gläubigerwechsel und Vertragsübernahme auf Seiten des Vermieters	66
2. Veräußerung der Mietsache	68
3. Schuldner-/Mieterwechsel	72
E. Die Mietsicherheit in Zwangsvollstreckung und Insolvenz	74
I. Vermieterpfandrecht	75
II. Vertragliche Mietsicherheit	77

Schrifttum:

Barthen/Staab, Das Pfandrecht des Vermieters und dessen Berücksichtigung in der Mieterinsolvenz, ZInsO 2018, 2225; *Cymutta*, Die Mietkaution in der Insolvenz des Vermieters und des Mieters, WuM 2008, 441; *Derleder*, Die Neuregelung der Mietsicherheit und ihre Rechtsfolgen, WuM 2002, 239; *ders.*, Die Sicherung des Vermieters durch Barkaution, Bürgschaft, Verpfändung, Sicherungsabtretung und Schuldübernahme, NZM 2006, 601; *Dickersbach*, Die treuhänderische Bindung der Barkaution, WuM 2006, 595; *Eckert*, Die insolvenzfeste Anlage der Mietkaution, ZMR 2010, 9; *Fehrenbach*, Vermieterpfandrecht und gutgläubiger lastenfreier Erwerb, NZM 2012, 1; *Feuerlein*, Das Schicksal der Kaution bei Veräußerung der Wohnung und Beendigung des Mietverhältnisses vor Eintragung des Erwerbers im Grundbuch, WuM 2005, 79; *Fischer*, Die Bürgschaft auf erstes Anfordern als formularmäßige Mietsicherheit, NZM 2003, 497; *Heinze*, Wie weit geht die Freigabe des Wohnmietvertrags?, ZInsO 2018, 155; *Horst*, Mietkaution – Die Verwertung bei Ende des Mietverhältnisses, MDR 2007, 697; *Jacoby*, Kaution bei Eigentümerwechsel, Zwangsverwaltung und Insolvenz, ZMR 2015, 1; *Kießling*, Die Kaution im Miet- und Pachtrecht, JZ 2004, 1146; *Ludley*, Der Kautionsrückgewähranspruch, NZM 2013, 777; *Samhat*, Stellung der Kreditinstitute bei Mietkautionskonten während der Mietzeit, WM 2015, 1454; *M.J. Schmid*, Die Bankbürgschaft als Mietsicherheit, WM 2011, 2345; *ders.*, Mietkaution und Verjährung, ZMR 2014, 256; *Scholz*, Das Vermieterpfandrecht und seine Verwertung in der mietrechtlichen Praxis, ZMR 2010, 1; *Timme*, Mietkaution in der Insolvenz des Vermieters, NZM 2008, 429; *Woitkewitsch*, Kautionsrückforderung bei Mehrheit von Mietern, ZMR 2005, 426. – Vgl. außerdem jeweils im allgemeinen Schrifttum.

A. Allgemeines

Da bei einem Mietverhältnis kein permanenter Leistungsaustausch Zug um Zug stattfinden **1** kann, geht der Vermieter, wenn er dem Mieter den Gebrauch einmal überlassen hat, ein Vorleistungsrisiko ein, dem ein besonderes **Sicherungsinteresse** korrespondiert. Das Interesse des Mieters geht demgegenüber dahin, in möglichst nur geringem Umfang zu einer Sicherheitsleistung verpflichtet zu sein, die für ihn nicht nur mit Einschränkungen in seiner Freiheit der Vermögensdisposition, sondern auch mit Vorhalte- oder Transaktionskosten verbunden ist. Dritte haben regelmäßig das Interesse, auf Vermögen des Mieters wegen seiner Verbindlichkeiten ihnen gegenüber möglichst ungehindert zugreifen zu können und keinen überraschenden Einschränkungen unterworfen zu sein.

2 Das Gesetz trägt dieser Interessenlage Rechnung, indem es dem Vermieter für Forderungen aus dem Mietverhältnis ein gesetzliches Pfandrecht an den eingebrachten, pfändbaren Sachen des Mieters einräumt (**Vermieterpfandrecht**, §§ 562 ff. BGB; dazu B.). Eine über das Vermieterpfandrecht hinausgehende **Mietsicherheit** kann der Vermieter, von eng umgrenzten Ausnahmen abgesehen[1], nur verlangen, wenn sie **vertraglich** vereinbart ist (dazu C.). Tritt der Vermieter die gesicherte Forderung an einen Dritten ab oder rückt gar ein Dritter in die vertragliche Rechtsstellung des Vermieters ein, insbesondere im Fall der Veräußerung der Mietsache, fragt sich, wie sich dies auf Vermieterpfandrecht und vertragliche Mietsicherheit auswirkt. Diese Frage stellt sich ferner dann, wenn ein Dritter die Verbindlichkeit des Mieters oder gar den Vertrag im Ganzen übernimmt oder Verbindlichkeit beziehungsweise Vertrag beitritt (dazu D.). Schließlich können sich Zwangsvollstreckung und Insolvenz auf die Mietsicherheit auswirken (dazu E.).

B. Vermieterpfandrecht

3 Die praktische **Bedeutung** des Vermieterpfandrechts liegt im Gebiet der Räumungsvollstreckung[2] (dazu → § 21 Rn. 20). Seinen eigentlichen Sicherungszweck kann es hingegen kaum erfüllen, nicht zuletzt aufgrund des weitreichenden Pfändungsschutzes (dazu → § 19 Rn. 18 ff.) und weil die mit dem Pfandrecht belasteten Sachen oft keinen oder nur einen geringen Wert haben und dennoch oft nur auf kostenintensive Art und damit nicht rentabel verwertet werden können.[3]

I. Anwendungsbereich

4 Der sachliche Anwendungsbereich des Vermieterpfandrechts umfasst, was sich aus der systematischen Stellung ergibt, insbesondere Wohnraummietverhältnisse,[4] auch zwischen Hauptmieter und Untermieter.[5]

II. Gesicherte Forderung

5 Das Pfandrecht entsteht kraft Gesetzes durch das Einbringen von pfändbaren Sachen des Mieters in die Räume, wenn der Vermieter Forderungen aus dem laufenden Mietverhältnis gegen den Mieter hat oder künftig solche Forderungen entstehen.[6] Dazu gehören vor allem

---

[1] § 563b Abs. 3 BGB: Hatte der verstorbene Mieter keine Sicherheit geleistet, kann der Vermieter nun Sicherheit von den neuen Mietern verlangen. Verlangt der Mieter die Zustimmung zu einem barrierefreien Umbau, kann der Vermieter sie gemäß § 554a Abs. 2 S. 1 BGB von der Leistung einer zusätzlichen Sicherheit für die Wiederherstellung des ursprünglichen Zustandes abhängig machen (vgl. *Kraemer* NZM 2001, 737 (738)). Auch ein Anspruch auf Zustimmung zum Anbringen einer Parabolantenne etc. besteht nur, wenn der Mieter auf Verlangen Sicherheit für die voraussichtlichen Beseitigungskosten leistet (LG Dortmund NJW-RR 2000, 889). Schließlich kann eine besondere prozessuale Sicherheit zu leisten sein, etwa aufgrund von § 890 Abs. 3 ZPO im Zusammenhang mit einem Unterlassungstitel.
[2] *Wiederhold* in BeckOK BGB, Ed. 1.2.2019, § 562 Rn. 2.
[3] Näher *Artz* in MüKoBGB § 562 Rn. 4; *von der Osten* in Bub/Treier BeckHdB MietR III Rn. 2176 ff.
[4] *Dickersbach* in Lützenkirchen MietR 2 § 562 Rn. 2.
[5] *Wiederhold* in BeckOK BGB, Ed. 1.2.2019, § 562 Rn. 2.
[6] Vgl. *Wiederhold* in BeckOK BGB, Ed. 1.2.2019, § 562 Rn. 9; *Artz* in MüKoBGB, § 562 Rn. 14.

die Mietforderung selbst (→ § 4; auch die als eigene Schuld übernommene Mietschuld eines Vormieters), die Betriebskostenforderung (→ § 6) und Schadensersatzansprüche wegen Beschädigung der Mietsache (→ § 10).[7] Nach richtiger Ansicht sichert das Vermieterpfandrecht auch die Forderung gegen den Mieter auf Stellung einer vertraglichen Mietsicherheit (→ Rn. 22 ff.). Auch dabei handelt es sich um eine Forderung aus dem Mietverhältnis; die in § 551 BGB einer vertraglichen Mietsicherheit gezogenen Grenzen sind insoweit nicht einschlägig.[8]

Künftige Mietforderungen sind nur in der Grenze des § 562 Abs. 2 BGB durch das Vermieterpfandrecht gesichert. Auch in der Insolvenz des Mieters gelten im Hinblick auf künftige Forderungen Besonderheiten (→ Rn. 75). 6

Gesichert sind nur Forderungen aus dem Mietverhältnis. Besteht zwischen Vermieter und Mieter darüber hinaus eine gesellschaftsrechtliche Beziehung, etwa weil es sich um eine **WG mit dem Vermieter** (WG-Typen B, C oder F, → § 1) handelt, sind aus diesem Innenverhältnis erwachsende (Beitrags-)Ansprüche (→ § 14) nicht vom Vermieterpfandrecht gesichert. Handelt es sich hingegen um eine Forderung aus dem Mietverhältnis, scheitert ein Vermieterpfandrecht nicht daran, dass für die Forderung außer dem Mieter noch Dritte haften. 7

III. Eingebrachte pfändbare Sachen des Mieters

Das Vermieterpfandrecht entsteht jeweils an Sachen des Mieters – bei Miteigentum des Mieters an dessen Anteil[9] –, gegen den sich die gesicherte Forderung richtet. Es setzt also voraus, dass schuldender Mieter und Eigentümer des Pfandes personenidentisch sind. Daher besteht das Vermieterpfandrecht nicht an Sachen im Eigentum des Vermieters oder eines Dritten, der nicht auf Mieterseite Partei desjenigen Mietvertrages ist, auf dem die gesicherte Forderung beruht (er mag für die gesicherte Forderung haften oder nicht). Mithin stellt sich der Umfang des Vermieterpfandrechts in den verschiedenen WG-Formen unterschiedlich dar: 8

Wird die WG durch **Haupt- und Untermietverträge** gebildet (WG-Typ A, → § 1 Rn. 24), steht dem Vermieter ein Vermieterpfandrecht nur an den vom Hauptmieter eingebrachten Sachen des Hauptmieters zu, aber insbesondere nicht an den Sachen der Untermieter. Zu ihnen unterhält der Vermieter keinerlei Vertragsbeziehungen, Inhaber eines Vermieterpfandrechts im Verhältnis zum Untermieter ist vielmehr nur der Hauptmieter selbst.[10] Daher steht dem Vermieter an den Sachen der Untermieter auch dann kein Vermieterpfandrecht zu, wenn diese für Forderungen gegen den Hauptmieter haften sollten. Gleiches gilt erst recht, wenn Vermieter oder Mieter einen oder mehrere **Mitbewohner ohne vertragliche Grundlage** (insbesondere WG-Typen E und F, → § 1 Rn. 28 f.) in die Wohnung aufnehmen.[11] An sich würde dem Vermieter ein Pfandrecht an Sachen eines Untermieters zustehen, wenn ihm die Mietzahlungsansprüche des Haupt- 9

---

[7] *Dickersbach* in Lützenkirchen MietR BGB § 562 Rn. 38 mwN; *Lammel* in Schmidt-Futterer MietR BGB § 562 Rn. 38 ff.

[8] *Dickersbach* in Lützenkirchen MietR BGB § 562 Rn. 40; aA *Wiederhold* in BeckOK BGB, Ed. 1.2.2019, § 562 Rn. 29 mwN; *Lammel* in Schmidt-Futterer MietR BGB § 562 Rn. 41. – Diese Grenzen werden überdies noch nicht einmal verletzt, weil die vertragliche Mietsicherheit, derentwegen der Vermieter das Vermieterpfandrecht geltend macht, gerade noch nicht zur Verfügung steht; ist die Mietsicherheit aufgebracht, erlischt damit die Forderung und ein Vermieterpfandrecht kann derentwegen nicht weiter geltend gemacht werden; vertragliche und gesetzliche Mietsicherheit kumulieren also zu keinem Zeitpunkt.

[9] *Von der Osten* in Bub/Treier BeckHdB MietR III Rn. 2200; näher → § 15.

[10] *Wiederhold* in BeckOK BGB, Ed. 1.2.2019, § 562 Rn. 6; *von der Osten* in Bub/Treier BeckHdB MietR III.A Rn. 2204.

[11] *Von der Osten* in Bub/Treier BeckHdB MietR III Rn. 2198; ebenso für Angehörige *Sternel* MietR III Rn. 223; näher → § 11 und → § 18.

mieters gegen den Untermieter abgetreten werden (→ Rn. 62); formularmäßig wäre eine solche Abtretung aber unwirksam (§ 305c Abs. 1 BGB).[12]

10   Bei **Einzelvermietung der WG-Zimmer** (WG-Typ B, → § 1 Rn. 25) steht dem Vermieter gegenüber jedem WG-Mitglied das Vermieterpfandrecht an den in das jeweils vermietete WG-Zimmer eingebrachten Sachen des WG-Mitgliedes zu, ferner an seinen von ihm in mitvermietete Gemeinschaftsräume eingebrachten Sachen. Als Pfandobjekte sichern diese Sachen aber stets nur die Forderungen, die dem Vermieter aus dem mit dem jeweiligen WG-Mitglied selbst bestehenden Mietvertrag zustehen. Forderungen gegen andere WG-Mitglieder, in Bezug auf die mit diesen bestehenden Mietverträge das WG-Mitglied bloßer Dritter ist, gehören hingegen nicht dazu, denn an Sachen Dritter besteht auch dann kein Vermieterpfandrecht, wenn der Dritte für die gesicherte Forderung haftet (→ Rn. 8).

11   Liegt der WG ein **einheitlicher Mietvertrag** zwischen dem Vermieter und den WG-Mitgliedern zugrunde (WG-Typ C, → § 1 Rn. 26), haften die WG-Mitglieder für die Verbindlichkeiten aus dem Mietvertrag gesamtschuldnerisch (§§ 421, 427 BGB).[13] Der Vermieter kann deshalb jedes WG-Mitglied auf die gesamte Verbindlichkeit in Anspruch nehmen. Daher wird jede Forderung des Vermieters durch ein Vermieterpfandrecht an allen eingebrachten Sachen aller WG-Mitglieder gesichert, das heißt dem Vermieterpfandrecht unterliegen Sachen im Alleineigentum eines WG-Mitgliedes und im Gesamthandseigentum aller WG-Mitglieder, bei Miteigentum am jeweiligen Anteil.[14] An Sachen des Vermieters und Sachen Dritter, die nicht auf Mieterseite Partei des Mietvertrages sind, besteht kein Vermieterpfandrecht.

12   Beruht die WG auf einem Mietvertrag zwischen dem Vermieter und einer **Außen-GbR**, zu der sich die WG-Mitglieder zusammengeschlossen haben (WG-Typ D, → § 1 Rn. 27), entsteht das Vermieterpfandrecht nur an den der Gesellschaft gehörenden eingebrachten Sachen, nicht dagegen an den Sachen der Gesellschafter.[15] Auch wenn diese analog § 128 HGB für die Verbindlichkeiten der Gesellschaft haften, ändert das nichts daran, dass die Gesellschafter aus Sicht des mit der Gesellschaft, nicht mit ihnen, geschlossenen Mietvertrages Dritte sind.

13   **Eingebracht** sind nicht nur die vom Mieter hineingeschafften Sachen, sondern auch diejenigen, die sich vor der Mietzeit in den Miträumen befinden und vom Mieter dort belassen werden.[16]

14   **Pfändbar** (→ § 19 Rn. 18 ff.) sind die Sachen, wenn sie nicht den Pfändungsschutzbestimmungen der §§ 811 Abs. 1, 811c Abs. 1 und 812 ZPO unterliegen.[17] Durch eine Austauschpfändung gemäß §§ 811a, b ZPO kann die Reichweite des Vermieterpfandrechts hingegen nicht ausgedehnt werden, auch nicht durch Entscheidung nach § 811c Abs. 2 ZPO.[18] Umgekehrt setzen § 865 ZPO und § 803 Abs. 1 S. 2 ZPO dem Vermieterpfandrecht keine Grenze.[19] Die Pfändbarkeit muss jeweils in dem Zeitpunkt bestehen, in dem das Vermieterpfandrecht geltend gemacht wird.[20]

---

[12] OLG Celle BeckRS 1989, 30944679; *von der Osten* in Bub/Treier BeckHdB MietR III.A Rn. 2183; näher → § 2 Rn. 90 ff.
[13] *Emmerich* in Bub/Treier BeckHdB MietR II Rn. 591; näher → § 14 Rn. 49.
[14] *Wiederhold* in BeckOK BGB, Ed. 1.2.2019, § 562 Rn. 20; *Artz* in MüKoBGB, § 562 Rn. 15; *Emmerich* in Staudinger BGB § 562 Rn. 18; *Lammel* in Schmidt-Futterer MietR BGB § 562 Rn. 28. Vgl. *von der Osten* in Bub/Treier BeckHdB MietR III.A Rn. 2200.
[15] *Wiederhold* in BeckOK BGB, Ed. 1.2.2019, § 562 Rn. 20; *Artz* in MüKoBGB, § 562 Rn. 15; *Emmerich* in Staudinger BGB § 562 Rn. 18; *Dickersbach* in Lützenkirchen MietR BGB § 562 Rn. 22 mwN zur älteren Gegenansicht. Anders offenbar auch *Lammel* in Schmidt-Futterer MietR BGB § 562 Rn. 28, der zwischen der verselbständigten Außen-GbR und den Personenhandelsgesellschaften unterscheidet.
[16] BGHZ 202, 354 = NJW 2014, 3775 (3776).
[17] Vgl. *Haase* JR 1971, 323; *von der Osten* in Bub/Treier BeckHdB MietR III Rn. 2209.
[18] Vgl. *Weidenkaff* in Palandt BGB § 562 Rn. 17 bzw. 18 aE; zu § 811a ZPO auch *von der Osten* in Bub/Treier BeckHdB MietR III Rn. 2211.
[19] *Weidenkaff* in Palandt BGB § 562 Rn. 17; *von der Osten* in Bub/Treier BeckHdB MietR III Rn. 2209, 2211.
[20] *Wiederhold* in BeckOK BGB, Ed. 1.2.2019, § 562 Rn. 34; *von der Osten* in Bub/Treier BeckHdB MietR III Rn. 2209.

IV. Erlöschen oder Ausübung des Vermieterpfandrechts

Das Vermieterpfandrecht erlischt gemäß § 562a S. 1 BGB mit der Entfernung der Sachen von dem Grundstück, außer wenn die Sachen ohne Wissen oder unter Widerspruch des Vermieters von dem Grundstück entfernt werden. Ein Widerspruch des Vermieters ist gemäß S. 2 dieser Norm unbeachtlich, wenn die Entfernung den gewöhnlichen Lebensverhältnissen entspricht oder wenn die zurückbleibenden Sachen zur Sicherung des Vermieters offenbar ausreichen (nicht muss sich der Vermieter auf eine vertraglich vereinbarte Mietsicherheit verweisen lassen). In diesen Fällen führt auch die Entfernung ohne Wissen des Vermieters zum Erlöschen des Vermieterpfandrechts.[21]

Wie jedes Pfandrecht an beweglichen Sachen erlischt das Vermieterpfandrecht ferner gemäß §§ 1242 Abs. 2 S. 1, 1244, 1250 Abs. 2, 1252, 1255, 1256 (jeweils iVm § 1257 BGB) sowie in den Fällen lastenfreien Erwerbs gemäß §§ 936, 945, 949, 950 Abs. 2, 973 Abs. 1 S. 2 BGB[22] und außerdem bei Untergang der Sache.[23] Ein Vermieterpfandrecht an Sachen, an denen der Mieter auflösend bedingt Eigentum erworben hat, erlischt ferner mit Eintritt der auflösenden Bedingung.[24] Es erlischt schließlich, wenn der Vermieter das Eigentum an der dem Vermieterpfandrecht unterliegenden Sache erwirbt.[25]

Das Vermieterpfandrecht wird ausgeübt, indem die mit dem Pfandrecht belastete Sache gemäß §§ 1233 ff. iVm § 1257 BGB **verwertet** wird. Der Mieter (§ 562c BGB), aber auch der Eigentümer[26] kann die Verwertung verhindern, indem er nach §§ 232 ff. BGB Sicherheit leistet, in Höhe des Wertes der einzelnen Sache(n) (§ 562c S. 2 BGB) oder in Höhe aller Ansprüche, für die das Pfandrecht besteht.[27] Das bedeutet allerdings nicht, dass sich der Vermieter darauf verweisen lassen müsste, er sei durch eine vertraglich vereinbarte Mietsicherheit hinreichend gesichert.

Zum Schutz der dem Vermieter zustehenden Verwertungsbefugnis sieht das Gesetz ein **Selbsthilferecht** des Vermieters vor, um die Entfernung von dem Pfandrecht unterliegenden Sachen zu verhindern, sowie einen Herausgabeanspruch (§ 562b BGB; → § 21 Rn. 66).

Wird die Sache verwertet und haftet für die Forderung schuldrechtlich nicht nur der Eigentümer der verwerteten Sache, bestimmt sich nach dem Innenverhältnis zwischen ihm und den anderen (Gesamt-) Schuldnern, ob und in welchem Umfang ihm **Ausgleichsansprüche** zustehen (→ § 14 Rn. 49).

Macht der **Vermieter** ein Vermieterpfandrecht geltend, trägt er die **Beweislast** für die Voraussetzungen des Vermieterpfandrechts. Dazu gehört auch das Eigentum des Mieters.[28] Dass der Mieter Besitzer der Sachen ist, führt nicht dazu, dass es an ihm wäre, gemäß § 1006 BGB vermutetes Eigentum zu widerlegen, denn diese Vermutung greift nur zugunsten eines Besitzers ein[29] sowie im Verhältnis zu Dritten zugunsten desjenigen, der Rechte vom Besitzer ableitet. Daher wird der Vermieter von § 1006 BGB geschützt, wenn er Dritten gegenüber sein Vermieterpfandrecht an Sachen geltend macht, die der Mieter in Besitz hat.[30] Der Mieter ist gegebenfalls sekundär darlegungsbelastet, wenn er das Allein-

---

[21] BGHZ 120, 368 (375) = NJW 1993, 1791; *Weidenkaff* in Palandt BGB § 562a Rn. 7; *Emmerich* in Staudinger BGB § 562a Rn. 12.
[22] Vgl. *Weidenkaff* in Palandt BGB § 562a Rn. 2; näher *Fehrenbach* NZM 2012, 1. Laut *von der Osten* in Bub/Treier BeckHdB MietR III Rn. 2223, soll auch eine vertragliche Einigung über das Erlöschen des Vermieterpfandrechts in Betracht kommen.
[23] RGZ 96, 184 (185).
[24] *Weidenkaff* in Palandt BGB § 562a Rn. 3.
[25] *Von der Osten* in Bub/Treier BeckHdB MietR III. Rn. 2223.
[26] BGH BeckRS 1971, 00125.
[27] *Weidenkaff* in Palandt BGB § 562c Rn. 1.
[28] BGH NJW 1986, 2426; KG Berlin NZM 2005, 422; *Emmerich* in Staudinger BGB § 562 Rn. 39.
[29] KG Berlin NZM 2005, 422; *Dickersbach* in Lützenkirchen MietR § 562 Rn. 48; *Emmerich* in Staudinger BGB § 562 Rn. 40.
[30] BGH NJW-RR 2017, 1097.

eigentum bestreitet.[31] In Formularmietverträgen kann eine vorformulierte Erklärung des Mieters, dass die eingebrachten Sachen als sein alleiniges und unbelastetes Eigentum gelten, sofern er nicht das Gegenteil dem Vermieter mitteilt, nicht zu einer Umkehr der Beweislast führen (§ 309 Nr. 12 lit. b BGB).[32]

21 Den **Mieter** trifft die **Darlegungs- und Beweislast** für die Unpfändbarkeit von Sachen[33] sowie für das Erlöschen der gesicherten Forderung und für den Untergang des Pfandrechts durch erlaubte Entfernung oder Verzicht.[34]

C. Die vertragliche Mietsicherheit

22 Dem Sicherungsbedürfnis des Vermieters kann über das Vermieterpfandrecht hinaus durch eine vertragliche Mietsicherheit Rechnung getragen werden. Dabei handelt es sich um eine **materiellrechtliche Sicherheitsleistung** im Sinne von §§ 232 ff. BGB.

I. Anspruch auf Mietsicherheit

23 Ein Anspruch auf eine vertragliche Mietsicherheit besteht nur, wenn sie vertraglich vereinbart worden ist. Derartige Kautionsabreden sind in Mietverträgen – individualvertraglich oder in Allgemeinen Geschäftsbedingungen[35] – die Regel[36] und von der Vertragsgestaltungsfreiheit umfasst, die bei Wohnraummietverhältnissen freilich durch § 551 BGB begrenzt ist.[37]

24 Von der **Vertragsgestaltungsfreiheit** ebenfalls umfasst ist die nachträgliche Vereinbarung einer vertraglichen Mietsicherheit; § 551 BGB gilt indessen auch in diesem Fall.[38] Hingegen lassen sich weder §§ 232 ff. BGB noch § 551 BGB als gesetzliche Anspruchsgrundlagen für eine vertraglich nicht vereinbarte Mietsicherheit fruchtbar machen.[39]

25 Wie alle mietvertraglichen Vorschriften[40] gelten auch die Regeln zur vertraglichen Mietsicherheit ebenso für Miet- wie für **Untermietverträge** (WG-Typ A, → § 1 Rn. 24).

1. Schuldner

26 Die Hingabe der Mietsicherheit schuldet der **Mieter**, der sich **verpflichtet** hat, die Mietsicherheit zu stellen.

27 Aus einer Kautionsabrede zwischen Vermieter und Hauptmieter ist der **Untermieter** (WG-Typ A, → § 1 Rn. 24) dem Vermieter nicht verpflichtet. Eine Abtretung des dem Haupt- gegen den Untermieter zustehenden Anspruchs auf Stellung einer Mietsicherheit wäre wegen § 399 BGB unwirksam, wenn nicht zugleich die gesicherte Forderung abgetreten wird (→ Rn. 66).

---

[31] OLG Brandenburg BeckRS 2007, 17178; *Dickersbach* in Lützenkirchen MietR BGB § 562 Rn. 48.
[32] *Von der Osten* in Bub/Treier BeckHdB MietR III Rn. 2198; *Sternel* MietR Rn. III 223; näher → § 2 Rn. 92 ff.
[33] Vgl. BGH NJW 1986, 2426; *Dickersbach* in Lützenkirchen MietR BGB § 562 Rn. 48; *Emmerich* in Staudinger BGB § 562 Rn. 39.
[34] Vgl. OLG Düsseldorf BeckRS 2000, 30092197.
[35] *Weidenkaff* in Palandt BGB Einf v § 535 Rn. 121 aE; *Blank* in Schmidt-Futterer MietR BGB § 551 Rn. 10; näher → § 2 Rn. 92 ff.
[36] *Von der Osten* in Bub/Treier BeckHdB MietR III Rn. 1982.
[37] *Emmerich* in Staudinger BGB § 551 Rn. 4.
[38] *Blank* in Schmidt-Futterer MietR BGB § 551 Rn. 10; *Emmerich* in Staudinger BGB § 551 Rn. 4b mwN zum Streitstand.
[39] *Von der Osten* in Bub/Treier BeckHdB MietR III Rn. 1982; vgl. auch *Blank* in Schmidt-Futterer MietR BGB § 551 Rn. 10.
[40] Vgl. BGHZ 81, 46 = NJW 1981, 2246 (2247); *Weidenkaff* in Palandt BGB § 540 Rn. 18.

C. Die vertragliche Mietsicherheit § 5

Eine **Mehrheit von Mietern** (WG-Typ C, → § 1 Rn. 26), die sich vertraglich zu einer 28
Mietsicherheit verpflichten, haftet für eine teilbare Mietsicherheit im Zweifel als Gesamtschuldner (§§ 421, 427 BGB) und für eine unteilbare Mietsicherheit kraft zwingenden Rechts (§ 431 BGB).

2. Arten

Als Mietsicherheit kommt insbesondere **Bargeld** oder Einzahlung auf ein **Konto** des 29
Vermieters (Barkaution), **Verpfändung** oder **Sicherungsabtretung** eines Kontoguthabens (auf den Namen des Mieters angelegtes Kautionskonto) oder eine **(Bank−)Bürgschaft** in Betracht.[41] In welcher Art eine vertragliche Mietsicherheit geschuldet ist, richtet sich nach der vertraglichen Vereinbarung.

Hingegen liegt keine Mietsicherheit vor, wenn der Mieter eine Verpflichtung zum 30
Erwerb von **Genossenschaftsanteilen** übernimmt. Der Grund, warum in diesen Fällen in der Regel keine eigenständige (zusätzliche) Mietsicherheit verlangt wird, liegt allein in den besonderen Aufrechnungs- beziehungsweise Vollstreckungsmöglichkeiten, die sich für den Vermieter schon aus der Stellung des Mieters als Genossenschaftsmitglied ergeben. Aufgrund der sich aus dieser Stellung ergebenden Rechtsfolgen (insbesondere Mitbestimmung, Kapitalbeteiligung) geht die Verpflichtung, Genossenschaftsanteile zu erwerben, aber über die Funktion einer Mietsicherheit hinaus.[42]

Eine **Barkaution** wird geleistet, indem Bargeld übergeben oder eine endgültige Gut- 31
schrift auf dem Konto des Vermieters vorgenommen wird.[43] Aufrechnung gegenüber dem Anspruch auf Stellung einer Mietsicherheit mit einer Gegenforderung ist wegen des Sicherungszwecks ausgeschlossen.[44]

Im Fall der Barkaution verpflichtet § 551 Abs. 3 S. 1 und 2 BGB den Vermieter, die 32
Barkaution bei einem Kreditinstitut zu dem für Spareinlagen mit dreimonatiger Kündigungsfrist üblichen Zinssatz anzulegen, wenn nichts anderes vereinbart wird. In jedem Fall muss die Barkaution gemäß § 551 Abs. 3 S. 3 BGB vom übrigen Vermögen des Vermieters getrennt angelegt werden.[45] Eine Ausnahme zur Verzinsungspflicht nach § 551 Abs. 3 S. 1 BGB sieht Satz 5 dieser Norm für den Vermieter von Wohnraum in einem Studenten- oder Jugendwohnheim vor. Eine analoge Anwendung auf eine studentische **WG durch Haupt- und Untermietverträge** oder **Einzelvermietung der WG-Zimmer** (WG-Typen A oder B, → § 1 Rn. 24 f.) dürfte indessen ausscheiden, denn zwar handelt es sich auch hier um eher kurze Mietverhältnisse und relativ geringwertige Sicherheiten, begründet ist die gesetzgeberische Regelung aber erst aus dem im Verhältnis dazu hohen Verwaltungsaufwand bei der Verzinsung zahlreicher kleiner Kautionsbeträge.[46] Eine WG erreicht aber nicht die für ein Wohnheim typische Zahl der Mietparteien.

---

[41] Ferner kommt Sicherungsabtretung von Lohn- oder Gehaltsforderungen (dazu *Blank* in Schmidt-Futterer MietR BGB § 551 Rn. 48) in Betracht. Prinzipiell möglich, aber insbesondere in Wohnraummietverhältnissen bedeutungslos dürfte die Sicherungsübereignung sein; desgleichen ein Verfügungsunterlassungsvertrag bezüglich bestimmter Gegenstände, vgl. BGH NJW 1984, 1749 (II 2c); die Verpfändung von Bargeld, vgl. *Emmerich* in Staudinger BGB § 551 Rn. 5; der Wertpapieren, vgl. *Blank* in Schmidt-Futterer MietR BGB § 551 Rn. 47; dort Rn. 49 bis 51a noch zu weiteren Arten.
[42] LG Regensburg BeckRS 2009, 26931; *Feßler/Roth* WuM 2010, 67; *Sternel* MietR Rn. III 168.
[43] BGH NJW 2005, 1771; zur SEPA-Lastschrift BGHZ 186, 269 = NJW 2010, 3510; *von der Osten* in Bub/Treier BeckHdB MietR III Rn. 2077 (dort auch zur Übergabe eines Schecks).
[44] OLG München NJW-RR 2000, 1251; LG Hamburg BeckRS 1990, 07743; *von der Osten* in Bub/Treier BeckHdB MietR III Rn. 2078.
[45] *Von der Osten* in Bub/Treier BeckHdB MietR III Rn. 2031. Die dort vertretene Ansicht, das gelte auch für andere liquide Sicherheiten, wie etwa übereignetes Sicherungsgut, erscheint zweifelhaft, weil die Gefahr des Rechtsverlustes dort nicht in gleicher Weise besteht; gegen die Anwendung von Abs. 3 *Emmerich* in Staudinger BGB § 551 Rn. 17. Zur Rechtsstellung des Kreditinstituts *Samhat* WM 2015, 1454. Vgl. ferner *Eckert* ZMR 2010, 9
[46] Vgl. BT-Drs. 14/5663, 77; kritisch dazu *Emmerich* in Staudinger BGB § 551 Rn. 17.

33 Ist eine Mietsicherheit vereinbart, die Art der Sicherheitsleistung aber nicht vertraglich festgelegt, richtet diese sich nach **§ 232 BGB**.[47] Demnach hat der Mieter die Wahl zwischen Hinterlegung von Geld oder Wertpapieren und Bestellung bestimmter Pfandrechte. Nur subsidiär ist Stellung eines tauglichen Bürgen zulässig. Bei einer WG aus einer **Mehrheit von Mietern** (WG-Typ C, → § 1 Rn. 26), die gesamtschuldnerisch zur Mietsicherheit verpflichtet sind, wirkt die nach § 232 BGB zu treffende Wahl persönlich, jeder in Anspruch genommene Mieter könnte sie also anders ausüben.[48]

3. Höhe

34 Ebenso wie die Art hängt auch die Höhe der zu leistenden vertraglichen Mietsicherheit grundsätzlich von der vertraglichen Vereinbarung ab. Insoweit sind ihr jedoch **gesetzlich Grenzen** gezogen, und zwar nicht erst durch § 138 BGB, wonach die Verpflichtung zu einer unverhältnismäßig hohen Mietsicherheit unwirksam wäre[49]. Vielmehr darf gemäß § 551 Abs. 1 BGB die vom Mieter von Wohnraum zu stellende Mietsicherheit vorbehaltlich einer Erhöhung der Mietsicherheit durch Zinserträge (§ 551 Abs. 3 S. 4 BGB) höchstens drei Monatsmieten (ohne Berücksichtigung von Betriebskostenpauschale oder -vorauszahlung) betragen. Ist die Miete aufgrund eines Mangels gemindert (→ § 8 Rn. 28 ff.), verringert sich die nach § 551 Abs. 1 BGB zulässige Höhe der vertraglich vereinbarten Mietsicherheit dadurch grundsätzlich nicht.[50]

35 **§ 551 Abs. 1 BGB** betrifft alle Arten von Mietsicherheiten[51], begrenzt also sowohl die Menge zu übergebenden oder einzuzahlenden Bargeldes (Barkaution) als auch den geschuldeten Nennbetrag einer zu verpfändenden oder sicherungshalber abzutretenden Kontoguthabenforderung (Kautionskonto) sowie die Höhe einer zu stellenden (Bank-)Bürgschaft[52], die also nur als Höchstbetragsbürgschaft[53] geschuldet sein kann. Ist eine Vereinbarung an § 551 Abs. 1 BGB zu messen, die sich auf mehrere Mietsicherheiten verschiedener Art bezieht (zB Barkaution und Bankbürgschaft), sind die Beträge zu addieren.[54] § 551 BGB begrenzt aber nur die Vereinbarung *vertraglicher* Mietsicherheiten; der Wert von Gegenständen, an denen ein Vermieterpfandrecht besteht, ist für die Einhaltung dieser Grenze unerheblich.[55]

36 Die Grenze des § 551 Abs. 1 BGB gilt in der besagten Höhe auch dann, wenn dem Mieter **Einrichtungsgegenstände** mitvermietet werden (→ § 10), also ohne Rücksicht auf ein im Einzelfall erhöhtes Sicherungsbedürfnis des Vermieters.[56] Hingegen ist anerkannt, dass der Vermieter zusätzliche Mietsicherheiten entgegennehmen kann, wenn er dem Mieter freiwillig weitergehende Rechte an der Mietsache eingeräumt hat, die zu einem Sonderrisiko führen (etwa Gestattung baulicher Veränderungen; → § 9 und → § 10 Rn. 34 ff.).[57] Mit der Erlaubnis des Vermieters, in den Räumen eine **WG** zu errichten (WG-Typen A, D oder E, → § 1 Rn. 24, 27, 28), dürften aber keine derartigen Sonderrisiken einhergehen. Umgekehrt kann die Entlassung eines Mitmieters aus dem Mietvertrag (→ § 18 Rn. 8 ff.) als ein solches Sonderrisiko begriffen werden, das eine erhöhte Mietsi-

---

[47] LG Berlin NJW-RR 1998, 10.
[48] *Looschelders* in Staudinger BGB § 425 Rn. 107.
[49] Vgl. nur BGH NJW 1998, 2047.
[50] BGH NJW 2005, 2773 (2774); *Sternel* MietR Rn. III 169.
[51] *Weidenkaff* in Palandt BGB § 551 Rn. 3; auch einen Schuldbeitritt, vgl. LG Lübeck BeckRS 2010, 7276.
[52] OLG Düsseldorf NJW-RR 1998, 81.
[53] *Horn* in Staudinger BGB Vor § 765 Rn. 44.
[54] BGH NJW 2004, 3045. Vgl. für das Nebeneinander von Barkaution und Bürgschaft BGHZ 107, 210 = NJW 1989, 1853; *Sternel* MietR Rn. III 172.
[55] *Von der Osten* in Bub/Treier BeckHdB MietR III Rn. 1996.
[56] Vgl. *von der Osten* in Bub/Treier BeckHdB MietR III Rn. 1995.
[57] Im Einzelnen *Wiederhold* in BeckOK BGB, Ed. 1.2.2019, § 551 Rn. 17; wohl enger *Sternel* MietR Rn. III 170.

cherheit rechtfertigt.⁵⁸ Als weitere Ausnahme vom Kumulationsverbot wird der Fall angesehen, in dem ein Dritter gegenüber dem Vermieter unaufgefordert eine **Bürgschaft** unter der Bedingung übernimmt, dass ein Wohnraummietvertrag zustande kommt, ohne dass der Mieter dadurch belastet wird.⁵⁹ Schließlich soll eine Bürgschaft von § 551 Abs. 1 BGB unberührt sein, wenn sie zur Abwendung einer auf Zahlungsverzug gestützten Kündigung des Vermieters (→ § 20 Rn. 69) gestellt wird.⁶⁰

Auch der **Eintritt eines Dritten** in den Mietvertrag (→ § 18 Rn. 39 ff.), der zur gesamtschuldnerischen Haftung der Mieter für die Verbindlichkeiten aus dem Mietverhältnis führt, hat als Schuldbeitritt die Wirkung einer Sicherheitsleistung. Er wird gleichwohl als mit § 551 BGB vereinbar angesehen, wobei allerdings im Einzelfall zu prüfen sein soll, ob durch den Schuldbeitritt § 551 BGB umgangen werden soll.⁶¹ 37

Kautionsabreden sind gemäß § 551 Abs. 4 BGB **unwirksam**, soweit sie über die Grenze des § 551 Abs. 1 BGB hinausgehen, bleiben in der zulässigen Höhe aber wirksam.⁶² Hat der Mieter in größerem Umfang Sicherheit geleistet, als vertraglich geschuldet, ist der Vermieter insoweit ungerechtfertigt bereichert und zur Herausgabe verpflichtet; der Mieter kann verlangen, dass der Vermieter die Sicherheiten insoweit nicht verwertet.⁶³ Der Bürge kann dieses Recht des Mieters wie ein eigenes gemäß § 768 BGB geltend machen.⁶⁴ 38

4. Fälligkeit und Durchsetzung

Wenn nichts anderes vereinbart wird, ist die Mietsicherheit **sofort** (§ 271 Abs. 1 BGB), das heißt bei Vertragsschluss zu erbringen.⁶⁵ Besteht die Mietsicherheit in einer Geldsumme (Hinterlegung, Barkaution oder Kautionskonto⁶⁶), darf der Mieter sie bei einem Wohnraummietverhältnis gemäß § 551 Abs. 2 S. 1 BGB in drei gleichen monatlichen **Teilzahlungen** erbringen, beginnend mit dem Beginn des Mietverhältnisses. Darunter wird in diesem Zusammenhang der Zeitpunkt verstanden, zu dem die Wohnung laut Vertrag übergeben werden soll (→ § 2).⁶⁷ Die weiteren Teilzahlungen werden gemäß § 551 Abs. 2 S. 2 BGB mit den beiden folgenden Monatsmieten fällig. Die Vereinbarung sofortiger Fälligkeit ist wegen § 551 Abs. 4 BGB **unwirksam** und führt zur Teilnichtigkeit der Kautionsabrede; es gilt die gesetzliche Fälligkeitsregelung.⁶⁸ Ebenfalls unwirksam ist eine Vereinbarung, nach der die gesamte Mietsicherheit bei Verzug mit einer Teilleistung fällig wird.⁶⁹ Sind die ersten drei Monate verstrichen, ist die gesamte Mietsicherheit fällig, es gibt dann kein fortwirkendes Recht zur Ratenzahlung.⁷⁰ 39

---

58 *Blank* in Schmidt-Futterer MietR BGB § 551 Rn. 57.
59 BGHZ 111, 361 = NJW 1990, 2380; str., kritisch *Sternel* MietR Rn. III 173.
60 BGH NJW 2013, 1876; LG Kiel NJW-RR 1991, 1291 (1292); kritisch wiederum *Sternel* MietR Rn. III 174.
61 LG Lübeck BeckRS 2010, 7276; LG Leipzig NZM 2006, 175; *Sternel* MietR Rn. III 174; *von der Osten* in Bub/Treier BeckHdB MietR III Rn. 2008.
62 Vgl. BGH NJW 2004, 3045 mwN auch zur Gegenansicht; *von der Osten* in Bub/Treier BeckHdB MietR III Rn. 2001; *Weidenkaff* in Palandt BGB § 551 Rn. 9; *Blank* in Schmidt-Futterer MietR BGB § 551 Rn. 82; vgl. auch BGH NJW 2004, 1240.
63 BGHZ 107, 210 = NJW 1989, 1853 (1853).
64 BGHZ 107, 210 = NJW 1989, 1853 (1853 f.).
65 *Von der Osten* in Bub/Treier BeckHdB MietR III Rn. 2012.
66 *Weidenkaff* in Palandt BGB § 551 Rn. 10.
67 LG Mannheim BeckRS 1989, 03097; *von der Osten* in Bub/Treier BeckHdB MietR III Rn. 2071.
68 BGH NJW 2011, 59 (Rn. 14); NJW 2004, 3045; NJW 2004, 1240; NJW 2003, 2899; *Heinrichs* NZM 2005, 201 (210); *von der Osten* in Bub/Treier BeckHdB MietR III Rn. 2001; *Weidenkaff* in Palandt BGB § 551 Rn. 10. – Darin liegt auch im Fall von Allgemeinen Geschäftsbedingungen keine geltungserhaltende Reduktion, sondern schlicht die in § 306 Abs. 2 BGB vorgesehene Rechtsfolge: Geltung nicht einer gerade noch zulässigen, dem Verwender besonders günstigen Rechtsfolge, sondern des dispositiven Gesetzesrechts, vgl. BGH NJW 2003, 2899 (2899).
69 *Von der Osten* in Bub/Treier BeckHdB MietR III Rn. 2080.
70 LG Berlin BeckRS 2014, 07190; *von der Osten* in Bub/Treier BeckHdB MietR III Rn. 2071.

40 Da bei Vertragsschluss allenfalls eine erste Rate fällig ist, kann auch nur sie zur **aufschiebenden Bedingung** für den Vertragsschluss erhoben[71] oder mit dem **Zurückbehaltungsrecht** aus § 273 BGB erzwungen werden.[72]

41 Wird die Barkaution erst **im Laufe des Mietverhältnisses** vereinbart, führt die Anwendung von § 551 Abs. 2 BGB dazu, dass auch diese Mietsicherheit in drei gleichen monatlichen Teilzahlungen erbracht werden darf, wobei die erste Teilzahlung gemäß § 271 BGB im Zweifel sofort fällig ist.[73]

42 Für **andere Arten** der Mietsicherheit gelten die Einschränkungen des § 551 Abs. 2 BGB nicht. Sie hindern den Vermieter auch nicht, eine vertragliche Bindung erst einzugehen, nachdem der Mieter die Barkaution bereits erbracht hat. Ihre Rückforderung ist schon durch § 813 Abs. 2 BGB ausgeschlossen.[74]

43 Mit der Fälligkeit des Anspruchs auf Erbringung der Mietsicherheit (nicht erst mit Ende der Mietzeit) beginnt die **Verjährung**, die sich nach §§ 195, 199 Abs. 1 Nr. 1 BGB richtet.[75]

44 Erfüllt der Mieter seine Pflicht zur Leistung der Mietsicherheit nicht, kann der Vermieter den **Erfüllungsanspruch** gerichtlich geltend machen. War der Mieter in Verzug, insbesondere gemäß § 286 Abs. 2 Nr. 1 BGB, können die Kosten der außergerichtlichen Rechtsverfolgung aus §§ 280 Abs. 1, Abs. 2, 286 BGB zu ersetzen sein. Verzugs- und Prozesszinsen kann der Vermieter im Fall der Barkaution ebenfalls geltend machen (§§ 288 Abs. 1, 291 BGB), aber richtigerweise stets nur zur Erhöhung der Sicherheit (vgl. § 551 Abs. 3 S. 4 BGB), da dem Vermieter keine Kapitalnutzung, wohl aber entsprechender Sicherheitenaufwuchs zusteht (vgl. § 551 Abs. 3 S. 3 BGB).[76] Vor Übergabe der Mieträume kommt ferner ein Rücktritt nach § 323 BGB in Betracht (→ § 20 Rn. 3). Nach Übergabe der Mieträume berechtigt der Verzug mit der Mietsicherheit zur außerordentlichen fristlosen **Kündigung** (§ 543 Abs. 1 BGB, bei Mietsicherheit im Wohnraummietverhältnis durch Bereitstellung eines Geldbetrages iVm § 569 Abs. 2a BGB) sowie zur ordentlichen Kündigung gemäß § 573 Abs. 2 Nr. 1 BGB (→ § 20 Rn. 26 f., 65).[77] Rechtfertigt der Verzug mit der Mietsicherheit eine Kündigung, so ändert sich daran nichts, wenn insoweit nur **einzelne Mieter** (WG-Typ C, → § 1 Rn. 26) in Verzug sind,[78] denn aufgrund der Einheitlichkeit des Mietverhältnisses wirkt die Pflichtverletzung durch einen Mieter gegen alle Mieter (→ § 20 Rn. 29).[79]

45 Im Hinblick auf Gewährleistungsansprüche aufgrund von Mängeln der dem Mieter überlassenen Mietsache (→ § 8 Rn. 4 ff.) steht dem Mieter **kein Zurückbehaltungsrecht** an der Mietsicherheit zu,[80] ferner kann er **nicht** gegen den Mietsicherheitsanspruch **aufrechnen** (→ Rn. 31).[81] Auch die Beendigung des Mietverhältnisses lässt den Mietsicher-

---

[71] *Von der Osten* in Bub/Treier BeckHdB MietR III Rn. 2014 und 2074.
[72] *Blank* in Schmidt-Futterer MietR BGB § 551 Rn. 62; *von der Osten* in Bub/Treier BeckHdB MietR III Rn. 2021 und 2074.
[73] *Von der Osten* in Bub/Treier BeckHdB MietR III Rn. 2075. Nach anderer Ansicht gilt § 551 Abs. 2 BGB für die im laufenden Mietvertrag vereinbarte Barkaution nicht, *Lützenkirchen* in Lützenkirchen MietR BGB § 551 Rn. 84. Das dort gegen eine analoge Anwendung vorgebrachte Argument richtet sich allerdings in Wahrheit gegen die dort vertretene teleologische Reduktion. Dass im Fall der nach § 554a BGB vom Vermieter beanspruchten Mietsicherheit etwas anderes gilt, weil § 554a Abs. 2 BGB nicht auf § 551 Abs. 2 BGB verweist, ändert daran nichts.
[74] *Von der Osten* in Bub/Treier BeckHdB MietR III Rn. 2076.
[75] KG Berlin NZM 2009, 743; *Lützenkirchen* in Lützenkirchen MietR BGB § 551 Rn. 56; *von der Osten* in Bub/Treier BeckHdB MietR III Rn. 2015.
[76] Vgl. LG Köln BeckRS 2015, 3874; teilweise aA (Sicherheit wird nur um Anlagezins erhöht, Rest stehe Vermieter zu) *Kraemer* NZM 2001, 737 (738); *von der Osten* in Bub/Treier BeckHdB MietR III Rn. 2025 (vgl. aber auch Rn. 2079). Ablehnend *Weidenkaff* in Palandt BGB Einf v § 535 Rn. 122.
[77] *Weidenkaff* in Palandt BGB Einf v § 535 Rn. 122.
[78] Vgl. KG Berlin BeckRS 1999, 10835.
[79] *Grapentin* in Bub/Treier BeckHdB MietR IV Rn. 110; *Häublein* in MüKoBGB § 573 Rn. 52; vgl. auch BGHZ 196, 318 = NJW 2013, 3232.
[80] *Sternel* MietR Rn. III 161; *von der Osten* in Bub/Treier BeckHdB MietR III Rn. 2026, 2078; vgl. BGH NJW-RR 2007, 884; *Blank* in Schmidt-Futterer MietR BGB § 551 Rn. 61.
[81] OLG München NJW-RR 2000, 1251; *Sternel* MietR Rn. III 160.

heitsanspruch des Vermieters nicht entfallen, sondern er kann nach zutreffender Ansicht solange geltend gemacht werden, bis über die Mietsicherheit abzurechnen ist.[82] Hingegen darf der Mieter die Zahlung einer durch ihn zu hinterlegenden Mietsicherheit von der Benennung eines insolvenzfesten Kontos (→ Rn. 32) abhängig machen.[83]

5. Ergänzungs- oder Austauschpflicht

Ist nichts anderes vereinbart, so trifft den Mieter, der eine vertragliche Mietsicherheit zu erbringen hat, auch eine Ergänzungs- oder Austauschpflicht, wenn die geleistete Sicherheit ohne Verschulden des Vermieters **unzureichend** geworden ist (§ 240 BGB),[84] sei es durch nachträgliche Entwertung der Sicherheit oder nachträgliches Ansteigen der zu sichernden Forderung oder berechtigte Verwertung durch den Vermieter. Eine geänderte Miethöhe (→ § 4 Rn. 30), die dazu führt, dass die vertraglich vereinbarte Mietsicherheit die ihrer Höhe nach von § 551 Abs. 1 BGB gezogene Grenze nicht mehr ausschöpft, begründet keinen Ergänzungsanspruch.[85] Möglich ist aber eine vertragliche Vereinbarung, wonach unter diesen Umständen ein Ergänzungsanspruch besteht.[86] 46

II. Gesicherte Forderung

Welche Forderungen durch die Mietsicherheit gesichert werden, ergibt sich entweder aus der Kautionsabrede oder aus der ergänzend getroffenen Sicherungsabrede, die der Hingabe der Mietsicherheit zugrunde liegt.[87] Ist nichts anderes vereinbart, sichert die Mietsicherheit **alle** – auch noch nicht fällige – Ansprüche des Vermieters, die sich gegen den oder die Mieter aus dem Mietverhältnis und seiner Abwicklung ergeben.[88] Das schließt Nachforderungen aus einer nach Beendigung des Mietverhältnisses vorzunehmenden Betriebskostenabrechnung (→ § 6 Rn. 53 ff.) ein,[89] ebenso Ansprüche auf Nutzungsentschädigung und Ersatz des weiteren Schadens nach § 546a BGB (→ § 20 Rn. 124 und → § 21 Rn. 2)[90] sowie Rechtsverfolgungskosten.[91] Fremde Mietzinsforderungen, die der Vermieter durch Abtretung erwirbt, werden hingegen von der im eigenen Mietvertrag selbst mit dem Mieter vereinbarten Mietsicherheit nicht gesichert.[92] Dagegen kommt es nicht darauf an, dass sich die Forderung gegen **alle Mieter** richtet, die Partei des Mietvertrages sind (→ § 14). 47

Die von einem **Untermieter** (WG-Typ A, → § 1 Rn. 24) dem Hauptmieter gestellte Mietsicherheit sichert auch den Freistellungsanspruch, der dem Hauptmieter gegen den Untermieter im Hinblick auf Schadensersatzansprüche des Vermieters wegen unterlassener Schönheitsreparaturen zusteht. Daher hat der Hauptmieter gegenüber dem Untermieter 48

---

[82] BGH NJW 2012, 996 mwN; *von der Osten* in Bub/Treier BeckHdB MietR III Rn. 2027. – Einschränkend *Sternel* MietR Rn. III 163 f. – Nach OLG Düsseldorf NJW-RR 2001, 299 führt die Beendigung des Mietverhältnisses dazu, dass statt einer noch zu stellenden vertraglich vereinbarten selbstschuldnerischen Bankbürgschaft nunmehr Leistung einer Barkaution verlangt werden kann.
[83] BGH NJW 2011, 59 Rn. 15 ff.
[84] *Von der Osten* in Bub/Treier BeckHdB MietR III Rn. 2022, 2039. – Anders die wohl überwiegende Meinung, vgl. *Blank* in Schmidt-Futterer MietR BGB § 551 Rn. 59 mwN.
[85] BGH NJW 2005, 2773 (2774); *Sternel* MietR III Rn. 168. – aA *von der Osten* in Bub/Treier BeckHdB MietR III Rn. 1998. Aber eine Lockerung der einer zulässigen Vereinbarung gezogenen Grenze macht die gestellte Sicherheit nicht unzureichend, weil die Möglichkeit einer Sicherheitsleistung nicht das Bedürfnis begründet.
[86] *Blank* in Schmidt-Futterer MietR BGB § 551 Rn. 59. – aM *Sternel* MietR Rn. III 168.
[87] Vgl. BGH NJW 2006, 1422 Rn. 8, 12.
[88] *Bieber* in MüKoBGB § 551 Rn. 8; *von der Osten* in Bub/Treier BeckHdB MietR III Rn. 2033.
[89] BGH NJW 2006, 1422 Rn. 12 mwN.
[90] OLG Frankfurt WM 1979, 1318 (1319); *von der Osten* in Bub/Treier BeckHdB MietR III Rn. 2033.
[91] OLG Rostock BeckRS 2001, 30993416 mwN.
[92] OLG Düsseldorf BeckRS 2007, 19692.

hinsichtlich der Mietsicherheit ein Zurückbehaltungsrecht, bis er durch diesen von seinen Verbindlichkeiten gegenüber dem Vermieter befreit worden ist.[93]

49 Im Anwendungsbereich des **Wohnungsbindungsgesetzes** (→ § 4 Rn. 65) ist die Vereinbarung einer Mietsicherheit durch § 9 Abs. 5 S. 1 WoBindG beschränkt. Nach dieser Norm ist die Vereinbarung einer Mietsicherheit zulässig, soweit sie dazu bestimmt ist, Ansprüche des Vermieters gegen den Mieter aus Schäden an der Wohnung oder aus unterlassenen Schönheitsreparaturen zu sichern. Kautionsvereinbarungen zur Sicherung anderer Ansprüche sind unwirksam.[94]

50 Wenn für eine gesicherte Forderung auch **Dritte** haften, hat das grundsätzlich keinen Einfluss auf die bestellte Mietsicherheit. Allerdings kann sich aus der Kautions- oder Sicherungsabrede ergeben, dass der Vermieter, dem die Mietsicherheit gestellt ist, vorrangig die Haftung des Dritten geltend machen muss und nur subsidiär auf die Mietsicherheit zugreifen kann. Gleiches gilt, wenn sich eine Forderung umgekehrt nur gegen einzelne Mieter richtet, weil andere Mieter nicht für die Forderung haften.

III. Verwertung oder Rückgabe der Sicherheit

51 Die **Art der Verwertung** richtet sich nach der Art der gestellten Mietsicherheit. Im Fall der dem Vermieter überlassenen und von ihm gemäß § 551 Abs. 3 BGB angelegten Barkaution liegt die Verwertung in der Überführung in das Eigenvermögen des Vermieters. Setzt die Verfügung über ein Sparbuch mit Sperrvermerk die Zustimmung des Mieters voraus, muss diese gegebenenfalls gerichtlich eingeklagt werden. Ist dem Vermieter ein Kontoguthaben verpfändet oder zur Sicherheit abgetreten, liegt die Verwertung in der Geltendmachung des Auszahlungsanspruchs gegenüber der Bank. Eine Bürgschaft wird verwertet, indem der Bürge auf Leistung in Anspruch genommen wird. Eine sofortige Inanspruchnahme des Bürgen setzt allerdings voraus, dass es sich um eine selbstschuldnerische Bürgschaft handelt; anderenfalls hat der Bürge gemäß § 771 BGB die Einrede der Vorausklage.[95]

52 Unter welchen **Voraussetzungen** der Vermieter im Verhältnis zum Mieter zur Verwertung der Mietsicherheit berechtigt ist, bestimmt sich nach der Kautions- und Sicherungsabrede.[96] Nach dem Zweck der Sicherheitsleistung ist grundsätzlich zwischen der Verwertung im laufenden Mietverhältnis und bei beendetem Mietverhältnis zu unterscheiden. Gegenüber unberechtigter Verwertung hat der Mieter einen Unterlassungsanspruch.[97]

53 **Im laufenden Mietverhältnis** ist der Vermieter zur Verwertung der Barkaution wegen einer streitigen Forderung nicht berechtigt.[98] Das ist aus § 551 Abs. 3 BGB zu folgern – und kann daher gemäß Abs. 4 dieser Norm nicht abbedungen werden[99] –, wonach gewährleistet sein muss, dass der Mieter einen Kautionsrückzahlungsanspruch bei Ende des Mietverhältnisses auch im Fall der Insolvenz des Vermieters realisieren kann. Der Vermieter darf daher nur dann die Sicherheitsleistung in das eigene Vermögen überführen, wenn der Mieter mit der Erfüllung einer unbestrittenen oder rechtskräftig festgestellten Zahlungsverpflichtung aus dem Mietverhältnis in Verzug ist.[100] Sowohl im Fall der Bürgschaft wie im Fall der Verpfändung besteht der Anspruch aus der Sicherheit nur, soweit die gesicherte

---

[93] OLG München NJW-RR 1995, 461; *von der Osten* in Bub/Treier BeckHdB MietR III Rn. 2035.
[94] *Bieber* in MüKoBGB § 551 Rn. 8.
[95] Zur Bürgschaft auf erstes Anfordern *Fischer* NZM 2003, 497.
[96] *Von der Osten* in Bub/Treier BeckHdB MietR III Rn. 2032; Vgl. *Horst* MDR 2007, 697.
[97] Vgl. LG Berlin NZM 2018, 285; LG Darmstadt BeckRS 2009, 1400. – AM OLG Karlsruhe NJW-RR 2009, 514 (514).
[98] BGH NJW 2014, 2496; *Blank* in Schmidt-Futterer MietR BGB § 551 Rn. 91.
[99] BGH NJW 2014, 2496 Rn. 10; anders *Derleder* NZM 2006, 601 (607), wonach eine individualvertragliche Erweiterung der Verwertungsbefugnis möglich wäre.
[100] BGH NJW 2014, 2496 (Rn. 11); *Derleder* NZM 2006, 601 (607); *von der Osten* in Bub/Treier BeckHdB MietR III Rn. 2036.

Forderung besteht (vgl. §§ 767, 1228 Abs. 2 BGB); eine unberechtigte Inanspruchnahme belastet dort aber nicht den Mieter, sondern den Drittschuldner beziehungsweise den Bürgen mit einem Insolvenzrisiko.

Ob der Vermieter **nach Beendigung des Mietverhältnisses** (→ § 20) berechtigt ist, die Barkaution wegen einer streitigen Forderung in das eigene Vermögen zu überführen, ist ebenfalls zweifelhaft.[101] Nach anderer Ansicht hat die Mietsicherheit bei Ende des Mietverhältnisses auch eine Verwertungsfunktion, sodass der Vermieter auch mit streitigen Ansprüchen gegen den Kautionsrückzahlungsanspruch aufrechnen könne.[102] **54**

Umstritten ist ferner, wie sich die **Verjährung** des gesicherten Anspruchs auf die Verwertung der Barkaution durch Aufrechnung auswirkt. Gemäß § 215 BGB steht die Verjährung des gesicherten Anspruchs der Aufrechnung nicht entgegen, wenn der Anspruch in dem Zeitpunkt noch nicht verjährt war, in dem erstmals aufgerechnet werden konnte.[103] Nach anderer Ansicht soll § 216 BGB analog gelten, wonach der Gläubiger auch bei verjährtem Anspruch Sicherungsgut verwerten kann.[104] Ein Bürge kann, soweit er mit dem Gläubiger nichts anderes vereinbart, die Einrede der Verjährung geltend machen (§ 768 Abs. 1 BGB).[105] **55**

Sobald der Vermieter nach Beendigung des Mietverhältnisses die Mietsicherheit nicht mehr zur Sicherung seiner Ansprüche benötigt, ist er verpflichtet, sie dem Mieter **zurückzugeben**. Das ergibt sich ebenfalls entweder aus der vertraglichen Vereinbarung, auf der der Anspruch auf die Mietsicherheit beruht, oder aus der ergänzend getroffenen Sicherungsabrede, die der Hingabe der Mietsicherheit zugrunde liegt.[106] Diesen Anspruch erlangt der Mieter bereits mit der Hingabe der Sicherheitsleistung, durch das Ende des Mietverhältnisses aufschiebend bedingt.[107] Fällig wird der Rückgabeanspruch des Mieters erst nach Ablauf der Abrechnungsfrist, deren Dauer von den Umständen des Einzelfalls abhängt.[108] Bis dahin kann der Mieter wegen der Rückgabe der Mietsicherheit weder ein Zurückbehaltungsrecht ausüben noch mit dem Rückgewähranspruch gegen Forderungen des Vermieters aufrechnen.[109] **56**

In der **vorbehaltlosen** Rückgabe bei Ende des Mietverhältnisses liegt regelmäßig ein Verzicht auf die Geltendmachung von Ersatzansprüchen wegen erkennbarer Mängel oder Beschädigungen.[110] **57**

Die Mietsicherheit ist in der **Form** zurückzugeben, in der sie gestellt wurde.[111] Ein Verzicht des Vermieters auf eine gestellte Bürgschaft hat nur deklaratorischen Wert.[112] Der Bürge hat nach § 371 S. 1 BGB Anspruch auf Rückgabe der Bürgschaftsurkunde.[113] **58**

Bei einer WG, der ein **einheitlicher Mietvertrag** zwischen dem Vermieter und den WG-Mitgliedern zugrunde liegt (WG-Typen C oder D, → § 1 Rn. 26 f.), ist der Rückgabeanspruch durch die Beendigung des einheitlichen Mietverhältnisses bedingt, nicht bloß durch das Ausscheiden einzelner WG-Mitglieder (→ § 18 Rn. 8 ff.). Wenn nichts anderes vereinbart ist, liegt hinsichtlich des Rückgabeanspruchs, so er denn besteht, Mitgläubiger- **59**

---

[101] Verneinend LG Berlin NZM 2018, 285; *Emmerich* in Staudinger BGB § 551 Rn. 31.
[102] OLG Karlsruhe NJW-RR 2009, 514; *Blank* in Schmidt-Futterer MietR BGB § 551 Rn. 100.
[103] LG Wuppertal BeckRS 2015, 16757; *Blank* in Schmidt-Futterer MietR BGB § 551 Rn. 100; *Peters/Jacoby* in Staudinger BGB § 215 Rn. 1.
[104] *Stellwaag* ZMR 2014, 350; in diese Richtung auch BGH NJW 2016, 3231 (Rn. 22: „ist die Frage, ob der Gläubiger sich wegen eines verjährten Anspruchs noch aus der Sicherheit befriedigen kann, in § 216 I, III BGB abschließend geregelt").
[105] Vgl. BGHZ 139, 216 = NJW 1998, 2972 (2973). Zur Bankbürgschaft *Durst* NZM 1999, 64.
[106] BGH NJW 2006, 1422 Rn. 8 mwN.
[107] BGHZ 84, 345 = NJW 1982, 2186 (2187); *Ludley* NZM 2013, 777; *Woitkewitsch* ZMR 2005, 426.
[108] BGH NJW 2016, 3231 (Rn. 12); NJW 2006, 1422 Rn. 9.
[109] BGH NJW 1972, 721 (723); *von der Osten* in Bub/Treier BeckHdB MietR III Rn. 2043.
[110] OLG München NJW-RR 1990, 20.
[111] LG Kaiserslautern BeckRS 2002, 15095; *Weidenkaff* in Palandt BGB Einf v § 535 Rn. 126.
[112] *Hannemann/Weber* in BeckFormB MietR F. V. 2, S. 977.
[113] BGH NJW 2004, 3553 (3555); OLG Frankfurt BeckRS 2012, 16599; *Weidenkaff* in Palandt BGB Einf v § 535 Rn. 126.

schaft vor, das heißt die Mieter können Leistung nur an alle verlangen und der Vermieter muss an alle leisten (§ 432 BGB; → § 14).[114] Das gilt unabhängig davon, welcher der Mieter die Mietsicherheit gestellt hat. Ist hinsichtlich des Rückgabeanspruchs Gesamtgläubigerschaft (§ 428 BGB) vereinbart, kann jeder Mieter die Rückgabe an sich verlangen.[115] Der Vermieter hat die Wahl, an welchen der Mieter er leistet. Im Innenverhältnis richtet sich der Ausgleich nach § 430 BGB.

60 Mit Ansprüchen, die nicht durch die Mietkaution gesichert werden, darf der Vermieter grundsätzlich nicht gegen den Rückzahlungsanspruch **aufrechnen**,[116] weil die treuhänderische Übertragung von Sicherungsgut zur Sicherung bestimmter Forderungen ein entsprechendes Aufrechnungsverbot mit ungesicherten Forderungen impliziert.[117]

D. Wechsel auf Gläubiger- oder Vermieter-, Schuldner- oder Mieterseite

61 Sowohl Gläubiger oder Schuldner der gesicherten Forderung als auch die Parteien des Mietvertrages können sich ändern. Zum Gläubigerwechsel kommt es (abgesehen von den Fällen der Gesamtrechtsnachfolge, auf die hier nicht weiter eingegangen wird, vgl. → § 12 Rn. 119 ff.) durch **Abtretung** (§§ 398 ff. BGB), zu Veränderungen auf Schuldnerseite durch (befreiende) **Schuldübernahme** oder **Schuldbeitritt**. Die Vermieterposition kann sich durch **gesetzliche Vertragsübernahme** ändern, aber auch durch **Veräußerung** der überlassenen Mietsache, rechtsgeschäftlich (Kauf bricht nicht Miete, § 566 BGB) oder im Wege der Zwangsvollstreckung (→ § 12). Die Person des Mieters ändert sich durch **Eintritt oder Wechsel eines Dritten** in den Mietvertrag (→ § 18 Rn. 39 ff., 52 ff.). In allen diesen Fällen stellt sich die Frage nach den Konsequenzen für die Mietsicherheit.

I. Vermieterpfandrecht

62 Als akzessorisches Sicherungsmittel geht das Pfandrecht mit der gesicherten Forderung auf einen neuen **Gläubiger** über, wenn es zur Abtretung oder cessio legis kommt (§§ 1257, 1250 Abs. 1 S. 1, 401 Abs. 1, 412 BGB)[118], ohne dass der neue Gläubiger dafür in die Vermieterposition einrücken müsste. Ist der neue Gläubiger Sicherungseigentümer von eingebrachten Sachen des Mieters, erlischt das Vermieterpfandrecht gemäß §§ 1256, 1257 BGB.[119]

63 Führt die Veräußerung der Mietsache nach § 566 BGB zum Eintritt des Erwerbers in die Rechte und Pflichten des **Vermieters**, hat er für seine Forderungen ein Vermieterpfandrecht an den vorhandenen und neu eingebrachten Sachen des Mieters. An den ursprünglich eingebrachten Sachen des Mieters besteht das Vermieterpfandrecht des Veräußerers wegen schon entstandener Forderungen fort.[120] Das Pfandrecht an den eingebrachten Sachen des Mieters erlischt auch sonst nicht, wenn der Vermieter Gläubiger bleibt, aber seine Eigenschaft als Vermieter verliert.[121] Der für § 566 BGB maßgebende Zeitpunkt ist der des

---

[114] KG Berlin BeckRS 2012, 06991; *Weidenkaff* in Palandt BGB Einf v § 535 Rn. 122, 126.
[115] Vgl. für den gemeinsamen Mietvertrag von Ehegatten OLG Köln BeckRS 2016, 108140; dort auch zum Innenausgleich.
[116] OLG Düsseldorf BeckRS 2007, 19692; differenzierend *Sternel* MietR Rn. III 183.
[117] Vgl. BGH NJW 1994, 2885.
[118] *Von der Osten* in Bub/Treier BeckHdB MietR III Rn. 2183, 2221.
[119] BGHZ 27, 233 = NJW 1958, 1282.
[120] BGHZ 202, 354 = NJW 2014, 3775; näher *Wiederhold* in BeckOK BGB, Ed. 1.2.2019, § 562 Rn. 7 mwN – Deshalb führt der Erwerb des Eigentums an der Mietsache durch den Mieter nicht zwingend zum Zusammenfallen von Pfandrecht und Eigentum am Pfand, so aber *von der Osten* in Bub/Treier BeckHdB MietR III Rn. 2223.
[121] *Kossmann/Meyer-Abich* Wohnraummiete-HdB § 105 Rn. 6.

D. Wechsel auf Gläubiger- oder Vermieter-, Schuldner- oder Mieterseite § 5

Eigentumsübergangs; wird eine Vorverlegung des wirtschaftlichen Übergangs vereinbart, kommt insoweit eine Vertragsübernahme in Betracht (→ § 12 Rn. 19).[122]

Ein Wechsel auf **Schuldnerseite**, als dessen Folge der Mieter für die Forderung nicht mehr haftet, lässt das Vermieterpfandrecht an den von diesem Mieter eingebrachten Sachen nach zutreffender Ansicht unberührt (vgl. § 418 Abs. 1 BGB)[123], zumal der Mieter insoweit nicht schutzbedürftig ist.[124] Ein Schuldbeitritt eines Dritten begründet selbst dann kein Vermieterpfandrecht an Sachen des Dritten, wenn diese in die Wohnung des Mieters eingebracht sein sollten.[125] 64

Das Pfandrecht besteht gegen jeden **Mieter** gesondert, also nicht gegen einen späteren Mieter wegen Ansprüchen gegen einen früheren oder umgekehrt.[126] Für die Forderungen gegen den ausscheidenden Mieter besteht ein Vermieterpfandrecht nur an dessen Sachen, die von ihm eingebracht worden sind.[127] Für die Forderungen gegen den neuen Mieter (sowohl die originär gegen ihn bestehenden Forderungen als auch die im Wege des Schuldbeitritts mitübernommenen[128]) besteht das Pfandrecht an Sachen des neuen Mieters, die dieser in die Miträume geschafft oder bei Erwerb vom Vormieter dort belassen hat.[129] 65

II. Vertragliche Mietsicherheit

1. Gläubigerwechsel und Vertragsübernahme auf Seiten des Vermieters

Wird die gesicherte Forderung abgetreten oder kommt es zu einer cessio legis, gehen **akzessorische** Sicherheiten, insbesondere Pfandrechte und Bürgschaften (§§ 1250 Abs. 1 S. 1, 401 Abs. 1, 412 BGB) auf den Zessionar über; das gilt auch, wenn es sich dabei um eine Mietsicherheit handelt. Bei **nicht-akzessorischen** Sicherheiten hängt es hingegen von der Ausgestaltung des Mietvertrages und der Sicherungsabrede ab, ob der Vermieter mit der gesicherten Forderung auch Rechte aus einer gestellten Mietsicherheit übertragen kann oder nicht, sodass die Mietsicherheit nur die dem Vermieter selbst weiterhin zustehenden sonstigen Forderungen sichert. Der Anspruch auf Stellung einer Mietsicherheit kann grundsätzlich nicht isoliert übertragen werden.[130] 66

Tritt im Wege der **Vertragsübernahme** im Sinne von §§ 414 ff., 398 ff. BGB ein Dritter an die Stelle des Vermieters, gehen die Rechte aus der gestellten Mietsicherheit auf den Übernehmer über. Im Falle akzessorischer Mietsicherheiten folgt das aus §§ 398, 401, 412 BGB.[131] Gleiches gilt für den Anspruch auf Stellung einer Mietsicherheit. 67

2. Veräußerung der Mietsache

Die Veräußerung der Mietsache führt zum Eintritt des Erwerbers in die Rechte und Pflichten aus dem Mietvertrag (§ 566 Abs. 1 BGB). Dem Erwerber steht es daher zu, eine geschuldete, aber noch nicht geleistete **Mietsicherheit einzufordern**.[132] Ob dem Veräußerer selbst auch noch Forderungen gegen den Mieter zustehen, derentwegen er die Leistung der Mietsicherheit verlangen könnte, spielt keine Rolle, weil § 566 Abs. 1 BGB 68

---

[122] Vgl. *Streyl* in Schmidt-Futterer MietR BGB § 566 Rn. 67.
[123] *Grüneberg* in Palandt BGB § 418 Rn. 1; *Röthel* in Erman BGB § 418 Rn. 3; aA *Rieble* in Staudinger BGB § 418 Rn. 18.
[124] Vgl. *Bydlinski* in MüKoBGB § 418 Rn. 1.
[125] *Artz* in MüKoBGB § 562 Rn. 23.
[126] *Dickersbach* in Lützenkirchen MietR BGB § 562 Rn. 11; *Artz* in MüKoBGB § 562 Rn. 23.
[127] BGH NJW 1995, 1350.
[128] BGH NJW 1965, 1475.
[129] *Dickersbach* in Lützenkirchen MietR BGB § 562 Rn. 16.
[130] Vgl. BGH NJW 2012, 3032 (Rn. 23); OLG Düsseldorf NZM 2001, 380 (381); *Emmerich* in Staudinger BGB § 551 Rn. 4.
[131] *Von der Osten* in Bub/Treier BeckHdB MietR III Rn. 2046.
[132] BGH NJW 2012, 3032 Rn. 24 ff.

keine einzelnen Vermieteransprüche ausnimmt.[133] Da der Erwerber in die Rechte aus dem Mietvertrag eintritt, kann er vom Mieter auch Ergänzung oder Austausch der Mietsicherheit unter den Voraussetzungen verlangen, unter denen dem Veräußerer dieser Anspruch zustand.[134]

69 Darüber hinaus tritt der Erwerber gemäß § 566a S. 1 BGB in die Rechte und Pflichten aus einer vom Mieter **geleisteten Mietsicherheit** ein. Dazu gehören auch die Rechte aus einer bestehenden Mietbürgschaft[135] und das Sicherungseigentum sowie die Inhaberschaft sicherungszedierter Forderungen des Mieters gegen einen Drittschuldner.[136] Gemäß §§ 412, 401 BGB geht auch ein bestelltes Pfandrecht auf den Erwerber über, ferner der Einlagenauszahlungsanspruch aus einem Treuhandkonto.[137] Konsequenz des Rechtsübergangs sind Heraugabeansprüche gegen den Veräußerer, insbesondere hinsichtlich eines Barkautionsbetrages.[138]

70 §§ 566 ff. BGB sind ebenfalls bei **Erwerb des Eigentums im Wege der Zwangsversteigerung** anwendbar (§ 57 ZVG).[139]

71 Auch der **Zwangsverwalter** tritt in die Rechte und Pflichten aus einem Mietvertrag ein (§ 152 Abs. 2 ZVG), die Rechte und Pflichten aus einer gestellten Mietsicherheit gehen aber nicht kraft Gesetzes auf ihn über. Der Vermieter ist zur Herausgabe der Mietsicherheit an den Zwangsverwalter verpflichtet. War eine Barkaution geleistet, hat der Mieter ein Zurückbehaltungsrecht an den Mieten bis zu ihrer Höhe, bis der Zwangsverwalter die ordnungsgemäße Anlage einer Barkaution in dieser Höhe nachgewiesen hat.[140]

3. Schuldner-/Mieterwechsel

72 Ein Wechsel auf Schuldnerseite, als dessen Folge der Mieter für die Forderung nicht mehr haftet, führt gemäß § 418 Abs. 1 S. 1 BGB zum **Erlöschen** vertraglicher Sicherungsrechte, wenn nicht der Sicherungsgeber in die Schuldübernahme eingewilligt hat (S. 3). Umstritten ist, ob das auch für die Einwilligung des Alt-Schuldners oder Übernehmers als Sicherungsgeber gilt.[141] Ein Schuldbeitritt eines Dritten hat grundsätzlich keine Auswirkungen (→ Rn. 50).

73 Ist ein Wechsel des Mieters mit einem **Eintritt** in die Sicherungsabrede verbunden, sichert die Mietsicherheit künftig auch Ansprüche gegen den neuen Mieter. Andernfalls wird durch das Ausscheiden des Mieters dessen Rückgabeanspruch unbedingt (→ Rn. 56 ff.).

E. Die Mietsicherheit in Zwangsvollstreckung und Insolvenz

74 Betreiben Dritte die **Zwangsvollstreckung** oder wird über das Vermögen des Mieters oder des Vermieters das **Insolvenzverfahren** eröffnet (→ § 19 Rn. 41 ff.), können sich daraus Rechtsfolgen auch für die Mietsicherheit ergeben.[142]

---

[133] *Häublein* in MüKoBGB § 566a Rn. 10, § 566 Rn. 34.
[134] *Von der Osten* in Bub/Treier BeckHdB MietR III Rn. 2040; das folgt allerdings nicht aus § 566a S. 1 BGB, der die durch Leistung der Sicherheit begründeten Rechte und Pflichten übergehen lässt.
[135] BGHZ 95, 88 = NJW 1985, 2528.
[136] *Streyl* in Schmidt-Futterer MietR BGB § 566a Rn. 13.
[137] *Von der Osten* in Bub/Treier BeckHdB MietR III Rn. 2053; mit Nachweisen auch zum dort verneinten Übergang der Kontoinhaberschaft.
[138] OLG Köln BeckRS 2013, 02971; *Häublein* in MüKoBGB 566a Rn. 9, *Streyl* in Schmidt-Futterer MietR BGB § 566a Rn. 19; *von der Osten* in Bub/Treier BeckHdB MietR III Rn. 2048.
[139] Näher *Belz/Lüke* in Bub/Treier BeckHdB MietR VIII Rn. 257 ff.
[140] BGH NJW 2009, 3505; *Sternel* MietR Rn. III 202 f.; *von der Osten* in Bub/Treier BeckHdB MietR III Rn. 2047, 2068 ff., außerdem dort *Belz/Lüke*, Kap. VIII Rn. 312 ff.
[141] Vgl. *Rieble* in Staudinger BGB § 418 Rn. 30 ff.
[142] Näher *Cymutta* WuM 2008, 441; *Jacoby* ZMR 2015, 1; *Timme* NZM 2008, 429.

E. Die Mietsicherheit in Zwangsvollstreckung und Insolvenz § 5

I. Vermieterpfandrecht

Eine **Zwangsvollstreckung** durch Dritte in dem Vermieterpfandrecht unterworfene 75
Sachen des Mieters kann der Vermieter nicht verhindern, er kann aber aus dem Vermieterpfandrecht auf vorzugsweise Befriedigung klagen, § 805 ZPO,[143] in der Insolvenz des Mieters abgesonderte Befriedigung verlangen, § 50 Abs. 1 InsO.[144] Nicht geltend machen kann der Vermieter sein Vermieterpfandrecht gemäß § 562d BGB gegenüber einem Pfändungsgläubiger des Mieters, soweit es um Mietrückstände aus einer früheren Zeit als dem letzten Jahr vor der Pfändung geht. Soweit es um Mietrückstände aus einer früheren Zeit als dem letzten Jahr vor der Eröffnung des Insolvenzverfahrens oder um Entschädigungen geht, die infolge einer Kündigung des Insolvenzverwalters zu zahlen sind, ist gemäß § 50 Abs. 2 S. 1 InsO auch die abgesonderte Befriedigung ausgeschlossen; das dient allerdings nur dem Schutz der übrigen nicht bevorrechtigten Gläubiger und wirkt sich deshalb insbesondere dann nicht aus, wenn die Beschränkung nur einem anderen Absonderungsberechtigten zugute käme.[145] Der Mieter ist analog § 536c Abs. 1 S. 2 BGB verpflichtet, Vollstreckungsmaßnahmen Dritter dem Vermieter mitzuteilen.[146]

Bei **Zwangsvollstreckung gegen den Vermieter** können Vollstreckungsgläubiger des 76
Vermieters, für die die vom Vermieterpfandrecht gesicherte Forderung gepfändet ist, auch das Vermieterpfandrecht gegen den Mieter als Drittschuldner geltend machen.[147] In der **Insolvenz des Vermieters** ist das Vermieterpfandrecht Teil der Insolvenzmasse (§§ 35, 36 InsO) und unterliegt der Verwaltungs- und Verfügungsbefugnis des Insolvenzverwalters (§ 80 Abs. 1 InsO), wenn die gesicherte Forderung in die Insolvenzmasse fällt.[148]

II. Vertragliche Mietsicherheit

Bei **Insolvenz des Mieters** ist der Anspruch des Vermieters auf eine vertragliche Mietsi- 77
cherheit, der nicht erfüllt ist, grundsätzlich Insolvenzforderung (§ 38 InsO). Auf Rechte des Vermieters an einer anfechtungsfest (§§ 129 ff. InsO) erbrachten Mietsicherheit hat die Insolvenz des Mieters grundsätzlich keinen Einfluss.[149] Sind dem Vermieter Forderungen zur Sicherheit abgetreten, ist er zur abgesonderten Befriedigung berechtigt (§ 51 Nr. 1 InsO). Der Rückgabeanspruch des Mieters ist grundsätzlich Teil der Insolvenzmasse.[150]

In der **Vermieterinsolvenz** ist der Anspruch auf die Mietsicherheit grundsätzlich Teil 78
der Insolvenzmasse (§§ 35, 36 InsO). Der Mieter kann eine treuhänderisch hinterlegte Mietsicherheit, deren Rückgabe er verlangen kann, aussondern (§ 45 InsO). Andernfalls ist der Rückgabeanspruch Insolvenzforderung (§ 38 InsO), wenn die Mietsicherheit nicht auf einem Treuhandkonto angelegt war.[151] Unterliegt das Grundstück der Zwangsverwaltung, kann einen Anspruch auf eine vertragliche Mietsicherheit der Zwangsverwalter geltend machen.[152]

---

[143] *Lammel* in Schmidt-Futterer MietR BGB § 562d Rn. 3 ff.
[144] *Ganter* in MüKoInsO § 50 Rn. 84 ff; *Barthen/Staab* ZInsO 2018, 2225.
[145] BGH NJW 1959, 2251; *Lammel* in Schmidt-Futterer MietR BGB § 562 Rn. 44.
[146] *Lammel* in Schmidt-Futterer MietR BGB § 562 Rn. 54.
[147] Vgl. *Würdinger* in Stein/Jonas ZPO § 829 Rn. 80 und § 835 Rn. 16, 41 (im Fall der Überweisung an Zahlungs Statt folgt das aus §§ 412, 401 BGB).
[148] *Hirte* in Uhlenbruck InsO § 35 Rn. 146.
[149] Einzelheiten *Belz/Lüke* in Bub/Treier BeckHdB MietR VIII Rn. 489 ff.
[150] BGH BeckRS 2019, 5000. Vgl. zu den Rechtsfolgen einer Freigabeerklärung BGH NJW 2014, 1954 Rn. 16; *Heinze* ZInsO 2016, 2067. Zur Enthaftungserklärung BGH BeckRS 2017, 118524 und *Heinze* ZInsO 2018, 155. Zum Sicherungszweck der Barkaution *Döderlein* ZMR 2016, 181.
[151] BGH NJW 2008, 1152; näher *Belz/Lüke* in Bub/Treier BeckHdB MietR VIII Rn. 536 ff.
[152] *Sternel* MietR Rn. III 202.

§ 6 Betriebskosten

Übersicht

	Rn.
A. Einführung	1
I. Bedeutung im Allgemeinen	1
II. Relevanz für Wohngemeinschaften	2
III. Gesetzliche Grundlagen	3
B. Begriffsbildung	4
I. Betriebskosten	5
1. Laufende Kosten	6
2. Konkrete Kosten	8
II. Abgrenzung zu anderen Kostenarten	9
1. Verwaltungskosten	10
2. Instandhaltungs- und Instandsetzungskosten	11
C. Ausgewählte Betriebskostenarten – § 2 BetrKV	12
I. Laufende öffentliche Lasten des Grundstücks – Nr. 1	13
II. Kosten des Betriebs des Personen- oder Lastenaufzugs – Nr. 7	14
III. Kosten der Straßenreinigung und Müllbeseitigung – Nr. 8	16
IV. Kosten der Gebäudereinigung und Ungezieferbekämpfung – Nr. 9	19
V. Kosten der Gartenpflege – Nr. 10	21
VI. Kosten der Beleuchtung – Nr. 11	22
VII. Kosten für den Hauswart – Nr. 14	23
VIII. Sonstige Betriebskosten – Nr. 17	27
D. Vereinbarung von Betriebskosten	32
I. Ausgangslage	32
II. Nettomiete	35
1. Vorauszahlung	36
2. Pauschale	44
III. Inklusivmiete	47
IV. Kombinationsmodelle	49
E. Abrechnungszeitraum, § 556 Abs. 3 S. 1 BGB	51
F. Die Abrechnung im Einzelnen	53
I. Rechtliche Einordnung	56
II. Form der Abrechnung	58
III. Inhaltliche Anforderungen	64
1. Formelle Richtigkeit	65
2. Inhaltliche Richtigkeit – insbesondere die Wahl des Umlageschlüssels	69
a) Zwingende Vorschriften	73
b) Fläche	76
c) Abrechnung nach Verbrauch	79
d) Personenanzahl	80
IV. Abrechnung bei Wechsel der Vertragsparteien	81
1. Problembeschreibung	81
2. Mieterwechsel	82
3. Vermieterwechsel	84
V. Abrechnungsfrist	85
VI. Ergebnis der Abrechnung	88
1. Nachforderung	88
2. Guthaben	94
G. Rechte des Mieters	95
I. Belegeinsicht	95
II. Einwendungen	97
G. Anhang	101

Schrifttum:

Blank, Anforderungen an die Betriebskostenabrechnung nach der Rechtsprechung des BGH, NZM 2008, 745; *Bub/Treier*, Handbuch der Geschäfts- und Wohnraummiete, 4. Aufl. 2014; *Derckx*, Betriebskostenvorauszahlungen – Sorgenkind „Zweite Miete"?, NZM 2004, 321; *Dickersbach*, Die Anwendung des § 174 BGB auf die Betriebskostenabrechnung, WuM 2008, 439; *Gramlich*, Mietrecht, 13. Aufl. 2015; *Hannemann/Wiegner* (Hrsg.), Münchener Anwaltshandbuch Mietrecht, 4. Aufl. 2014; *Harz/Riecke/Schmid*, Handbuch des Fachanwalts Miet- und Wohnungseigentumsrecht, 4. Aufl. 2013; *Heinrichs*, Das neue AGB-Recht und seine Bedeutung für das Mietverhältnis, NZM 2003, 6; *Hinz*, Außergerichtliche und prozessuale Darlegungspflichten bei den Betriebskostenstreitigkeiten – „Problemkind" Hauswart, NZM 2009, 97; *Kinne/Schach/Bieber*, Miet- u. Mietprozessrecht, 7. Aufl. 2013; *Kossmann/Meyer-Abich*, Handbuch der Wohnraummiete, 7. Aufl. 2014; *Langenberg/Zehelein*, Betriebskosten- und Heizkostenrecht, 8. Aufl. 2016; *Lammel*, Heizkostenverordnung, 4. Aufl. 2015; *Langenberg*, Formelle Mängel der Betriebskostenabrechnung und ihre Heilung WuM 2003, 670; *Lützenkirchen* (Hrsg.), Anwaltshandbuch Mietrecht, 5. Aufl. 2015; *Ders.*, Schriftliche Betriebskostenabrechnung? DWW 2002, 200; *Ders.*, Mietrecht Kommentar, 2. Aufl. 2015; *Milger*, Mindestanforderungen an die Betriebskostenabrechnung – Eine Darstellung an Beispielen unter Berücksichtigung der aktuellen BGH-Rechtsprechung, NJW 2009, 625; *Pfeifer*, Betriebskosten bei Geschäfts- und Wohnraummiete: richtig vereinbaren und abrechnen, 2002; *Scheffler*, Wo hat der Vermieter über die Betriebskosten abzurechnen und wo kann der Mieter Einsicht in die Abrechnungsbelege verlangen: beim Vermieter oder am Ort des Mietobjekts, WuM 2007, 229; *Schmid* (Hrsg.), Handbuch der Mietnebenkosten, 15. Aufl. 2017.

A. Einführung

I. Bedeutung im Allgemeinen

1 Neben der Zahlung des Mietentgeltes sind Betriebskosten die wesentliche finanzielle Belastung für den Mieter. In Anlehnung an diesen Umstand werden sie häufig als **„Zweite Miete"** bezeichnet. Aufgrund der Vielzahl der zu berücksichtigenden Positionen sowie ihrer bisweilen komplizierten Abrechnung stellen sie einen streitträchtigen Bereich des Mietverhältnisses dar. Nicht selten werden die Mietparteien über den Betriebskosten zu erbitterten Gegnern, die nicht davor zurückschrecken, langwierige Auseinandersetzungen selbst um Centbeträge zu führen. Die Interessen der Vertragsparteien verhalten sich nämlich regelmäßig wie folgt: Während Mieter ein gesteigertes Interesse an einer möglichst schonenden Abrechnung der laufenden Kosten haben, ist der Vermieter bestrebt, viele seiner ihm im Zusammenhang mit dem Wohnobjekt anfallenden Kosten als umlagefähige Betriebskosten weiterzureichen. Dabei unterliegt er jedoch einem **Bereicherungsverbot**. Er darf den Mietern allenfalls das auferlegen, was er zum Betrieb der Mietsache aufgewendet hat. Für den Mieter stellt sich das weitere Problem, dass er während des laufenden Abrechnungszeitraums nur eine sehr begrenzte Kontrolle über die Entwicklung der Kosten hat.

II. Relevanz für Wohngemeinschaften

2 Die eingangs skizzierte Lage verkompliziert sich für den Bereich der Wohngemeinschaften, insbesondere dann, wenn sie als **wechselnder Mitgliederbestand** mit **unterschiedlicher Nutzungsintensität** gelebt werden, was praktisch der Regelfall sein dürfte. Für die Beteiligten ist dann von entscheidender Bedeutung, welche Kostenpositionen wem gegenüber und in welchem Umfang geltend gemacht werden können. Gleiches gilt für die Frage, welche Möglichkeiten für die Mitglieder von Wohngemeinschaften bestehen, die Abrechnung über die Betriebskosten einer rechtlichen Nachprüfung zu unterziehen.

III. Gesetzliche Grundlagen

3 Das Recht der Betriebskosten im Rahmen der Wohnraummiete basiert im Wesentlichen auf den Normen des Bürgerlichen Gesetzbuches, genauer der §§ 556, 556a, 560 BGB. Jene

werden ergänzt durch die **Betriebskostenverordnung** (BetrKV)[1], auf die § 556 Abs. 1 S. 3 BGB ausdrücklich verweist. Schließlich bildet die **Heizkostenverordnung** (HeizkostenV)[2] ein weiteres, praktisch sehr bedeutsames Regelwerk für die Verteilung der Heiz- und Warmwasserkosten.

B. Begriffsbildung

Ganz gleich, welchen Begriff man zugrunde legt, Neben- und Betriebskosten sind solche Positionen, die beim **Gebrauch der Mietsache** entstehen. Zwischen beiden Begriffen wird weder in der Praxis, noch innerhalb der einschlägigen Literatur einheitlich getrennt. Auch das Gesetz trifft in den für sie maßgeblichen Vorschriften der §§ 556, 556a, 560 BGB iVm § 1 BetrKV keine Unterscheidung, sondern spricht schlicht von Betriebskosten.[3] Eine gesetzliche Definition für Nebenkosten existiert hingegen nicht. Sie werden jedoch weiter gefasst als die Betriebskosten und beinhalten als eine Form der Kostenkategorie die Betriebskosten. Nebenkosten sind alle Zahlungen, die der Mieter neben dem Grundmietzins zu erbringen hat.[4] Zu den Nebenkosten gehören damit beispielsweise Heiz- und Wasserkosten. 4

I. Betriebskosten

Der Begriff Betriebskosten lässt sich § 556 Abs. 1 S. 2 BGB entnehmen und wird von § 1 Abs. 1 S. 1 BetrKV inhaltsgleich wiederholt. Per Definition muss es sich um **objektbezogene Kosten** handeln, die sowohl laufend als auch regelmäßig durch bestimmungsgemäßen Gebrauch des Eigentums am Grundstück oder Gebäude entstehen. 5

1. Laufende Kosten

Dieses Merkmal setzt voraus, dass die Kosten nicht nur einmalig anfallen, sondern vielmehr in **gewisser Regelmäßigkeit**. Ein häufiger Anwendungsfall stellen die von Prüforganisationen erhobenen Kosten der Hauptuntersuchung für einen Personenaufzug dar. Erforderlich ist weder ein monatlicher noch jährlicher Turnus. Von laufenden Kosten ist selbst dann auszugehen, wenn der Zeitraum ihrer Wiederkehr aperiodisch ist.[5] Im Einzelnen ist jedoch streitig, wie der Zeitraum bemessen sein darf, um noch von einem regelmäßigen Anfall ausgehen zu können. **Feste Größen** lassen sich hier kaum bilden, wobei unter Berücksichtigung der Rechtsklarheit und -sicherheit ab einem Zeitraum von mehreren Jahren die Grenze zwischen „laufend" und „einmalig" erreicht sein dürfte.[6] 6

Damit noch nicht beantwortet ist die Frage, auf welche Weise **aperiodische Kosten** umgelegt werden dürfen. In Betracht zu ziehen ist hier zum einen der Zeitpunkt, in dem sie entstehen. Zum anderen käme in Betracht, die Kosten auf mehrere Jahre aufzuteilen. 7

---

[1] Verordnung über die Aufstellung von Betriebskosten v. 25.11.2003, BGBl. I 2346.
[2] Verordnung über die verbrauchsabhängige Abrechnung der Heiz- und Warmwasserkosten v. 23.2.1981 in der Fassung der Bekanntmachung v. 5.10.2009, BGBl. I 3250.
[3] Langenberg/Zehelein BetrKR A. I. Rn. 1 ff.
[4] *Riecke* in Schmid MietNK – HdB Rn. 1019.
[5] *Langenberg* in Schmidt-Futterer MietR BGB § 556 Rn. 89.
[6] BGH NZM 2010, 79, wonach das Kriterium der überschaubaren Länge entscheidend sein soll; bei einer Länge von 12 Jahren abgelehnt von LG Tübingen BeckRS 2004, 30956846; andere wollen in Anlehnung an § 4a Abs. 1 S. 3 Verordnung über wohnungswirtschaftliche Berechnungen nach dem Zweiten Wohnungsbaugesetz (II. BV) die Grenze bei sechs Jahren ziehen; *v. Brunn/Emmrich* in Bub/Treier BeckHdB MietR III Rn. 106, als Grenze die sieben Jahre annehmen.

Der BGH hat hier zugunsten der ersten Möglichkeit entschieden.[7] Dies steht im Einklang mit dem Wortlaut von § 556 Abs. 3 S. 1 BGB.

2. Konkrete Kosten

8 Für das Merkmal der Konkretheit müssen die Kosten der Höhe nach feststehen oder zumindest muss mit ihrem Entstehen sicher zu rechnen sein. Bildet der Vermieter also **Rückstellungen** für mögliche zukünftige „echte" Betriebskosten, darf er diesen Puffer nicht auf Kosten der Mieter bilden.[8]

II. Abgrenzung zu anderen Kostenarten

9 Der Vermieter ist bei der Umlegung von Kosten weder hinsichtlich der Art noch der Höhe nach frei. Zwar entstehen im Zusammenhang mit dem Eigentum am Grundstück beziehungsweise dessen Gebrauch verschiedene Kosten. Ihre Abrechnung hat sich jedoch streng an dem vom Gesetz definierten Begriff der Betriebskosten zu orientieren. § 2 BetrKV regelt ausdrücklich, welche Betriebskosten im Rahmen der Wohnraummiete der **Umlage** zugänglich sind. Erfolgt eine Umlage hiervon ausgenommener Kosten, ist dies unwirksam (vgl. §§ 556 Abs. 4, 134 BGB). Die so gezogene Trennung macht es erforderlich, Betriebskosten von **anderen Kosten** abzugrenzen. Hierzu zählen im Wesentlichen Verwaltungskosten sowie Instandhaltungs- und Instandsetzungskosten.[9]

1. Verwaltungskosten

10 Verwaltungskosten definiert das Gesetz in § 1 Abs. 2 Nr. 1 BetrKV. Sie gehören von Gesetzes wegen nicht zu den Betriebskosten und sind vom Grundsatz her nicht umlagefähig.[10] Es sind die Kosten der zur Verwaltung des Gebäudes erforderlichen Arbeitskräfte und Einrichtungen, die Kosten der Aufsicht, der Wert der vom Vermieter persönlich geleisteten Verwaltungsarbeit, die Kosten für die gesetzlichen oder freiwilligen Prüfungen des Jahresabschlusses und die Kosten für die Geschäftsführung. Zusammengefasst sind dies solche Kosten, die der Vermieter selbst oder veranlasst durch Dritte zum Zwecke der Buchhaltung und Geschäftsführung aufwendet. Sie dienen der **Werterhaltung** sowie **Rentabilität** der Immobilie und damit dem ureigenen Interesse des Vermieters. Nach dem Betriebskostenkatalog werden bei einzelnen Betriebskostenarten jedoch Verwaltungskosten – an sich systemwidrig – zum Betriebskostenbegriff gezählt.[11] In diesen Fällen handelt es sich um umlagefähige Kosten, beispielsweise die Abrechnungskosten nach § 2 Nr. 8 BetrKV.

2. Instandhaltungs- und Instandsetzungskosten

11 Instandhaltungs- und Instandsetzungskosten sind nach § 1 Abs. 2 Nr. 2 BetrVK solche Kosten, die während der Nutzungsdauer zur **Erhaltung des bestimmungsgemäßen Gebrauchs** aufgewendet werden müssen, um die durch Abnutzung, Alterung und Witterungseinwirkung entstehenden baulichen oder sonstigen Mängel ordnungsgemäß zu beseitigen.[12] Instandhaltung betrifft die Schadensvermeidung durch die Erbringung von **Sicherungsmaßnahmen**, während sich die Komponente der Instandsetzung auf die Behebung

---

[7] BGH NZM 2010, 79; BGH NZM 2007, 282; im Schrifttum wird dem Mieter häufig ein Wahlrecht eingeräumt, vgl. *von Brunn/Emmerich* in Bub/Treier BeckHdB MietR III Rn. 106.
[8] *Sternel* MietR V Rn. 7.
[9] Zu weiteren nichtumlagefähigen Kosten wie Kapitalkosten und Eigenleistungen siehe *Sternel* MietR V Rn. 22 ff.
[10] *Langenberg* in Schmidt-Futterer MietR BGB § 556 Rn. 92.
[11] *Langenberg* in Schmidt-Futterer MietR BGB § 556 Rn. 93.
[12] BGH NZM 2010, 79.

eines bereits **eingetretenen Schadens** bezieht. Der Grundsatz aus § 1 Abs. 2 Nr. 2 BetrKV wird vom Gesetzgeber – wie schon bei den Verwaltungskosten (→ Rn 10) – nicht durchgehalten und bereits im Katalog des § 2 BetrKV durchbrochen; als Veranschaulichung hierfür dient Nr. 10: Die Kosten der Gartenpflege sind klassische Instandhaltungskosten und als solche sehr wohl umlagefähig; weitere Beispiele finden sich in Nr. 2: Wassermengenregler, Nr. 7: Aufzug, Nr. 16: Einrichtungen für die Wäschepflege.[13]

C. Ausgewählte Betriebskostenarten – § 2 BetrKV

Der abschließende Katalog der umlagefähigen Betriebskosten ergibt sich aus § 2 BetrKV. Die **einzelnen Tatbestände** sind bereits von Gesetzes wegen näher umschrieben und damit im Wesentlichen aus sich heraus verständlich. Nichtsdestotrotz kommt es häufig zu Meinungsverschiedenheiten darüber, ob ein Kostenpunkt von einer der enumerativ aufgezählten Betriebskosten erfasst wird. Auf die für die Praxis besonders relevanten Tatbestände wird im Folgenden deshalb gesondert eingegangen: 12

I. Laufende öffentliche Lasten des Grundstücks – Nr. 1

Gemäß der Nr. 1 können dem Mieter die laufenden öffentlichen Lasten des Grundstücks auferlegt werden. Vorrangig ist damit die **Grundsteuer** gemeint. Die nachträgliche Umlage rückwirkend erhöhter Grundsteuer ist auch ohne Vorbehalt der Nachforderung zulässig.[14] Von der Vorschrift nicht umfasst sind hingegen öffentliche Kosten für den Straßenausbau sowie Erschließungs- und Anschlusskosten.[15] Für die Bestimmtheit der Umlagevereinbarung ist es ausreichend, wenn mietvertraglich schlicht auf die „öffentlichen Lasten des Grundstücks" Bezug genommen wird.[16] 13

II. Kosten des Betriebs des Personen- oder Lastenaufzugs – Nr. 7

Die Existenz eines Personenaufzugs trägt zu einem hohen Wohnkomfort bei, versursacht jedoch nicht unerhebliche Kosten, insbesondere mit Blick auf Wartung und Reparatur. Nicht ansatzfähig sind zunächst alle Kosten, die über die bloße Wartung hinausgehen, so die Beseitigung von Störungen und Lieferung von Ersatzteilen. Die Kosten für eine Notrufanlage sind hingegen umlagefähig.[17] Häufig werden im Zusammenhang mit Aufzügen sogenannte **Wartungsverträge** abgeschlossen – die hierfür anfallenden Kosten sind – unter Herausrechnung der nichtumlagefähigen Reparaturkostenanteile – voll umlagefähig.[18] 14

Einen häufigen Streitpunkt bildet zudem die Frage nach dem „Ob" der Umlage. So ist fraglich, ob auch **Erdgeschossmieter** an den Kosten des Aufzugs beteiligt werden können und ob eine Staffelung der Kosten je nach Etagenhöhe der Wohneinheit erfolgen muss. Für die Erdgeschossmieter ergibt sich nämlich schon aufgrund der Lage der Wohnung die fehlende Nutzbarkeit, während die Mieter in den Ober- bis hin zu den Dachgeschosswohnungen die Aufzugsanlage in unterschiedlichem Umfang nutzen können. Ungeachtet der sich aus der Belegenheit der Wohnung ergebenden Unbilligkeiten geht der BGH davon 15

---

[13] Weiterführend Langenberg/Zehelein BetrKR A. II. Rn. 32; zur weiteren Abgrenzung siehe BGH NZM 2004, 417.
[14] BGH NZM 2013, 84; LG Berlin BeckRS 2011, 08968.
[15] *Lützenkirchen* in Erman BGB § 556 Rn. 15.
[16] *Schur* in jurisPK-BGB § 556 Rn. 16.
[17] *Langenberg/Zehelein* BetrKR A. III. Rn. 93, der hierbei auch zutreffend auf die öffentlich-rechtlichen Pflichten gemäß der Betriebssicherheitsverordnung v. 3.2.2015 (BGBl. I 49) hinweist.
[18] *Blank* in Blank/Börstinghaus Miete BGB § 556 Rn. 176.

aus, dass auch Erdgeschossmieter an den umlagefähigen Kosten der Aufzugsanlage beteiligt werden dürfen.[19] Der Vermieter ist berechtigt, die Abrechnung nach einem **generalisierenden Maßstab** vorzunehmen, der unterschiedliche Verursachungsanteile außer Betracht lässt, sich jedoch an der Wohnfläche zu orientieren hat. Eine Milderung in tatsächlicher Hinsicht erfährt diese Rechtsprechung, sofern beispielsweise der Dachboden der Gemeinschaft zum Mietgebrauch überlassene Bereiche bereithält.

III. Kosten der Straßenreinigung und Müllbeseitigung – Nr. 8

16 Die Kosten der Straßenreinigung können öffentlicher oder privater Natur sein. Öffentlich-rechtlichen Ursprungs sind sie, wenn die Kommune die Abrechnung anhand von **Ortssatzungen** vollzieht, privat hingegen, wenn die Reinigung der Gehwege und Straßenflächen – wiederum durch eine kommunale Satzung – auf den jeweiligen Eigentümer des Gebäudes übertragen wird.[20]

17 Hinsichtlich der Müllbeseitigung ist die Nr. 8 nicht abschließend. Deshalb sind neben den ausdrücklich genannten Kosten beispielsweise auch solche für die Entleerung der **Biotonne** und der regelmäßigen Reinigung der Müllauffangbehältnisse umlagefähig.

18 Häufig kommt es vor, dass einzelne Mieter **Sperr- oder Sondermüll** durch bloßes Ablegen auf den gemeinschaftlich genutzten Flächen entsorgen. Beschränkt sich dies auf Einzelfälle und veranlasst der Vermieter daraufhin eine Entsorgung, sind diese Kosten nicht umlagefähig; dies gilt selbst dann, wenn der Verursacher trotz der durch den Vermieter dargelegten Anstrengungen nicht zu ermitteln ist.[21] Eine Sippenhaft der Mietgemeinschaft findet insoweit also nicht statt. Anders ist es jedoch, wenn, beispielsweise innerhalb großer Wohnanlagen, eine solche Erscheinung zum Dauerzustand wird.

IV. Kosten der Gebäudereinigung und Ungezieferbekämpfung – Nr. 9

19 Die Aufzählung der gemeinsam genutzten Gebäudeteile ist nicht abschließend („wie"), sondern lediglich beispielhaft. Aus ihr geht jedoch nach Sinn und Zweck hervor, dass jedenfalls die Reinigung der Fassade dem Bereich der Instandhaltungskosten zuzurechnen ist. Der Hauptanteil der Pflegetätigkeit besteht in der **Bodenpflege**, deren Aufwand im Wesentlichen durch die Materialbeschaffenheit des Untergrundes vorgegeben wird (Parkett, Fliesen). Zur Bodenpflege gehört die Nass- und Trockenreinigung gleichermaßen. Ebenso der Reinigung unterliegen sonstige Bestandteile wie Fensterbänke, Handläufe etc.

20 In den überwiegenden Fällen werden die Reinigungsarbeiten durch vom Vermieter beauftragte Reinigungsunternehmen oder von Hausmeisterpersonal durchgeführt. Dann sind sowohl die **Personalkosten** als auch solche für die **Reinigungsmittel** und -utensilien umlagefähig. Bei der Ausführung durch den Hauswart sind diese Kosten der Nr. 14 (→ Rn 23 ff.) zuzuschreiben. Sofern, was in der Praxis nur noch vereinzelt vorkommt, die Mieter turnusmäßig die Reinigung in Eigenleistung erbringen, kommt ein Kostenansatz selbstverständlich nicht in Betracht.

V. Kosten der Gartenpflege – Nr. 10

21 Die Gartenpflege setzt die Tätigkeiten aus Nr. 9 für den Bereich der Außenanlagen sinngemäß fort. Zentrales Merkmal ist die Pflege **gärtnerisch angelegter Flächen**, Als Tätigkeiten beispielhaft zu nennen sind Rasenmähen, Gießen, Düngen und Pflanzenverschnitt. Werden die Arbeiten vom Hauswart durchgeführt, gilt das zu Nr. 9 (→ Rn 19 f.) Gesagte.

---

[19] BGH NZM 2006, 895, krit. *Sternel* MietR V Rn. 54.
[20] Weiterführend *Lützenkirchen* in Erman BGB § 556 Rn. 54 f.
[21] Str., aA LG Berlin BeckRS 2013, 21725.

Umlagefähig sind allerdings nur die Kosten für solche Flächen, die allen Mietern zum **gleichwertigen Gebrauch** offenstehen, ganz gleich, ob sie davon tatsächlich Gebrauch machen. Einschränkend gilt allerdings das Merkmal der Gebrauchsmöglichkeit für solche Flächen nicht, die aus gärtnerischer Sicht der **bloßen Zierde** (Freiflächen, Beete) dienen.[22] Solche Bereiche wirken sich regelmäßig positiv auf die Wohnqualität aus – dies rechtfertigt die Umlagefähigkeit. Nutzt der Vermieter oder einzelne Mieter Flächen ausschließlich für sich, kommt eine allgemeine Umlage selbst dann nicht in Betracht, wenn die Flächen für die übrigen Mieter einen optischen Mehrwert bieten („der Blick ins Grüne reicht nicht aus"[23]). Zu den nicht umlagefähigen Instandhaltungskosten zählen die Kosten für die Anschaffung von Gartengeräten.[24]

VI. Kosten der Beleuchtung – Nr. 11

Diese Kosten werden zu gleichen Teilen umgelegt, unabhängig von dem Ausmaß der individuellen Nutzung. Zu den Kosten des Stroms für die Außenbeleuchtung gehört auch die Beleuchtung der Hausnummer sowie der Klingelbeschilderung, jedoch nicht der **Klingelanlage** sowie bloß der Zierde dienende Beleuchtungsanlagen.[25] Kosten, die sich aus der Erneuerung von Leuchtmitteln, Lichtschaltern und Sicherungen ergeben, zählen hingegen zu den nicht umlagefähigen Instandhaltungs- und Instandsetzungskosten.[26] 22

VII. Kosten für den Hauswart – Nr. 14

Hauswart ist derjenige, dem vom Vermieter die **Verrichtung von Arbeiten** übertragen wird, die weder zur Verwaltung, zur Durchführung von Reparaturen im Mietobjekt, noch zur Durchführung der Instandhaltungs- und Instandsetzungsarbeiten der Mietsache zählen.[27] 23

Die Kosten für den Hauswart umfassen sämtliche mit seiner Tätigkeit zusammenhängende Personalkosten (Lohn, Sozialversicherungsbeiträge). Dennoch führt die Position „Hauswart" in der Praxis regelmäßig zu Streit.[28] Der Grund liegt darin, dass der Hauswart häufig (auch) Tätigkeiten der Instandhaltung und Instandsetzung sowie Verwaltungstätigkeiten (Beispiele: Wohnungsabnahmen, Überwachung von Reparaturen) ausführt. Im Falle eines Rechtsstreits kann dies zu Problemen bei der **Darlegungs- und Beweislast** führen; der Vermieter ist nämlich hiermit belastet.[29] Da sich wegen der genannten mannigfaltigen Überschneidungen eine betragsgenaue Trennung dieser Aufgaben kaum umsetzen lässt, werden im Streitfall **pauschale Abzüge** für die nicht umlagefähigen Kosten vorgenommen.[30] 24

Die klassische Hauswarttätigkeit beschränkt sich dabei auf eine **Sicherungs- und Ordnungsaufgabe**; er hat über die Einhaltung der Hausordnung zu wachen.[31] Die Sanktionierung solcher Verstöße fällt hingegen dem Bereich der Verwaltungstätigkeit zu. Wird er vom 25

---

[22] BGH NZM 2004, 545.
[23] *Pfeifer* BetrK S. 73; *Langenberg* in Schmidt-Futterer MietR BGB § 556 Rn. 162.
[24] OLG Naumburg BeckRS 2007, 13259.
[25] AG Leipzig BeckRS 2008, 4992.
[26] OLG Düsseldorf NZM 2000, 762.
[27] BGH NJW 2008, 1801; BGHZ 170, 369 = NJW 2007, 1356; LG Berlin LSK 2001, 470532, GE 2000, 1185.
[28] Siehe zum Ganzen *Hinz* NZM 2009, 97 ff.
[29] BGH NJW 2008, 1801; *Artz* in Staudinger BGB § 556 Rn. 40c; *Harsch* in Schmid MietNK – HdB Rn. 5336; *Langenberg* in Schmidt-Futterer MietR BGB § 556 Rn. 185; *Blank* in Blank/Börstinghaus MietR BGB § 556 Rn. 88.
[30] Das Anlegen von Stundenlisten oder der Abschluss separater Verträge erleichtert zwar den Nachweis im Streitfall, verkompliziert allerdings die Tätigkeit in ihrer praktischen Ausführung, weiterführend OLG Karlsruhe BeckRS 1995, 09865.
[31] Für weitere Beispiele siehe *Langenberg* in Schmidt-Futterer MietR BGB § 556 Rn. 181.

Vermieter – wie häufig – auch mit Aufgaben der Hausreinigung und Gartenpflege betraut, so sind die Kosten nur bei denen des Hauswarts anzusetzen – der Mieter darf nämlich nicht doppelt mit Kosten belastet werden, die zu anderen Betriebskostenarten gehören.[32]

26 **Pförtnerpersonal** (Portier, Concierge), das zum Teil in größeren Wohnanlagen zu finden ist, wird im Sinne der BetrKV nicht der Hauswarttätigkeit zugerechnet.[33]

VIII. Sonstige Betriebskosten – Nr. 17

27 Die generalklauselartig gefasste Nr. 17 nimmt im Rahmen des durchaus fein herausgearbeiteten Katalogs des § 2 BetrKV eine gewisse **Fremdkörperstellung** ein. Dennoch kommt diesem Tatbestand eine wichtige Auffangfunktion zu. Die Bezugnahme auf § 1 BetrKV verdeutlicht allerdings die enge Rückkopplung an den dortigen Begriff der Betriebskosten. Solche Kosten, die nur dem Anschein nach Betriebskosten sind, bei Lichte betrachtet jedoch den Instandhaltungs- und Instandsetzungskosten oder Verwaltungsleistungen zuzurechnen sind, können niemals über Nr. 17 umgelegt werden.

28 Eine Umlage kommt ferner nur in Betracht, wenn der Vermieter die Kosten im Mietvertrag einzeln und konkret benennt. Es obliegt deshalb dem Vermieter, den **unbestimmten Rechtsbegriff** durch Einzelpositionen mit Leben zu erfüllen. Damit soll dem Mieter der genaue Gegenstand vor Augen geführt werden.

29 Ein wichtiger Anwendungsfall für Nr. 17 sind **Wartungskosten** für bestimmte Anlagen wie Rauchmelder, Feuerlöscher und vergleichbare.[34]

31 Nach der Rechtsprechung des BGH ist die regelmäßige (nicht jedoch einzelfallbezogene) **Reinigung von Dachrinnen** zur Entfernung von Laub auch hier zuzuordnen.[35]

30 Unter bestimmten Umständen fallen auch Kosten aus Wachdiensttätigkeiten hierunter. Für die Ansatzfähigkeit von **Bewachungskosten** ist jedoch erforderlich, dass diese tatsächlich erforderlich sind, um den Mietern einen störungsfreien Gebrauch der Mietsache zu ermöglichen – bloße Schutzmaßnahmen, die einzig oder weit überwiegend der Eigentumssicherung des Vermieters dienen, begründen keine sonstigen Betriebskosten.[36]

D. Vereinbarung von Betriebskosten

I. Ausgangslage

32 Nach der gesetzgeberischen Grundentscheidung ist der Vermieter derjenige, der die auf der Mietsache ruhenden Lasten trägt, vgl. § 535 Abs. 1 S. 3 BGB. Nach dieser Einordnung werden die Betriebskosten also bereits mit der Grundmiete abgegolten, sofern keine anders lautende Vereinbarung durch die Parteien getroffen wird. Eine solche anders lautende Vereinbarung ist nicht etwa ausgeschlossen, sondern von § 556 Abs. 1 S. 1 BGB ausdrücklich gestattet und bildet in der praktischen Vertragsgestaltung den Regelfall. Auf diese Weise wird das gesetzliche **Regel-Ausnahme-Verhältnis** ins Gegenteil verkehrt. Wie diese Vereinbarung erfolgen kann, bestimmt § 556 Abs. 1 S. 1 BGB nicht. Absatz 2 nennt zwei Beispiele, weitere Gestaltungsarten sind innerhalb der Grenzen von § 536 Abs. 4 BGB zulässig. Für die Wirksamkeit einer nach § 556 Abs. 1 BGB getroffenen Vereinbarung der Betriebskosten ist es erforderlich und ausreichend zugleich, wenn auf die BetrKV Bezug

---

[32] *Wiederhold* in BeckOK BGB, Ed. 1.11.2018, § 556 Rn. 39–41.
[33] Siehe hierzu aber die Ausführungen unter „sonstige Betriebskosten", Rn. 32.
[34] Hierzu *K. Callsen/Lützenkirchen* in Lützenkirchen AHdB MietR Kap. L Rn. 170 f. mwN.
[35] BGH NJW-RR 2004, 877.
[36] Im Einzelnen str., BGH NZM 2005, 452; OLG Frankfurt a. M. NZM 2006, 660; aA *Artz* in Staudinger BGB § 556 Rn. 45b mwN; *Wiederhold* in BeckOK BGB, Ed. 1.11.2018, § 556 Rn. 43.

genommen wird. Eine ausdrückliche Nennung oder gar Beifügung als Anlage zum Mietvertrag[37] ist nicht erforderlich, kann zum Zwecke der Klarstellung jedoch nützlich sein.[38]

Haben die Parteien im Mietvertrag ohne näheren Zusatz vereinbart, dass der Mieter auf die Betriebskosten einen bestimmten Betrag zu bezahlen hat, bleibt dem Wortlaut nach unklar, ob die Parteien eine **Vorauszahlung mit Abrechnungspflicht** oder eine **Pauschale** herbeiführen wollten.[39] Im Wege der Auslegung ist der wahre Parteiwille (§ 133 BGB) zu ermitteln.[40] In die Bewertung fließt auch das bisherige Verhalten der Parteien ein. Haben sie trotz unklarer vertraglicher Vereinbarung das Modell einer Vorauszahlung mit Abrechnungspflicht über einen längeren Zeitraum anstandslos gelebt, wird zugunsten des Mieters die Vereinbarung einer Betriebskostenpauschale anzunehmen sein.

Wird der Mietvertrag, wie häufig, unter Verwendung eines **Formularvertrages** geschlossen, greift bei Unklarheiten über die Art und Weise der vereinbarten Mietstruktur § 305c Abs. 2 BGB mit der Auslegung hin zu einer mieterfreundlichen Vereinbarung ein.[41] Folgende Mietstrukturen können die Parteien für sich wählen:

II. Nettomiete

Im Rahmen einer Nettomiete-Vereinbarung kann die Umlage der Betriebskosten entweder als **Pauschale** oder **Vorauszahlung** erfolgen.

1. Vorauszahlung

Die mit Abstand häufigste Art der Umlage ist die Vereinbarung einer Nettomiete (= Mietentgelt für die Gebrauchsüberlassung) zuzüglich einer Vorauszahlung auf die zu einem späteren Zeitpunkt erfolgende Abrechnung der Betriebskosten. Nach Ablauf des Abrechnungszeitraums erfolgt der Ausgleich zwischen den Vorauszahlungen und den **tatsächlichen Verbrauchskosten**. Dieses Modell wird in § 556 Abs. 2 S. 1 Var. 2, S. 3 BGB erwähnt und geht von einer verbrauchsabhängigen Abrechnung aus. Die Vorauszahlung bezieht sich immer auf einen **jährlichen Abrechnungszeitraum**, § 556 Abs. 3 S. 1 Hs. 1 BGB. Welche Anzahl an Vorauszahlungen der Mieter im Abrechnungszeitraum zu leisten hat, hierüber schweigt sich das Gesetz aus. Ganz üblich ist eine monatliche Staffelung, gekoppelt an die Zahlung des Mietentgeltes, eventuell auch eine quartalsmäßige Zahlung.[42]

Haben die Parteien hinsichtlich der Höhe der Vorauszahlungen keine Abrede getroffen, kommt dem Vermieter ein **Bestimmungsrecht** nach §§ 315, 316 BGB zu.[43] Die Vorauszahlung muss in beide Richtungen angemessen sein, § 556 Abs. 2 S. 2 BGB. Die Anwendung dieses unbestimmten Rechtsbegriffs führt in der Vertragspraxis häufig zu Meinungsverschiedenheiten zwischen den Parteien. Sie darf nicht in einem zum erwarteten Verbrauch des Mieters unangemessenen Verhältnis stehen, muss jedoch gleichzeitig dem Vermieter eine **angemessene Sicherheit** bieten. Im Idealfall wird sie so bemessen sein, dass am Ende der Abrechnung keine wesentlichen Forderungen einer Partei gegen die andere mehr bestehen. Eine angemessene Höhe lässt sich am ehesten anhand von Erfahrungswerten aus vergangenen Verbrauchszeiträumen finden.

---

[37] *Heinrichs* NZM 2003, 6 (11).
[38] BGH NJW 2010, 1198; zum Meinungsstand *Langenberg* in Schmidt-Futterer MietR BGB § 556 Rn. 43.
[39] Für eine Betriebskostenpauschale *Blank* in Blank/Börstinghaus MietR BGB § 556 Rn. 130.
[40] BGH NJW 2008, 1302; LG Berlin BeckRS 2007, 16992; *Artz* in Staudinger BGB § 556 Rn. 69 mit weiteren Beispielen.
[41] AG Darmstadt WuM 2011, 597.
[42] *v. Brunn* in Bub/Treier BeckHdB MietR III Rn. 42; *Wiederhold* in BeckOK BGB, Ed. 1.11.2018, § 556 Rn. 72.
[43] BGH NJW 1993, 1062; *Wiederhold* in BeckOK BGB, Ed. 1.11.2018, § 556 Rn. 66. Insbesondere ist die stetige Verteuerung der den Betriebskosten zugrundeliegenden Positionen zu berücksichtigen.

38 Fraglich ist, wie mit Vorauszahlungen umzugehen ist, die derart niedrig angesetzt sind, dass sie die anfallenden Betriebskosten unter keinen Umständen abgelten werden. Hier gilt es zu unterscheiden: Grundsätzlich kann der Mieter aus der Höhe der zu leistenden Vorauszahlungen keinen **Vertrauenstatbestand** für sich ableiten.[44] Den Parteien bleibt es nämlich unbenommen, auch zu niedrige oder gar keine Vorauszahlungen zu vereinbaren. Anderes gilt jedoch, wenn der Vermieter in positiver Kenntnis des Missverhältnisses die Vorauszahlungen bewusst zu niedrig ansetzt, etwa, um einen Mietinteressenten zum Vertragsschluss zu bewegen. In diesem Fall kann der Mieter den Einwand der **Arglist** erheben.[45] Beim Hinzutreten weiterer Umstände kommt zudem ein Anspruch des Mieters nach den Grundsätzen des **Verschuldens bei Vertragsverhandlungen** in Betracht. Dem Vermieter ist es regelmäßig möglich und zumutbar, sich anhand vorangegangener Verbrauchszeiträume einen Überblick über den künftig zu erwartenden Verbrauch zu verschaffen.[46] Hierzu ist es jedoch erforderlich, dass der Vermieter entweder bewusst täuscht oder dem Mieter bei Vertragsschluss eine Zusicherung erteilt.[47] Das Argument, der Mieter sei mündig genug, sich selbst einen Überblick über die zu erwartenden Belastungen zu verschaffen,[48] verfängt nicht. Umstritten ist allerdings, welchen Inhalt der Schadensersatzanspruch hat. Dies hängt maßgeblich davon ab, welchen Einfluss die Pflichtverletzung auf die Disposition des Mieters hatte.

39 Aber auch der Ansatz einer unangemessen hohen Vorauszahlung bei Vertragsschluss ist denkbar. Hierin liegt ein Verstoß gegen § 556 Abs. 2 S. 2 BGB. In einem solchen Fall wird der Mieter nicht gebunden, soweit die Vorauszahlungen über das **angemessene Maß** hinausgehen.[49] Nach anderer Ansicht wird er zwar zunächst gebunden, kann aber gemäß § 560 Abs. 4 BGB eine Ermäßigung erwirken.[50]

40 Ist die mit einer Vorauszahlungsabrede versehene Umlagevereinbarung unwirksam, so ist fraglich, welche Rechtsfolge sich hieran anschließt. In Betracht käme der Rückgriff auf die **Regelanordnung** des § 535 Abs. 1 S. 3 BGB.[51] Dagegen spricht jedoch, dass die Parteien durch die Abrede – und sei sie auch unwirksam – zum Ausdruck gebracht haben, dass der Mieter über das Nutzungsentgelt hinaus weitere Kosten zu tragen habe. Demzufolge erscheint es sachgerecht, die unwirksame Abrede in eine solche einer Betriebskostenpauschale umzudeuten.[52]

Formulierungsbeispiel

41 Die monatliche Nettomiete beträgt EUR …
Zusätzlich zu dem vereinbarten Grundmietzins zahlt der Mieter auf die anfallenden Betriebskosten im Wege monatlicher Vorauszahlung EUR…. Als Betriebskosten zählen nur die in § 2 BetrKV aufgeführten Kosten. Die Abrechnung der Betriebskosten erfolgt gemäß § 556 Abs. 3 BGB und enthält eine Aufstellung der tatsächlich angefallenen Ausgaben.

42 Der Vermieter hat das Recht, alle im Abrechnungszeitraum anfallenden Betriebskosten auf den Mieter umzulegen.[53] Dies gilt auch, wenn im Laufe des Mieterverhältnisses **neue Betriebskosten** hinzutreten (Beispiel: Einbau eines Personenaufzuges). Eine Ausnahme gilt für die Kosten nach § 2 Nr. 17 BetrKV (→ Rn. 27 ff) – eine wirksame Umlage ihrer

---

[44] BGH NZM 2012, 83.
[45] *Wiederhold* in BeckOK BGB, Ed. 1.11.2018, § 556 Rn. 69.
[46] Anderes gilt im Falle der Erstvermietung, wo es an geeignetem Vergleichsmaterial fehlt.
[47] OLG Dresden RE-Miet 2/02, NZM 2004, 68; aA *Derckx* NZM 2004, 321 (323).
[48] *Derckx* NZM 2004, 321 (323).
[49] *Artz* in Staudinger BGB § 556 Rn. 73; *Wiederhold* in BeckOK BGB, Ed. 1.11.2018, § 556 Rn. 69.
[50] *Blank* in Blank/Börstinghaus MietR BGB § 556 Rn. 127.
[51] Hierfür LG Hamburg BeckRS 2004, 30985552.
[52] Dafür *Wiederhold* in BeckOK BGB, Ed. 1.11.2018, § 556 Rn. 71; *Langenberg* in Schmidt-Futterer MietR BGB § 556 Rn. 66; aA OLG Dresden NZM 2000, 827 wonach ein Anspruch des Mieters aus § 812 Abs. 1 S. 2 BGB bestehe.
[53] *Blank* in Blank/Börstinghaus MietR BGB § 556 Rn. 115a; *Artz* in Staudinger BGB § 560 Rn. 1.

kommt nur zustande, wenn sie ausdrücklich im Mietvertrag enthalten sind. Eine vertragliche **Mehrbelastungsabrede** ist nur dann erforderlich ist, wenn die Parteien eine Betriebskostenpauschale vereinbart haben (§ 560 Abs. 1 BGB).

> **Formulierungsbeispiel**
> Erhöhen sich nach Abschluss des Mietvertrages die Betriebskosten im Sinne von § 2 BetrKV, so ist der Vermieter berechtigt, durch schriftliche Erklärung die jährlich entstehende Mehrbelastung auf die beteiligten Mieter im Verhältnis der Wohnflächen in Quadratmetern umzulegen. Die Zahlung der Umlage hat monatlich mit der Miete im Voraus zu erfolgen.

43

2. Pauschale

Als Alternative zur verbrauchsabhängigen Abrechnung mit Vorauszahlung sieht § 556 Abs. 2 S. 1 Var. 1 BGB die sogenannte Betriebskostenpauschale vor. Hierbei vereinbaren die Parteien die Zahlung eines bestimmten Betrages, mit dem die Verbräuche des Mieters abgegolten werden. Da **verbrauchsunabhängig** „abgegolten" wird (eine echte Abrechnung findet ja gerade nicht statt), gehen beide Parteien ein gewisses Risiko ein. Aus diesem Grund erlaubt § 560 BGB bestimmte Abänderungen. So kann die Pauschale gemäß § 560 Abs. 1 BGB im Wege der Erhöhung angepasst werden, wenn dies mietvertraglich vereinbart wird. Die Ermäßigung regelt hingegen § 560 Abs. 3 BGB. Ebenso möglich ist die Umstellung gemäß § 556a Abs. 2 BGB auf eine Nettomiete mit verbrauchsabhängiger Abrechnung. Jedoch ist der nicht zur Deckung der Betriebskosten benötigte Teil der Pauschale bei der Überprüfung der Miete nach § 5 WiStG der Grundmiete zuzuschlagen.[54]

44

Die Vereinbarung einer Pauschale steht unter dem ausdrücklichen Vorbehalt der Geltung anderer Vorschriften, zum Beispiel der Bestimmungen der **HeizkostenV** sowie § 556a Abs. 1 S. 2 BGB. Nach der HeizkostenV müssen die Kosten verbrauchsabhängig abgerechnet werden (§§ 2, 4 ff. HeizkostenV). Nach § 556a Abs. 1 S. 2 BGB sind Betriebskosten ebenfalls verbrauchsabhängig abzurechnen (§ 556a BGB).

45

> **Formulierungsbeispiel**
> Die monatliche Nettomiete beträgt EUR …
> Daneben zahlt der Mieter eine monatliche Pauschale auf die umlagefähigen Betriebskosten gem. § 556 Abs. 1 BGB von EUR …

46

III. Inklusivmiete

Das Gegenteil zur verbrauchsabhängigen Vorauszahlung stellt die Inklusivmiete, auch **Bruttomiete** genannt, dar. Diese Mietstruktur fällt nicht in den Anwendungsbereich des § 556 BGB. Hier legen die Parteien fest, dass nach Maßgabe von § 535 Abs. 1 S. 3 das gesamte Mietentgelt, bestehend aus dem Nettomietanteil sowie dem Betriebskosten- und Heizkostenanteil in einem Betrag gezahlt wird.[55] Erwähnt der Mietvertrag die Betriebskosten nicht oder nur lückenhaft, verbleibt es für den nicht vertraglich geregelten Teil bei der Anwendung von § 535 Abs. 1 S. 3 BGB. Eine **Anpassung der Miete** findet in solchen Fällen nach § 558 BGB statt. Ebenfalls hat der Vermieter nach § 556a Abs. 2 BGB das Recht, auf eine Nettomiete mit verbrauchsabhängiger Abrechnung umzustellen. Eine Anpassung nach § 560 Abs. 1 BGB scheidet jedoch aus.

47

---

[54] *Weidenkaff* in Palandt BGB § 556 Rn. 6.
[55] *Wiederhold* in BeckOK BGB, Ed. 1.11.2018, § 556 Rn. 5.

Im Anwendungsbereich der Heizkostenverordnung sind Bruttomieten unzulässig, da nach § 2 HeizkostenV deren Bestimmungen gegenüber rechtsgeschäftlichen Regelungen Vorrang haben, soweit nicht die Verordnung selbst Ausnahmen vorsieht, zum Beispiel in § 11 HeizkostenV.[56]

48 **Formulierungsbeispiel**
Die monatliche Miete für das Mietobjekt … beträgt EUR …
In dieser Miete sind die umlagefähigen Betriebskosten gem. § 556 Abs. 1 BGB enthalten.

IV. Kombinationsmodelle

49 Jenseits der vorgenannten Modelle sind diverse Kombinationen möglich, deren Praxisrelevanz freilich mit dem Grad ihrer Abstraktion schwindet. Am ehesten denkbar und nicht unüblich ist die Vereinbarung einer **teilweisen Inklusivmiete** hinsichtlich bestimmter Kostenpositionen, jeweils in Verbindung mit einer Pauschale und/oder Vorauszahlung für die übrigen Betriebskosten.

50 **Formulierungsbeispiel**
Die monatliche Miete für das Mietobjekt … beträgt EUR …
In diesem Betrag sind folgende nichtverbrauchsabhängige Betriebskosten enthalten:
…
Darüber hinaus zahlt der Mieter auf folgende verbrauchsabhängige Kosten eine monatliche Vorauszahlung von EUR …:
…

E. Abrechnungszeitraum, § 556 Abs. 3 S. 1 BGB

51 Für die Bestimmung des Abrechnungszeitraums ist das **Jährlichkeitsprinzip** zu beachten. Die Abrechnungsperiode darf maximal ein Jahr betragen. Der gewählte Zeitraum muss nicht mit dem Kalenderjahr identisch sein, wenngleich dies in der Wohnraummiete sehr verbreitet ist. Ebenfalls möglich, jedoch bei mehreren Abrechnungseinheiten mit Umständen verbunden, ist die Berechnung ab Mietbeginn (= Mietjahr).[57]

52 Es gilt der Grundsatz der **Abrechnungseinheit**.[58] Eine nach dieser Bestimmung unzulässige Teilabrechnung liegt vor, wenn der Vermieter an Stelle einer Gesamtabrechnung für das Abrechnungsjahr lediglich für einen Teil des Abrechnungsjahres über die Vorauszahlungen auf die Betriebskosten abrechnet.[59] Das gilt nicht bei einer nur geringfügigen Überschreitung.[60] Die Parteien sind jedenfalls bei sachlichen Gründen nicht gehindert, kürzere Abrechnungsintervalle zu vereinbaren.[61] Unterschiedliche Betriebskosten können

---

[56] BGH NZM 2006, 652; so auch OLG Hamm 4 RE-Miet 4/85, NJW-RR 1987, 8; *Langenberg* in Schmidt-Futterer MietR BGB § 556 Rn. 13: Vorrang der HeizkostenV; siehe aber auch Langenberg/Zehelein BetrKR B II. Rn. 6; *Lammel* HeizKV § 2 Rn. 2, 7, 13.
[57] *Langenberg* in Schmidt-Futterer MietR BGB § 556 Rn. 301.
[58] BGH NJW 2010, 3228.
[59] BGH NJW 2010, 3228; OLG Düsseldorf NZM 2001, 1125; *Langenberg* in Schmidt-Futterer MietR BGB § 556 Rn. 302.
[60] *Wiederhold* in BeckOK BGB, Ed. 1.11.2018, § 556 Rn. 79.
[61] *Langenberg* in Schmidt-Futterer MietR BGB § 556 Rn. 299.

zu unterschiedlichen Zeitpunkten abgerechnet werden, beispielsweise die Heizkosten und die sonstigen Betriebskosten.[62]

F. Die Abrechnung im Einzelnen

Sofern die Parteien eine Nettomiete zuzüglich einer Vorauszahlung vereinbart haben, muss der Vermieter nach **Ablauf des Abrechnungszeitraums** über die Betriebskosten abrechnen. Hierzu gehört die Aufstellung über Einnahmen, Ausgaben und deren Verteilung auf die Wohneinheiten. 53

§ 556 Abs. 3 S. 1 BGB gewährt dem Mieter einen Rechtsanspruch auf Abrechnung. Dieser Anspruch entsteht nach Ablauf der Frist des § 556 Abs. 3 S. 2 BGB, der sogenannten **Abrechnungsreife**. Kommt der Vermieter seiner Pflicht nicht nach, kann der Mieter auf Erfüllung klagen. Das Klagebegehren ist dann auf die Erteilung der Abrechnung gerichtet. Im fortbestehenden Mietverhältnis hat der Mieter zudem die Möglichkeit zur Geltendmachung eines **Zurückbehaltungsrechts** hinsichtlich der laufenden Nebenkostenvorauszahlungen (nicht bezüglich des Mietentgeltes).[63] Im laufenden Mietvertrag kann sich der Mieter durch den Einbehalt der weiter geschuldeten Abschlagszahlungen absichern beziehungsweise auf den Vermieter Druck ausüben, damit er die geschuldete Abrechnung vornimmt.[64] 54

Bei der Abrechnung über Betriebskosten hat der Vermieter den **Grundsatz der Wirtschaftlichkeit** zu beachten. Seinen Niederschlag findet dieser Grundsatz in §§ 556 Abs. 3 S. 1 Hs. 2, 242 BGB. Aus dem Katalog des § 2 BetrKV ergibt sich nämlich nur die Art der anzusetzenden Betriebskosten. Für deren jeweilige Höhe im Einzelfall gilt, dass der Vermieter ein vernünftiges Kosten-Nutzen-Verhältnis[65] berücksichtigen muss. Daraus ergibt sich die Verpflichtung gegenüber dem Mieter, nur **wirtschaftlich sinnvolle Kostenteile** abzurechnen; diese sind der Höhe nach so weit wie möglich und zumutbar zu begrenzen.[66] Dem Vermieter steht es jedoch frei, ob er Leistungen selbst erbringt oder sie an Dritte vergibt.[67] 55

I. Rechtliche Einordnung

Die Rechtsnatur der Betriebskostenabrechnung wird nicht einheitlich beurteilt. Nach zutreffender Ansicht stellt sie eine bloße **Wissenserklärung** dar. Für sie gilt deshalb § 259 BGB, obwohl der Wortlaut der Norm sich auf eine Fremdgeldverwaltung bezieht, die Vorauszahlungen auf die Betriebskosten dem Vermieter jedoch originär zustehen.[68] 56

Die Gegenansicht sieht hierin eine **geschäftsähnliche Handlung**.[69] Begründet wird diese Annahme im Wesentlichen mit § 556 Abs. 3 S. 6 BGB, wonach sich unter bestimmten Voraussetzungen auch Rechtsfolgen an die Abrechnung anschließen. Diese Auffassung übersieht jedoch, dass sich die Rechte und Pflichten der Vertragsparteien unmittelbar aus dem Mietvertrag ergeben. Auf eben diesen Vertragsinhalt wirkt § 556 Abs. 3 S. 6 BGB lediglich ein. Eine eigenständige Anspruchsgrundlage ist damit aber nicht gemeint. 57

---

[62] BGH NJW 2010, 322; BGH NJW 2008, 2328.
[63] BGH NZM 2006, 533; BGHZ 91, 671 = NJW 1984, 2466; BGHZ 113, 196 = NJW 1991, 836.
[64] Vgl. BGH NZM 2005, 373.
[65] BGH NJW 2011, 3028.
[66] *Schur* in jurisPK-BGB § 556 Rn. 79.
[67] AG Lübeck NZM 2008, 929.
[68] *Langenberg* in Schmidt-Futterer MietR BGB § 556 Rn. 327.
[69] *Dickersbach* WuM 2008, 439 (440).

II. Form der Abrechnung

58 Über die Form der Abrechnung enthält das Gesetz keine konkrete Aussage. § 556 Abs. 3 S. 2 BGB verlangt lediglich die Mitteilung an den Mieter. Rein begrifflich könnte diese auch in mündlicher Form[70] oder durch Einsichtnahme beim Vermieter ergehen. Mit Blick auf die Komplexität von Betriebskostenabrechnungen im Allgemeinen und die Möglichkeit des Mieters, gegen die Abrechnung Einwendungen zu erheben (§ 556 Abs. 3 S. 5 BGB → Rn. 97 ff.), muss die Abrechnung dem Mieter jedenfalls in irgendeiner **dauerhaft verkörperten Form** zur Verfügung gestellt werden, sei es schriftlich[71] oder auch per E-Mail und Fax[72]. Schließlich soll der Mieter durch sie in die Lage versetzt werden, sich über die auf ihn entfallenen Kosten Kenntnis zu verschaffen. Die Parteien sind nicht gehindert, im Mietvertrag strengere Formerfordernisse zu vereinbaren.

59 Hinsichtlich der **weiteren Formerfordernisse** ist zu beachten, dass aus der Abrechnung der Abrechnungszeitraum, der Zeitpunkt ihrer Erstellung sowie die Bezeichnung des Mietobjekts[73] ersichtlich sein müssen.

60 Für Mitglieder von Wohngemeinschaften stellt sich die Frage, wem gegenüber die Abrechnung vorzunehmen ist (diese Frage ist zu trennen vom Zugang der Abrechnung, → Rn. 85). Es sind grundsätzlich **sämtliche Mieter der Abrechnungseinheit** in der Abrechnung anzugeben. Wird die Abrechnung nicht an alle Mieter erteilt, so ist sie nur gegenüber den in ihr benannten wirksam.[74] Die Annahme einer Gesamtunwirksamkeit ist hingegen abzulehnen.[75] Übertragen auf die im Rahmen dieser Darstellung gebildeten WG-Typen ergibt sich folgendes Bild: Im Rahmen von WG-Typ B bestehen keine Abweichungen zum Normalfall „Einzelmieter-Mietvertrag", es handelt sich insofern lediglich um eine Mehrung von selbständigen Einzelverträgen. Vergleichbares gilt für WG-Typ C, wo sämtliche Mitglieder der Wohngemeinschaft im Rahmen eines einzelnen Mietvertrages gebunden sind. Für WG-Typ A bedeutet der im Vergleich zum Hauptmietvertrag nachgeschaltete Untermietvertrag ebenfalls keine Besonderheit; für den Vermieter des Hauptvertrages stellt sich sein (Haupt-)mieter als korrekter Abrechnungsempfänger dar. Das Untermietverhältnis bleibt aus Sicht des Vermieters des Hauptvertrages unberücksichtigt, wobei Abreden zwischen Hauptvermieter und Hauptmieter, wonach der Hauptvermieter die Abrechnung sogleich und ohne Umwege über der Hauptmieter an den Untermieter vornehmen kann, im Wege der Privatautonomie möglich sind. Auch WG-Typ F gibt in dieser Hinsicht keine Schwierigkeiten auf. Dass der Vermieter gleichzeitig Mitbewohner ist, entbindet ihn nicht von der Abrechnung seiner und der Betriebskosten der übrigen Mitglieder. Bei WG-Typ E ist die Abrechnung allein gegenüber dem Mieter-Mitbewohner vorzunehmen. Nicht mietvertraglich erfasste Mitbewohner haben im Verhältnis zum Vermieter keinen Anspruch auf Abrechnung. Im Rahmen von WG-Typ D ist der Vermieter gegenüber der Außen-GbR zur Abrechnung verpflichtet.

61 Wird die Abrechnung von einem Vertreter (üblicherweise Hausverwaltung) erstellt, muss sich aus der Abrechnung oder zumindest aus einem gesonderten Hinweis die **Bevollmächtigung** ergeben. Andernfalls besteht für den Vermieter die Gefahr, dass der Mieter die Abrechnung nach § 174 BGB zurückweist.

---

[70] *Lützenkirchen* DWW 2002, 200.
[71] *Schur* in jurisPK-BGB § 556 Rn. 109.
[72] *Langenberg* in Schmidt-Futterer MietR BGB § 556 Rn. 330; *Artz* in Staudinger BGB § 556 Rn. 103; *v. Brunn/Emmerich* in Bub/Treier BeckHdB MietR III Rn. 207; *Harsch* in Schmid MietNK – HdB Rn. 3209; *Scheffler* WuM 2007, 229 (230).
[73] *Wiederhold* in BeckOK BGB, Ed. 1.11.2018, § 556 Rn. 85.
[74] BGH NJW 2010, 1965; LG Frankfurt a. M. NZM 2009, 481; *Wiederhold* in BeckOK BGB, Ed. 1.11.2018, § 556 Rn. 85; *Langenberg* in Schmidt-Futterer MietR BGB § 556 Rn. 422; *Langenberg* WuM 2003, 670 (671).
[75] so aber LG Berlin BeckRS 2011, 09155.

> **Hinweis:**
> Im Falle eines Vertreterhandelns empfiehlt es sich für den Vermieter, dem Abrechnungsschreiben eine Originalvollmacht beizufügen.

Rückständige Vorauszahlungen kann der Vermieter vom Mieter dann nicht mehr verlangen, wenn die **Abrechnungsreife** eingetreten ist oder die Abrechnung bereits erstellt und dem Mieter übersandt wurde.

III. Inhaltliche Anforderungen

Im Hinblick auf den Inhalt der Abrechnung ist die **formelle Richtigkeit** von der **inhaltlichen Richtigkeit** streng zu trennen. Diese Abgrenzung lässt sich nicht immer zweifelsfrei vollziehen.[76] Als Faustregel kann gelten: Soweit Verständnisschwierigkeiten auftreten, wird die formelle Richtigkeit betroffen sein; soweit im Wege einer Plausibilitätsprüfung Unrichtigkeiten zu Tage treten, ist die inhaltliche Seite betroffen.[77] Zu den formellen Fehlern ist es zu zählen, wenn die Art der Kostenteilung zwischen Vor- und Nachmieter bei einem **Mieterwechsel** nicht nachvollziehbar ist oder in der Abrechnung zu Gunsten des Mieters Vorauszahlungen berücksichtigt sind, die der Mieter in Wirklichkeit nicht bezahlt hat.[78]

1. Formelle Richtigkeit

Formell ordnungsgemäß ist eine Betriebskostenabrechnung, wenn sie den allgemeinen Anforderungen des § 259 BGB entspricht.[79] Der Mieter muss in die Lage versetzt werden, die in Rede stehenden Betriebskostenpositionen zu erkennen und auf der Grundlage des mitgeteilten **Verteilerschlüssels** seinen Anteil an den Kosten rechnerisch nachzuprüfen. Folgende **Mindestangaben** sind hierzu erforderlich[80]:
– eine Zusammenstellung der Gesamtausgaben,
– die Angabe und Erläuterung der zugrunde gelegten Verteilerschlüssel,
– die Berechnung des Anteils des Mieters sowie
– der Abzug der geleisteten Vorauszahlungen.

Wie der Vermieter diese Vorgaben praktisch umsetzt, bleibt ihm überlassen. Da er dem **Gebot der Verständlichkeit** Rechnung tragen muss, empfiehlt sich die Verwendung anschaulicher Darstellungsmethoden (Tabellen, Diagramme) und nachvollziehbarer Rechenschritte. Beim Verteilerschlüssel bedarf die Verwendung der allgemein bekannten Verteilerschlüssel wie Wohnfläche, Personenanzahl, Miteigentumsanteil oder Wohneinheit keiner näheren Erläuterung. Bei der Abrechnung nach Personen genügt die bloße Angabe der angesetzten Kopfteile;[81] ebenso verhält es sich bei der Umlage nach sogenannten **Personenmonaten**. Hier muss die Anzahl der im Gebäude wohnenden Personen in ein Verhältnis zur Dauer ihres Aufenthalts im Abrechnungszeitraum gesetzt werden.

Als Maßstab der Verständlichkeit ist das durchschnittliche Verständnisvermögen eines juristisch und betriebswirtschaftlich nicht geschulten Mieters zugrunde zu legen. Bei Lichte betrachtet handelt es sich hierbei um eine im erheblichen Widerspruch zur mietrechtlichen Realität stehenden **Leerformel**. Würde man diese Vorgabe nämlich wörtlich nehmen, führte das zur formellen Unwirksamkeit der Mehrzahl aller Abrechnungen. Es liegt auf der

---
[76] Zu den Einzelheiten der Abgrenzung siehe die umfangreichen Nachweise bei *Langenberg* in Schmidt-Futterer MietR BGB § 556 Rn. 333.
[77] *Blank* in Blank/Börstinghaus MietR BGB § 556 Rn. 198.
[78] LG Bonn BeckRS 2007, 09863; *Blank* NZM 2008, 745 (748).
[79] BGH NJW 2010, 2053; NJW 1982, 573.
[80] hM: BGH NJW 2010, 2053; NJW 2009, 283; NJW 1982, 573.
[81] → Rn. 80.

Hand, dass schon einfach gelagerte Abrechnungen ein hohes Maß an Komplexität aufweisen (können). Andererseits folgt dies ohne Zutun des Vermieters überwiegend aus der Natur der Sache heraus – Betriebskostenabrechnungen sind **abstrakte Zahlenwerke** für Abrechnungseinheiten mit teilweise hunderten von Wohnungen. Die Möglichkeiten des Vermieters zur übersichtlichen Darstellung sind deshalb von Beginn an limitiert. Ebenso muss der zeitliche und organisatorische Aufwand des Vermieters im Blick behalten werden.[82]

68 Das so beschriebene Dilemma kann deshalb nicht vollständig aufgelöst werden.[83] Gerade der letztgenannte Umstand erfordert eine großzügige und im Ergebnis eher den Belangen des Vermieters dienende Betrachtungsweise.[84] Sind die abgerechneten Positionen unter den genannten Voraussetzungen in die Abrechnung eingestellt, betrifft die weitergehende Frage, ob sie dem Ansatz und der Höhe nach zu Recht bestehen oder ob sonstige Mängel der Abrechnung vorliegen, allein die inhaltliche Richtigkeit der Abrechnung.[85] Bloße **Schreib- oder Rechenfehler** machen die Abrechnung nicht unwirksam, solange die Abrechnung nachvollziehbar bleibt.[86] Ist die Abrechnung zum Teil formell unwirksam, tritt Fälligkeit zumindest hinsichtlich des wirksamen Teils ein.[87]

2. Inhaltliche Richtigkeit – insbesondere die Wahl des Umlageschlüssels

69 Die Gründung von Wohngemeinschaften erfolgt in den meisten Fällen weniger aus emotionalen denn aus rationalen Erwägungen heraus. Gerade **studentische Wohngemeinschaften** streben nach einem kostengünstigen Wohnmodell für sämtliche Mitglieder. Insoweit sind die Bewohner eine Zweckgemeinschaft. Dieses Ziel wird jedoch nur dann erreicht, wenn nicht nur die Zahlung auf die Miete und auf die Betriebskosten einer für die Beteiligten paritätischen Aufteilung folgt, sondern diese Zahlungen am Ende auch ebenso „gerecht" berücksichtigt werden.

70 Hiermit ist die Wahl des Umlage- bzw. Verteilerschlüssels der Betriebskosten gemeint. Das Problem der Abrechnung stellt sich vorrangig bei der Mietstruktur „Vorauszahlungen auf die Betriebskosten mit anschließender Abrechnung" (→ Rn. 37 ff.). Bei der Vereinbarung einer Betriebskostenpauschale (→ Rn. 44 f.) sowie einer Inklusivmiete (→ Rn. 47 f.) bedarf es zwar keiner nach außen gerichteten Abrechnung. Jedoch erlangt eine zumindest den **internen Zwecken des Vermieters** dienende Abrechnung im Hinblick auf §§ 558, 560 BGB Bedeutung.

71 § 556a regelt die Kostenverteilung innerhalb des Objekts. Die Verteilung bezieht sich auf das Verhältnis Vermieter-Mieter sowie auf die Mieter untereinander. Für die Mieter untereinander bedarf es des Bestimmens eines besonderen Verhältnisses, nach welchen diese Kosten verteilt werden. Das Verhältnis Vermieter-Mieter ist von der Frage geprägt, welche Kosten der **Umlage** zugänglich sind, wohingegen das Verhältnis der Mieter untereinander die Frage der Aufteilung der berücksichtigungsfähigen Kosten meint.

72 Nach der gesetzlichen Grundregel ist die Umlage der Betriebskosten anhand der **Wohnfläche** vorzunehmen, § 556a Abs. 1 S. 1 BGB. Diese Regel ist jedoch in zweifacher Hinsicht subsidiär: Vorrangig zu beachten sind Vereinbarungen zwischen den Parteien sowie anderweitige Vorschriften, die eine verbrauchsorientierte Umlage zwingend anordnen.

---

[82] Siehe zu diesem Grundsatz der Zumutbarkeit *Krüger* in MüKoBGB § 259 Rn. 28.
[83] BGH NJW 2010, 2053; NJW 1982, 573.
[84] Für einen großzügigen Maßstab zugunsten des Vermieters wohl auch *Langenberg* in Schmidt-Futterer MietR BGB § 556 Rn. 333.
[85] BGH NJW 2011, 368; NJW 2009, 283; NJW 2008, 2258.
[86] *Gramlich* MietR Erläuterung zu § 556 Rn. 38.
[87] BGH NJW 2007, 1059; OLG Düsseldorf BeckRS 2003, 30310888; *Harsch* in Schmid MietNK – HdB Rn. 3329; *Milger* NJW 2009, 625 (626).

F. Die Abrechnung im Einzelnen   § 6

a) Zwingende Vorschriften

Betriebskosten, die nach dem **Verbrauch** ermittelt werden (zB Wasser), müssen verbrauchsabhängig abgerechnet werden (§ 556a Abs. 1 S. 2 BGB). Eine von diesem Grundsatz abweichende Vorgehensweise ist dem Vermieter nicht gestattet und kann ebensowenig vertraglich vereinbart werden.[88] Deshalb ist auch die Umlage sämtlicher Betriebskosten nach der Kopfzahl unwirksam.[89] 73

Zu den „anderweitigen Vorschriften" des § 556a Abs. 1 S. 1 BGB gehört die Heizkostenverordnung.[90] Sowohl die **Heiz-** als auch die **Warmwasserkosten** müssen nach einem vorgegebenen Maßstab umgelegt werden. Von den Kosten des Betriebs der zentralen Heizungsanlage sind mindestens 50 % und höchstens 70 % nach dem erfassten Wärmeverbrauch zu verteilen, § 7 HeizkostenV. Die übrigen Kosten sind nach der Wohnfläche oder nach dem umbauten Raum zu verteilen; es kann auch die Wohn- oder Nutzfläche oder der umbaute Raum der beheizten Räume zu Grunde gelegt werden. Außer bei Gebäuden mit nicht mehr als zwei Wohnungen, von denen eine vom Vermieter selbst bewohnt wird, gehen diese Vorschriften rechtsgeschäftlichen Vereinbarungen vor (§ 2 HeizkostenV).[91] 74

Die Verbrauchserfassung erfolgt anhand von **Messgeräten**. Die Werte werden entweder in den Wohnräumen konventionell abgelesen oder per Funk übertragen. Ist eine verbrauchsabhängige Abrechnung der Heizkosten aus technischen Gründen wegen unterbliebener Ablesung nicht möglich, so eröffnet § 9a HeizkostenV ein **Schätzverfahren**. Sind keine Schätzgrundlagen vorhanden, so erfolgt die Umlage nach dem Verhältnis der Wohnfläche.[92] Der so ermittelte Betrag ist gemäß § 12 HeizkostenV um 15 % zu kürzen. 75

b) Fläche

Der Flächenmaßstab bietet sich in der Praxis als **vorzugswürdiger Umlageschlüssel** an. Zugleich ist er der gesetzliche Maßstab gemäß § 556a Abs. 1 S. 1 BGB. 76

Die im Mietvertrag **vereinbarte Wohnungsgröße**[93] ist der Betriebskostenabrechnung zugrunde zu legen.[94] Gestaltet sich der Mietvertrag nach WG-Typ B, so gilt für den jeweiligen Mieter die ausschließlich an ihn vermietete Wohnfläche zuzüglich der gemeinschaftlich genutzten Flächenteile als maßgebliche Größe. In den Fällen WG-Typ C und WG-Typ D treten die Mieter gegenüber dem Vermieter als Gesamtnutzer der Wohnung auf. Die Verteilung der Betriebskosten bleibt dem **Innenverhältnis der Mieter** vorbehalten. Eine Regelung im Rahmen eines Innenausgleichs bedarf es auch bei WG-Typ E und teilweise bei WG-Typ F. Im Fall von WG-Typ A liegt es am Verhältnis zwischen Hauptmieter und Untermieter, wie jene vom Vermieter auf den Hauptmieter umgelegten Kosten verteilt werden. Der Hauptmieter wird hierbei selten eine eigene Abrechnung vornehmen, sondern sich der ihm vom Vermieter erteilten Werte bedienen. 77

Die Abrechnung nach der Wohnfläche ist aus zweierlei Sicht von Vorteil: Indem auf die Bezugsgröße zwischen Person und Fläche abgestellt wird, bewirkt sie eine objektive Umlagegerechtigkeit. Anderseits stellt sich der **Abrechnungsaufwand** für den Vermieter als gering dar. Ihr kommt jedoch auch ein sich insbesondere bei Wohngemeinschaften äußernder Nachteil zu: Der individuelle Verbrauch jedes einzelnen Mitglieds der Wohngemeinschaft bleibt nämlich unberücksichtigt. Gerade dieser Umstand birgt **Konfliktpotential**, weil sich das Verbrauchsverhalten höchst unterschiedlich entwickeln kann. Dies äußert sich in alltäglichen Situationen: Ein Mieter nimmt besonders gerne ein Vollbad, 78

---

[88] *Blank* in Blank/Börstinghaus MietR BGB § 556a Rn. 10.
[89] *Langenberg* in Schmidt-Futterer MietR BGB § 556a Rn. 23 und 70; *Blank* in Blank/Börstinghaus MietR BGB § 556a Rn. 17.
[90] Zum zwingenden Charakter der Vorschrift siehe auch BGH NZM 2006, 652.
[91] *Blank* in Blank/Börstinghaus MietR BGB § 556a Rn. 7.
[92] BGH NJW 2008, 142.
[93] Zum Begriff der Wohnungsgröße siehe *Blank* in Blank/Börstinghaus MietR BGB § 556a Rn. 33 ff.
[94] OLG Düsseldorf NZM 2000, 762.

während der andere eine kurze Dusche bevorzugt. Darüber hinaus unterschieden sich in Wohngemeinschaften die Nutzungsdauern. Einige Mieter sind an Wochenenden auf Familienbesuch, andere wiederum zu Studienzwecken im Ausland. Wieder andere richten den Schwerpunkt ihres Arbeitsplatzes am heimischen Schreibtisch ein oder nutzen stattdessen die Universitätsbibliothek. Dieses Verhalten hat Einfluss auf Nutzung und Verbrauch. Die Möglichkeit zur rechtlichen Regelung stößt in solchen Fällen an tatsächliche Grenzen. Je nach Verhältnis der Mitglieder untereinander oder praktischem Verständnis sind deshalb genaue Absprachen vorzunehmen und einzuhalten.

c) Abrechnung nach Verbrauch

79 Betriebskosten, die von einem erfassten Verbrauch oder einer erfassten Verursachung durch die Mieter abhängen, sind nach einem Maßstab umzulegen, der dem unterschiedlichen Verbrauch oder der unterschiedlichen Verursachung durch die Mieter Rechnung trägt (§ 556a Abs. 1 S. 2 BGB).[95] Wird verbrauchsunabhängig abgerechnet, obwohl der konkrete Verbrauch gemessen wird, so liegt hierin ein Verstoß gegen das Prinzip der Billigkeit des Umlagemaßstabs. Solche Vereinbarungen sind unwirksam, mit der weiteren Folge, dass an ihre Stelle die gesetzliche Regelung des § 556a Abs. 1 S. 2 BGB tritt.[96] Verbrauchsabhängig kann jedoch nur dann abgerechnet werden, wenn sich der Verbrauch tatsächlich konkret für jeden einzelnen Mieter messen lässt. Dies gilt zunächst für die **gemeinschaftlich genutzten Einrichtungen** der Mietsache. So lässt sich nicht messen, welcher Mieter wie häufig das Hauslicht betätigt. Der Anfall von Hausmüll lässt sich zwar konkret messen, kann jedoch zu erheblichem Zeit- und Kostenaufwand führen und wird deshalb in der Praxis selten so vorgenommen. Diese Problematik setzt sich für den Bereich von Wohngemeinschaften fort. Hier finden sich Messeinrichtungen für Wasser und Heizung vor. Die Verbrauchserfasser können jedoch technisch bedingt nicht zwischen den einzelnen Bewohnern unterscheiden. Das Führen eines Tagebuches über das individuelle Verbrauchsverhalten lässt sich kaum seriös bewerkstelligen und führt zwangsläufig zu Unstimmigkeiten zwischen den Mitgliedern der Wohngemeinschaft.

d) Personenanzahl

80 Die Umlage nach der Anzahl der Personen soll eine höhere Verteilungsgerechtigkeit durch eine Zuordnung der entstandenen verursachungs- und verbrauchsbedingten Kosten erreichen, obwohl diese nicht einzeln erfasst werden. Hier steht der Vermieter jedoch vor dem Problem, dass er ständig die **aktuelle Belegung** feststellen und in der Abrechnung berücksichtigen muss. Jeder Ein- und Auszug führt zu Änderungen in der Zahl der Mieter. Der Vermieter ist dabei auf die wahrheitsgemäßen Angaben aller Mieter angewiesen. Hinzu kommt die Notwendigkeit, bei **Leerstand** unter Ansetzung von fiktiven Personen abzurechnen. Insgesamt besteht bei dem Personenschlüssel ein erhebliches Streitpotential dahingehend, wie viele Personen tatsächlich vorhanden waren und ob, beziehungsweise ab welcher Dauer der Anwesenheit sie zu berücksichtigen sind.[97]

IV. Abrechnung bei Wechsel der Vertragsparteien

1. Problembeschreibung

81 Eine ganz typische Begleiterscheinung bei Wohngemeinschaften mit studentisch geprägter Struktur ist der **häufige Wechsel im Mitgliederbestand**. Verlangt die Lebenssituation

---

[95] *Schmid/Zehelein* in MüKoBGB § 556a Rn. 34.
[96] *Langenberg* in Schmidt-Futterer MietR BGB § 556a Rn. 81.
[97] *Schmid/Zehelein* in MüKoBGB § 556a Rn. 36; *Kossmann/Meyer-Abich* Wohnraummiete – HdB, § 37 Rn. 29.

nach einem Wohnungswechsel, vollzieht sich dieser zumeist ohne Rücksicht auf einen noch laufenden Abrechnungszeitraum. Dann stellt sich die Frage, welchen Einfluss der Mieterwechsel auf die Betriebskostenabrechnung hat. Aber auch auf Seiten des Vermieters kann es aufgrund unterschiedlicher Umstände zu einer Rechtsnachfolge kommen (→ § 12).

2. Mieterwechsel

Findet innerhalb des Abrechnungszeitraums ein Mieterwechsel statt, so erfordern die **82** Interessen des Altmieters, Neumieters sowie der verbleibenden Bewohner eine möglichst genaue Aufteilung der Kosten. Dafür ist bei verbrauchsabhängigen Betriebskosten eine **Zwischenablesung** erforderlich. Auf sie hat der Mieter einen Anspruch.[98] § 9b HeizkostenV gilt zwischen Vor- und Nachmieter derselben Nutzungseinheit und lässt die übrigen Mieter unberücksichtigt.[99] Für die Umlage der Heizungs- und Warmwasserkosten folgt dies aus § 9b Abs. 1 HeizkostenV. Vorrangig zu beachten sind aber vertragliche Vereinbarungen, § 9b Abs. 4 HeizkostenV.[100] Für die Kosten der Wasserversorgung und Entwässerung ist das Erfordernis der Zwischenablesung dem § 556a Abs. 1 S. 2 BGB zu entnehmen. Die im Zusammenhang mit der Zwischenablesung entstehenden Kosten trägt der Vermieter; eine anderslautende vertragliche Bestimmung ist aber möglich.[101] Zu einer Zwischenabrechnung ist der Vermieter hingegen nicht verpflichtet. Der Anspruch des Mieters auf Erteilung einer Abrechnung entsteht erst, wenn über den gesamten Zeitraum abgerechnet werden kann.[102] Bei der regulären Abrechnung am Ende des Abrechnungszeitraums sind dann die für das betreffende Mietverhältnis entstandenen Betriebskosten **zeitanteilig** zwischen den jeweiligen Mietern aufzuteilen.[103]

Unproblematisch lässt sich die Zwischenablesung beim Vorhandensein von Wärmemen- **83** gen- oder Wasserzählern sowie elektronischen Heizkostenverteilern zeitanteilig vornehmen. Probleme bereitet eine Zwischenablesung bei Heizkostenverteilern nach der Verdunstungsmethode. Würde eine Zwischenablesung zu ungenauen Werten führen, ist über sogenannte Gradtagszahlen aufzuteilen. Bei der **Gradtagszahlenmethode** wird den einzelnen Monaten des Jahres ein auf langjähriger Beobachtung ermittelter Wärmeverbrauchsanteil zugeordnet.[104] Die Warmwasserkosten werden hingegen nach der Mietzeit aufgeteilt. Die **Warmwassertemperatur** ist nämlich von Außentemperaturen unbeeinflusst.[105] Unterbleibt eine Zwischenablesung aus Gründen, die der Vermieter nicht zu vertreten hat, so sind die Wärmekosten ebenfalls nach der Gradtagszahlenmethode und alle übrigen Kosten zeitanteilig aufzuteilen. Ist die unterlassene Abrechnung vom Vermieter zu vertreten, so gilt dasselbe, allerdings sind die Anteile der Nutzer jeweils um 15 % zu kürzen, § 12 Abs. 1 HeizkostenV.[106]

3. Vermieterwechsel

Hinsichtlich eines Wechsels auf der Vermieterseite ist hingegen folgendermaßen zu diffe- **84** renzieren: Der frühere Vermieter muss über die zum Zeitpunkt des Eigentumsübergangs abgeschlossenen Abrechnungszeiträume abrechnen und bleibt zur Geltendmachung etwa-

---

[98] AG Offenbach BeckRS 2003, 31002713; *Wiederhold* in BeckOK BGB, Ed. 1.11.2018, § 556a Rn. 25.
[99] *Ormanschick* in Schmid MietNK – HdB Rn. 6224.
[100] *Lammel* HeizKV § 9b Rn. 45; *Ormanschick* in Schmid MietNK – HdB Rn. 6238 – die Vereinbarung ist zwischen Vermieter, Vormieter und Nachmieter zu schließen.
[101] BGH NJW 2008, 575.
[102] *Langenberg* in Schmidt-Futterer MietR BGB § 556 Rn. 296.
[103] *Blank* NZM 2008, 745 (748).
[104] *Gramlich* MietR Erläuterung zu § 9b.
[105] *Gramlich* MietR Erläuterung zu § 9b.
[106] LG Hamburg NJW-RR 1988, 907; aA AG Offenbach BeckRS 2003, 31002713 = ZMR 2005, 960.

iger Nachzahlungsansprüche berechtigt.[107] Beim Eigentümerwechsel während der laufenden Abrechnungsperiode trifft hingegen den **Neueigentümer** die Abrechnungspflicht.[108]

V. Abrechnungsfrist

85 § 556 Abs. 3 S. 2 BGB stellt für den Vermieter eine äußerst bedeutsame Regelung dar. Der Vermieter ist gehalten, innerhalb eines Jahres nach dem Ende des Abrechnungszeitraums dem Mieter die Abrechnung mitzuteilen, da ihm andernfalls der Rechtsverlust gemäß § 556 Abs. 3 S. 2 BGB droht. Versäumt er diese Frist schuldhaft, ist eine **Nachforderung** ausgeschlossen. Für die Berechnung gelten die allgemeinen Vorschriften, insbesondere die §§ 186, 193 BGB. Für den Zeitpunkt der Mitteilung kommt es einzig auf deren Zugang beim Mieter an. Im Falle des Streits hat der Vermieter den rechtzeitigen Zugang zu beweisen. Die (rechtzeitige) Aufgabe der schriftlichen Mitteilung zur Post begründet keinen **Anscheinsbeweis** für den Zugang, schon gar nicht für dessen Rechtzeitigkeit. Wird die Abrechnung auf dem Postweg versandt und zu einem Zeitpunkt in den Briefkasten eingeworfen, zu dem mit der Entnahme der Post nach den gewöhnlichen Umständen gerechnet werden kann, ist der Zugang erfolgt, auch wenn der Empfänger den Briefkasten nicht leert. Wird die Abrechnung dem Mieter persönlich überreicht, bewirkt das den Zugang.[109] Den Mietern der Wohngemeinschaft muss die Abrechnung nicht gemeinsam zugehen oder an sie gerichtet sein; sie können als **Gesamtschuldner** auch einzeln auf Nachzahlung in Anspruch genommen werden.[110] Allerdings läuft der Vermieter Gefahr, die Frist hinsichtlich der übrigen Mieter fruchtlos verstreichen zu lassen.

86 Der Vermieter behält ausnahmsweise dann sein Forderungsrecht, wenn er die verspätete Geltendmachung nicht zu vertreten hat. Grundsätzlich trägt der Vermieter die **Obliegenheit**, alles daran zu setzen, innerhalb des vom Gesetz vorgegebenen Zeitraums die Abrechnung zu erstellen. Werden ihm die zur Erstellung der Abrechnung notwendigen Unterlagen von Behörden, Versorgern und Dienstleistern nicht rechtzeitig zur Verfügung gestellt und hat er seinerseits alles ihm Zumutbare unternommen, hat er die Verspätung nicht zu vertreten.[111]

> **Hinweis:**
> 87 Der Nachweis des Zugangs wird dem Vermieter im Streitfall sicher gelingen, wenn er die Abrechnung unter Anwesenheit von Zeugen in den Briefkasten des Mieters einlegt.

VI. Ergebnis der Abrechnung

1. Nachforderung

88 Bei dem WG-Typ A ist Schuldner des Vermieters allein der Hauptmieter. Der Vermieter darf ihm gegenüber über die Betriebskosten abrechnen, ganz gleich, ob die Inanspruchnahme der Wohnräume im **Innenverhältnis** auf den Hauptmieter zurückzuführen ist oder die Untermieter betrifft. Die mietrechtlichen Beziehungen zwischen dem Hauptmieter und seinem/n Untermieter/n ist ein eigenständiges, davon unabhängiges Verhältnis (→ § 3). Es obliegt deshalb dem Hauptmieter als Vermieter der Untermieter, mit diesen eine Abrede über die Verteilung der Betriebskosten zu treffen. Hierbei wird maßgeblich

---

[107] *Wiederhold* in BeckOK BGB, Ed. 1.11.2018, § 556 Rn. 114.
[108] BGH NZM 2001, 158.
[109] BGH NJW 1998, 3344.
[110] *Artz* in Staudinger BGB § 556 Rn. 97.
[111] *Lützenkirchen* in Lützenkirchen MietR BGB § 556 Rn. 656 ff.

F. Die Abrechnung im Einzelnen § 6

von Bedeutung sein, ob und in welchem zeitlichen sowie räumlichen Umfang der Hauptmieter die zur Abrechnungseinheit gehörenden Wohnräume mitbewohnt.

Bei dem WG-Typ C haften alle Mieter, sofern nicht etwas anderes vereinbart worden ist, für die Mietforderungen des Vermieters einschließlich der Nebenkosten als Gesamtschuldner (§§ 421, 427 BGB). Der Vermieter ist daher berechtigt, nach seinem Belieben jeden Schuldner ganz oder teilweise in Anspruch zu nehmen, § 421 S. 1 BGB.[112] Auch wenn zwischen den Gesamtschuldnern eine **Tilgungsgemeinschaft** besteht – bis zur Bewirkung der gesamten Leistung bleiben alle Schuldner verpflichtet (§ 421 S. 2 BGB) – handelt es sich bei den zu einer Gesamtschuld verbundenen Forderungen um selbstständige Ansprüche des Gläubigers. Zum einen billigt § 421 BGB dem Gläubiger das Recht zu, ohne Rücksicht auf den Innenausgleich zwischen den Gesamtschuldnern einen von ihnen nach seiner freien Wahl in Anspruch zu nehmen. Dem Mieter, der die ihm gegenüber fällig gewordene Nebenkostenforderung des Vermieters befriedigt, verbleibt die Möglichkeit, die auf ihn übergegangene Forderung des Vermieters (§ 426 Abs. 2 BGB) dadurch den Mitmietern gegenüber fällig zu stellen, dass er als neuer Gläubiger diesen innerhalb der Frist des § 556 Abs. 3 S. 3 BGB die Abrechnung zugehen lässt. Außerdem wird bei einer Mietergemeinschaft ohnehin die im Wege der Schlüssigkeit **vereinbarte Abrede** bestehen, die anfallenden Kosten nach **Kopfteilen** zu tragen und demjenigen Mieter, der in Vorlage getreten ist, die aufgewendeten Auslagen anteilig zu erstatten.[113] **89**

Ist der Eigentümer beim WG-Typ F neben den anderen Mitbewohnern ein **Mieter inter pares**, so finden die Grundsätze des WG-Typ C Anwendung. **90**

Der WG-Typ E folgt in seiner rechtlichen Bewertung ebenfalls diesen Grundsätzen. Gegenüber dem Vermieter ist allein der „echte" Mieter berechtigt und verpflichtet. Die weiteren Bewohner unterhalten zum Vermieter keine gesonderte Rechtsstellung (→ § 11). Ihr Verhältnis beschränkt sich den Mietvertragsparteien gegenüber auf **allgemeine Rücksichtnahmepflichten**. Im Ergebnis läuft dies für die Bewohner auf eine Form der faktischen Nutzung im Wege einer Duldung voraus. Zwischen dem Mieter und Bewohner setzt dies ein nicht unerhebliches Vertrauensverhältnis voraus. Genau deshalb eignet sich diese Wohnkonstellation nahezu ausschließlich für den Bereich der nahen Angehörigen (Ehepartner, Lebenspartner im Sinne von § 1 Abs. 1 S. 1 LPartG, Kinder und Eltern des Mieters[114]) sowie in den von § 553 BGB umfassten Fällen. Ebenfalls hier zuzuordnen ist der WG-Typ F, sofern der Eigentümer auch Mieter ist und mit anderen Bewohnern außerhalb mietrechtlicher Bindungen zusammenwohnt. **91**

Der WG-Typ B ist von mindestens zwei eigenständigen Vertragsbeziehungen für eine Abrechnungseinheit geprägt. Die rechtlich eigenständigen Verträge werden hier nur ihrem **Anschein** nach gemeinsam geschlossen. Der Vermieter hat dies bei der Wahl des Verteilerschlüssels zu berücksichtigen. **92**

Bei WG-Typ D tritt die Mietermehrheit als Außen-BGB-Gesellschaft in Erscheinung und ist der Mietvertrag mit ihnen in dieser Funktion geschlossen. Die einzelnen Mitglieder haften für die Erfüllung der mietvertraglichen Verpflichtungen dem Vermieter gegenüber als Gesamtschuldner **persönlich und unbeschränkt** analog der §§ 128 ff. HGB.[115] Dies gilt auch im Falle der Vertretung durch einen Geschäftsführer.[116] Die Mitglieder der Außen-BGB-Gesellschaft können ihre Haftung auf das Gesellschaftsvermögen begrenzen, wenn sie im Gesellschaftsvertrag die Vollmacht der vertretungsberechtigten Gesellschafter entsprechend begrenzen.[117] **93**

---

[112] BGH NJW 2010, 1965; aA LG Berlin GE 2006, 1235 = BeckRS 2011, 09155; LG Berlin GE 2000, 1032 = LSK 2001, 050403; *Kinne* in Kinne/Schach/Bieber MietR BGB § 556 Rn. 68a.
[113] BGH NJW 2010, 1965.
[114] BGHZ 157, 1 = NJW 2004, 56; BGH NJW 1991, 1750.
[115] BGHZ 154, 88 = NJW 2003, 1445; *Achenbach* in MAH MietR § 11 Rn. 231.
[116] BGH NJW-RR 1990, 701; *Blank* in Blank/Börstinghaus MietR BGB § 535 Rn. 160.
[117] *Blank* in Blank/Börstinghaus MietR BGB § 535 Rn. 160; weiterführend BGHZ 142, 315 = NJW 1999, 3483.

2. Guthaben

94 Ergibt sich aus der Abrechnung ein Guthaben, so steht dieses den Mietern des WG-Typs C als **Gesamthandsgläubiger** (Mitgläubigern) zu. Jeder Mieter kann Zahlung an sich und die Mitmieter verlangen. Der Vermieter muss das Guthaben zu Händen aller Mieter auszahlen. Dies gilt unabhängig davon, ob die Abrechnung allen oder nur einzelnen Mietern zugegangen ist.[118] Im Falle von WG-Typ D ist Gläubigerin die BGB-Gesellschaft. Bei WG-Typ B und auch WG-Typ F ist jeder Mieter für sich Gläubiger eines etwaigen Guthabens; dies folgt aus der rechtlichen Selbstständigkeit der Vertragsverhältnisse. Bei WG-Typ A ist Schuldner eines Guthabens zugunsten des Hauptmieters der Vermieter, während der Hauptmieter grundsätzlich seinem Untermieter gegenüber ausgesetzt ist, wobei es hier auf die Gestaltung der Untermietabrede hinsichtlich der Betriebskosten ankommt.

G. Rechte des Mieters

I. Belegeinsicht

95 Die Angaben aus der Betriebskostenabrechnung stellen für den Mieter zunächst abstrakte Werte dar. Will er sie im Detail nachvollziehen und ihre Richtigkeit überprüfen, bedarf er der Einsicht in die Berechnungsgrundlagen. Die Betriebskostenabrechnung erfüllt eine Informationsfunktion, die Belegeinsicht hingegen eine **Kontrollfunktion**.[119] Der Vermieter ist jedoch nicht verpflichtet, dem Mieter mit der Mitteilung der Abrechnung gleichzeitig ein umfangreiches Anlagenkonvolut zu übersenden. Dem Mieter steht deshalb ein Recht auf Einsicht in die Belege der Betriebs- und Nebenkosten zu. Die Rechtsgrundlage wird in § 259 BGB gesehen.[120] Hierzu gehören sämtliche Verträge, Rechnungen, Quittungen und Messprotokolle, anhand derer die Berechnung der Betriebskosten erfolgt ist. Grundsätzlich kann der Mieter die Vorlage von **Originalunterlagen** verlangen.[121] Das Einsichtsrecht ist am Ort des Vermietersitzes beziehungsweise der Hausverwaltung wahrzunehmen (§ 269 Abs. 1, Abs. 2 BGB). Häufig kommt es jedoch vor, dass sich diese Orte weit außerhalb des Gemeindegebietes befinden. In solchen Fällen hat der Mieter Anspruch auf **Übersendung von Fotokopien** der betreffenden Belege.[122] Das Recht auf Belegeinsicht hat jeder einzelne Mieter einer Wohngemeinschaft. Der Vermieter hat kein Recht, von der Wohngemeinschaft einen Mieter als den einzig Einsichtsberechtigten bestimmen zu lassen. Hingegen bleibt es den Mitgliedern unbenommen, einen von ihnen als Vertreter zu benennen.

96 Verweigert der Vermieter die Belegeinsicht zu Unrecht und hat er seinerseits einen Anspruch auf Nachzahlung, steht dem Mieter an dieser Nachzahlung ein **Zurückbehaltungsrecht** gemäß § 273 BGB zu mit der Besonderheit, dass es im Falle eines Rechtsstreits ausnahmsweise nicht zur Verurteilung Zug-um-Zug kommt, sondern bereits der Eintritt der Fälligkeit verhindert wird.[123]

---

[118] *Blank* in Blank/Börstinghaus MietR BGB § 556 Rn. 240.
[119] *Blank* in Blank/Börstinghaus MietR BGB § 556 Rn. 184.
[120] BGH NZM 2010, 85; NJW 2006, 1419; *Schmid/Zehelein* in MüKoBGB § 556 Rn. 83; *Harsch* in Schmid MietNK – HdB Rn. 3285.
[121] Einschränkend *Wiederhold* in BeckOK BGB, Ed. 1.11.2018, § 556 Rn. 141 und LG Hamburg BeckRS 2011, 14030, wonach die Einsicht in eingescannte Dateien ausreichend sein soll.
[122] Der Vermieter hat Anspruch auf Kostenerstattung pro angefertigter Kopie, wobei zur Höhe der Kosten unterschiedliche Ansichten vertreten werden. In Anlehnung an Nr. 9000 der Anlage 1 zum GKG erscheinen 0,25 EUR angemessen, vgl. LG Berlin BeckRS 2002, 11811; *Wiederhold* in BeckOK BGB, Ed. 1.11.2018, § 556 Rn. 144; *Artz* in Staudinger BGB § 556 Rn. 115 mwN.
[123] Nach aA soll dem Mieter lediglich der Einwand nach § 242 BGB zustehen, so OLG Düsseldorf NZM 2001, 48; *Langenberg* in Schmidt-Futterer MietR BGB § 556 Rn. 391.

II. Einwendungen

Das Korrelat zur vermieterseitigen Obliegenheit aus § 556 Abs. 3 S. 2, S. 3 BGB (→ Rn. 85 ff.) stellt § 556 Abs. 3 S. 5, S. 6 BGB dar, was nicht zuletzt anhand der zeitlichen Komponente von jeweils zwölf Monaten deutlich wird. Beginnt für den Vermieter die Frist mit Ende des Abrechnungszeitraums, so bemisst sich nach herrschender Meinung in der Rechtsprechung der maßgebliche Zeitpunkt für den Mieter ab Zugang der Mitteilung einer formell ordnungsgemäßen (→ Rn. 65 ff.) Betriebskostenabrechnung.[124] Diese Lesart findet jedoch im Wortlaut des Gesetzes keine Stütze. Zum anderen führt sie zu nicht unerheblicher Rechtsicherheit. Der Streit, ob eine Abrechnung (gerade noch) formell wirksam oder bereits unwirksam ist, wird damit in eine Phase verlagert, in der möglichst zügig Rechtsklarheit geschaffen werden soll. Aus diesem Grund erscheint die Gegenansicht vorzugswürdig.[125] Nach dieser Auffassung reicht der **Zugang einer Betriebskostenabrechnung**, sei sie auch formell fehlerhaft, aus. Dem Mieter drohen hierbei keine Rechtsnachteile. Er kann, wenn er der Meinung ist, eine formell unwirksame Abrechnung erhalten zu haben, auf Erteilung einer fehlerfreien klagen. Der Mieter muss seine Einwendungen innerhalb der Frist konkret und unmissverständlich benennen. Bloße Floskeln oder allgemeine Unmutsbekundungen reichen nicht aus. Keinesfalls aber braucht der Mieter juristisch fundiert zu argumentieren. Es genügt, wenn er aus seinem Laienverständnis heraus die Einwände formuliert. Die Substantiierung der Einwendungen setzt nicht zwingend die vorherige Belegeinsicht voraus, dürfte sich jedoch in den meisten Fällen notwendig machen.

97

> **Hinweis:**
> „Wir erkennen die Abrechnung nicht an", „Wir bitten um Nachprüfung" genügt den Anforderungen an einen konkreten Vortrag der Einwände nicht.

98

Für die Frage, welcher Mieter der Wohngemeinschaft die Einwendungen erheben darf, kommt es drauf an, an wen die Abrechnung ergangen ist. Probleme können sich hier im Rahmen von WG-Typ C ergeben. Wird die Abrechnung nicht an alle Mieter erteilt, so ist sie nur gegenüber den in ihr genannten wirksam. Die übrigen Mieter sind insoweit von der Abrechnung nicht beschwert. Da keine Abrechnung ihnen gegenüber ergangen ist, kann es folglich auch keine Einwände geben. Der Mieter verliert sein Einwendungsrecht nicht dadurch, dass er die Nachforderung ausgleicht. In der bloßen Zahlung liegt kein **Schuldanerkenntnis**.[126] Davon zu trennen ist der gesetzlich angeordnete Einwendungsausschluss des § 556 Abs. 3 S. 5, S. 6 BGB. Die nach Ablauf von zwölf Monaten vorgetragenen Einwendungen sind verspätet, wenn der Mieter die nicht rechtzeitige Geltendmachung zu vertreten hat. Hierzu gehören insbesondere Fälle, in denen der Vermieter seiner Pflicht zur Belegeinsicht nicht (rechtzeitig) nachkommt, wobei auch hier vom Mieter verlangt werden kann, dass er alles ihm Zumutbare getan hat, um innerhalb der Frist vorzutragen.

99

> **Hinweis:**
> Die Frage, ob eine Abrechnung formell wirksam mitgeteilt wurde, ist wegen des Einwendungsausschlusses des § 556 Abs. 3 S. 6 BGB häufig Gegenstand gerichtlicher Auseinandersetzung.

100

---

[124] HM in Rechtsprechung und Literatur, siehe BGH NJW 2011, 1867; NJW 2010, 2275; NJW 2008, 283; *Langenberg* in Schmidt-Futterer MietR BGB § 556 Rn. 499; *Artz* in Staudinger BGB § 556 Rn. 128; *Blank* in Blank/Börstinghaus MietR BGB § 556 Rn. 217; *Wiederhold* in BeckOK BGB, Ed. 1.11.2018, § 556 Rn. 87.
[125] *Schmid/Zehelein* in MüKoBGB § 556 Rn. 96.
[126] BGH NJW 2011, 843; *K. Callsen/Lützenkirchen* in Lützenkirchen AHdB MietR Kap. L Rn. 641.

G. Anhang

101 Text der Betriebskostenverordnung (BetrKV) vom 25.11.2003 (BGBl. I 2346), geändert durch Gesetz vom 3.5.2012 (BGBl. I 958)

§ 1 Betriebskosten

(1) Betriebskosten sind die Kosten, die dem Eigentümer oder Erbbauberechtigten durch das Eigentum oder Erbbaurecht am Grundstück oder durch den bestimmungsmäßigen Gebrauch des Gebäudes, der Nebengebäude, Anlagen, Einrichtungen und des Grundstücks laufend entstehen. Sach- und Arbeitsleistungen des Eigentümers oder Erbbauberechtigten dürfen mit dem Betrag angesetzt werden, der für eine gleichwertige Leistung eines Dritten, insbesondere eines Unternehmers, angesetzt werden könnte; die Umsatzsteuer des Dritten darf nicht angesetzt werden.

(1) Zu den Betriebskosten gehören nicht:

1. die Kosten der zur Verwaltung des Gebäudes erforderlichen Arbeitskräfte und Einrichtungen, die Kosten der Aufsicht, der Wert der vom Vermieter persönlich geleisteten Verwaltungsarbeit, die Kosten für die gesetzlichen oder freiwilligen Prüfungen des Jahresabschlusses und die Kosten für die Geschäftsführung (Verwaltungskosten),
2. die Kosten, die während der Nutzungsdauer zur Erhaltung des bestimmungsmäßigen Gebrauchs aufgewendet werden müssen, um die durch Abnutzung, Alterung und Witterungseinwirkung entstehenden baulichen oder sonstigen Mängel ordnungsgemäß zu beseitigen (Instandhaltungs- und Instandsetzungskosten).

§ 2 Aufstellung der Betriebskosten

Betriebskosten im Sinne von § 1 sind:

1. die laufenden öffentlichen Lasten des Grundstücks, hierzu gehört namentlich die Grundsteuer;
2. die Kosten der Wasserversorgung, hierzu gehören die Kosten des Wasserverbrauchs, die Grundgebühren, die Kosten der Anmietung oder anderer Arten der Gebrauchsüberlassung von Wasserzählern sowie die Kosten ihrer Verwendung einschließlich der Kosten der Eichung sowie der Kosten der Berechnung und Aufteilung, die Kosten der Wartung von Wassermengenreglern, die Kosten des Betriebs einer hauseigenen Wasserversorgungsanlage und einer Wasseraufbereitungsanlage einschließlich der Aufbereitungsstoffe;
3. die Kosten der Entwässerung, hierzu gehören die Gebühren für die Haus- und Grundstücksentwässerung, die Kosten des Betriebs einer entsprechenden nicht öffentlichen Anlage und die Kosten des Betriebs einer Entwässerungspumpe;
4. die Kosten
    a) des Betriebs der zentralen Heizungsanlage einschließlich der Abgasanlage, hierzu gehören die Kosten der verbrauchten Brennstoffe und ihrer Lieferung, die Kosten des Betriebsstroms, die Kosten der Bedienung, Überwachung und Pflege der Anlage, der regelmäßigen Prüfung ihrer Betriebsbereitschaft und Betriebssicherheit einschließlich der Einstellung durch eine Fachkraft, der Reinigung der Anlage und des Betriebsraums, die Kosten der Messungen nach dem Bundes-Immissionsschutzgesetz, die Kosten der Anmietung oder anderer Arten der Gebrauchsüberlassung einer Ausstattung zur Verbrauchserfassung sowie die Kosten der Verwendung einer Ausstattung zur Verbrauchserfassung einschließlich der Kosten der Eichung sowie der Kosten der Berechnung und Aufteilung oder
    b) des Betriebs der zentralen Brennstoffversorgungsanlage, hierzu gehören die Kosten der verbrauchten Brennstoffe und ihrer Lieferung, die Kosten des Betriebsstroms und die Kosten der Überwachung sowie die Kosten der Reinigung der Anlage und des Betriebsraums oder

c) der eigenständig gewerblichen Lieferung von Wärme, auch aus Anlagen im Sinne des Buchstabens a, hierzu gehören das Entgelt für die Wärmelieferung und die Kosten des Betriebs der zugehörigen Hausanlagen entsprechend Buchstabe a oder

d) der Reinigung und Wartung von Etagenheizungen und Gaseinzelfeuerstätten, hierzu gehören die Kosten der Beseitigung von Wasserablagerungen und Verbrennungsrückständen in der Anlage, die Kosten der regelmäßigen Prüfung der Betriebsbereitschaft und Betriebssicherheit und der damit zusammenhängenden Einstellung durch eine Fachkraft sowie die Kosten der Messungen nach dem Bundes-Immissionsschutzgesetz;

5. die Kosten
   a) des Betriebs der zentralen Warmwasserversorgungsanlage, hierzu gehören die Kosten der Wasserversorgung entsprechend Nummer 2, soweit sie nicht dort bereits berücksichtigt sind, und die Kosten der Wassererwärmung entsprechend Nummer 4 Buchstabe a oder
   b) der eigenständig gewerblichen Lieferung von Warmwasser, auch aus Anlagen im Sinne des Buchstabens a, hierzu gehören das Entgelt für die Lieferung des Warmwassers und die Kosten des Betriebs der zugehörigen Hausanlagen entsprechend Nummer 4 Buchstabe a oder
   c) der Reinigung und Wartung von Warmwassergeräten, hierzu gehören die Kosten der Beseitigung von Wasserablagerungen und Verbrennungsrückständen im Innern der Geräte sowie die Kosten der regelmäßigen Prüfung der Betriebsbereitschaft und Betriebssicherheit und der damit zusammenhängenden Einstellung durch eine Fachkraft;

6. die Kosten verbundener Heizungs- und Warmwasserversorgungsanlagen
   a) bei zentralen Heizungsanlagen entsprechend Nummer 4 Buchstabe a und entsprechend Nummer 2, soweit sie nicht dort bereits berücksichtigt sind, oder
   b) bei der eigenständig gewerblichen Lieferung von Wärme entsprechend Nummer 4 Buchstabe c und entsprechend Nummer 2, soweit sie nicht dort bereits berücksichtigt sind, oder
   c) bei verbundenen Etagenheizungen und Warmwasserversorgungsanlagen entsprechend Nummer 4 Buchstabe d und entsprechend Nummer 2, soweit sie nicht dort bereits berücksichtigt sind;

7. die Kosten des Betriebs des Personen- oder Lastenaufzugs, hierzu gehören die Kosten des Betriebsstroms, die Kosten der Beaufsichtigung, der Bedienung, Überwachung und Pflege der Anlage, der regelmäßigen Prüfung ihrer Betriebsbereitschaft und Betriebssicherheit einschließlich der Einstellung durch eine Fachkraft sowie die Kosten der Reinigung der Anlage;

8. die Kosten der Straßenreinigung und Müllbeseitigung, zu den Kosten der Straßenreinigung gehören die für die öffentliche Straßenreinigung zu entrichtenden Gebühren und die Kosten entsprechender nicht öffentlicher Maßnahmen; zu den Kosten der Müllbeseitigung gehören namentlich die für die Müllabfuhr zu entrichtenden Gebühren, die Kosten entsprechender nicht öffentlicher Maßnahmen, die Kosten des Betriebs von Müllkompressoren, Müllschluckern, Müllabsauganlagen sowie des Betriebs von Müllmengenerfassungsanlagen einschließlich der Kosten der Berechnung und Aufteilung;

9. die Kosten der Gebäudereinigung und Ungezieferbekämpfung, zu den Kosten der Gebäudereinigung gehören die Kosten für die Säuberung der von den Bewohnern gemeinsam genutzten Gebäudeteile, wie Zugänge, Flure, Treppen, Keller, Bodenräume, Waschküchen, Fahrkorb des Aufzugs;

10. die Kosten der Gartenpflege, hierzu gehören die Kosten der Pflege gärtnerisch angelegter Flächen einschließlich der Erneuerung von Pflanzen und Gehölzen, der Pflege von Spielplätzen einschließlich der Erneuerung von Sand und der Pflege von Plätzen, Zugängen und Zufahrten, die dem nicht öffentlichen Verkehr dienen;

11. die Kosten der Beleuchtung, hierzu gehören die Kosten des Stroms für die Außenbeleuchtung und die Beleuchtung der von den Bewohnern gemeinsam genutzten Gebäudeteile, wie Zugänge, Flure, Treppen, Keller, Bodenräume, Waschküchen;
12. die Kosten der Schornsteinreinigung, hierzu gehören die Kehrgebühren nach der maßgebenden Gebührenordnung, soweit sie nicht bereits als Kosten nach Nummer 4 Buchstabe a berücksichtigt sind;
13. die Kosten der Sach- und Haftpflichtversicherung, hierzu gehören namentlich die Kosten der Versicherung des Gebäudes gegen Feuer-, Sturm-, Wasser- sowie sonstige Elementarschäden, der Glasversicherung, der Haftpflichtversicherung für das Gebäude, den Öltank und den Aufzug;
14. die Kosten für den Hauswart, hierzu gehören die Vergütung, die Sozialbeiträge und alle geldwerten Leistungen, die der Eigentümer oder Erbbauberechtigte dem Hauswart für seine Arbeit gewährt, soweit diese nicht die Instandhaltung, Instandsetzung, Erneuerung, Schönheitsreparaturen oder die Hausverwaltung betrifft; soweit Arbeiten vom Hauswart ausgeführt werden, dürfen Kosten für Arbeitsleistungen nach den Nummern 2 bis 10 und 16 nicht angesetzt werden;
15. die Kosten
    a) des Betriebs der Gemeinschafts-Antennenanlage, hierzu gehören die Kosten des Betriebsstroms und die Kosten der regelmäßigen Prüfung ihrer Betriebsbereitschaft einschließlich der Einstellung durch eine Fachkraft oder das Nutzungsentgelt für eine nicht zu dem Gebäude gehörende Antennenanlage sowie die Gebühren, die nach dem Urheberrechtsgesetz für die Kabelweitersendung entstehen, oder
    b) des Betriebs der mit einem Breitbandnetz verbundenen privaten Verteilanlage; hierzu gehören die Kosten entsprechend Buchstabe a, ferner die laufenden monatlichen Grundgebühren für Breitbandanschlüsse;
16. die Kosten des Betriebs der Einrichtungen für die Wäschepflege, hierzu gehören die Kosten des Betriebsstroms, die Kosten der Überwachung, Pflege und Reinigung der Einrichtungen, der regelmäßigen Prüfung ihrer Betriebsbereitschaft und Betriebssicherheit sowie die Kosten der Wasserversorgung entsprechend Nummer 2, soweit sie nicht dort bereits berücksichtigt sind;
17. sonstige Betriebskosten, hierzu gehören Betriebskosten im Sinne des § 1, die von den Nummern 1 bis 16 nicht erfasst sind.

WG Typ A (Untermiete), WG Typ B (Einzelverträge), WG Typ C (Gesamtschuld), WG Typ D (Außen-GbR). Bei den anderen beiden Typen fällt die Verschlagwortung etwas schwerer. Zudem kann und sollte jeweils nach vorn verwiesen werden, um ein vertieftes Nachlesen zu erleichtern.

§ 7 Versicherungen

Übersicht

	Rn.
A. Einführung in das Privatversicherungsrecht	2
I. Rechtsquellen	2
II. Begriff der (Privat-)Versicherung	4
III. Der Versicherungsvertrag	5
IV. Regress	7
B. Der Vermieter als Versicherungsnehmer	8
I. Umlagefähigkeit von Versicherungsprämien	8
1. Grundlagen	8
2. Grundsatz der Wirtschaftlichkeit	14
3. Einzelfragen der Umlagefähigkeit	18
a) Sachversicherungen	18
b) Haftpflichtversicherungen	26
c) Private Versicherungen des Vermieters	28
II. Regressschutz des Mieters	29
C. Die Wohngemeinschaft und ihre Mitbewohner als Versicherungsnehmer	33
I. Haftpflichtversicherung	33
1. Deckungsbereich	35
2. Person des Dritten	37
a) Nahestehende Personen	38
b) Mehrheit von Versicherungsnehmern	39
c) Gesellschaft bürgerlichen Rechts als Versicherungsnehmer	40
d) Mitversicherte Personen	42
3. Besonderheiten bei Sachschäden	44
a) Eigentum des Versicherungsnehmers	45
b) Eigentum und Besitz des Dritten	46
c) Eigentum des Geschädigten bei Besitz des Versicherungsnehmers	47
II. Hausratversicherung	56
1. Versicherte Gefahren	57
2. Versicherte Sachen	58
3. Häusliche Gemeinschaft	65
4. Vertragsgestaltungsmöglichkeiten und jeweilige Rechtsfolgen	68
a) Ein Mitbewohner als Versicherungsnehmer	69
b) Mehrheit von Versicherungsnehmern	78
c) WG als Versicherungsnehmer	81
d) Zusammentreffen von Einzelverträgen	83
5. Unterversicherung	84
6. Regressprivileg	90

Schrifttum:

Armbrüster, Regress des Gebäudeversicherers gegen Mieter, NJW 2006, 3683; *Bruns* Privatversicherungsrecht, 2015; *Flume* BGB AT I Band 1, Die Personengesellschaft, 1977; *Peter Günter*, Mietverträge über Sonderimmobilien, WuM 2012, 587; *Haymann* Leistung und Gegenleistung im Versicherungsvertrag, 1933; *Jendrek*, Mietrecht und Versicherungsrecht, NZM 2003, 697, *Axel Kampmann*, Die Repräsentantenhaftung im Privatversicherungsrecht, 1996; *Marc-Alexander Lüth*, Untermietvertragsgestaltung. Ein praktischer Leitfaden bei entsprechend anwendbarem Hauptmietvertrag, NZM 2004, 241; *Mühlemeier*, Betriebsnebenkosten und Versicherungen, WuM 2007, 111; *Neuhaus*, Terrorversicherung und mietrechtliches Wirtschaftlichkeitsgebot. Neue Kriterien des BGH für die Umlage „exotischer" Versicherungsprämien als Betriebskosten im gewerblichen Mietrecht, NZM 2011, 65; *Kai-Jochen Neuhaus*, Versicherungsprämien als Betriebskosten – Zu hohe Anforderungen an das Wirtschaftlichkeitsgebot?, ZMR 2011, 845; Schimikowski, Mangelbeseitigung und Mangelfolgeschäden – Anmerkungen zu einem Dauerthema der Haftpflichtversicherung, r+s 2012, 105; ders.

Versicherungsvertragsrecht, 6. Aufl. 2017; *Schmidt-Rimpler* Die Gegenseitigkeit bei einseitig bedingten Verträgen, 1968; *Schwerdtner*, Der Ersatz des Verlusts des Schadensfreiheitsrabattes in der Haftpflichtversicherung. Zugleich ein Beitrag zur Abgrenzung von Gefälligkeitshandlung und Rechtsgeschäften, NJW 1971, 1673; *van Bühren*, Handbuch Versicherungsrecht, 7. Aufl. 2017; *Wandt* Versicherungsrecht, 6. Auflage 2016; *zur Nieden*, Umlagefähigkeit von „Selbstbehalten" in der Gebäudeversicherung. Nebenkosten zwischen Wahrscheinlichkeit und Wirtschaftlichkeit, NZM 2013, 369.

1 Beim Zusammenleben in einer Wohngemeinschaft stellen sich immer wieder Fragen des Privatversicherungsrechts. Diese lassen sich dabei grob in zwei Themenkomplexe untergliedern: Im ersten steht die **Versicherungsnehmereigenschaft des Vermieters** im Fokus. Den zweiten Bereich bilden Konstellationen, in denen die **Wohngemeinschaft** oder ihre jeweiligen Mitbewohner **Versicherungsnehmer** sind.

Nach einem allgemeinen Überblick über das Privatversicherungsrecht soll dieses Kapitel – der beschriebenen Untergliederung folgend – Fragen und Probleme an der Schnittstelle von Versicherungs- und Mietrecht klären.

A. Einführung in das Privatversicherungsrecht

I. Rechtsquellen

2 Das Privatversicherungsrecht speist sich aus zahlreichen gesetzlichen Quellen. Die für das Zusammenleben in der Wohngemeinschaft zentralen Normen finden sich im **Versicherungsvertragsgesetz** 2008 mit Einführungsgesetz (VVG), flankiert vom **Bürgerlichen Gesetzbuch**.

3 Das Versicherungsvertragsgesetz gliedert sich in drei Abschnitte: Allgemeiner Teil (§§ 1–99), Einzelne Versicherungszweige (§§ 100–208) und Schlussvorschriften (§§ 209–216). Das Gros der VVG-Vorschriften ist **dispositiv**, kann also durch die Vertragsparteien abgeändert werden.[1] Dies ist einerseits durch einzelvertragliche Abreden möglich. Von größerer Relevanz ist jedoch die Einbeziehung sogenannter **AVB – Allgemeiner Versicherungsbedingungen**. Bei AVB handelt es sich um Allgemeine Geschäftsbedingungen im Sinne von § 305 Abs. 1 BGB, sodass hinsichtlich Einbeziehung in den Versicherungsvertrag und Wirksamkeit die Regeln der §§ 305–310 BGB gelten.[2] Neben allgemeinem AGB-Recht beschränkt der zwingende beziehungsweise halbziehungsweiseingende Charakter verschiedener VVG-Normen die vertragliche Gestaltungsfreiheit der Parteien. Der Verstoß gegen zwingende VVG-Vorschriften hat die Unwirksamkeit der entsprechenden Klausel zur Folge.[3] Von halbzwingenden Normen darf zwar abgewichen werden, jedoch nicht zu Ungunsten des Versicherungsnehmers.[4]

II. Begriff der (Privat-)Versicherung

4 Ein Versicherungsverhältnis ist durch die entgeltliche Verpflichtung einer Partei (eines Versicherungsunternehmens) bestimmt, im Falle des Eintritts eines ungewissen Ereignisses bestimmte vermögenswerte Leistungen zu erbringen. Kennzeichnend ist ferner die Verteilung des übernommenen wirtschaftlichen Risikos auf eine Vielzahl von durch die gleiche

---

[1] *Schimikowski* VersicherungsvertragsR Rn. 6.
[2] *Rixecker* in MüKoVVG § 49 Rn. 43; *Schimikowski* VersicherungsvertragsR Rn. 17; *Bruns* PrivatversicherungsR § 10 Rn. 1.
[3] Grundsätzlich unabhängig davon, ob diese einzelvertraglich ausgehandelt oder Teil von AVB ist; Beispiele: §§ 28 V, 14 III, 105, 190 VVG siehe BT-Drs. 16/3945 11, 13, 86, 110.
[4] Siehe §§ 18, 32, 42 VVG.

A. Einführung in das Privatversicherungsrecht   § 7

Gefahr bedrohten Personen. Überdies soll die Risikoübernahme auf einer das Gesetz der großen Zahl zugrunde legenden Kalkulation basieren.[5]

III. Der Versicherungsvertrag

Im Privatversicherungsrecht **erfordert das Zustandekommen eines Versicherungsver-** 5
hältnisses einen Vertrag zwischen Versicherer und Versicherungsnehmer. Dies ist das maßgebliche Unterscheidungskriterium zum Sozialversicherungsrecht, in dem das Versicherungsverhältnis kraft Gesetzes entsteht.[6] Das Sozialversicherungsrecht ist nicht zu verwechseln mit obligatorischen (Privat-)Versicherungen. Dort herrscht zwar ein gesetzlicher Versicherungszwang; das obligatorische Versicherungsverhältnis kommt indes erst durch Abschluss eines Versicherungsvertrages zustande.[7] Prominentes Beispiel für Pflichtversicherungen ist die KFZ-Pflichthaftpflichtversicherung. Hier folgt die Versicherungspflicht des Halters aus § 1 PflVG, die des Versicherers aus § 5 Abs. 2, 4 PflVG. Dennoch entsteht das Versicherungsverhältnis auch hier erst mit dem Vertragsschluss.

Der Versicherungsvertrag ist **synallagmatischer Natur**. Auf Seiten des Versicherungs- 6
nehmers steht die Pflicht zur Zahlung der Versicherungsprämie, § 1 S. 2 VVG. Die korrespondierende Leistungsverpflichtung auf Seiten des Versicherers ist nach einer Ansicht[8] das Erbringen der Versicherungsleistung im Versicherungsfall, nach anderer Ansicht[9] die Risikoübernahme während der Versicherungslaufzeit.

IV. Regress

Für **Schadensversicherungen**, das heißt Versicherungen, bei denen die Leistungspflicht 7
des Versicherers von der Realisierung eines bestimmten Schadens abhängig ist,[10] ergibt sich aus § 86 VVG eine **Regressmöglichkeit** des Versicherers. **Ersatzansprüche des Versicherungsnehmers gegen Dritte gehen im Wege einer cessio legis auf den Versicherer über.**[11] So soll eine Bereicherung des Versicherungsnehmers sowie eine Entlastung des Schädigers ausgeschlossen werden.[12] Voraussetzung ist nach § 86 Abs. 1 S. 1 VVG ein Ersatzanspruch des Versicherungsnehmers gegen einen Dritten. Dritter ist hierbei jeder, der weder Versicherungsnehmer noch Versicherter ist.[13] Weiterhin setzt die cessio legis eine Schadensersatzleistung des Versicherers voraus, § 86 Abs. 1 S. 1 VVG. Außerdem muss ein Deckungsanspruch des Versicherungsnehmers beziehungsweise des Versicherten gegenüber dem Versicherer bestehen.[14] Liegen diese Voraussetzungen vor, geht der Ersatzanspruch des Versicherungsnehmers oder des Versicherten kraft Gesetzes auf den Versicherer über und zwar in der Höhe des zu ersetzenden Schadens, auf den sich die vertragsgemäße Versicherungsleistung bezieht.[15] Es ergibt sich also eine Kongruenz von geschuldeter und

---

[5] BGH BeckRS 9998, 95009; BGH NJW-RR 1991, 1013 (1014); BGH VersR 1964, 497 (498); für die hM in der Literatur statt vieler *Looschelders* in MüKoVVG § 1 Rn. 6; *Bruns* PrivatversicherungsR § 1 Rn. 2; *Armbrüster* in Prölss/Martin VVG § 1 Rn. 19.
[6] So zB bei gesetzl. Kranken-, Unfall-, Rentenversicherung; vgl. *Schimikowski* VersicherungsvertragsR Rn. 2.
[7] Vgl. *Schimikowski* VersicherungsvertragsR Rn. 30.
[8] *Haymann*, S. 11; *Schmidt-Rimpler*. S. 36, 52; OLG Karlsruhe NJW-RR 1988, 151; OLG Nürnberg r+s 2000, 397; LG Bremen BeckRS 2008, 11393.
[9] *Deutsch* VersicherungsvertragsR Rn. 157.
[10] Vgl *Lorenz* in Beckmann/Matusche-Beckmann BeckHdB VersR § 1 Rn. 83; *Brömmelmeyer* in NK-VVG § 1 Rn. 30; *Bruns* PrivatversicherungsR § 2 Rn. 26.
[11] Vgl. Regierungsbegründung, BT-Drs. 16/3945, 81.
[12] Vgl. BGHZ 79, 35 (37) = BeckRS 9998, 104098.
[13] BGHZ 175, 374 = NJW 2008, 1737; BGH BeckRS 9998, 76524; BeckRS 2008, 24502; BGHZ 30, 40 (42) = NJW 1959, 1221.
[14] Wie hier auch *Bruns* PrivatversicherungsR § 20 Rn. 65; offenlassend BGH BeckRS 1997, 3350.
[15] *Bruns* PrivatversicherungsR § 20 Rn. 67.

Fromberger

erbrachter Versicherungsleistung einerseits und dem Schaden, der durch den übergegangenen Ersatzanspruch auszugleichen ist, andererseits (sog. **Kongruenzprinzip**).[16]

B. Der Vermieter als Versicherungsnehmer

I. Umlagefähigkeit von Versicherungsprämien

1. Grundlagen

8 Die Wohngemeinschaft kommt mit Versicherungen in Berührung, wenn der Vermieter Kosten für von ihm abgeschlossene Versicherungsverträge auf die WG umlegt. Relevant wird die Frage nach der Umlagefähigkeit für den Hauptmieter, der diese Kosten teilweise dem Untermieter auferlegen möchte. **Schließt der Vermieter Versicherungen mit Bezug zum vermieteten Wohnraum ab, so kann er die anfallende Versicherungsprämie unter bestimmten Voraussetzungen als Betriebskosten auf die Mieter umlegen** (→ § 6 Rn. 4 ff.). Nach § 556 Abs. 1 S. 2 BGB sind Betriebskosten diejenigen Kosten, die dem Eigentümer durch das Eigentum am Grundstück beziehungsweise den bestimmungsgemäßen Gebrauch des Gebäudes, der Anlagen, Einrichtungen und des Grundstücks laufend entstehen. Abzugrenzen sind die Betriebskosten insbesondere von Instandhaltungs- und Instandsetzungskosten; darüber hinaus jedoch auch von Verwaltungskosten, Abschreibungen und dem Mietausfallwagnis, vgl. § 1 Abs. 2 BetrKV.[17]

9 Ist ein Mitbewohner einer Wohngemeinschaft Hauptmieter (WG-Typ A), kommt es in teleologischer Erweiterung des § 566 Abs. 1 S. 2 BGB im Verhältnis Hauptmieter – Untermieter auf die dem Hauptmieter entstehenden Betriebskosten an.[18]

10 § 556 Abs. 1 S. 1 BGB erfordert eine **mietvertragliche Vereinbarung** für eine anteilige Kostentragungspflicht des Mieters.[19] Welche Kostenarten umlagefähig sind, bestimmt für Wohnraummiete abschließend[20] § 2 BetrKV, worauf § 556 Abs. 1 S. 3 BGB verweist. Nach § 2 Nr. 13 BetrKV sind umlagefähig die „Kosten der Sach- und Haftpflichtversicherung, hierzu gehören namentlich die Kosten der Versicherung des Gebäudes gegen Feuer-, Sturm-, Wasser- sowie sonstige Elementarschäden, der Glasversicherung, der Haftpflichtversicherung für das Gebäude, den Öltank und den Aufzug".

11 Für die Beantwortung der Frage, welche Kosten vom Mieter zu tragen sind, reicht es aus, wenn der Vermieter im Mietvertrag auf § 556 Abs. 1 BGB oder die BetrKV verweist beziehungsweise dem Mietvertrag die Aufstellung der Betriebskostenarten beifügt. Nicht notwendig ist eine Aufschlüsselung der einzelnen Betriebskostenarten und damit auch nicht der tatsächlich abgeschlossenen Versicherungen.[21] Beim Abschluss eines Untermietvertrags (WG-Typ A) muss der Hauptmieter darauf achten, die Umlage der Betriebskosten auf den Untermieter deutlich zu machen und den notwendigen Verweis auf die BetrKV oder § 556 Abs. 1 BGB zu setzen.

12 Kommt es nach Ablauf einer Versicherungsperiode zur **Rückvergütung von Versicherungsprämien**, hat der Vermieter diese an die Mieter weiterzureichen. Dies gilt auch wenn er, um einen Prämienanstieg zu vermeiden beziehungsweise eine Rückvergütung zu erhalten, in einem Schadensfall die Versicherung nicht in Anspruch genommen hat.[22]

---

[16] Ganz hM statt vieler BGHZ 25, 340 (342) = NJW 1858, 180; BGHZ 82, 338 = NJW 1982, 827; *Bruns* PrivatversicherungsR § 20 Rn. 67 mwN.
[17] Schmid/Zehelein in MüKoBGB § 1 BetrKV Rn. 7.
[18] *Wiederhold* in BeckOK BGB, Ed. 1.11.2018, § 556 Rn. 11 im Anschluss an *Lüth* NZM 2004, 241 (245).
[19] *Langenberg/Zehelein* BetrKR A. I. Rn. 1; *Gramlich* MietR BGB § 556 Rn. 1.
[20] *Wiederhold* in BeckOK BGB, Ed. 1.11.2018, § 556 Rn. 9; *Gramlich* MietR BGB § 556 Rn. 3; für die Vorgängerregelung (Anlage 3 zu § 27 II. BV) BGH NJW 1993, 1061 (1061).
[21] *Langenberg/Zehelein* BetrKR A. III. Rn. 180; *Gramlich* MietR BGB § 556 Rn. 1.
[22] Eingehend dazu *Langenberg/Zehelein* BetrKR A. III. Rn. 199.

Bisweilen werden im Versicherungsvertrag beziehungsweise in allgemeinen Versiche- 13
rungsbedingungen **Selbstbehalte** vereinbart, die sich in der Regel prämienmindernd auswirken.[23] Diese Prämienminderung wird in der Literatur als Anknüpfungspunkt einer
Beteiligungspflicht der Mieter am Selbstbehalt gesehen.[24] Ein Umlegen entsprechender
Kosten auf die Mieter ist indes abzulehnen. Der Wortlaut des § 2 Nr. 13 BetrKV trägt dies
nicht.[25] Er ist zwar in Bezug auf die genannten Versicherungen nicht abschließend, sieht
eine Ansatzfähigkeit jedoch nur für Versicherungen, nicht jedoch für Eigenkosten des
Vermieters vor.[26] WG-Bewohnern können demnach die Kosten eines vom Vermieter zu
tragenden Selbstbehalts nicht auferlegt werden.

2. Grundsatz der Wirtschaftlichkeit

Voraussetzung der Umlagefähigkeit von Versicherungen ist, dass der Vermieter bei ihrem 14
Abschluss das Gebot der Wirtschaftlichkeit beachtet. Er hat ein **angemessenes Kosten-
Nutzen-Verhältnis** zu berücksichtigen.[27] Nachweislich unwirtschaftliches Verhalten des
Vermieters steht der Umlagefähigkeit entgegen.[28] Sollte die Wohngemeinschaft unwirt-
schaftliche Kosten bereits an den Vermieter geleistet haben, so besteht ein Erstattungs-
anspruch.[29]

Der Vermieter muss vor Abschluss von Versicherungsverträgen Vergleichsangebote ein- 15
holen[30] und die angebotenen Leistungen vergleichen.[31] Er hat die günstigste Versicherung
auszuwählen. Dies ist nicht gleichbedeutend mit der Wahl des billigsten Versicherers. So
können sich zu berücksichtigende Umstände beispielsweise aus dem Regulierungsverhalten
und der Unterstützung im Schadensfall ergeben.[32]

Überdies steht der Grundsatz der Wirtschaftlichkeit der Umlagefähigkeit sinnloser[33] 16
sowie für den Vermieter angenehmer, aber nicht notwendiger Versicherungen[34] entgegen.
In die letztgenannte Kategorie fallen insbesondere All-Risk-Assekuranzen mit Extended
Coverage, deren Deckung zum Beispiel innere Unruhen, Streik oder Aussperrung umfasst.
Gegen die Umlagefähigkeit spricht hier die Versicherung von Risiken, die ausschließlich
vom Vermieter zu tragen sind.[35] Eine Wirtschaftlichkeitsprüfung ist insbesondere geboten,
wenn die Versicherung „beitragsfrei" zusätzliche, unter Umständen nicht notwendige
Leistungen enthält. Hier ist vermieterseits vergleichend ein Versicherungsangebot ohne
besagte Zusatzleistung einzuholen.[36]

Der Grundsatz der Wirtschaftlichkeit steht der Ansatzfähigkeit von **Prämienerhöhun-** 17
gen entgegen, die darauf zurückzuführen sind, dass aufgrund baulicher Mängel bestimmte
Schadensfälle häufiger eintreten.[37] Zu denken ist beispielsweise an vermehrte Wasserrohr-
brüche aufgrund mangelnder Instandhaltung.[38] Kommt der Vermieter seiner mietvertraglichen Pflicht zur Instandhaltung des vermieteten Wohnraums nicht in gebührendem Maße

---

[23] *Zur Nieden* NZM 2013, 369 (372).
[24] *Zur Nieden* NZM 2013, 369 (372).
[25] AA *Zur Nieden* NZM 2013, 369 (373).
[26] So auch *Langenberg/Zehelein* BetrKR A. III. Rn. 199.
[27] BGH NJW 2008, 440.
[28] BGH NJW 2015, 855; *Gramlich* MietR BGB § 556 Rn. 3.
[29] Vgl. *Neuhaus* ZMR 2011, 845 (845).
[30] KG Berlin NZM 2011, 487; aA *Neuhaus* ZMR 2011, 845 (847).
[31] *Langenberg/Zehelein* BetrKR A. III. Rn. 88.
[32] Vgl. zum ganzen Absatz auch *Langenberg/Zehelein* BetrKR A. III. Rn. 93.
[33] ZB Versicherung der Aufzugssprech- und Signalanlage vgl. LG Berlin BeckRS 1986, 06119; aA LG Berlin GE 1987, 517 aufgrund der geringen Prämienhöhe.
[34] Vgl. Beispiel bei AG Mönchengladbach-Rheydt BeckRS 2007, 04585.
[35] *Mühlemeier* WuM 2007, 111 (111); aA *Neuhaus* NZM 2011, 65 (69).
[36] ZB den regelmäßigen Einschluss der persönlichen Haftpflicht des Verwalters in die WEG-Haftpflicht-versicherung vgl. *Langenberg/Zehelein* BetrKR A. III. Rn. 92.
[37] *Langenberg/Zehelein* BetriebskostenR Rn. A 94.
[38] AG Köln WuM 2000, 37.

nach und erhöht sich dadurch die Versicherungsprämie, darf sich dies nicht nachteilig auf die WG-Bewohner auswirken.

3. Einzelfragen der Umlagefähigkeit

a) Sachversicherungen

18 Umlagefähige Sachversicherungen, das heißt Versicherungen, die das Eigentums- beziehungsweise Besitzinteresse des Versicherungsnehmers schützen,[39] sind von nicht umlagefähigen Reparaturversicherungen abzugrenzen. Da es Teil der Hauptpflichten des Vermieters nach § 535 Abs. 1 S. 2 BGB ist, den für vertragsgemäßen Gebrauch erforderlichen Zustand der Mietsache zu erhalten, unterfallen Instandhaltungs- und Instandsetzungskosten bereits nicht dem Begriff der Betriebskosten.[40] Damit können die **Kosten einer hierfür abgeschlossenen Reparaturversicherung nicht auf die Mieter umgelegt werden**.[41] Dass sämtliche Sachversicherungen, abgesehen vom vollständigen Untergang der versicherten Sache, bei Eintritt des Versicherungsfall: primär der Deckung der Reparaturkosten dienen, lässt sie dennoch nicht zu Reparaturversicherungen im oben beschriebenen Sinne werden.[42] Kompensiert werden nicht Kosten gewöhnlicher Instandhaltungsreparaturen, sondern Reparaturkosten angefallen aufgrund (außergewöhnlicher) Schadensereignisse.

19 Umlagefähig sind nach § 2 Nr. 13 BetrKV **Gebäudesachversicherungen** gegen Feuer-, Sturm-, Wasser- und andere Elementarschäden.[43] Diese Aufzählung ist beispielhaft, sodass auch weitere Sachversicherungen ansatzfähig sind. Daher kann der Vermieter auch eine sogenannte **Schwamm- und Holzbockversicherung**[44] oder eine **Versicherung gegen Schäden durch Abwasserrückstau** auf die Mieter umlegen.[45] Selbiges gilt für **Spezialversicherungen** wie beispielsweise Versicherungen elektronischer und elektrotechnischer Anlagen, Fernmelde- beziehungsweise Alarmanlagen, Brandverhütungsanlagen beziehungsweise –meldeanlagen[46] sowie Glasversicherungen.[47, 48]

20 Bildet der Vermieter einen sogenannten **Eigenversicherungsfonds**, darf er „Beiträge" dafür nicht auf die Mieter umlegen. Grund hierfür ist bereits die fehlende Versicherungseigenschaft derartiger Konstrukte: es ermangelt der Bildung einer Gefahrengemeinschaft.[49] Statt als „Eigenversicherung" ist dieses Vorgehen treffender als eine Form der „Rücklagenbildung" zu bezeichnen.

21 Die Kosten einer **Versicherung gegen Vandalismusschäden** können nach wohl herrschender Ansicht ebenfalls auf die Mieter umgelegt werden.[50] Dies gilt im Speziellen auch für Versicherungen gegen die Schäden durch Graffitis.[51] Einschränkungen können sich jedoch aus dem Grundsatz der Wirtschaftlichkeit ergeben.[52]

---

[39] *Bruns* PrivatversicherungsR § 2 Rn. 25.
[40] Schmid/Zehelein in MüKoBGB § 1 BetrKV Rn. 7.
[41] *Jendrek* NZM 2003, 697 (697); *Langenberg/Zehelein* BetrKR A. III. Rn. 195.
[42] So auch *Langenberg/Zehelein* BetrKR A. III. Rn. 186.
[43] Nach dem Grundsatz der Wirtschaftlichkeit nicht umlagefähig, wenn Überschwemmungen, Erdbeben, -fall, -rutsch, Schneedruck, Lawinen, Vulkanausbruch deutlich unwahrscheinlich vgl. *Langenberg/Zehelein* BetrKR A. III. Rn. 90.
[44] LG Hamburg BeckRS 1989, 31159845; folgend *Langenberg/Zehelein* BetrKR A. III. Rn. 181; *Jendrek* NZM 2003, 697 (697).
[45] *Langenberg/Zehelein* BetrKR A. III. Rn. 181 mwN.
[46] OLG Düsseldorf NJOZ 2012, 1871.
[47] OLG Brandenburg NZM 2000, 572.
[48] *Langenberg/Zehelein* BetrKR A. III. Rn. 184.
[49] *Langenberg/Zehelein* BetrKR A. III. Rn. 198.
[50] LG Braunschweig BeckRS 2010, 17344; *Schmid/Zehelein* in MüKoBGB § 2 BetrKV Rn. 61; *Langenberg/Zehelein* BetrKR A. III. Rn. 186.
[51] *Langenberg* in Schmidt-Futterer MietR BGB § 556 Rn. 171.
[52] ZB kann eine Graffiti-Schaden-Versicherung auf eine bestimmte Höhe zu beschränken sein; vgl. *Langenberg/Zehelein* BetrKR A. III. Rn. 91.

Hinsichtlich **Terrorschadenversicherungen**, das bedeutet Versicherungen, die das Risiko von Gebäudeschäden durch Terrorangriffe versichern, ist zu differenzieren. Die Prämien können auf die Mieter umgelegt werden, wenn das Gebäude anhand konkreter Umstände als gefährdet einzustufen ist, durch Terrorangriffe einen Schaden zu erleiden.[53] Hierfür muss eine begründete erhöhte Wahrscheinlichkeit eines Anschlags auf das versicherte Gebäude vorliegen.[54] Bejaht wird das für den Fall, dass das Objekt besonderen Symbolcharakter aufweist, es sich nahe gefährdeter Orte befindet, es als Ausübungsort staatlicher Macht fungiert oder es Anziehungspunkt zahlreicher Menschen ist.[55] Gebäude können überdies aufgrund der Nationalität oder der Religionszugehörigkeit der Nutzer gefährdet sein.[56] Sollten die von einer Wohngemeinschaft gemieteten Räumlichkeiten beispielsweise in der Nähe von Parlamentsgebäuden oder ausländischen Botschaften gelegen sein, müsste sie anteilig für die Kosten einer Terrorschadenversicherung aufkommen. Bestehen diese beschriebenen Momente erhöhter Gefährdung indes nicht, so können die Prämien nicht umgelegt werden. Dies folgt insbesondere aus dem Grundsatz der Wirtschaftlichkeit (→ Rn. 14 ff.). 22

Wohngebäudeversicherungen werden in der Regel zum Neuwert abgeschlossen, man spricht daher von sogenannten **Neuwertversicherungen**. Verschiedene Stimmen in der Literatur stufen jedoch lediglich die Kosten einer Zeitwertversicherung als umlagefähig ein. Grund hierfür sei die Ersparnis von Instandsetzungsaufwand sowie die Kompensation des der Regelabschreibung entsprechenden Wertverlusts des Gebäudes, welche unzulässigerweise von den Mietern getragen werden würden.[57] Dieser Ansicht ist nicht zuzustimmen. Sie übersieht, dass auch dem Mieter aus der Neuwertversicherung Vorteile zufließen. Denn die Versicherungsleistung stellt hier die Beseitigung aller Schäden sicher. Insbesondere auch für den Fall, dass der Vermieter ohne entsprechende Versicherung nicht zur Herstellung des Neuzustandes des Gebäudes in der Lage wäre, sondern nur zu einem dem Zeitwert entsprechenden Zustand.[58] Absicherung erfährt der Mieter zudem dadurch, dass der Vermieter die über den Zeitwert hinausreichende Versicherungssumme nur erhält, wenn diese innerhalb eines bestimmten Zeitraums zur Wiederherstellung beziehungsweise Wiederbeschaffung aufgewendet wird. Ausnahmen bestehen indes für sanierungsbedürftige Objekte.[59] 23

Versicherungen von Wohngebäuden decken zumeist auch durch Schäden am Mietobjekt entstehende **Mietausfälle**. Wird ein Gebäude durch den Eintritt eines Versicherungsfalls zweitweise unbewohnbar, ist der hieraus resultierende Mietausfall von der Versicherungsleistung umfasst. Dies wird teilweise als ein der Umlagefähigkeit entgegenstehendes Kriterium verstanden. Notwendig sei ein Ausschluss dieses Teils der Versicherungsleistung, zumindest jedoch ein Abschlag der Versicherungsprämie zugunsten des Mieters.[60] Dies überzeugt nicht. Zum einen ist die Deckung von Mietausfällen ein Wesensmerkmal von Wohngebäudeversicherungen.[61] Sind diese nach § 2 Nr. 13 BetrKV umlagefähig, so gilt das auch für den Teil der Prämie, der der Kompensation von Mietausfällen entspricht.[62] Ein Ausschluss des Mietausfalls aus der Wohngebäudeversicherung ist zudem weder praktikabel noch mit Gewissheit zielführend: Voraussetzung wäre eine Prämienneukalkulation, welche nicht ohne Weiteres bei den Versicherungsunternehmen durchsetzbar sein dürfte. Ferner ist 24

---

[53] BGH NZM 2010, 864; *Langenberg* in Schmidt-Futterer MietR BGB § 556 Rn. 172; aA *Neuhaus* NZM 2011, 65 (68).
[54] HM *Langenberg* in Schmidt-Futterer MietR BGB § 556 Rn. 172; AG Berlin-Pankow/Weißensee BeckRS 2009, 07621; AG Wetzlar BeckRS 2008, 13540; *Lattka* ZMR 2008, 929 (933); aA OLG Stuttgart NJW-RR 2007, 1168.
[55] BGH NJW 2010, 3647 (Rn. 23).
[56] *Günter* WuM 2012, 587 (595).
[57] AG Leipzig NZM 2009, 858.
[58] *Langenberg/Zehelein* BetrKR A. III. Rn. 189.
[59] Ganzer Absatz *Langenberg/Zehelein* BetrKR A. III. Rn. 189.
[60] LG Itzehoe NZM 2010, 864.
[61] Abschnitt A § 9 Nr. 1 VGB 2010.
[62] LG Hamburg BeckRS 2016, 12637.

die prämienmindernde Auswirkung eines Ausschlusses keinesfalls sicher.[63] Nicht übersehen werden darf weiterhin, dass der Mietausfall aufgrund eines Schadens am Mietobjekt nicht – wie üblich – das Resultat fehlender Leistungsfähigkeit beziehungsweise -bereitschaft des Mieters und damit der mietvertraglichen Risikoverteilung immanent ist. Vielmehr resultiert er gerade aus dem Schaden am vermieteten Wohngebäude.[64] Ähnlich der Argumentation zur Umlagefähigkeit von Neuwertversicherungen darf auch hier ein dem Mieter zugutekommendes Korrektiv nicht übersehen werden: der Versicherer schuldet freilich die Kompensation des Mietausfalls nur dann, wenn der Vermieter die Möglichkeit der Wiederbenutzung des Mietobjekts nicht schuldhaft verzögert.[65]

Ein Prämienabschlag scheitert an der fehlenden Kenntnis des Vermieters von der internen Kalkulation des Gebäudeversicherers. Ihm fehlen jegliche Anhaltspunkte, wie der auf die Mietausfallversicherung entfallende Prämienanteil zu bestimmen ist.[66]

25   Nach § 81 Abs. 2 VVG berechtigt grob fahrlässige Herbeiführung des Versicherungsfalls seitens des Versicherungsnehmers den Versicherer zur Kürzung der Versicherungsleistung. Diese Norm kann jedoch durch vertragliche Abrede, in der Regel gepaart mit einer erhöhten Versicherungsprämie, abbedungen werden.[67] Da sich durch die erhöhte Prämie der Versicherungsschutz der Mieter ausweitet, ist die gesteigerte Prämie voll umlagefähig.[68]

b) Haftpflichtversicherungen

26   Nach § 2 Nr. 13 BetrKV können betriebsbezogene Haftpflichtversicherungen auf die Mieter umgelegt werden. Die Gebäudehaftpflichtversicherung versichert dabei die Haftung bei durch das Gebäude verursachten Schäden. Lösen sich beispielsweise lockere Dachschindeln und verletzen einen Passanten, liegt ein Versicherungsfall der Gebäudehaftpflichtversicherung vor. § 2 Nr. 13 BetrKV nennt in nicht abschließender Aufzählung ferner die Haftpflichtversicherungen für einen in Betrieb befindlichen Öltank und den Aufzug.[69]

27   Bestandteil einer Haftpflichtversicherung sind gemäß § 101 VVG auch die **Rechtsverfolgungskosten**, die mit dem Versicherungsfall einhergehen. Dies könnte den Schluss nahelegen, dass die umzulegende Versicherungsprämie um diesen Anteil zu kürzen beziehungsweise ein Ausschluss vorzunehmen sei. Als Grundlage dieser Argumentation könnte die Fallkonstellation der Schadensersatzpflicht des Vermieters gegenüber dem Mieter herangezogen werden. Hier finanziere der Mieter die Abwehr seiner Ansprüche durch den Vermieter. Dem ist jedoch entgegenzuhalten, dass die Deckung der Rechtsverfolgungskosten gesetzlich normierter Bestandteil der Haftpflichtversicherung ist. Nimmt § 2 Nr. 13 BetrKV auf die Haftpflichtversicherung Bezug, so ist auch dieser gesetzlich feststehende Bestandteil mitumfasst. Anhaltspunkte für ein Abweichen vom gesetzlichen Leitbild sind nicht ersichtlich.[70]

c) Private Versicherungen des Vermieters

28   Der Vermieter kann die Prämien für Versicherungen privater Interessen naturgemäß nicht in Ansatz bringen. Namentlich sind demnach eine **Privathaftpflicht-, eine Vermögensschadenhaftpflicht-**,[71] **oder eine gesonderte Mietausfallversicherung**[72] **nicht umlagefähig**. Selbiges gilt für Haus- und Mietrechtsschutzversicherungen.[73]

---

[63] Ganzer Absatz *Langenberg/Zehelein* BetrKR A. III. Rn. 189.
[64] So auch *Langenberg/Zehelein* BetrKR A. III. Rn. 189.
[65] *Langenberg/Zehelein* BetrKR A. III. Rn. 189.
[66] *Langenberg/Zehelein* BetrKR A. III. Rn. 189; Ausnahme: Vermietung von Gewerberaum.
[67] Statt vieler *Karczewski* in NK-VVG § 81 Rn. 132.
[68] Schmid/Zehelein in MüKoBGB § 2 BetrKV Rn. 61.
[69] Vgl. *Langenberg/Zehelein* BetrKR A. III. Rn. 192.
[70] *Langenberg/Zehelein* BetrKR A. III. Rn. 194.
[71] *Langenberg/Zehelein* BetrKR A. III. Rn. 196.
[72] OLG Düsseldorf NZM 2001, 588 (588).
[73] AG Bonn WuM 1987, 274; OLG Düsseldorf BeckRS 1995, 07977 Rn. 68, 70 (bezogen auf Gewerberaum).

II. Regressschutz des Mieters

Im Rahmen umlagefähiger Versicherungen trägt damit der Mieter wirtschaftlich die Kosten 29 der Versicherungsprämie. Sollten diese nicht als Betriebskosten explizit auf ihn umgelegt werden, sind sie in aller Regel in den Mietzins eingepreist.[74] Hieraus erwächst ein **Interesse des Mieters, von den finanzierten Versicherungen zu profitieren**.[75] Dieses Interesses wird im Falle eines durch den Mieter leicht fahrlässig verursachten Schadens an einem versicherten Gebäude bedeutsam. Nach der Grundregel des § 86 Abs. 1 S. 1 VVG würden die Ansprüche des Vermieters gegen den Mieter (§§ 280 Abs. 1, 823 Abs. 1 BGB) auf den Gebäudeversicherer übergehen. Dieser Übergang würde im Widerspruch zum eben beschriebenen Interesse des Mieters, von der Gebäudeversicherung zu profitieren, stehen. Außerdem würde das Interesse des Vermieters an einem harmonischen Mietverhältnis beeinträchtigt.[76]

Daher ist im Wege der ergänzenden Vertragsauslegung **dem Gebäudeversicherungs-** 30 **vertrag ein konkludenter Regressverzicht zugunsten des Mieters zu entnehmen**.[77] Diesen *pactum de non petendo* (§ 328 Abs. 1 BGB analog) kann der Mieter **einredeweise** geltend machen.[78] Der Regressschutz besteht unabhängig von der Einstandspflicht einer Haftpflichtversicherung des Mieters,[79] jedoch nur für Gebäude- nicht für Hausratversicherungen des Vermieters.[80] Sollte der Mieter den Gebäudeschaden mindestens grob fahrlässig verursacht haben, greift der Regressschutz nicht.[81]

Diese Grundsätze sind auch auf Fälle zu übertragen, in denen nur **ein WG-Bewohner** 31 **Vertragspartner des Eigentümers** ist, der Hauptmieter in einem Untermietverhältnis zu einem zweiten WG-Bewohner steht (WG-Typ A) und dieser WG-Bewohner den Gebäudeschaden leicht fahrlässig herbeiführt. Zwar greift hier das Interesse des Vermieter-Eigentümers und Versicherungsnehmers an einem ungestörten Mietverhältnis nicht unmittelbar. Dennoch ist der Untermieter an den Kosten der Gebäudeversicherung beteiligt.[82] Aus diesem Grund soll ihm der Regressschutz ebenso zugutekommen wie dem Hauptmieter. Die gewählte rechtliche Konstruktion der Wohngemeinschaft ist insofern ohne Relevanz.

Zu untersuchen ist fernerhin der Umfang des Regressschutzes hinsichtlich des WG-Typs 32 E und damit, ob **Personen ohne Untermietvertrag** ebenfalls geschützt sind. Zu denken ist hierbei insbesondere an Mitbewohner, die lediglich auf der Grundlage eines Gefälligkeitsverhältnisses die gemietete Wohnung bewohnen. Würde man primär auf die Kostenbeteiligung an der Versicherungsprämie abstellen, so müsste man dies verneinen. Richtig ist es jedoch, die zur häuslichen Gemeinschaft im Sinne des § 86 Abs. 3 VVG entwickelten Grundsätze vergleichend heranzuziehen.[83] § 86 Abs. 3 VVG regelt ein Regressprivileg für Schädiger, die mit dem Versicherungsnehmer in häuslicher Gemeinschaft (→ Rn. 65 ff.) leben. Auf die vertragliche Grundlage des Zusammenlebens kommt es dabei nicht an. Entscheidend ist vielmehr eine Gemeinschaft der Wirtschaftsführung.[84] Diese ist bei Ehegatten und Lebenspartnern zu bejahen. Bei anderen Zusammensetzungen einer Wohn-

---

[74] So auch *Armbrüster* NJW 2006, 3683.
[75] *Armbrüster* NJW 2006, 3683.
[76] *Armbrüster* NJW 2006, 3683 (3683).
[77] BGH NJW-RR 2007, 684 (684); BGHZ 145, 393 (398) = BeckRS 2000, 10123.
[78] Vgl. hinsichtl. Schadensteilungs- und Regressverzichtsabkommen – mit materiellrechtl. Stundungswirkung BGH NJW 1978, 2506; BGH NJW-RR 1993, 1111; sowie *Bruns* PrivatversicherungsR § 20 Rn. 81; *von Koppenfels-Spies* in *Looschelders/Pohlmann* VVG § 86 Rn. 85; vgl. *Deutsch* VersicherungsvertragsR Rn 271; *Klimke* in Prölss/Martin VVG § 43 Rn. 18.
[79] BGH NJW-RR 2007, 684 (684 f.); BGHZ 169, 86 = NJW 2006, 3707; BGH NVersZ 2001, 230; BGHZ 145, 393 (399) = NJW 2001, 1353 (1354); aA *Armbrüster* NJW 2006, 3683 (3683).
[80] BGH NJW 2006, 3714.
[81] BGH NJW-RR 2007, 684 (684).
[82] Siehe bereits *Armbrüster* NJW 2006, 3683 (3685).
[83] So zur alten Rechtslage bereits *Armbrüster* NJW 2006, 3683 (3685).
[84] Statt vieler *Armbrüster* in Prölss/Martin VVG § 86 Rn. 91.

Fromberger

gemeinschaft können insbesondere eine gemeinsame Kasse oder gemeinsam genutzte Räume für eine Gemeinschaft der Wirtschaftsführung und damit für einen Einbezug in den Regressschutz sprechen. Vom Regressschutz nicht umfasst sind demnach bloße **Gäste des Mieters beziehungsweise Mitbewohners**.[85]

C. Die Wohngemeinschaft und ihre Mitbewohner als Versicherungsnehmer

I. Haftpflichtversicherung

33 Das Zusammenleben in einer Wohnungsgemeinschaft bringt es mit sich, dass Rechtsgüter der Bewohner der Einwirkungsmöglichkeit durch weitere Mitbewohner ausgesetzt sind. Hieraus resultierende Schäden können durch eine Haftpflichtversicherung versichert werden, vorausgesetzt es greifen keine versicherungsvertraglichen Ausschlusstatbestände.

34 Gemäß § 100 VVG liegt die geschuldete Leistung des Haftpflichtversicherers in der **Freistellung des Versicherungsnehmers von Ansprüchen eines Dritten**, die dieser aufgrund der Verantwortlichkeit des Versicherungsnehmers geltend macht. Im Zuge der Freistellung erbringt der Versicherer gegenüber dem Dritten diejenige Leistung, die der Versicherungsnehmer schuldet.[86] **Geld- oder Naturalersatz** (§§ 249 – 251 BGB) leistet er dabei in der Regel als Drittleistung nach § 267 Abs. 1 BGB.[87] Die Versicherungsleistung umfasst ferner die mit dem Versicherungsfall im Zusammenhang stehenden **Rechtsverfolgungskosten**, vgl. § 101 Abs. 1 VVG (→ Rn. 27). Konkretisiert wird der Vertragsinhalt durch die **Allgemeinen Versicherungsbedingungen für Haftpflichtversicherungen** (AHB) (→ Rn. 3). Diese sind – abgesehen von selten vorkommenden Individualvereinbarungen zwischen Versicherer und Versicherungsnehmer – in aller Regel Teil des Haftpflichtversicherungsvertrags.[88]

1. Deckungsbereich

35 Nach Ziff. 1.1 Abs. 1 AHB 2016 erfordert der Versicherungsfall die **Inanspruchnahme des Versicherten aufgrund gesetzlicher Haftpflichtbestimmungen privatrechtlichen Inhalts**. Diesen Bestimmungen ist gemein, dass ein Schadensereignis bestimmte Rechtsfolgen hervorruft.[89] Das haftungsbegründende Verhalten des Versicherungsnehmers muss demnach – jedenfalls potentiell – einen Schadensersatzanspruch des Geschädigten begründen.[90] Erfasst sind klassischerweise **deliktische und quasi-deliktische Ansprüche** sowie auf Schadensersatz gerichtete **Ansprüche aus einem vertraglichen beziehungsweise vorvertraglichen Schuldverhältnis**.[91] Vertragliche Erfüllungsansprüche liegen außerhalb des Deckungsbereichs.[92] Selbiges gilt für Ansprüche auf Schadensersatz statt der Leistung, da diese an die Stelle des Anspruchs auf die ursprüngliche Primärleistung treten.[93]

---

[85] OLG Hamm NVersZ 2001, 181.
[86] Vgl. *Bruns* PrivatversicherungsR § 22 Rn. 13.
[87] BGHZ 113, 62 (65, 68) = NJW 1991, 919.
[88] So auch *Littbarski* in MüKoVVG § 100 Rn. 4.
[89] HM siehe nur BGH NJW 1971, 429; BGH NJW 2000, 1194 (1194 f.); BGHZ 153, 182 = NZM 2003, 197; *Littbarski* in MüKoVVG § 100 Rn. 17; *v. Rintelen* in Späte/Schimikowski AHB 1. Rn. 254; *Lücke* in Prölss/Martin AHB Ziff. 1 Rn. 6; *Littbarski* AHB § 1 Rn. 34.
[90] So auch *Littbarski* in Bayerlein Praxis-HdB SachverständigenR § 40 Rn. 33.
[91] BGH NJW 1966, 1073; *Lücke* in Prölss/Martin AHB Ziff. 1 Rn. 6; *v. Rintelen* in Späte/Schimikowski AHB Rn. 256; *Littbarski* in MüKoVVG § 100 Rn. 17.
[92] Siehe den insoweit eindeutigen Wortlaut der Ziff. 1.1 AHB 2016, der sich nur auf Schadensersatzansprüche bezieht; Ziff. 1.2 (1) AHB 2016 ist damit rein deklaratorischer Natur; so auch *Littbarski* in MüKoVVG § 100 Rn. 19; *Schimikowski* r+s 2012, 105.
[93] Ziff. 1.2 (1) AHB 2016; zu Abgrenzungsfragen *Schimikowski* r+s 2012, 105; *Littbarski* in MüKoVVG § 100 Rn. 25 ff.

C. Die Wohngemeinschaft und ihre Mitbewohner als Versicherungsnehmer § 7

Konkurrieren ein vom Umfang des Haftpflichtversicherungsvertrags gedeckter mit einem nichtgedeckten Anspruch, so besteht nach der Konzeption der Ziff. 1.1 Abs. 1 AHB 2016 Versicherungsschutz.[94] Das materiell-rechtliche Bestehen des Schadensersatzanspruchs ist keine Voraussetzung des Eintritts des Versicherungsfalles. Ausreichend ist vielmehr die **bloße Behauptung beziehungsweise Geltendmachung** durch einen Dritten.[95] Im Kontext der Wohnungsgemeinschaft werden insbesondere Ansprüche aufgrund der Beschädigung beziehungsweise Zerstörung des Eigentums eines Mitbewohners oder von Eigentum der Wohnungsgemeinschaft relevant (sogenannte **Sachschäden**). Weiterhin möglich sind Schadensersatzansprüche aufgrund Körper- oder Gesundheitsverletzungen (sogenannte **Personenschäden**).[96] Fernerhin sind Ansprüche des Vermieters wegen der Beschädigung oder Zerstörung der Mietsache denkbar.

Die Wohnungsgemeinschaft ist eine **Gesellschaft bürgerlichen Rechts** (→ § 14 Rn. 1). Aus diesem Gesellschaftsverhältnis folgt die Pflicht der Mitbewohner, auf die Rechte und Rechtsgüter der übrigen Mitbewohner Rücksicht zu nehmen. Die Verletzung der Rechtsposition eines Mitbewohners ist damit Verletzung einer Neben- beziehungsweise Schutzpflicht aus dem Gesellschaftsverhältnis. Im Rahmen haftungsbegründender Handlungen ist die **Haftungsprivilegierung des § 708 BGB zu berücksichtigen**.[97] Dies gilt für Ansprüche aus dem Gesellschaftsverhältnis gleichermaßen wie für konkurrierende deliktische Ansprüche.[98] Dass die Wohnungsgemeinschaft in der Regel nur den ideellen Zweck des gemeinsamen Wohnens und keine wirtschaftlichen Zielsetzungen verfolgt, steht der Anwendbarkeit des § 708 BGB nicht entgegen.[99] Gemäß dieser Vorschrift haften die Gesellschafter im Innenverhältnis nur bei **Nichtbeachtung der in eigenen Angelegenheiten üblichen Sorgfalt** (*diligentia quam in suis rebus*). Die Untergrenze haftungsbegründenden Verhaltens bestimmt § 277 BGB, sodass die Haftung des Mitbewohners jedenfalls für grobe Fahrlässigkeit und Vorsatz bestehen bleibt.[100] Bedacht werden sollte diese Haftungsprivilegierung bei der Wahl eines (neuen) Mitbewohners. Ist ein potentieller Wohngenosse in eigenen Angelegenheiten nachlässig, kann dies wie gesehen eine Haftung gegenüber Mitbewohnern ausschließen. Fehlt ein Anspruch des Geschädigten, liegt konsequenterweise auch kein Haftpflichtversicherungsfall vor.

2. Person des Dritten

§ 100 VVG knüpft den Eintritt des Versicherungsfalls an den Anspruch eines Dritten 37 beziehungsweise die Geltendmachung eines Anspruchs durch einen Dritten. Nach herrschender Meinung ist **Dritter** grundsätzlich derjenige, der mit dem Versicherungsnehmer personenverschieden und materiell-rechtlicher Inhaber des Schadensersatzanspruchs ist, diesen erhebt oder geltend macht.[101] Im Zusammenspiel mit den Ausschlusstatbeständen der Ziff. 7 AHB 2016 ergeben sich die folgenden Besonderheiten:

---

[94] Wohl überwiegende Auffassung; siehe zum Meinungsstand und in der Sache differenzierend *Littbarski* in MüKoVVG § 100 Rn. 66 mwN; siehe des Weiteren BGH BeckRS 2007, 00639; *Lücke* in Prölss/Martin AHB Ziff. 1 Rn. 20, Ziff. 3 Rn. 6 mwN.
[95] *Bruns* PrivatversicherungsR § 22 Rn. 9.
[96] Zu den Schadensbegriffen *Littbarski* in MüKoVVG § 100 Rn. 126 ff.
[97] Zur Anwendbarkeit des § 708 BGB auf Neben-/Schutzpflichtverletzungen *Habermeier* in Staudinger BGB § 708 Rn. 1; *Schäfer* in MüKoBGB § 708 Rn. 7; *Schöne* in BeckOK BGB, Ed. 1.11.2018, § 708 Rn. 8; aA *Schwerdtner* NJW 1971, 1673 (1675); der von der hM geforderte Zusammenhang der Schädigung mit dem Pflichtenkreis des Gesellschafters besteht damit denklogischerweise; zu diesem Erfordernis zB *Sprau* in Palandt BGB § 708 Rn. 2.
[98] HM RGZ 88, 317; RGZ 66, 363; BGHZ 46, 313 = NJW 1967, 558; BGH VersR 1960, 802; *Habermeier* in Staudinger BGB § 708 Rn. 10; *Sprau* in Palandt BGB § 708 Rn. 2.
[99] HM vgl. *Habermeier* in Staudinger BGB § 708 Rn. 6; *Schäfer* in MüKoBGB § 708 Rn. 6.
[100] Siehe auch *Habermeier* in Staudinger BGB § 708 Rn. 7.
[101] Siehe hierzu – teilweise unter Anwendung unterschiedlicher Umschreibungen BGH NJW-RR 1998, 32; NJW 1956, 826; KG Berlin NVersZ 2000, 98; OLG München NJW-RR 2008, 1560; OLG München VersR 1980, 1138; *Littbarski* in MüKoVVG § 100 Rn. 73; *Lücke* in Prölss/Martin AHB§ 100 Rn. 16.

a) Nahestehende Personen

38 **Angehörige**, die mit dem Versicherungsnehmer **in häuslicher Gemeinschaft** leben (→ Rn. 32 und → Rn. 65) oder im Versicherungsvertrag **mitversichert** (→ Rn. 42) sind, sind keine Dritten, vgl. Ziff. 7.5 (1) AHB 2016. Demgemäß deckt die Haftpflichtversicherung ihre Ansprüche gegen den Versicherungsnehmer nicht. Der Begriff des Angehörigen umfasst nach Ziff. 7.5 (1) Ehegatten, Lebenspartner im Sinne des LPartG,[102] (Adoptiv-) Eltern und (Adoptiv-)Kinder, Schwiegereltern- und Schwiegerkinder, Stiefeltern- und Stiefkinder, Großeltern und Enkel, Geschwister sowie Pflegeeltern und -kinder. Dieser Ausschluss soll möglichem Versicherungsmissbrauch entgegenwirken.[103]

b) Mehrheit von Versicherungsnehmern

39 Möglich, wenn auch in praxi selten, ist eine Mehrheit von Versicherungsnehmern. Dabei schließen **mehrere Mitbewohner** einer Wohnungsgemeinschaft den Haftpflichtversicherungsvertrag **gemeinschaftlich** ab. Diese Vertragsgestaltung führt nach Ziff. 7.4 (2) AHB 2016 zu einem **Ausschluss der Eintrittspflicht des Haftpflichtversicherers für Schäden untereinander**. Im Verhältnis zueinander sind die einzelnen Versicherungsnehmer damit nicht als Dritte anzusehen. Auch diese Regelung dient der Vermeidung missbräuchlichen Zusammenwirkens der Versicherungsnehmer zulasten des Versicherers.[104] Aufgrund der beschränkten Reichweite des Versicherungsschutzes sollte diese Vertragsgestaltung in der Regel nicht von Mitbewohnern einer Wohnungsgemeinschaft gewählt werden.

c) Gesellschaft bürgerlichen Rechts als Versicherungsnehmer

40 Die Wohngemeinschaft kann – vertreten durch die Mitbewohner – einen Versicherungsvertrag abschließen. Sie nimmt in derartigen Fällen als Außen-GbR am Rechtsverkehr teil (WG-Typ D; siehe → § 14 Rn. 10). Damit kann die **Außen-GbR** auch **Versicherungsnehmer** einer Haftpflichtversicherung sein.

41 Fügt ein Mitbewohner-Gesellschafter einem anderen Mitbewohner-Gesellschafter Schaden zu, so wird die haftungsbegründende Handlung unter bestimmten Voraussetzungen[105] analog § 31 BGB[106] der GbR zugerechnet. Der daraus resultierende Schadensersatzanspruch des geschädigten Mitbewohners gegen die GbR ist nach Ziff. 7.5 (4) AHB 2016 nicht vom Versicherungsschutz der Haftpflichtversicherung umfasst. Ist der schädigende Mitbewohner (zusätzlich) allein[107] haftpflichtversichert, ist mit Blick auf dieses Versicherungsverhältnis der geschädigte Mitbewohner Dritter im Sinne von § 100 VVG und der Haftpflichtversicherer einstandspflichtig. Sind der Vermieter oder sonstige Personen (zum Beispiel Gäste) Geschädigte, greift der Versicherungsschutz der Haftpflichtversicherung der Außen-GbR.

d) Mitversicherte Personen

42 Es entspricht gängiger Praxis,[108] dass der Versicherungsschutz einer Haftpflichtversicherung nicht nur das Haftpflichtrisiko des Versicherungsnehmers, sondern darüber hinaus weitere Personen umfasst (sogenannte **Mitversicherte** im Sinne von Ziff. 7.4 (1), (3) AHB 2016). Zu denken ist insbesondere an den Einbezug des Haftpflichtrisikos eines

---

[102] Bzw Lebenspartner vergleichbarer Partnerschaften nach dem Recht anderer Staaten.
[103] So auch *Schimikowski* in NK-VVG Ziff. 7 AHB Rn. 19; *Littbarski* in MüKoVVG § 100 Rn. 81.
[104] In diese Richtung auch *Littbarski* in MüKoVVG § 100 Rn. 82.
[105] Zu den Voraussetzungen vgl. *Leuschner* in MüKoBGB § 31 Rn. 20 ff. sowie *Looschelders* in MüKoVVG § 81 Rn. 111.
[106] HM vgl. nur BGHZ 172, 169 = NJW 2007, 2490 (2490); BGHZ 154, 88 = NJW 2003, 1445 (1445); *Flume* BGB AT I S. 322; *Leuschner* in MüKoBGB § 31 Rn. 5.
[107] Bei Mehrheit von Versicherungsnehmern gilt das zu → Rn. 39 Gesagte; für den Fall der Mitversicherung des Geschädigten siehe → Rn. 42.
[108] So auch *Littbarski* in MüKoVVG § 100 Rn. 79.

Mitbewohners. Schädigt der Versicherungsnehmer den mitversicherten Mitbewohner, liegt ein Haftpflichtversicherungsfall vor, der geschädigte Mitbewohner ist Dritter.[109] Die Mitversicherung weiterer Personen soll zu keiner Verschlechterung der Rechtsstellung des Versicherungsnehmers führen.[110] Voraussetzung ist jedoch, dass es sich beim Mitbewohner um keine nahestehende Person im Sinne von Ziff. 7.5 (I) AHB 2016 handelt (→ Rn. 38).

Vom Versicherungsschutz ausgenommen sind Ansprüche des Versicherungsnehmers beziehungsweise ihm nahestehender Personen aus Ziff. 7.5 gegen die Mitversicherten, Ziff. 7.4 (1) AHB 2016. Selbiges gilt für den Haftpflichtanspruch eines Mitversicherten gegen einen anderen Mitversicherten, Ziff. 7.4 (3) AHB 2016. 43

3. Besonderheiten bei Sachschäden

Bei Sachschäden ist die Eintrittspflicht des Versicherers unter anderem davon abhängig, wer Eigentümer und Besitzer des beschädigten oder zerstörten Gegenstands ist. 44

a) Eigentum des Versicherungsnehmers

Ist der Versicherungsnehmer Eigentümer des beeinträchtigten Gegenstands, scheidet eine Zahlungspflicht des Versicherers grundsätzlich aus. **Eigenschäden** sind nicht von der Haftpflichtversicherung umfasst. 45

b) Eigentum und Besitz des Dritten

Steht die beschädigte Sache im Eigentum und Besitz des geschädigten Dritten und wird sie vom nichtbesitzenden Versicherungsnehmer beschädigt oder zerstört, ist der Haftpflichtversicherer eintrittspflichtig. 46

Mitbewohner A ist haftpflichtversichert. Er betritt das von B (allein) bewohnte Zimmer und zerstört fahrlässig das TV-Gerät des B. Hier ist der Haftpflichtversicherer des A zur Freistellung des A verpflichtet.

c) Eigentum des Geschädigten bei Besitz des Versicherungsnehmers

Besitzt der haftpflichtversicherte, schädigende Mitbewohner die beeinträchtigte Sache, ist nach dem Rechtsgrund des Besitzverhältnisses zu differenzieren. Entscheidend ist, ob eine Sache im Rahmen eines Leih- oder eines Gefälligkeitsverhältnisses überlassen wurde. 47

Überlässt der Geschädigte die Sache dem Schädiger aufgrund eines reinen **Gefälligkeitsverhältnisses** und zerstört beziehungsweise beschädigt der Versicherungsnehmer die Sache währen dieser Zeit, liegt ein Haftpflichtversicherungsfall vor. Ein Gefälligkeitsverhältnis zeichnet sich dadurch aus, dass der Eigentümer in Bezug auf das Besitzrecht des späteren Schädigers **keinerlei Bindungen** eingehen will. Das Fehlen eines entsprechenden **Rechtsbindungswillens** auf Seiten des Eigentümers muss dem Begünstigten anhand der konkreten Umstände nach Treu und Glauben mit Rücksicht auf die Verkehrssitte erkennbar sein.[111] Insbesondere fehlt es in derartigen Konstellationen an einer festen Zeitbestimmung, während der die Sache ausschließlich dem Besitz des anderen zugewiesen ist. Charakteristisch ist auch ein **jederzeitiges Rückforderungsrecht** des Eigentümers.[112] Insbesondere 48

---

[109] Statt vieler OLG Köln NVersZ 2002, 417 (417); *Lücke* in Prölss/Martin AHB Ziff. 7 Rn. 27; *Littbarski* in MüKoVVG § 100 Rn. 80.
[110] *Littbarski* in MüKoVVG § 100 Rn. 80 mwN.
[111] Vgl. BGH NJW 1985, 313; *Häublein* in MüKoBGB § 598 Rn. 5; *C. Wagner* in BeckOK BGB, Ed. 1.8.2018, § 598 Rn. 16.
[112] So auch OLG Koblenz NJW-RR 2008, 1613; *Weidenkaff* in Palandt BGB Einf v § 598, §§ 598, 599 Rn. 7.

bei kurzfristiger Überlassung wird von einer unverbindlichen Gefälligkeit auszugehen sein.[113]

Mitbewohner A ist haftpflichtversichert. B überlässt die in seinem Eigentum stehende Spielkonsole dem A. Eine Zeitspanne, während der B ausschließlichen Zugriff auf das Gerät erhalten soll, wird nicht vereinbart. A zieht ruckartig am Controller, die Konsole fällt zu Boden und wird stark beschädigt. Der Haftpflichtversicherer ist eintrittspflichtig.

49 Schließen der haftpflichtversicherte Mitbewohner und der später schädigende Mitbewohner einen **Leihvertrag** im Sinne von § 598 BGB, greift der Ausschluss der Ziff. 7.6 AHB 2016. Damit liegt kein Haftpflichtversicherungsfall vor.

50 Im Gegensatz zum Gefälligkeitsverhältnis sind sich die Vertragsparteien bei der Leihe bewusst, **vertragliche Verpflichtungen** einzugehen. Sie handeln mit Rechtsbindungswillen, die Rechtsfolge klagbarer Hauptleistungspflichten zu setzen.[114] Insbesondere der Verleiher kann, soweit eine Dauer der Leihe bestimmt ist beziehungsweise sich aus dem Zweck der Leihe ergibt (vgl. § 604 Abs. 3 BGB), die Sache nicht ohne Weiteres zurückfordern. Erforderlich ist vielmehr das Vorliegen eines Kündigungsrechts aus § 605 oder § 314 BGB sowie die Erklärung der Kündigung. Ein schutzwürdiges Interesse des Begünstigten an einer nicht willkürlich abkürzbaren Gebrauchsmöglichkeit wirkt daher indiziell für das Vorliegen eines Leihverhältnisses.[115]

51 **In WGs wird eine Leihe insbesondere immer dann anzunehmen sein, wenn die Mitbewohner der Überlassung einen bestimmten Zweck zugrunde gelegt oder eine Zeitspanne vereinbart haben.**

Mitbewohner A ist haftpflichtversichert. B überlässt die in seinem Eigentum stehende Spielkonsole dem A für einen Abend, damit A mit dem eingeladenen C einen „Zockerabend" begehen kann, möchte sie am nächsten Morgen aber zurück. A zieht ruckartig am Controller, die Konsole fällt zu Boden und wird stark beschädigt.
Hier liegt ein Leihvertrag zwischen A und B vor. Während des „Zockerabends" ist die Konsole dem A zur ausschließlichen Benutzung überlassen. B kann die Konsole während dieser Zeitspanne ohne Geltendmachung eines gesetzlichen Kündigungsrechts nicht zurückfordern.
Der Haftpflichtversicherer ist gemäß Ziff. 7.6 AHB 2016 nicht eintrittspflichtig.

52 Denkbar ist auch die Überlassung eines Gegenstandes gegen Entgelt. Auch bei derartigen **Mietvertragskonstellationen** greift regelmäßig der Ausschlusstatbestand der Ziff. 7.6 AHB 2016.

53 Eine Unterausnahme gilt jedoch für **Mietsachschäden an den gemieteten Räumen**, Ziff. A1–6.6.1 AVB PHV 2016[116]. Hier ist der Haftpflichtversicherer des schädigenden Versicherungsnehmers zur Ersatzleistung an den Vermieter verpflichtet. Nach Ziff. A1–6.6.2 AVB PVH gilt dies jedoch nicht für Schäden aufgrund Abnutzung, Verschleiß oder übermäßiger Beanspruchung, für Schäden an Heizungs-, Maschinen-, Kessel- und Warmwasserbereitungsanlagen, Elektro- und Gasgeräten sowie sich draus ergebende Vermögensschäden. Selbiges gilt für anderweitig versicherbare Glasschäden und Schimmelschäden.

Lässt ein WG-Bewohner fahrlässig einen schweren Gegenstand auf den Holzboden fallen, tritt für den entsprechenden Anspruch des Vermieters der Haftpflichtversicherer der WG oder des Mitbewohners ein.

54 Anzutreffen sind zudem Konstellationen des **Mitbesitzes** des schädigenden Versicherungsnehmers an einem im Eigentum eines anderen Mitbewohners stehenden Gegenstands. Bei Beschädigung oder Zerstörung durch den versicherten Mitbewohner liegt ein Haftpflichtversicherungsfall vor.

---

[113] So auch *Häublein* in MüKoBGB § 598 Rn. 6; *Wagner* in BeckOK BGB, Ed. 1.8.2018, § 598 Rn. 16.
[114] Vgl. *Häublein* in MüKoBGB § 598 Rn. 5.
[115] So auch OLG Koblenz NJW-RR 2008, 1613; OLG Koblenz r + s 2012, 19; *C. Wagner* in BeckOK BGB, Ed. 1.8.2018, § 598 Rn. 16.
[116] Allgemeine Versicherungsbedingungen für die Privathaftpflichtversicherung; sehen diese im Hinblick auf die AHB abweichende Regelungen vor, so finden diese Eingang in Privathaftpflichtverträge.

Mitbewohner A ist haftpflichtversichert. B stellt die in seinem Eigentum stehende Spielkonsole im gemeinsam genutzten Wohnzimmer der WG zur allseitigen Benutzung auf. A zieht ruckartig am Controller, die Konsole fällt zu Boden und wird stark beschädigt. Hier muss As Haftpflichtversicherer die Schadensersatzleistung an B erbringen.

Eine Zahlungspflicht des Versicherers ist auch dann gegeben, wenn die Sache im **Miteigentum** von versichertem Schädiger und dem geschädigten Mitbewohner beziehungsweise den geschädigten Mitbewohnern steht. Der Anspruch des oder der geschädigten Dritten beschränkt sich auf ihren jeweiligen Miteigentumsanteil. Die Schadenssumme ist damit entsprechend dem Miteigentumsanteil des Schädigers zu kürzen; der Haftpflichtversicherer muss den Schaden nur anteilig ersetzen. 55

Mitbewohner A ist haftpflichtversichert. A und B kaufen zusammen eine Spielkonsole, die sie im gemeinsam genutzten Wohnzimmer zur gemeinsamen Benutzung aufstellen. A zieht ruckartig am Controller, die Konsole fällt zu Boden und wird stark beschädigt. Hier beläuft sich Bs Schaden auf die Hälfte der Schadenssumme. As Haftpflichtversicherer ist auch nur in dieser Höhe zum Einstand verpflichtet.

II. Hausratversicherung

Die Hausratversicherung ist eine Versicherung des Hausrats als **Sachinbegriff** im Sinne von § 89 Abs. 1 VVG. Versichert sind hiernach alle Gegenstände, die dem Hausrat unterfallen. Dabei ist der Hausratsbegriff weit zu verstehen und nicht auf Hausratsgegenstände im engeren Sinne zu beschränken.[117] 56

1. Versicherte Gefahren

Das Eintreten des Versicherungsfalls erfordert nach Abschnitt A § 1 Nr. 1 VHB 2010,[118] dass eine Sache des Hausrats durch Brand, Blitzschlag, Ex- oder Implosion, Anprall oder Absturz eines Luftfahrzeugs, seiner Teile oder seiner Ladung, durch Einbruchdiebstahl, damit verbundenem Vandalismus, (versuchten) Raub, Leitungswasser, Sturm oder Hagel[119] zerstört oder beschädigt wird beziehungsweise abhandenkommt. 57

2. Versicherte Sachen

Sachlich umfasst ist der gesamte Hausrat der im Versicherungsschein bezeichneten Wohnung als dem sogenannten **Versicherungsort**, vgl. Abschnitt A § 6 Nr. 1 VHB 2010. Räumlich erweitert wird der Versicherungsumfang für Fälle, in denen aufgrund eines bereits eingetretenen oder unmittelbar bevorstehenden Versicherungsfalls Hausratsgegenstände aus dem Versicherungsort entfernt werden. Kommt es in zeitlichem und örtlichem Zusammenhang dabei zu einer Substanzbeeinträchtigung beziehungsweise einem Verlust der Sache, so ist auch dies versichert, vgl. Abschnitt A § 6 Nr. 1 VHB 2010. 58

Der Hausrat als Sachinbegriff schließt sämtliche Sachen ein, **die dem Haushalt des Versicherungsnehmers zur privaten Nutzung im Sinne eines Ge- beziehungsweise Verbrauchs dienen**, vgl. Abschnitt A § 6 Nr. 2a VHB 2010. 59

Mitumfasst sind **Bargeld und Wertsachen**[120] (Abschnitt A § 6 Nr. 2b VHB 2010), privat genutzte **Antennenanlagen** (Abschnitt A § 6 Nr. 2c cc VHB 2010), nicht geson-

---

[117] So auch *Rüffer* in Beckmann/Matusche-Beckmann BeckHdB VersR § 32 Rn. 13.
[118] Allgemeine Hausrat Versicherungsbedingungen. Unterschieden werden zwei Versionen: Quadratmetermodell und Versicherungssummenmodell; sind im Folgenden zitierte Bestimmungen in beiden Versionen identisch so wird mit „VHB 2010" zitiert.
[119] Die Versicherung weiterer Elementargefahren muss gesondert vereinbart werden, vgl. Abschnitt A § 1 Nr. 1d bb VHB 2010.
[120] Definition in Abschnitt A § 13 Nr. 1 VHB 2010.

dert versicherungspflichtige selbstfahrende **Krankenfahrstühle, Rasenmäher, Go-Karts, Modell-, Spielfahrzeuge** (Abschnitt A § 6 Nr. 2c ee. VHB 2010), transportable **Boote** (Abschnitt A § 6 Nr. 2c ff VHB 2010),[121] **Fall-, Gleitschirme, Flugdrachen** (Abschnitt A § 6 Nr. 2c gg VHB 2010). Selbiges gilt für ausschließlich dem Beruf oder Gewerbe des Versicherungsnehmers beziehungsweise einer mit ihm in häuslicher Gemeinschaft lebenden Person (→ Rn. 65) dienende **Arbeitsgeräte** und Einrichtungsgegenstände (Abschnitt A § 6 Nr. 2c hh VHB 2010). Vom Hausratsbegriff erfasst werden überdies artgerecht am Versicherungsort gehaltene **Haustiere** wie Fische, Katzen, Vögel, (Abschnitt A § 6 Nr. 2c ii VHB 2010) sowie Hunde[122].

60   In das Gebäude eingefügte Sachen wie **Einbaumöbel** und Einbauküchen sind dann Bestandteil des Hausrats, wenn sie der Versicherungsnehmer als Mieter oder Eigentümer beschafft beziehungsweise übernommen hat und damit Träger der Gefahr ist, vgl. Abschnitt A § 6 Nr. 2c aa VHB 2010. Nach Abschnitt A § 6 Nr. 2c bb VHB 2010 sind überdies Schäden an serienmäßig produzierten, nicht individuell gefertigten **Anbaumöbeln** und Anbauküchen versichert. Bei räumlicher Entfernung einer Sache vom Versicherungsort, wird diese dem Versicherungsschutz entzogen; die Zuführung einer Sache zum Hausrat verleiht automatisch Versicherungsschutz.[123] Die Eigentumslage hinsichtlich einzelner Hausratsgegenstände ist nicht relevant. Somit sind **fremde Gegenstände** im Haushalt des Versicherungsnehmers grundsätzlich mitversichert, vgl. Abschnitt A § 6 Nr. 2c dd VHB 2010. Zu denken sind hierbei an Gegenstände, die den Mitbewohnern von einem Dritten überlassen wurden.

61   Nach Abschnitt A § 6 Nr. 4e VHB 2010 gilt eine Ausnahme für Gegenstände im Eigentum von Untermietern des Versicherungsnehmers oder, wenn dieser selbstbewohnender Eigentümer ist, für Gegenstände im Eigentum von Mietern. Die Ausnahme greift dann, wenn der Hausrat nicht vom Versicherungsnehmer überlassen wurde und keine gemeinsame Haushaltsführung (→ Rn. 65 ff.) vorliegt. **Wird ein Hausratsgegenstand des Untermieters (WG-Typ A) oder des Mieters (WG-Typ F) beeinträchtigt oder entwendet, ist die Hausratversicherung des Vermieter-Versicherungsnehmers nicht eintrittspflichtig.**

62   Untermieter in diesem Sinne sind Bewohner, denen Räume einer Wohnung zur **selbstständigen Führung** eines Haushalts entgeltlich oder unentgeltlich überlassen werden.[124]

63   Mit Blick auf § 89 Abs. 2 VVG wird erkennbar, dass entscheidend das **Fehlen einer gemeinsamen Haushaltsführung** ist.[125] Die Haushaltsgegenstände befinden sich in derartigen Konstellationen zwar in der Wohnung des Versicherungsnehmers, sind dessen Kenntnis und wertmäßiger Taxierung aber gänzlich entzogen. Damit ist es ihm zum Beispiel nicht möglich, einzuschätzen, ob die gedeckte Versicherungssumme ausreichend oder ein Fall der Unterversicherung gegeben ist.[126] Führen Mieter oder Untermieter und Versicherungsnehmer indes einen **gemeinsamen Haushalt**, das heißt leben sie in häuslicher Gemeinschaft im Sinne von § 89 Abs. 2 VVG, bleibt es bei der Eintrittspflicht des Hausratversicherers des Eigentümers beziehungsweise Hauptmieters. Lebt der Untermieter abgeschottet von dem oder den übrigen Mitbewohnern in einem abgesonderten Teil der WG, ist sein Hausrat nicht mitversichert. Teilt er – wie es freilich der Regelfall sein wird – Räume mit den Mitbewohnern und liegen weitere Anhaltspunkte einer häuslichen Gemeinschaft (→ Rn. 65 f.) vor, sind seine Hausratsgegenstände mitversichert.

64   Problematisch ist die Frage, ob der Ausschluss auch für den umgekehrten Fall gilt, dh ob Hausratsgegenstände des Eigentümers beziehungsweise Hauptmieters in den Versicherungs-

---

[121] Kanus, Ruder-, Falt-, Schlauchboote inkl. Motoren sowie Surfgeräte.
[122] Vgl *Knappmann* in Prölss/Martin VHB A. § 6 Rn. 2.
[123] Vgl *Halbach* in NK-VVG § 89 Rn. 3
[124] *Höra* in van Bühren VersicherungsR-HdB § 3 Rn. 42; *Martin* SachversicherungsR H IV Rn. 62.
[125] In diese Richtung auch *Martin* SachversicherungsR H IV Rn. 62; *Rüffer* in Beckmann/Matusche-Beckmann BeckHdB VersR § 32 Rn. 27.
[126] In diese Richtung auch *Martin* SachversicherungsR H IV Rn. 62.

schutz der Hausratsversicherung des Mieters oder Untermieters fallen. Argumentiert man auch hier mit der fehlenden Kenntnis des Versicherungsnehmers von den Hausratsgegenständen in abgetrennten Teilen einer Wohnung, so müsste man dies bejahen.[127] Der insofern eindeutige Wortlauts des Abschnitt A § 6 Nr. 4e VHB 2010 legt jedoch nahe, den Ausschluss auf die dort genannte Konstellation zu beschränken. Es bleibt damit bei der Grundregel, dass auch fremde Gegenstände vom Hausratsbegriff erfasst sind; die Hausratsversicherung des Untermieters deckt damit auch **Schäden an Gegenständen des Hauptmieters** beziehungsweise **Eigentümer-Vermieters**.[128]

3. Häusliche Gemeinschaft

Nach § 89 Abs. 2 S. 1 VVG erstreckt sich bei Versicherungen für den Inbegriff von Sachen, 65 wie sie die Hausratsversicherung darstellt, der Versicherungsschutz auf diejenigen Sachen, die im Eigentum von Personen stehen, mit denen der Versicherungsnehmer in häuslicher Gemeinschaft lebt.[129] Tritt ein Hausratsschaden bei einem Mitbewohner des Versicherungsnehmers ein, so ist für die Frage des Deckungsschutzes maßgeblich, ob im Zeitpunkt des Schadenseintritts[130] eine häusliche Gemeinschaft zwischen Mitbewohner und Versicherungsnehmer gegeben war. Eine häusliche Gemeinschaft im Sinne von § 89 Abs. 2 S. 1 VVG ist eine Wohngemeinschaft auf nicht ganz unverbindlicher Basis.[131] Entscheidend ist insbesondere, dass der **Haushalt des Versicherungsnehmers Lebensmittelpunkt des Dritten** ist[132] sowie eine auf Dauer angelegte[133] **Gemeinschaft der Wirtschaftsführung**[134]. Anhaltspunkte hierfür sind wiederum eine gemeinsame Nutzung eines Teils der Räume[135] sowie des Hausrats.[136] Des Weiteren sprechen die polizeiliche Meldung an derselben Adresse[137] sowie eine gemeinsame Wirtschaftskasse,[138] zum Beispiel in Form eines Bankkontos, für eine einheitliche Wirtschaftsführung und damit für das Vorliegen einer häuslichen Gemeinschaft im Sinne von § 89 Abs. 2 S. 1 VVG. Nicht erforderlich ist eine Vergleichbarkeit des Zusammenlebens mit dem Zusammenleben im Rahmen einer nichtehelichen oder partnerschaftsähnlichen Lebensgemeinschaft.[139] Eine exklusive Nutzung bestimmter Räume, wie sie in Wohngemeinschaften üblich ist, steht der Annahme einer häuslichen Gemeinschaft nicht entgegen. Dies gilt selbst dann, wenn besagte Räume über eine separate Klingelanlage verfügen.[140]

---

[127] *Martin* SachversicherungsR H IV Rn. 63.
[128] Wohl hM; wie hier *Knappmann* in Prölss/Martin VHB A. § 6 Rn. 24; *Rüffer* in Beckmann/Matusche-Beckmann BeckHdB VersR § 32 Rn. 27; *Höra* in van Bühren VersicherungsR-HdB § 3 Rn. 43.
[129] Nach der zweiten Alternative des § 89 Abs. 2 VVG gilt dies auch für in einem Dienstverhältnis zum Versicherungsnehmer stehende Personen, zB Hausangestellte, die am Versicherungsort tätig sind. In hiesigem Kontext ist diese Alternative jedoch von zu vernachlässigender Relevanz.
[130] *Staudinger* in MüKoVVG § 89 Rn. 11; *Armbrüster* in Prölss/Martin VVG § 86 Rn. 91.
[131] So die hM, siehe etwa *Halbach* in NK-VVG § 89 Rn. 4; *Langheid* in Langheid/Rixecker VVG § 89 Rn. 9.
[132] BGH BeckRS 1980 30382306; *Muschner* in NK-VVG § 86 Rn. 51.
[133] BGH VersR 1980, 644; *Halbach* in NK-VVG § 89 Rn. 4; *Muschner* in NK-VVG § 86 Rn. 51; *Armbrüster* in Prölss/Martin VVG § 86 Rn. 91.
[134] HM BGH NJW-RR, 1986, 385; *Staudinger* in MüKoVVG § 89 Rn. 9; *Hormuth* in Beckmann/Matusche-Beckmann BeckHdB VersR § 22 Rn. 119; *Muschner* in NK-VVG § 86 Rn. 51.
[135] BGH NJW-RR 1986, 385; *Langheid* in Langheid/Rixecker VVG § 89 Rn. 9; *Staudinger* in MüKoVVG § 89 Rn. 9; *Armbrüster* in Prölss/Martin VVG § 86 Rn. 91.
[136] OLG Nürnberg VersR 1959, 283; *Langheid* in Langheid/Rixecker VVG § 89 Rn. 9, der auf das gemeinsame Einbringen des Hausrats abstellt; *Staudinger* in MüKoVVG § 89 Rn. 9.
[137] *Staudinger* in MüKoVVG § 89 Rn. 9.
[138] BGH BeckRS 1980, 30382306; *Staudinger* in MüKoVVG § 89 Rn. 9.
[139] *Armbrüster* in Prölss/Martin VVG § 86 Rn. 91.
[140] Vgl zum ganzen Absatz BGH NJW-RR 1986, 385; zu unterscheiden ist dieser Fall von der in III 2c beschriebenen Konstellation des Untermieters/Mieters wohnend in einem vollständig abgetrennten Teil der Wohnung.

66 Beendet wird eine häusliche Gemeinschaft bei **längerer Abwesenheit** eines Mitbewohners, sofern eine Rückkehr weder geplant noch wahrscheinlich ist.[141] Damit führen urlaubs-, krankheits- oder berufsbedingte mehrwöchige Abwesenheiten nicht zum Ende der häuslichen Gemeinschaft.[142]

67 Zusammenfassend lässt sich feststellen, dass die meisten WG-Konstellationen das Erfordernis einer einheitlichen Wirtschaftsführung erfüllen und damit das Kriterium des Zusammenlebens in häuslicher Gemeinschaft gegeben ist. Dies hat zur Folge, dass für den Versicherungsnehmer fremde Hausratsgegenstände eines Mitbewohners in den Deckungsumfang seiner Haftpflichtversicherung einbezogen sind.

4. Vertragsgestaltungsmöglichkeiten und jeweilige Rechtsfolgen

68 Aufgrund des Vorgesagten ist es grundsätzlich **ausreichend, wenn lediglich ein Mitbewohner einen Hausratversicherungsvertrag abschließt**. Andere Vertragsgestaltungen sind jedoch gleichermaßen denkbar, woraus sich Unterschiede insbesondere auf der Rechtsfolgenseite ergeben.

a) Ein Mitbewohner als Versicherungsnehmer

69 Besteht der Versicherungsvertrag mit nur einem Mitbewohner, haben – bei vorliegender häuslicher Gemeinschaft – die übrigen Bewohner den Status von Mitversicherten. Nach § 89 Abs. 2 S. 2 VVG liegt darin eine **Versicherung für fremde Rechnung**, eine Sonderform[143] des echten Vertrags zugunsten Dritter nach §§ 328 ff. BGB.[144]

70 **aa) Fehlverhalten des Versicherungsnehmers.** Verletzt der Versicherungsnehmer-Mitbewohner eine Pflicht oder Obliegenheit aus dem Versicherungsvertrag, beseitigt dies, gegebenenfalls nach Ausübung eines entsprechenden Gestaltungsrechts des Versicherers, den Versicherungsschutz als Ganzes.[145] So scheidet die Einstandspflicht des Versicherers – auch in Bezug auf die Mitbewohner – aus, wenn der Versicherungsnehmer den **Versicherungsfall vorsätzlich herbeigeführt** hat, vgl. § 81 Abs. 1 VVG. Denn nach dem Akzessorietätsprinzip des § 334 BGB darf bei der Mitversicherung in der Hausratversicherung, als einer Versicherung für fremde Rechnung, der Rechtskreis des Versicherten nicht gegenüber dem des Versicherungsnehmers erweitert werden.[146]

Bei **grob fahrlässigem Handeln** des Versicherungsnehmer-Mitbewohners hat der Versicherer nach § 81 Abs. 2 VVG ein Recht auf eine der Schwere der Schuld entsprechende Kürzung der Versicherungsleistung. Anzeigepflichtverletzungen des Versicherungsnehmers zum Beispiel nach § 19 Abs. 1 S. 1 VVG resultieren in einem Kündigungs- beziehungsweise Rücktrittsrecht des Versicherers, hier nach § 19 Abs. 2 VVG. Die mitversicherten Mitbewohner müssen demnach auf vertragsgemäßes Verhalten des Versicherungsnehmers hinwirken, zum Beispiel durch entsprechende gesellschaftsvertragliche Regelungen.

71 **bb) Fehlverhalten eines Mitversicherten.** Umgekehrt wird dem Versicherungsnehmer nach § 47 Abs. 1 VVG das Verhalten der mitversicherten Mitbewohner zugerechnet.[147] Diese Zurechnung beschränkt sich indes auf das mitversicherte Interesse des Mitbewohners;

---

[141] *Staudinger* in MüKoVVG § 89 Rn. 10;
[142] *Staudinger* in MüKoVVG § 89 Rn. 10;
[143] Modifikationen enthalten insofern die §§ 43 ff. VVG.
[144] *Wandt* VersicherungsR Rn. 50, 728 ff.
[145] *Muschner* in NK-VVG § 47 Rn. 4; sowie speziell für Wohngemeinschaften *Martin* SachversicherungsR H IV Rn. 66.
[146] LG Köln r+s 1987, 232; *Looschelders* in Beckmann/Matusche-Beckmann BeckHdB VersR § 17 Rn. 10; *Looschelders* in MüKoVVG § 81 Rn. 107 mwN.
[147] Vgl. *Looschelders* in MüKoVVG § 81 Rn. 107; *Looschelders* in Beckmann/Matusche-Beckmann BeckHdB VersR § 17 Rn. 10; *Muschner* in NK-VVG § 47 Rn. 3.

C. Die Wohngemeinschaft und ihre Mitbewohner als Versicherungsnehmer § 7

das Interesse des Versicherungsnehmer-Mitbewohners bleibt somit gedeckt.[148] Führt der mitversicherte Mitbewohner den Versicherungsfall vorsätzlich oder grob fahrlässig herbei, wird der Versicherer in Bezug auf alle Gegenstände des Hausrats leistungsfrei beziehungsweise kürzungsberechtigt, die im Alleineigentum des Schadensverursachers stehen. Bei im Miteigentum von Schädiger und Versicherungsnehmer stehenden Sachen beschränkt sich die Leistungsbefreiung beziehungsweise das Kürzungsrecht des Versicherers auf den Miteigentumsanteil des Schädigers.[149]

Sollte der schädigende Mitbewohner haftpflichtversichert sein, ist der Haftpflichtversicherer ebenfalls nach § 81 VVG leistungsfrei beziehungsweise kürzungsberechtigt. **72**

Mitbewohner A lebt mit B und C in einer WG; die Mitbewohner bilden eine häusliche Gemeinschaft im Sinne von § 89 Abs. 2 S. 1 VVG. A ist Versicherungsnehmer einer Hausratversicherung. B führt grob fahrlässig einen Wasserrohrbruch herbei, indem er Klimmzüge an einer Wasserleitung vollführt. Das ausströmende Leitungswasser zerstört das im Miteigentum von A und B stehende TV-Gerät, Bs Tablet sowie zwei Teppiche von C.
Die Hausratversicherung des A ist hier verpflichtet, den hälftigen Anteil des Schadens am TV-Gerät, sowie die zwei Teppiche des C voll zu ersetzen.
Bezüglich des Schadens an Bs Hälfte des TV-Geräts sowie seinem Tablet ist der Versicherer nach § 81 Abs. 2 VVG kürzungsberechtigt.

Eine Ausnahme von diesen Grundsätzen ist für den Fall gegeben, dass der schädigende **73** Mitbewohner **Repräsentant des Versicherungsnehmers** ist.[150] Die vorsätzliche oder grob fahrlässige Herbeiführung des Versicherungsfalls durch den mitversicherten Mitbewohner würde in diesem Fall auch gegen den Versicherungsnehmer sowie die übrigen Mitbewohner wirken.[151] Grund für diese Zurechnung ist, dass es dem Versicherungsnehmer nicht anheimgestellt sein darf, den Versicherer zu benachteiligen. Ferner soll er sich selbst nicht dadurch besser stellen können, dass er einen Dritten, hier einen Mitbewohner, an seine Stelle treten lässt.[152]

Nach aktueller Rechtsprechung wäre Voraussetzung für eine Verhaltenszurechnung kraft **74** Repräsentantenhaftung in diesem Kontext, dass der **Mitbewohner im Rahmen eines Vertretungs- oder ähnlichen Verhältnisses gänzlich an die Stelle des Versicherungsnehmers getreten ist**, indem ihm die Risikoverwaltung vom Versicherungsnehmer übertragen wurde.[153] Damit wäre der **mitversicherte Mitbewohner Repräsentant des Versicherungsnehmer-Mitbewohners, wenn dieser Verfügungsbefugnis**[154] **und Verantwortlichkeit für den Hausrat ausschließlich dem Mitbewohner zuerkennt**. Dadurch befindet sich der versicherte Hausrat in der alleinigen Obhut des Mitbewohners.[155] Diese alleinige Obhut muss für eine gewisse Dauer bestehen.[156] Die sich über mehrere Wochen erstreckende Urlaubsabwesenheit eines Mitbewohners ist insofern bereits ausreichend.[157]

---

[148] Dazu und im Folgenden *Looschelders* in MüKoVVG § 81 Rn. 107; *Looschelders* in Beckmann/Matusche-Beckmann BeckHdB VersR § 17 Rn. 10; *Langheid* in Langheid/Rixecker VVG § 81 Rn. 40; siehe auch *Martin* SachversicherungsR H IV Rn. 67.
[149] Zu § 79 VVG aF OLG Hamm NJW-RR 1995, 287.
[150] Ganz hM siehe nur *Looschelders* in MüKoVVG § 81 Rn. 107, 118; *Langheid* in Langheid/Rixecker VVG § 81 Rn. 18; jetzt auch *Armbrüster* in Prölss/Martin VVG § 81 Rn. 6; *Looschelders* in Beckmann/Matusche-Beckmann BeckHdB VersR § 17 Rn. 51; siehe hierzu auch den nur deklaratorisch wirkenden Abschnitt C § 19 VHB 2010.
[151] Selbiges gilt auch für Obliegenheitsverletzungen des Repräsentanten; statt vieler *Looschelders* in Beckmann/Matusche-Beckmann BeckHdB VersR § 17 Rn. 51.
[152] BGHZ 171, 304 = r + s 2007, 273.
[153] Grundlegend BGHZ 171, 304 = r + s 2007, 273; BGH NJW 1996, 2935; BGHZ 122, 250 = NJW 1993, 1862.
[154] Im Sinne einer Befugnis, über den Hausrat tatsächlich zu disponieren; in Anlehnung an *Kampmann* Repräsentantenhaftung S. 101.
[155] BGHZ 181, 179 = NJW 2009, 2881 (2881); BGHZ 107, 229 = NJW 1989, 1861; BGH NJW 1969, 1387 (1387);
[156] BGHZ 122, 250 = NJW 1993, 1862 (1864).
[157] In Bezug auf Ehegatten so auch *Langheid* in Langheid/Rixecker VVG § 81 Rn. 29.

Insbesondere bei längeren Aufenthalten außerhalb der Wohnung, zum Beispiel Auslandssemestern oder dem Ableisten von Wehrdienst[158] ist das Erfordernis erfüllt. In dieser Konstellation wird regelmäßig auch das zweite Erfordernis einer Repräsentantenhaftung kraft Risikoverwaltung gegeben sein: **die Befugnis des Mitbewohners zu selbstständigem Handeln für den Versicherungsnehmer in einem nicht ganz unbedeutenden Umfang**.[159] Denn während einer längeren Abwesenheit des Versicherungsnehmers werden dem Mitbewohner in der Regel diejenigen Entscheidungsbefugnisse übertragen, die mit der Verwaltung des Hausrats und damit auch mit der Verwaltung des versicherten Risikos der Hausratversicherung einhergehen.[160] Wie bereits eingangs erwähnt, führt hier eine grob fahrlässige oder vorsätzliche Herbeiführung des Versicherungsfalls durch den mitversicherten Mitbewohner als Repräsentant des Versicherungsnehmer-Mitbewohners zur Leistungsfreiheit beziehungsweise einem Kürzungsrecht des Hausratversicherers.

75 Ist einem Mitbewohner die eigenverantwortliche Verwaltung des Versicherungsvertrags übertragen worden, ist dieser **Repräsentant kraft Vertragsverwaltung**.[161] Damit werden seine Obliegenheitsverletzungen, da diese mit der Vertragsverwaltung in sachlichem Zusammenhang stehen, zwar dem Versicherungsnehmer zugerechnet.[162] Sollte der vertragsverwaltende Mitbewohner den Versicherungsfall vorsätzlich oder grob fahrlässig herbeiführen, wirkt dies jedoch nicht zu Lasten des Versicherungsnehmers.[163]

76 cc) **Wohnungswechsel.** Abzugrenzen sind die oben behandelten Fälle der zeitlich begrenzten Abwesenheit des Versicherungsnehmers von dessen Aufgabe der Wohnung. Verlagert der Versicherungsnehmer-Mitbewohner seinen Lebensmittelpunkt für unabsehbare Zeit in eine neue Wohnung, liegt darin ein Wohnungswechsel im Sinne von Abschnitt A § 11 VHB 2010.[164] Dieser hat zur Folge, dass **ausschließlich die neue Wohnung Versicherungsort der Hausratversicherung** wird, Abschnitt A § 11 Nr. 1 VHB 2010.[165] Ausnahmen ergeben sich für den Umzug ins Ausland (Abschnitt A § 11 Nr. 3 VHB 2010) sowie die Weiternutzung der bisherigen Wohnung (Abschnitt A § 11 Nr. 2 VHB 2010). In beiden Fällen geht der Versicherungsschutz nicht auf die neue Wohnung über. Anders als im Fall des Umzugs ins Ausland bleibt bei Begründung eines Zweitwohnsitzes der Hausrat des ursprünglichen Versicherungsorts gedeckt.

77 Im Regelfall des Umzugs in eine neue Wohnung erlischt der Versicherungsschutz des Hausrats der Altwohnung und damit auch die Deckung der Gegenstände der mitversicherten Mitbewohner mit der Vollendung des Umzugs, spätestens jedoch zwei Monate nach dessen Beginn, Abschnitt A § 11 Nr. 1, 3 VHB 2010.[166]

b) Mehrheit von Versicherungsnehmern

78 Wenn auch in der Praxis von Versicherern ungern abgeschlossen und in tatsächlicher Hinsicht selten,[167] ist es denkbar, dass alle oder jedenfalls mehrere Mitbewohner gemeinsam einen Hausratversicherungsvertrag abschließen. Damit werden die Mitbewohner zu Ge-

---

[158] BGH NJW-RR 1991, 1307.
[159] BGHZ 122, 250 = NJW 1993, 1862.
[160] *Looschelders* in Beckmann/Matusche-Beckmann BeckHdB VersR § 17 Rn. 42.
[161] BGHZ 122, 250 = NJW 1993, 1862; BGHZ 171, 304 = r + s 2007, 273 siehe auch *Armbrüster* in Prölss/Martin VVG § 28 Rn. 104.
[162] *Armbrüster* in *Prölss/Martin* VVG § 28 Rn. 104; *Looschelders* in MüKoVVG § 81 Rn. 124; BGHZ 171, 304 = r + s 2007, 273.
[163] *Looschelders* in MüKoVVG § 81 Rn. 124; BGHZ 171, 304 = r + s 2007, 273; *Langheid* in Langheid/Rixecker VVG § 81 Rn. 22.
[164] OLG Frankfurt a. M. r + s 2000, 426; OLG Hamm NJW-RR 1991, 1047; *Knappmann* in Prölss/Martin VHB A. § 11 Rn. 1.
[165] Vgl. auch OLG Köln VersR 1990, 1394.
[166] Expliziter auf die Wohngenossen eingehend auch *Knappmann* in Prölss/Martin VHB A. § 11 Rn. 3.
[167] Dies ergaben Gespräche des Verfassers mit Brancheninsidern; zum selben Ergebnis kommt auch *Martin* SachversicherungsR H IV Rn. 77.

samtschuldnern der Versicherungsprämie, vgl. § 427 BGB.[168] Im Versicherungsfall kann jeder Mitbewohner die Versicherungsleistung verlangen und im Klageweg geltend machen. Anspruchsziel ist dabei jedoch gemäß § 432 Abs. 1 S. 1 BGB Zahlung an alle Versicherungsnehmer-Mitbewohner.[169]

aa) Fehlverhalten. Nachteilig an dieser Vertragskonstellation ist die umfassende Wirkung[170] des Fehlverhaltens eines Versicherungsnehmer-Mitbewohners gegen alle anderen Versicherungsnehmer-Mitbewohner. Dies gilt für die grob fahrlässige beziehungsweise vorsätzliche Herbeiführung des Versicherungsfalls ebenso wie für Obliegenheitsverletzungen.[171] 79

bb) Wohnungswechsel. Ziehen ein oder mehrere Mitbewohner aus der Wohnung aus, so unterfällt der Hausrat ihrer neuen Wohnungen dem Versicherungsschutz, sodass es zu einer **Mehrheit von Versicherungsorten** kommt.[172] Nicht außer Acht gelassen werden darf, dass es in solchen Fällen, insbesondere bei vereinbartem Versicherungssummenmodell, oftmals zu Unterversicherung im Sinne von § 75 VVG kommen wird (→ Rn. 84 ff.) 80

c) WG als Versicherungsnehmer

Die Wohngemeinschaft kann **als Außen-GbR** Verträge und damit auch einen Hausratversicherungsvertrag abschließen. Analog § 31 BGB wird der WG-GbR das Verschulden der Mitbewohner zugerechnet. Somit wird das grobfahrlässige beziehungsweise vorsätzliche Herbeiführen des Versicherungsfalls durch einen Mitbewohner-Gesellschafter der GbR als Versicherungsnehmer zugerechnet; die Versicherungsleistung wird gekürzt (§ 81 Abs. 1 VVG) oder entfällt (§ 81 Abs. 2 VVG).[173] 81

Zieht ein Mitbewohner-Gesellschafter aus der Wohnung aus, lässt dies den Versicherungsvertrag unberührt. Wird die WG aufgelöst führt dies zum Wegfall des versicherten Interesses nach § 80 Abs. 2 VVG. 82

d) Zusammentreffen von Einzelverträgen

Theoretisch kann der Hausrat der Wohnungsgemeinschaft Gegenstand gesonderter Versicherungsverträge der einzelnen Mitbewohner sein. Die einzelnen Verträge umfassen in dieser Konstellation das jeweilige Eigentum der anderen Mitbewohner der häuslichen Gemeinschaft.[174] Folge der Deckung des gesamten Hausrats ist der Eintritt von Unterversicherung im Sinne von § 75 VVG (→ Rn. 84 ff.), wenn die Versicherungssumme des Einzelvertrags hinter dem Gesamtwert des Hausrats zurückbleibt. Umfassender Schutz besteht jedoch, wenn die Versicherungssumme aller Einzelverträge dem tatsächlichen Wert des Hausrats entspricht. Fehlverhalten eines Mitbewohners wirkt nur zu seinen Lasten. 83

5. Unterversicherung

Entspricht die Versicherungssumme[175] (vertraglich vereinbarte, maximal vom Versicherer zu ersetzende Schadenssumme) dem Versicherungswert (tatsächlicher Wert des Hausrats[176]) 84

---

[168] So auch *Martin* SachversicherungsR H IV Rn 73; *Looschelders* in MüKoVVG § 81 Rn. 108.
[169] *Martin* SachversicherungsR H IV Rn. 73.
[170] Damit ist § 425 Abs. 2 BGB nicht anwendbar, „aus dem Schuldverhältnis ergibt sich ein anderes"; hM vgl. BGH NJW-RR 2006, 460 (460); BGH NJW-RR 1996, 665 (665); BGH NJW-RR 1991, 1372; *Martin* SachversicherungsR H IV Rn. 75; *Armbrüster* in Prölss/Martin VVG § 28 Rn. 87; aA *Looschelders* in MüKoVVG § 81 Rn. 109.
[171] *Martin* SachversicherungsR H IV Rn. 75.
[172] *Knappmann* in Prölss/Martin VHB A. § 11 Rn. 2.
[173] Vgl auch *Looschelders* in MüKoVVG § 81 Rn. 111.
[174] Dazu und im Folgenden *Martin* SachversicherungsR H IV Rn. 72.
[175] Siehe hierzu die Berechnungsunterschiede in A § 9 Nr. 2 VHB 2010 Versicherungssummenmodell und A § 9 Nr. 2 VHB 2010 Quadratmetermodell.
[176] Hierzu Abschnitt A § 9 Nr. 1 VHB 2010.

zum Zeitpunkt des Versicherungsfalles, liegt eine sogenannte **Vollwertversicherung** vor, der eingetretene Schaden wird vollumfänglich ersetzt.[177] Daher sollten WG-Mitbewohner, insbesondere beim Einzug weiterer Wohngenossen, darauf achten, dass Vollwertversicherung gegeben ist. Unterschreitet die Versicherungssumme den Versicherungswert, ist ein Fall der sogenannten **Unterversicherung** gegeben. Ist diese Unterschreitung als wesentlich einzustufen, bestimmt § 75 VVG, dass der Versicherer die Versicherungsleistung lediglich im Verhältnis der Versicherungssumme zum Versicherungswert zu erbringen braucht (sogenannte Proportionalitätsregel[178]).[179] Entscheidende Bedeutung kommt dem Kriterium der Wesentlichkeit zu, das bei einer Differenz von ca. 10 % vorliegt.[180] Diese Schwelle ist jedoch als bloßer Anhaltspunkt zu verstehen; von Nöten ist eine Betrachtung im Einzelfall.

85 Die Berechnung der Entschädigung lässt sich in folgender Formel ausdrücken:

$$\text{Entschädigungsleistung des Versicherers} = \frac{\text{Schadenssumme} * \text{Versicherungssumme}}{\text{Versicherungswert}}$$

Die Versicherungssumme der Hausratversicherung des A liegt bei EUR 5.000. Der Wert des Hausrats beläuft sich auf EUR 10.000. Ein Wasserrohrbruch führt zu einem Schaden von EUR 4.000. Nach § 75 VVG muss der Versicherer nur EUR 2.000 bezahlen.

86 Wird aufgrund von Unterversicherung nicht für die gesamte Schadenssumme Kompensation geleistet, wird die Versicherungsleistung proportional auf alle beeinträchtigten Sachen verteilt.[181]

Wird die Erheblichkeitsschwelle des § 75 VVG nicht überschritten, findet die Vorschrift keine Anwendung. Es bleibt regelmäßig bei einer vollständigen Schadenskompensation.[182]

87 In der Hausratversicherung werden den Verträgen entweder das sogenannte **Quadratmeter-** oder das **Versicherungssummenmodell** zugrunde gelegt. Im ersten Fall errechnet sich die Versicherungssumme aus einem bei Vertragsschluss vereinbarten Betrag pro Quadratmeter Wohnfläche multipliziert mit der tatsächlichen Wohnfläche der Wohnung des Versicherungsorts, Abschnitt A § 9 Nr. 2a VHB 2010 (QM). Beim Versicherungssummenmodell hingegen wird bei Vertragsschluss eine bestimmte Versicherungssumme festgelegt.

88 Beim Quadratmetermodell verzichtet der Versicherer auf die Anwendung des § 75 VVG (sogenannter Unterversicherungsverzicht), vgl. Abschnitt A § 9 Nr. 3 VHB 2010. Danach kommt es im Schadensfall und bei vorliegender Unterversicherung nicht zu einem Abzug, wenn im Zeitpunkt des Versicherungsfalls die tatsächliche Wohnfläche der im Versicherungsschein genannten entspricht, Abschnitt A § 9 Nr. 3a aa VHB 2010. Ferner muss die Versicherungssumme dem vom Versicherer für die Vereinbarung eines **Unterversicherungsverzichts** vorgegebenen Betrag pro Quadratmeter Wohnfläche multipliziert mit der im Versicherungsschein genannten Wohnfläche gleichkommen, Abschnitt A § 9 Nr. 3a bb VHB 2010. Dritte Voraussetzung ist nach Abschnitt A § 9 Nr. 3a cc VHB 2010 das Fehlen einer weiteren Hausratversicherung ohne Unterversicherungsverzicht für den Versicherungsort.[183]

89 **Insbesondere mit Blick auf etwaige Veränderungen der Zusammensetzung, ist den Mitbewohnern einer WG zum Quadratmetermodell zu raten.** Andernfalls kann eine Mehrung der Mitbewohner eine Unterversicherung des Inbegriffs zur Folge haben.[184]

---

[177] *Halbach* in MüKoVVG § 75 Rn. 1.
[178] *Halbach* in MüKoVVG § 75 Rn. 2.
[179] *Bruns* PrivatversicherungsR § 20 Rn. 20.
[180] Ganzer Absatz BGHZ 147, 212 = NJW 2001, 3539; vgl. auch *Knappmann* in Prölss/Martin VHB A. § 11 Rn. 7.
[181] *Staudinger* in MüKoVVG § 89 Rn. 14.
[182] *Halbach* in MüKoVVG § 75 Rn. 5.
[183] Die Wirksamkeit dieser Klausel wird mit Blick auf § 305c bzw. § 307 BGB in Frage gestellt; so zB von *Halbach* in MüKoVVG § 75 Rn. 14; *Armbrüster* in Prölss/Martin VVG § 75 Rn. 20.
[184] Vgl. auch *Staudinger* in MüKoVVG § 89 Rn. 8.

6. Regressprivileg

Führt ein Dritter einen Hausratversicherungsfall herbei, kann der Versicherer, wie bereits dargestellt (→ Rn. 7 und → Rn. 29) den Dritten in Regress nehmen, § 86 Abs. 1 S. 1 VVG. Abgesehen von vorsätzlicher Schadensherbeiführung, kommt ein den Versicherungsfall auslösender Mitbewohner, der mit dem Versicherungsnehmer in häuslicher Gemeinschaft (→ Rn. 65) lebt, gemäß § 86 Abs. 3 VVG in den Genuss eines Regressprivilegs. Durch dieses soll der häusliche Frieden gewahrt und eine mittelbare Belastung des Versicherungsnehmers vermieden werden. Denn häufig besteht zwischen Versicherer und Schädiger in derartigen Konstellationen eine **wirtschaftliche Einheit**, sodass die ausbezahlte Versicherungsleistung nicht beim Versicherten verbleiben würde.[185]

90

A und B sind Mitbewohner einer WG. A ist hausratversichert. B führt durch Klimmzüge an einer Wasserleitung grob fahrlässig einen Wasserrohrbruch herbei. Ein TV-Gerät des A wird zerstört.
As Haftpflichtversicherer ist eintrittspflichtig. Da B mit A in häuslicher Gemeinschaft lebt, kann der Versicherer nach § 86 Abs. 3 VVG den Übergang der Ersatzansprüche des A gegen B nicht geltend machen.

---

[185] *Muschner* in NK-VVG § 86 Rn. 49.

§ 8 Mietrechtliche Gewährleistung

Übersicht

	Rn.
A. Einleitung	1
B. Die mietrechtliche Gewährleistung bei den einzelnen WG-Typen	3
I. WG-Typ C: Mietvertrag zwischen dem Vermieter und mehreren Mitbewohnern gemeinsam	3
1. Der Instandsetzungsanspruch nach § 535 Abs. 1 S. 2 Alt. 2 BGB	4
a) Der vertragliche Soll-Zustand der Mietsache	5
b) Der Ausschluss des Anspruchs	18
c) Die Geltendmachung des Erfüllungsanspruchs	26
2. Die Mietminderung nach § 536 BGB	28
a) Einheitliche Bestimmung des Mangels	29
b) Die Verteilung der Mietminderung im Innenverhältnis	30
3. Exkurs: Das Zurückbehaltungsrecht nach § 320 BGB	31
4. Der Anspruch auf Schadensersatz nach § 536a Abs. 1 BGB	34
a) Erläuterung	34
b) Mitverschulden nach §§ 254 Abs. 2 S. 2, 278 BGB	36
5. Selbstvornahmerecht und Aufwendungsersatz nach § 536a Abs. 2 BGB	42
a) Das Verzugserfordernis	43
b) Die erforderliche Mahnung	45
6. Der Ausschluss der Mängelrechte bei Kenntnis oder grob fahrlässiger Unkenntnis des Mieters nach § 536b BGB	49
a) Überblick	49
b) Der Normzweck des § 536b BGB	50
c) Die Auswirkungen der Mangelkenntnis oder grob fahrlässigen Mangelunkenntnis einzelner Mieter auf die Mängelrechte der übrigen Mieter	55
d) Die Auswirkungen der Mangelkenntnis eines Mieters auf seine eigenen Mängelrechte und die Minderung	60
e) Keine analoge Anwendbarkeit von § 536b BGB	64
7. Die Vorschrift des § 536c BGB	65
a) Überblick	65
b) Pflichtenkreis des Mieters: Verpflichtung zur Anzeige nach § 536c Abs. 1 S. 1 BGB	67
c) Ergebnisse und konkrete Fallgestaltungen für die Wohngemeinschaft	73
d) Rechtsfolgen	83
II. WG-Typ A: Mietvertrag mit einem Mieter als Hauptmieter, der Untermietverträge mit seinen Mitbewohnern abschließt	87
1. Der Instandsetzungsanspruch nach § 535 Abs. 1 S. 2 Alt. 2 BGB	88
2. Die Mietminderung nach § 536 BGB	93
3. Die Ansprüche nach § 536a und der Ausschluss der Mängelrechte nach § 536b BGB	94
4. Die Vorschrift des § 536c BGB	96
III. WG-Typ D: Mietvertrag mit der Wohngemeinschaft als Außen-GbR	99
1. Der Instandsetzungsanspruch nach § 535 Abs. 1 S. 2 BGB	100
a) Der Ausschluss des Anspruchs	101
b) Die Geltendmachung des Erfüllungsanspruchs	102
2. Die Mietminderung nach § 536 BGB	106
3. Das Zurückbehaltungsrecht nach § 320 BGB	107
4. Die Ansprüche nach § 536a Abs. 1, Abs. 2 BGB	108
5. Der Ausschluss der Mängelrechte bei Kenntnis oder grob fahrlässiger Unkenntnis des Mieters nach § 536b BGB	110
6. Die Vorschrift des § 536c BGB	113

§ 8

Schrifttum:

Behrens, Beteiligung mehrerer Mieter am Mietverhältnis, 1989; *Drasdo*, Wohngemeinschaften im Mietrecht, NJW-Spezial 2015, 161; *Eckert*, Kündigung des Mietverhältnisses mit mehreren Mietern, Gedächtnisschrift für Sonnenschein, 2003, S. 313; *Fervers*, Fristsetzungserfordernis für Vermieteransprüche bei Verletzung vertraglicher Pflichten, WuM 2017, 429; *Grunewald*, Wohngemeinschaften und nichteheliche Lebensgemeinschaften als Mieter, JZ 2015, 1027; *Gsell*, (Negative) Beschaffenheitsvereinbarung und Mangelkenntnis im Mietrecht, NZM 2016, 702; *Jacobs*, Haftung der (studentischen) Wohngemeinschaft nach Anerkennung der Rechtsfähigkeit der Außen-GbR, NZM 2008, 111 *Jacoby*, Die Gesellschaft bürgerlichen Rechts als Mietvertragspartei, ZMR 2001, 409; *Kraemer*, Die Gesellschaft bürgerlichen Rechts als Partei gewerblicher Mietverträge, NZM 2002, 465; *Schüren*, Mietrechtlicher Kündigungsschutz für Wohngemeinschaften, JZ 1989, 358; *Streyl*, Mietermehrheiten, NZM 2011, 377

A. Einleitung

1 Die in den §§ 536 ff. BGB geregelten Mängelrechte des Mieters können allgemein durchaus als von Rechtsprechung und Literatur erschlossen bezeichnet werden. Gleichwohl treten bei Mietmängeln in Wohngemeinschaften spezifische Probleme auf, die bislang nur wenig diskutiert wurden. Der Typologie dieses Buches folgend sollen anhand der einzelnen WG-Typen die jeweilig auftretenden Probleme bei den einzelnen Normen der mietrechtlichen Gewährleistung aufgezeigt und erörtert werden. Die Erörterung wird dabei auf die WG-Typen C, A und D beschränkt, da es sich hierbei um die praxisrelevantesten Konstellationen und zugleich um die Konstellationen handelt, in denen die meisten WG-spezifischen Probleme auftreten.

2 Begonnen werden soll mit dem WG-Typ C (Mietvertrag zwischen dem Vermieter und mehreren Mitbewohnern gemeinsam), da dieser nicht nur eine überaus große Praxisrelevanz aufweist, sondern auch aufgrund der besonderen Vertragsstruktur mit Abstand die meisten WG-spezifischen Probleme mit Blick auf die mietrechtliche Gewährleistung mit sich bringt. Im Rahmen der Erörterungen zu WG-Typ C werden auch die allgemeinen Grundsätze entwickelt, die für alle WG-Typen Geltung beanspruchen.

B. Die mietrechtliche Gewährleistung bei den einzelnen WG-Typen

I. WG-Typ C: Mietvertrag zwischen dem Vermieter und mehreren Mitbewohnern gemeinsam

3 Beim WG-Typ C schließt ein Vermieter mit mehreren Mitbewohnern einen Mietvertrag, wobei nicht mehrere selbständige Mietverträge bestehen, sondern die Mieter jeweils „gleichberechtigte Vertragspartner" eines einzigen Mietvertrages sind.

1. Der Instandsetzungsanspruch nach § 535 Abs. 1 S. 2 Alt. 2 BGB

4 Den Vermieter trifft gemäß § 535 Abs. 1 S. 2 Alt. 2 BGB die – nicht der Verjährung unterliegende[1] – Pflicht, die Mietsache während der Mietzeit im vertragsgemäßen Zustand zu halten.

---

[1] BGHZ 184, 253 = NJW 2010, 1292; LG Aachen BeckRS 2009, 12537; *Streyl* WuM 2009, 630; *Häublein* in MüKoBGB § 535 Rn. 107 mwN auch zur Gegenauffassung.

a) Der vertragliche Soll-Zustand der Mietsache

Die Reichweite des Instandsetzungsanspruchs richtet sich dabei nach dem vertraglich 5 festgelegten Soll-Zustand der Mietsache,[2] wozu sämtliche ausdrücklich oder konkludent geschlossene Beschaffenheitsvereinbarungen sowie gemäß § 536 Abs. 2 BGB alle zugesicherten Eigenschaften gehören. In erster Linie bestimmen also die Vertragsparteien, welcher Zustand als vertragsgemäßer Soll-Zustand gelten soll.[3] Dies gilt im Grundsatz sowohl für positive als auch für negative Beschaffenheitsvereinbarungen.[4]

Wird ein Mietvertrag mit mehreren Mietern geschlossen, so können Beschaffenheitsvereinbarungen zwar ohne weiteres mit allen Mietern gemeinsam geschlossen werden. Es stellt 6 sich jedoch die Frage, inwiefern Beschaffenheitsvereinbarungen Vertragsbestandteil werden können, die der Vermieter **mit einzelnen Mietern trifft** und die sich deshalb im mit allen Mietern abgeschlossenen Mietvertrag nicht wiederfinden.

Beispiel 1: Der Vermieter klärt einen Mieter einer 3er-WG darüber auf, dass die Badewanne leicht 7 leckt und fragt, ob das ein Problem sei. Der Mieter verneint dies und meint, die WG werde sich schon darum kümmern.

Beispiel 2: Der Vermieter sichert einem einzelnen Mieter auf Nachfrage zu, dass die Wohnung in allen Zimmern über eine Fußbodenheizung verfügt. Tatsächlich gibt es in der Wohnung jedoch überhaupt keine Fußbodenheizung.

Im ersten Beispiel haben Vermieter und Mieter eine negative, im zweiten Beispiel eine 8 positive Beschaffenheitsvereinbarung getroffen, sodass sich jeweils die Frage stellt, ob diese Vertragsbestandteil geworden ist und so die Soll-Beschaffenheit der Mietsache bestimmt.

Zu unterscheiden sind dabei die folgenden Konstellationen: Denkbar ist erstens, dass ein 9 mit allen Mietern abgeschlossener Mietvertrag bereits existiert und der Vermieter danach mit einem einzelnen Mieter eine Beschaffenheitsvereinbarung schließt (aa). Zweitens ist möglich, dass der Vermieter und ein einzelner Mieter sich über eine bestimmte Beschaffenheit einigen, diese Vereinbarung aber keinen Eingang in den später abgeschlossenen Mietvertrag findet (bb). Und drittens stellt sich die Frage nach dem Inhalt der vertraglichen Vereinbarung, wenn ein einzelner Mieter den Mietvertrag von vornherein bereits in Vertretung für die anderen Mieter abschließt und es beim Abschluss des Mietvertrages zusätzlich zu einer Beschaffenheitsvereinbarung kommt (cc).

aa) Beschaffenheitsvereinbarung nach Abschluss des Mietvertrages.

Wird die Beschaffenheitsvereinbarung nach Abschluss des Mietvertrages getroffen, so kann diese Vereinbarung nur dann Bestandteil des Mietvertrages werden, wenn dieser durch die Beschaffenheitsvereinbarung **wirksam geändert** wurde. Und für eine Änderung eines Mietvertrags mit mehreren Mietern ist stets eine rechtsgeschäftliche Erklärung aller Mieter erforderlich.[5]

Ob derartige Beschaffenheitsvereinbarungen Bestandteil des Mietvertrags werden, hängt 11 deshalb davon ab, ob der einzelne Mieter die jeweiligen Vereinbarungen nach **§ 164 Abs. 1 BGB** mit Wirkung für und gegen die übrigen Mieter treffen konnte. Sofern der jeweilige Mieter von den anderen nicht nach §§ 167, 170, 171 BGB zur Abgabe entsprechender Erklärungen bevollmächtigt war, handelt er im Sinne des § 177 Abs. 1 BGB als Vertreter ohne Vertretungsmacht, sodass die Wirksamkeit der Vereinbarung von der Genehmigung der übrigen Mieter abhängt. Das wird in der Praxis regelmäßig zur Folge haben, dass die

---

[2] BGH NZM 2006, 626 Rn. 12; NZM 2006, 582 Rn. 9; *H. Schmidt* in BeckOGK, 1.4.2019, BGB § 535 Rn. 313.
[3] § 536 BGB folgt insoweit ebenfalls dem „subjektiven Fehlerbegriff", vgl. *Eisenschmid* in Schmidt-Futterer MietR BGB § 536 Rn. 11. Nach *Häublein* in MüKoBGB § 536 Rn. 4 bestehen insoweit keine wesentlichen Unterschiede zum Kauf- und zum Werkvertragsrecht.
[4] Zur grundsätzlichen Zulässigkeit negativer Beschaffenheitsvereinbarungen vgl. BGH NZM 2007, 484; NZM 2006, 582; NJW-RR 1993, 522 (523).
[5] *Behrens* Beteiligung mehrerer Mieter am Mietverhältnis S. 172 mwN.

übrigen Mieter eine positive Beschaffenheitsvereinbarung nach §§ 177 Abs. 1, 184 Abs. 1 BGB genehmigen werden, eine negative Beschaffenheitsvereinbarung hingegen nicht.

12 Verfügt der einzelne Mieter dagegen über eine Vollmacht, so ist entscheidend, ob der **Umfang der erteilten Vollmacht auch den Abschluss von Beschaffenheitsvereinbarungen umfasst.** Da sich positive Beschaffenheitsvereinbarungen für die übrigen Mieter vorteilhaft auswirken, wird die Vollmacht deren Abschluss im Zweifel umfassen. Ob dagegen auch der Abschluss negativer Beschaffenheitsvereinbarungen im Vollmachtsumfang enthalten ist, ist sehr viel schwieriger zu beantworten und von den Umständen des Einzelfalls abhängig. Der Umfang der Vollmacht bestimmt sich nach den allgemeinen Auslegungsregeln der §§ 133, 157 BGB, sodass vorrangig auf die Kenntnis des Erklärungsempfängers und hilfsweise auf den objektiven Empfängerhorizont abzustellen ist.[6] Bei einer Innenvollmacht nach § 167 Abs. 1 Alt. 1 BGB ist also maßgeblich, wie der einzelne Mieter – der Vertreter – die Vollmachtserklärung verstehen durfte.[7] Da eine negative Beschaffenheitsvereinbarung die Mängelrechte der übrigen Mieter insoweit außer Kraft setzt, dürfte im Regelfall **nicht** davon auszugehen sein, dass andere Mieter ihren künftigen Mitbewohner mit der Befugnis ausstatten wollen, eine mangelhafte Wohnung zum Vertragssoll zu erheben. Jedenfalls bei erheblichen Mängeln der Mietsache dürfte eine Vollmacht zum Abschluss negativer Beschaffenheitsvereinbarungen regelmäßig nicht anzunehmen sein. Bei der Außenvollmacht nach §§ 167 Abs. 1 Alt. 2, 170 BGB wird sich zumeist ebenfalls nichts Abweichendes ergeben. Zwar ist für deren Umfang der Empfängerhorizont des Geschäftspartners – also derjenige des Vermieters – maßgeblich.[8] Doch auch dieser darf im Regelfall ohne Vorliegen besonderer Anhaltspunkte eine Vollmacht zur Änderung eines Mietvertrages nicht so verstehen, dass der einzelne Mieter befugt sein soll, negative Beschaffenheitsvereinbarungen mit Wirkung für und gegen die übrigen Mieter abzuschließen.[9]

13 In den meisten Fällen wird deshalb bei einer nachträglichen Beschaffenheitsvereinbarung mit einem einzelnen Mieter eine positive Beschaffenheitsvereinbarung letztlich Vertragsbestandteil werden, eine negative dagegen nicht.

14 **bb) Beschaffenheitsvereinbarung vor Abschluss des Mietvertrags.** Hat der Vermieter vor Abschluss des Mietvertrages zusätzlich eine Beschaffenheitsvereinbarung vereinbart, die sich im später geschlossenen Mietvertrag nicht wiederfindet, so gelten prinzipiell die vorstehenden Grundsätze. Zusätzlich ist jedoch zu berücksichtigen, dass die Parteien ja nach Abschluss der Beschaffenheitsvereinbarung einen Mietvertrag geschlossen haben, indem diese gerade nicht vorkommt. Es kann deshalb ein Parteiwille dahingehend zu vermuten sein, dass die Parteien eine entsprechende Beschaffenheitsvereinbarung nicht in Mietvertrag aufnehmen beziehungsweise von einer bereits geschlossenen Beschaffenheitsvereinbarung Abstand nehmen wollten. Sofern der Mietvertrag schriftlich abgeschlossen wurde, entspricht dies der Vermutung für die Richtigkeit und Vollständigkeit von Urkunden.[10]

15 Diese Vermutung kann jedoch nur insoweit Geltung beanspruchen, als die entsprechende Beschaffenheitsvereinbarung auch typischerweise im Mietvertrag festgehalten wird. Dies dürfte tendenziell bei negativen Beschaffenheitsvereinbarungen eher anzunehmen sein als bei positiven. So enthalten gängige Vertragsmuster für Mietverträge regelmäßig keine eigene Rubrik für gesonderte positive Beschaffenheitsvereinbarungen, die über die Bezeichnung der Wohnung und ihrer Wohnfläche hinausgehen.[11] So wird beispielsweise die

---

[6] S. statt vieler *Schilken* in Staudinger BGB § 167 Rn. 84 m.umfangr.Nachw.
[7] Vgl. BGHZ 184, 61 = NJW 2010, 1200 (1202); BGH NJW 1991, 3141.
[8] Vgl. BGH NJW-RR 2000, 745 (746); *Schubert* in MüKoBGB § 167 Rn. 62.
[9] Vgl. OLG München DNotZ 2012, 457 (458), wonach bei einem zweifelhaften Umfang der Außenvollmacht von einem geringeren Vollmachtsumfang auszugehen ist.
[10] Vgl. BGH NJW 2002, 3164; *Einsele* in MüKoBGB § 125 Rn. 39.
[11] Vgl. das Muster auf der Homepage des Mieterbunds, http://www.mieterbund.de/index.php?eID=tx_nawsecuredl&u=0&g=0&t=1504616382&hash=1e3976fcaac8a06ac677da4bd0c9891f54a686ee&file=fileadmin/pdf/mietvertrag/Wohnungs-Mietvertrag_2015.pdf (Abrufdatum: 4.9.2017).

Zusicherung des Vermieters, die Wohnung verfüge über eine Fußbodenheizung, typischerweise nicht im Mietvertrag festgehalten. Eine negative Beschaffenheitsvereinbarung ist dagegen eine Abrede, wonach ein bestimmter Zustand der Mietsache, der ohne eine gesonderte Vereinbarung einen Mietmangel begründen würde, gleichwohl als vertragsgemäß gilt. Und die Mängel der Mietsache werden typischerweise im Mängelprotokoll festgehalten, sodass die Parteien eine Abrede, dass ein an sich mangelhafter Zustand ausnahmsweise keinen Mangel darstellen soll, ebenfalls in den Vertrag aufnehmen werden. Sofern also die Badewanne leicht leckt (Beispiel 1) und sich im Mietvertrag keine Ausführungen dazu finden, dass dieser Zustand als vertragsgemäß gilt beziehungsweise vom Mieter zu beheben ist, wird zu vermuten sein, dass die Parteien keine entsprechende Vereinbarung treffen wollten.

cc) Beschaffenheitsvereinbarung bei Abschluss des Mietvertrages. Zu untersuchen **16** ist schließlich die Konstellation, in der ein Mieter von vornherein den Mietvertrag im Namen der übrigen Mieter abschließt und bei Abschluss des Mietvertrags eine zusätzliche Beschaffenheitsvereinbarung trifft, welche auch im Mietvertrag festgehalten wird.[12] So dürfte es in der Praxis nicht selten vorkommen, dass nicht alle Mitglieder der (künftigen) WG zur Unterzeichnung des Mietvertrages erscheinen können und deshalb einem einzelnen Mieter die Vollmacht erteilen, den Mietvertrag in ihrem Namen zu unterzeichnen. Sofern die Vollmacht des Mieters den Abschluss von Beschaffenheitsvereinbarungen umfasst, werden diese Vertragsbestandteil. Bei einer positiven Beschaffenheitsvereinbarung ist regelmäßig davon auszugehen, dass diese vom entweder schon vom Vollmachtsumfang erfasst sind oder nachträglich von den übrigen Mitbewohnern genehmigt werden. Obwohl bei einer negativen Beschaffenheitsvereinbarung, wie bereits ausgeführt (→ Rn. 8), im Regelfall nicht davon auszugehen ist, dass deren Abschluss von der Vollmacht umfasst war, ist in dieser Konstellation danach zu differenzieren, ob der Mieter lediglich damit betraut worden ist, „die Formalitäten zu regeln", oder ob er im umfassenderen Sinne „die Vertragsverhandlungen durchführen sollte". Wenn die Wohnung bereits von den übrigen Mietern besichtigt worden ist, so spricht dies eher dafür, dass diese dem vertretungsberechtigten Mieter insoweit keine besondere Verhandlungsmacht mehr einräumen wollten. Ebenso wird eine Vollmacht zum Abschluss negativer Beschaffenheitsvereinbarungen **umso weniger** anzunehmen sein, **je erheblicher und gravierender der Mangel** ist.

Ergibt die Auslegung, dass die Beschaffenheitsvereinbarung nicht vom Umfang der Voll- **17** macht gedeckt war, so ist diese gemäß § 177 Abs. 1 BGB schwebend unwirksam. Ob der **Mietvertrag im Übrigen wirksam** bleibt, ob also letztlich ein Mietvertrag ohne die entsprechende Beschaffenheitsvereinbarung zustande kommt, richtet sich in der Folge nach § 139 BGB. Zwar spricht § 139 BGB nur von „Nichtigkeit", die Vorschrift ist aber ihrem Sinn und Zweck nach auch dann anwendbar, wenn ein Teil eines Rechtsgeschäfts lediglich schwebend unwirksam ist[13] und erst recht, wenn im Falle der schwebenden Unwirksamkeit durch die Verweigerung der Genehmigung das Rechtsgeschäft endgültig unwirksam wird.[14]

> **Praxishinweis:**
> Wegen der damit verbundenen Rechtsunsicherheit ist ein Abschluss von Beschaffenheitsvereinbarungen mit einzelnen Mietern nicht ratsam. Beschaffenheitsvereinbarungen sollten stets in den Mietvertrag aufgenommen werden.

---

[12] Sollte die Vereinbarung keinen Eingang in den Mietvertrag finden, so gelten die unter bb) dargestellten Grundsätze entsprechend.
[13] RGZ 133, 7 (14); RGZ 120 (126 ff.); BGHZ 53, 154 = NJW 1970, 752; BGH NJW 1962, 734.
[14] *Herrler* in Staudinger BGB § 139 Rn. 33.

b) Der Ausschluss des Anspruchs

18 **aa) Voraussetzungen für den Ausschluss.** Der Anspruch nach § 535 Abs. 1 S. 2 Alt. 2 BGB setzt weder eine Mangelverursachung durch den Vermieter noch Verschulden des Vermieters voraus. Der Vermieter kann also im Grundsatz nicht einwenden, er habe den Mangel nicht verursacht beziehungsweise sei für seine Entstehung nicht verantwortlich.[15]

19 Der Anspruch entfällt jedoch, wenn der Mieter den Mangel zu vertreten hat.[16] Hierbei genügt es entgegen einer teilweise etwas irreführend gebrauchten Formel nicht, dass der Mangel „der Sphäre des Mieters" zuzurechnen ist.[17] Erforderlich ist vielmehr, dass der Mieter seine Schutz- und Obhutspflicht zum sorgsamen Umgang mit der Mietsache[18] verletzt hat, dass er diese Pflichtverletzung zu vertreten hat und dass hierdurch der Mangel der Mietsache entstanden ist.[19] In diesem Fall entsteht nämlich ein Anspruch des Vermieters gegen den Mieter nach §§ 280 Abs. 1, 241 Abs. 2 BGB, der den Mieter nach § 249 Abs. 1 BGB zur Naturalrestitution verpflichtet. Da die Verpflichtung des Vermieters zur Instandsetzung nach § 535 Abs. 1 S. 2 Alt. 2 BGB ausschließlich durch die schuldhafte Pflichtverletzung des Mieters entstanden ist, ist der Vermieter berechtigt, Freistellung von seiner Verbindlichkeit nach § 535 Abs. 1 S. 2 Alt. 2 BGB zu verlangen. Das gilt freilich nur, wenn der Vermieter nicht bereits Schadensersatz in Geld nach § 249 Abs. 2 S. 1 BGB verlangt hat.[20] In diesem Fall ist sein Schaden bereits vollständig abgegolten, sodass die Verpflichtung nach § 535 Abs. 1 S. 2 Alt. 2 BGB nicht zusätzlich entfallen kann.

20 **bb) Zurechnung des Verhaltens von Mitmietern.** Ist die Wohnung an eine Wohngemeinschaft vermietet und wird der Mangel von den Mietern gemeinschaftlich verursacht, ist deren Anspruch nach § 535 Abs. 1 S. 2 Alt. 2 BGB nach dem zuvor Gesagten ausgeschlossen. Problematisch ist hingegen, ob ein Anspruch des Vermieters nach §§ 280 Abs. 1, 241 Abs. 2 BGB gerichtet auf die Freistellung seiner Instandsetzungspflicht auch dann besteht, wenn **nur einer der Mieter** den Mangel schuldhaft verursacht hat. Zwar mag gegen den betreffenden Mieter ein solcher Anspruch im Falle einer schuldhaften Mangelverursachung bestehen. Damit ist dem Vermieter jedoch wenig gedient, weil die übrigen Mieter diesem Anspruch nicht ausgesetzt wären und deshalb nach wie vor nach § 535 Abs. 1 S. 2 Alt. 2 BGB gegen den Vermieter vorgehen könnten. Die Geltendmachung durch alle Mieter ist deshalb nur ausgeschlossen, wenn der Vermieter auch einen Anspruch nach §§ 280 Abs. 1, 241 Abs. 2 BGB gegen alle Mieter hat. Diejenigen Mieter, die den Mangel nicht schuldhaft verursacht haben, haben jedoch selbst nicht schuldhaft eine Nebenpflicht verletzt – die entscheidende Frage ist also, ob sich ein Mieter eine schuldhafte Mangelverursachung durch einen Mitmieter zurechnen lassen muss. Aus der Tatsache, dass die Mieter Gesamtschuldner sind, folgt eine solche Zurechnung nicht. Im Gegenteil ordnet § 425 Abs. 2 BGB bezüglich des Verschuldens gerade nur Einzelwirkung an. Entscheidend ist deshalb, ob sich ein Mieter Pflichtverletzung und Verschulden nach **§ 278 S 1 Alt. 2 BGB** zurechnen lassen muss.

21 **(1) Vorbemerkung zur Zurechnung nach § 278 BGB bei Nebenpflichtverletzungen.** Im Grundsatz herrscht in der Rechtswissenschaft ein recht breiter Konsens über die Anwendung des § 278 BGB auch auf Nebenpflichten.[21] Streit besteht hauptsächlich darüber, ob und in welchen Fällen einzelne Nebenpflichten hiervon auszunehmen sind, um eine ausufernde Haftung des Schuldners zu vermeiden. Die Schwierigkeit rührt daher, die Verletzung einer Nebenpflicht unter das Tatbestandsmerkmal **„Erfüllung einer Verbind-**

---

[15] *Schmidt* in BeckOGK, 1.4.2019, BGB § 535 Rn. 313.
[16] *Eisenschmid* in Schmidt-Futterer MietR BGB § 535 Rn. 93; *Häublein* in MüKoBGB § 535 Rn. 106.
[17] *Häublein* in MüKoBGB § 536 Rn. 32 (im Zusammenhang mit der Minderung).
[18] Vgl. statt vieler *Häublein* in MüKoBGB § 535 Rn. 168 mwN.
[19] Hiervon geht auch *Häublein* in MüKoBGB § 535 Rn. 106 aus, da er den Wegfall der Pflicht aus § 535 Abs. 1 S. 2 BGB mit einem Schadensersatzanspruch des Vermieters aus §§ 280 Abs. 1, 241 Abs. 2 BGB begründet.
[20] Ausführlich zum Ganzen *Fervers* WuM 2017, 429 (431).
[21] *Schaub* in BeckOGK, 1.3.2019, BGB § 278 Rn. 94; *Caspers* in Staudinger BGB § 278 Rn. 35.

lichkeit" zu subsumieren. Zwar sind die Nebenpflichten nach § 241 Abs. 2 BGB Teil der Schuld, sodass auch eine Verbindlichkeit im Sinne des § 278 BGB gegeben ist. Die Frage ist aber bisweilen, ob sich der Schuldner tatsächlich der anderen Person „zur Erfüllung seiner Verbindlichkeit bedient". Recht unproblematisch ließe sich das beispielsweise noch bejahen, wenn ein Mieter einen Dritten damit beauftragt, „auf die Wohnung aufzupassen und zu gucken, dass nichts passiert." Denn in diesem Fall wäre der Dritte explizit vom Schuldner (dem Mieter) mit der Wahrnehmung der Tätigkeit betraut worden, die seinen Nebenpflichten als Mieter entspricht. Anders scheint dies auf den ersten Blick bei einem „bloßen" Besuch des Dritten zu sein. Denn dieser kommt zwar mit Wissen und Wollen des Schuldners mit der Mietsache in Berührung, der Zweck es Besuchs besteht aber gerade nicht darin, den Mieter bei der Erfüllung seiner Nebenpflichten zu unterstützen. Gleichwohl entspricht es der ganz herrschenden Meinung in Rechtsprechung[22] und Literatur[23], dass sich ein Mieter die Beschädigung der Mietsache durch einen Besucher, einen Handwerker und andere Personen, die mit seinem Wissen und Wollen mit der Mietsache in Berührung kommen, zurechnen lassen muss.

Dem ist im Ergebnis zuzustimmen. Obwohl der Wortlaut des § 278 BGB prima facie **22** etwas Anderes nahelegen mag, ist eine Differenzierung danach, ob der Schuldner den Dritten explizit mit der Wahrnehmung der entsprechenden Nebenpflicht betraut, nicht sinnvoll. Denn anders als eine Hauptpflicht ist die Nebenpflicht, das Eigentum des Vertragspartners nicht zu beschädigen, überhaupt nicht durch eine punktuelle Erfüllungshandlung erfüllbar, zu deren Zweck man eine Hilfsperson einsetzen könnte. Vielmehr erfüllt der Schuldner diese Nebenpflicht dadurch, dass er kontinuierlich die Beschädigung *unterlässt*. Bei genauem Hinsehen ergibt sich auch, dass in anderen Fällen – in denen die Anwendbarkeit des § 278 S. 1 Alt. 2 BGB außer Frage steht – ebenfalls keine Einschaltung explizit zum Zwecke der Wahrung von Nebenpflichten erfolgt. So wurde etwa die vom Verkäufer eingesetzte Lieferperson, die bei der Anlieferung der Ware aus Ungeschicklichkeit eine Vase des Käufers zerstört, lediglich mit der Lieferung der Vase, nicht aber damit betraut, den Verkäufer bei der Vermeidung von Beschädigungen der Sachen des Käufers zu unterstützen. Entscheidend ist allein, dass die Hilfsperson mit Wissen und Wollen des Schuldners tätig geworden ist und der Käufer durch die Anlieferung der Kaufsache dem vertragsspezifischen Risiko ausgesetzt wurde, dass seine Sachen im Rahmen der Vertragsabwicklung beschädigt werden. Dass die Lieferperson hier anstelle des Verkäufers tätig geworden ist und eine Besuchsperson des Mieters nicht anstelle des Mieters bei der Erfüllung von dessen Pflichten tätig wird, ist ebenfalls unerheblich. Denn § 278 S. 1 Alt. 2 BGB wäre im genannten Beispiel ohne weiteres auch dann anwendbar, wenn der Verkäufer die Lieferung selbst vorgenommen und die Lieferperson lediglich mitgebracht hätte. Zwar ist richtig, dass es sich bei der Anwendung des § 278 S. 1 Alt. 2 BGB hier um eine Wertungsfrage handelt – doch diese Wertung ist bereits dadurch getroffen, dass man die Nebenpflichten als solche anerkennt und zum Pflichtenkreis des Schuldners zählt.

Erforderlich dafür, dass Pflichtverletzung und Verschulden eines Mieters einem anderen **23** Mitmieter zugerechnet werden kann, ist deshalb zum einen, dass eine entsprechende Pflicht des Mitmieters gegenüber dem Vermieter überhaupt besteht. Denn andernfalls wird der Mieter nicht im **Pflichtenkreis** des Mitmieters tätig. Und zum anderen muss der Mieter mit Wissen und Wollen des Mitmieters mit der Mietsache in Berührung kommen.

Entgegen dem Wortlaut des § 278 BGB, der nur von der Zurechnung von Verschulden **24** spricht und sich auch systematisch im Abschnitt über das Verschulden befindet, bedarf es bei der Verletzung von Schutzpflichten der **Zurechnung von Pflichtverletzung und Verschulden**. Verpflichtet sich ein Verkäufer vertraglich zur Übergabe und Übereignung der Kaufsache, so verletzt er diese Pflicht nach ganz hM[24] bereits dadurch, dass er hinter

---
[22] BGH NJW 1991, 1750 (1752) mwN („nach allgemeiner Meinung").
[23] *Blank* in Blank/Börstinghaus MietR BGB § 540 Rn. 42; *Caspers* in Staudinger BGB § 278 Rn. 102.
[24] Vgl. *Riehm* in BeckOGK, 1.4.2019, BGB § 280 Rn. 8 ff. mwN; *Ernst* in MüKoBGB § 280 Rn. 18.

diesem vertraglichen Versprechen zurückbleibt.[25] Erst bei der Frage des Vertretenmüssens wird relevant, ob der Verkäufer hierfür überhaupt verantwortlich ist, sodass es hier möglicherweise einer Zurechnung nach § 278 BGB bedarf. Da für das Vorliegen einer Pflichtverletzung aber bereits die objektive Feststellung genügt, dass der Schuldner hinter dem vertraglich Geschuldeten zurückgeblieben ist, besteht auch kein Bedürfnis für eine Zurechnung nach § 278 BGB. Bei der Verletzung von Schutzpflichten gilt dagegen zu Recht nach herrschender Meinung ein verhaltensbezogener Begriff der Pflichtverletzung,[26] sodass gesondert festgestellt werden muss, dass der Schuldner oder eine Hilfsperson, deren Verhalten sich der Schuldner nach § 278 S. 1 Alt. 2 BGB zurechnen lassen muss, eine Schutzpflicht verletzt haben. Dass dies richtig ist, erschließt sich bereits daraus, dass dem Gläubiger bei der Frage, ob der Schuldner eine Schutzpflicht verletzt hat, nicht die Beweislastumkehr des § 280 Abs. 1 S. 2 BGB zugutekommen darf. Deshalb genügt auch im Gegensatz zur Konstellation der Verletzung einer Leistungspflicht nicht die Feststellung, „dass etwas schiefgegangen ist". Verlangt der Vermieter vom Mieter Schadensersatz nach §§ 280 Abs. 1, 241 Abs. 2 BGB mit der Begründung, der Mieter habe die Wohnung beschädigt, so muss jedenfalls im Grundsatz der Vermieter die Beweislast dafür tragen, dass der Mieter eine Schutzpflicht verletzt und hierdurch den Mangel verursacht hat.[27]

25 **(2) Zurechnung innerhalb der Wohngemeinschaft.** Sofern in der Literatur allgemein geäußert wird, ein Mieter sei nicht Erfüllungsgehilfe eines anderen Mieters,[28] so greift dies nach dem zuvor Gesagten zu kurz. Voraussetzung für eine Zurechnung nach § 278 S. 1 Alt. 1 BGB ist, dass der Mieter, der den Mangel schuldhaft verursacht hat, als Erfüllungsgehilfe der übrigen Mieter anzusehen ist. Als Erfüllungsgehilfe ist derjenige anzusehen, der mit Wissen und Wollen des Schuldners in dessen Pflichtenkreis tätig wird.[29] Und die Pflicht zum sorgsamen Umgang mit der Mietsache trifft jeden einzelnen Mieter, sodass jeder Mitmieter beim Umgang mit der Mietsache auch im Pflichtenkreis der übrigen Mitmieter tätig wird. Verletzt ein Mieter schuldhaft diese Pflicht und verursacht dadurch einen Mangel, so sind Pflichtverletzung und Verschulden den übrigen Mietern nach § 278 S. 1 Alt. 2 BGB zuzurechnen. Dieses Ergebnis ist auch wertungsmäßig richtig, da sich durch jeden weiteren Mieter das Risiko einer Mangelverursachung für den Vermieter erhöht. Berücksichtigt man überdies, dass sich ein Mieter nach ganz herrschender Auffassung das Verschulden aller Personen zurechnen lassen muss, die auf seine Veranlassung hin mit der Mietsache in Berührung kommen, wie zum Beispiel Verwandte, Gäste oder beauftragte Handwerker,[30] so erscheint es auch sachgerecht, wenn sich ein Mieter erst recht die schuldhafte Verursachung eines Mangels durch einen Mitmieter zurechnen lassen muss.

c) Die Geltendmachung des Erfüllungsanspruchs

26 Der Vermieter schuldet mit der Gebrauchsüberlassung und Instandhaltung eine **unteilbare Leistung**, sodass die Mieter in der hier untersuchten Konstellation (WG-Typ C) als Mitgläubiger nach § 432 BGB zu qualifizieren sind.[31] Nach § 432 BGB steht somit dem

---

[25] So besteht die relevante Pflichtverletzung im Rahmen eines Anspruchs nach §§ 280 Abs. 1, Abs. 3, 283 BGB nicht in der Herbeiführung der Unmöglichkeit, sondern in der Unmöglichkeit als solcher. Ebenso besteht die relevante Pflichtverletzung im Rahmen von §§ 280 Abs. 1, Abs. 2, 286 und §§ 280 Abs. 1, Abs. 3, 281 BGB bereits in der Nichtleistung als solcher.
[26] Vgl. *Riehm* in BeckOGK, 1.4.2019, BGB § 280 Rn. 17.
[27] *Ernst* in MüKoBGB § 280 Rn. 150 mwN; *Schwarze* in Staudinger BGB § 280 Rn. F 38 mwN.
[28] *Caspers* in Staudinger BGB § 278 Rn. 103 („in der Regel"); *Streyl* NZM 2011, 377 (387); *Eckert* GS Sonnenschein, 2003, 313 (314).
[29] BGHZ 98, 330 (334) = NJW 1987, 1323; BGHZ 13, 111 (113) = NJW 1954, 1193; *Lorenz* in BeckOK BGB, 49. Ed. 1.2.2019, § 278 Rn. 11.
[30] Vgl. die Nachw. in Fn. 22 und 23.
[31] *Streyl* NZM 2001, 377 (383). Dies entspricht auch der Sichtweise des BGH, der inBGHZ 196, 318 = NJW 2013, 3232 Rn. 22 die Mieter im Hinblick auf die Gebrauchsüberlassung terminologisch missverständlich als „Gesamtgläubiger gemäß § 432 BGB" bezeichnet hat.

einzelnen Mieter das Recht zu, im Wege der gesetzlichen Prozessstandschaft[32] den Anspruch nach § 535 Abs. 1 S. 2 BGB einzuklagen.[33]

Etwas anderes ergibt sich auch nicht aus gesellschaftsrechtlichen Grundsätzen. Zwar **27** bilden mehrere Mieter einer Wohngemeinschaft nach hM nicht nur eine Bruchteilsgemeinschaft, sondern regelmäßig eine Innengesellschaft nach §§ 705 ff. BGB.[34] Und bei einer GbR sollen die besonderen Verwaltungs- und Vertretungsregeln nach §§ 709, 714 BGB die Vorschrift des § 432 BGB verdrängen und die Gesellschafter im Grundsatz nur zur gemeinschaftlichen Geltendmachung der Forderungen berechtigt sein.[35] So findet sich in Rechtsprechung und Literatur auch häufiger die Äußerung, dass § 432 BGB unanwendbar sein soll, sofern die Mieter eine „Gesellschaft" beziehungsweise eine „GbR" bildeten.[36] Bei einer Außen-GbR ist dies zwar richtig (→ Rn. 80 ff.). An den entsprechenden Stellen wird jedoch zumeist nicht klar benannt, ob dies auch dann gelten soll, wenn – wie in der hier untersuchten Konstellation – eine reine Innengesellschaft vorliegt. Dies ist zu verneinen. Für die reine Innengesellschaft ist nämlich nach überwiegender Auffassung charakteristisch, dass sie gerade kein Gesamthandsvermögen bildet,[37] sodass die Forderung des § 535 Abs. 1 S. 2 Alt. 2 BGB auch keine Gesellschaftsforderung darstellt.[38] Beim Vorliegen einer Innengesellschaft ist vielmehr Teil der Abrede, dass sich die Regelungen nur auf das Innen- nicht aber auf das Außenverhältnis beziehen sollen, weshalb auch eine Vertretungsregelung im Gesellschaftsvertrag gerade nicht angelegt ist.[39] Eine Verdrängung des § 432 BGB ist deshalb regelmäßig nicht anzunehmen, sodass es bei der Befugnis des Mieters, die Forderung für alle nach § 432 BGB geltend zu machen, bleibt.[40]

2. Die Mietminderung nach § 536 BGB

Weist die Mietsache zur Zeit der Überlassung oder später einen Mangel[41] auf oder fehlt ihr **28** nach § 536 Abs. 2 eine zugesicherte Eigenschaft[42], so mindert sich die Miete kraft Gesetzes gemäß § 536 Abs. 1 BGB. Eine Minderungserklärung von einem der Mitbewohner ist hierfür demnach nicht erforderlich.[43] WG-spezifisch sind hier in erster Linie zwei Fragen zu erörtern: Die Auswirkungen auf die Mietminderung, wenn zwar ein Mangel der

---

[32] § 432 BGB ist ein Fall der gesetzlichen Prozessstandschaft, vgl. *Weth* in Musielak/Voit ZPO § 51 Rn. 23.
[33] *Bydlinski* in MüKoBGB § 432 Rn. 3.
[34] KG Berlin NJW-RR 1992, 1490; *Drasdo* NJW-Spezial 2015, 161; *Grunewald* JZ 2015, 1027; *H. Schmidt* in BeckOGK, 1.10.2018, BGB § 535 Rn. 231; *Jacobs* NZM 2008, 111 (111) mwN; *Kraemer* NZM 2002, 465 (470); *Streyl* NZM 2011, 377 (382). Zur Rechtslage bei der Außen-GbR → Rn. 80 ff.
[35] BGHZ 102, 152 (154) = NJW 1988, 558; BGHZ 39, 14 = NJW 1963, 641; *Gehrlein* in BeckOK BGB, 49. Ed. 1.2.2019, § 432 Rn. 4; *Looschelders* in Staudinger BGB § 432 Rn. 15.
[36] LG Berlin NJW-RR 1999, 1387; LG Saarbrücken NJW-RR 1992, 781; *Bydlinski* in MüKoBGB § 432 Rn. 3, der seiner Auffassung nach unterschiedlichen Ergebnisse zwischen einer GbR und „gewöhnlichen" Mitmietern als „wenig wünschenswert" bezeichnet; *Looschelders* in Staudinger BGB § 432 Rn. 40; auch *Schüren* JZ 1989, 358 (360) bezeichnet die Forderung der Mieter als Gesamthandsforderung.
[37] *Schäfer* in MüKoBGB § 705 Rn. 275, 277 mwN auch zur Gegenauffassung.
[38] *Jacoby* ZMR 2001, 409 (415).
[39] *Schäfer* in MüKoBGB § 705 Rn. 275, 277 mwN.
[40] Ebenso *Jacoby* ZMR 2001, 409 (415).
[41] Bezüglich der Einzelheiten hinsichtlich des Mietmangels wird auf die einschlägige mietrechtliche Literatur verwiesen. Vgl. zB die umfangreichen und ausführlichen Darstellungen bei *Blank* in Blank/Börstinghaus MietR BGB § 536 Rn. 3 ff.; *Eisenschmid* in Schmidt-Futterer MietR BGB § 536 Rn. 19 ff., 78 ff.; *Häublein* in MüKoBGB § 536 Rn. 3 ff.
[42] Begrifflich lässt sich eine zugesicherte Eigenschaft von einer Beschaffenheitsvereinbarung nur schwer trennen. Das Vorliegen einer zugesicherten Eigenschaft hat jedoch zur Folge, dass es unerheblich ist, ob die Minderung der Tauglichkeit durch das Fehlen iSd § 536 Abs. 1 S. 3 BGB unerheblich ist oder nicht, da § 536 Abs. 2 BGB ausdrücklich nicht auf § 536 Abs. 1 S. 3 BGB verweist. Daher sollen an eine Eigenschaftszusicherung nach § 536 Abs. 2 BGB hohe Anforderungen zu stellen sein und eine solche nur dann anzunehmen sein, wenn sich aus den Umständen ergibt, dass der Vermieter für das Fehlen der Eigenschaft unbedingt einstehen will (BGH NZM 2005, 500; BGH NJW 1991, 912; vgl. zum Ganzen *Häublein* in MüKoBGB § 536 Rn. 22 mwN und *Blank* in Blank/Börstinghaus MietR BGB § 536 Rn. 207 ff.).
[43] *Teichmann* in Jauernig BGB § 536 Rn. 8.

Wohnung vorliegt, dieser jedoch nur **eines der WG-Mitglieder beeinträchtigt** und die „Verteilung" der Mietminderung im **Innenverhältnis**.

a) Einheitliche Bestimmung des Mangels

29 Weist die Wohnung einen Mangel auf, so liegt **einheitlich ein Mangel der Gesamtsache** vor. Dass in einer Wohngemeinschaft Mängel der Mietsache faktisch mitunter nur einzelne Mieter betreffen (zB Schimmel oder ein undichtes Fenster im Zimmer nur eines Mitbewohners), ist unerheblich. Der Vermieter schuldet die mangelfreie Gebrauchsüberlassung im Sinne des § 535 Abs. 1 S. 2 BGB den Mietern als unteilbare Leistung – jeder Mieter hat **unabhängig von der Aufteilung im Innenverhältnis die ganze Wohnung gemietet**.[44] Sofern die Wohnung also einen Mietmangel aufweist, mindert sich die Miete deshalb insgesamt kraft Gesetzes, ohne dass es darauf ankommt, welchen der Mieter der Mangel konkret beeinträchtigt.

b) Die Verteilung der Mietminderung im Innenverhältnis

30 Eine andere Frage ist, wer im Innenverhältnis der Mieter von der Mietminderung profitieren soll. Insoweit ist der zumindest konkludent geschlossene Gesellschaftsvertrag zwischen den Mietern regelmäßig (ergänzend) dahin auszulegen, dass die Mietminderung demjenigen zugutekommen soll, den der Mietmangel tatsächlich beeinträchtigt. So gebührt im genannten Beispiel der „Gewinn" aus der Mietminderung dem Mieter, in dessen Zimmer sich der Schimmel, das undichte Fenster, etc. befinden. Da es regelmäßig vom Zufall abhängt, in wessen Raum sich ein Mangel zeigt oder zeigen wird, ist schlechterdings kein Grund dafür ersichtlich, warum sich ein Mieter darauf einlassen sollte, dass ein anderer Mieter von einer Mietminderung profitiert, obwohl der Mangel ihn überhaupt nicht beeinträchtigt.

3. Exkurs: Das Zurückbehaltungsrecht nach § 320 BGB

31 Zusätzlich zur Mietminderung nach § 536 BGB steht dem Mieter bei Vorliegen eines Mietmangels ein Zurückbehaltungsrecht nach § 320 BGB zu, weil er dem Mietzahlungsanspruch des Vermieters den im vertraglichen Synallagma stehenden Instandsetzungsanspruch nach § 535 Abs. 1 S. 2 BGB entgegenhalten kann.[45] Hinsichtlich des Betrages, um den sich die Miete ohnehin nach § 536 Abs. 1 BGB (endgültig) mindert, besitzt das Zurückbehaltungsrecht keinen eigenständigen Wert. Seine praktische Relevanz besteht darin, dass der Mieter über den geminderten Betrag hinaus die Miete oder zumindest einen Teil der Miete[46] vorübergehend einbehalten darf.[47] Voraussetzung für die Geltendmachung des Zurückbehaltungsrechts nach der Rspr. ist allerdings, dass der Mieter dem Vermieter den Mangel zuvor angezeigt hat – andernfalls könne das Zurückbehaltungsrecht seine Druckfunktion nicht ausüben.[48] Relevant wird diese Einschränkung vor allem für die Frage, ob der Mieter sich im Zahlungsverzug befindet, der eine Kündigung nach § 543 Abs. 2 S. 1 Nr. 3a) BGB rechtfertigt.

---

[44] *Streyl* NZM 2011, 377 (384).
[45] *Emmerich* in Staudinger BGB § 536 Rn. 101.
[46] Auch wenn die Wohnung einen Mangel aufweist, liegt nach überwiegender Auffassung gleichwohl eine Teilleistung nach § 320 Abs. 2 BGB vor, sodass die Zahlung der Miete nicht verweigert werden kann, wenn dies nach den Umständen, insbesondere wegen verhältnismäßiger Geringfügigkeit des rückständigen Teils, gegen Treu und Glauben verstoßen würde. In der Praxis wird deshalb der Betrag, den der Mieter einbehalten darf, auf das Drei- bis Fünffache der Mangelbeseitigungskosten beschränkt (vgl. die umfangr. Nachw. bei *Emmerich* in Staudinger BGB § 536 Rn. 104), wobei sich nach der neueren Rechtsprechung jedoch jegliche schematische Betrachtung verbietet (BGHZ 206, 1 = NJW 2015, 3087).
[47] *Bieder* in BeckOGK, 1.4.2019, BGB § 536 Rn. 24.
[48] BGH NZM 2011, 197.

Bei der mieterseitigen Mangelanzeige an den Vermieter handelt es sich – ebenso wie bei 32
der Mängelanzeige nach § 536c BGB (→ Rn. 47) – um eine reine Tatsachenmitteilung,
sodass jedes Mitglied der WG diese wirksam gegenüber dem Vermieter vornehmen kann,
ohne dass es auf das Vorliegen einer Vertretungsmacht ankäme. Ab dem Zeitpunkt, in dem
das Vorliegen eines Mangels dem Vermieter von einem der WG-Mitglieder mitgeteilt
worden ist, kommen die Mieter somit auch nicht mit der Mietzahlung in Verzug, da bereits
das Bestehen der Einrede nach § 320 BGB den Schuldnerverzug nach § 286 BGB hindert,
ohne dass sich der Schuldner hierauf ausdrücklich berufen müsste.[49]

WG-spezifisch zu klären bleibt deshalb nur noch die Situation, dass der Vermieter trotz 33
Bestehens eines Mangels einen oder mehrere Mieter der WG auf Zahlung der Miete
verklagt und der Erfolg der Klage deshalb davon abhängt, ob die Einrede nach § 320 BGB
von dem beklagten Mieter beziehungsweise den beklagten Mietern wirksam erhoben
wurde. Hier ist **jeder Mieter zur Geltendmachung des Zurückbehaltungsrechts
berechtigt**. Da der einzelne Mieter gemäß § 432 BGB den Erfüllungsanspruch nach § 535
Abs. 1 S. 2 Alt. 2 BGB sogar klageweise gegen den Vermieter geltend machen könnte,
muss er erst recht die Möglichkeit haben, diesen einredeweise entgegenzuhalten. Ein
abweichendes Ergebnis wäre schon deshalb nicht tragbar, weil die einzelnen Mieter nach
§ 427 BGB als Gesamtschuldner haften, sodass der Vermieter einen einzelnen Mieter
verklagen könnte, ohne dass diesem die Einrede nach § 320 BGB zur Verfügung stünde.

4. Der Anspruch auf Schadensersatz nach § 536a Abs. 1 BGB

a) Erläuterung

Gemäß § 536a Abs. 1 BGB hat der Mieter gegen den Vermieter einen Anspruch auf 34
Schadensersatz, wenn der Mieter einen Schaden dadurch erleidet, dass entweder ein Mangel
bei Vertragsschluss vorhanden ist (§ 536a Abs. 1 Var. 1 BGB) oder dass ein Mangel später
aufgrund eines Umstands entsteht, den der Vermieter zu vertreten hat (§ 536a Abs. 1 Var. 2
BGB) oder dass der Mieter mit der Beseitigung eines Mangels im Verzug kommt (§ 536a
Abs. 1 Var. 3 BGB). § 536a BGB verdrängt nach hM zumindest ab Gebrauchsüberlassung
im Wesentlichen das allgemeine Leistungsstörungsrecht.[50] Für anfängliche Mängel haftet
der Vermieter nach § 536a Abs. 1 Var. 1 BGB anders als im sonstigen Leistungsstörungsrecht verschuldensunabhängig auf Schadensersatz.[51] Umgekehrt ist bei nachträglich entstandenen Mängeln nicht nur Vertretenmüssen des Vermieters erforderlich, dem Mieter
kommt in Bezug auf das Vertretenmüssen des Vermieters – anders als im Rahmen des § 280
Abs. 1 S. 2 BGB – auch keine Beweislastumkehr zugute.[52] Inwieweit § 536a Abs. 1 Var. 3
BGB praktische Bedeutung erlangt, hängt vor allem davon ab, wie weit man die vermieterseitigen Prüfungspflichten im Rahmen des § 536a Abs. 1 Var. 2 BGB versteht.[53]

Der Schadensersatzanspruch nach § 536a Abs. 1 BGB umfasst grundsätzlich alle Schäden 35
des Mieters und somit insbesondere Mangelfolgeschäden.[54] Nicht ersatzfähig sind im
Rahmen des § 536a Abs. 1 BGB nach Auffassung des BGH dagegen Aufwendungen des
Mieters zur Mangelbeseitigung, da andernfalls die speziellen Voraussetzungen zum Ersatz
dieser Aufwendungen in § 536a Abs. 2 BGB umgangen würden.[55]

---

[49] Vgl. BGH NJW-RR 2003, 1318; *Ernst* in MüKoBGB § 286 Rn. 24; *Löwisch/Feldmann* in Staudinger BGB § 286 Rn. 25.
[50] Ausführlich zu den Konkurrenzfragen *Wiederhold* in BeckOK BGB, 49. Ed. 1.2.2019, § 536a Rn. 3 ff. sowie *Eisenschmid* in Schmidt-Futterer MietR BGB § 536a Rn. 164 ff.
[51] De lege ferenda zu Recht kritisch *Bieder* in BeckOGK, 1.10.2018, BGB § 536a Rn. 4.
[52] *Eisenschmid* in Schmidt-Futterer MietR BGB § 536a Rn. 186.
[53] Ausführlich *Bieder* in BeckOGK, 1.4.2019 BGB § 536a Rn. 17.
[54] Ausführlich *Bieder* in BeckOGK, 1.4.2019, BGB § 536a Rn. 23 ff.; *Emmerich* in Staudinger BGB § 536a Rn. 19 ff. mit jeweils umfangreichen Nachw.
[55] BGH NJW 2008, 1216.

b) Mitverschulden nach §§ 254 Abs. 2 S. 2, 278 BGB

36 WG-spezifisch zu klären ist insbesondere die Frage, inwieweit der Vermieter dem Schadensersatzanspruch des Mieters nach § 536a Abs. 1 BGB ein Mitverschulden entgegenhalten kann und inwieweit sich hier ein Mieter das Verhalten seiner Mitbewohner nach §§ 254 Abs. 2 S. 2, 278 BGB zurechnen lassen muss.[56]

37 M1 stellt eines Tages fest, dass aus der Heizung Wasser austritt. Er benachrichtigt V, der zwar umgehend Abhilfe verspricht, diese in der Folge aber verzögert. M2 lässt ein wertvolles Gemälde des M1 in der Nähe der Heizung liegen, welches durch das austretende Wasser schwer beschädigt wird. M1 verlangt von V Schadensersatz für die Beschädigung des Gemäldes.

38 M1 hätte in diesem Fall einen Schadensersatzanspruch jedenfalls nach § 536a Abs. 1 Var. 3 BGB gegen V, weil dieser mit der Beseitigung des Mangels in Verzug war und deshalb das Bild der M1 schwer beschädigt wurde.[57] Dieser Anspruch wäre jedoch zu mindern, wenn sich M1 das Verhalten des M2 als Mitverschulden nach §§ 254 Abs. 2 S. 2, 278 S. 1 Alt. 2 BGB zurechnen lassen müsste. § 254 Abs. 2 S. 2 BGB ist nach übereinstimmender Auffassung als selbständiger Absatz zu lesen, sodass im Grundsatz eine Zurechnung entsprechend § 278 BGB auch bezüglich eines Mitverschuldens bei der Schadensentstehung nach § 254 Abs. 1 BGB erfolgt.[58] Auch das für § 278 BGB erforderliche Schuldverhältnis ist hier nicht problematisch. Die entscheidende Frage ist aber wiederum, ob M2 im Sinne des § 278 S. 1 Alt. 2 BGB hier als Erfüllungsgehilfe des M1 angesehen werden kann. Die Schwierigkeit rührt daher, dass das Mitverschulden lediglich eine Obliegenheit darstellt, sodass – anders als im direkten Anwendungsbereich des § 278 S. 1 Alt. 2 BGB – ein Mitmieter insoweit auch nicht im „Pflichtenkreis" des geschädigten Mieters tätig werden kann: Dem Mieter obliegt eine solche Pflicht gegenüber dem Vermieter nämlich nicht. Deutlich zu weitgehend wäre es auch, einfach eine allgemeine Obliegenheit des Mieters, seine Rechtsgüter vor Schäden zu bewahren, zu konstruieren und demgemäß jeden als Erfüllungsgehilfen anzusehen, der mit Gestattung des Mieters mit der Sache in Berührung kommt und für die Rechtsverletzung mitverantwortlich ist. Denn im Gegensatz zum Pflichtenkreis im direkten Anwendungsbereich des § 278 S. 1 Alt. 2 BGB, der stets präzise zu bestimmen ist, gilt die Obliegenheit nach § 254 BGB gegenüber dem Schädiger ganz allgemein. Somit würde also jeder, der nur mit Wissen und Wollen des Geschädigten mit dem betreffenden Rechtsgut in Berührung gekommen ist und neben dem Schädiger an der Schadensentstehung mitgewirkt hat, zum Erfüllungsgehilfen im Sinne der §§ 254 Abs. 2 S. 2, 278 S. 1 Alt. 2 BGB. Und dies stünde in krassem Widerspruch zu dem Grundsatz der Äquivalenz der Schadensursachen. Der Schädiger (hier der Vermieter) kann sich nämlich grundsätzlich gerade nicht zu seiner Entlastung darauf berufen, dass neben seiner Verkehrspflichtverletzung auch noch andere Ursachen zur Schadensentstehung beigetragen haben.[59] Es genügt deshalb im genannten Beispiel nicht, dass es M1 grundsätzlich nach § 254 Abs. 1 BGB oblag, eine Beschädigung seines Bildes durch das austretende Wasser zu verhindern und dass M2 mit Wissen und Wollen des M1 eine Einwirkungsmöglichkeit auf das Gemälde hatte.

39 Erforderlich ist eine **Eingrenzung** des Erfüllungsgehilfenbegriffs im Rahmen des §§ 254 Abs. 2 S. 2, 278 BGB. Der BGH formuliert, §§ 254 Abs. 2 S. 2 BGB führe dazu, „dem Geschädigten die Vertretung des Verschuldens auch derjenigen Personen aufzuerlegen, die mit der Wahrnehmung des einschlägigen Pflichtenkreises und damit auch der Gebote des eigenen Interesses betraut sind, wenn das Verhalten dieser Hilfspersonen im unmittelbaren

---

[56] Zu beachten ist, dass sich ein Anspruchsausschluss bereits aus §§ 536b, 536c Abs. 2 S. 2 Nr. BGB ergeben kann.

[57] Sofern es sich um einen anfänglichen Mangel gehandelt hätte, hätte M1 zusätzlich einen Anspruch nach § 536a Abs. 1 Var. 1 BGB, im Falle eines nachträglichen Mangels gemäß § 536a Abs. 1 Var. 2 BGB dann, wenn V die Entstehung des Mangels zu vertreten hätte.

[58] S. die umfangreichen Nachw. bei *Oetker* in MüKoBGB § 254 Rn. 126.

[59] Vgl. *Schiemann* in Staudinger BGB § 249 Rn. 58 ff.

Zusammenhang mit dem ihnen anvertrauten Pflichtenkreis steht."⁶⁰ Erforderlich soll also sein, dass der Dritte mit Wissen und Wollen des Geschädigten zur Wahrnehmung von dessen Interessen im Rahmen des Schuldverhältnisses tätig geworden ist.⁶¹

Auf den ersten Blick mag verwundern, dass der Begriff des Erfüllungsgehilfen im Rahmen des §§ 254 Abs. 2 S. 2, 278 S. 1 Alt. 2 BGB enger zu sein scheint als im unmittelbaren Anwendungsbereich des § 278 S. 1 Alt. 2 BGB. Dort wurde bei der Verletzung von Schutzpflichten ausdrücklich nicht gefordert, dass der Schuldner den Erfüllungsgehilfen explizit mit dieser Tätigkeit betraut hatte, sondern genügte es, wenn der Dritte mit Wissen und Wollen des Schuldners mit den Rechtsgütern des Gläubigers in Berührung kam und insoweit das Risiko für eine Rechtsverletzung erhöht hat → (Rn. 21 ff.). Der Unterschied besteht aber darin, dass im direkten Anwendungsbereich des § 278 S. 1 Alt. 2 BGB der Dritte unter diesen Voraussetzungen wertungsmäßig bereits **„dem Lager"** des Schuldners zugerechnet werden kann. Und „dem Lager" des Geschädigten kann der Dritte im Bereich des §§ 254 Abs. 2 S. 2, 278 S. 1 Alt. 2 BGB eben nicht schon dann zugeordnet werden, wenn er nur mit Wissen und Wollen des Geschädigten mit dessen Rechtsgütern in Berührung gekommen ist. Erforderlich ist vielmehr, dass der Dritte aus der Sicht des Schädigers in Bezug auf die konkrete Schädigung „im Lager" des Geschädigten stand, weil er zugunsten des Geschädigten diesem gegenüber die Entstehung des Schadens oder seine Vertiefung verhindern sollte, sodass er nicht einfach als Zweitschädiger angesehen werden kann. 40

In Anwendung dieses Maßstabs wird die Erfüllungsgehilfeneigenschaft bei Mitmietern zumeist zu verneinen sein. Denn ein Mitmieter ist in den allermeisten Fällen von einem anderen Mieter weder ausdrücklich noch konkludent damit betraut, aus Mängeln der Mietsache resultierende Schäden abzuwenden. Anders mag es beispielsweise sein, wenn in der obigen Konstellation M1 den M2 explizit damit beauftragt hat, auf sein Gemälde aufzupassen. In diesem Fall wäre M2 kein „gewöhnlicher Zweitschädiger" mehr, weil er gerade von M1 damit betraut worden wäre, die Einhaltung der Obliegenheit nach § 254 Abs. 1 BGB zu gewährleisten. 41

5. Selbstvornahmerecht und Aufwendungsersatz nach § 536a Abs. 2 BGB

§ 536a Abs. 2 BGB gibt dem Mieter einen Anspruch auf Ersatz der Aufwendungen⁶² für die eigenmächtige Mängelbeseitigung, wenn sich der Vermieter mit der Beseitigung des Mangels im Verzug befindet (§ 536a Abs. 2 Nr. 1 BGB) oder wenn die umgehende Beseitigung des Mangels zur Erhaltung oder Wiederherstellung des Bestands der Mietsache notwendig ist (§ 536a Abs. 2 Nr. 2 BGB). 42

a) Das Verzugserfordernis

§ 536a Abs. 2 Nr. 1 BGB erweckt aufgrund des Erfordernisses des Verzugs prima facie den Eindruck, als würde es sich hierbei typologisch um den Ausgleich eines Verspätungsschadens und damit um Schadensersatz neben der Leistung wie in §§ 280 Abs. 1, Abs. 2, 286 BGB handeln. Das ist jedoch nicht der Fall. Um einen Verspätungsschaden würde es sich z. B. handeln, wenn der Mieter durch den Mietmangel einen Nutzungsausfallschaden erleiden würde – dieser Schaden wäre aber nach § 536a Abs. 1 BGB ersatzfähig.⁶³ Bei § 536a Abs. 2 Nr. 1 BGB handelt es sich **typologisch** dagegen um **klassischen Schadensersatz statt der Leistung**. Weil der Vermieter seiner Pflicht zur Mangelbeseitigung aus § 535 Abs. 1 S. 2 Alt. 2 BGB nicht nachkommt, gibt das Gesetz dem Mieter die 43

---

⁶⁰ BGH NJW 1965, 1757; ähnliche Formulierung bereits in BGHZ 36, 329 (338) = NJW 1962, 861; BGHZ 3, 46 = BeckRS 1951, 31385401; vgl. außerdem BGH NJW 1993, 1779.
⁶¹ *Oetker* in MüKoBGB § 254 Rn. 134; *Looschelders* in BeckOGK, 1.3.2019, BGB § 254 Rn. 284.
⁶² Näher zum Umfang der Aufwendungen *Bieder* in BeckOGK, 1.4.2019, BGB § 536a Rn. 37 ff.; *Emmerich* in Staudinger BGB § 536a Rn. 31 ff.
⁶³ Vgl. *Emmerich* in Staudinger BGB § 536a Rn. 19.

Möglichkeit, seinen Leistungsanspruch durch die Selbstvornahme selbst zum Erlöschen zu bringen und vom Vermieter die Kosten hierfür zu verlangen. Der Mechanismus unterscheidet sich von demjenigen nach §§ 280 Abs. 1, Abs. 3, 281 BGB insofern, als im Rahmen des §§ 280 Abs. 1, Abs. 3, 281 BGB der Anspruch auf Schadensersatz statt der Leistung konzeptionell nicht durch das Recht zur Selbstvornahme, sondern durch das Schadensersatzverlangen nach § 281 Abs. 4 BGB entsteht. Der Gesetzgeber hat es insoweit versäumt, § 536a Abs. 2 Nr. 1 BGB konzeptionell und terminologisch an das modernisierte Schuldrecht anzupassen. Dass statt des erfolglosen Ablaufs einer angemessenen Frist wie in § 281 Abs. 1 S. 1 BGB nach § 536a Abs. 2 Nr. 1 BGB Verzug des Vermieters erforderlich ist, ist **dogmatisch** aus den genannten Gründen **inkonsequent**, führt jedoch entgegen verbreiteter Ansicht nicht stets zu unterschiedlichen Ergebnissen. Der BGH hat die Anforderungen an eine Fristsetzung in seiner jüngeren Rechtsprechung soweit hinuntergeschraubt,[64] dass der Mieter zumindest in Bezug auf den Inhalt der Erklärung keinen nennenswerten Vorteil dadurch hat, dass er statt der Fristsetzung lediglich eine Mahnung erklären muss. Abweichungen können sich in erster Linie deshalb ergeben, weil der Verzugsbeginn zeitlich vor einem Fristablauf liegen kann. Die These, der Vermieter komme „streng genommen" bereits mit dem Zugang der Mahnung in Verzug, sodass der Mieter direkt nach der Mahnung mit der Mangelbeseitigung beginnen könne, während der Vermieter sich mitunter ersatzlos um die Mängelbeseitigung bemühe,[65] ist in dieser Allgemeinheit allerdings nicht richtig. Denn Verzug setzt nach § 286 Abs. 4 BGB stets Verschulden voraus. Und ein Vermieter, der von seiner Instandsetzungspflicht nicht weiß, hat deren Nichtvornahme auch nicht zu vertreten.[66] Zwar ist es grundsätzlich zutreffend, dass in anderen schuldrechtlichen Konstellationen der Verzug häufig mit Zugang der Mahnung eintritt und zwar insbesondere deshalb, weil die Nichtleistung zum Zeitpunkt der Fälligkeit häufig bereits schuldhaft erfolgt und dieses Vertretenmüssen anschließend fortwirkt. Es handelt sich dort jedoch um Konstellationen, in denen der Schuldner seine Leistungspflicht kennt beziehungsweise kennen muss. (Beispiel: Verkäufer leistet trotz Fälligkeit nicht). Sofern der Vermieter den Mangel der Mietsache aber nicht (zB durch eine vorherige Mängelanzeige) kennt oder kennen muss, sondern von dem Mangel überhaupt erst mit Zugang der Mahnung erfährt, so erfordert die verkehrsübliche Sorgfalt auch nicht die augenblickliche Vornahme der Mängelbeseitigung. Vielmehr hat der Vermieter deren Nichtvornahme erst nach Ablauf einer angemessenen Frist zu vertreten und kommt deshalb auch erst nach Ablauf einer angemessen Frist in Verzug. Unzutreffend ist deshalb auch, dass durch die Regelung des § 536a Abs. 2 Nr. 1 BGB der rechtstreue Vermieter benachteiligt werde und dass rechtspolitisch ein Fristsetzungserfordernis Klarheit schaffen würde.[67] Denn zum einen kommt der Vermieter wie dargestellt ohnehin erst nach Ablauf einer angemessen Frist in Verzug und zum anderen könnte auch eine vom Mieter gesetzte Frist unangemessen sein. Sofern der Mieter den Mangel selbst beseitigt, trägt er in beiden Fällen das Risiko, dass ein Gericht den Ablauf einer angemessenen Frist verneint und deshalb mangels Verzugs beziehungsweise mangels Ablaufs einer angemessenen Frist dem Mieter keinen Anspruch nach § 536a Abs. 2 Nr. 1 BGB gewährt.

44 Ein abweichendes Ergebnis ergibt sich vor allem in den Fällen, in denen der Vermieter den Mangel bereits kennt oder kennen muss. Wäre hier wie in § 281 Abs. 1 S. 1 BGB eine Fristsetzung erforderlich, so würde der Mieter einen Anspruch nach § 536a Abs. 2 Nr. 1 BGB nur erwerben, wenn er erst nach Ablauf eines angemessenen Zeitraums zur Mängelbeseitigung schreitet. Da jedoch § 536a Abs. 2 Nr. 1 BGB lediglich Verzug voraussetzt, kommt der Vermieter in diesen Fällen bereits mit der Mahnung in Verzug – denn aufgrund seiner Mangelkenntnis beziehungsweise fahrlässigen Mangelunkenntnis hat er die Nichtbeseitigung des Mangels zu vertreten.

---

[64] BGH NJW 2016, 3654; NJW 2015, 2564; NJW 2009, 3153.
[65] *Bieder* in BeckOGK, 1.4.2019, BGB § 536a Rn. 44.1.
[66] Zutreffend *Häublein* in MüKoBGB § 536a Rn. 11.
[67] So aber *Bieder* in BeckOGK, 1.4.2019, BGB § 536a Rn. 44.1.

b) Die erforderliche Mahnung

Damit der Vermieter im Sinne des § 536a Abs. 2 Nr. 1 BGB in Verzug gerät, ist nach § 286 Abs. 1 S. 1 BGB eine Mahnung des Mieters erforderlich, die nur unter den Voraussetzungen des § 286 Abs. 2 BGB entbehrlich ist.[68] Bei einer aus mehreren Mietern bestehenden WG stellt sich deshalb die Frage, ob die Mahnung nur von allen Mietern gemeinsam oder aber auch von einem einzelnen Mieter erklärt werden kann und ob die Mahnung, die von einem einzelnen Mieter erklärt wurde, auch zugunsten der übrigen Mieter wirkt. 45

M1 und M2 haben eine Wohnung bei V gemietet. Nach drei Monaten bemerkt M1, dass das Fenster undicht ist und fordert V zur Mangelbeseitigung auf. Dieser verspricht dies zwar, lässt aber nichts mehr von sich hören. Eine Woche später bessert M2 den Mangel deshalb auf eigene Kosten aus und verlangt von V nach § 536a Abs. 2 Nr. 1 BGB Ersatz seiner Aufwendungen.

Bei der Mahnung handelt es sich nach ganz hM um eine rechtsgeschäftsähnliche Handlung, sodass die Vorschriften über Willenserklärungen entsprechende Anwendung finden. Mit der Beseitigung des Mangels in Verzug im Sinne des § 536a Abs. 2 Nr. 1 BGB bedeutet letztlich nichts anderes, als dass der Vermieter mit der Erfüllung des Anspruchs aus § 535 Abs. 1 S. 2 Alt. 2 BGB in Verzug sein muss. Und bezüglich dieses Anspruchs sind die einzelnen WG-Mitglieder Mitgläubiger nach § 432 BGB – jeder der Mieter hat die gesamte Wohnung gemietet und kann deshalb auch nach § 432 BGB vom Vermieter Leistung an alle und somit die Beseitigung des Mangels verlangen. Es ist deshalb nur konsequent, wenn man in Anwendung des Rechtsgedankens des § 432 BGB auch nicht lediglich die Mieter gemeinschaftlich, sondern darüber hinaus **jeden einzelnen Mieter für zur Mahnung berechtigt** hält. 46

Hieraus ergibt sich auch die Antwort auf die zweite Frage. Sofern man den einzelnen Mieter entsprechend § 432 BGB für zur Mahnung berechtigt hält, ist diese Mahnung stets eine Aufforderung zur Leistung an alle, sodass diese auch zugunsten aller Mieter wirken muss und sich der Vermieter in der Folge gegenüber allen Mietern in Verzug befindet. Sofern in der Literatur geäußert wird, die Mahnung wirke nur zugunsten dessen, der sie erklärt hat,[69] vermag dies zumindest für den hier vorliegenden WG-Typ C nicht zu überzeugen. Als Mitgläubiger nach § 432 BGB kann der Mieter nämlich gar nicht Leistung nur an sich verlangen, sodass es auch keine durch einen Mieter erklärte Mahnung mit „Einzelwirkung" geben kann. Überdies hat der Vermieter ja auch gar nicht „mehrere Instandsetzungspflichten", sondern eben nur eine Instandsetzungspflicht gegenüber allen Mietern. 47

Es muss deshalb auch nicht „im Namen" der anderen Mieter gemahnt werden. Denn § 432 BGB ist kein Fall der Stellvertretung. Das Problem, dass auf die Mahnung als geschäftsähnliche Handlung auch die Vorschrift des § 174 BGB entsprechende Anwendung findet,[70] sodass eine Mahnung unwirksam ist, wenn der Mieter keine Vollmachtsurkunde vorlegt und der Vermieter die Mahnung deshalb unverzüglich zurückweist, stellt sich deshalb in diesem Kontext auch nicht. 48

6. Der Ausschluss der Mängelrechte bei Kenntnis oder grob fahrlässiger Unkenntnis des Mieters nach § 536b BGB

a) Überblick

§ 536b BGB ordnet unter bestimmten Voraussetzungen den Ausschluss der in §§ 536, 536a BGB bestimmten Rechte an. Diese sollen dem Mieter nicht zustehen, wenn er den Mangel bei Vertragsschluss kennt (§ 536b S. 1 BGB), wenn er ihn bei Vertragsschluss grob fahrlässig 49

---

[68] Näher *Emmerich* in Staudinger BGB § 536a Rn. 30 mwN.
[69] *Bieder* in BeckOGK, 1.4.2019, BGB § 536a Rn. 19; *Häublein* in MüKoBGB § 536a Rn. 11.
[70] BGH NJW 1983, 1542; *Ernst* in MüKoBGB § 286 Rn. 47.

verkannt und der Vermieter ihn nicht arglistig verschwiegen hat (§ 536b S. 2 BGB) oder wenn der Mieter bei nach Vertragsschluss eingetretener Mangelkenntnis die Mietsache annimmt, ohne sich seine Rechte bei der Annahme vorzubehalten (§ 536b S. 3 BGB). Liegen die Voraussetzungen des § 536b BGB in der Person eines jeden WG-Mitglieds vor, so bereitet die Anwendung der Vorschrift keine weiteren Schwierigkeiten. Erheblich schwieriger zu beantworten ist jedoch die Frage, wie sich die Kenntnis beziehungsweise grob fahrlässige Unkenntnis nur einzelner Mieter auf die Rechte der übrigen Mieter auswirkt und insbesondere, inwieweit die subjektiven Umstände nach § 536b BGB in der Person eines Mieters den übrigen Mietern zugerechnet werden können. Die Frage kann nicht verständlich ohne Erläuterung des Normzwecks erfolgen, sodass im Folgenden zunächst der Normzweck dargestellt und dann im Weiteren die aufgeworfenen Fragen beantwortet werden sollen.

b) Der Normzweck des § 536b BGB

50 Bei der Vorschrift des § 536b BGB handelt es sich um eine **missglückte Vorschrift**, da zum einen ihr behaupteter Zweck die Sanktion nicht erklären kann und sie zum anderen eine inkonsequente Rechtsfolge anordnet.[71] Nach dem Wortlaut der Vorschrift verliert der Mieter bei Vorliegen der entsprechenden Voraussetzungen nämlich nur seine Rechte aus §§ 536, 536a BGB – nicht aber sein Zurückbehaltungsrecht nach § 320 BGB und auch nicht seinen Anspruch nach § 535 Abs. 1 S. 2 Alt. 2 BGB. Dies entspricht der Auslegung der Vorschrift in Rechtsprechung[72] und Literatur.[73] Wie sich eine solche Trennung bewerkstelligen lässt, bleibt hierbei völlig unklar. So hätte bei dieser Rechtsfolge ein Mieter zwar einen Instandsetzungsanspruch nach § 535 Abs. 1 S. 2 Alt. 2 BGB, könnte jedoch für eine Reparatur eines Mangels niemals Ersatz nach § 536a BGB verlangen und zwar auch dann nicht, wenn die Beseitigung des Mangels iSd § 536a Abs. 2 Nr. 2 BGB zur Erhaltung der Mietsache (!) erforderlich war. Ein Rückgriff auf §§ 280 Abs. 1, Abs. 3, 281, 535 Abs. 1 S. 2 BGB wäre ebenso wie ein Rückgriff auf das Bereicherungsrecht oder die GoA zumindest dann nicht möglich, wenn man die §§ 536, 536a BGB mit der ganz herrschenden Ansicht als abschließende Sonderregeln begreift.[74] Die Beschränkung auf den Ausschluss der §§ 536, 536a BGB führt außerdem dazu, dass der Vermieter bei unbehebbaren und damit besonders schweren Mängeln privilegiert wird – denn diese müsste er im Gegensatz zu behebbaren Mängeln nicht nach § 535 Abs. 1 S. 2 Alt. 2 BGB beseitigen.[75]

51 Die Rechtsfolge lässt sich auch mit der behaupteten **ratio der Norm nicht in Einklang** bringen. Denn wenn als ratio der Vorschrift wahlweise angeführt wird, bei Vorliegen der Voraussetzungen des § 536b BGB sei von einem vermuteten Verzicht des Mieters auf die Mängelrechte auszugehen,[76] der Mieter bringe zum Ausdruck, dass ihm die Mietsache trotz deren Mangelhaftigkeit den vereinbarten Preis wert sei,[77] beziehungsweise der Mieter setze sich in solchen Fällen in Widerspruch zu seinem eigenen Verhalten, wenn er trotz Vorliegens der Voraussetzungen von § 536b BGB später Mängelrechte geltend mache, so passt dies zur Rechtsfolgenanordnung ersichtlich nicht. Denn es ist kein Grund dafür erkennbar, warum der Mieter nur auf die Rechte nach §§ 536, 536a BGB verzichten soll, nicht aber auf den Anspruch nach § 535 Abs. 1 S. 2 und die Einrede des § 320 BGB. Ebenso wenig

---

[71] Überzeugend herausgearbeitet von *Gsell* NZM 2016, 702.
[72] Für das Zurückbehaltungsrecht anders anscheinend nunmehr BGH NJW-RR 2011, 447 Rn. 11 ff.
[73] Vgl. *Eisenschmid* in Schmidt-Futterer MietR BGB § 536b Rn. 48 ff. mwN.
[74] Speziell gegen einen Rückgriff auf §§ 280, 281 BGB nach Übergabe OLG Rostock NJW-RR 2007, 1093; vgl. auch *Wiederhold* in BeckOK BGB, 49. Ed. 1.2.2019, § 536a Rn. 6; *Häublein* in MüKoBGB Vor § 536 Rn. 17.
[75] *Gsell* NZM 2016, 702 (705).
[76] Vgl. BGH NJW 1979, 713 in Bezug auf die Rechtsmängelhaftung im Kaufrecht; zustimmend *Eisenschmid* in Schmidt-Futterer MietR BGB § 536b Rn. 1.
[77] So die Formulierung bei OLG Düsseldorf NJW-RR 1994, 399 (400) und bei *Eisenschmid* in Schmidt-Futterer BGB MietR § 536b Rn. 1.

plausibel ist es, warum nur die Geltendmachung der Ansprüche nach §§ 536, 536a BGB treuwidrig sein soll und warum ein Mieter, der zum Ausdruck gebracht hat, dass ihm die Sache trotz der Mangelhaftigkeit den vereinbarten Preis wert ist, den Erfüllungsanspruch nach § 535 Abs. 1 S. 2 Alt. 2 BGB und die Einrede aus § 320 BGB behalten soll.

Doch auch wenn man die inkonsistente Rechtsfolge des § 536b BGB beiseitelässt, bleibt 52 der **Zweck** der Norm **unklar**. Denn zum einen erklären die vorgetragenen Begründungen nicht, warum Mängelrechte des Mieters schon bei Vorliegen grober Fahrlässigkeit ausgeschlossen sein sollen. Und zum anderen dürfte, wenn ein Mieter ausdrücklich oder konkludent zum Ausdruck bringt, dass ihm die Mietsache trotz deren Mangelhaftigkeit den vereinbarten Preis wert ist – stets nach dem objektiven Empfängerhorizont eine negative Beschaffenheitsvereinbarung anzunehmen sein, sodass die negative Eigenschaft der Mietsache zum Vertragssoll erhoben wird, ein „Mangel" schon gar nicht vorliegt und § 536b BGB überhaupt nicht anwendbar wäre. Es blieben für § 536b BGB somit nur die Fälle, in denen der Vermieter gerade nicht davon ausgehen darf, der Mieter billige den Zustand der Wohnung, in denen der Mieter also gerade keinen Vertrauenstatbestand gesetzt hat. Und in diesen Fällen erschließt sich kein Grund, dem Mieter die Rechte aus §§ 536, 536a BGB vorzuenthalten.[78]

Als halbwegs tauglicher Erklärungsansatz für die Vorschrift des § 536b BGB bleibt nur 53 die Vermeidung von Streitigkeiten über das Vorliegen einer negativen Beschaffenheitsvereinbarung.[79] Auch wenn sich weder eine ausdrückliche noch eine konkludente Beschaffenheitsvereinbarung sicher nachweisen lässt, soll der Mieter nach § 536b S. 1 BGB keine Mängelrechte geltend machen können, wenn er den Mangel nachweislich gekannt hat. Da sich die positive Kenntnis häufig nur schwer beweisen lassen wird, soll dies nach § 536b S. 2 BGB auch dann gelten, wenn der Mieter den Mangel grob fahrlässig verkannt hat.

Zusammenfassend lässt sich deshalb zweierlei feststellen: 1) Die Vorschrift des § 536b 54 BGB ist rechtspolitisch missglückt und deshalb nur restriktiv anzuwenden und nicht über ihren Anwendungsbereich hinaus unnötig auszudehnen. 2) Dogmatisch anzusiedeln ist die Norm bei der Frage der negativen Beschaffenheitsvereinbarung, da sie Streitigkeiten um deren Vorliegen vermeiden soll.

c) Die Auswirkungen der Mangelkenntnis oder grob fahrlässigen Mangelunkenntnis einzelner Mieter auf die Mängelrechte der übrigen Mieter

aa) Teilweise vertretene Auffassung: Kenntnis eines Mieters führt zum Verlust der 55 **Mängelrechte auch der übrigen Mieter.** In der Literatur wird bisweilen vertreten, die Kenntnis nur eines Mieters führe zum Verlust der Mängelrechte aller Mieter.[80] Sofern als Beleg für diese Auffassung ein Urteil des BGH[81] herangezogen wird, reicht dies als Stütze für eine solch weitreichende Formulierung nicht aus. Denn der BGH hat im genannten Urteil nur entschieden, dass die Mieter das Recht zur mangelbedingten Kündigung verlieren, wenn einer der Mieter den Mangel bei Vertragsschluss kannte. Für einen Verlust des Kündigungsrechts ist aber gar nicht erforderlich, dass die Kenntnis eines Mieters auch zulasten der übrigen Mieter wirkt. Denn die Kündigung kann – sofern auf einer Seite des Mietvertrages mehrere Parteien stehen – nur von allen Parteien einheitlich erklärt werden.[82] Eine Kündigung wäre deshalb auch schon dann ausgeschlossen, wenn lediglich ein Mieter sein Kündigungsrecht verloren hätte, sodass das zitierte Urteil auch nicht als Beleg dafür verwendet werden kann, dass nach Auffassung des BGH die Kenntnis eines Mieters auch gegen die übrigen Mieter wirkt.[83] Hinzu kommt, dass § 536b BGB die mangelbedingte Kündigung nicht einmal behandelt.

---

[78] *Gsell* NZM 2016, 702 (704).
[79] *Häublein* in MüKoBGB § 536b Rn. 2.
[80] *Eisenschmid* in Schmidt-Futterer MietR BGB § 536b Rn. 16 unter Berufung auf BGH NJW 1972, 249.
[81] BGH NJW 1972, 249, → vorige Fn.
[82] *Streyl* NZM 2011, 377 (385).
[83] Völlig zutreffend (zur alten Rechtslage) *Jacoby* ZMR 2001, 409 (417).

56 **bb) Zutreffende Auffassung: Die Kenntnis eines Mieters berührt grundsätzlich nicht die Mängelrechte der übrigen Mieter.** Aus den Erörterungen zum Normzweck des § 536b BGB ergibt sich, dass die These, die Kenntnis eines einzelnen Mieters führe zum Rechtsverlust aller, nicht richtig sein kann. Denn wenn die Vorschrift zur Vermeidung von Streitigkeiten über das Vorliegen einer Beschaffenheitsvereinbarung dienen soll, so kann die Kenntnis eines einzelnen Mieters nicht schaden, wenn dieser Mieter eine negative **Beschaffenheitsvereinbarung alleine überhaupt nicht abschließen könnte.** Und genau das ist der Fall, da eine negative Beschaffenheitsvereinbarung prinzipiell mangels Vertretungsmacht von einem einzelnen Mieter nicht mit Wirkung für und gegen die anderen Mieter abgeschlossen werden kann (→ Rn. 4 ff.). Somit kann sich die Mangelkenntnis eines einzelnen Mieters auch **nicht auf die Mängelrechte der übrigen Mieter auswirken.** Dieses Ergebnis wäre selbst dann zwingend, wenn man eine andere Deutung des Normzwecks bevorzugte. Sieht man die ratio des § 536b BGB in einem Verzicht auf die Mängelrechte, so könnte ein einzelner Mieter diesen Verzicht nicht mit Wirkung für die Forderungen anderer Mieter durchführen, da er hinsichtlich deren Rechte keine Verfügungsbefugnis besitzt.[84] Auch wenn man davon ausgeht, der Mieter bringe bei Kenntnis oder grob fahrlässiger Unkenntnis seine Billigung des Mangels zum Ausdruck, so könnte diese Billigung nur Wirkung für und gegen andere Mieter entfalten, wenn der Erklärende insoweit Vertretungsmacht hätte – das ist jedoch ohne weiteres gerade nicht der Fall. Und auch, wenn man annähme, ein Mieter setze sich in Widerspruch zu seinem eigenen Verhalten, wenn er trotz Mangelkenntnis bei Vertragsschluss später Mängelrechte geltend mache, gelangte man zum gleichen Ergebnis. Denn es leuchtet unmittelbar ein, dass ein Mieter sich nicht zu seinem *eigenen* Verhalten in Widerspruch setzt, wenn er Mängelrechte geltend macht und lediglich ein anderer Mieter Kenntnis bezüglich des Mangels hatte.[85]

57 Auch Grundlagen für eine **Wissenszurechnung** zwischen den Mietern bestehen nicht. Bei zutreffender Auslegung des Normzwecks von § 536b BGB kommt es auf eine Wissenszurechnung schon gar nicht an – hier genügt bereits der Befund, dass dem einzelnen Mieter keine Vertretungsmacht für den Abschluss einer negativen Beschaffenheitsvereinbarung zustand. Denn selbst wenn anderen Mietern das Wissen bezüglich eines Mangels zugerechnet würde, so folgte daraus nicht die Bevollmächtigung eines Mieters zum Abschluss einer negativen Beschaffenheitsvereinbarung. Mit einer Wissenszurechnung könnte man allenfalls eine Wirkung des § 536b BGB zulasten der übrigen Mieter ableiten, wenn man die ratio des § 536b BGB darin sieht, dem Mieter eine treuwidrige Geltendmachung der Mängelrechte zu verwehren. Doch eine tragfähige gesetzliche Grundlage für eine Wissenszurechnung existiert nicht. § 166 Abs. 1 BGB ist (auch nicht analog) anwendbar, da der einzelne „mangelkennende" Mieter vorbehaltlich des Einzelfalls nicht Vertreter der übrigen Mieter ist.[86] Wird der Mietvertrag von allen Mietern gemeinsam abgeschlossen, existiert schlicht keine Vertretungssituation, die eine Anwendung des § 166 Abs. 1 erlauben würde.

58 Eine Ausnahme und damit eine Wirkung des § 536b BGB zulasten der übrigen Mieter kommt deshalb nur in Betracht, wenn der Mieter, in dessen Person die Voraussetzungen des § 536b BGB vorliegen, tatsächlich nach §§ 167, 170, 171 BGB entsprechende Vertretungsmacht hatte. Bei dieser Annahme ist indes – wie bereits erörtert (→ Rn. 11 ff.) – Zurückhaltung geboten.

59 Folgt man der hier vertretenen Auffassung, so werden – wenn die Voraussetzungen des § 536b BGB in der Person eines Mieters vorliegen – die Mängelrechte der *übrigen* Mieter davon regelmäßig nicht berührt. Die übrigen Mieter bleiben also berechtigt, unter den Voraussetzungen nach § 536a Abs. 1 BGB für ihre erlittenen Schäden Schadensersatz zu

---

[84] Der Verzicht auf eine Forderung ist eine Verfügung, vgl. *Wendtland* in BeckOK BGB, 49. Ed. 1.2.2019, § 135 Rn. 2.
[85] Vgl. BGHZ 44, 367 (370) = NJW 1966, 773 und *Looschelders* in Staudinger BGB § 432 Rn. 69: Arglist eines gemeinschaftlichen Gläubigers begründet den Einwand der unzulässigen Rechtsausübung nicht gegenüber den übrigen Gläubigern.
[86] Vgl. im Ergebnis ebenso *Bieder* in BeckOGK, 1.4.2019, BGB § 536b Rn. 18.

verlangen. Ebenso können die übrigen Mieter jederzeit unter den Voraussetzungen des § 536a Abs. 2 BGB den Mangel selbst beseitigen und Ersatz ihrer Aufwendungen verlangen. Den Anspruch nach § 535 Abs. 1 S. 2 BGB behalten ohnehin alle Mieter.

d) Die Auswirkungen der Mangelkenntnis eines Mieters auf seine eigenen Mängelrechte und die Minderung

Klärungsbedürftig ist jedoch weiterhin, wie sich die Kenntnis beziehungsweise grob fahrlässige Unkenntnis des Mangels auf die *eigenen* Mängelrechte desjenigen Mieters auswirkt, in dessen Person die Voraussetzungen von § 536b BGB vorliegen. Insbesondere zu untersuchen sind die Auswirkungen auf die Minderung nach § 536 BGB – denn diese kann lediglich einheitlich erfolgen. **60**

aa) Die Auswirkungen auf die eigenen Mängelrechte des „mangelkennenden" Mieters. Folgt man der hier vertretenen Auffassung und ordnet § 536b BGB als Institut zur Vermeidung von Streitigkeiten über das Vorliegen einer Beschaffenheitsvereinbarung ein, so bietet sich konsequenterweise eine (vorsichtige) entsprechende Anwendung der Regelungen über die Stellvertretung an. Hatte der einzelne Mieter – wie zumeist – keine Vertretungsmacht zum Abschluss einer negativen Beschaffenheitsvereinbarung, wäre er als Vertreter ohne Vertretungsmacht nach § 177 BGB zu qualifizieren und würde als solcher auf Schadensersatz nach § 179 Abs. 1 BGB haften. Unter diesen Schadensersatz fiele im Grundsatz zumindest auch der Verlust der eigenen Mängelrechte, da die Haftung des § 179 Abs. 1 BGB auf das positive Interesse gerichtet ist.[87] Allerdings haftet der Vertreter nach § 179 Abs. 3 S. 1 BGB nicht, wenn der andere Teil den Mangel der Vertretungsmacht kannte oder kennen musste. Und im Regelfall muss der Vermieter wissen, dass ein Mieter ohne weiteres keine Vollmacht zum Abschluss negativer Beschaffenheitsvereinbarungen besitzt. Die Kenntnis beziehungsweise grob fahrlässige Unkenntnis des Mieters ist deshalb – ebenso wie eine ohne Vertretungsmacht geschlossene Beschaffenheitsvereinbarung, bei der der Vermieter den Mangel der Vertretungsmacht hätte kennen müssen – im Regelfall unerheblich und führt nicht zu einer Beschneidung der Mängelrechte des Mieters. Anders liegt es, wenn der Vermieter von einer entsprechenden Vollmacht ausgehen durfte, etwa weil der Mieter sie ihm glaubhaft vorgespiegelt hat. **61**

Zu einem anderen Ergebnis könnte man möglicherweise bei einem abweichenden Verständnis des Normzwecks gelangen. Nimmt man an, die Kenntnis beziehungsweise grob fahrlässige Unkenntnis komme einem Verzicht auf die Mängelrechte oder einer Billigung des Mangels gleich[88], so ließe sich zwar annehmen, der Mieter habe zumindest auf seine eigenen Mängelrechte wirksam verzichtet beziehungsweise den Mangel zumindest mit Wirkung gegen sich selbst gebilligt. Gleiches gilt, wenn man die ratio des § 536b in der Verhinderung treuwidrigen Verhaltens erblickt. Andererseits ließe sich auch bei diesen Begründungsansätzen eine Unbeachtlichkeit der Kenntnis begründen und zwar dann, wenn man tatsächlich konkret prüft, ob eine Billigung, ein Verzicht oder ein treuwidriges Verhalten des Mieters vorliegt. Hierbei kommt es nämlich jewels auf den Empfängerhorizont des Vermieters an. Sofern der Vermieter die Kenntnis beziehungsweise grob fahrlässige Unkenntnis überhaupt nicht bemerkt, so durfte dieser die Kenntnis des Mieters auch weder als Billigung oder Verzicht verstehen, noch wurde ein Vertrauenstatbestand gesetzt, der ein treuwidriges Verhalten begründen könnte. Gleiches gilt, wenn der Vermieter die Kenntnis zwar bemerkt, aber nicht von einem entsprechenden Erklärungswert ausgehen durfte. Es bleibt somit letztlich der Fall einer aufgrund fehlender Vertretungsmacht „fehlgeschlagenen Beschaffenheitsvereinbarung", in dem der Vermieter von einer Billigung oder einem Verzicht ausgehen durfte. Und in diesem Fall verlöre der Mieter auch nach der hier vertretenen Auffassung in entsprechender Anwendung des § 179 Abs. 1 BGB seine Mängelrechte. Und **62**

---
[87] Vgl. *Schubert* in MüKoBGB § 179 Rn. 39.
[88] S. Fn. 76 und 77.

auch nur in diesem Fall bestünde ein Vertrauenstatbestand, der eine Berufung auf die Mängelrechte tatsächlich als treuwidrig erscheinen ließe.

63 **bb) Die Auswirkungen auf die Minderung nach § 536 BGB.** Aus dem zuvor Gesagten ergibt sich, dass die Kenntnis beziehungsweise grob fahrlässige Unkenntnis eines Mieters sich im Regelfall **nicht zulasten der Minderung** nach § 536 BGB auswirkt. Erörterungsbedürftig sind indes die Fälle, in denen der Mieter sein „Minderungsrecht" entsprechend § 179 Abs. 1 BGB verliert, weil der Vermieter von einer entsprechenden Vertretungsmacht ausgehen durfte. Problematisch ist insoweit nämlich, ob die Minderung lediglich zulasten des mangelkennenden Mieters oder aber auch zulasten der übrigen Mitmieter ausgeschlossen ist. Im Kaufrecht wird vertreten, dass die Mangelkenntnis eines Käufers das Minderungsrecht aller Käufer ausschließe.[89] Selbst wenn diese Auffassung zuträfe, so ließe sie sich schon deshalb nicht vorbehaltlos übertragen, da es sich bei der kaufrechtlichen Minderung nach § 441 Abs. 1 BGB um eine Gestaltungserklärung handelt – und ebenso wie eine Kündigung kann eine vertragsgestaltende Erklärung nach herrschender Meinung nur von allen Berechtigten gemeinschaftlich abgegeben werden.[90] Dass im Mietrecht die Minderung nach § 536 BGB kraft Gesetzes eintritt, ist auch nicht bloß eine technische Zufälligkeit: Im Kaufrecht soll dem Käufer die Wahl gegeben werden, ob er zurücktreten und den ganzen Vertrag rückabwickeln oder aber die mangelhafte Sache behalten und lediglich mindern will. Demgegenüber erstrebt § 536 BGB die sofortige Herstellung des vertraglichen Äquivalenzverhältnisses kraft Gesetzes.[91] Und in das vertragliche Äquivalenzverhältnis hat eine „fehlgeschlagene Beschaffenheitsvereinbarung" gerade keinen Eingang gefunden.[92] Deshalb kann sich die Kenntnis beziehungsweise grob fahrlässige Unkenntnis eines Mieters auch nicht zulasten der Minderung der übrigen Mieter auswirken. Andernfalls würde eine aufgrund fehlender Vertretungsmacht gescheiterte Beschaffenheitsvereinbarung durch die Hintertür doch wieder Wirksamkeit erlangen.

e) Keine analoge Anwendbarkeit von § 536b BGB

64 Die rechtspolitisch ohnehin missglückte Vorschrift des § 536b BGB ist keiner analogen Anwendung zugänglich. Eine solche erfolgt insbesondere nicht im Fall einer Verlängerung des Mietvertrages[93] und auch dann nicht, wenn der Mieter trotz Kenntnis des Mangels die Miete vorbehaltlos weiterzahlt.[94]

7. Die Vorschrift des § 536c BGB

a) Überblick

65 Gemäß § 536c Abs. 1 S. 1 Alt. 1 BGB ist der Mieter verpflichtet, einen sich zeigenden Mangel im Laufe der Mietzeit dem Vermieter unverzüglich anzuzeigen. Sofern der Mieter die Anzeige unterlässt, ist er dem Vermieter nicht nur gemäß § 536c Abs. 2 S. 1 BGB zum Schadensersatz verpflichtet. Der Mieter verliert auch nach § 536 Abs. 2 S. 2 Nr. 1 und 2 BGB die in §§ 536, 536a BGB bestimmten Rechte, soweit der Vermieter infolge der Unterlassung der Anzeige nicht Abhilfe schaffen konnte. **Sinn und Zweck der Vorschrift** ist der Schutz des Vermieters, der sich durch die Gebrauchsüberlassung an den Mieter seiner

---

[89] *Faust* in BeckOK BGB, 49. Ed. 1.11.2018, § 442 Rn. 14.
[90] So auch die Begründung von *Faust* in BeckOK BGB, 49. Ed. 1.11.2018, § 442 Rn. 14.
[91] *Häublein* in MüKoBGB § 536 Rn. 1.
[92] Aus diesem Grund ist die Auffassung auch bereits für das Kaufrecht zweifelhaft.
[93] BGHZ 203, 148 = NJW 2015, 402; die frühere Rechtsprechung (BGHZ 54, 251 = NJW 1970, 1740) ist überholt.
[94] BGHZ 155, 380 = NJW 2003, 2601; *Blank* in Blank/Börstinghaus MietR BGB § 536b Rn. 31. Die frühere Rechtsprechung (BGH NJW 1997, 2674) ist überholt. Nach der Vorstellung des Gesetzgebers (BT-Drs. 14/4553, 41) ist der Vermieter durch die Vorschriften der §§ 814, 536c BGB ausreichend geschützt.

B. Die mietrechtliche Gewährleistung bei den einzelnen WG-Typen § 8

Zugriffsmöglichkeiten auf die Sache begeben hat und nunmehr hinsichtlich der Entdeckung von Mängeln auf den Mieter angewiesen ist.[95] Bei der Mängelanzeige nach § 536c BGB handelt es sich nicht um eine geschäftsähnliche Handlung, sondern um eine Tatsachenmitteilung beziehungsweise eine Wissenserklärung.[96] Dementsprechend stellen sich keine Probleme der Stellvertretung, jedes WG-Mitglied ist ohne weiteres zur Mängelanzeige berechtigt.[97] Vor dem Hintergrund des Normzwecks ist dies auch sinnvoll: In dem Moment, in dem der Vermieter – durch welche Umstände auch immer – von dem Mangel erfährt, ist das Wissensdefizit behoben.

Die wahrscheinlich schwierigste WG-spezifisch zu beantwortende Frage ist, inwiefern sich die **schuldhafte Verletzung der Anzeigepflicht eines Mieters zulasten der übrigen Mitmieter auswirkt**. Da es für die Beantwortung der Frage auf eine Verschuldenszurechnung nach § 278 S. 1 Alt. 2 BGB ankommt, ist eine Herausarbeitung des schuldrechtlichen Pflichtenkreises der einzelnen Mieter und eine entsprechende Trennung zwischen Fragen der Pflichtverletzung und solchen des Vertretenmüssens erforderlich. **66**

b) Pflichtenkreis des Mieters: Verpflichtung zur Anzeige nach § 536c Abs. 1 S. 1 BGB

Nach § 536c Abs. 1 S. 1 Alt. 1 BGB ist erforderlich, dass sich während der Mietzeit ein Mangel „zeigt". Ein „Zeigen" in diesem Sinne ist zumindest dann anzunehmen, wenn der Mieter positive Kenntnis vom Vorliegen des Mangels hat.[98] Darüber hinaus soll ein „Zeigen" nach der Rechtsprechung auch dann vorliegen, wenn der Mangel dem Mieter infolge grober Fahrlässigkeit unbekannt geblieben ist.[99] Mit dieser Vorgehensweise setzt die Rechtsprechung ein im Kern richtiges Anliegen um und wird in Fällen der Einzelmiete auch zumeist zu richtigen Ergebnissen gelangen. Sie vermischt jedoch Elemente der Pflichtverletzung mit solchen des Vertretenmüssens. Und wenn Fragen der Zurechnung nach § 278 BGB geklärt werden müssen, ist eine klare Trennung zwischen Pflichtverletzung und Vertretenmüssen unabdingbar, da stets zuerst geklärt werden muss, ob eine entsprechende Pflicht des Schuldners überhaupt besteht, damit der Dritte in dessen Pflichtenkreis tätig werden kann. **67**

§ 536c Abs. 1 S. 1 BGB ordnet an, dass der Mieter dem Vermieter unverzüglich – also ohne schuldhaftes Zögern (§ 121 Abs. 1 S. 1)[100] – Anzeige zu erstatten hat, sobald sich ein Mangel zeigt. Die Norm erwähnt Aspekte des Verschuldens (ohne schuldhaftes Zögern) somit erst in der Rechtsfolge, während der Tatbestand („Zeigt sich ein Mangel") keine Verschuldenselemente enthält, sondern das Pflichtenprogramm des Mieters regelt. **68**

aa) Positive Kenntnis des Mangels. Eine Verpflichtung, dem Vermieter einen Mangel anzuzeigen, trifft einen Mieter somit zunächst dann, wenn er den Mangel positiv kennt – denn in diesem Fall hat sich der Mangel „gezeigt". Im Moment der positiven Kenntnis entsteht in seiner Person eine Mitteilungspflicht gegenüber dem Vermieter. Ob der Mieter seiner Mitteilungspflicht in der Folge nachgekommen ist, ist eine Frage des Vertretenmüssens. Das Vertretenmüssen kann beispielsweise entfallen, wenn der Mieter mehrfach erfolglos versucht hat, den Vermieter zu erreichen. Zwar bleibt die Anzeigepflicht hiervon unberührt – es liegt jedoch kein schuldhaftes Zögern vor. **69**

---

[95] BGH NJW 1963, 1449 (1450); *Blank* in Blank/Börstinghaus MietR BGB § 536c Rn. 1; *Häublein* in MüKoBGB § 536c Rn. 1.
[96] *Bieder* in BeckOGK, 1.4.2019, BGB § 536c Rn. 22.
[97] Vgl. *Häublein* in MüKoBGB § 536c Rn. 9.
[98] *Bieder* in BeckOGK, 1.4.2019, BGB § 536c Rn. 10; *Blank/Eisenschmid* in Schmidt-Futterer MietR BGB § 536c Rn. 10; *Emmerich* in Staudinger BGB § 536c Rn. 7.
[99] BGH NJW-RR 2006, 1157 Rn. 17; BGHZ 68, 281 = NJW 1977, 1236 (1237); OLG Düsseldorf NJW-RR 2009, 86 (87).
[100] *Emmerich* in Staudinger BGB § 536c Rn. 13.

70 **bb) Offensichtlich vorliegender Mangel.** Im Ausgangspunkt liegt der BGH richtig, wenn er ein Bedürfnis dafür erkennt, eine Anzeigeverpflichtung nicht nur im Fall positiver Kenntnis des Mieters anzunehmen. Selbstverständlich darf es einem Mieter nicht zum Vorteil gereichen, wenn er den Schimmel in der Küche nicht erkennt, weil er seine Küche bereits seit einem Jahr nicht mehr betreten hat. Sofern jedoch in diesem Zusammenhang der Begriff der groben Fahrlässigkeit gebraucht wird, verwendet die Rechtsprechung unzutreffenderweise eine Verschuldensform zur Bestimmung des Pflichtenprogramms. Richtig ist vielmehr, dass bei Auftreten eines offensichtlichen Mangels, der vernünftigerweise nicht übersehen werden kann, eine **objektive Verpflichtung** des Mieters zur Anzeige entsteht. In dem Zeitpunkt, in dem für jedermann sichtbar die Badewanne leckt, entsteht auch die Anzeigeverpflichtung des Mieters und zwar unabhängig davon, ob der Mieter dies wahrgenommen hat oder nicht. Wird der Vermieter über diesen Mangel nicht unterrichtet, verletzt der Mieter seine Anzeigepflicht.

71 Ob der Mieter den Mangel wahrnehmen konnte und ob er dem Vermieter in der Folge rechtzeitig Anzeige erstattet hat, ist im Rahmen der Unverzüglichkeit, also im Rahmen des Vertretenmüssens zu klären. Bei Vorliegen eines offensichtlichen Mangels stellen sich auf der Ebene des Vertretenmüssens also zwei Fragen: 1) Hat der Mieter den Mangel schuldhaft verkannt? 2) Hat der Mieter die Nichtanzeige zu vertreten?[101] Dabei genügt es, wenn es der Mieter zu vertreten hat, dass die Anzeige den Vermieter insgesamt nicht rechtzeitig erreicht. Es genügt deshalb im Regelfall, wenn der Mieter entweder den Mangel schuldhaft verkannt oder die nicht rechtzeitige Mitteilung an den Vermieter zu vertreten hat. Hat der Mieter beispielsweise den Mangel erst zehn Tage nach dem Zeitpunkt erkannt, in dem er ihn hätte erkennen müssen, so kann es ihn nicht mehr entlasten, wenn er den Vermieter nicht sogleich erreicht. Ebenso wenig hilft dem Mieter, dass er hinsichtlich der Mangelkenntnis die verkehrsübliche Sorgfalt eingehalten hat, wenn er in der Folge sorgfaltswidrig die Anzeige an den Mieter verschleppt. In beiden Fällen ist es im Ergebnis auf das Verschulden des Mieters zurückzuführen, dass die Anzeige den Vermieter nicht (rechtzeitig) erreicht hat.

72 So wird man annehmen können, dass der Mieter die Nichtanzeige nicht zu vertreten hat, wenn er für ein paar Tage in Urlaub gefahren war und deshalb von dem (offensichtlichen) Leck in der Badewanne keine Kenntnis haben konnte. Entsteht dagegen während einer einjährigen Abwesenheit des Mieters nach einigen Monaten ein Mangel, so wird man es als fahrlässig ansehen können, wenn der Mieter in diesem Zeitraum niemanden mit der Aufsicht über die Wohnung betraut hat.

c) Ergebnisse und konkrete Fallgestaltungen für die Wohngemeinschaft

73 Innerhalb einer Wohngemeinschaft führt die herausgearbeitete Normstruktur zu den folgenden Ergebnissen:

74 **aa) Offensichtlicher Mangel ohne positive Kenntnis eines Mieters.** Sofern ein offensichtlicher Mangel im soeben definierten Sinne vorliegt, bedarf es für die Frage der Pflichtverletzung keiner Zurechnung nach § 278 S. 1 Alt. 2 BGB. Denn in dem Moment, in dem ein offensichtlicher Mangel entsteht, entsteht auch originär für jeden Mieter eine Anzeigepflicht in eigener Person. Und diese Pflicht ist schon dann verletzt, wenn objektiv keine Mitteilung an den Vermieter erfolgt. Die Frage einer Zurechnung nach § 278 BGB stellt sich also auf der Ebene der Pflichtverletzung gar nicht.

75 Auf die Frage der Zurechnung nach § 278 S. 1 Alt. 2 BGB kommt es jedoch auf der Ebene des Vertretenmüssens an. Denn da die Anzeigepflicht aufgrund der Offensichtlichkeit des Mangels jeden der Mieter trifft, kann auch jeder Mitmieter hinsichtlich einer

---

[101] Hierbei handelt es sich allerdings nicht um „zwei verschiedene Pflichtverletzungen". Vielmehr sollen nur die verschiedenen praktischen Möglichkeiten aufgezeigt werden, aus denen sich das Vertretenmüssen des Mieters ergeben kann.

zügigen Übermittlung im Pflichtenkreis der übrigen Mieter tätig werden. Befindet sich also beispielsweise in einer aus zwei Mietern bestehenden Wohngemeinschaft einer der Mieter auf einer einwöchigen Reise und entsteht in dieser Zeit ein offensichtlicher Mangel, so entsteht zwar objektiv eine Anzeigeverpflichtung in seiner Person, das Vertretenmüssen hinsichtlich der Verzögerung der Anzeige wäre aber an sich zu verneinen. Der Mitmieter, der sich nach wie vor in der gemeinsamen Wohnung befindet, hat die Verzögerung der Anzeige jedoch zu vertreten – denn er hätte zu jedem Zeitpunkt die Möglichkeit gehabt, den Mangel zu erkennen und in der Folge zur Anzeige zu bringen.

Die Frage ist in diesem Fall, ob sich der auf Reisen befindliche Mieter des Mitmieters zur **76** Erfüllung seiner Verbindlichkeit, also zur Erfüllung seiner Anzeigepflicht „bedient", ob der Mitmieter also tatsächlich mit Wissen und Wollen tätig wird. Unproblematisch bejahen lässt sich dies, wenn der Mitmieter mit der Überbringung der Anzeige oder allgemein mit der Überbringung etwaiger Anzeigen an den Vermieter betraut war. Problematisch ist dies hingegen, wenn diesbezüglich keine Absprachen bestehen. Dafür, ein „Bedienen" anzunehmen, spricht zunächst der Gedanke der Vertragsauslegung.[102] Der Vermieter hat die Wohnung an alle Mieter zugleich vermietet – jeder Mieter hat die ganze Wohnung gemietet. Der Vermieter darf deshalb auch davon ausgehen, dass zu dem Zeitpunkt, zu dem jeden der Mieter eine Anzeigeverpflichtung bezüglich eines Mangels trifft, die Mieter untereinander redlicherweise dafür sorgen (wollen), dass dieser Mangel dem Vermieter auch tatsächlich angezeigt wird. Auch lässt sich durchaus im Wege der ergänzenden Vertragsauslegung zwischen den Mietern eine entsprechende Abrede konstruieren. Im genannten Beispiel hinge die Zurechnung andernfalls tatsächlich davon ab, ob der Mieter vor Reiseantritt den Mitmieter damit beauftragt hat, etwaige Mängel dem Vermieter anzuzeigen. Hierbei handelt es sich jedoch um eine Vereinbarung, die die Mieter redlicherweise ohnehin treffen würden. Dies liegt schon deshalb nahe, weil den (in der Wohnung befindlichen) Mitmieter ja auch eine eigene Anzeigeverpflichtung trifft, bei deren Verletzung er nach § 536c Abs. 2 S. 1 BGB haften würde. Und schließlich lässt sich durchaus sagen, dass die Mieter bei der Konstruktion des WG-Typs C gegenüber dem Vermieter „in einem Lager" stehen. Zumindest für die **gemeinschaftlich benutzten Einrichtungen** in der Wohnung ist deshalb davon auszugehen, dass ein Mieter sich seiner Mitmieter als Erfüllungsgehilfe „bedient", sodass das Vertretenmüssen eines Mitmieters dem anderen Mieter nach § 278 S. 1 Alt. 2 BGB zuzurechnen ist.

Diskutabel ist dagegen, ob dies auch für Mängel gilt, die **lediglich im Zimmer eines** **77** **Mieters** auftreten. Unterstellt, im genannten Beispiel trete der Mangel im Zimmer des Mieters auf, der sich auf Reisen befindet, so stellt sich wiederum die Frage, ob sich der auf Reisen befindliche Mieter tatsächlich seines Mitmieters für entsprechende Mängelanzeigen bedient. Legt man hier den Schwerpunkt auf die Auslegung des Mietvertrags, so lässt sich dies bejahen. Denn die Aufteilung der Zimmer ist eine Abrede, die lediglich im Innenverhältnis der Mieter stattfindet und nicht Vertragsbestandteil geworden ist. Auch wird man durchaus annehmen können, dass ein abwesender Mieter im Falle eines offensichtlichen Mangels in dem von ihm bewohnten Zimmer schon aus eigenem Interesse eine möglichst zügige Mitteilung an den Vermieter wünscht. Häufig wird es in dieser Konstellation jedoch schon am Verschulden des Erfüllungsgehilfen selbst fehlen. Denn selbst wenn der Mangel offensichtlich ist und vernünftigerweise nicht übersehen werden kann, so gilt dies doch nur, wenn das Zimmer, in dem der Mangel aufgetreten ist, überhaupt betreten wird. Und es wird zumeist nicht als Sorgfaltspflichtverletzung angesehen werden können, wenn ein Mitmieter das Zimmer des anderen Mieters während des Abwesenheit nicht betritt.

bb) Offensichtlicher Mangel und positive Kenntnis eines Mieters. Liegt ein offen- **78** sichtlicher Mangel vor, so ist die Tatsache, dass ein Mieter Kenntnis von dem Mangel erlangt, für die Ebene der Pflichtverletzung unerheblich – denn die Pflicht zur Anzeige

---

[102] Zur Berücksichtigung dieses Gedankens bei der Zurechnung nach § 278 BGB vgl. *Schaub* in BeckOGK, 1.3.2019, BGB § 278 Rn. 42.

entsteht in der Person eines jeden Mieters unabhängig von dessen Kenntnis. Die Kenntnis eines Mieters kann jedoch für das Vertretenmüssen eine Rolle spielen. Sofern nämlich ein Mieter Kenntnis von dem Mangel erlangt, so wird zur Einhaltung der verkehrsüblichen Sorgfalt eine sofortige Übermittlung an den Vermieter erforderlich sein.

79 Wiederum stellt sich deshalb die Frage, wie in der Konstellation zu verfahren ist, in der ein Mitmieter einen offensichtlich gewordenen Mangel **im Zimmer eines anderen Mieters** entdeckt, der gegenwärtig keine Möglichkeit zur Mängelanzeige (zB aufgrund einer Reise) hat. Anders als in der Konstellation zuvor fehlt es hier nämlich nicht am Vertretenmüssen des Mitmieters, denn er hatte positive Kenntnis von der Existenz des Mangels. Geht man hier wiederum davon aus, dass eine zügige Mängelanzeige sowohl der berechtigten Erwartungshaltung des Vermieters als auch dem mutmaßlichen Willen des abwesenden Mieters entspricht, so käme man wiederum zu einer Zurechnung nach § 278 S. 1 Alt. 2 BGB. Prima facie verwunderlich hieran wäre zwar, dass eine Verschuldenszurechnung zulasten des abwesenden Mieters erfolgt, wenn der Mitmieter sein Zimmer betreten und den Mangel entdeckt hat, andernfalls dagegen nicht. Der abwesende Mieter würde also dafür „bestraft", wenn der Mitmieter – möglicherweise sogar abredewidrig – sein Zimmer betritt. Gleichwohl erscheint es vertretbar, den Willen des abwesenden Mieters zu einer Mängelanzeige an den Vermieter auch dann anzunehmen, wenn der andere Mieter das Zimmer abredewidrig betreten hat. Auch in diesem Fall spricht deshalb viel dafür, den Mitmieter als Erfüllungsgehilfen anzusehen und eine Zurechnung nach § 278 S. 1 Alt. 2 BGB zu bejahen.

80 **cc) Kein offensichtlicher Mangel, aber positive Kenntnis eines Mieters.** Anders liegt dagegen die Konstellation, in der ein Mangel eigentlich nicht offensichtlich ist, einer der Mieter von diesem Mangel jedoch zufällig Kenntnis erlangt. Der entscheidende Unterschied zum Vorliegen eines offensichtlichen Mangels ist, dass im Falle einer nur zufälligen Kenntnis eines einzelnen Mieters keine Anzeigeverpflichtung für die übrigen Mieter entstanden ist. Vielmehr trifft die Verpflichtung zur Anzeige mangels objektiv offensichtlichen Vorliegens eines Mangels nur den Mieter, der den Mangel zufälligerweise kennt. Dieser Mieter wird deshalb auch nicht im Pflichtenkreis der übrigen Mieter tätig. Sein etwaiges Verschulden ist den übrigen Mietern deshalb auch nicht nach § 278 S. 1 Alt. 2 BGB zuzurechnen.

81 In Betracht käme allenfalls eine Zurechnung seines Sonderwissens analog § 166 Abs. 1 BGB. Wäre das Sonderwissen des Mieters den übrigen Mietern nach § 166 Abs. 1 BGB zuzurechnen, so entstünde auch in der Person der übrigen Mieter eine Anzeigeverpflichtung, sodass hinsichtlich des Vertretenmüssens wiederum eine wechselseitige Zurechnung nach § 278 BGB möglich wäre. Eine Zurechnung nach § 166 Abs. 1 BGB ist jedoch abzulehnen. Der Mitmieter ist weder Stellvertreter noch Wissensvertreter seiner Mitbewohner. Auch wertungsmäßig passt die Wissenszurechnung analog § 166 Abs. 1 BGB nicht. Denn sie beruht auf dem Gedanken, dass derjenige, der in den Genuss der Vorteile einer Erweiterung seines Rechts- und Wirtschaftskreises kommt, auch die Nachteile dieser Erweiterung tragen muss. Der einzelne Mitmieter hat jedoch nicht seinen rechtsgeschäftlichen Aktionsradius erweitert, indem er mit einem anderen Mitbewohner eine Wohngemeinschaft gegründet hat.[103] Sofern der Mangel an der Mietsache also nicht offensichtlich ist, sondern ein Mieter ihn nur zufällig erkennt, wirkt dies nicht zulasten der übrigen Mieter.

82 Zu einem anderen Ergebnis würde man gelangen, wenn man die Anzeigepflicht eines Mieters bereits in dem Moment bejaht, in dem ein Mangel – unabhängig von seiner Offensichtlichkeit oder Wahrnehmbarkeit – entsteht. Nähme man bereits in diesem Stadium eine Anzeigepflicht an, so träfe jeden Mieter eine Anzeigepflicht und jeder Mieter würde ab diesem Moment im Pflichtenkreis der übrigen Mieter als deren Erfüllungsgehilfe

---

[103] *Bieder* in BeckOGK, 1.4.2019, BGB § 536b Rn. 18.

tätig. Wenn nun ein Mieter zufällig Kenntnis von dem Mangel erhielte, so hätte er eine Nichtanzeige an den Vermieter zu vertreten und sein Verschulden würde den übrigen Mietern nach § 278 S. 1 Alt. 2 BGB zugerechnet. Eine solche weite Auslegung des mieterseitigen Pflichtenkreises ist indes abzulehnen. Zum einen verträgt sie sich nicht mit dem Wortlaut der Norm. Denn nach dem Wortlaut soll erstens eine Anzeigeverpflichtung erst in dem Moment bestehen, indem sich ein Mangel „zeigt". Und wenn ein Mangel nicht für jedermann sichtbar, sondern noch verborgen ist, kann nicht die Rede davon sein, dass sich dieser Mangel „gezeigt" hat. Zum anderen besteht im Ergebnis Einigkeit darüber, dass den Mieter keine verdachtsunabhängige Prüfungs- und Untersuchungspflicht hinsichtlich der Mietsache trifft.[104] Es wäre deshalb ein Wertungswiderspruch, wenn man auf der einen Seite eine solche Untersuchungspflicht verneint, auf der anderen Seite hingegen eine Pflicht des Mieters zur Anzeige schon dann bejahte, wenn ein Mangel noch gar nicht in Erscheinung getreten ist.

d) Rechtsfolgen

Der Schadensersatzanspruch nach § 536c Abs. 2 S. 1 BGB setzt Verschulden voraus, sodass es insoweit auf die vorstehenden Erörterungen zur Verschuldenszurechnung ankommt. **83**

Streitig ist dagegen, ob auch für den Verlust von Mängelrechten nach § 536c Abs. 2 S. 2 BGB ein **Verschulden des Mieters erforderlich** ist.[105] Sofern man dies verneint, verlören die Mieter die in § 536c Abs. 2 S. 2 Nr. 1–3 BGB bezeichneten Rechte schon dann, wenn der Vermieter in Folge der fehlenden Anzeige nicht Abhilfe schaffen konnte. Tritt also ein offensichtlicher Mangel auf, so würden die Mängelrechte der Mieter nach diesem Ansatz auch dann entfallen, wenn die Mieter die Nichtanzeige nicht zu vertreten haben – etwa weil sie den Vermieter trotz mehrfacher Versuche nicht erreichen konnten. Verlangt man dagegen ein Verschulden der Mieter, so entfallen die Mängelrechte erst, wenn sie die Nichtanzeige auch zu vertreten haben, wobei es insoweit wiederum auf die bereits erörterten Fragen der Verschuldenszurechnung ankommt. **84**

Richtigerweise ist auch für den Verlust der Mängelrechte nach § 536c Abs. 2 S. 2 BGB ein Verschulden des Mieters erforderlich. Hierfür spricht an sich schon die Normstruktur: Wenn in § 536c Abs. 2 S. 2 BGB von „der Anzeige" die Rede ist, liegt es nahe, dass hiermit die Anzeige gemeint ist, wie sie in Abs. 1 definiert ist – nämlich die unverzügliche Anzeige und somit die Anzeige ohne schuldhaftes Zögern. **85**

Nicht zu überzeugen vermag demgegenüber das Argument, dass das Verschuldenserfordernis nur im Hinblick auf § 536c Abs. 2 S. 1 BGB einem Privatrechtsprinzip entspreche.[106] Zwar trifft es zu, dass im Privatrecht das Verschulden im Regelfall Voraussetzung für einen Anspruch auf Schadensersatz darstellt. Genauso stellt es aber ein fundamentales Prinzip des Vertragsrechts dar, dass das vertragliche Äquivalenzverhältnis nicht von dem Verschulden der Parteien abhängt.[107] Ebenso wie im Kauf- und im Werkvertragsrecht hängt die Minderung nach § 536 BGB gerade nicht von einem Verschulden des Vermieters ab – im Falle eines zufälligen Mangels mindert sich sie Miete ohne Rücksicht auf ein Verschulden des Vermieters. Es wäre deshalb auch nicht sachgerecht, die Minderung nach § 536c Abs. 2 S. 2 Nr. 1 BGB schon dann entfallen zu lassen, wenn der Vermieter nicht rechtzeitig Abhilfe schaffen konnte – für das vertragliche Äquivalenzverhältnis ist das fehlende Verschulden des Vermieters eben unerheblich. Vielmehr bedarf es einer qualifizierten Voraussetzung dafür, warum das vertragliche Äquivalenzverhältnis trotz Vorliegen eines Mangels nicht hergestellt werden soll – diese qualifizierte Voraussetzung bildet das **86**

---

[104] BGH NZM 2006, 626 (627); BGHZ 68, 281 = NJW 1977, 1236; *Häublein* in MüKoBGB § 563c Rn. 6.
[105] Dagegen *Häublein* in MüKoBGB § 536c Rn. 13; *Blank* in Blank/Börstinghaus MietR BGB § 536c Rn. 18; dafür *Emmerich* in Staudinger BGB § 536c Rn. 20.
[106] So *Häublein* in MüKoBGB § 536c Rn. 13.
[107] BGH NZM 2011, 153; BGHZ 176, 191 = NZM 2008, 609 (610); *Blank* in Blank/Börstinghaus MietR BGB § 536 Rn. 1 (jeweils zur Minderung im Mietrecht).

Verschulden des Mieters. Im Hinblick auf den in § 536c Abs. 2 S. 1 Nr. 2 BGB erwähnten Schadensersatzanspruch nach § 536a Abs. 1 BGB geschieht dem Vermieter auch dann kein Unrecht, wenn man für sein Entfallen ein Verschulden des Mieters verlangt. Denn auch wenn der Mieter schuldlos gehandelt hat und der Anspruch deshalb nicht nach § 536c Abs. 2 S. 1 Nr. 2 BGB entfällt, so müssen doch selbstverständlich die Voraussetzungen des § 536a BGB vorliegen. Wusste der Vermieter aufgrund der (schuldlosen) Nichtanzeige der Mieter von dem Mangel überhaupt nichts, so kann er nicht im Sinne des § 536a Abs. 1 Var. 3 BGB mit der Mängelbeseitigung in Verzug geraten, weil der Verzug seinerseits Verschulden voraussetzt. Hat der Vermieter die nachträgliche Entstehung des Mangels im Sinne des § 536a Abs. 1 Var. 2 BGB zu vertreten, so erscheint es ohnehin sachgerecht, dass er für die Folgeschäden haftet. Und dass im Falle eines anfänglichen Mangels in § 536a Abs. 1 BGB eine Garantiehaftung angeordnet ist, ist zwar rechtspolitisch kritikwürdig,[108] jedoch ist es eben die Konsequenz einer verschuldensunabhängigen Haftung, dass der Schuldner auch dann haftet, wenn ihm keine Sorgfaltspflichtverletzung zur Last fällt.[109]

II. WG-Typ A: Mietvertrag mit einem Mieter als Hauptmieter, der Untermietverträge mit seinen Mitbewohnern abschließt

87 Häufig besteht eine WG nicht aus mehreren gleichberechtigten Mietern, sondern ist ein Mieter als Hauptmieter eingesetzt, der wiederum mit seinen Mitbewohnern einzelne Untermietverträge abgeschlossen hat. WG-spezifische Probleme in Bezug auf das Recht der Mängelgewährleistung treten in dieser Konstellation deshalb deutlich seltener auf, weil hier jeweils separate Mietverträge existieren. Und bei Vorliegen separater Mietverträge weicht das Ergebnis im Hinblick auf die mietrechtliche Gewährleistung regelmäßig nicht von dem der Einzelmiete ab.

1. Der Instandsetzungsanspruch nach § 535 Abs. 1 S. 2 Alt. 2 BGB

88 Beim WG-Typ A steht dem Hauptmieter ein Instandsetzungsanspruch gegen den Vermieter und den übrigen Untermietern ein Instandsetzungsanspruch gegen den Hauptmieter zu. Sofern die Untermieter vom Hauptmieter die Instandsetzung verlangen, wird sich dieser deshalb regelmäßig an den Vermieter wenden und seinerseits die Instandsetzung verlangen. Die beim WG-Typ C auftretenden Probleme bezüglich des vertraglichen Soll-Zustands der Mietsache stellen sich deshalb nicht, weil beim WG-Typ A aufgrund der separaten Mietverträge jeweils nur ein Mieter steht. Es ist deshalb auch nicht spezifisch problematisch, ob und inwiefern Beschaffenheitsvereinbarungen für und gegen andere Mieter wirken können.

89 Der Instandsetzungsanspruch nach § 535 Abs. 1 S. 2 Alt. 2 BGB ist ausgeschlossen, wenn der Mangel auf einer schuldhaften Pflichtverletzung des Mieters beruht, die den Vermieter zum Schadensersatz nach §§ 280 Abs. 1, 241 Abs. 2 BGB berechtigt. Zu klären ist wiederum die Frage, inwiefern sich ein Mieter das Verhalten seiner Mitbewohner zurechnen lassen muss:

90 **Beispiel 1:** Untermieter U beschädigt die Badewanne, Hauptmieter M verlangt von V Instandsetzung.

Beispiel 2: Untermieter U1 beschädigt das Fenster im Zimmer des Untermieters U2. U2 verlangt von Hauptmieter M Instandsetzung.

91 Eine Verschuldenszurechnung nach § 278 S. 1 Alt. 2 BGB erfolgt dann, wenn der andere Mieter mit Wissen und Wollen des Schuldners in dessen Pflichtenkreis tätig geworden ist.

---

[108] *Bieder* in BeckOGK, 1.4.2019, BGB § 536a Rn. 4.
[109] Zutreffend der Hinweis von *Bieder* in BeckOGK, 1.10.2018, BGB § 536a Rn. 4, dass angesichts des klar artikulierten gesetzgeberischen Willens eine restriktive Auslegung des rechtspolitisch fragwürdigen § 536a Abs. 1 Var. 1 BGB zugunsten des Vermieters nicht angezeigt ist.

Beim WG-Typ A hat jeder Mieter gegenüber seinem Vermieter die Pflicht zum sorgsamen Umgang mit der Mietsache. Jeder der Untermieter hat deshalb eine solche Verpflichtung gegenüber dem Hauptmieter und der Hauptmieter hat diese Verpflichtung gegenüber dem Vermieter. Somit ist regelmäßig von einer Zurechnung auszugehen: Im Beispiel 1 ist U deshalb als Erfüllungsgehilfe des M anzusehen, sodass V gegen M ein Schadensersatzanspruch nach §§ 280 Abs. 1, 241 Abs. 2 BGB zusteht. Dass eine Zurechnung nach § 278 S. 1 Alt. 2 BGB auch bei der Erlaubnis des Vermieters zur Untermiete erfolgt, ist in § 540 Abs. 2 BGB nochmals klargestellt.[110] Gleiches gilt in Beispiel 2: Hier ist U1 als Erfüllungsgehilfe des U2 anzusehen, sodass M gegen U2 aufgrund der Beschädigung einen Schadensersatzanspruch nach §§ 280 Abs. 1, 241 Abs. 2 BGB hat, mit dem er die Freistellung von seiner Instandsetzungspflicht verlangen kann.

Anders als beim WG-Typ C treten bei der Frage der Geltendmachung des Erfüllungsanspruchs keine spezifischen Schwierigkeiten auf, da es nicht mehrere Anspruchsinhaber, sondern immer nur einen Mieter als Gläubiger gibt. 92

2. Die Mietminderung nach § 536 BGB

Die bei WG-Typ C erörterte Frage, ob der Mangel einheitlich zu bestimmen ist, stellt sich beim WG-Typ A nicht. Denn wenn auf der Seite eines Mietvertrags nicht mehrere Mieter stehen, so kann die Konstellation, dass ein Mangel der von mehreren Mietern gemieteten Wohnung nur einen Mieter beeinträchtigt, nicht auftreten. Die Minderung nach § 536 BGB ist deshalb für jeden Mietvertrag gesondert zu ermitteln. Tritt ein Mangel in einem Zimmer auf, das Teil der vom Untermieter gemieteten Wohnfläche ist, so mindert sich die Miete nach § 536 BGB gegenüber dem Hauptmieter. Dieser muss jedoch seinerseits – da er gegenüber dem Vermieter ebenfalls Mieter des betreffenden Zimmers ist – gemäß § 536 BGB einen entsprechend geringeren Teil der Miete an den Vermieter entrichten. 93

3. Die Ansprüche nach § 536a und der Ausschluss der Mängelrechte nach § 536b BGB

Auch im Hinblick auf die Mängelansprüche nach § 536a BGB und den Ausschluss der Mängelrechte nach § 536b BGB stellen sich beim WG-Typ A nicht die für den WG-Typ C aufgezeigten Probleme. Jeder Untermieter kann im Grundsatz den Hauptmieter nach § 536a BGB in Anspruch nehmen und der Hauptmieter kann Ansprüche nach § 536a BGB gegen den Vermieter geltend machen. 94

Auch im Rahmen des § 536b BGB stellen sich keine Fragen der Zurechnung, sondern kommt es immer auf das Vorliegen der Voraussetzungen des § 536b BGB in der Person des jeweiligen einzelnen Mieters an. Aus diesem Grund ist es allerdings auch möglich, dass die Berechtigung zur Geltendmachung der Rechte aus den §§ 536, 536a BGB in den einzelnen Verhältnissen unterschiedlich verteilt ist. Kennt der Hauptmieter den Mangel bei Vertragsschluss mit dem Vermieter nicht, hat dagegen der Untermieter beim Abschluss des Mietvertrages mit dem Hauptmieter den Mangel erkannt, so mindert sich die vom Hauptmieter gegenüber dem Vermieter zu zahlende Miete nach § 536 Abs. 1 BGB, während die vom Untermieter an den Hauptmieter zu zahlende Miete gemäß § 536b S. 1 BGB ungemindert bleibt. Dieses Ergebnis ist jedoch schon deshalb im Grundsatz nicht ungewöhnlich, da es allen Beteiligten auch freistünde, mit ihrem entsprechenden Vertragspartner negative Beschaffenheitsvereinbarungen zu treffen. 95

---

[110] Zur Klarstellungsfunktion der Vorschrift *Bieber* in MüKoBGB § 540 Rn. 24.

4. Die Vorschrift des § 536c BGB

96 Im Ausgangspunkt gelten die im Abschnitt zu WG-Typ C erarbeiteten Grundsätze für § 536c BGB auch für den WG-Typ A: Ein Mangel „zeigt" sich in dem Zeitpunkt, in dem entweder der Mieter positive Kenntnis von seiner Existenz hat oder in dem ein offensichtlicher Mangel auftritt, der vernünftigerweise nicht übersehen werden kann. In diesem Zeitpunkt entsteht eine Anzeigeverpflichtung des Mieters nach § 536c Abs. 1 BGB und nur in diesem Moment kann ein Mitmieter überhaupt als Erfüllungsgehilfe im Pflichtenkreis des anderen Mieters tätig werden. Ebenso wie beim WG-Typ C erfolgt deshalb keine Zurechnung nach § 278 S. 1 Alt. 2 BGB, wenn ein nicht offensichtlicher Mangel nur zufällig von einem der Mieter entdeckt wird.

97 Tritt dagegen ein offensichtlicher Mangel auf, so stellt sich wiederum die Frage, ob die anderen Mieter mit Wissen und Wollen in dem Pflichtenkreis des anzeigepflichtigen Mieters tätig werden. Der entscheidende Unterschied zu der Konstellation in WG-Typ C ist, dass die anderen Mieter hier häufig keine eigene Anzeigepflicht nach § 536c Abs. 1 BGB trifft. Sofern ein offensichtlicher Mangel im Zimmer eines Untermieters auftritt, so trifft nur diesen Untermieter eine Anzeigepflicht gegenüber dem Hauptmieter und den Hauptmieter eine Anzeigepflicht gegenüber dem Vermieter. Deshalb darf der Vermieter auch nicht mit Selbstverständlichkeit davon ausgehen, dass es redlicherweise dem Willen von Vermieter und Untermieter entspricht, dass der Untermieter die Mängelanzeige vornimmt, obwohl der Untermieter überhaupt nicht in vertraglichen Beziehungen zum Vermieter steht und dementsprechend wird dies auch ohne weiteres nicht dem mutmaßlichen Willen des Hauptmieters entsprechen. Ebensowenig darf der Hauptmieter ohne weiteres davon ausgehen, dass ein anderer Untermieter, den diese Anzeigepflicht ihm gegenüber gar nicht trifft, nach dem Willen des anzeigepflichtigen Untermieters die Mängelanzeige vornehmen soll. Anders als beim WG-Typ C lässt sich bei Vorliegen separater Mietverträge auch nicht annehmen, dass weitere, am Mietvertrag nicht beteiligte Personen im Lager des Mieters stehen. Eine Zurechnung nach § 278 S. 1 Alt. 2 BGB dürfte im Rahmen des § 536c BGB beim WG-Typ A deshalb eher zu verneinen sein. Etwas anderes gilt dann, wenn der anzeigepflichtige Mieter einen anderen Mieter mit der Mängelanzeige betraut hatte.

98 Hinsichtlich der gemeinschaftlich genutzten Einrichtungen können die für WG-Typ C erarbeiteten Grundsätze übertragen werden, da insoweit wirtschaftlich keine separaten Mietverträge vorliegen; hier hat wieder jeder Mieter die ganze Einrichtung gemietet. Deshalb trifft auch jeden Untermieter eine eigene Anzeigepflicht gegenüber dem Hauptmieter, sodass es auch vertretbar erscheint, den einzelnen Untermieter als Erfüllungsgehilfen eines anderen Untermieters anzusehen, sofern ein offensichtlicher Mangel entsteht.

III. WG-Typ D: Mietvertrag mit der Wohngemeinschaft als Außen-GbR

99 Nach mittlerweile gefestigter Rechtsprechung des BGH ist die Außen-GbR als rechtsfähig anzusehen.[111] Es ist deshalb konstruktiv möglich[112] – wenn auch in der Praxis wohl nicht besonders verbreitet[113] – dass der Vermieter eine Wohnung an eine Mehrheit von Mietern vermietet, wobei nach dem Willen der Parteien nicht die einzelnen Mieter, sondern die Wohngemeinschaft als solche als Mieterin anzusehen sein soll. Insgesamt – so viel sei vorweggenommen – stellt sich ein Mietvertrag mit der WG als Außen-GbR im Hinblick

---

[111] Grdlg. BGHZ 146, 341 = NJW 2001, 1056; ausführlich zur Entwicklung *Schäfer* in MüKoBGB § 705 Rn. 296 ff.
[112] *Kraemer* NZM 2002, 465.
[113] *Häublein* in MüKo BGB § 535 Rn. 49; bei *Blank* in Blank/Börstinghaus MietR BGB § 535 Rn. 253 ff. findet die Außen-GbR bei der Erörterung der Wohngemeinschaften nicht einmal Erwähnung; auch *Kraemer* NZM 2002, 465 sieht wohl in erster Linie einen Anwendungsbereich bei der gewerblichen Miete.

B. Die mietrechtliche Gewährleistung bei den einzelnen WG-Typen   § 8

auf die mietrechtliche Mängelgewährleistung insbesondere aus Sicht der Mieter als wenig sinnvolle Variante dar.

1. Der Instandsetzungsanspruch nach § 535 Abs. 1 S. 2 BGB

Der Instandsetzungsanspruch steht in diesem Fall nicht den Mietern gemeinschaftlich, 100 sondern der Wohngemeinschaft als solcher zu. Zum vertraglichen Soll-Zustand der Mietsache gilt das zum WG-Typ C Erörterte entsprechend (→ Rn. 4 ff.), da gemäß §§ 709, 714 BGB die einzelnen Mitbewohner im Zweifel gesamtvertretungsberechtigt sind und es somit auch hier entweder allgemein einer ausdrücklichen Vertretungsregelung oder einer konkreten Vollmacht bedarf, damit ein Mitbewohner wirksam Beschaffenheitsvereinbarungen mit Wirkung für und gegen die Wohngemeinschaft abschließen darf.

a) Der Ausschluss des Anspruchs

Der Instandsetzungsanspruch nach § 535 Abs. 1 S. 2 Alt. 2 BGB ist ausgeschlossen, wenn 101 der Mangel durch eine schuldhafte Pflichtverletzung des Mieters entstanden ist, die den Vermieter nach §§ 280 Abs. 1, 241 Abs. 2 BGB zum Schadensersatz berechtigt. Mieter ist beim WG-Typ D die Wohngemeinschaft als solche. Zwar kann die GbR als solche nicht handeln, nach ganz hM ist ihr jedoch das Handeln ihrer vertretungs- und geschäftsführungsbefugten Gesellschafter entsprechend § 31 BGB zuzurechnen.[114] Sofern also ein Mitbewohner die Mietsache somit schuldhaft beschädigt, ist dies der Wohngemeinschaft als Mieterin zuzurechnen, sodass es auf die im Rahmen des WG-Typs C komplizierten Fragen zu § 278 BGB nicht ankommt.

b) Die Geltendmachung des Erfüllungsanspruchs

Zwar schuldet der Vermieter mit Gebrauchsüberlassung und Instandhaltung eine unteilbare 102 Leistung,[115] sodass auf die Gesamthandsforderung im Grundsatz die Vorschrift des § 432 BGB anwendbar ist.[116] Dies hätte jedoch zur Folge, dass jeder einzelne Mieter (und Gesellschafter) im Wege der gesetzlichen Prozessstandschaft[117] Leistung an alle verlangen könnte. Eben dieses Ergebnis ist jedoch nach ganz herrschender Meinung mit dem Wesen einer GbR und den besonderen Verwaltungs- und Vertretungsregeln der §§ 709, 714 BGB nicht vereinbar. Vielmehr sollen die Gesellschafter Forderungen im Grundsatz – vorbehaltlich einer gewillkürten Prozessstandschaft[118] – nur gemeinschaftlich geltend machen können.[119] Ein Einziehungsrecht eines Gesellschafters entsprechend § 432 BGB soll nur in Ausnahmefällen gegeben sein, nach traditioneller Rechtsprechung insbesondere dann, wenn der einzelne Gesellschafter an der Geltendmachung ein berechtigtes Interesse hat, wenn die übrigen Gesellschafter die Geltendmachung der Forderung aus gesellschaftswidrigen Gründen verweigern und der Schuldner an diesem gemeinschaftswidrigen Verhalten beteiligt ist.[120]

Ein solcher Maßstab würde das Recht des einzelnen Mieters zur Geltendmachung 103 zwar stark beschränken. In einer Wohngemeinschaft können Mängel der Mietsache

---

[114] So die hM vgl. BGHZ 172, 169 = NJW 2007, 2490 (2491); BGHZ 154, 88 = NJW 2003, 1445 (1446); *Leuschner* in MüKoBGB § 31 Rn. 5.
[115] *Streyl* NZM 2001, 377 (383); *Rolfs* in Staudinger BGB § 542 Rn. 8.
[116] Vgl. BGH NJW 1988, 1585; BGHZ 39, 14 = NJW 1963, 641; *Gehrlein* in BeckOK BGB, 49. Ed. 1.2.2019, § 432 Rn. 4; *Kraemer* NZM 2002, 465 (470).
[117] *Weth* in Musielak/Voit ZPO § 51 Rn. 23.
[118] BGH NJW 1988, 1585.
[119] BGHZ 102, 152 (154) = NJW 1988, 558; BGHZ 39, 14 = NJW 1963, 641; *Gehrlein* in BeckOK BGB, 49. Ed. 1.2.2019, § 432 Rn. 4; *Looschelders* in Staudinger BGB § 432 Rn. 15.
[120] BGHZ 102, 152 (155) = NJW 1988, 558; BGHZ 39, 14 (20) = NJW 1963, 641; BGHZ 17, 340 (346) = NJW 1955, 1393; OLG Düsseldorf NZG 2012, 1148; *Bydlinski* in MüKoBGB § 432 Rn. 7; zweifelnd an der Übertragbarkeit dieser Rspr. auf die neue Rechtslage *Gehrlein* in BeckOK BGB, 49. Ed. 1.2.2019, § 432 Rn. 5.

nämlich auch nur oder überwiegend einzelne Mieter betreffen (zB undichtes Fenster im Zimmer nur eines Mieters), sodass die übrigen Mieter möglicherweise gar kein beachtenswertes Eigeninteresse an der Geltendmachung haben. Und der BGH hat ausdrücklich betont, dass es nicht genügt, dass ein Gesellschafter aus Gründen der Sabotage die Geltendmachung verweigert – erforderlich ist stets, dass eine Beteiligung des Schuldners (hier also des Vermieters) am gesellschaftswidrigen Verhalten vorliegt[121] – und eine solche Beteiligung wird häufig nicht vorliegen oder sich zumindest nicht nachweisen lassen.

104 Das Problem ließe sich allenfalls durch eine ergänzende Auslegung des Mietvertrags lösen: In der „Zuteilung" der Zimmer könnte man eine konkludente Ermächtigung zur prozessualen Geltendmachung des Anspruchs zumindest für die Mängel sehen, die ausschließlich oder überwiegend dieses Zimmer betreffen. Das Problem an einer solchen Herangehensweise ist jedoch erstens, dass sich Umfang und Reichweite der prozessualen Ermächtigung häufig nur schwer bestimmen ließen. Zweitens ist die Entscheidung für eine prozessuale Geltendmachung eines Anspruchs gegen und ein Rechtsstreit mit dem Vermieter in der Tat ein Schritt, der die Belange aller Mitbewohner berührt, sodass eine Art „Blankovollmacht für einen Alleingang" zu weitgehend erscheint. Und drittens hat sich ein Mieter eben durch den Abschluss eines Gesellschaftsvertrages für eine Außen-GbR bewusst in eine wechselseitige Abhängigkeit mit den übrigen Mitmietern begeben und sich mit einer Bindung im Außenverhältnis einverstanden erklärt. Eine konkludente Ermächtigung zur prozessualen Geltendmachung eines Anspruchs aus § 535 Abs. 1 S. 2 Alt. 2 BGB folgt deshalb allein aus der Zuteilung der Zimmer noch nicht.

105 Das Gesagte schließt hingegen nicht aus, dass sich im Einzelfall aus der Verwaltungs- und Vertretungsregelung der Mitbewohner ergibt, dass eine Ermächtigung zur prozessualen Geltendmachung vorliegt. Auch können die Mitglieder der WG einen Mieter selbstverständlich auch im Einzelfall zur prozessualen Geltendmachung von Ansprüchen ermächtigen. So liegt es in dem wohl häufig vorkommenden Fall, dass sich die Mitbewohner mit einer Klage eines einzelnen Mieters schlicht einverstanden erklären. Der vom einzelnen Mieter geltend gemachte Anspruch richtet sich jedoch entsprechend § 432 BGB stets auf Leistung an die Gesellschaft und nicht auf Leistung an sich selbst.

2. Die Mietminderung nach § 536 BGB

106 Hinsichtlich der Mietminderung stellt sich das beim WG-Typ C erörterte Problem, ob die Minderung einheitlich zu erfolgen hat, nicht. Denn auf Mieterseite stehen nicht mehrere Mieter, sondern nur die Außen-GbR als solche. Liegt ein Mietmangel vor, so ist es deshalb von vornherein unerheblich, wen dieser konkret beeinträchtigt. Ebenso wie beim WG-Typ C (→ Rn. 20) dürfte aber regelmäßig im Innenverhältnis eine Auslegung des Gesellschaftsvertrags dergestalt anzunehmen sein, dass der Minderungsbetrag dem beeinträchtigten Mieter zugutekommen soll.

3. Das Zurückbehaltungsrecht nach § 320 BGB

107 Hinsichtlich des § 320 BGB stellt sich die bereits bei WG-Typ C erörterte Frage, ob die Einrede von jedem Mitbewohner einzeln geltend gemacht werden kann, oder ob eine Geltendmachung durch den vertretungsberechtigten Gesellschafter – mangels ausdrücklicher Abrede nach §§ 709, 714 BGB die Mitbewohner gemeinschaftlich – geltend gemacht werden muss. Da bereits das Bestehen der Einrede ipso iure den Verzug hemmt, tritt diese Wirkung unabhängig von einer Geltendmachung der Einrede ein – die nach der Rechtsprechung erforderliche Tatsachenmitteilung kann jeder Gesellschafter unabhängig von seiner Vertretungsmacht vornehmen. (→ Rn. 22) Hinsichtlich der Geltendmachung

---

[121] BGHZ 39, 14 = NJW 1963, 641 (643).

B. Die mietrechtliche Gewährleistung bei den einzelnen WG-Typen   § 8

der Einrede im Prozess bietet sich – ebenso wie bei WG-Typ C – eine Parallele zur Geltendmachung des Anspruchs nach § 535 Abs. 1 S. 2 Alt. 2 BGB an. Im Grundsatz ist die Geltendmachung des Zurückbehaltungsrechts deshalb nur durch den vertretungsberechtigten Gesellschafter möglich. Genauso wie § 535 Abs. 1 S. 2 BGB nur gemeinschaftlich geltend gemacht werden kann, kann auch ein entsprechendes Druckmittel nur gemeinschaftlich geltend gemacht werden.

4. Die Ansprüche nach § 536a Abs. 1, Abs. 2 BGB

Unter den Voraussetzungen des § 536a Abs. 1, Abs. 2 BGB stehen der Wohngemeinschaft gegen den Vermieter die dort bezeichneten Ansprüche zu. Hinsichtlich des Anspruchs auf Schadensersatz nach § 536a Abs. 1 BGB können Schwierigkeiten insofern auftreten, als der entstehende Schaden nicht der Mieterin – der Wohngemeinschaft – selbst, sondern den einzelnen Gesellschaftern entsteht. Werden beispielsweise aufgrund eines anfänglichen Mietmangels im Eigentum eines Mitbewohners stehende Sachen beschädigt, so steht der Wohngemeinschaft zwar ein Anspruch nach § 536a Abs. 1 Var. 1 BGB gegen den Vermieter zu. Da die beschädigten Sachen jedoch nicht im Eigentum der Wohngemeinschaft stehen, ist ihr insoweit auch kein Schaden entstanden. Abhilfe schafft hier die Annahme eines Vertrags mit Schutzwirkung zugunsten Dritter, dessen Voraussetzungen regelmäßig vorliegen dürften: Die einzelnen Mitbewohner kommen sämtlich mit der geschuldeten Leistung in Berührung, die Wohngemeinschaft hat ein Einbeziehungsinteresse, der Personenkreis ist für den Vermieter erkennbar und eigene gleichwertige Ansprüche stehen den Mitbewohnern regelmäßig nicht zu.[122]   108

Hinsichtlich des Verzugserfordernisses in § 536a Abs. 1 Var. 3 und § 536a Abs. 2 Nr. 1 BGB ist zu beachten, dass die Mahnung als rechtsgeschäftsähnliche Handlung nur von einem vertretungsberechtigten Gesellschafter abgegeben werden kann. Mangels anderweitiger Vereinbarung müssen die Gesellschafter-Mitbewohner deshalb nach §§ 709, 714 BGB die Mahnung gemeinschaftlich erklären.   109

5. Der Ausschluss der Mängelrechte bei Kenntnis oder grob fahrlässiger Unkenntnis des Mieters nach § 536b BGB

Die bei WG-Typ C auftretenden Probleme, inwiefern sich die Kenntnis oder grob fahrlässige Unkenntnis einzelner Mieter auf die Rechte dieser beziehungsweise auf die Rechte der übrigen Mieter auswirken, stellen sich beim WG-Typ D in dieser Form nicht. Denn es gibt hier nicht verschiedene, sondern nur einen Mieter – die Wohngemeinschaft – sodass eine Differenzierung zwischen den einzelnen Mietern von vornherein entbehrlich ist. Es stellt sich also nur die Frage, inwiefern es zum Ausschluss der Rechte nach §§ 536, 536a BGB zulasten der Wohngemeinschaft als solcher führt, wenn in der Person eines Gesellschafter-Mitbewohners die Voraussetzungen des § 536b BGB erfüllt sind.   110

Bei der Außen-GbR ist das Wissen der Gesellschafter der Gesellschaft regelmäßig entsprechend § 166 BGB zuzurechnen[123], sodass die Kenntnis beziehungsweise grob fahrlässige Unkenntnis nach § 536b S. 1, 3 BGB eines Gesellschafter-Mitbewohners der Gesellschaft zuzurechnen ist. Dies gilt jedenfalls dann, wenn man wie die ganz hM auf dem Standpunkt steht, dass bei der Gesamtvertretung die Kenntnis eines Gesamtvertreters genügt, um eine Wissenszurechnung zu begründen.[124] Ob die Zurechnung einer grob fahrlässigen Unkenntnis über § 166 Abs. 1 BGB oder über eine Verschuldenszurechnung   111

---

[122] Ausführlich hierzu *Eisenschmid* in Schmidt-Futterer MietR BGB § 536a Rn. 76 ff. m.umfangr.Nachw.
[123] Zur Wissenszurechnung bei der GbR *Weinland* in jurisPK-BGB, 23.4.2018, § 166 Rn. 26 ff. und allgemein *Schubert* in MüKoBGB § 166 Rn. 43 ff.
[124] S. statt aller die umfangr.Nachw. bei *Schilken* in Staudinger BGB § 166 Rn. 24.

erfolgt, ist zwar umstritten,[125] jedoch im Ergebnis nicht erheblich, da auch das Verschulden der Gesellschafter der Gesellschaft zuzurechnen ist.[126]

112 Beim WG-Typ D ergibt sich deshalb das – wenig einleuchtende – Ergebnis, dass die Kenntnis eines Mitbewohners auch dann zu einem Ausschluss der §§ 536, 536a BGB führt, wenn dieser Mitbewohner überhaupt keine Vertretungsmacht zum Abschluss einer entsprechenden Beschaffenheitsvereinbarung gehabt hätte.

6. Die Vorschrift des § 536c BGB

113 Eine Verpflichtung zur Anzeige nach § 536c Abs. 1 BGB entsteht für die Wohngemeinschaft im Falle positiver Mangelkenntnis oder bei Auftreten eines offensichtlichen Mangels, der vernünftigerweise nicht übersehen werden kann. Da das Verschulden der Gesellschafter-Mitbewohner der Wohngemeinschaft zugerechnet wird (→ Rn. 79), treten die Rechtsfolgen des § 536c Abs. 2 BGB ein, sofern ein offensichtlicher Mangel schuldhaft verkannt oder die Anzeige dem Vermieter nicht rechtzeitig übermittelt wird. Im Gegensatz zum WG-Typ C erfolgt eine Zurechnung auch dann, wenn es sich nicht um einen offensichtlichen Mangel handelt und dieser nur von einem Gesellschafter-Mitbewohner zufällig entdeckt wird. Denn in dem Moment, in dem die Wohngemeinschaft positive Kenntnis von der Existenz eines Mangels hat, entsteht eine originäre Anzeigeverpflichtung nach § 536c Abs. 1 BGB. Und das Wissen des Gesellschafter-Mitbewohners um die Existenz des Mangels ist – und hier liegt der entscheidende Unterschied zum WG-Typ C – der Gesellschaft entsprechend § 166 Abs. 1 BGB zuzurechnen. Somit entsteht auch in diesem Fall eine Anzeigeverpflichtung der Wohngemeinschaft als solcher. Verzögert ein Gesellschafter-Mitbewohner in der Folge die Anzeige, so ist dieses Verschulden der Wohngemeinschaft wiederum entsprechend § 31 BGB zuzurechnen, sodass sich die Rechtsfolgen des § 536c Abs. 2 BGB ergeben.

---

[125] *Schaub* in BeckOGK, 1.3.2019, BGB § 278 Rn. 12 f. (im Zusammenhang mit § 199 Abs. 1 BGB).
[126] BGHZ 172, 169 = NJW 2007, 2490 (2491); BGHZ 154, 88 = NJW 2003, 1445 (1446); *Leuschner* in MüKoBGB § 31 Rn. 18.

§ 9 Erhaltungs- und Modernisierungsmaßnahmen

Übersicht

	Rn.
A. Einleitung	1
B. Allgemeine mietrechtliche Regelungen	2
I. Erhaltungsmaßnahmen	3
1. Umfang und Grenzen	4
2. Erhaltungspflichtiger	6
a) Kleinreparaturen	8
b) Schönheitsreparaturen	9
II. Modernisierungsmaßnahmen	17
1. Durchführung der Modernisierungsmaßnahmen	18
2. Folgen der Modernisierungsmaßnahmen	20
C. Besonderheiten bei Wohngemeinschaften	21
I. Erhaltungsmaßnahmen	22
1. WG Typ A (Untermiete)	22
2. WG Typ B (Einzelverträge)	23
3. WG Typ C (Gesamtschuld)	24
4. WG Typ D (Außen-GbR)	25
5. WG Typ E (Mitbewohner ohne Mietvertrag)	27
6. WG Typ F (Vermieter als Mitbewohner)	28
II. Modernisierungsmaßnahmen	29
1. WG Typ A (Untermiete)	29
2. WG Typ B (Einzelverträge)	34
3. WG Typ C (Gesamtschuld)	35
4. WG Typ D (Außen-GbR)	36
5. WG Typ E (Mitbewohner ohne Mietvertrag)	37
6. WG Typ F (Vermieter als Mitbewohner)	38
D. Zusammenfassung und Ergebnisse	40

Schrifttum:
Drasdo, Die Vermietung an Wohngemeinschaften, NJW-Spezial 2009, 689 – 690; *Börstinghaus/Eisenschmid*, Modernisierungshandbuch, 2014; *Grunewald*, Wohngemeinschaften und nichteheliche Lebensgemeinschaften als Mieter, JZ 2015, 1027 – 1031; *Jablonski*, Modernisierung: Wenn der Untermieter nicht duldet, GE 2015, 234 – 235; *Jacobs*, Haftung der (studentischen) Wohngemeinschaft nach Anerkennung der Rechtsfähigkeit der Außen-GbR, NZM 2008, 111 – 120; *Jacoby*, Die Gesellschaft bürgerlichen Rechts als Mietvertragspartei, ZMR 2001, 409 – 417.

A. Einleitung

Wie in anderen Mietverhältnissen kann sich auch bei Wohngemeinschaften die Frage stellen, ob Schönheitsreparaturen durchzuführen sind oder welche baulichen Maßnahmen des Vermieters durch die Mieter mit welchen Folgen zu dulden sind. Dieser Beitrag soll zunächst eine Übersicht über die **allgemeinen mietrechtlichen Regelungen** zu Erhaltungs- und Modernisierungsmaßnahmen bieten und darüber hinaus auf die **spezifischen Fragen und Probleme** hinweisen, die sich diesbezüglich für die einzelnen WG-Typen insbesondere im Hinblick auf das Außenverhältnis zum Vermieter ergeben und von deren Mitgliedern bei Ausgestaltung der Mietverhältnisse in den verschiedenen Vertragskonstellationen bedacht und gegebenenfalls geregelt werden sollten.

1

B. Allgemeine mietrechtliche Regelungen

2   Im Hinblick auf Bau- oder Renovierungsarbeiten in der Mietwohnung ist zunächst zu klären, ob es sich dabei um Erhaltungs- oder Modernisierungsmaßnahmen handelt. Beides ist voneinander abzugrenzen, denn Modernisierungsmaßnahmen unterliegen aufgrund ihrer spezifischen Zielsetzung anderen Vorschriften als Maßnahmen, die lediglich der Erhaltung der Mietsache dienen. So ergibt sich die **Erhaltungspflicht**, die auch Schönheitsreparaturen umfasst,[1] bereits aus § 535 Abs. 1 BGB, während § 555a BGB parallel dazu die Duldungspflicht des Mieters regelt. Demgegenüber finden sich spezielle Vorschriften für **Modernisierungsmaßnahmen** hauptsächlich in den §§ 555b ff. BGB.

I. Erhaltungsmaßnahmen

3   Erhaltungsmaßnahmen umfassen die **Instandhaltung** und **Instandsetzung** der Mietsache. Während die Instandhaltung in erster Linie auf die Vermeidung von Schäden und auf Erhalt des vertragsgemäßen, das heißt insbesondere auch des verkehrssicheren Zustands zielt, betrifft die Instandsetzung insbesondere die Beseitigung von Schäden durch Reparatur oder Neubeschaffung.[2]

1. Umfang und Grenzen

4   Erhaltungsmaßnahmen dienen dazu, die Folgen von Abnutzung durch vertragsgemäßen Gebrauch, Alterung, Witterungseinflüsse oder Ähnliches zu beseitigen und damit den **gebrauchsfähigen Zustand** der Mietsache zu bewahren.[3] Somit stellen also auch sogenannte **„Schönheitsreparaturen"** Maßnahmen zur Erhaltung der Mietsache dar.[4] Zu den Erhaltungsmaßnahmen im Sinne des § 535 Abs. 1 BGB zählen auch die laufenden oder aus besonderem Anlass erforderlichen vorbeugenden Wartungs-, Pflege- und Reinigungsarbeiten, ebenso wie Maßnahmen, die aufgrund öffentlich-rechtlicher Vorschriften erforderlich werden, zum Beispiel eine Verbesserung des Feuerschutzes oder der Austausch von Messgeräten nach eichrechtlichen Vorschriften.[5]

5   Die Wiederherstellung oder Ersatzbeschaffung einer völlig zerstörten Mietsache fällt hingegen nicht mehr unter die Erhaltungspflicht des § 535 BGB.[6] Nicht von der Erhaltungspflicht umfasst sind zudem Mängel, die der Mieter beispielsweise aufgrund von **nichtvertragsgemäßem Gebrauch** verursacht oder selbst zu vertreten hat.[7] Diesbezüglich ist der Mieter nach Wahl des Vermieters entweder gemäß §§ 280 Abs. 1, 249 Abs. 1 BGB zur Wiederherstellung der Sache oder gemäß §§ 280 Abs. 1, 249 Abs. 2 S. 1 BGB zur Zahlung des dazu erforderlichen Geldbetrages als Schadensersatz neben der Leistung verpflichtet.[8]

2. Erhaltungspflichtiger

6   Die Erhaltung der Mietsache stellt nach der gesetzlichen Regelung eine **Hauptleistungspflicht des Vermieters** dar.[9] Dies ergibt sich bereits aus § 535 Abs. 1 S. 2 BGB, wonach

---

[1] *Eisenschmid* in Schmidt-Futterer MietR BGB § 535 Rn. 95.
[2] *Häublein* in MüKoBGB § 535 Rn. 101; *Eisenschmid* in Schmidt-Futterer MietR BGB § 535 Rn. 58.
[3] *Häublein* in MüKoBGB § 535 Rn. 103.
[4] *Häublein* in MüKoBGB § 535 Rn 103.
[5] *Häublein* in MüKoBGB § 535 Rn 101.
[6] *Häublein* in MüKoBGB § 535 Rn 104.
[7] *Blank* in Blank/Börstinghaus MietR BGB § 535 Rn. 347, 417.
[8] BGH NJW 2018, 1746; *Häublein* in MüKoBGB § 535 Rn 106.
[9] *Eisenschmid* in Schmidt-Futterer MietR BGB § 535 Rn. 63.

der Vermieter die Mietsache in vertragsgemäßem Zustand zu überlassen und sie während der Mietzeit in diesem Zustand zu erhalten hat. Die damit einhergehenden Beeinträchtigungen hat der Mieter nach § 555a Abs. 1 BGB zu dulden.

Die vom Gesetzgeber dem Vermieter zugewiesene Pflicht zur Erhaltung der Mietsache kann jedoch durch mietvertragliche Regelungen in gewissem Umfang auf die Mieter übertragen werden – was in der Praxis ganz regelmäßig geschieht oder versucht wird, jedoch nicht in allen Fällen auch auf die Billigung des BGH trifft. Die Erhaltungspflicht des Vermieters besteht daher nicht, wenn der Mieter diese Pflicht übernommen hat.[10] Die **Übertragung der Erhaltungspflicht auf den Mieter** basiert auf dem Grundsatz, dass die Regelung des § 535 Abs. 1 S. 2 BGB abdingbar ist. Zu beachten ist dabei jedoch stets, dass es sich bei der Zuweisung der Erhaltungspflicht an den Vermieter um „eine das Leitbild der Miete prägende Kardinalpflicht handelt"[11] und die formularmäßige Übertragung der Erhaltungspflicht auf den Mieter an den Beschränkungen des § 307 Abs. 2 BGB zu messen ist.[12] Die Frage, wo die Grenze zur unangemessenen Benachteiligung des Mieters verläuft beziehungsweise überschritten wird, ist Gegenstand eines fortwährenden Erkenntnisprozesses,[13] der insbesondere im Bereich der Schönheitsreparaturen durch die **Rechtsprechung in vielen Einzelfällen** geprägt wird, was zu einer sich stetig wandelnden und oftmals unübersichtlich erscheinenden Rechtslage führt. Die Einzelheiten der Judikatur darzustellen, würde die Grenzen dieses Beitrags sprengen und erscheint aufgrund der Vielzahl der zur Problematik vorhandenen Literatur wenig gewinnbringend. Um das Verständnis zu fördern, soll an dieser Stelle dennoch zumindest ein kurzer Überblick über die Grundzüge der derzeitigen Rechtslage gegeben werden.

a) Kleinreparaturen

Grundsätzlich können Kosten für sogenannte Kleinreparaturen auf den Mieter übertragen werden.[14] **Kleinreparaturklauseln** sind jedoch nur wirksam, wenn sie sich auf Teile der Mietsache beschränken, die der Mieter häufig benutzt.[15] Hierzu gehören beispielsweise Installationsgegenstände für Elektrizität, Gas und Wasser sowie Heiz- und Kocheinrichtungen.[16] Außerdem muss ein Höchstbetrag je Reparatur sowie eine **Höchstgrenze** für den Fall bestimmt sein, dass mehrere Reparaturen in einem festgelegten Zeitraum, beispielsweise innerhalb eines Jahres, durchzuführen sind.[17] Erforderlich ist auch die Festlegung einer Höchstgrenze, bis zu der der Mieter die Wartungskosten zu tragen hat.[18] Eine Verpflichtung des Mieters, die Kleinreparaturen selbst vorzunehmen, scheitert hingegen an § 307 BGB und ist daher unwirksam.[19] Ebenso unwirksam sind Klauseln, durch die der Mieter verpflichtet wird, die Kosten der Erhaltung der Immobilie einschließlich gemeinschaftlich genutzter Flächen und Anlagen uneingeschränkt zu tragen.[20]

b) Schönheitsreparaturen

Durch sogenannte Schönheitsreparaturen sollen in erster Linie die durch den vertragsgemäßen Gebrauch entstandenen **Abnutzungsspuren** in der Wohnung beseitigt werden

---

[10] *Häublein* in MüKoBGB § 535 Rn. 108.
[11] *Häublein* in MüKoBGB § 535 Rn. 108.
[12] *Häublein* in MüKoBGB § 535 Rn. 109.
[13] *Häublein* in MüKoBGB § 535 Rn. 109.
[14] *Häublein* in MüKoBGB § 535 Rn. 110.
[15] *Häublein* in MüKoBGB § 535 Rn. 110; *Blank* in Blank/Börstinghaus MietR BGB § 535 Rn. 410; *Gramlich* MietR BGB § 535 Rn. 68.
[16] *Blank* in Blank/Börstinghaus MietR BGB § 535 Rn. 410.
[17] *Häublein* in MüKoBGB § 535 Rn. 110; *Eisenschmid* in Schmidt-Futterer MietR BGB § 535 Rn. 72; *Blank* in Blank/Börstinghaus MietR BGB § 535 Rn. 410; *Gramlich* MietR BGB § 535 Rn. 68; *Scheuch* in HK-BGB § 535 Rn. 13.
[18] *Häublein* in MüKoBGB § 535 Rn. 110.
[19] *Häublein* in MüKoBGB § 535 Rn. 110; *Blank* in Blank/Börstinghaus MietR BGB § 535 Rn. 413.
[20] *Häublein* in MüKoBGB § 535 Rn. 112; *Blank* in Blank/Börstinghaus MietR BGB § 535 Rn. 408 mwN.

(sogenannte „Dekorationsmängel").²¹ Zur Konkretisierung des Pflichtenkatalogs wird dabei häufig auf § 28 Abs. 4 II. BV Bezug genommen.²²

10 Da es sich bei Schönheitsreparaturen um Erhaltungsmaßnahmen handelt, obliegt deren Durchführung gemäß §§ 535 Abs. 1 S. 2, 538 BGB dem Vermieter. In der Praxis wird allerdings versucht, die Renovierungspflicht üblicherweise – man kann dabei wohl von einer „Verkehrssitte" sprechen – auf den Mieter übertragen.²³ Für eine solche Übertragung der Arbeiten auf den Mieter ist jedoch eine wirksame **Vereinbarung** erforderlich.²⁴ Dabei ist die formularmäßige Übertragung von Schönheitsreparaturen auf den Mieter durch **allgemeine Geschäftsbedingungen** nach herrschender Meinung auch bei der Wohnraummiete grundsätzlich zulässig.²⁵ Die einzelnen Klauseln unterliegen dabei jedoch der AGB-Kontrolle der §§ 305 ff. BGB.

11 Regelungen, durch die dem Mieter mehr Pflichten auferlegt werden, als den Vermieter gemäß § 535 Abs. 1 S. 2 BGB träfen, führen regelmäßig zur Unwirksamkeit der betreffenden Klausel gemäß § 307 Abs. 2 S. 1 BGB.²⁶ Auch Klauseln, die das Recht des Mieters auf selbstbestimmte Gestaltung der Räume während der Mietzeit grundlos einschränken, stellen eine **unangemessene Benachteiligung** des Mieters im Sinne des § 307 Abs. 2 BGB dar.²⁷ Darüber hinaus können einzelne Klauseln auch bereits an der Regelung des § 305c BGB scheitern, wenn sie ungewöhnliche oder überraschende Regelungen enthalten, wobei insbesondere die Überschreitung der Grenzen des § 28 Abs. 4 II. BV als überraschend zu bewerten sein kann.²⁸

12 Wichtiges Kriterium bei der Frage nach der Zulässigkeit der Übertragung von Schönheitsreparaturen und Renovierungsmaßnahmen auf den Mieter ist zunächst der **Zeitpunkt** innerhalb des Mietverhältnisses, an dem die Arbeiten durchgeführt werden sollen. So ist die Verpflichtung des Wohnraummieters zur Renovierung bei **Mietbeginn** grundsätzlich mit § 307 Abs. 2 Nr. 1 BGB unvereinbar, weil dadurch nicht die Gebrauchsspuren des Mieters beseitigt werden, sondern die Abnutzung der Wohnung durch den Vormieter ausgeglichen werden soll.²⁹ Dem neuen Mieter steht daher bei der Übernahme einer Anfangsrenovierung eine **angemessene Gegenleistung** zu, durch die er für das Renovieren abgegolten wird.³⁰

13 Mietvertragsklauseln, durch die dem Mieter die Verpflichtung übertragen wird, die eigenen Abnutzungspuren während des **laufenden Mietverhältnisses** zu beseitigen, sind nach herrschender Meinung grundsätzlich wirksam, wenn die Wohnung zuvor in einem renovierten Zustand überlassen worden ist.³¹ Unangemessen und daher nicht zulässig sind dabei jedoch starre Renovierungsfristen, die den **konkreten Renovierungsbedarf** nicht berücksichtigen.³² Dagegen sind sogenannte „weiche" Fristen, die den Einwand des fehlenden Renovierungsbedarfs nicht von vornherein ausschließen, von der Rechtsprechung in bestimmten Grenzen als wirksam angesehen worden.³³ Zu beachten ist dabei aber stets, dass

---

21 *Häublein* in MüKoBGB § 535 Rn. 114.
22 *Häublein* in MüKoBGB § 535 Rn. 114; *Blank* in Blank/Börstinghaus MietR BGB § 535 Rn. 434; *Gramlich* MietR BGB § 535 Rn. 47 ff.; *Scheuch* in HK-BGB § 535 Rn. 10.
23 *Häublein* in MüKoBGB § 535 Rn. 114 mwN.; *Blank* in Blank/Börstinghaus MietR BGB § 535 Rn. 430; *Gramlich* MietR BGB § 535 Rn. 47; *Scheuch* in HK-BGB § 535 Rn. 10.
24 *Häublein* in MüKoBGB § 535 Rn. 115; *Blank* in Blank/Börstinghaus MietR BGB § 535 Rn. 416; *Gramlich* MietR BGB § 535 Rn. 47.
25 *Häublein* in MüKoBGB § 535 Rn. 117; *Gramlich* MietR BGB § 535 Rn. 50.
26 *Häublein* in MüKoBGB § 535 Rn. 114; *Scheuch* in HK-BGB § 535 Rn. 10.
27 *Eisenschmid* in Schmidt-Futterer MietR BGB § 535 Rn. 96; *Blank* in Blank/Börstinghaus MietR BGB § 535 Rn. 452a.
28 *Häublein* in MüKoBGB § 535 Rn. 117.
29 *Häublein* in MüKoBGB § 535 Rn. 119.
30 *Häublein* in MüKoBGB § 535 Rn. 119; *Scheuch* in HK-BGB § 535 Rn. 10.
31 vgl. BGHZ 204, 302 = NJW 2015, 1594; *Häublein* in MüKoBGB § 535 Rn. 120; *Blank* in Blank/Börstinghaus MietR BGB § 535 Rn. 417.
32 vgl. BGH NZM 2004, 653; *Blank* in Blank/Börstinghaus MietR BGB § 535 Rn. 448 mwN; *Gramlich* MietR BGB § 535 Rn. 53.
33 vgl. auch BGHZ 204, 302 = NJW 2015, 1594; *Langendorf* in Schmidt-Futterer MietR BGB § 538 Rn. 220 ff.

auch „weiche" Formulierungen nur wirksam sind, wenn die in der Klausel genannten Renovierungsfristen nicht unangemessen kurz sind.[34] Daher sind beispielsweise Klauseln, die sich mit Formulierungen wie „Üblicherweise / In der Regel / Im Allgemeinen werden Schönheitsreparaturen in den Mieträumen in folgenden Zeitabständen erforderlich sein …" auf die Angabe einer angemessenen Zeitspanne beschränken, nach deren Ablauf abhängig vom Grad der Abnutzung oder Beschädigung gegebenenfalls Renovierungsarbeiten anstehen, nach den derzeitigen Anforderungen der Rechtsprechung grundsätzlich als zulässig zu bewerten.[35] Da jedoch auch diesbezüglich die Entwicklung der BGH-Rechtsprechung nicht vorhergesehen werden kann,[36] sollten Fristenpläne in Schönheitsreparaturklauseln stets kritisch behandelt und anhand der aktuellen Rechtslage überprüft werden.

Auch die formularmäßige Übertragung der Renovierungspflicht bei **Beendigung eines Wohnraummietverhältnisses** ist unwirksam, wenn dem Mieter diese Pflicht ungeachtet des Zustands der Wohnung und des Zeitpunktes der letzten Renovierung auferlegt wird.[37] 14

Unabhängig vom Zeitpunkt der Renovierungsarbeiten darf der Mieter durch eine Schönheitsreparaturklausel nicht dazu verpflichtet werden, die Arbeiten durch einen Unternehmer durchführen zu lassen.[38] Solche sogenannten **Fachhandwerksklauseln** sind unangemessen, da sie dem Mieter eine Pflicht auferlegen, die über die den Vermieter aus § 535 Abs. 1 S. 2 BGB treffende Pflicht hinausgeht.[39] Nimmt der Mieter die Renovierungsarbeiten selbst vor, müssen diese jedoch von angemessener Qualität sein und die Wohnung in einen vermietbaren Zustand ohne auffallende Mängel versetzen.[40] 15

Die Unwirksamkeit einer Klausel, mit der die Pflicht zu Schönheitsreparaturen auf den Mieter übertragen werden sollte, hat in der Regel zur Folge, dass ein Renovierungsanspruch des Mieters gemäß § 535 Abs. 1 S. 2 BGB gegen den Vermieter besteht.[41] Hat der Mieter trotz unwirksamer Klausel Arbeiten ausgeführt, kann er vom Vermieter Ersatz in Form eines **bereicherungsrechtlichen Ausgleichs** verlangen. Umstritten ist jedoch, ob dieser auf einer unmittelbaren Anwendung der §§ 812 ff. BGB oder auf §§ 684, 812 ff. BGB beruht.[42] Der nach § 818 Abs. 2 BGB zu ersetzende Wert bemisst sich anhand der üblichen, hilfsweise anhand der angemessenen Vergütung, die im Grundsatz objektiv zu ermitteln ist.[43] Bei Eigenleistungen des Mieters ist dessen Ausgleichsanspruch jedoch auf den Betrag begrenzt, den dieser „billigerweise neben einem Einsatz an freier Zeit als Kosten für das notwendige Material sowie als Vergütung für die Arbeitsleistung seiner Helfer aus dem Verwandten- und Bekanntenkreis aufgewendet hat oder hätte aufwenden müssen".[44] 16

II. Modernisierungsmaßnahmen

Unter Modernisierungsmaßnahmen versteht man solche Maßnahmen, die nicht lediglich dem Erhalt der Mietsache im ursprünglichen Zustand dienen, sondern darüber hinausgehen und zu **Verbesserungen der Mietsache** führen. Dazu zählen insbesondere Vorhaben zur 17

---

[34] *Langendorf* in Schmidt-Futterer MietR BGB § 538 Rn. 220.
[35] *Langendorf* in Schmidt-Futterer MietR BGB § 538 Rn. 221; BGH NJW 2004, 2087.
[36] vgl. dazu BGH NZM 2007, 879 sowie dazu *Häublein* in MüKoBGB § 535 Rn. 120 und *Langenberg* in Schmidt-Futterer MietR BGB § 538 Rn. 225.
[37] *Häublein* in MüKoBGB § 535 Rn. 124; *Blank* in Blank/Börstinghaus MietR BGB § 535 Rn. 489; *Gramlich* MietR BGB § 535 Rn. 55; *Scheuch* in HK-BGB § 535 Rn. 12.
[38] *Langenberg* in Schmidt-Futterer MietR BGB § 538 Rn. 81; *Blank* in Blank/Börstinghaus MietR BGB § 535 Rn. 457; *Gramlich* MietR BGB § 535 Rn. 47 ff.
[39] vgl. BGH NZM 2010, 615; *Häublein* in MüKoBGB § 535 Rn. 125
[40] *Häublein* in MüKoBGB § 535 Rn. 125; *Langenberg* in Schmidt-Futterer MietR BGB § 538 Rn. 81; *Blank* in Blank/Börstinghaus MietR BGB § 535 Rn. 456.
[41] *Häublein* in MüKoBGB § 535 Rn. 126; *Blank* in Blank/Börstinghaus MietR BGB § 535 Rn. 417.
[42] *Häublein* in MüKoBGB § 535 Rn. 126.
[43] *Häublein* in MüKoBGB § 535 Rn. 126; *Blank* in Blank/Börstinghaus MietR BGB § 535 Rn. 420; *Scheuch* in HK-BGB § 535 Rn. 10.
[44] *Häublein* in MüKoBGB § 535 Rn. 126; vgl. auch *Blank* in Blank/Börstinghaus MietR BGB § 535 Rn. 420.

energetischen Modernisierung oder Maßnahmen zur Erhöhung des Gebrauchswerts der Mietsache (vgl. dazu im Einzelnen die Aufzählung in § 555b BGB). Zu derartigen Modernisierungsmaßnahmen ist der Vermieter in bestimmten Grenzen zwar berechtigt, im Gegensatz zu den Erhaltungsmaßnahmen ist er dazu jedoch grundsätzlich nicht verpflichtet.[45] Das bedeutet, dass die Mieter zwar keinen Anspruch auf derartige Verbesserungen ihrer Mietsache haben, sie diese jedoch, wenn der Vermieter sie dennoch vornimmt, im noch näher zu erläuternden Umfang gegebenenfalls hinzunehmen haben. Damit besteht die Gefahr, dass Mieter aus günstigem Wohnraum „herausmodernisiert" werden. Gemäß § 559d BGB, der zum 1.1.2019 eingeführt wurde, wird daher nunmehr eine Pflichtverletzung des Vermieters vermutet, wenn mit der baulichen Veränderung nicht innerhalb von zwölf Monaten nach deren angekündigtem Beginn begonnen wird, wenn ein Betrag für die zu erwartende Mieterhöhung angegeben wird, durch den die monatliche Miete mindestens verdoppelt würde, wenn die bauliche Veränderung in einer Weise durchgeführt wird, die geeignet ist, zu erheblichen, objektiv nicht notwendigen Belastungen des Mieters zu führen oder wenn die Arbeiten nach Beginn der baulichen Veränderung mehr als zwölf Monate ruhen.

1. Durchführung der Modernisierungsmaßnahmen

18   Gemäß § 555c BGB hat der Vermieter die geplanten Modernisierungsmaßnahmen spätestens drei Monate vor ihrem Beginn in Textform **anzukündigen**. Der Mieter hat eine Modernisierungsmaßnahme gemäß § 555d Abs. 1 BGB grundsätzlich zu **dulden**. Eine Mitwirkungspflicht des Mieters ergibt sich daraus jedoch nicht.[46] So soll der Mieter beispielsweise nicht verpflichtet sein, innerhalb der Wohnung den notwendigen Platz für die Durchführung der Arbeiten zu schaffen.[47]

19   Eine Duldungspflicht des Mieters besteht gemäß § 555d Abs. 2 BGB nicht, wenn die Modernisierungsmaßnahme für den Mieter, seine Familie oder einen Angehörigen seines Haushalts eine **Härte** bedeuten würde, die auch unter Würdigung der berechtigten Interessen sowohl des Vermieters als auch anderer Mieter in dem Gebäude sowie von Belangen der Energieeinsparung und des Klimaschutzes nicht zu rechtfertigen ist. Dazu hat der Mieter dem Vermieter die Umstände, die eine Härte begründen, bis zum Ablauf des Monats mitzuteilen, der auf den Zugang der Modernisierungsankündigung folgt.

2. Folgen der Modernisierungsmaßnahmen

20   Dem Mieter steht nach Zugang der Modernisierungsankündigung gemäß § 555e BGB ein **Sonderkündigungsrecht** zu. Dabei muss die Kündigung bis zum Ablauf des Monats erfolgen, der auf den Zugang der Modernisierungsankündigung folgt. Gemäß § 559 Abs. 1 BGB kann der Vermieter nach Durchführung der Modernisierungsmaßnahmen die jährliche Miete derzeit um 8 Prozent der für die Wohnung aufgewendeten Kosten erhöhen. Wie bei der Durchführung der Modernisierungsmaßnahmen existiert jedoch auch hier mit § 559 Abs. 4 BGB eine Ausnahme- und Ausschlussregelung für den Fall, dass die Mieterhöhung auch unter Berücksichtigung der voraussichtlichen künftigen Betriebskosten für den Mieter eine Härte bedeuten würde, die auch unter Würdigung der berechtigten Interessen des Vermieters nicht zu rechtfertigen ist.

---

[45] *Häublein* in MüKoBGB § 535 Rn. 101.
[46] LG Berlin NJW 2015, 93.
[47] Vgl. LG Berlin NJW 2015, 93; *Weidenkaff* in Palandt BGB § 555a Rn. 3, § 555d Rn. 4.

C. Besonderheiten bei Wohngemeinschaften

Die Ausgestaltung der Rechte und Pflichten von Mietern in Wohngemeinschaften sind auch im Hinblick auf Erhaltungs- und Modernisierungsmaßnahmen davon abhängig, welche **Vertragskonstruktion** die Beteiligten für ihre Wohngemeinschaft gewählt haben.

I. Erhaltungsmaßnahmen

1. WG Typ A (Untermiete)

Bei einer Wohngemeinschaft des WG Typs A (Untermiete) treffen die Pflichten zu Erhaltungsmaßnahmen einschließlich der Schönheitsreparaturen im Außenverhältnis zum Vermieter den **Hauptmieter,** soweit sie diesem zulässigerweise durch mietvertragliche Individual- oder Formularabrede wirksam übertragen worden sind. Das Gleiche gilt im Innenverhältnis zwischen Hauptmieter und Untermietern, sofern auch hier eine wirksame Übertragung der Erhaltungspflicht durch den Untermietvertrag stattgefunden hat. Problematisch und im Untermietverhältnis regelungsbedürftig ist dabei jedoch insbesondere die Pflicht zu Erhaltungsmaßnahmen im Hinblick auf die **gemeinschaftlich genutzten Bereiche** der Wohnung. Während sich im Außenverhältnis zum Vermieter die dem Hauptmieter übertragene Erhaltungspflicht unstreitig auch auf diese Teile der Wohnung erstreckt, ist im Innenverhältnis zwischen Hauptmieter und Untermieter ohne entsprechende ausdrückliche Regelung nicht ohne Weiteres erkennbar, ob und in welchem Umfang der oder die Untermieter gegenüber dem Hauptmieter Erhaltungsmaßnahmen an den gemeinschaftlichen Räumlichkeiten schulden. Dies dürfte insbesondere dann fraglich und problematisch werden, wenn die Untermieter zu unterschiedlichen Zeitpunkten aus der WG ausziehen und jeweils unterschiedlich lang an dem gemeinsamen Gebrauch beteiligt waren. Es empfiehlt sich daher die Aufnahme einer den jeweiligen individuellen Bedürfnissen und Gegebenheiten entsprechenden Regelung in den Untermietvertrag,[48] die jedoch aus Billigkeitsgründen stets berücksichtigen sollte, dass – anders als der Vermieter – der Hauptmieter und Untervermieter ebenso wie die Untermieter am Gebrauch der gemeinschaftlichen Bereiche teilhat.

2. WG Typ B (Einzelverträge)

Bei Wohngemeinschaften des Typs B (Einzelverträge) erfolgt die Abwicklung des Mietverhältnisses immer nur im Verhältnis der Vertragspartner zueinander, das heißt im Verhältnis zwischen Vermieter und dem jeweiligen Mieter. Auch dies kann zu Schwierigkeiten im Hinblick auf Schönheitsreparaturen führen. Während die Pflicht des jeweiligen Mieters zu Erhaltungsmaßnahmen an dem von ihm oder ihr **allein genutzten Bereich** bei wirksamer Mietvertragsklausel relativ unproblematisch bestehen und umzusetzen sein dürfte, kann auch diese Vertragskonstellation zu Schwierigkeiten führen, soweit Erhaltungsmaßnahmen an den **gemeinschaftlich genutzten Räumen** veranlasst sind. Pessimistische Stimmen gehen davon aus, dass „umsetzbare vertragliche Regelungen (…) kaum zu schaffen"[49] sind. Es bleibt abzuwarten, inwieweit sich diese Einschätzung als zutreffend erweisen wird, wobei einzugestehen ist, dass zumindest die Rechtsprechung diesbezüglich bisher keine Orientierung bietet. Dennoch gilt es, zu diesen Fragen zumindest ein Problembewusstsein sowie Lösungsansätze zu entwickeln. So wäre beispielsweise denkbar, die Verpflichtung jedes Mieters gegenüber dem Vermieter zur Übernahme der Schönheits-

---

[48] Hierfür dürften Individualabreden angezeigt sein, sodass sich die Problematik einer AGB-Kontrolle nicht stellt.
[49] *Drasdo* NJW-Spezial 2009, 689.

reparaturen auch hinsichtlich der gemeinschaftlich genutzten Räume in die jeweiligen Einzelmietverträge zu integrieren und diesbezüglich zugleich ein Gesamtschuldverhältnis anzunehmen, mit der Folge, dass der Vermieter die Schönheitsreparaturen in den gemeinschaftlich genutzten Bereichen zwar von einem Mieter seiner Wahl, jedoch insgesamt nur einmal fordern kann. Unterschiedliche Verantwortungsanteile der Mieter wie beispielsweise eine unterschiedlich lange Nutzungsdauer oder -intensität könnten sodann im Rahmen des Gesamtschuldnerausgleichs über die Ausgleichsquote Berücksichtigung finden.

3. WG Typ C (Gesamtschuld)

24 Wohngemeinschaften, bei denen die Mieter jeweils gleichrangige und gleichberechtigte Parteien eines einheitlichen Mietvertrages sind, zeichnen sich dadurch aus, dass die Mieter gegenüber dem Vermieter als Gesamtschuldner gemäß § 421 BGB haften.[50] Daraus folgt, dass der Vermieter die den Mietern wirksam übertragene Schönheitsreparaturpflicht zwar insgesamt **nur einmal geltend machen** darf, dies jedoch hinsichtlich sämtlicher geschuldeter Maßnahmen von einem Mieter seiner Wahl.[51] Führt dieser Mieter die Erhaltungsmaßnahmen durch, wirkt dies im Außenverhältnis zum Vermieter auch für alle anderen Mieter **schuldbefreiend**, sodass der Vermieter die anderen Mieter nicht erneut in Anspruch nehmen darf. Im Innenverhältnis zu den anderen Mietern hat dann ein **Gesamtschuldnerausgleich** gemäß § 426 BGB stattzufinden. Bei einem Wechsel der WG-Mitglieder haften die neu eintretenden Mitglieder nicht für die vor ihrem Vertragsbeitritt begründeten Verbindlichkeiten und die austretenden Mitglieder werden aus der Haftung für die nach ihrem Ausscheiden fällig werdenden Verbindlichkeiten entlassen, denn es ist für den Vermieter aufgrund der Struktur erkennbar, dass die wechselnden WG-Mitglieder nicht füreinander durch einen Schuldbeitritt einstehen wollen.[52]

4. WG Typ D (Außen-GbR)

25 In dieser Vertragskonstellation schuldet die Außen-GbR die ihr wirksam übertragenen Erhaltungsmaßnahmen. Da die Außen-GbR als Gesellschaft selbst nicht handlungsfähig ist, muss sie sich in ihren Handlungen, also auch der Vornahme der Erhaltungsmaßnahmen nach den Maßstäben des GbR-Rechts vertreten lassen. Gemäß § 709 Abs. 1 BGB wird die GbR von ihren Gesellschaftern gemeinschaftlich vertreten, sodass diese also die Maßnahmen **gemeinschaftlich vorzunehmen** haben, es sei denn die Gesellschafter haben die Geschäftsführung und Vertretungsbefugnis im Gesellschaftsvertrag abweichend geregelt. Darüber hinaus haften die Gesellschafter (Mieter) gemäß § 128 HGB analog auch **persönlich** für die Verbindlichkeiten der Gesellschaft und zwar nach herrschender Meinung sowohl vom Umfang her als auch inhaltlich wie die Gesellschaft selbst.[53] Die Haftungsverbindlichkeit umfasst damit die Erfüllung aller mietvertraglichen Verpflichtungen als Gesamtschuldner,[54] also auch die Schönheitsreparaturen. Dies gilt auch dann, wenn die Vertretung der GbR gesellschaftsvertraglich abweichend von der gesetzlichen Regelung ausgestaltet ist, es sei denn, eine im Gesellschaftsvertrag vorgesehene Haftungsbegrenzung

---

[50] *Grunewald* JZ 2015, 1027 (1030); *Häublein* in MüKoBGB § 535 Rn. 48; *Emmerich* in Bub/Treier BeckHdB MietR II Rn. 591; *Jacobs* NZM 2008, 111 (113); *Jacoby* ZMR 2001, 409 (415).
[51] *Zehelein* in BeckOK BGB, 48. Ed. 1.11.2018, § 535 Rn. 290; vgl. auch speziell zu Betriebskostenabrechnung BGH NZM 2010, 577.
[52] *Grunewald* JZ 2015, 1027 (1031); *Jacobs* NZM 2008, 111 (116).
[53] Sog. Erfüllungstheorie, nach der die Haftungsverbindlichkeit mit der Gesellschaftsverbindlichkeit grundsätzlich inhaltsgleich ist. Anders die sog. Haftungstheorie, nach der die Gesellschafter ausschließlich auf Geld und daher im Falle einer Nicht-Geldschuld nur auf Schadensersatz haften; vgl. bspw. *Schmidt* in MüKoHGB § 128 Rn. 24.
[54] *Zehelein* in BeckOK BGB, 48. Ed. 1.11.2018, § 535 Rn. 292; *Blank* in Blank/Börstinghaus MietR BGB § 535 Rn. 160; *Grunewald* JZ 2015, 1027 (1028); *Emmerich* in Bub/Treier, BeckHdB MietR II Rn. 589; *Jacobs* NZM 2008, 111 (113); *Jacoby* ZMR 2001, 409 (412).

C. Besonderheiten bei Wohngemeinschaften § 9

der übrigen Gesellschafter wird im Mietvertrag mit dem Vermieter ausdrücklich aufgenommen und so auf das Außenverhältnis übertragen.[55] Daraus folgt, dass der Vermieter **jeden einzelnen Mieter** zur Vornahme aller geschuldeten Erhaltungsmaßnahmen in Anspruch nehmen kann. Im Gegenzug befreit die Vornahme der Erhaltungsmaßnahme durch einen Gesellschafter (Mieter) die Außen-GbR und damit auch die anderen Gesellschafter (Mieter) von ihren Verpflichtungen. Der Vermieter kann also von allen Mietern die Vornahme sämtlicher Schönheitsreparaturen verlangen, unabhängig von der internen Ansprache der WG-Mitglieder, sodass es für den Vermieter durchaus komfortabel ist, wenn die GbR und nicht die einzelnen Mitglieder der WG Vertragspartner des Mietvertrages wird.[56]

Zu beachten ist auch dabei stets, dass gemäß §§ 736 Abs. 2 BGB iVm § 160 HGB bei einem **Ausscheiden eines Gesellschafters** aus der GbR die persönliche Haftung des früheren Gesellschafters für die Gesellschaftsverbindlichkeiten, also für die Verbindlichkeit aus dem Mietvertrag, fortbesteht, wenn diese vor Ablauf von fünf Jahren nach dem Ausscheiden fällig werden.[57] Ein ähnliches Risiko besteht für beitretende Gesellschafter, denn für diese gilt § 130 HGB analog,[58] was zur Folge hat, dass bei einem Wechsel der Mitglieder der WG und damit der GbR das neue WG-Mitglied auch für Verbindlichkeiten haftet, die vor seinem oder ihrem Einzug von der GbR begründet wurden. Da diese Situation bei einem Wechsel der WG-Mitglieder für diese wenig komfortabel und mit Risiken behaftet ist, wird von manchen Stimmen im Schrifttum und in der Rechtsprechung die Auffassung vertreten, dass im Falle des Mitgliederwechsels einer WG von der Nachhaftung des ausscheidenden Gesellschafters gemäß § 736 Abs. 2 BGB iVm § 160 HGB und der Haftung des eintretenden Mitglieds gemäß § 130 HGB analog Ausnahmen zu machen sind. Begründet wird dies damit, dass der Vermieter bewusst an eine Wohngemeinschaft vermietet und den Wechsel von einzelnen Mitgliedern somit akzeptiert hat oder akzeptieren müsse. Es sei für einen Vermieter erkennbar, dass die Interessenlage der Gesellschaft(er) dahin geht, dass der Zusammenhalt zwischen den Mitgliedern eher lose und die Fortdauer der Haftung für alle Beteiligten daher fernliegend sei.[59] Wenn der Vermieter an eine Wohngemeinschaft vermiete und dem Mitgliederwechsel zustimme, sei zudem eine konkludente Abrede dahingehend anzunehmen, dass ein neu eintretendes WG-Mitglied die „Altlasten" der Gesellschaft nicht tragen wolle, zumal ein Gesellschaftsvermögen regelmäßig nicht vorhanden sei und das neue Mitglied daher keinen Zugriff auf Vermögenswerte habe, der seine Haftung rechtfertigen würde.[60]

5. WG Typ E (Mitbewohner ohne Mietvertrag)

Bei einer Wohngemeinschaft, die sich dadurch auszeichnet, dass nur einer der WG-Bewohner einen Mietvertrag mit dem Vermieter geschlossen hat und den oder die anderen Mitbewohner ohne Mietvertrag in der Wohnung wohnen lässt, haftet im Außenverhältnis gegenüber dem Vermieter allein derjenige Mitbewohner, der in einem **Vertragsverhältnis zum Vermieter** steht, für die vertragliche Erfüllung seiner Pflichten[61] und damit für sämtliche vorzunehmenden Erhaltungsmaßnahmen, die ihm mietvertraglich wirksam übertragen worden sind. Gegenüber dem oder den anderen Mitbewohner(n) bestehen hingegen keine vertraglichen Ansprüche des Vermieters.[62]

---

[55] *Blank* in Blank/Börstinghaus MietR BGB § 535 Rn. 160.
[56] *Grunewald* JZ 2015, 1027 (1028).
[57] *Blank* in Blank/Börstinghaus MietR BGB § 535 Rn. 258; *Grunewald* JZ 2015, 1027 (1029); *Jacoby* ZMR 2001, 409 (413).
[58] vgl. BGHZ 154, 370 = NJW 2003, 1803.
[59] AG Köln BeckRS 2016, 6706; *Grunewald* JZ 2015, 1027 (1030).
[60] *Grunewald* JZ 2015, 1027 (1030); *Emmerich* in Bub/Treier BeckHdB MietR II Rn. 590; *Jacobs* NZM 2008, 111 (118).
[61] *Zehelein* in BeckOK BGB, 48. Ed. 1.11.2018, § 535 Rn. 301.
[62] *Zehelein* in BeckOK BGB, 48. Ed. 1.11.2018, § 535 Rn. 301.

6. WG Typ F (Vermieter als Mitbewohner)

28 Die Konstellation, bei der ein Vermieter zugleich auch selbst Mitbewohner der Wohngemeinschaft ist, zeichnet sich dadurch aus, dass keine Haftung im Außenverhältnis im klassischen Sinn existiert. Vielmehr überlagern sich Haftungsfragen des Außenverhältnisses mit denen des Innenverhältnisses. Das Verhältnis der Mieter zum Vermieter ist mit demjenigen der Untermieter zum Hauptmieter im WG-Typ B (Untermiete) vergleichbar, sodass sich die dort auftretenden Problemstellungen auch hier zeigen. So dürfte es unproblematisch sein, dass die Mieter Erhaltungsmaßnahmen an den von ihnen jeweils exklusiv genutzten Räumen schulden, sofern ihnen die entsprechende Verpflichtung vertraglich wirksam übertragen wurde. Problematisch und regelungsbedürftig ist jedoch auch hier insbesondere die Pflicht zu Erhaltungsmaßnahmen in den **gemeinschaftlich genutzten Bereichen** der Wohnung, sodass es hier einer möglichst detaillierten und interessengerechten Regelung in den Mietverträgen bedarf.

II. Modernisierungsmaßnahmen

1. WG Typ A (Untermiete)

29 Die Modernisierungsankündigung hat der Vermieter grundsätzlich gegenüber dem Hauptmieter vorzunehmen. Diesem stehen sodann das Widerspruchsrecht wegen besonderer Härte und das Sonderkündigungsrecht zu. Fraglich ist hingegen, ob auch der Untermieter die vom Vermieter beabsichtigte Modernisierungsmaßnahme dulden muss. Problematisch und wohl durchaus nicht ungewöhnlich[63] ist dabei insbesondere die Situation, dass der Hauptmieter gegenüber dem Vermieter seine Bereitschaft erklärt, die Modernisierungsmaßnahmen zu dulden, der oder die Untermieter sich den Modernisierungsmaßnahmen aber verweigern. Da zwischen Vermieter und Untermieter keine vertraglichen Beziehungen bestehen, hat der Vermieter gegen den Untermieter keinen unmittelbaren vertraglichen Anspruch auf Duldung der Modernisierungsmaßnahmen.[64] Jedoch hat grundsätzlich auch der Hauptmieter einen **Duldungsanspruch** gemäß § 555d Abs. 1 BGB gegenüber dem Untermieter.[65] Diesen Anspruch kann und muss er gegenüber dem Untermieter durchsetzen, gegebenenfalls auch gerichtlich, da eine diesbezügliche Weigerung des Hauptmieters im Verhältnis zum Vermieter eine **Pflichtverletzung** darstellt.[66] Aber auch wenn der Hauptmieter den Duldungsanspruch nicht durchsetzen kann, weil der Untermieter ihm gegenüber beispielsweise gemäß § 555d Abs. 2 BGB wegen unzumutbarer Härte nicht zur Duldung verpflichtet ist, muss er zunächst alles ihm Zumutbare unternehmen, um den Untermieter zur Duldung der Modernisierung zu bewegen[67] und diesem beispielsweise eine **Entschädigung** anbieten.[68] Vereinzelt wird auch gefordert, dass der Hauptmieter den Untermieter auch dann gerichtlich auf Duldung der Modernisierung in Anspruch zu nehmen hat, wenn die Voraussetzungen des § 555d Abs. 1 BGB nicht vorliegen oder wenn der Untermieter Härtegründe gemäß § 555d Abs. 2 BGB geltend machen kann, um im gerichtlichen Verfahren eine **vergleichsweise Einigung** herbeizuführen.[69]

30 Darüber hinaus ist umstritten, welche Rechtsfolgen den Hauptmieter treffen, wenn es ihm nicht gelingt, den oder die Untermieter zur Duldung der Modernisierungsmaßnahmen

---

[63] Vgl. *Jablonski* GE 2015, 234.
[64] *Jablonski* GE 2015, 234; *Müller* in BeckOK MietR, Ed. 1.9.2018, BGB § 555d Rn. 7.
[65] *Eisenschmid* in Schmidt-Futterer MietR BGB § 555d Rn. 11; *Jablonski* GE 2015, 234.
[66] *Blank* in Blank/Börstinghaus MietR BGB § 555d Rn. 47; *Eisenschmid* in Schmidt-Futterer MietR BGB § 555d Rn. 11; *Artz* in MüKoBGB § 555d Rn. 4; *Jablonski* GE 2015, 234.
[67] Vgl. LG Berlin NJW 2015, 93; *Blank* in Blank/Börstinghaus MietR BGB § 555d Rn. 48; *Müller* in BeckOK MietR, 13. Ed. 1.9.2018, BGB § 555d Rn. 10.
[68] *Blank* in Blank/Börstinghaus MietR BGB § 555d Rn. 48; *Müller* in BeckOK MietR, 13. Ed. 1.9.2018, BGB § 555d Rn. 10.
[69] *Blank* in Blank/Börstinghaus MietR BGB § 555d Rn. 48.

zu bewegen oder darauf in Anspruch zu nehmen. Manche Stimmen im Schrifttum wollen dem Vermieter in diesem Fall ein Recht zur fristlosen[70] beziehungsweise ordentlichen[71] **Kündigung des Mietverhältnisses** mit dem Hauptmieter zugestehen. Begründet wird dies zum Teil damit, dass den Hauptmieter zwar kein eigenes Verschulden treffe, wenn er sich ernsthaft aber erfolglos um eine Duldung der Modernisierungsmaßnahmen durch den Untermieter bemühe, es aber in seine **Risikosphäre** falle, wenn er aus Gründen, die in der Person oder dem Verhalten des Untermieters liegen, seine eigenen Verpflichtungen gegenüber dem Vermieter nicht erfüllen könne.[72] Der Hauptmieter habe grundsätzlich dafür einzustehen, dass der Untermieter das Mietobjekt nur innerhalb des durch den Hauptmietvertrag bestimmten Rahmens nutze.[73] Für diese Ansicht spricht, dass § 555d Abs. 2 BGB zwar die Interessen des Mieters und seiner Haushaltsangehörigen schützt, nicht jedoch die Belange des Untermieters.[74] Dies mag unter anderem darin begründet sein, dass die Initiative zur Untervermietung in aller Regel vom Hauptmieter selbst ausgeht und dieser auch den oder die Untermieter auswählt, wodurch er – zumindest mittelbar – Einfluss auf das eventuelle Vorliegen von Härtegründen in der Person des Untermieters hat, was dem Vermieter üblicherweise verwehrt bleibt.[75]

Bei einer WG des Typs A kommt zudem eine ordentliche **Kündigung der Untermietverhältnisse** durch den Hauptmieter gemäß § 573a Abs. 2 BGB in Betracht, weil in dieser Konstellation nur ein Teil der vom Hauptmieter ansonsten selbst genutzten Wohnung an die anderen WG-Mitglieder untervermietet wird. Uneinigkeit besteht hier jedoch darüber, ob der Hauptmieter gegebenenfalls auch dazu verpflichtet ist, gegenüber dem nicht duldungsbereiten Untermieter eine ordentliche Kündigung gemäß § 573a BGB auszusprechen. So wird teilweise eine „Obliegenheitspflicht" des Hauptmieters zur Wahrnehmung seiner Kündigungsmöglichkeit angenommen,[76] während andere § 573a BGB eng auslegen wollen und den Zweck der Vorschrift nicht darin sehen, die Interessen des Hauptvermieters durchzusetzen.[77] Geht man jedoch mit der wohl überwiegenden Meinung davon aus, dass der Mieter gegebenenfalls alles ihm Zumutbare unternehmen muss, um die Duldung der Modernisierung durch den Untermieter zu erreichen und ihn dabei sogar auf die gerichtliche Inanspruchnahme des Untermieters oder auf eine Entschädigungszahlung verweist, wird man ihm letztlich wohl auch eine Kündigung des Untermietverhältnisses zuzumuten haben. Dies gilt insbesondere vor dem Hintergrund, dass § 555d Abs. 2 BGB die Interessen des Untermieters im Verhältnis zum Hauptmieter gerade nicht schützt und der Vermieter andernfalls – entgegen der abschließenden Regelung des § 555 Abs. 2 BGB – eine Einschränkung seiner Modernisierungsmöglichkeiten durch die Untervermietung erfahren würde. 31

Teilweise wird dem Hauptvermieter jedoch auch ein eigener Anspruch auf Duldung gegenüber dem Untermieter aus § 1004 BGB zugestanden,[78] dessen Geltendmachung aber bei einer Beeinträchtigung des Untermietverhältnisses dort als Sachmangel zu bewerten sein und dementsprechend **Gewährleistungsansprüche** des Untermieters gegen den Hauptmieter nach sich ziehen soll.[79] 32

Die nach Abschluss der Modernisierungsmaßnahmen zulässige **Mieterhöhung** erfolgt grundsätzlich durch den Vermieter gegenüber dem Hauptmieter. Jedoch stellt sich sodann 33

---

[70] *Jablonski* GE 2015, 234; *Schüller* in Bub/Treier BeckHdB MietR III Rn. 2694.
[71] *Müller* in BeckOK MietR, 13. Ed. 1.9.2018, BGB § 555d Rn. 12.
[72] *Jablonski* GE 2015, 234; aA *Eisenschmid* in Börstinghaus/Eisenschmid Modernisierungshandbuch Kap. 5 Rn. 10.
[73] *Jablonski* GE 2015, 234.
[74] *Jablonski* GE 2015, 234; *Müller* in BeckOK MietR, 13. Ed. 1.9.2018, BGB § 555d Rn. 29.
[75] vgl. auch *Jablonski* GE 2015, 234; vgl. auch *Müller* in BeckOK MietR, 13. Ed. 1.9.2018, BGB § 555d Rn. 12; aA *Eisenschmid* in Schmidt-Futterer MietR BGB § 555d Rn. 12.
[76] So *Jablonski* GE 2015, 234 (235).
[77] *Blank* in Blank/Börstinghaus MietR BGB § 555d Rn. 50.
[78] *Müller* in BeckOK MietR, 13. Ed. 1.9.2018, BGB § 555d Rn. 8; *Blank* in Blank/Börstinghaus MietR BGB § 555d Rn. 49.
[79] Vgl. *Blank* in Blank/Börstinghaus MietR BGB § 555d Rn. 49.

die Frage, ob der Hauptmieter nach erfolgten Modernisierungsmaßnahmen die vom Vermieter vorgenommene Mieterhöhung an die anderen WG-Mitglieder als Untermieter in Form von Mieterhöhungen in den Untermietverhältnissen weitergeben kann. Zwar ist § 559 BGB grundsätzlich auch bei einem Untermietverhältnis anwendbar, dies setzt jedoch voraus, dass der Hauptmieter **Bauherr der Modernisierungsmaßnahme** ist.[80] Daraus wird sodann teilweise geschlussfolgert, dass der Hauptmieter nicht berechtigt ist, die Untermiete gemäß § 559 BGB zu erhöhen, wenn der Hauptvermieter bauliche Maßnahmen im Sinne des § 559 BGB durchgeführt und gegenüber dem Hauptmieter eine Mieterhöhung vorgenommen hat.[81]

2. WG Typ B (Einzelverträge)

34 Der Vermieter hat geplante Modernisierungsmaßnahmen gegenüber allen Mietern anzukündigen. Dementsprechend stehen jedem Mieter das Widerspruchsrecht wegen besonderer Härte und das Sonderkündigungsrecht zu. Die Modernisierungsmieterhöhung kann der Vermieter gegenüber jedem einzelnen Mieter geltend machen, dabei ist jedoch für die Höhe der Kostenumlage die Grenze des § 559 Abs. 1 BGB zu beachten, die an die „für die Wohnung aufwendeten Kosten anknüpft" und daher wohl insgesamt nicht überschritten werden dürfte. Fraglich ist dabei jedoch, ob die Mieter eine **gleichmäßige Umlage** des Mieterhöhungsbetrages verlangen können.

3. WG Typ C (Gesamtschuld)

35 Da die Mieter des WG-Typs C jeweils im eigenen Namen handeln und Partei des Mietvertrages werden, ist jeder Mieter aus dem Mietvertrag berechtigt und verpflichtet. Rechtsgeschäftliche Erklärungen, wie zum Beispiel Kündigungserklärungen, können nur von allen Mietern gemeinsam abgegeben werden.[82] Werden solche Erklärungen den Mietern gegenüber abgegeben, müssen sie ihnen allen auch zugehen, um wirksam zu sein.[83] Dies bedeutet, dass auch die vom Vermieter vorzunehmende Modernisierungsankündigung beim WG Typ C gegenüber allen Mietern erfolgen muss. Diesen stehen sodann das Sonderkündigungsrecht und das Widerspruchsrecht wegen besonderer Härte zu, das **von allen gemeinsam** ausgeübt werden muss.[84] Dabei genügt es jedoch, wenn die Maßnahme nur für einen der Mieter unzumutbar ist.[85] Die nach Abschluss der Modernisierungsmaßnahmen zulässige Mieterhöhung hat der Vermieter sodann gegenüber allen Mietern geltend zu machen.

4. WG Typ D (Außen-GbR)

36 Die Modernisierungsankündigung sowie die zulässige Mieterhöhung haben gegenüber der GbR als Mieterin zu erfolgen. Fraglich ist jedoch, ob auch der GbR ein Widerspruchsrecht zusteht, wenn die angekündigte Modernisierungsmaßnahme und deren Folgen **für ein Gesellschaftsmitglied eine besondere Härte** darstellen. Zwar dürfte der Härteeinwand des § 555d Abs. 2 BGB nach seinem Wortlaut grundsätzlich auf natürliche Personen zugeschnitten sein, um die es sich bei einer (Außen-)Gesellschaft des bürgerlichen Rechts

---

[80] *Börstinghaus* in Schmidt-Futterer MietR BGB § 559 Rn. 28.
[81] *Börstinghaus* in Schmidt-Futterer MietR BGB § 559 Rn. 28; *Emmerich* in Staudinger BGB § 559 Rn. 12.
[82] *Zehelein* in BeckOK BGB, 48. Ed. 1.11.2018, § 535 Rn. 291, 313; *Häublein* in MüKoBGB § 535 Rn. 48; *Scheuch* in HK-BGB, § 535 Rn. 5; *Emmerich* in Bub/Treier BeckHdB MietR II Rn. 591; *Jacoby* ZMR 2001, 409 (415).
[83] *Zehelein* in BeckOK BGB, 48. Ed. 1.11.2018, § 535 Rn. 291, 313; *Häublein* in MüKoBGB § 535 Rn. 48; *Scheuch* in HK-BGB, § 535 Rn. 5.
[84] Vgl. *Häublein* in MüKoBGB § 535 Rn. 48.
[85] *Eisenschmid* in Schmidt-Futterer MietR BGB § 555d Rn. 51; *Schlosser* in BeckOK BGB, Ed. 1.8.2018, § 555d Rn. 12.

nicht handelt. Andererseits ist die Außen-GbR jedoch auch nicht als juristische Person zu qualifizieren, sondern stellt lediglich eine teilrechtsfähige Personengesellschaft dar, der eine nach außen hin bestehende beschränkte Rechtsfähigkeit zukommt, sodass bei einer Teilnahme im Rechtsverkehr nicht mehr die Gesellschafter selbst, sondern die Gesamthand als ein von den Gesellschaftern verschiedenes Rechtssubjekt Träger der die Gesellschaft betreffenden Rechte und Pflichten ist.[86] Diese Teilrechtsfähigkeit macht sie – anders als bei juristischen Personen – jedoch nicht zu einem gegenüber ihren Gesellschaftern völlig verselbständigten Rechtssubjekt.[87] Aus diesem Umstand hat der BGH für die Problematik der Eigenbedarfskündigung durch eine GbR auf Vermieterseite sodann geschlussfolgert, dass die Interessen der Personenmehrheit, die diese Gesellschaft bildet, im Rahmen einer Eigenbedarfskündigung beachtlich seien und der Außen-GbR einen Eigenbedarf ihrer Gesellschafter als natürliche Personen zugerechnet.[88] Legt man diese Überlegungen zugrunde, so wird man auch der Außen-GbR auf Mieterseite die in der Person eines Gesellschafters liegenden Härtegründe zuzurechnen haben, mit der Folge, dass sich die WG-Mitglieder grundsätzlich bereits auf § 555d Abs. 2 BGB berufen können, wenn die Ausführung der geplanten Maßnahmen für einen der Mieter mit einer besonderen Härte verbunden ist.[89]

5. WG Typ E (Mitbewohner ohne Mietvertrag)

Das Widerspruchsrecht wegen besonderer Härte und das Sonderkündigungsrecht stehen dem Mitbewohner zu, der einen Mietvertrag mit dem Vermieter geschlossen hat. Zu beachten ist dabei jedoch, dass die besondere Härte von diesem auch zugunsten der in § 555d Abs. 2 BGB genannten Personen geltend gemacht werden kann, also beispielsweise auch zugunsten des mitwohnenden Partners einer nichtehelichen Lebensgemeinschaft.[90] Erfasst werden grundsätzlich alle Personen, die mit dem Mieter in den Räumen einen gemeinsamen Haushalt führen, wofür ein gemeinsames Wirtschaften erforderlich ist.[91] Ausreichend ist, wenn die Maßnahme nur **für einen der Mitbewohner unzumutbar** ist.[92] Dies gilt jedoch nur für Mitbewohner, die dem Vermieter gegenüber zur Nutzung der Räumlichkeiten berechtigt sind. Hat der Mieter hingegen vertragswidrig WG-Mitglieder in die Wohnung aufgenommen, ohne dass den Vermieter diesbezüglich eine Duldungsbeziehungsweise Zustimmungspflicht trifft, sind deren Interessen nicht zu berücksichtigen.[93] Zudem kann sich der Mieter auch nicht darauf berufen, dass er von ursprünglich mehreren WG-Mitgliedern die Wohnung nunmehr nur noch allein bewohnt und die Maßnahme deshalb für ihn eine unzumutbare Härte darstelle.[94]

37

6. WG Typ F (Vermieter als Mitbewohner)

Die Modernisierungsankündigung hat der Vermieter **gegenüber den anderen WG-Mitgliedern** auszusprechen. Dementsprechend stehen sodann jedem Mitglied das Widerspruchsrecht wegen besonderer Härte und das Sonderkündigungsrecht zu.

38

Die Mieterhöhung nach Modernisierung setzt voraus, dass der Vermieter selbst Bauherr der Maßnahme ist.[95] Anders als bei einer WG des Typs A dürfte dieses Kriterium hier

39

---

[86] Vgl. BGHZ 213, 136 = NJW 2017, 547.
[87] BGHZ 213, 136 = NJW 2017, 547.
[88] Vgl. BGHZ 213, 136 = NJW 2017, 547; BGH NZM 2007, 679.
[89] Vgl. dazu auch *Müller* in BeckOK MietR, 13. Ed. 1.9.2018, BGB § 555d Rn. 31.
[90] *Müller* in BeckOK MietR, 13. Ed. 1.9.2018, BGB § 555d Rn. 26; *Eisenschmid* in Schmidt-Futterer MietR BGB § 555d Rn. 48.
[91] *Blank* in Blank/Börstinghaus MietR BGB § 555d Rn. 9; *Eisenschmid* in Schmidt-Futterer MietR BGB § 555d Rn. 49.
[92] *Eisenschmid* in Schmidt-Futterer MietR BGB § 555d Rn. 51.
[93] *Müller* in BeckOK MietR, 13. Ed. 1.9.2018, BGB § 555d Rn. 30.
[94] *Eisenschmid* in Schmidt-Futterer MietR BGB § 555d Rn. 51.
[95] *Börstinghaus* in Schmidt-Futterer MietR BGB § 559 Rn. 26.

unproblematisch sein, da in der Regel davon auszugehen sein dürfte, dass bei einer WG des Typs F der Vermieter als Eigentümer zugleich auch **Bauherr einer durchgeführten Modernisierungsmaßnahme** ist. Da § 559 BGB grundsätzlich auch im Untermietverhältnis anwendbar ist – es sei denn, es handelt sich um ein Mietverhältnis im Sinne des § 549 Abs. 2 Nr. 2 BGB –[96] kann der Vermieter gegenüber den weiteren WG-Mitgliedern die Miete gemäß § 559 BGB erhöhen.

D. Zusammenfassung und Ergebnisse

40 Trotz der Vielzahl von Entscheidungen und Literatur zu Erhaltungs- und Modernisierungsmaßnahmen im Allgemeinen existieren vergleichsweise wenige Beiträge aus dem Schrifttum und der Judikatur, die diese Problematik im Hinblick auf die speziellen Konstellationen bei Wohngemeinschaften behandeln. Folglich sind derzeit in diesem Bereich viele Fragen weitgehend ungeklärt und es besteht daher **kaum Rechtssicherheit**. Die verschiedenen rechtlichen Ausprägungen, in denen Wohngemeinschaften gegründet und geführt werden können, bringen jeweils Vorteile und Risiken mit sich. Es ist daher stets unter Berücksichtigung aller Umstände des konkreten Einzelfalles und gegebenenfalls in Absprache mit dem Vermieter zu entscheiden, welcher WG-Typ für die zu gründende WG am besten geeignet erscheint. Hinsichtlich der oben dargestellten Risiken und offenen Fragen gilt es, möglichst angemessene und interessengerechte Regelungen zu finden, durch die einem späteren Konflikt zumindest in bestimmten Aspekten vorgebeugt werden kann. Auch wenn nahezu jede Regelung verschiedene Interpretationsmöglichkeiten und somit Raum für juristische Auseinandersetzungen bieten mag, können diese durch **Problembewusstsein** und entsprechende **Absprachen** in der meist noch optimistischen Gründungsphase jedenfalls abgemildert oder bestenfalls vermieden werden. Aber auch wenn dies nicht gelingen sollte, bleibt für den Streitfall zumindest zu bedenken, dass rechtliche Unsicherheiten und ein juristischer Interpretationsspielraum oftmals auch eine Grundlage für einen tragfähigen **Vergleich** darstellen können.

---

[96] *Börstinghaus* in Schmidt-Futterer MietR BGB § 559 Rn. 28.

§ 10 Gebrauchsrechte und Nebenpflichten aus dem Mietverhältnis

Übersicht
Rn.

A. Einführung 1
B. Zum Gebrauch der Mietsache 5
   I. Begriff 5
   II. Grenzen des vertragsgemäßen Gebrauchs 7
   III. Rechte von Vermieter und Mieter bei vertragswidrigem Gebrauch 13
      1. Rechte des Vermieters 13
      2. Rechte des Mieters 15
C. Erscheinungsformen von Wohngemeinschaften und ihre Auswirkungen auf den Rechte- und Pflichtenkanon der Mietparteien 18
D. Besondere Gebrauchsrechte, ihre Grenzen und Duldungspflichten 19
   I. Unbefugte Gebrauchsüberlassung an Dritte 19
   II. Lärm- und andere Geräuschentwicklungen 23
      1. Allgemeines 23
      2. WG-spezifische Probleme bei Lärm- und anderen Geräuschentwicklungen 25
   III. Bauliche Veränderungen an der Mietsache 34
      1. Allgemeines 34
      2. WG-spezifische Probleme bei baulichen Veränderungen an der Mietsache 37
   IV. Gewerblicher Gebrauch 44
      1. Allgemeines 44
      2. WG-spezifische Probleme beim gewerblichen Gebrauch 47
   V. TV- und Radioempfang 55
      1. Allgemeines 55
      2. WG-spezifische Probleme bei TV- und Radioempfang 60
   VI. Nutzung von Gemeinschaftsflächen und -räumen; Gartennutzung 68
      1. Allgemeines 68
      2. WG-spezifische Probleme bei der Nutzung von Gemeinschaftsflächen und -räumen; Gartennutzung 75
   VII. Tierhaltung 84
      1. Allgemeines 84
      2. WG-spezifische Probleme bei der Tierhaltung 89
   VIII. Rauchen 97
      1. Allgemeines 97
      2. WG-spezifische Probleme beim Rauchen 100
   IX. Musizieren 112
      1. Allgemeines 112
      2. WG-spezifische Probleme beim Musizieren 114
E. Sonstige Nebenpflichten aus dem Mietverhältnis 122
   I. Vor- und nachvertragliche Rechte und Pflichten 122
      1. Allgemeines 122
      2. WG-spezifische Besonderheiten bei vor- und nachvertraglichen Rechten und Pflichten 126
   II. Obhuts- und Anzeigepflichten des Mieters 130
      1. Allgemeines 130
      2. WG-spezifische Besonderheiten bei Obhuts- und Anzeigepflichten des Mieters 132
   III. Fürsorge-, Aufklärungs- und andere Nebenpflichten des Vermieters 136
      1. Allgemeines 136
      2. WG-spezifische Besonderheiten bei Fürsorge-, Aufklärungs- und anderen Nebenpflichten des Vermieters 141

	Rn.
IV. Wegnahmerecht nach §§ 539 Abs. 2, 552 BGB	143
1. Allgemeines	143
2. WG-spezifische Besonderheiten beim Wegnahmerecht nach §§ 539 Abs. 2, 552 BGB	150
V. Zutritt des Vermieters zur Wohnung	155
1. Allgemeines	155
2. WG-spezifische Besonderheiten beim Zutritt des Vermieters zur Wohnung	159

Schrifttum:
Apitz, Verbot der Hunde- und Katzenhaltung in der Mietwohnung?, WuM 2013, 127; *Blank*, Anspruch des Vermieters auf Erteilung der Erlaubnis zur Aufnahme eines Lebensgefährten in die Mietwohnung, LMK 2004, 1; *Blank*, Tierhaltung in Eigentums- und Mietwohnungen, NJW 2007, 729; *Blank*, Besichtigungs- und Kontrollrechte des Vermieters, in: FS Seuß, 2007, S. 277; *Börstinghaus/Pielsticker*, Möglichkeit und Grenzen von Rauchverboten in der Wohnraummiete, WuM 2012, 480; *Derleder*, Der Rückbau nach Beendigung des Mietverhältnisses und der Ausgleich von Mieterinvestitionen, WuM 2006, 175; *Dillenburger/Pauly*, Nochmals – Zur Bedeutung des § 90a BGB im Mietrecht, ZMR 1994, 249; *Drasdo*, Die Beziehungen des Mietrechts zum Wohnungseigentumsrecht in den Entwürfen zur Neuordnung des Mietrechts, NZM 2001, 13; *J. Eckert*, „Verjährung" des Eigentums in einem halben Jahr?, MDR 1989, 135; *Flatow*, Mitbenutzung von Gemeinschaftsflächen durch den Mieter, NZM 2007, 432; *Franke*, Das Besichtigungsrecht des Vermieters, DWW 1998, 298; *Gather*, Das Wegnahmerecht des Mieters und die Abwendung durch den Vermieter, DWW 2008, 122; *Gather*, Das Besichtigungsrecht des Vermieters, GE 2011, 247; *Harsch*, Zur Zulässigkeit von Rauchverboten im Wohnungsmietvertrag, WuM 2009, 76; *Heitgreß*, Zum Wegnahmerecht des Mieters nach Veräußerung oder Zwangsversteigerung des Mietgrundstücks, WuM 1982, 32; *Hitpaß*, Neue Medien und Mietrecht, NZM 2012, 401; *Hohmann-Dennhardt*, Freiräume – Zum Schutz der Privatheit, NJW 2006, 545; *Horst*, Grenzen des zulässigen Wohngebrauchs, NZM 1998, 647; *Hülsmann*, Tierhaltung im Mietrecht, NZM 2004, 841; *Jacoby*, Die Gesellschaft bürgerlichen Rechts als Mietvertragspartei, ZMR 2001, 409; *Jendrek*, Verjährungsfragen im Mietrecht, NZM 1998, 593; *Kraemer*, Die Haftung des Mieters für Schäden der Mietsache nach der Schuldrechtsreform, in: FS Blank, 2006, S. 281; *Kraemer*, Die Kündigung aus wichtigem Grund nach altem und neuem Recht, DWW 2001, 110; *Lebek*, Eigentum an Mietereinbauten – Sicherung der Scheinbestandteilseigenschaft, NZM 1998, 747; *Lehmann-Richter*, Faktische Fortsetzung gekündigter Mietverhältnisse, PiG 90 (2011), 199; *Lützenkirchen*, Besichtigungsrechte des Vermieters von Wohn- und Gewerberaum, NJW 2007, 2152; *Mutter*, Die unberechtigte Untervermietung und ihre bereicherungsrechtliche Behandlung, MDR 1993, 303; *Neuhaus*, Kampfhunde in Mietwohnungen, DWW 2001, 45; *Nies*, Fallstricke bei Abgabe von Willenserklärungen bei Personenmehrheit und Stellvertretung: Abmahnung, einseitige Willenserklärung, Mieterhöhung, NZM 1998, 221; *Paschke*, Rauchverbote im Mietverhältnis, NZM 2008, 265; *Reichhart/Dittmann*, Rauchverbote im Wohnraummietrecht, ZMR 2011, 925; *Riehm*, Herausgabe des Untermietzinses bei unberechtigter Untervermietung – BGH, NJW 1996, 838, 672; *Schlüter*, Besichtigungsrecht des Vermieters – Voraussetzungen und Durchsetzung, NZM 2006, 681; *Schmid*, Erlaubnis zur Untervermietung von Gewerberäumen bei Nutzungsänderung, ZMR 1998, 567; *Sonnenschein*, Untervermietung und sonstige Gebrauchsüberlassung an Dritte; PiG 23 (1986), 167; *Sonnenschein*, Haupt- und Nebenpflichten bei der Wohnraummiete, PiG 46 (1995), 7; *Stollenwerk*, Kinderlärm im Miet-, Wohnungseigentums- und Nachbarrecht, NZM 2004, 289; *Streyl*, Mietermehrheiten, NZM 2011, 377; *Theuffel*, Herausgabe des Untermietzinses bei unberechtigter Untervermietung? – BGH, NJW 1996, 838, JuS 1997, 886.

A. Einführung

1   Wohngemeinschaften bieten nicht nur die Möglichkeit preiswerten Wohnens, sondern erfreuen sich im Allgemeinen besonderer Beliebtheit. Sie verbreiten sich seit einigen Jahren in Deutschland in verschiedenen, altersunabhängigen Konstellationen[1]. Die Besonderheit bei der vorliegenden Betrachtung ergibt sich aus den verschiedenen **Erscheinungsformen** (→ § 1 Rn. 20 ff.), die eine Wohngemeinschaft auf Mieterseite aufweisen kann und die wiederum Auswirkungen auf den **Rechte- und Pflichtenkanon** sowohl im Verhältnis zum Vermieter als auch innerhalb der Wohngemeinschaft hat. Daher ist es erforderlich, die Besonderheiten, die sich aus der vorhandenen mietrechtlichen Kasuistik und aus den real

---

[1] Vgl. dazu die Statistiken zu Wohngemeinschaften bei *Staake*, § 1 Rn. 16 ff.

auftretenden Wohngemeinschaftskonstruktionen ergeben, näher zu untersuchen. Da es sich bei Wohngemeinschaften im Wesentlichen um **(Innen-)Gesellschaften** bürgerlichen Rechts handelt, sind neben dem Mietrecht gesellschaftsrechtliche Aspekte von bedeutender Relevanz (→ § 14 Rn. 1 ff.).

Der Vermieter ist nach § 535 Abs. 1 BGB verpflichtet, dem Mieter den Gebrauch der Mietsache während der Mietzeit zu gewähren. Folglich handelt es sich bei der Zurverfügungstellung der Mietsache um eine Hauptleistungspflicht, die im **Synallagma** zur Mietzahlung nach § 535 Abs. 2 BGB steht. Was vom Gebrauch der Mietsache umfasst ist, welche Grenzen bestehen und unter welchen Umständen der Vermieter verpflichtet sein kann, Überschreitungen des vertragsgemäßen Gebrauchs zu dulden, sind Fragestellungen, die bereits in den „üblichen" mietrechtlichen Konstellationen – ohne die Beteiligung von Wohngemeinschaften – zu einer unübersichtlichen Kasuistik geführt haben (→ Rn. 5 ff.). Der Gebrauch der Mietsache bildet daher auch den zentralen Anknüpfungspunkt. So bestimmt § 538 BGB, dass der Mieter **Veränderungen** oder **Verschlechterungen** der Mietsache, die durch den vertragsgemäßen Gebrauch herbeigeführt werden, **nicht zu vertreten** hat. Was zum vertragsgemäßen Gebrauch gehört und was nicht, ist nicht verallgemeinernd feststellbar, sondern allein vom Einzelfall abhängig.

Überdies lassen sich aus dem Mietverhältnis noch weitere Rechte und Pflichten für die Mietparteien ableiten, die in Anlehnung an **§ 241 Abs. 2 BGB** „jeden Teil zur Rücksicht auf die Rechte, Rechtsgüter und Interessen des anderen Teils verpflichten". Das Mietrecht enthält dabei einige besondere Ausprägungen dieses Grundsatzes. Neben dem bereits angesprochenen § 538 BGB existieren **Anzeige- und Obhutspflichten** des Mieters (wie etwa die **Mängelanzeige nach § 536c BGB**, → Rn. 130 ff.), aber auch **Fürsorge- und Aufklärungspflichten** des Vermieters (→ Rn. 136 ff.).

Die nachfolgende Betrachtung versucht, einen Einblick in die dem Mietrecht zugrundeliegenden **Fallkonstellationen** zu geben, die sich im Zusammenhang mit dem Gebrauch der Mietsache in den letzten Jahrzehnten herausgebildet haben und möchte aufzeigen, ob und wenn ja, welche Auswirkungen die **verschiedenartigen WG-Typen** auf eben diese **Kasuistik** nehmen.

B. Zum Gebrauch der Mietsache

I. Begriff

Die Gewährung des Gebrauchs der Mietsache steht im **Gegenseitigkeitsverhältnis** zur Mietzahlung und stellt damit eine **Hauptleistungspflicht** des Vermieters dar. Der Inhalt des Gebrauchsrechts ergibt sich aus der **vertraglichen Vereinbarung** zwischen Mieter und Vermieter.[2] Dem Mieter steht ein umfassendes Gebrauchsrecht an der Mietsache zu. Die **Schranken** dieses umfassenden Gebrauchsrechts ergeben sich aus der **mietvertraglichen Vereinbarung**, einschließlich der **Hausordnung** und der **Verkehrsanschauung**.[3] So kann es zu einer konkludenten Erweiterung des vereinbarten Gebrauchs kommen, wenn der Vermieter eine entsprechende Nutzung durch den Mieter über längere Zeit hingenommen hat.[4]

Auf Wohngemeinschaften finden ergänzend zu den allgemeinen mietrechtlichen Vorschriften, die Regelungen über die **Wohnraummiete** Anwendung (§§ 549 – 577a BGB). Im Jahr 1981 hat das Bayerische Oberste Landesgericht[5] allgemein zum **„Wohnen"** ausgeführt, dass dies alles umfasst, „was zur Benutzung der gemieteten Räume als **exis-**

---
[2] *Zehelein* in BeckOK BGB, Ed. 1.2.2019, § 535 Rn. 330.
[3] OLG Köln NJW-RR 1994, 334; *Achenbach/Horst* in MAH MietR § 15 Rn. 4.
[4] OLG Düsseldorf BeckRS 1992, 30819329; LG Hamburg WuM 1988, 67.
[5] BayObLGZ 1981, 1 = NJW 1981, 1275.

tentiellem Lebensmittelpunkt** des Mieters und seiner Familie gehört, also die **gesamte Lebensführung** des Mieters in allen ihren **Ausgestaltungen** und mit allen ihren **Bedürfnissen.**" Als maßgeblicher **Orientierungspunkt** für die Bestimmung des Gebrauchs der Mietsache dient der **zugrundeliegende Vertragszweck**.[6] Je allgemeiner dieser umschrieben ist, desto ungebundener ist der Mieter in der zulässigen Nutzung der Mietsache.[7] Zu einer Ausweitung des vereinbarten Gebrauchs kann es aufgrund **technischer Neuerungen** kommen, die als **wirtschaftliche Hilfsmittel** aus dem gesamten Leben nicht mehr hinweg zu denken sind und deshalb zum allgemeinen Lebensstandard gehören.[8]

II. Grenzen des vertragsgemäßen Gebrauchs

7 Wann der **Gebrauch** als **vertragswidrig** anzusehen ist, muss anhand der zwischen den Mietparteien bestehenden **Vereinbarung** und der **Verkehrssitte** festgestellt werden. Ein Verstoß gegen den vertragsgemäßen Gebrauch ist in verschiedenerlei Hinsicht denkbar.

8 So ist ein solcher gegeben, wenn der Mieter dem zugrundeliegendem Vertragszweck zuwider handelt, beispielsweise wenn er den Vertragszweck einseitig ändert.[9] Wurde ein Mietvertrag über Wohnraum geschlossen, liegt eine **vertragswidrige Nutzung** vor, wenn eine **gewerbliche Nutzung** der Mietsache erfolgt.[10] Gleiches gilt in der umgekehrten Konstellation, wenn Gewerbemieträume zu Wohnzwecken genutzt werden[11]. Maßgeblich ist allerdings, ob und inwieweit dem Vermieter die Duldung der Änderung zugemutet werden kann (→ Rn. 45).[12]

9 Ebenfalls als vertragswidrig anzusehen ist die **unbefugte Überlassung** der Mietsache an einen Dritten oder die Aufnahme eines Dritten in die Mieträume, § 540 BGB. Umstritten ist dabei allerdings, wann eine solche vorliegt und wann die Überlassung noch vom **Gebrauchsrecht** des Mieters umfasst ist (→ Rn. 19 ff.).[13]

10 Inwiefern **bauliche Veränderungen** vom vertragsgemäßen Gebrauch der Mietsache gedeckt sind und vom Vermieter geduldet werden müssen, kann nicht aufgrund einer **verallgemeinerungsfähigen Abgrenzungsformel** festgestellt werden.[14] Vielmehr ist ein Katalog von Abgrenzungskriterien heranzuziehen, der sowohl die **Substanzbeeinträchtigung** der Mietsache, die Endgültigkeit der Veränderung, mögliche nachteilige Folgewirkungen und die Störung anderer Mitbewohner berücksichtigt (→ Rn. 34).[15]

11 Das Gesetz selbst erwähnt in § 538 BGB den **vertragsgemäßen Gebrauch**, ohne ihn dabei zu definieren. Die Norm wiederholt vielmehr die in § 535 Abs. 1 S. 2 BGB niedergelegte Pflicht des Vermieters zur **Gewährung und Erhaltung** der Mietsache. Die mit dem Gebrauch der Mietsache zwangsläufig verbundene Abnutzung wird durch die **Entrichtung** der Miete abgegolten.[16] § 538 BGB regelt damit zugleich, dass die im Rahmen des vertragsgemäßen Gebrauchs erfolgte Abnutzung der Mietsache **keine Pflichtverletzung** darstellt, es sei denn, der Mieter überschreitet schuldhaft – also wenigstens fahrlässig – den vertragsgemäßen Gebrauch der Mietsache.[17] Kommt es zu Veränderungen oder Verschlechterungen der Mietsache durch den vertragsgemäßen Ge-

---

[6] *Zehelein* in BeckOK BGB, Ed. 1.2.2019, § 538 Rn. 4.
[7] BGH NJW 2002, 3234; OLG Düsseldorf NJW-RR 1993, 712.
[8] BayObLGZ 1981, 1 = NJW 1981, 1275.
[9] *Blank* in Blank/Börstinghaus MietR BGB § 535 Rn. 510.
[10] *Achenbach/Horst* in MAH MietR § 15 Rn. 30; *Blank* in Blank/Börstinghaus MietR BGB § 535 Rn. 510.
[11] *Blank* in Blank/Börstinghaus MietR BGB § 535 Rn. 510.
[12] OLG Düsseldorf NJWE-MietR 1996, 126; vor allem bei gewerblichem Mietraum strittig siehe *Wiederhold* in BeckOK BGB, Ed. 1.2.2019, § 541 Rn. 4.
[13] Siehe dazu die Übersicht bei *Weißker* in MAH MietR § 12 Rn. 7.
[14] *Achenbach/Horst* in MAH MietR § 15 Rn. 10.
[15] *Achenbach/Horst* in MAH MietR § 15 Rn. 10.
[16] *Zehelein* in BeckOK BGB, Ed. 1.2.2019, § 538 Rn. 1.
[17] BGH NJW-RR 1995, 123; KG Berlin NZM 2005, 663.

brauch, so ist der Mieter aufgrund der ihm **obliegenden Obhutspflicht** nach § 536c BGB daran gehalten, dies dem Vermieter anzuzeigen (→ Rn. 131).[18] Gleichzeitig ist der Vermieter im Rahmen seiner Erhaltungspflicht verpflichtet, die Mängel zu beheben, § 535 Abs. 1 S. 2 BGB.

Die Festlegung, was zum Gebrauch der Mietsache gehört und was nicht, stellt eine komplexe Materie dar. Verschärft wird dies durch die **Vielgestaltigkeit** an **Beschränkungen**, die den Gebrauch eindämmen und die wiederum von **Ausnahmen ("Duldungen")** gespickt sind. 12

III. Rechte von Vermieter und Mieter bei vertragswidrigem Gebrauch

1. Rechte des Vermieters

Überschreitet der Mieter den vertragsmäßigen Gebrauch der Mietsache, so ist der Vermieter nach § 541 BGB berechtigt, den Mieter auf **Unterlassung des vertragswidrigen Gebrauchs** in Anspruch zu nehmen, sofern er diesen zuvor wirksam abgemahnt hat. Die Abmahnung muss dem Mieter aufzeigen, welches **konkrete Verhalten** beanstandet wird, damit er dieses für die Zukunft unterlässt.[19] Zudem geht damit eine gewisse **Warnfunktion** einher, die bei Zuwiderhandeln entweder die Geltendmachung des Unterlassungsanspruchs nach § 541 BGB, die **außerordentliche Kündigung nach § 543 Abs. 1, Abs. 2 Nr. 2 BGB sowie § 569 BGB** oder die **ordentliche Kündigung nach § 573 Abs. 2 Nr. 1 BGB** zur Folge hat. Da die Abmahnung eine rechtsgeschäftsähnliche Handlung darstellt, sind die Vorschriften über **empfangsbedürftige Willenserklärungen** entsprechend anwendbar.[20] Die durch den Vermieter auszusprechende Abmahnung kann sowohl mündlich als auch schriftlich erfolgen,[21] wobei letzteres aus **Beweisgründen** zu empfehlen ist. Sie muss stets gegenüber dem Mieter ausgesprochen werden.[22] Sie ist entbehrlich, wenn mit Sicherheit feststeht, dass der Mieter das **vertragswidrige Verhalten** nicht abstellen will oder kann.[23] Gleiches gilt, wenn sich der Mieter weigert, seinen mietvertraglichen Pflichten zu entsprechen[24] oder er eine frühere Beanstandung wiederholt.[25] 13

Der Vermieter ist berechtigt, den Mietvertrag nach § 543 Abs. 1, Abs. 2 Nr. 2 BGB zu kündigen, wenn „der Mieter die Rechte des Vermieters dadurch in erheblichem Maße verletzt, dass er die Mietsache durch **Vernachlässigung** der ihm **obliegenden Sorgfalt** erheblich gefährdet oder sie unbefugt einem Dritten überlässt". Auch in diesem Fall ist der Vermieter zunächst verpflichtet, den Mieter abzumahnen, damit dieser das **vertragswidrige Verhalten** unterlässt beziehungsweise ein vertragsmäßiges Verhalten anwendet.[26] Dies entspricht dem in § 314 Abs. 2 BGB zugrundeliegenden Rechtsgedanken für die Kündigung von Dauerschuldverhältnissen. Die in **§ 543 Abs. 2 BGB** erfolgte **Aufzählung** ist nicht abschließend, sodass auch andere Fälle des vertragswidrigen Gebrauchs zur Kündigung aus wichtigem Grund führen können.[27] Ferner ist die **außerordentliche fristlose Kündigung** dann zulässig, wenn die sofortige Kündigung aus besonderen Gründen unter Abwägung der **beiderseitigen Interessen gerechtfertigt** ist, § 543 Abs. 3 S. 2 Nr. 2 BGB. § 543 BGB wird durch § 569 BGB ergänzt und ist demnach vor § 573 BGB zu 14

---

[18] Vgl. *Häublein* in MüKoBGB § 536c Rn. 9; *Wiederhold* in BeckOK BGB, Ed. 1.2.2019, § 536c Rn. 10.
[19] LG Hamburg BeckRS 1975, 00640; *Blank* in Blank/Börstinghaus MietR BGB § 541 Rn. 5.
[20] So die allgemeine Auffassung, BGH NZM 2008, 277; OLG Celle BeckRS 1981, 01314; *Weidenkaff* in Palandt BGB § 541 Rn. 8; *Nies* NZM 1998, 221.
[21] *Wiederhold* in BeckOK BGB, Ed. 1.2.2019, § 541 Rn. 9.
[22] *Weidenkaff* in Palandt BGB § 541 Rn. 8.
[23] *Wiederhold* in BeckOK BGB, Ed. 1.2.2019, § 541 Rn. 11.
[24] BGH BeckRS 1975, 31118425; *Weidenkaff* in Palandt BGB § 541 Rn. 8.
[25] LG München I ZMR 1985, 384.
[26] Vgl. *Bieber* in MüKoBGB § 543 Rn. 58.
[27] Abzustellen ist dann auf den Auffangtatbestand des § 543 Abs. 1 BGB, vgl. *Blank* in Blank/Börstinghaus MietR BGB § 543 Rn. 5.

prüfen, der die **ordentliche Kündigung** durch den Vermieter regelt. Der vertragswidrige Gebrauch der Mietsache kann auch dazu führen, dass dem Vermieter **Schäden** entstehen, die nach **§§ 280 Abs. 1, 241 Abs. 2 BGB** ersatzpflichtig sind.[28]

2. Rechte des Mieters

15 Dem Mieter stehen nach **§§ 536 ff. BGB mietrechtliche Gewährleistungsrechte** zur Verfügung, wenn die Mietsache nicht die **Beschaffenheit** aufweist, die sie für gewöhnlich aufweisen soll (→ § 8 Rn. 1 ff.).

16 Stört der Vermieter selbst den **Gebrauch der Mietsache** durch den Mieter, kann der Vermieter verpflichtet werden, **etwaige Störungen** des vertragsgemäßen Gebrauchs **zu unterlassen.**[29] Verschafft der Vermieter sich **ohne Erlaubnis** oder **sonstige vertragliche** oder **gesetzliche Berechtigung** Zutritt zur Wohnung, so begeht er sowohl nach **§ 858 BGB verbotene Eigenmacht** und Hausfriedensbruch gem. § 123 StGB (zum Zutrittsrecht → Rn. 155; → § 16 Rn. 8 ff.).[30]

17 Handelt es sich um **Störungen durch Nachbarn** oder andere Mieter, so ist der Vermieter verpflichtet, die Störungen abzuwehren; notfalls kann der Vermieter verpflichtet sein, dem störenden Mieter nach **§§ 543, 569 Abs. 2, 578 Abs. 2 BGB zu kündigen** und die **Räumung** durchzuführen.[31] Diese Ansprüche bestehen unabhängig von der Möglichkeit des gestörten Mieters, selbst wegen **Besitzstörung nach § 862 BGB** vorzugehen.[32]

C. Erscheinungsformen von Wohngemeinschaften und ihre Auswirkungen auf den Rechte- und Pflichtenkanon der Mietparteien

18 Die Beteiligung von Wohngemeinschaften und ihr Auftreten in verschiedenen Variationen haben Auswirkung auf den Rechte- und Pflichtenkanon der Parteien. So ergibt sich eine unterschiedliche Beurteilung bereits aus dem Umstand, dass in einigen Wohngemeinschaften **selbstständige Einzelmietverträge** existieren (WG-Typ A, WG-Typ B, WG-Typ E und WG-Typ F) und in anderen Wohngemeinschaften **einheitliche Mietverträge** zwischen den Parteien geschlossen werden (WG-Typ C und WG-Typ D). Während bei den Einzelmietverträgen keine schwierigen Abgrenzungsprobleme existieren, ist die Behandlung der einheitlichen Mietverträge komplizierter, da zunächst anhand des konkreten Einzelfalls dargetan werden muss, ob es sich um eine Wohngemeinschaft des Typs C oder D handelt. Welche Kriterien dabei heranzuziehen sind, wurde an anderer Stelle bereits erörtert (→ § 2 Rn. 58 ff.). Überdies wird in den meisten Wohngemeinschaften im **Innenverhältnis eine Gesellschaft bürgerlichen Rechts** nach § 705 BGB vorliegen, sodass innerhalb der Wohngemeinschaft Entscheidungen nur gemeinsam getroffen werden können (→ § 14 Rn. 6 ff.).

---

[28] BGH NJW-RR 1995, 123; KG Berlin NZM 2005, 663.
[29] BGH NZM 2013, 27.
[30] *Häublein* in MüKoBGB § 535 Rn. 132.
[31] LG Hamburg WuM 1987, 218; *Häublein* in MüKoBGB § 535 Rn. 133; *Achenbach/Horst* in MAH MietR § 15 Rn. 76.
[32] *Häublein* in MüKoBGB § 535 Rn. 133.

D. Besondere Gebrauchsrechte, ihre Grenzen und Duldungspflichten

I. Unbefugte Gebrauchsüberlassung an Dritte

Nach § 540 BGB ist der Mieter ohne die Erlaubnis des Vermieters nicht berechtigt, den Gebrauch der Mietsache einem Dritten zu überlassen beziehungsweise ihm weiter zu vermieten. Dem Mieter steht in einem Fall der **verweigerten Erlaubnis** die Möglichkeit zu, das Mietverhältnis außerordentlich mit der gesetzlichen Frist nach § 540 Abs. 1 S. 2 BGB zu kündigen, sofern nicht in der Person des Dritten ein **wichtiger Grund** vorliegt. Bei Wohnraummietverträgen gilt ergänzend die Sonderregelung von § 553 BGB. Dieser gewährt dem Mieter einen Anspruch gegen den Vermieter auf **Erteilung der Erlaubnis** zur Untervermietung, wenn der Mieter ein berechtigtes Interesse hat, den Teil des Wohnraums zum **Gebrauch an einen Dritten** zu überlassen. Dies gilt nicht für den Fall, dass in der Person des Dritten ein **wichtiger Grund** vorliegt, der Wohnraum übermäßig belegt würde oder dem Vermieter die Überlassung aus sonstigen Gründen nicht zugemutet werden kann. 19

Nicht als Dritte im Sinne der Vorschrift und somit vom Gebrauchsrecht des Mieters erfasst sind nahe **Familienangehörige**, **Angestellte** des Mieters sowie Personen, deren der Mieter **zur Pflege** bedarf.[33] Eine Ausnahme stellen zudem Besucher des Mieters dar.[34] Dabei ist eine maximale Besuchsdauer von **sechs Wochen** als noch vom Gebrauchsrecht umfasst anzusehen.[35] Für alle anderen Personen gilt somit das Erlaubniserfordernis der §§ 540, 553 BGB. 20

Überschreitet der Mieter sein Gebrauchsrecht indem er **ohne Erlaubnis** untervermietet, so kann der Vermieter neben der Geltendmachung des **Unterlassungsanspruchs nach § 541 BGB**, das Mietverhältnis nach § 543 Abs. 2 Nr. 2 BGB kündigen. 21

Hinsichtlich der **WG-spezifischen Probleme** einer unbefugten Gebrauchsüberlassung an Dritte wird auf die umfassende Darstellung von *Selzer* (→ § 3) verwiesen. 22

II. Lärm- und andere Geräuschentwicklungen

1. Allgemeines

Wann Geräusche noch als **sozialadäquat** und damit mit dem vertragsgemäßen Gebrauch der Mietsache zu vereinbaren sind, kann nur **anhand des Einzelfalls** entschieden werden. In Mehrfamilienhäusern gilt das Gebot der vertragsimmanenten Rücksichtnahme in besonderer Weise.[36] „Normale" Geräusche, die mit der Reinigung der Wohnräume verbunden sind[37] oder die beim Baden und Duschen entstehen,[38] sind hinzunehmen. Allerdings kann auch **grundsätzlich sozialadäquates Verhalten** einen **vertragswidrigen Gebrauch** darstellen. Dies gilt insbesondere dann, wenn das Haus über einen **unzulänglichen Schallschutz** verfügt und daher von den Mietern in besonderem Maße Rücksicht zu nehmen ist.[39] Dies ist beim Betreten der Wohnung in Stöckelschuhen[40] oder auch durch zu laute Geräusche beim Sexualverkehr anzunehmen.[41] Das Benutzen von Bohrmaschinen 23

---

[33] *Weißker* in MAH MietR § 12 Rn. 6.
[34] *Weißker* in MAH MietR § 12 Rn. 4; *Bieber* in MüKoBGB § 540 Rn. 4.
[35] *Kraemer/von der Osten* in Bub/Treier BeckHdB MietR III. Rn. 2498; *Weißker* in MAH MietR § 12 Rn. 4.
[36] BGH NJW 2012, 1647.
[37] OLG Düsseldorf NJWE-MietR 1997, 198.
[38] BayObLG NJW 1991, 1620; OLG Düsseldorf NJW 1991, 1625.
[39] AG Warendorf DWW 1997, 344 = LSK 1998, 200282; *Achenbach/Horst* in MAH MietR § 15 Rn. 7.
[40] LG Hamburg BeckRS 2010, 6589.
[41] AG Warendorf DWW 1997, 344 = LSK 1998, 200282: „Yippi-Rufe beim Sex".

oder ähnlichem Gerät ist während der ortsüblichen Ruhezeit zu unterlassen.[42] Radio- und TV-Geräte müssen auf Zimmerlautstärke eingestellt werden.[43] **Streit und familiäre Konflikte** sind dann nicht mehr hinnehmbar, wenn sie überlaut und nachts geführt werden.[44] Gelegentliches Feiern oder geselligen Beisammensein ist noch vom Gebrauchsrecht erfasst,[45] sofern es sich nicht um nächtliches Feiern handelt.[46] Inwiefern das Musizieren innerhalb der Wohnung ein vertragswidriges Verhalten darstellt, wird später diskutiert (→ Rn. 112).

24 Ebenfalls ist **Kinderlärm**, wenn es sich um **alterstypische Geräusche**[47] beim **normalen Spielen**[48] handelt, **kein vertragswidriger Gebrauch**. Dazu gehört auch das Schreien von Babys in der Nacht.[49] Dies bedeutet allerdings nicht, dass Kinderlärm **grundsätzlich geduldet** werden muss. Als Kriterien sind hierbei **Dauer, Tageszeit, Alter des Kindes sowie die Qualität** des dabei **verursachten Lärms** heranzuziehen. Ebenfalls kann das Verhalten der Eltern, sich nicht um das Schreien der Kinder zu kümmern, ein Indiz für die **Vertragswidrigkeit** sein.[50] In diesen Fällen steht es dem Vermieter zu, den Mieter abzumahnen, Unterlassungsansprüche nach § 541 BGB geltend zu machen oder gar die Kündigung aussprechen.

2. WG-spezifische Probleme bei Lärm- und anderen Geräuschentwicklungen

25 Bei **WG-Typ A (Untervermietung)** ist der Hauptmieter aufgrund seiner hervorgehobenen Stellung gegenüber dem Vermieter verpflichtet, Geräuschbelästigungen innerhalb der WG zu unterbinden. Er ist folglich berechtigt, bei vertragswidrigem Verhalten den betroffenen Untermieter abzumahnen oder zu kündigen. Aus den oben genannten Gründen ist überdies eine **gesellschaftsrechtliche Rücksichtnahmepflicht** jedes Mitbewohners gegeben (→ Rn. 18).

26 Geht die Störung von dem Partner eines Mieters aus, der ohne Untermietvertrag die Mietsache nutzt **(WG-Typ E)**, so berechtigt dies (neben der unberechtigten Untervermietung) den Vermieter das Mietverhältnis zu kündigen. Eine Duldungspflicht ist hier keineswegs anzunehmen.

27 Im Verhältnis zwischen dem Vermieter und den Einzelmietvertragsparteien ergibt sich bei **WG-Typ B** kein Unterschied zu den **gewöhnlichen mietrechtlichen** Vorschriften bei Lärm- und Geräuschbeeinträchtigungen. Insofern ist auf die allgemeinen Ausführungen zu verweisen (→ Rn. 23 f.).

28 Ist keine Innen-GbR zwischen den Mitbewohnern gegeben, so ist jeder einzelne Mieter berechtigt, dem Vermieter die Störung durch einen anderen Mieter anzuzeigen. Der Vermieter ist dann aufgrund seiner **mietvertraglichen Nebenpflichten** daran gehalten, weitere Maßnahmen gegen den störenden Mieter einzuleiten. Dies kann neben **Unterlassung** auch eine **Abmahnung** sowie die Kündigung des Mietverhältnisses beinhalten. Im Einzelfall kann der gestörte Mieter auch Duldungspflichten unterliegen.

29 Existiert zwischen den Mitbewohnern eine Innen-GbR, so ist jeder Mieter gehalten, die damit verbundenen **Rücksichtnahmepflichten** zu beachten. Aus diesen kann aber auch im Einzelfall eine **Duldungspflicht** resultieren, wenn es sich beispielsweise um besondere Anlässe handelt, zu denen die Ruhe gestört wird und diese Anlässe sich nicht häufen.

---

[42] *Zehelein* in BeckOK BGB, Ed. 1.2.2019, § 535 Rn. 388.
[43] LG Hamburg NJWE-MietR 1996, 6; LG Düsseldorf BeckRS 2015, 3723.
[44] AG Bergisch Gladbach BeckRS 2001, 30844227; *Zehelein* in BeckOK BGB, Ed. 1.2.2019, § 535 Rn. 388.
[45] LG Landshut NZM 1998, 761.
[46] OLG Düsseldorf NJW 1990, 1676; *Horst* NZM 1998, 647.
[47] LG München I NZM 2005, 339; LG Bad Kreuznach BeckRS 2001, 30920251.
[48] Vgl. BGH NZM 2003, 277; OLG Schleswig NZM 2002, 960; OLG Düsseldorf NJW-RR 1996, 211; LG Wuppertal BeckRS 2008, 17140; LG München I NZM 2005, 339.
[49] *Stollenwerk* NZM 2004, 289 (290).
[50] *Stollenwerk* NZM 2004, 289 (290).

Insofern gelten die **Rücksichtnahmepflichten** gegenseitig. In diesem Fall sind miet- und **gesellschaftsrechtliche Vorschriften** grundsätzlich nebeneinander anwendbar. Aus der Rücksichtnahmepflicht kann sich aber die beschriebene Pflicht zur Duldung einer Störung ergeben. Der Rückgriff auf die mietvertraglichen Regelungen ist insofern gesperrt.

Liegt ein **Gesamtmietvertrag** (**WG-Typ C**) zugrunde, so ist der Vermieter berechtigt, 30 bei Störungen durch die Wohngemeinschaft die oben beschriebenen Maßnahmen einzuleiten. Es spielt dabei keine Rolle, ob nur ein Mitbewohner oder die gesamte Wohngemeinschaft zur Störung beigetragen hat, da alle Mitbewohner **gleichberechtigt** zur Erfüllung ihrer Mieterpflichten als Gesamtschuldner verpflichtet sind (→ § 1 Rn. 26). So sind die nicht-störenden Mitbewohner gehalten, die Störung eines einzelnen Mitbewohners zu beenden beziehungsweise einzudämmen, sofern **keine Pflicht zur Duldung** besteht. Da überwiegend in diesen Konstellationen zwischen den Mitbewohnern zudem eine Innengesellschaft vorliegt, gelten die gegenseitigen Rücksichtnahmepflichten.

Die dem **WG-Typ D** zugrunde liegende **Außen-GbR** selbst kann nicht stören. Jedoch 31 wird ihr das störende Handeln der Gesellschafter nach **§ 31 BGB analog** zugerechnet, sodass die Maßnahmen des Vermieters sich grundsätzlich gegen die Gesellschaft zu richten haben. Im Gegensatz zu **Unterlassungspflichten** der Gesellschaft sind **Unterlassungspflichten** gegenüber den Gesellschaftern abzulehnen. Der Anspruch richtet sich allein gegen die Gesellschaft. Unter den Gesellschaftern besteht wiederum die gegenseitige Rücksichtnahmepflicht.

Liegen keine Mietverträge zugrunde (**WG-Typ F**), so sind die Bestimmungen zur gesell- 32 schaftsrechtlichen Rücksichtnahmepflicht für die Beendigung der Störung maßgeblich. Der störende Mitbewohner hat die **Interessen** der anderen Mitbewohner zu respektieren und zu achten. Gleichfalls kann aus der **Rücksichtnahmepflicht** im Einzelfall eine Duldungspflicht der gestörten Mitbewohner resultieren.

Liegen Mietverträge zugrunde, ist der Vermieter sowohl aus **mietrechtlichen Neben-** 33 **pflichten** als auch aufgrund seiner **gesellschaftsrechtlichen Beitragspflicht** daran gehalten, die Störung durch den Mieter zu beenden. Auch hier gilt zwischen ihm und den anderen Mietern die gesellschaftsrechtliche Rücksichtnahmepflicht, die sich im Einzelfall zu einer Duldungspflicht wandeln kann.

III. Bauliche Veränderungen an der Mietsache

1. Allgemeines

Der Vermieter ist nicht verpflichtet, **bauliche Veränderungen**, die der Mieter beabsich- 34 tigt, hinzunehmen.[51] Dieser Grundsatz hat allerdings durch die fachgerichtliche Rechtsprechung verschiedene Ausnahmen erfahren. Eine allgemeine Abgrenzungsformel, wonach bauliche Veränderungen noch als vertragsgemäß angesehen werden, existiert nicht. Vielmehr ist danach zu fragen, ob mit der baulichen Veränderung eine **Substanzbeeinträchtigung** der Mietsache einhergeht, ob die beabsichtigte Veränderung **endgültigen Charakter** hat, ob nachteilige **Folgewirkungen** zu befürchten sind, ob die **Einheitlichkeit der Wohnanlage** beeinträchtigt wird und ob Mitbewohner gestört werden.[52] Maßnahmen, die den damit gesteckten Rahmen überschreiten, sind **ohne vorherige Zustimmung** des Vermieters unzulässig. Dem Mieter steht folglich gegen den Vermieter kein Anspruch auf eigene Durchführung von **Modernisierungsarbeiten** zu.[53] Demnach obliegt es allein dem Vermieter, eine dementsprechende **Erlaubnis** gegenüber dem Mieter auszusprechen.[54]

---

[51] *Achenbach/Horst* in MAH MietR § 15 Rn. 10.
[52] *Achenbach/Horst* in MAH MietR § 15 Rn. 10.
[53] AG Potsdam BeckRS 2000, 01890.
[54] BGH NZM 2012, 154; zuvor bereits BGH ZMR 64, 338 = BeckRS 1964, 31185595; NJW 1963, 1539.

35 Etwas anderes gilt hingegen, wenn der Vermieter ohne **zwingenden Grund** die Nutzung des **technischen Fortschritts** durch eigene Einbauten des Mieters dadurch unmöglich macht, dass ein Bestandteil der Mietsache derart veraltet ist, dass ihr **Gebrauchswert erheblich gemindert** wird.[55] Ebenfalls **liegt kein vertragswidriger Gebrauch** vor, wenn die Mietsache erst durch die bauliche Veränderung in vertragsgemäßer Art und Weise gebraucht werden kann.[56] In diesen Fällen ist die Weigerung des Vermieters als **rechtsmissbräuchlich** anzusehen, sodass der Mieter ausnahmsweise einen Modernisierungsanspruch nach dem Grundsatz von **Treu und Glauben gem. § 242 BGB** zusteht.[57] Das Anbringen einer **Funk- beziehungsweise Parabolantenne** wird in den überwiegenden Fällen nicht mehr von Gebrauchsrecht des Mieters erfasst sein, wenn durch die Gemeinschaftsantenne bereits das durch das Grundgesetz gewährte **Informationsrecht**[58] in hinreichendem Maße gewährt wird (→ Rn. 55).[59]

36 Allerdings steht dem Vermieter nicht in jedem Fall das Recht zu, den Mieter fristlos gem. **§ 543 Abs. 2 S. 2** BGB zu kündigen, wenn dieser bauliche Veränderungen vornimmt, ohne die Erlaubnis des Vermieters einzuholen. So wird in der **Rechtsprechung** ein entsprechendes Interesse an einer sofortigen Vertragsbeendigung nur dann angenommen, wenn der Vermieter trotz Rückbaupflicht des Mieters bei Vertragsende durch die **ungenehmigten baulichen Änderungen** bereits während der Mietzeit erheblich beeinträchtigt wurde.[60]

2. WG-spezifische Probleme bei baulichen Veränderungen an der Mietsache

37 Dem Untermieter **(WG-Typ A)** sind bauliche Veränderungen nur in dem Rahmen gestattet, wie dies dem Mieter gegenüber dem Vermieter nach seinem **Gebrauchsrecht** zugestanden wird (→ Rn. 34). Grundsätzlich erscheint es unter den zum Hauptmietvertrag aufgestellten Grundsätzen nicht missbräuchlich zu sein, wenn der Mieter dem Untermieter jegliche bauliche Veränderung untersagt, die einen Eingriff von einer gewissen Schwere darstellt, über eine gewisse Dauer besteht und andere Mitbewohner beeinträchtigt. Erst wenn der Zustand der Mietsache so veraltet ist, dass gegenwärtig als üblich anzusehende technische Neuerungen nicht möglich erscheinen, ist es sinnvoll, einen Modernisierungsanspruch gegenüber dem Hauptmieter aus den Grundsätzen nach **Treu und Glauben gem. § 242 BGB** herzuleiten (→ Rn. 35). Ist ein solcher Modernisierungsanspruch zu bejahen, ist der Hauptmieter bei Bestehen einer Innengesellschaft aufgrund seiner hervorgehobenen Stellung und der damit verbundenen Beitragspflicht dazu verpflichtet, die Einwilligung gegenüber dem Vermieter durchzusetzen.

38 Für die Einzelmietvertrag-Konstellation des **WG-Typ B** gilt das zu baulichen Maßnahmen Ausgeführte entsprechend. Nur in sehr engen Ausnahmen wird ein Anspruch auf Modernisierung gewährt. Führt ein Mitbewohner trotzdem bauliche Veränderungen an der Mietsache durch, ist der Vermieter jedoch nicht immer berechtigt, das Mietverhältnis nach § 543 Abs. 2 Nr. 2 BGB zu beenden (→ Rn. 36).

39 Auch hinsichtlich des **WG-Typ C** kann auf die allgemeinen Ausführungen verwiesen werden. **Bauliche Veränderungen** können grundsätzlich nur mit Einwilligung des Vermieters vorgenommen werden. Nur in Ausnahmefällen gesteht die Rechtsprechung dem Mieter einen **Modernisierungsanspruch** zu. Führt ein Mitbewohner eine bauliche Veränderung durch, die nicht vom Vermieter bewilligt wurde und ist auch kein Modernisierungsanspruch nach **§ 242 BGB** gegeben, kann der Vermieter berechtigt sein, das Mietverhältnis insgesamt gegenüber allen Mitbewohnern nach § 543 Abs. 2 Nr. 2 BGB zu

---

[55] *Emmerich* in Staudinger BGB § 535 Rn. 41; *Achenbach/Horst* in MAH MietR § 15 Rn. 11.
[56] OLG Frankfurt a. M. NZM 1999, 125.
[57] BGH NZM 2012, 154.
[58] Dazu zuletzt BVerfG NJW 2013, 2180.
[59] Siehe dazu ausführlich *Zehelein* in BeckOK BGB, Ed. 1.2.2019, § 535 Rn. 360 ff.
[60] Vgl. OLG Düsseldorf BeckRS 1996, 3962; *Eisenschmid* in Schmidt-Futterer MietR BGB § 535 Rn. 443.

kündigen. Allerdings muss der Vermieter ein **berechtigtes Interesse** nachweisen, warum an dem Mietverhältnis nicht länger festgehalten werden könne (→ Rn. 36).

Da bei WG-Typ C üblicherweise eine **Innengesellschaft** vorliegt, gelten wiederum die **gegenseitigen Rücksichtnahmepflichten.** Dies bedeutet, dass derjenige Mitbewohner, der die bauliche Maßnahme vornehmen möchte, im Vorfeld die Einwilligung des Vermieters einzuholen hat. Wissen die Mitbewohner, dass ein Mitbewohner ohne Einwilligung des Vermieters **bauliche Veränderungen** vornehmen möchte, so sind sie verpflichtet, auf ihn einzuwirken, um somit die Gefahr einer möglichen Kündigung durch den Vermieter abzuwenden. Führt dies zu keinem Umdenken bei dem betroffenen Mitbewohner, wird es erforderlich den Vermieter zu kontaktieren, um gemeinsam gegen den einzelnen Mitbewohner vorzugehen und einen **Mitbewohnerwechsel** herbeizuführen (→ § 18 Rn. 52 ff.).[61] 40

Grundsätzlich kann auch bei **WG-Typ D** auf die allgemeinen Ausführungen verwiesen werden. Ist eine bauliche Veränderung der Mietsache geplant, ist die **Einwilligung** des Vermieters erforderlich. Beabsichtigt ein Mitbewohner eine solche Veränderung vorzunehmen, muss erst innerhalb der GbR ein entsprechender Beschluss gemeinsam gefasst werden, der dann an den Vermieter herangetragen wird. Nimmt ein Mitbewohner ohne eine solche vorherige Absprache Veränderungen vor, so wird dieses Handeln trotzdem der GbR **analog § 31 BGB** zugerechnet. Folglich ist der Vermieter berechtigt, den Rückbau der Maßnahme zu verlangen, sofern keine Duldungspflicht nach § 242 BGB gegeben ist und der Außen-GbR nach **§ 543 Abs. 2 Nr. 2 BGB** zu kündigen, wobei dies wiederum nicht ohne weiteres erfolgen kann (→ Rn. 36). 41

Unter den Gesellschaftern besteht die mehrfach angesprochene **Rücksichtnahmepflicht.** Aufgrund dessen werden diese angehalten sein, auf den betreffenden Mitbewohner einzuwirken, um eine mögliche Kündigung durch den Vermieter abzuwenden. Dass der betroffene Mitbewohner selbst gegen diese Pflicht verstößt, steht außer Frage. Die Mitbewohner sind daher auch berechtigt, den betroffenen Mitbewohner aus der Gesellschaft auszuschließen (→ § 18 Rn. 10). 42

Für **WG-Typ F** gilt: Liegen keine Mietverträge zugrunde, richtet sich die Zulässigkeit der baulichen Veränderung allein danach, ob die Mitgesellschafter sie befürworten oder nicht. Hier ist wiederum eine **einstimmige Entscheidung** erforderlich. Bestehen hingegen mietvertragliche Bindungen, so ist wiederum die Einwilligung des Vermieters einzuholen. Überdies darf es auch innerhalb der Wohngemeinschaft nicht zu Störungen kommen, sodass das gegenseitige gesellschaftsrechtliche **Rücksichtnahmegebot** greift. 43

IV. Gewerblicher Gebrauch

1. Allgemeines

Die **gewerbliche Nutzung** einer Mietwohnung stellt ohne Erlaubnis des Vermieters eine unzulässige einseitige Änderung des Gebrauchszwecks dar.[62] Daher wandelt sich der Wohnraum durch die **vertragswidrige gewerbliche Nutzung** auch nicht zu einem Geschäftsraum.[63] Der Vermieter kann daher **nach § 573 Abs. 2 Nr. 1 BGB fristgemäß** und **verhaltensbedingt** kündigen, wenn die Wohnung ohne Zustimmung gewerblich genutzt wird und der Mieter auch nach erfolgter **Abmahnung** keine Auskunft über den **Umfang der gewerblichen Nutzung** erteilt.[64] 44

Das Erfordernis über die Auskunft des Umfangs der gewerblichen Nutzung gibt bereits einen Hinweis darauf, dass der Mieter innerhalb der Mietwohnung **begrenzt gewerblich** 45

---

[61] Zur Möglichkeit der Teilkündigung bei Personenmehrheiten *Streyl* NZM 2011, 377 (385).
[62] Vgl. *Achenbach/Horst* in MAH MietR § 15 Rn. 30.
[63] OLG Düsseldorf NZM 2007, 799.
[64] LG München II ZMR 2007, 278.

tätig sein darf.[65] So kann der Vermieter unter gewissen Umständen dazu verpflichtet sein, dem Mieter die Erlaubnis zur **teilgewerblichen Nutzung nach den Grundsätzen von Treu und Glauben (§ 242 BGB)** zu erteilen.[66] Ein solcher Duldungsanspruch wird insbesondere dann gewährt, wenn weder Mitarbeiter[67] noch ins Gewicht fallender Kundenverkehr auftreten[68] und der Mieter nachweisen kann, dass der **vereinbarte Vertragszweck** nicht verändert wird, keine Gefahr der Beschädigung oder übermäßigen Abnutzung der Mietsache besteht und andere Mitmieter nicht durch etwaige Störungen beeinträchtigt werden.[69]

46 Eine **unzulässige Nutzung** wurde von der Rechtsprechung bisher bei der Errichtung einer Arzt-, Anwalts- beziehungsweise Steuerberaterpraxis[70] und zuletzt bei einer Gitarrenschule[71] (mit mehreren Schülern täglich) bejaht. Das Betreiben von **Prostitution** in den Mieträumen ist **nicht** allein aufgrund der **Verletzung des sittlichen Empfindens**[72] von Vermieter oder Mitmietern unzulässig, sondern nur, wenn **konkrete Belästigungen** erfolgen.[73]

2. WG-spezifische Probleme beim gewerblichen Gebrauch

47 Sowohl Hauptmiet- als auch der Untermietvertrag sind als **Wohnraummietvertrag** ausgestaltet **(WG-Typ A)**. Folglich ist die **gewerbliche Nutzung** durch einen Untermieter ohne entsprechende Vereinbarung eine **vertragswidrige** Nutzung der Mietsache.[74] Der Hauptmieter ist daher berechtigt, den gewerblich tätigen Untermieter abzumahnen (§ 541 BGB) und notfalls zu kündigen, **§ 573 Abs. 2 Nr. 1 BGB** (→ Rn. 44).

48 Allerdings gilt auch in diesen Konstellationen, dass der **jeweilige Einzelfall** und die **vertragswidrige Nutzung** genau betrachtet werden müssen. So ist eine gewerbliche Nutzung in geringem Maße möglich. Der Untermieter kann den Vermieter zur Erlaubniserteilung nach den Grundsätzen von **Treu und Glauben nach § 242 BGB** verpflichten (→ Rn. 45). Dies ist insbesondere dann anzunehmen, wenn von der gewerblichen Tätigkeit **keine Störung** für die anderen Mitbewohner der WG besteht. Liegt hingegen eine Störung vor, ist der Hauptmieter verpflichtet, einzuschreiten und Maßnahmen zu ergreifen, um die Störung zu beenden. Diese Pflicht ergibt sich zum einen aus dem Untermietverträgen mit den anderen Mitbewohnern, aber auch aus dem **gesellschaftsrechtlichen Rücksichtnahmegebot**, das innerhalb der Innen-GbR zwischen den Bewohnern der WG gilt.

49 Für **WG-Typ B (Einzelmietvertrag)** gelten die allgemeinen Voraussetzungen: Übt ein Mitbewohner innerhalb seines vermieteten Zimmers ein Gewerbe aus, so ist der Vermieter berechtigt, dagegen vorzugehen und etwaige **Maßnahmen (Unterlassung, Abmahnung, Kündigung)** einzuleiten. Es gelten die Ausführungen zum gewöhnlichen Zwei-Personen-Mietverhältnis. Daher kann im Einzelfall der Vermieter verpflichtet sein, die gewerbliche Tätigkeit zu dulden (→ Rn. 45). Nutzt der einzelne Mitbewohner auch die **Gemeinschaftsräume**, so ist jeder andere Mitbewohner berechtigt, dem Vermieter dies anzuzeigen, damit dieser dagegen einschreite. Dies ergibt sich aus seiner mietvertraglichen Nebenpflicht.

50 Liegt zudem eine **Innengesellschaft** zwischen den Mitbewohnern zugrunde, so gilt wiederum die gegenseitige Rücksichtnahmepflicht. Folglich hat der gewerblich tätige Mit-

---
[65] *Achenbach/Horst* in MAH MietR § 15 Rn. 30.
[66] *Achenbach/Horst* in MAH MietR § 15 Rn. 30.
[67] *Kraemer* in Bub/Treier BeckHdB MietR III Rn. 1003.
[68] LG Schwerin NJW-RR 1996, 1223.
[69] *Achenbach/Horst* in MAH MietR § 15 Rn. 30.
[70] BayObLGZ 1986, 78 = NJW-RR 1986, 892.
[71] BGH NZM 2013, 456.
[72] BGHZ 95, 307 = NJW 1985, 2823.
[73] LG Berlin NJW-RR 1996, 264; AG Regensburg BeckRS 1990, 05872.
[74] *Achenbach/Horst* in MAH MietR § 15 Rn. 30.

bewohner darauf zu achten, dass innerhalb der Wohngemeinschaft niemand gestört wird. Zudem können im Einzelfall die anderen Mitbewohner verpflichtet sein, eine noch vom vertragsmäßigen Gebrauch umfasste, gewerbliche Nutzung zu dulden gem. **§ 242 BGB** (→ Rn. 45).

Bei Vorliegen eines Gesamtmietvertrags **(WG-Typ C)** ist der Vermieter berechtigt, gegenüber allen Mitbewohnern, da diese Gesamtschuldner sind, Maßnahmen wie Unterlassung, Abmahnung oder gar Kündigung des Mietverhältnisses einzuleiten, wenn die Wohnung gewerblich genutzt wird. Dabei genügt ist, dass ein einzelner Mitbewohner gewerblich tätig ist. Auch hier kann im Einzelfall eine **Duldungspflicht nach § 242 BGB** bestehen, sofern die vertragswidrige Nutzung der Mietsache eine gewisse **Erheblichkeitsschwelle** nicht erreicht. **51**

Aufgrund der Kündigungsmöglichkeit durch den Vermieter ist in besonderem Maße das innergesellschaftliche **Rücksichtnahmegebot** zu achten. Im Einzelfall kann ebenso eine Duldungspflicht für die Mitbewohner bestehen. **52**

Wird die GbR **(WG-Typ D) gewerbsmäßig** tätig und führt dies zu Störungen, so ist der Vermieter berechtigt, ihr gegenüber abzumahnen, auf Unterlassung zu klagen oder zu kündigen. Die gleichen Befugnisse werden ihm gegenüber der Gesellschaft (nicht gegenüber dem Gesellschafter) zuteil, wenn nur ein Gesellschafter den Wohnraum gewerbsmäßig nutzt, da dieses Handeln der Gesellschaft **analog § 31 BGB** zugerechnet wird. Im Einzelfall kann wiederum ein Duldungsanspruch gegenüber dem Vermieter nach § 242 BGB bestehen. Innerhalb der GbR gilt wiederum das gegenseitige **Rücksichtnahmegebot**. **53**

Liegt kein Mietvertrag zugrunde **(WG-Typ F)**, richtet sich die Zulässigkeit des **gewerbsmäßigen Tätigwerdens** nach den gesellschaftsrechtlichen Vorschriften. Die Gesellschafter (Mitbewohner) haben alle der gewerbsmäßigen Nutzung zuzustimmen. Ob wiederum ein Duldungsanspruch besteht, erscheint fraglich. Zwar wäre ein solcher nicht aufgrund eines mietrechtlichen Rechtsverhältnisses gegeben. Jedoch könnte sich ein solcher wiederum aus dem gegenseitigen **Rücksichtnahmegebot** ergeben. Liegt ein Mietvertrag mit den Mitbewohnern zugrunde, so ergibt sich kein Unterschied zu den bereits oben angeführten Ausführungen. **54**

V. TV- und Radioempfang

1. Allgemeines

Dem Mieter steht aufgrund von **Art. 5. Abs. 1 S. 1 Hs. 2 GG** das Recht zu, am Empfang von **Hörfunk- und Fernsehprogrammen** teilzunehmen[75]. Diesem Anliegen steht das aus **Art. 14 GG** herrührende Eigentumsinteresse des Vermieters entgegen, wonach die Gebäudesubstanz nicht beschädigt und der **optische** und **ästhetische Gesamteindruck** des Gebäudes nicht verunstaltet werden[76] sowie auf örtliche Begebenheiten Rücksicht genommen wird (zum Beispiel bestehender Denkmalschutz).[77] Es gilt daher, zwischen den Mietparteien eine Abwägung der jeweiligen Interessen vorzunehmen. Das von **Art. 5 GG geschützte Informationsbedürfnis** des Mieters wird in der Regel durch die Bereitstellung einer Gemeinschaftsantenne, eines Breitbandkabelanschlusses oder durch den Empfang über Internet Rechnung getragen.[78] Da dem Mieter im Rahmen des **Wohnraummietvertrags** allerdings das Recht zusteht, auch private Sender zu empfangen, ist der Vermieter verpflichtet, die Zustimmung gegenüber demjenigen Unternehmen zu erteilen, das die dafür notwendigen entsprechenden Anlagen installiert.[79] **55**

---

[75] Vgl. BVerfG NJW 2013, 2180.
[76] BGH NJW 2010, 436; NZM 2008, 37; *Eisenschmid* in Schmidt-Futterer MietR BGB § 535 Rn. 480; *Hitpaß* NZM 2012, 401 (403).
[77] OLG München NJW-RR 2006, 592.
[78] *Zehelein* in BeckOK BGB, Ed. 1.2.2019, § 535 Rn. 360.
[79] *Häublein* in MüKoBGB § 535 Rn. 83; *Zehelein* in BeckOK BGB, Ed. 1.2.2019, § 535 Rn. 360.

56 Ob und inwiefern dem Mieter darüber hinaus das Recht zukommt, neben einer vorhandenen Gemeinschaftsantenne oder einem vorhandenen Kabelanschluss noch eine **Parabolantenne** aufzustellen, hängt von den Begebenheiten des Einzelfalls ab und insbesondere davon, wie die bereits angesprochene **Grundrechtsabwägung** zwischen Mieter (**Art. 5 Abs. 1, Art 4 GG**) und Vermieter (**Art. 14 GG**) ausfällt.[80] Für gewöhnlich wird man annehmen können, dass das von **Art. 5 Abs. 1 GG** geschützte **Informationsinteresse** durch die Existenz einer Gemeinschaftsantenne oder eines Breitbandkabelanschlusses gewahrt ist.[81] Eine **Ausnahme** ist dann gegeben, wenn bei dem Mieter **Sonderinteressen** bei der Abwägung zu berücksichtigen sind.[82] Diese sind beispielsweise bei Mietern gegeben, die aus beruflichen Gründen (**Auslandsjournalisten**[83]) darauf angewiesen sind, viele verschiedene Auslandsprogramme zu empfangen. Ebenso spielt die Herkunft der Mieter eine Rolle. Sowohl Aussiedler[84] als auch eingebürgerte Ausländer[85] können Träger dieser **Sonderinteressen** sein, wobei wiederum der Einzelfall entscheidend ist.

57 Diese Grundsätze sind auf ausländische Mieter zu übertragen, wobei deren Informationsinteresse gesondert zu berücksichtigen ist.[86] So haben diese ein besonderes Interesse daran, sich über das **politische** und **kulturelle** Geschehen in ihrem Herkunftsland zu informieren.[87] Zu berücksichtigen ist im Rahmen der Interessenabwägung, inwiefern der Mieter bereits ohne **Parabolantenne** Programme seines Heimatlandes empfangen kann.[88] Ist kein Programm über das Kabelnetz zu empfangen, so wird der Vermieter die **Installation einer Parabolantenne** nicht verhindern können.[89] Es ist aber zu berücksichtigen, dass bei vorhandenem Breitbandkabelanschluss der Mieter keinen Anspruch auf **Installation einer Parabolantenne** hat, wenn ihm über den Kabelanschluss oder das Internet zu **vertretbaren Kosten** ein ausreichender Zugang zu Programmen in seiner Sprache und aus seinem Heimatland ermöglicht werden kann.[90]

58 Für die Gestattung einer Parabolantenne ist entscheidend, dass sie **baurechtlich zulässig ist**, **fachmännisch** installiert wird, alle anfallenden **Kosten** durch den Mieter getragen werden,[91] der Vermieter den Anbringungsort festlegt[92] und der Mieter bei Beendigung des Mietverhältnisses die Antenne beseitigt.[93]

59 Ohne die **vorherige Zustimmung** des Vermieters ist der Mieter nicht berechtigt, eigenmächtig eine Parabolantenne zu installieren. Dem Vermieter steht daher grundsätzlich der Beseitigungsanspruch nach § 541 BGB zu, es sei denn, dass der Mieter einen **Anspruch auf Zustimmung** zur Installation hat und der Vermieter die Maßnahme dulden muss.[94] Der Vermieter ist überdies nicht zur **Deinstallation** der Antenne berechtigt, wenn nachträglich ein Kabelanschluss gelegt wird.[95] Etwas anderes gilt allerdings, wenn die **Erlaubniserteilung** unter dem Widerrufsvorbehalt aus wichtigem Grund stand.[96] Ein **formularmäßiger Ausschluss** zur Installation einer Antenne oder eines Kabelanschlusses

---

[80] Vgl. dazu BVerfG NJW 1993, 1252; BGH NZM 2013, 647; *Emmerich* in Staudinger BGB § 535 Rn. 46.
[81] *Zehelein* in BeckOK BGB, Ed. 1.2.2019, § 535 Rn. 360.
[82] Zu diesen *Zehelein* in BeckOK BGB, Ed. 1.2.2019, § 535 Rn. 360.
[83] LG Baden-Baden WuM 1997, 430.
[84] LG Landau NJW 1998, 2147; aA LG Berlin BeckRS 2003, 14400.
[85] Vgl. BGH NJW 2010, 438 Rn. 10.
[86] *Zehelein* in BeckOK BGB, Ed. 1.2.2019, § 535 Rn. 361.
[87] *Zehelein* in BeckOK BGB, Ed. 1.2.2019, § 535 Rn. 361.
[88] BGH NZM 2013, 647 Rn. 4.
[89] BVerfG NZM 2005, 252; BGH NJW 2010, 436; kritisch BayObLGZ 1994, 326 = NJW 1995, 337; *Drasdo* NZM 2001, 13.
[90] BVerfG NJW 2013, 2180 Rn. 19; BGH NZM 2013, 647 Rn. 9; *Eisenschmid* in Schmidt-Futterer MietR BGB § 535 Rn. 480; *Zehelein* in BeckOK BGB, Ed. 1.2.2019, § 535 Rn. 361.
[91] AG Frankfurt a. M. NZM 2002, 562.
[92] BVerfG NJWE-MietR 1996, 1 mwN; BGH NJW-RR 2007, 1243.
[93] BGH NJW 2010, 436.
[94] *Zehelein* in BeckOK BGB, Ed. 1.2.2019, § 535 Rn. 362.
[95] Ebenso *Blank* in Blank/Börstinghaus MietR BGB § 535 Rn. 536; *Zehelein* in BeckOK BGB, Ed. 1.2.2019, § 535 Rn. 362; aA AG Arnsberg DWW 1995, 317.
[96] LG Krefeld BeckRS 2010, 10988.

D. Besondere Gebrauchsrechte, ihre Grenzen und Duldungspflichten   § 10

ohne dabei eine Einzelfallprüfung vorzunehmen, ist unzulässig.[97] Jedoch ist es möglich, formularmäßig einen Zustimmungsvorbehalt des Vermieters zu vereinbaren.[98] Bei **anderen Funkantennen** und **Sendeanlagen** ist wiederum die Zustimmung des Vermieters erforderlich. Auf Errichtung einer CB-Funkantenne bei einem Wohnraummietverhältnis hat der Mieter allerdings keinen Anspruch.[99]

2. WG-spezifische Probleme bei TV- und Radioempfang

60 Auch dem Untermieter steht das Recht zu, sich umfassend zu informieren und dafür auf Hörfunk- und Fernsehprogramme zuzugreifen (**WG-Typ A**). Da zwischen ihm und dem Vermieter **keine vertraglichen Verbindungen** bestehen, ist der Hauptmieter in der Pflicht, etwaige Belange seiner Untermieter gegenüber dem Vermieter anzusprechen und durchzusetzen. Der Untermieter ist allerdings nicht berechtigt, **ohne die vorherige Zustimmung** von Vermieter und Hauptmieter entsprechende Empfangsanlagen zu installieren (→ Rn. 59). In einem solchen Fall kann der Hauptmieter den Untermieter abmahnen und ihm kündigen. Überdies ist der Vermieter in einem solchen Fall berechtigt, den Hauptmieter abzumahnen oder die Zustimmung im Hinblick auf den vertragswidrig handelnden Untermieter zu widerrufen.

61 Bei einer **vertragswidrigen Weigerung** des Vermieters, die Installation anzubringen, steht es dem Untermieter zu, den Hauptmieter anzuhalten, die Installation der Anlage und ihre Duldung gerichtlich herbeizuführen. Dies wird dann anzunehmen sein, wenn der Untermieter **Träger** von (den bereits oben angesprochenen) **Sonderinteressen** ist (→ Rn. 56).[100] Dieses Recht ergibt sich ebenfalls aufgrund der gesellschaftsrechtlichen Verpflichtung, die den Hauptmieter als **Mitglied der Wohngemeinschaft** trifft, um den ihm obliegenden Beitrag zur Förderung des gemeinschaftlichen Wohnens zu leisten.

62 Ist eine Innengesellschaft gegeben, so gilt die **gegenseitige Pflicht zur Rücksichtnahme**. So darf der betroffene Untermieter nicht eigensinnig handeln und damit die Wohngemeinschaft gefährden, indem der Vermieter die ihm zustehenden Befugnisse ausnutzt. Überdies werden bei einem bestehenden **Sonderinteresse** auch die anderen Mitbewohner verpflichtet sein, den Empfang weiterer Sender zu dulden.

63 Für **WG-Typ B** ist wiederum auf die allgemeinen Ausführungen zu verweisen (→ Rn. 55 ff.). Liegt ein entsprechendes Sonderinteresse vor, ist die Installation von Empfangsanlagen nicht zu verweigern. Ebenso gilt bei dem Vorliegen einer Innengesellschaft das zum **Rücksichtnahmegebot** bereits Ausgeführte. Liegt das **Sonderinteresse** nicht vor, können die Mieter den Vermieter um Einschreiten ersuchen.

64 Auch bei Vorliegen eines **Gesamtmietvertrags** (**WG-Typ C**) gilt, dass der betroffene Mitbewohner einen Anspruch gegenüber dem Vermieter auf Installation einer entsprechenden Anlage hat, wenn im Einzelfall ein **Sonderinteresse** vorliegt (→ Rn. 56). Es ist nicht erforderlich, dass alle Mitbewohner ein solches aufweisen müssen. Ist dies nicht gegeben und wird trotzdem eine Installation vorgenommen, so ist der Vermieter berechtigt gegenüber allen Mitbewohnern auf Unterlassung zu klagen, abzumahnen und zu kündigen.

65 Liegt eine Innengesellschaft vor, gelten die **gegenseitigen Rücksichtnahmepflichten**. Weist der einzelne Mitbewohner ein Sonderinteresse auf, so haben die anderen Mitbewohner eine entsprechende Installation zu dulden.

66 Installiert bei Vorliegen des **WG-Typ D** ein Gesellschafter eine Anlage, ohne die vorherige Zustimmung vom Vermieter einzuholen, so wird dieses Verhalten der GbR **analog § 31 BGB** zugerechnet. Der Vermieter ist damit berechtigt, die Gesellschaft abzumahnen, auf Unterlassung zu klagen und schlimmstenfalls zu kündigen. Weist hingegen ein Gesellschafter ein entsprechendes **Sonderinteresse** auf, so ist dieses der Gesellschaft **analog**

---
[97] BGH NZM 2007, 597 Rn. 10; *Eisenschmid* in Schmidt-Futterer MietR BGB § 535 Rn. 475.
[98] VerfGH Berlin GE 2000, 1322; *Zehelein* in BeckOK BGB, Ed. 1.2.2019, § 535 Rn. 363.
[99] Siehe dazu *Zehelein* in BeckOK BGB, Ed. 1.2.2019, § 535 Rn. 364.
[100] Zu diesen *Zehelein* in BeckOK BGB, Ed. 1.2.2019, § 535 Rn. 360.

§ 166 BGB zuzurechnen (→ Rn. 56). Im Innenrecht der Gesellschaft ist bei Vorliegen des Sonderinteresses die Maßnahme zu dulden. Dies ergibt sich wiederum aus dem gegenseitigen Rücksichtnahmegebot.

67 Sind keine mietvertraglichen Regelungen vorhanden, sind die gesellschaftsrechtlichen Vorschriften anzuwenden (**WG-Typ F**). Bei Vorliegen eines **Sonderinteresses** wird man davon ausgehen können, dass der betroffene Mitbewohner einen entsprechenden Anspruch hat, der im Rahmen des gegenseitigen **Rücksichtnahmegebots** zu berücksichtigen ist. Allerdings ist denkbar, dass dem in der Wohngemeinschaft lebenden Vermieter als Eigentümer weitergehende Rechte in diesem Zusammenhang zustehen können und diese zu berücksichtigen sind. Liegen Mietverträge vor, so gelten die bereits erwähnten Ausführungen bei Vorliegen als auch dem **Fehlen eines Sonderinteresses**.

VI. Nutzung von Gemeinschaftsflächen und -räumen; Gartennutzung

1. Allgemeines

68 Der Mieter ist berechtigt, die zu dem Mietshaus gehörenden Räume und Flächen zu nutzen, wenn nicht etwas anderes ausdrücklich im Mietvertrag vereinbart wurde. Befindet sich eine Waschküche im Haus, so darf diese auch **ohne ausdrückliche Vereinbarung** vom Mieter genutzt werden.[101] Dem Vermieter steht es dabei zu, Benutzungsregeln aufzustellen, jedoch nicht den Gemeinschaftsraum zu entziehen.[102]

69 Das **Treppenhaus** und andere Gänge dürfen jedoch nicht dazu verwendet werden, um **Gegenstände abzustellen**.[103] Die für die WEG geltenden Grundsätze sind daher auf die Wohnungsmiete zu übertragen.[104] Etwas anderes gilt hingegen für den **Kinderwagen** eines Mieters[105] oder den **Rollator**.[106] Ein Abstellverbot kann formularvertraglich nicht festgesetzt werden.[107] Bei beengten Platzverhältnissen gilt das **Prioritätsprinzip**.[108]

70 Wird ein Kellerraum von einem Mieter über mehrere Jahre in Besitz genommen, so erfolgt dadurch keine Erweiterung des Wohnungsmietvertrags auf den Kellerraum.[109] Befindet sich in einem Kellerraum zentral der **Stromzähler** für alle Mietparteien, so handelt es sich nicht um einen Raum, der für die Mieter des Hauses allgemein zugänglich ist.[110] Unter gewissen Voraussetzungen ist jedoch der Vermieter verpflichtet, den Zugang zu ermöglichen.[111] Gehört zu den Kellerräumen ein Fahrradkeller, so ist das Fahrrad nur dort abzustellen.[112] Richtigerweise steht es dem Mieter frei, das Fahrrad auch in dem eigenen Wohnungskeller unterzustellen, selbst wenn die **Hausordnung** etwas anderes vorsieht.[113]

71 Wurde vom Mieter ohne ausdrückliche Regelung ein Teil der zum Haus gehörenden **Hoffläche** vom Mieter genutzt, ohne dass der Vermieter die **Nutzung beanstandet** hat, so kann der Vermieter die Nutzung nicht durch einseitige Erklärung entziehen.[114]

---

[101] *Achenbach/Horst* in MAH MietR § 15 Rn. 27; zur Entwidmung der Waschküche als Gemeinschaftsraum siehe AG Berlin-Spandau ZMR 2003, 121.
[102] AG Lörrach WM 1998, 662.
[103] Weder ein Schuhschrank, noch Schuhe dürfen abgestellt werden, vgl. OLG Hamm NJW-RR 1988, 1171; AG Köln WuM 1984, 2; jedoch wird eine Fußmatte als zulässig angesehen, LG Berlin MM 1991, 264.
[104] So auch *Achenbach/Horst* in MAH MietR § 15 Rn. 26.
[105] BGH NZM 2007, 37; LG Hamburg BeckRS 1991, 30929784.
[106] LG Hannover NZM 2007, 245.
[107] *Achenbach/Horst* in MAH MietR § 15 Rn. 26.
[108] AG Hannover NZM 2006, 819; *Flatow* NZM 2007, 432 (435).
[109] AG Köln WuM 1979, 254.
[110] AG Lörrach BeckRS 1993, 07219.
[111] *Achenbach/Horst* in MAH MietR § 15 Rn. 25.
[112] *Eisenschmid* in Schmidt-Futterer MietR BGB § 535 Rn. 361.
[113] So AG Münster BeckRS 2015, 4590; dem zustimmend *Achenbach/Horst* in MAH MietR § 15 Rn. 25.
[114] AG Gießen BeckRS 1992, 30943330; ausführlich dazu *Achenbach/Horst* in MAH MietR § 15 Rn. 28; aA AG Neubrandenburg WuM 1994, 262.

D. Besondere Gebrauchsrechte, ihre Grenzen und Duldungspflichten § 10

Ob und inwiefern die Gartennutzung mit vom Mietvertrag erfasst ist, richtet sich grundsätzlich danach, ob es sich um ein **Einfamilien- oder Mehrfamilienhaus** handelt. Während bei ersterem vermutet wird, dass der zum Haus gehörende Garten stets mitvermietet ist,[115] kommt es beim Mehrfamilienhaus auf verschiedene Aspekte an. Eine **Alleinnutzung** des Gartens ist gegeben, wenn diese **ausdrücklich im Mietvertrag** vereinbart wurde.[116] In einem solchen Fall ist der Mieter berechtigt, geringfügige gärtnerische Umgestaltungen vorzunehmen.[117] So ist neben dem Ansäen und Setzen von Blumen der Mieter berechtigt, einen Teich anzulegen[118] sowie einen Kompost[119] als auch einen Spielplatz[120] zu errichten, sofern der ursprüngliche Zustand bei Beendigung der Mietzeit wiederhergestellt werden kann. Bäume und Sträucher, die wesentliche Teile der Gartenanlage sind, dürfen nur mit Zustimmung des Vermieters entfernt werden.[121] Die von dem Mieter selbst gepflanzten Bäume und Sträucher werden **nicht Bestandteil des Grundstücks (§ 94 BGB)**, sondern Scheinbestandteile nach § 95 Abs. 1 BGB und bleiben somit im Eigentum des Mieters, der nach Beendigung der Mietzeit berechtigt ist, diese zu entfernen.[122] Es empfiehlt sich, die **Pflege des Gartens** ausdrücklich im Mietvertrag zu regeln. Eine Regelung, dass der Mieter die „Kosten der Gartenpflege" trage, führt dazu, dass der Vermieter verpflichtet ist, die Gartenpflege durchzuführen, da aus der Klausel nicht ersichtlich wird, ob der Mieter auch zur Ausführung der Gartenpflege verpflichtet werden sollte.[123] 72

Wann die Mitbenutzung des Gartens durch den Mietvertrag miterfasst ist, richtet sich im Ausgangspunkt nach dem **Charakter der Wohnanlage**.[124] Da diese Aussage sehr unbestimmt ist, empfiehlt das Schrifttum eine klare mietvertragliche Regelung.[125] Die Mitbenutzung des Gartens berechtigt nicht dazu, **Änderungen** an dem Garten vorzunehmen. Die Kinder des Mieters aber auch eingeladene fremde Kinder dürfen auf dem Hof spielen.[126] Wird ein Teil des Gartens von einem Wohnungsmieter ohne vertragliche Vereinbarung genutzt, so kann der Vermieter verpflichtet sein, diese nach **§ 242 BGB zu dulden**. Gleichzeitig ist er berechtigt, die Gestattung zu widerrufen.[127] 73

Ohne Zustimmung des Vermieters ist es dem Mieter nicht gestattet, Fahrzeuge auf dem Hof abzustellen.[128] Dies ist nicht vom **vertragsgemäßen Gebrauch** umfasst. Der Vermieter ist in einem solchen Fall berechtigt, **verbotswidrige Fahrzeuge** kostenpflichtig abzuschleppen. Ist vertraglich oder stillschweigend vereinbart, dass der Mieter sein Fahrzeug auf dem Hof abstellen darf, so kann der Vermieter dies **jederzeit** widerrufen.[129] 74

2. WG-spezifische Probleme bei der Nutzung von Gemeinschaftsflächen und -räumen; Gartennutzung

Das Recht zur Nutzung der Gemeinschaftsflächen des Wohnhauses durch den **Untermieter** richtet sich nach dem Recht, das dem **Hauptmieter** zusteht (→ Rn. 68 ff.). Folglich ist der Untermieter nicht berechtigt, weitergehende Befugnisse wahrzunehmen. Nutzt er das 75

---

[115] OLG Köln NJW-RR 1994, 334.
[116] LG Aachen DWW 1991, 22.
[117] AG Dortmund DWW 1991, 219.
[118] LG Lübeck BeckRS 1992, 05025.
[119] LG Regensburg WuM 1985, 242.
[120] AG Bonn BeckRS 2015, 6966.
[121] Vgl. *Achenbach/Horst* in MAH MietR § 15 Rn. 22.
[122] So *Achenbach/Horst* in MAH MietR § 15 Rn. 22; aA OLG Düsseldorf NZM 1998, 1020 (1022).
[123] LG Berlin NZM 2003, 20.
[124] So *Achenbach/Horst* in MAH MietR § 15 Rn. 18.
[125] Vgl. *Achenbach/Horst* in MAH MietR § 15 Rn. 19.
[126] So AG Berlin-Charlottenburg MM 1993, 185.
[127] Vgl. KG Berlin BeckRS 2007, 1199.
[128] *Achenbach/Horst* in MAH MietR § 15 Rn. 24a.
[129] LG Saarbrücken NJWE-MietR 1997, 5; ebenso *Achenbach/Horst* in MAH MietR § 15 Rn. 24a; aA hingegen AG Düsseldorf BeckRS 1993, 07187.

Grobe 239

Treppenhaus zu Unrecht zum Abstellen seines Fahrrads, so ist der Hauptmieter in der Pflicht, den Untermieter auf das **Fehlverhalten hinzuweisen** und entsprechende Gegenmaßnahmen einzuleiten. Gleiches gilt, wenn der Untermieter Veränderungen am Garten vornimmt, die nicht mehr vom Nutzungsrecht umfasst sind. Auch in diesem Fall wird man dem Vermieter das Recht zugestehen, die **Zustimmung zur Untermiete zu widerrufen**. Allerdings kann der Vermieter auch ohne vertragliche Berechtigung verpflichtet sein, dem Untermieter die Mitnutzung des Gartens zu gestatten, wenn dem Hauptmieter dieses Recht ebenso zusteht, da der Vermieter eine solche **Nutzung nach § 242 BGB** zu dulden hat (→ Rn. 73). Handelt der Untermieter vertragswidrig, steht es dem Vermieter frei, die Untervermietung zu widerrufen oder gar nach Abmahnung dem Hauptmieter zu kündigen.

76 Besteht zwischen Hauptmieter und Untermieter eine Innengesellschaft, so gelten innerhalb der Wohngemeinschaft wiederum die **gesellschaftsrechtlichen Treue- und Rücksichtnahmepflichten**. Aus seiner hervorgehobenen Stellung ist der Hauptmieter verpflichtet, auf vertragswidriges Verhalten der Untermieter zu unterbinden. Zudem ist er verpflichtet, die Interessen der Untermieter gegenüber dem Vermieter zu vertreten, wenn es sich um ein **berechtigtes Interesse** des Untermieters handelt.

77 Bei Einzelmietverträgen gelten die allgemeinen Ausführungen zum vertragsgemäßen Gebrauch. Es ergeben sich daher keine Besonderheiten bei **WG-Typ B**. Liegt zwischen den Mitbewohnern eine Innengesellschaft vor, so ist es zumindest von Bedeutung, dass die einzelnen Mitbewohner durch die Nutzung der Gemeinschaftsräume beziehungsweise des Gartens nicht gestört werden. Bei der Nutzung von **Gemeinschaftsräumen** etc. ist wenig Konfliktpotential innerhalb der Wohngemeinschaft selbst vorhanden, sodass gesellschaftsrechtliche Probleme nicht denkbar sind.

78 Auch für die Gesamtmietvertrag-Konstellation des **WG-Typ C** kann grundsätzlich auf die **allgemeinen Ausführungen** verwiesen werden. Allerdings steht es dem Vermieter zu, bei **vertragswidrigen Verhalten** eines Mitbewohners gegenüber allen Mitbewohnern Maßnahmen zu ergreifen, die sogar die Kündigung des Mietvertrages zur Folge haben können (→ Rn. 68f.). Dies resultiert wiederum aus dem **gesamtschuldnerischen** Charakter der WG-Konstellation. Jedoch gilt auch hier, dass dem Vermieter im Einzelfall eine Duldungspflicht nach **§ 242 BGB** auferlegt ist und er deshalb gehindert ist, gegen die Wohngemeinschaft vorzugehen.

79 Die auf gesellschaftsrechtlicher Seite geltenden **Treue- und Rücksichtnahmepflichten** sind im besonderen Maße zu berücksichtigen. So ist derjenige Mitbewohner, der den Garten oder eine andere Gemeinschaftsfläche nutzt, daran gehalten, dies **vertragsmäßig** wahrzunehmen und nicht das **Risiko** zu schaffen, dass der Vermieter berechtigte Gründe findet, den Mietvertrag zu kündigen. Gleichzeitig sind die anderen Mitbewohner in der Pflicht, auf das Verhalten des **betroffenen Mitbewohners einzuwirken**, um einen vertragsgemäßen Zustand beizubehalten.

80 Die (vertragswidrige) Nutzung von Gemeinschaftsräumen u. a. durch einen Mitbewohner wird der Außen-GbR **(WG-Typ D) analog § 31 BGB** zugerechnet. Besteht keine Duldungspflicht für den Vermieter, ist dieser berechtigt, gegenüber der GbR auf **Unterlassung zu klagen**, sie **abzumahnen** und ihr zu **kündigen**, wenn die Maßnahmen zu keiner Verbesserung geführt haben. Ein Vorgehen gegen den vertragswidrig handelnden Mitbewohner **analog § 128 HGB** ist hingegen nicht möglich.

81 Auch bei **WG-Typ D** ist es innerhalb der Gesellschaft erforderlich, dass sich jeder Gesellschafter an die zugrundeliegenden **Treue- und Rücksichtnahmepflichten** hält, da das vertragswidrige Verhalten der GbR zugerechnet wird.

82 Bei **WG-Typ F** kommt es auf die konkrete Ausgestaltung an, wie die **Nutzung von Gemeinschaftsräumen und -flächen** erfolgen kann. Handelt es sich um ein Haus, das allein im Eigentum des Vermieters steht und bewohnt dieser mit anderen ohne Mietvertrag eine Wohnung innerhalb dieses Hauses, so ist zu berücksichtigen, dass die anderen Mieter des Hauses durch eine etwaige Nutzung durch einen Mitbewohner der WG nicht gestört

werden. Wohnen keine anderen Parteien im Haus und liegt auch keine mietvertragliche Grundlage vor, so richtet sich die **Nutzung der Gemeinschaftsfläche** allein nach den **gesellschaftsrechtlichen** Regelungen.

Liegen hingegen mietvertragliche Bindungen zwischen den Parteien vor, kann der Vermieter die Nutzung entsprechend einschränken. Da zudem eine Innen-GbR besteht, übt das gegenseitige **Rücksichtnahmegebot** auch Einfluss darauf aus, in welchem Umfang und fernab jeder Störung die Nutzungsmöglichkeit wahrgenommen werden kann. 83

VII. Tierhaltung

1. Allgemeines

Beinhaltet der Mietvertrag keine Regelungen zur Tierhaltung, so ist eine solche unter **Abwägung der Interessen** von Mieter und Vermieter für den jeweiligen Einzelfall als grundsätzlich zulässig anzusehen.[130] Als **Kriterien** sind sowohl Aspekte des Tieres wie **Größe**, **Art**, **Verhalten** und Anzahl als auch Aspekte, die Mietwohnung betreffend wie Art, Größe, Zustand, Lage sowie die Alters- und Sozialstruktur der Mitmieter des Wohnhauses und die bereits vorhandene Anzahl und Art anderer Tiere heranzuziehen. Ebenso sind für eine Bewertung die bisherige Praxis des Vermieters und die **individuellen Bedürfnisse** des Mieters zu berücksichtigen.[131] 84

Enthält der Mietvertrag eine Regelung, die zur Tierhaltung berechtigt, so umfasst diese nur das Halten von **Haustieren in der üblichen Zahl**, wobei insbesondere Kleintiere (Hamster, Zierfische, kleine Vögel) erfasst sind.[132] Hunde und Katzen sind nicht mehr als **Kleintiere** anzusehen.[133] Es ist umstritten, ob ihr Halten noch vom vertragsgemäßen Gebrauch der Mietwohnung umfasst ist.[134] Dies kann wiederum nur im **Einzelfall** und Berücksichtigung der genannten Kriterien ermittelt werden.[135] Das Züchten von Kleintieren sowie eine übermäßige Haltung solcher ist nicht vom Wohnzweck einer Mietwohnung umfasst, wenn Mitmieter belästigt werden oder die Mietergemeinschaft in nicht hinnehmbarer Weise gestört wird.[136] 85

Das **Halten von Kampfhunden**[137] und anderen gefährlichen Tieren ist **stets nicht** mit dem vertragsmäßigen Gebrauch einer Mietwohnung zu vereinbaren.[138] Gleiches gilt für **exotische** Tiere, vor denen sich Mitbewohner ekeln oder Angst haben.[139] 86

Die Haltung von Tieren kann – mit Ausnahme von Kleintieren – individualvertraglich ausgeschlossen werden.[140] Etwas anderes kann sich bei Anwendung strenger Voraussetzungen dann ergeben, wenn aus **medizinischen** oder **gleichwertigen** Gründen der Mieter 87

---

[130] BGH NJW 2013, 1526; NZM 2013, 380; NJW 2008, 218; *Eisenschmid* in Schmidt-Futterer MietR BGB § 540 Rn. 551.
[131] BGH NJW 2013, 1526; NZM 2013, 380; NJW 2008, 218; *Eisenschmid* in Schmidt-Futterer MietR BGB § 540 Rn. 551; aA LG Köln ZMR 2010, 533, das ein freies Ermessen des Vermieters annimmt.
[132] *Zehelein* in BeckOK BGB, Ed. 1.2.2019, § 535 Rn. 369.
[133] *Häublein* in MüKoBGB § 535 Rn. 93; *Emmerich* in Staudinger BGB § 535 Rn. 53; aA hinsichtlich Katzen KG NZM 2005, 254.
[134] Zum Meinungsstand siehe *Eisenschmid* in Schmidt-Futterer MietR BGB § 535 Rn. 556; bejahend AG Kerpen BeckRS 2009, 28112.
[135] BGH NJW 2013, 1526; NZM 2013, 380; NJW 2008, 218; *Zehelein* in BeckOK BGB, Ed. 1.2.2019, § 535 Rn. 370; *Emmerich* in Staudinger BGB § 535 Rn. 54; *Apitz*, WuM 2013, 127.
[136] Dazu *Zehelein* in BeckOK BGB, Ed. 1.2.2019, § 535 Rn. 369 mwN.
[137] Was unter diesen zu verstehen ist, siehe KG Berlin NZM 2004, 145; *Neuhaus* DWW 2001, 45 (48).
[138] LG Karlsruhe NZM 2002, 246; LG Krefeld NJW-RR 1997, 332; hinsichtlich eines Pitbull: AG Frankfurt a. M. NZM 1998, 759; großzügiger im Hinblick auf Kampfhunden LG Berlin BeckRS 2011, 08879.
[139] OLG Karlsruhe NZM 2004, 551; hinsichtlich einer Ratte: LG Essen NJW-RR 1991, 908; hinsichtlich einer Königspython: AG Rüsselsheim BeckRS 1986, 05508; andererseits allerdings AG Köln NJW-RR 1991, 10 hinsichtlich ungefährlicher Schlangen im Terrarium.
[140] BGH NJW 2008, 218; *Eisenschmid* in Schmidt-Futterer MietR BGB § 535 Rn. 559; *Zehelein* in BeckOK BGB, Ed. 1.2.2019, § 535 Rn. 371; *Emmerich* in Staudinger BGB § 535 Rn. 52; *Blank* NJW 2007, 729 (732).

auf die Haltung von Tieren angewiesen ist.[141] Ein Verbot von Haustieren ist formularvertraglich wirksam vereinbart, sofern die Regelung eine Ausnahme für Kleintiere vorsieht.[142] Dem Vermieter steht es zudem frei, formularvertraglich seine **Zustimmung** gegenüber der Haustierhaltung durch den Mieter vorzubehalten. Dabei sind die für den Einzelfall oben **angesprochenen Interessen** abzuwiegen.[143] Eine Weigerung muss auf nachvollziehbaren und sachlich überprüfbaren Kriterien beruhen und steht daher nicht im freien Ermessen des Vermieters.[144] Eine Klausel, die einen **Erlaubnisvorbehalt** enthält, ist nach § 307 BGB nur dann wirksam, wenn die erwähnten Kriterien in dieser enthalten sind und damit die Erlaubnis des Mieters nicht allein im Ermessen des Vermieters liegt.[145] Nimmt der Mieter trotz **begründeter Versagung** ein Haustier auf oder kam es bereits zu Störungen durch das Haustier, so steht dem Vermieter ein Anspruch aus § 541 BGB zu.[146]

88 Eine vom Vermieter erteilte **Erlaubnis** bezieht sich grundsätzlich auf ein bestimmtes Tier und endet, wenn dieses stirbt beziehungsweise ein Austausch erfolgt.[147] Bei einer **Neuanschaffung** ist daher grundsätzlich wieder eine Erlaubnis einzuholen.[148] Die Erlaubnis kann vom Vermieter auch ohne vertraglich vereinbarten Widerrufsvorbehalt widerrufen werden, wenn ein wichtiger Grund vorliegt.[149] Ein solcher ist dann anzunehmen, wenn es sich um ein **gefährliches Tier** handelt, was dem Vermieter im Zeitpunkt der **Erlaubniserteilung** aber nicht bewusst war oder wenn vom Tier bereits konkrete Störungen ausgegangen sind oder der Mieter zur Haltung des Tieres ungeeignet ist beziehungsweise eine artgerechte Haltung in der Wohnung nicht möglich ist.[150]

2. WG-spezifische Probleme bei der Tierhaltung

89 Für **WG-Typ A** gilt, dass der Untermieter grundsätzlich an die Vorgaben gebunden ist, die dem Hauptmieter vom Vermieter aufgegeben wurden. Der Hauptmieter ist allerdings frei darin, **strengere Vorgaben** zu vereinbaren, sofern sie unter Abwägung der gegenseitigen Interessen als angemessen anzusehen sind (→ Rn. 84). Folglich können daher ohne weiteres die allgemeinen Ausführungen zur Tierhaltung herangezogen werden (→ Rn. 84f.). Verstößt der Untermieter trotzdem gegen die Vorgaben des Vermieters, so ist dieser berechtigt, die **Untermieterlaubnis** zu widerrufen. Zudem ist er berechtigt, den Mietvertrag mit dem Hauptmieter fristlos nach **§ 543 Abs. 2 Nr. 2 BGB** zu kündigen.

90 Liegt eine **Innengesellschaft** vor, so ist der Hauptmieter verpflichtet, darauf zu achten, dass die Tierhaltung den Vorgaben des Vermieters entspricht. Zudem ist er kraft seiner **hervorgehobenen Stellung** verpflichtet, die Interessen des Untermieters auch gegenüber dem Vermieter zu vertreten und auf diesen einzuwirken. Der Untermieter ist allerdings

---

[141] Dies gilt insbesondere für Blindenhunde OLG Hamm 4 Re Miet 5/80, 4 Re Miet 6/80, OLGZ 1981, 74 = NJW 1981, 1626 (1627); LG Hamburg BeckRS 1997, 10755; AG Friedberg BeckRS 1993, 1853; *Häublein* in MüKoBGB § 535 Rn. 93; *Eisenschmid* in Schmidt-Futterer MietR BGB § 535 Rn. 560, 564; *Dillenburger/Pauly* ZMR 1994, 249.

[142] BGH NJW 2013, 1526; NZM 2013, 380; LG Freiburg WuM 1997, 175; *Emmerich* in Staudinger BGB § 535 Rn. 52 mwN; *Eisenschmid* in Schmidt-Futterer MietR BGB § 535 Rn. 562 mwN; *Zehelein* in BeckOK BGB, Ed. 1.2.2019, § 535 Rn. 371.

[143] Ebenso AG Konstanz BeckRS 2007, 11204; AG Hamburg-Barmbek ZMR 2006, 535; *Zehelein* in BeckOK BGB, Ed. 1.2.2019, § 535 Rn. 371; aA hingegen LG Köln ZMR 2010, 533; zum Streitstand siehe *Blank* NJW 2007, 729 (732); *Hülsmann* NZM 2004, 841.

[144] Vgl. BGH NJW 2013, 1526; NZM 2013, 380; OLG Hamm ZMR 1981, 153; LG Karlsruhe NZM 2002, 246; LG Köln ZMR 2010, 533; *Zehelein* in BeckOK BGB, Ed. 1.2.2019, § 535 Rn. 371; *Kraemer/von der Osten* in Bub/Treier BeckHdB MietR III Rn. 2552.

[145] So bereits BGH NJW 2013, 1526; NZM 2013, 380; *Zehelein* in BeckOK BGB, Ed. 1.2.2019, § 535 Rn. 371.

[146] Dazu *Zehelein* in BeckOK BGB, Ed. 1.2.2019, § 535 Rn. 371 mwN.

[147] *Zehelein* in BeckOK BGB, Ed. 1.2.2019, § 535 Rn. 372.

[148] Für WEG OLG Celle NZM 2003, 242; siehe auch *Eisenschmid* in Schmidt-Futterer MietR BGB § 535 Rn. 570.

[149] LG München I BeckRS 1993, 03732; *Zehelein* in BeckOK BGB, Ed. 1.2.2019, § 535 Rn. 372.

[150] Vgl. *Zehelein* in BeckOK BGB, Ed. 1.2.2019, § 535 Rn. 372 mwN.

auch daran gehalten, nicht in unzulässigerweise Handlungen vorzunehmen, die dem Vermieter einen Anlass geben einzuschreiten.

Erlaubt der Vermieter die Tierhaltung, so ist aufgrund der gesellschaftsrechtlichen **Rücksichtnahmepflichten** überdies darauf zu achten, dass andere Mitbewohner nicht durch das Tier gestört werden oder sogar vor dem Tier Angst haben. Es ist daher erforderlich, dass auch die Mitbewohner einstimmig der Haltung des Tieres zustimmen (→ § 14 Rn. 37). 91

Für den Einzelmietvertrag **(WG-Typ B)** gilt das bereits zur Tierhaltung Gesagte (→ Rn. 84). Die anderen Mitbewohner können bei Störung durch die Tierhaltung den Vermieter veranlassen, dagegen vorzugehen. Maßgeblich ist dabei, ob der Mietvertrag die Haltung von Tieren überhaupt vorsieht. Bei der Vermietung von einzelnen Zimmern wird dies eher zu verneinen sein. Der Vermieter kann bei Zuwiderhandlung der Mietpartei **nach erfolgloser Abmahnung auf Unterlassung nach § 541 BGB** klagen, beziehungsweise sogar je nach Einzelfall außerordentlich kündigen, § 543 Abs. 2 Nr. 2 BGB. Liegt überdies eine **Innen-GbR** vor, ist neben der Einholung der Erlaubnis des Vermieters zudem die Zustimmung aller Mitbewohner erforderlich. 92

Bei Vorliegen eines Gesamtmietvertrags **(WG-Typ C)** gilt grundsätzlich Entsprechendes. Unterlässt es ein Mitbewohner, eine **Erlaubnis** vom Vermieter einzuholen, so ist letzterer berechtigt, gegenüber allen Mitbewohnern als Parteien des Mietvertrags Maßnahmen zu ergreifen, die auch die Kündigung des Mietverhältnisses umfassen. 93

Ist überdies eine Innengesellschaft zwischen den Mitbewohnern gegeben, verlangt die **gegenseitige Rücksichtnahmepflicht**, dass der tierhaltende Mitbewohner innerhalb der vertraglich zulässigen Grenzen handelt und auch auf die **Belange der Mitbewohner** achtet. Zudem sind die Mitbewohner gehalten, darauf hinzuwirken, dass der tierhaltende Mitbewohner die Vorgaben einhält. Bewilligt der Vermieter die Tierhaltung, so ist diese innerhalb der Wohngemeinschaft nur zulässig, wenn zudem alle Mitbewohner gemeinsam zustimmen. 94

Bei der Außen-GbR **(WG-Typ D)** wird das vertragswidrige Halten eines Tieres durch einen Mitbewohner gem. **§ 31 BGB analog** der Gesellschaft zugerechnet. Folglich ist der Vermieter berechtigt gegen die Gesellschaft entsprechende Schritte wie **Abmahnung, Unterlassung (§ 541 BGB) als auch Kündigung (§ 543 Abs. 2 Nr. 2 BGB)** einzuleiten. Ein Vorgehen gegen den Gesellschafter selbst, ist dem Vermieter versperrt. Ist die Haltung von Tieren durch den Vermieter gestattet, so ist überdies erforderlich, dass alle Gesellschafter der Tierhaltung in dem konkreten Fall zustimmen. 95

Die **Vereinbarkeit von Tieren** in der Wohngemeinschaft richtet sich bei dem Modell ohne mietvertragliche Grundlage **(WG-Typ F)** wiederum nach dem Gesellschaftsrecht, sodass alle Mitbewohner der Haltung eines Tieres zustimmen müssen. Liegt ein Mietvertrag zugrunde, so können die Ausführungen zu **WG-Typ B** herangezogen werden (→ Rn. 92). 96

VIII. Rauchen

1. Allgemeines

Nach der überwiegenden Auffassung gilt Rauchen im „normalen" Umfang als **vertragsgemäßes Verhalten**.[151] So ist der Mieter darin frei, innerhalb seiner Wohnung und im Zuge seiner privaten Lebensführung zu rauchen.[152] Nach dem BGH seien auch durch das Rauchen verursachte Ablagerungen von Nikotin und anderen Stoffen als Teil des vertragsgemäßen Gebrauchs zu tolerieren.[153] Nach Auffassung einiger Fachgerichte gilt dies auch 97

---

[151] BGH NJW 2008, 1439; NJW 2006, 2915; LG Saarbrücken WuM 1998, 689 (690) ; LG Köln NZM 1999, 456; AG Esslingen BeckRS 2004, 31057530; *Börstinghaus/Pielsticker* WuM 2012, 480; zweifelnd zuletzt allerdings BGH NJW 2015, 2023 Rn. 26.
[152] BGH NJW 2006, 2915.
[153] BGH NJW 2006, 2915; *Achenbach/Horst* in MAH MietR § 15 Rn. 39.

für **intensives Rauchen**.[154] Aus diesem Grund ist ein **formularmäßig** vereinbartes Rauchverbot unwirksam.[155] Dies gilt allerdings nicht für ein Rauchverbot in Gemeinschaftsräumen beziehungsweise auf Gemeinschaftsflächen.[156] Richtigerweise kann **individualvertraglich** ein **Rauchverbot** vereinbart werden.[157] Der BGH hat in einer Entscheidung aus dem Jahr 2006 ausgeführt, dass bei Fehlen eines individuell vereinbarten Rauchverbots „**übermäßig intensives**" Rauchen in einer gemieteten Wohnung vertragswidrig ist und einen Schadensersatzansprüche des Vermieters begründen kann.[158]

98 Allerdings war es lange Zeit umstritten, wann ein solches „übermäßig intensives" Rauchen anzunehmen ist. In einer Entscheidung aus dem Jahr 2008 hat der BGH ausgeführt, dass dem Vermieter ein Schadensersatzanspruch nach § 280 Abs. 1 BGB dann zusteht, wenn die Nikotinablagerungen nicht mehr durch **Schönheitsreparaturen** im **Umfang des § 28 Abs. 4 S. 3 II. BV (Tapezieren, Anstreichen oder Kalken der Wände und Decken, Streichen der Fußböden, Heizkörper einschließlich Heizrohre, der Innentüren sowie der Fenster und Außentüren von innen)** zu beseitigen sind, sondern weitere, darüber hinausgehende Instandsetzungsarbeiten erfordern (zu Schönheitsreparaturen → § 9 Rn. 9 ff.).[159] In einem solchen Fall muss es für den Vermieter möglich sein, auch unabhängig von der Existenz eines vertraglich vereinbarten Rauchverbots, Unterlassungsansprüche gegen den Mieter geltend zu machen, sei es aufgrund der Verletzung einer vertraglichen Nebenpflicht aus **§ 241 Abs. 2 BGB** oder aus **§ 1004 BGB**.[160]

99 Auch starkes Rauchen auf dem Balkon kann den **vertragsgemäßen Gebrauch** der Mietsache überschreiten, wenn andere Mitmieter durch Immissionen in Form von Gerüchen gestört werden, die die in **§ 906 Abs. 1 S. 1 BGB** aufgezeigte Grenze überschreiten und geeignet sind, der Gesundheit zu schaden[161] und damit das Gebot der gegenseitigen Rücksichtnahme[162] zu verletzen. Dies berechtigt die Nachbarn nicht nur zur Minderung, sondern auch zur Geltendmachung von Unterlassungsansprüchen.[163]

2. WG-spezifische Probleme beim Rauchen

100 Wurde bei **WG-Typ A** das Rauchen zwischen Vermieter und Hauptmieter **individualvertraglich** ausgeschlossen, so gilt dies auch für den Untermieter. Ein **formularmäßiger** genereller Ausschluss wird von der Rechtsprechung als unwirksam angesehen.[164] Hingegen ist es zulässig, das Rauchen in den Gemeinschaftsräumen durch Formularvertrag auszuschließen.

101 Fehlt es an einem **individuellen Ausschluss**, liegt nur bei einem übermäßig intensiven Rauchen ein vertragswidriger Gebrauch der Mietsache vor. Dabei muss jedoch jeder Einzelfall für sich betrachtet werden. Raucht der Untermieter übermäßig intensiv, kann der Vermieter auch **Unterlassungsansprüche** geltend machen. Eine solches Recht ergibt sich aus einer vertraglichen Nebenpflicht gem. **§ 241 Abs. 2 BGB** oder aus **§ 1004 BGB**.

102 Bedeutender ist dagegen der Umgang innerhalb der Wohngemeinschaft, wenn eine Innengesellschaft gegeben ist. So ist unabhängig von der **mietvertraglichen Zulässigkeit** des Rauchens in der Wohnung vor allem von Relevanz, ob Rauchen allgemein in der

---

[154] LG Köln NZM 1999, 456.
[155] *Harsch* WuM 2009, 76; *Börstinghaus/Pielsticker* WuM 2012, 480; aA hinsichtlich des Balkon *Reichhart/ Dittmann* ZMR 2011, 925.
[156] *Paschke* NZM 2008, 265 (268).
[157] AG Rastatt BeckRS 2005, 30997274; *Börstinghaus/Pielsticker* WuM 2012, 480 (485); *Harsch* WuM 2009, 78 (79).
[158] BGH NJW 2006, 2915.
[159] BGH NJW 2008, 1439.
[160] BGH NJW 2008, 1439.
[161] So zuletzt BGH NJW 2015, 2023.
[162] KG Berlin NJOZ 2004, 45; *Börstinghaus/Pielsticker* WuM 2012, 480 (482).
[163] BGH NJW 2015, 2023; LG Hamburg NZM 2012, 806; gleiches gilt im Übrigen für das Grillen.
[164] *Harsch* WuM 2009, 76; *Börstinghaus/Pielsticker* WuM 2012, 480; aA hinsichtlich des Balkon *Reichhart/ Dittmann* ZMR 2011, 925.

D. Besondere Gebrauchsrechte, ihre Grenzen und Duldungspflichten   § 10

Wohngemeinschaft gestattet ist. So ist ein innerhalb der Innen-GbR geltendes Rauchverbot denkbar. Insbesondere herrschen **verstärkte gegenseitige Rücksichtnahmepflichten**, sodass Rauchen nicht in der Wohnung, aber zumindest auf dem Balkon als gestattet angesehen werden kann. Fehlt ein Balkon, ist auf das Rauchen am **offenen Fenster** im eigenen Zimmer zu verweisen, wobei der Raucher Sorge zu tragen hat, dass etwaiger **Qualm und Geruch** nicht in den übrigen Bereich der Wohnung gelangt (ebenso → § 14 Rn. 34 f.). Daneben stehen Ansprüche aus Besitzschutz sowie Unterlassungsansprüche **analog §§ 823, 1004 BGB** den Mitbewohnern zu.

Für den Einzelmietvertrag **(WG-Typ B)** ist auf die allgemeinen Ausführungen zu verweisen (→ Rn. 97 ff.). Es kommt daher regelmäßig darauf an, ob ein Rauchverbot **individuell vereinbart** wurde. Rauchen in den Gemeinschaftsräumen kann **formularmäßig** ausgeschlossen werden. Der nichtrauchende Mitbewohner kann den Vermieter darauf hinweisen, ob sich das Rauchen eines anderen Mitbewohners verstärkt hat und er dadurch gestört wird. In einem solchen Fall können **Unterlassungsmaßnahmen** in Betracht kommen.   103

Liegt allerdings eine Innen-GbR zugrunde, so haben wieder alle Mitbewohner gegenseitige **Rücksichtnahmepflichten** zu beachten. Dies kann sich dadurch ausdrücken, dass das Rauchen in den Zimmern bei geschlossener Zimmertür und offenem Fenster erfolgt, sodass die anderen Mitbewohner nicht belästigt werden.   104

Auch für die Gesamtmietvertragskonstellation **(WG-Typ C)** können die allgemeinen Ausführungen zum Rauchen in der Wohnung herangezogen werden (→ Rn. 97 ff.). Ein generelles Rauchverbot ist durch formularmäßige Vereinbarung unzulässig. Dies gilt hingegen nicht, wenn ein solches individualvertraglich vereinbart wurde. Ob allerdings auch hier durch Formularvertrag ein Rauchverbot für die **Gemeinschaftsräume der Wohnung** vereinbart werden kann, erscheint unter dem Gesichtspunkt fraglich, dass es nur einen Mietvertrag gibt und ein solches Rauchverbot zu sehr in die Belange der Wohngemeinschaft selbst hineinragen würde. Es besteht daher **nicht das gleiche mietrechtliche Schutzbedürfnis** wie bei Einzelmietvertragsparteien. Ob in den Gemeinschafträumen der Mietsache geraucht werden darf, ist daher innerhalb der Wohngemeinschaft zu klären. Liegt übermäßig intensives Rauchen vor, so ist der Vermieter berechtigt, Unterlassungsansprüche geltend zu machen.   105

Im Innenbereich der Wohngemeinschaft wird grundsätzlich eine **Innen-GbR** vorliegen, sodass zwischen den Mitbewohnern **gegenseitige Rücksichtnahmepflichten** gelten. Der rauchende Mitbewohner hat daher darauf zu achten, dass andere Mitbewohner durch den Rauch nicht gestört werden. Auch hierbei stehen den Mitbewohnern Ansprüche aus **Besitzschutz** und auf **Unterlassung** zur Verfügung.   106

Ist eine Außen-GbR Mieter der Wohnung **(WG-Typ D)**, so gelten wiederum die allgemeinen Bestimmungen (→ Rn. 97). Raucht ein Mitbewohner übermäßig intensiv, so wird dies der GbR **analog § 31 BGB** zugerechnet. Dem Vermieter steht daher ein Anspruch aus **§ 541 BGB auf Unterlassung** zu. Zudem kann eine Kündigung gerechtfertigt sein. Auch bei WG-Typ D ist die Vereinbarung eines formularvertraglichen Rauchverbots für die **Gemeinschaftsräume** unwirksam, da ein solches zu sehr in die innergesellschaftliche Struktur eingreifen würde.   107

Ob und inwiefern Rauchen **innerhalb der GbR** gestattet sein soll, ist eine Angelegenheit, die allein von den Gesellschaftern geregelt werden kann. Zu berücksichtigen ist dabei insbesondere, dass kein Mitbewohner durch das Rauchen **gestört** werden soll. Verstößt ein Mitbewohner mehrmals gegen das Rauchverbot, kann der Ausschluss des Mitbewohners aus der GbR beschlossen werden, sofern im Gesellschaftsvertrag der GbR das **Fortbestehen der GbR** vorgesehen ist, **§§ 737, 723 Abs. 1 S. 2 BGB**. Der rauchende Mitbewohner ist wiederum daran gehalten, auf dem Balkon zu rauchen oder im eigenen Zimmer bei offenem Fenster und geschlossener Tür, damit die anderen Mitbewohner nicht durch Rauch gestört werden (→ Rn. 102). Überdies stehen den Mitbewohnern Ansprüche aus Besitzschutz und auf Unterlassung **analog §§ 823, 1004 BGB** zur Verfügung.   108

109 Existieren wie bei **WG-Typ F** keine Mietverträge zwischen dem Vermieter und den Mietern, so richtet sich die Zulässigkeit des Rauchens innerhalb der WG allein nach den **gesellschaftsrechtlichen Regelungen**. Da bei der Innen-GbR für gewöhnlich kein explizit ausgearbeiteter Gesellschaftsvertrag existiert, gilt das gesetzliche **Einstimmigkeitsprinzip**. Ein generelles Rauchverbot innerhalb der Wohnung ist daher möglich. Jedoch ist bei der Festlegung auch das gegenseitige **Rücksichtnahmegebot** dahingehend zu beachten, dass der rauchende Mitbewohner zumindest an einem Ort in der Wohnung rauchen kann und dabei keine Mitbewohner gestört werden. Dies wird in seinem Zimmer in der Wohngemeinschaft bei offenem Fenster der Fall sein. Verstößt ein Mitbewohner (wiederholt) gegen das Rauchverbot, können die anderen Mitbewohner ihn ausschließen (→ Rn. 108). Damit endet sogleich die GbR, sofern **kein einstimmiger ad-hoc-Beschluss** mit dem Inhalt gefasst wird, dass die Wohngemeinschaft aus den ursprünglich bestehenden Mitbewohnern fortgeführt oder als Wohngemeinschaft wieder **neu gegründet** wird, wenn der ausgeschiedene Mitbewohner die WG verlässt (→ § 18 Rn. 10, § 22 Rn. 33). Möchte der rauchende Mitbewohner nicht mehr der WG angehören, kann er zudem nach **§ 723 BGB** kündigen. Auch in diesem Fall löst sich die GbR auf, sofern keine entsprechende Regelung, die das Fortbestehen der Wohngemeinschaft trotz **Ausscheidens** oder die **Neugründung** vorsieht, per ad-hoc-Beschluss getroffen wurde.

110 Liegen Mietverträge zugrunde, so gelten grundsätzlich die allgemeinen Ausführungen zum Rauchverbot. Da zugleich eine besondere **gesellschaftsrechtliche Überlagerung bei WG-Typ F** gegeben ist, kann in einem einstimmig, von den Mitbewohnern gefassten Rauchverbot eine Vereinbarung eines **individuellen** Rauchverbots gesehen werden. Bei mehrmaligem Verstoß gegen ein solches kann der betroffene Mitbewohner aus der Gesellschaft ausgeschlossen werden (→ Rn. 108). Darin ist zugleich eine **außerordentliche Kündigung** des Mietvertrages zu sehen. Ob bereits ein einmaliger Verstoß gegen ein **individuell vereinbartes Rauchverbot** zum Ausschluss aus der GbR führen kann, erscheint unter hinreichender Berücksichtigung des gegenseitigen **Rücksichtnahmegebots** eher unwahrscheinlich zu sein. Erst wenn der Mitbewohner absichtlich und mehrfach durch Rauchen stört, ist in einem Ausschluss zugleich eine Kündigung des Mietverhältnisses zu sehen.

111 Ist der Vermieter der störende Mitbewohner, so erfolgt die Auflösung der GbR ohne Neugründung. Bei Vorliegen von Mietverträgen sind die anderen Mitbewohner zur außerordentlichen Kündigung berechtigt, **§ 543 Abs. 2 Nr. 1 BGB**.

IX. Musizieren

1. Allgemeines

112 Das Musizieren innerhalb der Wohnung stellt grundsätzlich **keinen vertragswidrigen Gebrauch** dar, sofern es sich um Instrumente handelt, die üblicherweise in der Wohnung benutzt werden.[165] Allerdings sind die **gesetzliche Nachtruhezeit** (22:00 Uhr bis 7:00 Uhr) als auch die von der Rechtsprechung **anerkannte Mittagsruhezeit** (13:00 Uhr bis 15:00 Uhr) zu beachten.[166] Außerhalb der Ruhezeiten ist es dem Mieter gestattet, **zwei**[167] **bis drei**[168] **Stunden** täglich zu musizieren.[169] Die Dauer kann sich im Einzelfall aufgrund der konkreten Wohnverhältnisse (Hellhörigkeit, Bewohnerstruktur etc.) auch reduzieren.[170]

---

[165] BGHZ 139, 288 = NJW 1998, 3713 betr. WEG; BayObLGZ 2001, 232 = NZM 2001, 1034 betr. WEG; LG Berlin BeckRS 2011, 16477 betr. E-Gitarre; LG Frankfurt a. M. WuM 2006, 142 betr. Musiklehrer; LG München I NZM 2005, 339.
[166] BayObLG WuM 1987, 39; KG Berlin NJW-RR 1992, 1102; LG München I DWW 1991, 111.
[167] OLG Hamm NJW 1981, 465.
[168] BayObLG NJWE-MietR 1996, 12.
[169] *Zehelein* in BeckOK BGB, Ed. 1.2.2019, § 535 Rn. 388.
[170] BGHZ 139, 288 = NJW 1998, 3713.

Überdies können weitere Einschränkungen gelten, wenn es sich um ein **besonders** 113
lautes Instrument handelt[171] oder mehrere Personen gleichzeitig beabsichtigen, in der
Wohnung zu musizieren. So ist es **nicht zulässig, gleichzeitig** in einer Wohnung, aber in
unterschiedlichen Zimmern zu musizieren.[172] Hingegen kann gemeinsam oder in
zeitlicher Abfolge musiziert werden. Der Mietvertrag kann Regelungen über die Musik-
ausübung beinhalten, wobei allerdings ein völliges Verbot durch AGB unwirksam, jedoch
im Wege der **Individualabrede** möglich ist.[173]

2. WG-spezifische Probleme beim Musizieren

Das **Musizieren** durch den Untermieter ist grundsätzlich kein vertragswidriger Gebrauch 114
der Mietsache, wenn es sich um Instrumente handelt, die üblicherweise in der Wohnung
benutzt werden.[174] Auch hier reichen allerdings die Befugnisse des Untermieters nur so
weit, wie **die Grenzen der Befugnisse des Hauptmieters** nicht überschritten werden.
Insofern ist auf die allgemeinen Ausführungen zu verweisen (→ Rn. 112 f.). Überschreitet
der Untermieter die gesteckten Grenzen, indem er beispielsweise besonders laute Instrumente wie E-Gitarre oder Schlagzeug spielt, so ist der Hauptmieter berechtigt abzumahnen, Unterlassungsansprüche geltend zu machen und sogar zu kündigen. Der Vermieter ist
berechtigt, die **Erlaubnis zur Untervermietung zu widerrufen**. Außerhalb der allgemeinen Ruhezeiten kann zwei bis drei Stunden täglich musiziert werden. Ein völliges
Verbot des Musizierens kann nur durch **Individualabrede**, nicht hingegen durch **Formularvertrag** vereinbart werden.[175]

Bei Vorliegen einer **Innen-GbR** sind zudem die gegenseitigen Rücksichtnahmepflichten 115
zu beachten. Insbesondere sind **Art des Instruments**, **Beschaffenheit** der **Räumlichkeiten** und die **Bewohnerstruktur** allgemein als Kriterien heranzuziehen. Insbesondere
kann es vorkommen, dass mehrere Mitbewohner aufgrund ihres Studiums zum regelmäßigen Üben ihrer Instrumente angehalten sind, sodass diesem Umstand entsprechend Gewicht zukommen muss. Gleichzeitig bedeutet dies aber nicht, dass auch die musizierenden
Mitbewohner keinen Rücksichtnahmepflichten unterliegen. Durch **einstimmigen Beschluss** kann auch ein komplettes Verbot vereinbart werden.

Liegt ein Einzelmietvertrag zugrunde (**WG-Typ B**), so richtet sich die Zulässigkeit 116
analog der allgemeinen Ausführungen zum Musizieren (→ Rn. 112 f.). Ist das Musizieren
nicht mietvertraglich geregelt, kann der Vermieter bei Beschwerden anderer Mitbewohner
abmahnen und bei **wiederholter Störung** auf Unterlassung klagen als auch den Mietvertrag kündigen. Sollte zudem eine Innen-GbR zwischen den Mitbewohnern bestehen,
gilt zwischen diesen das gegenseitige **Rücksichtnahmegebot**.

Die allgemeinen Ausführungen zum Musizieren gelten auch bei **WG-Typ C**. Liegt keine 117
besondere Regelung über das Musizieren in der Wohnung zugrunde, so ist der Vermieter
berechtigt bei **mehrmaligen Störungen**, alle Mitbewohner abzumahnen, ihnen gegenüber **Unterlassungsansprüche** geltend zu machen und sogar den Mietvertrag zu kündigen. Dabei muss jedoch jeder Einzelfall für sich beurteilt werden. Es ist nicht erforderlich,
dass alle Mitbewohner zur Störung beigetragen haben.

Da wiederum das **vertragswidrige Verhalten** eines Mitbewohners dazu führen kann, 118
dass alle Mitbewohner Nachteile erleiden, ist bei Vorliegen einer Innen-GbR auf das
gegenseitige **Rücksichtnahmegebot** zu achten. So müssen die anderen Mitbewohner
darauf achten, dass der Musiker der WG sich an die vorgegebenen Regeln hält. Der

---

[171] LG Nürnberg-Fürth BeckRS 2014, 18068.
[172] LG Flensburg BeckRS 1992, 30942685.
[173] OLG München NJW-RR 1986, 638.
[174] BGHZ 139, 288 = NJW 1998, 3713 betr. WEG; BayObLGZ 2001, 232 = NZM 2001, 1034 betr. WEG; LG Berlin BeckRS 2011, 16477 betr. E-Gitarre; LG Frankfurt a. M. WuM 2006, 142 betr. Musiklehrer; LG München I NZM 2005, 339.
[175] OLG München NJW-RR 1986, 638.

Musiker ist zugleich im Interesse der **Wohngemeinschaft** daran gehalten, Rücksicht auf die anderen Mitbewohner zu nehmen.

119 Überschreitet ein Mitbewohner bei **WG-Typ D** die vorgegebenen Grenzen beim Musizieren, so wird dieses Handeln der GbR **analog § 31 BGB** zugerechnet. Die GbR ist Adressat etwaiger Abmahnungen, Unterlassungen und schlimmstenfalls der Kündigung. Im Innenrecht der GbR ist ebenfalls das gegenseitige **Rücksichtnahmegebot** von zentraler Bedeutung, um etwaigen Konflikten vorzubeugen.

120 Beim Fehlen von Mietverträgen mit den Mitbewohnern (**WG-Typ F**) gilt hinsichtlich der Zulässigkeit des Musizierens das Gesellschaftsrecht, sodass die Mitbewohner entsprechende Regelungen aufstellen können, die das Musizieren innerhalb der Wohngemeinschaft ausgestalten. Das gegenseitige **Rücksichtnahmegebot** ist hinreichend zu berücksichtigen.

121 Sind hingegen Mietverträge vorhanden, so ist **bei gleichzeitiger Existenz einer Innen-GbR** davon auszugehen, dass zwar grundsätzlich die Mieter den Vermieter anhalten können, dass dieser gegen den Störer einschreitet. Jedoch erscheint es hier nicht unwahrscheinlich, dass die gesellschaftsrechtlichen Regeln über das gemeinsame Leben in der WG die mietrechtlichen Befugnisse überlagern, sodass bereits auf gesellschaftsrechtlicher Ebene und aufgrund des **Rücksichtnahmegebots** gegen den störenden Mitbewohner vorgegangen werden kann.

E. Sonstige Nebenpflichten aus dem Mietverhältnis

I. Vor- und nachvertragliche Rechte und Pflichten[176]

1. Allgemeines

122 Rechte und Pflichten können für die Vertragsparteien sowohl vor Begründung des Mietverhältnisses als auch nach dessen Beendigung existieren. So ist es üblich, dass die Mietsache vor Abschluss des Mietvertrages durch den Interessenten besichtigt wird. Bei dieser Besichtigung bekommt der potentielle Mieter Zugriff auf die Sachen des Vermieters und hat folglich entsprechende **Sorgfaltspflichten** einzuhalten. Überdies ist der Interessent zur Ingebrauchnahme der Mietsache nur mit Zustimmung des Vermieters berechtigt.[177] Verstößt der Mieter dagegen, besteht ein Anspruch aus c. i. c. nach §§ 311 Abs. 2, 280 Abs. 1, 241 Abs. 2 BGB. Obwohl die **Besichtigung der Wohnung** Ähnlichkeiten zur Probefahrt beim Autokauf aufweist, liegt weder ein stillschweigender Haftungsausschluss noch eine Begrenzung auf Vorsatz und grobe Fahrlässigkeit vor.[178]

123 Selbst nach Beendigung eines Mietverhältnisses bestehen verschiedene Pflichten für den Mieter fort, die sogar über die **deliktsrechtlichen Pflichten** hinausgehen.[179] Dies ist insbesondere dann gegeben, wenn der Mieter weiterhin in der Wohnung wohnt und einen Anspruch auf Fortsetzung des Mietvertrages hat (**sog. Anwartschaft des Mieters**).[180]

124 Den Vermieter treffen ebenfalls verschiedene nachvertragliche Pflichten, wie etwa **Abwicklungspflichten** sowie aus § 242 BGB resultierende Auskunfts- und Mitteilungspflichten.[181] Der Vermieter ist danach verpflichtet, Leistungen des Mieters zurückzugewähren, auf die er aufgrund der Beendigung des Mietverhältnisses keinen Anspruch mehr

---

[176] Ausführlich zu vorvertraglichen Pflichten *Antomo*, § 2; sowie zu nachvertraglichen Pflichten *Deckenbrock*, § 20.
[177] Vgl. *Häublein* in MüKoBGB § 535 Rn. 176.
[178] BGH NZM 2009, 543.
[179] *Häublein* in MüKoBGB § 535 Rn. 175.
[180] Vgl. *Häublein* in MüKoBGB § 535 Rn. 175; *Lehmann-Richter* PiG 90 (2011), 199 (208).
[181] *Eisenschmid* in Schmidt-Futterer MietR BGB § 535 Rn. 200.

hat.¹⁸² Zu diesen Leistungen zählen **Kaution**, nicht abgewohnte **Vorauszahlungen** und **Rückerstattungen** aus der **Betriebskostenabrechnung**. Endet das Mietverhältnis, aber bewohnt der Mieter weiterhin die Wohnung, ist der Vermieter trotzdem verpflichtet, den Mieter weiterhin mit **Heizenergie, Strom und Wasser** zu versorgen.¹⁸³

Zu den nachvertraglichen **Auskunfts- und Mitteilungspflichten** zählen etwa Aussagen gegenüber potentiellen künftigen Vermietern des Mieters. Bei diesen ist er verpflichtet, den Mieter nicht bei der Wohnungssuche zu behindern, indem **unrichtige, einseitig negative** oder **bewusst** vage Auskünfte erteilt werden.¹⁸⁴ Zudem ist der Vermieter verpflichtet, Postsendungen des Mieters, die nach Beendigung der Mietzeit in sein Gewahrsam geraten, zu verwahren und auf Verlangen an den Mieter herauszugeben.¹⁸⁵ Nicht von diesen **nachvertraglichen** Pflichten umfasst, ist die Erteilung einer **Mietschuldenfreiheitsbescheinigung**.¹⁸⁶

2. WG-spezifische Besonderheiten bei vor- und nachvertraglichen Rechten und Pflichten

Teilweise kann es in den **verschiedenen WG-Konstellationen** auch im Hinblick auf die verschiedenen Nebenpflichten zu Besonderheiten kommen. Wird der Wohnraum besichtigt, so treffen die potentiellen Mieter besondere **vorvertragliche** Sorgfaltspflichten, da sie mit Sachen des Vermieters in Kontakt kommen. Grundsätzlich gilt hier für alle WG-Typen das oben bereits Ausgeführte. Bei **WG-Typ D** (Außen-GbR) haftet die GbR für Pflichtverletzungen eines Gesellschafters nach §§ 311 Abs. 2, 280, 241 Abs. 2, 31 BGB, da ihr das Handeln **analog § 31 BGB** zugerechnet wird. Neben dem Schädiger haften die Gesellschafter analog § 128 HGB. Gleiches gilt für den Abbruch von Vertragsverhandlungen.

In **nachvertraglicher Hinsicht** treffen die Mieter weitere Pflichten, die über die deliktsrechtlichen Pflichten hinausgehen, wenn der Mieter weiter in der Wohnung wohnt, obwohl das Mietverhältnis beendet wurde (bspw. bei **Anwartschaft des Mieters**).¹⁸⁷

Den Vermieter treffen in der Regel Abwicklungs-, aber auch aus **§ 242 BGB** resultierende **Auskunfts- und Mitteilungspflichten**.¹⁸⁸ Bei **WG-Typ D** (Außen-GbR) ist der Vermieter dabei nur verpflichtet, diese Pflichten gegenüber der GbR selbst zu erfüllen. Einzelne Mitbewohner (und Gesellschafter) haben keinen Anspruch gegen den Vermieter. Zu den geschuldeten **Rückabwicklungsleistungen** zählen Kaution, nicht abgewohnte Vorauszahlungen und Rückerstattungen aus der Betriebskostenabrechnung. Bei **WG-Typ C** kommt es auf die konkrete vertragliche Ausgestaltung an. Wie bereits festgestellt wurde, liegt bei einer Personenmehrheit der Mitbewohner **Mitgläubigerschaft nach § 432 BGB** vor. Danach ist der Schuldner verpflichtet, an alle Gläubiger gemeinsam zu leisten und der einzelne Gläubiger auch nur berechtigt, die Leistung an alle zu verlangen.

Der Vermieter ist grundsätzlich verpflichtet, den Mieter bei der **Wohnungssuche** nicht zu behindern, indem er gegenüber **potentiellen künftigen Vermietern** unrichtige, einseitig negative oder bewusst vage Auskünfte erteilt.¹⁸⁹ Dies kann generell auf alle WG-Typen übertragen werden. Bei **WG-Typ D** (Außen-GbR) hat sich die Auskunft zwar allein auf die GbR als Vertragspartnerin zu beziehen, jedoch sind die Gesellschafter ebenfalls als schützenswert anzusehen, sodass sich diese Pflicht auch auf Auskünfte über die Gesellschafter erstreckt. Wenn wie bei **WG-Typ F** es an einer mietvertraglichen Regelung fehlt,

---

¹⁸² *Eisenschmid* in Schmidt-Futterer MietR BGB § 535 Rn. 200.
¹⁸³ *Eisenschmid* in Schmidt-Futterer MietR BGB § 535 Rn. 200.
¹⁸⁴ *Sonnenschein* PiG 46, 1995, 7 (18).
¹⁸⁵ LG Darmstadt NJW-RR 2014, 454; *Eisenschmid* in Schmidt-Futterer MietR BGB § 535 Rn. 201.
¹⁸⁶ Wegen Unzumutbarkeit für den Vermieter BGH NJW 2010, 1135; zum Mietschuldenerlass durch eine Mietschuldenfreiheitsbescheinigung AG Berlin-Spandau NJW-RR 2011, 1308; *Eisenschmid* in Schmidt-Futterer MietR BGB § 535 Rn. 201.
¹⁸⁷ Vgl. *Häublein* in MüKoBGB § 535 Rn. 175; *Lehmann-Richter* PiG 90, 2011, 199 (208).
¹⁸⁸ *Eisenschmid* in Schmidt-Futterer MietR BGB § 535 Rn. 200 f.
¹⁸⁹ *Sonnenschein* PiG 46, 1995, 7 (18).

ergeben sich die Pflichten aus den Vorschriften über die Auseinandersetzung der Gesellschaft nach **§ 730 Abs. 1 BGB**. Hinsichtlich der **Verwahrungspflichten** für Post nach Beendigung des Mietverhältnisses und der Erteilung einer Mietschuldenfreiheitsbescheinigung kann auf die allgemeinen Ausführungen verwiesen werden (→ Rn. 125).

II. Obhuts- und Anzeigepflichten des Mieters

1. Allgemeines

130 Den Mieter treffen **Obhuts- und Schutzpflichten**, die über die allgemeinen deliktsrechtlichen Pflichten hinausgehen.[190] Ein abschließender Katalog existiert aufgrund der Vielgestaltigkeit von Mietverhältnissen nicht.[191] Grundsätzlich gelten die **Pflichten mit Überlassung** der Mietsache. Es kommt dabei auf das tatsächliche Überlassen an, nicht auf den Beginn des Mietvertrages. Ausnahmsweise kann bereits **vor Überlassung** der Mietsache die Pflicht zur Obhut für den Mieter bestehen, wenn etwa der Vermieter die Sache ab Vertragsbeginn zur Verfügung stellt und seine eigene Obhut aufgibt[192]. Bezieht der Mieter die Wohnung nicht, so haftet er für darauf beruhende Schäden wie bspw. **Frostschäden** infolge mangelnder Beheizung.[193] Der Vermieter wird in diesem Fall berechtigt sein, das Mietverhältnis zu beenden, vgl. **§ 543 Abs. 2 S. 1 Nr. 2 BGB beziehungsweise § 573 Abs. 2 Nr. 1 BGB**.

131 Überdies kann für den Mieter während der Mietzeit die Pflicht zu einem aktiven Tun bestehen[194]. So ist er nach **§ 536c BGB** verpflichtet, auftretende Mängel oder nicht vorhergesehene Gefahren für die Mietsache unverzüglich anzuzeigen.[195] Eine **Anzeigepflicht** trifft den Mieter ferner über Umstände, die erkennbar **von besonderer Bedeutung** sind und die nach Treu und Glauben einer Mitteilung bedürfen.[196] Das ist etwa dann der Fall, wenn die beabsichtigte Nutzung zu erhöhten Risiken für die Mietsache führt.[197] Ist der Vermieter verhindert, Gefahren von der Mietsache abzuwenden, trifft den Mieter die Pflicht, die Sache durch **zumutbare Vorkehrungen** zu sichern beziehungsweise auch **vorläufige Sicherungsmaßnahmen** einzuleiten. Etwaige Aufwendungen sind nach § 536a Abs. 2 Nr. 2 BGB beziehungsweise § 539 iVm §§ 677, 683, 670 BGB zu erstatten. Neben der Kündigung durch den Vermieter kann es bei Pflichtverstößen zu **Schadensersatzansprüchen** gegenüber dem Mieter nach § 280 BGB kommen.

2. WG-spezifische Besonderheiten bei Obhuts- und Anzeigepflichten des Mieters

132 Da bereits vor Überlassung der Mietsache **Obhutspflichten** bestehen können, ergeben sich Besonderheiten bei **WG-Typ D**. So können die Gesellschafter in Haftung genommen werden, wenn es vor Bezug der Wohnung durch einen Gesellschafter zu Schäden an dem Mietobjekt kommt. Die Gesellschaft haftet nach **§§ 311 Abs. 2, 280, 241 Abs. 2, 31 BGB**, die Gesellschafter **analog § 128 HGB**. Für die anderen Konstellationen ergeben sich keine Abweichungen von den allgemeinen Grundsätzen. Bei **WG-Typ F** und dem Fehlen eines Mietvertrags wird dem mitbewohnenden Vermieter ein Anspruch nach §§ 311 Abs. 2, 280, 241 Abs. 2 BGB zustehen, da der betroffene Mieter durch sein Handeln die **Rücksichtnahmepflicht** aus dem Gesellschaftsverhältnis verletzt.

---

[190] Vgl. *Häublein* in MüKoBGB § 535 Rn. 168.
[191] So *Kraemer* FS Blank, 2006, 281 (282).
[192] *Häublein* in MüKoBGB § 535 Rn. 168.
[193] Dazu OLG Hamm BeckRS 1995, 30995248.
[194] *Häublein* in MüKoBGB § 535 Rn. 169.
[195] BGH NJW-RR 2002, 515.
[196] *Häublein* in MüKoBGB § 535 Rn. 169.
[197] Vgl. LG Köln ZMR 2010, 533.

E. Sonstige Nebenpflichten aus dem Mietverhältnis §10

Wird die Wohnung oder ein Zimmer nicht bezogen und kommt es infolge mangelnder **133** Beheizung[198] zu Frostschäden, so steht dem Vermieter das Recht zu, das Mietverhältnis zu beenden, **§ 543 Abs. 2 S. 1 Nr. 2 BGB beziehungsweise § 573 Abs. 2 Nr. 1 BGB**. Dem Hauptmieter bei **WG-Typ A** kommt in einem solchen Falle die Pflicht zu, auf den Zustand des (noch) nicht bezogenen Zimmers zu achten. Er kann gegenüber dem Untermieter entsprechende Ansprüche geltend machen; der Vermieter wird sich an den Hauptmieter halten. Für **WG-Typ C** (Gesamtmietvertrag) gelten bei Nichtbezug eines Zimmers die **Obhutspflichten** auch für die anderen Mitbewohner. Sie sind gegenüber dem Vermieter Gesamtschuldner und daher verpflichtet, etwaige Schäden von der Mietsache abzuwenden. Kommt es dennoch zu solchen Schäden, steht dem Vermieter gegenüber allen Mitbewohnern als Mietern das Recht zu, das Mietverhältnis zu beenden (→ Rn. 130). Die **Obhutpflicht** ergibt sich in diesem Fall überdies aus den gesellschaftsrechtlichen Pflichten. Bei **WG-Typ D** erfolgt wiederum eine **Zurechnung analog § 31 BGB**. Auch in diesem Fall ergibt sich bereits aus der gesellschaftsrechtlichen Konstellation eine Pflicht jeden Gesellschafters, den Zustand der Wohnung zu erhalten.

Aus eben diesen Gründen sind die einzelnen Mieter nach **§ 536c BGB** verpflichtet, **134** auftretende Mängel oder nicht vorhergesehene Gefahren für die Mietsache unverzüglich anzuzeigen.[199] Eine **Anzeigepflicht** trifft den Mieter ferner über Umstände, die erkennbar von besonderer Bedeutung sind und die nach **Treu und Glauben** einer Mitteilung bedürfen.[200] Das ist etwa dann der Fall, wenn die beabsichtigte Nutzung zu erhöhten Risiken für die Mietsache führt[201]. In einem solchen Fall ist bei Vorliegen einer (Außen-) GbR zudem das Einverständnis der Mitgesellschafter erforderlich, da aus dem gegenseitigen **Rücksichtnahmegebot** folgt, dass sich die anderen Mitbewohner diesem Risiko nicht auszusetzen haben, es sei denn, sie stimmen zu. Da bei **WG-Typ B** die Nutzung der gemeinschaftlichen Räume durch den **Einzelmietvertrag** erfasst ist, ist jeder Einzelmieter verpflichtet, auch im Hinblick des Gemeinschaftsraumes Mängelanzeigen gegenüber dem Vermieter wahrzunehmen. Erfolgt eine Anzeige zu spät und entsteht infolgedessen ein ersatzfähiger Schaden an der Mietsache, so haften die Mieter als Gesamtschuldner, **§§ 431, 421 BGB**. Für **WG-Typ C** gilt dies sogar für **alle Räumlichkeiten** der Wohnung. Bei **WG-Typ D** wird die Außen-GbR durch alle ihre Gesellschafter grundsätzlich gemeinsam vertreten (Gesamtvertretungsmacht), sofern der Gesellschaftsvertrag nichts Abweichendes (Einzelvertretungsmacht) vorsieht. Im Hinblick auf die **Mängelanzeige** ist trotz fehlender Einzelvertretungsmacht auch der einzelne Mitgesellschafter zur Anzeige berechtigt, da der Mangel in der **Vertretungsmacht** durch **Genehmigung der übrigen Gesellschafter** behoben werden kann. Der Umstand, einen möglichen Schaden von der Wohngemeinschaft abzuwenden, ist hier höher anzusehen als die mögliche Verletzung interner gesellschaftsrechtlicher Vertretungsregelungen. Liegt wie bei **WG-Typ F** kein Mietvertrag zugrunde, resultiert die Anzeigepflicht aus dem Gesellschaftsrecht.

Zwar trifft vornehmlich den Vermieter die Pflicht, etwaige Gefahren von der Mietsache **135** abzuwenden. Ist dieser jedoch verhindert, so ist der Mieter in der Pflicht, die Mietsache durch **zumutbare Vorkehrungen** zu sichern beziehungsweise auch **vorläufige Sicherungsmaßnahmen** einzuleiten. Entsprechendes gilt bei WG-Typ A für den Untermieter. Etwaige Aufwendungen sind nach § 536a Abs. 2 Nr. 2 BGB beziehungsweise § 539 iVm §§ 677, 683, 670 BGB zu erstatten.

---

[198] Dazu OLG Hamm BeckRS 1995, 30995248.
[199] BGH NJW-RR 2002, 515.
[200] *Häublein* in MüKoBGB § 535 Rn. 169.
[201] Vgl. LG Köln ZMR 2010, 533.

III. Fürsorge-, Aufklärungs- und andere Nebenpflichten des Vermieters

1. Allgemeines

136 Der Vermieter ist aufgrund der **Fürsorgepflicht** gehalten, Einwirkungen auf die Mietsache zu unterlassen, die den Mieter beeinträchtigen oder gar schädigen können.[202] Dazu zählt auch die Pflicht, den vertragsgemäßen Gebrauch der Mietsache zu gewährleisten, indem u. a. **Anschlüsse** an die Netze von **Energieversorgungs-** und **Telekommunikationsunternehmen** existieren. Der Vermieter kann darüber hinaus verpflichtet sein, aktiv einzuschreiten, wenn bspw. für das Eigentum des Mieters eine Gefahr besteht.[203] Er ist verpflichtet, **vorbeugende Maßnahmen** in die Wege zu leiten, um akute Gefahren abzuwehren. Wird der Hausfrieden durch andere Mieter gestört, ist der Vermieter verpflichtet, gegen den Störer vorzugehen (Abmahnung, Unterlassung, Kündigung).[204] Ihn trifft aufgrund der Fürsorgepflicht und unter Berücksichtigung von Treu und Glauben in gesteigerter Weise die Pflicht, Mieterinteressen zu berücksichtigen.[205]

137 Eine **besondere Ausprägung der Fürsorgepflichten** stellen die Schutzpflichten dar. Neben der bereits angesprochenen Gefahrenabwehr hat der Vermieter den Mieter auch darauf hinzuweisen, wenn besondere Umstände das Eigentum des Mieters gefährden können, wie insbesondere die erhöhte **Diebstahlsgefahr** bei Gerüstaufstellung.[206] Treten Mängel an der Mietsache auf, so ist der Vermieter nicht nur verpflichtet, den Mieter darüber zu informieren, sondern zugleich Notmaßnahmen einzuleiten.[207] Überdies ist der Vermieter verpflichtet, leerstehenden Wohnraum zu überwachen, damit von diesem keine Gefahren ausgehen (Schutz von Heizung und Wasserleitungen vor Frost).[208]

138 Überdies können den Vermieter gegenüber dem Mieter **Aufklärungspflichten** treffen. Man wird solche hinsichtlich derjenigen Eigenschaften einer Mietsache annehmen müssen, wenn diese für den Mieter von **besonderer Bedeutung** für den Entschluss zur Eingehung des Vertrages sind und deren Mitteilung nach Treu und Glauben erwarten kann.[209] Grundsätzlich haben jedoch beide Parteien ihre Interessen selbst wahrzunehmen und die mit dem Vertragstyp **verbundenen Risiken** selbst zu tragen.[210] Eine allgemeine Aufklärungspflicht kann daher nur gegeben sein, wenn zwischen den Parteien ein **„Wissensgefälle"** besteht.[211] Dies ist der Fall, wenn der Mieter als **aufklärungsbedürftige** Partei selbst keine hinreichenden Möglichkeiten besitzt oder aufgrund Unerfahrenheit und mangelnder Anhaltspunkte keinen Anlass sieht, sich über gewisse Umstände zu informieren.[212] Fehlt daher dem aufklärungsbedürftigen Mieter der Anlass, so existiert auch keine Pflicht zur Aufklärung.[213]

139 Eine Pflicht des Vermieters zur **Aufklärung bei Mietvertragsverhandlungen** besteht daher nicht, wenn in der Nähe des Mietobjekts Baumaßnahmen anberaumt sind, auf die

---

[202] BGH NJW-RR 2013, 333.
[203] BGH NJW 2009, 142.
[204] LG Hamburg NZM 2006, 377; AG München BeckRS 2006, 18182; *Zehelein* in BeckOK BGB, Ed. 1.2.2019, § 535 Rn. 484.
[205] Vgl. *Eisenschmid* in Schmidt-Futterer MietR BGB § 535 Rn. 101; *Zehelein* in BeckOK BGB, Ed. 1.2.2019, § 535 Rn. 484.
[206] Vgl. LG Berlin NJOZ 2014, 1222; OLG Hamburg NJW-RR 1988, 1481.
[207] OLG Düsseldorf ZMR 1999, 26.
[208] BGH NZM 2000, 95 (96).
[209] BGH NZM 2010, 786; NZM 2010, 788; *Eisenschmid* in Schmidt-Futterer MietR BGB § 535 Rn. 180 ff.; *Zehelein* in BeckOK BGB, Ed. 1.2.2019, § 535 Rn. 486.
[210] BGH NJW-RR 2004, 1236; KG Berlin BeckRS 2012, 06991.
[211] Dazu *Zehelein* in BeckOK BGB, Ed. 1.2.2019, § 535 Rn. 486; *Eisenschmid* in Schmidt-Futterer MietR BGB § 535 Rn. 179.
[212] Vgl. *Zehelein* in BeckOK BGB, Ed. 1.2.2019, § 535 Rn. 486; *Eisenschmid* in Schmidt-Futterer MietR BGB § 535 Rn. 179.
[213] BGH NZM 2010, 517.

E. Sonstige Nebenpflichten aus dem Mietverhältnis   § 10

jedoch der Vermieter keinen Einfluss hat.[214] Folglich ist der Mieter weder zur **Minderung** noch zur **Kündigung** berechtigt. Etwas anders gilt hingegen, wenn es sich um **wesentliche Umstände** handelte, die für den Mieter bei Vertragsschluss entscheidend waren.[215] Ebenso wird man eine Pflicht zur Aufklärung durch den Vermieter annehmen müssen, wenn dieser im Zeitpunkt des Vertragsschlusses bereits **Eigenbedarf** an der Mietwohnung beabsichtigt.[216] Inwiefern aufgrund der Beschaffenheit der Mietsache besondere **Aufklärungspflichten** bestehen, ist **einzelfallabhängig**: Führt eine besondere Wärmedämmung dazu, dass erhöhter **Schimmelbefall** möglich ist, muss der Mieter darauf hingewiesen werden.[217] Nur auf Nachfrage wird der Vermieter hingegen verpflichtet sein, über den **Leerstand der Wohnung** und frühere Mieter Auskunft zu erteilen.[218] Für Nachfragen durch den Mieter gilt, dass die Auskunft des Vermieters zutreffend sein muss.[219] Ob der Vermieter über das Verhalten von Nachbarn Auskunft erteilen muss, ist im Zusammenhang der **Persönlichkeitsrechte** der Betroffenen und dem Interesse der Mietpartei abzuwägen.[220] Eine Abrede über die Höhe der vom Mieter zu leistenden Vorauszahlungen der Betriebskosten schafft grundsätzlich keinen Vertrauenstatbestand, dass diese auch die tatsächlich angefallenen Betriebskosten decken.[221] Jedoch gilt etwas anderes, wenn der Vermieter vor oder bei Abschluss des Mietvertrages den Eindruck erweckt hat, dass die Kosten ungefähr gedeckt sind, um dem Mieter ein **besonders günstiges Angebot** vorzutäuschen.[222] Gleiches gilt, wenn besondere Umstände wie eine Täuschungshandlung oder eine Zusicherung hinzutreten.[223]

Grundsätzlich gilt im Mietrecht kein allgemein gültiger **Gleichheitsgrundsatz**, der den Vermieter dazu verpflichtet, jeden Mieter gleich zu behandeln.[224] Dies ergibt sich bereits aus der dem Zivilrecht zugrundeliegenden Vertragsfreiheit.[225] So steht es ihm frei, von **finanziell schwächer gestellten** Mietern eine Kaution zu fordern[226] oder nur bestimmten Mietern die Tierhaltung zu erlauben und sie anderen zu untersagen.[227] Überdies trifft ihn nicht die Pflicht, von jedem Mieter die gleiche Miete zu verlangen.[228] Beschränkungen ergeben sich allerdings aus dem **Schikaneverbot** nach § 226 BGB, dem **Willkürverbot** nach **§ 242 BGB** und dem **AGG**.[229] Letzteres ist einschlägig, wenn sich der Vermieter bei seiner Entscheidung auf diskriminierende Aspekte beruft.[230] Das **Willkürverbot** nach § 242 BGB ist dann einschlägig, wenn der Vermieter im Hinblick auf die Gebrauchsrechte durch den Mieter keine sachlichen Gründe für eine Ungleichbehandlung anführt.[231]

140

---

[214] Vgl. *Zehelein* in BeckOK BGB, Ed. 1.2.2019, § 535 Rn. 486.
[215] BGH NJW-RR 2007, 298.
[216] *Zehelein* in BeckOK BGB, Ed. 1.2.2019, § 535 Rn. 487.
[217] LG Münster BeckRS 2011, 16349.
[218] OLG Düsseldorf BeckRS 2005, 30358323.
[219] BGH NJW 2004, 2674 (2675).
[220] Vgl. LG Münster NJW 2009, 3730 wonach keine Pflicht zur Auskunft über ein autistisches Kind auf dem Nachbargrundstück besteht.
[221] So BGH BeckRS 2011, 15216 Rn. 14; BGHZ 183, 299 = NJW 2010, 671 Rn. 14.
[222] BGH NJW 2004, 1102.
[223] BGH NJW 2004, 1102.
[224] *Eisenschmid* in Schmidt-Futterer MietR BGB § 535 Rn. 104; *Zehelein* in BeckOK BGB, Ed. 1.2.2019, § 535 Rn. 483.
[225] Vgl. *Zehelein* in BeckOK BGB, Ed. 1.2.2019, § 535 Rn. 483.
[226] AG Kiel NZM 2012, 610.
[227] LG Köln ZMR 2010, 533.
[228] LG Köln BeckRS 2008, 25284.
[229] Vgl. *Zehelein* in BeckOK BGB, Ed. 1.2.2019, § 535 Rn. 483; zu AGG siehe zudem → § 2 Rn. 43 ff.
[230] Siehe zuletzt LG Köln NZM 2016, 165.
[231] LG Berlin BeckRS 2011, 21550; AG Offenbach BeckRS 2013, 21839; *Eisenschmid* in Schmidt-Futterer MietR BGB § 535 Rn. 105.

2. WG-spezifische Besonderheiten bei Fürsorge-, Aufklärungs- und anderen Nebenpflichten des Vermieters

141 Hinsichtlich der **Fürsorge-, Aufklärungs- und anderer Nebenpflichten** des Vermieters bestehen keine Abweichungen von den allgemeinen Grundsätzen. Es handelt sich um Informationspflichten, die den Mietern mitgeteilt werden müssen. Folglich ergeben sich **Besonderheiten bei Wohngemeinschaften** nur in den Konstellationen, in denen ein **weiterer Adressatenkreis** in Betracht kommen kann. Bei **WG-Typ A** ist der Hauptmieter verpflichtet, die ihm mitgeteilten Informationen an den Untermieter weiterzugeben. Bei **WG-Typ C** (Gesamtmietvertrag) ist es erforderlich, dass alle Mitbewohner informiert werden und von den Mitteilungen des Vermieters Kenntnis erlangen. Üblicherweise wird der Vermieter im Mietvertrag auf eine gegenseitige Bevollmächtigung dringen. Bei **WG-Typ D** genügt die Mitteilung an die Gesellschaft, da diese allein Vertragspartei ist und es dann erforderlich ist, dass die Gesellschafter intern informiert werden. Bei **WG-Typ F** resultiert beim Fehlen eines Mietvertrags die Pflicht zur Information aus der gesellschaftsrechtlichen Beitragspflicht des Vermieters.

142 Da im Mietrecht **kein** allgemein gültiger **Gleichheitsgrundsatz** existiert, ist der Vermieter nicht verpflichtet, jeden Mieter gleich zu behandeln[232]. Dazu wurde bereits im allgemeinen Teil das Wesentliche ausgeführt, sodass hier darauf verwiesen werden kann (→ Rn. 140, sowie § 2 Rn. 43 ff.).

IV. Wegnahmerecht nach §§ 539 Abs. 2, 552 BGB

1. Allgemeines

143 § 539 Abs. 2 BGB gewährt dem Mieter ein **Wegnahmerecht** für die Einrichtungen, die er in die Mietsache eingebracht und investiert hat. Dieses Recht steht ihm auch dann zu, wenn die eingebrachten Sachen nach **§ 94 BGB wesentliche Bestandteile** des Gebäudes geworden sind. **§ 539 Abs. 2 BGB** muss im Zusammenhang mit **§ 536a Abs. 2 BGB** und **§ 539 Abs. 1 BGB** betrachtet werden und erlangt an Bedeutung, wenn er nach diesen keinen Anspruch auf Erstattung hat.

144 Die von § 539 Abs. 2 BGB vorausgesetzte Einrichtung ist gegeben, wenn die eingebrachte Sache mit der Mietsache verbunden ist und dem **Zweck der Mietsache** dient.[233] Dass eine körperliche Verbindung mit der Mietsache vorliegt, ist für die Anwendung von § 539 Abs. 2 BGB begriffsnotwendig.[234] Allerdings kommt es nicht darauf an, ob es sich um eine feste oder lockere Verbindung handelt, da die Sache in der Regel für einen vorübergehenden Zweck – nämlich die Mietzeit – mit dem Mietobjekt verbunden ist.[235] Ebenfalls ist es nicht von Bedeutung, ob es sich um einen **wesentlichen** oder **unwesentlichen** Bestandteil der Mietsache handelt und sie infolgedessen in das Eigentum des Vermieters übergegangen ist oder nicht.[236] Allerdings ist es erforderlich, dass die Gegenstände nach ihrer **Entfernung** noch eine eigenständige Bedeutung für den Mieter haben.[237] Dies

---

[232] *Eisenschmid* in Schmidt-Futterer MietR BGB § 535 Rn. 104; *Zehelein* in BeckOK BGB, Ed. 1.2.2019, § 535 Rn. 483.
[233] BGHZ 101, 37 (41) = NJW 1987, 2861; KG Berlin BeckRS 2007, 4356; OLG Düsseldorf NZM 1999, 668; *Weidenkaff* in Palandt BGB § 539 Rn. 9; *Langenberg* in Schmidt-Futterer MietR BGB § 539 Rn. 12; *Blank* in Blank/Börstinghaus MietR BGB § 539 Rn. 22.
[234] Vgl. OLG Düsseldorf NZM 1999, 668; *Emmerich* in Staudinger BGB § 539 Rn. 26 ff.; *Blank* in Blank/Börstinghaus MietR BGB § 539 Rn. 22; *Zehelein* in BeckOK BGB, Ed. 1.2.2019, § 539 Rn. 21.
[235] Umfassend OLG Düsseldorf NZM 1999, 668; aus Sicht des Mieters *Lebek* NZM 1998, 747; *Bieber* in MüKoBGB § 539 Rn. 15; *Langenberg* in Schmidt-Futterer MietR BGB § 539 Rn. 13.
[236] BGH NJW 1991, 3031; *Weidenkaff* in Palandt BGB § 539 Rn. 9; *Zehelein* in BeckOK BGB, Ed. 1.2.2019, § 539 Rn. 21; *Bieber* in MüKoBGB § 539 Rn. 15.
[237] *Blank* in Blank/Börstinghaus MietR BGB § 539 Rn. 22: *Zehelein* in BeckOK BGB, Ed. 1.2.2019, § 539 Rn. 21.

E. Sonstige Nebenpflichten aus dem Mietverhältnis § 10

liegt nicht vor bei Tapeten, Holzdecken, Parkettfußböden, Kacheln, Fliesenwände und ähnlichen Einbauten, die durch ihre Entfernung zerstört oder wertlos werden.[238] Überdies muss die **eingebrachte Sache** als **Nebensache** der Mietsache anzusehen sein. Unter Putz verlegte Leitungen und Baustoffe gehören zur Mietsache selbst und erfüllen damit diese Voraussetzung nicht.[239] Hingegen gehören Einbauküchen, Badeinrichtungen, Wandschränke, Waschbecken, Badewanne zu solchen Nebensachen.[240]

Da der Inhalt des Wegnahmerechts von **§ 539 Abs. 2 BGB** nicht bestimmt wird, ist die Regelung des **§ 258 BGB** zur Konkretisierung heranzuziehen. So kann der Mieter in Anlehnung an § 258 S. 1 BGB die Wegnahme bereits dann ausüben, wenn er die **Einrichtung noch im Besitz** hat. Er ist allerdings verpflichtet, das **Mietobjekt in den Zustand** zu versetzen, den es vorher hatte. War er trotz Verbindung nach § 95 Abs. 2 BGB weiterhin Eigentümer der Sache, macht er allein sein **Recht aus § 903 BGB** geltend.[241] Lag hingegen durch Verbindung der Sache mit dem Mietobjekt ein Eigentumsverlust nach **§§ 93, 94, 946, 947 BGB** vor, ist er gleichwohl berechtigt, die Sache abzutrennen und sich wiederanzueignen.[242]

145

Überdies ist der **Mieter** auch zur **Wegnahme berechtigt**, nachdem er die Einrichtung im Mietobjekt zurückgelassen und an den Vermieter zurückgegeben hat, **§ 258 S. 2 BGB**. In diesem Fall bleibt der Vermieter bis zur Ausübung des Wegnahmerechts durch den Mieter zum Besitz berechtigt, sofern der Mieter Eigentümer der Einrichtung geblieben ist.[243] Gleiches gilt für den Nachmieter der Mietsache, dem der unmittelbare Besitz an der Einrichtung eingeräumt wurde.[244] In beiden Fällen steht dem Mieter **keine Nutzungsentschädigung** im Sinne von **§§ 987 ff. BGB** zu.[245] Der Anspruch auf Gestattung der Wegnahme verjährt in sechs Monaten ab Beendigung des Mietverhältnisses, § 548 BGB. Mit Eintritt der Verjährung erlangt der Vermieter beziehungsweise der Nachmieter ein dauerhaftes Recht zum Besitz.[246] Auch in diesem Fall ist **keine Nutzungsentschädigung** geschuldet. Wurde das Mietobjekt samt Einrichtung veräußert, bestehen ebenfalls keine Schadensersatz- oder Bereicherungsansprüche.[247]

146

Mit Ausübung des **Wegnahmerechts** ist der Vermieter nach § 258 S. 2 BGB verpflichtet, dem Mieter die Wegnahme zu gestatten. Dabei handelt es sich nicht um einen Anspruch auf Herausgabe nach **§ 985 BGB**.[248] Der Anspruch ist nur darauf gerichtet, dass der Vermieter die notwendigen **Maßnahmen zur Trennung und Wegnahme** duldet.[249] Zwar ist damit eine **Mitwirkungspflicht** des Vermieters insoweit gegeben, dass er dem Mieter Zugang zum Mietobjekt verschaffen muss.[250] Allerdings treffen allein den Mieter die Kosten für Trennung und Transport der Einrichtung.[251] Zudem ist der Vermieter berechtigt, die **Wegnahme zu verweigern**, bis ihm für den mit der Wegnahme verbundenen Schaden Sicherheit geleistet wurde.[252]

147

---

[238] *Zehelein* in BeckOK BGB, Ed. 1.2.2019, § 539 Rn. 21.
[239] KG Berlin BeckRS 2007, 4356; *Bieber* in MüKoBGB § 539 Rn. 14; *Zehelein* in BeckOK BGB, Ed. 1.11.2018, § 539 Rn. 21; *Derleder* WuM 2006, 175 (178).
[240] Vgl. die Aufzählungen bei *Langenberg* in Schmidt-Futterer MietR BGB § 539 Rn. 12; *Blank* in Blank/Börstinghaus MietR BGB § 539 Rn. 22; *Zehelein* in BeckOK BGB, Ed. 1.2.2019, § 539 Rn. 21.
[241] *Langenberg* in Schmidt-Futterer MietR BGB § 539 Rn. 75; *Blank* in Blank/Börstinghaus MietR BGB § 539 Rn. 23.
[242] BGH NJW 1991, 3031 (3033); BGHZ 81, 146 = NJW 1981, 2564; sowie *Langenberg* in Schmidt-Futterer MietR BGB § 539 Rn. 74.
[243] Vgl. BGHZ 101, 37 (41) = NJW 1987, 2861.
[244] BGHZ 81, 146 = NJW 1981, 2564.
[245] BGHZ 101, 37 (41) = NJW 1987, 2861; BGHZ 81, 146 = NJW 1981, 2564.
[246] Vgl. *Langenberg* in Schmidt-Futterer MietR BGB § 539 Rn. 73.
[247] BGHZ 101, 37 (41) = NJW 1987, 2861; kritisch *Eckert* MDR 1989, 135 „entschädigungslose Enteignung"; OLG Düsseldorf BeckRS 2003, 17854.
[248] *Heitgreß* WuM 1982, 32; *Langenberg* in Schmidt-Futterer MietR BGB § 539 Rn. 76.
[249] *Langenberg* in Schmidt-Futterer MietR BGB § 539 Rn. 76.
[250] *Langenberg* in Schmidt-Futterer MietR BGB § 539 Rn. 76.
[251] *Langenberg* in Schmidt-Futterer MietR BGB § 539 Rn. 76.
[252] BGHZ 101, 37 = NJW 1987, 2861; *Langenberg* in Schmidt-Futterer MietR BGB § 539 Rn. 77.

148 Daneben ist der Vermieter berechtigt, die Wegnahme zu verweigern, wenn er sein **Vermieterpfandrecht nach** § 562 BGB geltend macht oder die Abwendungsbefugnis nach § 552 Abs. 1 BGB in Anspruch nimmt. Nur in seltenen Fällen erscheint eine **Wegnahme nach § 242 BGB ausgeschlossen**.[253] Ist der frühere Zustand nicht mehr herzustellen, so ist richtigerweise die Wegnahme ausgeschlossen.[254] Dies ergibt sich aus der Systematik von § 258 S. 2 BGB. Verweigert der Vermieter die Wegnahme zu Unrecht, so hat der Mieter einen **Schadensersatzanspruch** nach § 280 BGB.[255] Überdies steht dem Mieter in einem solchen Fall ein Anspruch auf Nutzungsentschädigung nach **§§ 987 ff. BGB** zu.[256]

149 Überlässt der Mieter die Einrichtung dem **Nachmieter** und wurde diese nicht nur zurückgelassen, so wird damit im Allgemeinen nicht nur das Wegnahmerecht abgetreten, sondern, da es sich bei diesem um ein dingliches Recht handelt, das Eigentum an der Einrichtung übertragen.[257] Allerdings ist das Wegnahmerecht mit der **Abwendungsbefugnis** des Vermieters nach § 552 Abs. 1 BGB belastet. Bei Veräußerung oder Zwangsversteigerung der Mietsache ist das Wegnahmerecht gegenüber dem Erwerber als neuen Vermieter geltend zu machen, § 566 BGB.[258]

2. WG-spezifische Besonderheiten beim Wegnahmerecht nach §§ 539 Abs. 2, 552 BGB

150 Da es sich bei dem Wegnahmerecht nach **§§ 539 Abs. 2, 552 BGB** um eine Befugnis des Mieters handelt, ist es bei Wohngemeinschaften in besonderen Maße von Relevanz, da auf Mieterseite verschiedene rechtliche Konstellationen existieren und es **infolgedessen zu Abweichungen** von den allgemeinen Regelungen kommen kann. Grundsätzlich sind diese jedoch als Ausgangspunkt heranzuziehen (→ Rn. 143 ff.).

151 Die Vorschriften über das Wegnahmerecht gelten auch im Verhältnis Untermieter – Hauptmieter, das dem **WG-Typ A** zugrunde liegt. Der Untermieter ist daher berechtigt, Gegenstände in dem Rahmen in die Wohnung einzubringen, wie dies dem Hauptmieter ebenfalls gestattet ist. Er ist berechtigt, gegenüber dem Hauptmieter und dem möglichen Nachfolger das Wegnahmerecht auszuüben.

152 Für die Konstellation in **WG-Typ B** sind Abweichungen allein dahingehend denkbar, dass ein Mitbewohner eine Sache in ein **gemeinschaftlich genutztes Zimmer** eingebracht hat und er diesbezüglich sein Wegnahmerecht ausübt. Im Verhältnis zum Vermieter ergeben sich keine Abweichungen von den allgemeinen Ausführungen zum **Wegnahmerecht** (→ Rn. 143 ff.). Jedoch erscheint es nicht unwahrscheinlich, dass die anderen Mitbewohner die Ausübung der Wegnahme verhindern, wenn die Sache in der Wohnung zurückgelassen wurde. Hier ist der Mieter auch berechtigt, gegen die anderen Mitbewohner das Wegnahmerecht auszuüben. Lag zudem eine **Innen-GbR** vor, kommt es auf die konkrete Art der Einbringung in die Wohngemeinschaft ein. Wurde die Sache nur der GbR zur Verfügung gestellt, dann steht dem Mieter nach § 732 S. 1 BGB ein Anspruch auf **Rückerstattung** der Sache zu.[259] Wurde hingegen die Sache als Eigentum in die

---

[253] ZB wenn die Wegnahme keinerlei Vorteile bringt, vgl. dazu *Emmerich* in Staudinger BGB § 539 Rn. 31; *Langenberg* in Schmidt-Futterer MietR BGB § 539 Rn. 77; aA *Derleder* WuM 2006, 175 (179).
[254] Ebenso *Bieber* in MüKoBGB § 539 Rn. 17; *Scheuer/Emmerich* in Bub/Treier BeckHdB MietR V. Rn. 340; zustimmend *Langenberg* in Schmidt-Futterer MietR BGB § 539 Rn. 82; aA *Gather* DWW 2008, 122 (124); *Blank* in Blank/Börstinghaus MietR BGB § 539 Rn. 25; *Emmerich* in Staudinger BGB § 539 Rn. 30.
[255] So *Bieber* in MüKoBGB § 539 Rn. 16.
[256] Dafür vor allem *Langenberg* in Schmidt-Futterer MietR BGB § 539 Rn. 78.
[257] *Bieber* in MüKoBGB § 539 Rn. 16.
[258] BGH NJW 1991, 3031 (3033); LG Köln BeckRS 1998, 09933; AG Warendorf BeckRS 1990, 05886; *Blank* in Blank/Börstinghaus MietR BGB § 539 Rn. 23; *Langenberg* in Schmidt-Futterer MietR BGB § 539 Rn. 80.
[259] Vgl. *Schäfer* in MüKoBGB § 732 Rn. 1.

E. Sonstige Nebenpflichten aus dem Mietverhältnis
§ 10

Gesellschaft eingebracht, dann steht dem Mieter nur ein Geldanspruch nach §§ **733 Abs. 2 S. 2, 738 Abs. 1 S. 2 BGB** zu.[260] In diesem Fall steht das **Wegnahmerecht nur den Gesellschaftern zur gesamten Hand** zu. Es ist daher im Vorfeld anzuraten, die Sache der Gesellschaft nur zur Verfügung zu stellen oder eine entsprechende Regelung einstimmig zu treffen, dass entgegen der Zahlung eines Geldwerts die Sache herauszugeben ist, wenn sie eingebracht wurde. Die gesetzlichen Bestimmungen des **§ 733 BGB** sind in dieser Hinsicht **dispositiv**. Entsprechendes gilt grundsätzlich auch für die Konstellation bei **WG-Typ C**.

Bei **WG-Typ D** ist die Besonderheit, dass das Wegnahmerecht nur der Außen-GbR 153 zusteht, da diese allein Vertragspartei auf der Mieterseite ist. Zieht ein Mitbewohner aus der Wohnung und scheidet er damit zugleich aus der Gesellschaft aus, so steht ihm grundsätzlich nach §§ **733 Abs. 2 S. 2, 738 Abs. 1 S. 2 BGB** ein Anspruch in Geld zu, wenn er die Sache zuvor als Eigentum in die GbR eingebracht hat und **keine abweichende Vereinbarung im Gesellschaftsvertrag** geschlossen wurde.

Keine bedeutenden Abweichungen von den allgemeinen Ausführungen zum Wegnahmerecht sind bei **WG-Typ F** gegeben. Fehlt ein Mietvertrag, so richtet sich die **Frage der Rückgewähr** allein nach den gesellschaftsrechtlichen Regelungen. Hat der Mieter die Sache nur der GbR zur Verfügung gestellt, so kann er sie nach **§ 732 S. 1 BGB** herausverlangen. Wurde hingegen das Eigentum übertragen, dann besteht grundsätzlich nur ein Anspruch nach §§ **733 Abs. 2 S. 2, 738 Abs. 1 S. 2 BGB** in Geld.

V. Zutritt des Vermieters zur Wohnung[261]

1. Allgemeines

Unter bestimmten Voraussetzungen hat der Vermieter das Recht die Mietsache zu betreten 155 und zu besichtigen. Dieses Recht dient der **Wahrung der Eigentümerrechte und Eigentümerpflichten**.[262] So trifft den Vermieter aus dem Mietvertrag die Erhaltungspflicht der Mietsache. Für Wohnraum gelten unter Beachtung von **Art. 13 GG** besondere Anforderungen, da es sich bei der Wohnung um einen privaten Rückzugsort handelt, der vor dem Zugriff anderer geschützt ist.[263] Die besonders hohe Stellung dieses Rechts zeigen überdies §§ **721, 765a, 794a ZPO**, da selbst die Beendigung des Mietverhältnisses den grundsätzlichen Schutz, den die Rechtsordnung dem Wohnraum zugesteht, nicht berührt.[264] Folglich müssen die Voraussetzungen für einen solchen „Eingriff" hinreichend konkretisiert werden. Die herrschende Meinung fordert daher einen **konkreten sachlichen Grund** für eine Besichtigung durch den Vermieter.[265]

Ein sachlicher Grund ist beispielsweise dann anzunehmen, wenn der Eigentümer das 156 **Mietobjekt veräußern** möchte oder die Miträume im Hinblick auf das **bevorstehende Ende des Mietverhältnisses** einem Interessenten zeigen möchte.[266] Ebenfalls ist ein sachlicher Grund zu bejahen, wenn Gutachter oder Ablesedienste die Räumlichkeiten betreten müssen.[267] Überdies wird man dem Vermieter ein Recht zum Betreten der Wohnung zugestehen müssen, wenn der Verdacht besteht, dass der Mieter oder Dritte

---

[260] *Schäfer* in MüKoBGB § 706 Rn. 11.
[261] Siehe dazu → § 16 Rn. 24 ff.
[262] Vgl. *Blank* FS Seuß, 2007, 277; *Gather* GE 2011, 247; *Schlüter* NZM 2006, 681.
[263] BVerfGE 32, 54 (75) = NJW 1971, 2299; BVerfGE 120, 274 (309) = NJW 2008, 822; dazu auch *Jarass* in Jarass/Pieroth GG Art. 13 Rn. 1; *Papier* in Maunz/Dürig, EL August 2018, GG Art. 13 Rn. 1; *Hohmann-Dennhardt* NJW 2006, 545 (546).
[264] *Papier* in Maunz/Dürig, EL August 2018, GG Art. 13 Rn. 12.
[265] Vgl. BGH NJW 2014, 2566; *Weidenkaff* in Palandt BGB § 535 Rn. 82; *Eisenschmid* in Schmidt-Futterer MietR BGB § 535 Rn. 206; *Emmerich* in Staudinger BGB § 535 Rn. 98; *Häublein* in MüKoBGB § 535 Rn. 135; aA von einem allgemeinen Besichtigungsrecht ausgehend AG Bonn NZM 2006, 698; AG Münster BeckRS 2009, 15913; *Lützenkirchen* NJW 2007, 2152 (2153).
[266] Dazu *Häublein* in MüKoBGB § 535 Rn. 135.
[267] Vgl. *Franke* DWW 1998, 298 (300); zudem BVerfG NZM 2004, 186.

(Mitbewohner, Untermieter) die Mietsache **vertragswidrig gebrauchen** oder ihre **Obhuts- und Sorgfaltspflicht** vernachlässigen.[268]

157 Ist ein sachlicher Grund für die Besichtigung der Mietsache gegeben, so ist diese in **zeitlicher** Hinsicht und in ihrer **Intensität Schranken** unterworfen. Zunächst ist der Termin mindestens eine Woche vorher anzukündigen, um dem **Erfordernis der Angemessenheit** Rechnung zu tragen.[269] Eine Ausnahme ist nur in eilbedürftigen Fällen gegeben. Überdies hat die Besichtigung nicht zur Unzeit und damit werktags zwischen 8 und 20 Uhr zu erfolgen.[270] Inhaltlich haben sich die Besichtigungen im **Rahmen des Erforderlichen** zu halten. So hat der Mieter weder die Durchsuchung der Schränke zu dulden, noch besteht ein etwaiges Durchsuchungsrecht nach dem Vermieterpfandrecht unterstehenden Sachen.[271] Inwiefern das **Besichtigungsrecht formularvertraglich** vereinbart werden kann, erscheint schwierig. Zumindest wird es erforderlich sein, das Recht aufgrund der existierenden Grundsätze zu konkretisieren.[272]

158 Enthält die Mietsache **Mängel**, so steht dem Vermieter **nicht** das Recht zu, dem **Mieter zu verbieten**, den Kaufinteressenten darüber zu informieren.[273]

2. WG-spezifische Besonderheiten beim Zutritt des Vermieters zur Wohnung[274]

159 Die vorigen Ausführungen sind ohne Einschränkungen auf die WG-rechtlichen Konstellationen zu übertragen. Den Vermieter trifft aus dem Mietvertrag die Erhaltungspflicht der Mietsache. Da der Wohnraum als privater Rückzugsort durch das Grundgesetz in besonderer Weise geschützt ist, sind entsprechende hohe Anforderungen an das **Zutrittsrecht** des Vermieters zu stellen. Da auch **Wohngemeinschaften** vom Schutz **des Art. 13 GG** umfasst sind, kann wiederum auf die allgemeinen Ausführungen verwiesen werden (→ Rn. 155 ff.). So ist die **Existenz** eines **sachlichen Grundes** erforderlich, damit der Vermieter Zugang verlangen kann.[275] Wann ein solcher vorliegt, wurde bereits erörtert.

160 Besonderheiten ergeben sich bei einzelnen Konstellationen. Richtigerweise steht auch der Außen-GbR der Schutz des **Artt. 13, 19 Abs. 3 GG** zu. Dies ergibt sich bereits aus dem Zweck der hier vorliegenden GbR, der allein das Wohnen der Gesellschafter in der Mietsache zum Gegenstand hat. Eine Andersbehandlung ist daher nicht angebracht. Bei **WG-Typ F** und dem Fehlen eines Mietvertrages ergibt sich das Zutrittsrecht (in das betreffende Zimmer) für den mitbewohnenden Vermieter aus dem **gesellschaftsrechtlichen Rücksichtnahmegebot**. Ist bei **WG-Typ C** ein Mitbewohner nicht rechtzeitig anzutreffen, so wird man unter Zugrundelegung des **weiten Schutzbereiches des Art. 13 GG** ein Zutrittsrecht nur zugestehen können, wenn dieser es ausdrücklich erlaubt und die anderen Mitbewohner informiert oder die Dringlichkeit überwiegt und es sonst zu schweren Schäden an der Mietsache kommen kann.

---

[268] Vgl. *Häublein* in MüKoBGB § 535 Rn. 135.
[269] *Emmerich* in Staudinger BGB § 535 Rn. 99; *Häublein* in MüKoBGB § 535 Rn. 137.
[270] Vgl. *Häublein* in MüKoBGB § 535 Rn. 137.
[271] BGH NJW 2014, 2566: sog. „Besichtigungsexzess".
[272] Dazu BGH NJW 2014, 2566.
[273] OLG Celle NJW-RR 1991, 781.
[274] Siehe dazu → § 16 Rn. 24 ff.
[275] Vgl. BGH NJW 2014, 2566; *Weidenkaff* in Palandt BGB § 535 Rn. 82; *Eisenschmid* in Schmidt-Futterer MietR BGB § 535 Rn. 206; *Emmerich* in Staudinger BGB § 535 Rn. 98; *Häublein* in MüKoBGB § 535 Rn. 135; aA von einem allgemeinen Besichtigungsrecht ausgehend AG Bonn NZM 2006, 698; AG Münster BeckRS 2009, 15913; *Lützenkirchen* NJW 2007, 2152 (2153).

§ 11 Verhältnis von Nichtvertragspartnern zum Vermieter

Übersicht

	Rn.
A. Einleitung	1
B. Ansprüche von Nichtvertragspartnern gegen den Vermieter	4
I. Vertrag zugunsten Dritter	4
1. Abgrenzung	5
2. Ansprüche des Dritten	6
3. Obliegenheiten; Gestaltungsrechte; Ansprüche gegen den Nutzer	7
II. Vertrag mit Schutzwirkung zugunsten Dritter	10
1. Allgemeines	10
2. Leistungsnähe	13
3. Gläubigernähe/Einbeziehungsinteresse	14
4. Erkennbarkeit	15
5. Schutzbedürftigkeit	16
III. Deliktische Haftung des Vermieters	18
C. Ansprüche des Vermieters gegen Nichtvertragspartner oder aufgrund des Verhaltens von Nichtvertragspartnern	19
I. Beschädigung der Mietsache	19
1. Ansprüche gegen den Dritten	19
2. Ansprüche gegen den Mieter, insbesondere Verschuldenszurechnung	20
II. Negatorischer Anspruch des Vermieters gegen Nichtvertragspartner	26

Schrifttum:

Lehmann-Richter, Mietvertrag zugunsten Dritter – zur Drittbegünstigung nach § 328 BGB auf Mieterseite, ZMR 2010, 813; *Schmid*, Besucher, Lieferanten uA als Erfüllungsgehilfen des Vermieters?, IMR 2014, 452.

A. Einleitung

Das Verhältnis zwischen dem Vermieter und Nichtvertragspartnern wird im Hinblick auf **1** verschiedene Arten von Dritten relevant. So begegnet es erstens im Hinblick auf Mitbewohner, die aber nicht selbst in einem mietvertraglichen Verhältnis zum Vermieter stehen. Das kann nach der diesem Handbuch zugrundeliegenden Typologie (→ § 1 Rn. 24–30) der Fall sein beim WG-Typ A, bei dem die Untermieter im Verhältnis zum Hauptvermieter Dritte sind, beim WG-Typ D, bei dem nicht die Bewohner Vertragspartner des Vermieters sind, sondern die von ihnen gebildete GbR, und beim WG-Typ E hinsichtlich der Mitbewohner, die selbst nicht Mieter sind. Außerdem wäre ein solches Verhältnis denkbar beim WG-Typ F, wenn der „Vermieter" andere ohne mietvertragliche Bindung mitwohnen lässt; der letztere Fall soll hier nicht näher behandelt werden, da zum einen in der Regel doch eine wie auch immer geartete direkte Beziehung zwischen dem Mitbewohner und dem Vermieter bestehen dürfte, zum anderen sich im Innenverhältnis die Frage nach einer Regelung über eine Innen-GbR stellt. Zweitens wird das Verhältnis des Vermieters zu Nichtvertragspartnern aber auch im Hinblick auf Nicht-Mitbewohner relevant, wobei die einzige Gruppe, bei der sich besondere Fragen stellen, die Gruppe der Besucher der WG oder einzelner WG-Mitglieder ist.

Die Ausführungen zum Verhältnis von Nichtvertragspartnern zum Vermieter werden im **2** Folgenden zunächst grob gegliedert nach der Anspruchsrichtung: Zunächst wird auf Ansprüche eingegangen, die Nichtvertragspartner gegen den Vermieter haben können. Denkbar sind insbesondere Schädigungen von Rechtsgütern des Dritten, die – direkt oder indirekt – auf den Vermieter zurückgehen. Ein Ausgleich kommt hier aufgrund der Rechtsfigur des Vertrags mit Schutzwirkung zugunsten Dritter in Betracht, außerdem auf deliktischer Anspruchsgrundlage (zum Beispiel § 823 Abs. 1 BGB bei Verletzung von Eigentum und sonstigen geschützten Rechtsgütern des Dritten). Hinsichtlich der Mitbewohner oder potentiellen Mitbewohner stellt sich zusätzlich die Frage, ob sie einen direkten Anspruch auf Nutzung der Wohnung gegen den Vermieter haben, der sich insbesondere aus einem echten Vertrag zugunsten Dritter ergeben kann.

3   Im Anschluss werden Ansprüche behandelt, die der Vermieter gegen Nichtvertragspartner haben kann. Praktisch relevant sind Unterlassungsansprüche gegen Dritte, die der Vermieter am Betreten der Wohnung oder am Mitwohnen hindern will, sowie Schadensersatzansprüche im Fall von Beschädigungen durch Dritte. Um die Rechtsfolgen einer Beschädigung der Wohnung durch Dritte vollständig zu erfassen, wird im Folgenden überdies erörtert werden, inwieweit sich aufgrund einer derartigen Beschädigung Ansprüche des Vermieters gegen den Mieter ergeben können.

B. Ansprüche von Nichtvertragspartnern gegen den Vermieter

I. Vertrag zugunsten Dritter

4   In der Praxis kommen gelegentlich **echte Mietverträge zugunsten Dritter** vor. So nennt *Lehmann-Richter*[1] als Beispiel, dass Eltern von Studenten ohne festes Einkommen den Mietvertrag zugunsten der Kinder abschließen oder dass ein Konzern am Ort einer Niederlassung eine Wohnung anmietet, die er verschiedenen Mitarbeitern jeweils für kurze Zeit überlässt.[2]

1. Abgrenzung

5   Ob tatsächlich eine Drittbegünstigung gewollt ist, also der Dritte einen eigenen Anspruch gegen den Vermieter haben soll, was meist nicht ausdrücklich vereinbart ist, ist eine Frage der Vertragsauslegung.[3] Wenn die Leistung lediglich im Interesse des Dritten vereinbart wird, stellt das ein Indiz für einen echten Vertrag zugunsten Dritter dar;[4] dasselbe gilt für ein fürsorgliches Motiv auf Seiten des Mieters wie beispielsweise beim Vertrag der Eltern zugunsten der Kinder.[5] Bei der Anmietung der Wohnung durch eine aus den Bewohnern bestehende Außen-GbR – WG-Typ D (→ § 1 Rn. 27) – wird man allerdings in aller Regel einen Vertrag zugunsten der einzelnen Mitbewohner verneinen müssen: Der Wille der Vertragsparteien dürfte, wenn ausdrücklich die Form des Mietvertragsschlusses durch die GbR gewählt wird, meist dahingehen, dass nur die GbR die Ansprüche ihrer Gesellschafter auf Nutzung der Mietsache soll durchsetzen können. Die Abgrenzung zwischen drittbegünstigendem und nicht drittbegünstigendem Vertrag wird dadurch erschwert, dass die Nutzungsinteressen des Dritten auch durch eine bloße Gebrauchsüberlassung befriedigt werden könnten.[6] Jedenfalls der Vermieter wird an der Drittbegünstigung normalerweise

---

[1] *Lehmann-Richter* ZMR 2010, 813 (814).
[2] Zu dieser Konstellation sei darauf hingewiesen, dass der Untermieter Gefahr läuft, den Schutz des sozialen Mietrechts, zB den Kündigungsschutz nach § 573 BGB, zu verlieren: Nach der Rechtsprechung stellt der Hauptmietvertrag nämlich keinen Wohnraummietvertrag dar, wenn er nicht darauf gerichtet ist, dass der Hauptmieter die Wohnung bewohnt, sondern die Untervermietung beabsichtigt ist (vgl. BeckRS 1978, 31119706), während § 565 BGB ausschließlich die gewerbliche Untervermietung betrifft (*Lehmann-Richter* ZMR 2010, 813 (815)).
[3] *Lehmann-Richter* ZMR 2010, 813 (814); allgemein *Westermann* in Erman BGB § 328 Rn. 10; *Looschelders* Schuldrecht AT Rn. 1128.
[4] *Lehmann-Richter* ZMR 2010, 813 (814).
[5] *Lehmann-Richter* ZMR 2010, 813 (814); *Grüneberg* in Palandt BGB § 328 Rn. 3.
[6] *Lehmann-Richter* ZMR 2010, 813, (814).

kein eigenes Interesse haben.[7] Für einen echten Vertrag zugunsten Dritter spricht es, wenn der Vermieter und nicht der Mieter die Vertragsabwicklung mit dem Bewohner übernehmen soll;[8] die Pflicht zur Zahlung des Mietzinses an den Vermieter trifft dagegen – selbstverständlich – ausschließlich den Mieter.[9]

2. Ansprüche des Dritten

Die Einordnung als Vertrag zugunsten Dritter trifft noch keine Entscheidung darüber, welche Ansprüche der Drittbegünstigte – neben dem Anspruch auf Nutzung der Mietsache – unmittelbar gegen den Vermieter hat. Im Hinblick auf Mängelbeseitigungsansprüche spricht viel dafür, dass sie Teil der Primärleistung „Gebrauchserhaltung" sind und damit dem Nutzer zustehen.[10] Dasselbe sollte grundsätzlich auch für Sekundäransprüche, die sich als Surrogat der Primärleistung darstellen (zum Beispiel §§ 280 Abs. 1, 3, 281),[11] gelten, was aber teilweise bestritten wird.[12] Direkte Ansprüche des Nutzers sind auch bei bloßen Nebenpflichtverletzungen denkbar, soweit es sich um leistungsbezogene Nebenpflichten handelt.[13]

3. Obliegenheiten; Gestaltungsrechte; Ansprüche gegen den Nutzer

Im Fall bestimmter Obliegenheitsverletzungen schließt § 536b BGB die Gewährleistungsrechte aus; den bloßen Nutzer treffen aber nur Obliegenheiten, die gerade an seine Gläubigerstellung anknüpfen, zum Beispiel im Fall der Entgegennahme einer mangelhaften Sache.[14] Eine solche Obliegenheitsverletzung durch den Dritten kann dann aber auch zu einem Wegfall der Mietminderung führen, die eigentlich dem Mieter zustünde; das wird begründet über den Gedanken, dass der Nutzer aufgrund der Abspaltung des Gläubigerrechts unmittelbar den Mieter repräsentiere, er also nicht bloß Erfüllungsgehilfe des Mieters ist.[15] Fehlverhalten, das den Vermieter zur Kündigung berechtigen würde, wenn sich der Mieter selbst dergestalt verhielte, rechtfertigt eine Kündigung auch dann, wenn das Fehlverhalten durch den Nutzer erfolgt.[16]

Das Recht, den Mietvertrag zu kündigen, steht auf Mieterseite nur dem Mieter selbst zu, ohne dass es dazu einer Mitwirkung des Nutzers bedürfte.[17] Das Widerspruchsrecht des § 574 BGB gegen die Kündigung des Vermieters soll nach vereinzelt vertretener Auffassung aber auch dem vertragsfremden Dritten zustehen, der vertragsgemäß die Wohnung nutzt.[18]

Gesetzlich vorgeschriebene Pflichten, bestimmte Maßnahmen zu dulden (zum Beispiel § 555a BGB), treffen den Nutzer.[19] Die Rückgabepflicht nach Beendigung des Mietverhältnisses trifft nach § 546 Abs. 2 BGB auch den Dritten, die Entschädigungspflicht bei verspäteter Rückgabe nach § 546a BGB trifft dagegen nur den Mieter.[20]

---

[7] *Lehmann-Richter* ZMR 2010, 813 (816).
[8] Noch enger *Lehmann-Richter* ZMR 2010, 813 (816), dem zufolge das sogar zwingende Voraussetzung für die Annahme einer Drittbegünstigung sein soll.
[9] *Lehmann-Richter* ZMR 2010, 813 (816).
[10] *Gottwald* in MüKoBGB § 336 Rn. 19; *Lehmann-Richter* ZMR 2010, 813 (817); *Jagmann* in Staudinger BGB § 335 Rn. 16.
[11] *Lehmann-Richter* ZMR 2010, 813 (817).
[12] So *Grüneberg* in Palandt BGB § 328 Rn. 5 für den Schadensersatz statt der Leistung. Vgl. allgemein *Fikentscher/Heinemann* Schuldrecht Rn. 300.
[13] *Lehmann-Richter* ZMR 2010, 813 (818).
[14] *Lehmann-Richter* ZMR 2010, 813, 817; ohne ausdrückliche Erwähnung dieser Einschränkung *Gottwald* in MüKoBGB § 335 Rn. 18.
[15] *Lehmann-Richter* ZMR 2010, 813 (817).
[16] *Lehmann-Richter* ZMR 2010, 813 (819); einschränkend *Westermann* in Erman BGB § 328 Rn. 9.
[17] *Gottwald* in MüKoBGB § 335 Rn. 7; *Lehmann-Richter* ZMR 2010, 813 (818).
[18] AG Hamburg-Altona ZMR 2011, 882.
[19] *Lehmann-Richter* ZMR 2010, 813 (820), noch zu § 554 aF BGB.
[20] *Lehmann-Richter* ZMR 2010, 813 (820).

II. Vertrag mit Schutzwirkung zugunsten Dritter

1. Allgemeines

10 Auch eine an einem Mietvertrag nicht unmittelbar beteiligte Person kann in den Schutzbereich des Mietvertrags einbezogen sein, ohne dass insoweit gegenüber der allgemeinen Dogmatik grundlegende mietrechtliche Besonderheiten gälten.[21] So hat der BGH[22] – im Fall einer Gewerberaummiete, dessen Grundproblematik aber ohne weiteres auf die Wohnraummiete übertragbar ist –, einen direkten vertraglichen Anspruch der geschädigten Arbeitnehmerin der Mieterin gegen den Vermieter bejaht, die von einem unsachgemäß befestigten Fenster, das sich aus dem Rahmen gelöst hat, getroffen worden ist. Allgemein erfordert die Annahme eines **Vertrags mit Schutzwirkung zugunsten Dritter** Leistungsnähe, Gläubigernähe beziehungsweise Einbeziehungsinteresse, Erkennbarkeit von Leistungs- und Gläubigernähe für den Schuldner,[23] Zumutbarkeit der Haftungserweiterung für den Schuldner[24] und Schutzbedürftigkeit des Dritten, der keine eigenen vertraglichen Ansprüche haben darf.[25] Unter der Leistungsnähe versteht man, dass der Dritte wie der Mieter selbst mit der Leistung des Vermieters in Berührung kommen muss, unter Gläubigernähe beziehungsweise Einbeziehungsinteresse, dass der Mieter ein berechtigtes Interesse am Schutz des Dritten haben muss. Die Haftung aufgrund der Verletzung einer drittschützenden Pflicht erstreckt sich entgegen einer früher ganz vereinzelt[26] vertretenen Auffassung nicht nur auf Personen-, sondern auch auf Sachschäden.[27]

11 Dogmatisch begründet wird diese Ausweitung der vertraglichen Haftung des Vermieters zumindest in der Rechtsprechung in der Regel über die Annahme einer ergänzenden Vertragsauslegung;[28] entscheidend ist also der hypothetische Parteiwille.[29] Daher sind an die Einbeziehung von Dritten in den Schutzbereich strenge Anforderungen zu stellen, um die Haftung für den Schuldner nicht unkalkulierbar auszudehnen, was mit seinem hypothetischen Willen kaum vereinbar wäre.[30] Das geschieht im Rahmen der Voraussetzungen „Gläubigernähe/Einbeziehungsinteresse" und „Leistungsnähe".

12 Die Folge der Annahme eines Vertrags mit Schutzwirkung zugunsten Dritter ist, dass dem Vermieter Schutzpflichten auch gegenüber dem einbezogenen Dritten obliegen. Dabei werden aber nicht automatisch alle gegenüber dem Mieter bestehenden Schutzpflichten übertragen;[31] vielmehr muss, um der Herleitung des Vertrags mit Schutzwirkung zugunsten Dritter aus dem hypothetischen Parteiwillen gerecht zu werden, gerade die in

---

[21] Vgl. BGH NJW 2010, 3152 (3153).
[22] BGH NJW 2010, 3152.
[23] BGH NJW 2010, 3152 (3153).
[24] *Westermann* in Erman BGB § 328 Rn. 15.
[25] BGH NJW 2013, 1002.
[26] *Gernhuber* JZ 1962, 553 (556), wonach eine Erstreckung auf Sachschäden zwar wünschenswert, aber de lege lata nicht gegeben sei.
[27] BGHZ 49, 350 = NJW 1968, 885 (887).
[28] BGH 159, 1 = NJW 2004, 3035 (3036); BGH NJW 2001, 3115; ebenso zB *Grüneberg* in Palandt BGB § 328 Rn. 14. Gerade im Hinblick auf Fälle, in denen sich die Haftung aufgrund entgegengesetzter Interessen von Vertragspartner und Drittem nur schwer aus einer ergänzenden Vertragsauslegung herleiten lässt, wird an dieser Begründung allerdings auch erhebliche Kritik geübt (vgl. zB *Fervers* ZJS 2014, 91 (95); allgemein *Looschelders* Schuldrecht AT Rn. 160 ff.). Die Frage muss hier nicht entschieden werden, da zumindest über die hier relevanten strengen Anforderungen an die Einbeziehung des Dritten in den Schutzbereich weitgehende Einigkeit besteht.
[29] BGH BeckRS 2016, 109925.
[30] BGH BeckRS 2016, 109925.
[31] Das wird nicht immer hinreichend deutlich herausgestellt, vgl. zB *Looschelders* Schuldrecht AT Rn. 170, der allerdings die Grundlage des Vertrags mit Schutzwirkung zugunsten Dritter auch nicht in einer ergänzenden Vertragsauslegung erblickt, sondern in einem rechtsgeschäftsähnlichen Schuldverhältnis. Auch von diesem Ausgangspunkt besteht aber kein Grund, von einer zwingenden Identität der Schutzpflichten gegenüber dem Vertragspartner und dem Dritten auszugehen (vgl. allgemein *Gernhuber* Das Schuldverhältnis, 524).

Rede stehende Pflicht auch gegenüber dem Dritten hypothetisch gewollt sein. Die höchstrichterliche Rechtsprechung lässt sogar zu, dass nach den Grundsätzen über den Vertrag mit Schutzwirkung zugunsten Dritter auch Schadensersatzansprüche begründet werden könnten, die nicht auf einer schuldhaften Pflichtverletzung beruhen, sondern auf einer Verletzung der Garantiehaftung des Vermieters für anfängliche Mängel der Mietsache.[32]

2. Leistungsnähe

Wenn der Dritte wie der Mieter selbst mit der Leistung in Berührung kommen muss,[33] schließt das in der Regel Personen aus, die mit der Mietsache nur kurzzeitig in Kontakt kommen. Allerdings können **Gäste** der Mieter durchaus einbezogen sein. Entscheidend ist, dass es nach dem Mietvertrag bestimmungsgemäß zu einem gesteigerten Kontakt mit der Mietsache kommt; so dürfte der Kontakt eines Babysitters zur Wohnung regelmäßig ausreichen, der Kontakt eines Lieferanten dagegen nicht.[34] Besonders deutlich wird die – dann auch ohne weiteres für den Vermieter erkennbare – **Leistungsnähe** im Fall der Anmietung der Wohnung durch eine aus den Mitbewohnern bestehende Außen-GbR (WG-Typ D nach der gemäß → § 1 Rn. 24–30 diesem Handbuch zugrunde gelegten Typologie). 13

3. Gläubigernähe/Einbeziehungsinteresse

Das **Einbeziehungsinteresse** des Gläubigers, hier also des Mieters, setzt voraus, dass der Mieter ein besonderes Interesse an der Einbeziehung des Dritten in den Schutzbereich des Mietvertrags hat, dem nach dem Inhalt und Zweck des Vertrags Rechnung getragen werden sollte.[35] Daher wird verbreitet eine Beschränkung des Vertrags mit Schutzwirkung zugunsten Dritter auf „Rechtsbeziehungen mit personenrechtlichem Einschlag" oder – im Hinblick insbesondere auf die Gutachterhaftung – mit drittbezogener Leistung angenommen.[36] Zu diesen Rechtsbeziehungen mit personenrechtlichem Einschlag wird neben familienrechtlichen Beziehungen (Kinder, nichtehelicher Lebenspartner) zum Beispiel auch das Arbeitsverhältnis gezählt,[37] aber auch das Verhältnis zwischen Bewohnern einer WG mit gelegentlich wechselnden Mitbewohnern.[38] Gegenüber anderen Personen wie zum Beispiel gelegentlichen Besuchern wird dagegen der Vertrag mit Schutzwirkung zugunsten Dritter in der Regel verneint.[39] Wird der Mietvertrag durch die Mitbewohner als Außen-GbR abgeschlossen (WG-Typ D nach der gemäß → § 1 Rn. 24–30 diesem Handbuch zugrunde gelegten Typologie), so wird man die erforderliche Nähe zwischen der GbR und ihren Gesellschaftern anerkennen müssen. 14

4. Erkennbarkeit

Hinsichtlich der Erkennbarkeit bestehen keine mietvertraglichen Besonderheiten. Insoweit kann auf die allgemeine Literatur zum Vertrag mit Schutzwirkung zugunsten Dritter verwiesen werden.[40] Der Vermieter einer Wohnung muss damit rechnen, dass nicht nur der Mieter selbst, sondern beispielsweise auch Gäste, Babysitter und Ähnliche in Kontakt mit 15

---

[32] BGHZ 49, 350 = NJW 1968, 885 (887).
[33] BGH NJW 2010, 3152 (3153).
[34] *Klumpp* in Staudinger BGB § 328 Rn. 292.
[35] BGHZ 181, 12 = BeckRS 2009, 13337.
[36] *Emmerich* in Bub/Treier BeckHdB-MietR II Rn. 2941.
[37] *Eisenschmid* in Schmidt-Futterer MietR BGB § 535 Rn. 198.
[38] *Emmerich* in Bub/Treier BeckHdB-MietR II Rn. 2942.
[39] *Eisenschmid* in: Schmidt-Futterer MietR BGB § 535 Rn. 199; *Emmerich* in Bub/Treier BeckHdB-MietR II Rn. 2942; aA aber zB *Klumpp* in Staudinger BGB § 318 Rn. 292 hinsichtlich des Babysitters.
[40] Vgl. zB *Westermann* in Erman BGB § 328 Rn. 15.

der Wohnung kommen, an deren Einbeziehung in den Schutzbereich der Mieter ein berechtigtes Interesse hat.

5. Schutzbedürftigkeit

16 Die Annahme eines Vertrags mit Schutzwirkung zugunsten Dritter scheidet aus, wenn der Dritte eigene vertragliche Ansprüche – gleich, gegen wen – hat.[41] Das hat grundsätzlich zur Folge, dass der Untermieter dann nicht in den Schutzbereich des Hauptmietvertrags einbezogen ist, wenn er – wie oft – eigene vertragliche Ansprüche gegen den Hauptmieter hat (→ § 3, insbesondere → § 3 Rn. 53–59);[42] das soll auch dann gelten, wenn diese Ansprüche wegen Insolvenz des Hauptmieters praktisch wertlos sind.[43] Auch der o. g. Babysitter wird regelmäßig vertragliche Ansprüche gegen den Mieter haben, sofern es sich nicht um ein bloßes Gefälligkeitsverhältnis handelt.

17 Allerdings sind durchaus Fälle denkbar, in denen die Schutzbedürftigkeit des Dritten erhalten bleibt, obwohl er selbst in einem Vertragsverhältnis zum Mieter steht. Das kommt zum Beispiel in Betracht, wenn zwar den Hauptvermieter, nicht aber den Hauptmieter und Untervermieter ein Verschulden trifft. Eine Einordnung des Hauptvermieters als **Erfüllungsgehilfe** des Untervermieters, der sich dessen Verschulden nach § 278 BGB zurechnen lassen muss, soll nämlich nach der Rechtsprechung ausscheiden, da der Hauptvermieter nicht mit dem Willen des Untervermieters bei der Erfüllung der vertraglichen Hauptpflicht tätig wird.[44] Gerade soweit es um die Beseitigung von Mietmängeln geht, die sowohl das Haupt- als auch das Untermietverhältnis betreffen, kann man daran allerdings zweifeln. So ist ohne weiteres ein Handwerker, der vom Vermieter beauftragt wurde, gegenüber allen bei den Arbeiten gefährdeten Mietern als Erfüllungsgehilfe anzusehen.[45] Wenn der Untervermieter zur Beseitigung eines Mangels, zu der er dem Untermieter verpflichtet ist, keinen Handwerker einsetzt, sondern selbst gegenüber seinem Vermieter den Anspruch geltend macht, dass die Mietsache in ordnungsgemäßem Gebrauch zu halten ist, besteht kein wesentlicher Unterschied gegenüber der Mangelbeseitigung durch einen Handwerker. Der einzige Unterschied, dass der Untervermieter sich denjenigen, der den Mangel beseitigt, nicht mehr in der konkreten Situation, in der der Mangel vorliegt, frei aussucht, rechtfertigt eine Ungleichbehandlung nicht. Indem er die untervermietete Mietsache vorher selbst angemietet hat, hat er sich eben schon von vornherein damit abgefunden, dass Mängel gerade vom Hauptvermieter beseitigt werden; diese Entscheidung wird dann im Zeitpunkt seines Mangelbeseitigungsverlangens gegenüber dem Hauptvermieter aktualisiert, was letztlich der Beauftragung eines Handwerkers in seinem Sinngehalt entspricht.

III. Deliktische Haftung des Vermieters

18 Sofern eine direkte vertragliche Haftung des Vermieters gegenüber dem Dritten nach diesen Grundsätzen ausscheidet, kommt zumindest eine deliktische Haftung nach §§ 823 ff. BGB in Betracht.[46]

---

[41] BGH NJW 2013, 1002.
[42] BGH NJW 2013, 1002; *Emmerich* in Bub/Treier BeckHdB-MietR II Rn. 2942.
[43] BGH NJW 2013, 1002.
[44] OLG Düsseldorf BeckRS 2003, 17856, dort im Hinblick auf das Verhältnis zwischen erstem und zweitem Untervermieter.
[45] *Caspers* in Staudinger BGB § 278 Rn. 103.
[46] Vgl. BGH BeckRS 2016, 109925.

C. Ansprüche des Vermieters gegen Nichtvertragspartner oder aufgrund des Verhaltens von Nichtvertragspartnern

I. Beschädigung der Mietsache

1. Ansprüche gegen den Dritten

Wird die Mietwohnung durch einen Dritten rechtswidrig und schuldhaft beschädigt, kommen nach den allgemeinen Grundsätzen deliktische Ansprüche gegen diesen Dritten in Betracht, insbesondere nach § 823 Abs. 1 BGB. Direkte vertragliche Ansprüche des Vermieters gegen den Dritten scheiden hingegen aus. 19

2. Ansprüche gegen den Mieter, insbesondere Verschuldenszurechnung

Allerdings kann der Vermieter vertragliche Ansprüche (insbesondere §§ 280 bis 283 BGB) gegen den Mieter geltend machen, sofern diesen ein Verschulden trifft. Dabei stellt sich die Frage, inwieweit die Handlung und das Verschulden des Dritten dem Mieter über § 278 BGB zuzurechnen sind. Die häufig zu lesende Formulierung, dass **Erfüllungsgehilfen** des Mieters sämtliche Personen seien, die auf seine Veranlassung in Berührung mit der Mietsache kommen,[47] ist allerdings im Hinblick auf den Wortlaut des § 278 Abs. 1 S. 1 BGB zumindest problematisch. So wird vereinzelt vertreten, dass bloß kurzzeitige Gäste in der Regel nicht gerade im Rahmen der Erfüllung einer Verbindlichkeit mit der Mietsache in Berührung kommen.[48] Die Bedenken dürften daher rühren, dass beispielsweise der Händler sein Hilfspersonal zur Erfüllung einer Bringschuld gerade gezielt einsetzt, um die Verbindlichkeit zu erfüllen, während der Mieter gerade nicht deshalb Gäste in die Wohnung holt, damit sie seine Verpflichtung zum sorgsamen Umgang mit der Mietsache erfüllen. Nimmt man den Wortlaut des § 278 Abs. 1 S. 1 BGB ernst, erscheint es in der Tat zweifelhaft, den Gast als Erfüllungsgehilfen zu betrachten und so sein Verschulden zuzurechnen. Schaut man in die Gesetzgebungsgeschichte, stellt man fest, dass bei Schaffung der Verschuldenszurechnung die Überlegung leitend war, dass in dem schuldnerischen Leistungsversprechen die Übernahme einer Garantie für das ordnungsgemäße Verhalten der Hilfspersonen, derer er sich bei der Leistung bedienen darf, zu sehen ist.[49] Ein weiteres Argument, das im Vorfeld der Entstehung des BGB[50] eine wichtige Rolle gespielt hat, war, dass derjenige, der die Leistung durch eine Hilfsperson schulde, auch für fremde Sorgfalt haften müsse; mit dem Verschuldensprinzip ist dieses Argument besser vereinbar als die Annahme einer stillschweigenden Garantieübernahme.[51] Für den konkreten Fall der Haftung des Mieters für seine Gäste lassen sich aber beide Argumente kaum fruchtbar machen. 20

---

[47] So zB BGH NJW 1991, 1750, (1752); *Emmerich* in Staudinger BGB § 538 Rn. 7; ähnlich *Lützenkirchen* in Erman BGB § 535 Rn. 190.

[48] *Eisenschmid* in Schmidt-Futterer BGB MietR § 535 Rn. 297; *Schmid* IMR 2014, 452 (453); anders die überwiegende Rechtsprechung und die hM, zB BGH NJW 1991, 1750 (1752); *Caspers* in Staudinger BGB § 278 Rn. 102, wonach sich der Mieter das Verschulden seiner Gäste und Kunden zurechnen lassen muss; unklar *Emmerich* in Emmerich/Sonnenschein MietR BGB § 538 Rn. 4.

[49] Motive S. 30 = *Mugdan*, Band 2, 16; *Schermaier* in Historisch-kritischer Kommentar zum BGB §§ 276–278, Rn. 82.

[50] Im Gemeinen Recht war die Frage, inwieweit der Schuldner für das Verschulden von Hilfspersonen einstehen muss, noch umstritten; nach teilweise vertretener Ansicht hatte der Schuldner zumindest bei erlaubter Einschaltung von Hilfspersonen nur für eigenes Auswahl- und Überwachungsverschulden einzustehen (*Windscheid/Kipp* Pandektenrecht, 105, 745). Im justinianischen Recht regelte D. 19.2.11 pr. (Ulpian 32 ad edictum), dass der Mieter für das Verschulden derjenigen, die er auf das Grundstück gelassen hatte, in eigenem Namen haftete, sofern es ihm vorwerfbar war, dass er gerade diese Personen auf das Grundstück gelassen hatte; hier kam es also erst dann zu einer Zurechnung fremden Verschuldens, wenn den Mieter *zusätzlich* eigenes Verschulden traf (unzutreffend insoweit *Zunft* AcP 153 (1954), 373 (378)).

[51] *Schermaier* in Historisch-kritischer Kommentar zum BGB §§ 276–278 Rn. 82.

Während das Hilfspersonal des Händlers diesen bei der Erfüllung seiner Verpflichtung unterstützt, tut das der Gast zugunsten des Mieters gerade nicht: Die Anwesenheit des Gastes schafft ausschließlich ein zusätzliches Risiko, ohne dass der Mieter davon gerade im Hinblick auf die Erfüllung seiner Verbindlichkeit zum sorgsamen Umgang mit der Mietsache auch nur den geringsten Vorteil hätte; dass der Mieter die Leistung durch Hilfspersonen schulde oder dazu auch nur berechtigt sei, lässt sich schlechterdings nicht behaupten. Der Schuldner „bedient sich der Hilfe"[52] des Dritten gerade nicht. Eigentlich geht es nicht um die Erfüllung einer Verbindlichkeit, sondern um die Rechtsausübung des Mieters; § 278 wird insoweit über seinen Wortlaut hinaus ausgedehnt auf Fälle, in denen der Dritte bei der Ausübung der dem Schuldner kraft des Schuldverhältnisses zustehenden Befugnisse tätig wird.[53]

21 Der Anwendungsbereich des § 278 BGB hat sich allerdings seit Erlass des BGB erheblich erweitert, indem Schuldverhältnisse zunehmend auch als Schutzpflichtverhältnisse verstanden wurden, die neben Leistungsinteressen auch Integritätsinteressen schützen.[54] Mittlerweile wird als Grund für die Haftung für den Erfüllungsgehilfen vor allem angeführt, dass derjenige, der seinen Tätigkeitsbereich erweitere, indem er Gehilfen einsetzt und daraus Vorteile zieht, für die dadurch entstehenden Nachteile des Gläubigers einstehen müsse,[55] was allerdings für den Fall der Pflicht zum sorgsamen Umgang mit der Mietsache nicht weiterhilft, da die Einbeziehung eines Dritten für den Mieter keine Vorteile bietet. Weiter wird argumentiert, dass der Geschäftsherr das Risiko durch den Einsatz eines Gehilfen besser als der Gläubiger beherrschen könne.[56] Immerhin dieser Aspekt der Risikoerhöhung lässt sich auch für die Haftung des Mieters für den Gast fruchtbar machen.[57] Insgesamt erscheint die dogmatische Basis für eine Verschuldenszurechnung eher schwach. Zutreffend führte *Eike Schmidt* schon 1970 aus, dass sich mit den bisherigen Begründungen die Ausdehnung des § 278 BGB auf bloße Schutzpflichtverletzungen nicht rechtfertigen lasse; als entscheidendes Argument für die Ausdehnung des § 278 BGB auf eigentlich genuin deliktisches Verhalten führt er an, dass es gerade durch die Existenz einer Sonderverbindung erst zu der Schädigung kommen konnte.[58] Mit Wortlaut und Entstehungsgeschichte der Norm ist dieses Argument allerdings nur schwer in Einklang zu bringen.

22 Jedoch sprechen zumindest Rechtsschutzgesichtspunkte für die herrschende Meinung, nach der § 278 BGB zu einer Verschuldenszurechnung an den Mieter führt. Denn die Beweislastverteilung führt nach höchstrichterlicher Rechtsprechung[59] nicht zwingend in jeder denkbaren Konstellation dazu, dass der Mieter darlegen und beweisen muss, dass er die Pflichtverletzung nicht zu vertreten hat (→ Rn. 25).

23 Im Ergebnis ist die Frage der Verschuldenszurechnung für die Praxis entschieden, auch wenn eine nähere dogmatische Begründung in der Regel nicht einmal versucht wird: Nach der Rechtsprechung sind Gäste des Mieters – anders als ungebetene Besucher[60] – als dessen Erfüllungsgehilfen anzusehen;[61] eine über § 278 BGB hinausgehende Haftung des Mieters für Hilfspersonen lasse sich dagegen auch vertraglich zumindest in Formularmietverträgen nicht begründen, da sie den Mieter entgegen den Geboten von Treu und Glauben abweichend von der gesetzlichen Regelung benachteilige.[62] Eine Haftung des Mieters

---

[52] So die Formulierung von *Dubischar* in AK-BGB § 278 Rn. 1, der ebd. in Rn. 13 konsequenterweise annimmt, Gästen, Lieferanten und Kunden des Mieters sei die Eigenschaft als Erfüllungsgehilfe in der Regel abzusprechen.
[53] So schon *Krückmann* Jherings Jahrbücher 209 (211).
[54] *Dubischar* in AK-BGB § 278 Rn. 4.
[55] *Kupisch* JuS 1983, 817 (819).
[56] *Schermaier* in Historisch-kritischer Kommentar zum BGB §§ 276–278 Rn. 101.
[57] Vgl. *Pfeiffer* in Soergel BGB § 278 Rn. 38.
[58] *Schmidt* AcP 170 (1970), 502 (507).
[59] ZB BGH NJW-RR 2005, 381 (382).
[60] AG Köln BeckRS 1991, 05980.
[61] BGH NJW 1991, 1750 (1752).
[62] BGH NJW 1991, 1750 (1752) (noch zur Generalklausel des § 9 AGBG).

aufgrund einer Verschuldenszurechnung nach § 278 BGB scheidet im Übrigen dann aus, wenn sich die Pflichtverletzung des Besuchers nicht auf den dem Mieter überlassenen Teil der Mietsache bezieht, da dann der Bezug zur Sorgfaltspflicht des Mieters fehlt.[63]

Jedenfalls hinsichtlich eines Mitbewohners ergibt sich eine **Verschuldenszurechnung** 24 schon aus § 540 Abs. 2 BGB. Soweit die Familienangehörigen des Mieters als vom Anwendungsbereich des § 540 BGB ausgenommen gelten sollen,[64] kann das nur dessen Abs. 1 betreffen, nicht aber die Verschuldenszurechnung nach Abs. 2; praktisch ist die Frage aber ohne Bedeutung, da man in derartigen Fällen mit der Rechtsprechung ohnehin zur Einordnung des Angehörigen als Erfüllungsgehilfe nach § 278 gelangt.

Im Falle einer **Beschädigung der Mietsache** muss zunächst der Vermieter beweisen, 25 dass die Mietsache bei Übergabe an den Mieter mangelfrei war und der Schaden dann während der Mietzeit eingetreten ist, wobei ihm die Beweiskraft des Übergabeprotokolls zugutekommt.[65] Wenn er weiterhin beweist, dass die Schadensursache allein im Obhutsbereich des Mieters liegt, trägt der Mieter die volle **Beweislast** dafür, dass er den Schadenseintritt nicht zu vertreten hat.[66] Insoweit findet eine Umkehr der Beweislast hinsichtlich des Verschuldens und auch hinsichtlich der objektiven Pflichtverletzung statt.[67] Voraussetzung ist allerdings, dass der Schaden durch Mietgebrauch entstanden ist, sodass in Fällen, in denen nicht ausgeschlossen werden kann, dass der Mieter in keiner Weise den Schadenseintritt veranlasst oder beeinflusst hat, die Beweislast den Vermieter trifft.[68] Demnach hat der Vermieter die Tatsache, dass die Schadensursache nicht aus dem Verhalten eines Dritten herrührt, für den der Mieter nicht haftet, zumindest dann zu beweisen, wenn streitig bleibt, ob die Beschädigung aus dem Mietgebrauch herrührt.[69] Die Rechtsprechung verlangt, dass der Vermieter zunächst sämtliche Ursachen ausräumt, die aus seinem Verantwortungsbereich stammen; danach soll der Mieter zu beweisen haben, dass der Schaden nicht aus seinem Verantwortungsbereich stammt.[70] Eine Behauptung des Mieters, ein Dritter sei verantwortlich, muss der Vermieter widerlegen.[71] Letztlich erscheint es sachgerecht und entspricht wohl auch der Rechtsprechung, dem Mieter für die Tatsache, dass ein Dritter für die Beschädigung verantwortlich ist, eine sekundäre Behauptungslast aufzubürden.[72] Wenn bei Abschluss mehrerer paralleler Verträge zwischen dem Vermieter und mehreren Mietern (nach der hier genutzten Terminologie also Typ B, → § 1 Rn. 25) unklar bleibt, wer von mehreren selbständigen Mietern den Schaden verursacht hat, trägt allerdings der Vermieter die volle Darlegungs- und Beweislast für die Schadensverursachung gerade durch den in Anspruch genommenen Mieter.[73]

II. Negatorischer Anspruch des Vermieters gegen Nichtvertragspartner

Der Vermieter, der zugleich Eigentümer ist, hat grundsätzlich das Recht, Besuchern des 26 Mieters den Zugang zum Anwesen zu untersagen, § 903 BGB; bei Wiederholungsgefahr soll ihm grundsätzlich auch der Unterlassungsanspruch nach § 1004 Abs. 1 S. 2 zustehen.[74] Allerdings ergeben sich weitgehende Einschränkungen – neben dem Schikaneverbot – aus

---

[63] Vgl. AG Pfaffenhofen IBRRS 2016, 2594 zum Fall der Beschädigung der Wohnungstür eines *anderen* Mieters in einem Mehrfamilienhaus durch einen Gast.
[64] BGHZ 157, 1 = NZM 2004, 22; BGHZ 92, 213 = NJW 1985, 130; *Heilmann* NZM 2016, 74 (76).
[65] *Nies* in Baumgärtel/Laumen/Prütting Beweislast-HdB Schuldrecht BT I § 535 Rn. 22.
[66] *Nies* in Baumgärtel/Laumen/Prütting Beweislast-HdB Schuldrecht BT I § 535 Rn. 22.
[67] BGH NJW-RR 2005, 381 (382).
[68] BGH NJW-RR 2005, 381 (382).
[69] *Bieber* in MüKoBGB § 538 Rn. 7.
[70] BGH NJW-RR 2005, 235.
[71] *Gramlich* Mietrecht § 538 Rn. 4.
[72] Allgemein zur sekundären Behauptungslast *Laumen* in Prütting/Gehrlein ZPO § 286 Rn. 87.
[73] *Nies* in Baumgärtel/Laumen/Prütting Beweislast-HdB Schuldrecht BT I § 538 Rn. 10.
[74] LG Karlsruhe NJW 1961, 1166.

mietvertraglichen Bindungen des Vermieters.[75] Problematisch ist aber, ob der Besucher selbst eigene Rechte aus dem Mietverhältnis herleiten kann oder sich nur der Mieter auf mietvertragliche Rechte berufen kann. Eigene Rechte des Dritten können dann unproblematisch angenommen werden, wenn es sich um einen echten Vertrag zugunsten Dritter handelt.[76] Das wird allerdings hinsichtlich bloßer Besucher in der Regel nicht der Fall sein. Teilweise wird vertreten, dass der Eigentümer und Vermieter dem Besucher das Betreten des Grundstücks nicht verwehren könne, weil der Besucher analog § 986 I S. 1, 2. Alt. BGB zum Betreten berechtigt sei.[77] Die Analogiebasis erscheint aber zweifelhaft, weder die planwidrige Regelungslücke noch die Vergleichbarkeit der Interessenlage wird in der Regel näher dargetan. So ist § 1004 BGB deutlich anders ausgestaltet als der Vindikationsanspruch, der insbesondere eine detaillierte Ausformung hinsichtlich der Folgeansprüche erfahren hat. Für Einzelheiten sei auf das Kapitel „Hausrecht in der Wohngemeinschaft" (→ § 16) verwiesen.

---

[75] LG Karlsruhe NJW 1961, 1166.
[76] Ablehnend LG Karlsruhe NJW 1961, 1166; → Rn. 3–8.
[77] LG Traunstein Urt. v. 5.11.1980 – 3 S 2019/80 – juris; ähnlich BGH NJW 2007, 146 (147) wonach der Vermieter einem Dritten die Ablage für den Mieter bestimmter Sendungen auf Gemeinschaftsflächen nicht verbieten könne, wenn der Mieter ein Recht auf Mitbenutzung hat und von den Gegenständen keine Belästigung oder Gefahr ausgeht.

§ 12 Rechtsnachfolge auf Seiten des Vermieters

Übersicht

	Rn.
A. Vorüberlegungen zur Rechtsnachfolge und Problemstellung	1
I. Einzel- und Gesamtrechtsnachfolge	3
II. Relevanz	6
B. Einzelrechtsnachfolge und Eintritt in das Mietverhältnis	8
I. Eintritt in bestehende Mietverträge – § 566 BGB Voraussetzungen und Umfang	8
1. Allgemeines	8
2. Voraussetzungen	12
a) Wohnraum	12
b) Vermietung	13
c) Veräußerung von dem Vermieter an einen Dritten	14
d) Nach Überlassung an den Mieter	16
3. Rechtsfolge	18
II. Folgefragen	25
1. Ausgangspunkt	25
2. Gutglaubensschutz	26
3. Schicksal des (Alt-)Mietverhältnisses	27
a) Grundsatz	27
b) Verhältnis zwischen den Mietern	30
4. Folgen der Rückabwicklung	32
5. Veräußerung an Personenmehrheiten	33
III. Einzelfragen im Zusammenhang mit § 566 BGB – WG-Typen	37
1. WG-Typ B (Einzelverträge)	38
2. WG-Typ A (Untermiete)	39
3. WG-Typ C (Gesamtschuld)	41
4. WG-Typ D (Außen-GbR)	43
5. WG-Typ E (Mitbewohner ohne Mietvertrag)	46
6. WG-Typ F (Eigentümer als Mitbewohner)	48
IV. Besonderheiten und erweiternde Anwendung des § 566 BGB	53
1. Grundsatz der Identität von Vermieter und Eigentümer	53
2. Veräußerungstatbestände bei mehreren Vermietern	60
3. Miteigentum	61
C. Einzelrechtsnachfolge und das Vorkaufsrecht gem. § 577 BGB	68
I. Mietervorkaufsrecht nach § 577 BGB	68
1. Allgemeines	68
2. Voraussetzungen	71
3. Rechtsfolgen	89
a) Ausübung	89
b) Umfang	94
c) Haftung	96
II. Folgefragen	97
III. Einzelfragen im Zusammenhang mit den WG-Typen	103
1. WG-Typ B (Einzelverträge)	104
2. WG-Typ A (Untermiete)	111
3. WG-Typ C (Gesamtschuld)	112
4. WG-Typ D (Außen-GbR)	114
5. WG-Typ E (Mitbewohner ohne Mietvertrag)	117
6. WG-Typ F (Eigentümer als Mitbewohner)	118
D. Gesamtrechtsnachfolge	119
I. Überblick	120

	Rn.
II. Eintritt in das Mietverhältnis	123
III. Vorkaufsrecht nach § 577 BGB	124
E. Praktische Fragen der Rechtsnachfolge	125
I. Disponibilität	125
II. Nachweis der Rechtsnachfolge	127
1. Nachweis	128
2. Wissenszurechnung	132
F. Gestaltungshinweise	134
I. Ablauf eines notariellen Übertragungsvertrages	134
II. Gestaltungshinweise in Bezug auf den Mietvertrag	139
III. Gestaltungshinweise in Bezug auf den Übertragungsvertrag	141

Schrifttum:

Bachmayer, Mietrecht in der notariellen Praxis, BWNotZ 2004, 25; *Börstinghaus*, Der Wechsel des Vermieters, in: Mietparteien und ihr Wechsel, NZM 2004, 481; *Derleder*, Der „mitgekaufte" Mieter, NJW 2008, 1189; *Grotterhorst/Burbulla*, Zur Anwendbarkeit des § 566 BGB bei Vermietung durch Nichteigentümer, NZM 2006, 246; *Klühs*, Mietervorkaufsrecht bei en bloc-Verkauf, NZM 2013, 809; *Latinović/Quennet*: Abdingbarkeit von § 566 I BGB („Kauf bricht nicht Miete") – Möglichkeiten und Konsequenzen, NZM 2009, 843; *Rüßmann*, Vorkaufsrecht analog § 577 BGB bei Realteilung von Grundstücken? – Eine kritische Analyse der diesbezüglichen Rechtsprechung des VIII. Zivilsenats und ihrer Auswirkungen auf die notarielle Praxis –, RNotZ 2012, 97; *Schmidt*, Das neue Vorkaufsrecht bei der Umwandlung, MittBayNot 1994, 285; *Streyl*, Zum Identitätserfordernis in § 566 BGB, WuM 2008, 579; *Streyl*, Kauf bricht nicht Miete, NZM 2010, 343.

A. Vorüberlegungen zur Rechtsnachfolge und Problemstellung

1 Die Rechtsnachfolge in vermietetes Grundstücks- oder Wohnungseigentum führt häufig zu einem besonderen Regelungsbedarf. Im Hinblick auf Personenmehrheiten auf Mieterseite sind den Beteiligten (unabhängig von der Art des Zusammenschlusses) oft die Zuordnung und der Modus der Geltendmachung etwaiger Rechte unklar.

2 Die Rechtsnachfolge auf Vermieterseite kann entweder durch Einzelrechtsnachfolge oder durch Gesamtrechtsnachfolge bewirkt werden. Ausgangspunkt ist in der Regel der Wechsel des Eigentümers der betroffenen Immobilie; vergleichbare Vorgänge (beispielsweise die Einräumung eines Nießbrauchsrechts) sind jedoch denkbar.

I. Einzel- und Gesamtrechtsnachfolge

3 Die Einzelrechtsnachfolge in den vermieteten Gegenstand ist aufgrund Kaufvertrags, Schenkungs- beziehungsweise Überlassungsvertrags oder vergleichbaren Rechtsgeschäfts möglich. Üblich sind ferner beispielsweise Immobilienübertragungen (ganz oder nur in Bezug auf Miteigentumsanteile) bei Scheidungsfolgenvereinbarungen zur Erfüllung etwaiger Zugewinnausgleichsansprüche und/oder als Gegenleistung für einen Verzicht auf die Durchführung des Versorgungsausgleichs. Eine Einzelrechtsnachfolge liegt auch im Falle der Veräußerung durch den Insolvenzverwalter oder bei dem Erwerb durch Zuschlagsbeschluss im Rahmen der öffentlichen Versteigerung vor.

4 Die Gesamtrechtsnachfolge tritt im Rahmen der Erbfolge (§ 1922 BGB) ein, aber auch infolge von Umwandlungsmaßnahmen (beispielsweise Spaltungen iSd §§ 123 ff. UmwG oder Verschmelzungen iSd §§ 2 ff. UmwG). Denkbar sind ferner Gesamtrechtsnachfolgen bei Anwachsungen kraft Gesetzes (beispielsweise infolge der Abschichtung[1] oder bei Per-

---

[1] Vgl. dazu BGH NJW 2005, 284; BGHZ 138, 8 = DNotI-Report 1998, 75; *Koslowski* in MAH ErbR § 26 Rn. 180 ff.; *Jünemann* ZEV 2012, 647; *Bredemeyer/Tews* ZEV 2012, 352; kritisch *Kanzleiter* ZEV 2012, 447.

sonengesellschaften infolge Austritts aller Gesellschafter bis auf einen[2] beziehungsweise der Übertragung des vorletzten Gesellschaftsanteils auf den verbleibenden Gesellschafter).

Zwar ist es denkbar, dass der Vermieter nicht zugleich Eigentümer oder anderweitig verfügungsbefugt über die betreffende Immobilie ist, diese Fälle sollen jedoch mangels praktischer Relevanz nicht Gegenstand einer vertieften Untersuchung sein. Eine Rechtsnachfolge auf Vermieterseite kann sich hier insbesondere durch Vertragsübernahmen – das heißt rechtsgeschäftliche Einigung mit der Mieterseite, dem ausscheidenden Vermieter und dem neuen Vermieter – ergeben. Der Regelungsbedarf liegt auf der Hand.

II. Relevanz

Die Rechtsnachfolge auf Vermieterseite verursacht insbesondere deshalb Probleme, weil die vorhandenen Regelungen mitunter (bewusst oder unbewusst) lückenhaft sind. Im Falle der Gesamtrechtsnachfolge ergeben sich oft dann Probleme, wenn Personenmehrheiten auf Vermieterseite auftreten.

Bei der Einzelrechtsnachfolge stellt sich insbesondere die Frage, ob beziehungsweise in welchem Umfang der neue Eigentümer in die Stellung des vormaligen Vermieters eingetreten ist. Hier besteht zumeist ein erheblicher Gestaltungsbedarf.

B. Einzelrechtsnachfolge und Eintritt in das Mietverhältnis

I. Eintritt in bestehende Mietverträge – § 566 BGB Voraussetzungen und Umfang

1. Allgemeines

Nach dem Wortlaut des § 566 BGB tritt der Erwerber von Wohnraum kraft Gesetzes in den bestehenden Mietvertrag ein; das heißt: der Erwerber tritt anstelle des Vermieters in die sich während der Dauer seines Eigentums aus dem Mietverhältnis ergebenden Rechte und Pflichten ein. Damit wird ein im Ausgangspunkt rein schuldrechtliches Geschäft verdinglicht. Es handelt sich zwar um eine Ausnahme vom Grundsatz der Relativität der Schuldverhältnisse, mit Blick auf § 986 Abs. 2 BGB ist dies aber nicht die einzige.[3]

Die Norm dient dem Mieterschutz. Ohne eine solche Regelung könnte sich ein Vermieter seinen mietvertraglichen Verpflichtungen durch bloße Verfügung über die vermieteten Räumlichkeiten entziehen. Der Mieter wäre in diesem Fall gegebenenfalls auf Sekundäransprüche verwiesen.

§ 566 BGB findet Anwendung auf Miet- und Pachtverhältnisse über Grundstücke und Räume, nicht jedoch über Mobilien. Erfasst sind auch Miet- und Pachtverhältnisse über Teilflächen. Die §§ 14 BJagdG, 98 LuftRG, 45a TKG, 30 ErbbauRG, 37 Abs. 2 WEG verweisen ebenso auf § 566 BGB wie § 578a BGB und §§ 1056, 1059d oder § 2135 BGB.[4] Besondere Erwähnung verdient § 57 ZVG, wonach auch der Zuschlag in der Zwangsversteigerung das Mietverhältnis im Ausgangspunkt unberührt lässt (vgl. aber §§ 57a, 57b ZVG). Die Rechtsnachfolge in den Mietgegenstand nach Einzelzwangsvollstreckung erfolgt entsprechend den §§ 566 ff. BGB, der Erwerber hat jedoch ein Sonderkündigungsrecht. Nach §§ 108, 110, 111 InsO besteht das Mietverhältnis in der Insolvenz

---

[2] *Freiherr v. Proff* DStR 2016, 2227 mwN.
[3] Vgl. zur dogmatischen und historischen Einordnung übersichtlich *Streyl* in Schmidt-Futterer MietR BGB § 566 Rn. 9 ff. mwN.
[4] Hier ist Vorsicht geboten: Etwaige Kündigungsrechte bspw. nach §§ 2135, 1056 BGB setzen nach dem BGH gleichwohl ein berechtigtes Interesse voraus; vgl. BGH NZM 2015, 658.

des Vermieters fort, in dieses Mietverhältnis tritt der Erwerber ein. Allerdings besteht auch hier ein Sonderkündigungsrecht des Erwerbers.

11 Nach überwiegender Ansicht sind ferner Werbeflächen an Gebäuden und/oder auf Grundstücken erfasst.[5] Die Norm findet ferner analoge Anwendung auf andere Verträge, deren Gegenstand die Gebrauchsüberlassung von Grundstücken oder Räumen gegen Entgelt im weiteren Sinne[6] ist. Im Detail ist hier vieles umstritten.[7] Dies betrifft zum einen die Analogiefähigkeit der Norm an sich[8] (insbesondere mit Blick auf typengemischte Verträge) und zum anderen die Anwendung der Norm auf andere Verfügungs- beziehungsweise Erwerbstatbestände[9] (beispielsweise Veräußerung durch einen Dritten, statt den Vermieter). Richtigerweise sind nach hier vertretener Auffassung auch Nutzungsüberlassungen aufgrund eines Gesellschaftsverhältnisses o. ä. erfasst, solange eine wie auch immer geartete Entgeltlichkeit im Sinne einer Leistung oder eines Vorteils für den Überlassenden besteht. Nicht erfasst sind hingegen unentgeltliche Verträge (beispielsweise Leihverträge).[10] Weiterhin sind auch sonstige Verfügungen über den Gegenstand – sei es die Einräumung eines Nießbrauchsrechts o. ä. – erfasst, nicht jedoch die Veräußerung unter Nießbrauchsvorbehalt.[11] Zu unterscheiden ist zwischen Verweisungen im Gesetz mit oder ohne Sonderkündigungsrechten (vgl. beispielsweise § 1056 BGB für den Nießbrauch). § 566 BGB ist im Grundsatz analogiefähig.[12] Gerade in Bezug auf den Nießbrauch wird bei nachträglichen Einräumungen des Nießbrauchsrechts und hieraus resultierenden Fragen (etwa im Zusammenhang mit Quotennießbrauch, dem Nießbrauch an Teilflächen etc.) oft die Kompetenz- und Pflichtenverteilung zwischen Nießbraucher und Eigentümer durch Mietvertrag überlagert.[13]

2. Voraussetzungen

a) Wohnraum

12 Voraussetzung des Eintritts in das Vertragsverhältnis ist nach § 566 BGB das Vorhandensein von **Wohnraum**, das heißt, eines von Boden, Wänden und Dach umschlossenen Raumes (oder eines Teils hiervon), das dem Vertrag nach zum Wohnen bestimmt ist.[14] Die Eignung der Räume zum Bewohnen ist hierbei irrelevant. Es kommt allein auf die subjektive Zweckbestimmung an. Erfasst sind auch mitvermietete Nebenräume wie beispielsweise Keller etc.

---

[5] OLG München NJW 1972, 1995 (entgegen LG Düsseldorf NJW 1965, 160); OLG Hamm MDR 1976, 143.
[6] Vgl. etwa iRe Genossenschaftsverhältnisses OLG Karlsruhe NJW-RR 1986, 89.
[7] Vgl. *Häublein* in MüKoBGB § 566 Rn. 9 mwN.
[8] Gegen eine weitergehende Anwendung abseits der Verweisungsnormen etwa BGH NJW 2002, 3322 (Breitbandkabelvertrag); NJW 2001, 2885; BGHZ 125, 293 = NJW 1994, 3156 (3158) (Leihe); BGHZ 114, 96 = NJW 1991, 1815 (Untermiete); BGHZ 109, 111 (117) = NJW 1990, 443 (Nießbrauch); BGHZ 107, 315 = NJW 1989, 2053; BGHZ 47, 202 (205) = NJW 1967, 1414 (Automatenaufstellung); NJW 1964, 765 (Grundstücksüberlassung in der Familie).
[9] Vgl. BGHZ 138, 82 = NJW 1998, 1220 (Gesellschafterwechsel in GbR aber noch vor der Entscheidung ARGE Weißes Ross – BGHZ 146, 341 = NJW 2001, 1056); BGHZ 109, 111 = DNotZ 1990, 502 (Vermietung durch Nießbraucher).
[10] BGHZ 125, 293 = NJW 1994, 3156; aA *Häublein* in MüKoBGB § 566 Rn. 10.
[11] *Streyl* in Schmidt-Futterer MietR BGB § 566 Rn. 22, 24 je mwN.
[12] Ebenso *Häublein* in MüKoBGB § 566 Rn. 9 mwN; aA *Mack-Oberth* in jurisPR-MietR 12/2008 Anm. 3; eher restriktiv auch BGHZ 107, 315 = NJW 1989, 2053 (zum Eintritt des Zwischenmieters in Hauptmietverträge).
[13] Dies gilt aber nur in Grenzen: zum Thema Nießbrauch und Nebenabreden zum Mietvertrag vgl. BGH NZM 2012, 558.
[14] Vgl. *Bieber* in MüKoBGB § 549 Rn. 3.

b) Vermietung

Dieser Raum muss **vermietet** sein, das heißt, die Nutzung zu Wohnzwecken muss gegen Entgelt ermöglicht beziehungsweise gestattet werden.[15] Der BGH geht zutreffend davon aus, dass auch eine Überlassung des Wohnraumes zwischen Miteigentümern gegen Entgelt tatbestandlich erfasst ist.[16] Die Norm setzt einen gültigen Mietvertrag voraus.[17] Soweit der Mietvertrag gekündigt wurde, tritt der Erwerber nach umstrittener aber herrschender Auffassung in das Rückgewähr- beziehungsweise Rückabwicklungsschuldverhältnis ein.[18] Das ist nicht konsequent, da ein besonderer Mieterschutz hier gerade nicht gewährt werden muss. Für herrschende Ansicht spricht allein die gewonnene prozessuale Klarheit: Der Erwerber ist in jedem Fall gegenüber dem (vormaligen) Mieter (aktiv)legitimiert. 13

c) Veräußerung von dem Vermieter an einen Dritten

Ferner muss der Wohnraum von dem Vermieter **veräußert** werden. Veräußerung meint dabei jede rechtsgeschäftliche Übertragung, das heißt Auflassung (§§ 873, 925 BGB). Vom Wortlaut der Norm nicht erfasst sind demnach andere Formen der Rechtsnachfolge, insbesondere Gesamtrechtsnachfolgen (vgl. etwa § 1922 und § 738 BGB sowie § 29 Abs. 1 UmwG). Die Anwendung der Norm setzt im Grundsatz voraus, dass **Veräußerer und Vermieter identisch** sind.[19] Hierfür streitet bereits der Wortlaut des § 566 Abs. 2 BGB (vgl. weitergehend Ziff. 4. a). Nach dem Wortlaut ist die Eigentümerstellung des Veräußerers nicht erforderlich. 14

Die Veräußerung muss zudem an einen Dritten erfolgen. Dritter ist jeder, der nicht **alleiniger** Mieter oder Eigentümer[20] der Sache ist. Nach irriger Auffassung des BGH[21] stellt auch die **Veräußerung von Miteigentümern aneinander keinen Fall des § 566 BGB** dar, sodass der Veräußerer zunächst weiterhin Vermieter der Sache bleibt. Nach hier vertretener Auffassung besteht in diesem Fall ein **Vertragslösungsrecht nach § 313 BGB**. Da § 566 BGB grds. auch bei der Veräußerung von Miteigentumsanteilen greift,[22] führt dies zu einer erheblichen Besserstellung des Mieters. In jedem Fall sollten die Parteien im Rahmen des Vertragsvollzuges die Zustimmung des Mieters zum Ausscheiden des Veräußerers aus dem Mietverhältnis einholen und sich im Übrigen so stellen, als sei das Mietverhältnis auf den Erwerber allein übergegangen. 15

d) Nach Überlassung an den Mieter

Dem Wortlaut des Gesetzes nach muss zudem die **Überlassung an den Mieter** bereits stattgefunden haben (vgl. „… nach der Überlassung an den Mieter …"). Dies hat der BGH in einer jüngeren Entscheidung nochmals bekräftigt.[23] Überlassung in diesem Sinne meint die Einräumung des Mietbesitzes im Sinne einer unmittelbaren Sachherrschaft. Der BGH führt ferner aus, dass erst die zum Erwerbszeitpunkt vom tatsächlichen Besitz eines Mieters ausgehende Publizitätswirkung es dem Erwerber ermöglicht, „bereits aus der Besitzlage abzulesen, in welche Mietverhältnisse er eintreten muss, sodass er im Gegensatz zum besitzenden Mieter und dessen Besitzerhaltungsinteresse nur eingeschränkten Schutz ver- 16

---

15 Vgl. *Häublein* in MüKoBGB § 535 Rn. 3; *Bieber* in MüKoBGB § 549 Rn. 5.
16 BGH BeckRS 2018, 8450.
17 *Häublein* in MüKoBGB § 566 Rn. 12; *Emmerich* in Staudinger BGB § 566 Rn. 28; *Herrmann* in BeckOK BGB § 566 Rn. 15.
18 Vgl. BGHZ 72, 147 = NJW 1978, 2148; *Häublein* in MüKoBGB § 566 Rn. 12; *Emmerich* in Staudinger BGB § 566 Rn. 28; aA *Weidenkaff* in Palandt BGB § 566 Rn. 14.
19 Vgl. BVerfG NJW 2013, 3774; BGH NJW-RR 2012, 237; *Herrmann* in BeckOK BGB, Ed. 1.2.2019, § 566 Rn. 9; *Häublein* in MüKoBGB § 566 Rn. 19; offen noch BGH BeckRS 2012, 10276.
20 BGH NZM 2019, 208 (zur Veräußerung von Miteigentumsanteilen an Miteigentümer).
21 BGH NZM 2019, 208.
22 Vgl. BGH NJW 2018, 2472; BGH NJW-RR 2012, 237.
23 BGH NJW-RR 2016, 982.

dient".²⁴ Nach dem BGH muss die Überlassung nicht nur stattgefunden haben, sondern die tatsächliche Sachherrschaft muss zum Zeitpunkt des Erwerbs auch noch fortbestehen. Das Kriterium der Sachherrschaft wird aus dem Erfordernis der Besitzüberlassung in § 566 BGB abgeleitet. Mit Blick auf die typische Abfolge der Abwicklung eines notariellen Veräußerungsvertrages ist dies nicht konsequent, da jedenfalls die Eigentumsumschreibung als Übertragungsakt typischerweise den Schlusspunkt des Urkundenvollzuges bildet und mitunter Monate nach Abschluss des Kaufvertrages stattfindet (vgl. Rn 131 ff.). Mit Blick auf den Wortlaut des Gesetzes ist jedoch nicht etwa auf den Abschluss des entsprechenden Vertrages oder den Zeitpunkt des vereinbarten Übergangs der Nutzen und Lasten abzustellen, sondern allein auf den Zeitpunkt des Eigentumsübergangs.

17 Ein „gutgläubig mietvertragsfreier Erwerb" ist – auch durch eine Vormerkung o. ä. – nicht begründbar, da es bereits an der Eintragungsfähigkeit der Überlassung an Dritte im Grundbuch fehlt und die Überlassung aufgrund Mietvertrags beziehungsweise der Abschluss eines Mietvertrags keine Verfügung über das Grundstück im Sinne des § 883 Abs. 2 BGB darstellt, wie bereits die Stellung der §§ 535 ff. BGB verdeutlicht.²⁵ Für eine analoge Anwendung der §§ 883 ff. BGB ist kein Raum, da es bereits an einer ausfüllungsbedürftigen Lücke fehlt; zudem führt gerade die Existenz der §§ 566 ff. BGB eine Analogiebildung mit Blick auf das Schutzbedürfnis des Mieters.²⁶

3. Rechtsfolge

18 Mit Übergang des Eigentums tritt der Erwerber in die Position des vormaligen Eigentümers ein, § 566 Abs. 1 BGB. Einzelheiten folgen aus §§ 566a ff. BGB. Dies begründet jedoch **keinen Vertragsübergang** im eigentlichen Sinne.

19 Zwischen dem Mieter und dem Erwerber entsteht ein **neues Mietverhältnis** zu den gleichen Konditionen, zu denen es zuvor mit dem Veräußerer bestanden hat. Irritierenderweise geht der BGH²⁷ nicht von einer Vertragsübernahme kraft Gesetzes, sondern von einem neuen Mietverhältnis aus. Diese Auffassung ist mit Recht kritisiert worden.²⁸ In jedem Fall kann der Erwerber etwaige Vermieterrechte (Mahnung, Kündigung etc.) erst nach Eigentumsübergang geltend machen. Soweit der vormalige Mieter selbst erwirbt endet dessen Mietverhältnis mit dem Alt Vermieter (s.u.). Da er mit sich selbst keinen Vertrag schließen kann (Konfusionsargument), entsteht **insoweit** kein neues Mietverhältnis. Sind lediglich Miteigentumsanteile erworben worden, besteht – je nach Ausgestaltung der Mietverhältnisse – das Mietverhältnis zu den übrigen Miteigentümern (insbesondere das Nutzungsrecht) fort.²⁹

20 § 566 BGB erfasst nach dem **BGH** nur **mietrechtlich zu qualifizierende Rechte und Pflichten**, und/oder solche, die in einem „untrennbarem Zusammenhang mit dem Mietvertrag stehen".³⁰ Der Erwerber tritt nicht in solche Rechte und Pflichten ein, die diese Anforderungen nicht erfüllen. Dabei handelt es sich um Vereinbarungen, die außerhalb des eigentlichen Mietverhältnisses liegen, selbst wenn sie als zusätzliche Vereinbarung in dem Mietvertrag (iSv „Schriftstück") geregelt sind.³¹ Es kommt mithin nicht darauf an, in

---

[24] BGH NJW-RR 2016, 982.
[25] So zutr. *Streyl* in Schmidt-Futterer MietR BGB § 566 Rn. 12 mit Verweis auf die aA – etwa *Gärtner* JZ 1994, 440.
[26] Vgl. BGHZ 154, 171 = NJW 2003, 2159; NJW 1989, 451; BGHZ 13, 1 = NJW 1954, 953; *Streyl* in Schmidt-Futterer MietR BGB § 566 Rn. 59; *Streyl* NZM 2008, 878.
[27] Vgl. BGH NJW 2017, 254; BGHZ 202, 354 = NJW 2014, 3775; NJW 2012, 3032; BGHZ 166, 125 = NJW 2006, 1800.
[28] Vgl. *Häublein* in MüKoBGB § 566 Rn. 23; *Derleder/Bartels* JZ 1997, 981 (984) (Vertragsübernahme); *Emmerich* in Staudinger BGB § 566 Rn. 5, 37; *Streyl* NZM 2010, 343; *Weitemeyer* FS Blank, 2006, 445 ff.; *Dötsch* ZMR 2011, 257.
[29] Vgl. BGH NZM 2018, 2472.
[30] BGH NJW 2017, 254.
[31] BGH NJW 2012, 3032.

welcher Urkunde etwaige Abreden getroffen wurden, sondern auf deren materiell-rechtlichen Regelungsinhalt sowie darauf, ob ein hinreichender Zusammenhang mit der genuinen entgeltlichen Überlassung von Räumlichkeiten besteht.

In der Vergangenheit wurden folgende Positionen als von § 566 BGB erfasst betrachtet:[32] das Vermieterpfandrecht[33], die Kostenübernahme für Schönheitsreparaturen,[34] der Anspruch auf Leistung der Kaution,[35] eine Schiedsvereinbarung[36] oder das Übernahmerecht des Verpächters bzgl. des Inventars[37]. Dem gegenüber wurden folgende Fälle als nicht von § 566 BGB angesehen: Eintritt in ein zwischen dem Veräußerer und dem Mieter vereinbartes Ankaufsrecht aus dem Mietvertrag,[38] Eintritt in eine Regelung, wonach der „Mietgegenstand" nach Eigenkapitalersatzregeln unentgeltlich zur Nutzung zu überlassen ist,[39] Pflicht zur Rückgabe der vom Mieter geleisteten Sicherheit,[40] die Einräumung eines dinglichen Dauerwohnrechts[41] oder ein Belegungsrecht, das in einem Mietvertrag zugunsten des Arbeitgebers des Mieters begründet worden ist.[42] 21

In der **Literatur** wird hingegen vertreten, maßgeblich sei, dass die betreffenden Rechte und Pflichten auf dem **Mietvertrag** oder einem anderen, rechtlich davon getrennten Vertrag beruhen. Insoweit soll es darauf ankommen, ob die Abrede nach dem Willen der Parteien Bestandteil des Mietvertrags ist oder nicht.[43] Dieser Auffassung ist beizupflichten. Denn zum einen sind die von der Rechtsprechung verwendeten Kriterien nicht nur in Randbereichen unscharf und die entschiedenen Fälle lassen einen „roten Faden" allenfalls mit viel gutem Willen erahnen. Zum anderen ist diese Auffassung mit dem Gesetz nicht zu vereinbaren. Der Gesetzgeber hat in Kenntnis des Umstandes, dass auch typengemischte Verträge und/oder vertypte Verträge mit atypischen Nebenvereinbarungen bestehen, den § 566 BGB (beziehungsweise schon dessen Vorgängernorm: § 571 BGB aF) geschaffen. Soweit das Gesetz auf die sich „aus dem Mietverhältnis" ergebenden Rechte und Pflichten abstellt, können damit nur alle im Zusammenhang mit der entgeltlichen Nutzungsüberlassung verbundenen Rechte und Pflichten gemeint sein. Maßgeblich hierfür ist der Parteiwille. Ein Rückgriff auf die Publizitätswirkung der Überlassung und damit auf die lediglich „erkennbaren" Pflichten des Erwerbers wäre in diesem Zusammenhang nicht konsequent. Zum einen argumentiert der BGH mit der Publizität allein bei dem Merkmal der Überlassung. Zum anderen ist auch schon hier nicht erkennbar, warum der Erwerber geschützt werden sollte, da er doch die Möglichkeit hat, sich von dem vormaligen Eigentümer entsprechende Unterlagen über die bestehenden Vertragsverhältnisse aushändigen zu lassen. 22

Andere vertreten die **Auffassung**, dass die **Kenntnis** des Erwerbers von den Abreden maßgeblich sein soll. Der Erwerber soll jedoch nicht an außergewöhnliche oder atypische Abreden gebunden sein, die er weder kannte noch kennen musste.[44] Die Überlegungen ähneln insoweit der Kontrolle nach § 307 BGB. Die Auffassung des BGH ist jedoch auch in Kenntnis der vorstehenden Auffassungen unverändert.[45] 23

---

[32] Vgl. weitere bei *Häublein* in MüKoBGB § 566 Rn. 34 ff.
[33] Vgl. BGHZ 202, 354 = NJW 2014, 3775.
[34] Vgl. BGH NJW-RR 2015, 264.
[35] Vgl. BGH NJW 2012, 3032.
[36] Vgl. BGH NJW 2000, 2346.
[37] Vgl. BGH NJW 1965, 2198.
[38] BGH NJW 2017, 254.
[39] Vgl. BGHZ 166, 125 = NJW 2006, 1800 – hierbei handelt es sich richtigerweise bereits um eine Frage der Anwendbarkeit des § 566 BGB.
[40] BGHZ 141, 160 = NJW 1999, 1857.
[41] BGHZ 76, 229 = NJW 1976, 2264 f.
[42] BGHZ 48, 244 = NJW 1967, 2258.
[43] Vgl. *Emmerich* in Staudinger BGB § 566 Rn. 40; *Emmerich* in Emmerich/Sonnenschein MietR BGB § 566 Rn. 24; *Kandelhard* in Herrlein/Kandelhard MietR BGB § 566 Rn. 15; *Riecke* in NK-BGB § 566 Rn. 17; *Hermann* in BeckOK BGB § 566 Rn. 24.
[44] Vgl. *Häublein* in MüKoBGB § 566 Rn. 33.
[45] Vgl. BGH NJW 2017, 254.

24 Der Eintritt in das Mietverhältnis erfährt mitunter weitere Einschränkungen. So ist etwa eine Bedarfskündigung des Erwerbers erst nach der Eigentumsumschreibung wirksam möglich,[46] obwohl eine vorherige Eigenbedarfskündigung des Veräußerers gegebenenfalls ihre Wirksamkeit verliert,[47] soweit das Mietverhältnis nicht bereits zuvor geendet hat. Abweichendes mag sich allenfalls dann ergeben, wenn der Übergang des Mietverhältnisses durch vertragliche Vereinbarung (dreiseitigen Vertrag zwischen Veräußerer, Erwerber und Mieter) vor der Eigentumsumschreibung übergegangen ist. Den Anforderungen des §§ 542, 573 BGB ist in diesem Fall genügt, die Annahme eines Umgehungstatbestands wird in der Regel schon an der grundsätzlichen Disponibilität des § 566 BGB scheitern.

II. Folgefragen

1. Ausgangspunkt

25 Mit dem Eigentumsübergang entsteht ein neues Mietverhältnis zwischen Erwerber und Mieter zu den Konditionen des vorherigen Mietverhältnisses, soweit die §§ 566 BGB ff. keine Einschränkung vorsehen (vgl. Ziff. 1). In der Sache handelt es sich nicht um eine Rechtsnachfolge dergestalt, dass ein bestehendes Recht übergeht, sondern um die Begründung eines selbstständigen Rechts. Aus diesem Grund soll § 404 BGB nicht anwendbar sein.[48] Allerdings sollen die §§ 407, 412 BGB Anwendung finden.[49] (Zur Kritik an dem Modell der „Rechtsnachfolge" vgl. Ziff. 1. lit. c).)

2. Gutglaubensschutz

26 Auf die konkrete Kenntnis des Erwerbers von dem jeweiligen Mietverhältnis kommt es nicht an.[50] Entsprechend ist kein gutgläubig lastenfreier Erwerb möglich. Ein lastenfreier Erwerb ist insbesondere nicht durch Vormerkung sicherbar, da es bereits an einem entsprechenden Rechtsscheinträger fehlt.[51]

3. Schicksal des (Alt-)Mietverhältnisses

a) Grundsatz

27 Da mit dem Eigentumsübergang nach herrschender Meinung ein neues Mietverhältnis zwischen dem Erwerber und dem Mieter entsteht, stellt sich die Frage nach dem Schicksal des alten Mietverhältnisses zwischen Veräußerer und Mieter. Die Figur des BGH über die Neubegründung des Mietverhältnisses zwischen Erwerber und Mieter verdeutlicht insbesondere eine bestehende Zäsur[52] insofern, als dass Ansprüche und Rechte, die zum Eigentumsübergang schon entstanden (und fällig) waren, bei dem Veräußerer verbleiben. Entsteht die Fälligkeit erst nach dem Eigentumsübergang, treffen die Rechte und Pflichten

---

[46] Vgl. *Blank* in Schmidt-Futterer MietR BGB § 542 Rn. 40 ff., 92 ff. mwN.
[47] Hat bereits der Alteigentümer rechtmäßig wegen Eigenbedarfs gekündigt, kann im Ausnahmefall die Kündigung auch nach Veräußerung wirksam bleiben; denkbar sind etwa Fälle in denen zu Gunsten der Kinder eine Eigenbedarfskündigung ausgesprochen wurde und sodann an jene Kinder veräußert wird. Zur Eigenbedarfskündigung zur Versorgung naher Angehöriger vgl. *Blank* in Schmidt-Futterer MietR BGB § 573 Rn. 54 ff.; zu dem umstrittenen maßgeblichen Zeitpunkt für den Eigenbedarf iSd § 573 BGB vgl. *Blank* ebd. Rn. 73 ff.
[48] Vgl. BGH NJW 2012, 1881; NJW 2000, 2346; NJW 1962, 1388; *Herrmann* in BeckOK BGB, Ed. 1.2.2019, § 566 Rn. 16; *Häublein* in MüKoBGB § 566 Rn. 23 je mwN.
[49] Vgl. BGH NJW 2012, 1881.
[50] *Häublein* in MüKoBGB § 566 Rn. 23.
[51] Vgl. *Herrmann* in BeckOK BGB, Ed. 1.2.2019, § 566 Rn. 16; *Lützenkirchen* in Erman BGB § 566 Rn. 8; *Häublein* in MüKoBGB § 566 Rn. 23 jeweils ua mit Verweis auf BGH NJW 1989, 451; BGHZ 13, 1 = NJW 1954, 953.
[52] *Häublein* in MüKoBGB § 566 Rn. 23, 30.

B. Einzelrechtsnachfolge und Eintritt in das Mietverhältnis § 12

den Erwerber nach Maßgabe der §§ 566 ff. BGB. Dieser Grundsatz wird auch als Fälligkeitsprinzip[53] bezeichnet und ist nicht ohne Ausnahmen.

In Bezug auf das „alte" Mietverhältnis zwischen Alteigentümer und Mieter wird man annehmen müssen, dass dieses kraft Gesetzes beendet wird, beziehungsweise der Alteigentümer aus diesem Mietverhältnis ausscheidet.[54] Entsprechend können nach dem BGH auch etwaige Leistungsverweigerungsrechte des Mieters (etwa § 320 BGB) gegenüber dem Veräußerer mit der Veräußerung entfallen.[55] Hiervon unbenommen bleibt das vorstehend bezeichnete Fälligkeitsprinzip. Soweit einzelne Rechte und Pflichten – insbesondere nach Ansicht des BGH – nicht übergehen, stellt sich abermals die Frage, ob der Erwerber auch aus den nicht übergegangenen Pflichten aus dem Mietverhältnis ausscheidet. 28

Folgt man der Auffassung des BGH konsequent, wird man ein Ausscheiden des Alteigentümers aus dem Mietverhältnis annehmen müssen, und zwar unabhängig davon, welche Rechte übergehen und welche nicht. Soweit man einen Fortbestand des Mietverhältnisses insoweit annimmt, als der Erwerber nicht in einzelne Rechte und Pflichten eintritt, wird man jedoch zumindest ein Vertragslösungsrecht beziehungsweise einen Vertragsanpassungsanspruch entsprechend den Grundsätzen der Störung der Geschäftsgrundlage (§§ 313 f. BGB) annehmen müssen. Nach hier vertretener Auffassung scheidet der Veräußerer nur insoweit aus dem Vertragsverhältnis aus, als der Erwerber in das Mietverhältnis eintritt; insbesondere etwaige Nebenabreden ohne jeden Bezug zum Mietobjekt bleiben fortbestehen. 29

b) Verhältnis zwischen den Mietern

Bei der Veräußerung an Personenmehrheiten (auch nur in Teilen) ist eine Entscheidung des BGH aus dem Jahr 2016[56] zu beachten, wonach ein Mietverhältnis nicht (wirksam) entstehen kann, wenn auf Mieterseite eine Person beteiligt ist, die zugleich Vermieterstellung einnimmt. Das Mietverhältnis erlischt durch Konfusion, wenn der Mieter nachträglich das mit dem Recht zur Gebrauchsnutzung verbundene Eigentum an der Mietsache erwirbt. Dies hat auch Konsequenzen für das Verhältnis des erwerbenden Mieters gegenüber den anderen Eigentümern: Die von dem Vermieter geschuldete Gebrauchsüberlassung umfasst grundsätzlich die Verschaffung des ungestörten alleinigen Besitzes an den Mieter, damit dieser die Mietsache ausschließlich, und zwar auch unter Ausschluss des Vermieters, benutzen kann. Der erwerbende Mieter erhält unter Ersetzung der bisherigen mietvertraglichen Nutzungsrechte eine entsprechende unmittelbar aus dem Eigentum (beziehungsweise dem Kaufvertrag) abgeleitete Rechtsposition. In der Konsequenz kann sich der erwerbende Mieter gegenüber den anderen Eigentümern grundsätzlich nicht auf fortbestehende Nutzungsbefugnisse aus dem erloschenen Mietverhältnis berufen, die etwa (bei Wohnungseigentum) mit der Teilungserklärung und der Gemeinschaftsordnung nicht in Deckung zu bringen sind.[57] Er kann sich auch nicht gegenüber den übrigen Mietern auf fortbestehende Nutzungsrechte berufen. Dies ist bei der Gestaltung zu beachten. 30

Etwaige (eingetragene) Nutzungsvereinbarungen unter den Eigentümern behalten ihre Wirksamkeit (vgl. § 1010 BGB); anders liegt der Fall bei rein schuldrechtlichen Abreden. Dies löst weiteren Gestaltungsbedarf aus; sinnvoll sind ferner Regelungen über die Ausübung mietvertraglicher Rechte zwischen den Miteigentümern. 31

---

[53] So *Häublein* in MüKoBGB § 566 Rn. 30.
[54] Letzteres *Weidenkaff* in Palandt BGB § 566 Rn. 20; vgl. BGH NZM 2006, 696: „Die Regelung des § 566 BGB […] bewirkt […], dass der Erwerber mietrechtlich an die Stelle des Veräußerers tritt und Letzterer – vorbehaltlich der sich aus § 566 II BGB ergebenden Schadensersatzpflicht – aus dem Mietverhältnis ausscheidet."
[55] Vgl. BGH NZM 2006, 696.
[56] BGH NZM 2016, 467.
[57] Vgl. BGH NZM 2016, 467.

4. Folgen der Rückabwicklung

32   Fraglich ist zudem, was bei nachträglichen Rückabwicklungen des Erwerbsvertrages geschieht, insbesondere aufgrund erfolgter Anfechtung. Maßgeblich ist, ob lediglich das Kausalgeschäft oder auch das dingliche Geschäft (etwa aufgrund § 123 BGB) angefochten wurde. Wird der Erwerbsvertrag angefochten, wird der Tatbestand des § 566 BGB in jenem Moment erneut „erfüllt", in dem das Eigentum aufgrund des Anspruchs aus § 812 Abs. 1 S. 1 Fall 1 BGB erneut durch Rechtsgeschäft übergeht. Soweit das dingliche Geschäft angefochten wurde, besteht wegen der Ex-tunc-Wirkung der Anfechtung (§ 142 Abs. 1 BGB) der Zustand, als sei das betreffende Geschäft nie getätigt worden. Einzig aus den §§ 566 ff. BGB ergeben sich insoweit Abweichungen, als der Mieter in seinem guten Glauben an den Übergang des Mietverhältnisses schutzwürdig ist (§ 566e BGB; vgl. ebenso den Gedanken der §§ 404 ff. BGB).

5. Veräußerung an Personenmehrheiten

33   Die Veräußerung an Personenmehrheiten ist im Ausgangspunkt wenig problembehaftet (vgl. aber → Rn. 29 ff.). Soweit der Vertragsgegenstand an mehrere Erwerber im Rechtssinne (das heißt mehrere Rechtssubjekte) veräußert wird, greifen sämtliche vorgenannte Rechtsfolgen für alle Erwerber gleichermaßen. Die Erwerber werden in Bezug auf die vertraglichen Pflichten Gesamtschuldner gemäß §§ 427, 421 ff. BGB und in Bezug auf die hiermit verbundenen Ansprüche Mitgläubiger im Sinne des § 432 BGB.[58] Die Erwerber sind im Zweifelsfall Miteigentümer nach Bruchteilen, soweit kein anderes Zuordnungsverhältnis besteht – beispielsweise Errungenschaftsgemeinschaft aufgrund eines ausländischen Güterrechts. Dass in diesem Fall keiner der Erwerber die mietvertragliche Verpflichtung allein erfüllen kann, ist dabei richtigerweise irrelevant.

34   Irrelevant ist ebenfalls, ob das veräußerte Flurstück und/oder Grundstück im Rechtssinne zuvor bestand, oder erst durch Teilung geschaffen wird.[59] Denkbar ist etwa die Konstellation, dass A und B ein vermietetes Grundstück in Bruchteilen halten und dieses Grundstück (beispielsweise Flurstück 1) anschließend in zwei Teile teilen (beispielsweise in Flurstück 1/1 und 1/2). In diesem Fall bleiben grundsätzlich A und B Vermieter des Flurstücks 1/1 und des Flurstücks 1/2. Das jeweilige Mietverhältnis bleibt mit A und B bestehen. § 566 BGB greift auch dann nicht, wenn die Miteigentumsanteile des A und des B an den neu gebildeten Flurstücken beziehungsweise Grundstücken derart getauscht werden, dass A und B jeweils Alleineigentümer eines Flurstückes beziehungsweise Grundstücks werden.[60]

35   Abweichendes gilt, wenn nachträglich Wohneigentum im Sinne des WEG geschaffen wird. Das Wohnungseigentum nach WEG ist dadurch gekennzeichnet, dass an der Wohnung Sondereigentum geschaffen wird, das mit einem Miteigentumsanteil an der Grundfläche (auf dem etwa das Gebäude steht) verbunden ist (§ 1 Abs. 2 WEG).[61] Sonder- und Miteigentum sind zwingend miteinander verbunden und nicht separat veräußerlich (§ 6 WEG). Gleichwohl wird angenommen, dass die Begründung von Wohnungseigentum nach Überlassung einzelner Wohnungen an den Mieter nicht dazu führt, dass die Mietverträge unverändert mit den vorherigen Eigentümern fortgesetzt werden, sondern lediglich jeweils mit dem Eigentümer des überlassenen Sondereigentums.[62] Den Buchstaben des

---

[58] BGH NJW 1973, 455; *Häublein* in MüKoBGB § 566 Rn. 25.
[59] Gemeint ist ein Grundstück iSd GBO; Grundstück ist hiernach ein Flurstück mit einer eigenen Nummer im Bestandsverzeichnis in Abteilung I des Grundbuches. Es besteht ua die Möglichkeit Grundstücke zu vereinigen, indem ein Flurstück gemeinsam mit einem oder mehreren weiteren Flurstücken unter einer laufenden Nummer im Bestandsverzeichnis geführt wird; vgl. § 5 GBO.
[60] BGH NZM 2019, 208.
[61] Entsprechendes gilt für Teileigentum bei nicht zu Wohnzwecken dienenden Räumlichkeiten, § 1 III WEG.
[62] *Herrmann* in BeckOK BGB, Ed. 1.2.2019, § 566 Rn. 12; *Häublein* in MüKoBGB § 566 Rn. 29; je mit Verweis auf BGH NJW-RR 2012, 237; BGHZ 141, 239 = NZM 1999, 553 sowie BT-Drs. 14/4553, 63.

Gesetzes nach müssten eigentlich sämtliche WEG-Mitglieder auch Vermieter werden. Dies gilt insbesondere als Gemeinschaftseigentum (auch nur in Teilen) Gegenstand des Mietvertrages ist (zum Beispiel Kellerräume, Flure, Parkflächen, auch soweit Sondernutzungsrechte vereinbart sind). Mit Recht wird jedoch darauf hingewiesen, dass die Mieterschutzvorschrift des § 566 BGB so in ihr Gegenteil verkehrt würde.[63] Insbesondere ist das Sondereigentum zwingend mit dem Miteigentumsanteil verbunden und den vorstehend im Ansatz skizzierten Problemen kann nur bedingt gestalterisch begegnet werden. § 566 BGB ist daher teleologisch zu reduzieren.[64] Der infolge Teilung und Zuordnung neue Alleineigentümer des Sondereigentums wird demgemäß alleiniger Vermieter desselben.

Vergleichbare Probleme ergeben sich auch, wenn mehrere Grundstücke beziehungsweise Objekte durch einen einheitlichen Mietvertrag vermietet werden, diese aber an verschiedene Erwerber veräußert werden. Dem Wortlaut des Gesetzes nach könnte man zunächst annehmen, dass jeder der Erwerber in den bestehenden Mietvertrag „eintritt" (sog. Einheitstheorie).[65] Das Gegenmodell (Spaltungstheorie) geht von einer Aufspaltung des Mietverhältnisses aus, sodass in der Konsequenz ein weiteres Mietverhältnis zu den Mietern entsteht.[66] Richtigerweise wird man unterscheiden müssen, ob für jedes der Mietobjekte ein entsprechender Mietzins, eine Kaution etc. festgesetzt wurde. Sind die Mietverhältnisse aufgrund einer entsprechenden Zuordnung von Leistung und Gegenleistung „aufteilbar" und die Teilung quasi in dem Vertragsverhältnis angelegt, spricht nach hier vertretener Auffassung nichts gegen die Anwendung der Spaltungstheorie. Soweit dies nicht der Fall ist, wird man mit den Buchstaben des Gesetzes davon ausgehen müssen, dass die jeweiligen Erwerber in das einheitliche Mietverhältnis „eintreten". Entsprechend ergeben sich eine Vielzahl von Regelungsoptionen und -bedürfnissen mit Blick auf den Veräußerungsvertrag (insbes. in Bezug auf den Übergang von Nutzen und Lasten) sowie mit Blick auf das Verhältnis der Erwerber untereinander. Gestalterisch wird in dem letztgenannten Fall eine Neuregelung des Mietverhältnisses mit dem Mieter kaum vermeidbar sein.

III. Einzelfragen im Zusammenhang mit § 566 BGB – WG-Typen

Im Zusammenhang mit der Veräußerung an von Wohnräumen, die an Wohngemeinschaften vermietet sind, stellt sich die Frage, ob unabhängig von der vorstehenden Rechtsprechung des BGH ein voller „Eintritt" in das Mietverhältnis stattfindet beziehungsweise inwiefern sich aus der Vermietung an Wohngemeinschaften Besonderheiten ergeben. Soweit an Dritte veräußert wird, ergeben sich regelmäßig keine Besonderheiten. Anders liegt der Fall nur dann, wenn Mieter oder in deren Sphäre stehende Personen den Mietgegenstand erwerben.

1. WG-Typ B (Einzelverträge)

Bei dem WG-Typ B (Einzelverträge) (→ § 1 Rn. 25) fragt sich, ob ein Mieterschutz überhaupt notwendig ist, soweit an einen der Mieter veräußert wird und die Mietverträge bekanntermaßen gleichlautend sind. Dabei besteht nach hier vertretener Auffassung kein Bedürfnis, den Erwerber besonders zu schützen, da er selbst vormals Mieter zu denselben Konditionen war. Es ist insbesondere nicht erforderlich, die Rechtsfolgen des § 566 BGB auf den typischen Inhalt von Mietverträgen zu begrenzen; vielmehr besteht bei gleichlautendem Wortlaut der Mietverträge hierfür keine Notwendigkeit.

---

[63] Vgl. mwN *Häublein* in MüKoBGB § 566 Rn. 26 ff.
[64] *Häublein* in MüKoBGB § 566 Rn. 29; *Sternel* MDR 1997, 315 (317); offen (aber mit ähnl. Ergebnis) BGHZ 141, 239, 245 f. = NZM 1999, 553 (554).
[65] Mit dem Begriff der Einheitstheorie *Emmerich* in Staudinger BGB § 566 Rn. 25.
[66] Zum Begriff vgl. ebenfalls *Emmerich* in Staudinger BGB § 566 Rn. 25; er zitiert als Vertreter dieser Auffassung Mittelstein, Die Miete nach dem Rechte des Deutschen Reiches, 1932, S. 662 sowie KG HRR 1932 Nr. 110.

2. WG-Typ A (Untermiete)

39 Diese Frage stellt sich schon nicht bei dem WG-Typ A (Untermiete) (→ § 1 Rn. 24), wenn der Hauptmieter das Objekt erwirbt. Der (Haupt-)Mietvertrag des Erwerbers erlischt mit der Eigentumsumschreibung durch Konfusion. Abreden, die nach Rechtsprechung beziehungsweise Literatur grundsätzlich nicht mit übergehen, bleiben dem Grunde nach zwischen den Parteien bestehen, soweit sie sich nicht auf das Mietobjekt beziehen; gegebenenfalls besteht ein Vertragslösungsrecht aus §§ 313 f. BGB. Jede andere Art von Abrede in Bezug auf das Mietobjekt zwischen Hauptmieter und vormaligem Eigentümer beziehungsweise Veräußerer – atypisch oder nicht – geht mit dem Mietvertrag unter; dies gilt dezidiert auch für solche Abreden, die nach der Rechtsprechung und Literatur nach § 566 BGB nicht übergehen würden. Es besteht weder ein legitimes Interesse an der Weitergeltung dieser Abreden noch wird der vormalige Eigentümer regelmäßig die Möglichkeit haben, diese zu erfüllen. Hilfsweise besteht ein Vertragslösungsrecht nach §§ 313 f. BGB. Es empfehlen sich jedoch klarstellende Regelungen in einem etwaigen Veräußerungsvertrag.

40 Soweit ein Untermieter die Immobilie erwirbt, bleibt dessen Untermietverhältnis weiterhin wirksam.[67] Der Untermieter wird zugleich Vermieter des Hauptmieters nach § 566 BGB.

3. WG-Typ C (Gesamtschuld)

41 Im WG-Typ C (Gesamtschuld) (→ § 1 Rn. 26) tritt Konfusion ein und das Mietverhältnis erlischt,[68] soweit einer oder mehrere Mieter zugleich Erwerber sind. Gegenüber den nicht erwerbenden Mietern bleibt das Mietverhältnis unverändert bestehen, was sich aus § 425 BGB ergibt. Zwischen den Mietern (die Erwerber eingeschlossen) darüber hinaus bestehende Innenrechtsbeziehungen sind gegebenenfalls nach §§ 313 f. BGB anzupassen und/oder es bestehen Lösungsrechte. Ferner kommt es bei Gesamtschulden aufgrund der persönlich beschränkten Konfusion zu einem Forderungsübergang gemäß § 426 Abs. 2 BGB in Höhe der Ausgleichungspflicht der verbleibenden Schuldner.

42 Bei der Gesamtgläubigerschaft (§ 428 BGB) entfaltet die Konfusion nach § 429 Abs. 2 BGB Wirkung für und gegen alle Personen. Nach § 430 BGB entstehen gegebenenfalls Ausgleichspflichten untereinander. Eine Gesamtgläubigerschaft wird mietvertraglich nur selten vereinbart sein, da sie oft nicht den Interessen der Vertragsbeteiligten entspricht. Soweit eine Mitgläubigerschaft anzunehmen ist (das heißt die Leistung nur an alle Personen gemeinsam zu erbringen ist, vgl. § 432 Abs. 1 BGB), wirkt die Konfusion nur gegenüber den Personen, in denen sie eintritt (§ 432 Abs. 2 BGB) – das heißt: in dem Erwerber.

4. WG-Typ D (Außen-GbR)

43 Bei dem WG-Typ D (Außen-GbR) (→ § 1 Rn. 27) ergeben sich im Veräußerungsfall verschiedene Besonderheiten. Wenn an die GbR veräußert wird, erlischt das Mietverhältnis durch Konfusion. Wird an sämtliche Gesellschafter der GbR veräußert, besteht das Mietverhältnis mit der GbR fort, wobei sämtliche Gesellschafter als Vermieter agieren und insofern Gesamtschuldner beziehungsweise Gesamtgläubiger werden.[69] Allerdings wird man – je nach Gesellschaftszweck – eine Auflösung der Gesellschaft annehmen können. Bei

---

[67] Die Einnahmen aus Vermietung und Verpachtung iSd § 21 EStG sind steuerbar; fraglich ist jedoch, unter welchen Umständen die Anmietung des eigenen Objekts (bspw. das Arbeitszimmer) als Werbungskosten bzw. Betriebsausgaben absetzbar ist.
[68] *Haublein* in MuKoBGB § 566 Rn. 22, 25.
[69] Vgl. *Herrmann* in BeckOK BGB, Ed. 1.2.2019, § 566 Rn. 12; *Häublein* in MüKoBGB Rn. 25; je mit Verweis auf BGH NJW 1973, 455; BayObLG NJW-RR 1991, 651.

dem Erwerb sämtlicher GbR-Gesellschafter mag die in der Regel entstehende Gesamtgläubigerschaft mit Blick auf die bestehenden Liquiditätsrisiken nicht immer interessengerecht sein. Es empfiehlt sich eine klarstellende Regelung.

Erwerben nur einzelne der Gesellschafter oder nur ein Gesellschafter das Mietobjekt, geht **44** das Mietverhältnis mit der Gesellschaft ebenfalls auf den jeweiligen Erwerber (beziehungsweise die Erwerber als Gesamtschuldner und Gesamtgläubiger) über. Nach hier vertretener Auffassung besteht in diesem Fall kein Bedürfnis dafür, lediglich die „**mietrechtlich zu qualifizierenden Rechte und Pflichten**" im Sinne der Rechtsprechung überzuleiten beziehungsweise diesen Begriff eng auszulegen. Vielmehr gehen sämtliche Pflichten aus dem Mietvertrag, soweit sie überhaupt einen Bezug zu dem Mietobjekt aufweisen, auf den Erwerber über. Wenn sich die Nebenabrede nicht auf das Vertragsobjekt bezieht, kann gegebenenfalls ein Vertragslösungsrecht nach §§ 313 f. BGB bestehen. Mit Blick auf den Gesellschaftsvertrag (insbesondere den Gesellschaftszweck) wird man weiterhin gegebenenfalls eine Vertragsanpassung und/oder einen Austrittsgrund aus wichtigem Grund annehmen können.[70] Ob und unter welchen Umständen diese in Betracht kommen, hängt maßgeblich von der Ausgestaltung des Gesellschaftsvertrages und den Beitragspflichten der einzelnen Gesellschafter ab.

Beschränkt sich der Gesellschaftszweck allein auf das Wohnen gegen Mietzins und die Aufteilung der **45** gemeinschaftlichen Kosten für Strom und Internet, wird eine Vertragsanpassung ggf. dahingehend denkbar sein, dass der Gesellschafter (ua aus steuerlichen Gründen) seine Beteiligung mit Blick auf seinen Anteil am Mietzins (nicht aber Strom etc.) reduziert.

5. WG-Typ E (Mitbewohner ohne Mietvertrag)

Die Lage im WG-Typ E (Mitbewohner ohne Mietvertrag) (→ § 1 Rn. 28) ist mit der Lage **46** im WG-Typ A in Teilen vergleichbar. Erwirbt der Mieter das Mietobjekt, erlischt das Mietverhältnis durch Konfusion; dies gilt auch in Bezug auf Abreden, die bei einem Dritterwerb möglicherweise nicht mit übergehen würden. Hilfsweise mag – soweit sich die Nebenabrede nicht auf das Vertragsobjekt bezieht – hier ein Vertragslösungsrecht nach §§ 313 f. BGB bestehen. Auf den vertragslosen Mitbewohner hat die Veräußerung grundsätzlich keinen Einfluss.

Erwirbt der vertraglos nutzende Mitbewohner das Mietobjekt, so geht das Mietverhältnis **47** auf diesen nach § 566 BGB ohne weitere Einschränkungen oder Besonderheiten über. Auch soweit mehrere Personen das Mietobjekt zuvor vertragslos mitgenutzt haben und nur einer der vertragslose mitnutzenden Bewohner das Objekt erwirbt, ergeben sich keine Besonderheiten.

6. WG-Typ F (Eigentümer als Mitbewohner)

Geht das Eigentum im WG-Typ F (Eigentümer als Mitbewohner) (→ § 1 Rn. 29) über, ist **48** erneut zu differenzieren. Typischerweise wird der mit in der WG wohnende Eigentümer lediglich einzelne Räume zum Alleingebrauch einzelner Mieter und andere Räume zum Mitgebrauch einzelner oder aller Mieter – letztere ggf. neben dem Eigentümer – vermietet haben. Der fremde Dritterwerber tritt in die bestehenden Mietverhältnisse ein.

Erwirbt ein Mieter, kommt es mit Blick auf die Rechtsfolgen maßgeblich darauf an, in **49** welcher Weise der Wohnraum den Mietern überlassen wurde:

Im Falle des – naheliegenden – Abschlusses einzelner Mietverträge mit jedem Mieter **50** erlischt das Mietverhältnis mit dem Erwerber. Im Übrigen kann auf die Ausführungen zum WG-Typ B verwiesen werden.

---

[70] Vgl. zur Differenzierung zwischen ergänzender Vertragsauslegung und Störung der Geschäftsgrundlage im Personengesellschaftsrecht *Lettl* AcP 202, 3; zur Störung der Geschäftsgrundlage *Baier* NZG 2003, 356.

51 Im Falle des Abschlusses eines einheitlichen Mietvertrages mit den anderen Bewohnern (ohne Außen-Gesellschaft) erlischt das Mietverhältnis ihm gegenüber ebenfalls durch Konfusion. Im Übrigen kann hierzu auf die Ausführungen zum WG-Typ C verwiesen werden.

52 Soweit an eine Außengesellschaft als Rechtssubjekt vermietet wurde, tritt der Erwerber in das Mietverhältnis – wie bei dem Erwerb eines Dritten – ein. Allerdings mögen sich die Innenrechtsverhältnisse zwischen den Mitgliedern der GbR verändern; insoweit wird auf die Ausführungen zu WG-Typ D verwiesen (→ Rn. 42 ff.).

IV. Besonderheiten und erweiternde Anwendung des § 566 BGB

1. Grundsatz der Identität von Vermieter und Eigentümer

53 § 566 ist grundsätzlich nicht auf Untermietverträge anzuwenden, etwa bei dem Wechsel des Hauptmieters beziehungsweise Untervermieters.[71] In der Konsequenz genießt zwar der Untervermieter beziehungsweise Hauptmieter den Schutz des § 566 BGB, nicht aber der Untermieter. Dies gilt dem BGH nach auch dann, wenn der Eigentümer und (Haupt-)Vermieter mit der Untervermietung einverstanden war.[72] Schlagendes Argument ist hierbei das (umstrittene) Identitätserfordernis zwischen Vermieter und Eigentümer.[73]

54 Für die gewerbliche Weitervermietung normiert § 565 BGB eine begrenzte Ausnahme von diesem Grundsatz: Der Eigentümer/Vermieter tritt in die zwischen dem Untervermieter und Untermieter begründeten Rechtsverhältnisse ein, wenn das Mietverhältnis zwischen Hauptmieter und dessen Vermieter beendet wird.[74]

55 Der Grundsatz der Identität von Eigentümer und Vermieter als Anwendungsvoraussetzung des § 566 BGB ist nicht unumstritten. Der BGH hat eine analoge Anwendung beziehungsweise erweiternde Auslegung des § 566 BGB nicht grundsätzlich ausgeschlossen.[75] Gleichwohl ist bei der Analogiebildung nicht nur wegen des Ausnahmecharakters der Norm, sondern auch mit Blick auf Art. 14 GG Zurückhaltung geboten. Eine Analogie wurde für einen Fall der Gewerberaummiete bejaht, wenn die „Vermietung mit Zustimmung und im alleinigen wirtschaftlichen Interesse des Eigentümers erfolgt und der Vermieter kein eigenes Interesse am Fortbestand des Mietverhältnisses hat".[76] Mit Blick auf Art. 13 Abs. 1 GG ist anzunehmen, dass die Anforderungen bei Wohnraummietverhältnissen nicht höher, sondern eher niedriger sind. Gleichwohl ist die Identität von Eigentümer und Vermieter nicht nur der tatsächliche Regelfall, sondern auch Tatbestandsvoraussetzung, von der nur im Ausnahmefall abgewichen werden kann, da andernfalls § 566 Abs. 2 BGB zu größeren Teilen leerliefe.

56 Damit ist über weitere Konstellationen noch nicht viel gesagt. Soweit nur einer von mehreren Eigentümern Vermieter ist, greift § 566 BGB nach zutreffender Auffassung auch bei Veräußerung an einen Dritten nicht.[77] Richtigerweise führt selbst eine besondere Nähe zwischen Eigentümer und Vermieter (bei Personenverschiedenheit derselben) grundsätzlich nicht für sich genommen zur Anwendung des § 566 BGB.[78]

---

[71] Vgl. BGHZ 107, 315 = NJW 1989, 2053; zust. *Emmerich* in Staudinger BGB § 566 Rn. 10a.
[72] Vgl. BGH NZM 2004, 300.
[73] Vgl. hierzu *Günter* WuM 2013, 264; *Streyl* WuM 2008, 579; *Häublein* WuM 2010, 391.
[74] *Herrmann* in BeckOK BGB, Ed. 1.2.2019, § 565 Rn. 2; vgl. weitergehend *Hornick* ZMR 1992, 224 und BVerfGE 84, 197 = NJW 1991, 2272.
[75] Vgl. etwa BGH NZM 2017, 847; BeckRS 2012, 10276.
[76] Vgl. für Gewerberäume BGH NZM 2017, 847.
[77] Vgl. BGH NJW 1974, 1551; *Herrmann* in BeckOK BGB, Ed. 1.2.2019, § 566 Rn. 9; OLG Karlsruhe OLGZ 1981, 207 = NJW 1981, 1278; *Emmerich* in Staudinger BGB § 566 Rn. 22.
[78] Vgl. dazu offen OLG Saarbrücken BeckRS 2016, 06232; bejahend bei Vermietung durch beide Ehegatten und Alleineigentum eines Ehegatten statt des Eigentümers LG Berlin NJW-RR 1994, 781; offen BGH BeckRS 2013, 04617; verneint für den Zwischenvermieter BGHZ 107, 315 = NJW 1989, 2053.

B. Einzelrechtsnachfolge und Eintritt in das Mietverhältnis § 12

Umstritten ist die Anwendung des § 566 BGB auch, wenn der Vermieter keine Eigentümerposition (oder eine vergleichbare Position, zum Beispiel Nießbraucher) innehatte. Hierbei sind zwei Konstellationen denkbar: 57

In der Konstellation a) verfügt der Vermieter als Nichtberechtigter wirksam über das Objekt (etwa aufgrund § 185 BGB oder § 892 BGB); in der Konstellation b) verfügt der Eigentümer (der nicht Vermieter ist) über das Objekt. Die Konstellation a) ist nach umstrittener – aber richtiger – Auffassung ein unmittelbarer Anwendungsfall des § 566 BGB, da nach dessen Wortlaut der Vermieter den Wohnraum lediglich veräußern muss, der Wortlaut setzt aber keine Eigentümerposition voraus.[79] Das Bedürfnis für eine teleologische Auslegung aus Gründen des Vermieter- oder Mieterschutzes besteht nicht. 58

In der Konstellation b) greift § 566 BGB grundsätzlich nicht. Dies gilt auch dann nicht, wenn ein besonderes Näheverhältnis zwischen Eigentümer und Vermieter bestand. Eine Ausnahme hiervon besteht aufgrund § 565 BGB bei der bereits erwähnten gewerblichen Untervermietung. 59

2. Veräußerungstatbestände bei mehreren Vermietern

Nach zutreffender Auffassung finden die §§ 566 ff. BGB auch dann Anwendung, wenn von mehreren Vermietern nur einer Eigentümer ist und sein Eigentum an einen Dritten veräußert.[80] Unklar ist hierbei das Schicksal des Mietverhältnisses mit den Vermietern, die nicht Eigentümer des Mietobjekts waren. In konsequenter Anwendung des § 566 müsste man annehmen, dass diese schuldrechtlichen Bindungen fortbestehen.[81] Mit Blick auf das fehlende Schutzbedürfnis der Mieter und die – entgegen des Schutzzwecks eintretende – Verkomplizierung der Vertrags- und Abwicklungsverhältnisse – wird jedoch im Wege einer teleologischen Auslegung vertreten, dass solche Bindungen gerade nicht fortbestehen.[82] Letzterer Auffassung ist zu folgen, da insbesondere die Verschaffungsmöglichkeit des Nicht-Eigentümer-Vermieters allenfalls von der Position des Eigentümers abgeleitet ist, jedenfalls von dieser abhängt. 60

3. Miteigentum

Besonderheiten ergeben sich ferner bei der **Veräußerung von Miteigentumsanteilen**. Wird ein Grundstück ideell geteilt (das heißt werden Miteigentumsanteile gebildet) und lediglich ein Miteigentumsanteil veräußert, tritt der Erwerber in sämtliche Rechte und Pflichten als Gesamtschuldner beziehungsweise Gesamtgläubiger ein.[83] Wird das gesamte Eigentum an eine Erwerbermehrheit veräußert, gilt dasselbe entsprechend. 61

Soweit **nur ein Miteigentümer** das Grundstück (nach Bildung von Bruchteilen) **vermietet**, ist die Anwendung des § 566 BGB jedoch fraglich. Nach Auffassung einiger **Oberlandesgerichte** und Teilen der **Literatur**[84] genügt es für die Anwendung des § 566 BGB, wenn ein Miteigentümer der Vermietung und Veräußerung des vermieteten Grundstücks durch den anderen Miteigentümer zustimmt; dies gilt jedenfalls dann, wenn alle am Kauf- und Mietvertrag beteiligten Parteien ihrem künftigen Verhalten die Vermieterstellung 62

---

[79] So *Häublein* in MüKoBGB § 566 Rn. 20; *Günter* WuM 2013, 264; aA BGH NZM 2010, 471 (ohne Begründung und im Zusammenhang mit einer Zwangsversteigerung); OLG Düsseldorf BeckRS 2006, 12218 (ebenfalls ohne Begründung); ebenfalls auf das Eigentum abstellend OLG Hamm NZM 1999, 1091; vgl. ferner BGH NZM 2008, 732.
[80] *Häublein* in MüKoBGB § 566 Rn. 19; BGH NJW 2018, 2472 (selbst nutzender Miteigentümer).
[81] Etwa LG Berlin NZM 1998, 662.
[82] Vgl. LG Waldshut-Tiengen BeckRS 1992, 00913.
[83] Vgl. BGH NJW-RR 2012, 237; BayObLG NJW-RR 1991, 651; LG Marburg NZM 2003, 394; ferner *Tonner* in jurisPK-BGB § 566 Rn. 25; *Emmerich* in Staudinger BGB § 566 Rn. 22.
[84] OLG Saarbrücken BeckRS 2013, 11435; OLG Brandenburg BeckRS 2010, 26527; OLG Karlsruhe OLGZ 1981, 207 = NJW 1981, 1278; *Streyl* WuM 2008, 579; *Emmerich* in Staudinger BGB § 566 Rn. 22.

des Erwerbers zugrunde legen. Dem ist im Ausgangspunkt **zuzustimmen**. Zwar ist die Vermietung durch den Miteigentümer ebenso möglich wie durch den Nicht-Eigentümer, das Besitzrecht kann jedoch nur von dem Eigentümer abgeleitet werden. Nur in diesem Fall ist der Mieter schutzwürdig. Die Zustimmung des Miteigentümers begründet zwar keinen Eintritt in das Mietverhältnis, ist aber Rechtfertigung und Voraussetzung für die Einschränkung seiner Eigentümerrechte. Der angewendete Rechtsgedanke ist in Teilen § 185 BGB vergleichbar. Mit Blick auf den **Verkehrsschutz** bedarf es jedoch **keiner ausdrücklichen** oder gar schriftlichen **Zustimmung** des Miteigentümers. Es **genügt** vielmehr, dass der Abschluss des Mietvertrages und die Besitzverschaffung **geduldet** werden und/oder hiergegen **nicht eingeschritten** wird. Dem Mieter ist es regelmäßig nicht zuzumuten, sich vor Abschluss des Mietvertrages einen Grundbuchauszug oder vergleichbare legitimierende Unterlagen vorlegen zu lassen.

63   Veräußern **alle Miteigentümer** das Grundstück gemeinsam, veräußert der Vermieter das Vertragsobjekt. Dem Wortlaut des § 566 BGB ist somit genügt. Wie vorbeschrieben ist es nicht notwendig, dass der andere Miteigentümer der Vermietung explizit zugestimmt hat. Dasselbe muss aus Gründen des Umgehungsschutzes gelten, wenn nicht alle Vermieter zugleich Eigentümer (beziehungsweise veräußernde Eigentümer) sind.[85]

64   Veräußert der **vermietende Miteigentümer**, greift § 566 BGB seinem Wortlaut nach, da unstreitig nicht lediglich die vollständige Veräußerung des Wohnraumes von der Norm erfasst ist. Allerdings besteht erheblicher Gestaltungsbedarf bei der Veräußerung, da der Miteigentümer dem Mieter ohne Mitwirkung der übrigen Miteigentümer kein mangelfreies Besitzrecht verschaffen kann.

65   Veräußert der **nicht-vermietende Miteigentümer**, geht dem Wortlaut nach mangels Vermieterstellung kein Mietverhältnis auf den Erwerber über. Der Erwerber ist jedoch nach hier vertretener Auffassung an die erteilte Gestattung beziehungsweise die vormalige Duldung gebunden. Vorsorglich sollte neben dem Veräußerungsvertrag eine entsprechende Gestattung erneuert werden.

66   Erwirbt ein **WG-Mitbewohner** einen Miteigentumsanteil, erlischt das Mietverhältnis ihm gegenüber allenfalls insoweit durch Konfusion, als der Erwerber in das Mietverhältnis „eintritt" und der Mitbewohner selbst Mieter war. Da das Mietverhältnis jedoch die Grundlage des (abgeleiteten) Besitzrechts ist, besteht dieses insoweit gegenüber dem anderen Miteigentümer fort. In der Folge der nur teilweise eintretenden Konfusion wird sich zumeist der Mietzins entsprechend der erworbenen Miteigentumsquote reduzieren. Da die Frage der Konfusion in Bezug auf einen etwaigen Mietzinsanspruch auch von der Qualifizierung des Anspruchs als Mitgläubiger- oder Gesamtgläubigerforderung abhängt, empfiehlt sich eine vertragliche Klarstellung.[86]

67   Generell ist das Auseinanderfallen von Eigentum und Vermieterstellung nach Möglichkeit zu vermeiden. Zwar können Bruchteilseigentümer das Mietverhältnis über das gemeinschaftliche Grundstück mit Stimmenmehrheit wirksam kündigen, wenn die Kündigung eine Maßnahmen der ordnungsgemäßen Verwaltung im Sinne des § 745 Abs. 1 S. 1 BGB ist.[87] Dies gilt freilich nur dann, wenn sämtliche Miteigentümer auch Vermieter geworden sind. Fallen Eigentümer- und Vermieterstellung auseinander, führt dies zu einer Vielzahl von Abwicklungsproblemen – insbesondere bei Vermietermehrheiten.

---

[85] So zutr. *Emmerich* in Staudinger BGB § 566 Rn. 22; vgl. das bereits genannte LG Landshut-Tiengen BeckRS 1992, 00913; *Streyl* WuM 2008, 579; aA LG Berlin NZM 1998, 662 (dort noch zu einer als nicht rechtsfähig anerkannten GbR).
[86] Vgl. BGH NJW 2018, 2472.
[87] Vgl. BGH NJW 2011, 61; vgl. BGHZ 183, 131 = NJW 2010, 765.

C. Einzelrechtsnachfolge und das Vorkaufsrecht gem. § 577 BGB

I. Mietervorkaufsrecht nach § 577 BGB

1. Allgemeines

Das Mietervorkaufsrecht nach § 577 BGB hat in den letzten Jahren besondere Aufmerksamkeit durch die Rechtsprechung und Literatur erhalten. Es entsteht grundsätzlich, wenn an vermieteten Wohnräumen nach deren Überlassung an den Mieter Wohnungseigentum begründet wird oder begründet werden soll und diese verkauft werden. Der Tatbestand regelt dabei **zwei Alternativen**: die Begründung des Wohnraummietverhältnisses (1. Alt.) oder die Absicht zur Begründung (2. Alt.). 68

Die Norm bezweckt den Schutz des Mieters bei der Umwandlung in Eigentumswohnungen vor Verdrängung.[88] In der Sache geht es somit darum, dem Risiko des Mieters bei der Veräußerung an private Wohnungseigentümer (iSv Privatanleger) durch Eigenbedarfskündigungen etc. entgegenzuwirken. Eine Vorgängernorm, § 2b WoBindG von 1980, sollte Umwandlungen von sozialem Wohnraum in Eigentumswohnungen mit vergleichbarer Zielstellung begegnen.[89] Ob die Norm diesen Zweck tatsächlich erfüllt und ob die gegenwärtige Fassung mit Blick auf die betroffenen Eigentümerinteressen tatsächlich sachgerecht ist, ist zweifelhaft.[90] 69

Die Norm ist entsprechend auf Realteilungen anwendbar.[91] Missbrauchs- und Umgehungskonstellationen kann im Übrigen mit § 826 BGB, § 242 BGB und dem Gedanken des § 162 BGB hinreichend begegnet werden. 70

2. Voraussetzungen

Voraussetzung der Norm sind aa) ein wirksam begründetes Wohnraummietverhältnis beziehungsweise eine vergleichbare Sachlage, bb) die Begründung von Wohnungseigentum (Alt. 1) oder cc), die Absicht der Begründung (Alt. 2) von Wohnungseigentum, dd) die Veräußerung des Wohnraumes an einen Dritten, der ee) nach der Überlassung der Räumlichkeiten an den Mieter erfolgt, soweit ff) kein Ausschlusstatbestand greift. 71

Das wirksame **Wohnraummietverhältnis** setzt den Abschluss eines wirksamen Mietvertrages über Wohnraum (→ Rn. 12) voraus. Erfasst sind insbesondere nicht nur die zum Wohnen dienenden Räume, sondern auch Nebenräume wie Keller, Dachboden oder eine Garage.[92] 72

Entsprechendes gilt bei einer genossenschaftlichen Nutzung im Verhältnis zwischen den Genossen und der Genossenschaft. Auch Mischmietverhältnisse sind erfasst oder Mietverhältnisse, die auch sonstige Nebenräumlichkeiten erfassen, soweit jedenfalls der Schwerpunkt der Regelung auf dem Mietverhältnis über Wohnräume liegt. **Nicht erfasst** sind nach hier vertretener Auffassung hingegen sonstige Nutzungsverhältnisse, mögen sie auch im Synallagma stehen – beispielsweise die Überlassung von Wohnraum aufgrund einer gesellschaftsvertraglichen Verpflichtung o. ä. 73

Die **Begründung von Wohnungseigentum** meint die wirksame Begründung des Wohnungseigentums im Sinne des WEG. Nach § 2 WEG kann Wohnungseigentum durch Teilungserklärung des Eigentümers (§ 8 WEG) oder vertragliche Einräumung von Sonder- 74

---

[88] *Hannappel* in BeckOK BGB, Ed. 1.2.2019, § 577 Rn. 3; *Wirth* NZM 1998, 390; *Bundschuh* ZMR 2001, 324.
[89] Vgl. weitergehend zu Normzweck und Entstehungsgeschichte *Häublein* in MüKoBGB § 577 Rn. 1 ff. mwN.
[90] Kritisch *Hannappel* in BeckOK BGB, Ed. 1.2.2019, § 566 Rn. 1 mit Verweis auf *Schmidt* DWW 1994, 65.
[91] Vgl. BGH NZM 2016, 543; NJW 2010, 3571; NZM 2008, 569.
[92] *Bachmeyer* BWNotZ 2004, 25.

eigentum der Miteigentümer (§ 3 WEG) entstehen. In beiden Fällen wird die Rechtsänderung erst mit Eintragung im Grundbuch beziehungsweise Anlegung der Grundbuchblätter wirksam.[93] Es genügt nicht, dass eine entsprechende Teilungserklärung beziehungsweise vertragliche Regelung bereits beurkundet wurde.

75 § 577 BGB unterstellt eine **Absicht der Begründung von Wohnungseigentum**, er spricht davon, dass „Wohnungseigentum ... begründet werden soll". Diese rein **innere Tatsache** liegt vor, wenn der Wille des Eigentümers beziehungsweise der Eigentümer auf die Begründung von Wohnungseigentum gerichtet sind. Bei der Veräußerung von Wohnungen muss sie nicht Ziel der Handlung sein, es genügt, wenn sich die Teilung als notwendiger Zwischenschritt zum Vollzug darstellt. Das Merkmal stellt ein Minus zur Begründung des Wohnungseigentums dar.[94] Nicht explizit im Gesetz geregelt, aber dennoch erforderlich, ist ein weiterer Umstand: Die Absicht muss hinreichend konkret sein beziehungsweise sich **nach außen manifestiert** haben. Dieses durch teleologische Auslegung gewonnene, **zusätzliche Merkmal** dient letztlich der Vermeidung von Missbräuchen. Denn: Das einmal bestehende und nicht ausgeübte Vorkaufsrecht macht eine neuerliche Entstehung des Vorkaufsrechts dem Grunde nach unmöglich, da das Vorkaufsrecht nicht bei jeder Veräußerung entsteht, sondern nur dann, wenn das Wohnungseigentum oder die Begründungsabsicht nach Überlassung der Wohnräume erstmalig entsteht.[95]

76 **Umstritten** ist gleichwohl, wie sich eine dem Mieter **bekannte Wohnungseigentumsbegründungsabsicht** auswirkt, die vor Überlassung entstanden ist. Die wohl hM geht davon aus, dass die Entstehung des Vorkaufsrechtes nach der 1. Alt. nicht ausgeschlossen ist.[96] Die Gegenposition[97] bezieht sich auf das Telos der zweiten Alternative und meint, der maßgebliche Zeitpunkt würde hierdurch vorverlagert. Im Kern geht es also um die Frage, ob beide Alternativen nebeneinanderstehen (können), sodass die Begründungsabsicht letztlich als Erweiterung des Tatbestandes anzusehen ist, oder ob die zweite Alternative lediglich den Zeitpunkt der Entstehung und Ausübung des Vorkaufsrechtes vorverlagert, sodass hierdurch das Vorkaufsrecht praktisch verengt würde. Der **BGH**[98] hat diese Frage nunmehr zum Teil entschieden: Ein Vorkaufsrecht des Mieters nach § 577 Abs. 1 S. 1 1. Alt. BGB entsteht erst, „wenn nach der Überlassung der vermieteten Wohnräume an den Mieter Wohnungseigentum begründet worden ist und dieses dann an einen Dritten verkauft wird".[99] Die vor der Überlassung an den Mieter erfolgte notarielle Teilungserklärung (§ 8 WEG) hindere das Entstehen des Vorkaufsrechts nach der 1. Alternative nicht, weil die Teilung erst mit der Anlegung der Wohnungsgrundbuchblätter wirksam wird. Ein Vorkaufsrecht nach § 577 Abs. 1 S. 1 2. Alt BGB ist nach dem BGH davon abhängig, dass nach der Überlassung der vermieteten Wohnräume an den Mieter Wohnungseigentum begründet werden soll und dieses an einen Dritten verkauft wird. – Die Kenntnis des Mieters von einer etwaigen Teilung beziehungsweise beabsichtigten Teilung allein schließt den Tatbestand des § 577 Abs. 1 S. 1 1. Alt. BGB nicht aus.[100] In einer jüngeren Entscheidung stellt der BGH zudem explizit klar, dass § 577 Abs. 1 BGB zwei **gleichberechtigt nebeneinander stehende Alternativen** enthalte.[101]

77 Wann diese **Begründungsabsicht hinreichend konkret** ist beziehungsweise sich hinreichend **manifestiert** hat, ist gegenwärtig nicht vollumfänglich geklärt. Der BGH und

---

[93] *Rolfs* in Staudinger BGB § 577 Rn. 24.
[94] Vgl. *Häublein* in MüKoBGB § 577 Rn. 8.
[95] *Häublein* in MüKoBGB § 577 Rn. 6; vgl. zum Verbrauch des Vorkaufsrechtes BGH NJW 2007, 2699.
[96] So bspw. *Häublein* in MüKoBGB § 577 Rn. 7; *Schilling/Meyer* ZMR 1994, 497 (503); *Rolfs* in Staudinger BGB § 577 Rn. 25 je mwN.
[97] *Wirth* NZM 1998, 390 (Kenntnis schadet); *Langhein* DNotZ 1993, 650 (656); *Commichau* NJW 1995, 1010.
[98] BGHZ 209, 358 = NZM 2016, 540.
[99] Vgl. dazu bereits BGHZ 199, 136 = NJW 2014, 850; BGHZ 167, 58 = NJW 2006, 1869.
[100] *Rolfs* in Staudinger BGB § 577 Rn. 25, 25.1; *Häublein* in MüKoBGB § 577 Rn. 8.
[101] BGH NZM 2017, 146.

die wohl hM in der Literatur gehen davon aus, dass eine Begründungsabsicht nach § 577 Abs. 1 S. 1 2. Alt. BGB vorliegt, wenn eine vertragliche **Verpflichtung** des Veräußerers zur Durchführung der Aufteilung besteht und die von dem Vorkaufsrecht erfasste (künftige) Wohnungseigentumseinheit in dem Vertrag hinreichend bestimmt oder zumindest **bestimmbar** ist.[102] Die Absicht ist zudem regelmäßig in der notariell beurkundeten Teilungserklärung zu sehen.[103] Bloße Vorbereitungshandlungen für die Begründung des Wohnungseigentums (zum Beispiel die Einholung einer Abgeschlossenheitsbescheinigung) genügen nicht.[104] Ferner genügt es nicht, wenn erst die Erwerber das Wohnungseigentum begründen sollen – selbst wenn diese das Eigentum selbst nutzen wollen (sog. Erwerbermodelle).[105]

An dieser Stelle drohen aus gestalterischer Sicht erhebliche **Haftungsgefahren**. Der BGH entschied 2016,[106] dass ein Vorkaufsrecht nach § 577 Abs. 1 S. 1 1. Alt. BGB (nicht nach der zweiten Alternative) selbst dann entsteht, wenn zwar die Teilungserklärung nach § 8 WEG bereits vor der Überlassung der Mietsache an den Mieter notariell beurkundet wurde, das Anlegen des Wohnungsgrundbuchblatts und die Eigentümereintragung aber erst nach der Überlassung erfolgt sind. Die Entstehung des Vorkaufsrechts erfordert hiernach, dass der Abschluss des Kaufvertrags nach § 577 Abs. 1 S. 1 1. Alt. BGB mit dem Dritten der Begründung von Wohnungseigentum zeitlich nachfolgt. Ein Verkauf vor Begründung des Wohnungseigentums begründe kein solches. Bei der Begründung des Vorkaufsrechts an künftig entstehendem Wohnungseigentum nach § 577 Abs. 1 S. 1 2. Alt. BGB muss die Überlassung an den Mieter jedoch zeitlich vor der nach außen dokumentierten Absicht, Wohnungseigentum begründen zu wollen, erfolgt sein. Praktisch bedeutet dies, dass noch nach Jahren unverhofft Vorkaufsrechte entstehen können! 78

Die Formulierung, wonach der Wohnraum an einen **Dritten** lediglich **veräußert** werden muss, ist unpräzise. Gemeint ist allein der Verkauf, wie sich aus der angeordneten Rechtsfolge (Vorkaufsrecht) ergibt.[107] Tausch und Schenkung lösen dabei regelmäßig kein Vorkaufsrecht aus, soweit keine missbräuchliche Umgehung anzunehmen ist.[108] Entsprechendes gilt nach hier vertretener Ansicht für die Erbauseinandersetzung etc. 79

Nach hier vertretener Ansicht wird man ein Vorkaufsrecht in der Regel annehmen können, wenn die zu erbringende Gegenleistung vertretbar ist – also von jedem beliebigen Dritten erbracht werden kann. Aus **gestalterischer Sicht** ist folglich etwa bei der Erbauseinandersetzung darauf zu achten, dass nicht aus rein formellen Gründen ein Vorkaufsrecht entsteht: In der notariellen Praxis werden jedenfalls Teilerbauseinandersetzungen wie ein gewöhnlicher Kaufvertrag ausgestaltet, wobei gegebenenfalls ein Teil der „Gegenleistung" unter Berücksichtigung der Erbquote entfällt beziehungsweise angerechnet wird. Mit Blick auf die vielfältigen Möglichkeiten der Auseinandersetzung[109] empfiehlt sich hier zumindest eine Klarstellung, dass die Erbengemeinschaft auseinandergesetzt wird und die Übertragung im Rahmen der Auseinandersetzung erfolgt. 80

Weiter entsteht ein Vorkaufsrecht auch, wenn **lediglich ein Miteigentumsanteil verkauft** wird.[110] Andernfalls könnte das Vorkaufsrecht dadurch unterlaufen werden, dass zunächst nur ein Miteigentumsanteil an einen Dritten veräußert wird und in einem zweiten Schritt der verbleibende Miteigentumsanteil, da die Veräußerung von Miteigentumsanteilen an Miteigentümer das Vorkaufsrecht nicht auslöst. 81

---

[102] BGH NZM 2016, 543; BGH NJW 2014, 850; *Häublein* in MüKoBGB § 577 Rn. 8.
[103] BGH NZM 2017, 146.
[104] BayObLGZ 1992, 100 = NJW-RR 1992, 1039; *Rolfs* in Staudinger BGB § 577 Rn. 25.1; *Derleder* NJW 1996, 2817; vgl. weiter bei *Rüßmann* RNotZ 2012, 97 (110).
[105] BGHZ 199, 136 = NJW 2014, 850.
[106] BGH NZM 2017, 146.
[107] I. Erg. *Rolfs* in Staudinger BGB § 577 Rn. 28 ff.
[108] *Rolfs* in Staudinger BGB § 577 Rn. 28; *Häublein* in MüKoBGB § 577 Rn. 9.
[109] Vgl. dazu mit einem Überblick *Rißmann/Szalai* in BeckOGK BGB, Ed. 1.2.2019, § 2042 Rn. 9 ff. mwN.
[110] Dies wird von BGHZ 13, 133 = NJW 1954, 1035 (dort für den nicht Vorkaufsrecht auslösenden Fall der Veräußerung an einen Miteigentümer) vorausgesetzt.

82 Dem Grunde nach irrelevant ist es, ob **einzelne Wohnungen** verkauft werden oder ganze Paketverkäufe erfolgen. Probleme bei **Paketverkäufen** und/oder Verkäufen von Gegenständen, die kein Wohnungseigentum sind beziehungsweise werden (beispielsweise mitverkaufte Wegeflächen oder Grünflächen), ergeben sich freilich auf Rechtsfolgenseite.

83 Nicht explizit geregelt ist, ob **Vermieter** und **Verkäufer** (und umwandelnder **Eigentümer**) **identisch** sein müssen. Der Regelfall ist die Veräußerung und Umwandlung durch den Eigentümer. Der Wortlaut der Norm ist jedoch neutral formuliert. Verkäufer und Vermieter müssen richtigerweise nicht zwingend identisch sein; maßgeblich ist dem Grunde nach die Möglichkeit der wirksamen Veräußerung iSv Eigentumsverschaffung. Es gelten insoweit dieselben Grundsätze wie bei § 566 BGB. In keinem Fall ist es hier aber Voraussetzung, dass der umwandelnde Eigentümer und der Verkäufer beziehungsweise Vermieter identisch sind. Gerade in Fällen, in denen die Begründung des Wohnungseigentums vor der Überlassung an den Mieter beurkundet, aber erst danach wirksam wurde, kann das Vorkaufsrecht auch erst den Erwerber treffen.[111]

84 Der **Dritte** im Sinne der Norm ist **nicht** definiert. Unstreitig kein Dritter ist der Mieter, ebenso wenig der Vermieter;[112] dies gilt jedenfalls dann, wenn er zugleich (Mit-)Eigentümer ist. § 577 Abs. 1 S. 2 nimmt zudem Familien- und Haushaltsangehörige aus. Die Veräußerung an einen Miteigentümer stellt richtigerweise ebenfalls keinen Vorkaufsfall (keine Veräußerung an Dritte) dar, soweit es sich um Miteigentümer des ungeteilten Grundstücks handelt, nicht aber um Miteigentümer nach dem WEG (das heißt nach Teilung) in Bezug auf das Gemeinschaftseigentum.[113] Die Veräußerung eines Miteigentumsanteils am Sondereigentum (nach Teilung) an einen anderen Miteigentümer (des Sondereigentums) stellt nach hier vertretener Auffassung ebenfalls keinen Vorkaufsfall dar. Abschließend geklärt ist diese Frage jedoch nicht. Die naheliegenden Umgehungsmöglichkeiten – a) Veräußerung von Miteigentumsanteilen und nachträgliche Teilung mit Zuordnung von Sondereigentum; b) separate Veräußerung der Miteigentumsanteile an denselben Erwerber – sind hinzunehmen und durch die §§ 826, 242 BGB korrigierbar. Zudem gewährt § 577a BGB einen flankierenden Verdrängungsschutz.

85 Verkauf und Wohnungseigentumsbegründung(sabsicht) dürfen für die wirksame Entstehung des Vorkaufsrechts erst **nach der Überlassung** der Räumlichkeiten an den Mieter erfolgt sein. Die Überlassung ist hierbei ebenso zu verstehen wie im Rahmen des § 566 BGB: Der Mieter muss die tatsächliche Sachherrschaft innehaben und aufgrund des Mietverhältnisses ausüben.

86 Nicht obergerichtlich geklärt ist, ob bei einem zeitlich **befristeten Mietverhältnis** oder einem bereits gekündigten Mietverhältnis etwaige Vorkaufsrechte – in teleologischer Reduktion des Wortlauts – nicht entstehen. Richtigerweise wird man annehmen müssen, dass Vorkaufsrechte so lange entstehen (können), wie das Mietverhältnis wirksam besteht und die übrigen Tatbestandsvoraussetzungen erfüllt sind.[114] Missbräuchen mag man im Einzelfall beikommen.[115] Entgegen teilweise vertretener Ansicht[116] erlischt das einmal entstandene (und ausgeübte) Vorkaufsrecht auch nicht mit Beendigung des Mietverhältnisses (etwa durch Zeitablauf o. ä.).[117]

87 Das Gesetz definiert als **Ausschlusstatbestand** den Verkauf an Familien- oder Haushaltsangehörige. Eine weitergehende Eigennutzungsabsicht o. ä. ist ebenso wenig erforderlich[118] wie der Nachweis, dass das Eigentum zu diesen Konditionen nur an die benannten Personengruppen – nicht aber an Dritte – veräußert würde, dass also kein gewöhnliches

---

[111] Vgl. den Fall BGH NZM 2017, 146.
[112] Soweit *Häublein* in MüKoBGB § 577 Rn. 9; *Rolfs* in Staudinger BGB § 577 Rn. 32.
[113] Vgl. weitere Fälle bei *Häublein* in MüKoBGB § 577 Rn. 9; *Rolfs* in Staudinger BGB § 577 Rn. 32.
[114] Differenzierend mit aA *Commichau* NJW 1995, 1010.
[115] Ähnl. *Rolfs* in Staudinger BGB § 577 Rn. 40.
[116] So bspw. *Rolfs* in Staudinger BGB § 577 Rn. 41.
[117] Vgl. *Sonnenschein* NJW 1980, 2055.
[118] *Häublein* in MüKoBGB § 577 Rn. 15.

Verkehrsgeschäft vorliegt. Dabei ist zu beachten, dass nach § 471 BGB eine Veräußerung durch den Insolvenzverwalter keinen Vorkaufsfall darstellt. Dasselbe gilt für eine Veräußerung in der Zwangsvollstreckung (vgl. §§ 577 Abs. 1 S. 3, 471 BGB). Das Vorkaufsrecht entsteht in diesem Fall auch nicht bei einer späteren Veräußerung.[119]

§ 577 BGB ist der Analogie zugänglich. Nach herrschender Meinung kann die Norm **88** analoge Anwendung auf die Realteilung von Grundstücken finden.[120] Voraussetzung einer Analogiebildung ist eine vergleichbare Verdrängungsgefahr für den Mieter.

3. Rechtsfolgen

a) Ausübung

Nach § 577 Abs. 4 BGB steht das Vorkaufsrecht dem **jeweiligen Mieter** zu. Eine hiervon **89** abweichende Regelung ist nach § 577 Abs. 5 BGB unwirksam. § 577 Abs. 4 BGB normiert zudem eine Art Sonderrechtsnachfolge, indem bei dem Tod des Mieters das Vorkaufsrecht auf die nach § 563 Abs. 1, Abs. 2 BGB zum Eintritt berechtigten Personen übergeht.

Das Vorkaufsrecht ist ein schuldrechtliches und persönliches **Gestaltungsrecht**. Es kann **90** demnach – anders als der Eigentumsverschaffungsanspruch nach wirksamer Ausübung – nicht abgetreten werden und ist nach wohl herrschender Meinung nicht vormerkungsfähig.[121] Verpflichtet ist der Verkäufer. Mit Ausübung des Vorkaufsrechts entsteht ein weiterer Kaufvertrag über den Vertragsgegenstand. Im Übrigen gelten die §§ 463 ff. BGB, soweit § 577 BGB keine abweichende Regelung bereithält.[122]

Erst die Mitteilung nach § 577 Abs. 2 BGB (an sämtliche Vorkaufsberechtigte) lässt die **91** Ausübungsfrist über das Vorkaufsrecht anlaufen. Die Mitteilung hat die Konditionen des Kaufvertrages vollständig wiederzugeben. Obwohl kein Formerfordernis besteht, empfiehlt es sich aus Nachweisgründen, die Mitteilung zumindest in Textform abzufassen.

Mit der **Ausübung** des Vorkaufrechts entsteht ein **weiterer Kaufvertrag**; das Miet- **92** verhältnis bleibt hiervon zunächst unberührt. Zum Schutz des Verkäufers sind bei einem unbedingten Abschluss des Kaufvertrages entsprechende Vertragslösungsrechte gegenüber dem Erstkäufer vorzusehen.

Das Vorkaufsrecht kann vor der schuldrechtlichen Wirksamkeit des Hauptvertrages nicht **93** wirksam ausgeübt werden. Erforderlich sind demnach gegebenenfalls behördliche Genehmigungen (zum Beispiel nach der Grundstücksverkehrsordnung oder die Zustimmung des Wohnungsverwalters[123]). Möglich ist aber eine Ausübung auf den Zeitpunkt des Wirksamwerdens des Veräußerungsvertrages. Im Übrigen ist die Ausübungserklärung grundsätzlich als einseitige (durch den Verkäufer) empfangsbedürftige Willenserklärung bedingungsfeindlich.[124] Der Verzicht auf das Vorkaufsrecht für alle oder einen konkreten Fall ist möglich und wirksam.

b) Umfang

Das Vorkaufsrecht kann sich je nach Lage des Falles auch auf vermietetes **Inventar** etc. **94** erstrecken.[125] Dies ist unstreitig für wesentliche Bestandteile im Sinne des § 94 BGB. Soweit zu der Wohnung auch Gegenstände gehören, die nicht an den Mieter vermietet sind (beispielsweise ein Sondernutzungsrecht an Garten, Stellplatz oder Kellerraum), erfasst

---

[119] BGHZ 141, 194 = NJW 1999, 2044; aA AG Frankfurt NJW 1995, 1034.
[120] BGH NJW 2008, 2257; BGH NZM 2016, 543; *Häublein* in MüKo BGB § 577 Rn. 6; *Klühs* NZM 2013, 809; krit. *Klühs* in BeckOGK BGB, Ed. 1.2.2019, § 577 Rn. 10.
[121] Für letzteres vgl. *Häublein* in MüKoBGB § 577 Rn. 16, 23.
[122] Dies ist bspw. bei § 577 Abs. 4 BGB der Fall, der § 473 BGB zT modifiziert; denn auf Erben wird gerade nicht verwiesen.
[123] *Schmidt* MittBayNot 1994, 285.
[124] *Blank* in Blank/Börstinghaus MietR BGB § 577 Rn. 51.
[125] Vgl. mwN *Klühs* in BeckOGK BGB, Ed. 1.10.2018, § 577 Rn. 9.

das Vorkaufsrecht richtigerweise auch die nicht an den Mieter aufgrund Mietvertrags überlassenen Gegenstände; es besteht nicht lediglich ein Anspruch des Veräußerers auf Mitveräußerung nach § 467 S. 2 BGB.[126]

95 In diesem Zusammenhang ist darauf hinzuweisen, dass der **BGH**[127] hier jüngst Einschränkungen vorgenommen hat: Hiernach sichert § 467 S. 1 BGB das Interesse des Vorkaufsberechtigten an der Ausübung seines Rechts beim Verkauf mehrerer Gegenstände, die nur zum Teil dem Vorkaufsrecht unterliegen, und **schränkt** damit den in **§ 464 Abs. 2 BGB** enthaltenen Grundsatz der Vertragsidentität **ein**. Nicht der Kaufvertrag, sondern das Vorkaufsrecht bestimmt demnach, welche Gegenstände der Vorkaufsberechtigte in Ausübung seines Rechts erwerben kann.[128] Allenfalls der Verpflichtete kann hiernach gemäß § 467 S. 2 BGB verlangen, dass der Vorkauf auf alle Gegenstände (beziehungsweise das gesamte Grundstück) erstreckt wird. Der Fall betraf jedoch keine Sondernutzungsrechte oder sonstige zwingend mit dem Mietgegenstand verbundenen Rechte.

c) Haftung

96 Wird die Ausübung des Vorkaufsrechts beziehungsweise die Durchsetzung der vertraglichen Ansprüche **vereitelt**, etwa weil der Erstkäufer nicht zur Löschung der Auflassungsvormerkung bereit ist, so haftet der Verkäufer nach den allgemeinen Grundsätzen der §§ 437 Nr. 3, 280 ff. BGB. **Unterlässt** es der **Vermieter** pflichtwidrig, den Vorkaufsberechtigten nach § 577 Abs. 2 BGB über das Vorkaufsrecht und den Inhalt des Kaufvertrages zu **informieren**, kann der Mieter im Falle der wirksamen Ausübung des Gestaltungsrechts und Unmöglichkeit der Erfüllung durch den Verkäufer Ersatz der Differenz zwischen Verkehrswert und Kaufpreis (abzüglich im Falle des Erwerbs der Wohnung angefallener Kosten) verlangen.[129] Dies gilt dem BGH nach selbst dann, wenn der Mieter sein Vorkaufsrecht nach Kenntniserlangung nicht ausgeübt hat.[130]

II. Folgefragen

97 In Randbereichen sind zahlreiche Konstellationen nicht klar von § 577 BGB geregelt; dies betrifft insbesondere den Gegenstand des Vorkaufsrechts.

98 Die Veräußerung von **Miteigentumsanteilen** an Miteigentümer (vor Teilung am Gesamteigentum oder nach Teilung am Sondereigentum) stellt nach hier vertretener Auffassung keinen Vorkaufsfall dar. Die Veräußerung von mehreren **Sondereigentumseinheiten im Paket** ist ein hiervon zu unterscheidender Fall.[131] Soweit der Kaufpreis aufteilbar ist, ist der jeweilige Mieter nach § 577 BGB vorkaufsberechtigt, § 467 BGB. Eine Erstreckung auf das Gesamtvertragsobjekt – etwa durch alle Mieter gemeinsam oder durch Bildung ideeller Anteile – ist abzulehnen. Anders liegt der Fall, wenn ein ungeteilter Gegenstand veräußert wird und ein Vorkaufsrecht entsteht.[132] Wegen der erheblichen Missbrauchsgefahren ist hier jedoch oft eine Einzelfallbetrachtung geboten.[133]

---

[126] So *Rolfs* in Staudinger BGB § 577 Rn. 30; aA *Häublein* in MüKoBGB § 577 Rn. 17 (§ 467 S. 2 BGB); *Baer* NotBZ 2015, 121 (127).
[127] BGH NZM 2016, 543.
[128] Vgl. bereits BGHZ 168, 152 = NZM 2006, 796.
[129] BGH NJW 2015, 1516.
[130] BGH NJW 2015, 1516; NJW-RR 2005, 1534. In diesem Fall handelt es sich freilich nicht um einen Schadensersatz statt der Leistung.
[131] Vgl. hierzu DNotI-Report 2015, 81; *Klühs* NZM 2013, 809; *Klühs* in BeckOGK BGB, Ed. 1.2.2019, § 577 Rn. 67, 105 ff.
[132] Vgl. mit einem Überblick über den Meinungsstand etwa *Klühs* NZM 2013, 809 (812); für Bildung ideeller Anteile etwa *Rüßmann* RNotZ 2012, 97 (114). Derartige Konstellationen werden freilich selten sein; vgl. nur BGHZ 199, 136 = NJW 2014, 850.
[133] Vgl. zu weiteren Problemkonstellationen Klühs in BeckOGK BGB, Ed. 1.2.2019, § 577 Rn. 43 ff. mwN.

C. Einzelrechtsnachfolge und das Vorkaufsrecht gem. § 577 BGB § 12

Sind **mehrere Mieter vorkaufsberechtigt**, folgt aus § 472 BGB eine **gemeinschaftli-** 99 **che** Berechtigung. Sie können das Recht somit nur gemeinschaftlich, das heißt **im Ganzen, ausüben**.[134] Will einer der Mieter das Vorkaufsrecht nicht ausüben, steht das Recht zur gemeinschaftlichen Ausübung den übrigen Vorkaufsberechtigten weiterhin zu; es wächst ihnen gleichsam an. Voraussetzung ist nach hier vertretener Auffassung – und zwar schon aus Gründen der Rechtsklarheit – der Verzicht hierauf gegenüber dem Vorkaufsverpflichteten. Soweit das Vorkaufsrecht wirksam ausgeübt wird, werden die Ausübenden Gesamtschuldner der kaufvertraglichen Verpflichtung und Mitgläubiger des Verschaffungsanspruchs.[135] Die Mitgläubigerschaft nach § 432 BGB setzt die Unteilbarkeit der Leistung voraus,[136] gleichwohl werden die das Vorkaufsrecht ausübenden Mieter Bruchteilseigentümer[137]. *Westermann*[138] hält mit Recht fest, dass eine Mitgläubigerschaft das Entstehen einer **Bruchteilsgemeinschaft** in Bezug auf das Vorkaufsrecht keinesfalls ausschließt, sondern Reflex der gemeinschaftlichen Bindung ist. Dementsprechend finden im Innenverhältnis die Regelungen der §§ 741 ff. BGB Anwendung. Die Vorkaufsberechtigten erwerben im Ausgangspunkt zu gleichen Anteilen.

In Bezug auf die **Rechtsfolge** des **Vorkaufsrechts** sind einige unterinstanzliche Ent- 100 scheidungen von Relevanz, sodass sich hier auch in Zukunft Neuigkeiten ergeben können. So entschied das LG Berlin[139]: Verkauft der Vermieter die an den Mieter vermietete Wohnung durch notariellen Kaufvertrag an einen Dritten, ohne diesem darin eine Belastungsvollmacht einzuräumen, haftet er dem Mieter, der zur Finanzierung des Kaufpreises auf die Bestellung eines Grundpfandrechts angewiesen ist und den Vermieter deshalb um Erteilung einer Belastungsvollmacht für den Fall der Ausübung des Vorkaufsrechtes bittet, wegen Vereitelung des Vorkaufsrechts gemäß § 577 Abs. 1 BGB zumindest dann nicht, wenn der Mieter erst zwei Werktage vor Ablauf der Ausübungsfrist der §§ 577 Abs. 1 S. 3, 469 Abs. 2 S. 1 BGB mit seiner Bitte an den Vermieter herantritt. Dem kann so nicht gefolgt werden. Der Vorkaufsberechtigte begründet mit Ausübung des Kaufvertrags ein neues Vertragsverhältnis mit dem identischen Inhalt der vorkaufsrechtsauslösenden Vereinbarung. Es gilt der Grundsatz: „Geld hat man zu haben." Aus diesem Grund besteht grundsätzlich kein Anspruch auf Einräumung einer Belastungsvollmacht. Dies ist bis an die Grenze des Rechtsmissbrauchs zu akzeptieren, und zwar auch dann, wenn der Anspruch auf Eigentumsverschaffung in dem ursprünglichen Vertrag (wie in notariellen Kaufverträgen üblich) bis zur Kaufpreiszahlung unpfändbar gestellt war.

In Bezug auf die Rechtsfolge des Eintritts in die Eigentümerstellung kann auf die 101 Ausführungen zu § 566 BGB verwiesen werden.

Die vorbeschriebene Situation – seien es Einzelmietverträge oder die Gesamtschuld – 102 birgt ein erhebliches **Missbrauchspotential**. Der niederträchtige Mitbewohner könnte sich wegen einer klaren und verbindlichen Erklärung in Bezug auf seine Erwerbsabsicht zurücklehnend bedeckt halten und abwarten. Im Extremfall kaufen alle übrigen Mieter und dem einzig nicht beteiligten Mieter kommt ein entsprechendes Vorkaufsrecht auf alle Miteigentumsanteile zu. Aus diesem Grund wird man einen Anspruch gegen jeden Mieter – und zwar sowohl des Vermieters als auch der Mieter untereinander – auf Auskunft über eine konkrete Erwerbsabsicht nach Vorlage des konkreten Kaufvertragsentwurfs bejahen

---

[134] Vgl. BGH NZM 2005, 779.
[135] So zutr. *Westermann* in MüKoBGB § 472 Rn. 1.
[136] Vgl. statt vieler *Bydlinski* in MüKoBGB § 432 Rn. 3 ff.; *Kreße* in BeckOGK BGB, Ed. 1.2.2019, § 432 Rn. 7 ff.
[137] Dem Postulat, dass die Erwerber bzw. Mieter Bruchteilseigentümer werden, kann man auch nicht den Erwerb einer Erbengemeinschaft aus Erbschaftsmitteln entgegenhalten. Im Falle des Erwerbs aus Erbschaftsmitteln entstünde ehedem nur ein Vorkaufsrecht, das die Erben nur gemeinschaftlich ausüben können. Anders als in dem skizzieren Fall kann die Einigung über die Ausübung aber grds. nur innerhalb der Erbengemeinschaft erzielt werden. Der Verzicht eines einzelnen Erben auf „sein" Vorkaufsrecht ist grundsätzlich irrelevant und unbeachtlich.
[138] So zutr. *Westermann* in MüKoBGB § 472 Rn. 1.
[139] LG Berlin BeckRS 2016, 3845.

können. Wird hierauf nicht adäquat reagiert, ist nach hier vertretener Auffassung das **Vorkaufsrecht verwirkt**.

III. Einzelfragen im Zusammenhang mit den WG-Typen

103 In Bezug auf die einzelnen WG-Typen ergeben sich einige Besonderheiten.

1. WG-Typ B (Einzelverträge)

104 Bei dem WG-Typ B (Einzelverträge) ergeben sich keine Abweichungen von dem unter → Rn. 98 skizzierten Fall der Vorkaufsberechtigung einer Personenmehrheit. Zu Missbrauchsgefahren vgl. → Rn. 101.

105 Man mag darüber streiten, ob bei einer Mehrheit von Einzelverträgen überhaupt ein Vorkaufsrecht zur Entstehung gelangt. Letztlich wird nicht die gesamte Wohnung an einen Mieter (exklusiv) überlassen, sondern es werden allenfalls einzelne Räume exklusiv überlassen. Bei Schaffung der Norm beziehungsweise Vorgängernorm[140] hatte der Gesetzgeber Wohngemeinschaften und deren verschiedene Erscheinungsformen ersichtlich nicht im Blick. Allerdings spricht der Wortlaut des Gesetzes lediglich von „vermietete[n] Wohnräume[n]", wozu unzweifelhaft auch einzelne Zimmer gehören. Auch mit Blick auf den Sinn und Zweck – die Verbreitung von selbstgenutztem Wohneigentum – ist die wortlautgetreue Lesart vereinbar, sodass im Ergebnis für jeden der Mieter das (eine) Vorkaufsrecht entsteht. Es steht den Vorkaufsberechtigten **gemeinschaftlich** zu.

106 Das Vorkaufsrecht entsteht in Bezug auf die **gesamte Wohnung**. Die Entstehung eines Vorkaufsrechts nur in Bezug auf einzelne Räume scheitert bereits daran, dass einzelne Räume nicht selbstständig verkehrsfähig sind und mangels Erlangbarkeit einer Abgeschlossenheitsbescheinigung (vgl. §§ 3 Abs. 2, 7 Abs. 4 WEG) auch nicht verkehrsfähig gemacht werden könnten. Das Vorkaufsrecht steht den Mietern gemeinschaftlich im Sinne von § 472 BGB zu.

107 In der Folge stellt sich die **Frage**, ob das Vorkaufsrecht sowie die bei Ausübung hieraus resultierenden Rechte und Pflichten abweichend von den allgemeinen Regelungen der § 472 (iVm §§ 741 ff. BGB) den Mietern **gleichanteilig** zusteht, oder ob eine andere Zuordnung geboten ist. Auch mit Blick auf den sachenrechtlichen Bestimmtheitsgrundsatz besteht für eine **abweichende quotale Verteilung** der Rechte und Pflichten **im Außenverhältnis kein Raum**. Im **Innenverhältnis** der Mieter kann sich jedoch im Einzelfall ein entsprechender **Anspruch** auf Einräumung abweichender (ua Miteigentums-)Quoten ergeben. Dies mag etwa der Fall sein, wenn die vermieteten Räumlichkeiten unterschiedlich groß sind und/oder unterschiedliche Mieten für die Raumnutzung entrichtet werden. Welcher Faktor (zum Beispiel Raumgröße oder Mietzins) hier für eine abweichende Verteilung maßgeblich ist, kann nicht pauschal beantwortet werden, sondern ergibt sich im Einzelfall aus dem Inhalt des jeweiligen Mietvertrages. Da in praxi unterschiedliche Mietzinsen nicht nur wegen unterschiedlicher Raumgrößen, sondern auch wegen der Lage des Zimmers o. ä. vereinbart werden, spricht jedenfalls eine tatsächliche Vermutung für die Maßgeblichkeit des für die Raumnutzung geschuldeten (Kalt-)Mietzinses.

108 Soweit die das Vorkaufsrecht ausübenden Mieter Miteigentümer werden, entsteht eine **Miteigentümergemeinschaft**, auf welche die §§ 1008 ff. sowie die §§ 741 ff. zur Anwendung kommen. Die mit dem vormaligen Vermieter geschlossenen Mietverhältnisse und die daraus abgeleiteten Nutzungsbefugnisse bestehen (jedenfalls gegenüber den übrigen Miteigentümern) fort und überlagern das Recht auf Mitbenutzung nach § 745 Abs. 2.

---

[140] Vgl. das Wohnungsbauänderungsgesetz von 1980 und hierzu die BT-Drucks 8/3403, S. 35 ff. sowie das Mietrechtsänderungsgesetz von 1993 sowie hierzu BT-Drucks 12/3254; weitergehend zu nachfolgenden Änderungen übersichtlich *Rolfs* in Staudinger BGB § 577 Rn. 3 ff.

Soweit die Aufhebung des Mietvertrages beziehungsweise einzelner Mietverträge mit der 109
Übertragung vereinbart wurde, besteht nach hier vertretener Auffassung ohne Hinzutreten weiterer Umstände **kein Anspruch** der **Miteigentümer** untereinander, eine dem **vormaligen Nutzungsrecht** entsprechende **Nutzungsvereinbarung** zu treffen und/oder die Nutzung entsprechend fortsetzen zu dürfen. Vielmehr greift die Regelung des § 745. Allenfalls bei Hinzutreten weiterer Umstände kann sich ein solcher Anspruch der Miteigentümer untereinander auf Abschluss einer entsprechenden Nutzungsvereinbarung ergeben. Dies wird man auch **nicht** schon dann annehmen können, wenn **sämtliche** Mietverhältnisse mit der Übereignung **aufgehoben** werden.

Regelmäßig die von dem **Kopfteilsprinzip abweichende** quotale **Verteilung der** 110
Miteigentumsanteile auch zu einer **entsprechenden Nutzungsvereinbarung** führen. Selbst wenn diese nicht explizit vereinbar ist, wird sie doch regelmäßig Geschäftsgrundlage für eine derartige Vereinbarung sein. Es empfiehlt sich der Klarheit wegen dringend, entsprechende Vereinbarungen im Innenverhältnis bereits bei dem Abschluss des Kaufvertrages zu treffen. Als einheitliches Rechtsgeschäft sind diese Vereinbarungen regelmäßig mit dem Kaufvertrag zu beurkunden. Ein Anspruch auf **dingliche Sicherung** einer Nutzungsvereinbarung im Sinne des **§ 1010** besteht hingegen **nicht** beziehungsweise nur aufgrund ausdrücklicher Vereinbarung. Zwar bedürfen Antrag und Bewilligung zur grundbuchlichen Eintragung der notariellen Beglaubigung (§ 29 Abs. 1 GBO). Die Verpflichtung hierzu ist jedoch formfrei möglich; § 313b BGB findet keine Anwendung. Ein solches Nutzungsverhältnis unter Miteigentümern kann unter Umständen als Mietverhältnis zu qualifizieren sein.[141]

2. WG-Typ A (Untermiete)

Bei dem WG-Typ A (Untermiete) erhält **nur** ein einziger Mieter, nämlich der **Haupt-** 111
mieter, das **Vorkaufsrecht**. Alle Untermieter gehen insoweit leer aus. Insbesondere kommt auch eine analoge Anwendung – etwa als schuldrechtlicher Anspruch der Untermieter gegen den Obermieter auf Ausübung oder Übertragung des Vorkaufsrechts beziehungsweise der nach Ausübung abgeleiteten Ansprüche nicht in Betracht. Die Untermieter sind in ihrem Interesse an dem Fortbestand des Mietverhältnisses durch § 566 BGB ausreichend geschützt. Hiermit ist noch keine Aussage über eine ggf. in Betracht kommende analoge Anwendung der §§ 577, 577a BGB getroffen; eine solche kommt jedoch nach hier vertretener Auffassung wegen der klaren gesetzgeberischen Wertentscheidung nicht in Betracht.

3. WG-Typ C (Gesamtschuld)

Der WG-Typ C (Gesamtschuld) ist ebenso zu behandeln wie der WG-Typ B. Soweit einer 112
oder mehrere Mieter zugleich Erwerber sind, ergeben sich keine Besonderheiten. Vorkaufsberechtigt sind allein die nicht-erwerbenden WG-Mitglieder, da nur diese Dritte im Sinne der Norm sind. Allerdings wird das Berufen auf das Vorkaufsrecht jedenfalls dann treuwidrig sein, wenn vor Abschluss des Kaufvertrages eine Erwerbsabsicht ernsthaft verneint wurde, sofern hierin nicht bereits ein bindender Verzicht auf die Ausübung des Vorkaufsrechts zu sehen ist. Erwirbt ein Dritter, sind alle Mieter vorkaufsberechtigt. Das Vorkaufsrecht steht den Mietern gemeinschaftlich zu (§ 472 BGB). Insoweit kann auf die Ausführungen zu dem WG-Typ B verwiesen werden. Zu Missbrauchsgefahren vgl. → Rn. 101.

Aus dem Gesamtschuldverhältnis ergeben sich jedoch nach hier vertretener Auffassung 113
nachfolgende **Abweichungen**, die auf das **Innenverhältnis** der Miteigentümer durchschlagen: Aus den Nutzungsvereinbarungen der Gesamtschuldner im Innenverhältnis kann

---
[141] Vgl. BGH BeckRS 2018, 8450.

sich häufig der Anspruch auf Einräumung abweichender (ua Miteigentums-)Quoten unter Tragung eines entsprechend höheren Kaufpreises bzw. Kaufpreisanteils ergeben. Weiterhin wird sich hier bei regelmäßig ein Anspruch der Miteigentümer auf Abschluss einer dem vormaligen Mietverhältnis entsprechenden **Nutzungsvereinbarung** ergeben, soweit das betreffende Mietverhältnis nicht (in Teilen) fortbesteht.

4. WG-Typ D (Außen-GbR)

114 Der WG-Typ D (Außen-GbR) ist ebenso zu behandeln wie der WG-Typ A. Vorkaufsberechtigt ist allein die GbR als Mieter, nicht aber die jeweiligen Gesellschafter. Soweit keine besonderen Mehrheitsklauseln[142] vorgesehen sind, wird der Grundstückserwerb regelmäßig der **Zustimmung aller Gesellschafter** bedürfen. Eine **Zustimmungspflicht** besteht hingegen regelmäßig **nicht**.

115 Der nicht erwerbswillige Gesellschafter hat aufgrund der Haftung für Gesellschaftsschulden analog § 128 HGB gegebenenfalls ein **Austrittrecht aus wichtigem Grund**, sofern er mit der getroffenen Entscheidung nicht einverstanden ist. Hiermit verliert er auch sein Nutzungsrecht an den von ihm genutzten Räumlichkeiten.

116 Da die GbR der Eigentümer des Objekts wird, können sich etwaige Nutzungsrechte der (verbleibenden) Eigentümer regelmäßig allein aus dem GbR-Vertrag ergeben. Es empfiehlt sich spätestens im Rahmen des Erwerbs, den Gesellschaftsvertrag zu verschriftlichen, entsprechende Nachfolgeregelungen zu treffen und Vollmachten zu erteilen.

5. WG-Typ E (Mitbewohner ohne Mietvertrag)

117 Die Lage im WG-Typ E (Mitbewohner ohne Mietvertrag) entspricht der Lage bei dem WG-Typ A. Der vertragslose Mitbewohner hat keinerlei Vorkaufsrecht.

6. WG-Typ F (Eigentümer als Mitbewohner)

118 Die Lage im WG-Typ F (Eigentümer als Mitbewohner) entspricht weitgehend der Lage im WG-Typ C und B. Als Besonderheit ist zu beachten, dass mit bei vertragsgemäße Fortsetzung der Nutzung des Veräußerers mit Vollzug des Kaufvertrages und Eigentumsumschreibung der Vermieter nunmehr Mieter seiner vormaligen Mieter werden könnte. Schließt er im Zuge der Veräußerung keinen Miet- beziehungsweise Nutzungsvertrag ab, verliert er alle Nutzungsrechte. Veräußert er nur Mieteigentumsanteile, bedarf seine fortgesetzte Nutzung ebenso einer entsprechenden Vereinbarung.

D. Gesamtrechtsnachfolge

119 Soweit das Eigentum kraft Gesetzes durch Gesamtrechtsnachfolge übergeht, ergeben sich nur wenige WG-spezifische Besonderheiten.

I. Überblick

120 Die Gesamtrechtsnachfolge kann aufgrund verschiedener Umstände eintreten.
121 Denkbar ist sie etwa infolge eines **Umwandlungsvorgangs**, beispielsweise Ausgliederung, Spaltung, Verschmelzung oder Vermögensübertragung. Ob hierbei eine solche Maßnahme zur Neugründung oder zur Aufnahme erfolgt, ist dem Grunde nach nicht strukturell relevant.

---

[142] Vgl. dazu BGHZ 203, 77 = NZG 2014, 1296.

Die Gesamtrechtsnachfolge kann zudem aufgrund **Erbfolge** eintreten. Denkbar sind 122
zudem **Anwachsungsmodelle** in verschiedenen Zusammenhängen. Bei Ausscheiden aus
der Erbengemeinschaft tritt eine Anwachsung infolge Abschichtung ein. Die Anwachsung
erfolgt auch bei Ausscheiden des vorletzten Gesellschafters aus einer Personengesellschaft
oder bei Übertragung aller Anteile an einer Personengesellschaft auf einen Gesellschafter.

II. Eintritt in das Mietverhältnis

Mit Eintritt der Gesamtrechtsnachfolge tritt der Erwerber ohne weiteres Zutun in **sämtli-** 123
che bestehenden Rechte und Pflichten – auch die aus dem Mietvertrag – ein. § 566
BGB findet keine Anwendung, auch nicht analog. Tatbestandlich ist die Norm nicht erfüllt,
da es bereits an einem Veräußerungsvorgang im Sinne der Norm fehlt; vielmehr tritt die
Gesamtrechtsnachfolge kraft Gesetzes ein. Entsprechend ergeben sich auch keinerlei Einschränkungen in Bezug auf den Umfang des Eintritts in Rechte und Pflichten. Soweit ein
Dritter das Vertragsobjekt – die Immobilie – erwirbt, ergeben sich keinerlei Besonderheiten. Abweichendes gilt nur, soweit Bewohner das Objekt erwerben. Diese weichen jedoch
nicht von den Besonderheiten bei der Einzelrechtsnachfolge ab.

III. Vorkaufsrecht nach § 577 BGB

Die Gesamtrechtsnachfolge ist ebenso kein Vorkaufsfall; es fehlt tatbestandlich bereits an der 124
Veräußerung beziehungsweise dem Verkauf. § 577 BGB findet auf die Gesamtrechtsnachfolge keine Anwendung.

E. Praktische Fragen der Rechtsnachfolge

I. Disponibilität

Im Zusammenhang mit der Rechtsnachfolge in das Mietverhältnis stellt sich insbesondere 125
die Frage der Steuerbarkeit der Rechts(nach)folge durch den Mieter beziehungsweise Vermieter. Als Mieterschutzvorschrift **verbietet § 577 Abs. 4 BGB abweichende Vereinbarungen** zum **Nachteil des Mieters** in Bezug auf das Vorkaufsrecht. **Modifikationen**
sind daher nur insoweit **möglich**, als sie die Mieterrechte nicht beschränken und/oder
deren Ausübung erschweren. Dementsprechend ist auch eine Nichtausübungserklärung in
Bezug auf das Vorkaufsrecht beziehungsweise ein Verzicht auf dieses Recht erst nach
Entstehung des Vorkaufsrechts (das heißt Vorliegen aller Tatbestandsvoraussetzungen) möglich.[143] Etwaige Umgehungen dieser Konstruktion – beispielsweise bedingter Verzicht und/
oder Aufhebungsvertrag – sind nach § 577 Abs. 4 BGB unwirksam.

Eine vergleichbare Regelung fehlt in **§ 566 BGB**. Die Norm ist nach herrschender 126
Meinung **dispositiv**, das heißt durch Vereinbarung zwischen Mieter und Vermieter abdingbar.[144] Grenzen ergeben sich durch die AGB-Kontrolle wegen der Abweichung vom

---

[143] Weitergehend sogar auf die vollständige Mitteilung aller Umstände abstellend aber etwa *Häublein* in MüKoBGB § 577 Rn. 24 mit Verweis auf *Rolfs* in Staudinger BGB § 577 Rn. 86. Die formulierte Ansicht geht jedoch zu weit; da eine unzureichende Information zur Anfechtung der Verzichts-/Nichtausübungserklärung berechtigt, besteht weder ein Bedürfnis noch eine gesetzliche Grundlage, dies zur Wirksamkeitsvoraussetzung zu erklären.

[144] Vgl. *Häublein* in MüKoBGB § 566 Rn. 47; *Emmerich* in Staudinger BGB § 566 Rn. 57; *Lützenkirchen* in Erman § 566 Rn. 3; *Tonner* in jurisPK-BGB § 566 Rn. 14; weitergehend *Latinović/Quennet* NZM 2009, 843.

gesetzlichen Leitbild (vgl. § 307 Abs. 2 Nr. 1 BGB) sowie bei der Vereinbarung weiterer Kündigungsrechte aufgrund § 573 BGB.[145]

II. Nachweis der Rechtsnachfolge

127 Von großer praktischer Relevanz sind auch der Nachweis der Rechtsnachfolge und die Zurechenbarkeit dieses Wissens.[146] Dies wird insbesondere bei fehlgeleiteten Mietzinszahlungen und oder Vertragspflichtverletzungen relevant.

1. Nachweis

128 Bei dem Nachweis der Rechtsnachfolge ist zu **differenzieren**. Erfolgt die Rechtsnachfolge aufgrund **Erbschaft**, wird man – **entgegen** der Rechtsprechung des **BGH** zu Banken – einen Erbschein oder ein notarielles Testament mit entsprechendem Eröffnungsprotokoll verlangen können.[147] Dem Laien ist es insbesondere **in keiner Weise zumutbar**, die Erbfolge aus einem **privatschriftlichen Testament** und/oder aus **Personenstandsurkunden** selbst abzuleiten. Dies gilt insbesondere, als hiervon keinerlei Gutglaubensschutz ausgeht. Tritt zur Erbfolge eine Abschichtung hinzu, können zudem eine beglaubigte Kopie und weitere Nachweise für den Rechtsübergang verlangt werden. Abweichendes mag sich jedoch dann ergeben, wenn die Rechtsnachfolge etwa durch Vorlage eines beglaubigten Grundbuchauszuges belegt ist.

129 Entsprechendes gilt letztlich **auch bei anderen Rechtsnachfolgen**: Dem Mieter ist es grundsätzlich nicht zumutbar, die Rechtsnachfolge in eigener Verantwortung zu prüfen und das Risiko von Fehleinschätzungen zu tragen. Demnach kann der Mieter – etwa bei Umwandlungsvorgängen – die Vorlage eines Auszuges aus dem Handelsregister verlangen. Im Zweifel genügt der Verweis auf die Eintragung im Handelsregister.

130 Wurde ein früherer Besitz- und Lastenübergang in Bezug auf das Vertragsobjekt vereinbart, bedarf es auf Verlangen des Mieters eines geeigneten Nachweises, das heißt im Zweifel der Vorlage einer beglaubigten (auszugsweisen) Kopie des Übertragungsvertrages.

131 § 566e BGB hält eine **Mieterschutzvorschrift** bereit, wonach der Vermieter sich nach Mitteilung über den Eigentumsübergang diese Mitteilung gegen sich gelten lassen muss.

2. Wissenszurechnung

132 Bei der **Wissenszurechnung** ist **auf Mieterseite zu unterscheiden**. Dem Grunde nach ist jedem (Haupt-)Mieter der Umstand der Rechtsnachfolge selbst mitzuteilen und zu belegen. Das Wissen einzelner vertretungsberechtigter Gesellschafter der Mieter-GbR (WG-Typ D) ist der Gesellschaft nur dann zuzurechnen, wenn dieser passiv alleinvertretungsberechtigt ist, was regelmäßig der Fall sein wird. Im Übrigen gelten die allgemeinen Regelungen über die Wissenszurechnung.[148] Eine generelle Organisationspflicht besteht bei der einfachen Mieter-(Außen-)GbR nach hier vertretener Auffassung nicht. Abweichende Regelungen können im Mietvertrag getroffen werden; zur Vermeidung von Unklarheiten sind solche dringend zu empfehlen.

133 Auf **Vermieterseite** stellt sich die Frage der Wissenszurechnung nicht auf dieselbe Weise. Soweit ersichtlich, ist die Frage kaum behandelt. Relevant wird die Frage hiernach jedoch dann, wenn zwischen Mieter und Vermieter Streit über beispielsweise die geleistete Kauti-

---

[145] *Tonner* in jurisPK-BGB § 566 Rn. 14.
[146] Vgl. dazu allgemein zur Wissenszurechnung *Schwab* JuS 2017, 481.
[147] Vgl. *Szalai* NotBZ 2016, 370 mwN; aA BGHZ 209, 329 = NJW 2016, 2409 mwN für die vorangegangene Rechtsprechung.
[148] Vgl. dazu *Schubert* in MüKoBGB § 166 Rn. 45 ff.; *Schilken* in Staudinger BGB § 166 Rn. 27 ff.; *Schwab* JuS 2017, 481.

onszahlung, Mieterhinweise (etwa auf Mängel) o. ä. besteht. Dem Mieterschutzgedanken des § 566 BGB oder § 577 BGB konsequent folgend darf aus dem Wechsel des Eigentümers beziehungsweise Vermieters kein Nachteil für den Mieter erwachsen. Demnach hat sich der **Erwerber stets das Wissen des Veräußerers zurechnen zu lassen** beziehungsweise kann er fehlendes Wissen dem Mieter nicht entgegenhalten. Dies folgt nicht aus § 166 BGB, sondern aus dem Telos der §§ 566, 577 BGB. Konsequenterweise kann sich der neue Vermieter in einem Prozess etwa nicht auf Nichtwissen berufen beziehungsweise nicht mit Nichtwissen bestreiten: Denkbar sind etwa Fälle, in denen Kautionszahlungen in der Vergangenheit oder Nebenabreden etc. in Streit stehen.

F. Gestaltungshinweise

I. Ablauf eines notariellen Übertragungsvertrages

Zur Einordnung der Gestaltungshinweise ist zunächst der Ablauf eines notariellen Übertragungsvertrages (entgeltlich) zu skizzieren. **134**

In Übertragungsverträgen – sei es Kauf, Schenkung, Verträge zur Erfüllung eines Zugewinnausgleichs o. ä. – ist es typischerweise so, dass die Eigentumsumschreibung erst nach Erbringung der Gegenleistung beziehungsweise deren Sicherstellung erfolgt. Fälligkeitsvoraussetzung ist in der Regel die Eintragung einer Auflassungsvormerkung, die Sicherstellung einer etwaig erforderlichen Lastenfreiheit sowie das Vorliegen der erforderlichen Genehmigungen, Vorkaufsrechtsverzichtserklärungen und Bescheide.[149] Da die Grundbucheintragung konstitutiv für die Eigentumsumschreibung ist, einige Zeit in Anspruch nehmen kann und der Vollzugsnotar sowie der (neue) Eigentümer zwangsläufig erst nach der Eintragung hiervon erfährt, wird regelmäßig ein von der Eigentumsumschreibung abweichender Übergang der Nutzen und Lasten des vertragsgegenständlichen Grundstückes vereinbart (oft als „Übergabe" bezeichnet). Diese Übergabe ist zumeist an die Zahlung oder Sicherstellung der Zahlung des Kaufpreises geknüpft. Erst nach Eingang der Kaufpreiszahlungsbestätigung oder eines anderen geeigneten Beleges über die Kaufpreiszahlung wird das Eigentum umgeschrieben. **135**

Der typische notarielle Kaufvertrag über Bestandsimmobilien enthält zumeist folgende Elemente beziehungsweise Regelungen[150]: **136**
    I. Urkundeneingang
   II. Definition des Vertragsgegenstandes und Wiedergabe des Grundbuchstandes beziehungsweise Berechtigungen
  III. Verkauf (Vertragsgegenstand und Definition von Erwerber und Veräußerer)
  IV. Kaufpreis (und ggf. Aufteilung), Fälligkeit, Zwangsvollstreckungsunterwerfung
   V. Übergang von Besitz, Nutzen und Lasten
  VI. Beschaffenheitsvereinbarungen, Umgang mit Sachmängeln etc.
 VII. ggf. Regelungen zu Vorkaufsrechten, bestehenden Mietverhältnissen etc.
VIII. Grundbucherklärungen (Auflassung, Vormerkung)
  IX. Regelungen zur Kaufpreisfinanzierung (sog. Belastungsvollmacht)
   X. Kosten des Vertrages
  XI. Vollzugsvollmachten
 XII. Sonstiges (beispielsweise Salvatorische Klausel, Hinweise des Notars, Abschriften etc.)

---

[149] ZB die Vorkaufsrechtsverzichtserklärung der Gemeinde nach § 24 BauGB, Genehmigungen nach dem Landesnaturschutzgesetz, Genehmigung nach der Grundstücksverkehrsordnung oder dem jeweiligen Denkmalschutzgesetz etc.; bei Wohnungseigentum iSd WEG etwa die Zustimmung des WEG-Verwalters.
[150] Vgl. für Mustertexte etwa *L/H/F/M* Würzburger NotarhdB, Teil 2, Kapitel 2 oder *Krauß* Immobilienkaufverträge in der Praxis, Abschnitt E.

137 Daneben ist eine Vielzahl weiterer Modifizierungen etc. denkbar, etwa bei WEG-Eigentum, Ratenzahlungen, Mietkäufen etc. oder bei der Verwendung von Anderkonten (was jedoch den Ausnahmefall bildet).

138 Nach Beurkundung des Vertrages holt der Notar – soweit erforderlich – die zum Vertragsvollzug erforderlichen Genehmigungen, Negativatteste und Bescheide[151] ein; ferner wird die Eintragung einer Auflassungsvormerkung zumeist Fälligkeitsvoraussetzung sein. Im Regelfall findet bei synallagmatischen Verträgen der Übergang der Nutzen und Lasten mit der Kaufpreiszahlung (nach Fälligkeitsmitteilung durch den Notar) statt; denkbar sind aber auch fixe Stichtage, ein vorzeitiger Übergang der Nutzen und Lasten oder ein nachträglicher Übergang derselben – dies wird häufig mit Nutzungsentschädigungen für den Übergangszeitraum kombiniert. Mit Fälligkeit und Zahlung des Kaufpreises hat der Erwerber ein legitimes Interesse, den Vertragsgegenstand zeitnah zu nutzen. Der Veräußerer hingegen hat kein legitimes Interesse mehr an der weiteren wirtschaftlichen Nutzung des Gegenstandes. Bei vermietetem Wohnraum wird jedenfalls ab der Übergabe dem Erwerber eine umfangreiche Vollmacht erteilt, die bei Bedarf in gesonderter Urkunde zu wiederholen ist. So wird der Erwerber in die Lage versetzt, dem Mieter den Eigentumsübergang mitzuteilen und gegebenenfalls den Mietvertrag zu beenden oder anzupassen. Je nach Saison und Grundbuchamt kann eine Eigentumsumschreibung wenige Tage beziehungsweise Wochen, aber auch mehrere Monate in Anspruch nehmen, sodass das Fehlen einer solchen Klausel sehr hinderlich sein kann.

II. Gestaltungshinweise in Bezug auf den Mietvertrag

139 Bei der Vermietung an Wohngemeinschaften empfiehlt es sich, folgende Punkte vorab zu regeln:
- Empfangsberechtigung und -bevollmächtigung für Willenserklärungen, Informationen (Wissenszurechnung) und rechtsgeschäftsähnliche Handlungen: Zweckmäßigerweise ist jeder Mieter beziehungsweise jedes Mitglied der mietenden Gesellschaft für alle anderen Mieter beziehungsweise Mitglieder der mietenden Gesellschaft empfangsberechtigt. Entsprechendes sollte für mehrere Vermieter gelten;
- Regelung zur Mietzinszahlungspflicht: Zweckmäßigerweise haftet aus Vermieterperspektive jeder Mieter auf den vollen Mietzins, jedoch mit der Verpflichtung zur Geltendmachung des anteiligen Betrages bei dem jeweiligen Individuum; anders liegt der Fall für entsprechende Vermieterpflichten wie die Rückzahlung der Kaution etc. – hier schuldet idealiter jeder Vermieter die volle Leistung;
- Zustimmung zur Vertragsübernahme: Die Zustimmung zur Vertragsübernahme sollte jedenfalls als schuldrechtliche Pflicht ausgekleidet werden – und zwar unabhängig vom Eigentumsübergang;
- Regelungen über Ausgleichspflichten der Mieter untereinander: Soweit mehrere Mieter vorhanden sind (das heißt Fall des B, C und F, aber ggf. auch bei dem WG-Typ D und E) beziehungsweise Aufwendungen tragen könnten, empfiehlt sich eine Regelung der Mieter beziehungsweise Bewohner untereinander über die Aufteilung der Kosten im Zusammenhang mit der Nutzung des Vertragsgegenstandes; diese kann in dem Mietvertrag in einem eigenen Abschnitt enthalten sein.

  Soweit mehrere Miteigentümer vorhanden sind, sind Regelungen sinnvoll, die bei Übertragung des Miteigentums einen Anspruch auf „Entlassung" des Vermieters aus dem Mietverhältnis gewähren.

---

[151] Bspw. die Verwaltergenehmigung zur Veräußerung, Vorkaufsrechtverzichtserklärung nach §§ 24 ff. BauGB oder den jeweiligen Landesnaturschutzgesetzen, Genehmigung nach § 145 BauGB, nach §§ 2 ff. GVO etc.

F. Gestaltungshinweise   § 12

Zur Haftungsvermeidung ist die Rückgabe der Kaution und neuerliche Einräumung 140
gegenüber dem Vertragsübernehmer sinnvoll; dies bedarf im Regelfall einer vertraglichen
Grundlage.

III. Gestaltungshinweise in Bezug auf den Übertragungsvertrag

Insbesondere bei **Erbauseinandersetzungen** und **Umwandlungsvorgängen** besteht 141
jedenfalls die abstrakte Gefahr, dass einzelne Gegenstände – etwa Immobilien – vergessen
werden und/oder nicht übergehen können. Die vergessene Immobilie im Falle der Aufspaltung (nicht: Abspaltung) führt etwa zur Bildung von Bruchteilseigentum, soweit keine „Auffangregelung" getroffen wurde. Vor diesem Hintergrund empfiehlt sich zum einen die Aufnahme einer „Catch all"-Klausel und ergänzend eine entsprechende Freistellungsbeziehungsweise Ausgleichsverpflichtung, wonach sich die Parteien ab dem Übergabezeitpunkt so stellen werden, als sei das Eigentum entsprechend der schuldrechtlichen Vereinbarung bereits übergegangen.

Generell empfehlen sich ferner Regelungen zu folgenden Punkten: 142

- Regelungen zur Ausgleichung der Parteien: Üblich sind Freistellungs- beziehungsweise Ausgleichsverpflichtungen zwischen den Parteien wegen der (in der Regel) vorgezogenen Übergabe, das heißt wegen des Übergangs aller Nutzen und Lasten mit Fälligkeit und Zahlung des Kaufpreises;[152] die Vertragsparteien stellen sich ab einem bestimmten Zeitpunkt so, als sei das Eigentum bereits übergegangen; komplementierend empfiehlt sich eine Erwervollmacht zur Ausübung aller Vermieterrechte, die bei Bedarf in gesonderter Urkunde wiederholt wird; ggf. müssen die Wirkungen des § 566 BGB (u.U. mit Mieterzustimmung) gestalterisch herbeigeführt werden;
- Haftung für und Abrechnung der Nebenkosten: Gebräuchlich ist, dass der Veräußerer für die ihn betreffende Zeit noch eine Nebenkostenabrechnung (unterjährig oder am Ende des Abrechnungszeitraums) erstellt – hier sind weitergehende Informationen etc. zwischen den Parteien auszutauschen; denkbar und ebenso gebräuchlich ist es aber auch, dass nur der Erwerber eine einheitliche Abrechnung erstellt und sich die Parteien untereinander ausgleichen;
- Sonderfall Wohnungseigentum: Mit Blick auf die Haftung des Wohnungseigentums für Wohngeldrückstände etc. und die hieraus resultierende Gefahr für die Vormerkung (§ 11 Abs. 1 Nr. 2 ZVG) empfiehlt sich hier eine Anrechnungsvereinbarung in Bezug auf solche Rückstände und/oder eine Vereinbarung der Erteilung einer Hausgeldschuldenfreiheitsbescheinigung als Fälligkeitsvoraussetzung;
- Vertretung und Sanktionen: Bei Personenmehrheiten ist es oft sinnvoll, eine wechselseitige Einzelvertretungsbefugnis und die Haftung aller für etwaige Schäden etc. zu regeln. Ergänzend ist es oft sinnvoll, die Folgen etwaiger Pflichtverletzungen im Innenverhältnis auf den Verursacher abzuwälzen;
- Garantien beziehungsweise Erklärungen zu Mietererklärungen, -leistungen und Nebenabreden/prozessuale Beistandspflichten: Sinnvoll ist eine Regelung der Vertragsparteien untereinander über stattgefundene Mietererklärungen, Nebenabreden zum Mietvertrag und geleistete Mietzinsen, Kautionen etc. in der Vergangenheit; dies sollte mit prozessualen Beistandspflichten kombiniert werden;
- Nutzungsbefugnisse aus dem Mietvertrag: Soweit der Erwerber als vormaliger Mieter Nutzungsbefugnisse aus dem Mietvertrag ableitet, die ihm als Eigentümer so nicht zustehen, ist die Beteiligung der übrigen Eigentümer beziehungsweise Dritter erforderlich;

---

[152] Gebräuchlich sind etwa Formulierungen wie die folgende: Sämtliche Nutzen und Lasten, Kosten, Haftung und die Verkehrssicherungspflicht bzgl. des Vertragsgegenstandes gehen (ggf. zeitanteilig) über mit Fälligkeit und Zahlung des Kaufpreises (ohne eventuelle Zinsen) / (ggf. zeitanteilig) über an dem Monatsersten, der auf die Fälligkeit und Zahlung des Kaufpreises (ohne eventuelle Zinsen) folgt.

- soweit auf Eigentümerseite mehrere Personen stehen, sind Regelungen über Nutzungsrechte und die Ausübung mietvertraglicher Rechte sinnvoll; dies muss ggf. unter Beteiligung der Nicht-Veräußerer erfolgen.[153]

143 In besonderen Erwerber- oder Veräußererkonstellationen kann sich eine Vielzahl weiterer Punkte ergeben. Dies betrifft insbesondere die Themen Steuer und Haftung.

144 Aus Beratersicht sind Umgehungsstrategien zu vermeiden, wie beispielsweise die systematische Vermietung von dem Vermieter nicht gehörendem Wohnraum.

---

[153] Vgl. BGH DStR 2011, 36, wonach die Kündigung des Mietvertrages durch die Mehrheit der Miteigentümer als ordnungsmäßige Verwaltungsmaßnahme möglich ist. Entsprechende Entscheidungen existieren auch für Erbengemeinschaften.

§ 13 Rechtsschutz gegen unzulässige Maßnahmen des Vermieters

Übersicht

	Rn.
A. Einführung	1
B. Rechtsgrundlagen von Abwehrrechten	4
I. Abwehrrechte aus Vertrag	4
1. Grundlagen	4
2. Sachliche Reichweite	7
3. Auswirkungen	10
a) Gebot der Interessenabwägung	10
b) Insbesondere: Betretung und Besichtigung durch Vermieter	13
4. Sonderfall: WG-Mitglied als Vermieter	22
II. Abwehrrechte aus nachvertraglicher oder vertragsähnlicher Rechtsbeziehung	24
III. Abwehrrechte aus sonstigen Rechtsgrundlagen	25
1. Besitz	26
a) Grundlagen	27
b) Verbotene Eigenmacht	29
c) Weitere Einzelfälle	33
2. Hausrecht	37
3. Notwehr	39
a) Einordnung	39
b) Notwehrlage	40
c) Notwehrfähige Rechtsgüter des Mieters	41
4. Selbsthilfe	44
5. Weitere Rechtsgrundlagen?	45
C. Durchsetzung der Abwehrrechte	46
I. Instrumente der Abwehr	46
1. Leistungsklage	47
a) Beispiele für Leistungsklagen	48
b) Unterlassungsklagen	49
c) Besondere Formen der Leistungsklage	51
2. Feststellungsklage	52
3. Einstweiliger Rechtsschutz	56
a) Sicherungsverfügung	57
b) Leistungsverfügungen	60
c) Besonderheiten bei § 940a ZPO	64
4. Vollstreckungsrechtliche Rechtsbehelfe	68
a) Vollstreckungsabwehrklage	71
b) Erinnerung	75
c) Sofortige Beschwerde	79
5. Behördliche (polizeiliche) Hilfe	80
II. Aktivlegitimation und Prozessführungsbefugnis	84
III. Ersatzfähigkeit von Rechtsverfolgungskosten	85

Schrifttum:

Bosch, Räumung des Mieters im Wege der „Selbstjustiz" Ein teilweise rechtsfolgenfreier Raum! NZM 2009, 530; *Börstinghaus*, Die neue „Räumungsverfügung" im Wohnraummietprozess, NJW 2014, 2225; *Gies/Omlor*, Der Besitz und sein Schutz im System des BGB, JuS 2013, 12; *Henssler/Strohn*, Gesellschaftsrecht, 3. Aufl. 2016; *Kraemer*, Die Gesellschaft bürgerlichen Rechts als Partei gewerblicher Mietverträge, NZM 2002, 465; *Lehmann-Richter* Räumung des Mieters im Wege der „Selbstjustiz" Ein rechtsfolgenfreier Raum? NZM 2009, 177; *Lindner-Figura/Oprée/Stellmann*, Geschäftsraummiete, 4. Aufl. 2017; *Meyer-Abich*, Typische Fallstricke des Mietprozesses – Kostenrisiken der Räumungsklage, NJW 2017, 3429; *Karsten Schmidt*, Die BGB-Außengesellschaft: rechts- und parteifähig – Besprechung des Grundlagenurteils II ZR 331/00 vom 29.1.2001, NJW 2001, 993; *Willems* „Zutrittsrecht" des Vermieters zur Mietwohnung – Neue – und ältere – Erkenntnisse zu einem Dauerstreitthema aus Anlass von BGH, NZM 2014, 635, NZM 2015, 353; *Zehelein*, Typische Fallstricke des Mietprozesses – Räumungs- und Zahlungsklage, NJW 2017, 41.

A. Einführung

1 Es existiert kein einheitliches Abwehrrecht des Mieters gegen unzulässige Maßnahmen des Vermieters. Stets kann es nur um eine konkrete Rechtsgrundlage gehen, welche sich in ihrer Wirkung als ein Abwehrrecht gegenüber dem Vermieter klassifizieren lässt. Folglich kommen mehrere Abwehrrechte in Betracht, welche einzeln oder auch idealkonkurrierend bestehen können. Abhängig von der Rechtsgrundlage des jeweiligen Abwehrrechts stehen dem Mieter verschiedene Instrumente der Durchsetzung zur Verfügung.

2 Die Abwehrrechte des Mieters gegen unzulässige Maßnahmen des Vermieters sind im Wesentlichen abhängig von zwei Faktoren: zum einen von dem betrachteten WG-Typ (→ § 1 Rn. 24 ff.) und zum anderen von der Phase, in welchem sich das Rechtsverhältnis zwischen Mieter und Vermieter befindet. Unterscheiden lassen sich folgende Phasen: die Phase während des bestehenden Mietvertrages (1), die Phase während der Beendigung des Vertrages (2) und die Phase nach der Beendigung des Vertrages (3). Je nachdem, in welcher Phase sich das Rechtsverhältnis bewegt, speisen sich die Abwehrmöglichkeiten des Mieters aus verschiedenen Rechtsgrundlagen.

3 Anhand dieser Differenzierung lassen sich typische Konfliktfälle umschreiben: In der Phase des bestehenden Vertrages ergeben sich typische Abwehrsituationen bei Mieterhöhungen (→ § 4 Rn. 66 ff.), Kostentragung für Reparaturen an der Mietsache (→ § 8 und → § 9), Besichtigungs- und Zutrittsrechten, dem Mieterwechsel (→ § 18) und damit einhergehenden Zustimmungsfragen je nach WG-Typ. Unwirksame Kündigungen fallen ebenso in diese Phase. Während der Beendigung besteht regelmäßig Streit über die Wirksamkeit einer Kündigung und etwaiger Folgemaßnahmen (zum Beispiel Räumungsmaßnahmen). Nach der Beendigung des Vertrages stellt sich regelmäßig das Problem der Weiterversorgung mit Energie, der Räumung und etwaiger Vollstreckungsmaßnahmen.

B. Rechtsgrundlagen von Abwehrrechten

I. Abwehrrechte aus Vertrag

1. Grundlagen

4 Die praktisch bedeutsamste Rechtsgrundlage für Abwehrrechte des Mieters ist das Vertragsverhältnis, das ihn mit dem Vermieter verbindet (Mietvertrag, § 535 BGB). Es handelt sich um eine umfassende Gebrauchsüberlassungspflicht.[1] Vertragliche Abwehrrechte des Mieters entsprechen den mietvertraglichen Leistungspflichten des Vermieters (hier insbesondere die Pflicht zur Gebrauchsüberlassung).[2] Daher lässt sich das mietvertragliche Leistungsrecht des Mieters als umfassendes Abwehrrecht klassifizieren. Allerdings enden vertragliche Abwehrrechte auch mit Beendigung des Mietvertrages. Während der Dauer des Mietvertrags ist das alleinige und uneingeschränkte Gebrauchsrecht an der Wohnung dem Mieter zugewiesen.[3] Dieser vertragliche Schutz wird durch grundrechtliche Wertungen aus Art. 13 und 14 GG

---

[1] BGH NJW-RR 2016, 784; NJW 2014, 2566; BGH NJW-RR 2016, 784.
[2] Vgl. *Hübner/Griesbach/Fuerst* in Lindner-Figura/Oprée/Stellmann BeckHdB Geschäftsraummiete Kap. 14 Rn. 102; siehe auch das Bsp. bei BGH NJW-RR 2016, 784; OLG Düsseldorf BeckRS 2007, 03826 (Anspruch auf Beseitigung von Störungen durch Dritte).
[3] BGH NJW-RR 2016, 784; NJW 2014, 2566.

verstärkt, welche auch im Rahmen der Auslegung von zivilrechtlichen Normen (zum Beispiel § 573 BGB[4]) zu berücksichtigen sind.[5] Art. 13 GG gewährleistet zugunsten des Mieters das Recht, in diesen Räumen „in Ruhe gelassen zu werden".[6] Denn, so stellt das BVerfG prägnant fest: „Die Wohnung ist für jedermann Mittelpunkt seiner privaten Existenz."[7] Diese Wertung prägt gerade die Auslegung von Kündigungstatbeständen.

Auf der anderen Seite muss allerdings auch dem Vermieter aus dem verfassungsrechtlich geschützten Eigentumsrecht (Art. 14 GG) ein Mindestmaß an Kontrolle und Einwirkungsmöglichkeit auf sein Eigentum zugebilligt werden.[8] Die damit korrespondierenden Duldungspflichten des Mieters werden als Nebenpflichten aus dem Mietvertrag (§§ 241 Abs. 2, 242 BGB) konstruiert.[9] 5

Bei der Beurteilung vertraglicher Leistungsrechte des Mieters ist zu differenzieren, wie die Vertragsverhältnisse ausgestaltet sind. Dabei ist es sinnvoll, zwei Überlegungen anzustellen: Zunächst sollte die rechtliche Verfassung der Mieter zueinander und zum Vermieter geklärt werden (zum Beispiel Einzelmietverträge, Untermiete oder Außen-GbR (→ § 1 Rn. 24 f.)). Sodann ist zu prüfen, ob sich aus der Mehrheit von Mietern rechtliche Besonderheiten ableiten lassen. Insbesondere hängt es von der konkreten rechtlichen Verbindung der Mieter zueinander ab, wer aktiv- oder passivlegitimiert ist oder wem gegenüber Kündigungserklärungen abzugeben sind (zum Beispiel einzelnes WG-Mitglied oder Außen-GbR). 6

2. Sachliche Reichweite

Gegenstand dieser mietvertraglichen Rechte des Mieters sind allemal die im Vertrag explizit bezeichneten Räume (Wohnräume, Keller, Fahrradgarage etc.) oder Gegenstände (zum Beispiel Einbauküchen, Spielgeräte, Fahrradständer). 7

Die Leistungspflicht des Vermieters ist bei Raummietverhältnissen jedoch nicht auf ausdrücklich einbezogene Räume und Gegenstände beschränkt. Von der Leistungspflicht zur Überlassung erfasst sind auch diejenigen Teile des Gebäudes und des Grundstücks, die zum ungestörten Mietgebrauch erforderlich sind. Von der Rechtsprechung sind insbesondere Gemeinschaftsflächen (Innenhof, Garten, Zugangswege, Aufzüge, Treppenhaus, Flure etc.) als solche anerkannt.[10] Allerdings sind diese Flächen und Räume, auf welche sich das Mitbenutzungsrecht erstreckt, nicht mitvermietet.[11] Damit erstrecken sich auch die Abwehrrechte aus dem Mietverhältnis idR lediglich auf den bloßen Zugang zu diesen Räumen und Gegenständen.[12] Die Abwehrrechte sind auf tatsächlich vorhandene Räume und Gegenstände beschränkt und gewähren keinen Bestandsschutz oder gar einen Anspruch auf Schaffung solcher Räume oder Gegenstände. Der Mieter erlangt durch den faktischen Gebrauch dieser Räume keinen Mitbesitz und kann demzufolge auch keine Besitzschutzansprüche gegenüber dem Vermieter geltend machen (näher → Rn. 26 ff. und → Rn. 36). 8

Die Leistungspflicht des Vermieters ist mitnichten auf die bloße Raumüberlassung beschränkt. Soweit dies im Mietvertrag vereinbart ist, kann auch die Stromversorgung Gegenstand der Leistungspflicht aus § 535 BGB sein.[13] Ohne explizite Vereinbarung ist dies 9

---

[4] Vgl. BGHZ 204, 216 = NJW 2015, 1590 – Eigenbedarfskündigung.
[5] BVerfGE 1993, 796 = NJW 1993, 2035.
[6] BVerfG NJW-RR 2004, 440; BVerfGE 1993, 796 = NJW 1993, 2035.
[7] BVerfGE 1993, 796 = NJW 1993, 2035.
[8] AG München BeckRS 2016, 07870.
[9] Vgl. für das Besichtigungsrecht des Vermieters (dazu unten) etwa BGH NJW 2014, 2566; AG München BeckRS 2016, 07870; vgl. ausf. dazu *Willems* NZM 2015, 353; *Blank* in Blank/Börstinghaus MietR BGB § 535 Rn. 339 ff.; weitere Nachweise bei *Hübner* in Lindner-Figura/Oprée/Stellmann BeckHdB Geschäftsraummiete Kap. 13 Rn. 146.
[10] BGH NJW 2007, 146; OLG Düsseldorf BeckRS 2009, 22958.
[11] KG Berlin NZM 2013, 579; KG Berlin BeckRS 1998, 12055.
[12] KG Berlin BeckRS 1998, 12055.
[13] Vgl. den Fall bei AG Bremen BeckRS 2015, 17460.

jedoch zu verneinen. Im Falle der Verletzung einer dahingehenden Pflicht (zum Beispiel durch eine unangekündigte Unterbrechung der Stromversorgung) kann daher ein Anspruch auf Unterlassung der Versorgungsbeeinträchtigung (beziehungsweise auf Weiterversorgung) begründet sein (→ Rn. 19).[14]

3. Auswirkungen

a) Gebot der Interessenabwägung

10 Die mietvertraglichen Rechte und Pflichten gelten wie in jedem Dauerschuldverhältnis für sämtliche Vertragsparteien nicht uneingeschränkt. Vielmehr folgt aus dem Mietverhältnis eine **Pflicht zur gegenseitigen Rücksichtnahme**, sodass formal bestehende Rechte Einschränkungen durch materielle Wertungen erfahren. So können den Mieter im scheinbaren Widerspruch zu der umfassenden Gebrauchsüberlassungspflicht des Vermieters (§ 535 BGB) bestimmte Duldungspflichten (zum Beispiel Duldung von Baumaßnahmen) und den Vermieter umgekehrt Rücksichtnahmepflichten gegenüber dem Mieter (zum Beispiel bei der Besichtigung der Wohnung) treffen. Es gilt jedoch gerade mit Blick auf die Wertung des Art. 13 GG als Grundsatz, dass der Vermieter verpflichtet ist, etwaige Beeinträchtigungen des mietvertraglichen Leistungsanspruchs so gering wie möglich zu halten. Dies äußert sich insbesondere in den §§ 555a Abs. 2 und 555c BGB, welche den Vermieter etwa bei Erhaltungs- und Modernisierungsmaßnahmen verpflichten, diese Maßnahmen innerhalb einer angemessenen Frist anzukündigen;[15] diese Normen sind damit eine Teilkodifizierung des Rücksichtnahmegebots und zugleich Ausdruck dieser Wertung.

11 Erforderlich ist stets eine **Interessenabwägung im Einzelfall**.[16] Dabei sind die berechtigten Interessen des Vermieters an der Durchführung bestimmter Maßnahmen zu berücksichtigen. Diese sind umso gewichtiger, wenn den Vermieter eine Pflicht zur Durchführung bestimmter Maßnahmen trifft, weil er andernfalls etwa seine vertraglichen Pflichten gegenüber (anderen) Mietern nicht mehr erfüllen kann (zum Beispiel Sanierung von Leitungen, Behebung von Schäden). Erst recht gilt ein Vorrang der Vermieterinteressen, wenn diesen eine gesetzliche oder behördliche Pflicht zur Durchführung bestimmter Maßnahmen trifft. Auf der anderen Seite gilt: Je weniger das Interesse des Vermieters an einer bestimmten Maßnahme sachlich nachvollziehbar ist, desto geringer ist das Gewicht gegenüber den Interessen des Mieters (zum Beispiel bei vorsätzlich herbeigeführten Stromausfällen[17]) und desto eher sind entsprechende Abwehrmaßnahmen des Mieters aussichtsreich. Schließlich spielen nicht nur die Motivationslage des Vermieters oder persönliche Umstände des Mieters eine Rolle (zum Beispiel Angewiesenheit auf Stromversorgung wegen der beruflichen Tätigkeit),[18] sondern auch die Häufigkeit solcher Maßnahmen oder die Art und Beschaffenheit des Wohnraums.

12 Die **Darlegungs- und Beweislast** trägt nach den allgemeinen Grundsätzen jeweils derjenige, der sich auf ein anzuerkennendes Interesse beruft.

b) Insbesondere: Betretung und Besichtigung durch Vermieter

13 Paradigmatisch für die im Einzelfall erforderliche Abwägung ist die sehr ausdifferenzierte Rechtsprechung zu den Betretungs- und Besichtigungsrechten des Vermieters (→ § 10 Rn. 155 f. und → § 16 Rn. 24 ff.). Im laufenden Mietvertrag (Phase 1) wirken sich die Rechte des Mieters aus dem Mietvertrag praktisch vor allem bei Betretungs- und Besichti-

---

[14] KG Berlin BeckRS 2014, 22396.
[15] AG Bremen BeckRS 2015, 17460 (Ankündigungspflicht gilt auch für die Unterbrechung des Gemeinschaftsstroms, wenn dann zB die Klingelanlage nicht mehr funktioniert).
[16] KG Berlin BeckRS 2014, 22396; AG Bremen BeckRS 2015, 17460.
[17] AG Bremen BeckRS 2015, 17460.
[18] ZB Bedarf nach Telefon, EDV, WLAN bei Journalisten, siehe AG Bremen BeckRS 2015, 17460.

gungsrechten des Vermieters aus. Hierbei handelt es sich zugleich um ein praktisch besonders bedeutsames und konfliktbeladenes Spannungsverhältnis gegenseitiger Interessen.

aa) Grundlagen. Der Vermieter hat das Recht zur regelmäßigen **Betretung und Be-** 14 **sichtigung** der Mietsache. Dieses Recht ergibt sich als **Nebenpflicht** des Mieters aus der mietvertraglichen Verbindung (§§ 241 Abs. 2, 242 BGB).[19] Allerdings gilt dieses Recht nicht einschränkungslos, sondern ist zahlreichen Schranken unterworfen, die die Rechtsprechung aufgrund der vertraglichen Rechte des Mieters aus dem Mietvertrag in Verbindung mit Art. 13 GG entwickelt hat. Der Vermieter kann sein Betretungs- und Besichtigungsrecht daher nur unter den nachfolgend genannten Prämissen erfolgreich gerichtlich gegen den Mieter durchsetzen[20] beziehungsweise ausüben, ohne erfolgreiche Abwehrmaßnahmen des Mieters befürchten zu müssen.

bb) Häufigkeit und Anlass. Die Nebenpflicht des Mieters, dem Vermieter den Zutritt zu 15 seiner Wohnung zu gewähren, besteht nur dann, wenn es hierfür einen **konkreten sachlichen Grund** gibt.[21] Ein periodisches anlassloses Besichtigungsrecht kann dem Vermieter (entgegen der früheren Rechtsprechung) demgegenüber nicht zugebilligt werden.[22] Den durchaus nachvollziehbaren früheren Überlegungen, dem Vermieter ein bedingungsloses periodisches Besichtigungsrecht innerhalb bestimmter Zeiträume[23] zuzugestehen, hat der BGH eine Absage erteilt. Abzulehnen ist daher auch die Gleichsetzung des vom BGH geforderten sachlichen Grundes mit einem bloßen Zeitablauf,[24] wenngleich mit fortschreitender Zeit die Anforderungen an den sachlichen Grund herabzusetzen sind.

Die denkbaren Anlässe für Besichtigungen sind jedoch zahlreich, was sich gerade in der 16 etwas vagen Formulierung des BGH äußert, wonach sich der sachliche Grund zum Beispiel aus der „Bewirtschaftung des Objekts" ergeben kann. Deshalb ist die scheinbar strikte Einschränkung, die der BGH hier vornimmt, wieder zu relativieren. Die Festlegung pauschal zulässiger Anlässe ist jedoch ebenso wenig möglich wie anlasslose Besichtigungen/Betretungen. Richtigerweise hängt diese Frage von den Umständen des Einzelfalles ab (zum Beispiel Art und Zustand der Wohnung).

Einzelfälle. Zweifellos begründen Tatsachen, die auf einen drohenden oder eingetrete- 17 nen Schaden hindeuten, stets ein Besichtigungs- und Betretungsrecht (zum Beispiel muffiger Geruch, Brände oder Wasserschäden).[25] Besonders konfliktträchtig sind Besichtigungen im Zuge der Suche nach einem Folgemieter bei anstehender Beendigung des Mietverhältnisses oder im Rahmen von Verkaufsbemühungen des Vermieters. Ohne Zweifel sind in diesen Phasen häufigere Besichtigungen zulässig, wobei die Klarheit bei dieser Erkenntnis endet. Eine schematische Lösung verbietet sich, hängen doch sowohl die Häufigkeit als auch die Dauer von zahlreichen Umständen des Einzelfalles ab. Verkaufsverhandlungen, die sich über einen sehr langen Zeitraum ziehen, rechtfertigen nicht automatisch eine gleichbleibende Häufigkeit von Besichtigungen: So ist in einem Zeitraum von 1,5 Jahren nicht

---

[19] BGH NJW 2014, 2566; AG München BeckRS 2016, 07870; vgl. ausf. dazu *Willems* NZM 2015, 353; *Blank* in Blank/Börstinghaus MietR BGB § 535 Rn. 339 ff.; weitere Nachweise bei *Hübner* in Lindner-Figura/Oprée/Stellmann BeckHdB Geschäftsraummiete Kap. 13 Rn. 146.
[20] Zu einstweiligen Maßnahmen des Vermieters s. LG Duisburg NZM 2006, 897.
[21] BGH NJW 2014, 2566; AG München BeckRS 2016, 07870.
[22] BGH NJW 2014, 2566; AG Stuttgart-Bad Cannstatt BeckRS 2015, 04546.
[23] Für einen Zwei-Jahres-Turnus: LG Frankfurt a. M. BeckRS 2013, 06643 (anders dann LG Frankfurt a. M. BeckRS 2015, 00668); AG Berlin-Schöneberg BeckRS 2007, 06753; Nachweise bei *Hübner* in Lindner-Figura/Oprée/Stellmann BeckHdB Geschäftsraummiete Kap. 13 Rn. 147. Für einen Fünf-Jahres-Turnus: AG München BeckRS 2016, 07870 unter Berücksichtigung der neuen BGH-Rechtsprechung: „Denn dieser Zeitraum von fünf Jahren ist nach der allgemeinen Verkehrsanschauung und der allgemeinen Vertragspraxis der Zeitraum, nach dessen Ablauf Schönheitsreparaturen vorzunehmen sind, nach dessen Ablauf also auch bei bestimmungsgemäßen und vertragsgemäßen Verbrauch eine solche Abnutzung auftreten kann, dass Arbeiten in dem Mietobjekt vorgenommen werden müssen, um eine Substanzschädigung zu vermeiden."
[24] So wohl AG München BeckRS 2016, 07870.
[25] AG München BeckRS 2016, 07870 – Verdacht auf Schimmelbildung.

ohne Weiteres eine wöchentliche Besichtigung zumutbar.[26] Vielmehr sind an die Rechtfertigung regelmäßiger Besichtigungen umso höhere Anforderungen zu stellen, je länger dieser Zustand andauert.

18 cc) Ankündigung. Der Vermieter muss eine geplante Besichtigung rechtzeitig vorher ankündigen.[27] Wann Rechtzeitigkeit gegeben ist, hängt ebenfalls vom Einzelfall ab (insbesondere dem Anlass: Reparatur – dann tendenziell geringere Vorlaufzeit – oder Verkauf – dann grundsätzlich längerer Ankündigungszeitraum); allerdings dürfte die Ankündigung der Besichtigung innerhalb der nächsten 24 Stunden regelmäßig problematisch sein (Ausnahme: Gefahrenabwehr), auch weil sich der Mieter mit Blick auf seine Berufstätigkeit darauf einrichten können muss.[28] Ein Besichtigungstermin muss grundsätzlich im Einvernehmen mit dem Mieter festgelegt werden (Ausnahme: Gefahrenabwehr). Denn eigenmächtige Besichtigungen sind unzulässig und können zum einen eine erhebliche Verletzung mietvertraglicher Pflichten durch den Vermieter darstellen, die zur außerordentlichen Kündigung berechtigen;[29] zum anderen kann hierin eine Besitzstörung gesehen werden (zum Beispiel bei eigenmächtiger Öffnung der Wohnung) mit entsprechenden Konsequenzen für Besitzschutzansprüche (zum einstweiligen Rechtsschutz unten[30]). Die unberechtigte Verweigerung oder Verzögerung von Besichtigungen durch den Mieter begründen aber uU eine Pflichtverletzung mit der Folge von Schadensersatzansprüchen (§§ 280, 535 BGB) und dem Recht zur außerordentlichen Kündigung durch den Vermieter.

19 dd) Dauer und Uhrzeit der Besichtigung/Betretung. Hinsichtlich der Dauer einer Besichtigung sind der Anlass (Gefahrenabwehr, Routinebesichtigung, Kaufinteressent oder Nachmieter), der Zuschnitt der Mietsache (Größe, Anzahl der Räume etc.) sowie sonstige sachliche Gründe (zum Beispiel Zustand der Wohnung oder Zugänglichkeit) zu berücksichtigen; eine Besichtigungsdauer von etwa 30 min wird in der Regel unbedenklich sein. Der Mieter muss sich nur innerhalb bestimmter Zeitfenster auf einen Termin einlassen. Zunächst ist zu berücksichtigen, dass der Mieter das Recht hat, bei der Besichtigung anwesend zu sein.[31] Deshalb können wochentags die üblichen Arbeitszeiten (9 bis 18 Uhr) einerseits dazu führen, dass eine Besichtigung außerhalb dieses Zeitraums stattfinden muss.[32] Andererseits ist auch außerhalb dieser Zeiten (das heißt in den frühen Morgen- oder späten Abendstunden) auf die Belange des Mieters Rücksicht zu nehmen. Daher sind diese beiden miteinander in Konflikt stehenden Maßgaben in einen Ausgleich zu bringen. Da der Mieter insbesondere seine Arbeits- und Urlaubszeiten grundsätzlich nicht den Besichtigungswünschen des Vermieters anpassen muss, hat er im Gegenzug einem sachlich begründeten (→ Rn. 15) Besichtigungswunsch des Vermieters vor und nach der regulären Arbeitszeit in der Regel zu entsprechen. An Samstagen, Sonn- und Feiertagen bedarf es wiederum einer besonderen Begründung, wenngleich auch hier eine Besichtigung nicht ausgeschlossen ist (zum Beispiel bei drohenden Schäden oder wenn der Mieter innerhalb der Woche eine Besichtigung ablehnt).

20 ee) Sachlicher Umfang. Hinsichtlich des sachlichen Umfangs der Betretung und Besichtigung bestehen gewisse Einschränkungen. Grundsätzlich umfasst das Besichtigungsrecht sämtliche Räume. Im Rahmen der Besichtigung/Betretung ist es dem Vermieter grundsätzlich nicht gestattet, ohne Einwilligung des Mieters Fotoaufnahmen zu fertigen;[33] foto-

---

[26] AG Hamburg NZM 2007, 211.
[27] BGH NJW 2014, 2566 (2567).
[28] Vgl. AG Coesfeld BeckRS 2014, 06906; eine Zwei-Wochenfrist für Wartungstermin durch Schornsteinfeger hält AG Bremen FD-MietR 2014, 356041, für angemessen.
[29] LG Berlin NJW-RR 2000, 676 – heimliches Betreten. Eine Abmahnung ist in diesem Falle nicht erforderlich.
[30] Freilich werden hier selbst Maßnahmen des einstweiligen Rechtsschutzes regelmäßig überholt sein.
[31] LG Berlin NJW-RR 2000, 676.
[32] *Ghassemi-Tabar* in Ghassemi-Tabar/Guhling/Weitemeyer Gewerberaummiete § 535 Rn. 576.
[33] AG Frankfurt a. M. NJW-RR 1999, 596.

grafiert der Vermieter ohne Einwilligung Teile der Wohnung/Einrichtung, kann der Mieter neben Besitzansprüchen auch Unterlassung und Beseitigung (ua Herausgabe oder Löschung der Fotos) geltend machen (§ 1004 BGB).[34] Eine Ausnahme bilden Fotoaufnahmen zur Vorbereitung gefahrenabwehrender Maßnahmen (zum Beispiel bei Schäden, die dringend beseitigt werden müssen).[35]

ff) Sonstige Einschränkungen. Sonstige Einschränkungen können sich auch aus der 21 Religionsfreiheit (Art. 4 GG) des Mieters ergeben (zum Beispiel Berücksichtigung von Gebetszeiten).

4. Sonderfall: WG-Mitglied als Vermieter

Eine besondere Situation liegt vor, wenn ein WG-Mitglied selbst als Vermieter auftritt 22 (WG-Typ A und WG-Typ F, dazu (→ § 1 Rn. 24 und 29). Hier ist zunächst danach zu differenzieren, ob es sich um eine GbR handelt oder nicht. Besteht keine Gesellschaft, ergeben sich keine Besonderheiten – das vermietende WG-Mitglied ist grundsätzlich denselben Abwehrrechten ausgesetzt wie ein außenstehender Vermieter. Allerdings kann die Beurteilung der Rolle des vermietenden WG-Mitglieds als Vermieter auf der einen oder als WG-Mitglied auf der anderen Seite Probleme bereiten: So ist ein WG-Mitglied berechtigt, Besucher in die Wohnung zu lassen, der Vermieter allerdings nicht ohne Weiteres, wenn es sich bei den Besuchern etwa um Interessenten handelt (→ Rn. 14 ff.). Für die Festlegung der jeweiligen Rolle kann nur der **Zweck der Maßnahmen** des vermietenden WG-Mitgliedes maßgeblich sein, sodass es sich bei einem Einlass von Besuchern zu Besichtigungszwecken wegen einer möglichen Vermietung um die Wahrnehmung der Vermieterrolle und bei einem Einlass von Besuchern zu privaten Zwecken um die Wahrnehmung der Rolle als WG-Mitglied handelt.

Handelt es sich bei der WG um eine GbR, erfahren die Rechte der Gesellschafter 23 möglicherweise eine Einschränkung durch die allgemeine Treuepflicht, die innerhalb der Gesellschaft gegenüber anderen Gesellschaftern und gegenüber der Gesellschaft besteht.[36] Dieses Grundprinzip[37] wirkt als Schranke der individuellen Rechtswahrnehmung und soll so gesellschaftsbezogene (gemeinsame) Zwecke mit gesellschafterbezogenen (individuellen) Zwecken in einen angemessenen Ausgleich bringen. Aufgrund dieser Treuepflicht ist jeder Gesellschafter verpflichtet, auf die Interessen der Mitgesellschafter und der Gesellschaft angemessen Rücksicht zu nehmen[38] und er darf sich nicht willkürlich über deren Interessen hinwegsetzen.[39] Die Reichweite dieser Pflichten liegt nicht von vornherein fest, sondern muss im Einzelfall bestimmt werden. Es ist fraglich, ob sich diese Treuepflicht auf die Zulässigkeit etwaiger Maßnahmen in der Rolle als Vermieter auswirkt. Dies ist zu verneinen. Zunächst wirkt sich die Treuepflicht sachlich lediglich auf die Ausübung der Mitgliedschaftsrechte selbst aus.[40] Die Treuepflicht ist daher gegenüber Mitgesellschaftern auf den mitgliedschaftlichen Bereich beschränkt. Bei der Wahrnehmung von Vermieterrechten sind jedoch keine (aus dem Gesellschaftsvertrag resultierenden) Mitgliedschaftsrechte des Vermieters berührt, sondern (aus dem Mietvertrag resultierende) eigene vertragliche Rechte. Steht ein Gesellschafter mit den anderen Gesellschaftern in einer weiteren, selbständigen vertraglichen Beziehung, werden die Rechte aus diesem Vertragsverhältnis durch die Treuepflicht nicht eingeschränkt. Er ist dann hinsichtlich dieser Rechte zu behandeln wie ein Dritter (→ Rn. 22). Dafür spricht auch, dass eine andere Interpretation regelmäßig nicht

---

[34] Dazu LAG Rheinland-Pfalz ZD 2013, 631 (632) – Handyfoto.
[35] AG Berlin-Schöneberg BeckRS 2004, 30988267.
[36] Grundlegend BGHZ 65, 15 = NJW 1976, 191; zur dogmatischen Grundlage vgl. *Verse* in Henssler/Strohn GesR § 14 Rn. 98.
[37] *Schöne* in BeckOK BGB, Ed. 1.2.2019, § 705 Rn. 101.
[38] *Verse* in Henssler/Strohn GesR § 14 Rn. 98.
[39] *Schöne* in BeckOK BGB, Ed. 1.2.2019, § 705 Rn. 101.
[40] BGH NJW 1992, 3167 (3171).

dem Parteiwillen entsprechen dürfte: Die Gesellschafter werden sich in der Regel zwar Gedanken über den Abschluss eines Mietvertrages machen und diesen auch wollen; hingegen wird es die Ausnahme sein, dass sie sich eine Vorstellung über ihre gesellschaftsrechtliche Verfassung machen.

II. Abwehrrechte aus nachvertraglicher oder vertragsähnlicher Rechtsbeziehung

24 Denkbar sind in der Phase nach Beendigung des Mietverhältnisses des Weiteren auch **nachvertragliche beziehungsweise nachwirkende vertragliche Pflichten** des Vermieters (§§ 241 Abs. 2, 280, 242 BGB).[41] Zwar enden die vertraglichen Pflichten des Vermieters mit dem Ende des Mietverhältnisses, sodass dann vom Mieter grundsätzlich auch keine (Abwehr)Rechte mehr aus dem Vertrag abgeleitet werden können. Nach der Rechtsprechung des BGH können einzelne Pflichten des Vermieters nach Treu und Glauben jedoch auch nach Vertragsende als nachwirkende vertragliche Pflichten fortbestehen.[42] Aus der Eigenart des Mietverhältnisses (zum Beispiel Wohnraummietvertrag) oder aus Gründen des Mieterschutzes (zum Beispiel Gesundheitsgefährdung, drohender besonders hoher Schaden) kommen Pflichten von einer weiteren einstweiligen Gebrauchsüberlassung bis hin zu einer weiteren Versorgung mit Energie in Betracht.[43] Dies wird allerdings auf **wenige Ausnahmefälle** beschränkt sein. Eine nachwirkende vertragliche Pflicht zur weiteren Erbringung von Versorgungsleistungen hat der BGH bereits zu Recht verneint, wenn die Beendigung des Mietverhältnisses wegen Zahlungsverzuges des Mieters erfolgt ist und der Vermieter die Versorgungsleistungen auf eigene Kosten und auf eigenes Risiko weiter erbringen müsste.[44] Für möglich hält der BGH eine solche Verpflichtung aber wohl dann, wenn der Mieter die Versorgungsentgelte unmittelbar an die Leistungserbringer abführt und der Vermieter durch die fortgesetzte Versorgung kein wirtschaftliches Risiko eingeht. Schadensersatzansprüche des Mieters infolge der Naturalrestitution gemäß § 249 BGB (zum Beispiel auf Herausgabe der Mietsache bei kalter Räumung) scheiden bei wirksamer Vertragsbeendigung allerdings aus, da dem Mieter hier kein Schaden entstehen kann – die durch die Räumung entzogenen Rechte (zum Beispiel Besitz) sind dem Mieter nach Vertragsende vermögensrechtlich nicht mehr zugewiesen.[45] Die Gewährung einer Räumungsfrist (§ 721 ZPO) soll ein **vertragsähnliches Schuldverhältnis** begründen; die daraus abzuleitenden (Abwehr)Rechte sind allerdings unklar.[46]

III. Abwehrrechte aus sonstigen Rechtsgrundlagen

25 Da das vertraglich eingeräumte Gebrauchsrecht das umfassendste Rechts des Mieters gegenüber dem Vermieter ist (→ Rn. 4), bedarf es eines Rückgriffs auf sonstige Rechtsgrundlagen in der Regel nur in den Fällen, in denen der Bestand dieser vertraglichen Sonderrechtsbeziehung durch wirksame Kündigung aufgehoben oder zumindest zweifelhaft ist. Praktisch bedeutsam ist vor allem ein Zustand des Streits über die Wirksamkeit von Kündigungen. Das Konfliktpotenzial wird bei der WG noch um spezifische Probleme angereichert, die sich aus der Personenmehrheit auf Mieterseite ergeben: Der Vermieter hat das Mietverhältnis gegenüber allen Mitgliedern der Wohngemeinschaft zu kündigen,[47]

---

[41] BGHZ 180, 300 = NJW 2009, 1947 (1948); KG Berlin BeckRS 2014, 22396; dazu auch Anm. *Wolf* JA 2009, 735.
[42] BGHZ 180, 300 = NJW 2009, 1947 (1948).
[43] BGHZ 180, 300 = NJW 2009, 1947 (1948).
[44] BGHZ 180, 300 = NJW 2009, 1947 (1948).
[45] *Lehmann-Richter* NZM 2009, 177 (179).
[46] *Bosch* NZM 2009, 530 (531).
[47] *Emmerich* in Staudinger BGB § 540 Rn. 54a; *Meyer-Abich* NJW 2017, 3429 (3430).

wobei es bei entsprechender Vertretungsregelung (Empfangsvollmacht)[48] im Miet- oder Gesellschaftsvertrag ausreicht, dass sich die Kündigung an sämtliche Mieter richtet.[49] Schon dies kann zu erheblichen Problemen beim Zugang der Erklärung und damit zur Unwirksamkeit der Kündigung führen. In diesen Fällen gewinnen alle nichtvertraglichen Rechtsgrundlagen besondere Bedeutung. Außerdem sind gerade die auf dem berechtigten Besitz aufsetzenden Abwehrrechte besonders schneidig ausgestaltet und gehen teilweise über die rein vertraglichen Abwehrrechte hinaus.

1. Besitz

Solange der Mietvertrag besteht, hat der Mieter ein Besitzrecht gegenüber dem Vermieter. **26** Dieses Besitzrecht kann er den petitorischen Rechten des Vermieters gem. § 986 BGB entgegenhalten. Das Besitzrecht endet zwar mit der wirksamen Kündigung des Mietvertrages.[50] Dadurch sind possessorische Abwehrrechte aber nicht ausgeschlossen. Die für jene Fälle klassische Abwehrsituation tritt dann auf, wenn sich Vermieter und Mieter über die Wirksamkeit einer Kündigung streiten und der Vermieter in dieser Phase (hier: 2 und 3 Rn. 2) bereits Maßnahmen ergreift. Allerdings können insbesondere Besitzschutzansprüche eine eigenständige Bedeutung neben den vertraglichen Rechten erlangen, da diese insbesondere einstweilige Maßnahmen und Unterlassungsansprüche erleichtern (§§ 861 ff. BGB) sowie Gegenrechte des Vermieters zeitweise abschneiden (§ 863 BGB). Außerdem erlauben die possessorischen Abwehrrechte dem Mieter die Anwendung von Gewalt („Besitzwehr") zur Beseitigung der Störung (§ 859 Abs. 1 BGB – Selbsthilfe). Der Mieter kann sich also gegen eine unzulässige Räumung mit Gewalt wehren und sich eigenmächtig wieder in den Besitz setzen (§ 859 Abs. 3 BGB), wenn die Voraussetzungen der verbotenen Eigenmacht (§ 858 BGB) vorliegen. In Betracht kommen auch Ansprüche aus § 1007 BGB. Allerdings besteht gerade nach Beendigung des Mietverhältnisses kein gegenüber dem Eigentümer-Vermieter geltendes Besitzrecht mehr (§ 1007 Abs. 2 S. 1 BGB), sodass der Anspruch in der Regel ausscheidet.

a) Grundlagen

Der Besitz ist eine Rechtsposition, die aus der andauernden **tatsächlichen Gewalt** über **27** eine Sache folgt;[51] die Berechtigung spielt weder für den Bestand des Besitzes noch für die daran anknüpfenden Abwehrrechte eine Rolle.[52] Er setzt sich zusammen aus einer **Einwirkungsmacht** und einer **Ausschlussmacht** über die Sache.[53] Wer Besitzer ist, muss durch eine wertende Betrachtung festgestellt werden; zum Beispiel haben die (volljährigen und minderjährigen) Kinder eines Mieters regelmäßig keinen Besitz an der Mietsache.[54] Besitzschutzansprüche werden (nur) dann ausgelöst, wenn ein Eingriff in diese Sachherrschaft stattfindet (→ Rn. 28). Die Besitzposition wird auch vom Bundesgerichtshof[55] sowie vom Bundesverfassungsgericht[56] als Bestandteil der Eigentumsgarantie (Art. 14 GG) hervorgehoben; diese grundrechtliche Position des Besitzers tritt neben diejenige aus Art. 13 GG. Die possessorischen Ansprüche aus §§ 858 ff. BGB gewinnen besondere Stärke dadurch, dass Gegenrechte nur eingeschränkt berücksichtigt werden: Das Eigentumsrecht und vertragliche Rechte sind zwar ebenfalls starke Rechtspositionen, können aber wegen § 863 BGB Ansprüchen des Besitzers wegen verbotener Eigenmacht nicht entgegengehalten

---

[48] Vgl. BGHZ 136, 314 = NZM 1998, 22; *Meyer-Abich* NJW 2017, 3429 (3430).
[49] OLG Dresden BeckRS 2016, 116020.
[50] *Bosch* NZM 2009, 530 (531); vgl. auch BVerfGE 1993, 796 = NJW 1993, 2035.
[51] Eingehend OLG Saarbrücken BeckRS 2006, 03723.
[52] *Bosch* NZM 2009, 530 (531).
[53] BGHZ 180, 300 = NJW 2009, 1947 (1949).
[54] Vgl. AG Hofgeismar BeckRS 2015, 20153.
[55] BGH NZM 2015, 448.
[56] BVerfGE 1993, 796 = NJW 1993, 2035.

werden.⁵⁷ So mag auch der unangefochtene Eigentümer dem Besitzer nach § 863 BGB (zunächst) bis zu einer gerichtlichen Entscheidung oder freiwilligen Herausgabe den Besitz weiterhin belassen müssen, ohne diesen eigenmächtig wieder an sich nehmen zu dürfen. Dieser durchaus erhebliche Eingriff in das Eigentum ist für den rechtsunterworfenen Laien nur schwer nachvollziehbar, was insbesondere im Zusammenhang mit eigenmächtigen Räumungen durch den Vermieter immer wieder Gegenstand gerichtlicher Auseinandersetzung ist. Der Gesetzgeber hat mit den Besitzschutznormen allerdings das Kontinuitätsinteresse und die Rechtsfriedensfunktion betont.⁵⁸

28 Die kollidierenden Rechte des Mieters und des Vermieters aus Art. 14 GG müssen im Rahmen des Besitzschutzes nach § 862 Abs. 1 S. 2 BGB in einen angemessenen Ausgleich gebracht werden.⁵⁹ Eine besondere Situation ergibt sich, wenn ein WG-Mitglied selbst Vermieter und Eigentümer ist, da dann hinsichtlich der miteinander abzuwägenden Rechte genau differenziert werden muss. So wird das WG-Mitglied kaum jemals beide Positionen zugleich innehaben, sondern entweder die eine oder die andere. Sonach ist zu differenzieren, ob das WG-Mitglied, das Vermieter und Eigentümer ist, in seiner Rolle als Vermieter vorgeht (zum Beispiel bei Kündigung) oder in seiner Rolle als WG-Mitglied (zum Beispiel bei der Haushaltsverwaltung, → Rn. 22); in hybriden Fällen (zum Beispiel Vorgehen gegen Immissionen von Mitbewohnern) wird im Zweifel regelmäßig die Vermieterrolle maßgeblich sein.

b) Verbotene Eigenmacht

29 Grundlage possessorischer Abwehransprüche ist § 858 Abs. 1 BGB (verbotene Eigenmacht). Verbotene Eigenmacht begeht demnach, wer dem Besitzer ohne dessen Willen den Besitz entzieht oder ihn im Besitz stört, sofern nicht das Gesetz⁶⁰ die Entziehung oder die Störung gestattet. Dabei kann verbotene Eigenmacht nur gegen den unmittelbaren Besitzer verübt werden⁶¹ (vgl. aber § 860 BGB). Verbotene Eigenmacht ist eine widerrechtliche Handlung (§ 858 Abs. 1 BGB), durch welche ein **fehlerhafter Besitz** begründet wird (§ 858 Abs. 2 BGB). Fehlerhafter Besitz hat zur Folge, dass der Besitzschutz gegenüber früheren Besitzern ausgeschlossen ist (§§ 861 Abs. 1, 862 Abs. 2 BGB). Allerdings ist gerade bei der WG danach zu differenzieren, wer (unmittelbarer) Besitzer war: Nur diesem unmittelbaren Besitzer ist der Besitz im Verhältnis zum Besitzstörer fehlerhaft (**Relativität**⁶²), sodass auch nur diesem die Ansprüche aus §§ 861, 862 BGB zustehen, anderen (nicht unmittelbar besitzenden) WG-Mitgliedern hingegen nicht (beachte aber § 860 BGB). Die **Fehlerhaftigkeit endet**, wenn der ursprüngliche Besitzer der Besitzentziehung zustimmt.⁶³ Die Fehlerhaftigkeit endet auch, wenn der Vermieter den Besitz entzieht (zum Beispiel kalte Räumung) und die Mietsache einem neuen Mieter überlässt, der von der Fehlerhaftigkeit des Besitzes keine Kenntnis hatte (§ 858 Abs. 2 S. 2 BGB). In diesem Falle soll nach herrschender Meinung ein Anspruch nach §§ 861, 870 BGB gegen den Vermieter auf Abtretung des durch die Kündigung bedingten Herausgabeanspruchs gegen den Nachmieter möglich sein.⁶⁴

30 Die **Besitzentziehung** setzt voraus, dass dem unmittelbaren Besitzer die tatsächliche Sachherrschaft über die Sache entzogen wird.⁶⁵ Eine bloße Behinderung oder Erschwerung

---

⁵⁷ Auf den Besitz gerichtete Duldungspflichten des Mieters sind daher im Rahmen des Besitzschutzes grds. nicht zu berücksichtigen, vgl. LG Berlin NJOZ 2014, 1222.
⁵⁸ *Baur/Stürner* Sachenrecht § 9 Rn. 9; krit. OLG Saarbrücken BeckRS 2006, 03723.
⁵⁹ BGH NZM 2015, 448 (450).
⁶⁰ Vertragliche Vereinbarungen des Störers mit Dritten genügen nicht für eine solche Gestattung, vgl. BGH NZM 2015, 448 (449). Eine Regelung in der Hausordnung (die allen Mietern vertraglich Duldungspflichten auferlegt), ist hingegen möglich.
⁶¹ BGH NJW 1977, 1818.
⁶² *Herrler* in Palandt BGB § 858 Rn. 7.
⁶³ *Fritzsche* in BeckOK BGB, Ed. 1.2.2019, § 858 Rn. 27 – Verzicht auf die Rechtsfolgen der verbotenen Eigenmacht.
⁶⁴ OLG Celle BeckRS 2007, 19344; *Lehmann-Richter* NZM 2009, 177 (180); *Herrler* in Palandt BGB § 861 Rn. 7
⁶⁵ RGZ 67, 387 (389); OLG Karlsruhe NZM 2005, 305.

der Ausübung der tatsächlichen Sachherrschaft ist noch keine Besitzentziehung, möglicherweise aber eine Besitzstörung (→ Rn. 31); eine genaue Abgrenzung zwischen Besitzentziehung und Besitzstörung hat wegen der Gleichstellung in § 858 Abs. 1 BGB wenig praktische Relevanz. Klassische Beispiele für Besitzentziehungen sind die Räumung der Wohnung oder die Auswechslung des Türschlosses beziehungsweise Anbringung eines Aufsteckschlosses und/oder Entsorgung der Wohnungseinrichtung;[66] allerdings ist die Zwangsvollstreckung nach dem **Berliner Modell**[67] rechtlich gestattet und daher keine Besitzentziehung.[68] Auch die Wegnahme von Fahrrädern aus den Gemeinschaftsräumen ist Besitzentziehung.[69] Nimmt der Vermieter nach der Kündigung des Mietverhältnisses die Räumlichkeiten ohne Räumungstitel in Besitz und räumt diese eigenmächtig aus (sogenannte **kalte Räumung**), liegt regelmäßig verbotene Eigenmacht vor – auf die Rechtmäßigkeit der Kündigung kommt es gerade nicht an, solange der Mieter noch Besitz innehat und diesen nicht erkennbar aufgegeben hat.[70] Auch eine Selbsthilfe (§ 229 BGB) zugunsten des Vermieters scheidet wegen des vorrangigen Verweises auf staatliche Vollstreckungsinstrumente („obrigkeitliche Hilfe") regelmäßig aus.[71] In diesem Falle haftet der Vermieter verschuldensunabhängig nach § 231 BGB.[72]

Eine **Besitzstörung** ist jede erhebliche Behinderung oder Erschwerung der Ausübung der tatsächlichen Sachherrschaft.[73] Unwesentliche Gebrauchsbeeinträchtigungen stellen keine Besitzstörung dar.[74] Immissionen können Besitzstörungen sein, wenn sie die Erheblichkeitsschwelle überschreiten (Einzelfallentscheidung).[75] In der bloßen Behauptung, es bestehe kein Besitzrecht, liegt noch keine Besitzstörung im Sinne des § 858 BGB;[76] denkbar sind aber Ansprüche aus §§ 1004 Abs. 1 in Verbindung mit §§ 280, 535, 823 BGB, gerichtet auf Beseitigung und Unterlassung dieser Behauptung, soweit diese Behauptung nicht zutrifft.[77] Allerdings kann die Ankündigung einer Besitzstörung (zum Beispiel immissionsintensive Außenmodernisierung) bereits selbst eine Besitzstörung begründen.[78] Diesbezüglich ist allerdings wie bei einer bloßen Negation des Besitzrechts Zurückhaltung geboten, da die Ankündigung eben noch keinen Angriff auf die Sachherrschaft als solche darstellt. Die von der Rechtsprechung entwickelten Formeln sind teilweise bedenklich weit.[79] 31

Problemfälle: Es auch außerhalb dieser Fälle (im Gegensatz zur Besitzentziehung, → Rn. 30) häufig nicht ohne Weiteres zu beantworten, wann eine Besitzstörung vorliegt. Bisweilen ist zu beobachten, dass „normale" Mängel der Mietsache mit Angriffen auf das Besitzrecht (Besitzstörung) des Mieters in einer unzulässigen Weise verdinglicht und so vermeintliche Besitzschutzansprüche konstruiert werden. Im Grundsatz gilt: Es begründet nicht jeder Mietmangel zugleich eine Besitzstörung. Voraussetzung für die Annahme einer Besitzstörung ist, dass sich die Beeinträchtigung unmittelbar auf den Alleinbesitz des 32

---

[66] LG Berlin BeckRS 2009, 86798; ähnlich bei BGH NJW 2010, 3434; vgl. auch *Bosch* NZM 2009, 530 (531).
[67] Dazu *Schuschke* NZM 2006, 284.
[68] Zur Zulässigkeit dieser Variante der Vollstreckung BGH NZM 2006, 149.
[69] Vgl. dazu AG Berlin-Tempelhof/Kreuzberg Urt. v. 20.7.2012 – 23 C 9/12 (nicht veröffentlicht).
[70] BGH NJW 2010, 3434 (3434).
[71] *Lehmann-Richter* NZM 2009, 177 (178).
[72] BGH NJW 2010, 3434.
[73] Zu weitgehend ist allerdings die Definition des AG Brandenburg NZM 2013, 828 (829): „[...] Besitzstörung ist die Beeinträchtigung des unmittelbaren Besitzes im Genusse dieses Besitzes in der Weise, dass ein befriedeter Zustand in einen solchen der Rechtsunsicherheit verwandelt wird [...]". Offengelassen bei BGHZ 181, 233 = NJW 2009, 2530.
[74] LG Berlin NJOZ 2014, 1222; LG Berlin NJW-RR 2012, 1229.
[75] BGH NJW 1995, 132 – Lärm.
[76] OLG München NJOZ 2015, 1960 (1961).
[77] Dazu OLG München NJOZ 2015 1960 (1961) – zu Unterlassungsansprüchen des Vermieters gegenüber Dritten.
[78] LG Berlin NZM 2013, 465.
[79] So etwa LG Berlin NJW-RR 2013, 846: „ernstliche Beunruhigung des Mieters über den Fortbestand des Besitzes".

Mieters auswirkt und dass die Störung nicht unerheblich ist. Alleinbesitz hat der Mieter an der Wohnung im engeren Sinn, nicht hingegen an den gemeinschaftlichen Hausteilen, wie dem Treppenhaus und anderen Gemeinschaftsräumen (→ Rn. 8) – insoweit scheiden Besitzschutzrechte bei Mängeln ohnehin aus. Eine lediglich unerhebliche Einwirkung auf den Mietbesitz ist ebenfalls unbeachtlich.[80] Es ist mit Blick auf die Besitzkomponenten (Nutzungsmacht, Ausschlussmacht) stets zu fragen, ob der Zugriff des Mieters auf die Miethilfe beeinträchtigt wird oder ob die Nutzungsmacht auf andere Weise eingeschränkt wird.[81]

c) Weitere Einzelfälle

33 Paradigmatisch für die Tendenz, den Tatbestand der Besitzstörung immer weiter auszudehnen, sind die Streitfragen um die **Unterbrechung von Versorgungsleistungen**. Es wird – trotz höchstrichterlicher Klärung[82] – nach wie vor die Frage nach der Möglichkeit diskutiert, Versorgungsunterbrechungen durch possessorische Abwehransprüche anzugreifen. Dies ist jedoch ausgeschlossen bei der Unterbrechung von Versorgungsleistungen durch den Vermieter, der die Versorgung als mietvertragliche Leistung erbringt, da die Versorgung kein Bestandteil der tatsächlichen Sachherrschaft ist: Der Mieter kann die Räume nämlich weiter betreten und nutzen, wenn auch möglicherweise nicht in der vertraglich vereinbarten Form – damit fehlt es gerade an einem Angriff auf die tatsächliche Sachherrschaft. Die tatsächliche Sachherrschaft beinhaltet als Rechtsposition – im Gegensatz zu vertraglichen Rechtspositionen – gerade keine bestimmte Nutzung der Mietsache. Der BGH[83] hat dies mit einer überzeugenden Überlegung zur Versorgung des (ehemaligen) Mieters mit Heizöl verdeutlicht: Betrachtete man die fortgesetzte Versorgung ebenfalls als Bestandteil des Besitzes, so würde sich aus § 859 BGB eine Pflicht des Vermieters zum Erwerb von Heizöl ergeben, damit er die Versorgung des Mieters sicherstellen und fortsetzen kann. Der Besitzschutz würde damit letztlich Leistungsrechte begründen, obwohl es sich hierbei eigentlich um bloße Abwehrrechte handelt.[84] Soweit das Mietverhältnis während der Unterbrechung der Versorgung fortbesteht, kommen Erfüllungs- und Schadensersatzansprüche aufgrund des Mietvertrages in Betracht. Zu bemerken ist allerdings, dass trotz Fehlens der verbotenen Eigenmacht nach § 858 BGB ein Anspruch nach § 1004 Abs. 1 BGB in Betracht gezogen wird, da der berechtigte Besitz durch eine Versorgungsunterbrechung beeinträchtigt werden und dies Abwehransprüche außerhalb der §§ 858 ff. BGB begründen kann.[85] Denn der berechtigte Besitz ist ein nach § 1004 BGB analog geschütztes Recht (quasinegatorischer Anspruch).

34 Erbringt der Vermieter nicht selbst die Versorgungsleistungen als mietvertragliche Leistung, sondern hat der Mieter den Versorgungsvertrag direkt mit dem Anbieter geschlossen, soll die Rechtslage anders zu beurteilen sein. Unterbricht der Vermieter in diesem Fall die Zuleitung der Versorgungsgüter, soll verbotene Eigenmacht vorliegen.[86] Diese Differenzierung kann nicht überzeugen. Wenn schon der mietvertraglich zur Leistungserbringung verpflichtete Vermieter die Versorgung unterbrechen darf, ohne verbotene Eigenmacht im Sinne des § 858 BGB zu begehen, dann muss dies erst recht für den Vermieter gelten, der noch nicht einmal eine vertragliche Pflicht hat.

35 Anders zu beurteilen als Versorgungsleistungen sind **Immissionen** (Lärm, Geruch etc.). Hier ist mittlerweile von der herrschenden Meinung anerkannt, dass Immissionen eine Besitzstörung begründen können mit der Folge, dass Ansprüche nach §§ 858 ff. bezie-

---

[80] LG Berlin BeckRS 2015, 4662.
[81] BGHZ 180, 300 = NJW 2009, 1947 (1949).
[82] BGHZ 180, 300 = NJW 2009, 1947.
[83] BGHZ 180, 300 = NJW 2009, 1947.
[84] Vgl. BGHZ 180, 300 = NJW 2009, 1947; *Pfeifer* in BeckOK MietR, Ed. 1.3.2019, BGB § 556 Rn. 1673.
[85] AG Bremen BeckRS 2015, 17460.
[86] KG Berlin NZM 2010, 321; AG Bremen BeckRS 2010, 31082.

hungsweise 1004 BGB in Betracht kommen.[87] § 1004 BGB ist als quasinegatorischer Anspruch nicht beschränkt auf die Abwehr von Angriffen auf das Eigentum, sondern wird auf sonstige absolute Rechtsgüter sowie auf alle deliktisch von § 823 Abs. 1 BGB oder § 823 Abs. 2 BGB geschützten Rechtsgüter ausgedehnt.[88]

Ein Mieter, der nicht mitvermietete Gemeinschaftsflächen nutzt, erlangt durch den Gebrauch dieser Flächen keinen Mitbesitz und kann damit in Bezug auf diese Gemeinschaftsflächen auch keine Besitzschutzansprüche gegenüber dem Vermieter geltend machen.[89] Die Wegnahme von Fahrrädern ist Besitzentziehung.[90] Ein Vermieter stört den Besitz des Mieters, wenn er wider den Willen des Mieters an der Schaufensterscheibe des Geschäfts eine großflächige Folie beziehungsweise ein Plakat mit Vermietungshinweisen anbringt.[91] **36**

2. Hausrecht

Ein weiteres Abwehrrecht des Mieters ergibt sich aus dessen Hausrecht, wobei dieses eng mit vertraglichen Rechten und dem Besitz zusammenhängt und gewissermaßen in einer akzessorischen Beziehung zu diesen Rechten steht (→ § 16 Rn. 3). Neben vertraglichen und possessorischen Rechten hat das Hausrecht insbesondere Bedeutung für die Schaffung dauerhafter Betretungsregelungen (zum Beispiel Hausverbot) oder als notwehrfähiges Rechtsgut im Rahmen der Rechtswidrigkeitsprüfung. **37**

Auch das Hausrecht knüpft an die tatsächliche Sachherrschaft an. Inhaber des Hausrechts ist derjenige, der die Räumlichkeit bewohnt und berechtigten Besitz innehat.[92] Bei der für die WG typischen gemeinschaftlichen Benutzung von Räumlichkeiten steht das Hausrecht regelmäßig jedem einzelnen Berechtigten vollumfänglich zu.[93] Diejenigen Räume, welche den einzelnen Bewohnern zur alleinigen Benutzung zugewiesen sind, steht nur demjenigen das Hausrecht zu, welchem der konkrete Raum zugewiesen ist.[94] Allerdings kann sich ein Mitbewohner zur Wehr setzen, wenn ihm der Aufenthalt des Dritten in den Gemeinschaftsräumen nicht zumutbar ist. Zur Beurteilung der Zumutbarkeit hat eine umfassende Interessenabwägung stattzufinden, die sowohl das Recht des jeweiligen Mitbewohners, im privaten Bereich ungehindert Besucher empfangen zu können, als auch das Recht eines anderen, in seiner Privatsphäre vor unliebsamen Störern geschützt zu werden, berücksichtigt.[95] **38**

3. Notwehr

a) Einordnung

Das Notwehrrecht aus § 227 Abs. 1 BGB ist ebenso wie das Selbsthilferecht aus § 229 BGB **kein selbständiges Abwehrrecht** des Mieters. Vielmehr hängen beide Rechte an der Notwehrfähigkeit des betroffenen Rechtes oder Rechtsguts (bei § 227 BGB) beziehungsweise am Bestehen eines eigenen Anspruchs des Mieters (bei § 229 BGB). Der Tatbestand der Notwehr führt lediglich dazu, dass die Notwehrhandlung nicht als rechtswidrige Handlung eingestuft wird (§ 227 Abs. 1 BGB) und erlaubt die Abwehr eines gegenwärtigen rechtswidrigen Angriffs auf ein Recht oder Rechtsgut des Betroffenen. Notwehr kann auch bei der Interessenabwägung im Rahmen der §§ 543 Abs. 1, 573 **39**

---

[87] BGH NZM 2015, 448.
[88] BGH NZM 2015, 448; *Schultheiß* JuS 2015, 719.
[89] KG Berlin NZM 2013, 579.
[90] AG Berlin-Tempelhof/Kreuzberg Urt. v. 20.7.2012 – 23 C 9/12 (nicht veröffentlicht).
[91] AG Brandenburg NZM 2013, 828.
[92] OLG Hamm NZM 2016, 310.
[93] OLG Hamm NZM 2016, 310.
[94] OLG Hamm NZM 2016, 310.
[95] OLG Hamm NZM 2016, 310.

Abs. 2 Nr. 1 BGB Bedeutung erlangen, da eine rechtmäßige Notwehrhandlung grundsätzlich keine gravierende Vertragsverletzung begründet.[96]

b) Notwehrlage

40 Voraussetzung für die Zulässigkeit der Notwehr ist ein gegenwärtiger rechtswidriger Angriff auf notwehrfähige Rechte oder Rechtsgüter, § 227 Abs. 2 BGB (Notwehrlage). **Angriff** ist jedes aktive menschliche Verhalten; Untätigkeit (zum Beispiel Nichtwahrnehmung vertraglicher Pflichten durch den Vermieter) ist kein Angriff.[97] **Gegenwärtigkeit** liegt vom Beginn bis zum Ende des Angriffs vor; für den Beginn ist ausreichend, dass der Angriff unmittelbar bevorsteht.[98] Der Angriff ist **rechtswidrig**, wenn der durch die Handlung drohende Erfolg von der Rechtsordnung missbilligt wird (Lehre vom Erfolgsunrecht).[99] Bei der Prüfung der Rechtswidrigkeit der Handlung des Vermieters sind insbesondere etwaige Selbsthilferechte des Vermieters zu berücksichtigen (zum Beispiel bei der Räumung), wobei diese nur selten überhaupt in Betracht kommen dürften.[100]

c) Notwehrfähige Rechtsgüter des Mieters

41 Geschützt sind grundsätzlich alle Rechte und Rechtsgüter, die auch dem Schutz des § 823 Abs. 1 BGB unterfallen, einschließlich der richterrechtlich anerkannten tatbestandlichen Weiterungen.[101] Das **Hausrecht** (→ § 16) des Mieters ist notwehrfähig.[102] Im Falle des Hausfriedensbruchs durch den Vermieter (§ 123 StGB; Schutzgut: formalisiertes Hausrecht) kann dieser sich ebenfalls auf Notwehr stützen und entsprechende Maßnahmen ergreifen.[103] Des Weiteren kann sich der Mieter gegen unberechtigte Fotoaufnahmen des Vermieters durch entsprechende Maßnahmen (zum Beispiel Wegschlagen der Kamera) wehren, wenn dadurch die **Privatsphäre** (Art. 1, 2 GG iVm 13 GG) angegriffen wird.[104]

42 Der **berechtigte Besitz** ist als Rechtsgut des § 823 Abs. 1 BGB im Allgemeinen notwehrfähig.[105] Allerdings stehen die Notwehrrechte aus §§ 227, 229 ff. BGB mit 859 BGB in einem Konkurrenzverhältnis.[106] Fraglich ist, ob der Mieter auch unter Berufung auf seinen Besitz das Notwehrrecht in Anspruch nehmen kann. Dies hängt zunächst davon ab, ob ein Recht zum Besitz besteht. Dieses kann auf Vertrag beruhen (Mietvertrag, siehe oben), wobei dann ein Rückgriff auf das Notwehrrecht neben vertraglichen und possessorischen Ansprüchen (→ Rn. 26) regelmäßig nicht erforderlich (aber konkurrierend möglich) ist. Nach wie vor diskutiert wird hingegen die Frage, ob auch der **unrechtmäßige Besitz** notwehrfähig ist. Dies ist zu verneinen.[107] Denn die Sondernormen der §§ 859, 860 BGB bilden insofern ein abschließendes System, das nicht durch den Rückgriff auf das Notwehrrecht ausgehebelt werden darf. Zuzugeben ist zwar, dass §§ 859, 860 BGB nur dem Besitzer selbst sowie einem Besitzdiener Abwehrrechte einräumen, was dazu führt, dass sich der Mieter nicht auf rechtmäßige Weise der Hilfe Dritter (zum Beispiel Nachbarn, Gäste der WG) bei der Abwehr von Eingriffen des Vermieters in den (unrechtmäßigen)

---

[96] BGH NJW 2014, 2566 (2567).
[97] BGH NJW 1967, 46 (47).
[98] BGH NJW 1973, 255; zur fehlenden Gegenwärtigkeit OLG Karlsruhe r+s 1990, 233 (234).
[99] BGHZ 74, 9 (14) = NJW 1996, 3205.
[100] BGH NJW 2010, 3434 – rechtswidrige kalte Räumung.
[101] *Grothe* in MüKo BGB § 227 Rn. 7.
[102] BGH NJW 2014, 2566; OLG Düsseldorf NJW 1997, 3383.
[103] Vgl. OLG Karlsruhe r+s 1990, 233 – mehrfacher wechselseitiger Notwehrexzess von Mieter und Vermieter.
[104] AG Frankfurt a. M. NZM 1999, 121 (121).
[105] BGHZ 137, 89 = NJW 1998, 377, *Grothe* in MüKo BGB § 227 Rn. 7.
[106] OLG Saarbrücken BeckRS 2006, 03723 – demnach wohl Idealkonkurrenz.
[107] AA *Erb* in MüKo StGB § 32 Rn. 92; s. aber BGHZ 137, 89 = NJW 1998, 377.

Besitz bedienen darf.[108] Es mag damit sein, dass der einzelne Mieter einer Mehrzahl an Personen gegenübersteht, welche ihn aus dem (unrechtmäßigen) Besitz setzen wollen. Von der Wahrscheinlichkeit eines solchen Szenarios einmal abgesehen, ist der Ansatz, die Notwehrfähigkeit des unrechtmäßigen Besitzes daraus ableiten zu wollen, wenig plausibel: Maßgeblich kann nur sein, ob ein bestimmtes Rechtsgut schützenswert ist. Dies muss für den unrechtmäßigen Besitz verneint werden. Es gibt kein Recht, nicht bestehende „waffengleich" verteidigen zu können. Ferner käme es zu Wertungswidersprüchen, da auch im Rahmen des § 823 Abs. 1 BGB allein der berechtigte Besitz als sonstiges Recht anerkannt ist.[109]

43 Ein Hinaustragen des Vermieters im Rahmen der Ausübung von Notwehr kann unverhältnismäßig sein.[110]

4. Selbsthilfe

44 Die Selbsthilfe nach § 229 BGB erlaubt im Unterschied zur Notwehr nicht lediglich die Verteidigung, das heißt Maßnahmen, die sich in einer punktuellen Abwehr erschöpfen. Vielmehr geht § 229 darüber hinaus, indem das Gesetz dem Betroffenen hier ausnahmsweise sogar die eigenmächtige Durchsetzung von Ansprüchen und Sicherungsmaßnahmen erlaubt. Ein Sonderfall der Selbsthilfe ist die Besitzwehr nach § 859 Abs. 1 BGB (→ Rn. 26 ff.), welche dem Besitzer ebenfalls ein Rückgängigmachen bereits veränderter Besitzverhältnisse gestattet (§ 859 Abs. 3 BGB) und somit nicht auf die reine Abwehr eines Angriffs beschränkt ist.[111]

5. Weitere Rechtsgrundlagen?

45 In der Phase der wirksamen Vertragsbeendigung kommen Ansprüche aus §§ 249 Abs. 1, 823 Abs. 1 BGB zum Beispiel auf Wiedereinräumung des Besitzes nicht in Betracht. Zwar ist der berechtigte Besitz ein absolutes Recht im Sinne des § 823 Abs. 1.[112] Allerdings besteht bei Vertragsbeendigung gerade kein Recht mehr zum Besitz, sodass über § 823 Abs. 1 BGB kein Schutz zu erreichen ist;[113] bei fortbestehendem Vertrag kommen Ansprüche aus §§ 249 Abs. 1, 823 Abs. 1 BGB zwar in Betracht, sind aber aufgrund ihrer strengeren Anforderungen neben den dann bestehenden vertraglichen Rechten (Gebrauchsüberlassungspflicht, § 535 BGB) praktisch nicht relevant. Abwehrrechte unmittelbar aus verfassungsrechtlichen Gründen (Art. 13 GG – Wohnung als geschützter Raum der Privatsphäre; Art. 14 GG – Besitz an der Wohnung als eigentumsähnliches Recht, → Rn. 5) kommen ebenfalls nicht in Betracht. Diese beschränken sich vielmehr auf eine Annexfunktion zu vertraglichen, vertragsähnlichen oder possessorischen Rechten des Mieters und dienen im Rahmen der Auslegung dazu, die Rechte und Pflichten aus dem Vertrag nach § 242 BGB auszudifferenzieren, was zu einer Abwägung führt.[114] Sobald das Vertragsverhältnis endet, kommt daher eine Berufung auf grundrechtlich geschützte Rechtspositionen nicht (mehr) in Betracht.

---

[108] So aber *Erb* in MünchKomm StGB, 3. Aufl. 2017, § 32 Rn. 92.
[109] BGHZ 137, 89 = NJW 1998, 377.
[110] BGH NJW 2014, 2566.
[111] *Gutzeit* in Staudinger BGB § 859 Rn. 5.
[112] *Wagner* in MüKo BGB § 823 Rn. 288 mwN.; *Gies/Omlor* JuS 2013, 12.
[113] *Bosch* NZM 2009, 530 (532) mwN.
[114] BGHZ 204, 216 = NJW 2015, 1590 (1591).

C. Durchsetzung der Abwehrrechte

I. Instrumente der Abwehr

46 Hinsichtlich der prozessualen Instrumente, die dem Mieter gegen unzulässige Maßnahmen des Vermieters zur Verfügung stehen, gelten keine Besonderheiten. Der Mieter kann daher auf alle von den Prozessordnungen vorgesehenen Rechtsbehelfe zurückgreifen. In Betracht kommen namentlich:

– Leistungsklage
– Feststellungsklage
– einstweiliger Rechtsschutz
– vollstreckungsrechtliche Rechtsbehelfe
– polizeilicher Rechtsschutz

Diese Instrumente stehen weitestgehend im Verhältnis der Alternativität (zur Feststellungsklage s. aber → Rn. 52) zueinander und welches Instrument vorzugswürdig ist, entscheiden daher regelmäßig allein strategische Erwägungen. Kündigt der Vermieter das Mietverhältnis und ist der Mieter der Auffassung, dass die Kündigung unzulässig ist und der Vertrag daher fortbesteht, kann der Mieter je nach Zielrichtung seiner Abwehr beispielsweise im Wege der (negativen) Feststellungsklage oder im Wege der Leistungsklage vorgehen.

1. Leistungsklage

47 Die Leistungsklage ist gerichtet auf die Verpflichtung zu einem Tun oder Unterlassen (zum Beispiel auf Besitzverschaffung oder Unterlassung von Besitzstörungen).

a) Beispiele für Leistungsklagen

48 Eine Leistungsklage ist beispielsweise (gerichtet auf Besitzverschaffung) im Falle der „kalten Räumung" (Räumung ohne den erforderlichen Titel) gestützt auf mietvertragliche Rechte oder wenn das Mietverhältnis wirksam beendet ist – soweit die Voraussetzungen der verbotenen Eigenmacht vorliegen (→ Rn. 29) – nach § 861 BGB möglich. Bei einer auf § 861 BGB gestützten Klage ist jedoch zu beachten, dass der Eigentümer-Vermieter durch eine **petitorische Widerklage** dem Mieter entgegenhalten kann, dass ihm aufgrund seines Eigentums das alleinige Besitzrecht zustehe.[115] Eine Herausgabeklage des Mieters wäre dann mit entsprechender Kostenfolge (§ 91 ZPO) abzuweisen.[116] Dasselbe gilt für eine anderweitige letztinstanzliche beziehungsweise rechtskräftige Entscheidung über den Bestand des Besitzrechts.[117] Hat der Vermieter die Mietsache bereits einem neuen Mieter überlassen, hängt der Erfolg einer auf § 861 BGB gestützten Klage gegen den Nachmieter davon ab, ob dieser Kenntnis von der Fehlerhaftigkeit des Besitzes hatte (§ 858 Abs. 2 S. 2 BGB).[118] Eine petitorische Widerklage ist dem Nachmieter allerdings nicht möglich, da er nur ein derivatives Besitzrecht innehat. Hat der Vermieter bereits eine Räumungs- und Herausgabeklage erhoben, so entfällt das Rechtsschutzum Beispieledürfnis hierfür nicht dadurch, dass er zwischenzeitlich eine „kalte Räumung" (→ Rn. 30) vornimmt.[119] Denn die in der kalten Räumung liegende verbotene Eigenmacht kann wegen § 858 Abs. 2 BGB den

---

[115] BGHZ 73, 355 = NJW 1979, 1358.
[116] *Lehmann-Richter* NZM 2009, 177 (178).
[117] BGH NJW 1999, 425 (427).
[118] Ansprüche aus §§ 1007, 812 BGB scheiden gegen den Nachmieter ohnehin aus, vgl. *Lehmann-Richter* NZM 2009, 177 (179).
[119] OLG Düsseldorf BeckRS 2006, 13706.

Anspruch des Vermieters auf Herausgabe der Mietsache nicht zur Erfüllung bringen. Dies gilt auch dann, wenn eine solche Klage zur Zeit der Räumung noch nicht erhoben ist. Verzichtet der Mieter vor Klageerhebung auf seine Besitzschutzansprüche, kann das Rechtsschutzum Beispieledürfnis allerdings entfallen. Daher kann hierin eine Möglichkeit der Abwendung des Prozesses gesehen werden, wenn an der Rechtmäßigkeit der Kündigung an sich kein Zweifel besteht und keine Folgen (zum Beispiel Schadensersatz) aus der verbotenen Eigenmacht abgeleitet werden sollen. Soweit der Verzicht im gerichtlichen Verfahren erfolgt, kann ein erledigendes Ereignis vorliegen.

b) Unterlassungsklagen

Denkbar ist eine Unterlassungsklage gegen **unzulässige Androhungen beziehungsweise** 49 **Ankündigungen** des Vermieters (zum Beispiel Androhung der Versorgungsunterbrechung).[120] Diese kann auf die Grundnorm des § 1004 Abs. 1 S. 2 BGB gestützt werden. Im Rahmen der possessorischen Abwehr (Besitzstörung, Besitzentziehung, → Rn. 29 ff.) sieht das Gesetz selbst eine vorbeugende Unterlassungsklage vor (§ 862 Abs. 1 S. 2 BGB). §§ 862 Abs. 1 S. 2 und 1004 Abs. 1 S. 2 BGB bilden nach der herrschenden Meinung nicht lediglich ein prozessuales Recht, sondern begründen einen materiell-rechtlichen Anspruch.[121] Eine Unterlassungsklage setzt trotz des indikativen Wortlauts der entsprechenden Normen und insbesondere des § 1004 Abs. 1 BGB („beeinträchtigt", „weitere Beeinträchtigungen") grundsätzlich nicht voraus, dass eine Beeinträchtigung bereits eingetreten ist. Ausreichend ist wegen der „Präventionsfunktion" der Unterlassungsansprüche nach hM die drohende erstmalige Gefahr.[122] In diesem Fall handelt es sich um eine **vorbeugende Unterlassungsklage** (zum Beispiel gerichtet auf die Unterlassung der Versorgungsunterbrechung, wenn der Vermieter eine solche bereits angekündigt hat[123]). Tatsächlich eingetretene Verletzungen sind ein erhebliches Indiz für den Eintritt weiterer Verletzungen (Wiederholungsgefahr).

Eine Unterlassungsklage setzt zunächst die schlüssige Behauptung eines drohenden Ein- 50 griffs voraus;[124] dies ist allerdings richtigerweise nicht Zulässigkeits-, sondern Begründetheitsfrage.[125] Wird geltend gemacht, dass der Vermieter bereits eine konkrete Handlung angekündigt hat (zum Beispiel Versorgungsunterbrechung), wird Schlüssigkeit in der Regel zu bejahen sein. Die tatsächliche Begründetheit muss sich gegebenenfalls im Wege der Beweisaufnahme ergeben. Andernfalls müssen jedenfalls konkrete Indizien dargelegt werden, aus denen sich ein drohender Eingriff ergibt (zum Beispiel erkennbare Vorbereitungshandlungen für eine Räumung).

c) Besondere Formen der Leistungsklage

Eine gerade im Mietrecht anzutreffende besondere Variante der Leistungsklage ist die 51 **Klage auf künftig fällig werdende Leistungen**. Besteht beispielsweise aufgrund des Mietvertrages eine Pflicht des Vermieters zur Lieferung von Energie (Strom, Wärme) und kündigt der Vermieter die Versorgungsunterbrechung an, dann kann eine Klage nur auf künftige Leistung erhoben werden. Dies ist unter den Voraussetzungen der §§ 257 ff. ZPO möglich mit dem Antrag, die entsprechenden Versorgungsleistungen auch künftig weiterhin zu erbringen.

---

[120] BGHZ 180, 300 = NJW 2009, 1947.
[121] *Gursky* in Staudinger BGB § 1004 Rn. 212.
[122] BGH NJW 1995, 132; BGHZ 2, 394 = NJW 1951, 843.
[123] BGHZ 180, 300 = NJW 2009, 1947.
[124] *Berger* in Jauernig BGB § 1004 Rn. 11.
[125] BGHZ 14, 286 = NJW 1954, 1931 (1932).

2. Feststellungsklage

52 Die Feststellungsklage kann (positiv) gerichtet sein auf die Feststellung des Bestehens eines Rechtsverhältnisses (§ 256 ZPO). Mit der Feststellung kann aber auch (negativ) das Nichtbestehen eines Rechtsverhältnisses begehrt werden. Das Rechtsverhältnis beschreibt die rechtliche Beziehung von einer Person zu einer anderen Person oder zu einer Sache.[126] Dabei muss die Feststellungsklage auf ein **feststellungsfähiges Rechtsverhältnis** gerichtet sein;[127] sie darf nicht lediglich Vorfragen (zum Beispiel einzelne Tatbestandsmerkmale oder Einwendungen) betreffen (→ Rn. 53).[128] Außerdem muss ein Feststellungsinteresse bestehen (§ 256 Abs. 1 ZPO). Das Feststellungsinteresse fehlt insbesondere dann, wenn die Feststellungsklage nicht der einfachste Weg zur Zielerreichung ist (zum Beispiel weil eine Leistungsklage erhoben werden könnte – Vorrang der Leistungsklage).[129] Auch gegenüber öffentlich-rechtlich organisierten Vermietern (zum Beispiel kommunale Vermietungsgesellschaften) ist nach der neueren Rechtsprechung des BGH nicht mehr ohne Weiteres gegen den Vorrang der Leistungsklage zu unterstellen, dass diese sich an ein Feststellungsurteil halten.[130]

53 Wendet sich der Mieter gegen eine nach seiner Auffassung unwirksame Kündigung des Vermieters gilt Folgendes: Eine (negative) Feststellungsklage gerichtet auf die Feststellung, dass eine Kündigung unwirksam ist, wäre unzulässig.[131] Denn die Wirksamkeit oder Unwirksamkeit der Kündigung ist bloße Vorfrage für den Bestand des Rechtsverhältnisses Miete und daher nicht feststellungsfähig.[132] Die Feststellungsklage kann in diesem Falle nur (positiv) auf den Fortbestand des Mietverhältnisses gerichtet werden. Allerdings ist ein Feststellungsantrag, der seinem Wortlaut nach auf die Unwirksamkeit einer bestimmten Kündigung gerichtet ist, gegebenenfalls in diesem Sinne umzudeuten.[133]

54 Eine Feststellungsklage ist auch denkbar in den Fällen, in denen der Vermieter eine (unzulässige) Maßnahme angekündigt hat (zum Beispiel Versorgungsunterbrechung, Besitzstörung durch Räumung).[134] Das Antragsziel ist dann positiv darauf zu richten festzustellen, dass der Vermieter (weiterhin) verpflichtet ist, die betroffene Leistung zu erbringen (zum Beispiel die Weiterversorgung, Gebrauchsüberlassung). Die Leistungsklage ist zwar grundsätzlich vorrangig und einer Feststellungsklage fehlt das Rechtsschutzum Beispieledürfnis (§ 256 ZPO) mit der Folge der Unzulässigkeit. Allerdings gilt dies ausnahmsweise dann nicht, wenn die Leistungsklage nur auf künftige Leistungen nach § 259 ZPO (Rn. 51) in Betracht kommt.[135]

55 Der bestehende Besitz ist feststellungsfähig, soweit er Grundlage von Rechten sein kann, die nicht durch Geltendmachung von Unterlassungsansprüchen im Wege der Leistungsklage geschützt werden können.[136]

3. Einstweiliger Rechtsschutz

56 Relevant sind schließlich Fälle, in denen einstweiliger Rechtsschutz gegen unzulässige Maßnahmen des Vermieters begehrt wird. In Betracht kommen praktisch nur einstweilige Verfügungen (§§ 935 ff. ZPO), da Arrestverfügungen (§§ 916 ff. ZPO) auf Geldzahlungs-

---

[126] Vgl. *Becker-Eberhard* in MüKoZPO § 256 Rn. 10.
[127] BGH NJW 2000, 2280 – „Rechtswidrigkeit" als Vorfrage.
[128] Zur Abgrenzung *Becker-Eberhard* in MüKoZPO, 5. Aufl. 2016, § 256 Rn. 10.
[129] BGHZ 109, 275 = NJW 1990, 834; BGH NJW 1979.
[130] BGH NJW 2017, 1823.
[131] BGH NJW 2000, 354 (356); BGHZ 22, 43 = NJW 1957, 21; OLG Brandenburg NJW-RR 2013, 76 (78). Eine Ausnahme gilt im arbeitsrechtlichen Kündigungsschutzprozess (§ 4 KSchG).
[132] BGH NJW 2000, 354; s. auch BGH NJW-RR 2018, 563 mAnm *Schultheiß* EWiR 2018, 323.
[133] OLG Bamberg NJW-RR 2013, 76 (78).
[134] Dazu *Wolf* JA 2009, 735.
[135] *Wolf* JA 2009, 735 (736).
[136] *Becker-Eberhard* in MüKoZPO § 256 Rn. 11.

ansprüche gerichtet sind, welche nur selten Gegenstand von Ansprüchen der Mieter gegen den Vermieter sein dürften. Voraussetzung sind Verfügungsanspruch und Verfügungsgrund. **Verfügungsanspruch** ist die materiell-rechtliche Grundlage der Abwehr (zum Beispiel § 858 ff. BGB oder § 1004 iVm Vertrag). **Verfügungsgrund** setzt die besondere Dringlichkeit der Angelegenheit voraus; bei Besitzstörungen ist der Verfügungsgrund nach hM bereits mit dem Besitzschutzanspruch gegeben.[137] Der Vermieter hat über §§ 936, 926 Abs. 1 ZPO die Möglichkeit, das einstweilige Verfahren in ein Hauptsacheverfahren überzuleiten.

a) Sicherungsverfügung

Die Sicherungsverfügung soll verhindern, dass „durch eine Veränderung des bestehenden Zustandes die Verwirklichung des Rechts einer Partei vereitelt oder wesentlich erschwert werden könnte" (§ 935 ZPO). Die Abgrenzung zu einer Leistungsverfügung ist dabei nicht immer trennscharf durchzuführen. **57**

Fälle der Besitzentziehung/-störung können im Wege der Sicherungsverfügung angegriffen werden. Der Antrag lautet dann, dass die Besitzentziehung/-störung bis zum Erlass des Duldungstitels zu unterbleiben hat.[138] Kündigt der Vermieter beispielsweise an, die vermieteten Räume ohne entsprechenden Duldungstitel ganz oder teilweise an Dritte zu überlassen, kann der Mieter eine Verfügung auf einstweilige Unterlassung der Vermietung beziehungsweise Überlassung dieser Räume an Dritte erwirken.[139] Voraussetzung ist allerdings, dass eine durch Tatsachen begründete Besorgnis der bevorstehenden Besitzstörung dargetan wird.[140] Diese ernsthafte Besorgnis einer bevorstehenden Besitzstörung entfällt auch nicht durch das bloße Versprechen des Vermieters, von der angekündigten Maßnahme abzusehen; zur Beseitigung dieser Besorgnis wird grundsätzlich die Abgabe einer strafbewehrten Unterlassungserklärung verlangt.[141] Gerade bei einstweiligen Maßnahmen zur Sicherung des Besitzes wirkt sich die Schneidigkeit der possessorischen Ansprüche aus (→ Rn. 26 ff.), da im einstweiligen Verfahren etwaige auf den Besitz gerichtete Duldungspflichten des Mieters wegen § 863 BGB nicht berücksichtigt werden.[142] **58**

Eine einstweilige Verfügung ist jedenfalls mangels Verfügungsanspruchs allerdings nicht möglich in Bezug auf eine bevorstehende **Doppelvermietung**. Ein Mieter kann daher selbst bei einer vertragswidrigen Doppelvermietung gegenüber dem Vermieter seinen Besitzüberlassungsanspruch nicht durch eine einstweilige Verfügung sichern.[143] Denn der Vermieter darf selbst entscheiden, welchen Vertrag er erfüllt und an welchen Mieter er gegebenenfalls Schadensersatz leistet (Privatautonomie). **59**

b) Leistungsverfügungen

Die aus § 940 ZPO (Regelungsverfügung) entwickelte Leistungsverfügung zielt auf **vorläufige Befriedigung**. Faktisch läuft dies aber häufig auf eine endgültige Befriedigung hinaus, was nicht Sinn des einstweiligen Rechtsschutzes ist (Verbot der Vorwegnahme der Hauptsache). Deshalb sind die Voraussetzungen für derlei Verfügung sehr restriktiv. Bei der Räumungsverfügung (§ 940a ZPO) handelt es sich um eine besondere Variante der Leistungsverfügung. **60**

Voraussetzung für den Erfolg einer solchen Leistungsverfügung ist, dass der Verfügungskläger auf die sofortige Erfüllung **dringend angewiesen** ist. Dies ist beispielsweise dann der Fall, wenn sich der Verfügungskläger in einer Not- oder Zwangslage befindet.[144] Ein **61**

---
[137] *Lehmann-Richter* NZM 2009, 177 (178) mwN.
[138] *Blank* in Blank/Börstinghaus MietR BGB § 555d Rn. 42.
[139] LG Berlin NJOZ 2014, 1222.
[140] LG Berlin NZM 2013, 465.
[141] LG Berlin NZM 2013, 465.
[142] LG Berlin NJOZ 2014, 1222.
[143] OLG Celle NJOZ 2009, 265 mwN.; KG Berlin NJW-RR 2007, 1167.
[144] KG Berlin NZM 2013, 579.

62 weiteres Beispiel für eine zulässige Leistungsverfügung sind Situationen, in denen die geschuldete Handlung so kurzfristig zu erbringen ist, dass die Erwirkung eines Titels im ordentlichen Verfahren nicht möglich ist.[145]

62 Schließlich kann – als Steigerung der oben genannten Sicherungsverfügung bei Besitzstörungen – durch eine Leistungsverfügung auch die Herausgabe von Gegenständen im Rahmen der § 858 und § 861 BGB erreicht werden.[146] Angesichts der Gefahr, dass der Vermieter auf eine normale Leistungsklage (siehe dazu 47 ff.) auf Besitzverschaffung nach § 861 BGB mit der petitorischen Widerklage reagieren kann, ist hierin regelmäßig auch die einzige Variante zu sehen, den possessorischen Ansprüchen Geltung zu verschaffen. Allerdings ist unter den Voraussetzungen des einstweiligen Verfügungsverfahrens (Verfügungsanspruch, Verfügungsgrund) auch hier ein petitorischer Widerantrag des Vermieters möglich.[147] So kann aufseiten der Mieter nach einem (unberechtigten) Schlossaustausch eine einstweilige Verfügung auf Besitzverschaffung oder – umgekehrt – nach einem berechtigten Schlossaustausch eine einstweilige Verfügung des Vermieters gegen den Mieter erfolgreich sein, wenn jener sich nach dem Schlossaustausch unberechtigten Zutritt zu der Wohnung verschafft hat. Eine nach § 940 ZPO zulässige Leistungsverfügung soll auch bei einer Versorgungsunterbrechung möglich sein, wenn der Vermieter die Versorgungsleistungen eines unmittelbar vertraglich mit dem Mieter verbundenen Versorgers an den Mieter unterbricht;[148] dies ist schon aus materiell-rechtlichen Gründen unzutreffend (→ Rn. 33).

63 Um eine regelmäßig unzulässige Leistungs- oder Befriedigungsverfügung handelt es sich beispielsweise, wenn der Verfügungskläger Rückgängigmachung von Baumaßnahmen beziehungsweise Wiederherstellung eines früheren (Bau)Zustands begehrt, zumal es hier insbesondere an einer Besitzentziehung im Sinne des § 861 BGB fehlen wird.[149] Ebenso regelmäßig unzulässig ist eine Leistungsverfügung bei Besichtigung des Wohnraums, es sei denn, der Vermieter ist auf eine Besichtigung (zum Beispiel wegen eines unmittelbar bevorstehenden Verkaufs oder Maßnahmen zur Beseitigung akuter Schäden) dringend angewiesen.

c) Besonderheiten bei § 940a ZPO

64 Für einstweilige Räumungsmaßnahmen des Vermieters normiert § 940a ZPO **spezifische Verfügungsgründe**; dies folgt daraus, dass es sich auch hierbei um Leistungsverfügungen handelt und die Wohnung ein besonderes Wirtschaftsgut darstellt.[150] Aus diesem Grund darf die Räumung von Wohnraum durch eine einstweilige Verfügung nur in den Fällen der **verbotenen Eigenmacht** (→ Rn. 29) oder bei **konkreter Gefahr für Leib und Leben** angeordnet werden. Hieran stellt die Rechtsprechung strenge Voraussetzungen; insbesondere ist eine schlüssige Darlegung einer dieser Konstellationen erforderlich. Ein bloßer Herausgabeanspruch aus § 546 BGB genügt (ohne weitere Umstände) damit gerade nicht.[151] Neben dem Verbot der Vorwegnahme der Hauptsache (→ Rn. 60) rechtfertigt sich die Vorschrift durch die besondere Bedeutung der Wohnung.[152] Daher muss die konkrete Gefährdung für Leib oder Leben des Antragsstellers oder Dritter erheblich sein; bloß unerhebliche Gefahren genügen nicht.[153] Ebenso wenig genügen bloße Befürchtungen oder Angst.[154] Hier ist stets eine Einzelfallabwägung vorzunehmen.

---

[145] *Zöller/Vollkommer* ZPO § 940 Rn. 6.
[146] *Lehmann-Richter* NZM 2009, 177 (178); *Zöller/Vollkommer* ZPO § 940 Rn. 8.
[147] Ebenso *Lehmann-Richter* NZM 2009, 177 (178).
[148] So *Pfeifer* in BeckOK MietR, Ed. 1.3.2019, BGB § 556 Rn. 1677.
[149] KG NZM 2013, 579.
[150] *Börstinghaus* NJW 2014, 2225 (2225).
[151] LG Lüneburg BeckRS 2011, 27307.
[152] *Börstinghaus* NJW 2014, 2225 (2225).
[153] AG Bremen BeckRS 2015, 08066.
[154] AG Bremen BeckRS 2015, 08066.

C. Durchsetzung der Abwehrrechte   § 13

Über § 940a ZPO kann weiterhin auch die **Räumung gegen Dritte** (Nichtmieter) 65
erreicht werden (§ 940a Abs. 2 ZPO). Dritter ist dabei nicht, wer selbst in dem entsprechenden Titel genannt ist.[155] Erforderlich ist zudem, dass die Dritten selbst Besitzer sind, da andernfalls gar kein Räumungstitel erforderlich ist und daher ein Rechtsschutzum Beispieledürfnis des Vermieters fehlt.

Hinsichtlich der **Rechtsbehelfe** gegen eine auf § 940a ZPO basierende Räumungs- 66
anordnung gelten die allgemeinen Vorschriften;[156] besondere Rechtsbehelfe existieren nicht. Vorgesehen ist gesetzlich die Einlegung eines Widerspruchs gegen die Anordnung (§§ 924, 936 ZPO). Infolge des Widerspruchs kommt es zu einer mündlichen Verhandlung (§ 924 Abs. 2 S. 2 ZPO). Hierbei wird in der Regel kurzfristig terminiert.

Allerdings hat die Einlegung des Widerspruchs **keine aufschiebende Wirkung** (§ 924 67
Abs. 3 S. 1 ZPO) – die Räumung kann also auch bei Widerspruch weiter betrieben werden. Will der Mieter die Vollziehbarkeit der einstweiligen Verfügung beseitigen, muss er seinerseits einstweilige Maßnahmen nach §§ 924 Abs. 3 S. 2, 936, 707 ZPO beantragen. Eine Aufhebung gegen Sicherheitsleistung ist auf Antrag des Mieters möglich, wenn besondere Umstände[157] vorliegen (siehe § 939 ZPO).[158] Zusätzlich zu den besonderen Umständen wird gefordert, dass dem Mieter ein Schaden droht, der über das mit der Vollziehung verbundene übliche Maß hinausgeht.[159] Der entsprechende Antrag ist gerichtet auf die einstweilige Einstellung der Zwangsvollstreckung.

4. Vollstreckungsrechtliche Rechtsbehelfe

Die Vollstreckung durch den Vermieter wirft zahlreiche Probleme auf. Folglich spielen 68
vollstreckungsrechtliche Rechtsbehelfe praktisch eine hervorgehobene Rolle. Will der Vermieter gegen die WG vollstrecken (zum Beispiel durch Räumung im Wege der Herausgabe, § 885 ZPO), ist für die Beurteilung der Zulässigkeit der Vollstreckungsmaßnahmen zunächst nach dem WG-Typ zu differenzieren (→ § 1 Rn. 24 ff.).

Handelt es sich bei der WG um eine **Außen-GbR** (→ § 1 Rn. 27), so ist folgenderma- 69
ßen zu differenzieren: Der Vermieter kann wegen § 736 ZPO nicht in das Vermögen der GbR vollstrecken (zum Beispiel deren Besitz an der Mietsache), wenn nur ein Räumungstitel gegen einzelne Mieter/Gesellschafter vorliegt.[160] Im Grundsatz bedarf es stets eines Titels gegen jeden Mitmieter, Untermieter oder auch nur Mitbewohner (soweit dieser Besitzer ist).[161] Wegen § 736 ZPO genügt für die Vollstreckung gegen eine Außen-GbR ein Titel (zumindest) gegen sämtliche Gesellschafter.[162] Dies wird auch aufgrund der dann gegen jeden Gesellschafter bestehenden Kostenerstattungsansprüche der vorzugswürdige praktische Weg bleiben. Ausreichend ist auch ein Titel gegen die GbR als solche.[163] Für einen gegen die GbR selbst titulierten Räumungsanspruch haften die Mieter/Gesellschafter akzessorisch (§ 128 HGB).[164] Die Zustellung des Titels erfolgt an den Geschäftsführer oder – soweit ein solcher nicht bestellt ist – ihre Gesellschafter.[165] Insbesondere genügt die Zustellung an einen einzigen Gesellschafter, wenn (auch) der Zustellungsadressat geschäftsführungsbefugt und vertretungsberechtigt ist.[166]

---

[155] AG Hofgeismar BeckRS 2015, 20153.
[156] *Huber* in Musielak/Voit ZPO § 940a Rn. 12.
[157] Beispiele bei *Huber* in Musielak/Voit ZPO § 939 Rn. 2.
[158] *Huber* in *Huber* in Musielak/Voit ZPO § 939 Rn. 2.
[159] *Mayer* in BeckOK ZPO, Ed. 1.3.2019, ZPO § 939 Rn. 3.
[160] *Kraemer* NZM 2002, 465 (470).
[161] LG Koblenz BeckRS 2013, 08962.
[162] BGH NJW 2004, 3632; *Karsten Schmidt* NJW 2001, 993 (1000); offengelassen von *Kraemer* NZM 2002, 465 (470).
[163] *Kießling* in NK-ZPO § 885 Rn. 7 mwN zur aA.
[164] *Kraemer* NZM 2002, 465 (470).
[165] BGH NJW 2006, 2191.
[166] BGH NJW 2006, 2191.

70 Welcher Rechtsbehelf gegen einen Vollstreckungstitel (beispielsweise auf Räumung) statthaft ist, richtet sich nach der Zielrichtung des Angriffs. Denkbar sind Angriffe auf den dem Titel zugrunde liegenden Anspruch. Denkbar sind auch Angriffe auf den Titel selbst. Die besonderen vollstreckungsrechtlichen Maßnahmen zum Aufschub der Vollstreckung, insbesondere der Räumung (§§ 721, 765a, 795a ZPO), sind Gegenstand eines anderen Kapitels (→ § 21 Rn. 55 ff.).

a) Vollstreckungsabwehrklage

71 Will der Mieter Einwendungen gegen den rechtskräftigen Anspruch selbst geltend machen, dann ist die Vollstreckungsabwehrklage (§ 767 ZPO) der statthafte Rechtsbehelf. Zuständig ist das Prozessgericht des ersten Rechtszuges. § 767 ZPO ist anwendbar auf sämtliche Titel.[167] Es kommen sämtliche rechtshindernden, rechtsvernichtenden und rechtshemmenden materiell-rechtlichen Einwendungen in Betracht (zum Beispiel Erfüllung, Aufrechnung, Verjährung).

72 Praktisch relevant sein dürften hier vor allem Zahlungsansprüche des Vermieters. Auch Räumungstitel sind mit § 767 ZPO angreifbar, was vor allem im Gewerberaummietrecht bei notariellen Räumungstiteln praktisch relevant wird.[168] Denkbar sind freilich auch Konstellationen, in denen der Mieter bereits einen Räumungstitel erwirkt hat, der Mieter aber nach der mündlichen Verhandlung (dazu gleich) Einwendungen gegen Räumungsanspruch schafft. Zahlt der Mieter zum Beispiel nach fristloser Kündigung wegen Zahlungsverzugs die Mietrückstände zwar innerhalb der Schonfrist (§ 569 Abs. 3 BGB), aber nach der mündlichen Verhandlung, so ergeht zunächst ein Räumungsurteil, dem der Mieter mit der Vollstreckungsabwehrklage begegnen kann.[169] Fällt der Eigenbedarf (§ 573 Abs. 2 BGB) für die ordentliche Kündigung vor dem Ablauf der Kündigungsfrist nachträglich weg, dann soll ebenfalls eine Klage nach § 767 ZPO möglich sein.[170]

73 Es können nur Einwendungen erfolgreich geltend gemacht werden, die nicht wegen der materiellen Rechtskraft des Titels bereits präkludiert sind. Die im Rahmen des § 767 Abs. 1 ZPO beachtlichen Einwendungen dürfen daher grundsätzlich[171] erst nach dem Schluss der letzten mündlichen Verhandlung entstanden sein (§ 767 Abs. 2 ZPO).[172] Der Erfüllungseinwand muss beispielsweise bereits im Ausgangsprozess einer Zahlungsklage geltend gemacht werden.[173] Bei Gestaltungsrechten ist nach der umstrittenen BGH-Rechtsprechung deren erstmalige Ausübungsmöglichkeit und damit deren Entstehung (nicht deren tatsächliche Ausübung) maßgeblich.[174] Hat es der Mieter daher in einem Vorprozess zum Beispiel auf Mietzahlung versäumt, gegen die zuerkannte Forderung des Vermieters mit seinem fälligen Anspruch auf Rückzahlung der Kaution aufzurechnen, so ist er nach Beendigung des Rechtsstreits wegen § 767 Abs. 2 ZPO gehindert, dies nachzuholen.[175] Der Anspruch des Mieters auf Rückzahlung der Kaution entsteht bereits mit Vertragsabschluss und ist aufschiebend bedingt durch die Beendigung des Vertrags sowie durch den Ablauf der dem Vermieter üblicherweise zusätzlich zuzubilligenden Abrechnungsfrist (in der Regel zwischen drei und sechs Monaten[176]). Innerhalb dieser Frist hat sich der Ver-

---

[167] Vgl. die Aufstellung bei *Schmidt-Brinkmann* in MüKo ZPO § 767 Rn. 25 ff.
[168] *Klotz-Hörlin* in BeckOK MietR, Ed. 1.3.2019, BGB § 546 Rn. 103.
[169] AG Wesel BeckRS 1990, 05890.
[170] BGHZ 165, 75 = NJW 2006, 220; LG Siegen BeckRS 2015, 04718.
[171] Ausnahmsweise können auch zuvor entstandene Einwendungen über eine Schadensersatzklage nach § 826 BGB geltend gemacht werden, wenn sich der Titelgläubiger den Titel vorsätzlich sittenwidrig verschafft hat, vgl. BGH NJW-RR 2012, 304 (305).
[172] BGH NJW-RR 2010, 1598 (Betriebskostenabrechnung als fälligkeitsbegründender Umstand für die Einwendung). Zur Präklusion der Aufrechnung mit Kautionsrückzahlungsanspruch vgl. OLG Düsseldorf BeckRS 2009, 27561.
[173] Dazu und zu den Voraussetzungen etwa *Zehelein* NJW 2017, 41 (43).
[174] BGH NJW 2009, 1671; BGHZ 163, 339 = NJW 2005, 2926.
[175] OLG Düsseldorf BeckRS 2009, 27561.
[176] Nachweise bei *Wiederhold* in BeckOK BGB, Ed. 1.2.2019, BGB § 551 Rn. 44.

mieter zu entscheiden, ob und in welcher Weise er die Kaution zur Abdeckung seiner Ansprüche (zum Beispiel wegen etwaiger Reparaturen) verwenden will. Erst mit Ablauf dieser Frist wird der Rückgewähranspruch des Mieters fällig.[177] Es stellt sich dann die Frage, ob die Fälligkeit bereits während des Vorprozesses wegen des Ablaufs der angemessenen Abrechnungsfrist eingetreten war oder aus anderen Gründen eine Aufrechnung bereits möglich war (zum Beispiel weil der Vermieter bereits Schadensersatzansprüche geltend gemacht hat[178]).

Denkbar ist nach herrschender Meinung[179] auch eine Vollstreckungsabwehrklage nach § 767 ZPO analog, wenn der Titel nicht hinreichend bestimmt ist (sogenannte **prozessuale Gestaltungsklage**). Haben sich Mieter und Vermieter beispielsweise in einem Prozessvergleich auf einen Zahlungsbetrag oder die Räumung[180] geeinigt und ist dieser Titel unbestimmt, kann der Mieter diesen Titel alternativ zu § 766 ZPO mit der Klage nach § 767 ZPO analog angreifen.[181] **74**

b) Erinnerung

Die Erinnerung nach § 766 ZPO ist statthaft, wenn der Mieter die **Art und Weise der Zwangsvollstreckung** oder das vom Gerichtsvollzieher bei ihr zu beobachtende **Verfahren** beanstanden will. Gegenstand der Erinnerung sind mithin stets konkrete Maßnahmen der Zwangsvollstreckung (nicht der Titel als solcher). Wird das Prozessgericht selbst als Vollstreckungsgericht tätig (§§ 887, 888, 890 ZPO), dann ist nicht die Erinnerung statthaft, sondern die sofortige Beschwerde nach § 793 ZPO (→ Rn. 79). Mit diesem Rechtsbehelf kann auch die **Unbestimmtheit** des Vollstreckungstitels geltend gemacht werden, da aus einem unbestimmten Titel nicht vollstreckt werden kann.[182] Ein Räumungstitel ist grundsätzlich nicht unbestimmt, wenn der Gerichtsvollzieher mit allgemein zugänglichen Hilfsmitteln (zum Beispiel Bauplänen) und unter Heranziehung von sachkundigen Hilfspersonen klären kann, was zu dem zu räumenden Gegenstand gehört.[183] Zuständig ist das Vollstreckungsgericht (§ 764 ZPO). **75**

Praktisch relevant sind hier vor allem Erinnerungen von (Mit)Besitzern bei Personenmehrheiten auf Mieterseite, wenn sich der Titel gegen den oder die Mieter richtet, aber nicht sämtliche Parteien Mieter sind. Denn gegen jeden Besitzer (und nicht nur gegen den Mieter) muss grundsätzlich ein Vollstreckungstitel vorhanden sein.[184] Gegen einen im Vollstreckungstitel oder der Vollstreckungsklausel namentlich nicht bezeichneten Dritten, der Besitz innehat, darf keine Räumungsvollstreckung betrieben werden;[185] ein Betroffener kann Erinnerung einlegen, wobei dann auch der Besitz geprüft werden muss. **76**

Die bloße Befürchtung eines weiteren Mieters, der nicht Titelschuldner ist, der Gerichtsvollzieher werde Besitzverhältnisse verkennen und die Herausgabe auch gegen Dritte vollstrecken (§ 885 ZPO), genügt für die Begründetheit der Erinnerung nicht.[186] Bestehen aber Anhaltspunkte (zum Beispiel aufgrund begonnener Vollstreckungsversuche oder konkreter Ankündigungen des Gerichtsvollziehers), dass auch in den Besitz weiterer Mieter vollstreckt wird, die nicht Titelschuldner sind, ist eine Erinnerung nach § 766 ZPO denkbar. Legt der Mieter dem die titulierten Mietforderungen vollstreckenden Gerichtsvoll- **77**

---

[177] BGH NJW 2006, 1422.
[178] Siehe *Fritz* Gewerberaummietrecht XIV. Rn. 596.
[179] BGH NJW 2017, 2202 mwN.; NJW 2015, 1181 mAnm *Kaiser*; BGH NJW-RR 2004, 472; BGHZ 124, 164 = NJW 1994, 460; *Özen/Hein* JuS 2010, 124 (126).
[180] So beispielsweise bei AG Hofgeismar BeckRS 2015, 20153.
[181] OLG Koblenz NJW-RR 2002, 1509.
[182] BGH NJW 2013, 2287 (2287).
[183] BGH NJW 2013, 2287 (2287) – Haus (Gegenstand des Räumungstitels) mit Durchbruch zum Nachbargrundstück.
[184] LG Koblenz BeckRS 2013, 08962; *Haumer* in BeckOK MietR, Ed. 1.3.2019, Klageverfahren Rn. 75; Vgl. OLG Schleswig ZMR 1993, 69.
[185] LG Koblenz BeckRS 2013, 08962.
[186] LG Berlin BeckRS 2011, 05497.

zieher eine Quittung des Vermieters über die Begleichung eben jener Forderungen vor, so muss die Zwangsvollstreckung eingestellt werden (§ 775 Nr. 4 ZPO). Unterlässt dies der Gerichtsvollzieher, so kann die Maßnahme über die Erinnerung angegriffen werden. Eine Erinnerung des Vermieters gegen die Einstellung der Zwangsvollstreckung ist dann hingegen grundsätzlich unbegründet; etwas anderes gilt, wenn der Vermieter nach der vorläufigen Einstellung die Weisung erteilt, weiter zu vollstrecken und so implizit bestreitet, dass tatsächlich Erfüllung im Sinne des § 775 Nr. 4 ZPO eingetreten sei[187] – in diesem Falle muss der Mieter wiederum nach § 767 ZPO vorgehen (→ Rn. 71). Die gegen den Vermieter verhängte Zwangsverwaltung (§ 152 ZVG) kann von einem Untermieter nicht mit der Erinnerung angegriffen werden, da diesem das erforderliche Rechtsschutzinteresse dafür fehlt.[188]

78   Eine Erinnerung nach § 732 ZPO ist statthaft, wenn die Erteilung der Vollstreckungsklausel beanstandet werden soll (zum Beispiel Erteilung trotz Nichtbeachtung des § 726 ZPO).[189]

c) Sofortige Beschwerde

79   Die sofortige Beschwerde nach § 793 ZPO ist statthaft gegen Entscheidungen im Zwangsvollstreckungsverfahren, die **ohne mündliche Verhandlung** ergehen. Zuständig ist das Gericht der nächsten Instanz (§§ 72, 119 GVG). Das Verfahren ist in §§ 567 ff. geregelt. Gegenstand der sofortigen Beschwerde können nur Entscheidungen sein, die kraft Gesetzes von dem Erfordernis der mündlichen Verhandlung freigestellt sind (§ 128 Abs. 4 ZPO).[190] Praktisch relevant ist die sofortige Beschwerde insbesondere gegen zurückgewiesene Erinnerungen.

5. Behördliche (polizeiliche) Hilfe

80   Der Mieter kann sich (ebenso wie der Vermieter[191]) zur Durchsetzung seiner Abwehrrechte unter bestimmten restriktiven Voraussetzungen auch behördlicher Hilfe bedienen.[192] Die Polizei ist bei entsprechender Veranlassung berechtigt, etwa zur Durchsetzung des Hausrechts einen Platzverweis auszusprechen und sodann mit unmittelbarem Zwang durchzusetzen, wenn vom Vermieter eine Störung der öffentlichen Sicherheit und Ordnung ausgeht.[193] Allerdings gilt hier der Grundsatz der **Subsidiarität**: Der Schutz privater Rechte obliegt der Polizei nur auf Antrag des Berechtigten (hier: Mieter) und nur dann, wenn gerichtlicher Schutz nicht rechtzeitig zu erlangen ist und wenn ohne polizeiliche Hilfe die Gefahr besteht, dass die Verwirklichung des Rechts vereitelt oder wesentlich erschwert wird.[194]

81   Der Grundsatz der Subsidiarität steht der Inanspruchnahme polizeilicher Hilfe dann nicht entgegen, wenn es beispielsweise aufgrund der Tageszeit (Abend- oder Nachtstunden) oder der Art der Maßnahme (zum Beispiel kurzfristig zu vollziehende Handlungen) ausgeschlossen erscheint, dass noch rechtzeitig wirkender zivilrechtlichen Schutz in Anspruch genommen werden kann.[195] Dabei sind auch die Möglichkeiten des einstweiligen Rechtsschutzes (siehe oben) zu berücksichtigen, wobei freilich auch diese an die normalen Öffnungs- und

---

[187] AG Hannover BeckRS 2010, 03869.
[188] BGH NZM 2012, 115.
[189] BGH NJW-RR 2012, 1146.
[190] *Lackmann* in Musielak/Voit ZPO § 793 Rn. 2.
[191] Vgl. dazu VG Berlin NJW 1981, 1748.
[192] OLG Hamm NJW 2016, 1454.
[193] Vgl. dazu die Polizeigesetze der Länder (zB §§ 2 Abs. 2, 21, 30 ff. SächsPolG; §§ 1 Abs. 2, 34, 57 NRWPolG).
[194] § 2 Abs. 2 SächsPolG. Für die Abgrenzung privater Interessen zu öffentlichen Interessen siehe *Reimer* in BeckOK VwGO, Ed. 1.1.2018, § 40 Rn. 45 ff.
[195] OLG Hamm NJW 2016, 1454 (1455).

Arbeitszeiten von Zivilgerichten geknüpft sind. Müsste der Mieter zum Beispiel noch die mehrstündige Anwesenheit des Vermieters dulden oder gar eine (rechtswidrige) Räumungsmaßnahme zum Beispiel nach Schließung der Gerichte hinnehmen, bis er gerichtliche Hilfe in Anspruch nehmen kann, so wird ihm das regelmäßig unzumutbar sein mit der Folge, dass polizeilicher Schutz in Anspruch genommen werden kann.

Die Subsidiaritätsklausel greift auch dann nicht ein, wenn die Maßnahme, deren Abwehr begehrt wird, einen Straftatbestand erfüllt (zum Beispiel § 123 StGB[196]).[197] Denn in diesem Falle wird die Polizei (auch) im öffentlichen Interesse tätig, da es ihre originäre Aufgabe ist, das Andauern von Straftaten zu verhindern. 82

Geht der Vermieter durch die Inanspruchnahme polizeilicher Hilfe gegen den Mieter vor (zum Beispiel Räumung),[198] dann muss der Mieter gegen derlei Maßnahmen den **Verwaltungsrechtsweg** beschreiten und die öffentlich-rechtlichen Handlungen selbst angreifen. 83

II. Aktivlegitimation und Prozessführungsbefugnis

Abhängig von dem WG-Typ (→ § 1 Rn. 24 ff.) und dem Gegenstand der Verletzung kommen unterschiedliche Anspruchsinhaber in Betracht. Jedes WG-Mitglied kann grundsätzlich nur eigene Rechte geltend machen; es besteht nicht ohne Weiteres Prozessführungsbefugnis für die übrigen WG-Mitglieder.[199] Hinsichtlich des Kautionsrückzahlungsanspruchs liegt regelmäßig Mitgläubigerschaft beziehungsweise gemeinschaftliche Gläubigerschaft vor, sodass nicht ein einzelnes WG-Mitglied Leistung an sich selbst beanspruchen kann.[200] Die Außen-GbR ist aktiv und passiv partei- und prozessfähig,[201] kann mithin die Rechte aus dem Mietverhältnis ebenso wie zum Beispiel possessorische Ansprüche selbst gerichtlich durchsetzen. Ansprüche der GbR können nicht ohne Weiteres durch einzelne WG-Mitglieder im eigenen Namen geltend gemacht werden.[202] 84

III. Ersatzfähigkeit von Rechtsverfolgungskosten

Hinsichtlich der Ersatzfähigkeit von Rechtsverfolgungskosten ist zwischen außergerichtlichen und gerichtlichen Kosten zu differenzieren: 85

Hinsichtlich der **außergerichtlichen Kosten** kommt ein Erstattungsanspruch aus den allgemeinen Vorschriften in Betracht (§§ 280, 823 Abs. 2 BGB). Dabei ist stets ein Verschulden des Vermieters erforderlich. Beruft sich der Vermieter schuldhaft auf eine materiell unbegründete Kündigung und provoziert den Mieter zu Abwehrmaßnahmen (zum Beispiel weil der Vermieter mit der Räumung droht oder diese einleitet), verletzt der Vermieter vertragliche Nebenpflichten aus dem Mietvertrag (§§ 241 Abs. 2, 242 BGB). Die für Abwehrmaßnahmen erforderlichen außergerichtlichen Kosten kann der Mieter daher im Wege des Schadensersatzes ersetzt verlangen, wenn sich der Vermieter nicht zu exkulpieren vermag (zum Beispiel aufgrund eines fehlerhaften rechtlichen Rates).[203] 86

Allerdings kommt es für die Ersatzfähigkeit auf den Schutzzweck der Norm an, auf deren Verletzung sich der Mieter gegenüber dem Vermieter beruft. Die Norm muss auch gerade die Interessen des Mieters schützen; nicht ausreichend ist auch die Nichteinhaltung bloßer 87

---

[196] Es ist irrelevant, dass es sich um ein Antragsdelikt (§ 123 Abs. 2 StGB) handelt. Zur Antragsberechtigung vgl. KG Berlin NJW 2015, 3527.
[197] OLG Hamm NJW 2016, 1454 (1455).
[198] Siehe VG Berlin NJW 1981, 1748.
[199] Vgl. LG Saarbrücken NJW-RR 1992, 781 (782).
[200] LG Flensburg BeckRS 2009, 05085.
[201] BGHZ 146, 341 = NJW 2001, 1056; OLG Rostock OLG-NL 2002, 149.
[202] LG Saarbrücken NJW-RR 1992, 781 (782).
[203] BGH NJW 2014, 2566; BGHZ 89, 296 = NJW 1984, 1028.

Ordnungsvorschriften oder Obliegenheiten (zum Beispiel Begründung der Kündigung). Eine Erstattung von Anwaltskosten kommt daher nicht in Betracht, wenn der Mieter eine begründungslose Vermieterkündigung wegen der fehlenden Begründung hat zurückweisen lassen. Denn die Angabe der Gründe für die Kündigung eines Wohnraummietverhältnisses ist eine bloße Obliegenheit des Vermieters, aus deren Verletzung der Mieter keine Schadensersatzansprüche herleiten kann.[204]

88   Die **gerichtlichen Kosten** sind in der Regel Teil des prozessualen Kostenerstattungsanspruchs (§§ 91 ff. ZPO). Hierbei sind die §§ 93, 93b ZPO zu beachten.[205] Zudem können auch diese Kosten unter den Voraussetzungen des § 286 BGB geltend gemacht werden; dies kann erforderlich sein, wenn die (ursprünglich zulässige und begründete) Klage aufgrund eines erledigenden Ereignisses unzulässig oder unbegründet wird (zum Beispiel bei der begehrten Rückgabe der Mietsache).

89   Der **Gegenstandswert** von Abwehrmaßnahmen des Mieters bemisst sich nach dem Interesse des Mieters. Dabei ist § 41 GKG maßgeblich.

---

[204] BGH BeckRS 2011, 00551.
[205] Siehe dazu *Meyer-Abich* NJW 2017, 3429 (3431).

§ 14 Innenordnung von Wohngemeinschaften

Übersicht

	Rn.
A. Gesellschaft bürgerlichen Rechts	1
B. Innen- und Außengesellschaft	6
C. Beitragspflichten	11
I. Mietsicherheit	15
II. Mietanteil	17
III. Haushaltsführung	19
1. Kollektive Haushaltspflichten	21
2. Individuelle Haushaltspflichten	23
3. Vergemeinschaftete Haushaltspflichten	24
4. Übertragung auf Dritte	25
D. Rücksichtnahmepflichten	27
I. Grundlagen	27
II. Ruhezeit, Gäste und Feiern	31
III. Rauchen	34
IV. Privatsphäre	36
V. Tierhaltung	37
E. Geschäftsführung	38
I. Inhalt	38
II. Grenzen	42
III. Kostenerstattung und Innenausgleich	44
IV. Information und Rechnungslegung	50
V. Inkurs: WG-Kasse und WG-Konto	52
F. Haftung	55
G. Anhang: Checkliste zur Innenordnung einer Wohngemeinschaft	59

Schrifttum:

Behrens, Beteiligung mehrerer Mieter am Mietverhältnis, 1989; *Bunn*, Zum Innenverhältnis von Wohngemeinschaften, MDR 1989, 127; *Drasdo*, Wohngemeinschaften im Mietrecht, NJW-Spezial, 2015, 161; *Grunewald*, Wohngemeinschaften und nichteheliche Lebensgemeinschaften als Mieter, JZ 2015, 1027; *Güven*, Die Unterscheidung von Innen- und Außengesellschaft bürgerlichen Rechts, 2010; *Jacobs*, Haftung der (studentischen) Wohngemeinschaft nach Anerkennung der Rechtsfähigkeit der Außen-GbR, NZM 2008, 111; *Schrader*, Die Beendigung einer Wohngemeinschaft von Partnern einer nichtehelichen Lebensgemeinschaft, NZM 2010, 257; *Streyl*, Mietermehrheiten, NZM 2011, 377.

A. Gesellschaft bürgerlichen Rechts

Das Verhältnis der Mitbewohner einer WG ist in aller Regel als Gesellschaft bürgerlichen 1 Rechts (§§ 705 ff. BGB) zu qualifizieren.[1] Überholt sind die älteren Gegenansichten, die die WG als Bruchteilsgemeinschaft (§§ 741 ff. BGB) oder Gemeinschaft eigener Art verstehen wollten.[2] Inzwischen herrscht Einigkeit darüber, dass die Mitbewohner einer WG,

---

[1] BGHZ 136, 314 (323) = NJW 1997, 3437 (3439); KG Berlin NJW-RR 1992, 1490; OLG Hamm BB 1976, 529; LG Saarbrücken NJW-RR 1992, 781 (782); LG München II NJW-RR 1993, 334; *Bunn* MDR 1989, 127 (130); *Drasdo* NJW-Spezial 2015, 161; *Heidel* in NK-BGB § 705 Rn. 58; *Schücking* in MHdB GesR I § 4 Rn. 105; *Servatius* in Henssler/Strohn GesR § 705 Rn. 16; *Stürner* in Jauernig BGB § 705 Rn. 6; *Weidenkaff* in Palandt BGB § 535 Rn. 6; *Westermann* in Erman BGB Vor § 705 Rn. 53; s. auch *Horst* MDR 1999, 266 (267); ausf. *Behrens* S. 84.

[2] *Jacobs* NZM 2008, 111; *Schrader* NZM 2010, 257 (258) jeweils mwN zu den Gegenansichten.

indem sie sich über das gemeinschaftliche Wohnen einigen, einen gemeinsamen Zweck im Sinne des § 705 BGB verfolgen.³

2   Die **Entstehung** der GbR setzt im Innenverhältnis der Mitbewohner lediglich die Einigung über den Zweck gemeinschaftlichen Wohnens voraus, den zu fördern sie verpflichtet sein sollen. Die Mitbewohner müssen sich nicht ausdrücklich, sondern können sich auch stillschweigend über die Gründung einer GbR einigen. Dabei muss ihnen nicht bekannt sein, dass die unter ihnen bestehenden Rechtsbeziehungen als GbR einzuordnen sind.⁴ Unter gewöhnlichen Umständen ergibt sich die Gründung einer GbR ohne weiteres aus der **Vereinbarung einer WG**. Eine Mindestvertragsdauer setzt § 705 BGB nicht voraus. Auch bei einer nur auf kurze Zeit angelegten WG ist das Rechtsverhältnis zwischen den Mitbewohnern als Gesellschafts-, nicht als einmaliger Austauschvertrag anzusehen.⁵ Schließlich besteht für die Gründung der GbR kein Formerfordernis. Etwas anderes ergibt sich aus § 550 S. 1 BGB auch dann nicht, wenn die GbR selbst einen Mietvertrag über Wohnraum für eine längere Zeit als ein Jahr abschließen soll. Denn ein Verstoß gegen die Formvorschrift des § 550 S. 1 BGB führt nicht zur Unwirksamkeit des Mietvertrages, weswegen sie erst recht nicht der Wirksamkeit des Gesellschaftsvertrages entgegenstehen kann.

3   Eine zwischen den Mitbewohnern einer WG bestehende GbR ist zu unterscheiden von einem bloßen **Gefälligkeitsverhältnis**, bei dem die Mitbewohner untereinander mangels Rechtsbindungswillens keine rechtlichen Verpflichtungen begründen. Das ist etwa denkbar, wenn die einzelnen Mitbewohner mit dem Vermieter jeweils eigene Mietverträge abgeschlossen haben, die die Nutzung von Gemeinschaftsräumen abschließend regeln, und die Mitbewohner auch keinen Einfluss auf einen Mieterwechsel nehmen. Leben die Mitbewohner auf dieser Grundlage, die mehr an ein Wohnheim als an eine WG erinnert,⁶ unverbunden nebeneinander her, fehlt es an einer Einigung über gemeinschaftliches Wohnen und somit auch an dem von § 705 BGB für die Entstehung einer GbR vorausgesetzten gemeinsamen Zweck.⁷ Dann bleibt aber gleichwohl Raum für ein nachbarschaftliches Gefälligkeitsverhältnis mit wechselseitigen Rücksichtnahmepflichten nach § 241 Abs. 2 BGB (→ Rn. 27 ff.).⁸ Üblicherweise lassen aber bereits die Abreden der Mitbewohner über die Zahlung und Aufteilung der Miete darauf schließen, dass sie untereinander rechtliche Bindungen eingehen wollen.⁹

4   Die Annahme einer GbR scheidet oftmals beim Zusammenleben in **nichtehelicher Lebensgemeinschaften** aus. Bei Paaren steht die persönliche Beziehung im Vordergrund, weswegen nicht anzunehmen ist, dass sie ihr Zusammenleben in einer gemeinsamen Wohnung (gesellschafts)vertraglich regeln wollen.¹⁰ Die gemeinsame Wohnung ist zudem nur ein Teilaspekt eines gemeinschaftlichen Lebensentwurfs. Die hiervon geprägten Interessen und Zuwendungen innerhalb einer partnerschaftlichen Beziehung kann eine auf die gemeinsame Wohnung beschränkte GbR nicht erschöpfen. Für die Annahme einer solchen GbR zwischen nichtehelich zusammenlebenden Partnern sind daher über die bloße Vereinbarung gemeinschaftlichen Zusammenlebens hinausgehende Anhaltspunkte erforderlich.¹¹ Diese Ausnahme ist ihrerseits einzuschränken, wenn das nichtehelich zusammenlebende Paar gemeinsam mit weiteren Mitbewohnern eine WG bildet (→ § 23 Rn. 25 f.). In diesem Fall sind an die Annahme einer stillschweigend geschlossenen GbR keine besonde-

---

³ *Grunewald* JZ 2015, 1027; *Streyl* NZM 2011, 377 (379); ferner *Schüren* JZ 1989, 358 (360).
⁴ Vgl. *Schücking* in MHdB GesR I § 5 Rn. 2.
⁵ Vgl. *Habermeier* in Staudinger BGB § 705 Rn. 18.
⁶ So auch *Bunn* MDR 1989, 127 (parallele Schuldverhältnisse).
⁷ *Schücking* in MHdB GesR I § 4 Rn. 105.
⁸ Vgl. *Schäfer* in MüKoBGB § 705 Rn. 17.
⁹ *Behrens* S. 94.
¹⁰ BGHZ 176, 262 Rn. 16 = NJW 2008, 2333; BGH NJW 2008, 443 (444); LG Berlin NJW-RR 1995, 463 (§§ 741 ff. BGB); s. auch *Schrader* NZM 2010, 257 (258); diff. *Grunewald* JZ 2015, 1027 (1028); krit. *Böhmer* JZ 1994, 982 (987).
¹¹ BGHZ 176, 262 Rn. 17 = NJW 2008, 2333; abw. OLG Hamburg NZM 2001, 640 (641).

ren Anforderungen zu stellen. Typischerweise dürfte es den Interessen der Parteien entsprechen, alle Mitbewohner prinzipiell gleichermaßen in die GbR einzubeziehen, sodass auch zwischen den nichtehelich zusammenlebenden Personen gesellschaftsvertragliche Rechte und Pflichten entstehen.

Ob die Mitbewohner sich über das gemeinschaftliche Wohnen einigen und hierdurch 5 untereinander eine GbR begründen, hängt grundsätzlich nicht von der Ausgestaltung der mietvertraglichen Rechte und Pflichten ab. Es besteht insoweit jedenfalls kein zwingender Zusammenhang zwischen dem **mietrechtlichen Außenverhältnis** und dem gesellschaftsrechtlichen Innenverhältnis. Besonderheiten können sich ergeben, wenn unter den Mitbewohnern mietvertragliche Beziehungen bestehen. Das ist der Fall, wenn ein Hauptmieter Untermietverträge abschließt oder der Vermieter der WG selbst angehört (→ § 1 Rn. 24, 29). Untermietvertraglichen Beziehungen innerhalb der WG dürften eine GbR indes kaum jemals vollständig verdrängen. Das gilt selbst dann, wenn die WG nur aus zwei Personen besteht, das heißt aus einem Haupt- und aus einem Untermieter. In diesem Fall wird sich ein Recht des Untermieters, vom Hauptmieter die Zahlung der Miete an den Vermieter zu verlangen, kaum jemals aus dem Untermietvertrag, sondern nur aus einer gesellschaftsrechtlichen Verpflichtung des Hauptmieters ableiten lassen, den ihm obliegenden Beitrag zur Förderung des gemeinschaftlichen Wohnens zu leisten (→ Rn. 18). Erst recht werden Untermietverträge das Pflichtenprogramm gemeinschaftlichen Wohnens nicht erschöpfen, wenn der Hauptmieter mehrere Untermietverträge abgeschlossen hat. Da zwischen den Untermietern keine Mietverhältnisse bestehen, bleibt insoweit Raum für eine GbR. Ob und inwieweit der Hauptmieter in eine solche GbR einbezogen wird, ist eine Frage der Vertragsgestaltung im Einzelfall. Diese Grundsätze gelten entsprechend, wenn sich der Vermieter an der WG beteiligt. Besteht sie allerdings nur aus ihm und einem Mieter, kann das Mietverhältnis die zwischen ihnen bestehenden Rechte und Pflichten durchaus abschließend regeln und die konkludente Gründung einer GbR ausschließen.

B. Innen- und Außengesellschaft

Die zwischen den Mitbewohnern der WG bestehende GbR kann eine Innen- oder eine 6 Außengesellschaft bürgerlichen Rechts sein. Die **Abgrenzung** richtet sich ausschließlich danach, ob die GbR nach der gesellschaftsvertraglichen Einigung der Mitbewohner als solche, das heißt als rechtsfähige Einheit am Rechtsverkehr teilnehmen soll oder nicht.[12] Da es typischerweise an einem formulierten Vertrag fehlen wird, muss von äußeren Umständen, insbesondere vom tatsächlichen Erscheinungsbild der WG, auf den Willen der Mitbewohner geschlossen werden. Wenngleich die Außen-GbR der gesetzliche Normalfall ist, besteht keine diesbezügliche Vermutung.[13]

Die Innen-GbR zeichnet sich dadurch aus, dass der Gesellschaftsvertrag keine Regelun- 7 gen zur **Vertretung** der GbR enthält.[14] Bei ihr treten nach außen stets nur die einzelnen Gesellschafter, das heißt die Mitbewohner der WG, auf. Dass sie auf Rechnung der GbR handeln, weist nicht auf eine Außen-GbR hin.[15] Im Übrigen können auch bei einer Innen-GbR von § 709 BGB abweichende Regelungen über die **Geschäftsführung** bestehen (→ Rn. 40).[16]

Im Regelfall haben die Mitbewohner einer WG kein Interesse daran, als GbR am 8 Rechtsverkehr teilzunehmen, und bilden daher lediglich eine **Innen-GbR**.[17] Die klarste

---
[12] Allg. BGH NJW 1960, 1851; *Schäfer* in MüKoBGB § 705 Rn. 279; *Schücking* in MHdB GesR I § 3 Rn. 4; ausf. *Güven* S. 93.
[13] BGHZ 12, 308 (315) = NJW 1954, 1159.
[14] *Heidel* in NK-BGB § 705 Rn. 219.
[15] *Servatius* in Henssler/Strohn GesR § 705 Rn. 9.
[16] *Schücking* in MHdB GesR I § 3 Rn. 50 ff.
[17] AA *Westermann* in Erman BGB Vor § 705 Rn. 53 (idR Außen-GbR).

Ausnahme von dieser Regel ist der Fall, dass die WG den Mietvertrag über die gemeinsame Wohnung als Außen-GbR abschließt (→ § 1 Rn. 27). Fehlt es daran, kommt eine Außen-GbR in Betracht, wenn die WG anderweitig als solche im Rechtsverkehr auftritt, etwa indem sie **Verträge**, wie etwa Strom- oder Gaslieferungsverträge, Telefonfestnetz- oder Internetanschlussverträge oder ein Zeitschriftenabonnement abschließt. Eine Außen-GbR entsteht auch dann, wenn die Mitbewohner für die Abwicklung des Mietverhältnisses ein Konto der WG einrichten, aus dem nicht ein einzelner Mitbewohner, sondern die WG als solche berechtigt und verpflichtet wird.

9   Charakteristisch für die Innen-GbR ist, dass sie kein[18] oder zumindest kein über die Ansprüche gegen einzelne Gesellschafter[19] hinausgehendes **Gesamthandsvermögen** aufweist. Fehlt ein solches Vermögen, ist dies jedenfalls ein Indiz für eine Innen-GbR.[20] Nach überwiegender Ansicht führt die Bildung von Gesamthandvermögen, einschließlich jeglicher Übertragung von Eigentum auf die Gesellschaft, zwingend zu einer Außen-GbR, da sie dann selbst Trägerin von Rechten sein und ihr das betreffende Vermögen auch im Außenverhältnis zu Dritten zustehen soll.[21] Vor diesem Hintergrund kann der Erwerb von Haushaltsgegenständen zu einer Außen-GbR führen (→ § 15 Rn. 38 f.). Das gilt ebenso für die Bildung einer WG-Kasse (→ Rn. 52 ff.). Erforderlich ist dafür aber stets, dass das nach dem Willen der Mitbewohner die WG als solche Vermögensinhaberin, also etwa Eigentümerin, sein soll. Hieran wird häufig kein Interesse bestehen.

10   Auf der Seite der Rechtsfolgen unterscheidet sich die Außen- von der Innen-GbR vor allem durch ihre Rechtsfähigkeit, die von einem Gesellschafterwechsel nicht durchbrochen wird (→ § 18 Rn. 61).[22] Die **Außen-GbR** ist Eigentümerin des Gesellschaftsvermögens und aus den von ihr geschlossenen Verträgen selbst berechtigt und verpflichtet. Sie wird von mindestens einem geschäftsführenden Gesellschafter vertreten (§ 714 BGB). Mangels eines von der WG getragenen Unternehmens findet auf die als Außen-GbR organisierte WG die Ausnahme vom vertretungsrechtlichen Offenkundigkeitsgrundsatz keine Anwendung, nach der unternehmensbezogene Rechtsgeschäfte allein den Inhaber des Unternehmens berechtigen und verpflichten sollen.[23] Im Gegensatz dazu können zugunsten der WG abgeschlossene Bargeschäfte des täglichen Lebens der WG zugeordnet werden, ohne dass der Vertretungswille erkennbar nach außen hervortreten müsste, wenn es dem Vertragspartner gleichgültig ist, mit wem er kontrahiert (sogenanntes *Geschäft für den, den es angeht*).[24] Für die Verbindlichkeiten der Außen-GbR haften die Gesellschafter entsprechend §§ 128 bis 130 HGB.[25] Besteht in einer WG eine Innen-GbR und wird diese im Laufe der Mietzeit zu einer Außen-GbR, hat dies keinen Einfluss auf die bestehenden Mietverträge.[26] Für das Innenverhältnis der Mitbewohner untereinander hat der Unterschied zwischen Außen- und Innen-GbR praktisch keine Bedeutung.

---

[18] BGHZ 191, 354 Rn. 22 = NZG 2012, 222 (225); BGHZ 126, 226 (234 f.) = NJW 1994, 2536 (2538).
[19] *Schücking* in MHdB GesR I § 3 Rn. 56.
[20] *Friel* in MAH PersGesR § 13 Rn. 18.
[21] Zur Rspr. s. Fn. 18; *Flume* BGB AT I § 1 III; *Schmidt* GesR § 58 II 2; *Staake* JbJZ 2007, 109 (116); ausf. *Güven* S. 116 und 256; aA *Beuthien* NZG 2011, 161 (165); *von Ditfurth* in PWW § 705 Rn. 34; *Servatius* in Henssler/Strohn GesR § 705 Rn. 8; *Westermann* in Erman BGB § 718 Rn. 2; zw. *Schäfer* in MüKoBGB § 705 Rn. 280.
[22] BGHZ 146, 341 (343) = NJW 2001, 1056 (1057); *Güven* S. 37.
[23] *Heidel* in NK-BGB § 705 Rn. 219.
[24] Vgl. BGHZ 114, 74 (80) = NJW 1991, 2283 (2284); *Ellenberger* in Palandt BGB § 164 Rn. 8.
[25] BGHZ 154, 370 (378) = NJW 2003, 1803 (1805); BGHZ 146, 341 (358) = NJW 2001, 1056 (1061); ausf. *Heidel* in NK-BGB § 714 Rn. 17 ff.
[26] Zu dieser Ausnahme: BGH NJW 2008, 1214 Rn. 11; *Schubert* in MüKoBGB § 164 Rn. 117 ff.

C. Beitragspflichten

Der gewöhnliche Zweck einer konkludent unter den Mitbewohnern einer WG gegründe- 11
ten GbR ist das gemeinschaftliche Wohnen. Die sich aus einem solchen Gesellschaftsvertrag ergebenden Beitragspflichten sind darauf gerichtet, die WG zu ermöglichen, zu errichten und zu erhalten. Die Beitragspflichten werden daher maßgeblich geprägt von den sich aus dem **mietrechtlichen Außenverhältnis** ergebenden Anforderungen für die Einrichtung und Aufrechterhaltung der WG. Die Mitbewohner haben sich in erster Linie so zu verhalten, dass der Vermieter nicht zur Kündigung des Mietvertrages berechtigt wird, da dies den Bestand der WG gefährden und dem gemeinsamen Zweck der GbR zuwiderlaufen würde. Das gilt sowohl für eine ordentliche Kündigung nach § 573 BGB als auch für eine außerordentliche fristlose Kündigung nach §§ 543, 569 BGB. Unerheblich ist, ob bereits eine Abmahnung erfolgt ist, die nach Maßgabe des § 543 Abs. 3 BGB einer Kündigung vorauszugehen hat.[27] Denn nach dem gesellschaftsrechtlichen Innenverhältnis verpflichten sich die Mitbewohner untereinander auch zu einem Verhalten, das dem Vermieter keinen Anlass für eine berechtigte Abmahnung gibt. Ist das Mietverhältnis wirksam nach § 575 BGB befristet, vereinbaren die Mitbewohner auch im Innenverhältnis gemeinschaftliches Wohnen nur für die Dauer der Mietzeit. Mit Ablauf der mietvertraglichen Frist endet daher die GbR aufgrund einer konkludent auch für den Gesellschaftsvertrag vereinbarten Frist gemäß § 723 Abs. 1 S. 2 BGB. Die Beitragspflichten sind in diesem Fall darauf ausgerichtet, Abmahnungen und außerordentliche Kündigungen nach § 575a BGB zu vermeiden.

Typische Beitragspflichten sind: 12
– die anteilige Leistung einer **Mietsicherheit** (→ Rn. 15 f.),
– die Zahlung des eigenen **Mietanteils** (→ Rn. 17),
– die **Haushaltsführung** (→ Rn. 19),
– die Überlassung von **Haushaltsgegenständen** (→ § 15 Rn. 6 ff.) sowie im Übrigen
– der anteilige Ersatz erforderlicher **Geschäftsführungskosten** (→ Rn. 44 ff. und 52 ff.).[28]

Grundsätzlich bestehen daneben primärvertragliche Unterlassungspflichten, von denen zwei herauszuheben sind:
– Die Mitbewohner haben **Störungen des Hausfriedens** zu unterlassen, die den Vermieter zur Kündigung des Mietvertrages berechtigen (§ 573 Abs. 1 S. 1 und Abs. 2 Nr. 1 BGB bzw. §§ 543 Abs. 1, 569 Abs. 2 BGB).[29]
– Ebenso haben sie eine **Aufnahme von Personen** zu unterlassen, die den Vermieter wegen einer unbefugten Überlassung der Wohnung an Dritte zur Kündigung berechtigen (§ 573 Abs. 1 S. 1 und Abs. 2 Nr. 1 BGB bzw. § 543 Abs. 1 und Abs. 2 S. 1 Nr. 2 Alt. 2 BGB).

Etwaige Ausnahmen können den Fall betreffen, dass die Mitbewohner einzelne Mietverträge mit dem Vermieter abgeschlossen haben und er bei einer Störung des Hausfriedens oder einer unzulässigen Überbelegung allein den Mietvertrag des jeweils betroffenen Mitbewohners zu kündigen berechtigt ist (→ § 3 Rn. 37 ff. und → § 20 Rn. 54 ff.).

Auch die gemeinsame **Wohnungssuche** und der **Abschluss des Mietvertrages** fördern 13
das gemeinschaftliche Wohnen, doch werden sich die späteren Mitbewohner hierzu unter gewöhnlichen Umständen nicht rechtlich verpflichten wollen. Typischerweise entsteht die GbR erst mit oder nach dem Abschluss des Mietvertrages im Außenverhältnis. Soll das gemeinschaftliche Wohnen davon abhängen, dass eine geeignete oder eine bestimmte Wohnung angemietet werden kann, steht der Gesellschaftsvertrag möglicherweise unter einer aufschiebenden Bedingung (§ 158 Abs. 1 BGB). Eine mit der WG verbundene

---
27 Zur ordentlichen Kündigung nach § 573 BGB s. *Blank* in Schmidt-Futterer MietR BGB § 573 Rn. 13a.
28 Teilw. anders *Grunewald* JZ 2015, 1027 (anteilige Mietzahlung und rücksichtsvolles Verhalten).
29 *Blank* in Schmidt-Futterer MietR BGB § 573 Rn. 38 und § 569 Rn. 17 ff.

Kostenersparnis ist ein mögliches Motiv für das gemeinschaftliche Wohnen, aber kein gesellschaftsvertraglich bedeutsamer Zweck.

14 **Rechtsgrundlage** der Beitragspflichten ist der Gesellschaftsvertrag, weswegen ihre Begründung der Zustimmung aller Mitbewohner bedarf. Das gilt, wenn nichts anderes vereinbart wurde, auch für die Änderung oder die Aufhebung einer Beitragspflicht. **Gläubiger** der Beitragspflichten sind bei der Innen-GbR die Gesellschafter.[30] Ihre Durchsetzung obliegt einem geschäftsführenden Mitbewohner oder bei der Gesamtgeschäftsführung nach § 709 Abs. 1 BGB allen Mitbewohnern mit Ausnahme des Schuldners.[31] Ein einzelner Mitbewohner kann nicht im eigenen Namen auf Leistung eines Beitrags an die Innen-GbR klagen.[32]

I. Mietsicherheit

15 Wird eine mit dem Vermieter vereinbarte Mietsicherheit nicht geleistet, kann er die Übergabe der Räume nach § 273 BGB verweigern oder den Mietvertrag nach Maßgabe von §§ 543 Abs. 1, 569 Abs. 2a BGB außerordentlich fristlos kündigen. Hängt die Verwirklichung der WG deswegen von einer Mietsicherheit ab, schulden die Mitbewohner einander die anteilige Leistung der Mietsicherheit als Beitrag zur GbR. Das gilt nicht, wenn jeder einzelne Mitbewohner einen Mietvertrag mit dem Vermieter abgeschlossen hat und die darin vereinbarte Mietsicherheit nur den einzeln angemieteten Raum betrifft.

16 Die Mitbewohner können vereinbaren, dass nur einer von ihnen die gesamte Mietsicherheit stellen soll. Fehlt es an einer ausdrücklichen Abrede, wird sich der Gesellschaftsvertrag oftmals ergänzend dahin auslegen lassen, dass der Schlüssel für die Aufteilung der Miete sinngemäß auf die Anteile an der Sicherheitsleistung zu übertragen ist. Scheidet auch dies aus, schulden alle Mitbewohner nach § 706 Abs. 1 BGB gleiche Anteile.

II. Mietanteil

17 Meist vereinbaren die Mitbewohner ausdrücklich, in welcher Höhe sie sich an der Aufbringung der Miete, einschließlich etwaiger – Vorauszahlungen für – Betriebskosten, beteiligen. Fehlt es an jeglicher Vereinbarung schulden sie im Innenverhältnis gemäß § 706 Abs. 1 BGB gleiche Anteile. Freilich ist die ordnungsgemäße Zahlung der Miete für die Erhaltung der WG notwendig, da der Vermieter bei einem Verzug des Mieters mit der Entrichtung der Miete nach Maßgabe von §§ 543 Abs. 2 S. 1 Nr. 3, 569 Abs. 3 BGB zur außerordentlichen Kündigung des Mietvertrages berechtigt ist. Schon deswegen wird in aller Regel auch im Innenverhältnis eine Beitragspflicht der Mitbewohner bestehen, den auf sie entfallenden Anteil an der Miete frist- und ordnungsgemäß zu entrichten. Das kann entweder Zahlung unmittelbar an den Vermieter oder an einen geschäftsführenden Mitbewohner bedeuten, der die Miete in voller Höhe an den Vermieter abführt.

18 Abweichungen und Besonderheiten gelten für bestimmte WG-Typen (→ § 1 Rn. 24 ff.):
(1) Ein Hauptmieter kann von den Untermietern bereits aus § 535 Abs. 1 BGB die Zahlung der vereinbarten Miete an ihn verlangen. Daneben kann ein Anspruch in gleicher Höhe aus § 705 BGB bestehen, der früher als der konkurrierende Anspruch aus § 535 Abs. 1 BGB so fällig wird, dass der Hauptmieter seinerseits die Miete rechtzeitig nach § 556b Abs. 1 BGB an den Vermieter zahlen kann (→ § 4 Rn. 6 ff.). Ferner ist der Hauptmieter den Untermietern seinerseits aus § 705 BGB dazu verpflichtet, die nach dem Hauptmietvertrag geschuldete Miete rechtzeitig an den Vermieter zu entrichten.

---

[30] *Schmidt* GesR § 20 II 4.
[31] Vgl. *Müller* in BeckHdB PersGes § 4 Rn. 209.
[32] Vgl. BGH NJW 1995, 1353 (1355); *Schäfer* MüKoBGB § 705 Rn. 285.

(2) Hat jeder einzelne Mitbewohner einen Mietvertrag mit dem Vermieter geschlossen, ist jeder Mitbewohner selbst für die Zahlung seiner Miete verantwortlich. Zahlt er nicht oder verspätet und treffen die Rechtsfolgen jeweils nur den einzelnen Mitbewohner, besteht typischerweise kein Interesse der Mitbewohner daran, sich untereinander gesellschaftsvertraglich zur Zahlung der Miete zu verpflichten.
(3) Haften die Mitbewohner dem Vermieter als Gesamtschuldner, können sie nach § 426 BGB untereinander Freistellung von einer über ihren Mietanteil hinausgehenden Haftung verlangen.[33] Dieser Anspruch ist aber nicht identisch mit der daneben bestehenden Pflicht jedes Mitbewohners aus § 705 BGB, seinen eigenen Mietanteil beizutragen.
(4) Ist eine Außen-GbR Mieterin, kann sie selbst von den einzelnen Mitbewohnern die Zahlung ihres jeweiligen Mietanteils aus § 705 BGB verlangen. Bleibt der für die Durchsetzung des Anspruchs zuständige Geschäftsführer untätig, kann jeder Mitbewohner die Zahlung an die Außen-GbR geltend machen.[34]

III. Haushaltsführung

Unterschiedliche Vorstellungen der Mitbewohner über die notwendige **Sauberkeit** in der Wohnung sind einer der häufigsten, wenn nicht gar der klassische Grund für Streit innerhalb einer WG. Aus rechtlicher Sicht gilt hierzu im Ausgangspunkt, dass die in einem weiten Sinne zur Erhaltung und Führung des gemeinsamen Haushalts gehörenden Dienstleistungen gemäß § 706 Abs. 3 BGB **primärvertraglich geschuldete Beiträge** zu der in der WG bestehenden GbR sind. Sie sind teilweise schon zur Erhaltung der WG erforderlich, da der Vermieter nach § 543 Abs. 2 S. 1 Nr. 2 Alt. 1 BGB zur außerordentlich fristlosen Kündigung des Mietvertrages berechtigt ist, wenn die Mitbewohner die ihnen obliegende Sorgfalt vernachlässigen und hierdurch die Mietsache erheblich gefährden. Dieses Kündigungsrecht kann beispielsweise entstehen, wenn sich in der Wohnung Müll ansammelt.[35] Dass es sich bei der Haushaltsreinigung typischerweise um Beitragspflichten handelt, zeigt sich auch daran, dass es sich um eine marktgängige und geldwerte Dienstleistung handelt. Es ist deswegen ohne weiteres denkbar, den Anteil eines Mitbewohners im Gegenzug für die Übernahme von Reinigungsdiensten im Haushalt zu verringern. Ein Arbeitsverhältnis entsteht hierdurch mangels persönlicher Abhängigkeit nicht.[36]

Im Hinblick auf den Inhalt der Haushaltsführung kann im Grundsatz auf den entsprechenden Begriff in § 1356 BGB zurückgegriffen werden.[37] Für die WG ist allerdings eine Unterscheidung zwischen kollektiven, individuellen und vergemeinschafteten Haushaltspflichten angezeigt (zur praktischen Durchführung → Rn. 38 ff.).

1. Kollektive Haushaltspflichten

Der gemeinschaftliche Haushalt erfordert zwingend bestimmte Beiträge, die nicht die einzelnen Mitbewohner, sondern die **WG als Ganze** betreffen. Zu diesen kollektiven Haushaltspflichten zählen insbesondere die Reinigung, Lüftung und Instandhaltung von Gemeinschaftsräumen (Bad, Küche, Flure usw.), die Entsorgung von Müll, die Reparatur beziehungsweise die Ersetzung gemeinschaftlich genutzter und für den Haushalt unentbehrlicher Gegenstände (→ § 15 Rn. 48 ff.) sowie etwaige mietvertraglich geschuldete Tätigkeiten (Treppenhausreinigung, Winterdienst usw.).

---

[33] Vgl. *Looschelders* in Staudinger BGB § 426 Rn. 92 ff.
[34] Vgl. *Müller* in BeckHdB PersGes § 4 Rn. 214 ff.
[35] LG Berlin BeckRS 2011, 25638; AG Berlin-Schöneberg, BeckRS 2010, 150; weitere Beispiele bei *Blank* in Schmidt-Futterer MietR BGB § 543 Rn. 60.
[36] Vgl. OLG Köln NZG 2001, 165; BAG NJW 1979, 999.
[37] Hierzu *Voppel* in Staudinger BGB § 1356 Rn. 6.

22 Welche Haushaltstätigkeiten im Einzelnen als Beiträge zur WG geschuldet sind, ergibt sich aus dem Gesellschaftsvertrag. Enthält er zu einer kollektiven Haushaltspflicht weder eine ausdrückliche noch eine konkludente Regelung, ist er planwidrig **lückenhaft**. In diesem Fall ist er um diejenige Beitragspflicht zu ergänzen, auf die sich die Mitbewohner redlicherweise verständigt hätten.[38] Fehlt es ferner an jeglicher Einigung über die Verteilung der Haushaltspflichten im Gesellschaftsvertrag, schulden die Mitbewohner gemäß § 706 Abs. 1 BGB gleiche Beiträge. Bei der Erfüllung der kollektiven Haushaltspflichten hat jeder Mitbewohner nach § 708 BGB bis an die Grenze grober Fahrlässigkeit (§ 277 BGB) nur für diejenige Sorgfalt einzustehen, die er in seinen eigenen Angelegenheiten anzuwenden pflegt (→ Rn. 26, 57).

2. Individuelle Haushaltspflichten

23 Das gemeinschaftliche Wohnen verlangt darüber hinaus, dass jeder **einzelne Mitbewohner** in seinem Bereich den ihm obliegenden Haushaltspflichten nachkommt. In die Verantwortungssphäre des einzelnen Mitbewohners fallen etwa die regelmäßige Reinigung des eigenen Zimmers oder die Reinigung des von ihm genutzten Geschirrs. Diese individuellen Haushaltstätigkeiten werden regelmäßig mit der Abrede über das gemeinschaftliche Wohnen und folglich mit der Gründung der GbR vereinbart. Freilich muss der einzelne Mitbewohner in seiner Verantwortungssphäre einerseits nicht den möglicherweise abweichenden Erwartungen der anderen Mitbewohner an Sauberkeit und Hygiene entsprechen. Andererseits hat er auch seinen Verantwortungsbereich so zu organisieren und zu pflegen, dass hieraus keine ungebührliche Belästigung anderer Mitbewohner hervorgeht. Insoweit gelten ähnliche Maßstäbe wie für die wechselseitige Rücksichtnahmepflicht der Mitbewohner untereinander (→ Rn. 27 ff.).

3. Vergemeinschaftete Haushaltspflichten

24 Die Mitbewohner können sich freiwillig darüber einigen, dass bestimmte Haushaltstätigkeiten, die an sich in ihren individuellen Verantwortungsbereich fallen, von der **WG gemeinschaftlich** wahrgenommen werden sollen. So kann beispielsweise für die Kleiderwäsche, die Reinigung des Geschirrs oder Lebensmitteleinkäufe eine gemeinschaftliche Regelung aufgestellt werden. Häufig wird es bei solchen Absprachen allerdings an dem Willen der Mitbewohner fehlen, sich rechtlich zu binden. Typischerweise haben sie an einer solchen Bindung kein Interesse, sondern behalten sich vor, sich jederzeit ohne weiteres loszusagen und die betreffende Tätigkeit in die eigene Verantwortung zu überführen. Wegen dieser Interessenlage bedarf die Annahme eines Rechtsbindungswillens ausreichender Indizien. Je detaillierter ein gemeinschaftlicher Haushaltsplan in diesem Bereich ausfällt, desto mehr Gründe sprechen für eine bindende Regelung.

4. Übertragung auf Dritte

25 Bei der Gründung der GbR können sich die Mitbewohner darauf verständigen, eine **Reinigungskraft** zu beschäftigen. Schließt die WG als solche den Vertrag mit der Reinigungskraft ab, wird sie hierdurch zur Außen-GbR (→ Rn. 6 ff.) und zugleich zur Arbeitgeberin in einem sozialversicherungspflichtigen Beschäftigungsverhältnis.[39] Für die Verteilung der hierdurch entstehenden Kosten gilt, wenn es an einer gesellschaftsvertraglichen Abrede fehlt, § 706 Abs. 1 BGB. Die dem einzelnen Mitbewohner obliegenden Haushaltspflichten sind nicht höchstpersönlicher Natur. Auch er kann sie auf eine Reinigungskraft übertragen.

---

[38] Allg. BGHZ 123, 281 (285 f.) = NJW 1993, 3193; *Schmidt* GesR § 5 I 4.
[39] Vgl. BAG BAGE 113, 50 = NZA 2005, 318; *Preis* in ErfK BGB § 611a Rn. 57 und 184.

Kommt ein Mitbewohner seinen Haushaltspflichten **nicht** oder **nicht wie geschuldet** 26
nach, können die übrigen Mitbewohner sie nicht ohne weiteres stattdessen von einer
Reinigungskraft ausführen lassen. Einschlägig sind die §§ 280, 281 BGB.[40] Danach ist
grundsätzlich eine Frist für die **Nacherfüllung** der Haushaltspflicht zu setzen. Verstreicht
sie erfolglos, haftet der betreffende Mitbewohner auf Schadenersatz statt der Leistung, es sei
denn, dass er die Pflichtverletzung – nach Maßgabe des § 708 BGB (→ Rn. 57) – nicht zu
vertreten hat (§ 280 Abs. 1 S. 2 BGB). Die Haftung umfasst dann nach den für Deckungs-
geschäfte geltenden Grundsätzen die marktüblichen Kosten, die beim Einsatz einer Reinigungskraft anfallen.[41]

D. Rücksichtnahmepflichten

I. Grundlagen

Die Verpflichtung der GbR-Gesellschafter zur Förderung des gemeinsamen Zwecks wird 27
flankiert von der jedem Gesellschaftsvertrag immanenten und auf § 242 BGB beruhenden
Treuepflicht.[42] Sie beinhaltet eine Pflicht der Gesellschafter zur gegenseitigen Rücksichtnahme gegenüber der GbR sowie gegenüber den übrigen Gesellschaftern.[43] Nach einer
verallgemeinernden Formulierung verlangt sie von den Gesellschaftern, „die Belange der
Mitgesellschafter nicht zu beeinträchtigen".[44] Im Vordergrund steht dabei eine Pflicht-
bindung der Gesellschafter bei der Ausübung von Rechten sowie bei Maßnahmen der
Geschäftsführung.[45] Sie wird darüber hinaus aber auch auf den gesamten Bereich der
Mitgliedschaft erstreckt, wie er nach dem Zweck der Gesellschaft definiert ist.[46] Da der
Zweck einer WG das gemeinschaftliche Wohnen ist, lässt sich demnach die Pflicht der
Mitbewohner zur wechselseitigen Rücksichtnahme auf § 242 BGB stützen. Den gleichen
Gedanken drückt **§ 241 Abs. 2 BGB** aus, der die Mitbewohner zur Rücksicht auf die
Rechte, Rechtsgüter und Interessen der anderen Mitbewohner verpflichtet.

Auch im Hinblick auf die Rücksichtnahmepflichten im Innenverhältnis der Mitbewoh- 28
ner untereinander ist – in Ermangelung ausdrücklicher Absprachen – an das mietrechtliche
Außenverhältnis anzuknüpfen. Die sich daraus ergebenden Rücksichtnahmepflichten werden insbesondere in einer **Hausordnung** geregelt. Deren Einhaltung kann jede Mietpartei
von jeder anderen verlangen.[47] Die zwischen verschiedenen Mietparteien nach der Hausordnung bestehenden Rücksichtnahmepflichten gelten erst recht im Verhältnis zwischen
den Mitbewohnern einer WG. Verstößt ein Mitbewohner gegen die Hausordnung, verletzt
er damit in aller Regel zugleich seine nebenvertragliche Pflicht zur Rücksichtnahme auf die
anderen Mitbewohner der WG.

Die mietvertraglichen Pflichten und die Hausordnung legen die internen Rücksicht- 29
nahmepflichten der Mitbewohner einer WG aber nicht abschließend fest. Das Zusammenleben der Mitbewohner einer WG ist enger als die Nachbarschaft zweier Mietparteien.
Daher geht die gesellschaftsrechtliche Pflicht zur Rücksichtnahme über ihr mietvertragliches Pendant hinaus. Ist ein Mitbewohner beispielsweise aufgrund einer Erkrankung oder
anstehender Prüfungen besonders ruhebedürftig, ist Lärm auch außerhalb regulärer Ruhezeiten zu vermeiden. Gleichwohl lässt sich auf das Innenverhältnis der WG sinngemäß der
mietvertragliche Grundsatz übertragen, dass jede Partei sich so zu verhalten hat, dass die

---
[40] Vgl. *Schäfer* MüKoBGB § 706 Rn. 29.
[41] Vgl. BGHZ 197, 357 Rn. 27 = NJW 2013, 2959 (2960); *Dauner-Lieb* in NK-BGB § 281 Rn. 60.
[42] BGH DNotZ 2016, 139 (140); *Schmidt* GesR § 20 IV 1.
[43] *Heidel* in NK-BGB § 705 Rn. 192.
[44] BGH NZG 2003, 73; so auch *Servatius* in Henssler/Strohn GesR § 705 Rn. 41.
[45] *Heidel* in NK-BGB § 705 Rn. 192; *Schäfer* in MüKoBGB § 705 Rn. 223.
[46] *Schäfer* in MüKoBGB § 705 Rn. 229.
[47] *Eisenschmid* in Schmidt-Futterer MietR BGB § 535 Rn. 375.

anderen Parteien nicht mehr als notwendig beeinträchtigt werden.[48] Erforderlich ist stets eine **Abwägung** der widerstreitenden Interessen nach Maßgabe der Umstände des Einzelfalles. Grundlage sollte dabei der Gedanke praktischer Konkordanz sein, sodass keine Seite vollständig obsiegt, sondern die kollidierenden Interessen bestmöglich zum Ausgleich gebracht werden und jedes Interesse zumindest teilweise auch tatsächlich verwirklicht werden kann.[49] Aktiviert wird die rechtlich gebotene Rücksichtnahme allerdings erst jenseits bloßer Bagatellen. Nicht jede Grobheit oder Unhöflichkeit ist eine Verletzung gesellschaftsvertraglicher Nebenpflichten. So bleiben auch in einer WG **rechtsfreie Räume**, in denen das Verhalten der Mitbewohner nicht vom Recht, sondern allein von zwischenmenschlichem Anstand und sozialer Konvention reguliert und sanktioniert wird.

30 Bei der Abwägung kollidierender Interessen ist dem **Schutz der Grundrechte** gebührend Rechnung zu tragen. Sieht sich ein Mitbewohner jüdischen Glaubens an das Gebot der Sabbatruhe gebunden, sind die ihm obliegenden Pflichten zur Mitwirkung im Haushalt aufgrund der Religionsfreiheit nach Art. 4 Abs. 1 GG so zu organisieren, dass sie mit dem religiösen Gebot vereinbar sind. Ebenso wie der Vermieter muss es auch eine WG dulden, wenn ein Mitbewohner in Ausübung seiner Informationsfreiheit nach Art. 5 Abs. 1 S. 1 GG an einen gemeinschaftlich genutzten Fernseher eine Parabolantenne anschließt, um sich etwa in turkmenischer Sprache über die Situation der Turkmenen in der Türkei zu unterrichten.[50]

II. Ruhezeit, Gäste und Feiern

31 Eine nur im Einzelfall zu beantwortende Frage ist, ob eine **Lärmbelästigung** gegen die Pflicht zur wechselseitigen Rücksichtnahme verstößt. Das hängt unter anderem vom Zuschnitt der einzelnen WG ab, sodass für eine Studenten-WG andere Regeln gelten als für eine Senioren-WG. Orientiert man sich am mietrechtlichen Außenverhältnis, sind im Allgemeinen Ruhezeiten werktags von 13:00 Uhr bis 15:00 Uhr und von 22:00 Uhr bis 7:00 Uhr sowie sonntags ganztägig einzuhalten.[51]

32 Regelmäßig wird es sich von selbst verstehen, dass jeder Mitbewohner in der WG **Gäste** empfangen darf. Den Mitbewohnern obliegt allerdings die Entscheidung darüber, ob und inwieweit hierfür auch die Gemeinschaftsräume wie die Küche oder ein gemeinsam genutztes Wohnzimmer zur Verfügung stehen. Andere Regeln gelten indes für die **dauerhafte Aufnahme** einer Lebensgefährtin oder eines Lebensgefährten. Sie wird im Innenverhältnis typischerweise jedenfalls dann unzulässig sein, wenn sie gegen rechtliche Verpflichtungen aus dem mietrechtlichen Außenverhältnis verstößt (näher → § 10 Rn. 19 ff. und → § 23 Rn. 25). Im Übrigen ist der Eintritt eines neuen Gesellschafters in eine bestehende GbR ein Grundlagengeschäft, das der Zustimmung aller Gesellschafter bedarf.[52]

33 Besonderheiten können bei **Feierlichkeiten** gelten. Hier ist dem Umstand Rechnung zu tragen, dass bei persönlichen Anlässen, wie zum Beispiel dem eigenen Geburtstag eines Mitbewohners, ein grundsätzlich berechtigtes Interesse an einer Feier auch in der WG besteht.[53] Es ist gegen etwaige kollidierende Interessen der übrigen Mitbewohner abzuwägen. Dabei hat sich die Feier in einem angemessenen Rahmen zu bewegen, was für die Zahl der Gäste, die Dauer und die Lautstärke gilt.[54] Ob in der WG demgegenüber all-

---

[48] *Blank* in Blank/Börstinghaus MietR BGB § 569 Rn. 19; Beispiele bei *Häublein* in MüKoBGB § 569 Rn. 20.
[49] Allg. *Calliess* in Grundrechte-HdB II § 44 Rn. 34.
[50] Vgl. BVerfG NZM 2013, 376; ausf. *Sternel* MietR Rn. VI 99 ff.
[51] Näher *Eisenschmid* in Schmidt-Futterer MietR BGB § 535 Rn. 366 ff.; weitergehend *Sternel* MietR Rn. VI 301 (22:00 Uhr bis 8:00 Uhr).
[52] RGZ 52, 161 (162); BGHZ 76, 160 (164) = NJW 1980, 1463 (1464); *Servatius* in Henssler/Strohn GesR § 705 Rn. 73.
[53] Allg. AG Köln BeckRS 2007, 05743.
[54] Vgl. OLG Düsseldorf NJW 1990, 1676.

gemeine Anlässe wie zum Beispiel Karneval oder Silvester gefeiert werden, bestimmen die Mitbewohner im allseitigen Einvernehmen. Erst recht muss sich kein Mitbewohner auf wöchentliche oder gar tägliche lautstarke Feiern in der WG einlassen.[55]

III. Rauchen

Ein häufiger Streitfall ist die Frage, ob und nach welchen Maßgaben das Tabakrauchen in einer WG gestattet ist. Das richtet sich vorrangig nach den einvernehmlichen Abreden der Mitbewohner. Fehlt es hieran, bleibt es bei der gesellschaftsvertraglichen Rücksichtnahmepflicht. Sie hat zu berücksichtigen, dass exzessives Rauchen schon nach dem mietvertraglichen Außenverhältnis eine unzulässige Störung des Hausfriedens und ein tauglicher Grund für den Vermieter ist, den Mietvertrag zu kündigen.[56] Zudem können andere Mietparteien bei Geruchsbelästigungen nach §§ 862 Abs. 1, 858 Abs. 1 BGB und bei Gesundheitsgefahren aus § 1004 Abs. 1 S. 2 iVm § 823 Abs. 1 BGB analog Unterlassung verlangen.[57] Werden diese Grenzen überschritten (→ § 10 Rn. 97 ff.), ist die gesellschaftsvertragliche Rücksichtnahmepflicht innerhalb einer WG unzweifelhaft erst recht verletzt. **34**

Die Mitbewohner einer WG sind von der Geruchsbelästigung und den Gesundheitsgefahren allerdings wesentlich schwerer betroffen als andere Mietparteien. Das Zusammenleben mit einem Raucher in einer Wohnung erhöht wissenschaftlichen Studien zufolge etwa das Risiko einer Erkrankung an Lungenkrebs um 20 bis 30 %.[58] Bedeutsam ist ferner die Wertung des Bundesgesetzgebers, mit § 1 BNichtrSchG das Rauchen in Einrichtungen des Bundes grundsätzlich zu untersagen.[59] Vor diesem Hintergrund ist die Rücksichtnahmepflicht innerhalb einer WG grundsätzlich dahin zu verstehen, dass jeder Mitbewohner eine jederzeit **rauchfreie Wohnung** verlangen kann. Eine Beschränkung des Rauchens auf das eigene Zimmer genügt nicht, wenn sich der Rauch von dort aus in die Gemeinschaftsräume verbreiten kann. Das wird sich praktisch niemals verhindern lassen. Den Interessen rauchender Mitbewohner ist Rechnung zu tragen, indem ihnen das Rauchen auf einem Balkon oder, wenn ein solcher nicht vorhanden ist, ggf. an einem offenen Fenster ermöglicht wird.[60] **35**

IV. Privatsphäre

Jeder Mitbewohner hat einen Anspruch auf Achtung seiner Privatsphäre. Hieraus ergibt sich, dass er grundsätzlich frei darüber entscheiden kann, welcher andere Mitbewohner unter welchen Voraussetzungen oder zu welcher Zeit sein **Zimmer** betreten darf (näher → § 16 Rn. 32 f.). Ferner gilt auch innerhalb der WG unter den Mitbewohnern der strafrechtliche Schutz des persönlichen Lebens- und Gemeinbereichs nach den **§§ 201 ff. StGB**. Danach macht sich zum Beispiel ein Mitbewohner gemäß § 202 Abs. 1 Nr. 1 StGB einer Verletzung des Briefgeheimnisses schuldig, wenn er einen verschlossenen Brief vorsätzlich (§ 15 StGB) öffnet, der an einen anderen Mitbewohner adressiert und deswegen nicht zu seiner Kenntnis bestimmt ist. **36**

---

[55] Hierzu *Eisenschmid* in Schmidt-Futterer MietR BGB § 535 Rn. 331; zu großzügig *Sternel* MietR Rn. VI 263.
[56] BGH NJW 2015, 1239 Rn. 15; s. ferner BGH NJW 2008, 1439 (1440).
[57] BGH NJW 2015, 2023 Rn. 15 ff.
[58] US Department of Health and Human Services, The Health Consequences of Involuntary Exposure to Tobacco Smoke – A Report of the Surgeon General, 2006, S. 15.
[59] Vgl. BGH NJW 2015, 2023 Rn. 25 mwN zu den Nichtraucherschutzgesetzen der Länder.
[60] S. die Empfehlung in Bundesamt für Strahlenschutz/Umweltbundesamt/Bundesinstitut für Risikobewertung (Hrsg.), Gesünder wohnen – aber wie?, 2005, S. 14 (zit. nach www.bfr.bund.de per 1.3.2017).

V. Tierhaltung

37 In Ermangelung einer ausdrücklichen Einigung über die Haltung von Tieren werden regelmäßig die folgenden Grundsätze gelten: Die Haltung gewöhnlicher **Kleintiere**, die ein Mitbewohner in seinem Zimmer hält (zum Beispiel Hamster oder Fische in einem Aquarium) ist in aller Regel problemlos zulässig.[61] Auszunehmen sind bei anderen Mitbewohnern Abscheu erregende Tiere, zu denen etwa Ratten zählen können.[62] Stets zulässig ist die Haltung unverzichtbarer **Nutztiere**, insbesondere von Blindenhunden. Der häufigste Fall dürfte die Haltung von Haustieren sein, die auch in den **Gemeinschaftsräumen** gehalten werden sollen, wie dies insbesondere für Hunde und Katzen typisch ist. Hier kann sich eine konkludente Zustimmung ergeben, wenn das Haustier beim Einzug in die WG eingebracht wird und dessen Haltung über einen gewissen Zeitraum unbeanstandet bleibt. Aus einem solchen Konsens lässt sich aber nicht ohne weitere darauf schließen, dass alle Mitbewohner ein Haustier halten dürfen. Die hinzunehmende Zahl von Haustieren wird vielmehr insbesondere von den räumlichen Kapazitäten der Wohnung begrenzt. Soll ein Haustier erstmalig angeschafft werden, ist regemäßig die Zustimmung aller Mitbewohner notwendig. Einschlägige Erkrankungen der Mitbewohner, wie zum Beispiel Hunde- oder Katzenhaarallergien, schließen die Anschaffung aus. Erst recht muss sich kein Mitbewohner auf ein Zusammenwohnen mit einem **gefährlichen Tier**, etwa mit einem Kampfhund oder einer giftigen Spinne, einlassen, und zwar auch dann nicht, wenn der betreffende Mitbewohner es nur in seinem Zimmer zu halten beabsichtigt. Schließlich wird eine Tierhaltung, die gegen den Mietvertrag (→ § 10 Rn. 84 ff.)[63] oder staatliche Tierschutzvorschriften, namentlich das TierSchG, verstößt, typischerweise auch Rücksichtnahmepflichten im Innenverhältnis der Mitbewohner verletzten.

E. Geschäftsführung

I. Inhalt

38 Der **Begriff** der Geschäftsführung in der WG umfasst jedes tatsächliche oder rechtsgeschäftliche Handeln, das für die WG ausgeführt wird, der Förderung des gemeinschaftlichen Wohnens dient und nicht die Grundlagen der WG betrifft.[64] Die Geschäftsführung umfasst unter anderem auch die Führung des gemeinschaftlichen Haushalts und kann insoweit mit den diesbezüglichen Beitragspflichten der Mitbewohner zusammenfallen (→ Rn. 19 ff.).

39 Sämtliche Tätigkeiten, die nicht auf den eigenen Verantwortungsbereich eines Mitbewohners beschränkt sind, sondern der WG als solcher zugutekommen, können Geschäftsführungsmaßnahmen sein. Die Bandbreite möglicher **Gegenstände** der Geschäftsführung in einer WG ist groß.[65] Sie schließt beispielsweise die Einrichtung eines gemeinschaftlich genutzten Internetanschlusses, die Durchführung oder Veranlassung allfälliger Reparaturen im Haushalt oder die Reinigung der Gemeinschaftsräume ein. Sie betrifft daher, ohne hierauf beschränkt zu sein, den gesamten Bereich der Haushaltsführung.

40 § 709 Abs. 1 BGB bestimmt, dass die Geschäftsführung den Gesellschaftern gemeinschaftlich zusteht und für jedes Geschäft die Zustimmung aller Gesellschafter erforderlich ist. Das bedeutet freilich nicht, dass jede Geschäftsführung, das heißt jede Tätigkeit zuguns-

---

[61] Zur mietrechtlichen Zulässigkeit: BGH NJW 2008, 218 Rn. 15; *Sternel* MietR Rn. VI 221.
[62] Zutr. für eine mietrechtliche Genehmigungspflicht: LG Essen NJW-RR 1991, 908.
[63] Ausf. *Eisenschmid* in Schmidt-Futterer MietR BGB § 535 Rn. 551 ff. mwN.
[64] Vgl. *v. Ditfurth* in MHdB GesR I § 7 Rn. 2 ff.
[65] Hierzu *Behrens* S. 97.

E. Geschäftsführung

ten der WG, stets von allen Mitbewohnern vorzunehmen oder zu bewilligen wäre. Die Vorschriften des BGB zur Geschäftsführung in der GbR sind dispositiv und daher können die Mitbewohner im Gesellschaftsvertrag abweichende Regelungen festlegen.[66] Insbesondere können sie sich dahin einigen, dass über die Geschäftsführung durch **Mehrheitsbeschluss** entschieden werden kann. Hierfür ist eine Einigung unter Zustimmung aller Mitbewohner notwendig, die allerdings nicht ausdrücklich, sondern auch konkludent zustande kommen kann.[67] Auf einen stillschweigenden Konsens lässt insbesondere eine über einen gewissen Zeitraum tatsächlich **geübte Praxis** schließen.[68] Die Befugnis, mit Mehrheit über die Geschäftsführung zu entscheiden, kann nach dem Willen der Mitbewohner in ein und derselben WG auf bestimmte Geschäfte beschränkt sein. Im Wege der Auslegung ist zu ermitteln, ob beispielsweise mit Mehrheit nur in einem engeren Sinne über die Führung des Haushalts entschieden werden darf, mit Kosten verbundene Anschaffungen, wie etwa der Abschluss eines Zeitschriftenabonnements oder die Einrichtung eines gemeinschaftlichen Internetanschlusses, hingegen gemäß § 709 Abs. 1 BGB einer einstimmigen Entscheidung vorbehalten sind. Auch der Grad der Verbindlichkeit, den der Mehrheitsbeschluss für sich beansprucht ist im Einzelfall im Wege der Auslegung zu ermitteln. So kann beispielsweise ein mehrheitlich aufgestellter Putzplan den Mitbewohnern die Befugnis einräumen, ihren Verpflichtungen noch am Folgetag rechtzeitig nachzukommen, wenn dies einer allgemeinen Übung in der WG entspricht. Weitere Besonderheiten können bei Geschäften bestehen, die nur den Interessenkreis einzelner Mitbewohner betreffen. Sind sich beispielsweise zwei Mitbewohner darüber einig, ohne Verstoß gegen das im Außenverhältnis bestehende Mietverhältnis, ihre Zimmer zu tauschen, werden die anderen Mitbewohner ihre Zustimmung nicht versagen dürfen, wenn ihre Interessen nicht berührt sind.

In aller Regel werden sich die Mitbewohner schlüssig darauf verständigen, dass Geschäftsführungsbeschlüsse nicht einstimmig, sondern mit Mehrheit getroffen werden können.[69] Typisch dürfte eine **Abstimmung nach Köpfen** sein, sodass der Stimme jedes Mitbewohners das gleiche Gewicht zukommt (*one man, one vote*), wie es § 709 Abs. 2 BGB entspricht. Die Mitbewohner können sich auf eine abweichende Bemessung des Stimmgewichts, beispielsweise nach dem Anteil des Mitbewohners an der Miete einigen.[70]

II. Grenzen

Die Befugnis der Mehrheit, die Aufgaben der Geschäftsführung zu organisieren und zu verteilen, findet ihre Grenze in dem Anspruch jedes Mitbewohners auf gleiche Behandlung, der sich aus dem gesellschaftsrechtlichen **Gleichbehandlungsgrundsatz** ergibt.[71] Er schreibt nicht die vollkommene Gleichstellung der Mitbewohner vor, verbietet aber willkürliche, das heißt sachlich nicht zu rechtfertigende Ungleichbehandlungen.[72] So sind beispielsweise Haushaltspflichten prinzipiell gleichmäßig unter den Mitbewohnern zu verteilen. Unbedenklich ist ein Haushaltsplan, der alle Haushaltstätigkeiten zeitlich gestaffelt so aufteilt, dass jeder Mitbewohner im Laufe der Zeit in gleichem Umfang zu jeder Haushaltstätigkeit herangezogen wird. Kaum zu rechtfertigen dürfte demgegenüber die dauerhafte Aufteilung aller Haushaltpflichten sein. Eine solche Regelung kann nur im Einvernehmen aller Mitbewohner aufgestellt werden.

---

[66] Vgl. *v. Ditfurth* in MHdB GesR I § 7 Rn. 48.
[67] Vgl. *Schäfer* in MüKoBGB § 709 Rn. 38.
[68] Vgl. *v. Ditfurth* in MHdB GesR I § 7 Rn. 48.
[69] Abw. *Behrens* S. 97.
[70] Vgl. *Servatius* in Henssler/Strohn GesR § 709 Rn. 8.
[71] Vgl. *Schäfer* in MüKoBGB § 705 Rn. 244; allg. *Schmidt* GesR § 16 II 4b; *Wiedemann* GesR I § 8 II 2; ferner *Grünberger* Personale Gleichheit, 2013, S. 358, 749.
[72] Vgl. *Heidel* in NK-BGB § 705 Rn. 204.

43 Eine weitere Grenze für Mehrheitsbeschlüsse ergibt sich aus den **Rücksichtnahmepflichten** (→ Rn. 27 ff.). Sie können es in Ausnahmefällen ausschließen, beispielsweise an Allergien erkrankte oder sonst körperlich eingeschränkte Mitbewohner zu Tätigkeiten zu verpflichten, die sie in besonderer Weise belasten. Ist dies der Fall, können sie im Gegenzug verstärkt zur Erfüllung anderweitiger Tätigkeiten herangezogen werden.

III. Kostenerstattung und Innenausgleich

44 Die Verpflichtung eines Mitbewohners zur Geschäftsführung bedeutet nicht, dass er auch deren Kosten zu tragen hätte. Denkbar ist eine Vielzahl unterschiedlicher Kosten, etwa die Kosten des gemeinschaftlich genutzten Telefon- oder Internetanschlusses oder die Anschaffung von Haushaltsutensilien wie etwa Reinigungsmittel oder Leuchtmittel für die Beleuchtung von Gemeinschaftsräumen (zu Haushaltsgeräten → § 15 Rn. 1 ff.). Für erforderliche Kosten steht dem geschäftsführungsbefugten Mitbewohner nach § 713 iVm § 670 BGB ein Anspruch auf **Aufwendungsersatz** zu (zur Rechnungslegung → Rn. 50 f.).[73] In entsprechender Anwendung des § 744 Abs. 2 BGB ist jeder Mitbewohner zudem zur Notgeschäftsführung befugt und auch dem Notgeschäftsführer steht der Anspruch auf Aufwendungsersatz zu.[74]

45 Der Anspruch auf Aufwendungsersatz richtet sich bei der für die WG üblichen Innen-GbR gegen die übrigen Mitbewohner, können aber aus einer gemeinschaftlichen WG-Kasse deckt werden (→ Rn. 52 f.). Die Verpflichtung zum Aufwendungsersatz steht nicht im Widerspruch zu § 707 BGB, nach dem die Mitbewohner weder zu einer Erhöhung ihres gesellschaftsvertraglich vereinbarten Beitrags noch zu einer Ergänzung einer durch Verlust verminderten Einlage verpflichtet sind. Daher kann der Geschäftsführer die übrigen Mitbewohner nicht zu einer Erhöhung ihrer Beiträge verpflichten. Die Beitragspflicht in der GbR muss sich aber nicht in einer Einmalzahlung erschöpfen. Vielmehr haben die Mitbewohner die WG auf Dauer eingerichtet und sich damit stillschweigend darüber geeinigt, die im Laufe der Zeit anfallenden Geschäftsführungskosten gemeinschaftlich zu tragen,[75] und zwar auch dann, wenn über die Geschäftsführung mit Mehrheit entschieden wird. Der Kostenerstattung nach § 713 iVm § 670 BGB wird daher eine korrespondierende Beitragspflicht der Mitbewohner nach § 705 BGB gegenüberstehen. Folgerichtig sind die Kosten der Geschäftsführung, wenn es an einer abweichenden Vereinbarung fehlt, nach § 706 Abs. 1 BGB von allen Mitbewohnern in gleicher Höhe zu tragen. In diesem Fall kann der geschäftsführende Mitbewohner nach Abzug seines Anteils von den übrigen Mitbewohnern **anteiligen Ersatz** in gleicher Höhe verlangen. Die Mitbewohner können sich über einen abweichenden Verteilungsschlüssel einigen. Hat die WG zum Beispiel entschieden, Getränke gemeinschaftlich von einem Lieferanten zu beziehen, kann sie es bei der Abrechnung zu gleichen Anteilen belassen oder den individuellen Verbrauch flaschenweise abrechnen. Ersatzfähig sind nur erforderliche Aufwendungen. Sie müssen nach verständigem Ermessen in einem angemessenen Verhältnis zum Zuschnitt der WG und den wirtschaftlichen Verhältnissen der Mitbewohner stehen.[76]

46 Auf die erforderlichen Aufwendungen kann ein geschäftsführender Mitbewohner nach § 713 iVm § 669 BGB einen **Vorschuss** verlangen. Das kann etwa bedeutsam werden, wenn er erforderliche Reparaturen in Auftrag gibt und für deren Kosten im Außenverhältnis selbst einzustehen hat.

---

[73] Abw. für § 110 HGB analog *Wertenbruch* NZG 2003, 618 (619) mit auf die Außen-GbR zugeschnittenen Gründen.
[74] Vgl. BayObLGZ 1980, 162 = ZIP 1980, 904; *v. Ditfurth* in MHdB GesR I § 7 Rn. 74; *Heidel* in NK-BGB § 713 Rn. 9.
[75] Vgl. BGH NJW 1980, 339 (340).
[76] Vgl. BGH NJW 1963, 251; *Fehrenbacher* in PWW § 670 Rn. 7.

E. Geschäftsführung   § 14

Der Aufwendungsersatz umfasst auch den Ersatz für mit der Geschäftsführungstätigkeit **47** typischerweise verbundene **Begleitschäden**,[77] das heißt für Schäden, die mit der jeweiligen Tätigkeit regelmäßig einhergehen. So kann beispielsweise ein Mitbewohner, der in Ausführung eines Geschäftsführungsbeschlusses für eine Besorgungsfahrt sein eigenes Fahrzeug einsetzt, Erstattung aus dessen Betriebsgefahr hervorgehender Schäden verlangen.[78]

Demgegenüber wird aus § 713 iVm § 670 BGB **keine Tätigkeitsvergütung** geschul- **48** det. Ohnehin wird es der Interessenlage der Mitbewohner widersprechen, die Geschäftsführung, insbesondere Haushaltstätigkeiten, gesondert zu vergüten. Für die Annahme eines Vergütungsanspruchs wird man daher regelmäßig eine ausdrückliche Vereinbarung verlangen müssen. Denkbar ist aber, dass im Gegenzug für die dauerhafte Übernahme bestimmter Haushaltspflichten der Mietanteil eines Mitbewohners vermindert wird (→ Rn. 19).

Die Erstattung der Geschäftsführungskosten unter den Mitbewohnern nach § 713 iVm **49** § 670 BGB hat weitere Folgen, wenn zwischen ihnen eine Gesamtschuld besteht (→ § 1 Rn. 26). Soweit es infolgedessen zu einem **Gesamtschuldnerinnenausgleich** kommt, sieht § 426 Abs. 1 S. 1 BGB – insoweit übereinstimmend mit § 706 Abs. 1 BGB – eine Haftung zu gleichen Anteilen vor. § 426 Abs. 1 S. 1 BGB lässt aber – auch insoweit in Übereinstimmung mit § 706 Abs. 1 BGB – abweichende Bestimmungen zu. Zu den abweichenden Bestimmungen im Sinne des § 426 Abs. 1 S. 1 BGB zählen auch rechtsgeschäftliche Vereinbarungen über den Ausgleich unter Gesellschaftern.[79] Soweit sich die Mitbewohner gesellschaftsvertraglich über eine bestimmte, von der gesetzlich vorgesehenen Haftung zu gleichen Teilen abweichende Regelung geeinigt haben, schlägt sie daher auf den Gesamtschuldnerinnenausgleich nach § 426 Abs. 1 BGB durch.

IV. Information und Rechnungslegung

Jeder Mitbewohner hat den anderen Mitbewohnern nach § 713 iVm § 666 BGB die **50** **erforderlichen Nachrichten** über seine Geschäftsführung zu geben. Daher ist unaufgefordert[80] über solche Geschäftsführungsmaßnahmen zu unterrichten, die die Interessen der anderen Mitbewohner mehr als nur unerheblich berühren. Vereinbart beispielsweise ein Mitbewohner einen Termin mit einem Klempner, schuldet er seinen Mitbewohnern eine Mitteilung, wenn wegen der Reparatur für einen bestimmten Zeitraum kein fließendes Wasser zur Verfügung steht. Darüber hinaus hat jeder Mitbewohner ebenfalls nach § 713 iVm § 666 BGB **auf Verlangen Auskunft** über den Stand der von ihm geführten Geschäfte zu erteilen. Das kann u. a. von Bedeutung sein, wenn einer der Mitbewohner für die Korrespondenz mit dem Vermieter und deren Dokumentation zuständig ist. Er schuldet dann Auskunft über die mit dem Vermieter getroffenen Abreden.

Ferner hat der geschäftsführende Mitbewohner nach § 713 iVm § 666 BGB **Rechen-** **51** **schaft** abzulegen. Der Inhalt dieser Pflicht richtet sich nach § 259 BGB.[81] Geschuldet ist demnach eine geordnete Zusammenstellung der Einnahmen und Ausgaben und die Vorlage von Belegen, soweit solche erteilt zu werden pflegen. Nach dem Gesetz setzt der Anspruch voraus, dass das Geschäft bereits geführt ist und Rechnungslegung verlangt wird. Der Gesellschaftsvertrag der Mitbewohner kann von diesen Voraussetzungen aber abweichende Regelungen aufstellen und beispielsweise ohne Aufforderung zu periodischer Rechnungslegung verpflichten.[82]

---

[77] Vgl. *Servatius* in Henssler/Strohn GesR § 713 Rn. 14; iE *Heidel* in NK-BGB § 713 Rn. 9 unter Rückgriff auf § 110 HGB.
[78] Vgl. *Servatius* in Henssler/Strohn GesR § 713 Rn. 14.
[79] *Bydlinski* in MüKoBGB § 426 Rn. 15; *Grüneberg* in Palandt BGB § 426 Rn. 9; s. auch BGH NZG 2011, 745 Rn. 13.
[80] Vgl. *Heidel* in NK-BGB § 713 Rn. 10.
[81] BGH NJW 2012, 58 Rn. 12.
[82] *Sprau* in Palandt BGB § 666 Rn. 4.

V. Inkurs: WG-Kasse und WG-Konto

52 Die Mitbewohner können eine **Gemeinschaftskasse** (hier sogenannte *WG-Kasse*) einrichten, aus der sie die Kosten decken, die sich aus Geschäftsführungstätigkeiten innerhalb der WG ergeben. Sie kann sich auf bestimmte Bereiche beschränken (z. B. die gewöhnliche Kaffeekasse) oder sämtliche Kosten umfassen, wegen derer ein Erstattungsanspruch nach § 713 iVm § 670 BGB entsteht. Für die rechtliche Ausgestaltung solcher WG-Kassen stehen den Mitbewohner unterschiedliche Wege zur Verfügung.

53 (1) Sie können die WG-Kasse als **Eigentum der WG**, das heißt der zwischen ihnen bestehenden GbR als solcher verstehen. Die Übertragung des Eigentums führt dann allerdings dazu, dass die GbR – jedenfalls nach überwiegender Ansicht – als Außen-GbR Rechtsfähigkeit erlangt (→ Rn. 9). Häufig wird diese Folge, insbesondere bei einer bloßen Kaffeekasse, nicht gewollt sein.

(2) Die Mitbewohner können, wenn sie das wollen, **Bruchteilseigentum** nach §§ 741 ff. BGB begründen.[83] Das hat den Nachteil, dass neben der GbR ein weiteres Rechtsverhältnis zwischen den Mitbewohnern begründet wird, das den in der WG und damit der GbR liegenden Zweck für die Bildung der Gemeinschaftskasse nicht widerspiegelt.

(3) Die WG-Kasse kann aus **Vorschüssen** auf künftige Aufwendungserstattungsansprüche eines geschäftsführenden Mitbewohners nach § 713 iVm §§ 669, 670 BGB bestehen (→ Rn. 44 ff.). Das wird in aller Regel der praktisch und rechtlich sinnvollste Weg für die Abwicklung der WG-Kasse sein. Zu empfehlen ist die Übereignung der Vorschüsse an ein Mitglied der WG, der die WG-Kasse als Geschäftsführer verwaltet. Er zieht die vereinbarten Vorschüsse ein und erstattet – auf Vorlage geeigneter Belege – die Auslagen der anderen Mitbewohner, für die sie nach § 713 iVm § 670 BGB Ersatz verlangen können. Dann schuldet er Rechnungslegung nach § 713 iVm § 666 BGB (→ Rn. 51).

54 In aller Regel wird der die WG betreffende Zahlungsverkehr über ein **Bankkonto** abgewickelt. Es kann auch für die Zwecke einer WG-Kasse genutzt werden. Bei der Ausgestaltung des Kontos sind wiederum unterschiedliche Gestaltungen denkbar. Die WG kann als solche ein Konto anlegen, wodurch sie zur Außen-GbR wird (→ Rn. 8). Es kann ferner das bestehende Konto eines Mitbewohners genutzt werden, was jedoch zu ungünstigen Verwicklungen zwischen dessen eigenem Zahlungsverkehr und den Buchungen führen kann, die die WG betreffen. Das gilt erst recht, wenn für unterschiedliche Geschäftskreise die Konten verschiedener Mitbewohner verwendet werden und etwa von einem Konto die Miete überwiesen, von einem anderen die Haushaltskasse geführt wird. Sinnvoller ist es, dass ein Mitbewohner im eigenen Namen und für die Zwecke der WG ein Konto anlegt, über das der gesamte Zahlungsverkehr der WG abgewickelt wird. Trotz der unterschiedlichen Ausgestaltungsmöglichkeiten ist allen Fällen gemeinsam, dass typischerweise nur ein Mitbewohner mit der Abwicklung des Zahlungsverkehrs und insoweit mit der Geschäftsführung betraut wird. Ihm wird dann im Zweifel auch die Befugnis zustehen, die diesbezüglichen Beitragspflichten gegen die übrigen Mitbewohner geltend zu machen (→ Rn. 14). Im Gegenzug trifft ihn aus § 713 iVm § 666 BGB die Verpflichtung, über den Stand seiner Geschäftsführung, das heißt über die die WG betreffenden Zahlungsein- und -ausgänge gemäß § 259 BGB Rechnung zu legen.

---

[83] Allg. *Hanke* in NK-BGB § 718 Rn. 4.

F. Haftung

Für Leistungsstörungen in Bezug auf **Beitragspflichten** gelten die folgenden Grundsätze:[84] 55
Im Falle der Unmöglichkeit richtet sich die Haftung der Mitbewohner nach den §§ 275, 280, 281 und 283 bis 285 BGB. Ein Rücktritt vom Gesellschaftsvertrag ist ausgeschlossen. Er wird verdrängt von den Rechten zur Kündigung nach § 723 BGB, zur Auflösung der GbR nach § 726 BGB sowie zum Ausschluss eines Mitbewohners nach §§ 737, 723 Abs. 1 S. 2 BGB. Die Folgen des Verzugs mit einer Beitragspflicht richten sich nach §§ 286 bis 290 BGB. Wird eine Beitragspflicht nicht oder nicht wie geschuldet erfüllt, schuldet der Mitbewohner Schadensersatz nach Maßgabe der §§ 280, 281 BGB (→ Rn. 26).

Der haftungsrechtlich relevante Verstoß gegen gesellschaftsvertragliche Nebenpflichten 56
ist typischerweise die Verletzung einer **Pflicht zur Rücksichtnahme** auf die Rechte eines anderen Mitbewohners im Sinne des § 241 Abs. 2 BGB (→ Rn. 27 ff.), häufig der körperlichen Unversehrtheit oder des Eigentums. Der Schadensersatzanspruch des geschädigten Mitbewohners richtet sich dann nach § 280 Abs. 1 BGB. Wird ein Gegenstand beschädigt, den ein Mitbewohner der WG auf der Grundlage seiner Beitragspflicht zum Gebrauch zu überlassen hat, stellt sich die Frage, ob das Gebrauchsrecht des Schädigers nach § 324 BGB beseitigt werden kann (→ § 15 Rn. 24 f.).

§ 708 BGB senkt den Sorgfaltsmaßstab für die Haftung unter Mitbewohnern auf die 57
eigenübliche Sorgfalt ab. Eine Schadensersatzhaftung kommt daher nur in Betracht, wenn der Mitbewohner (1) nicht die Sorgfalt eingehalten hat, die er in eigenen Angelegenheiten anzuwenden pflegt, (2) grob fahrlässig (§ 277 BGB) oder vorsätzlich[85] gehandelt hat oder (3) die Mitbewohner eine von § 708 BGB abweichende Regelung vereinbart haben.[86] § 708 BGB gilt nicht nur in einem engen Sinne bei der Erfüllung der dem Mitbewohner „obliegenden Verpflichtungen", sondern sowohl für die Verletzung von Beitragspflichten als auch für die Verletzung gesellschaftsvertraglicher Nebenpflichten.[87] Auch bei der Ausübung von Geschäftsführungsbefugnissen ist § 708 BGB anzuwenden.[88] Ferner ist der Sorgfaltsmaßstab des § 708 BGB in seinem Anwendungsbereich auch auf die deliktische Haftung der Mitbewohner einer WG untereinander zu erstrecken.[89]

Zweifelhaft ist die rechtliche Zulässigkeit von Abreden über **Vertragsstrafen** innerhalb 58
der WG, die beispielsweise die Nichterfüllung häuslicher Pflichten mit einer Strafzahlung belegen. Sie kann im Verhältnis zwischen einem Hauptmieter und einem Untermieter eine unzulässige Umgehung des § 555 BGB sein, der Vertragsstrafen zugunsten des Vermieters von Wohnraum für unwirksam erklärt. Im Übrigen soll § 555 BGB Vertragsstrafen verhindern, weil sie der Partnerschaft der Mietvertragsparteien entgegenstehen und den gesetzlichen Mieterschutz aushöhlen könnten.[90] Versteht man dies dahin, dass der Mieter als schwächerer Vertragsteil vor einer Übervorteilung durch den Vermieter geschützt werden soll,[91] ist unklar, ob sich die Vorschrift ihrem Zweck nach auf das Gleichordnungsverhältnis zwischen den Mitbewohnern einer WG übertragen lässt. Dafür spricht immerhin, dass ein Mitbewohner durch Beschluss der anderen Mitbewohner gemäß §§ 737, 723 Abs. 1 S. 2 BGB aus der WG ausgeschlossen werden kann (→ § 18 Rn. 27 f.).[92] Insoweit besteht zwischen der WG und dem einzelnen Mitbewohner durchaus ein nicht unerheb-

---

[84] Allg. zum Ganzen *Schäfer* in MüKoBGB § 706 Rn. 24 mwN.
[85] OLG Karlsruhe NJW 2012, 3043 (3044).
[86] Vgl. *Schäfer* in MüKoBGB § 708 Rn. 3.
[87] Vgl. *Habermeier* in Staudinger BGB § 708 Rn. 4; *Heidel* in NK-BGB § 708 Rn. 9 ff.; *Westermann* in Erman BGB § 708 Rn. 5 f.
[88] Vgl. *Sprau* in Palandt BGB § 708 Rn. 2.
[89] Vgl. *Sprau* in Palandt BGB § 708 Rn. 2.
[90] Bericht zu BT-Drs. IV/2195, 4.
[91] *Emmerich* in Staudinger BGB § 555 Rn. 1.
[92] Zu eng *Behrens* S. 104.

liches Machtgefälle. Versteht man § 555 BGB zudem als Flankierung des sozialen Mieterschutzes, sind Vertragsstrafen auch zur Durchsetzung der gesellschaftsvertraglichen Pflichten innerhalb einer WG unzulässig.

G. Anhang: Checkliste zur Innenordnung einer Wohngemeinschaft

59
- Sollen zwischen den Mitbewohnern verbindliche und einklagbare Rechte und Pflichten begründet werden? Gilt das auch für das Verhältnis zwischen Mitbewohnern, die in nichtehelicher Gemeinschaft als Lebensgefährten zusammenleben? (→ Rn. 2 ff.)
- Soll die WG nur Rechte und Pflichten zwischen den Mitbewohnern begründen (sogenannte *Innen-GbR*) oder soll sie als solche nach außen in Erscheinung treten, das heißt Verträge schließen, aus denen sie selbst berechtigt und verpflichtet wird, oder über eigenes Vermögen verfügen (*Außen-GbR*)? Wenn die WG eine Außen-GbR sein soll, wer soll dann berechtigt sein, sie zu vertreten? (→ Rn. 6 ff.)
- Wie soll eine mit dem Vermieter vereinbarte Mietsicherheit aufgebracht werden? (→ Rn. 15 f.)
- Welchen Anteil an der Miete sollen die einzelnen Mitbewohner jeweils tragen? (→ Rn. 17 f.)
- Wie wird die Zahlung der Miete abgewickelt? Zahlen die Mitbewohner unmittelbar an den Vermieter oder werden die Mietanteile der Mitbewohner gesammelt, sodass die Miete anschließend gemeinschaftlich in voller Höhe an den Vermieter gezahlt wird? (→ Rn. 18 und 54)
- Welche Haushaltstätigkeiten sollen gemeinschaftlich ausgeführt werden und für welche sollen die einzelnen Mitbewohner verantwortlich sein? Wie sollen die gemeinschaftlichen Haushaltstätigkeiten unter den Mitbewohnern verteilt werden? Soll hierüber einstimmig oder mit Mehrheit entschieden werden? Wenn mit Mehrheit beschlossen werden soll, wird dann nach Köpfen abgestimmt? (→ Rn. 19 ff. und → Rn. 38 ff.)
- Soll eine Reinigungskraft beschäftigt werden? (→ Rn. 25)
- Gibt es Mitbewohner mit besonderen Bedürfnissen, wie beispielsweise Behinderungen oder (chronischen) Erkrankungen, auf die die anderen Mitbewohner besondere Rücksicht nehmen sollen? (→ Rn. 27; 43)
- Soll es in der WG allgemeingültige Ruhezeiten geben? (→ Rn. 31)
- Welche Regelung soll für die Einladung von Gästen und die Ausrichtung von Feiern gelten? (→ Rn. 32 f.)
- Sollen die Mitbewohner Lebensgefährtinnen oder Lebensgefährten in die WG aufnehmen dürfen? Soll hierfür die Zustimmung aller anderen Mitbewohner oder nur ein Mehrheitsbeschluss erforderlich sein? (→ Rn. 32)
- Soll in der WG geraucht werden dürfen, und wenn ja, unter welchen Voraussetzungen? (→ Rn. 34 f.)
- Sollen die Mitbewohner Haustiere halten dürfen? (→ Rn. 37)
- Soll eine gemeinschaftliche WG-Kasse eingerichtet werden? Wem soll das in die Kasse eingezahlte Geld gehören? Welche Kosten sollen aus der WG-Kasse gedeckt werden? Wer soll sie führen? (→ Rn. 52 ff.)
- Wie soll der Zahlungsverkehr abgewickelt werden, der die WG betrifft? Soll für die WG ein Bankkonto angelegt werden? Wem soll der Auszahlungsanspruch gegen die Bank zu stehen? (→ Rn. 54)
- Soll es im Hinblick auf die Schadenersatzhaftung der Mitbewohner untereinander bei dem Maßstab eigenüblicher Sorgfalt bleiben? (→ Rn. 57)

§ 15 Einbringung und Anschaffung von Sachen zur gemeinsamen Nutzung

Übersicht
Rn.

A. Einführung 1
B. Einbringung und Anschaffung durch die Mitbewohner 5
   I. Einbringung durch einen Mitbewohner 6
      1. Sacheinlage als Beitrag 7
         a) Einlagen und Beiträge 7
         b) Eigentumsverhältnisse 8
      2. Grundlagen und Spezifika der Vertragsgestaltung 14
         a) Grundlagen 14
         b) Gesellschaftsvertragliche Regelung 19
   II. Anschaffung durch die Mitbewohner 35
      1. Eigentumsverhältnisse 37
         a) Eigentum der GbR 38
         b) Gesamthandseigentum 40
         c) Eigentum des Mitbewohners 41
      2. Gesellschaftsvertragliche Ebene 42
         a) Nutzungsverhältnisse 43
         b) Verletzung von Sorgfalts- und Treuepflichten 46
         c) Reparatur- und laufende Kosten 48
         d) Verteilung der Sachgefahr 50
         e) Verbleib oder Rückgabe bei Ausscheiden 52
C. Bereitstellung durch Vermieter 54
   I. Mietrechtliche Ebene 55
      1. Vom Vermieter gestellte Sache 55
      2. Rechte und Pflichten der Parteien 56
         a) Allgemein 56
         b) Gebrauchsüberlassung und Instandhaltung 58
         c) Mietminderung, Mängelanzeige und Gewährleistung 61
         d) Beendigung des Mietverhältnisses 62
   II. Gesellschaftsvertragliche Ebene 63

Schrifttum:
Horst, Streitfall Einbauküche, Grundeigentum 2012, 876; *Jacobs,* Haftung der (studentischen) Wohngemeinschaft nach Anerkennung der Rechtsfähigkeit der Außen-GbR, NZM 2008, 111; *Jaeger,* Einbauküchen – Wesentlicher Bestandteil oder Zubehör, NJW 1995, 432; *Streyl,* Mietmehrheiten, NZM 2011, 377; *Sudhoff,* Eigener Grundbesitz der Gesellschafter in der Bilanz der Personengesellschaft, NJW 1978, 1401.

A. Einführung

Die Einbringung und Anschaffung von Sachen zur gemeinsamen Nutzung kann in jeder **1** Phase des gemeinschaftlichen Zusammenlebens innerhalb einer WG eine Rolle spielen, bei der Gründung ebenso wie im Laufe des Zusammenlebens, beim Wechsel und Auszug einzelner Mitbewohner ebenso wie bei der Auflösung der WG. Überdies stellt sie einen geradezu „natürlichen" Vorgang im WG-Leben dar, ist doch die gemeinsame Nutzung von Sachen typischer Unterfall des Zusammenschlusses zum gemeinsamen Wohnen.

Gegenstand dieses Kapitels sind nicht alle Sachen, deren Einbringung und Anschaffung **2** zur gemeinsamen Nutzung in einer WG denkbar sind. Insbesondere werden Ausführungen zu solchen Sachen ausgeschlossen, die zwar von den Mitbewohnern gemeinschaftlich genutzt werden, aber typischerweise einem dauernden Verbrauch und Wechsel unterliegen (beispielsweise Putz- oder ähnliche Haushaltsmittel). Im Mittelpunkt stehen vielmehr solche **Gegenstände, die von einem nicht geringen Wert und üblicherweise nur einmal in der WG vorhanden** sind sowie für das Zusammenleben vielleicht nicht unverzichtbar sein mögen, dieses aber erleichtern. Hierzu zählen insbesondere **Haushaltsgegenstände** wie Waschmaschine und Trockner, Kühl-, Gefrierschrank, Herd, Einbauküche, in gleicher Weise Möbel wie Couch- und Esstische, Sofa und Stühle. Abgrenzungsschwierigkeiten können im Einzelfall nicht ausgeschlossen werden, beispielsweise in Bezug auf Küchenutensilien (Besteck- oder Topfset, Wasserkocher, Toaster). Als weiterer Anhaltspunkt zur Abgrenzung ist die Frage heranzuziehen, ob die betreffenden Sachen üblicherweise ausgetauscht oder repariert werden. Während Sachen von geringerem Wert regelmäßig ausgetauscht werden beziehungsweise schon gar nicht repariert werden können, wird bei den nachfolgend im Mittelpunkt stehenden Sachen die Möglichkeit der Reparatur regelmäßig vor einem Austausch gewählt werden.

3   Vor diesem Hintergrund lassen sich vergleichbar anderen Konstellationen des gemeinschaftlichen Zusammenlebens mannigfache Spielarten der Einbringung und Anschaffung von Sachen zur gemeinsamen Nutzung bilden, abhängig beispielsweise von den Eigentumsverhältnissen an der gemeinsam genutzten Sache, der Art der Einbringung sowie den gesellschafts- beziehungsweise schuldrechtlichen Beziehungen der WG-Bewohner untereinander. Generell können folgende **drei Beispielsfälle** als verallgemeinerungsfähige Grundlage festgehalten werden:

1. Einer der Mitbewohner ist Eigentümer eines Haushaltsgegenstandes, etwa einer Waschmaschine. Beim Einzug bringt er die Waschmaschine in die WG ein oder er erwirbt sie im Laufe des Zusammenlebens in der WG zu Eigentum. Den anderen Mitbewohnern wird es ermöglicht, die Waschmaschine ebenfalls zu nutzen.
2. Im Laufe des Zusammenlebens in der WG entschließen sich die Mitbewohner, gemeinsam einen Trockner anzuschaffen, der von allen Mitbewohnern genutzt werden darf.
3. Der Vermieter stellt zur Nutzung durch die Bewohner der WG eine Einbauküche zur Verfügung.

4   Diese drei Beispiele spiegeln vereinfacht die **Grundkonstellationen** wider, die bei der gemeinsamen Nutzung von Sachen innerhalb einer WG maßgebend sind. Im Detail kann die gemeinsame Nutzung von Sachen auf den verschiedenen rechtlichen Ebenen des Zusammenlebens relevant werden, namentlich auf gesellschafts- und mietrechtlicher Ebene, auf sachen- und schuldrechtlicher. Weniger ist demgegenüber maßgeblich, welchem WG-Typen die betreffende WG entspricht (zur Abgrenzung der einzelnen WG-Typen → § 1 Rn. 24 ff.). Die rechtlichen Vorgaben gelten daher **grundsätzlich für alle WG-Typen**. Sollte sich ein anderes ergeben, wird auf den jeweiligen WG-Typ hingewiesen.

B. Einbringung und Anschaffung durch die Mitbewohner

5   Die Einbringung von Sachen zur gemeinsamen Nutzung durch die Mitbewohner wirft vorrangig Fragen gesellschaftsrechtlicher Natur und gesellschaftsvertraglicher Gestaltung auf. Dies gilt unabhängig davon, ob ein Mitbewohner die Sache einbringt oder die Einbringung auf die gemeinschaftliche Anschaffung durch die Mitbewohner zurückzuführen ist. Nicht nur die gesellschaftsrechtlichen Fragen, sondern ebenfalls die mit der Einbringung verbundene Zuordnung der Eigentumsverhältnisse ist allerdings mit der Notwendigkeit einer Differenzierung danach verbunden, wer die Sache in die WG eingebracht hat.

I. Einbringung durch einen Mitbewohner

Bei der Einbringung einer Sache zur gemeinsamen Nutzung durch einen Mitbewohner ist zunächst von Relevanz, wie die **Einbringung in Bezug auf die Gesellschaft** einzuordnen ist. Es stellt sich die Frage, ob beziehungsweise inwieweit die Einbringung als Beitrag (zum Beispiel auch als Entrichtung der Miete → § 4 Rn. 7 f.), konkret als Beitrag in Form einer Sacheinlage bewertet werden kann. In diesem Zusammenhang ist grundsätzlich bereits eine **Zuordnung der Eigentumsverhältnisse** an der eingebrachten Sache möglich. Weil die betreffende Sache nicht nur in die WG eingebracht werden soll, sondern die Einbringung dem Zwecke der gemeinsamen Nutzung dient, bedarf anschließend der Erörterung, wie sich die gemeinsame Nutzung innerhalb der Gesellschaft auswirkt, insbesondere welche Fragen es etwa hinsichtlich der Zurverfügungstellung und Nutzung der Sache zu bedenken gilt.

1. Sacheinlage als Beitrag

a) Einlagen und Beiträge

Mit der Einbringung einer Sache kann der jeweilige Mitbewohner als Gesellschafter eine Sacheinlage als Beitrag im Sinne von § 706 BGB erbringen (allgemein zu den Beitragspflichten der Mitbewohner → § 14 Rn. 11 ff.). Als Beitrag lässt sich grundsätzlich jede im Gesellschaftsvertrag verankerte Zweckförderungspflicht verstehen.[1] Als Einlagen wiederum sind alle Beiträge zu bezeichnen, die in das Gesellschaftsvermögen als Haftungsmasse einfließen.[2] Einlagen können in Gestalt von Bar- wie Sacheinlagen geleistet werden. Eine Sacheinlage liegt vor, wenn ein bewertungsfähiger Vermögensgegenstand gegeben ist, welcher der Gesellschaft zur freien Verfügung gestellt werden kann – also etwa ein bestimmter Haushaltsgegenstand zur gemeinsamen Nutzung durch alle Mitbewohner. Vertretbare Sachen im Sinne von § 706 Abs. 2 BGB, die zur gemeinsamen Nutzung durch die Mitbewohner zur Verfügung gestellt werden, lassen sich zwanglos als Förderung des Zwecks eines gemeinschaftlichen Zusammenlebens einordnen. Dies gilt insbesondere, wenn auch nicht nur deshalb, weil es sich bei den zur Verfügung gestellten Sachen um Gegenstände handelt, deren Anschaffung grundsätzlich mit nicht geringen Kosten verbunden ist. Ungeachtet dessen ist es gleichfalls nicht ausgeschlossen, dass ein Mitbewohner den Gebrauch einer Sache schlicht verfügbar macht, ohne dass die Überlassung ihre Grundlage in gesellschaftsvertraglichen Vereinbarungen findet und als Beitrag im Sinne von § 706 BGB zu bewerten ist.

b) Eigentumsverhältnisse

Sofern ein Mitbewohner eine Sache in die WG zur gemeinsamen Nutzung einbringt, steht damit noch nicht fest, ob die Einbringung als Beitrag im Sinne von § 706 BGB zu werten ist. In gleicher Weise bedarf es der Auslegung, ob und inwieweit diese Sache beispielsweise dem Gesellschaftsvermögen übertragen werden soll. Möglich, wenn auch in der Praxis nicht gleichermaßen verbreitet, sind verschiedene Konstellationen, von der Übertragung des Eigentums auf die WG bis hin zur Gebrauchsüberlassung ohne Veränderung der Eigentümerstellung.[3] In Abhängigkeit von der jeweiligen Gestaltungsform kann die Ein-

---

[1] *K. Schmidt* GesR § 20 II 2a; *Habermeier* in Staudinger BGB § 706 Rn. 1.
[2] *K. Schmidt* GesR § 20 II I 1; *Hadding/Kießling* in Soergel BGB § 706 Rn. 5; *Habermeier* in Staudinger BGB § 706 Rn. 4.
[3] Zur Differenzierung BGH BeckRS 1965, 30809138; *Heidel* in NK-BGB § 706 Rn. 7; *Servatius* in Henssler/Strohn GesR § 706 Rn. 4; *Stürner* in Jauernig BGB § 706 Rn. 6; *Habermeier* in Staudinger BGB § 706 Rn. 4 ff.; *Sudhoff* NJW 1978, 1401.

bringung der Sache sodann als „echte" Einlage oder als „sonstiger" Beitrag bezeichnet werden.[4]

9 **aa) Eigentum der Gesellschaft (quoad dominum).** Die Einbringung der Sache kann, entsprechend der **gesetzlichen Vermutung gemäß § 706 Abs. 2 BGB,** dazu bestimmt sein, Eigentum der Gesellschaft zu begründen. Konsequenz wäre unter anderem, dass die Gesellschaft die Gefahr des zufälligen Untergangs der Sache trägt[5] und nach Auflösung der Gesellschaft oder Ausscheiden des einbringenden Mitbewohners als Gesellschafter ein Rückforderungsrecht nicht vorgesehen ist.[6] Dem einbringenden Mitbewohner stünde bei seinem Ausscheiden oder bei einer Auflösung der Gesellschaft nur ein **Wertersatzanspruch** in Geld zu (§§ 733 Abs. 2 S. 2, 738 Abs. 1 S. 2 BGB), nicht aber ein Recht zur Rücknahme der eingebrachten Sache.[7]

10 Regelmäßig wird allerdings davon auszugehen sein, dass der einzelne Mitbewohner **nicht** den Willen hat, sein **Eigentum an der eingebrachten Sache auf die Gesellschaft zu übertragen.** Gegen eine solche Auslegung der Einbringung sprechen sowohl die **Eigenart der WG** als auch die damit zusammenhängenden **Interessen des einbringenden Mitbewohners.** Hinzuweisen ist besonders darauf, dass die WG einem stetigen Wechsel der Mitglieder unterliegen kann und das Ausscheiden eines Mitbewohners (→ § 18 Rn. 8 ff.) nicht zwingend die Auflösung der WG zur Folge haben muss. Gerade aufgrund des stetigen Wechsels wird davon auszugehen sein, dass der Mitbewohner, der die Sache eingebracht hat, das Eigentum an dieser Sache nicht übertragen möchte. Hiermit kann er erreichen, den Gegenstand beim Ausscheiden mitnehmen zu können und nicht auf einen Wertersatzanspruch in Geld (vgl. § 733 Abs. 2 S. 2 BGB)[8] beschränkt zu sein. Hinzukommt, dass der WG typischerweise nicht der Charakter einer Außen-GbR, sondern derjenige einer Innengesellschaft zukommt (→ § 1 Rn. 27). Mit der Begründung von Gesellschaftsvermögen und Gesellschaftseigentum wird allerdings regelmäßig die Entstehung einer Außen-GbR verbunden sein.[9] Unabhängig von der nicht unumstrittenen Frage, ob charakteristisches Merkmal einer Innengesellschaft der Verzicht auf die Bildung von Gesellschaftsvermögen ist und umgekehrt die Bildung desselben zwingend auf das Vorliegen einer Außengesellschaft schließen lässt,[10] bleibt doch festzuhalten, dass mit der Bildung von Gesellschaftsvermögen und Gesellschaftseigentum die WG in einer Art und Weise rechtliche Eigenständigkeit erlangt, die von den Mitbewohnern, allen voran dem die Sache einbringenden Mitbewohner, nicht bezweckt und gewollt sein wird.

11 **bb) Einbringung dem Werte nach (quoad sortem).** Daneben kann die Einbringung dem Werte nach bezweckt sein. So kann ein Mitbewohner mit den anderen vereinbaren, dass die eingebrachte Sache im **Innenverhältnis** entsprechend ihrem jeweiligen Wert wie Gesellschaftseigentum behandelt werden soll, **nach außen aber im Alleineigentum des einbringenden Gesellschafters verbleibt.**[11] Der Gesellschaft wird demnach nicht das

---

[4] Vgl. *Habermeier* in Staudinger BGB § 706 Rn. 4 ff.
[5] *Schäfer* in MüKoBGB § 706 Rn. 11.
[6] *Stürner* in Jauernig BGB § 706 Rn. 6; *Schäfer* in MüKoBGB, § 706 Rn. 11; *Habermeier* in Staudinger BGB § 706 Rn. 5.
[7] *Schäfer* in MüKoBGB § 706 Rn. 11.
[8] *Schäfer* in MüKoBGB § 733 Rn. 14.
[9] *V. Gamm* in RGRK BGB Vor § 705 Rn. 5; *Westermann* in Erman BGB Vor § 705 Rn. 27; *Habermeier* in Staudinger BGB § 705 Rn. 58; vgl. auch *Schäfer* in MüKoBGB § 705 Rn. 280.
[10] Noch offen gelassen BGHZ 12, 308 (314) = NJW 1954, 1159; zu den Charakteristika der Innengesellschaft; *Westermann* in Erman BGB Vor § 705 Rn. 27; *v. Ditfurth* in PWW BGB § 705 Rn. 34 (Differenzierung zwischen Außen-GbR, Innen-GbR ieS und Innen-GbR iwS); *Habermeier* in Staudinger BGB § 705 Rn. 58; krit. zu Innengesellschaften mit Gesamthandsvermögen als „Innengesellschaften im weiteren Sinne" *Schäfer* in MüKoBGB § 705 Rn. 280.
[11] RGZ 109, 380; BGH BeckRS 1965, 30809138; *Westermann* in Erman BGB § 706 Rn. 8; *Stürner* in Jauernig BGB § 706 Rn. 6; *Schäfer* in MüKoBGB § 706 Rn. 12; *Saenger* in HK-BGB § 706 Rn. 3; *Hadding/Kießling* in Soergel BGB § 706 Rn. 23; *Habermeier* in Staudinger BGB § 706 Rn. 6.

Eigentum, sondern der **wirtschaftliche Wert an der Sache** zugesprochen.[12] Für den die Sache einbringenden Mitbewohner bietet die Einbringung dem Werte nach den Vorteil, jedenfalls formal seine Eigentümerposition zu wahren. Darüber hinaus hat die Einbringung dem Werte nach zur Folge, dass beim Ausscheiden des Mitbewohners oder bei der Auflösung der Gesellschaft nicht (nur) ein Wertersatz in Geld, sondern die Rückgabe der eingebrachten Sache selbst beansprucht werden kann (analog § 732 S. 1 BGB), sofern diese zwischenzeitlich nicht durch bestimmungsgemäße Verwendung oder durch Zufall untergegangen ist.[13]

Dennoch ist anzunehmen, dass eine Einbringung dem Werte nach ebenfalls nicht mit 12 der Einbringung von Sachen zur gemeinsamen Nutzung verbunden ist. Die formale Eigentümerposition des einbringenden Mitbewohners ändert nichts daran, dass mit der Einbringung Gesellschaftsvermögen gebildet wird. Fraglich ist schon, ob die Mitglieder einer WG nicht vielmehr, soweit es möglich ist, auf die Bildung von Gesellschaftsvermögen und die damit verbundene Auseinandersetzung (§§ 730 ff. BGB) bei Auflösung der Gesellschaft verzichten wollen. Hinzukommt, dass bei einer Einbringung dem Werte nach im Laufe der Zeit eintretende Wertsteigerungen dem Gesellschaftsvermögen zufließen und bei einer Rückgabe der eingebrachten Sache an den Mitbewohner (§ 732 S. 1 BGB analog) von diesem zu erstatten sind. Dem Mitbewohner wird allerdings daran gelegen sein, mit der Einbringung weder eine Veränderung der Eigentumslage hervorzurufen noch etwaigen Ausgleichsansprüchen gegenüber der Gesellschaft ausgesetzt zu sein. Nicht zu verkennen ist freilich, dass eine Einbringung dem Werte nach für den Mitbewohner insoweit von Vorteil sein kann, als die Gesellschaft die Lasten und die Sachgefahr an dem eingebrachten Gegenstand trägt.[14] Die Verpflichtung zur Tragung von Lasten und Sachgefahr ist somit Kehrseite der Medaille in Bezug auf die Zuordnung von Wertsteigerungen.

cc) Gebrauchsüberlassung (quoad usum). Regelmäßig wird der Einbringung von 13 Sachen zur gemeinsamen Nutzung der Charakter einer schlichten Gebrauchsüberlassung zukommen. Der Mitbewohner verpflichtet sich mithin dazu, den Gebrauch des eingebrachten Gegenstands zur Förderung des gemeinschaftlichen Zusammenlebens zu ermöglichen.[15] In diesem Sinne werden die Eigentumsverhältnisse weder in formaler noch materieller Hinsicht geändert. Dem Mitbewohner steht ein Rückgabeanspruch nach § 732 S. 1 BGB zu.[16] Nicht zu verkennen ist allerdings, dass eine solche Auslegung der Einbringung von Gegenständen eine gegenüber den vorangehenden Konstellationen gegebenenfalls erhöhte gesellschaftsvertragliche Regelbedürftigkeit nach sich zieht. Während beispielsweise in den ersten beiden Konstellationen die Gesellschaft die Lasten und die Sachgefahr zu tragen hat, bedarf es bei der Einbringung zur schlichten Gebrauchsüberlassung unter anderem einer Regelung, ob allein der einbringende Mitbewohner die Sachgefahr trägt[17] oder inwieweit entstehende Kosten zwischen den Mitbewohnern aufgeteilt werden.[18]

---

[12] *Schäfer* in MüKoBGB § 706 Rn. 12; *Hadding/Kießling* in Soergel BGB § 706 Rn. 23.
[13] HM, *Schäfer* in MüKoBGB § 706 Rn. 12, § 732 Rn. 1, 8 ff.; anders noch BGHZ 44, 40 = NJW 1965, 1960: Gleichstellung zur Einbringung zu Eigentum der Gesellschaft; in jedem Fall sind abweichende Vereinbarungen möglich.
[14] *Schäfer* in MüKoBGB § 706 Rn. 13; *Habermeier* in Staudinger BGB § 706 Rn. 6.
[15] BGH BeckRS 1965, 30809138; *Stürner* in Jauernig BGB § 706 Rn. 6; *Habermeier* in Staudinger BGB § 706 Rn. 7.
[16] *Schäfer* in MüKoBGB § 732 Rn. 1, 5.
[17] *Schäfer* in MüKoBGB § 706 Rn. 13, § 732 Rn. 5.
[18] BGH NJW-RR 1986, 1417 Rn. 7 ff.; *Schäfer* in MüKoBGB § 706 Rn. 13.

2. Grundlagen und Spezifika der Vertragsgestaltung

a) Grundlagen

14 Die Einbringung von Sachen zur gemeinsamen Nutzung durch einen Mitbewohner bedarf der vertraglichen Berücksichtigung. Diesbezüglich ist von drei Grundannahmen auszugehen:

15 Erstens wird die Einbringung der Sache in Form der **schlichten Gebrauchsüberlassung (quoad usum)** während der Dauer des Zusammenlebens der praktische Regelfall sein. Der betreffende Mitbewohner bleibt mithin auf der einen Seite Eigentümer der eingebrachten Sache und hat ein Recht zur Rücknahme derselben bei eigenem Ausscheiden oder bei Auflösung der WG. Auf der anderen Seite trifft ihn das Risiko des Untergangs der Sache.

16 Zweitens werden die Mitbewohner die mit der Einbringung von Sachen zusammenhängenden Fragen nicht immer zum Gegenstand gesellschaftsvertraglicher Regelungen machen. Entsprechende Abreden werden **allenfalls konkludent,** selten aber ausdrücklich im Gesellschaftsvertrag zugrunde gelegt. In nicht wenigen Fällen wird daher bei Lücken in der gesellschaftsvertraglichen Regelung oder gar bei Fehlen jeglicher Vereinbarung über entsprechende Fragen auf die geschriebenen Normen des Gesellschafts- und Schuldrechts zurückgegriffen werden müssen (→ Rn. 19 ff.)).

17 Drittens ist anzunehmen, dass im Falle einer jedenfalls konkludenten Regelung der mit der Einbringung und Nutzung von Gegenständen zusammenhängenden Fragen, diese Regelungen ihre Grundlage weniger in einzelnen schuldrechtlichen Abreden (Miete, Leihe usw.), sondern im Gesellschaftsvertrag finden. Zwar besteht generell die Möglichkeit, dass die Mitbewohner als Dritte mit der Gesellschaft oder den anderen Mitbewohnern Rechtsbeziehungen außerhalb des Gesellschaftsvertrags eingehen.[19] So ist es beispielsweise nicht ausgeschlossen, dass die Einbringung eines Gegenstands zur gemeinsamen Nutzung ihre Grundlage in einem Mietverhältnis zwischen dem einbringenden Mitbewohner und den übrigen Mitbewohnern findet. Ein solches Drittgeschäft scheidet aber zum einen aus, wenn der betreffende Mitbewohner die Einbringung zur gemeinsamen Nutzung bereits kraft des Gesellschaftsvertrags schuldet, also aufgrund seiner Eigenschaft als Mitbewohner verpflichtet war,[20] die Sache als Beitrag zur Förderung des gemeinsamen Zwecks allen Mitbewohnern zum Gebrauch verfügbar zu machen. Zum anderen ist generell davon auszugehen, dass die Mitglieder einer WG, so sie wenigstens konkludent Abreden über das gemeinschaftliche Zusammenleben treffen, diese Abreden zentral im Gesellschaftsvertrag und nicht in verschiedenen gesonderten Rechtsbeziehungen zwischen den (wechselnden) Mitbewohnern regeln.

18 Zu den **wichtigsten Punkten,** über welche die Mitbewohner Einvernehmen erzielen müssen, gehören Abreden über:
– die Berücksichtigung der Beitragsleistung
– die Nutzung der eingebrachten Sache
– die diesbezüglich zu achtenden Sorgfaltspflichten, gegebenenfalls unter Festsetzung bestimmter Sanktionen
– die Tragung der Reparatur- und sonstigen (laufenden) Kosten
– die Verteilung der Sachgefahr während der Dauer der Wohngemeinschaft und bei Ausscheiden des einbringenden Mitbewohners oder Auflösung der Gesellschaft
– das Schicksal der eingebrachten Sache bei Ausscheiden (nur) des einbringenden Mitbewohners.

b) Gesellschaftsvertragliche Regelung

19 **aa) Beitragsleistung.** Die Einbringung von Sachen zur gemeinsamen Nutzung ist grundsätzlich als Beitrag, als im Gesellschaftsvertrag verankerte Zweckförderungspflicht anzuse-

---

[19] V. Ditfurth in PWW BGB § 705 Rn. 31; Habermeier in Staudinger BGB § 705 Rn. 42.
[20] Habermeier in Staudinger BGB § 705 Rn. 42.

hen (→ § 14 Rn. 12). Gerade dann, wenn die Einbringung im Sinne einer verpflichtenden Gebrauchsüberlassung an die Mitbewohner zu verstehen ist und nicht als bloße faktische, von Gesellschaftsvertrag und Rechtsbindungswillen losgelöste Nutzungsüberlassung, über die von dem einbringenden Mitbewohner einseitig verfügt werden kann, bedarf es einer Klärung, ob beziehungsweise mit welchen „**Gegenleistungen**" **oder Vorteilen die Einbringung für den betreffenden Gesellschafter verknüpft sein** kann und soll. So mag es denkbar sein, dass jeder Mitbewohner einen bestimmten Haushaltsgegenstand den jeweils anderen Mitbewohnern zur Verfügung stellt, die Nutzungsüberlassung durch einen Mitbewohner also ihr Pendant in der durch die anderen Mitbewohner geschaffenen Nutzungsmöglichkeit findet. Denkbar ist ebenso, dass nur ein Mitbewohner einen Gegenstand zur Nutzung verfügbar macht. Gerade dann, wenn es sich um einen oder mehrere Gegenstände von besonderem Wert handelt, die überdies für das übliche Zusammenleben in einem Haushalt nahezu unverzichtbar erscheinen (insbesondere Küchengeräte, Herd, Kühlschrank), können die Mitbewohner ebenfalls darin übereinkommen, den einbringenden Mitbewohner teilweise **von der Entrichtung der Miete freizustellen** (→ § 4 Rn. 7 f.). Sollte eine solche Vereinbarung getroffen werden, ist regelmäßig davon auszugehen, dass sie ausdrücklich zwischen den Mitbewohnern festgehalten wird. Zu beachten gilt es dabei, dass die Vereinbarung nur im **Innenverhältnis** zwischen den Mitbewohnern Wirkung entfalten kann, nicht aber im **Außenverhältnis** gegenüber dem Vermieter. Dies gilt unabhängig von der Art des Mietverhältnisses, insbesondere unabhängig davon, ob der Vermieter beispielsweise mit allen Mitbewohnern als Gesamtschuldner einen Mietvertrag abschließt oder die Außen-GbR selbst als Vermieterin in Erscheinung tritt (WG-Typen C und D). Ein anderes wird gelten, so etwa alle oder einzelne Mitbewohner als Vermieter gegenüber dem einbringenden Mitbewohner als einzigem Mieter auftreten, beispielsweise im Falle der Untervermietung (WG-Typ A). In diesen Fällen entfaltet die gesellschaftsvertragliche Vereinbarung über die Mietminderung regelmäßig über das Innenverhältnis hinaus auch im Außenverhältnis Wirkung. In allen Fällen gilt es zu beachten, dass die Einbringung der Sache als Beitragsleistung im Verhältnis zu den Beitragsleistungen der anderen Mitbewohnern nicht in sittenwidriger Weise zu gering oder zu hoch bewertet werden darf.[21]

Sofern die Einbringung einer Sache Auswirkungen insbesondere auf die Mietzahlungen des betreffenden Mitbewohners erlangen soll, ist zu berücksichtigen, ob diese **Mietminderung** während der gesamten Mietdauer Geltung entfalten oder auf einen bestimmten Zeitraum befristet werden soll. Sofern die Einbringung der Sache anderweitig als Beitragsleistung erfasst wird, ergibt sich die Frage, ob dem einbringenden Mitbewohner ein gesetzliches **Leistungsverweigerungsrecht** zusteht[22] oder ihm vertraglich ein solches für den Fall zugebilligt werden soll, dass die anderen Gesellschafter ihren Beitragspflichten nicht nachkommen.

bb) Nutzungsverhältnisse. Zentral, und deshalb regelmäßiger Bestandteil gesellschaftsvertraglicher Regelungen, sind die Vereinbarungen über die Nutzung des eingebrachten Gegenstands durch die Mitbewohner.

In der konkreten Ausgestaltung der Nutzungsregelung sind die Mitbewohner zunächst frei. So bleibt es ihnen überlassen, allgemein allen Mitbewohnern die gleiche Nutzungsmöglichkeit einzuräumen oder detaillierte **Nutzungspläne** zu erstellen. Gleichfalls kann es sich anbieten, eine **Verletzung der vereinbarten Nutzungsregelungen** mit bestimmten Sanktionen zu verbinden. Dies setzt freilich voraus, dass die Vereinbarung der Regelungen mit einem entsprechenden **Rechtsbindungswillen** verbunden ist. Dies wiederum ist im Wege der Auslegung unter Berücksichtigung der berechtigten Interessen der Mitbewohner zu ermitteln. Für einen Rechtsbindungswillen wird es sprechen, wenn die Mitbewohner die Nutzungsverhältnisse ausdrücklich zum Gegenstand gesellschaftsvertraglicher Regelung

---
[21] *Habermeier* in Staudinger BGB § 706 Rn. 12.
[22] Zur Problematik der direkten oder analogen Anwendung der §§ 320 ff. BGB, *Stürner* in Jauernig BGB § 706 Rn. 3; *v. Ditfurth* in PWW BGB § 706 Rn. 6; *Habermeier* in Staudinger BGB § 706 Rn. 24 mwN.

gemacht haben. Gleiches gilt, so die Nutzungsvereinbarungen mit bestimmten Sanktionen, wie der Einzahlung von Geld in eine WG-Kasse, verknüpft wird (→ § 14 Rn. 52 ff.). Darüber hinaus wird auf einen Rechtsbindungswillen umso mehr zu schließen sein, je detaillierter die Mitbewohner die Nutzungsverhältnisse abgesprochen haben.

23 Die Freiheit der Mitbewohner zur Regelung der Nutzungsverhältnisse und -bedingungen findet jedoch ihre **Grenzen** in den **spezifischen gesellschaftsrechtlichen Vorgaben** sowie den **allgemeinen Regelungen der Privatautonomie**. So darf die Nutzungsregelung nicht gegen die §§ 138, 242 BGB verstoßen, ebenso wenig gegen den gesellschaftsrechtlichen Gleichbehandlungsgrundsatz (vgl. §§ 706 Abs. 1, 709 Abs. 1, 711, 722 Abs. 1, 734, 735 BGB)[23] oder die besonderen gesellschaftsrechtlichen Treuepflichten.[24] Kein Mitbewohner darf daher weder insgesamt noch im Vergleich zu den anderen Mitbewohnern in übermäßiger Weise von der Nutzung der eingebrachten Sache ausgeschlossen werden. Genauso wenig darf die Verteilung der Nutzungsmöglichkeiten willkürlich erfolgen, an sittenwidrige Bedingungen geknüpft werden oder dem Schikaneverbot (§ 226 BGB) zuwiderlaufen.[25] Dies gilt für alle Mitbewohner, im Besonderen aber für den die Sachen einbringenden Mitbewohner. Selbst wenn diesem eine privilegierte Position innerhalb der Gesellschaft zukommen sollte, die entweder auf seine Stellung im mietvertraglichen Gefüge (sogenannte „privilegierte Zentralfigur", → § 1 Rn. 32) oder auf die Eigentümerposition an der eingebrachten Sache zurückzuführen ist, darf er die Gebrauchsüberlassung nicht zu seinen Gunsten ausnutzen und an unverhältnismäßige Voraussetzungen knüpfen.

24 **cc) Verletzung von Sorgfalts- und Treuepflichten.** Im Zusammenhang mit der Nutzung der eingebrachten Sache kann es in vielfacher Weise zur Verletzung von Pflichten durch den oder die Mitbewohner kommen. Die Verletzung von Sorgfaltspflichten kann sich in verschiedener Hinsicht auswirken. Zum einen kann sich die Verletzung von Sorgfaltspflichten (§ 241 Abs. 2 BGB) in Form der **Verletzung von gesellschaftsrechtlichen Rücksichtnahme- und Treuepflichten** zeigen. Dies ist der Fall, wenn einer der Mitbewohner sich nicht an die Vereinbarungen betreffend die zum Gebrauch überlassene Sache hält. Zum anderen kann der nicht sorgfältige Umgang mit der überlassenen Sache zur **Beschädigung** derselben führen. Einer der Mitbewohner mag beispielsweise beim Kochen das Ceranfeld des von einem anderen Mitbewohner überlassenen Herdes zerkratzen. Schließlich kann die Verletzung von Sorgfaltspflichten die **mietvertraglichen Beziehungen ebenso wie die Beziehungen der Mieter untereinander tangieren.** Dies mag der Fall sein, so der Mieter einen immensen Wasserschaden durch fehlerhafte Anbringung des Wasserschlauchs an der Waschmaschine verursacht[26] oder die Mietsache wegen nicht hinreichender Beaufsichtigung einer veralteten Waschmaschine in Brand gerät.[27] In diesen wie vergleichbaren Fallgestaltungen kann ein der Verantwortung des Mieters zuzuordnender Schaden den betreffenden Mieter sowohl gegenüber dem Vermieter (§ 280 Abs. 1 iVm § 241 Abs. 2 BGB, § 823 BGB) als auch gegenüber den anderen Mietern (§ 280 Abs. 1 BGB, § 823 BGB) bei entsprechenden Schäden schadenersatzpflichtig machen.[28]

25 Die verschiedenen Konstellationen ziehen unterschiedliche Rechtsfolgen nach sich. Die **Nichtbeachtung rechtsverbindlich vereinbarter Nutzungsregelungen** spielt sich zunächst im Innenverhältnis der GbR ab. Sofern ein Mitbewohner die gemeinsam getroffenen Nutzungsvereinbarungen ignoriert, gebührt den anderen Mitbewohnern gegen den betreffenden Mitbewohner ein **Anspruch auf Einhaltung der gesellschaftsvertraglichen Regeln**. Entsprechende **Handlungs-, Duldungs- oder Unterlassungspflichten** treffen

---

[23] *Servatius* in Henssler/Strohn GesR § 705 Rn. 41; *v. Ditfurt* in PWW BGB § 705 Rn. 25.
[24] *Saenger* in Hk-BGB § 705 Rn. 13; *v. Ditfurth* in PWW BGB § 705 Rn. 21 ff.; *Habermeier* in Staudinger BGB § 705 Rn. 14.
[25] *V. Ditfurth* in PWW BGB § 705 Rn. 25.
[26] OLG Oldenburg NJW-RR 2004, 1025.
[27] OLG Celle BeckRS 1998, 10084.
[28] BGH NJW 1969, 41; OLG Celle VersR 1984, 1075; *Mummenhoff* jurisPR-MietR 10/2004 Anm. 3 zu OLG Oldenburg NJW-RR 2004, 1025.

den vereinbarungswidrig handelnden Mitbewohner gegenüber den anderen Mitbewohnern bereits aus der **gesellschaftsrechtlichen Treuepflicht**.[29] Sofern die Verletzung zum sorgfältigen und rücksichtsvollen Umgang mit der zur gemeinsamen Nutzung überlassenen Sache Eigentumsverletzungen nach sich zieht, sei es bezogen auf den eingebrachten Gegenstand oder die vermietete Wohnung als solche, können die Rechtsfolgen **aus dem allgemeinen Leistungsstörungsrecht wie Deliktsrecht** abgeleitet werden (§§ 280 ff., §§ 323 ff., 823 ff. BGB).[30] Ob sich Schadensersatzansprüche des Vermieters wegen einer Eigentumsverletzung allein aus dem Deliktsrecht ergeben oder solche Ansprüche ebenfalls vertraglicher Art sein können, hängt von der Ausgestaltung des jeweiligen WG-Typs, mithin davon ab, ob zwischen dem betreffenden Mitbewohner und dem Vermieter vertragliche Beziehungen bestehen. Verletzt ein Mitbewohner dergestalt die Verpflichtung aus dem Mietvertrag, konkret die Verpflichtung zum vertragsgemäßen und sorgfältigen Umgang mit der Mietsache, kann dem Vermieter überdies ein Recht zur (außerordentlichen) Kündigung (zur Beendigung des Mietverhältnisses → § 20) zukommen (§§ 568 Abs. 1, 569 Abs. 1, 543 Abs. 1, Abs. 2 S. 1 Nr. 2 BGB).

dd) Reparatur- und laufende Kosten. Bei den zur gemeinsamen Nutzung in die 26 Wohngemeinschaft eingebrachten Sachen handelt es sich grundsätzlich um solche von besonderem Wert, deren **Instandhaltung und Nutzung mit verschiedenen Kosten verbunden** sein kann. In Betracht kommen insbesondere punktuell entstehende Kosten wie Reparaturkosten und sonstige Instandhaltungskosten, ebenso laufende Kosten, die beispielsweise mit der Versicherung der Sache einhergehen. Außer Acht gelassen werden dürfen in diesem Zusammenhang demgegenüber sowohl die mit der Gebrauchsüberlassung verbundenen Strom- und Wasserkosten sowie diejenigen Kosten, die etwa in Gestalt von Reinigungsmitteln ohnehin unter den Mitbewohnern umgelegt zu werden pflegen. Sofern die Überlassung der im Eigentum eines Mieters stehenden Sache an die anderen Mitbewohner zum Gebrauch ihre Grundlage nicht in spezifischen vertraglichen Verhältnissen findet, wovon im Regelfall auszugehen ist, sind die Mitbewohner gehalten, entsprechende Regelungen auf gesellschaftsvertraglicher Basis zu treffen; wenn nicht ausdrücklich, so doch jedenfalls konkludent.[31]

Vorrangig wird es sich anbieten, Absprachen über die **Kosten von Reparatur und** 27 **Instandhaltung** zu treffen. Vorausgesetzt ist dabei, dass eine Umlegung der Kosten auf die anderen Mitbewohner überhaupt in Betracht zu ziehen ist. Zu bedenken gilt es Folgendes: Zum einen trägt nach dem praktischen Regelfall der Überlassung der Sache quoad usum generell der einbringende Mitbewohner die Sachgefahr (→ Rn. 13). Er ist zudem derjenige, der die in seinem Eigentum verbliebene Sache bei Beendigung des Mietverhältnisses herausverlangen kann und er ist derjenige, der gegebenenfalls von Wertsteigerungen profitiert. Zum anderen kann die Frage der Kostentragung nicht losgelöst von der Beitragsleistung betrachtet werden. Sofern der einbringende Mitbewohner im Einvernehmen mit den anderen Mitbewohnern übereingekommen ist, dass er seine Beiträge zur Förderung des Gesellschaftszwecks in Gestalt der Einbringung der Sache inklusive der Übernahme der damit verbundenen Kosten leistet (→ Rn. 6 ff.), wird eine Umlegung der Kosten gleichfalls zu verneinen sein.

Dessen ungeachtet sind Vereinbarungen über die **Verteilung der Kosten auf alle Mit-** 28 **bewohner** denkbar und oft notwendig.[32] Derartige konkludente wie ausdrückliche Vereinbarungen gewinnen insbesondere dann an Bedeutung, wenn die Gebrauchsüberlassung

---

[29] *Servatius* in Henssler/Strohn GesR § 705 Rn. 41; *Saenger* in HK-BGB § 705 Rn. 13; *v. Ditfurth* in PWW BGB § 705 Rn. 23.
[30] Siehe nur OLG Celle BeckRS 1998, 10084, Pflichtverletzung in Gestalt eines durch eine unbeaufsichtigt gelassene Waschmaschine hervorgerufenen Brandschadens; in diesem Falle haftet jeder einzelne Mitmieter der Wohngemeinschaft gemäß § 421 S. 1 BGB dem Vermieter für den durch eine defekte Waschmaschine entstandenen Schaden, wenn die Maschine von allen Mitmietern genutzt wird.
[31] BGH NJW-RR 1986, 1417 Rn. 7 ff.; *Schäfer* in MüKoBGB § 706 Rn. 13.
[32] BGH NJW-RR 1986, 1417 Rn. 7 ff.; *Schäfer* in MüKoBGB § 706 Rn. 13.

nicht als eigentliche Beitragsleistung des Mitbewohners gewertet wird. Selbst dann, wenn die Gebrauchsüberlassung als solche als Beitrag des einbringenden Mitbewohners betrachtet wird, darf nicht außer Acht gelassen werden, dass die **überlassenen Gebrauchsgegenstände** im Laufe der Zeit und gerade auch in Folge der gemeinsamen Nutzung **regelmäßig an Wert verlieren und nicht gewinnen.** Entsprechend steigt im Laufe der Zeit das Risiko der Reparaturbedürftigkeit, wenn nicht sogar die Gefahr eines gänzlichen Nutzungsausfalls. Aus rechtlicher wie praktischer Sicht erweist sich insoweit eine Vereinbarung zwischen den Mitbewohnern über die Kostentragung als notwendig, sei es in Gestalt einer anteiligen Aufteilung konkret eintretender Reparaturkosten, sei es in Gestalt eines in regelmäßigen Abständen zu zahlenden Beitrags in eine WG-Kasse, aus welchem sodann entstehende Kosten beglichen werden (zu damit einhergehenden Fragen der Entstehung einer Außen-GbR → Rn. 10).

29 **ee) Verteilung der Sachgefahr.** Im Laufe des Zusammenlebens in der WG kann jederzeit eine Situation eintreten, in der die **zur gemeinsamen Nutzung eingebrachte Sache entweder zerstört wird oder eine Reparatur nicht mehr möglich,** wahlweise nicht mehr wirtschaftlich sinnvoll erscheint. Beispielsweise kann die eingebrachte Sache durch ein von einem der Mitbewohner oder durch ein von außen einwirkendes Ereignis zerstört werden oder ein auftretender Fehler erweist sich als irreparabel. Regelmäßig kann gleichfalls eine Reparatur des Gegenstands deswegen nicht in Betracht kommen, weil die mit der Reparatur verbundenen Kosten den (Rest–)Wert des Gegenstandes (erheblich) übersteigen.

30 Die Regelungsbedürftigkeit derartiger Fallgestaltungen hängt vorrangig mit der **Verursachung der Zerstörung sowie mit der Verteilung der Sachgefahr** zusammen. Sofern die Zerstörung des Gegenstands auf einen der Mitbewohner oder einen (von außen einwirkenden) Dritten zurückzuführen ist, richten sich die Rechtsfolgen auch nach den einschlägigen Regelungen der §§ 280 ff. BGB beziehungsweise §§ 823 ff. BGB (→ Rn. 24 f.). Dem einbringenden Mitbewohner steht ein Schadensersatzanspruch zu.[33] Sofern die Zerstörung dagegen nicht in die Verantwortung der anderen Mitbewohner oder Dritter fällt, sondern auf den einbringenden Mitbewohner selbst oder auf sonstige Faktoren, wie etwa den schlichten Verschleiß des Gegenstands zurückzuführen ist, scheiden Schadensersatzansprüche aus. Vielmehr trägt der einbringende Mitbewohner, so er (wie regelmäßig) Eigentümer des eingebrachten Gegenstandes geblieben ist, die Gefahr des Untergangs des zur Verfügung gestellten Gegenstandes (→ Rn. 13). Im Zusammenhang mit der Zurverfügungstellung innerhalb einer WG gilt es allerdings **zweierlei zu beachten.** Zum einen obliegt dem Eigentümer des Gegenstandes die Entscheidung darüber, ob er infolge des Untergangs einen Ersatzgegenstand erwirbt oder künftig auf einen solchen verzichtet. Demgegenüber kann die WG ein gesteigertes Interesse daran haben, dass der ursprünglich vorhandene Gegenstand, beispielsweise die Waschmaschine oder Teile einer Einbauküche, durch einen zur gemeinsamen Nutzung verfügbaren Gegenstand ersetzt wird. Zum anderen darf nicht verkannt werden, dass ein Untergang des eingebrachten Gegenstands nicht selten auf einem schnelleren Verschleiß infolge erhöhter Nutzung durch mehrere Personen beruht. Der Eigentümer mag sich dieser Gefahr bei Überlassung des Gegenstandes bewusst gewesen sein; ob er damit zusammenhängend mit der grundsätzlichen Verteilung der Sachgefahr einverstanden war, ist ein anderes. Insofern kann es im Interesse der WG wie des einbringenden Mitbewohners sein, gesellschaftsvertraglich Regelungen für den Fall des Untergangs des eingebrachten Gegenstands vorzusehen. Derartige Regelungen mögen sich auf die gemeinsame Anschaffung eines Ersatzgegenstandes unter Beteiligung aller Mitbewohner beziehen (→ Rn. 35 ff.) oder auf die Gewährung von Ausgleichszahlungen an den Eigentümer jedenfalls in denjenigen Situationen, in denen ein erhöhter Verschleiß

---

[33] Soweit der eingebrachte Gegenstand als Beitrag dem Gesellschaftsvermögen zugeschrieben war (§ 718 Abs. 1 BGB), gilt es zu beachten, dass gemäß § 718 Abs. 2 BGB ebenfalls zu Gesellschaftsvermögen gehört, was als Ersatz für die Zerstörung, Beschädigung oder Entziehung eines zu dem Gesellschaftsvermögen gehörenden Gegenstands erworben wird, dazu *Stürner* in Jauernig BGB §§ 718–720 Rn. 2.

durch die gemeinsame Nutzung kausal für den Untergang des eingebrachten Gegenstandes gewesen ist.

Bei **Untergang der eingebrachten Sache** muss darüber hinaus die Beitragspflicht des einbringenden Mitbewohners in den Blick genommen werden. Eine seinerseits nicht zu vertretende Unmöglichkeit der (weiteren) Beitragsleistung in Gestalt des gemeinsam genutzten Gegenstands kann zur Leistungsbefreiung nach § 275 Abs. 1 BGB führen, sofern die Mitbewohner dies vereinbart haben und somit im Falle des Untergangs die ersatzweise Erbringung einer Geldleistung nicht in Betracht kommt (§§ 280 Abs. 1, Abs. 3, 283 BGB), welche wiederum in das Gesamthandsvermögen fallen würde (§ 718 Abs. 1 BGB).[34]

ff) Verbleib oder Rückgabe bei Ausscheiden. Der gesellschaftsvertraglichen Regelung können gleichfalls Fragen im Zusammenhang mit dem Verbleib oder der Rückgabe des zum Gebrauch überlassenen Gegenstands bei Beendigung der WG oder bei Beendigung des Mietverhältnisses des einbringenden Mitbewohners bedürfen.

Regelmäßig sind hiermit in Verbindung stehende Fragen unter **Rückgriff auf die vorhandenen normativen Vorgaben** zu lösen. Im Verhältnis zur WG folgt ein Anspruch des Mitbewohners auf Rückgabe des zu Gebrauchszwecken überlassenen Gegenstands, sofern nicht ein anderes vereinbart ist, aus § 732 S. 1 BGB (Gebrauchsüberlassung, quoad usum, → Rn. 13) oder aus § 732 S. 1 BGB analog (Einbringung dem Werte nach, quoad sortem → Rn. 12). Im Verhältnis zum Vermieter folgt im Falle des Bestehens mietvertraglicher Beziehungen die Verpflichtung des Mitbewohners oder der Mitbewohner als Gesamtschuldner (§ 431 BGB)[35], die Mietsache nach Beendigung des Mietverhältnisses zurückzugeben (§ 546 BGB). Insoweit kann ein Anspruch des Vermieters gegen den beziehungsweise die Mieter auf Nutzungsentschädigung nach §§ 546a, 546 BGB beispielsweise dann entstehen, wenn der Mieter nach seinem Auszug die in die Mietwohnung eingebrachte Einbauküche[36] oder Waschmaschine zurückgelassen hat.[37] Vor diesem Hintergrund wird es nicht als Rückgabe im Sinne von §§ 546a Abs. 1, 546 Abs. 1 BGB angesehen, wenn infolge des Zurücklassens von Einrichtungen und/oder Gegenständen nur eine unzulässige Teilräumung gegeben ist. Vielmehr sind Teilleistungen bei Erfüllung der Rückgabeverpflichtung grundsätzlich unzulässig mit der Folge, dass dem Vermieter nicht nur ein Teil, sondern die gesamte Mietsache vorenthalten wird.[38]

Eine zwingende Notwendigkeit, darüberhinausgehend Vereinbarungen über den Verbleib oder die Rückgabe der überlassenen Gegenstände zu treffen, besteht nicht. Nicht ausgeschlossen ist, dass innerhalb derjenigen WGs, in denen der einbringende Mitbewohner nicht Partei des Mietvertrags ist (insbesondere WG-Typen E und F), **Regelungen gefunden werden müssen, die dem einbringenden Mitbewohner bei Beendigung des Mietverhältnisses die Wegnahme des eingebrachten Gegenstands überantworten**, zu der er mietvertraglich nicht verpflichtet ist. Oder die Mitbewohner vereinbaren umgekehrt eine Verpflichtung des einbringenden Mitbewohners zur dauerhaften Überlassung des Gegenstands auch nach seinem Auszug aus der WG. Ersteres wird allerdings ohnehin im Interesse des einbringenden Mitbewohners liegen, letzteres regelmäßig mit einer **Aus-**

---

[34] *Stürner* in Jauernig BGB § 706 Rn. 4; *Saenger* in HK-BGB § 706 Rn. 4.
[35] *Streyl* in Schmidt-Futterer MietR BGB § 546 Rn. 64; *Streyl* NZM 2011, 377 (383).
[36] LG Gießen BeckRS 2013, 15012; LG Hamburg BeckRS 2008, 13039; *Streyl* in Schmidt-Futterer MietR BGB § 546 Rn. 43.
[37] LG Gießen BeckRS 2013, 15012; *Streyl* in Schmidt-Futterer MietR BGB § 546 Rn. 43; einschränkend AG Köln BeckRS 1995, 10924.
[38] BGHZ 104, 285 = NJW 1988, 2665; LG Hamburg BeckRS 2008, 13039; LG Gießen BeckRS 2013, 15012. Sofern nur einzelne Gegenstände in der Wohnung zurückgelassen werden, kann allerdings im Einzelfall angenommen werden, dass der Mieter doch seiner Räumungspflicht nachgekommen ist. Ein Zurücklassen von wenigem Gerümpel steht damit der Annahme einer Erfüllung der Räumungspflicht nicht entgegen. Ein anderes kann wiederum gelten, wenn es sich zwar nur um wenige Gegenstände handelt, diese aber größeren Raum einnehmen und deren Beseitigung einen nicht nur unerheblichen Aufwand an Mühe, Transport und Kosten erfordert (Bagatellgrenze, BGHZ 104, 285 = NJW 1988, 2665 Rn. 13; *Streyl* in Schmidt-Futterer MietR BGB § 546 Rn. 43 mwN).

gleichszahlung an den ausziehenden Mitbewohner verbunden sein, sodass entsprechende Vereinbarungen unter den Mitbewohnern entweder nicht notwendig oder von vornherein gar nicht gewollt sind.

II. Anschaffung durch die Mitbewohner

35 Der gemeinsamen Nutzung gewidmete Sachen können durch die Mitbewohner gemeinschaftlich angeschafft werden. Eine **gemeinschaftliche Anschaffung ist in allen Phasen des Zusammenlebens innerhalb der WG** denkbar. Mit Beginn des Einzugs in die gemeinsam genutzte Wohnung können sich die Mitbewohner darüber verständigen, welche bislang fehlenden Gegenstände zum Zwecke der gemeinsamen Nutzung angeschafft werden sollen. Vergleichbare Überlegungen können gleichfalls im Laufe des Zusammenlebens der Anschaffung gemeinsamer Gegenstände zugrundeliegen. Die Anschaffung (weiterer) Gegenstände kann dem gemeinsamen Wunsch der Mitbewohner nach einem höheren Komfort entspringen wie ebenso die Notwendigkeit der Anschaffung der Tatsache geschuldet sein kann, dass ein bisher verfügbarer Gegenstand nicht mehr nutzbar ist (→ Rn. 29 ff.).

36 Bei der Anschaffung von gemeinschaftlich genutzten Sachen durch die Mitbewohner stehen Fragen der Eigentumsverhältnisse an dem betreffenden Gegenstand sowie die damit verbundenen Aspekte der Nutzung und des Umgangs mit dem Gegenstand im Vordergrund.

1. Eigentumsverhältnisse

37 Die Verteilung der Eigentumsverhältnisse an dem gemeinsam eingebrachten Gegenstand ist in **drei grundsätzlichen Konstellationen** möglich. Erstens kann eine Außen-GbR als solche den Gegenstand erwerben oder zweitens alle Mitbewohner. Drittens kann es denkbar sein, dass nur ein Mitbewohner oder einzelne Mitbewohner Eigentümer des Gegenstands werden sollen.

a) Eigentum der GbR

38 Als Außen-GbR kann die Wohngemeinschaft selbst Träger von Rechten und Pflichten werden und Eigentum erwerben.[39] Begründet die GbR auf diese Weise Eigentum, folgt hieraus, dass die **GbR als Eigentümerin die Sachgefahr** an dem angeschafften Gegenstand trägt und nach Auflösung der Gesellschaft oder bei Ausscheiden einzelner Mitbewohner Rückforderungsrechte etwa nach Maßgabe von § 732 BGB ausscheiden.

39 Die Begründung von Eigentum durch die GbR selbst setzt freilich voraus, dass die GbR am Rechtsverkehr teilnimmt, ihr mithin als Außen-GbR Rechtsfähigkeit zukommt. Typischerweise ist eine WG aber gerade nicht als Außen-GbR, sondern als Innengesellschaft einzuordnen (→ § 1 Rn. 27). Hinzukommt, dass die Mitbewohner regelmäßig nicht beabsichtigen, durch den Erwerb eines in die WG einzubringenden Gegenstands Gesellschaftseigentum und Vermögen zu begründen und damit die Entstehung einer Außen-GbR herbeizuführen (→ Rn. 10). Dessen ungeachtet steht es den Mitbewohnern selbstverständlich frei, auch eine Außen-GbR zu gründen.

b) Gesamthandseigentum

40 Der Eigentumserwerb kann gleichfalls durch die Mitbewohner erfolgen. Die Mitbewohner werden auf diese Weise Träger von Rechten und Pflichten. Die Mitbewohner können Bruchteilseigentum nach Maßgabe der §§ 741 ff. BGB begründen (→ § 14 Rn. 53). Sofern der Erwerb von Bruchteilseigentum von den Mitbewohnern nicht gewollt ist, dessen

---

[39] *Schöne* in BeckOK BGB, 49. Ed. 1.2.2019, § 705 Rn. 142; *Schäfer* in MüKoBGB § 705 Rn. 310; *Saenger* in HK-BGB § 718 Rn. 2; *Habermeier* in Staudinger BGB § 705 Rn. 10.

ungeachtet ein gemeinsamer Erwerb des einzubringenden Gegenstands beabsichtigt ist, wird auf diese Weise Gesellschaftsvermögen erworben, welches zur Begründung einer Außen-GbR führen kann (→ Rn. 10 ff.).

c) Eigentum des Mitbewohners

Das Eigentum an einem gemeinsam für die Nutzung in der WG gedachten Gegenstand 41 kann losgelöst von den gesellschaftsrechtlichen Verbindungen innerhalb der WG erfolgen. Das Einvernehmen über die Anschaffung eines Gegenstandes für die WG muss weder mit der Schaffung von Eigentum der Außen-GbR noch mit sonstiger Bildung von Gesellschaftsvermögen einhergehen. In gleicher Weise kann ungeachtet der Übereinkunft über den Erwerb eines Gegenstands **nur einer der Mitbewohner Eigentum** erlangen und den Gegenstand sodann der WG zum gemeinsamen Gebrauch zur Verfügung stellen. In diesem Fall greifen die Grundsätze über die Einbringung eines Gegenstands zur gemeinsamen Nutzung (→ Rn. 6 ff.).

2. Gesellschaftsvertragliche Ebene

Die gemeinsame Anschaffung eines der gemeinschaftlichen Nutzung dienenden Gegen- 42 stands strahlt auf die gesellschaftsvertraglichen **Beziehungen zwischen den WG-Bewohnern** aus. Nicht selten werden mit der Anschaffung verbundene Fragen und Rechtsfolgen zwar nicht Gegenstand gesellschaftsvertraglicher Vereinbarungen sein – sei es, weil sich die mit dem Erwerb zusammenhängenden Folgen aus dem Gesetz entnehmen lassen, sei es, weil zwischen den Mitbewohnern keine ausdrückliche Einigung erfolgt ist. Eine konkludente Einigung ist dessen ungeachtet nicht nur nicht ausgeschlossen, sondern erweist sich oft als notwendig. Nachfolgend werden die relevanten Konstellationen behandelt. Hierzu gehören Regelungen zur Nutzung der gemeinsam angeschafften Sache, zu der Verletzung von Sorgfalts- und sonstigen Pflichten, zur Verteilung der Kosten und Sachgefahr sowie zum Umgang mit der Sache im Zusammenhang mit der Auflösung der WG.

a) Nutzungsverhältnisse

Unabhängig davon, wie sich die Eigentumsverhältnisse an der angeschafften Sache gestal- 43 ten, sind die Mitbewohner gehalten, wenn nicht ausdrücklich, dann doch wenigstens konkludent, Vereinbarungen über die Nutzung des Gegenstands zu treffen.

Die konkrete Ausgestaltung der Nutzungsregelung steht den Mitbewohner grundsätzlich 44 frei. Allgemeine Nutzungsordnungen wie detaillierte Nutzungspläne sind möglich, ebenso kann eine **Verletzung der vereinbarten Nutzungsregelungen** mit Sanktionen, wie etwa der Einzahlung von Geld in eine WG-Kasse verbunden werden (→ Rn. 22).

Grenzen der Gestaltungsfreiheit der Mitbewohner liegen in den spezifischen gesellschafts- 45 rechtlichen Vorgaben und den allgemeinen Regelungen der Privatautonomie. Die vereinbarten Nutzungsbestimmungen dürfen weder gegen die §§ 138, 242 BGB noch gegen den gesellschaftsrechtlichen Gleichbehandlungsgrundsatz (vgl. §§ 706 Abs. 1, 709 Abs. 1, 711, 722 Abs. 1, 734, 735 BGB)[40] noch gegen die besonderen gesellschaftsrechtlichen Treuepflichten verstoßen.[41] Insbesondere darf, unabhängig von den Eigentumsverhältnissen und unabhängig von der Position des jeweiligen Mitbewohners (zum Beispiel sogenannte „privilegierte Zentralfigur", WG-Typen A, E und F), keiner der Mitbewohner im Vergleich zu den anderen in übermäßiger Weise von der Nutzung der angeschafften Sache ausgeschlossen werden oder die Verteilung der Nutzungsmöglichkeiten dem Schikaneverbot zuwiderlaufen (→ Rn. 23).

---

[40] *Servatius* in Henssler/Strohn GesR § 705 Rn. 41; *v. Ditfurth* in PWW BGB § 705 Rn. 25.
[41] *V. Ditfurth* in PWW BGB § 705 Rn. 21 ff.; *Habermeier* in Staudinger BGB § 705 BGB Rn. 14.

b) Verletzung von Sorgfalts- und Treuepflichten

46 Die Nutzung der angeschafften Sache ist in vielfacher Weise mit bestimmten **Risiken** verbunden. Die Verletzung allgemeiner Sorgfaltspflichten (§ 241 Abs. 2 BGB) wie diejenige spezifischer gesellschaftsrechtlicher Rücksichtnahme- und Treuepflichten[42] kann ursächlich für die **Beschädigung, gar Zerstörung der Sache** oder ursächlich für die Verletzung der vereinbarten Nutzungsregelungen sein. Ein unsorgfältiger Umgang mit dem erworbenen Kühlschrank mag die Kühlleistung desselben beeinträchtigen, eine übermäßige Nutzung des gemeinsam genutzten Trockners die vereinbarten Nutzungsabsprachen tangieren. Nicht ausgeschlossen ist es überdies, dass eine zu verantwortende Beschädigung des genutzten Gegenstands weitergehende Schäden an der vermieterseits überlassenen Mietsache, auch der Mietwohnung als solcher hervorruft.[43]

47 **Rechtsfolge der Verletzung von Sorgfaltspflichten** durch den oder die Mitbewohner können unter anderem Schadensersatzansprüche des Vermieters wie anderer Mieter innerhalb des Miethauses sein, so diesen Schäden durch das Verhalten des oder der WG-Bewohner entstanden sind. Nicht ausgeschlossen ist überdies, dass entsprechende Verhaltensweisen eine Kündigung des Mietverhältnisses nach sich ziehen (→ § 20). In gleicher Weise kann sich ein WG-Bewohner, der eine dem Eigentum des anderen WG-Bewohners zugeordnete Sache beschädigt, diesem gegenüber schadensersatzpflichtig machen (→ Rn. 24). Sofern demgegenüber die Nichtbeachtung rechtsverbindlich vereinbarter Nutzungsregelungen im Vordergrund steht, ist grundsätzlich das reine Innenverhältnis der GbR betroffen. Den Mitbewohner treffen in diesem Fall aus der gesellschaftsrechtlichen Treuepflicht Handlungs-, Duldungs- und Unterlassungspflichten (→ Rn. 25).

c) Reparatur- und laufende Kosten

48 Die **Instandhaltung** der für die gemeinsame Nutzung angeschafften Sachen ist mit gewissen Kosten verbunden. Hierzu gehören punktuell entstehende Kosten wie **Reparaturkosten oder laufende Kosten,** wie solche für Strom, Wasser und Versicherungen. Insbesondere eine Reparatur kann mit nicht unerheblichen Kosten verbunden sein, sodass es sich für die WG-Mitglieder empfehlen kann, nicht allein ad hoc über eine mögliche Umlage der Kosten, sondern von vornherein durch entsprechende Absprachen Einvernehmen zu erzielen.

49 Diesbezügliche Vereinbarungen können nicht losgelöst von den **Eigentumsverhältnissen** an dem angeschafften Gegenstand erzielt werden. Sofern die angeschaffte Sache im Eigentum eines Mitbewohners verbleibt, gelten die Grundsätze, die in Bezug auf die Einbringung von Sachen durch einen Mitbewohner erläutert worden sind (→ Rn. 6 ff.). Zu bedenken gilt es also unter anderem, dass einerseits generell der Eigentümer die mit dem Eigentum verbundenen Kosten trägt, andererseits berücksichtigt werden muss, dass gerade entstehende Reparaturkosten nicht selten auf den gesteigerten Gebrauch des Gegenstands durch alle WG-Bewohner zurückzuführen sind (→ Rn. 26 ff.). Sofern die betreffende Sache demgegenüber im Eigentum der Außen-GbR oder der Mitbewohner steht, wird die Umlage entstehender Kosten auf alle Mitbewohner erfolgen. Die Mitbewohner wären insofern umgekehrt gehalten, Vereinbarungen zu treffen, wenn die Verteilung der Kosten differenziert erfolgen soll, beispielsweise ein Mitbewohner als sogenannte privilegierte Zentralfigur (WG-Typen A, E und F) abweichend von den anderen Mitbewohnern bei der Verteilung der Kosten berücksichtigt werden soll.

d) Verteilung der Sachgefahr

50 Die für die gemeinsame Nutzung in der WG gedachte Sache kann im Laufe der Zeit zerstört werden oder sich eine Reparatur als nicht mehr möglich, jedenfalls als nicht mehr wirtschaftlich sinnvoll erweisen.

---

[42] BGH NJW 2014, 1107 Rn. 14 ff.; NJW 1960, 718 Rn. 7; *Stürner* in Jauernig BGB § 705 Rn. 3.
[43] OLG Oldenburg NJW-RR 2004, 1025; OLG Celle BeckRS 1998, 10084.

Die Regelungsbedürftigkeit derartiger Fallgestaltungen steht im Zusammenhang mit der **51** Frage der **Verursachung der Zerstörung sowie mit der Verteilung der Sachgefahr.** Insoweit gelten grundsätzlich die Erwägungen, die gleichfalls bei der Einbringung von Sachen durch einen Mitbewohner Geltung beanspruchen (→ Rn. 13): Die Sachgefahr trifft den jeweiligen Eigentümer der eingebrachten Sache, eine abweichende Behandlung der Sachgefahr obliegt der einvernehmlichen Gestaltung durch die Mitbewohner.

e) Verbleib oder Rückgabe bei Ausscheiden

Regelungen zwischen den Mitbewohnern können sich, grundsätzlich unabhängig von den **52** Eigentumsverhältnissen, hinsichtlich des Verbleibs der Sache sowohl bei Ausscheiden eines Mitbewohners als auch bei Beendigung der Gesellschaft insgesamt ergeben.

Die hiermit in Verbindung stehenden Fragen lassen sich regelmäßig unter Rückgriff auf **53** die normativen Vorgaben lösen. Dies gilt auf der einen Seite für die Konstellationen, in denen die angeschaffte Sache nicht im Eigentum der GbR oder aller Mitbewohner steht (→ Rn. 6 ff.). Steht auf der anderen Seite die angeschaffte Sache im Eigentum der Gesellschaft oder der Mitbewohner, wird bei Ausscheiden eines Mitbewohners nicht der Verbleib der Sache relevant, sondern die Auseinandersetzung mit dem ausscheidenden Mitbewohner. Wird demgegenüber die WG als solche aufgelöst, liegt es an den Mitbewohnern zur Vermeidung von Ansprüchen des Vermieters auf **Nutzungsentschädigung** (§§ 546a, 546 BGB),[44] dafür Sorge zu tragen, dass die Mietsache dem Vermieter insgesamt, mithin unter Wegnahme der nicht in seinem Eigentum stehenden Gegenstände zurückgegeben wird.

C. Bereitstellung durch Vermieter

Gemeinsam genutzte Gegenstände können nicht nur auf eine Bereitstellung durch den **54** oder die Mitbewohner zurückzuführen sein, sondern ebenfalls auf eine solche seitens des Vermieters. **Umfang und Art der zur Verfügung gestellten Sachen** hängen von der Art der vermieteten Wohnung ab. Sofern es sich um die Vermietung einer möblierten Wohnung handelt, sind alle Gegenstände in die Betrachtung einbezogen, die typischerweise von den Mitbewohnern gemeinsam genutzt zu werden pflegen, beispielsweise Möbel in Gemeinschaftsräumen wie Küche und Wohnzimmer. Unabhängig davon wird seitens des Vermieters dem Mieter nicht selten eine **Einbauküche** zur Verfügung gestellt.[45] Hierbei handelt es sich zugleich um eine typische Sache, die der gemeinsamen Nutzung durch alle Mitbewohner unterliegt. Dementsprechend orientieren sich die nachfolgenden Ausführungen an der Überlassung einer Einbauküche zur gemeinsamen Nutzung, wobei die getroffenen Wertungen grundsätzlich auf die Überlassung anderer Sachen übertragbar sind.

I. Mietrechtliche Ebene

1. Vom Vermieter gestellte Sache

Sofern sich in der vermieteten Wohnung eine zur Nutzung bereit gestellte Einbauküche **55** befindet, ist diese regelmäßig dann von dem Vermieter gestellt, **wenn sie sich in dessen**

---

[44] LG Gießen BeckRS 2013, 15012, LG Hamburg BeckRS 2008, 13039; *Streyl* in Schmidt-Futterer MietR BGB § 546 Rn. 43 mwN.
[45] Zur Frage, ob eine Einbauküche als wesentlicher Bestandteil eines Gebäudes im Sinne von § 94 BGB oder als Zubehör im Sinne von § 97 BGB einzuordnen ist, vgl. BGH NJW 2009, 1078 Rn. 19 ff.; LG Hagen Rpfleger 1999, 341 = LSK 1999, 450441; *Horst* GE 2012, 876 (877); *Jaeger* NJW 1995, 432.

Eigentum befindet und nicht von dem Mieter oder den Mietern eingebracht wurde.[46] Zu beachten ist, dass eine Einbauküche auch dann vermieterseits gestellt wird, wenn sie von einem Vormieter in der Wohnung zurückgelassen wird[47] oder der Vermieter einen nicht unerheblichen Zuschuss für die Einbauküche geleistet hat.[48] Ein anderes gilt in diesem Falle nur dann, wenn der Nachmieter die Küche vom Vormieter zu Eigentum erwirbt.[49]

2. Rechte und Pflichten der Parteien

a) Allgemein

56   Die Rechte und Pflichten der Parteien bezüglich der vermieterseits gestellten Sache richten sich in erster Linie nach den **mietrechtlichen Vorgaben und mietvertraglichen Vereinbarungen.** Im Vordergrund steht damit das Außenverhältnis zwischen dem Vermieter und dem oder den Mietern. Unabhängig davon, dass die Mitbewohner von diesem Außenverhältnis abweichende Vereinbarungen im Innenverhältnis durch vertragliche Vereinbarungen treffen können (die allerdings dem Mietverhältnis nicht zuwider laufen dürfen), kommt es zunächst darauf an, **welcher WG-Typ** dem Mietvertrag zugrunde liegt. Liegen die WG-Typen B, C und D vor, so bestehen gegenüber jedem Mitbewohner mietvertragliche Beziehungen, sodass die Vorgaben des Mietrechts zur Anwendung gelangen. Im Falle der WG-Typen A, E und F liegen zwar ebenfalls mietvertragliche Beziehungen vor, allerdings nicht mit allen Mitgliedern der WG und nicht in allen Fällen mit dem Vermieter. Zu beachten gilt es daher, dass die vertraglichen Vereinbarungen für alle Mitbewohner im **Innenverhältnis** gleichermaßen und unabhängig vom WG-Typ gelten. Im **Außenverhältnis** richten sich die Rechte und Pflichten jedoch nach den jeweiligen Mietverhältnissen. Namentlich können Rechte und Pflichten aus dem Mietverhältnis aus der Verbindung von Vermieter und Hauptmieter sowie von Hauptmieter und Untermieter abgeleitet werden, grundsätzlich aber nicht zwischen dem Vermieter und dem Untermieter (WG-Typ A) oder zwischen dem Vermieter und anderen, ohne mietvertragliche Vereinbarung in die Wohnung aufgenommenen Personen (WG-Typ E) (zu den Rechten von Nichtvertragsparteien gegenüber dem Vermieter → § 11).

57   Die maßgeblichen mietrechtlichen Rechte und Pflichten sind nachfolgend zusammengefasst und im Überblick dargestellt.

b) Gebrauchsüberlassung und Instandhaltung

58   Gemäß **§ 535 Abs. 1 S. 1 BGB** ist der Vermieter durch den Mietvertrag verpflichtet, dem Mieter den Gebrauch der Mietsache während der Mietzeit zu gewähren. Damit einher geht nach § 535 Abs. 1 S. 2 BGB die Verpflichtung des Vermieters, die Mietsache dem Mieter in einem zum vertragsgemäßen Gebrauch geeigneten Zustand zu überlassen und sie während der Mietzeit in diesem Zustand zu erhalten.

59   Die **Gebrauchsüberlassungs- und Instandhaltungspflicht des Vermieters** bezieht sich nicht allein auf die Wohnung und die zu dieser gehörenden Gemeinschaftsflächen.[50] **Mietgegenstand** im Sinne von § 535 BGB kann grundsätzlich jede Sache sein, deren Gebrauch überlassen werden kann.[51] Mitvermietet können daher die eingebauten Haus-

---

[46] Zu letzterem AG Ibbenbüren BeckRS 2003, 16453 (Ersatz eines defekten Einbaukühlschranks durch den Mieter); zur Auslegung, wonach eine Kücheneinrichtung (als Zubehör) im Zweifel als mitvermietet gilt, BGH NJW 1986, 3206 Rn. 27; BGHZ 65, 89 Rn. 9 = NJW 1975, 210.
[47] LG Berlin BeckRS 2012, 07180.
[48] AG Tempelhof-Kreuzberg BeckRS 2008, 22396.
[49] LG Berlin BeckRS 2012, 07180; zu einer nicht unerheblichen Beteiligung des Vermieters an dem Erwerb der Einbauküche durch den Mieter, AG Tempelhof-Kreuzberg BeckRS 2008, 22396.
[50] Emmerich in Staudinger BGB § 535 Rn. 1, 6 ff.
[51] Emmerich in Staudinger BGB § 535 Rn. 6 ff.

haltsgeräte wie Duschen, Öfen, Wandschränke und Warmwasserbereiter sein,[52] ebenso eine Einbauküche.[53] Der oder die Mieter haben daher auf der einen Seite Anspruch auf Übergabe dieser Sachen zusammen mit der vermieteten Wohnung und auf Instandhaltung derselben (→ § 8 Rn. 4 ff.). In Bezug auf bestimmte Gegenstände, die der Vermieter dem oder den Mietern zum Gebrauch überlässt, kann sich dabei im Einzelfall die Frage ergeben, wie die **konkrete Verpflichtung des Vermieters zur Instandhaltung** beschaffen ist. So ist der Vermieter grundsätzlich verpflichtet, die zur Nutzung überlassenen und mitvermieteten Sachen zu reparieren, und zwar auch dann, wenn der Mieter (ohne dies vertreten zu haben) den Mangel verursacht hat. Freilich können die Kosten, insbesondere diejenigen für kleinere Reparaturen, der von den Mietern genutzten Gegenstände in begrenztem Umfang dem Mieter auferlegt werden. Erweist sich die Pflichtverletzung des Vermieters als mögliche Verletzung einer Verkehrssicherungspflicht, bedarf es überdies einer Bestimmung der Sicherungspflicht nach den konkreten Umständen des jeweiligen Sachverhalts. Im Hinblick auf die Überlassung einer Einbauküche ist der Vermieter etwa nicht verpflichtet, ohne besonderen Anlass eine regelmäßige Generalinspektion der Elektroleitungen und Elektrogeräte in den Wohnungen seiner Mieter vorzunehmen.[54]

Auf der anderen Seite entstehen im Zusammenhang mit der Verpflichtung des Vermieters zur Instandhaltung gleichermaßen Pflichten der Mieter. Diese sind beispielsweise gemäß den §§ 554a ff. BGB gehalten, **Erhaltungs- und Modernisierungsmaßnahmen** an der Mietsache zu dulden (→ § 10 Rn. 37 f.). **60**

c) Mietminderung, Mängelanzeige und Gewährleistung

Verletzt der Vermieter seine Verpflichtung zur Gebrauchsüberlassung und Instandhaltung, ist insbesondere die überlassene Sache mit einem **Rechts- oder Sachmangel** behaftet, der ihre Tauglichkeit zum vertragsgemäßen Gebrauch tangiert, greift im Verhältnis der jeweiligen Mietvertragsparteien das spezielle mietvertragliche Gewährleistungsrecht der §§ 536 ff. BGB ein. Der oder die Mieter können in diesen Fällen insbesondere unter den Voraussetzungen von § 536 BGB die Miete mindern[55] und unter den Voraussetzungen der §§ 536a ff. BGB Schadensersatz verlangen. Sofern die Leistungsstörungen nicht mit einem Mangel zusammenhängen, greift das allgemeine schuldrechtliche **Leistungsstörungsrecht**. So kann eine Verletzung von nicht mangelbezogenen Aufklärungspflichten Ansprüche nach den §§ 280 Abs. 1, 241 Abs. 2 BGB oder § 311a Abs. 2 BGB hervorrufen (→ § 8). Bei dem Zusammenleben innerhalb einer WG kann dabei insbesondere die Frage relevant werden, wer zu einer Mängelanzeige nach Maßgabe von § 536c Abs. 1 BGB berechtigt und verpflichtet sein kann (→ § 8 Rn. 32, 47). **61**

d) Beendigung des Mietverhältnisses

Bei der Beendigung des Mietverhältnisses gilt es vorrangig zu beachten, dass es nicht von vornherein ausgeschlossen ist, eine **Einbauküche als Einrichtung** im Sinne von § 539 BGB anzusehen,[56] doch ist der Mieter nicht berechtigt, diese nach Maßgabe von § 539 Abs. 2 BGB wegzunehmen. Ein solches **Recht zur Wegnahme** könnte dem Mieter, wenn überhaupt, hinsichtlich einer zur Nutzung überlassenen Einrichtung allenfalls dann zukommen, wenn er diese im Laufe der Mietzeit zu Eigentum erworben hätte, in Bezug auf eine **62**

---

[52] Oder Hausbriefkästen, AG München BeckRS 1989, 05776.
[53] BGH NJW 1986, 3206 Rn. 27; zur Beschränkung der Gebrauchsüberlassungspflicht bei Ausbau der Einbauküche, BGH NJW-RR 2016, 1032.
[54] BGH NJW 2009, 143 Rn. 17 ff.
[55] LG Dresden BeckRS 1998, 15487 (Fehlen einer gegen einen Mietzuschlag zu stellenden Kücheneinrichtung und fehlende Benutzbarkeit der Küche).
[56] Str., bejahend OLG München BeckRS 1984, 05613; ablehnend OLG Düsseldorf NZM 1999, 668 Rn. 39; *Emmerich* in Staudinger BGB § 539 Rn. 28; regelmäßig ablehnend *Bieber* in MüKoBGB § 539 Rn. 14; offen gelassen *Teichmann* in Jauernig BGB § 539 Rn. 3; differenzierend *Langenberg* in Schmidt-Futterer MietR BGB § 539 Rn. 12.

Einbauküche beispielsweise dadurch, dass er defekte und alte Küchengeräte ausgebaut und entsorgt und Ersatz für diese angeschafft hat.[57]

II. Gesellschaftsvertragliche Ebene

63 Die Bereitstellung der Sache durch den Vermieter lässt die gesellschaftsvertragliche Ebene zwischen den Mitbewohnern nicht unberührt. Unabhängig von der Frage, in wessen Eigentum die Sache steht, sind die Mitbewohner gehalten, **Vereinbarungen im Umgang mit der gemeinsam genutzten Sache** zu treffen. Bei einer Bereitstellung der gemeinsam genutzten Sache durch den Vermieter stehen von den bereits genannten Vereinbarungen (→ Rn. 19 ff.) diejenigen im Vordergrund, welche den Umfang sowie die Art und Weise des Umgangs mit der überlassenen Sache regeln (→ Rn. 21 ff.). Die Mitbewohner müssen auf der einen Seite verhindern, dass einzelne Mitbewohner unzulässig von der Nutzung der überlassenen Sache ausgeschlossen werden, auf der anderen Seite gewährleisten, dass der sorgfältige Umgang mit der überlassenen Sache gepflegt wird, um der Gefahr vorzubeugen, dass aus der Verletzung von Pflichten in Bezug auf die überlassene Sache die Kündigung des Mietverhältnisses (→ § 20) oder Schadensersatzansprüche nach §§ 546 iVm 280, 281 BGB bei fehlender ordnungsgemäßer Rückgabe der Mietsache folgen.[58] Sofern mit der Nutzung der überlassenen Sache weitere Verpflichtungen verbunden sind, in Gestalt der Übernahme von Reparaturkosten oder der Ersatzbeschaffung, haben die Mitbewohner dafür Sorge zu tragen, dass die damit verbundenen Kosten auf die Mitbewohner umgelegt werden, insbesondere dann, wenn die so begründeten Pflichten nicht für alle Mitbewohner gleichermaßen ihre Grundlage in dem Mietverhältnis zum Vermieter finden.

---

[57] AG Ibbenbüren BeckRS 2003, 16453.
[58] AG Kassel WuM 2011, 467 (ua Beschädigung einer überlassenen Einbauküche).

§ 16 Hausrecht in der Wohngemeinschaft

Übersicht

	Rn.
A. Einführung	1
B. Grundlagen	3
I. Geschichte und Doppelnatur	3
II. Hausrecht, Hausverbot und Hausverweis	8
III. Rechtliche Grundlage und Träger des Hausrechts	9
IV. Vereinbarungen über das Hausrecht	13
V. Einschränkungen des Hausrechts	15
C. Das Hausrecht des Vermieters	16
I. Besitzverhältnisse	16
II. Vermieter und Mieter	18
III. Gäste des Mieters	20
IV. Betretungs- und Besichtigungsrechte des Vermieters	24
D. Das Hausrecht der WG-Bewohner	27
I. Besitzverhältnisse	29
II. Das Hausrecht untereinander	32
III. Das Hausrecht gegenüber Dritten	34
IV. Das Hausrecht gegenüber Gästen	37
1. Duldungspflichten und Interessenabwägung	37
2. Verhältnismäßigkeit	41
3. Soziale Prägung der WG	44
4. Zweck des Besuchs	45
E. Hausfriedensbruch	47
I. Tatbestand und Rechtswidrigkeit	48
II. Strafantrag	53
F. Die Durchsetzung des Hausrechts	55
I. Zivilrechtliche Durchsetzung	55
1. Gerichtliche Durchsetzung	55
2. Notwehr	57
II. Polizeirechtliche Durchsetzung	59

Schrifttum:

Abramenko, Hausverbot für einen Nichtwohnungseigentümer durch Mehrheitsbeschluss?, in: ZWE 2011, 442; *Baldus*, Das private Hausrecht: ein Phantom, in: JZ 2016, 449; *Dittmann/Reichhart*, Betretungsrecht des Wohnraumvermieters, in: JA 2011, 173; *Engeln*, Das Hausrecht und die Berechtigung zu seiner Ausübung, Berlin 1989; *Heinrich*, Der Umfang der Ausübung des Hausrechts in einer Wohnung bei mehreren Berechtigten im Rahmen des § 123 StGB, in: JR 1997, 89; *Lenckner*, Zum Problem des Vermögensschadens (§§ 253, 263 StGB) beim Verlust nichtiger Forderungen, in: JZ 1967, 105; *Löwisch/Rieble*, Besitzwehr zur Durchsetzung eines Hausverbots, in: NJW 1994, 2596; *Lützenkirchen*, Besichtigungsrechte des Vermieters von Wohn- oder Gewerberaum, in: NJW 2007, 2152; *Maume*, Bestehen und Grenzen des virtuellen Hausrechts, in: MMR 2007, 620; *Reichert*, Das Hausrecht in Wohnungseigentumsanlagen, in: ZWE 2009, 289; *Schulze*, Das private Hausrecht. Schutzrecht für die Gebrauchsnutzung von Räumen, in: JZ 2015, 381; *Willems*, „Zutrittsrecht" des Vermieters zur Mietwohnung. Neue – und ältere – Erkenntnisse zu einem Dauerstreitthema aus Anlass von BGH, NZM 2014, 635, in: NZM 2015, 353.

A. Einführung

Das Hausrecht ist einer der wenigen juristischen Begriffe, der auch Laien geläufig ist. Dabei ist das Hausrecht in Wohngemeinschaften keine theoretische Frage, sondern wird häufig praktisch relevant (aufdringlicher Vermieter, nervige Gäste, etc.). Gleichzeitig ist selbst 1 unter Juristen teils unklar, was das Hausrecht genau umfasst und wo es endet. Die Materie ist zudem anspruchsvoll, da sich sachenrechtliche, mietrechtliche und gesellschaftsrechtliche[1] Fragen überschneiden.

2   Dieses Kapitel führt im zweiten Abschnitt in die dogmatischen Grundlagen des Hausrechts ein (→ Rn. 3 ff.). Es folgt das Hausrecht des Vermieters einschließlich seiner etwaigen Betretungs- und Besichtigungsrechte (→ Rn. 16 ff.). Der vierte Abschnitt behandelt den wohl praxisrelevantesten Problemkreis, nämlich das Hausrecht innerhalb der WG und insbesondere gegenüber Gästen der Mitbewohner (→ Rn. 27 ff.). Abschnitt fünf beschäftigt sich mit dem Straftatbestand des Hausfriedensbruchs, mit Schwerpunkt auf WG-Fragen (→ Rn. 47 ff.). Das Kapitel schließt mit einem Überblick über die zivilgerichtliche und polizeirechtliche Durchsetzung des Hausrechts (→ Rn. 55 ff.)

B. Grundlagen

I. Geschichte und Doppelnatur

3   Das Hausrecht vereint Aspekte aus Straf- und Zivilrecht.[2] Im Strafrecht wird es beim Hausfriedensbruch (§ 123 StGB) und seinen Qualifikationen relevant. Die Hausrechtsrechtsprechung zum StGB reicht zurück bis ins Jahr 1879.[3] Für eine Norm des Kernstrafrechts wenig überraschend hat sich im 20. Jahrhundert eine ausdifferenzierte Kommentarliteratur zu § 123 StGB herausgebildet.

4   Im Zivilrecht hingegen blieb das Hausrecht lange ein theoretisches Thema, dessen Bearbeitung weitgehend der Literatur vorbehalten war. Dies änderte sich in den 1990er Jahren, als das zivilrechtliche Hausrecht als Grundlage für die exklusive Vermarktung von Sportübertragungen herangezogen wurde.[4] Teile der Rechtsprechung machten das Hausrecht sogar zur gedanklichen Grundlage einer möglichen Wettbewerbswidrigkeit der Onlineberichterstattung im Amateurfußballbereich.[5] Diskutiert wurde auch, ob das Hausrecht ein reines Ausschließungsrecht ist oder es auch einen eigenen Zuweisungsgehalt im Sinne eines ausschließlichen Verwertungsrechts des Eigentümers begründet.[6] Eine andere Erweiterung war das so genannte „virtuelle Hausrecht" auf Webseiten.[7] Das Hausrecht ist damit nun mit einigen Jahrzehnten Verspätung auch im Zivilrecht praktisch relevant. Positiver Nebeneffekt ist, dass auch die Diskussion über die dogmatischen Hintergründe Fahrt aufgenommen hat.[8]

5   Das Hausrecht kann also sowohl zivilrechtlich als auch strafrechtlich begründet werden. Diese **Doppelnatur** führt zur Frage, ob beziehungsweise bis zu welchem Grad sich Zivil- und Strafrecht in Einklang bringen lassen, also auf die Einheit der Rechtsordnung. Grundsätzlich schafft das Strafrecht kein Unrecht, sondern knüpft an einen einheitlichen Un-

---

[1] Dieses Kapitel geht davon aus, dass einer Wohngemeinschaft immer jedenfalls eine Innen-GbR nach den §§ 705 ff. BGB zugrunde liegt (→ § 1; → § 14 Rn. 1).
[2] Die Diskussion aus dem öffentlichen Recht über Natur und Ausübung des Hausrechts ist an dieser Stelle irrelevant und wird nicht weiter erörtert, siehe dazu *Engeln* HausR 116.
[3] RGSt 1, 121.
[4] BGHZ 110, 371 = NJW 1990, 2815 – Sportübertragungen. Ältere Entscheidungen zum Veranstalterrecht setzten gedanklich zwar die Befugnis des Veranstalters über Gewährung und Verweigerung des Einlasses voraus, ohne aber das Hausrecht zu nennen bzw. zu diskutieren, siehe zB BGH NJW 1970, 2060 – Bubi Scholz; BGHZ 27, 264 = NJW 1958, 1486 – Box-Programmheft; einer Diskussion der Hausrechtsverletzung ausweichend BGHZ 29, 352 = NJW 1963, 1742 – Vortragsabend.
[5] OLG Stuttgart MMR 2009, 398, sowie LG Stuttgart MMR 2008, 551 – Hartplatzhelden; dagegen aber BGHZ 187, 255 = NJW 2011, 1811.
[6] BGH NJW 2013, 1809 – Preußische Gärten und Parkanlagen II; BGH NJW 2011, 749 – Preußische Gärten und Parkanlagen I.
[7] Siehe *Maume* MMR 2007, 620 mwN.
[8] Siehe zB den Austausch zwischen *Schulze* JZ 2015, 381 und *Baldus* JZ 2016, 449.

rechtsbegriff an, der dann mit strafrechtlichen Mitteln sanktioniert wird.[9] Dies wird auch als generelle „Akzessorietät des Strafrechts" beschrieben.[10] Das Strafrecht kann also nicht Güter im erklärten Widerspruch zur sonstigen Rechtsordnung schützen.[11]

Dies ist keine theoretische Überlegung, da das jeweilige Hausrecht aus unterschiedlichen 6 Rechtsgedanken abgeleitet wird (→ Rn. 9, 10). Hinzu kommt, dass dem Strafrecht die für die Wohngemeinschaft relevante Systematik der GbR fremd ist und weitere Friktionen auftreten. Bei der Lektüre strafrechtlicher Entscheidungen fällt zudem auf, dass sich die Strafgerichte nach Möglichkeit mit Ausführungen zur zivilrechtlichen Lage generell zurückhalten. Die Argumentation folgt meist wertenden Gesichtspunkten. Da das Hausrecht in gewissem Rahmen auch mit privater Gewalt gesichert werden darf, bedarf es aber klarer Grundlagen und Grenzen in der Praxis.[12]

Aufgelöst werden können **Wertungswidersprüche** durch ein strikt normorientiertes 7 Verständnis. Wie weiter unten ausgeführt, gibt es kein allgemeines zivilrechtliches Hausrecht (→ Rn. 10). Es geht vielmehr um die Ausübung der Eigentums- und Besitzschutzansprüche durch den jeweils berechtigten Eigentümer oder Mieter. Das strafrechtliche Hausrecht fußt auf der Durchsetzung der Rechte des Berechtigten im Fall einer Verletzung von § 123 StGB. Müssen hier Lücken geschlossen werden, zum Beispiel zur strafrechtlich nicht geregelten Interessenabwägung beim Ausschluss von Gästen (→ Rn. 37 ff.), hat sich die strafrechtliche Auslegung an der zivilrechtlichen Lage zu orientieren. Dies ist auch gängige Praxis in der strafrechtlichen Literatur, die für Auslegungsfragen häufig auf die zivilrechtlichen Besitzschutznormen abstellt.[13]

II. Hausrecht, Hausverbot und Hausverweis

Das Hausrecht umfasst nach laienhaftem Verständnis das Recht zu entscheiden, wem man 8 Zutritt zu den eigenen vier Wänden gewährt und wem man diesen Zutritt verwehrt oder das Zutrittsrecht entzieht.[14] In Rechtsprechung und Literatur wird meist allgemein vom Hausrecht gesprochen, oder auch vom Hausverbot.[15] Diese Begrifflichkeit trifft es nur teilweise. Richtigerweise muss für die Ausübung des Hausrechts zwischen einem punktuellen Rauswurf, also einem **Hausverweis,** und einem dauerhaften **Hausverbot** unterschieden werden. Dies kann an einem für Wohngemeinschaften nicht völlig fernliegenden Beispiel verdeutlicht werden. Nachdem sich ein Gast des Mitbewohners A auf der WG-Party aufgrund fortgesetzten Alkoholkonsums danebenbenimmt, fordert ihn Mitbewohner B mit dem Hinweis zum Verlassen der Wohnung auf, dass er sich erstmal ordentlich ausschlafen solle. Der Hausverweis wird somit relevant, wenn unmittelbares Handeln notwendig ist. Er trägt Züge der Gefahrenabwehr und ist ein Beseitigungsanspruch nach § 1004 Abs. 1 S. 1 BGB. Am nächsten Tag besprechen A und B mit den anderen Mitbewohnern, ob der Gast bis auf weiteres der Wohnung fernbleiben soll (Hausverbot) oder ob sich die Situation wieder hinreichend beruhigt hat. Hier ist kein sofortiges Handeln notwendig, eine Abstimmung unter den Beteiligten ist möglich. Die Rechtsfolge ist aber aufgrund ihres dauerhaften Charakters drastischer. Rechtstechnisch handelt es sich um einen Unterlassungsanspruch aus § 1004 Abs. 1 S. 2 BGB. Die Unterscheidung zwischen

---

[9] *Engeln* HausR 52 mwN.
[10] Eingehend *Engeln* HausR 51, 53; siehe ausführlich zu den Grundlagen *Hohmann* ZIS 2007, 38.
[11] *Lenckner* JZ 1967, 105 (107). Anders herum ist aber denkbar, dass der strafrechtliche Schutz weniger weit reicht als sein zivilrechtliches Pendant.
[12] *Schulze* JZ 2015, 381 (385).
[13] Siehe beispielsweise zum Hausrecht bei gemeinschaftlich genutzten Arealen *Engeln* HausR 91.
[14] ZB den Eintrag zum Hausrecht in Duden, Die deutsche Rechtschreibung, 26. Aufl. 2014: „Recht des Besitzers oder Benutzers einer Wohnung oder eines Hauses, jemandem zu verbieten, die Wohnung oder das Haus zu betreten oder sich darin aufzuhalten".
[15] Statt aller *Lakkis* in BeckOGK, 1.9.2018, BGB § 903 Rn. 129: „Das Hausrecht beinhaltet regelmäßig auch die Befugnis, ein Hausverbot zu verhängen."

Hausverbot und -verweis spiegelt sich auch in den beiden Tatbestandsalternativen des § 123 StGB, dem widerrechtlichen Eindringen und dem Verweilen trotz Aufforderung. Sie wird auch für die Frage relevant, wer das Hausrecht in der konkreten Situation ausüben kann, und inwieweit andere Hausrechtsinhaber diese Ausübung zu dulden haben.

III. Rechtliche Grundlage und Träger des Hausrechts

9   Grundrechtlicher Ausgangspunkt des Hausrechts ist die **Unverletzlichkeit der Wohnung** in Art. 13 GG. Nach strafrechtlicher Diktion schützt § 123 StGB die persönliche Freiheitssphäre des Hausrechtsinhabers.[16] Geschützt werden unter anderem die Wohnung, die Geschäftsräume und das befriedete Besitztum. Das führt dazu, dass sich das strafrechtliche Hausrecht – anders als sein zivilrechtliches Gegenstück – zumindest nach dem Wortlaut nicht auf unbefriedete Grundstücke erstreckt.[17] Bei Wohnungen hat das Hausrecht grundsätzlich derjenige, der die Räume bewohnt und somit eine räumlich abgegrenzte Privat- und Geheimsphäre begründet hat.[18]

10   Im Zivilrecht ist die Rechtslage unübersichtlicher. Möglicher Anknüpfungspunkt ist der Eigentumsschutz nach § 903 S. 1 BGB[19] mit dem sich daraus ergebenden Abwehranspruch aus § 1004 Abs. 1 BGB. Alternativ kann auch der Besitzschutz aus den §§ 858 ff., 1004 BGB herangezogen werden,[20] wobei natürlich Überschneidungen bestehen. Das Hausrecht wird daher häufig als ein sich aus der Summe der Eigentums- und Besitzschutzrechte[21] ergebendes Notwehrrecht[22] beschrieben, oder als auf Eigentum und Besitz fußendes rechtsfortbildend anerkanntes privates Sicherungs- und Ordnungsrecht.[23] Dies sind keine dogmatischen Spielerein, denn obwohl Eigentums- und Besitzschutz häufig parallel laufen, sind die Schutzzwecke nicht deckungsgleich. Während der Eigentumsschutz die rechtliche Zuordnung und Verfügungsmacht des Eigentümers in den Vordergrund stellt, geht es beim Besitzschutz unabhängig von der materiellen Rechtslage primär um die Kontinuität der Sachherrschaft und den allgemeinen Rechtsfrieden.[24] Diese Differenzierung kann sowohl bei der Frage der Reichweite etwaiger Duldungspflichten als auch für die Anwendung von § 859 BGB, der keine Berechtigung voraussetzt,[25] eine Rolle spielen.

11   Der BGH neigt neuerdings einer **Verankerung des Hausrechts in § 903 BGB** zu.[26] Diese Ausrichtung am Gesetzeswortlaut ist begrüßenswert. Sie ermöglicht ein Zusammenspiel von Eigentum und Besitz nach allgemeinen zivilrechtlichen Regeln. Des Rückgriffs auf eine institutionalisierte Fiktion eines allgemeinen Hausrechts bedarf es nicht.[27] In der weiteren Darstellung wird der Begriff „Hausrecht" für die Ausschließungsbefugnisse aus dem Eigentum beziehungsweise daraus abgeleitet aus dem berechtigten Besitz verwendet.

12   Die Verortung im Eigentum führt dazu, dass sich das Hausrecht in der Wohngemeinschaft auf die Übertragung der Befugnisse an die Bewohner durch den Mietvertrag stützt. Im Ausgangspunkt steht jedem Mitbewohner das Hausrecht zu, insoweit er die Nutzungs-

---

[16] Ganz hM, siehe *Lilie* in LK StGB § 123 Rn. 1; *Fischer* StGB § 123 Rn. 2; *Sternberg-Lieben* in Schönke/Schröder StGB § 123 Rn. 1.
[17] *Lakkis* in BeckOGK, 1.9.2018, BGB § 903 Rn. 227.
[18] *Schäfer* in MüKoStGB § 123 Rn. 35.
[19] *Lakkis* in BeckOGK, 1.9.2018, BGB § 903 Rn. 112.1.
[20] *Herrler* in Palandt BGB Vor § 854 Rn. 2; *Engeln* HausR 45.
[21] So BGH NJW 2006, 1054; BGHZ 165, 62 = MMR 2006, 98 – Hörfunkrechte; BAGE 132, 140 = NJW 2010, 631; *Fritzsche* in BeckOK, Ed. 1.11.2018, BGB § 858 Rn. 3; *Rösch* in JurisPK-BGB, 1.4.2017, § 903 Rn. 56.
[22] *Löwisch/Rieble* NJW 1994, 2596.
[23] *Schulze* JZ 2015, 381.
[24] *Götz* in BeckOGK, 1.9.2018, BGB § 854 Rn. 7; *Gutzeit* in Staudinger BGB Vor § 854 Rn. 14.
[25] *Lakkis* in BeckOGK, 1.9.2018, BGB § 903 Rn. 130.
[26] So ausdrücklich BGH NJW 2012, 1725.
[27] Wie hier *Spohnheimer* in BeckOGK, 1.11.2018, BGB § 1004 Rn. 83.1; *Baldus* in MüKoBGB § 1004 Rn. 23; *Baldus* JZ 2016, 449 („systemstörendes und anachronistisches Phantom"); *Peukert* S. 221.

B. Grundlagen

befugnis und damit den unmittelbaren Besitz vom Eigentümer im Rahmen des Mietvertrags übertragen bekommt.[28] Unrechtmäßig erlangter Besitz, wie zum Beispiel in der hier nicht besprochenen Hausbesetzer-Wohngemeinschaft, ist nicht ausreichend. Dies deckt sich mit der strafrechtlichen Auffassung, dass das Hausrecht dem berechtigten Besitzer zusteht, nicht aber demjenigen, der den rechtmäßigen Besitzer aus dem Besitz verdrängt hat.[29]

IV. Vereinbarungen über das Hausrecht

Die Frage ist, ob beziehungsweise bis zu welchem Grad Vereinbarungen über das Hausrecht 13 möglich sind. Hier ist zu trennen zwischen dem Hausrecht gegenüber dem Vermieter und dem Hausrecht gegenüber Mitbewohnern und deren Gästen. Es ist möglich, dem Vermieter **individualvertraglich** ein **Besichtigungsrecht** einzuräumen. Entsprechende AGB-Klauseln scheitern aber an § 307 BGB (→ Rn. 25). Durch eine komplette Aufgabe des Hausrechts gegenüber dem Vermieter (oder der Allgemeinheit) würde der Mieter hingegen seinen geschützten Raum komplett aufgeben und so jegliche Rückzugsmöglichkeit verlieren. Dies widerspricht dem allgemeinen Anstandsgefühl und ist somit nach § 138 Abs. 1 BGB sittenwidrig. Dieses Ergebnis passt auch in die Systematik der Norm, da auch umfassende Verbote von Haustieren[30] und Musizieren[31] jedenfalls durch Mehrheitsbeschluss der Wohnungseigentümer sittenwidrig sind. Die Aufgabe des Hausrechts greift wesentlich stärker in die Rechtssphäre des Mieters ein und muss daher auch dann sittenwidrig sein, wenn sie individualvertraglich vereinbart ist.[32] Die Nichtigkeit eines Verzichts schränkt den Mieter auch nicht unbotmäßig ein, da es immer noch ihm überlassen ist, ob er das Hausrecht ausübt oder nicht.

Innerhalb einer WG muss differenziert werden. Für im Alleinbesitz eines Mitbewohners 14 stehende Privaträume gilt nichts Anderes als gegenüber dem Vermieter, sodass ein genereller Verzicht sittenwidrig ist. Zulässig sind hingegen **Vereinbarungen** darüber, wie das Hausrecht an den Gemeinschaftsräumen **gegenüber Gästen** auszuüben ist. Denkbar ist etwa eine Absprache über eine gemeinsame Ausübung des Hausrechts für Gemeinschaftsräume. Die WG-Bewohner könnten auch eine **Mehrheitsentscheidung** verabreden, sodass ein Hausverbot gegenüber Dritten auch gegen den Willen eines Mitbewohners verhängt oder verhindert werden kann. Zur Begründung eines Mehrheitssystems ist aber eine einstimmige Entscheidung der Bewohner erforderlich, da der einzelne Mitbewohner dauerhaft auf sein Widerspruchsrecht nach § 711 BGB verzichtet und somit die (gesellschafts-)vertragliche Grundlage des Zusammenlebens geändert wird.

V. Einschränkungen des Hausrechts

Das Hausrecht kann durch **gesetzliche Duldungspflichten** eingeschränkt werden.[33] Dies 15 sind zunächst die allgemeinen Notstandstatbestände §§ 228, 904 BGB. Die Regelungen des AGG können grundsätzlich zu einer Einschränkung des Hausrechts führen.[34] Anders als für gewerblich vermietete Räumlichkeiten (zum Beispiel Veranstaltungssäle) fehlt es aber für Privaträume und damit für Wohngemeinschaften an einem nach § 19 Abs. 1 AGG

---

28 Im Fall der Untermiete (WG-Typ A) wäre dann Voraussetzung, dass der Hauptmieter seinerseits die Berechtigung vom Eigentümer ableiten kann.
29 *Lilie* in LK StGB § 123 Rn. 27; *Schäfer* in MüKoStGB § 123 Rn. 34, jeweils mwN.
30 OLG Saarbrücken NJW 2007, 779.
31 BGHZ 139, 288 = NJW 1998, 3713.
32 Die Aufgabe des Hausrechts ist nicht zu verwechseln mit einem Betretungs- oder Besichtigungsanspruch des Vermieters. Auch in diesen Fällen verbleibt die Entscheidung über die Zutrittsgewährung beim Mieter (→ Rn. 24).
33 Zu den Duldungspflichten zwischen Mitbewohnern und Gästen (→ Rn. 28 ff).
34 *Baldus* in MüKoBGB § 1004 Rn. 200.

notwendigen Schuldverhältnis.³⁵ Die WG-Bewohner können ihr Hausrecht auch ungeachtet etwaiger grundgesetzlicher Diskriminierungsverbote (insb. Art. 3 GG) ausüben. Zwar werden grundrechtliche Erwägungen teilweise in der Literatur ins Spiel gebracht.³⁶ Dieser Ansatz ist aber abzulehnen, da erstens dogmatisch nicht ersichtlich ist, was der Ansatzpunkt für eine mittelbare Drittwirkung von Art. 3 GG sein soll.³⁷ Zweitens betrifft das Hausrecht die innere Privatsphäre, in der Bürger ihr Leben frei gestalten können – und sei diese Gestaltung noch so diskriminierend oder anderweitig moralisch fragwürdig. Das Hausrecht kann diskriminierend ausgeübt werden, solange die Räumlichkeiten – wie bei einer Wohngemeinschaft – nicht allgemein einer breiten Öffentlichkeit zugänglich sein sollen. Zwar besteht auch innerhalb einer Wohngemeinschaft die Erwartung, dass Mitbewohner Gäste empfangen. Dies begründet aber **keine generelle Öffnung für den Publikumsverkehr** im Sinne der BGH-Rechtsprechung.³⁸

C. Das Hausrecht des Vermieters

I. Besitzverhältnisse

16 Der vermietende Eigentümer (zur Vereinfachung nachfolgend: Vermieter) hat auf Grundlage des Mietvertrags den unmittelbaren Besitz an der Mietsache an die Mieter übertragen.³⁹ Damit ist auch das **Hausrecht auf die Mieter übergegangen.** Der Vermieter ist nur noch so weit unmittelbarer (Teil-)Besitzer (§ 865 BGB) des Hauses, wie ausschließlicher Besitz der Mieter dies nicht ausschließt.⁴⁰ Er bleibt aber mittelbarer Besitzer (§ 868 BGB). Die Besitzübertragung und damit auch der Übergang des Hausrechts findet im Regelfall mit der **Übergabe der Schlüssel** statt und endet mit dem Auszug.

17 Wird ein gesamtes (Einfamilien-)Haus vermietet, so bleibt dem Vermieter nur der **mittelbare Besitz.** In Mehrfamilienhäusern⁴¹ hat er an den von allen Mietern gemeinschaftlich genutzten Räumen (Waschkeller, Fahrstuhl, Treppenhaus etc.) typischerweise Mitbesitz (§ 866 BGB).⁴² An nur ihm zugänglichen Flächen wie dem Technikraum hat nur der Vermieter (Teil-)Besitz (§ 865 BGB).

II. Vermieter und Mieter

18 Dem Vermieter steht kein Hausrecht hinsichtlich der vermieteten Räume zu, da er nach § 1004 Abs. 2 BGB beziehungsweise § 986 BGB seine Rechte aus dem Eigentum nicht mehr dem Mieter gegenüber geltend machen kann. Lediglich im Fall der verbotenen Eigenmacht gegen die Mieter kann er gemäß § 869 BGB auf Ansprüche aus den §§ 861, 862 BGB zurückgreifen. Dies wäre zum Beispiel der Fall, wenn sich Dritte während der Abwesenheit der Mieter ohne deren Einverständnis Zugang zur Mietsache verschaffen. In

---

35 Selbst für das Verhältnis Mieter/Vermieter konstituiert § 19 Abs. 5 S. 3 AGG die Vermutung, dass kein entsprechendes Schuldverhältnis vorliegt.
36 Teilweise bejahend *Baldus* in MüKoBGB § 1004 Rn. 27. Verletzungen sollen aber lediglich Schadensersatzansprüche begründen können.
37 Wie hier *Spohnheimer* in BeckOGK, 1.11.2018, BGB § 1004 Rn. 83.5. In der Fraport-Leitentscheidung des BVerfG (BVerfG NJW 2011, 1201) war die Betreibergesellschaft unmittelbar grundrechtsgebunden, sodass die Grundsätze nicht übertragbar sind.
38 Dazu jüngst BGH NJW 2012, 1725 (Hausverbot für NPD-Funktionär).
39 Insoweit der Eigentümer selbst Mitglied der Wohngemeinschaft ist (WG-Typ F), findet eine Übertragung freilich nicht an den ausschließlich vom Eigentümer bewohnten Zimmern statt.
40 Missverständlich RGZ 64, 182 (183) (unmittelbarer Besitz eines Gebäudes als eines Ganzen); dazu *Gutzeit* in Staudinger BGB § 865 Rn. 3.
41 Zum Sonderfall WEG (→ § 25).
42 *Gutzeit* in Staudinger BGB § 865 Rn. 3; *Joost* in MüKoBGB § 865 Rn. 4; aA wohl *Götz* in BeckOGK, 1.9.2018, BGB § 865 Rn. 9: „unmittelbarer (Teil-)Besitz".

diesem Fall kann der Eigentümer nach § 869 Abs. 2 BGB Wiedereinräumung des Besitzes an den bisherigen Besitzer (seine Mieter) verlangen, nicht aber Einräumung des Besitzes an ihn selbst. Dies ist streng genommen keine Ausübung des Hausrechts als Verteidigungsrecht, sondern zielt nur auf die **Wiederherstellung des rechtmäßigen Status**.[43]

Gegen die Mieter als unmittelbare Besitzer findet **kein Besitzschutz** statt.[44] Selbst bei vertragswidriger Nutzung steht dem Vermieter kein Hausrecht gegenüber dem Mieter oder Dritten zu. Sollte der Mieter die Grenzen der Zulässigkeit überschreiten, etwa indem ein Dritter ohne Kenntnis und Zustimmung des Eigentümers in die Wohnung miteinzieht, stellt sich die Frage nach einer mietvertragswidrigen Nutzung und gegebenenfalls einem außerordentlichen Kündigungsrecht nach § 543 Abs. 2 BGB. Das Hausrecht lebt hierdurch aber nicht wieder auf. Notwendig ist zunächst eine Rückübertragung des Besitzes an den Eigentümer.[45]

III. Gäste des Mieters

Die Frage ist, ob beziehungsweise bis zu welchem Grad der Vermieter das Hausrecht an den Gemeinschaftsräumen und Zugangswegen eines Hauses gegenüber Dritten ausüben kann. Gegenüber sonstigen Dritten, die keine Gäste der Mieter sind (zum Beispiel Obdachlose oder „Drücker"), steht dem Vermieter unproblematisch das Hausrecht zu. Gegenüber Gästen ist die Ausübung des Hausrechts aber nach § 1004 Abs. 2 BGB weitestgehend ausgeschlossen. Es ist Wesen der Miete, dass der Mieter in den Mieträumen seine Privatsphäre entfalten kann. Hierzu gehört auch das im Grundsatz unbeschränkte Empfangen von Gästen und anderen sozialen Kontakten, Art. 2 GG.[46] Dieses Mieterrecht kann nicht auf Umwegen durch das Hausrecht an Zugangswegen umgangen werden.[47] Das Zugangsrecht für Gäste kann auch nicht vertraglich abbedungen werden, da es zum Kernbereich der Wohnraummiete gehört.[48]

Ausnahmen von der Duldungspflicht des Vermieters sind nur dann zulässig, wenn Besucher **wiederholt den Hausfrieden gestört haben oder Gemeinschaftsräume beschädigt oder verschmutzt** wurden.[49] Hier sind strenge Maßstäbe anzulegen. Kleinigkeiten wie zum Beispiel das verbotswidrige Abstellen eines Fahrrads sind jedenfalls nicht ausreichend.[50] Abzulehnen ist eine früher von einzelnen Strafgerichten vertretene Auffassung, wonach der Vermieter das Hausrecht gegenüber Gästen ausüben kann, die seinen Ruf oder den Charakter des Hauses gefährden könnten (zum Beispiel die „aus sittlichen Gründen" bedenkliche Nutzung der Wohnung).[51]

Sobald die Störung beseitigt ist, muss das Hausverbot unverzüglich wieder aufgehoben werden.[52] Sollte der Vermieter ein **pauschales Hausverbot** verhängen, müssen die Mieter widersprechen und so zum Ausdruck bringen, dass der Besuch gewünscht ist.[53] Ein unrechtmäßig ausgesprochenes Hausverbot allein rechtfertigt nicht die außerordentliche Kündigung nach § 543 BGB durch den Mieter.[54]

---

[43] Zutreffend *Engeln* HausR 51.
[44] *Gutzeit* in Staudinger BGB § 869 Rn. 10 mwN.
[45] OLG Hamburg NJW 2006, 2131; *Fritzsche* in BeckOK, 49. Ed. 1.2.2020, BGB § 858 Rn. 3.
[46] *Eisenschmid* in Schmidt-Futterer MietR BGB § 535 Rn. 294.
[47] *Reichert* ZWE 2009, 289; *Heinrich* JR 1997, 89 (95).
[48] AG München BeckRS 2015, 7499; LG Gießen NJW-RR 2001, 8; Ausnahmen können für Wohnheime bestehen.
[49] *Eisenschmid* in Schmidt-Futterer MietR BGB § 535 Rn. 296 mwN.; zum Spezialfall der Hausverbotserteilung durch Wohnungseigentümergemeinschaft BVerfG NZM 2010, 44; LG Koblenz ZWE 2011, 460.
[50] AG Wetzlar BeckRS 2009, 03953.
[51] OLG Köln NJW 1966, 265; LG Berlin ZMR 1956, 378.
[52] *Eisenschmid* in Schmidt-Futterer MietR BGB § 535 Rn. 296.
[53] AG München BeckRS 2015, 7499.
[54] AG Wetzlar BeckRS 2009, 03953.

23 Unterfällt die Wohnung dem **WEG,** so können im Grundsatz jeder einzelne Wohnungseigentümer sowie die Wohnungseigentümergesellschaft einem Dritten ein Hausverbot erteilen.[55] Dies ist allerdings nur in sehr engen Grenzen möglich. So kann sogar eine störende Nutzung mit erheblicher Lärmbelästigung von den übrigen Eigentümern hinzunehmen sein.[56] Abwehransprüche zielen primär auf das Unterlassen unzumutbarer Lärmbelästigungen, nicht aber auf ein generelles Hausverbot.[57]

IV. Betretungs- und Besichtigungsrechte des Vermieters

24 Durch die Übertragung des unmittelbaren Besitzes auf die Mieter endet das Betretungsrecht des Vermieters. Zum Betreten der Flächen und Räume, an denen er Teil- oder Mitbesitz (nicht abgetrennte Kellerräume etc.) hat, ist er freilich weiter befugt. Für das Betreten der im Alleinbesitz des Mieters stehenden Räume (insb. Wohnräume) ist das **Einverständnis des Mieters erforderlich.**[58] Dies gilt selbst dann, wenn der Vermieter einen Anspruch auf Einlass gegen den Mieter hat. Dieser Anspruch kann ausdrücklich im Mietvertrag geregelt sein oder sich aus einer mietvertraglichen Nebenpflicht[59] oder einer gesetzlichen Duldungspflicht[60] ergeben. **Ein allgemeines gesetzliches Betretungsrecht des Vermieters existiert aber nicht.** Die Mindermeinung,[61] die dennoch ein generelles wenngleich schonend auszuübendes Besichtigungsrecht (zum Beispiel für routinemäßige Kontrollen des Zustands der Wohnräume) bejaht, verkennt die mietvertragliche Wertung, dass der Mieter in seinen gemieteten Räumen in seiner eigenen Privatsphäre ungestört sein will und kann.[62] Zur Durchsetzung eines Betretungsrechts muss der Vermieter zunächst einen Duldungstitel erstreiten.[63] Eilrechtsschutz ist nur im Ausnahmefall zulässig.[64] Gewährt der Mieter trotz Anspruchs des Vermieters den Zugang nicht rechtzeitig, kann er aber zum Schadensersatz verpflichtet sein.[65]

25 Ein Betretungsrecht kann **individualvertraglich** vereinbart werden. Als AGB-Klauseln sind Zutrittsrechte allerdings infolge Verstoßes gegen § 307 Abs. 1 BGB unwirksam.[66] Liegt keine Vereinbarung vor, kann sich ein Betretungsrecht aus einer mietvertraglichen Nebenpflicht ergeben. Notwendig ist ein berechtigtes Interesse des Vermieters am Betreten.[67] Denkbare Anspruchsgrundlagen sind das allgemeine Besichtigungsrecht aus § 809 BGB, aber auch § 242 BGB. In jedem Fall ist eine Interessenabwägung notwendig.[68] **Berechtigte Interessen** sind beispielsweise die mehrmalige Besichtigung bei geplanter

---

[55] Dazu BVerfG NJW 2010, 220; *Abramenko* ZWE 2011, 442; *Reichert* ZWE 2009, 289.
[56] LG Koblenz NJW-RR 2012, 16.
[57] BVerfG NJW 2010, 220 Rn. 26.
[58] BGH NJW 2014, 2566; die Voraussetzungen des Besichtigungs- oder Zutrittsanspruchs sind höchst umstritten, siehe im Überblick *Willems* NZM 2015, 353.
[59] Siehe unten (→ Rn. 25).
[60] Zum Beispiel Duldungspflichten aus § 555a BGB (Erhaltungsmaßnahmen) und § 555d BGB (Modernisierungsmaßnahmen).
[61] LG Oldenburg BeckRS 2012, 24849; LG Berlin BeckRS 2003, 30941118.; *Dittmann/Reichhart* JA 2011, 173 (175); *Lützenkirchen* NJW 2007, 2152 (2153). Dieser Auffassung dürfte durch die jüngere BGH-Rechtsprechung die Grundlage entzogen worden sein.
[62] So schon BVerfG NJW-RR 2004, 440; ausführlich *H. Schmidt* in BeckOGK, 1.10.2018, BGB § 535 Rn. 485.
[63] *H. Schmidt* in BeckOGK, 1.10.2018, BGB § 535 Rn. 485; *Eisenschmid* in Schmidt-Futterer MietR BGB § 535 Rn. 220.
[64] LG Duisburg NJW-RR 2006, 897.
[65] AG Wedding ZMR 1997, 364.
[66] BGH NJW 2014, 2566; *Blank* in Blank/Börstinghaus MietR BGB § 535 Rn. 344 mwN; zurückhaltender aber *Eisenschmid* in Schmidt-Futterer MietR BGB § 535 Rn. 218: Erweiterung des gesetzlichen Betretungsrechts in engen Grenzen zulässig.
[67] BGH NJW 2014, 2566; OLG Brandenburg BeckRS 2012, 15697; LG München II NJW-RR 2009, 376; LG Frankfurt a. M. NZM 2002, 696; *H. Schmidt* in BeckOGK, 1.10.2018, BGB § 535 Rn. 484.
[68] BGH NJW 2014, 2566; *Blank* in Blank/Börstinghaus MietR BGB § 535 Rn. 339.

Weiterveräußerung oder -vermietung,[69] der Zugang durch Vermieter und/oder Handwerker bei Reparatur, Instandsetzung beziehungsweise Modernisierung/Erhaltung oder Zählerablesung.[70] Auch Anzeichen auf drohende Schäden (zum Beispiel starke Schimmelbildung) können ein Betretungsrecht begründen.[71] Der Wunsch nach einer regelmäßigen Kontrolle des Zustands der Wohnung begründet hingegen kein berechtigtes Interesse.[72]

Ein bestehendes Betretungsrecht muss **zurückhaltend** ausgeübt werden. Wenn möglich, muss das Informationsbedürfnis an einem einzigen Termin befriedigt werden.[73] Räumlich beschränkt sich der Zutritt auf die notwendigen Bereiche. Für WG-Typ B (Einzelverträge) dürfen bei einem Besichtigungstermin also nur das vermietete Zimmer sowie die Gemeinschaftsräume betreten werden. Notwendig ist immer die vorherige Ankündigung. Der notwendige Vorlauf ergibt sich aus den Umständen. Für dringende Reparaturarbeiten ist eine Frist von 24 Stunden dem Mieter zumutbar. Für weniger pressierende und planbare Termine (zum Beispiel die Besichtigung für neue Mieter) scheint eine regelmäßige Ankündigungsfrist von bis zu einer Woche[74] oder gar 14 Tagen[75] sachgerecht. Der Vermieter kann nicht verlangen, dass der Mieter Urlaub nimmt, sodass Termine gegebenenfalls abends oder am Wochenende stattfinden müssen.[76]

D. Das Hausrecht der WG-Bewohner

Wohngemeinschaften sind als **Gesellschaften des bürgerlichen Rechts** (§§ 705 ff BGB) organisiert (→ § 14 Rn. 1). Im Innenverhältnis ergeben sich daraus Rechte und Pflichten. Diese können auch die Ausübung des Hausrechts überlagern und begrenzen. Die Mitbewohner können sich auch vertraglich über bestimmte Regeln zur Hausrechtsausübung einigen. Dies wird in der Praxis aber der Ausnahmefall sein. Im Wege der Auslegung ist daher zu fragen, was Mitbewohner in der jeweiligen Situation typischerweise verabredet hätten.

Das Nebeneinander von Schutz der Privatsphäre und Duldungspflichten kann im Einzelfall zu Härten für einzelne WG-Bewohner führen. Dieses Problem ist aber im Wesen einer Wohngemeinschaft angelegt und kann rechtlich nicht völlig aufgelöst werden. Wie allgemein im Recht der bürgerlichen Gesellschaft kann Betroffenen daher nur immer wieder geraten werden, sich die Partner (oder hier: Mitbewohner) genau auszusuchen. Treten unauflösbare Konflikte auf, wird das Ausscheiden aus der Wohngemeinschaft häufig der bessere Weg sein als eine rechtliche Auseinandersetzung.

I. Besitzverhältnisse

Zunächst muss zwischen den Besitzverhältnissen an den innerhalb der Wohneinheit und außerhalb der Wohneinheit gelegenen Gebäudeteilen unterschieden werden. Die abgetrennte Wohneinheit innerhalb eines Hauses steht im gemeinsamen Teilbesitz der Mieter als

---

[69] BGH BeckRS 2010, 30934; siehe auch *Eisenschmid* in Schmidt-Futterer MietR BGB § 535 Rn. 209 mwN.
[70] *H. Schmidt* in BeckOGK, 1.10.2018, BGB § 535 Rn. 486.
[71] *Eisenschmid* in Schmidt-Futterer MietR BGB § 535 Rn. 212.
[72] BGH NJW 2014, 2566; *Blank* in Blank/Börstinghaus MietR BGB § 535 Rn. 340.
[73] *Eisenschmid* in Schmidt-Futterer MietR BGB § 535 Rn. 206; *Blank* in Blank/Börstinghaus MietR BGB § 535 Rn. 440.
[74] AG Berlin-Schöneberg BeckRS 2004, 30988267; *H. Schmidt* in BeckOGK, 1.10.2018, BGB § 535 Rn. 487.
[75] AG Berlin-Mitte BeckRS 2009, 17571; *Eisenschmid* in Schmidt-Futterer MietR BGB § 535 Rn. 214; *Blank* in Blank/Börstinghaus MietR BGB § 535 Rn. 440.
[76] *H. Schmidt* in BeckOGK, 1.10.2018, BGB § 535 Rn. 487.

WG.[77] Gleiches gilt für die sonstigen ihnen zugewiesenen Flächen, Räumen und Einrichtung wie Briefkästen, Stellplätze oder abgetrennte Kellerabteile.[78] An den nicht abgetrennten Gemeinschaftsflächen außerhalb der Wohneinheit besteht Mitbesitz.[79]

30 Innerhalb der WG hat **jeder Mitbewohner alleinigen Besitz** an den ihm mietvertraglich **ausschließlich zugewiesenen Räumen**. An den **Gemeinschaftsräumen** der WG haben die **Mieter Mitbesitz**, da eine Innen-GbR ohne Gesamthandsvermögen nicht selbst Besitzerin sein kann.[80] Als Mitbesitzer kann jeder Mitbewohner das Hausrecht an den Gemeinschaftsräumen gegenüber Dritten selbständig ausüben.[81]

31 Für den Sonderfall, dass die WG selbst als Außen-GbR mietet (WG-Typ D), ist die Außen-GbR im Wege des Organbesitzes selbst Besitzerin der gesamten Wohneinheit.[82] Ausgeübt wird der Besitz wie bei den Personenhandelsgesellschaften vom geschäftsführenden Gesellschafter.[83] Da es diesen in einer WG aber in aller Regel nicht geben wird, steht die Geschäftsführung und damit auch die Besitzschutzansprüche im Grundsatz allen Gesellschafter gemeinschaftlich zu (§ 709 BGB), wobei dieser Grundsatz durch konkludentes Handeln oder ergänzende Vertragsauslegung für einzelne Räume modifiziert sein kein.

II. Das Hausrecht untereinander

32 Hinsichtlich der im **Alleinbesitz** eines Mitbewohners stehenden Räume steht diesem das **alleinige Hausrecht** gegenüber den Mitbewohnern zu.[84] Dieses kann er auch an Gäste übertragen. Hinsichtlich der **Gemeinschaftsräume** besteht aber **kein Hausrecht,** da der Besitzschutz unter Mitbesitzern nach § 866 BGB von der Befugnis zur Nutzung begrenzt wird. Diese Grenze besteht darin, dass den Bewohnern die Gemeinschaftsräume zur gemeinsamen Nutzung zugewiesen sind. Aus dieser vertrags- und sachenrechtlichen Grundlage ergibt sich die „Gleichrangigkeit" des Hausrechts der WG-Bewohner[85] unabhängig davon, ob es sich um Haupt-, Mit- oder Untermieter handelt.[86] Das Hausrecht hat für Gemeinschaftsräume im Innenverhältnis zwischen den Mitbewohnern also keinerlei Bewandtnis, sondern nur im Außenverhältnis.[87] Diese Gleichrangigkeit wird – vorbehaltlich anderer Abreden zwischen den Bewohnern – nicht dadurch ausgehebelt, dass sich ein Mitbewohner stärker engagiert, oder dass ein anderer sich weniger gemeinschaftsdienlich verhält. Laufen zum Beispiel Mietzahlungen über das Konto eines Mitbewohners, verschafft ihm das keine Sonderrechte im Vergleich zu seinen Mitbewohnern. Dies gilt auch dann, wenn ein Mitbewohner intern mit Zahlungen in Verzug ist – das Hausrecht schützt die private Lebensumgebung, sein Bestehen ist nicht von pünktlichen Zahlungen oder gar mangelnder Zahlungsfähigkeit Einzelner abhängig. Sollte es zu Zahlungsverzug oder -ausfall kommen, so ist dies mietvertraglich zu lösen.

33 Für die Außen-GbR (WG-Typ D) sind die Besitzregeln nicht direkt anwendbar, da der Besitz gemeinschaftlich ausgeübt wird (→ Rn. 31). Dennoch wird man für WG-Typ D

---

[77] So schon RGZ 64, 182; *Fritzsche* in BeckOK BGB, 49. Ed. 1.2.2020, § 865 Rn. 3 mwN; *Götz* in BeckOGK, 1.9.2018, BGB § 865 Rn. 8.
[78] *Fritzsche* in BeckOK BGB, 49. Ed. 1.2.2020, § 865 Rn. 3. Hier kommt es natürlich darauf an, ob diese Flächen mietvertraglich den einzelnen WG-Mitgliedern individuell (WG-Typ B) oder der WG als Gesamtheit (alle anderen WG-Typen) zugeordnet sind.
[79] *Götz* in BeckOGK, 1.9.2018, BGB § 865 Rn. 8; *Gutzeit* in Staudinger BGB § 865 Rn. 3; *Lorenz* in Erman BGB § 865 Rn. 3.
[80] BGHZ 86, 300 = NJW 1983, 1114; *Götz* in BeckOGK, 1.9.2018, BGB § 854 Rn. 135.
[81] Zu etwaigen Einschränkungen, die sich aus dem Wesen der Wohngemeinschaft ergeben (→ Rn. 37 ff).
[82] *Joost* in MüKoBGB § 854 Rn. 24.
[83] *Gutzeit* in Staudinger BGB § 866 Rn. 18 mwN.
[84] RGSt 12, 132 – Dienstmagd; *Heinrich* JR 1997, 89 (95).
[85] So im Ergebnis auch das Strafrecht, siehe *Heinrich* JR 1997, 89 (95) Fn. 75; *Schäfer* in MüKoStGB § 123 Rn. 37, jeweils mwN.
[86] OLG Hamm NJW 2016, 1454.
[87] *Engeln* HausR 93.

zum gleichen Ergebnis kommen wie für die anderen WG-Typen, bei denen nur eine Innen-GbR vorliegt. Die Zuweisung eines Zimmers an einen Mitbewohner ist als konkludente Einigung darüber zu verstehen, dass ihm das ausschließliche Nutzungsrecht an diesem Zimmer zusteht. Das alleinige Hausrecht ergibt sich also nicht aus dem Besitzschutz, sondern aus dem Gesellschaftsvertrag. Für die Gemeinschaftsräume ist – vorbehaltlich anderer Regelungen durch die Gesellschafter – davon auszugehen, dass alle Mitbewohner zur Nutzung befugt sein sollen und dass damit untereinander kein Hausrecht ausgeübt werden kann.

III. Das Hausrecht gegenüber Dritten

Mieter haben gegenüber Dritten[88] hinsichtlich aller Bereiche, an denen Mit- oder Teilbesitz 34 besteht, Hausrecht. Dieses steht **jedem WG-Mitbewohner als Mitbesitzer einzeln** zu.[89] Jeder Mieter kann also Dritte, die keine Gäste eines Mitbewohners sind (ungebetene Gäste auf Parties, hartnäckige Vertreter im WG-Flur), vor die Tür setzen. Für den Sonderfall der Außen-WG (Typ D) wird man durch Vertragsauslegung zum gleichen Ergebnis kommen, da eine Handlungsbefugnis gegenüber Außenstehenden im objektiven Interesse aller Mitbewohner steht. Auch hier steht das Hausrecht Gästen zu, die sich mit Wissen und Wollen der jeweiligen Bewohner in der WG aufhalten. Einschränkungen aus dem Gesellschaftsvertrag in Verbindung mit § 1004 Abs. 2 BGB ergeben sich nicht, da bei Dritten anders als bei Gästen keine entgegenstehenden Interessen eines Mitbewohners in eine Interessenabwägung einbezogen werden müssen. Verweist also ein WG-Bewohner einen Dritten (zum Beispiel aus dem Treppenhaus), so haben seine Mitbewohner hiergegen keinerlei Handhabe.

Das Hausrecht der Mieter besteht für den unmittelbaren (Teil-)Besitz **auch gegenüber** 35 **dem Vermieter,** denn der unmittelbare Besitzer genießt gegenüber dem mittelbaren Besitzer vollen Besitzschutz.[90] Dies gilt auch für im Auftrag des Vermieters handelnde Personen. Die Anwesenheit eines vom Vermieter bestellten Gärtners, Handwerkers oder Gutachters müssen die Mieter also nicht dulden.

Verletzen Dritte den ausschließlichen Besitz eines Mitbewohners (ungebetener „Gast" 36 ohne Kenntnis des Mitbewohners in dessen Zimmer), können die anderen Mitbewohner zwar mangels Besitzes keinen eigenen Besitzschutz geltend machen. Nach dem Gedanken des § 869 BGB und des § 670 BGB kann aber Wiedereinräumung des Besitzes an den Mitbewohner verlangt und gegebenenfalls über § 859 BGB durchgesetzt werden.

IV. Das Hausrecht gegenüber Gästen

1. Duldungspflichten und Interessenabwägung

Der in der Praxis schwierigste Fall ist das Hausrecht gegenüber Gästen eines Mitbewohners. 37 Unproblematisch ist zunächst das Hausrecht für die im **Alleinbesitz eines Mieters stehenden Privaträume.** Hier hat er – wie auch gegenüber seinen Mitbewohnern – gegenüber Gästen das alleinige Hausrecht.[91] Die Freiheit der Entscheidung, wem er Zutritt gewährt, schlägt auch auf diejenigen Gemeinschaftsräume durch, die für die Nutzung seiner Privaträume notwendig sind, also Flur, Bad und Toilette. Ähnlich wie der Vermieter in Bezug auf den Zugang zum Haus (→ Rn. 20) können WG-Mitglieder das Haus- und Empfangsrecht ihrer Mitbewohner nicht dadurch einschränken, dass sie ihr Hausrecht

---

[88] Nicht zu verwechseln mit Gästen (→ Rn. 37 ff.).
[89] *Joost* in MüKoBGB § 866 Rn. 13; OLG Köln BeckRS 1995, 31146931.
[90] *Gutzeit* in Staudinger BGB § 869 Rn. 10 mwN.
[91] OLG Hamm NJW 2016, 1454.

hinsichtlich der für die Nutzung der Privaträume notwendigen Gemeinschaftsräume ausüben.

38 Für die „normalen" Gemeinschaftsräume (Küche, gemeinsames Wohnzimmer beziehungsweise Balkon) gilt die Gleichrangigkeit des Hausrechts (→ Rn. 32). Somit kann jeder WG-Bewohner entscheiden, wem er Zugang zu den Gemeinschaftsräumen gewährt oder verweigert. Ein Widerspruchsrecht gegen die Ausübung des Hausrechts durch einen Mitbewohner besteht im Grundsatz nicht.[92] Damit ginge das Interesse eines Bewohners an ungestörter Privatsphäre dem Interesse des Mitbewohners am Empfang von Gästen faktisch vor. Diese im Strafrecht weitgehend unstrittige Gemengelage[93] kann gesellschaftsrechtlich hergeleitet werden, bedarf aber auch Modifikationen. Wie bereits ausgeführt, ist es Wesen einer Wohnung und damit auch einer WG, dass die Bewohner Gäste empfangen. Man kann daher davon ausgehen, dass zwischen WG-Mitbewohnern das Verständnis beziehungsweise die Erwartung besteht, dass die Wohnung eigenen Gästen offensteht. Dies geht einher mit dem konkludenten **widerruflichen Einverständnis** (gegebenenfalls im Wege ergänzender Vertragsauslegung), auch den Mitbewohnern den Empfang von Gästen zu ermöglichen. Die **Ausübung des Hausrechts** ist gleichzeitig der **Widerruf dieses Einverständnisses.** Die vormalige Erlaubnis schafft, selbst wenn sie explizit erklärt wurde, keinen Vertrauenstatbestand. Ein Bewohner verhält sich auch dann nicht widersprüchlich, wenn er den der Wohnung Verwiesenen selbst eingelassen und somit das Betreten der Räume erst ermöglicht hat.[94] Anders als in Gastwirtschaften oder Hotels besteht für Privaträume nämlich nicht die Erwartung, dass sie einer breiten Öffentlichkeit offenstehen (→ Rn. 15).

39 WG-Mitbewohner können über den Gesellschaftsvertrag nach § 1004 Abs. 2 BGB zur **Duldung von Beeinträchtigungen** verpflichtet sein. Wegen der grundsätzlichen Möglichkeit des Empfangs von Gästen (→ Rn. 38) ist dies der gesetzliche Regelfall. Die Ausübung des Hausrechts ist aber dann ausgeschlossen, wenn sich im Rahmen einer gegenseitigen Interessenabwägung ergibt, dass die Anwesenheit des Gastes für einen Mitbewohner unzumutbar ist.

40 Da die Duldungspflicht dem gesetzlichen Regelbild der WG entspricht, ist der Mitbewohner für das Vorliegen der die **Unzumutbarkeit** begründenden Tatsachen beweispflichtig. Aus der Notwendigkeit der Interessenabwägung ergibt sich zudem, dass das Hausrecht nicht grundlos ausgeübt werden darf. In diesem Fall überwiegen automatisch die Interessen desjenigen Mitbewohners, der dem Gast Zutritt gewährt.

2. Verhältnismäßigkeit

41 Das Hausrecht muss verhältnismäßig ausgeübt werden. Ist das Problem die Anwesenheit eines Gastes in den Gemeinschaftsräumen und kann durch eine Beschränkung der Anwesenheit des Gasts auf die Privaträume des Gastgebers abgestellt werden, so muss sich die Ausübung des Hausrechts auf die Gemeinschaftsräume beschränken. Nur in besonders krassen Fällen wird es einem Bewohner unzumutbar sein, einen Gast überhaupt in der Wohnung zu haben.[95] Notwendig dafür dürfte ein **rechtswidriges und schuldhaftes Fehlverhalten** gegenüber dem betreffenden Mitbewohner sein, beispielsweise Diebstahl oder eine körperliche Auseinandersetzung. Auch bei starker Antipathie zwischen Gast und Mitbewohner muss der Mitbewohner die Anwesenheit im Grundsatz dulden. Die „ausgespannte Freundin" als Klassiker des WG-Lebens kann daher nicht pauschal ausgesperrt werden.

42 Ein **dauerhaftes Hausverbot** kann nur so lange aufrechterhalten werden, wie zu besorgen ist, dass das Verhalten des Gastes weiterhin unzumutbar ist. Ist zu erwarten, dass es

---

[92] So auch schon OLG Hamm NJW 1955, 761 (Verweis aus gemeinsamer Ehewohnung).
[93] *Heinrich* JR 1997, 89 (95) mwN.
[94] OLG Hamm NJW 2016, 1454 (1455).
[95] *Heinrich* JR 1997, 89 (95).

sich um einmaliges beziehungsweise zeitweiliges Fehlverhalten handelt (zum Beispiel übermäßiger Alkoholkonsum), dann liegt Unzumutbarkeit nur für die Dauer des Fehlverhaltens vor. Die Befriedungsfunktion des Besitzschutzes sorgt gleichzeitig dafür, dass bei besonders akuten Beeinträchtigungen und einem darauf fußenden Hausverweis die Abwägung tendenziell zu Gunsten des Mitbewohners ausfällt.

Die Unzumutbarkeit muss in der Person des Gastes begründet sein.[96] Potentiell **höhere** 43 **Nebenkosten** durch Toiletten- oder Duschenbenutzung sind nicht unzumutbar und müssen ggf. über die interne Nebenkostenabrechnung ausgeglichen werden. Kein Anlass für die Ausübung des Hausrechts ist anderweitiges Fehlverhalten des Gastgebers. Nur im Ausnahmefall kann – unter Beachtung des jeweiligen Sozialumfelds – die schiere **Frequenz des Besuchs** zur Ausübung des Hausrechts berechtigen.

3. Soziale Prägung der WG

Ein wichtiger Gesichtspunkt für die Abwägung ist die **Struktur der WG,** insbesondere in 44 Bezug auf Alter und soziales Umfeld. Ein WG-Bewohner lässt sich bewusst auf ein solches Gepräge ein und muss dieses im Grundsatz auch akzeptieren. Die Bestimmung des sozial adäquaten Verhaltens für bestimmte WG-Typen kann aber nur als **Leitlinie oder Bewertungsmaßstab** dienen und ersetzt nicht die Abwägung im Einzelfall. So ist beim Prototyp der Studenten-WG ein höheres Maß an Besuch zu verschiedenen Tageszeiten zu erwarten. Das gleiche gilt für Lärmbelästigung. Gelegentlicher Besuch älterer Generationen (zum Beispiel Eltern) ist ebenso normal wie der Besuch von Lebensgefährten, auch dann wenn diese häufig übernachten. Die Grenze des Zumutbaren kann aber bei dauerhafter Anwesenheit der Eltern überschritten sein, da einer Studenten-WG der dauerhafte Aufenthalt von Angehörigen anderer Generationen fremd ist.[97] Ein dauerhafter Einzug der Freundin (gegebenenfalls mit Auflösung der eigenen Wohnung) ohne mietvertragliche Grundlage muss jedenfalls nicht geduldet werden. Üblicherweise werden neue Mitbewohner von der WG ausgewählt, was als Grundlagengeschäft Einstimmigkeit erfordert (→ § 14). Bei den meisten Wohngemeinschaften ist daher ein einseitiger Austausch oder eine einseitige Aufnahme eines neuen Mitbewohners nicht möglich.[98] Bei Wohngemeinschaften, bei denen eine Zentralfigur nach der internen Vereinbarung die vorrangige Entscheidungsmacht zusteht, kann dies aber anders sein (→ § 23). Wird die WG von Berufstätigen gebildet, kann insbesondere nachts stärkere Rücksichtnahme gefordert werden. Bei einer Senioren-WG kann sogar erwartet werden, dass sich Besuch auf bestimmte Zeiten konzentriert, gleichzeitig sind hohe Anforderungen an die Ruhe in der Wohngemeinschaft zu stellen. Der Besuch lärmender Enkelkinder muss daher außerhalb der Ruhezeiten erfolgen, kann als generell wünschenswerter sozialer Kontakt aber nicht komplett unterbunden werden.

4. Zweck des Besuchs

Der Zweck des Besuchs ist Privatsache von Gast und Gastgeber und rechtfertigt den 45 Rauswurf nicht. So ist das Interesse an ungestörtem Drogenkonsum für die Abwägung bedeutungslos.[99] Dies mag aus rechtspolitischen Gründen angreifbar sein, ergibt sich aber logisch aus dem Schutzzweck des Hausrechts. Dieses schützt die Privatsphäre und soll kein privates Ordnungsrecht schaffen. Bei Drogenkonsum in den Gemeinschaftsräumen kann der Mitbewohner sein Hausrecht jedoch ausüben, da sein Besitz und damit seine Privatsphäre unmittelbar betroffen sind.

Die Grenze der Zumutbarkeit ist aber jedenfalls dort zu ziehen, wo **strafrechtlich** 46 **relevante Handlungen** begangen werden (etwa die Veräußerung von Drogen durch

---

[96] *Heinrich* JR 1997, 89 (95).
[97] OLG Hamm NJW 2016, 1454.
[98] OLG Hamm NJW 2016, 1454.
[99] OLG Hamm NJW 2016, 1454 (1455).

Anwesende, aber auch Intimverkehr mit Minderjährigen). Selbst wenn dies in den Privaträumen erfolgt und der Mitbewohner nicht unmittelbar betroffen ist, so muss er im unmittelbaren Umfeld seiner Privatsphäre nicht die Begehung von Straftaten hinnehmen. Zwar kann er das Hausrecht auch hier nicht gegenüber seinem Mitbewohner ausüben. Er kann das Hausrecht aber zumindest so ausüben, dass Gäste die Wohnung nicht zur Begehung von Straftaten betreten können.

E. Hausfriedensbruch

47 Als Tatbestand des Kernstrafrechts ist ausgiebig Literatur zum Hausfriedensbruch (§ 123 StGB) sowie zum schweren Hausfriedensbruch (§ 124 StGB) und zum Landfriedensbruch (§ 125 StGB) verfügbar. Die Darstellung beschränkt sich hier neben einer kurzen Skizzierung der Grundzüge des § 123 StGB auf die für Wohngemeinschaften relevanten Punkte.

I. Tatbestand und Rechtswidrigkeit

48 § 123 StGB schützt Wohnung, Geschäftsräume, das befriedete Besitztum sowie abgeschlossene Räume, welche zum öffentlichen Verkehr bestimmt sind. Die Wohnung bezeichnet keine Wohnung im Sinne des WEG, sondern eine baulich oder sonst abgeschlossene Räumlichkeit, die einem oder mehreren Menschen zumindest vorübergehend Unterkunft gewährt.[100] Umfasst sind also Eigentumswohnungen und andere Häuser. Zur Wohnung gehören auch außerhalb des eigentlichen Wohnbereichs Räume, zum Beispiel Flure, Treppen, Wasch-, Keller- und Speicherräume.[101] Der Garten eines Hauses oder einer Erdgeschosswohnung wird geschützt, soweit er erkennbar (aber nicht notwendigerweise durchgehend) durch Hecken oder Zäune gegen das willkürliche Betreten gesichert ist.[102] Außer in abseitigen Sonderfällen wird damit die **gesamte Wohngemeinschaft** räumlich von § 123 StGB erfasst.

49 Inhaber des Hausrechts („Berechtigter") an Mietwohnungen ist auch nach strafrechtlicher Diktion – vorbehaltlich mietvertraglicher Gestaltungen – grundsätzlich der **Mieter** als rechtmäßigem Bewohner.[103] Bei Beteiligung mehrerer Mieter wird auf die zivilrechtlichen Besitzregeln abgestellt und von einem grundsätzlich gleichrangigen Hausrecht ausgegangen.[104] Insofern kann also auf die Darstellungen in Abschnitt D (→ Rn. 27 ff.) verwiesen werden. Auch ein **Dritter,** der das Hausrecht vom Berechtigten ableitet, kann das Hausrecht wirksam ausüben. Hierzu genügt die Einräumung der Nutzungsbefugnis, einer gesonderten Übertragung des Hausrechts bedarf es nicht.[105]

50 § 123 StGB sieht zwei Tatbestandsalternativen vor, das **widerrechtliche Eindringen** und das **unbefugte Verweilen.** Dem Verweilen kommt eine eigenständige Bedeutung nur zu, wenn ein widerrechtliches Eindringen nicht vorliegt, ansonsten ist die zweite Tatbestandsalternative gegenüber der ersten subsidiär.[106] In den zivilrechtlichen Kategorien (→ Rn. 8) bedeutet dies, dass der Hausverweis strafrechtlich nur dann relevant wird, wenn kein Hausverbot vorliegt.

51 Für den subjektiven Tatbestand genügt **bedingter Vorsatz.** Eine Absicht, den Hausfrieden zu brechen, muss nicht vorliegen.[107] Zu verlangen ist aber, dass beim Täter das

---

[100] *Schäfer* in MüKoStGB § 123 Rn. 11 mwN.
[101] OLG Düsseldorf NJW 1997, 3383; so auch schon RGSt 1, 121.
[102] BayObLGSt 1969, 77.
[103] *Schäfer* in MüKoStGB § 123 Rn. 35.
[104] RGSt 1, 121; *Schäfer* in MüKoStGB § 123 Rn. 37.
[105] *Lilie* in LK StGB § 123 Rn. 27.
[106] BGHSt 21, 224 = NJW 1967, 941.
[107] *Lilie* in LK StGB § 123 Rn. 67.

Bewusstsein vorliegt, gegen den geäußerten oder mutmaßlichen Willen des Hausrechtsinhabers zu handeln. Das bedeutet, dass ein Hausverbot dem Betreffenden kommuniziert werden muss, da andernfalls ein den Vorsatz (und damit die Strafbarkeit) ausschließender Irrtum nach § 16 StGB vorliegt.

Täter handeln **rechtswidrig,** wenn das fremde Hausrecht verletzt wird, ohne sich auf **52** ein stärkeres Recht berufen zu können.[108] Generell kommt **Notstand** nach § 34 StGB in Betracht. Eine Besetzung leerstehender Räume unter Berufung auf eine vermeintlich verfehlte Wohnungspolitik – was in bestimmten studentischen Kreisen nicht fernliegend ist – kann allerdings nicht durch § 34 StGB gerechtfertigt werden.[109] Öffentlich-rechtliche Rechtfertigungsgründe sind staatliche Befugnisse zum Betreten von Räumen zwecks **Durchsuchung** (§ 102 StPO) oder dem Anbringen von **Abhöreinrichtungen** (§ 100c StPO). Weitere Befugnisse finden sich in den Polizeigesetzen der Länder.[110]

II. Strafantrag

Hausfriedensbruch ist nach § 123 Abs. 2 StGB ein **Antragsdelikt.** Antragsberechtigt ist der **53** jeweilige **Hausrechtsinhaber.** Eine Pflicht zur Stellung des Antrags besteht nicht.

Bei einer Mehrzahl von Hausrechtsinhabern kann nach § 77 Abs. 4 StGB jeder selbständig den Strafantrag stellen, also im Grundsatz **jeder WG-Mitbewohner.** Dies setzt aber voraus, dass tatsächlich das Hausrecht des Betreffenden verletzt wurde. Ein Bewohner kann demnach keinen Strafantrag bezüglich des Schlafzimmers seines Mitbewohners stellen. Für die Antragsbefugnis gelten ansonsten wiederum die Ausführungen zu den zivilrechtlichen Duldungspflichten (→ Rn. 28 ff) entsprechend. Ist also ein WG-Bewohner wegen Unzumutbarkeit nicht zur Duldung verpflichtet, so ist er nach § 123 Abs. 2 StGB antragsbefugt. Dem Gesellschaftsvertrag innewohnende Beschränkungen für die Antragstellung im Sinne einer Rücksichtnahmepflicht gegenüber Gästen von Mitbewohnern bestehen nicht. Stellt ein Bewohner vorschnell Strafantrag, so ist es an Staatsanwaltschaft und Gericht, geringfügige Vergehen von schwereren Fällen zu trennen.

Nicht zum Strafantrag befugt sind Familienmitglieder oder Hausangestellte.[111] **54** Dies gilt selbst dann, wenn ihnen vom Hausrechtsinhaber die Nutzung (und damit die Ausübung des Hausrechts) erlaubt wurde.[112]

F. Die Durchsetzung des Hausrechts

I. Zivilrechtliche Durchsetzung

1. Gerichtliche Durchsetzung

Als Unterlassungs- beziehungsweise Beseitigungsanspruch nach § 1004 BGB kann das **55** Hausrecht per **Leistungsklage** durchgesetzt werden.[113] Im Klageantrag muss die zu beseitigende oder zu unterlassende Störung hinreichend genau beschrieben werden. Zwar obliegt die Auswahl des geeigneten Mittels grundsätzlich dem Störer.[114] Für das Hausrecht kommt aber nur eine einzige Abhilfe (das Entfernen aus den in der Klage bezeichneten Räumlichkeiten) in Betracht, sodass nach allgemeinen Regeln[115] vom Gericht gezielt

---

[108] *Schäfer* in MüKoStGB § 123 Rn. 58.
[109] *Schäfer* in MüKoStGB § 123 Rn. 59.
[110] *Lilie* in LK StGB § 123 Rn. 68.
[111] OLG Brandenburg NJW 2002, 693.
[112] *Schäfer* in MüKoStGB § 123 Rn. 75.
[113] Siehe allgemein *Fritzsche* in BeckOK BGB, 49. Ed. 1.2.2020, § 1004 Rn. 130.
[114] *Spohnheimer* in BeckOGK, 1.11.2018, BGB § 1004 Rn. 291.
[115] *Spohnheimer* in BeckOGK, 1.11.2018, BGB § 1004 Rn. 291.1 mwN.

verurteilt werden darf. Die Hauptsache erledigt sich beim Hausverweis, wenn der Störer den betreffenden Wohnraum verlässt. Für die Erledigung beim Hausverbot muss die Begehungsgefahr ausgeschlossen werden, zum Beispiel durch eine Unterlassungserklärung.[116]

56 Das Hausverbot kann als Unterlassungsanspruch trotz der damit verbundenen vorübergehenden Befriedigungswirkung im Wege der **einstweiligen Verfügung** durchgesetzt werden.[117] Für den Hausverweis als Beseitigungsanspruch gelten zwar schärfere Regeln, weil die Hauptsache regelmäßig vorweggenommen wird. Nach den allgemeinen Grundsätzen zu § 1004 BGB ist ein Erlass aber jedenfalls bei schweren Beeinträchtigungen von Persönlichkeitsrechten denkbar.[118] Da das Dulden einer unerwünschten Person in den eigenen Privaträumen den Kernbereich der Privatsphäre betrifft, liegt solch eine Beeinträchtigung jedenfalls beim Hausrecht an Privaträumen vor. Hiervon geht auch das OLG Hamm in seiner Entscheidung zur Studenten-WG gedanklich aus, wenn es feststellt, dass der Hausrechtsinhaber um 19:30 Uhr keinen wirksamen gerichtlichen Schutz mehr hätte erlangen können.[119]

2. Notwehr

57 Das Hausrecht des Mieters – oder genauer: die aus seinem berechtigten Besitz fließenden Rechte – ist ein **notwehrfähiges Gut** im Sinne der §§ 227 ff. BGB.[120] Dies ergibt sich auch aus den Spezialregelungen zum Besitzschutz nach §§ 858, 859 BGB. Der Streit über die zivilrechtliche Herleitung des Hausrechts (→ Rn. 10) ist an dieser Stelle nicht weiter relevant, da der berechtigte Besitz in beiden Fällen zur Not- beziehungsweise Besitzwehr berechtigt. Irrelevant für die Notwehr ist, ob ein späterer Strafantrag geplant ist.

58 Weder für § 227 BGB noch für § 859 BGB ist eine Güterabwägung notwendig, es gilt lediglich das **allgemeine Verbot des Rechtsmissbrauchs**.[121] Ein Bewohner darf somit **körperlichen Zwang** gegen einen Dritten einsetzen, der sich trotz eines ausgesprochenen Hausverweises nicht aus der Wohnung entfernt. Schlichtweg falsch ist eine Entscheidung des OLG Frankfurt a. M., wonach das Hausrecht kein notwehrfähiges Recht sei und in jedem Fall die Polizei gerufen werden müsse.[122] Zu beachten ist aber, dass das Maß der Erforderlichkeit nicht überschritten wird. Bevor der Hausrechtsinhaber zu rabiaten Mitteln greift, muss er versuchen, den Störer durch Androhen von Gewalt und gegebenenfalls durch Hinausdrängen zum Verlassen der Räumlichkeiten zu bewegen.[123] Die Auffassung des LG Koblenz, wonach ein Umklammern und Hinaustragen entwürdigend sein und die Grenzen der Notwehr überschreiten könne,[124] überzeugt nicht.[125] Im Rahmen der Erforderlichkeit muss das **mildeste erfolgversprechende Mittel** gewählt werden. Entfernt sich der Störer auf mehrmalige Aufforderung, Drohung und körperliches Drängen nicht, bleibt nur *vis absoluta* als geeignetes Mittel.[126] Eine weitere Einschränkung ergibt sich nicht aus den einschlägigen Normen, widerspräche der Systematik der Abwehrrechte und würde die Durchsetzung eines Hausverweises ohne obrigkeitliche Hilfe *in praxi* weitgehend un-

---

[116] So zB generell BGH NJW-RR 2006, 566.
[117] Für § 1004 BGB allgemein anerkannt, siehe *Fritzsche* in BeckOK BGB, 49. Ed. 1.2.2019, § 1004 Rn. 147; *Baldus* in MüKoBGB § 1004 Rn. 315.
[118] Übersicht bei *Fritzsche* in BeckOK BGB, 49. Ed. 1.2.2019, § 1004 Rn. 147
[119] OLG Hamm NJW 2016, 1454 (1455).
[120] Ganz hM, siehe *Rövekamp* in BeckOGK, 1.11.2018, BGB § 229 Rn. 20, 66–69 mwN.
[121] *Joost* in MüKoBGB § 859 Rn. 10; *Götz* in BeckOGK, 1.9.2018, BGB§ 859 Rn. 31; *Gutzeit* in Staudinger BGB § 859 Rn. 9.
[122] OLG Frankfurt a. M. NJW 1994, 946; dagegen OLG Düsseldorf NJW 1997, 3383; kritisch auch *Löwisch/Rieble* NJW 1994, 2596.
[123] LG Koblenz BeckRS 2014, 11290.
[124] LG Koblenz BeckRS 2014, 11290.
[125] Offen gelassen durch BGH NJW 2014, 2566 (2567).
[126] *Löwisch/Rieble* NJW 1994, 2596.

möglich machen. Nur wenn die Polizei zur Stelle und bereit ist einzugreifen, scheidet eigene Gewalt mangels Erforderlichkeit aus.[127]

II. Polizeirechtliche Durchsetzung

Wie auch im Zivilrecht ist bei einer Verletzung von § 123 StGB Notwehr nach § 32 StGB zulässig. § 227 BGB und § 32 StGB stimmen inhaltlich überein und sind einheitlich auszulegen.[128] Daher kann auf die obigen Ausführungen verwiesen werden (→ Rn. 57 f.). **59**

Entscheidender Unterschied ist die Möglichkeit der Hinzuziehung obrigkeitlicher Hilfe, also der Polizei. Die Polizeigesetze der Bundesländer sehen vor, dass der Schutz privater Rechte der Polizei nur dann obliegt, wenn gerichtlicher Schutz nicht rechtzeitig zu erlangen ist und wenn ohne polizeiliche Hilfe die Verwirklichung des Rechts vereitelt oder wesentlich erschwert werden würde (siehe zum Beispiel § 1 Abs. 2 PolG-NRW, Art. 2 Abs. 2 PolAufgG-Bayern). In diesem Fall hat die Polizei auch dann die Aufgabe, die allgemein oder im Einzelfall bestehenden Gefahren für die öffentliche Sicherheit oder Ordnung abzuwehren (zum Beispiel § 1 Abs. 1 PolG-NRW, Art 2 Abs. 1 PolAufgG-Bayern), wenn es sich um eine primär individuell schützende Norm wie § 123 StGB handelt. **60**

Wird der Tatbestand des § 123 StGB verwirklicht, so wird selbst tagsüber gerichtliche Hilfe nicht ohne weiteres verfügbar sein. Es ist dem Hausrechtsinhaber auch nicht zumutbar, seine Wohnung zu verlassen (zum Beispiel zur Besprechung mit einem Anwalt oder zum Aufsuchen des Gerichts), während der Störer sich noch dort aufhält. Das Fortdauern der Störung über eine „Vielzahl weiterer Stunden"[129] muss der Hausrechtsinhaber nicht hinnehmen. Da eine Straftat vorliegt und auch fortdauert, ist die Polizei zur Bewahrung öffentlicher Sicherheit und Ordnung verpflichtet, **hoheitliche Maßnahmen** zu ergreifen. Sie wird hier im Zuge der Gefahrenabwehr und nicht repressiv tätig, zumal die Strafverfolgung von der Stellung eines Strafantrags nach § 123 Abs. 2 StGB abhängig ist. **61**

Ist die Sachlage klar, muss die Polizei einen **Platzverweis** aussprechen und gegebenenfalls durch **unmittelbaren Zwang** durchsetzen. Die Prüfung erfolgt durch Identitätsnachweis des Bewohners, Mietvertrag und insbesondere die Meldebescheinigung. Auch aus diesem Grund sei Studenten geraten, sich an ihrem Studienort ordnungsgemäß anzumelden. Weitere Ermittlungen, zum Beispiel die Hinzuziehung weiterer Zeugen, sind im Regelfall nicht erforderlich.[130] **62**

---

[127] *Löwisch/Rieble* NJW 1994, 2596.
[128] *Ellenberger* in Palandt BGB § 227 Rn. 1; *Dennhardt* in BeckOK BGB, 49. Ed. 1.2.20, § 227 Rn. 1; *Rövekamp* in BeckOGK, 1.11.2018, BGB § 227 Rn. 5–7; zurückhaltender *Grothe* in MüKoBGB § 227 Rn. 2 (Berücksichtigung zivilrechtlicher Wertungen im Einzelfall).
[129] BGH NJW 2016, 1454 (1455).
[130] BGH NJW 2016, 1454 (1455).

§ 17 Internetanschluss und Haftung

Übersicht

	Rn.
A. Wohngemeinschaften und das gesellschaftliche Bedürfnis nach Internetzugang ..	1
B. Gang der Darstellung	5
C. Übersicht Haftungskonzepte	6
I. Täterhaftung	6
II. Teilnehmerhaftung	8
III. Störerhaftung und Sperranspruch	9
D. Der Internetanschlussinhaber als Störer	12
I. Aufsichts-, Überwachungs- und Belehrungspflichten innerhalb familiärer Beziehungen	13
II. Aufsichts-, Überwachungs- und Belehrungspflichten außerhalb familiärer Beziehungen	16
III. Zwischenfazit	17
IV. Anhaltspunkte für Rechtsverletzungen	18
V. Netzsperren	19
E. Der Internetanschlussinhaber als Täter	20
F. Rechtsschutzmöglichkeiten	27
G. Regelungsobliegenheiten	30

Schrifttum:

Forch, Leitlinien für Praktiker aus sechs BGH-Entscheidungen zum Filesharing, GRUR-Prax 2017, 4; *ders.*, Filesharing: Sekundäre Darlegungslast in der jüngsten BGH-Rechtsprechung, GRUR-Prax 2017, 522; *Franz/Sakowski*, Die Haftung des WLAN-Betreibers nach der TMG-Novelle und den Schlussanträgen des Generalanwalts beim EuGH, CR 2016, 524; *Grisse*, Was bleibt von der Störerhaftung? Bedeutung der 3. Änderung des TMG für die zivilrechtliche Systematik und Umsetzung der Vermittlerhaftung in Deutschland, GRUR 2017, 1073; *Hennemann*, Die Inanspruchnahme von Zugangsvermittlern: Von der Störerhaftung zum Sperranspruch, ZUM 2018, 754; *Hilgert/Greth*, Urheberrechtsverletzungen im Internet, 2014, Teil 5; *F. Hofmann*, Die Haftung des Inhabers eines privaten Internetanschlusses für Urheberrechtsverletzungen Dritter, ZUM 2014, 654; *ders.*, Das Allgemeininteresse an der Verfügbarkeit von Internet im Spannungsverhältnis zum Schutz von Urheberrechten, GPR 2017, 176; *ders.*, Modifizierte Haftung von Internetzugangsprovidern, juris-PR-WettbR 9/2018 Anm. 1; *Holznagel*, Illegales Filesharing: Sekundäre Darlegungslast der Eltern als Anschlussinhaber zur Benennung des volljährigen Kindes, wenn die Tatbegehung durch das Kind bekannt ist, jurisPR-WettbR 1/2018 Anm. 1; *Köhler*, Die Haftung des privaten Internetanschlussinhabers zwischen Haftungsprivilegien und effektiver Rechtsverfolgung, ZUM 2018, 27; *ders.*, Die Haftung privater Internetanschlussinhaber. Familie und Privatheit innerhalb der Durchsetzung von Urheber- und Leistungsschutzrechten, Bayreuther Dissertation, 2017; *ders.*, Der Schutz von Ehe und Familie innerhalb der sekundären Darlegungslast des privaten Internetanschlussinhabers – Anmerkung zu BGH ZUM 2017, 503 – Afterlife; *ders.*, Passwortsicherungspflichten für gewerbliche Betreiber offener WLANs – Anmerkung zu EuGH, Urteil vom 15. September 2016 – C-484/14 – McFadden, ZUM 2016, 973; *ders.*, Unzumutbarkeit von Belehrungspflichten des Anschlussinhabers im privaten Umfeld – Anmerkung zu BGH, Urteil vom 12. Mai 2016 – I ZR 86/15 – Silver Linings Playbook, ZUM 2016, 1046; *Nicolai*, Rechtssicherheit für WLAN-Anbieter: Neuer Versuch im 3. TMGÄndG, ZUM 2018, 33; *Nordemann*, Nach TMG-Reform und EuGH „McFadden" – Das aktuelle Haftungssystem für WLAN- und andere Zugangsprovider, GRUR 2016, 1097; *Paschold*, Unionrechtskonformität der Rechtsprechung des BGH zur sekundären Darlegungslast des Anschlussinhabers im Rahmen von Filesharing-Fällen mit Familienbezug nach der Entscheidung Afterlife, GRUR Int. 2018, 621; *Schaub*, Haftung des Inhabers eines privaten Internetanschlusses für Rechtsverletzungen im Rahmen von Online-Musiktauschbörsen, GRUR 2016, 152; *ders.*, Sekundäre Darlegungslast und Interessenabwägung beim Filesharing über den Familienanschluss, NJW 2018, 17; *Sesing*, Verantwortlichkeit für offenes WLAN. Auswirkungen der TMG-Reform auf die Haftung des Anschlussinhabers, MMR 2016, 507; *Sesing/Baumann*, Eine Analyse zur Reichweite der Änderungen des 3. TMG-ÄndG, MMR 2017, 583; *Sesing/Eusterfeldhaus*, Darlegungs- und Beweislastverteilung in Filesharing-Fällen. Verzahnung von tatsächlicher Vermutung und sekundärer Darlegungslast, MMR 2016, 376; *Spindler*, Das neue Telemediengesetz – WLAN-Störerhaftung endgültig adé?, NJW 2017, 2305; *ders.*, Fortentwicklung der Haftung für Internetanschlüsse – Auswirkungen der TMG-Reform und neue Rechtsprechung GRUR 2018, 16; *ders.*, Fortentwicklung der Haftung für Internetanschlüsse. Auswirkungen der TMG-Reform und neue Rechtsprechung, GRUR 2018, 16.

A. Wohngemeinschaften und das gesellschaftliche Bedürfnis nach Internetzugang

1 Zugang zum Internet darf dem modernen Hausstand genauso wenig fehlen wie der Wasseranschluss oder eine Heizung. Funktioniert der Netzzugang nicht wie gewünscht, beunruhigt das häufig mehr als eine defekte Glühbirne. Auch wenn Handy-Tarife zunehmend umfangreiches Surfen im Internet ermöglichen, haben trotzdem nicht nur studentische Wohngemeinschaften regelmäßig nach wie vor einen Internetanschluss. Dieser wird typischerweise geteilt.[1] Ungeachtet der vertragsrechtlichen Beziehungen zwischen dem Internetanschlussinhaber und dem Zugangsprovider gestattet ersterer in den meisten Fällen seinen Mitbewohnern, seinen Anschluss mit zu gebrauchen – sei es durch die Weitergabe des Passwortes für das WLAN-Netzwerk oder dadurch, dass der „WG-Computer" mit Zugang zum Internet von sämtlichen Mitbewohnern genutzt werden kann. Auch wenn ein **„DSL-Vertrag"** selbstverständlich durch mehrere Mitbewohner gemeinschaftlich abgeschlossen werden kann, wird im Regelfall einer der Bewohner für das Internet verantwortlich sein. So mag der „WG-Älteste" den Anschluss innehaben oder der Neumieter verpflichtet werden – womöglich gleichsam als Aufnahmekriterium – einen entsprechenden Vertrag einzubringen. Meist wird gelten: Die Verwaltung des Netzzugangs obliegt einer Zentralperson.

2 **Verfügbarkeit von Internet** ist freilich nicht nur ein WG-internes, sondern ein gesamtgesellschaftliches Anliegen. Flächendeckender Internetzugang ist sozial erwünscht. Die Digitalgesellschaft hängt am Internet. Mit Blick auf die Verfügbarkeit von öffentlichem WLAN hat dies der Gesetzgeber erkannt. Mittels des **Zweiten Gesetzes zur Änderung des Telemediengesetzes,** das am 27.7.2016 in Kraft getreten ist, wollte der Gesetzgeber durch Haftungsfreistellungen (vgl. §§ 7 ff. TMG) zugunsten der Betreiber „drahtloser lokaler Netzwerke" dem „Bedürfnis nach einem öffentlichen Zugang zum Internet unter Nutzung drahtloser lokaler Netzwerke" gerecht werden.[2] Haftungsrisiken für WLAN-Anbieter wie beispielsweise Hotels, Cafés etc. sollten beseitigt werden. Diese Reform gilt indes nach einhelliger Meinung als gescheitert.[3] Während zwischenzeitlich der EuGH in der Entscheidung *McFadden* erklärte,[4] dass die Sicherung eines öffentlichen Internetanschlusses mittels Passwortes **unionsrechtskonform,** ja in bestimmten Situationen aus Gründen des Schutzes des geistigen Eigentums Dritter gar geboten sei, vor allem aber die § 8 TMG zugrunde liegende Privilegierung des Art. 12 E-Commerce-RL (RL 2000/31/EG) nur für Schadensersatzansprüche, nicht hingegen für Unterlassungsansprüche einschließlich der Verpflichtung zur Tragung der Abmahnkosten gelte, versäumte es der deutsche Gesetzgeber, sein Anliegen nach umfassender Privilegierung von WLAN-Netzbetreibern deutlich in Gesetzesform zu gießen. Er beschränkte sich darauf, einen neuen § 8 Abs. 3 TMG einzufügen, der klarstellt, dass die Haftungsprivilegierung zugunsten von Zugangsprovidern auch für WLAN-Netzwerke gelte. Das war freilich ohnehin schon so vertreten worden.[5] Weitergehende Äußerungen in der Gesetzesbegründung[6] sind nach der

---
[1] Ob dies vertragsrechtlich erlaubt ist, ist eine Frage der Konditionen des jeweiligen „DSL-Vertrags". Aufschluss liefert ein Blick in die AGBs.
[2] BT-Drs. 18/6745, 1.
[3] *J. B. Nordemann* GRUR 2016, 1097 (1100); *Spindler* NJW 2016, 2449 (2452).
[4] EuGH ECLI:EU:C:2016:689 = GRUR 2016, 1146 – Tobias McFadden./. Sony Music Entertainment Germany GmbH.
[5] *Spindler* CR 2010, 592 (594).
[6] BT-Drs. 18/8645, 10.

A. Wohngemeinschaften und das gesellschaftliche Bedürfnis nach Internetzugang § 17

McFadden-Entscheidung in jedem Falle überholt.[7] Im Übrigen steht eine umfassende Haftungsfreistellung von „Vermittlern" im Widerspruch zu Art. 8 Abs. 3 InfoSoc-RL (RL 2001/29/EG). Nach dieser Bestimmung stellen die Mitgliedstaaten sicher, „dass die Rechtsinhaber gerichtliche Anordnungen gegen Vermittler beantragen können, deren Dienste von einem Dritten zur Verletzung eines Urheberrechts oder verwandter Schutzrechte genutzt werden." (Kommerzielle) Access-Provider sind dabei „Vermittler" im Sinne dieser Richtlinienvorgabe.[8] Der Gesetzgeber hat mit dem **Dritten Gesetz zur Änderung des Telemediengesetzes** erneut reagiert.[9] Während das Gesetz durch die fehlende saubere konzeptionelle Abgrenzung der verwendeten Begriffe „Ansprüche" und „gerichtliche Anordnungen" für Verwirrung sorgt,[10] kann sich der nationale Gesetzgeber in keinem Fall unionsrechtlichen Vorgaben entziehen.[11] Ein erstes BGH-Urteil, das die neuen Bestimmungen zum Gegenstand hat, lehrt in diesem Sinne, dass auch künftig WLAN-Betreiber – eben unter Berücksichtigung unionsrechtlicher Vorgaben – im Grundsatz haftbar bleiben.[12] Im Kern wurde die Störerhaftung in einen Sperranspruch „umgewidmet".[13] Modifiziert wurden freilich die Kostentragungsregeln (vgl. § 7 Abs. 4 S. 3 TMG und § 8 Abs. 1 S. 2 TMG). Der Zielkonflikt zwischen der Förderung von Internetzugangsmöglichkeiten einerseits und dem Schutz der Rechte des geistigen Eigentums andererseits spiegelt nicht nur den Konflikt zwischen nationalem Recht und unionsrechtlichen Vorgaben, sondern ist zugleich der Grund, warum sich der Gesetzgeber mit eindeutigen Klarstellungen schwertut.

Der rechtspolitischen Debatte rund um **„offenes" WLAN** steht eine rege Aktivität der Gerichte mit Blick auf die **Haftung privater Internetanschlussinhaber** gegenüber. Letztere standen nicht im Fokus der gesetzgeberischen Aktivitäten, auch wenn die nationalen Normen nicht zwischen entgeltlicher und unentgeltlicher Überlassung differenzieren.[14] Wer seinen privaten, nach außen gesicherten[15] Internetanschluss an Familienangehörige, Freunde oder Mitbewohner überlässt, hat zwar grundsätzlich keine spezifischen Überwachungs- oder Belehrungspflichten zu beobachten.[16] Komplizierte verfahrensrechtliche Vorgaben (sekundäre Darlegungslasten)[17] lassen den Internetanschlussinhaber aber häufig in eine Haftungsfalle tappen. Wird von einem Dritten online etwa eine Urheberrechtsverletzung begangen, kann der Rechteinhaber über den **Auskunftsanspruch** aus § 101 Abs. 2, Abs. 9 UrhG im Ergebnis den Inhaber des Internetanschlusses ermitteln, über den die Rechtsverletzung begangen worden ist. Obwohl der Anschlussinhaber selbst eine Rechtsverletzung tatsächlich nicht begangen haben mag, muss er nicht selten für eine solche, über

3

---

[7] *Obergfell* NJW 2016, 3489 (3491); *J. B. Nordemann* GRUR 2016, 1097 (1100, 1103).
[8] EuGH ECLI:EU:C:2014:192 = GRUR 2014, 468 Rn. 26 ff. – UPC Telekabel Wien GmbH./. Constantin Film Verleih GmbH, Wega Filmproduktionsgesellschaft mbH. Gegenstand der Entscheidung war ein kommerzieller Zugangsprovider; mit Blick auf private Internetanschlussinhaber *Köhler* ZUM 2016, 1046 (1047).
[9] BGBl. I S. 3530; vgl. Gesetzentwurf der Bundesregierung, Entwurf eines Dritten Gesetzes zur Änderung des Telemediengesetzes, BT-Dr. 18/12202; Beschlussempfehlung, BT-Dr. 18/13010; Inkrafttreten: 13.10.2017.
[10] *F. Hofmann* GPR 2017, 176 (181).
[11] Zu den Auswirkungen auf „Internetangebotssperren" *Grisse* GRUR 2017, 1073; zu möglichen weiteren, weitreichenden, womöglich unbedachten Auswirkungen *Spindler* GRUR 2018, 16 (19); vgl. aber LG München I MMR 2018, 322.
[12] BGH GRUR 2018, 1044 – Dead Island; dazu vgl. *F. Hofmann* jurisPR-WettbR 9/2018 Anm. 1; der BGH „repariert" Fehler der TMG-Reform, *Hennemann* ZUM 2018, 754 (760).
[13] *Spindler* GRUR 2018, 16 (19); *Hennemann* ZUM 2018, 754 (755); *Grünberger* ZUM 2018, 321 (336).
[14] Die E-Commerce-RL (RL 2000/31/EG) ist hingegen nur für Diensteanbieter, die ihre Leistung in der Regel gegen Entgelt anbieten, anwendbar (Art. 2 lit. a. E-Commerce-RL; Art. 1 Nr. 2 RL 98/34/EG). Klargestellt durch EuGH ECLI:EU:C:2016:689 = GRUR 2016, 1146 Rn. 34 ff. – Tobias McFadden./. Sony Music Entertainment Germany GmbH.
[15] Auch Private, die ihr WLAN nicht mit einem Passwort sichern, haften, BGHZ 185, 330 = GRUR 2010, 633 – Sommer unseres Lebens; BGH GRUR 2017, 617 – WLAN-Schlüssel.
[16] Vgl. BGHZ 210, 224 = GRUR 2016, 1289 – Silver Linings Playbook.
[17] Vgl. BGH GRUR 2017, 1233 – Loud.

seinen Internetanschluss verwirklichte, einstehen, weil er sich nicht wie von der Rechtsprechung gefordert zu entlasten vermag.

4   Damit ist der Rahmen der **komplexen Interessenlage** dargelegt: Das Bedürfnis nach einfachem Zugang zum Internet steht in einem Spannungsverhältnis zum Schutz von Rechten Dritter (Persönlichkeitsrechte, Marken- und Urheberrechte) oder sonstigen etwa über das Lauterkeitsrecht geschützten rechtlichen Interessen anderer. Die unbürokratische Möglichkeit zur Überlassung des Internetanschlusses (speziell auch an Mitbewohner) wird von dem Anliegen der effektiven Durchsetzung von Rechten Dritter überlagert (was im Übrigen wiederum unionsrechtlich vorgegeben ist). Bei der Gemeinschaftsnutzung des privaten Internetanschlusses kommt es zudem zu einer Kollision des Urheberrechts als Wirtschaftsrecht und dem Schutz der Privatheit.[18]

B. Gang der Darstellung

5   Vor diesem Hintergrund wird in diesem Kapitel die Haftung des privaten Internetanschlussinhabers aufgezeigt. Für Wohngemeinschaften ist dies von praktischer Relevanz, da in drohenden „Abmahnungen" regelmäßig vierstellige Beträge eingefordert werden. Fragen rund um die Haftung öffentlicher WLAN-Netze bleiben hier hingegen ausgeklammert.[19] Zunächst wird eine Übersicht über die einschlägigen Haftungskonzepte gegeben. Vor allem wird das Instrument der Störerhaftung kurz vorgestellt, das nunmehr in dem neu geschaffenen Sperranspruch aus § 7 Abs. 4 TMG aufgeht (→ Rn. 9 ff.). Inwieweit der Internetanschlussinhaber als Täter oder eben als Störer haftet, ist Gegenstand der nachfolgenden Abschnitte. Eine Haftung als Störer für rechtswidrige Handlungen von Mitbewohnern hat infolge einer Linie „liberaler" Urteile des BGH praktisch kaum mehr Relevanz, zumal vor dem Hintergrund der letzten Änderung des Telemediengesetzes (→ Rn. 12 ff.). Damit wächst aber zugleich die Bedeutung der Täterhaftung.[20] Die Haftung entscheidet sich regelmäßig im Beweisrecht. Vor allem stellt sich die Frage, ob der Anschlussinhaber zu seiner Entlastung den ihm bekannten Täter, also seine Mitbewohner, „ans Messer liefern" muss (→ Rn. 21 ff.). Verpflichtungen folgen zudem aus § 7 Abs. 4 TMG. Der Inhaber eines Rechts des geistigen Eigentums hat im Falle einer Verletzung unter bestimmten Voraussetzungen einen Anspruch auf Netzsperrung (→ Rn. 18). Ebenfalls angesprochen werden ferner Rechtsschutzmöglichkeiten des Internetanschlussinhabers gegen unberechtigte „Abmahnungen" (→ Rn. 27 ff.) und potenzielle Regelungsmöglichkeiten in den entsprechenden Mietverträgen (→ Rn. 30 ff.).

C. Übersicht Haftungskonzepte

I. Täterhaftung

6   Wer eine Rechtsverletzung selbst begeht, hat für diese als **Täter** einzustehen. Das gilt selbstverständlich auch im Online-Bereich. Wer beispielsweise im Rahmen von „Filesharing" Musik im Wege des „Uploads" öffentlich zugänglich macht, verletzt dadurch regelmäßig das Urheberrecht sowie das Recht des Tonträgerherstellers (§§ 15 Abs. 2 Nr. 2, 19a UrhG; § 85 Abs. 1 S. 1, 3. Alt. UrhG).[21] Die Rechteinhaber können gegen den Täter

---

[18] Dazu *Köhler* Die Haftung privater Internetanschlussinhaber, 2017.
[19] Dazu *Jaeschke* MMR 2017, 221; *Hoeren/Klein* Anm. zu EuGH MMR 2016, 764 – McFadden; *Köhler* ZUM 2016, 973; *J. B. Nordemann* GRUR 2016, 1097; *Spindler* NJW 2016, 2449.
[20] Vgl. *Grünberger* ZUM 2018, 321 (336).
[21] BGH GRUR 2018, 400 – Konferenz der Tiere.

insbesondere **Ansprüche auf Schadensersatz** (der Umfang des Schadensersatzes wird über die „dreifache Schadensberechnung" ermittelt, § 97 Abs. 2 UrhG), Unterlassung (§ 97 Abs. 1 S. 1 UrhG), aber auch einen **Anspruch auf Ersatz der für eine Abmahnung aufgewendeten Rechtsanwaltskosten** etc. geltend machen (§ 97a Abs. 3 S. 1 UrhG). Praktisch lässt sich der in der Anonymität des Internets verschwindende unmittelbare Rechtsverletzer allerdings meist nicht ermitteln.

Ermittelt werden kann hingen der Internetanschluss, über den die Rechtsverletzung 7 begangen worden ist. Über die **IP-Adresse** ist eine Zuordnung möglich, die letztlich über den **Auskunftsanspruch** aus § 101 Abs. 2, Abs. 9 UrhG zu einer identifizierbaren Person führt. Gleiches kann über den Umweg strafrechtlicher Ermittlungen erfolgen.[22] Gerät auf diese Weise eine konkrete Person in das Visier des Rechteinhabers bzw. des Verletzten, steht natürlich zunächst der Verdacht im Raum, dass eben diese Person für die Rechtsverletzung verantwortlich ist. Hier spielt das Beweisrecht eine maßgebliche Rolle (→ Rn. 21 ff.).

II. Teilnehmerhaftung

Eine Haftung des Internetanschlussinhabers kann jedoch selbst dann in Betracht kommen, 8 wenn dieser die Rechtsverletzung nachweislich nicht selbst begangen hat. Zumindest theoretisch kommt eine Verantwortlichkeit als **Teilnehmer** in Betracht (§ 830 BGB). Praktisch scheitert die Teilnehmerhaftung jedoch in den meisten Fällen am **fehlenden Vorsatz.** Nach der Rechtsprechung bedarf es zusätzlich zu der objektiven Unterstützung der Rechtsverletzung des Dritten zugleich Vorsatz in Bezug auf die Haupttat einschließlich des Bewusstseins der Rechtswidrigkeit.[23] Vor allem aber genügt dafür nicht ein vager Verdacht. Es kommt vielmehr auf die konkrete Kenntnis von der Rechtsverletzung an („konkret drohenden Haupttaten").[24] Meist ist dies nicht der Fall.

III. Störerhaftung und Sperranspruch

Ein weiteres Haftungsinstrument ist die **Störerhaftung.** Nach ständiger Rechtsprechung 9 kann „bei der Verletzung absoluter Rechte" als Störer „auf Unterlassung in Anspruch genommen werden, wer – ohne Täter oder Teilnehmer zu sein – in irgendeiner Weise willentlich und adäquat-kausal zur Verletzung des geschützten Rechtsguts beiträgt. Da die Störerhaftung nicht über Gebühr auf Dritte erstreckt werden kann, die die rechtswidrige Beeinträchtigung nicht selbst vorgenommen haben, setzt die Haftung des Störers nach der Rechtsprechung des Senats die Verletzung von **Prüfpflichten** voraus. Deren Umfang bestimmt sich danach, ob und inwieweit dem als Störer Inanspruchgenommenen nach den Umständen eine Prüfung zuzumuten ist."[25] Einem haftungsbegründenden kausalen Moment steht ein haftungsbegrenzendes Zumutbarkeitsmoment gegenüber.[26] Im Kern geht es um **mittelbare Verantwortlichkeit**.[27] Inwieweit entsprechende Prüf-, oder auch Schutz- bzw. Verhaltenspflichten (= Verkehrsplichten) bestehen, bemisst sich nach einer umfangreichen **Interessenabwägung**.[28]

Denkt man den Internetanschlussinhaber hinweg, entfiele auch die über seinen Anschluss 10 begangene Rechtsverletzung. Da der Anschluss zugleich als Gefahrenquelle gewertet wer-

---

[22] BGH GRUR 2013, 511 – Morpheus.
[23] BGH GRUR 2011, 152 Rn. 30, 34 – Kinderhochstühle im Internet.
[24] BGHZ 194, 339 = GRUR 2013, 370 Rn. 17 – Alone in the dark; vgl. zu Entwicklungen *Jaworski/Nordemann* GRUR 2017, 567.
[25] BGHZ 208, 82 = GRUR 2016, 268 Rn. 21 – Störerhaftung des Access-Providers.
[26] *F. Hofmann* ZfWG 2016, 304 (305); Übersicht zur Störerhaftung bei *F. Hofmann* JuS 2017, 713.
[27] *Larenz/Canaris* Schuldrecht BT Band II/2 § 75 II 3b), S. 365; vgl. *F. Hofmann* JZ 2018, 746.
[28] Übersicht über die Kasuistik etwa bei *J. B. Nordemann* in Fromm/Nordemann Urheberrecht § 97 Rn. 160 ff.

den kann, können auch dem Internetanschlussinhaber derartige Pflichten auferlegt werden. Welche konkreten Verpflichtungen den Internetanschlussinhaber dabei treffen, hat sich zunehmend geklärt (→ Rn. 12 ff.). Dessen ungeachtet stellt sich die Frage, ob das weitgehend richterrechtlich geformte dogmatische Instrument der **Störerhaftung** über die jüngste TMG-Reform **abgeschafft** oder zumindest **modifiziert** wurde.[29] § 8 Abs. 1 S. 2 TMG ordnet an, dass passive Diensteanbieter (vgl. § 8 Abs. 1 S. 1 TGM) insbesondere nicht wegen einer rechtswidrigen Handlung eines Nutzers auf Schadensersatz oder Beseitigung oder Unterlassung einer Rechtsverletzung in Anspruch genommen werden können. Als Diensteanbieter gelten ausdrücklich auch[30] private Betreiber von WLAN-Netzwerken (§ 8 Abs. 3 TMG).[31] Der Unterlassungsansprüche vermittelnden Störerhaftung scheint damit die Grundlage entzogen.[32]

11 Die **Haftung von Mittelspersonen bzw. Vermittlern** ist indes **unionsrechtlich vorgegeben** (Art. 11 S. 3 Enforcement-RL; Art. 8 Abs. 3 InfoSoc-RL). Im deutschen Recht erfolgt die Umsetzung dieser Vorgaben im Grundsatz über die (unionsrechtskonform weiterentwickelte)[33] Störerhaftung.[34] Die Diskussion um die „Abschaffung" der angeblich „viel kritisierten"[35] Störerhaftung erweist sich somit (zumindest teils) als Phantomdiskussion. Eine bedingungslose Haftungsfreistellung ist nur unter Berücksichtigung eben jener Vorgaben (und der Rechtsprechung des EuGHs, der diese Vorgaben konkretisiert) möglich. Der Gesetzgeber hat daher in der Sache die Störerhaftung nicht abgeschafft, sondern umbenannt („Umwidmung").[36] An die Stelle des richterrechtlichen Haftungsinstruments ist der **Sperranspruch aus § 7 Abs. 4 TMG** getreten. Dort heißt es: „Wurde ein Telemediendienst von einem Nutzer in Anspruch genommen, um das Recht am geistigen Eigentum eines anderen zu verletzen und besteht für den Inhaber dieses Rechts keine andere Möglichkeit, der Verletzung seines Rechts abzuhelfen, so kann der Inhaber des Rechts von dem betroffenen Diensteanbieter nach § 8 Abs. 3 die Sperrung der Nutzung von Informationen verlangen, um die Wiederholung der Rechtsverletzung zu verhindern. Die Sperrung muss zumutbar und verhältnismäßig sein." Der in § 7 Abs. 4 TMG kodifizierte Anspruch entspricht den von der Rechtsprechung auf Basis der Störerhaftung entwickelten Grundsätzen zu „Netzsperren".[37] Auch dass der Anspruch explizit auf ein aktives Tun gerichtet ist, stellt keine Neuerung dar. Aktives Handeln wurde auch im Rahmen der Störerhaftung verlangt.[38] Die rechtspolitisch als besonders ärgerlich eingestuften „Abmahnkosten" (vgl § 97a Abs. 3 S. 1 UrhG) unterliegen hingegen der Regelungshoheit des nationalen Gesetzgebers. Es handelt sich funktional um Verfahrensfragen, die – wie Erwägungsgrund 23 der Enforcement-RL sowie Erwägungsgrund 59 der InfoSoc-RL zeigen – vom harmonisierten Bereich ausgenommen sind.[39] Daher kann der nationale Gesetzgeber den Anschlussinhaber von Kosten, die im Rahmen der vor- und außergerichtlichen Geltendmachung des Sperranspruchs entstehen, freistellen (vgl. § 7 Abs. 4 S. 3 TMG). Da daneben über die herkömmliche Störerhaftung kein Unterlassungsanspruch besteht, müssen auch insoweit „Abmahnkosten" nicht erstattet werden (§ 8 Abs. 1 S. 2 HS 2 TMG).[40]

---

[29] Vgl. *Grünberger* ZUM 2018, 321 (335); *Spindler* GRUR 2018, 16 (19); *Grünberger* ZUM 2019, 281, 300; 303; verneinend mit Blick auf Verkehrspflichten im Rahmen von § 832 BGB *Ohly*, JZ 2019, 251, 254.
[30] *Grünberger* ZUM 2018, 321 (335).
[31] *Spindler* GRUR 2018, 16 (20).
[32] *Spindler* GRUR 2018, 16 (20).
[33] Nur *J. B. Nordemann* ZUM 2014 (499).
[34] *Leistner* in Schricker/Loewenheim Urheberrecht Vor § 97 Rn. 9.
[35] Vgl. Gesetzentwurf der Bundesregierung, Entwurf eines Dritten Gesetzes zur Änderung des Telemediengesetzes, BT-Dr. 18/12202, 12.
[36] *Spindler* GRUR 2018, 16 (19); *Hennemann* ZUM 2018, 754 (755, 761).
[37] Vgl. BGHZ 208, 82 = GRUR 2016, 268 – Störerhaftung des Accessproviders; vgl. *Hennemann* ZUM 2018, 754 (761).
[38] BGH GRUR 2018, 1044 Rn. 57 – Dead Island.
[39] Vgl. *F. Hofmann* GPR 2017, 176.
[40] *Grünberger* ZUM 2018, 321 (335); *Grünberger* ZUM 2019, 281, 301; *Hofmann* juris PR-WettbR 9/2018 Anm. 1.

D. Der Internetanschlussinhaber als Störer

Nähere Betrachtung verdient trotz der Gesetzesänderung zunächst die Frage, ob den **12** Internetanschlussinhaber bestimmte „Verkehrspflichten" treffen, deren Missachtung eine Haftung als Störer rechtfertigen kann. Der BGH hat zunächst innerhalb familiärer Bindungen jenseits von Aufsichtspflichten gegenüber minderjährigen Kindern spezifischen Überwachungs- und Belehrungspflichten eine Absage erteilt (→ Rn. 13 ff.). Statt Belehrungspflichten zulasten des Anschlussinhabers einzufordern, betont der BGH nach den jüngsten Entwicklungen auch jenseits von Familienbeziehungen die Eigenverantwortlichkeit beispielsweise von Mitbewohnern oder Besuchern, die den Internetzugang mitbenutzen (→ Rn. 16). Eine eigene Fallgruppe bilden Konstellationen, in denen der Dritte Nutzer konkrete Anhaltspunkte liefert, die auf ein rechtswidriges Surfverhalten hindeuten (→ Rn. 18). Während die Störerhaftung damit ohnehin weitgehend eine Haftungsfreistellung bewirkte, besteht nunmehr aber eine Haftung über § 7 Abs. 4 TMG (→ Rn. 19).

I. Aufsichts-, Überwachungs- und Belehrungspflichten innerhalb familiärer Beziehungen

Die erste Leitentscheidung des BGH befasste sich in der Entscheidung *Morpheus* mit der **13** **Eltern-Kind-Beziehung.** Ein Anspruch auf Schadensersatz aus § 832 Abs. 1 BGB gegen die Eltern wegen „Filesharing-Aktivitäten" der Kinder scheitert, wenn die Eltern ihre **Aufsichtspflichten** nicht verletzt haben. Während verbreitet gefordert wurde, dass die Eltern ihre Kinder bei der Internetnutzung laufend zu überwachen hätten sowie Firewalls, Benutzerkonten u. ä. installieren müssten,[41] betonte der BGH, dass die Eltern ihrer Aufsichtspflicht über ein normal entwickeltes 13-jähriges Kind genügten, wenn sie das Kind über die Rechtswidrigkeit einer Teilnahme an Internettauschbörsen belehren und ihm eine Teilnahme daran verbieten.[42] Der BGH verweist auf die Wertung des § 1626 Abs. 2 S. 1 BGB.[43] Argumentiert wird mit den Besonderheiten der Eltern-Kind-Beziehung. Diese Wertungen schlagen sich auch auf die Verhaltenspflichten im Rahmen der Störerhaftung durch. Soweit eine – nicht notwendigerweise „besonders intensive"[44] – Belehrung vorliegt, kommt eine Störerhaftung der Eltern nicht in Betracht.[45]

Familiäre Bindungen[46] waren auch in der Entscheidung *BearShare* der Grund für eine **14** Haftungsfreistellung der Eltern (genauer: des Stiefvaters). Dem Stiefsohn des beklagten Internetanschlussinhabers wurde vorgeworfen, über den Internetanschluss seines Stiefvaters Urheberrechte verletzt zu haben. Eine Belehrungspflicht gegenüber **volljährigen Familienangehörigen** bestehe ohne konkrete Anhaltspunkte für begangene oder bevorstehende Urheberrechtsverletzungen nach dem BGH nicht, sodass die Störerhaftung nicht greife.[47] Zum einen gibt es gegenüber volljährigen Familienangehörigen keine Aufsichtspflicht; zum anderen handeln Volljährige eigenverantwortlich. Vor allem aber erfolgt die Überlassung des Anschlusses aus „familiärer Verbundenheit". Das über Art. 6 Abs. 1 GG grundrechtlich geschützte „besondere Vertrauensverhältnis zwischen Familienangehörigen" stehe Belehrungs- und Überwachungspflichten entgegen.[48]

---

[41] Etwa OLG Köln GRUR-RR 2010, 173 (174) – Musikdateien zum Download.
[42] BGH GRUR 2013, 511 Rn. 24 – Morpheus.
[43] BGH GRUR 2013, 511 Rn. 26 – Morpheus.
[44] BGH GRUR 2013, 511 Rn. 29 – Morpheus.
[45] BGH GRUR 2013, 511 Rn. 42 – Morpheus; vgl. Ohly JZ 2019, 251, 254.
[46] Deshalb ist auch die Entscheidung des BGH zu einem ungesicherten WLAN-Netzwerk (BGHZ 185, 330 = GRUR 2010, 633 – Sommer unseres Lebens) nicht übertragbar, BGHZ 200, 76 = GRUR 2014, 657 Rn. 25 – BearShare.
[47] BGHZ 200, 76 = GRUR 2014, 657 Rn. 24 – BearShare.
[48] BGHZ 200, 76 = GRUR 2014, 657 Rn. 27 – BearShare.

15 Ausdrücklich erstreckt der BGH diese Grundsätze auch auf das **Verhältnis zwischen Ehegatten**.[49] Mit Blick auf Art. 6 Abs. 1 GG ist dies konsequent.

II. Aufsichts-, Überwachungs- und Belehrungspflichten außerhalb familiärer Beziehungen

16 Während der BGH in der Entscheidung *BearShare* noch offen ließ, ob die Freistellung von Belehrungs- und Überwachungspflichten bei der Überlassung des Internetanschlusses „an andere ihm nahestehende volljährige Personen wie etwa Freunde oder Mitbewohner" entsprechend gilt,[50] gab darüber das insoweit als Abschlussentscheidung begreifbare BGH-Urteil *Silver Linings Playbook* Auskunft. Die Inhaberin eines Internetanschlusses überließ diesen an Besucher aus Australien, die sodann den Anschluss für Urheberrechtsverletzungen missbrauchten. Der BGH stellte nun fest, dass der Inhaber eines Internetanschlusses grundsätzlich nicht verpflichtet sei „volljährige Mitglieder einer Wohngemeinschaft oder seine volljährigen Besucher und Gäste, denen er das Passwort für seinen Internetanschluss zur Verfügung stellt, [...] zu belehren."[51] Die Überlassung des Internetanschlusses insbesondere auch an **volljährige Mitbewohner** stelle erstens eine „übliche Gefälligkeit" dar. Zweitens entspreche dies dem „weit verbreiteten Bedürfnis großer Teile der Bevölkerung zur ständigen Nutzung des Internets". Drittens erfolge die Zugangsverschaffung in der berechtigten Erwartung, dass namentlich Mitbewohner die Internetnutzungsmöglichkeit nicht missbrauchen.[52] Die Überlassung des Internetanschlusses könne nicht anders beurteilt werden als die Überlassung des Telefonanschlusses.[53] In der Tat: Belehrungen wären eine bloße (unverhältnismäßige, weil unzumutbare)[54] „Förmelei";[55] weitergehenden Pflichten steht nicht zuletzt die Notwendigkeit zur Achtung des Privatlebens bzw. privater Vertrauensbeziehungen („vertrauensbasierte Binnenkommunikation zwischen nahestehenden, volljährigen Personen im privaten Umfeld") entgegen, die ebenfalls unionsgrundrechtlich geschützt sind (vgl Art. 7 EU-Grundrechtecharta: Achtung des Privat- und Familienlebens).[56]

III. Zwischenfazit

17 Unabhängig von Haftungsprivilegierungen in Gestalt von (geänderten) TMG-Bestimmungen, scheidet eine Inanspruchnahme des Internetanschlussinhabers als Störer nach der Rechtsprechung regelmäßig aus. Solange er keinen Verdacht schöpfen muss, dass sein Anschluss für urheberrechtsverletzende Aktivitäten zweckentfremdet wird, obliegen ihm keinerlei Pflichten. Nur gegenüber Minderjährigen ist die Rechtslage aus seiner Sicht weniger günstig. Aufsichtspflichtige haben zu belehren und auch gegenüber minderjährigen Gästen dürften solche Belehrungsobliegenheiten bestehen. Der BGH betonte wiederholt, dass seine Ausführungen gegenüber *volljährigen* Mitbewohnern und Gästen gelten.[57] Mit dem Unionsrecht scheint dies vereinbar.[58] Während auch ohne Belehrungspflichten etc. kein Anlass zur Annahme besteht, Mitbewohner und Gäste begingen massenhaft Filesha-

---

[49] BGHZ 200, 76 = GRUR 2014, 657 Rn. 28 – BearShare.
[50] BGHZ 200, 76 = GRUR 2014, 657 Rn. 28 – BearShare.
[51] BGHZ 210, 224 = GRUR 2016, 1289 Rn. 14, 20 – Silver Linings Playbook.
[52] BGHZ 210, 224 = GRUR 2016, 1289 Rn. 21 – Silver Linings Playbook.
[53] BGHZ 210, 224 = GRUR 2016, 1289 Rn. 22 – Silver Linings Playbook.
[54] BGHZ 210, 224 = GRUR 2016, 1289 Rn. 25 – Silver Linings Playbook.
[55] *F. Hofmann* ZUM 2014, 654 (659).
[56] *Köhler* ZUM 2016, 1046 (1047); BGHZ 210, 224 = GRUR 2016, 1289 Rn. 26 – Silver Linings Playbook.
[57] Vgl. BGHZ 210, 224 = GRUR 2016, 1289 Rn. 14, 17, 20 – Silver Linings Playbook.
[58] *Sesing* MMR 2017, 103 (104).

IV. Anhaltspunkte für Rechtsverletzungen

Wie verhält es sich nun aber, wenn **Anhaltspunkte** dafür bestehen, dass ein Mitbewohner den Anschluss für **Urheberrechtsverletzungen** etc. verwendet?[60] Mit Blick auf minderjährige Kinder sagt der BGH, dass Überwachungs-, Überprüfungs- und gegebenenfalls Sperrverpflichtungen der Eltern dann entstünden, „wenn sie konkrete Anhaltspunkte dafür haben, dass das Kind dem Verbot [von Filesharing] zuwiderhandelt."[61] Auch die Absage an Belehrungspflichten gegenüber volljährigen Mitgliedern einer Wohngemeinschaft stellte der BGH unter den Vorbehalt fehlender Anhaltspunkte für Verletzungshandlungen.[62] Das LG Rostock hatte einen solchen Fall zu entscheiden: Es sprach sich für Prüf-, Kontroll- und Hinweispflichten aus. Da bereits eine erste Abmahnung vorlag, bestünde „Anlass zu Prüfungen, Kontrollen und Hinweisen".[63] Unabhängig davon, wie dies auf Basis der Störerhaftung zu beurteilen gewesen wäre, kommt hier in jedem Fall der **Sperranspruch aus § 7 Abs. 4 TMG** ins Spiel (→ Rn. 19).[64]

V. Netzsperren

Nach § 7 Abs. 3 TMG bleiben Verpflichtungen zur Entfernung von Informationen oder zur Sperrung der Nutzung von Informationen nach den allgemeinen Gesetzen aufgrund von gerichtlichen oder behördlichen Anordnungen auch im Falle der Nichtverantwortlichkeit des Diensteanbieters nach den §§ 8 bis 10 unberührt. In diesem Sinne kann nach § 7 Abs. 4 TMG die Sperrung der Nutzung von Informationen im Falle der Verletzung von Rechten des geistigen Eigentums verlangt werden. Es besteht ein **Anspruch auf Netzsperren** gegen die Anbieter drahtloser Netzwerke gemäß § 8 Abs. 3 TMG. Wie bereits erläutert (→ Rn. 11), dient dies der Umsetzung der unionsrechtlichen Vorgaben für die Haftung von Intermediären. Die Ausgestaltung des Anspruchs lehnt sich eng an die von der Rechtsprechung gemachten Vorgaben zu „Internetangebotssperren".[65] Vor allem hat die Sperrung verhältnismäßig zu sein (§ 7 Abs. 4 S. 2 TMG); Grundrechte sind abzuwägen.[66] Auch ist der Anspruch gegenüber anderen Abhilfemöglichkeiten subsidiär (§ 7 Abs. 4 S. 1 TMG). Die vom EuGH geforderten Beschwerderechte für Nutzer[67] finden sich hingegen im Wortlaut nicht.[68] Der Internetzugangsvermittler ist allerdings von den vor- und außergerichtlichen **Kosten** für die Geltendmachung und Durchsetzung des Anspruchs im Grundsatz befreit (§ 7 Abs. 4 S. 3 TMG). Der Anspruch aus § 7 Abs. 4 TMG gilt entgegen des Wortlautes[69] auch für **drahtgebundene Internetzugänge**.[70] Inhaltlich wird

---

59 Vgl. BGHZ 210, 224 = GRUR 2016, 1289 Rn. 25 ff. – Silver Linings Playbook.
60 Für einen moderaten Maßstab wegen Art. 7, Art. 8 EU-Grundrechtecharta mit Blick darauf, was der Anschlussinhaber hätte ahnen können *Köhler* ZUM 2016, 1046 (1048).
61 BGH GRUR 2013, 511 Rn. 24 – Morpheus; ähnlich BGHZ 200, 76 = GRUR 2014, 657 Rn. 24 ff. – BearShare.
62 BGHZ 210, 224 = GRUR 2016, 1289 Rn. 15, 21 – Silver Linings Playbook.
63 LG Rostock ZUM 2014, 916 (917); skeptisch *Köhler* ZUM 2016, 1046 (1048).
64 Für Sperrung des Zugangs bereits zuvor *Köhler* ZUM 2016, 1046 (1049); *F. Hofmann* ZUM 2014, 654 (659); aA LG Rostock ZUM 2014, 916 (917).
65 Dazu BGHZ 208, 82 = GRUR 2016, 268 – Störerhaftung des Accessproviders und EuGH GRUR 2014, 468 – UPC Telekabel.
66 Vgl. EuGH GRUR 2014, 468 Rn. 42 ff. – UPC Telekabel.
67 EuGH GRUR 2014, 468 Rn. 57 – UPC Telekabel.
68 Kritisch *Grünberger* ZUM 2018, 321 (335).
69 Vgl. *Spindler* GRUR 2018, 16 (20); *Grünberger* ZUM 2018, 321 (335).
70 BGH GRUR 2018, 1044 Rn. 44 ff., 49 – Dead Island.

der Anspruch zudem weit ausgelegt.[71] Denkbar sind beispielsweise die Sperrung eines Routerports, einer Webseite oder auch Begrenzungen der Datenmengen. Der Anspruch auf Sperrmaßnahmen ist indes nicht auf bestimmte Sperrmaßnahmen und insbesondere nicht auf die in der Begründung des Regierungsentwurfs ausdrücklich genannten Sperrmaßnahmen beschränkt. Um Sperrmaßnahmen handelt es sich auch bei der **Verschlüsselung des Zugangs mit einem Passwort** und der **vollständigen Sperrung des Zugangs**.[72] Freilich ist der Verhältnismäßigkeitsgrundsatz zu beachten.[73] Die Gesetzesänderung geht damit letztlich mit einer Haftungsverschärfung einher. Auch wo nach der bisherigen Rechtsprechung die Störerhaftung nicht gegriffen hat, kann nunmehr ein Anspruch aus § 7 Abs. 4 TMG bestehen.[74] Während damit der Internetanschlussinhaber zu diversen Sperrmaßnahmen verpflichtet werden kann, ist er aber vom Kostenrisiko befreit. Praktisch kann der Anschlussinhaber daher ohne Risiko abwarten, bis ein entsprechender Anspruch tatsächlich geltend gemacht wird.[75]

E. Der Internetanschlussinhaber als Täter

20 Auch wenn die Pflichten im Rahmen der Störerhaftung weitgehend zurückgefahren wurden, bleibt ein Bedürfnis, die **Rechteinhaber nicht schutzlos** zu **stellen.** Die Liberalisierung der Störerhaftung wird nicht zuletzt dadurch legitimiert, dass zugleich Vermutungen für eine Täterschaft des Anschlussinhabers bestehen sowie die Anforderungen an die Entlastung durchaus streng sind.[76] Die Rechnung ist einfach: Der Internetanschlussinhaber kann aus der Haftung (als Störer) entlassen werden, wenn der wahre Täter gegriffen werden kann. Dafür hat – stark vereinfacht gesagt – wiederum der Anschlussinhaber mit zu sorgen. Diese Überlegungen bleiben auch nach der jüngsten TMG-Reform aktuell,[77] wenn auch zu bedenken ist, dass nunmehr ein Anspruch auf Netzsperren ebenfalls Abhilfe schaffen kann.

21 Im Ausgangspunkt trägt der Rechteinhaber die **Beweislast** für eine Verletzung seiner Rechte durch eine bestimmte Person. Erleichtert wird dies indes dadurch, dass eine „tatsächliche Vermutung für eine Täterschaft des Anschlussinhabers [spricht], wenn zum Zeitpunkt der Rechtsverletzung keine anderen Personen diesen Internetanschluss benutzen konnten."[78] Für eine solche tatsächliche Vermutung ist allerdings kein Raum, wenn der Internetanschluss zum Verletzungszeitpunkt bewusst an andere Personen zur Nutzung überlassen wurde.[79] Darüber hat sich der Anschlussinhaber im Rahmen einer **sekundären Darlegungslast** zu erklären.[80] Im Einzelnen führt der BGH in ständiger Rechtsprechung aus: „Der Anschlussinhaber genügt seiner sekundären Darlegungslast vielmehr dadurch, dass er dazu vorträgt, ob andere Personen und gegebenenfalls welche anderen Personen selbstständigen Zugang zu seinem Internetanschluss hatten und als Täter der Rechtsverletzung in Betracht kommen. In diesem Umfang ist der Anschlussinhaber allerdings im Rahmen des Zumutbaren zu Nachforschungen sowie zur Mitteilung verpflichtet, welche Kenntnisse er dabei über die Umstände einer eventuellen Rechtsverletzung gewonnen hat. Die pauschale Behauptung der bloß theoretischen Möglichkeit des

---

[71] Vertiefend *Hennemann* ZUM 2018, 754 (758); *Nicolai* ZUM 2018, 33 (37).
[72] BGH GRUR 2018, 1044 Rn. 54 – Dead Island; anders *Grünberger* ZUM 2018, 321 (336); kritisch *Hennemann* ZUM 2018, 754 (759).
[73] BGH GRUR 2018, 1044 Rn. 56 – Dead Island; *Hennemann* ZUM 2018, 754 (759).
[74] *Spindler* GRUR 2018, 16 (20).
[75] *F. Hofmann* juris-PR-WettbR 9/2018 Anm. 1.
[76] Vgl. BGHZ 210, 224 = GRUR 2016, 1289 Rn. 28 – Silver Linings Playbook.
[77] *Grünberger* ZUM 2018, 321 (336).
[78] BGH GRUR 2017, 386 Rn. 14 – Afterlife; BGH GRUR 2016, 1280 Rn. 32 – Everytime we touch.
[79] BGH GRUR 2016, 1280 Rn. 33 – Everytime we touch.
[80] Vgl. BGH GRUR 2017, 386 Rn. 18, 20 – Afterlife.

Zugriffs von im Haushalt des [Anspruchsgegners] lebenden Dritten auf seinen Internetanschluss wird den an die Erfüllung der sekundären Darlegungslast zu stellenden Anforderungen daher nicht gerecht. Entspricht der [Anspruchsgegner] seiner sekundären Darlegungslast, ist es wieder Sache [des Anspruchstellers], die für eine Haftung des [Anspruchsgegners] als Täter einer Urheberrechtsverletzung sprechenden Umstände darzulegen und nachzuweisen."[81]

Auch wenn das dogmatische Verhältnis zwischen sekundärer Darlegungslast und tatsächlicher Vermutung verschwommen bleibt,[82] ist klar, dass sich der Anschlussinhaber eines von WG-Bewohnern gemeinsam genutzten Anschlusses nur durch **hinreichend substantiierten Vortrag** entlasten kann.[83] Gleiches dürfte richtigerweise auch dann gelten, wenn der Anschluss von mehreren Personen gemeinschaftlich unterhalten wird. Der **pauschale Vortrag** der lediglich theoretischen Möglichkeit des Zugriffs von in seinem Haushalt lebenden Dritten auf den Internetanschluss **genügt nicht**.[84] Der Anschlussinhaber muss nachvollziehbar vortragen, „welche Personen mit Rücksicht auf Nutzerverhalten, Kenntnisse und Fähigkeiten sowie in zeitlicher Hinsicht Gelegenheit hatten, die fragliche Verletzungshandlung ohne Wissen und Zutun des Anschlussinhabers zu begehen."[85] Maßgeblich ist die Situation zum Verletzungszeitpunkt.[86]

In der Entscheidung *Loud* verlangte der BGH, dass der Inhaber eines „Familieninternetanschlusses" nicht nur Nachforschungen anstellen muss, sondern den **Namen** des Familienmitgliedes, das er bei seinen Ermittlungen als Täter identifiziert hat, **offenbaren** muss.[87] Im Fall *Afterlife* – auch hier ging es um eine typische Filesharing-Konstellation – betont der BGH hingegen die Bedeutung der Grundrechte der betroffenen „Wohngemeinschaft". Vor dem Hintergrund des grundrechtlichen Schutzes von Ehe und Familie nach Art. 7 EU-Grundrechtecharta und Art. 6 Abs. 1 GG könne die sekundäre Darlegungslast **nicht** so weit gehen, dass die Internetnutzung des Ehegatten zu **dokumentieren** wäre.[88] **Unzumutbar** sei auch, dem Anschlussinhaber die **Untersuchung des Computers** seines Ehegatten im Hinblick auf die Existenz von Filesharing-Software abzuverlangen.[89] Die Notwendigkeit zum Vortrag über Fileseharing-Software auf seinem eigenen Computer bleibt davon unberührt.[90]

Einerseits erweist sich die **sekundäre Darlegungslast** damit **als Korrektiv** gegenüber der Privilegierung im Rahmen der Störerhaftung,[91] was durch deren „Umwidmung" in den Sperranspruch erst Recht Bedeutung hat.[92] Andererseits wird genau dies kritisiert: Personale und familiäre Kommunikation verdienen umfassend Schutz. Die Freistellung von Überwachungspflichten im Rahmen der Störerhaftung würden entwertet, wenn man dem Anschlussinhaber im Rahmen der sekundären Darlegungslast wiederum (zu) umfassende Nachforschungspflichten auferlegt. Dies kollidiere mit Art. 7 und Art. 8 EU-Grundrechtecharta.[93] Tendenzen zur Begrenzung weitgehender Nachforschungs- und Mitteilungs-

---

81 BGH GRUR 2017, 386 Rn. 15 – Afterlife; BGH GRUR 2016, 1280 Rn. 33 und Rn. 50 – Everytime we touch; BGHZ 200, 76 = GRUR 2014, 657 Rn. 18 – BearShare.
82 Vgl. BGH GRUR 2017, 386 Rn. 18 ff. – Afterlife; *F. Hofmann* ZUM 2014, 654; *Sesing/Eusterfeldhaus* MMR 2016, 376 (378); *Franz/Sakowski* CR 2016, 524 (525).
83 Vgl. BGH GRUR-RR 2017, 484 Rn. 13, 24 – Ego-Shooter (nötig, aber ausreichend: Vortrag „hinreichend konkret zur Möglichkeit der Täterschaft eines Dritten").
84 BGH GRUR 2016, 1280 Rn. 50 – Everytime we touch; BGH GRUR 2016, 191 Rn. 42 – Tauschbörse III.
85 BGH GRUR 2016, 1280 Rn. 34 – Everytime we touch.
86 BGH GRUR 2016, 191 Rn. 39 – Tauschbörse III.
87 BGH GRUR 2017, 1233 – *Loud*; so auch *Maaßen* GRUR-Prax 2016, 508.
88 BGH GRUR 2017, 386 Rn. 26 – Afterlife.
89 BGH GRUR 2017, 386 Rn. 26 – Afterlife.
90 BGH GRUR 2017, 386 Rn. 27 – Afterlife.
91 *Hohlweck* NJW 2017, 335 (336); *Sesing* MMR 2017, 103 (104, 105).
92 *Grünberger* ZUM 2018, 321 (336) („Weil die Störerhaftung bei fehlender Vermutungsgrundlage oder widerlegter Vermutung jetzt – mit Ausnahme der Zugangssperre – wegfällt, erhöht sich der Druck, an der täterschaftlichen Haftung des Anschlussinhabers festzuhalten.").
93 *Köhler* ZUM 2016, 1046 (1049); vgl. *Grünberger* ZUM 2019, 281, 302 f.

25 pflichten, wie sie in der Entscheidung *Afterlife* zwischen Ehegatten vertreten wurden,[94] sollten daher auch bei nicht-familiären Wohngemeinschaften Geltung beanspruchen.[95] Nach derzeitiger Rechtslage ist der **Anschlussinhaber** dessen ungeachtet **gut beraten**,[96] zu seiner Entlastung **substantiiert vorzutragen**.[97] Allen voran empfiehlt sich eine Regelung im (Unter-) Mietvertrag zu Regressmöglichkeiten (→ Rn. 30).

26 Mit dem **Unionsrecht** ist vorstehend beschriebene Rechtslage vereinbar.[98] Haftungsprivilegierungen greifen nicht, solange der Inanspruchgenommene eine „aktive Rolle" (Gegenstück: neutrale Erbringung des Dienstes mittels „rein technischer und automatischer Verarbeitung der von seinen Kunden eingegebenen Daten")[99] ausübt. Dies liegt im Falle einer Täterhaftung auf der Hand. Im Falle einer eigenen Rechtsverletzung beschränkt sich die Aktivität des Anschlussinhabers nicht auf eine reine Durchleitung.[100] Auftretende Beweisfragen regelt das Unionsrecht wiederum nicht. In jedem Fall sind aber die Unionsgrundrechte abzuwägen.[101]

F. Rechtsschutzmöglichkeiten

27 Wird der Inhaber des WG-Internetanschlusses abgemahnt, sieht er bzw. die WG sich nicht selten insbesondere der Forderung nach empfindlichen **Abmahngebühren** gegenüber. Auch wenn die Abmahnung unberechtigt erscheint und die geltend gemachten Zahlungsansprüche nicht bestehen, drohen **Kosten der Rechtsverteidigung** anzufallen, ganz zu schweigen von den emotionalen Belastungen. Wer zu Unrecht in Anspruch genommen wird, steht jedoch nicht ohne Rechtsschutzmöglichkeiten da.[102]

28 Erstens kann eine **negative Feststellungsklage** helfen.[103] Das Feststellungsinteresse ist aufgrund der Rechtsberühmung durch den Abmahnenden gegeben.[104] Zweitens besteht ein Gegenanspruch gemäß § 97a Abs. 4 UrhG. Nach dieser Vorschrift besteht ein **Anspruch auf Ersatz der Anwaltskosten** im Falle formell (vgl § 97a Abs. 2 S. 2 UrhG) oder materiell unberechtigter Abmahnungen (§ 97a Abs. 4 UrhG).

29 Im Übrigen sollte stets überprüft werden, ob die Höhe des Gegenstandswerts[105] nicht zu hoch angesetzt ist oder die Unterlassungsverpflichtung zu weit formuliert ist.[106]

G. Regelungsobliegenheiten

30 In Kenntnis der Rechtslage rund um die Haftung des Internetanschlussinhabers für Rechtsverletzungen Dritter, die über seinen Anschluss abgewickelt werden, kann überlegt werden, ob im **Mietvertrag** Bedarf für **konkrete Regelungen** besteht oder bestimmte Abreden zumindest anzuraten sind.

---

[94] BGH GRUR 2017, 386 Rn. 26 – Afterlife.
[95] Vgl. auch *Ungern-Sternberg* GRUR 2018, 225 (238).
[96] Vgl. auch *Schaub* GRUR 2018, 1237 (1238).
[97] Vgl. *Specht* GRUR 2017, 42 (44).
[98] EuGH GRUR 2018, 1234 – Bastei Lübbe; vgl. *Paschold* GRUR Int. 2018, 621.
[99] EuGH ECLI:EU:C:2011:474 = GRUR 2011, 1025 Rn. 106 ff., 113 – L'Oréal./. eBay.
[100] *Sesing* MMR 2016, 507 (512) (Rolle des Anschlussinhabers muss sich auf „passive Zugangsvermittlung" beschränken); *ders* MMR 2016, 645 (646).
[101] Vgl. *Schaub* GRUR 2018, 1237 (1238).
[102] Vgl. *Raue* MMR 2011 (290); *Hilgert/Greth* Urheberrechtsverletzungen im Internet Teil 6, S. 279.
[103] OLG Stuttgart MMR 2011, 833.
[104] *Wimmers* in Schricker/Loewenheim Urheberrecht § 97a Rn. 53.
[105] Vgl. BGH GRUR 2016, 1275 – Tannöd; *Forch* GRUR-Prax 2017, 4.
[106] Dies gelingt aber nicht ohne weiteres, vgl. BGH GRUR 2016, 1280 Rn. 65 ff. – Everytime we touch.

G. Regelungsobliegenheiten § 17

31 Während anlasslose Belehrungen gegenüber volljährigen Mitbewohnern nicht nötig sind und somit eine explizite Belehrung im Mietvertrag entbehrlich ist,[107] empfahl sich jedenfalls bis zur jüngsten TMG-Reform eine Klausel für den Fall, dass ein WG-Bewohner in den Verdacht geraten ist, Urheberrechtsverletzungen über den WG-Anschluss zu begehen. Dies ist etwa dann der Fall, wenn bereits eine erste Abmahnung vorliegt oder das Verhalten gar offenbart wird. Um der Gefahr vorzubeugen, als Störer in Anspruch genommen zu werden, weil **„Anhaltspunkte" für entsprechende Verletzungshandlungen** vorgelegen hätten, konnte in den Vertrag aufgenommen werden, dass die Überlassung des Internetanschlusses unter dem Vorbehalt rechtmäßiger Internetnutzung steht. Auch nach der TMG-Reform bleibt eine derartige Klausel wegen der über § 7 Abs. 4 TMG verbleibenden Haftungsrisiken indes aktuell.

> Die Möglichkeit, den von [*Name des Internetanschlussinhabers*] zur Verfügung gestellten Internetanschluss zu nutzen, steht unter dem Vorbehalt der rechtmäßigen Internetnutzung. Wird der Anschluss zur Begehung von Rechtsverletzungen missbraucht, kann die weitere Nutzung verweigert werden.

32 Um sich mit Blick auf etwaige **sekundäre Darlegungslasten abzusichern,** lohnt sich ebenfalls eine Regelung. Je nach Interessenlage kann vereinbart werden, dass der Anschlussinhaber ausdrücklich ermächtigt wird, den Namen von ihm bekannten Rechtsverletzern (nicht) weiterzugeben. Alternativ kann vereinbart werden, dass etwaige Abmahnkosten etc. aufgeteilt werden.

> Wird der Inhaber des WG-Internetanschlusses wegen einer Rechtsverletzung in Anspruch genommen, darf er, um seinen sekundären Darlegungslasten nachzukommen, Namen und Anschrift des ihm bekannten Rechtsverletzers weitergeben.

33 Schließlich ist ratsam, **Regressansprüche** ausdrücklich vorzusehen.

> Wird der Inhaber des WG-Internetanschlusses wegen einer Rechtsverletzung in Anspruch genommen, werden die anfallenden Kosten im Innenverhältnis vom Täter der Rechtsverletzung getragen.[108]

34 Nicht zuletzt muss die faktische Durchsetzbarkeit eines solchen Anspruchs bedacht werden. Auch bei einer nur tagweisen Untervermietung sollte **Name und Adresse des (Kurzzeit-)Mitbewohners** vorliegen.

---

[107] Vgl. zu Belehrungen im Mietvertrag AG München NJOZ 2012, 1463 („Dem Mieter wird die kostenlose Nutzung des Internetzugangs widerruflich gewährt. Mit der Nutzung der Zugangsdaten zum WLAN akzeptiert er die hier beigefügte Vereinbarung zur WLAN-Nutzung"; in dieser heißt es ua: „Für die über das WLAN übermittelten Daten, die darüber in Anspruch genommenen Dienstleistungen und getätigte Rechtsgeschäfte ist der Mitbenutzer selbst verantwortlich. Er ist verpflichtet, bei Nutzung des WLANs das geltende Recht einzuhalten. Er wird insbesondere: – das WLAN weder zum Abruf noch zur Verbreitung von sitten- oder rechtswidrigen Inhalten nutzen; – keine urheberrechtlich geschützten Güter widerrechtlich vervielfältigen, verbreiten oder zugänglich machen").

[108] Formulierungsbeispiel aus AG München NJOZ 2012, 1463: „Der Mitbenutzer stellt den Inhaber von sämtlichen Schäden und Ansprüchen Dritter frei, die auf einer rechtswidrigen Verwendung des WLANs durch den Mitbenutzer und/oder auf einen Verstoß gegen die vorliegende Vereinbarung beruhen, dies erstreckt sich auch auf mit der Inanspruchnahme bzw. deren Abwehr zusammenhängende Kosten und Aufwendungen.".

§ 18 Eintritt, Ausscheiden und Wechsel von Mitbewohnern

Übersicht

	Rn.
A. Allgemeines	1
B. Typendifferenzierung	3
I. Wohngemeinschaften mit privilegierter Zentralfigur	4
II. Wohngemeinschaften mit gleichrangigen Mitbewohnern	5
III. Sonderfall: Der Vermieter als entscheidungsbefugter Dritter	6
IV. Atypische Fälle: Auseinanderfallen von Innen- und Außenverhältnis	7
C. Ausscheiden	8
I. Personengesellschaftsrechtliche Grundsätze	8
II. Zeitablauf	13
1. Wohngemeinschaften mit privilegierter Zentralfigur oder entscheidungsbefugtem Vermieter	13
2. Wohngemeinschaften mit gleichrangigen Mitbewohnern	15
III. Kündigung	18
1. Wohngemeinschaften mit privilegierter Zentralfigur oder entscheidungsbefugtem Vermieter	18
2. Wohngemeinschaften mit gleichrangigen Mitbewohnern	23
a) Kündigung durch den einzelnen Mitbewohner	23
b) Ausschluss eines einzelnen Mitbewohners	27
IV. Aufhebungsvertrag	29
V. Insolvenz	30
VI. Rechtsfolgen	31
1. Wohngemeinschaften mit privilegierter Zentralfigur oder entscheidungsbefugtem Vermieter	31
2. Wohngemeinschaften mit gleichrangigen Mitbewohnern	34
a) Gesamtschuldner (WG-Typ C)	35
b) Außen-GbR (WG-Typ D)	38
D. Eintritt	39
I. Personengesellschaftsrechtliche Grundsätze	39
II. Wohngemeinschaften mit privilegierter Zentralfigur oder entscheidungsbefugtem Vermieter	41
1. Eintritt einer weiteren privilegierten Zentralfigur	41
2. Eintritt eines weiteren einfachen Mitbewohners	42
III. Wohngemeinschaften mit gleichrangigen Mitbewohnern	45
1. Innenverhältnis	45
2. Außenverhältnis	48
a) Außen-GbR (WG-Typ D)	48
b) Gesamtschuldner (WG-Typ C)	50
c) Rechtsfolgen	51
E. Mitbewohnerwechsel	52
I. Personengesellschaftsrechtliche Grundsätze	52
II. Wohngemeinschaften mit privilegierter Zentralfigur oder entscheidungsbefugtem Vermieter	55
1. Wechsel der privilegierten Zentralfigur	55
2. Wechsel einfacher Mitbewohner	57
a) Doppelvertrag	57
b) Vertragsübernahme	58
III. Wohngemeinschaften mit gleichrangigen Mitbewohnern	60
1. Innenverhältnis	60
2. Außenverhältnis	61
a) Außen-GbR (WG-Typ D)	61

	Rn.
b) Gesamtschuldner (WG-Typ C)	63
3. Rechtsfolgen	64
F. Tod eines Mitbewohners	66
I. Personengesellschaftsrechtliche Grundsätze	66
II. Wohngemeinschaften mit privilegierter Zentralfigur oder entscheidungsbefugtem Vermieter	67
1. Außenverhältnis	67
2. Innenverhältnis	68
3. Rechtsfolgen	70
III. Wohngemeinschaften mit gleichrangigen Mitbewohnern	71
1. Gesamtschuldner	71
a) Außenverhältnis	71
b) Innenverhältnis	72
2. Außen-GbR	73

Schrifttum:

Grunewald, Wohngemeinschaften und nichteheliche Lebensgemeinschaften als Mieter, JZ 2015, 1027; *Jacobs,* Die Haftung der (studentischen) Wohngemeinschaft nach Anerkennung der Rechtsfähigkeit der Außen-GbR; NZM 2008, 111; *Martinek,* Der Student als Mieter vor und nach der Mietrechtsrechtsreform 2001 – Praktische und rechtliche Betrachtungen zur studentischen Wohnraummiete; NZM 2004, 6; *Schrader,* Die Beendigung einer Wohngemeinschaft von Partnern einer nichtehelichen Lebensgemeinschaft, NZM 2010, 257.

A. Allgemeines

1 Häufig kommt es zu Veränderungen im Mitgliederbestand von Wohngemeinschaften. Strukturell lassen sich **drei Vorgänge** unterscheiden: das (ersatzlose) **Ausscheiden** von Mitbewohnern, der **Eintritt** weiterer (zusätzlicher) Mitbewohner und der **Wechsel** von Mitbewohnern (bei gleichbleibender Gesamtzahl der Mitbewohner). Die Gründe hierfür können vielfältig sein, zum Beispiel persönliche Konflikte zwischen den Mitbewohnern, finanzielle Gründe, Wechsel des Studien- oder Arbeitsortes, familiäre Veränderungen.

2 Bei der rechtlichen Beurteilung muss zwischen dem **Außenverhältnis,** das heißt dem Mietvertrag zwischen den Bewohnern und dem Vermieter, und dem Innenverhältnis, das heißt der personengesellschaftsrechtlichen Binnenstruktur zwischen den Mitbewohnern, unterschieden werden (→ § 1 Rn. 34 ff.). Im Außenverhältnis gelten die allgemeinen mietrechtlichen Regeln (→ §§ 4 ff.). Im **Innenverhältnis** finden in der Regel die personengesellschaftsrechtlichen Regeln über das Ausscheiden (→ Rn. 8), den Eintritt (→ Rn. 39) sowie den Wechsel von Gesellschaftern Anwendung (→ Rn. 53 ff.). Dabei kommt es zu wechselseitigen Überlagerungen von Außen- und Innenverhältnis. Falls die Mitbewohner Miteigentümer der Wohnung sind, handelt es sich bei Veränderungen um eine rein interne Maßnahme, für die das Mietrecht keine Bedeutung hat. Es finden dann die personengesellschaftsrechtlichen Regeln und die Vorschriften über die Bruchteilgemeinschaft (→ § 25 Rn. 20 ff.) Anwendung.[1] Im umgekehrten Fall – es besteht ausnahmsweise gar keine GbR zwischen den Mitbewohnern – sind meist familienrechtliche, beziehungsweise aber auch sonstige Grundsätze zu beachten (→ § 23 Rn. 25 f.).

---

[1] S. allg. zum Verhältnis von Gemeinschaft und Gesellschaft *K. Schmidt* in MüKoBGB § 741 Rn. 4 mwN.

B. Typendifferenzierung

Wenngleich es Unterschiede in der konkreten Ausgestaltung gibt, sind Wohngemeinschaften im Innenverhältnis zwischen den Mitbewohnern fast ausnahmslos Gesellschaften bürgerlichen Rechts (→ § 1 Rn. 22 ff.). Wer die Befugnis hat, über Veränderungen in der Wohngemeinschaft zu entscheiden, hängt daher ganz wesentlich vom Gesellschaftsvertrag ab. Hier lassen sich in der **Praxis zwei typische Gestaltungen** unterscheiden (vgl. § 1 Rn. 31 ff.).

I. Wohngemeinschaften mit privilegierter Zentralfigur

Wohngemeinschaften mit privilegierter Zentralfigur („hierarchische Wohngemeinschaften") sind solche, bei denen ein **einzelner Mitbewohner** im Innenverhältnis **allein zur Entscheidung über Veränderungen** befugt ist. Anzutreffen ist diese Gestaltung vor allem bei den WG-Typen A (Untermiete) und F (Eigentümer als Mitbewohner). Dort schließt der Hauptmieter beziehungsweise Eigentümer jeweils eigenständige Mietverträge mit den übrigen Bewohnern. Er tritt also gegenüber seinen Mitbewohnern als Vermieter auf und befindet sich somit in einer herausgehobenen Position. Um dieser gerecht zu werden, ist der Gesellschaftsvertrag zwischen den Mitbewohnern so auszulegen, dass die Binnenstruktur vom gesetzlichen Leitbild, nach dem die Gesellschafter grundsätzlich gleichberechtigt sind, abweicht (zu insofern atypischen Fällen → Rn. 7). Anstelle dessen tritt eine Kompetenzverteilung, nach der der Eigentümer beziehungsweise Hauptmieter nach Maßgabe des Mietrechts über Veränderungen im Gesellschafterbestand bestimmt. Die **personalistischen Elemente des Rechts der GbR** werden also von der mietrechtlichen Position **überlagert**. Konkret bedeutet das, dass Veränderungen auf mietrechtlicher Seite zwingend auf das gesellschaftsrechtliche Verhältnis durchschlagen. So führt beispielsweise eine rechtmäßige Kündigung eines Mietvertrags eines Mitbewohners notwendigerweise auch zum Ausscheiden aus der GbR (→ Rn. 18 ff.). Die dogmatische Herausforderung liegt darin, diesen Vorrang des Mietrechts stimmig im Gesellschaftsrecht zu verwirklichen.

II. Wohngemeinschaften mit gleichrangigen Mitbewohnern

Wohngemeinschaften mit gleichrangigen Mitbewohnern sind dadurch geprägt, dass **alle Mitbewohner gleichberechtigt** über die Zusammensetzung des Mitgliederbestands entscheiden. Davon ist insbesondere dann auszugehen, wenn die Mitbewohner den Mietvertrag als Gesamtschuldner (WG-Typ C) oder Außen-GbR (WG-Typ D) abschließen. Dogmatisch entspricht die Binnenstruktur in diesem Fall dem gesetzlichen Leitbild. Die **gesellschaftsrechtlichen Grundsätze** stehen dabei neben den **mietrechtlichen Befugnissen**. Sie sind **wechselseitig in Ausgleich zu bringen**. In welchem Maße sie sich gegenseitig überlagern, hängt von der Interessenlage in der jeweiligen Situation ab. Eine pauschale Antwort lässt sich hier nicht geben. So sind einerseits zum Beispiel die materiellen Voraussetzungen für die Befristung eines Mietverhältnisses (vgl. § 575 BGB) in das Innenverhältnis auf die Mitgliedschaft zu übertragen (→ Rn. 15). Andererseits kann beispielsweise der Vermieter verpflichtet sein, an einer Anpassung des Mietvertrags mitzuwirken, wenn die Mitbewohner im Innenverhältnis ein Mitbewohnerwechsel vereinbaren (→ Rn. 35, 51, 65).

III. Sonderfall: Der Vermieter als entscheidungsbefugter Dritter

6 Einen Sonderfall stellt die Konstellation dar, in der die **Mitbewohner Einzelmietverträge mit dem Vermieter** abgeschlossen haben, dieser aber selbst die Wohnung nicht (mit-) bewohnt (WG-Typ B). Untereinander sind diese Mitbewohner gleichberechtigt. Die Befugnis zur Entscheidung über die Veränderungen im Mitgliederbestand liegt aber beim Vermieter. Insoweit ist eine **Orientierung an den Grundsätzen für WG-Konstellationen mit privilegierten Mitbewohner** geboten.

IV. Atypische Fälle: Auseinanderfallen von Innen- und Außenverhältnis

7 In atypischen Fällen, in denen die **Gestaltung im Innen- vom Außenverhältnis abweicht,** ist im Einzelfall zu beurteilen, welchen Grundsätzen der Vorrang einzuräumen ist. Praktisch bedeutsam sind insoweit Untermietkonstellationen (WG-Typ A), bei denen ein Mitbewohner nach außen alleine als Hauptmieter auftritt, im Innenverhältnis aber alle Mitbewohner gleichberechtigt agieren. Insbesondere bei studentischen Wohngemeinschaften sind derartige Vereinbarungen anzutreffen.

C. Ausscheiden

I. Personengesellschaftsrechtliche Grundsätze

8 Bei Veränderungen im Mitgliederbestand von Wohngemeinschaften spielen die personengesellschaftsrechtlichen Grundsätze eine entscheidende Rolle.

9 Nach diesen ist ein **freiwilliges Ausscheiden** eines Gesellschafters bei gleichzeitigem Fortbestand der Gesellschaft nur dann möglich, wenn der Gesellschaftsvertrag dies vorsieht[2] oder alle übrigen Gesellschafter zustimmen.[3] Andernfalls wird die Gesellschaft durch die Kündigung eines Gesellschafters aufgelöst (§ 723 Abs. 1 BGB).

10 Ein **zwangsweiser Ausschluss** eines Gesellschafters erfordert gemäß § 737 BGB einen Beschluss der übrigen Gesellschafter. Materielle Voraussetzung ist, dass ein wichtiger Grund in der Person des Gesellschafters vorliegt (§§ 737 Abs. 1, 723 Abs. 1 S. 2 BGB).[4] Des Weiteren muss im Gesellschaftsvertrag die Fortsetzung der Gesellschaft für den Fall der Kündigung vorgesehen sein beziehungsweise ad-hoc bei der Ausschließung vereinbart werden.[5] Der Beschluss über die Ausschließung muss grundsätzlich einstimmig gefasst werden. Der Auszuschließende hat dabei kein Stimmrecht.[6] Dem Grunde nach sind die Gesellschafter bei der Ausübung ihres Stimmrechts frei.[7] Im Einzelfall kann sich allerdings aus der Treuepflicht eine Zustimmungspflicht ergeben.[8] Außerdem kann der Gesellschaftsvertrag eine abweichende Regelung vorsehen, beispielsweise einem Gesellschafter eine

---

[2] Grenze der Gestaltungsfreiheit ist § 138 BGB, vgl. *Schäfer* in MüKoBGB § 736 Rn. 15; *Windbichler* GesR § 9 Rn. 8.
[3] Ausführlich *Schulte/Hushahn* in MHdB GesR I § 10 Rn. 35 ff.
[4] Strittig ist, in welchem Maße der Gesellschaftsvertrag andere Gründe vorsehen darf, die zwingend zum Ausscheiden führen, vgl. *Schäfer* in MüKoBGB § 737 Rn. 16 ff.
[5] *Schäfer* in MüKoBGB § 737 Rn. 4; *Schöne* in BeckOK BGB, 49. Ed. 1.2.2019, § 737 Rn. 4; *Saenger* GesR Rn. 213.
[6] *Schäfer* in MüKoBGB § 737 Rn. 13.
[7] OLG Düsseldorf WM 1983, 1320; *Habermeier* in Staudinger BGB § 737 Rn. 10; *Schulte/Hushahn* in MHdB GesR I § 10 Rn. 67.
[8] BGH NJW 1987, 952 (953); *Westermann* in Erman BGB § 737 Rn. 4; *Schäfer* in MüKoBGB § 737 Rn. 13; *Hadding/Kießling* in Soergel BGB § 737 Rn. 11; *Habermaier* in Staudinger BGB § 737 Rn. 10; *Merle* ZGR 1979, 67 (68); *Piehler/Schulte* in MHdB GesR I § 10 Rn. 66.

C. Ausscheiden § 18

Alleinentscheidungsbefugnis übertragen oder das Ausschließungsrecht als solches erweitert, eingeschränkt oder gleich ganz ausgeschlossen werden. Einzelheiten sind umstritten.[9]

Der Austritt eines Gesellschafters lässt die Identität der Gesellschaft unberührt. Das **Gesellschaftsvermögen** wächst den übrigen Gesellschaftern zu (Anwachsungsprinzip, § 738 Abs. 1 S. 1 BGB). Der ausscheidende Gesellschafter hat im Gegenzug einen **schuldrechtlichen Anspruch auf Abfindung** in Höhe dessen, was er bei einer Auseinandersetzung erhalten würde, wenn die Gesellschaft zur Zeit seines Ausscheidens aufzulösen wäre (§ 738 Abs. 1 S. 2 Var. 1 BGB). Eine abweichende vertragliche Regelung ist zulässig, solange der Abfindungsanspruch nach den Umständen angemessen bleibt.[10] Außerdem steht dem Gesellschafter ein **Herausgabeanspruch** bezüglich der Gegenstände zu, die er der Gesellschaft zur Benutzung überlassen hat (§§ 738 Abs. 1 S. 2 Var. 1, 732 BGB). Abweichend stellt sich die Rechtslage bei zweigliedrigen Gesellschaften dar. Sofern sie nicht schon nach §§ 730 ff. BGB aufgelöst werden, sondern von einem der Gesellschafter übernommen werden, erlöschen sie liquidationslos.[11] Der verbleibende Gesellschafter wird umfassender Rechtsnachfolger. Die Abfindungs- und Herausgabeansprüche des ausscheidenden Gesellschafters richten sich dann gegen diesen. **11**

Der **ausscheidende Gesellschafter haftet** für schon bestehende Gesellschaftsverbindlichkeiten nach seinem Austritt **weiter**. Gemäß § 736 Abs. 2 BGB iVm § 160 HGB unterliegt diese Haftung einer Ausschlussfrist von fünf Jahren.[12] Im Innenverhältnis hat der ausscheidende Gesellschafter **Anspruch auf Befreiung von den Verbindlichkeiten beziehungsweise Sicherheitsleistung** (§ 738 Abs. 1 3 BGB). An Gewinnen und Verlusten aus Geschäften, die bei seinem Ausscheiden rechtlich begründet, aber noch nicht erfüllt sind, ist er zu beteiligen (§§ 739, 740 BGB). **12**

II. Zeitablauf

1. Wohngemeinschaften mit privilegierter Zentralfigur oder entscheidungsbefugtem Vermieter

Bei der befristeten Aufnahme von Mitbewohnern in Wohngemeinschaften mit privilegierter Zentralfigur oder entscheidungsbefugtem Vermieter ist der Vorrang des Mietrechts (→ Rn. 4) zu beachten. Die Anforderungen, die im Außenverhältnis gelten, sind daher auf das Innenverhältnis zu übertragen. Eine **Befristung von Mietverhältnis und Mitgliedschaft** in der Wohngemeinschaft ist deshalb nur dann wirksam, wenn die **§§ 550, 575 BGB** beachtet werden (→ § 2 Rn. 4, 69 ff.). Gemäß § 549 Abs. 2 BGB findet zumindest § 575 BGB keine Anwendung, wenn die Gebrauchsüberlassung nur vorübergehend ist oder es sich beim Vertragsgegenstand um möblierten Wohnraum in der Vermieterwohnung oder für Personen mit dringendem Wohnbedarf angemieteten Wohnraum handelt. Insbesondere das Merkmal der „vorübergehenden Gebrauchsüberlassung" in § 549 Abs. 2 Nr. 1 BGB ist dabei weit auszulegen. Von einer solchen soll sogar noch bei der Miete eines **13**

---

[9] Siehe dazu *Schulte/Hushahn* in MHdB GesR I § 10 Rn. 71 mwN.
[10] Vgl. *Schäfer* in MüKoBGB § 738 Rn. 39 ff. mwN; *Schulte/Hushahn* in MHdB GesR I § 10 Rn. 95 ff. mwN.
[11] BGH NJW 1966, 827; *Sprau* in Palandt BGB § 736 Rn. 4; *Habermeier* in Staudinger BGB § 737 Rn. 5. Nach der hM soll es zu einer Übernahme aber nur dann kommen, wenn eine Fortsetzungsklausel vereinbart ist; nach aA soll dagegen bei jeder unternehmenstragenden Gesellschaft eine Übernahme möglich sein, siehe dazu *Schulte/Hushahn* in MHdB GesR I § 10 Rn. 70.
[12] Da der für den Fristbeginn gem. § 160 Abs. 1 S. 2 HGB maßgebliche Zeitpunkt der Eintragung des Ausscheidens im Handelsregister mangels Registerpublizität der GbR grds. nicht anwendbar ist, fordert die sinngemäße Anwendung dieser Vorschrift bei der GbR das Abstellen auf einen anderen Zeitpunkt für den Beginn der Enthaftungsfrist. Maßgeblich ist insofern der Zeitpunkt (zur Berechnung der Fristbeginns vgl. *Sprau* in Palandt BGB § 736 Rn. 14), in dem der Gläubiger Kenntnis von dem Ausscheiden des Gesellschafters erlangt. Ganz hM, vgl. nur OLG Dresden NJW-RR 1997, 162 (163); *Westermann* in Erman BGB § 736 Rn. 8; *Schäfer* in MüKoBGB § 736 Rn. 27; *Sprau* in Palandt BGB § 736 Rn. 14.

Studentenzimmers „für ein Semester" oder „die Dauer eines Aufenthalts eines auswärtigen Wissenschaftlers bis zur Erledigung eines bestimmten Forschungsprojekts" auszugehen sein.[13] Keine Anwendung findet § 575 BGB außerdem bei Studenten- und Jugendwohnheimen (§ 549 Abs. 3 BGB).

14 Endet ein wirksam befristetes Mietverhältnis durch Zeitablauf (§ 542 Abs. 2 BGB), ist im Innenverhältnis der Gesellschaftszweck erreicht. Besteht die Wohngemeinschaft nur aus zwei Personen oder enden die Mietverhältnisse weiterer Mitbewohner zum gleichen Zeitpunkt, sodass nicht mehr als eine Person in der Wohnung verbleibt, ist die Gesellschaft aufgelöst (vgl. § 723 BGB). In der Regel ist sie dann nach den §§ 730 ff. BGB auseinanderzusetzen (→ § 22 Rn. 37 ff.). Zu einem liquidationslosen Erlöschen kommt es nur dann, wenn es sich bei der Wohngemeinschaft um eine reine Innengesellschaft handelt oder eine Fortsetzungsklausel vereinbart ist, die zu einer Übernahme der Gesellschaft durch einen einzelnen Gesellschafter führt. In der Regel wird man eine solche Klausel aber nicht als konkludent vereinbart ansehen können. Verbleiben zwei Mitbewohner oder mehr in der Wohngemeinschaft, ist der Gesellschaftsvertrag hingegen so auszulegen, dass der Betreffende ausscheidet und die Gesellschaft im Übrigen fortgeführt wird.

2. Wohngemeinschaften mit gleichrangigen Mitbewohnern

15 Bei Wohngemeinschaften mit gleichrangigen Mitbewohnern sind die gesellschafts- und mietrechtlichen Grundsätze wechselseitig in Ausgleich zu bringen (→ Rn. 5). Im Gesellschaftsrecht ist eine **„Mitgliedschaft auf Zeit" grundsätzlich möglich**.[14] Im Wohnraummietrecht gilt hingegen § 575 BGB, der eine Befristung nur ausnahmsweise zulässt. Für eine Anwendung der Vorschrift im Innenverhältnis, das heißt auf die Mitgliedschaft, spricht, dass das Interesse des einzelnen Mitbewohners am Erhalt seines Lebensmittelpunktes, dem Erhaltungsinteresse des einfachen Mieters in Nichts nachsteht.[15] Ein zur Befristung berechtigender Sachgrund wird bei Wohngemeinschaften nur selten gegeben sein, weshalb eine Befristung der Mitgliedschaft nur ausnahmsweise zulässig ist. Zu beachten bleibt weiterhin § 549 Abs. 2, 3 BGB, nach denen das Sachgrunderfordernis entfällt (→ Rn. 13).

16 Das **Schriftformerfordernis des § 550 BGB,** dessen Missachtung bei Verträgen mit einer Laufzeit von mehr als einem Jahr zur Entfristung führt, ist im Innenverhältnis nicht entsprechend anzuwenden, da die Befristung der Mitgliedschaft für das Verhältnis zum Vermieter keine Bindungswirkung entfaltet. Der Zweck der Vorschrift, es potentiellen Grundstückerwerber zu ermöglichen, sich über den Umfang und Inhalt der auf sie übergehenden Verpflichtungen zu unterrichten,[16] wird daher nicht tangiert. Sieht man mit der herrschenden, aber abzulehnenden Meinung das Telos von § 550 BGB auch im Schutz der Vertragsparteien,[17] liegt eine Analogie dagegen näher. Ist der betroffene Mitbewohner nicht von Anfang an Mitglieder der Wohngemeinschaft, sondern tritt erst später ein, ist ihm aber zumindest analog § 575 Abs. 1 S. 1 BGB der Grund für die Befristung schriftlich mitzuteilen.

---

[13] *Martinek* NZM 2004, 6 (10); siehe auch *Bieber* in MüKoBGB § 549 Rn. 14; *Blank* in Blank/Börstinghaus MietR BGB § 549 Rn. 9.

[14] Ganz hM, vgl. *Hadding/Kießling* in Soergel BGB § 705 Rn. 4; *Schäfer* in Staub HGB § 105 Rn. 162; *K. Schmidt* in MüKoHGB § 105 Rn. 107; *Roth* in Baumbach/Hopt HGB § 105 Rn. 50; abweichend *Koller/Buchholz* DB 1982, 2172.

[15] Siehe zum Telos BT-Drucks. 14/4553, 69 ff. Zum Zeitmietvertrag in der Fassung des MietRRefG s. ferner *Blank* ZMR 2002, 797; *Derleder* PiG 60 (2001), 5 (28); ders. NZM 2001, 649; *Emmerich* NZM 2001, 777 (782); *Gather* NZM 2001, 57; *Hinz* NZM 2001, 264 (273) und NZM 2003, 659; *Kinne* ZMR 2001, 684; *Sonnenschein* PiG 60 (2001), 131 (149).

[16] *Bieber* in MüKoBGB § 550 Rn. 2.; *Lammel* in Schmidt-Futterer MietR BGB § 550 Rn. 4.

[17] So allerdings zuletzt der BGH NJW 2016, 311 (312); für § 566 aF *Heile* NJW 1991, 6; *Emmerich/Bub* in Bub/Treier BeckHdB MietR II Rn. 727; *Michalski* WM 1998, 1993 (1995); *Franke* ZMR 1998, 529; *Weidenkaff* in Palandt BGB § 550 Rn. 1; *Lützenkirchen* in Erman BGB § 550 Rn. 3; *Emmerich* in Staudinger BGB § 550 Rn. 3.

C. Ausscheiden **§ 18**

Ebenso wie bei Wohngemeinschaften mit privilegierter Zentralfigur (→ Rn. 14), führt 17
das Ausscheiden eines Mitbewohners zum Ende der Befristung entweder dazu, dass die
Gesellschaft aufgelöst und auseinandergesetzt wird, liquidationslos erlischt oder aber unter
den übrigen Mitbewohnern fortgesetzt wird. Anders als bei Wohngemeinschaften mit
privilegierter Zentralfigur ist dies aber nicht nur von der Zahl der verbleibenden Mitbewohner abhängig, sondern auch von den vertraglichen Bindungen, die gegenüber dem
Vermieter bestehen (→ Rn. 34 ff.).

III. Kündigung

1. Wohngemeinschaften mit privilegierter Zentralfigur oder entscheidungsbefugtem Vermieter

Wegen des Vorrangs des Mietrechts (→ Rn. 4) gelten die **mietrechtlichen Kündigungs-** 18
vorschriften nicht nur für das Mietverhältnis, sondern wirken sich auch auf das Gesellschaftsverhältnis aus. Mietrechtlich kann sich der **einfache Mitbewohner** auf das ordentliche Kündigungsrecht gemäß § 542 Abs. 1 BGB, das nicht an das Vorliegen eines besonderes Kündigungsgrunds anknüpft, sowie das außerordentliche Kündigungsrecht gemäß
§§ 543, 569 BGB, das einen wichtigen Grund voraussetzt, berufen (→ § 20 Rn. 73 ff.).
Privilegierten Zentralfiguren beziehungsweise entscheidungsbefugten Vermie- 19
tern stehen ebenso das ordentliche und das außerordentliche Kündigungsrecht zur Verfügung. Da sie als Vermieter agieren, ist bei einer ordentlichen Kündigung allerdings gemäß
§ 573 Abs. 1 S. 1 BGB zusätzlich erforderlich, dass ein berechtigtes Interesse an der Vertragsbeendigung besteht (→ § 20 Rn. 26 ff.). Handelt es sich um eine Einliegerwohnung oder
ist der Vermieter selbst Mitbewohner, entfällt dieses Erfordernis nach § 573a Abs. 1, 2
BGB. Im Gegenzug verlängert sich die Kündigunsfrist um drei Monate.
In der Ausübung der Kündigungsrechte können die Mitbewohner durch die **gesell-** 20
schaftsrechtliche Treuepflicht eingeschränkt sein. Umgekehrt kann aus der gesellschaftsrechtlichen Treuepflicht aber auch die Pflicht erwachsen von einem Kündigungsrecht
Gebrauch zu machen. So ist die privilegierte Zentralfigur regelmäßig verpflichtet, einem
Mitbewohner zu kündigen, wenn dieser den Hausfrieden in der Wohngemeinschaft stört
(vgl. § 569 Abs. 2 BGB) oder ein sonstiger wichtiger Grund in seiner Person vorliegt, der
sich auf die anderen Mitbewohner auswirkt. Für den entscheidungsbefugten Vermieter
ergeben sich entsprechende Einschränkungen und Verpflichtungen aus vertraglicher Nebenpflicht.
Die **Konsequenzen für das Innenverhältnis** hängen von den Umständen ab. In einer 21
Zwei-Personen-Wohngemeinschaft führt eine Kündigung des Mietvertrags – unabhängig
davon, ob der Mieter oder der Vermieter sie ausspricht – dazu, dass der Gesellschaftszweck
nicht mehr erreicht werden kann, da die durch Mietvertrag legitimierte Gebrauchsüberlassung Grundlage der Wohngemeinschaft als Gesellschaft bürgerlichen Rechts ist. Gemäß
§ 726 BGB führt dies zur Auflösung und damit in der Regel zur Auseinandersetzung
nach §§ 730 ff. BGB (→ Rn. 14). Bei Wohngemeinschaften mit mehr als zwei Mitbewohnern ist die Kündigung eines einzelnen Mietverhältnisses hingegen regelmäßig als Umstand anzusehen, der nach dem Gesellschaftsvertrag zwingend zu einem Ausscheiden des
Betroffenen aus der ansonsten fortzuführenden Gesellschaft führt. Zur Auflösung kommt
es nur dann, wenn die Mietverhältnisse der anderen Mitbewohner zum selben Zeitpunkt
enden.
Praktisch relevant ist der Umstand, dass der ausscheidende Mitbewohner gegenüber dem 22
Vermieter beziehungsweise Hauptmieter nach Treu und Glauben (§ 242 BGB) einen
Anspruch auf Abschluss eines Mietaufhebungsvertrags vor Ablauf möglicher Kündigungsfristen hat, falls er einen geeigneten und zumutbaren Nachmieter stellt und ein
berechtigtes Interesse nachweist, dass das des Vermieters am Bestand des Mietverhältnisses

erheblich überwiegt.[18] Im Innenverhältnis handelt es sich dann um einen Wechsel durch Doppelvertrag.

2. Wohngemeinschaften mit gleichrangigen Mitbewohnern
a) Kündigung durch den einzelnen Mitbewohner

23 Bei Wohngemeinschaften mit gleichrangigen Mitbewohnern steht den einzelnen Mitbewohnern ein **ordentliches Kündigungsrecht** im Innenverhältnis zu, denn sowohl das Gesellschaftsrecht (vgl. § 723 Abs, 1 S. 1 BGB) als auch das Mietrecht (vgl. § 542 Abs. 1 BGB) sehen ein solches bei unbefristeten Verträgen vor. Insoweit besteht kein Widerspruch, den man durch wechselseitigen Ausgleich der miet- und gesellschaftsrechtlichen Grundsätze aus der Welt schaffen müsste. Die ordentliche Kündigung durch den einzelnen Mitbewohner bedarf auch keiner sachlichen Rechtfertigung, denn an materielle Voraussetzungen ist sie im Gesetz nur dann geknüpft, wenn der Vermieter sie erklärt (vgl. § 573 BGB). Mit dessen Lage ist die Situation des einfachen Mitbewohners aber nicht vergleichbar, weshalb diese Voraussetzungen nicht auf das Gesellschaftsverhältnis zu übertragen sind. Das **Fristenregime des § 573c BGB** ist dagegen im Innenverhältnis zwischen den Gesellschaftern entsprechend heranzuziehen, da die verbleibenden Mitbewohner bei Fortführung ein Interesse an einer angemessenen Vorbereitungszeit für die anzustellende Suche nach einem neuen Mitbewohner, beziehungsweise bei Auflösung zur Vorbereitung der Rückgabe und Suche nach einer neuen Wohnung haben. Insofern gleicht ihre Situation entweder der des Vermieters oder der des Mieters im Regelfall des § 573c BGB.[19] Falls nicht schon nach der gesellschaftsrechtlichen Abrede von vornherein klar ist, dass die Wohngemeinschaft ohne den Kündigenden fortgesetzt werden soll, ist die Kündigung außerdem so früh zu erklären, dass die übrigen Mitbewohner Gelegenheit haben, über eine gemeinschaftliche Kündigung der Wohnung zum Ende der Mitgliedschaft des Kündigenden zu beraten und diese noch fristgerecht im Verhältnis zum Vermieter zu erklären. Andernfalls erfolgt die **Kündigung zur Unzeit** (§ 723 Abs. 2 S. 1 BGB) und kann Schadensersatzpflichten nach sich ziehen (§ 723 Abs. 2 S. 2 BGB). Entsprechend der allgemeinen Grundsätze (→ Rn. 22) kann auch in dieser Konstellation ein Anspruch auf Abschluss eines Mietaufhebungsvertrags vor Ablauf der Kündigungsfrist bestehen.

24 Der einzelne Mitbewohner ist außerdem zur **außerordentlichen Kündigung** der Mitgliedschaft berechtigt, denn das Personengesellschaftsrecht sieht ein solche vor (vgl. § 723 Abs. 1 S. 2 BGB) und das Mietrecht setzt sich nicht in Widerspruch dazu (vgl. § 543 Abs. 1 S. 1, 569 BGB). Voraussetzung für die Ausübung im Innenverhältnis ist, dass ein **wichtiger Grund** gegeben ist. Nach der Regelung in § 723 Abs. 1 S. 3 Nr. 1 BGB liegt ein solcher insbesondere dann vor, wenn ein anderer Gesellschafter eine ihm nach dem Gesellschaftsvertrag obliegende wesentliche Verpflichtung vorsätzlich oder aus grober Fahrlässigkeit verletzt hat oder wenn die Erfüllung einer solchen Verpflichtung unmöglich wird. Da die Mitgliedschaft durch die Überlassung von Wohnraum maßgeblich geprägt ist, bietet sich insoweit eine sinngemäße Anwendung der §§ 543 Abs. 2, 569 Abs. 2, 2a, 3 BGB sowie der allgemein zu persönlichen Pflichtverletzungen bei Mietverhältnissen entwickelten Rechtsprechung an. Dem besonderen räumlichen und persönlichen Näheverhältnis der Mitbewohner untereinander ist dabei dadurch Rechnung zu tragen, dass die Anforderungen an die Pflichtverletzungen leicht abzusenken sind. § 723 Abs. 1 S. 3 Nr. 2 BGB, der zur außerordentlichen Kündigung berechtigt, wenn der Gesellschafter das 18. Lebensjahr

---

[18] BGH NJW 2003, 1246 (1247); so ausdrücklich: OLG Karlsruhe OLGZ 1981, 354 = NJW 1981, 1741 (1742); ähnlich OLG Hamm NJW-RR 1995, 1478 (1479); OLG Oldenburg OLGZ 1981, 315 (317) = BeckRS 1981, 30946003; ausf. *Blank* in Blank/Börstinghaus MietR BGB § 542 Rn. 220 ff. insbesondere sei der Vermieter nicht verpflichtet den Nachmieter zu akzeptieren, Rn. 236.
[19] Vgl. zum Regelfall *Rolfs* in Staudinger BGB § 573c Rn. 4; *Blank* in Schmidt-Futterer MietR BGB § 573c Rn. 3.

C. Ausscheiden § 18

vollendet, findet dagegen keine Anwendung, da sich der Zweck der Gesellschaft in der Befriedigung persönlicher Bedürfnisse erschöpft (§ 723 Abs. 1 S. 6 BGB aE). Da es sich bei § 723 Abs. 1 S. 3 Nr. 1, 2 BGB lediglich um Regelbeispiele handelt, kommt eine außerordentliche Kündigung des Gesellschaftsverhältnisses aber auch in anderen Fällen in Betracht. Insbesondere kann der einzelne Mitbewohner das Gesellschaftsverhältnis auch dann kündigen, wenn keiner seiner Mitbewohner schuldhaft gehandelt hat, sondern ein anderer Umstand eingetreten ist, der ihm die Fortsetzung unzumutbar macht.

Bisher ungeklärt ist, ob das **mietrechtliche Schriftformerfordernis** (§ 568 Abs. 1 25 BGB) für die Kündigung im Innenverhältnis analog gilt. Dies liegt nahe, denn der Zweck der Vorschrift (Übereilungsschutz, Warnfunktion, Beweissicherungsfunktion)[20] greift auch bei Kündigung des Gesellschaftsverhältnisses, zumal die wirtschaftlichen und sonstigen tatsächlichen Konsequenzen vergleichbar sind. Ähnliches gilt hinsichtlich § 569 Abs. 4 BGB, nach dem bei einer außerordentlichen Kündigung der wichtige Grund im Kündigungsschreiben anzugeben ist. Praktisch werden diese Erfordernisse allerdings meist missachtet. Bisher ist die Frage noch nicht Gegenstand der Rechtsprechung gewesen. Aus Gründen der Rechtssicherheit ist jedenfalls klar zu empfehlen, sie zu beachten.

Führt die Kündigung zu finanzielle Einbußen, kann sich nach allgemeinen Grundsätzen 26 ein Schadensersatzanspruch der Wohngemeinschaft gegen einen der Mitbewohner oder den Vermieter ergeben. Gegenüber dem Vermieter kommt außerdem, wenn der Grund für die Kündigung in einem Mangel liegt, eine Minderung in Betracht (vgl. → § 8 Rn. 28 ff., 93, 106).

b) Ausschluss eines einzelnen Mitbewohners

Ein **ordentliches Kündigungsrecht** gegen einen einzelnen Mitgesellschafter **existiert** im 27 Personengesellschaftsrecht **nicht**. Ein solches „Hinauskündigungsrecht" lässt sich für die Wohngemeinschaften mit gleichrangigen Mitbewohnern auch nicht in entsprechender Anwendung der mietrechtlichen Vorschriften herleiten, da es mit der auf Gleichrangigkeit angelegten Binnenstruktur zwischen den Mitbewohnern unvereinbar wäre.

Soll ein Mitbewohner die Wohngemeinschaft zwangsweise verlassen, kommt daher allein 28 der **fristlose Ausschluss** nach § 737 BGB (→ Rn. 10) in Frage, der einen **wichtigen Grund** voraussetzt und damit einem außerordentlichen Kündigungsrecht gleicht. Hinsichtlich des wichtigen Grundes bietet sich daher wie bei der außerordentlichen Kündigung durch einen einzelnen Mitbewohner (→ Rn. 24) eine sinngemäße Anwendung der §§ 543, 569 BGB an. Die Frage, ob das Schriftformerfordernis des § 568 Abs. 1 BGB sowie § 569 Abs. 4 BGB analog gelten, stellt sich hier ebenso (→ Rn. 24). Wiederum kann die Treuepflicht dazu führen, dass die Mitbewohner verpflichtet sind, dem Ausschluss zuzustimmen, sodass die nötige Einstimmigkeit hergestellt wird. Der Auszuschließende unterliegt ohnehin einem Stimmverbot (→ Rn. 10).

IV. Aufhebungsvertrag

In einer **Zwei-Personen-Wohngemeinschaft** stellt die vertragliche Aufhebung des Miet- 29 vertrags beziehungsweise der Mitgliedschaft eines Mitbewohners einen Auflösungsbeschluss dar. Er führt in der Regel zu Auflösung und Auseinandersetzung gemäß §§ 730 ff. BGB (→ § 22 Rn. 20 f.). In einer **Mehrpersonen-Wohngemeinschaft** handelt es sich um einen Fall des freiwilligen Ausscheidens kraft Vereinbarung aller Gesellschafter.[21] Bei

---

[20] OLG Hamm NJW 1982, 452 (453); BayObLG v. 14.7.1981 NJW 1981, 2197 (2198); *Rolfs* in Staudinger BGB § 568 Rn. 4; *Weidenkaff* in Palandt BGB § 568 Rn. 1; *Elzer* in Elzer/Riecke MietR BGB § 568 Rn. 1; *Häublein* in MüKoBGB § 568 Rn. 1.
[21] Dies gilt auch bei WG-Typ A (Untermieter) und WG-Typ F (Eigentümer als Vermieter), wenn der Mietvertrag aufgehoben wird. Insoweit kommt die Bestimmungsbefugnis der privilegierten Zentralfigur bzw. des Hauptmieters zum Tragen.

von Bressensdorf

Wohngemeinschaften mit gleichrangigen Mitbewohnern können Bindungen im Außenverhältnis gegenüber dem Vermieter dazu führen, dass auch wenn die Mitbewohner eine Fortsetzung planen, die Gesellschaft aufgelöst und nach den §§ 730 ff. BGB auseinandergesetzt werden muss (→ Rn. 34 ff.).

V. Insolvenz

30 Das Gesetz sieht die **Insolvenz eines Gesellschafters** als **Auflösungsgrund** an (vgl. § 728 Abs. 2 BGB) und führt in der Regel zur Auseinandersetzung nach §§ 730 ff. BGB. Den übrigen Gesellschaftern steht aber die Option offen, die Gesellschaft ohne oder auch mit dem Betreffenden fortzusetzen (ausführlich → § 19 Rn. 75 ff.).

VI. Rechtsfolgen

1. Wohngemeinschaften mit privilegierter Zentralfigur oder entscheidungsbefugtem Vermieter

31 Bei Wohngemeinschaften mit privilegierter Zentralfigur oder entscheidungsbefugtem Vermieter sind die Rechtsfolgen des Ausscheidens aus der Wohngemeinschaft bei gleichzeitigem Fortbestand klar: **Zeitpunkt des Ausscheidens** ist das Ende des Mietverhältnisses, nicht der Zeitpunkt der Kündigungserklärung. Zieht der Mitbewohner vorzeitig aus, scheidet er nicht schon damit aus der Gesellschaft bürgerlichen Rechts aus. Neben der mietvertraglichen Pflicht zur Zahlung der Miete bleibt er weiterhin zu finanziellen Beiträgen zur Gesellschaft bürgerlichen Rechts bis zum Ende des Mietverhältnisses verpflichtet, beispielsweise Beiträge zu den Gebühren des Telekommunikationsanschlusses. Pflichten zur Haushaltsführung (→ § 14 Rn. 19 ff.) entfallen dagegen, da es unbillig wäre, dem Mitbewohner, dessen Lebensmittelpunkt sich verschoben hat und der daher zur Verschmutzung der Wohngemeinschaft nicht mehr beiträgt, diese aufzubürden. Zieht der Mitbewohner verspätet aus, ist er mit Vertragsende aus der Gesellschaft ausgeschieden und kann im Innenverhältnis nicht mehr seine Befugnisse ausüben. Im Verhältnis zu den anderen Mitbewohnern bleibt er aber aufgrund der Nachwirkungen des Miet- und Gesellschaftsverhältnisses zur Rücksichtnahme verpflichtet.[22] Bei verspätetem Auszug schuldet er dem Vermieter beziehungsweise Hauptmieter außerdem nach § 546a Abs. 1 BGB eine Entschädigung (→ § 20 Rn. 124). Die Geltendmachung eines weiteren Schadens ist nach § 546a Abs. 2 BGB nicht ausgeschlossen.

32 Mietrechtlich ist der ausscheidende Mitbewohner verpflichtet die **Sache** zum Ende des Mietverhältnisses an den Vermieter beziehungsweise Hauptmieter **zurückzugewähren** (§ 546 Abs. 1 BGB). Hinsichtlich der Art und Weise, des Zustands sowie der Rückgewähr der Mietsicherheit gilt allgemeines Mietrecht (→ § 21 Rn. 9 ff.). Der gesellschafsrechtliche Abfindungsanspruch aus § 738 Abs. 1 S. 2 Var. 3 BGB wird oft gar nicht erst zur Entstehung kommen, da der privilegierte Mitbewohner oder der Vermieter als Externer die Ausstattung der Wohngemeinschaft alleine übernimmt und daher schon gar kein Gesellschaftsvermögen geschaffen wird. Wird werthaltiges Gesellschaftsvermögen geschaffen, ist eine Abfindungsbilanz für den Stichtag des Ausscheidens aufzustellen; hierauf kann aber vertraglich verzichtet werden (vgl. → § 22 Rn. 50).[23] Im Rahmen der hierbei anzustellenden Schätzung ist dabei der Substanzwert heranzuziehen.[24] Die Ertragswertmethode passt nicht, da Wohngemeinschaften gemeinhin nicht unternehmerisch tätig werden und daher auch keine Erträge erzielen. In einigen Fällen wird eine Nachschusspflicht im Innenver-

---

[22] Vgl. für die mietrechtliche Seite *Blank* in Blank/Börstinghaus MietR BGB § 546a Rn. 62.
[23] Siehe dazu *Schäfer* in MüKoBGB § 738 Rn. 23 ff.
[24] Dies ist nach der Rspr. auch zulässig. Der Tatrichter soll nicht an eine bestimmte Methode gebunden sein. Vgl. BGH NZG 2006, 425 (426); zust. etwa *Schulte/Hushahn* in MHdB GesR I § 10 Rn. 82 f.

hältnis nach § 739 BGB bestehen. § 740 BGB ist dagegen nicht anzuwenden, da die Vorschrift nach ganz hM nur unmittelbar auf Erwerb gerichtete Rechtsgeschäfte erfasst.[25] Der Anspruch auf Herausgabe von Sachen, die der Wohngemeinschaft überlassen wurden (§ 738 Abs. 1 S. 2 Var. 1 BGB), bleibt dagegen unberührt.

Entstehen den Mitbewohnern durch den Auszug zusätzliche Kosten, weil sich Lasten der Wohngemeinschaft, bspw. für einen Internetanschluss, zukünftig auf weniger Köpfe verteilen, ist durch Auslegung der vertraglichen Vereinbarungen zu ermitteln, wer diese Kosten zu tragen hat. Soweit Gesellschaftsverbindlichkeiten begründet wurden, haftet der Ausscheidende weiter nach Maßgabe der §§ 736 Abs. 2 BGB iVm § 160 HGB. 33

2. Wohngemeinschaften mit gleichrangigen Mitbewohnern

Während bei Wohngemeinschaften mit privilegierter Zentralfigur oder entscheidungsbefugtem Vermieter Innen- und Außenverhältnis weitgehend parallel laufen (→ Rn. 5), hängt es bei Wohngemeinschaften mit gleichrangigen Mitbewohnern stark vom Einzelfall ab, ob und in welcher Weise die Wohngemeinschaft fortgeführt werden kann. 34

a) Gesamtschuldner (WG-Typ C)

Besonders problematisch sind die **Rechtsfolgen** bei WG-Typ C (Gesamtschuldner). Sowohl die verbleibenden Mitbewohner als auch der Ausscheidende selbst haben ein Interesse daran, dass dieser im Außenverhältnis aus dem Mietvertrag ausscheidet.[26] Nur in wenigen Fällen wird das ersatzlose Ausscheiden eines Mitbewohners aus der Wohngemeinschaft antizipiert und eine dahingehende Regelung mit dem Vermieter getroffen worden sein. Lässt sich der Vermieter später nicht freiwillig auf einen Teilaufhebungs- und Änderungsvertrag ein, stellt sich daher die Frage, ob eine **Teilkündigungsmöglichkeit** besteht. Nach Auffassung einiger kann eine solche bei Wohngemeinschaften, die auf Wechsel angelegt sind – insbesondere studentische Wohngemeinschaften – gegeben sein.[27] Bei diesen habe der Vermieter schon mit Vertragsschluss stetigen Veränderungen und damit auch dem ersatzlosen Ausscheiden Einzelner zugestimmt.[28] Dieser Ansatz ist an und für sich überzeugend, darf aber nicht zu pauschalen Lösungen führen. Insbesondere in angespannten Wohnungsmärkten mit hohen Mieten hat der Vermieter durchaus ein Interesse daran, dass die Zahl der Mitbewohner und damit der Haftungssubjekte gleichbleibt. Auch bei Wohngemeinschaften mit lediglich zwei oder drei Mitbewohnern würde der Vermieter übervorteilt. Die vertragliche Nebenpflicht, eine Teilkündigung hinzunehmen, muss daher klar zu Tage getreten sein. Ist eine Teilkündigung nicht möglich, hat der ausscheidende Mitbewohner einen Anspruch auf Kündigung des Mietvertrags im Ganzen.[29] In diesem Fall gilt die Gesellschaft als aufgelöst und ist nach §§ 730 ff. BGB auseinanderzusetzen. Als milderes Mittel steht dem Ausscheidenden auch ein Anspruch auf Haftungsfreistellung im Innenverhältnis zu.[30] Die verbleibenden Mitbewohner können den Ausscheidenden aber nicht auf diesen verweisen, da es ihm nicht zugemutet werden kann das Insolvenzrisiko der verbleibenden Mitbewohner zu tragen.[31] 35

---

[25] BGH NJW 1993, 1194; *Hadding/Kießling* in Soergel BGB § 740 Rn. 4; *Habermeier* in Staudinger BGB § 740 Rn. 2; *Schäfer* in MüKoBGB § 740 Rn. 4.
[26] So *Schrader* NZM 2010, 257 (259) zumindest für den Ausscheidenden.
[27] LG Berlin WuM 2016, 553 (554); LG Karlsruhe NJW 1985, 1561 (1562); *Schrader* NZM 2010, 257 (259); *Jacobs* NZM 2008, 111 (115); *Lützenkirchen* in Erman BGB § 535 Rn. 12.
[28] LG Berlin WuM 2016, 553 (554); LG Karlsruhe NJW 1985, 1561 (1562); *Schrader* NZM 2010, 257 (259); *Lützenkirchen* in Erman BGB § 535 Rn. 12; vgl. auch *Häublein* in MüKoBGB § 535 Rn. 50.
[29] BGH NZM 2005, 452 (453); *Achenbach* in MAH MietR § 11 Rn. 241; für die nichteheliche Lebensgemeinschaft OLG Köln NZM 1999, 998; *Schrader* NZM 2010, 257 (261).
[30] OLG Köln ZMR 2004, 32 (33); OLG Düsseldorf NJW-RR 1998, 658; *Schrader* NZM 2010, 257 (261).
[31] In diese Richtung auch OLG Hamburg NZM 2001, 640 (641); LG Köln NJW-RR 1993, 712; *Schrader* NZM 2010, 257 (261).

36 In Bezug auf **nichteheliche Lebensgemeinschaften** wird vertreten, dass der Vermieter nach Treu und Glauben (§ 242 BGB) verpflichtet sei, ein marktübliches Vertragsangebot des Verbleibenden zur Fortführung anzunehmen.[32] Vorzugswürdig scheint demgegenüber eine Lösung über § 313 Abs. 1, 2 BGB. Sowohl der Vermieter als auch die als Mieter auftretenden Partner der nichtehelichen Lebensgemeinschaft gehen bei Abschluss des Mietvertrags davon aus, dass die Lebensgemeinschaft von Dauer sei und machen diesen Umstand zur Grundlage des Vertrags.[33] Es kann daher Vertragsanpassung verlangt werden, wobei anders als bei der vorgeschlagenen Lösung über § 242 BGB die ursprünglichen Vertragsbedingungen unverändert bleiben. Nach § 313 Abs. 3 S. 1 BGB kann der Vermieter die Vertragsanpassung allerdings verweigern, wenn sie für ihn unzumutbar ist. Das ist regelmäßig dann der Fall, wenn der verbleibende Lebenspartner nach seiner individuellen Vermögens- und Einkommenssituation nicht in der Lage ist, die Miete aufzubringen. Die Wohnung ist dann durch die ehemaligen Lebensgefährten nach § 542 Abs. 1 BGB ordentlich zu kündigen. Der in der Wohnung Verbleibende soll in diesem Fall nach kritikwürdiger hM die Mietkosten für den Zeitraum zwischen dem Auszug des Anderen und Kündigungstermin alleine tragen, sofern dies ihm nicht unzumutbar ist.[34]

37 Für **Miet- und Schadensersatzforderungen aus seiner Zeit als Mitglied** der Wohngemeinschaft haftet der Ausscheidende auch nach dem Ausscheiden gesamtschuldnerisch. Für Ansprüche, die erst **nach dem Ausscheiden** aus dem Mietvertrag entstehen, haftet er hingegen nicht.[35] Für Ansprüche gegen die Gesellschaft gilt die fünfjährige **Ausschlussfrist** des § 736 Abs. 2 BGB iVm § 160 HGB. Ob und inwieweit ein Abfindungsanspruch nach § 738 Abs. 1 BGB oder eine Nachschusspflicht nach § 739 BGB besteht, ist nach der Substanzwertmethode zu berechnen. Sofern eine Barkaution als Mietsicherheit geleistet wurde und der Ausscheidende einen Teil oder die ganze Sicherheit übernommen hat, ist diese entsprechend § 551 Abs. 3 S. 1 BGB verzinst bei der Berechnung zu berücksichtigen. Andere Mietsicherheiten, insbesondere Bürgschaften und Pfandrechte sind hingegen gegenüber dem Vermieter abzulösen. Dies folgt aus nachvertraglicher Gesellschaftspflicht und entspricht dem Interesse des Ausscheidenden nicht mehr, persönlich oder mit seinem Vermögen für Verbindlichkeiten der Wohngemeinschaft, auf die er keinen Einfluss mehr hat, zu haften. Problematisch ist die Frage, ob im Innenverhältnis weiterhin Beiträge für zukünftige Forderungen aus Dauerschuldverhältnissen, zum Beispiel für den Internetanschluss zu erbringen sind. Hierbei gilt, dass – sofern nicht ausdrücklich etwas anderes vereinbart ist – der Ausscheidende nicht verpflichtet ist, sich zu beteiligen. Dies folgt insbesondere im Umkehrschluss aus § 740 BGB, der vorsieht, dass der Ausgeschiedene an dem Gewinn und Verlust schwebender Geschäfte teilnimmt, zu denen Dauerschuldverhältnisse nach hM gerade nicht gehören.[36] Im Übrigen hat der Ausscheidende die Räume an die Wohngemeinschaft und nicht etwa den Vermieter zu übergeben. Welcher Zustand geschuldet ist, hängt von der Vereinbarung der Mitbewohner untereinander ab. Bei Wohngemeinschaften, die auf Wechsel angelegt sind, ist in der Regel stillschweigend vereinbart, dass hinsichtlich der Räume, die der Ausscheidende alleine nutzt, ein Zustand geschuldet ist, der dem bei Rückgabe an den Vermieter (§ 546 Abs. 1 BGB) entspricht. Bei gemeinschaftlich genutzten Räumen wird das dagegen typischerweise nicht der Fall sein. Hier wird die Erwartung beider Seiten sein, dass diese im Ist-Zustand übergeben werden.

---

[32] LG Köln NJW-RR 1993, 712; *Finger* WuM 1993, 581 (584); ablehnend *Häublein* in MüKoBGB § 535 Rn. 56.
[33] Vgl. *Schrader* NZM 2010, 257 (260); *Grunewald* JZ 2010, 1027 (1031).
[34] OLG Düsseldorf NZM 1998, 72.
[35] *Lützenkirchen* in Erman BGB § 535 Rn. 12; so auch *Jacobs* NZM 2008, 111 (116); *Emmerich* in Staudinger BGB § 540 Rn. 54a; *Grunewald* JZ 2015, 1027 (1030); *Achenbach* in MAH MietR, § 1, Rn. 238 wenn der Vermieter dem Ausscheiden (konkludent) zugestimmt hat.
[36] BGH NJW-RR 1986, 1160; *K. Schmidt* DB 1983, 2401 (2405); *Sprau* in Palandt BGB § 740 Rn. 1; *Schäfer* in MüKoBGB § 740 Rn. 5.

b) Außen-GbR (WG-Typ D)

Weniger problematischer als bei WG-Typ C (Gesamtschuldner) sind die Rechtsfolgen des **38** Ausscheidens aus der Wohngemeinschaft, wenn der Mietvertrag als Außen-GbR (WG-Typ D) abgeschlossen wurde. Die Wohngemeinschaft ist in diesem Fall als **rechtsfähige Personengesellschaft unabhängig von ihrem Mitgliederbestand Partei** des Mietvertrags.[37] Das ersatzlose Ausscheiden wirkt sich daher nicht aus, es sei denn eine bestimmte (Mindest-)Mitbewohnerzahl ist vertraglich vereinbart.[38] Im Innenverhältnis sind die Rechtsfolgen grundsätzlich dieselben wie bei Typ C (Gesamtschuldner) (→ Rn. 37). Für Gesellschaftsverbindlichkeiten gelten ebenso die Regeln über die Nachhaftung nach § 736 Abs. 2 BGB iVm § 160 HGB. Für Forderungen aus dem Mietvertrag, die anders als bei WG-Typ C (Gesamtschuldner) zu den Gesellschaftsverbindlichkeiten zählen, sollen sie nach herrschender Meinung aber konkludent abbedungen sein, sodass der Ausscheidende nur für Miet- und Schadensersatzforderungen haftet, die sich auf Zeiträume beziehen, als er Mitglied der Wohngemeinschaft war.[39] Etwas anderes soll für nichteheliche Lebensgemeinschaften gelten, die eine Wohnung als Außen-GbR anmieten.[40] Hier würden sowohl die Lebensgefährten als auch der Vermieter erwarten, dass die Beziehung Bestand habe.[41]

D. Eintritt

I. Personengesellschaftsrechtliche Grundsätze

Personengesellschaftsrechtlich erfolgt der Eintritt weiterer Gesellschafter in eine Gesellschaft **39** bürgerlichen Rechts durch **Aufnahmevertrag** (→ zum Eintritt kraft Erbfolge § 20).[42] Hierbei ist grundsätzlich die Mitwirkung und Zustimmung aller Gesellschafter erforderlich.[43] Der Gesellschaftsvertrag kann die Aufnahme neuer Gesellschafter allerdings erleichtern, insbesondere einen einfachen Mehrheitsbeschluss genügen lassen oder gleich einzelne Gesellschafter oder Dritte mit der Befugnis ausstatten, über die Aufnahme zu entscheiden.[44] Der Gesellschafter beziehungsweise Dritte ist dann aber nicht frei in seiner Entscheidung, sondern durch die mitgliedschaftlichen Pflichten, insbesondere die Treuepflicht gebunden.[45] Zudem bleibt ein separater Abschluss des Aufnahmevertrag weiterhin erforderlich. Sofern ein Bestimmungsrecht besteht, ist aber im Zweifel davon auszugehen, dass der Entscheidungsbefugte zur Vertretung der (übrigen) Gesellschafter im Rahmen des Aufnahmevertrags berechtigt ist.[46] Ist der Eintritt unwirksam, sind die Grundsätze über die fehlerhafte Gesellschaft entsprechend heranzuziehen, sofern alle Gesellschafter am Aufnahmevertrag mitgewirkt haben.[47]

---

[37] *Jacobs* NZM 2008, 111 (113, 116); *Emmerich* in Staudinger BGB § 540 Rn. 53; *Blank* in Schmidt-Futterer MietR BGB Vor § 535 Rn. 388.
[38] Für eine regelmäßige konkludente Vereinbarung einer Höchstzahl von Mietern: *Jacobs* NZM 2008, 111 (117); *Grunewald* JZ 2015, 1027 (1030).
[39] Vgl. BGHZ 142, 32. = NJW 2000, 208 für die Möglichkeit des Verzichts des Gläubigers auf die Nachhaftung; *Schäfer* in MüKoBGB § 736 Rn. 23, 25; *Roth* in Baumbach/Hopt HGB § 160 Rn. 8; *Kollbach* GmbHR 1994, 164 (165).
[40] *Grunewald* JZ 2015, 1027 (1030); anders *Kinne* FPR 2001, 36 (40); *Paschke* WuM 2008, 59 (62) die bereits die Anwendbarkeit von § 736 Abs. 2 BGB mit der Begründung ausschließen, dass dieser den Fortbestand der Gesellschaft voraussetze, durch das Ausscheiden eines Partners diese aber aufgelöst werde.
[41] *Grunewald* JZ 2015, 1027 (1030).
[42] *Schulte/Hushahn* in MHdB GesR I § 10 Rn. 2 ff. mwN.
[43] Vgl. etwa BGH NJW 1998, 1225 (1226).
[44] Vgl *Schulte/Hushahn* in MHdB GesR I § 10 Rn. 18 mwN; *Windbichler* GesR § 9 Rn. 2.
[45] *Windbichler* GesR § 9 Rn. 2.
[46] BGH NJW 1978, 1000.
[47] *Schulte/Hushahn* in MHdB GesR I§ 10 Rn. 34a mwN.

40 Tritt eine Person durch Aufnahmevertrag ein, wird sie Gesellschafter mit allen Rechten und Pflichten.[48] Die Identität der Gesellschaft bleibt unberührt. Der Gesellschafter erwirbt unmittelbar einen Gesellschaftsanteil. Eine Übertragung des Gesellschaftsvermögens ist nicht notwendig. Nach herrschender Meinung haftet er für Altverbindlichkeiten analog §§ 128, 130 Abs. 1 HGB.[49]

II. Wohngemeinschaften mit privilegierter Zentralfigur oder entscheidungsbefugtem Vermieter

1. Eintritt einer weiteren privilegierten Zentralfigur

41 Soll ein neuer Mitbewohner als weitere privilegierte Zentralfigur eintreten, zum Beispiel als neuer mitbewohnender Miteigentümer, sind die Grundsätze über die Rechtsnachfolge auf Vermieterseite heranzuziehen, die an anderer Stelle näher dargestellt werden (→ § 12 Rn. 8 ff.). Ob und inwieweit die Mitbewohner eine Aufnahme zumindest im Innenverhältnis, das heißt den tatsächlichen Einzug in die Wohngemeinschaft verhindern können, hängt vom Einzelfall ab. Prinzipiell werden sie wegen des **Bestimmungsrechts der privilegierten Zentralfigur beziehungsweise des entscheidungsbefugten Vermieters** diese Veränderung hinnehmen müssen. Sie können den Wechsel allenfalls, wenn der Eintritt ihnen unzumutbar ist, verweigern. Maßstab ist § 553 Abs. 1 S. 2 BGB analog (→ Rn. 42). Vollzieht die privilegierte Zentralfigur beziehungsweise der entscheidungsbefugte Vermieter die Aufnahme aufgrund der ihm zustehenden Vertretungsmacht ohne ihre unmittelbare Beteiligung, können sie den Neuen nach § 737 BGB ausschließen (→ Rn. 27). Es besteht dann aber die Möglichkeit der Eigenbedarfskündigung (§ 542 Abs. 1, 573 Abs. 1, Abs. 2 Nr. 2 BGB).

2. Eintritt eines weiteren einfachen Mitbewohners

42 Der Eintritt eines weiteren einfachen Mitglieds in eine Wohngemeinschaft mit privilegierter Zentralfigur oder entscheidungsbefugtem Vermieter basiert zumeist auf einem Mietvertrag mit diesen. Im Innverhältnis steht diesen aufgrund ihrer herausgehobenen Position insoweit ein **Bestimmungsrecht** zu (→ Rn. 4). Bei der Auswahl des neuen Mitbewohners sind sie frei. Einfachen Mitbewohnern ist daher zu empfehlen – schon um einen Missbrauch vorzubeugen –, einen Zustimmungsvorbehalt im Vertrag zu vereinbaren. Ist ein solcher nicht getroffen, beschränken lediglich die Treuepflicht beziehungsweise vertragliche Nebenpflichten die privilegierte Zentralfigur beziehungsweise den entscheidungsbefugten Vermieter bei der Ausübung ihrer Bestimmungsbefugnis. Als Maßstab bietet sich insoweit § 553 Abs. 1 S. 2 BGB an (→ § 3 Rn. 8 ff.). Die Voraussetzungen für persönliche Gründe sind wegen der besonderen räumlichen Nähe, die mit dem Zusammenleben in einer Wohngemeinschaft verbunden ist, allerdings herabzusetzen. Ebenso wird eine Überbelegung nicht erst nach den zu § 553 Abs. 1 S. 2 BGB entwickelten Maßstäben anzunehmen sein, sondern schon dann, wenn die WG bei Eintritt eines weiteren Mitbewohners zukünftig mehr Mitbewohner als bei Vertragsschluss nach den Umständen absehbar war, aufweist. Ist die Auswahl zulässig, sind die Mitbewohner zur Mitwirkung beim (zumeist konkludenten) Abschluss des Aufnahmevertrags verpflichtet. Entsprechend der allgemeinen Auslegungsregel (→ Rn. 39) können der privilegierte Mitbewohner beziehungsweise der entscheidungsbefugte Vermieter sie bei Abschluss des Vertrags vertreten. In diesem Fall können die Mitbewohner das neue Mitglied, falls die Auswahl fehlerhaft ist, nach § 737 BGB durch einstimmigen Beschluss ausschließen (→ Rn. 27). Das neue Mitglied unterliegt dabei einem Stimmverbot. Die Zentralfigur beziehungsweise der entscheidungsbefugte

---

[48] Siehe statt vieler *Windbichler* GesR § 9 Rn. 4.
[49] BGH NZG 2011, 1023; *Schäfer* in MüKoBGB § 705 Rn. 72 ff. mwN.

D. Eintritt   § 18

Vermieter ist aufgrund der Treuepflicht beziehungsweise vertraglicher Nebenpflicht verpflichtet, dem Ausscheiden zuzustimmen. Hinsichtlich des Mietvertrags tritt damit teilweise, rechtliche Unmöglichkeit ein, da zum vertraglich Geschuldeten auch die Aufnahme in die Wohngemeinschaft gehört. Die privilegierte Zentralfigur beziehungsweise der entscheidungsbefugte Vermieter ist dann gegenüber dem Ausgeschlossenen zum Schadensersatz verpflichtet.

Aus der **Treuepflicht** kann sich ausnahmsweise aber auch ein Anspruch eines einfachen Mitbewohners auf eine (zeitweise) Aufnahme einer konkreten Person in die Gesellschaft ergeben. Dies betrifft vor allem solche Fälle, in denen einzelne Mitbewohner den Gebrauch an ihren Räumlichkeiten zulässigerweise einem Dritten untervermieten oder unentgeltlich (teilweise) überlassen, insbesondere aufgrund persönlicher Näheverhältnisse, zum Beispiel Ehe, nichtehelicher Lebensgemeinschaft (→ § 23) oder Verwandtschaft. Ebenso kann eine Unterbesetzung der Wohngemeinschaft, die zu zusätzlichen Kosten für die Mitbewohner führt, einen Anspruch auf Aufnahme eines weiteren Mitbewohners nach sich ziehen. Allerdings ist dieser dann nicht auf die Aufnahme einer konkreten Person gerichtet. 43

Im Verhältnis zum Vermieter beziehungsweise Hauptmieter treffen den Eintretenden die allgemeinen mietrechtlichen Pflichten und umgekehrt (→ § 4 ff.). Entsprechend der allgemeinen personengesellschaftsrechtlichen Grundsätze wird er Gesellschafter mit allen Rechten und Pflichten (→ Rn. 40). Für Altverbindlichkeiten der Gesellschaft haftet er analog §§ 130 Abs. 1, 128 HGB im Außenverhältnis. Die Haftung im Innenverhältnis richtet sich nach den zwischen den Mitbewohnern und dem Eintretenden getroffenen Vereinbarungen. 44

III. Wohngemeinschaften mit gleichrangigen Mitbewohnern

1. Innenverhältnis

Bei Wohngemeinschaften mit gleichrangigen Mitbewohnern ist für den Eintritt eines neuen Mitbewohners entsprechend der allgemeinen Grundsätze (→ Rn. 5) zunächst im Innenverhältnis die **Mitwirkung aller Mitbewohner** erforderlich. In einem zweiten Schritt ist danach zu fragen, ob sich diese Veränderung auch im Außenverhältnis gegenüber dem Vermieter durchsetzen lässt. 45

Typischerweise wird im Innenverhältnis entsprechend der gesetzlichen Grundregel **Einstimmigkeit** erforderlich sein. Von einer Vereinbarung, dass eine einfache Mehrheit genügen oder einzelnen Mitgliedern eine Bestimmungsbefugnis zustehen soll, wird man nur in Ausnahmefällen ausgehen können, da die Aufnahme eines weiteren Mitbewohners in die Wohngemeinschaft erhebliche Auswirkungen auf die Mitbewohner hat. Mitglieder einer gleichgeordneten Wohngemeinschaft werden sich nur in seltenen Ausnahmefällen in einem solchem Maße fremdbestimmen lassen wollen. 46

Möchte ein **einzelner Mitbewohner weitere Personen,** zum Beispiel den oder die nichteheliche/n Lebensgefährten/in, Angehörige, Freunde oder Untermieter, in den von ihm selbst bewohnten Teil der Wohngemeinschaft **aufnehmen** und die Gemeinschaftsflächen mitnutzen lassen, stellt sich die Frage, ob sich entsprechend § 553 Abs. 1 BGB ein Anspruch auf Zustimmung gegenüber den restlichen Mitbewohnern ergeben kann. Dafür spricht, dass in WG-Konstellationen ein Bestandsschutzinteresse des Einzelnen besteht, das dem des Mieters im gesetzlichen Regelfall gleichsteht. Andererseits handelt es sich um einen – oft nicht gewollten – Eingriff in das persönliche Lebensumfeld der übrigen Mitbewohner. Unklar ist die Rechtslage ebenso, wenn die Aufnahme einer weiteren Person durch einen einzelnen Mitbewohner in die Räumlichkeiten gegenüber dem Vermieter schon gar nicht zustimmungspflichtig wäre, sondern sich als Ausformung des bestimmungsgemäßen Gebrauchs darstellt, zum Beispiel die Aufnahme von Ehegatten oder Kindern. Jedenfalls dann, wenn eine solche von Beginn an geplant ist, ist eine Aufklärungspflicht gegenüber den übrigen Mitbewohnern anzunehmen. 47

von Bressensdorf

2. Außenverhältnis

a) Außen-GbR (WG-Typ D)

48 Bei WG-Typ D (Außen-GbR) bedarf es keiner Anpassung des Mietvertrags, da die jeweiligen Mitbewohner (und Gesellschafter) nicht selbst Vertragspartei sind. Der **Vermieter** ist aber über den Eintritt des neuen Mitbewohners zu **informieren**, damit er seine aktuellen Schuldner kennt und die Auskunftspflicht gegenüber den Meldebehörden (§ 19 Abs. 5 BMG) erfüllen kann. Eine entsprechende Mitteilungspflicht ergibt sich als Nebenpflicht aus dem Mietvertrag, für die die Gesellschafter analog § 128 HGB einzustehen haben.

49 Im Einzelfall kann die Aufnahme eines neuen Mitbewohners ohne Zustimmung des Vermieters allerdings eine **Pflichtverletzung** darstellen. Das ist insbesondere dann der Fall, wenn sich durch Auslegung des Mietvertrags eine bestimmte **(Höchst-)Zahl dauerhafter Bewohner** der Wohngemeinschaft ergibt.[50] Falls die Wohngemeinschaft nicht unterbesetzt ist, es sich bei der Gebrauchsüberlassung nicht aus einem anderen Grund um eine Ausprägung des bestimmungsgemäßen Gebrauchs handelt und die Wohngemeinschaft sich auch nicht auf § 553 Abs. 1 BGB berufen kann (→ § 3 Rn. 8 ff.), kommt der ansonsten recht flexible WG-Typ D (Außen-GbR) insoweit an seine Grenzen.

b) Gesamtschuldner (WG-Typ C)

50 Ähnlich verhält es sich bei WG-Typ C (Gesamtschuldner). Nur wenn die Wohngemeinschaft **unterbesetzt** ist, trifft den Vermieter in dieser Konstellation die Pflicht, einen **Teiländerungsvertrag** abzuschließen, durch den ein neuer Mitbewohner in den Mietvertrag eintritt. Ansonsten kann sich die Wohngemeinschaft allenfalls darauf berufen, dass es sich bei der Nutzung durch den neuen Mitbewohner um bestimmungsgemäßen Gebrauch handelt oder ein Anspruch auf Zustimmung zur Gebrauchsüberlassung nach § 553 Abs. 1 BGB besteht.

c) Rechtsfolgen

51 Gesellschaftsrechtliche Konsequenz ist im Außenverhältnis die **Haftung für Altverbindlichkeiten** analog §§ 128 Abs. 1, 130 HGB. Dies ist insbesondere bei WG-Typ D (Außen-GbR) von Bedeutung, da in dieser Konstellation die gesellschaftsrechtliche Haftung auch Mietforderungen und Schadensersatzansprüche erfasst, die vor dem Eintritt fällig geworden sind beziehungsweise entstanden sind. Falls der Vermieter dem Eintritt des neuen Mitbewohners zustimmt, ist die Haftung für Altverbindlichkeiten aus dem Mietvertrag nach der herrschenden Lehre aber ausgeschlossen, denn in der Zustimmung zum Eintritt soll zugleich eine Abbedingung von §§ 128 Abs. 1, 130 HGB liegen.[51] Ähnlich verhält es sich bei WG-Typ C (Gesamtschuldner). Dort fallen Miet- und Schadensersatzforderungen zwar nicht unter §§ 128, 130 Abs. 1 HGB, der Eintretende soll aber trotz Aufnahme in den Mietvertrag und dort vereinbarter gesamtschuldnerischer Haftung nicht für zuvor begründete Verbindlichkeiten haften.[52] Der Vermieter wisse, dass bei einer Wohngemeinschaft die Mitbewohner sich in der Regel nicht untereinander kennen und nicht für einander einstehen wollen.[53] Ob und in welchem Maße den Eintretenden im Innenverhältnis die Pflicht trifft, finanzielle Beiträge zu erbringen, hängt von den im Zuge des Eintritts getroffenen Vereinbarungen ab. Gleiches gilt für die Beteiligung an einer bereits geleisteten Mietsicherheit.

---

[50] *Jacobs* NZM 2008, 111 (117); *Grunewald* JZ 2015, 1027 (1030); *Emmerich* in Bub/Treier BeckHdB MietR II Rn. 592.
[51] So *Jacobs* NZM 2008, 111 (118): *Grunewald* JZ 2015, 1027 (1030).
[52] *Jacobs* NZM 2008, 111 (116); *Emmerich* in Staudinger BGB § 540 Rn. 54a; *Acherbach* in MAH MietR § 11 Rn. 238; *Grunewald* JZ 2015, 1027 (1031).
[53] *Grunewald* JZ 2015, 1027 (1031); so ähnlich auch *Jacobs* NZM 2008, 111 (116).

E. Mitbewohnerwechsel

I. Personengesellschaftsrechtliche Grundsätze

Bei Gesellschaften bürgerlichen Rechts entspricht ein Gesellschafterwechsel unter Lebenden nicht dem gesetzlichen Regelfall (vgl. §§ 717, 719 BGB). **Mit Zustimmung aller Gesellschafter oder** aufgrund einer **entsprechenden Klausel im Gesellschaftsvertrag** ist er aber möglich. Er kann auf **zwei unterschiedliche Arten** vollzogen werden. 52

Zum einen können das Ausscheiden eines bisherigen Gesellschafters (→ Rn. 8 ff.) und der Eintritt eines neuen Gesellschafters (→ Rn. 39 ff.) kombiniert werden, indem Ausscheidender und Eintretender zeitlich übereinstimmend jeweils einen entsprechenden Vertrag mit den übrigen Gesellschaftern schließen.[54] Bedient man sich eines solchen **Doppelvertrags** findet keine unmittelbare Rechtsnachfolge statt.[55] Es treten bei Ausscheidendem und Eintretendem jeweils die Rechtsfolgen ein, die mit Aus- und Eintritt verbunden sind. Zwischen dem Ausscheidenden und Eintretenden bestehen keine rechtlichen Beziehungen, sofern sie nicht eine eigenständige schuldrechtliche Vereinbarung treffen. 53

Zum anderen kann die Mitgliedschaft von einem Gesellschafter im Wege der **Abtretung** gemäß §§ 398, 413 BGB auf einen Nicht- oder Mitgesellschafter übertragen werden.[56] Die Übertragung bedarf grundsätzlich der Zustimmung der übrigen Gesellschafter.[57] Die Zustimmung kann allerdings vorab, unter Voraussetzungen oder ganz generell im Gesellschaftsvertrag erteilt sein. Es kann auch ein einzelner Gesellschafter zur Entscheidung ermächtigt werden. Vorbehaltlich abweichender gesellschaftsvertraglicher Regelungen erhält der Eintretende die gleiche Stellung wie der Ausscheidende.[58] Er tritt also vollumfänglich in dessen Rechte und Pflichten ein. Im Außenverhältnis haftet der ausscheidende Gesellschafter nach § 736 Abs. 2 BGB iVm § 160 HGB, der eintretende analog §§ 128, 130 Abs. 1 HGB.[59] 54

II. Wohngemeinschaften mit privilegierter Zentralfigur oder entscheidungsbefugtem Vermieter

1. Wechsel der privilegierten Zentralfigur

Für Wechsel der privilegierten Zentralfigur gelten die **Grundsätze über die Rechtsnachfolge auf Vermieterseite** (→ § 12). Soweit die privilegierte Zentralfigur **Eigentümerin** der Wohnung ist (WG-Typ F), findet daher § 566 BGB Anwendung. Soll der neue Eigentümer Mitglied der Wohngemeinschaft werden, so ist die Übereignung dahingehend auszulegen, dass auch eine Übertragung des Gesellschaftsanteiles (§§ 398, 413 BGB) vereinbart ist. Im Einzelfall können die Mitbewohner die Aufnahme des neuen Eigentümers zumindest im Innenverhältnis verhindern (→ Rn. 42). 55

Auf den Wechsel des **Hauptmieters** bei WG-Typ A (Untermieter) findet § 566 BGB dagegen keine unmittelbare Anwendung. Eine Analogie wird zurecht abgelehnt.[60] Sowohl mit dem Vermieter als auch den Untermietern müssen daher Mietverträge beendet und neu geschlossen werden. Kommt es dazu, handelt es sich im Innenverhältnis um einen Fall des Doppelvertrags. 56

---

54 *Servatius* in Henssler/Strohn GesR § 705 Rn. 73–75; *Windbichler* GesR § 9 Rn. 14.
55 BGH DStR 2003, 1040.
56 BGHZ 45, 221 (222) = NJW 1966, 1307 (1308); *Schäfer* in MüKoBGB § 719 Rn. 21.
57 BGHZ 77, 392 (395) = NJW 1980, 2708 (2709); *Schulte/Hushahn* in MHdB GesR I § 10 Rn. 113 ff. mwN.
58 Siehe dazu *Schulte/Hushahn* in MHdB GesR I § 10 Rn. 137 ff.
59 *Schulte/Hushahn* in MHdB GesR I § 10 Rn. 131 mwN.
60 BGHZ 107, 315 = NJW 1989, 2053.

2. Wechsel einfacher Mitbewohner

a) Doppelvertrag

57 Bei Wechseln einfacher Mitbewohner finden sich ebenso beide Gestaltungsmöglichkeiten, das heißt sowohl der Doppelvertrag als auch die Vertragsübernahme, wieder. Praktisch bedeutsamer ist der Doppelvertrag. Auf mietrechtlicher Ebene stellt er eine Kombination aus der Beendigung des Mietverhältnisses des bisherigen Mitbewohners und separatem Abschluss eines Mietverhältnisses mit dem neuen Mitbewohner dar. Die beiden Vorgänge sind getrennt zu beurteilen. Dies gilt auch für das Mietrecht. Es gelten die jeweils einschlägigen Rechtsfolgen (→ Rn. 31 ff.; Rn. 43 ff.). Insoweit kann es aber auch zu einem **befreienden Schuldnerwechsel** kommen, bei dem der Eintretende auch für Altverbindlichkeiten haftet, der Austretende aber befreit wird (→ § 4 Rn. 10, 12). Der privilegierten Zentralfigur beziehungsweise dem entscheidungsbefugten Vermieter steht daher grundsätzlich eine **Alleinentscheidungsbefugnis** zu. Vertragliche Zustimmungsvorbehalte zugunsten einfacher Mitbewohner sollten auch diese Konstellation einbeziehen. Außerdem kann sich auch in diesem Fall die Frage stellen, ob die Auswahl eines Mitbewohners nach § 553 Abs. 1 S. 2 BGB dem Vermieter unzumutbar ist.

b) Vertragsübernahme

58 Alternativ kann auch eine Vertragsübernahme (§ 311 Abs. 1 BGB) zwischen dem bisherigen Mitbewohner, dem neuen Mitbewohner und dem Vermieter beziehungsweise Hauptmieter vereinbart werden. Im Innenverhältnis wird dann die Mitgliedschaft in der Wohngemeinschaft durch **Verfügungsgeschäft** (§§ 398, 413 BGB) übertragen. Die Einflussmöglichkeiten der einfachen Mitbewohner sind dabei ebenso beschränkt wie beim Eintritt eines neuen Mitbewohners (→ Rn. 42 ff.). Zustimmungsvorbehalte zugunsten einfacher Mitbewohner machen auch in dieser Konstellation eine Beteiligung dieser notwendig. Außerdem bedarf es bei einer Untervermietung (WG-Typ A) der Mitwirkung des Eigentümers (→ § 3).

59 Der **neue Mitbewohner tritt** zum vereinbarten Stichtag **vollumfänglich** in die Stellung des bisherigen Mitbewohners **ein,** sowohl in den Mietvertrag als auch in die Gesellschaft. Der bisherige Mitbewohner hat dem Übernehmer die Mietsache zu diesem Termin zu übergeben. Im welchem Zustand die Räume zu überlassen sind, ist durch Auslegung des ursprünglichen Vertrags und der Vertragsübernahme zu ermitteln. Zumeist werden die vom Mitbewohner allein genutzten Räume, nicht aber die Gemeinschaftsräume, dem Zustand entsprechen müssen, den sie bei einer Rückgabe an den Vermieter nach § 546 Abs. 1 BGB zu entsprechen hätten. Schönheitsreparaturen und Endrenovierungen müssen insoweit, sofern wirksam zwischen Vermieter beziehungsweise Hauptmieter und Mitbewohner vereinbart, durchgeführt werden. Regelmäßig wird der Übernehmende Ablösung der Mietsicherheit verlangen können. Hinsichtlich der Miete, Betriebskosten und anderen laufenden Kosten aus dem Mietvertrag und der Gesellschafterstellung gilt grundsätzlich das **Stichtagsprinzip.** Im Außenverhältnis richtet sich die Haftung für Gesellschaftsverbindlichkeiten des bisherigen Mitbewohners nach § 736 Abs. 2 BGB iVm § 160 HGB, des neuen nach §§ 130 Abs. 1, 128 HGB. Im Innenverhältnis gegenüber den Mitbewohnern haftet der Eintretende grundsätzlich voll für die Verbindlichkeiten des Ausgeschiedenen. In beiden Fällen ist aber auch eine befreiende Schuldübernahme denkbar (→ Rn. 60). Dies ergibt sich aus dem Charakter der Vertragsübernahme.

III. Wohngemeinschaften mit gleichrangigen Mitbewohnern

1. Innenverhältnis

Ebenso vollzieht sich der Mitbewohnerwechsel bei Wohngemeinschaften mit gleichrangigen Mitbewohnern entsprechend der personengesellschaftsrechtlichen Grundsätze entweder durch Doppelvertrag oder durch Übertragung des Gesellschaftsanteils (→ Rn. 34). Der **Doppelvertrag** stellt den **Regelfall** dar, denn zumeist gehen die Beteiligten davon aus, dass der eintretende Mitbewohner im Innenverhältnis nicht für Verbindlichkeiten des Ausscheidenden haften soll. Schließlich handelt es sich beim Ausscheidenden typischerweise um eine dem Eintretenden nicht weiter bekannte Person, während die übrigen Mitbewohner mit diesem über längeren Zeitraum in einer Wohngemeinschaft gelebt und von den durch das Zusammenleben geschaffenen Vorteilen partizipiert haben. In beiden Fällen ist die Mitwirkung aller Gesellschafter notwendig. Insoweit gelten die zum Eintritt dargestellten Grundsätze über die Beschlussfassung im Innenverhältnis (→ Rn. 46 ff.).

60

2. Außenverhältnis

a) Außen-GbR (WG-Typ D)

Im **Verhältnis zum Vermieter** ist der Wechsel eines Mitbewohners bei WG-Typ D (Außen-GbR) in der Regel **einfach durchsetzbar**. Da die Wohngemeinschaft als GbR – und nicht der einzelne Mitbewohner – Vertragspartei ist, muss der Mietvertrag nicht an die geänderte Mitbewohnersituation angepasst werden.[61] Der Vermieter ist lediglich über den Wechsel zu **informieren** (→ Rn. 49). Nur in Ausnahmefällen ist die Aufnahme unzulässig. Insoweit ist wie beim Eintritt § 553 Abs. 1 S. 2 BGB entsprechend heranzuziehen. Die in diesem Beitrag zu WG-Typ C (Gesamtschuldner) entwickelte engere Auffassung (→ Rn. 65) ist nicht zu übertragen, da durch den Vertragsschluss mit einer Außen-GbR klar zum Ausdruck kommt, dass dem Vermieter die konkrete Zusammensetzung der Wohngemeinschaft egal ist.

61

Insgesamt ist die **Position des Vermieters** also relativ **schwach**. Insbesondere ist er der Gefahr ausgesetzt, dass sukzessive alle Mitbewohner ausgewechselt werden. Da sich dieser Vorgang beliebig oft wiederholen lässt, läuft dies auf ein „mietrechtliches perpetuum mobile" hinaus.[62] Individualvertraglich lässt sich diesem Umstand durch den – gesellschaftsrechtlich zulässigen – Ausschluss von Mitbewohnerwechseln begegnen. Hiervon wird man aber erst bei einer ausdrücklichen Vereinbarung ausgehen können, da der Vertragsschluss mit einer Außen-GbR (WG-Typ D) regelmäßig eine gegenteilige konkludente Abrede nahelegt. In AGB enthaltene Klauseln, die Mitbewohnerwechsel ausschließen, werden hingegen regelmäßig nicht wirksam einbezogen. Sie scheitern am Vorrang ebenjener konkludenten Abrede (§ 305b BGB). Entsprechendes gilt für Zustimmungsvorbehalte, die inhaltlich über § 553 Abs. 1 S. 2 BGB hinausgehen. Unzulässig ist es auch, wenn der Vermieter den Mitbewohnerwechsel von einer **Mieterhöhung oder Gebühr** abhängig macht. Eine Mieterhöhung würde einen unzulässigen Umgehungsversuch der §§ 557 ff. BGB darstellen,[63] eine Gebühr vom gesetzlichen Leitbild abweichen. Entsprechende Abreden wären in Formularverträgen nach §§ 307 Abs. 2 Nr. 1, 307 Abs. 1 S. 1 BGB unwirksam.[64]

62

---

[61] KG Berlin NZM 2001, 520; *Jacobs* NZM 2008, 111 (113, 116); *Blank* in Schmidt-Futterer MietR BGB Vor § 535 Rn. 388.
[62] Vgl. für den Begriff *Achenbach* in MAH MietR § 12 Rn. 230.
[63] Vgl. LG Frankfurt BeckRS 2012, 8350 für WG-Typ C (Gesamtschuldner): Der Vermieter dürfe die Zustimmung zum Mieterwechsel nicht von einer Mieterhöhung abhängig machen, wenn der Mieter einen Anspruch auf Erteilung der Zustimmung hat.
[64] AG Münster NZM 2016, 163.

b) Gesamtschuldner (WG-Typ C)

63 Bei WG-Typ C (Gesamtschuldner) bedarf es hingegen einer **Anpassung des Mietvertrags**, durch die dieser an die geänderten Umstände angepasst wird. Wirkt der Vermieter **nicht freiwillig** mit, stellt sich die Frage, ob ein dahingehender Anspruch besteht. Nach der herrschenden Meinung ist hier zu **differenzieren**.[65] Falls die Wohngemeinschaft gegenüber dem Vermieter erkennbar so aufgetreten ist, dass dieser davon ausgehen durfte, dass der Mitgliederbestand fest ist, soll kein Anspruch bestehen. In diesem Fall bleibt der Wohngemeinschaft meist nur die Auflösung. Nur wenn sich der Ausscheidende bereit erklärt, seinen Anspruch auf gemeinschaftliche Kündigung des Mietvertrags nicht geltend zu machen (→ Rn. 35) kann die Wohngemeinschaft fortgeführt werden.[66] Das Vertragsverhältnis des Eintretenden ist dann als Untermiete auszugestalten (→ § 3). Der Vermieter hat diese Gestaltung nur dann hinzunehmen, wenn er einer solchen zuvor zugestimmt hat oder ein Anspruch auf Erlaubnis nach § 553 Abs. 1 BGB besteht. Ist die Wohngemeinschaft hingegen auf Wechsel angelegt, was insbesondere bei studentischen Wohngemeinschaften regelmäßig der Fall ist, soll nach herrschender Meinung ein Anspruch auf Vertragsanpassung bestehen.[67] Diese vom BVerfG als verfassungsrechtlich unbedenklich eingeordnete Auffassung[68] überzeugt. Zu eng sind allerdings die Einschränkungen, die die herrschende Meinung vorgibt. Nach ihr soll ein Wechsel nur dann unzulässig sein, wenn er dem Vermieter analog § 553 Abs. 1 S. 2 BGB unzumutbar ist.[69] Vorzugswürdig erscheint es demgegenüber, ergänzend zu fordern, dass auch der Eintretende die Kriterien erfüllt, die der Vermieter bei Vertragsschluss zur Grundlage des Mietvertrags gemacht hat und zulässigerweise machen durfte. Praktisch relevant wird dies vor allem im Hinblick auf die Solvenz der Schuldner, die im Rechtsverkehr zumeist durch Gehaltsabrechnungen, BaföG-Bescheid und Ähnlichem sowie SCHUFA-Auskunft nachzuweisen ist. Verweigert der Vermieter seine Mitwirkung an der Vertragsänderung, ist diese einzuklagen. Nimmt die Wohngemeinschaft den Eintretenden eigenmächtig auf, handeln die Mitbewohner pflichtwidrig[70]. Das für eine Kündigung erforderliche Gewicht erreicht der Verstoß aber nicht. Insofern ist die BGH-Rechtsprechung für die „Verschleppung einer Untervermieterlaubnis" zu übertragen.[71] Hiernach können sich Gesamtschuldner-Wohngemeinschaften (WG-Typ C) ebenfalls zu „mietrechtlichen perpetua mobila" entwickeln.[72] **Formularvertraglich vereinbarte Ausschlussklauseln und Zustimmvorbehalte** können dies nicht verhindern. Sie scheitern an § 305b BGB.[73] Des Weiteren ist die formularvertragliche Vereinbarung von **Bearbeitungsgebühren oder Mieterhöhungen,** die anlässlich des Mitbewohnerwechsels fällig werden sollen, unwirksam (→ Rn. 64).

3. Rechtsfolgen

64 Hinsichtlich der Haftung für Gesellschaftsverbindlichkeiten gelten beim Doppelvertrag für den Eintretenden und für den ausscheidenden Mitbewohner die jeweils für die einzelnen

---

[65] *Jacobs* NZM 2008, 111 (115); *Grunewald* JZ 2015 1027 (1031); *Emmerich* in Staudinger BGB § 540 Rn. 52a.
[66] Etwa durch einen Teilaufhebungs- bzw. Änderungsvertrag zwischen allen Beteiligten *Schrader* NZM 2010 257 (260).
[67] LG Berlin WuM 2016, 553 (554); LG Karlsruhe BeckRS 2013, 12287; LG Karlsruhe NJW 1985, 1561 (1562); *Sternel* MietR Rn. I 260; *Emmerich* in Staudinger BGB § 540 Rn. 52a; *Grunewald* JZ 2015, 1027 (1031); *Jacobs* NZM 2008, 111 (115); aA LG Köln NJW-RR 1991, 1414; *Blank* in Schmidt-Futterer MietR BGB § 540 Rn. 19.
[68] BVerfG ZMR 1993, 210 = BeckRS 1993, 1461; BVerfG BeckRS 1991, 6852.
[69] LG Berlin WuM 2016, 553 (554); *Jacobs* NZM 2008, 111 (115); *Häublein* in MüKoBGB § 535 Rn. 50.
[70] LG Berlin BeckRS 2013, 18605; vgl. BGH NZM 2011, 275 (276) mwN für den Fall einer Untervermietung ohne Zustimmung des Vermieters trotz bestehenden Anspruchs.
[71] BGH NZM 2011, 275 (276); s. speziell für die Wohngemeinschaft LG Berlin BeckRS 2013, 18605.
[72] Vgl. *Achenbach* in MAH MietR § 11 Rn. 230.
[73] *Hannemann* in MAH MietR § 10 Rn. 117; vgl. auch *Streyl* NZM 2011, 377 (382) für Bedenken gegen die Wirksamkeit bei der Außen-GbR.

Vorgänge entwickelten Grundsätze (→ Rn. 37; → Rn. 52). Vollzieht sich der Wechsel durch Übertragung des Gesellschaftsanteils, haftet der Eintretende im **Innenverhältnis** vollumfänglich für die Verbindlichkeiten des Ausscheidenden. Im **Außenverhältnis** dagegen sind die **Einschränkungen** zu übertragen, die beim Doppelvertrag im Hinblick auf die Nachhaftung des Ausscheidenden und die Haftung des Eintretenden für bereits entstandene beziehungsweise fällige Verbindlichkeiten aus dem Mietverhältnis gelten (→ Rn. 37; → Rn. 52). Es kommt damit nicht zu einer Haftung für Verbindlichkeiten, die zu einer Zeit fällig geworden sind, in der der Betreffende nicht Mitglied der Wohngemeinschaft war. Sowohl im Innen- als auch im Außenverhältnis kann aber etwas anders gelten, wenn eine befreiende Schuldübernahme vereinbart ist (→ Rn. 58). Welchen **Zustand die Räumlichkeiten** bei Übergabe an die Wohngemeinschaft beziehungsweise den eintretenden Mitbewohner haben muss, ist durch Auslegung der Vereinbarungen zu bestimmen. In der Regel wird stillschweigend vereinbart sein, dass hinsichtlich der Räume, die der Ausscheidende alleine nutzt, ein Zustand geschuldet ist, der dem des § 546 Abs. 1 BGB entspricht. Bei gemeinschaftlich genutzten Räumen ist dies dagegen typischerweise nicht der Fall (→ Rn. 37).

Sowohl bei WG-Typ C (Gesamtschuldner) als auch WG-Typ D (Außen-GbR) steht dem **65** Ausscheidenden kein Anspruch auf (anteilige) **Rückzahlung der Kaution** gegenüber dem Vermieter zu. Bei Vertragsübernahme wird typischerweise ein Anspruch des Ausscheidenden gegen den Eintretenden bestehen. Beim Doppelvertrag ist der Kautionsanteil (entsprechend § 551 Abs. 4 S. 1 BGB verzinst) bei der Berechnung des Abfindungsanspruchs zu berücksichtigen. Sofern eine andere Mietsicherheit vereinbart ist, zum Beispiel Bürgschaft, kann der Ausscheidende von den verbleibenden Mitbewohnern und dem Eintretenden Ablösung verlangen. Der Vermieter ist verpflichtet eine gleichwertige Sicherheitsleistung zu akzeptieren. Auch bei der Vertragsübernahme besteht eine entsprechende Pflicht des Vermieters.

F. Tod eines Mitbewohners

I. Personengesellschaftsrechtliche Grundsätze

Die **Mitgliedschaft** in einer Gesellschaft bürgerlichen Rechts ist **grundsätzlich nicht 66 vererblich** (vgl. § 727 Abs. 1 BGB; → zur Thematik auch § 20 Rn. 103 ff.). Der Tod eines Gesellschafters führt daher zur **Auflösung** der Gesellschaft. Allerdings kann der Gesellschaftsvertrag vorsehen, dass die Gesellschaft unter den verbleibenden Gesellschaftern fortgesetzt wird (**Fortsetzungsklausel;** vgl. § 736 Abs. 1 BGB).[74] Außerdem kann im Gesellschaftsvertrag auch vereinbart werden, dass die Gesellschaft mit einem oder mehreren Erben des Verstorbenen derart fortgeführt wird, dass diese unmittelbar in die Gesellschafterstellung kraft Erbfolge einrücken **(Nachfolgeklausel)**.[75] Des Weiteren kann der Gesellschaftsvertrag den Erben oder Dritten ein Recht einräumen, selbst über ihren Eintritt zu entscheiden **(Eintrittsklausel)**.[76] Die Ausübung dieses Eintrittsrechts führt dabei aber nicht unmittelbar zum Eintritt. Vielmehr bedarf es eines eigenständigen Aufnahmevertrags. Tritt eine Person kraft Erbfolge in die GbR ein, wird sie Gesellschafter mit allen Rechten und Pflichten.[77] Insoweit treten dieselben Rechtsfolgen wie beim Eintritt durch Aufnahmevertrag ein (→ Rn. 39 ff.).

---

[74] *Schäfer* in MüKoBGB § 736 Rn. 13; *Saenger* GesR Rn. 225; *Windbichler* GesR § 9 Rn. 4.
[75] BGHZ 68, 225 = NJW 1977, 1339; *Schäfer* in MüKoBGB § 727 Rn. 28 ff.; *Windbichler* GesR § 9 Rn. 4.
[76] BGH NJW-RR 1987, 989; *Windbichler* GesR § 9 Rn. 3.
[77] Siehe statt vieler *Windbichler* GesR § 9 Rn. 4.

II. Wohngemeinschaften mit privilegierter Zentralfigur oder entscheidungsbefugtem Vermieter

1. Außenverhältnis

67 Für den **Mietvertrag** gilt das **Rechtsfolgenregime der §§ 563 ff. BGB,** das die erbrechtlichen Vorschriften verdrängt.[78] Vorrangig findet § 563a Abs. 1 BGB Anwendung,[79] der eingreift, wenn mehrere Personen gemeinsam Mieter sind. Nach dieser Vorschrift wird das Mietverhältnis mit dem oder den überlebenden Mitmietern grundsätzlich fortgesetzt, sofern diese zum Personenkreis gehören, der in § 563 Abs. 1, 2 BGB geschützt wird, das heißt Ehegatten, Lebenspartner, Kinder und andere Haushaltsangehörige. Aus § 563a Abs. 2 BGB ergibt sich ein Sonderkündigungsrecht zugunsten dieser. Abweichende Vereinbarungen zum Nachteil der Mieter sind unzulässig (§ 563a Abs. 3 BGB). Untermieter fallen nicht unter § 563a BGB und rücken daher bei Tod des Hauptmieters (Typ A) nicht in dessen Position ein. Ebenso wenig wird bei separaten Mietverträgen das Mietverhältnis (Typ B) des Verstorbenen mit den verbliebenen Mitbewohnern fortgesetzt. Subsidiär treten nach § 563 Abs. 1 BGB Ehegatten oder Lebenspartner ein, die mit dem Mieter einen gemeinsamen Haushalt führen, nicht aber Mitmieter sind. Sind solche nicht vorhanden oder erklären sie nicht eintreten zu wollen, treten nach § 563 Abs. 2 S. 1, 3 BGB Kinder und andere Angehörige ein, die dem Haushalt des Verstorbenen zugehörig sind. Nach § 563 Abs. 2 S. 4 BGB gilt dasselbe für sonstige Personen, die mit dem Mieter einen auf Dauer angelegten gemeinsamen Haushalt führen. Nach herrschender Auffassung fallen Mitbewohner aus bloßen Haushalts- und Wohngemeinschaften nicht unter diesen Tatbestand, da der Gesetzgeber an die Rechtsprechung des BGH zum Eintrittsrechts des überlebenden Partners bei nichtehelicher Lebensgemeinschaft anknüpfen wollte.[80] Gemäß § 563 Abs. 3 S. 1 BGB können Personen, für die § 563 Abs. 1, 2 BGB eingreift, den Eintritt ablehnen. Für den Vermieter besteht bei einem Eintritt ein Sonderkündigungsrecht, wenn in der Person des Eintretenden ein wichtiger Grund vorliegt (§ 563 Abs. 4 BGB). Treten keine Personen nach § 563 BGB ein und wird das Mietverhältnis auch nicht nach § 563a BGB fortgesetzt, tritt der Erbe ein (§ 564 S. 1 BGB). Sowohl der Vermieter als auch der Erbe haben in diesem Fall das Recht zur außerordentlichen Kündigung mit gesetzlicher Frist (§ 564 S. 2 BGB).

2. Innenverhältnis

68 Die **Wertungen der §§ 563 ff. BGB** sind in das Innenverhältnis **zu übertragen.** Dafür spricht vor allem das Telos der Vorschriften. Ziel ist es, den geschützten Personen die

---

[78] Falls der verstorbene Mitbewohner der Eigentümer der Wohnung ist (WG-Typ F), finden die §§ 563 ff. BGB keine Anwendung. Es greifen die allgemeinen erbrechtlichen Vorschriften. Der Erbe wird mit Erbfall unmittelbar Eigentümer der Wohnung und tritt in die Mietverträge mit den anderen Bewohnern ein. Zur Auflösung der Gesellschaft, die nach § 727 Abs. 1 BGB die gesetzliche vorgesehene Folge des Todes eines der Gesellschafter ist, kommt es nicht.
[79] *Hinz* in NK-BGB § 563a Rn. 6; *Herrmann* in BeckOK BGB, 49. Ed. 1.2.2019, § 563a Rn. 3; *Elzer* in Elzer/Riecke MietR § 563a Rn. 10; *Weidenkaff* in Palandt BGB § 563a Rn. 3; *Streyl* in Schmidt-Futterer MietR BGB § 563 Rn. 16; *Sonnenschein* WuM 2000, 387 (405); *Rolfs* in Staudinger § 563 Rn. 8; aA *Löhnig* FamRZ 2001, 891 (894); *Häublein* in MüKoBGB § 563a Rn. 11.
[80] *Häublein* in MüKoBGB § 563 Rn. 15; *Weidenkaff* in Palandt BGB § 563 Rn. 15; *Herrmann* in BeckOK BGB, 49. Ed. 1.2.2019, § 563 Rn. 9. Wohngemeinschaften sind in der Regel nicht auf Dauer angelegt. Ausnahmen sind denkbar, etwa bei Wohngemeinschaften älterer Personen zum Zwecke der gemeinsamen Lebensgestaltung und Haushaltsführung, vgl. BT-Drucks. 14/4553/ 61; *Rolfs* in Staudinger BGB § 563 Rn. 30; *Hinz* in NK-BGB Miete/WEG/Nachbarschaft § 563 Rn. 22; aA LG München NZM 2005, 306 (337). Ebenso liegt ein auf Dauer angelegter gemeinsamer Haushalt vor, wenn eine Mieterin ihren Enkel in die Wohnung aufgenommen hat und dieser im Haushalt hilft und Einkäufe erledigt (LG Heidelberg NZM 2014, 468 (469). Das LG Berlin (BeckRS 2016, 1369) bejaht einen auf Dauer angelegten Haushalt auch beim langjährigen Zusammenleben zweier Personen in einem engen Fürsorgeverhältnis.

F. Tod eines Mitbewohners § 18

Wohnung als Lebensmittelpunkt zu erhalten. Dieser Lebensmittelpunkt ist durch das Zusammenleben in der Wohngemeinschaft, also die gesellschaftsrechtliche Bindung geprägt. Miet- und Gesellschaftsverhältnis sind insoweit untrennbar verknüpft. Es ergibt sich daher ein **differenziertes Bild:** Soweit ein Fall von § 563a BGB gegeben ist, kommt es zur Fortführung der Gesellschaft ohne Eintritt eines neuen Gesellschafters (zu den Rechtsfolgen bei Ausübung des außerordentlichen Kündigungsrechts in § 563a Abs. 2 BGB → Rn. 31 ff.), da der Mitmieter regelmäßig schon Gesellschafter der Wohngemeinschafts-GbR ist. In Fällen des § 563 BGB ist zu differenzieren. In einigen Fällen ist der Eintretende bereits Gesellschafter der Wohngemeinschafts-GbR, aber noch nicht (Mit-)Mieter. Dann gilt das soeben zu § 563a BGB Gesagte mit der Besonderheit, dass die Ausübung des Ablehnungsrecht nach § 563 Abs. 3 S. 1 BGB in der Regel zum unmittelbaren Ausscheiden aus der Gesellschaft führt. In den Fällen, in denen die durch § 563 BGB geschützte Person noch nicht Gesellschafter ist, tritt sie in die Gesellschaft ein, soweit sie vom Ablehnungsrecht nicht Gebrauch macht. Die Rechtsfolgen bei Ausübung des Sonderkündigungsrechts des Hauptmieters aus wichtigem Grund (§ 563 Abs. 4 BGB) richten sich nach den allgemeinen Grundsätzen (→ Rn. 32 ff.).

Kommt es zu einer Fortsetzung des Mietverhältnisses mit dem Erben nach § 564 S. 1 **69** BGB, wird dieser Mitglied der Wohngemeinschaft. Solange der Erbe die Wohnung nicht bezieht, ist das Pflichtenprogramm aber reduziert, ähnlich dem Mitbewohner bei vorzeitigem Auszug (→ Rn. 32). Bei einer Kündigung nach § 564 S. 2 BGB gelten hinsichtlich der Rechtsfolgen die allgemeinen Grundsätze (→ Rn. 32 ff.). Die Mitbewohner können den Erben ggf. nach § 737 BGB ausschließen, wenn seine Mitgliedschaft beziehungsweise sein Einzug für sie unzumutbar ist.

3. Rechtsfolgen

Mietrechtlich richtet sich die **Haftungsverteilung** bei Eintritt oder Fortsetzung nach **70** § 563b BGB. Danach haften Personen, die nach § 563 BGB eintreten beziehungsweise mit denen das Mietverhältnis nach § 563a BGB fortgesetzt wird, gesamtschuldnerisch neben dem Erben für Verbindlichkeiten, die bis zum Tod des Mieters entstanden sind. Im Innenverhältnis haftet der Erbe grundsätzlich allein (§ 563b Abs. 1 S. 2 BGB). Hat der Verstorbene **Miete im Voraus** entrichtet, hat der Erbe einen Anspruch auf Herausgabe des Erlangten Vorteils gegen die Personen, die sich auf §§ 563, 563a BGB berufen können (§ 563b Abs. 2 BGB). Der Vermieter beziehungsweise der Hauptmieter in der Untermietkonstellation (WG-Typ B) kann von den neuen Mietern **Sicherheiten** nach Maßgabe des § 551 BGB verlangen, wenn der Verstorbene keine Sicherheit geleistet hat (§ 563b Abs. 3 BGB). Für die Haftung für Verbindlichkeiten gegenüber der Gesellschaft und Gläubigern der Gesellschaft ist § 563b BGB entsprechend heranzuziehen. Konkret bedeutet das, dass Erben und Eintretende beziehungsweise Mitmieter gesamtschuldnerisch für bis zum Tod entstandene Verbindlichkeiten haften. Zugunsten des Erben sind allerdings die Vorschriften über die Nachhaftung zu berücksichtigen (§ 736 Abs. 2 BGB iVm § 160 HGB). Für Verbindlichkeiten, die nach dem Tod des Mitbewohners entstehen, haftet nur noch der Eintretende beziehungsweise Mitmieter. Aus den Wertungen des § 563b Abs. 1 S. 2, Abs. 2 BGB folgt, dass der Erbe im Innenverhältnis weder finanzielle Vorteile noch Nachteile durch den Eintritt beziehungsweise die Fortsetzung erlangen soll. Er haftet daher gegenüber den Eintretenden beziehungsweise Mitmietern für einen Fehlbetrag iSd § 739 BGB. Umgekehrt hat er gegenüber diesen aber auch einen Anspruch auf Abfindung i. S. v. § 738 BGB, wenn zum Zeitpunkt des Todes des Gesellschafters das Gesellschaftsvermögen die Gesellschaftsverbindlichkeiten übersteigt.

III. Wohngemeinschaften mit gleichrangigen Mitbewohnern

1. Gesamtschuldner

a) Außenverhältnis

71 Bei der Gesamtschuldner-WG (WG-Typ C) sind ebenfalls die §§ 563 ff. BGB heranzuziehen. Vorrangig treten damit Ehegatten, Lebenspartner, Kinder oder sonstige Haushaltsangehörige ein, die Mitmieter der Wohnung sind. Mitbewohner einfacher Wohngemeinschaften gehören nicht zu diesem **Personenkreis**. Dort folgen in der Regel die Erben in den Mietvertrag. Im Hinblick auf die Sonderkündigungsrechte in §§ 563 Abs. 4 und 564 S. 2 BGB sind dabei einige Eigenheiten zu berücksichtigen.[81] Zum einen gibt es eine lebhafte Diskussion um die Frage, ob im Rahmen von § 563 Abs. 4 BGB der Vermieter bei mehreren Eintretenden auch nur dem Eingetretenen kündigen kann, in dessen Person (allein) ein wichtiger Grund vorliegt, oder ob er das Mietverhältnis insgesamt, also allen gegenüber beenden darf, ggf. sogar muss. Die hM nimmt letzteres an, geht also davon aus, dass Teilkündigungen unwirksam sind.[82] Zum anderen ist § 564 S. 2 BGB, um dem Bestandsschutzinteresse der Mitmieter gerecht zu werden, teleologisch so zu reduzieren, dass der Vermieter nur dann kündigen kann, wenn in der Person des Erben ein wichtiger Grund liegt (§ 563 Abs. 4 BGB analog).[83] Der Erbe selbst wiederum kann die Kündigung nicht alleine aussprechen, sondern nur gemeinsam mit den übrigen Mietern.[84] Hierbei ist allerdings zu berücksichtigen, dass die übrigen Mitbewohner die Fortsetzung untereinander vereinbaren können. Insoweit gelten die Grundsätze zum Ausscheiden eines Mitbewohners. Eine Analogie zu § 564 S. 2 BGB, die den Mitmietern ein entsprechendes Kündigungsrecht gewährt, wird zurecht abgelehnt.[85]

b) Innenverhältnis

72 Im Innenverhältnis sprechen dieselben Gründe für eine **Analogie zu den mietrechtlichen Regeln** wie bei den Wohngemeinschaften mit privilegierter Zentralfigur oder entscheidungsbefugten Vermieter (→ Rn. 70). Der **Eintretende beziehungsweise Erbe** ist daher **Rechtsnachfolger** des Verstorbenen und damit Mitglied der GbR zwischen den Bewohnern (allerdings in der Regel mit reduziertem Pflichtenprogramm → Rn. 32), sofern er es nicht ohnehin schon ist. Verhindern können die Mitbewohner den Eintritt nicht. Allerdings können sie den Eintretenden beziehungsweise Erben nach § 737 BGB ausschließen. Hierbei sind unterschiedliche Maßstäbe heranzuziehen. Für Personen, die nach § 563 BGB eintreten, ist der Maßstab an § 563 Abs. 4 BGB („wichtiger Grund") auszurichten. Gegenüber dem Erben bedarf es dagegen keines gesonderten Grundes. Hier sieht das Mietrecht keine besondere Schutzbedürftigkeit (vgl. § 564 S. 2 BGB). In beiden

---

[81] Anders hingegen beim Ablehnungsrecht in § 563 Abs. 3 S. 1 BGB und dem Sonderkündigungsrecht der überlebenden Mitmieter in § 563a Abs. 2 BGB, sofern diese ausnahmsweise doch einschlägig sind.
[82] HM, vgl. *Blank* in Blank/Börstinghaus MietR BGB § 563 Rn. 67 mwN; *Häublein* in MüKoBGB § 563 Rn. 28; *Streyl* in Schmidt-Futterer MietR BGB § 563 Rn. 70–71; aA *Lammel* in WohnraummietR BGB § 563 Rn. 53. Für eine Einzelfallbetrachtung *Eckert* GS Sonnenschein, 2003, 313 (325).
[83] *Häublein* in MüKoBGB § 564 Rn. 17 ff.; aA *Lammel* in WohnraummietR BGB § 564 Rn. 14; *Streyl* in Schmidt-Futterer MietR BGB § 564 Rn. 18 ff.
[84] Wie hier *Lammel* in WohnraummietR BGB § 564 Rn. 13; in der Tendenz auch RGZ 90, 328 (331); OLG Naumburg NZM 2002, 166 (167); gegen ein Kündigungsrecht des Erben LG Köln BeckRS 2000, 13515, *Grapentin* in Bub/Treier BeckHdB MietR IV Rn. 449; *Eckert* GS Sonnenschein, 2003, 313 (318); *Weidenkaff* in Palandt BGB § 564 Rn. 6; wohl auch *Rolfs* in Staudinger BGB § 564 Rn. 6.; *Häublein* in MüKoBGB § 564 Rn. 20–22.
[85] *Häublein* in MüKoBGB § 564 Rn. 15, dort auch zu den überzeugenden Gründen, aus denen eine analoge Anwendung des § 564 S. 2 BGB auf diese Fälle abzulehnen ist. Vgl. dazu auch *Streyl* in Schmidt-Futterer MietR BGB § 564 Rn. 16–22. S. auch zur Vorgängervorschrift LG Köln BeckRS 2000, 13515 und LG Köln BeckRS 2000, 13182.

Fällen sind die formalen Vorgaben des Mietrechts (§ 563 Abs. 4 BGB beziehungsweise § 564 S. 2 BGB) auf das Gesellschaftsrechts zu übertragen: Für die Ausschließung gilt daher die gesetzliche mietrechtliche Frist. Außerdem sie ist innerhalb eines Monats auszusprechen, nachdem die Mitbewohner Kenntnis davon erlangt haben, dass der Mitbewohner verstorben ist und ein Eintritt erfolgt beziehungsweise ein Eintritt oder eine Fortsetzung nicht erfolgt ist. Die Rechtsfolgen der Ausschließung richten sich nach den allgemeinen Grundsätzen (→ Rn. 35 ff.). Ist ein ersatzloses Ausscheiden oder ein Wechsel der Mitbewohner nicht möglich, müssen die Mitbewohner die Wohnung kündigen, ggf. unter Beachtung von Sonderkündigungsrechten (§ 564 S. 2 BGB).

2. Außen-GbR

Haben die Mitbewohner den Mietvertrag als Außen-GbR (WG-Typ D) abgeschlossen, greifen die §§ 563 ff. BGB nicht, da die Parteien des Mietvertrags unverändert bleiben. Die **GbR** ist und **bleibt Gesamtmieter** der Wohnung, sofern eine Fortsetzung vereinbart ist. Entsprechend der oben dargestellten Grundsätze (→ Rn. 66) sind aber die **§§ 563 ff. BGB** auf das **Gesellschaftsverhältnis** anzuwenden, denn auch in dieser Konstellation besteht ein schützenswertes Erhaltungsinteresse. In der Folge tritt der in §§ 563 f. BGB geschützte Personenkreis vorrangig und der Erbe nach § 564 BGB subsidiär in das Gesellschaftsverhältnis ein beziehungsweise übernimmt er den Gesellschaftsanteil des Verstorbenen. Hinsichtlich der Haftung für Gesellschaftsverbindlichkeiten ist im Innenverhältnis wiederum § 563b BGB heranzuziehen.

73

§ 19 Zwangsvollstreckung durch Gläubiger eines Mitbewohners und Verbraucherinsolvenz

Übersicht

	Rn.
A. Zwangsvollstreckung durch Gläubiger eines Mitbewohners	1
I. Allgemeine Voraussetzungen der Zwangsvollstreckung	1
II. Vollstreckung in Haushaltsgegenstände	7
1. Richtiger Vollstreckungsschuldner	7
2. Betreten und Durchsuchen der Wohnung	8
3. Vollstreckung wegen Geldforderungen in Haushaltsgegenstände	13
4. Zwangsvollstreckung zur Herausgabe von Sachen	24
5. Zwangsvollstreckung bei Miteigentum der Mitbewohner	28
III. Pfändung des GbR-Gesellschaftsanteils	31
IV. Zwangsversteigerung der Wohnung	37
B. Auswirkungen der Verbraucherinsolvenz eines Mitbewohners auf die WG	41
I. Das Verbraucherinsolvenzverfahren im Überblick	41
II. Allgemeine Wirkungen der Verbraucherinsolvenz	43
1. Vollstreckungsverbot und Befriedigung aus der Insolvenzmasse	43
2. Besonders gesicherte Gläubiger	45
III. Auswirkungen auf den Mietvertrag über die Wohnung	48
1. Der Schuldner als Mieter	48
a) Keine Kündigung durch den Insolvenzverwalter	48
b) Kündigung durch den Vermieter	51
2. Der Schuldner als Vermieter	56
IV. Kaution	66
1. Der Schuldner als Mieter	66
2. Der Schuldner als Vermieter	69
V. Mitgliedschaft in einer Wohnungsgenossenschaft	70
VI. Auflösung der GbR durch die Verbraucherinsolvenz	75

Schrifttum:

Baur/Stürner/Bruns, Zwangsvollstreckungsrecht, 13. Aufl. 2006; *Behr*, Ein Jahr 2. Zwangsvollstreckungsnovelle – Änderung der Mobiliarvollstreckung nach der ZPO; erste Reaktionen in Theorie und Praxis – Teil I: Verfahrensänderungen und Neuregelungen der Sachpfändung, JurBüro 2000, 117–124; *Brox/Walker*, Zwangsvollstreckung, 11. Aufl. 2018; *Derleder*, Die Rechtsstellung des Wohn- und Gewerberaummieters in der Insolvenz des Vermieters – Eine praktische Darstellung anhand von 20 Fallbeispielen, NZM 2004, 568–579; *Drasdo*, Genossenschaftliches Wohnen – Wohnraumüberlassung an der Schnittstelle von Miete und Gesellschaftsrecht, NZM 2012, 585–599; *Eckert*, Direktzahlungen des Untermieters an den Hauptvermieter, ZfIR 2006, 318–320; *Flatow*, Der Einfluss des Verbraucherinsolvenzverfahrens auf das Mietverhältnis, NZM 2011, 607–619; *Gaul/Schilken/Becker-Eberhard*, Zwangsvollstreckungsrecht, 12. Aufl. 2010; *Hinz*, Mietverhältnisse in der Insolvenz, NZM 2014, 137–152; *Keßler/Herzberg*, Kündigung der Mitgliedschaft in einer Wohnungsgenossenschaft durch den Insolvenzverwalter, NZM 2009, 474–476; *Pape*, Insolvenz im Mietrecht, NZM 2004, 401–411; *Schmidt*, Privatinsolvenz, 4. Aufl. 2014; *Wesser*, Der Schutz der räumlichen Privatsphäre bei Wohnungsdurchsuchungen nach §§ 758, 758a ZPO, NJW 2002, 2138–2145.

A. Zwangsvollstreckung durch Gläubiger eines Mitbewohners

I. Allgemeine Voraussetzungen der Zwangsvollstreckung

Leistet ein Schuldner nicht freiwillig, kann der Gläubiger seinen Anspruch im Wege der Zwangsvollstreckung auch gegen dessen Willen durchsetzen. Voraussetzung jeder Zwangs- **1** vollstreckung ist zunächst, dass der Gläubiger über einen **Vollstreckungstitel** verfügt. Dies ist in der Regel ein rechtskräftiges oder vorläufig vollstreckbares Urteil (§ 704 ZPO), kann aber zum Beispiel auch ein im Mahnverfahren ergangener Vollstreckungsbescheid (§ 794 Abs. 1 Nr. 4 ZPO), ein gerichtlicher Vergleich (§ 794 Abs. 1 Nr. 1 ZPO) oder eine notarielle Urkunde sein, in der sich der Schuldner der sofortigen Zwangsvollstreckung unterworfen hat (§ 794 Abs. 1 Nr. 5 ZPO). Die Urschrift des Titels verbleibt zumeist in der Gerichtsakte oder beim Notar. Der Gläubiger erhält eine mit der Vollstreckungsklausel versehene vollstreckbare Ausfertigung, §§ 724, 795 ZPO.

2   Die Zwangsvollstreckung darf nach § 750 ZPO erst beginnen, wenn dem Schuldner der **Vollstreckungstitel nebst Klausel zugestellt** ist. Die Zustellung erfolgt unmittelbar durch Übergabe an den Vollstreckungsschuldner. Praktisch häufiger ist jedoch die Ersatzzustellung nach §§ 178 ff. ZPO für den Fall, dass der Schuldner nicht persönlich angetroffen wird.

3   In der Wohnung des Schuldners kann nach § 178 Abs. 1 Nr. 1 ZPO an einen erwachsenen Familienangehörigen oder **an einen erwachsenen ständigen Mitbewohner zugestellt** werden. Familienangehörige sind Eltern, Geschwister, Ehegatten und Lebenspartner sowie Verschwägerte. Ob der nichteheliche Lebensgefährte Familienangehöriger ist, ist umstritten.[1] In der Wohngemeinschaft kommt es darauf aber nicht an. Bereits das Zusammenwohnen in einer Wohnung dokumentiert ein besonderes Vertrauensverhältnis, das die Weitergabe des zuzustellenden Schriftstücks an den Adressaten erwarten lässt.[2] An die **Mitglieder einer WG** kann daher grundsätzlich als ständige Mitbewohner im Sinne der Vorschrift zugestellt werden.[3]

Schwieriger ist die Frage, ob an **Zwischenmieter** zugestellt werden kann. Das Phänomen der Zwischenmiete ist besonders in studentischen Wohngemeinschaften weit verbreitet: Ist ein Mitbewohner zum Beispiel wegen eines Auslandssemesters oder Praktikums abwesend, vermietet er sein Zimmer für diese Zeit weiter. Der Zwischenmieter ist typischerweise ebenfalls ein Student, der selbst nur für beschränkte Zeit eine Unterkunft in der Stadt seines Praktikums benötigt. Fraglich ist hier, unter welchen Voraussetzungen ein solcher Mitbewohner auf Zeit zum ständigen Mitbewohner wird. Entscheidend ist dabei, ob und wann das zeitlich begrenzte Zusammenwohnen ein besonderes Vertrauensverhältnis begründet, das die Annahme der zuverlässigen Weitergabe des zuzustellenden Schriftstücks rechtfertigt. Für ein solches Vertrauensverhältnis spricht eine enge persönliche Bindung zwischen den Mitbewohnern, die nur entsteht, wenn der Mitbewohner ausreichend lange in das WG-Leben integriert werden soll. Bei einer Zwischenmiete von einem halben Jahr entsteht in der Regel das erforderliche Vertrauensverhältnis, sodass eine Zustellung an den Zwischenmieter möglich ist.[4] Bei kürzerer Zwischenmiete, insbesondere wenn der Zwischenmieter nur für wenige Wochen in der WG bleibt, ist er dagegen kein ständiger Mitbewohner. In der Praxis ist daher vor der Zustellung an Mitbewohner nach Art und Dauer des Mitwohnens zu fragen.[5]

4   Eine Ersatzzustellung darf nur an einen **erwachsenen** Zustellungsempfänger erfolgen. Erwachsen ist jedoch nicht gleichbedeutend mit volljährig (§ 2 BGB). Vielmehr genügt es, wenn der Zustellungsempfänger nach seinem äußeren Erscheinungsbild erwarten lässt, er werde das zuzustellende Schriftstück ordnungsgemäß weitergeben.[6] Ob sich diese Erwartung im Nachhinein als berechtigt erweist, ist ohne Belang.[7] Ein 17-jähriger Mitbewohner

---

[1] BGHZ 111, 1 = NJW 1990, 1666 mwN aus der älteren Rspr.
[2] BT-Drs. 14/4554, 20.
[3] *Wittschier* in Musielak/Voit ZPO § 178 Rn. 3b; *Dörndorfer* in BeckOK ZPO, 30. Ed. 15.9.2018, § 178 Rn. 11.
[4] Im Ergebnis ebenso *Rohe* in Wieczorek/Schütze ZPO § 178 Rn. 41; aA *Hartmann* in BLAH ZPO § 178 Rn. 14; krit. zum besonderen Vertrauensverhältnis in der WG auch BGH NJW 2001, 1946 (1947).
[5] *Wittschier* in Musielak/Voit ZPO § 178 Rn. 3b.
[6] BGHZ 80, 8 = NJW 1981, 1613 (1614).
[7] OVG Münster BeckRS 2013, 52004.

A. Zwangsvollstreckung durch Gläubiger eines Mitbewohners   § 19

besitzt in aller Regel die erforderliche Reife,[8] selbst bei 15-Jährigen wird diese zumeist noch anzunehmen sein.[9] In der Studenten- oder Auszubildenden-WG macht es für die Zustellung daher keinen Unterschied, ob der Mitbewohner bereits 18 Jahre alt ist oder nicht.

Wird in der gemeinsamen Wohnung auch kein Mitbewohner angetroffen, kann die 5 Zustellung durch **Einlegen in den Briefkasten** nach § 180 ZPO erfolgen. Der Briefkasten muss in einem ordnungsgemäßen Zustand sein, darf also zum Beispiel nicht überquellen. Er muss außerdem eindeutig beschriftet und dem Zustellungsadressaten zugeordnet sein.[10] Dass sich mehrere Mitbewohner einer Wohngemeinschaft einen Briefkasten teilen, ist unschädlich.[11]

Unzulässig ist die Zwangsvollstreckung, wenn **Vollstreckungshindernisse** vorliegen. 6 Neben den in § 775 ZPO genannten Gründen ist vor allem die Eröffnung des Insolvenzverfahrens (§ 89 InsO) ein Vollstreckungshindernis, (→ Rn. 43).

II. Vollstreckung in Haushaltsgegenstände

1. Richtiger Vollstreckungsschuldner

Die Vollstreckung in Haushaltsgegenstände erfolgt in der Regel im Wege der Mobiliar- 7 pfändung. Dabei ist zunächst zu beachten, dass sich die Zwangsvollstreckung nur gegen den in Vollstreckungstitel und -klausel bezeichneten Vollstreckungsschuldner richten darf. Der Zwangsvollstreckung aus einem Titel gegen einen Mitbewohner unterliegen also nur die Haushaltsgegenstände, die sich in dessen Eigentum befinden. In das Gesellschaftsvermögen der Wohngemeinschafts-GbR kann der Gläubiger eines Mitbewohners nicht vollstrecken, § 736 ZPO. Ist die WG zum Beispiel Eigentümerin einer gemeinsam abgelösten Küche oder einer gemeinsam angeschafften Waschmaschine, ist dem Gläubiger eines Mitbewohners der Zugriff auf diese verwehrt. Gleiches gilt für die WG-Kasse (→ § 14 Rn. 53). Der Gläubiger kann dann allenfalls nach § 859 ZPO den Gesellschaftsanteil seines Schuldners pfänden, um die Gesellschaft zu kündigen und den Anspruch auf das anteilige Auseinandersetzungsguthaben geltend zu machen (→ Rn. 31 ff.).

2. Betreten und Durchsuchen der Wohnung

Eine Vollstreckung in Haushaltsgegenstände setzt voraus, dass der Gerichtsvollzieher die 8 Wohnung, die sich der Schuldner mit seinen Mitbewohnern teilt, betritt und durchsucht. Art. 13 Abs. 1 GG schützt die **Unverletzlichkeit der Wohnung** als den räumlich-gegenständlichen Teil der Privatsphäre.[12] Eine Durchsuchung der Wohnung greift schwerwiegend in den Grundrechtsschutz ein und steht daher nach Art. 13 Abs. 2 GG unter **Richtervorbehalt**.[13] Dies gilt nicht nur für Ermittlungsbehörden, sondern auch für den Gerichtsvollzieher.[14] Willigt der Schuldner nicht in die Durchsuchung ein, darf der Gerichtsvollzieher die Wohnung des Schuldners – soweit dies nicht den Erfolg der Durchsuchung gefährden würde – nur aufgrund einer Anordnung des Richters durchsuchen, § 758a Abs. 1 ZPO.

Schwierigkeiten ergeben sich bei einer Durchsuchung in der WG dadurch, dass sich 9 mehrere Personen eine Wohnung teilen und die **Mitbewohner** von einer Durchsuchungs-

---
[8] OVG Münster BeckRS 2013, 52004; *Häublein* in MüKoZPO § 178 Rn. 14.
[9] BGH NJW-RR 2002, 137.
[10] BT-Drs. 14/4554, 21.
[11] BGHZ 190, 99 Rn. 22 ff. = NJW 2011, 2440; OLG Frankfurt a. M. NStZ-RR 2010, 349 (350); *Häublein* in MüKoZPO § 180 Rn. 4.
[12] BVerfGE 139, 245 Rn. 56 f. = NJW 2015, 2787.
[13] BVerfGE 139, 245 Rn. 56 = NJW 2015, 2787; BVerfGE 51, 97 = NJW 1979, 1539 (1540).
[14] BVerfGE 51, 97 = NJW 1979, 1539.

anordnung gegen den Schuldner **stets mitbetroffen** sind. Träger des Grundrechts ist, wer tatsächlich in der Wohnung wohnt,[15] in der WG also jeder einzelne Mitbewohner. Bereits durch das Betreten des Flurs greift der Gerichtsvollzieher auch in die Grundrechte der Mitbewohner ein. Dennoch ergeht gegen diese keine gesonderte Durchsuchungsanordnung: Nach § 758a Abs. 3 ZPO haben Personen, die **Mitgewahrsam** an der Wohnung des Schuldners haben, die **Durchsuchung zu dulden,** wenn der Schuldner in diese eingewilligt hat oder eine richterliche Durchsuchungsanordnung gegen diesen ergangen oder entbehrlich ist. Mitgewahrsam aller Mitbewohner besteht in der WG an den Gemeinschaftsräumen wie Flur, Küche, Bad, Wohnzimmer und Balkon. Der Gerichtsvollzieher darf daher neben dem vom Schuldner allein bewohnten Zimmer auch die **Gemeinschaftsräume** durchsuchen.[16]

10   Die **von Mitbewohnern allein bewohnten Zimmer** stehen in deren **Alleingewahrsam,** sodass keine Duldungspflicht nach § 758a Abs. 3 ZPO besteht. Ohne Einwilligung oder Durchsuchungsanordnung darf der Gerichtsvollzieher die von Mitbewohnern allein bewohnten Räume wegen Art. 13 Abs. 2 GG nicht durchsuchen.[17] Teilweise wird aber angenommen, der Gerichtsvollzieher dürfe diese Räume **betreten**, um andere Räume zu erreichen oder um dort Sachen des Schuldners zu pfänden.[18] Das Betreten und Durchschreiten ist zwar ein Grundrechtseingriff,[19] aber keine Durchsuchung, sodass Art. 13 Abs. 2 GG nicht anwendbar ist.[20] Der Eingriff durch das Betreten ist zudem weniger gravierend als bei einer Durchsuchung. Daher trete das Recht des Dritten auf Unverletzlichkeit der Wohnung hinter die kollidierenden Rechte des Gläubigers zurück, namentlich die Eigentumsgarantie aus Art. 14 Abs. 1 GG und das Recht auf effektiven Rechtsschutz aus Art. 19 Abs. 4 GG.[21] Dies mag angesichts des weiten Wohnungsbegriffs des BVerfG[22] durchaus zutreffen, soweit es um Nebenräume, wie etwa Garage oder Keller, oder um Geschäftsräume geht. Für die Wohngemeinschaft überzeugt die pauschale Annahme eines Betretungsrechts jedoch nicht, weil hier das fragliche Zimmer typischerweise das Schlafzimmer des Mitbewohners und damit der innerste Bereich der Privatsphäre betroffen ist. In der Abwägung mit den Interessen des Gläubigers überwiegt dann die Unverletzlichkeit der Wohnung des Mitbewohners. Der Gerichtsvollzieher darf daher das von einem Mitbewohner allein bewohnte Zimmer nicht ohne dessen Einwilligung betreten.

11   Bei der Durchsuchung der gemeinsamen Wohnung ist auf die Interessen der Mitgewahrsamsinhaber besondere Rücksicht zu nehmen. Ihnen gegenüber sind gem. § 758 Abs. 3 S. 2 ZPO **unbillige Härten** zu vermeiden. So kann zum Beispiel eine schwere akute Erkrankung[23], Schlafen am Tag wegen nächtlicher Arbeit[24], eine Familienfeier[25] oder wichtiger Besuch[26] zur Unverhältnismäßigkeit der Durchsuchung führen.

12   Zweifelhaft erscheint, ob ein **Mitbewohner anstelle des Schuldners in die Durchsuchung einwilligen kann.** Nach dem Wortlaut des § 758a ZPO macht nur eine Einwilligung des Schuldners die richterliche Anordnung entbehrlich. Der Gesetzgeber ging

---

[15] *Papier* in Maunz/Dürig GG, 84. EL August 2018, Art. 13 Rn. 12.
[16] BGH NJW-RR 2008, 1271 Rn. 10; *Ulrici* in BeckOK ZPO, 30. Ed. 15.9.2018, § 758a Rn. 7; *Sievers* in NK- ZVR § 758a Rn. 20; *Brox/Walker* Zwangsvollstreckungsrecht Rn. 326; aA *Lackmann* in Musielak/Voit ZPO § 758a Rn. 6; *Münzberg* in Stein/Jonas ZPO § 758a Rn. 9; *Wesser* NJW 2002, 2138 (2145).
[17] *Brox/Walker* Zwangsvollstreckungsrecht Rn. 326; *Ulrici* in BeckOK ZPO, 30. Ed. 15.9.2018, § 758a Rn. 7.1; *Heßler* in MüKoZPO § 758a Rn. 17; *Sievers* in NK-ZVR § 758a ZPO Rn. 20.
[18] *Lackmann* in Musielak/Voit ZPO § 758a Rn. 7; *Ulrici* in BeckOK ZPO, 30. Ed. 15.9.2018, § 758a Rn. 7.1.
[19] BVerfGE 65, 1 = NJW 1984, 419 (421) – Volkszählung; *Papier* in Maunz/Dürig GG, 84. EL August 2018, Art. 13 Rn. 117.
[20] *Brox/Walker* Zwangsvollstreckungsrecht Rn. 326; *Heßler* in MüKoZPO § 758a Rn. 27.
[21] *Heßler* in MüKoZPO § 758a Rn. 19.
[22] BVerfGE 32, 54 = NJW 1971, 2299; Überblick bei *Papier* in Maunz/Dürig GG 84. EL August 2018, Art. 13 Rn. 10.
[23] BT-Drs. 13/341, 18.
[24] *Lackmann* in Musielak/Voit ZPO § 758a Rn. 5.
[25] *Ulrici* in BeckOK ZPO, 30. Ed. 15.9.2018, § 758a Rn. 8.
[26] *Behr* JurBüro 2000, 117 (120).

jedoch davon aus, dass auch die Einwilligung eines mitwohnenden Familienangehörigen genügt, weil angenommen werden dürfe, dass der Schuldner diesen die Ausübung seiner Rechte anvertraut habe.[27] Verbreitet wird daher angenommen, dass auch erwachsene Mitbewohner einer WG wirksam in die Durchsuchung einwilligen können.[28] Überzeugen kann dies indes nur, wenn diese tatsächlich Vertretungsmacht haben,[29] weil nur der Träger des Grundrechts selbst über den Schutz disponieren kann.

3. Vollstreckung wegen Geldforderungen in Haushaltsgegenstände

Die Zwangsvollstreckung wegen einer Geldforderung in bewegliche Sachen erfolgt durch **Pfändung durch den Gerichtsvollzieher**, § 803 Abs. 1 S. 1 ZPO. Dazu nimmt der Gerichtsvollzieher die zu pfändende Sache in Besitz, § 808 Abs. 1 ZPO. Gepfändetes Geld hat der Gerichtsvollzieher gem. § 815 Abs. 1 ZPO dem Gläubiger abzuliefern. Im Übrigen erfolgt die Verwertung durch öffentliche Versteigerung, §§ 814 ff. ZPO. **13**

Die Eigentumsverhältnisse an den für die Pfändung in Betracht kommenden Sachen kann der Gerichtsvollzieher rein faktisch nicht überprüfen. Er richtet sich daher allein danach, ob sich die zu pfändende Sache im **Gewahrsam des Schuldners** befindet. Gewahrsam hat, wer nach außen erkennbar die tatsächliche Sachherrschaft ausübt.[30] Dies entspricht dem unmittelbaren Besitz gem. § 854 Abs. 1 BGB.[31] **14**

Befindet sich die Sache im Alleingewahrsam des Schuldners, kann der Gerichtsvollzieher sie pfänden. Bei Allein- oder Mitgewahrsam eines Dritten ist eine Pfändung nach § 809 ZPO nur zulässig, wenn dieser zur Herausgabe bereit ist. Wer Gewahrsam an der betreffenden Sache hat, beurteilt der Gerichtsvollzieher nach dem äußeren Erscheinungsbild unter Berücksichtigung der allgemeinen Lebenserfahrung.[32] Sachen in der Wohnung des Schuldners hat dieser normalerweise in Alleingewahrsam.[33] Wohnt der Schuldner aber nicht allein, ist die Beurteilung schwieriger. Der historische Gesetzgeber ging davon aus, die Fälle des Zusammenlebens mehrerer Personen umfassend durch eine Gewahrsamsvermutung unter Ehegatten zu regeln. Leben Ehegatten zusammen, haben zwar in der Regel beide Gewahrsam an den in der Wohnung befindlichen Sachen.[34] Jedoch gilt der Vollstreckungsschuldner nach § 739 Abs. 1 ZPO iVm § 1362 Abs. 1 BGB unwiderleglich als Alleingewahrsamsinhaber.[35] Diese **Gewahrsamsvermutung** ist nach § 739 Abs. 2 ZPO auch auf die eingetragene Lebenspartnerschaft anwendbar, nicht jedoch auf die nichteheliche Lebensgemeinschaft[36] und erst recht nicht auf die Mitbewohner einer Wohngemeinschaft.[37] Hier bleibt es bei der Bestimmung des Gewahrsams nach den allgemeinen Regeln. **15**

Alleingewahrsam hat ein Mitbewohner an den Sachen, die sich in dem von ihm allein bewohnten Zimmer befinden.[38] Auch die offensichtlich ausschließlich zu seinem persönli- **16**

---

[27] BT-Drs. 13/341, 16.
[28] *Ulrici* in BeckOK ZPO, 30. Ed. 15.9.2018, § 758a Rn. 2.1; *Seibl* in Zöller ZPO § 758a Rn. 11; *Sievers* in NK-ZVR ZPO § 758a Rn. 5; *Heßler* in MüKoZPO § 758a Rn. 30; *Paulus* in Wieczorek/Schütze ZPO § 758a Rn. 11; *Kindl* in NK-ZPO § 758a Rn. 7 unter Verweis auf das Hausrecht, dazu → § 16; *Wesser* NJW 2002, 2138 (2143), die bei Wohngemeinschaften idR eine konkludente Bevollmächtigung annimmt; aA *Lackmann* in Musielak/Voit ZPO § 758a Rn. 4.
[29] *Walker* in Schuschke/Walker ZPO § 758a Rn. 14; *Kroppenberg* in Prütting/Gehrlein ZPO § 758a Rn. 6.
[30] *Forbriger* in BeckOK ZPO, 30. Ed. 15.9.2018, § 808 Rn. 5.
[31] *Gruber* in MüKoZPO § 808 Rn. 6; *Herget* in Zöller ZPO § 808 Rn. 5.
[32] *Becker* in Musielak/Voit ZPO § 808 Rn. 3a.
[33] *Gruber* in MüKoZPO § 808 Rn. 13; *Forbriger* in BeckOK ZPO, 30. Ed. 15.9.2018, § 808 Rn. 8.
[34] *Becker* in Musielak/Voit ZPO § 808 Rn. 7.
[35] *Ulrici* in BeckOK ZPO, 30. Ed. 15.9.2018, § 739 Rn. 8; *Seibl* in Zöller ZPO § 739 Rn. 7.
[36] BGHZ 170, 187 Rn. 11 ff. = NJW 2007, 992; aA *Heßler* in MüKoZPO § 739 Rn. 19.
[37] *Seibel* in Zöller ZPO § 739 Rn. 14; *Giers* in NK-ZVR ZPO § 739 Rn. 15; *Schilken* in Gaul/Schilken/Becker-Eberhard Zwangsvollstreckungsrecht § 51 Rn. 11; *Heßler* in MüKoZPO § 739 Rn. 20.
[38] *Gruber* in MüKoZPO § 808 Rn. 13; *Forbriger* in BeckOK ZPO, 30. Ed. 15.9.2018, § 808 Rn. 8; *Becker* in Musielak/Voit ZPO § 808 Rn. 7; *Schilken* in Gaul/Schilken/Becker-Eberhard Zwangsvollstreckungsrecht § 51 Rn. 11; *Baur/Stürner/Bruns* Zwangsvollstreckungsrecht Rn. 28.6; *Flury* in Prütting/Gehrlein ZPO § 808 Rn. 9.

chen Gebrauch bestimmten Sachen stehen in seinem Alleingewahrsam.[39] Dazu zählt zum Beispiel die Kleidung des Schuldners, auch wenn sich diese gerade zusammen mit Kleidungsstücken anderer Mitbewohner in der gemeinsamen Waschmaschine befindet. Gleiches gilt für die – in der Vollstreckungspraxis freilich irrelevanten – Kosmetika im gemeinsamen Bad.

An den gemeinsam genutzten Sachen, wie zum Beispiel Möbeln, Geschirr, Besteck, dem Staubsauger, der Waschmaschine und dem Fernseher im Wohnzimmer, besteht **Mitgewahrsam aller Mitbewohner** – unabhängig davon, wem diese Sachen gehören.[40] Eine gemeinsam genutzte Sache darf der Gerichtsvollzieher nur pfänden, wenn alle Mitbewohner zur Herausgabe bereit sind.

Auch die teilrechtsfähige **Außen-GbR** kann selbst **Gewahrsamsinhaberin** sein.[41] Sie erwirbt den Gewahrsam durch Zurechnung des Organgewahrsams der geschäftsführenden Gesellschafter.[42] Die Organe selbst haben keinen eigenen Gewahrsam.[43] Hat die Wohngemeinschaft Gesellschaftsvermögen gebildet und ist also Außen-GbR (→ § 14 Rn. 9), haben die einzelnen Mitbewohner keinen eigenen Gewahrsam. Gewahrsamsinhaberin ist vielmehr nur die WG selbst und zwar erstens an allen zum Gesellschaftsvermögen gehörenden Sachen, wie der gemeinsam abgelösten Küche, gemeinsam angeschafften Möbeln oder sonstigen Haushaltsgegenständen, und zweitens an allen der WG von einzelnen Mitbewohnern zum Gebrauch überlassenen Sachen. Vorbehaltlich abweichender Regelung im Gesellschaftsvertrag haben die Mitbewohner über die Erklärung der Herausgabebereitschaft nach §§ 709, 714 BGB gemeinsam zu entscheiden.

17 Wer **Eigentümer der zu pfändenden Sache** ist, muss der Gerichtsvollzieher nicht prüfen. Der Einwand, ein Dritter sei Eigentümer, ist daher grundsätzlich unbeachtlich.[44] Etwas anderes gilt nur, wenn eine im Gewahrsam des Schuldners befindliche Sache **offenkundig** im Eigentum eines anderen steht.[45] In der Wohngemeinschaft erschwert der gemeinsame Haushalt die eindeutige Zuordnung der einzelnen Sachen zum Eigentum eines bestimmten Mitbewohners. Das Führen eines gemeinsamen Haushalts bewirkt eine tatsächliche Vermischung, sodass für Außenstehende in der Regel nicht ersichtlich ist, welche Sachen welcher Mitbewohner in die Wohngemeinschaft eingebracht hat, oder ob diese während des Zusammenwohnens von einem Mitbewohner oder gemeinsam zu Eigentum erworben wurden. Wurde eine Sache gemeinsam erworben, können die Mitbewohner entweder Miteigentum gebildet haben oder aber die Wohngemeinschaft als Außen-GbR ist selbst Eigentümerin geworden. All dies kann der Gerichtsvollzieher nicht nachvollziehen und es kann auch nicht pauschal behauptet werden, dass eine bestimmte rechtliche Gestaltung in der Praxis der Regelfall wäre. Bei gemeinsam genutzten Sachen ist daher kaum denkbar, dass die Pfändung an offenkundigem Dritteigentum scheitert.

18 Der Schuldner hat im Grundsatz zwar mit seinem gesamten Vermögen für die Erfüllung seiner Schuld einzustehen. Dennoch darf ihm die Zwangsvollstreckung nicht seine lebensnotwendigen Güter entziehen. Als Ausfluss der Menschenwürdegarantie und Konkretisierung des Sozialstaatsprinzips enthält § 811 ZPO daher eine Reihe von **Pfändungsbeschränkungen**. Diese verhindern, dass der Schuldner und seine Familienangehörigen

---

[39] *Gruber* in MüKoZPO § 808 Rn. 15; *Becker* in Musielak/Voit ZPO § 808 Rn. 7; *Baur/Stürner/Bruns* Zwangsvollstreckungsrecht Rn. 28.6; *Schilken* in Gaul/Schilken/Becker-Eberhard Zwangsvollstreckungsrecht, § 51 Rn. 5; *Flury* in Prütting/Gehrlein ZPO § 808 Rn. 9.
[40] *Becker* in Musielak/Voit ZPO § 808 Rn. 7; *Sternal* in NK-ZVR ZPO § 808 Rn. 9; *Schilken* in Gaul/Schilken/Becker-Eberhard Zwangsvollstreckungsrecht § 51 Rn 11; *Flury* in Prütting/Gehrlein ZPO § 808 Rn. 9; aA *Forbriger* in BeckOK ZPO, 30. Ed. 15.9.2018, § 808 Rn. 8, 15, die nicht zwischen nicht rechtsfähiger Innen- und teilrechtsfähiger Außen-GbR differenziert und auch bei der Innen-GbR Organgewahrsam annimmt.
[41] *Gruber* in MüKoZPO § 808 Rn. 19.
[42] *Herget* in Zöller ZPO § 808 Rn. 12; *Gruber* in MüKoZPO § 808 Rn. 19; *Sternal* in NK-ZVR ZPO § 808 Rn. 9.
[43] BGHZ 57, 166 = NJW 1972, 43; *Gruber* in MüKoZPO § 808 Rn. 18.
[44] BGHZ 80, 296 = NJW 1981, 1835; *Becker* in Musielak/Voit ZPO § 808 Rn. 5.
[45] *Gruber* in MüKoZPO § 808 Rn. 22.

ihrer wirtschaftlichen Existenz beraubt werden, damit sie – unabhängig von staatlicher Sozialhilfe – ein bescheidenes, der Würde des Menschen entsprechendes Leben führen können.[46]

Nach § 811 Abs. 1 Nr. 1 ZPO sind die **dem persönlichen Gebrauch oder dem Haushalt dienenden Sachen**, insbesondere Kleidungsstücke, Wäsche, Betten, Haus- und Küchengerät unpfändbar, soweit der Schuldner ihrer zu einer seiner Berufstätigkeit und seiner Verschuldung angemessenen, bescheidenen Lebens- und Haushaltsführung bedarf. Der Haushaltsführung dienen all jene Sachen, die der Schuldner oder Personen, die mit ihm in häuslicher Gemeinschaft leben, also auch die WG-Mitbewohner, zur Führung eines bestehenden Haushalts nutzen.[47] Die Vorschrift mutet veraltet an, kann aber den aktuellen gesellschaftlichen und technischen Entwicklungen angepasst ausgelegt werden. In heutigen Wohngemeinschaften gehören zum unpfändbaren Haus- und Küchengerät insbesondere Staubsauger, Waschmaschine,[48] Kaffeemaschine,[49] Kühlschrank,[50] Gefrierschrank,[51] Mikrowelle[52] und ein Farbfernsehgerät. Ohne weiteres pfändbar ist dagegen eine Spielekonsole.[53] 19

Auch an sich unpfändbare Haushaltsgegenstände sind nach § 811 Abs. 2 ZPO pfändbar, wenn der Schuldner sie unter **Eigentumsvorbehalt** erworben hat und der Verkäufer wegen der so gesicherten Kaufpreisforderung vollstreckt. Ob der nicht vollständig abbezahlte Fernseher eigentlich unpfändbar ist, ist daher unerheblich, wenn der Vorbehaltsverkäufer wegen der offenen Kaufpreisforderung vollstreckt. 20

Möglich bleibt auch eine **Austauschpfändung** nach § 811a Abs. 1 ZPO. Danach kann die Pfändung einer eigentlich unpfändbaren Sache zugelassen werden, wenn der Gläubiger dem Schuldner ein Ersatzstück, das dem geschützten Verwendungszweck genügt, oder den zur Beschaffung eines solchen Ersatzstückes erforderlichen Geldbetrag überlässt. Beispielsweise kann ein hochwertiger Flachbildfernseher durch ein einfaches Röhrengerät ersetzt werden,[54] ein kostspieliger Kaffeevollautomat durch eine einfache Filterkaffeemaschine[55] oder ein wertvolles antikes Möbelstück durch ein günstiges Massenprodukt. 21

Im Übrigen darf Hausrat auch dann nicht gepfändet werden, wenn ohne weiteres ersichtlich ist, dass durch die Verwertung nur ein Erlös erzielt würde, der außer allem Verhältnis zum Wert des Gegenstands steht, § 812 ZPO. 22

Ebenfalls unpfändbar sind nach § 811 Abs. 1 Nr. 5 ZPO die **zur Fortsetzung einer Erwerbstätigkeit erforderlichen Gegenstände**. Kann ein Arbeitnehmer seine Arbeitsstelle nicht in zumutbarer Weise mit öffentlichen Verkehrsmitteln erreichen, ist sein Pkw unpfändbar.[56] Dies gilt auch für den auf das Fahrzeug angewiesenen Ehegatten oder eingetragenen Lebenspartner des Schuldners,[57] nicht jedoch für die Mitbewohner einer Wohngemeinschaft, die das Fahrzeug des Schuldners mitnutzen, weil zwischen diesen keine familiären Unterhaltspflichten bestehen. Eine Austauschpfändung nach § 811a ZPO ist zulässig, wenn das Ersatzfahrzeug eine annähernd gleiche Haltbarkeit und Lebensdauer wie das gepfändete Fahrzeug hat.[58] Als Ersatzfahrzeug darf dem Schuldner also nicht eine alte Rostlaube überlassen werden, die demnächst kaputt geht oder bei der nächsten Hauptuntersuchung durchfällt. 23

---

[46] BGH NJW-RR 2004, 789 (790).
[47] *Forbriger* in BeckOK ZPO, 30. Ed. 15.9.2018, § 811 Rn. 9.
[48] Vgl. BVerwGE 107, 234 = NJW 1999, 664 (665).
[49] *Herget* in Zöller ZPO § 811 Rn. 15; aA *Becker* in Musielak/Voit ZPO § 811 Rn. 12.
[50] *Herget* in Zöller ZPO § 811 Rn. 15.
[51] *Herget* in Zöller ZPO § 811 Rn. 15; aA *Hartmann* in BLAH ZPO § 811 Rn. 23; *Gruber* in MüKoZPO § 811 Rn. 61; *Becker* in Musielak/Voit ZPO § 811 Rn. 12.
[52] AA *Hartmann* in BLAH ZPO § 811 Rn. 20; *Gruber* in MüKoZPO § 811 Rn. 61; *Becker* in Musielak/Voit ZPO § 811 Rn. 12.
[53] AG Heidelberg BeckRS 2015, 04804; *Kemper* in NK-ZPO § 811 Rn. 12.
[54] LG Wuppertal BeckRS 2009, 06907.
[55] *Gruber* in MüKoZPO § 811 Rn. 61.
[56] BGH NJW-RR 2010, 642 Rn. 16.
[57] BGH NJW-RR 2010, 642 Rn. 8 ff.
[58] BGH NJW-RR 2011, 1366 Rn. 12.

4. Zwangsvollstreckung zur Herausgabe von Sachen

24 Hat der Schuldner eine bewegliche Sache herauszugeben, zum Beispiel einen unter Eigentumsvorbehalt gekauften Fernseher, erfolgt die Zwangsvollstreckung nach §§ 883 ff. ZPO. Zuständig ist der Gerichtsvollzieher nach § 883 Abs. 1 ZPO, § 753 Abs. 1 ZPO. Die Vollstreckung erfolgt in der Weise, dass der Gerichtsvollzieher dem Schuldner die Sache wegnimmt und dem Gläubiger übergibt, § 883 Abs. 1 ZPO.

25 Auch bei der Herausgabevollstreckung ist eine gesonderte **Durchsuchungsanordnung** nach § 758a ZPO erforderlich, wenn der Schuldner sich weigert, die Sache herauszugeben, und in die Durchsuchung der Wohnung nicht einwilligt (→ Rn. 8).[59]

26 Die **Pfändungsschutzvorschriften** §§ 811, 812 ZPO sind im Fall der Herausgabevollstreckung nicht anwendbar.[60] Ob der nicht vollständig abbezahlte Fernseher oder das geleaste Fahrzeug unpfändbar ist, ist daher unerheblich, wenn der Gläubiger aus einem Herausgabetitel vollstreckt.

27 Besteht an der herauszugebenden Sache **Allein- oder Mitgewahrsam eines Dritten,** kann der Gerichtsvollzieher diese wegnehmen, wenn der Dritte analog § 809 ZPO zur Herausgabe bereit ist.[61] Verweigert der Dritte die Herausgabe, kommt nur die Pfändung des Herausgabeanspruchs des Schuldners gegen den Dritten nach § 886 ZPO in Betracht. Hat der Schuldner den unter Eigentumsvorbehalt erworbenen Fernseher also im Wohnzimmer aufgestellt und der WG zur gemeinsamen Nutzung überlassen, haben entweder die übrigen Mitbewohner Mitgewahrsam oder er steht im Alleingewahrsam der GbR (vgl. → Rn. 16). Der Gerichtsvollzieher kann den Fernseher dann nur wegnehmen und dem Gläubiger übergeben, wenn die Mitbewohner damit einverstanden sind. Verweigern die Mitbewohner die Herausgabe des Fernsehers an den Gerichtsvollzieher, muss der Vorbehaltsverkäufer die Herausgabeansprüche des Schuldners gegen seine Mitbewohner pfänden und sich zur Einziehung überweisen lassen. Die Mitbewohner müssen den Fernseher dann aber nur an den Gläubiger herausgeben, wenn der Herausgabeanspruch fällig ist. Ob und unter welchen Voraussetzungen eine der WG überlassene Sache zurückverlangt werden kann, richtet sich nach der konkreten Ausgestaltung der Überlassung im Einzelfall (→ § 15 Rn. 13 ff.).

5. Zwangsvollstreckung bei Miteigentum der Mitbewohner

28 Haben die Mitbewohner eine WG-Kasse gebildet oder gemeinsam Anschaffungen getätigt, ohne eine Außen-GbR zu gründen (→ § 14 Rn. 9, 52), besteht Bruchteilseigentum nach §§ 741 ff., 1008 ff. BGB. Bei der Bruchteilsgemeinschaft kann jeder Miteigentümer über seinen Miteigentumsanteil frei verfügen, § 747 S. 1 BGB. Daher unterliegt der Miteigentumsanteil auch der Zwangsvollstreckung.[62]

29 Die Zwangsvollstreckung in einen Miteigentumsanteil an einer beweglichen Sache erfolgt durch **Pfändung** nach § 857 Abs. 1 ZPO, §§ 828 ff. ZPO. Zuständig ist das Amtsgericht als Vollstreckungsgericht. Der Pfändungsbeschluss ist den übrigen Miteigentümern als Drittschuldnern zuzustellen. Die Pfändung des Miteigentumsanteils ist unzulässig, wenn die Sache selbst nach § 811 Abs. 1 ZPO unpfändbar ist (→ Rn. 19 ff.).[63]

30 Die **Verwertung** des Miteigentumsanteils erfolgt durch Überweisung zur Einziehung, § 857 Abs. 1 ZPO, § 835 ZPO. Der Vollstreckungsgläubiger kann nach § 751 S. 2 BGB die Aufhebung der Gemeinschaft verlangen. Diese erfolgt durch Verkauf nach den Vor-

---

[59] *Brox/Walker* Zwangsvollstreckungsrecht Rn. 1054; *Heßler* in MüKoZPO § 758a Rn. 46; *Brehm* in Stein/Jonas ZPO § 883 Rn. 19; *Walker* in Schuschke/Walker ZPO § 883 Rn. 9.
[60] *Schilken* in Gaul/Schilken/Becker-Eberhard Zwangsvollstreckungsrecht § 70 Rn. 12; *Brox/Walker* Zwangsvollstreckungsrecht Rn. 1055.
[61] *Brox/Walker* Zwangsvollstreckungsrecht Rn. 1056; *Gruber* in MüKoZPO § 883 Rn. 24; *Schilken* in Gaul/Schilken/Becker-Eberhard Zwangsvollstreckungsrecht § 70 Rn. 12; vgl. § 127 Abs. 1 S. 3 GVGA.
[62] *Schilken* in Gaul/Schilken/Becker-Eberhard Zwangsvollstreckungsrecht § 58 Rn. 25; *Baur/Stürner/Bruns* Zwangsvollstreckungsrecht Rn. 25.18.
[63] *Brox/Walker* Zwangsvollstreckungsrecht Rn. 802.

schriften über den Pfandverkauf (§§ 1233 ff. BGB) und anschließende Teilung des Erlöses, § 753 Abs. 1 BGB.

III. Pfändung des GbR-Gesellschaftsanteils

Hat die WG Gesellschaftsvermögen gebildet und ist deshalb eine Außen-GbR entstanden (→ § 14 Rn. 9), haben Gläubiger eines Mitbewohners auf dieses Vermögen keinen direkten Zugriff. Möglich ist dann nur die Pfändung des Gesellschaftsanteils, § 859 Abs. 1 S. 1 ZPO. **31**

Die **Pfändung** des Gesellschaftsanteils erfolgt nach § 857 Abs. 1 ZPO, § 829 ZPO. Zuständig ist das Amtsgericht als Vollstreckungsgericht (§ 828 Abs. 1, 2 ZPO), dessen Pfändungsbeschluss der GbR als Drittschuldnerin zuzustellen ist, § 829 Abs. 3 ZPO. Die Zustellung erfolgt gem. § 170 Abs. 1 ZPO an den geschäftsführenden Gesellschafter oder in Ermangelung eines solchen an einen der Gesellschafter nach § 170 Abs. 3 ZPO.[64] **32**

Die **Verwertung** des Gesellschaftsanteils erfolgt durch Überweisung zur Einziehung. Die Pfändung bewirkt nicht, dass der Vollstreckungsgläubiger anstelle des Vollstreckungsschuldners in die Gesellschaft eintritt. Die Pfändung des Gesellschaftsanteils eines Mitbewohners führt also nicht dazu, dass der Gläubiger oder ein von ihm bestimmter Dritter in die WG einziehen darf. Solange die Gesellschaft besteht, kann der Vollstreckungsgläubiger nur den Anspruch auf den Gewinnanteil geltend machen, § 725 Abs. 2 BGB. Bei einer Wohngemeinschaft gibt es aber normalerweise keinen Gewinn. Der Vollstreckungsgläubiger wird daher nach § 725 Abs. 1 BGB die Gesellschaft kündigen, um nach § 734 BGB einen Anspruch auf den Anteil des Schuldners am Auseinandersetzungsguthaben zu bekommen (→ § 22 Rn. 44, 47). **33**

Die **Kündigung** führt im Regelfall zur **Auflösung der Gesellschaft**.[65] Jedoch kann im Gesellschaftsvertrag eine **Fortsetzungsklausel** vereinbart werden. Vom Wortlaut des § 736 BGB ist die Kündigung durch den Privatgläubiger eines Gesellschafters zwar nicht erfasst, doch hat die Norm ohnehin nur deklaratorische Funktion.[66] Auch für diesen Fall kann der Gesellschaftsvertrag eine Fortsetzung unter den übrigen Gesellschaftern vorsehen.[67] Der Gesellschafter, dessen Gesellschaftsanteil gepfändet wurde, scheidet dann aus der Gesellschaft aus und der Vollstreckungsgläubiger erhält gem. § 738 Abs. 1 S. 2 BGB Zugriff auf das (fiktive) Auseinandersetzungsguthaben. Weil sich die meisten Wohngemeinschaften keine Gedanken darüber gemacht haben, dass sie eine Außen-GbR gegründet haben, wird in aller Regel keine ausdrückliche Vereinbarung vorliegen. Die Fortsetzungsklausel kann aber auch konkludent vereinbart werden.[68] Ob dies der Fall ist, ist durch Auslegung zu ermitteln. **34**

Bei WG-Typ D, bei dem die Außen-GbR selbst Vertragspartei des Mietvertrags ist, haben die Mitbewohner ein besonderes Fortbestandsinteresse, die Wohnung nicht zu verlieren. Hier ist daher in der Regel eine stillschweigend vereinbarte Fortsetzungsklausel anzunehmen, sodass die Außen-GbR trotz Kündigung durch den Vollstreckungsgläubiger mit den übrigen Mitbewohnern fortgesetzt wird. Der Mitbewohner, dessen Gesellschaftsanteil gepfändet wurde, scheidet dann aus der Gesellschaft aus und verliert sein Recht, als Mitglied der WG in der gemeinsamen Wohnung zu wohnen. Freilich können die Mitbewohner beschließen, ihn wieder in die Wohngemeinschaft aufzunehmen. Verpflichtet sind sie dazu indes nicht. **35**

Bei allen anderen WG-Typen droht nicht der Verlust der Wohnung, sodass im Zweifel vom Fehlen einer stillschweigend vereinbarten Fortsetzungsklausel auszugehen ist. Die **36**

---
[64] BGH NJW 2006, 2191 (2192).
[65] *Sprau* in Palandt BGB § 725 Rn. 3.
[66] *Schäfer* in MüKoBGB § 736 Rn. 6.
[67] *Sprau* in Palandt BGB § 736 Rn. 2b; *Westermann* in Erman BGB § 736 Rn. 2.
[68] *Habermeier* in Staudinger BGB § 736 Rn. 5.

Gesellschaft wird dann aufgelöst und auseinandergesetzt (→ § 22 Rn. 37 ff.). Weil aber in diesen Fällen der Bestand der Mietverhältnisse vom Bestehen der Außen-GbR unabhängig ist, bleibt eine Wohngemeinschaft erhalten. Auch bei Auflösung der Außen-GbR bilden die Mitbewohner noch eine auf das gemeinsame Wohnen beschränkte Innen-GbR.

IV. Zwangsversteigerung der Wohnung

37 Ist einer der Mitbewohner Eigentümer der von der WG bewohnten Wohnung (WG-Typ F, → § 1 Rn. 29), kann es passieren, dass seine Gläubiger die Zwangsvollstreckung in die Eigentumswohnung (→ § 25 Rn. 1 ff.) oder das Grundstück durch Zwangsversteigerung betreiben, §§ 866, 869 ZPO, §§ 15 ff. ZVG. Durch den Zuschlag erwirbt der Ersteher das Eigentum. Bestehen zwischen dem bisherigen Eigentümer und seinen Mitbewohnern **Mietverträge, tritt der Ersteher** nach § 57 ZVG, § 566 BGB in diese **ein** (→ § 12 Rn. 8 ff.). Er kann dann zwar die Herausgabe der Wohnung vom ehemaligen Eigentümer verlangen, nicht jedoch von den übrigen Mitbewohnern der WG.

38 Betreffend die Mietverträge mit den Mitbewohnern hat der Ersteher nach § 57a ZVG ein **Sonderkündigungsrecht.** Dieses berechtigt ihn, das Mietverhältnis unter Einhaltung der gesetzlichen Frist des § 573d Abs. 2 BGB zu kündigen. Die Kündigung ist danach spätestens am dritten Werktag eines Kalendermonats zum Ablauf des übernächsten Monats zulässig. Nach § 57a S. 2 ZVG ist die Kündigung jedoch ausgeschlossen, wenn sie nicht für den ersten zulässigen Termin erfolgt. Dies ist der Termin, zu dem die Kündigung dem Ersteher ohne schuldhaftes Zögern tatsächlich möglich ist.[69] Dabei ist ihm eine Bedenkzeit zuzugestehen, die es dem Ersteher ermöglicht, sich über die Sach- und Rechtslage zu informieren, insbesondere über die Umstände, die für oder gegen die Fortführung des Mietverhältnisses sprechen.[70] Wird der Zuschlag etwa am ersten oder zweiten Werktag des Kalendermonats erteilt, kann nicht erwartet werden, dass der Ersteher sich innerhalb von einem oder zwei Tagen informiert und entscheidet und sofort die Kündigung erklärt.[71] Diese ist dann noch bis zum Ablauf des dritten Werktags des Folgemonats möglich. Je nach Umständen des Einzelfalls ist eine Überlegungsfrist von wenigen Tagen bis zu einer Woche angemessen.[72]

39 Auch die Sonderkündigung gem. § 57a ZVG muss den bei Wohnraum geltenden Anforderungen genügen. Sie muss also nach § 568 BGB schriftlich erfolgen.[73] Sie wird außerdem durch die Kündigungsschutzbestimmungen bei Wohnraummiete beschränkt (→ § 20 Rn. 26 ff.). Der Ersteher kann also insbesondere nur bei Vorliegen eines besonderen Kündigungsgrunds gem. § 573 Abs. 1 BGB, § 573d Abs. 1 BGB, § 575a Abs. 1 BGB kündigen, etwa wegen Eigenbedarfs.[74] Die Mitbewohner können einer ihnen gegenüber erklärten Kündigung nach § 574 BGB widersprechen.[75] Faktisch führt das Sonderkündigungsrecht damit lediglich zu einer Verkürzung der vertraglichen auf die gesetzliche Kündigungsfrist.[76]

40 Den Mitbewohnern des ehemaligen Eigentümers gibt die Zuschlagserteilung keinen zusätzlichen Kündigungsgrund gegenüber dem Ersteher.[77] Für sie bleibt es bei den allgemeinen Regeln über die Beendigung des Mietverhältnisses (→ § 20 Rn. 73 ff.).

---

[69] RGZ 98, 273 (275); Stöber ZVG § 57a Rn. 5.2.
[70] OLG Düsseldorf BeckRS 2002, 09363; Stöber ZVG § 57a Rn. 5.2.
[71] *Stumpe* in NK-ZVR ZVG § 57a Rn. 11.
[72] OLG Oldenburg BeckRS 2001, 30227920.
[73] Böttcher ZVG § 57a Rn. 10.
[74] Böttcher ZVG § 57a Rn. 15; *Stumpe* in NK-ZVR ZVG § 57a Rn. 15; Stöber ZVG § 57a Rn. 6.1.
[75] Böttcher ZVG § 57a Rn. 13; Stöber ZVG § 57a Rn. 6.1.
[76] Böttcher ZVG § 57a Rn. 13.
[77] Böttcher ZVG § 57 Rn. 6, 9.

B. Auswirkungen der Verbraucherinsolvenz eines Mitbewohners auf die WG

I. Das Verbraucherinsolvenzverfahren im Überblick

6,7 Millionen erwachsene Personen sind in Deutschland überschuldet.[78] Das sind etwa 10 % **41** der erwachsenen Gesamtbevölkerung und ihr Anteil nimmt seit 2006 stetig zu.[79] Hauptursache der Überschuldung ist Arbeitslosigkeit, unter jungen Erwachsenen führt oftmals auch eine unwirtschaftliche Haushaltsführung zu Überschuldung.[80] In vielen Fällen sind die Betroffenen nicht in der Lage, sich aus eigener Kraft aus der Überschuldungssituation zu befreien. Es droht eine Verschuldungsspirale, in der sich Faktoren wie Verlust des Arbeitsplatzes und Verlust der Wohnung gegenseitig verstärken.[81] Einen wirtschaftlichen Neuanfang und damit den Start in ein schuldenfreies Leben ermöglicht die 1999 eingeführte Verbraucherinsolvenz. Die Zahl der Verbraucherinsolvenzverfahren lag im Jahr 2016 bei rund 75.000.[82]

Vor Einleitung eines Verbraucherinsolvenzverfahrens muss der Schuldner nach § 305 **42** Abs. 1 Nr. 1 InsO zunächst erfolglos ein außergerichtliches Schuldenbereinigungsverfahren durchlaufen haben.[83] Das eigentliche Verbraucherinsolvenzverfahren beginnt daran anschließend mit dem Insolvenzeröffnungsverfahren, das durch den Antrag auf Durchführung der Verbraucherinsolvenz eingeleitet wird. Ist der Schuldner zahlungsunfähig (§ 17 InsO) oder droht seine Zahlungsunfähigkeit (§ 18 InsO) und sind die Verfahrenskosten gedeckt,[84] eröffnet das Insolvenzgericht gem. § 27 InsO das Verbraucherinsolvenzverfahren. Mit der Eröffnung des Insolvenzverfahrens verliert der Schuldner die Verwaltungs- und Verfügungsbefugnis über sein Vermögen an den Insolvenzverwalter, § 80 Abs. 1 InsO. Diesem kommt die Aufgabe zu, die Insolvenzmasse zu verwerten und anschließend eine Verteilung an die Insolvenzgläubiger vorzunehmen, § 196 InsO. Das Insolvenzgericht beschließt sodann die Aufhebung des Insolvenzverfahrens nach § 200 Abs. 1 InsO. Oftmals fehlt in Verbraucherinsolvenzverfahren aber ohnehin eine verteilungsfähige Masse.[85] In diesem Fall stellt das Insolvenzgericht das Verfahren ein, §§ 207, 211 InsO. Im nächsten Schritt bestimmt das Insolvenzgericht einen Treuhänder, §§ 287, 288 InsO. Damit beginnt die Wohlverhaltensperiode, während der der Schuldner sein pfändbares Einkommen an den Treuhänder abtreten und einige Obliegenheiten erfüllen muss.[86] Als Belohnung winkt ihm dafür am Ende die Restschuldbefreiung, § 286 InsO.

II. Allgemeine Wirkungen der Verbraucherinsolvenz

1. Vollstreckungsverbot und Befriedigung aus der Insolvenzmasse

Mit Eröffnung des Insolvenzverfahrens geht die **Verwaltungs- und Verfügungsbefugnis** **43** über das zur Insolvenzmasse gehörende Vermögen des Schuldners nach § 80 InsO auf den Insolvenzverwalter über. Insolvenzgläubiger, die im Zeitpunkt der Eröffnung des Insolvenz-

---

[78] Lebenslagen in Deutschland, Der Fünfte Armuts- und Reichtumsbericht der Bundesregierung, 2017, S. 485.
[79] Lebenslagen in Deutschland, Der Fünfte Armuts- und Reichtumsbericht der Bundesregierung, 2017, S. 485.
[80] Statistisches Bundesamt, Statistik zur Überschuldung privater Personen 2017, S. 8.
[81] *Schmidt* Privatinsolvenz Einl. Rn. 2.
[82] Statistisches Bundesamt, Statistik über beantragte Insolvenzverfahren (52411).
[83] Ausf. *Schmidt* Privatinsolvenz § 3 Rn. 1 ff.
[84] Die Verfahrenskosten sind auch dann gedeckt, wenn der Schuldner einen Antrag auf Stundung nach § 4a InsO stellt.
[85] *Schmidt* Privatinsolvenz § 3 Rn. 87.
[86] Dazu ausf. *Schmidt* Privatinsolvenz § 5 Rn. 61.

verfahrens einen begründeten Vermögensanspruch gegen den Schuldner haben, können diesen nur noch zur Tabelle anmelden, §§ 87, 174 ff. InsO. Nach § 89 Abs. 1 InsO gilt während der Dauer des Insolvenzverfahrens ein umfassendes Vollstreckungsverbot sowohl für Insolvenzgläubiger als auch für Neugläubiger. Danach ist die Einzelzwangsvollstreckung in die Insolvenzmasse und das sonstige Vermögen des Schuldners ausgeschlossen. Ergänzt wird dies durch die Rückschlagsperre des § 88 InsO. Um eine Gleichbehandlung der Insolvenzgläubiger zu erreichen, sind auch Zwangsvollstreckungsmaßnahmen in den letzten drei Monaten vor dem Antrag auf Eröffnung des Verbraucherinsolvenzverfahrens absolut unwirksam.

44 Zur **Insolvenzmasse** gehört nach § 35 Abs. 1 InsO im Grundsatz das gesamte Vermögen, das dem Schuldner zur Zeit der Eröffnung des Verfahrens gehört und das er während des Verfahrens erlangt. Haushaltsgegenstände fallen in der Regel unter § 811 Nr. 1 ZPO (→ Rn. 19) und gehören daher nach § 36 Abs. 1 S. 1 InsO nicht zur Insolvenzmasse. Hausrat, der im Haushalt des Schuldners gebraucht wird, gehört auch dann nicht zur Insolvenzmasse, wenn ohne weiteres ersichtlich ist, dass durch die Verwertung nur ein Erlös erzielt werden würde, der zu seinem Wert außer allem Verhältnis steht, § 36 Abs. 3 InsO. Analog der Austauschpfändung nach § 811a ZPO kann der Insolvenzverwalter hochwertige unpfändbare Haushaltsgegenstände zur Masse ziehen.[87] Ob eine Sache, zum Beispiel die Stereoanlage des Schuldners, im konkreten Fall in die Insolvenzmasse fällt oder nicht, kann nach § 36 Abs. 4 InsO durch das Insolvenzgericht geklärt werden. In der Praxis wird dies dadurch vermieden, dass der Insolvenzverwalter dem Schuldner einen Ankauf aus der Masse anbietet, § 159 InsO.[88] Auch das Fahrzeug des Schuldners fällt in die Insolvenzmasse, wenn es nicht unpfändbar ist (→ Rn. 23). Wiederum ist ein Vorgehen nach § 811a ZPO analog denkbar. In der Praxis verfahren Insolvenzverwalter jedoch zumeist so, dass sie dem Schuldner das Fahrzeug belassen, wenn dessen Wert unter 500 EUR liegt, und andernfalls vom Schuldner die Zahlung des durch eine Austauschpfändung erzielbaren Differenzbetrags an die Insolvenzmasse fordern.[89]

2. Besonders gesicherte Gläubiger

45 Keine Insolvenzgläubiger sind die aussonderungsberechtigten Gläubiger, die aufgrund eines dinglichen oder persönlichen Rechts geltend machen können, dass ein Gegenstand nicht zur Insolvenzmasse gehört, § 47 Abs. 1 InsO. **Aussonderungsrechte** bestehen beispielsweise an gemieteten, geleasten oder geliehenen Sachen im Eigentum Dritter. Auch der Vorbehaltsverkäufer ist zur Aussonderung der Eigentumsvorbehaltsware, zum Beispiel des nicht vollständig abbezahlten Fernsehers, berechtigt. Ebenso berechtigt Gesamthandseigentum (→ § 15 Rn. 40) die Außen-GbR zur Aussonderung.[90] Hat die Wohngemeinschaft also durch gemeinsame Anschaffung von Haushaltsgegenständen Gesellschaftsvermögen gebildet, kann sie dieses aussondern.

46 Das **Vermieterpfandrecht** gem. § 562 BGB berechtigt den Vermieter zur Absonderung nach § 50 InsO. Große Bedeutung kommt dem Vermieterpfandrecht heute nicht mehr zu, weil es die nach § 811 ZPO unpfändbaren Sachen (→ Rn. 19) nicht erfasst. Hinzu kommt, dass die werthaltigen Sachen, die der Mieter in die Wohnung eingebracht hat, diesem bei wirtschaftlichen Schwierigkeiten aufgrund von Eigentumsvorbehalten vielfach noch nicht gehören.[91]

47 Mietsicherheiten darf der Vermieter wegen streitiger Forderungen gegen den Mieter während des laufenden Mietverhältnisses nicht verwerten.[92] Praktisch relevant ist die Ver-

---

[87] *Bäuerle* in Braun InsO § 36 Rn. 2; *Hirte* in Uhlenbruck InsO § 36 Rn. 43.
[88] *Schmidt* Privatinsolvenz Ratgeber VII 2.
[89] *Schmidt* Privatinsolvenz Ratgeber VII 3.
[90] *Bäuerle* in Braun InsO § 47 Rn. 23.
[91] *Dötsch* in BeckOK MietR, 15. Ed. 13.5.2019, § 562 Rn. 2.
[92] BGH NJW 2014, 2496.

wertung daher nur bei Beendigung des Mietverhältnisses. Die Insolvenz des Mieters beendet das Mietverhältnis jedoch nicht und auch der Insolvenzverwalter kann die vom Schuldner bewohnte Wohnung nicht kündigen, sondern erklärt in aller Regel die Freigabe des Mietverhältnisses (→ Rn. 48 f.). Damit ist dieses nicht mehr insolvenzbefangen und die Verwertung der Mietsicherheiten richtet sich nach den allgemeinen Regeln (→ § 5 Rn. 51 ff.).

III. Auswirkungen auf den Mietvertrag über die Wohnung

1. Der Schuldner als Mieter

a) Keine Kündigung durch den Insolvenzverwalter

Der Mietvertrag besteht gem. § 108 Abs. 1 InsO nach Eröffnung des Insolvenzverfahrens **48** mit Wirkung für die Insolvenzmasse fort. Mietverhältnisse über einen unbeweglichen Gegenstand oder über Räume kann der Insolvenzverwalter nach § 109 Abs. 1 S. 1 InsO grundsätzlich kündigen. Von dieser Möglichkeit machten Insolvenzverwalter früher häufig Gebrauch, um die Mietkaution zur Masse zu ziehen. Dass der Schuldner durch das Verbraucherinsolvenzverfahren seine Wohnung verliert und schlimmstenfalls von Obdachlosigkeit bedroht ist, läuft jedoch dem Ziel eines wirtschaftlichen Neuanfangs entgegen.[93] Hinsichtlich des Mietvertrags über die vom Schuldner bewohnte Wohnung steht dem Insolvenzverwalter daher heute **kein Kündigungsrecht** mehr zu, § 109 Abs. 1 S. 2 InsO. Dabei macht es keinen Unterschied, ob der Schuldner den Mietvertrag direkt mit dem Vermieter oder einen Untermietvertrag mit einem anderen WG-Mitglied geschlossen hat. Der Insolvenzverwalter kann diesen Mietvertrag nicht kündigen.

Dennoch soll auch die Insolvenzmasse nicht mit den Mietzinszahlungen belastet **49** werden. An die Stelle der Kündigung tritt daher die **Enthaftungserklärung**, § 109 Abs. 1 S. 2 InsO. Der Insolvenzverwalter kann dem Vermieter gegenüber mit einer Frist von drei Monaten zum Monatsende erklären, dass Ansprüche, die nach Ablauf dieser Frist fällig werden, nicht im Insolvenzverfahren geltend gemacht werden können. In der Praxis wird die Enthaftungserklärung so gut wie immer abgegeben.[94] Sie hat zur Folge, dass das Mietverhältnis aus der Masse freigegeben wird. Damit fällt das Mietverhältnis wieder vollständig in die alleinige Verwaltungs- und Verfügungsbefugnis des Schuldners zurück.[95]

Nach der Freigabe muss der Schuldner die Miete und die Nebenkostenvorauszahlungen **50** aus seinem unpfändbaren Einkommen aufbringen. Die pünktliche Zahlung von Miete und Nebenkosten ist als Bargeschäft anfechtungsfest, § 142 InsO. Der Vermieter muss also nicht befürchten, diese zurückzahlen zu müssen.[96] Dies gilt gleichermaßen für den Vermieter wie auch innerhalb der WG, wenn der Hauptmieter gegenüber seinem Mitbewohner als Untervermieter auftritt (WG-Typ A, → § 1 Rn. 24). Vorsicht ist aber geboten, wenn der Hauptmieter seinem Mitbewohner die Untermiete gestundet hat. Dann kann die Begleichung des Mietrückstands anfechtbar sein.[97] Verzichtet der Hauptmieter wegen der persönlichen Verbundenheit mit dem Mitbewohner vermeintlich vorübergehend auf die Zahlung der Miete, sollte er sich bewusst sein, dass er diese voraussichtlich auch später nicht mehr erhalten wird.

---

[93] BT-Drs. 14/5680, 27.
[94] *Schmidt* Privatinsolvenz Ratgeber VI Nr. 1.
[95] BGHZ 206, 1 = NJW 2015, 3087 Rn. 20; BGH NJW 2014, 2585 Rn. 14 ff.; NJW 2014, 1954 Rn. 13 ff.
[96] *Flatow* NZM 2011, 607 (610).
[97] BGH NJW-RR 2003, 837 (840); *Flatow* NZM 2011, 607 (610).

b) Kündigung durch den Vermieter

51 Der insolvente Mieter ist in der Regel auch mit den Mietzahlungen in Verzug, sodass eine darauf gestützte Kündigung des Vermieters droht. **§ 112 InsO schließt die Kündigung** durch den Vermieter wegen dieses Verzugs ab dem Antrag auf Eröffnung des Insolvenzverfahrens **aus**. Hintergrund der Regelung ist, dass die Fortführung eines Unternehmens des Schuldners nicht dadurch beeinträchtigt werden soll, dass gemietete oder gepachtete Gegenstände diesem zur Unzeit entrissen werden.[98] Diese Kündigungssperre gilt für alle Miet-, Pacht- und Leasingverhältnisse[99] sowie Lizenzverträge[100]. Obwohl § 112 InsO eigentlich nicht dem Schutz des vertragsuntreuen Schuldners vor Verlust seiner Wohnung dient,[101] ist er dennoch auch auf Wohnraummietverträge anwendbar.[102]

52 § 112 InsO schließt die Kündigung wegen eines Verzugs mit der Entrichtung der Miete aus der Zeit **vor** dem Eröffnungsantrag und wegen Verschlechterung der Vermögensverhältnisse aus. Dies umfasst neben der **außerordentlichen** Kündigung nach § 543 Abs. 2 S. 1 Nr. 3 BGB auch die **ordentliche** Kündigung wegen Zahlungsverzugs nach § 573 Abs. 2 Nr. 1 BGB, eine Kündigung wegen Verzugs mit einer Betriebskostennachzahlung sowie die Kündigung wegen ständig unpünktlicher Mietzahlung.[103] Nicht erfasst ist jedoch die Kündigung wegen eines (weiteren) Verzugs, der erst nach dem Antrag eingetreten ist.[104] Auch alle anderen Kündigungsgründe bleiben unberührt (→ § 20 Rn. 26 ff., 54 ff., 58 ff.).[105]

53 Kann die **Kündigung gegenüber mehreren Mietern** nur einheitlich erfolgen, beendet sie den Mietvertrag nur dann, wenn sie allen Mietern gegenüber wirksam ist.[106] Die Kündigung ist daher insgesamt unwirksam, wenn zugunsten eines Mieters die Kündigungssperre des § 112 InsO greift.[107] Bei WG-Typ C, bei dem die Mitbewohner den Mietvertrag mit dem Vermieter als Gesamtschuldner geschlossen haben, kann die Kündigung ihnen gegenüber nur einheitlich erfolgen (→ § 20 Rn. 12). Ist nun einer der Mitbewohner insolvent, wirkt die Kündigungssperre des § 112 InsO zugunsten der ganzen WG. Anders ist dies bei WG-Typ D, bei dem die WG selbst als Außen-GbR Mietvertragspartei ist. Denn § 112 InsO setzt die Insolvenz des Mieters voraus. Die Insolvenz eines Gesellschafters der GbR löst die Kündigungssperre somit nicht aus.

54 Die **Kündigungssperre** des § 112 InsO gilt nur während des Insolvenzverfahrens und **endet** folglich mit dessen Aufhebung.[108] Im Restschuldbefreiungsverfahren ist § 112 InsO somit nicht anwendbar.[109] Eine Kündigung nach Aufhebung des Insolvenzverfahrens kann der Mieter daher nur nach § 569 Abs. 3 Nr. 2 BGB verhindern, indem er die fällige Miete begleicht oder eine entsprechende Verpflichtungserklärung einer öffentlichen Stelle – beispielsweise des Trägers der Sozialhilfe – vorlegt (→ § 20 Rn. 70; → § 27).

55 Die Kündigungssperre des § 112 InsO entfällt auch mit **Wirksamwerden der Enthaftungserklärung**.[110] Denn § 112 InsO erfasst nur Mietverhältnisse, die im Zeitpunkt der

---

[98] BT-Drs 12/2443, 148.
[99] BT-Drs 12/2443, 148.
[100] BGH NJW 2006, 915 Rn. 21.
[101] BGHZ 206, 1 Rn. 28 = NJW 2015, 3087.
[102] *Eckert* in MüKoInsO § 112 Rn. 3; *Wegener* in Uhlenbruck InsO § 112 Rn. 3; vorausgesetzt von BGHZ 206, 1 = NJW 2015, 3087; aA *Marotzke* in HeidelbergerKomm-InsO § 112 Rn. 4.
[103] *Kroth* in Braun InsO § 112 Rn. 5; *Hinz* NZM 2014, 137 (148).
[104] BGH NJW 2008, 1442 Rn. 16; NJW 2005, 2552 (2554); BGHZ 151, 353 = NJW 2002, 3326 (3331).
[105] BGH NJW 2005, 2552 (2554); *Kroth* in Braun InsO § 112 Rn. 2.
[106] BGHZ 144, 370 = NJW 2000, 3133 (3135); *Weidenkaff* in Palandt BGB § 542 Rn. 18.
[107] OLG Düsseldorf BeckRS 2009, 05983; *Ringstmeier* in K. Schmidt InsO § 112 Rn. 25; *Berberich* in BeckOK InsO, 12. Ed. 26.10.2018, § 112 Rn. 25; *Jacoby* in Jaeger InsO § 112 Rn. 55.
[108] BGHZ 206, 1 Rn. 31 ff. = NJW 2015, 3087; *Ringstmeier* in K. Schmidt InsO § 112 Rn. 21.
[109] AA AG Hamburg NZI 2009, 331 (334); LG Neubrandenburg BeckRS 2001, 31155087; *Breitenbücher* in Graf-Schlicker InsO § 112 Rn. 10; *Jacoby* in Jaeger InsO § 112 Rn. 58; *Flatow* NZM 2011, 607 (614).
[110] BGH NJW 2017, 1747 Rn. 9; BGHZ 206, 1 Rn. 24 ff., 44 = NJW 2015, 3087; aA *Wegener* in Uhlenbruck InsO § 109 Rn. 24b; *Blank* in Schmidt-Futterer MietR BGB § 542 Rn. 143 ff.; *Flatow* NZM 2011, 607 (614).

Kündigungserklärung (noch) massebefangen sind.[111] Die Enthaftungserklärung bewirkt aber, dass das Mietverhältnis wieder vollständig in die alleinige Verwaltungs- und Verfügungsbefugnis des Mieters übergeht. Dann hat der Mieter wieder selbst dafür zu sorgen, dass er den Mietzins aus seinem pfändungsfreien Vermögen aufbringt. Schafft er das nicht, kann der Vermieter außerordentlich kündigen.[112] Mit Wirksamwerden der Enthaftungserklärung berechtigen auch Mietrückstände aus der Zeit vor der Insolvenzantragstellung den Vermieter wieder zur fristlosen Kündigung nach § 543 Abs. 2 S. 1 Nr. 3 BGB.[113] Auch in diesem Fall kann der Schuldner die Kündigung nur nach § 569 Abs. 3 Nr. 2 BGB abwenden durch Ausgleich der offenen Mietforderung oder Vorlage einer Verpflichtungserklärung einer öffentlichen Stelle.

2. Der Schuldner als Vermieter

Abhängig vom WG-Typ kann es vorkommen, dass der insolvente Mitbewohner gegenüber den übrigen Mitbewohnern Vermieter ist. Diese **Mietverträge** bestehen nach § 108 Abs. 1 S. 1 InsO mit **Wirkung für die Insolvenzmasse** fort. Der Insolvenzverwalter hat **kein Sonderkündigungsrecht,** sondern kann nur aus den gesetzlichen oder vertraglich vereinbarten Gründen kündigen (→ § 20 Rn. 26 ff., 50 ff.). Auch den Mitbewohnern steht wegen der Insolvenz ihres Vermieters kein außerordentliches Kündigungsrecht zu. 56

Bei WG-Typ A ist der Schuldner Hauptmieter und hat mit seinen Mitbewohnern Untermietverträge abgeschlossen (→ § 1 Rn. 24). Im Außenverhältnis schuldet der Hauptmieter die gesamte Miete an den Vermieter. Tatsächlich bringt er aber nur den Anteil für sein Zimmer selbst auf und erhält die restliche Miete von seinen Mitbewohnern. In der Verbraucherinsolvenz des Hauptmieters bestehen die Untermietverträge nach § 108 Abs. 1 S. 1 InsO mit Wirkung für die Masse fort. Die **Mietzahlungen** der Untermieter stehen also der Masse zu und werden vom Insolvenzverwalter vereinnahmt. 57

Solange auch das Hauptmietverhältnis mit Wirkung für die Masse fortbesteht, hat der Insolvenzverwalter die vereinnahmte Miete an den Hauptvermieter weiterzureichen.[114] Er darf der Masse durch Einziehung und Nichtweitergabe der Einnahmen aus den Untermietverhältnissen nicht laufend auf Kosten des Vermieters und zu Gunsten anderer Gläubiger Liquidität verschaffen.[115] Daraus folgt aber lediglich, dass dem Vermieter die Fortführung des Mietverhältnisses nicht weiter zuzumuten ist, wenn der Insolvenzverwalter die vereinnahmten Untermieten nicht weiterreicht, und dieser folglich kündigen kann.[116] 58

Um sicherzustellen, dass die Untermiete tatsächlich beim Hauptvermieter ankommt, scheint eine **Direktzahlung** vom Untermieter an den Hauptvermieter attraktiv. Ist der Insolvenzverwalter damit einverstanden, liegt in diesem abgekürzten Zahlungsweg eine **Ermächtigung,** sich durch die Zahlung an den Hauptvermieter von der Schuld aus dem Untermietverhältnis zu befreien, § 362 Abs. 2 BGB, § 185 Abs. 1 BGB.[117] Durch die Direktzahlung erlöschen dann sowohl der Mietzahlungsanspruch des Hauptvermieters gegen die Masse, als auch der Anspruch der Masse gegen den Untermieter. Eine vom Schuldner erteilte Ermächtigung besteht im Insolvenzverfahren fort, ist jedoch nach § 183 S. 1 BGB jederzeit frei widerruflich. 59

Besteht eine solche Ermächtigung nicht oder nicht mehr, kann der Untermieter dennoch nach § 267 BGB an den Hauptvermieter zahlen. Dadurch wird die Masse nach § 362 BGB von ihrer Verbindlichkeit frei. Hinsichtlich der Forderung aus dem Untermietverhältnis hat die Direktzahlung aber keine Erfüllungswirkung. Abweichend hiervon meint das LG 60

---

[111] BGHZ 206, 1 Rn. 26 = NJW 2015, 3087.
[112] BT-Drs. 14/5680, 27.
[113] BGHZ 206, 1 Rn. 44 = NJW 2015, 3087; abl. *Ahrens* LMK 2015, 373812.
[114] *Wegener* in Uhlenbruck InsO § 108 Rn. 27.
[115] BGH NJW 2005, 2552 (2554).
[116] BGH NJW 2005, 2552 (2553); *Eckert* ZfIR 2006, 318 (319).
[117] BGH NJW 2015, 341 Rn. 32; BGHZ 87, 156 = NJW 1983, 1605 (1606).

Hamburg, der Insolvenzverwalter müsse Direktzahlungen an den Hauptvermieter nach § 242 BGB als Erfüllung im Untermietverhältnis gelten lassen.[118] Damit fingiert das Gericht ohne Not die verweigerte Zustimmung unter Umgehung der einschlägigen gesetzlichen Regelungen, die in derartigen Konstellationen zu ausgewogenen Ergebnissen führen: Der Untermieter bleibt danach zur Zahlung der Miete an die Masse verpflichtet, erwirbt durch die Direktzahlung aber einen Rückgriffsanspruch aus § 684 S. 1 BGB. Dabei handelt es sich um eine Masseforderung, mit der der Untermieter nach § 55 Abs. 1 Nr. 3 InsO grundsätzlich aufrechnen kann.[119] Ausgeschlossen ist die Aufrechnung jedoch nach Anzeige der Masseunzulänglichkeit gem. § 96 Abs. 1 Nr. 1 InsO analog.[120]

61 Das Hauptmietverhältnis gibt der Insolvenzverwalter aber in aller Regel nach § 109 Abs. 1 S. 2 InsO frei. Dies hat zur Folge, dass der Mietvertrag wieder in die alleinige Zuständigkeit des Schuldners fällt (→ Rn. 49) und die Masse nicht mehr für künftige Mietforderungen haftet. Mit **Wirksamwerden der Enthaftungserklärung** muss also der Schuldner die Miete in eigener Verantwortung aus seinem pfändungsfreien Einkommen an den Vermieter entrichten. Bei WG-Typ A führt dies zu Komplikationen, weil die **Untermietverhältnisse** von der Enthaftungserklärung **nicht erfasst** werden. Die Mitbewohner sind also weiterhin verpflichtet, ihre Miete an die Masse zu bezahlen. Der Insolvenzverwalter muss die Mietzahlungen der Untermieter aber nicht mehr an den Hauptvermieter weiterreichen, weil die Masse gerade nicht mehr für Forderungen aus dem Hauptmietverhältnis haftet. Der insolvente Mitbewohner muss nun also nicht mehr nur seinen eigenen Anteil, sondern die gesamte Miete aus seinem pfändungsfreien Einkommen aufbringen, was ihm praktisch nicht gelingen wird. Dann aber droht eine Kündigung durch den Vermieter, womit die Folgen der Enthaftungserklärung nach § 109 Abs. 1 S. 2 InsO ihrem Zweck entgegenlaufen, dem Schuldner die Wohnung zu erhalten.

62 Eine **Direktzahlung** der Mitbewohner an den Hauptvermieter mit oder ohne Zustimmung des Schuldners befreit diesen (anteilig) von seiner Zahlungspflicht. Im Untermietverhältnis tritt dadurch aber keine Erfüllung ein und auch die – umstrittene – Lösung des LG Hamburg über § 242 BGB (→ Rn. 60) versagt, weil gerade nicht die Masse, sondern der Schuldner selbst von einer Verbindlichkeit frei wird. Die Mitbewohner erwerben durch die Direktzahlung folglich auch keine Bereicherungsansprüche gegen die Masse, mit denen sie aufrechnen könnten. Im Ergebnis müssen sie daher trotz Direktzahlung nochmals die Miete an die Masse bezahlen.

63 Eine **Freigabe der Untermietverträge** durch den Insolvenzverwalter könnte Abhilfe schaffen, ist aber nicht möglich, weil dieser nur einzelne Vermögensgegenstände, nicht aber verpflichtende Vertragsverhältnisse freigeben kann.[121] Von diesem Grundsatz macht § 109 Abs. 1 S. 2 InsO eine Ausnahme, sodass erwogen werden könnte, die Vorschrift in der Form analog anzuwenden, dass sich die Freigabe auch auf die Untermietverhältnisse erstreckt. Dadurch könnte der Gesetzeszweck, dem Schuldner die Wohnung zu erhalten, erreicht werden. Zu unsachgemäßen Ergebnissen führt diese Überlegung jedoch dann, wenn die Summe der Mietzahlungen aus den Untermietverhältnissen die im Hauptmietverhältnis geschuldete Miete übersteigt. Zwar werden die Mitbewohner einer WG die Miete vielfach fair untereinander aufteilen. Gerade in Städten mit rasch gestiegenen Mieten, wie zum Beispiel München oder Berlin,[122] kommt es aber häufiger vor, dass der Hauptmieter aus einem schon längere Zeit bestehenden Mietvertrag eine geringere Miete schuldet, als er durch die Untervermietung an die Mitbewohner einnimmt. Gegen eine analoge Anwendung spricht außerdem der Ausnahmecharakter der Vorschrift, der zu einer generellen Zurückhaltung der Rechtsprechung führt, § 109 Abs. 1 S. 2 InsO analog anzuwenden (→ Rn. 72).

---

[118] LG Hamburg ZfIR 2006, 346; abl. *Eckert* ZfIR 2006, 318 (319).
[119] *Eckert* ZfIR 2006, 318 (320).
[120] *Hefermehl* in MüKoInsO § 210 Rn. 12; *Ries* in Uhlenbruck InsO § 208 Rn. 44.
[121] *Wegener* in Uhlenbruck InsO § 108 Rn. 19; *Pape* NZM 2004, 401 (410).
[122] GdW, Wohnungswirtschaftliche Daten und Trends 2016/2017, S. 40.

In der Insolvenz des Hauptmieters bei WG-Typ A sollten die Mitbewohner daher **64** versuchen, möglichst noch vor Wirksamwerden der Enthaftungserklärung eine **einvernehmliche Lösung mit dem Vermieter und dem Insolvenzverwalter** zu finden. Sind diese einverstanden, können die Untermietverträge aufgelöst und der Hauptmieter ausgetauscht (weiterhin WG-Typ A) oder eine Gesamtschuld begründet werden (WG-Typ C, → § 1 Rn. 26).

Bei **WG-Typ F** ist der insolvente Mitbewohner Eigentümer der bewohnten Immobilie. **65** Er wohnt mit in der WG und ist zugleich Vermieter für die Mitbewohner (→ § 1 Rn. 29). Der Insolvenzverwalter wird diese **Immobilie verwerten,** wenn er sie nicht, zum Beispiel wegen Überbelastung mit Grundpfandrechten, freigibt. Für die Verwertung ist die Vermietung an die Mitbewohner ein Hindernis, besondere Bedeutung erlangt deshalb die **Verwertungskündigung** nach § 573 Abs. 2 Nr. 3 BGB, die jedoch nur unter strengen Voraussetzungen möglich ist (→ § 20 Rn. 38).[123] Veräußert der Insolvenzverwalter die vermietete Immobilie, tritt der Erwerber nach § 566 BGB in diese Mietverträge ein (→ § 12 Rn. 8 ff.). Der Erwerber hat nach § 111 InsO ein **Sonderkündigungsrecht,** das § 57a ZVG entspricht (→ Rn. 38 f.). Die Kündigungsschutzvorschriften zugunsten des Wohnraummieters bleiben auch von § 111 InsO unberührt, sodass dieser im Ergebnis lediglich die Kündigungsfrist auf die gesetzliche Frist von drei Monaten verkürzt, ansonsten aber die Kündigungsmöglichkeiten des Erwerbers nicht erweitert.

IV. Kaution

1. Der Schuldner als Mieter

Vor Inkrafttreten des § 109 Abs. 1 S. 2 InsO hatten viele Insolvenzverwalter das Miet- **66** verhältnis des Schuldners gekündigt, um die Kaution zur Masse zu ziehen. Nunmehr kann der Insolvenzverwalter nicht mehr kündigen, sondern nur die Enthaftung der Masse erklären (→ Rn. 48 f.). Dies hat zur Folge, dass das Mietverhältnis wieder in die alleinige Verwaltungs- und Verfügungsbefugnis des Schuldners fällt. Wird das Mietverhältnis später dennoch beendet, ist fraglich, wem der Kautionsrückzahlungsanspruch zusteht.

Der Gesetzgeber war davon ausgegangen, dass die nicht verbrauchte Kaution in die **67** Insolvenzmasse fällt, weil der Anspruch aufschiebend bedingt schon vor Verfahrenseröffnung wirksam entstanden ist.[124] Dies ist im Ansatzpunkt zutreffend: Denn nach § 35 Abs. 1 InsO gehört das gesamte Vermögen des Schuldners, das ihm zur Zeit der Eröffnung des Verfahrens gehört und das er während des Verfahrens erlangt, zur Insolvenzmasse. Teil dieses Vermögens und damit der Insolvenzmasse ist auch die Anwartschaft auf Rückzahlung der Kaution.[125] Gegenstände der Masse können aber vom Insolvenzverwalter freigegeben werden, wodurch der Insolvenzbeschlag endet.[126] Mit **Wirksamwerden der Enthaftungserklärung** nach § 109 Abs. 1 S. 2 BGB geht die Verwaltungs- und Verfügungsbefugnis über das Mietverhältnis vollständig auf den Schuldner über.[127] Folglich scheidet auch der **Kautionsrückzahlungsanspruch** bis zur gesetzlich zulässigen Höhe (§ 551 Abs. 1, Abs. 3 S. 4 BGB; → § 5 Rn. 34 ff.) zu diesem Zeitpunkt aus der Insolvenzmasse aus.[128]

Für die Frage, wem die Kaution zusteht, kommt es also auf den Zeitpunkt der Beendi- **68** gung des Mietverhältnisses und der Rückgabe der Mietsache an. Ab Wirksamwerden der Enthaftungserklärung steht der Rückzahlungsanspruch uneingeschränkt dem Schuldner

---

[123] *Eckert* in MüKoInsO Vor § 108 Rn. 59; *Derleder* NZM 2004, 568 (575).
[124] BT-Drs. 14/5680, 27.
[125] BGH NJW 2017, 1747 Rn. 7; NJW-RR 2015, 180 Rn. 7.
[126] BGH NJW 2017, 1747 Rn. 7; NJW-RR 2014, 1515 Rn. 6.
[127] Dazu schon → Rn. 49.
[128] BGH NJW 2017, 1747 Rn. 10; BeckRS 2017, 118524 Rn. 7; *Blank* in Schmidt-Futterer MietR BGB § 542 Rn. 143e.

selbst zu. Liegt (noch) keine wirksame Enthaftungserklärung des Insolvenzverwalters vor, fällt die Kaution in die Insolvenzmasse.[129] Letzteres ist für den Schuldner misslich, weil er regelmäßig nur dann eine neue Wohnung finden wird, wenn er Kaution stellen kann. Er kann daher mithilfe eines Vollstreckungsschutzantrags nach § 4 InsO, § 765a ZPO[130] bewirken, dass der Insolvenzverwalter die Kaution an ihn herauszugeben hat, soweit er diese zur Anmietung einer neuen Wohnung benötigt.[131] Wegen des Nachrangs der Sozialhilfe muss sich der Schuldner nicht auf eine (darlehensweise) Leistung der Kaution durch den Sozialhilfeträger verweisen lassen.[132]

2. Der Schuldner als Vermieter

69 Bei den WG-Typen A und F (→ § 1 Rn. 24, 29) tritt ein Mitglied der WG den anderen Mitbewohnern gegenüber als Vermieter auf. Die übrigen Mitglieder der WG haben dann in aller Regel an diesen Mitbewohner eine Mietkaution geleistet. Ist dieser Mitbewohner insolvent, stellt sich die Frage, welche Auswirkungen dies auf die Rückzahlung der Kaution hat. Als Vermieter war der insolvente Mitbewohner gem. § 551 Abs. 3 BGB verpflichtet, die Kaution getrennt von seinem sonstigen Vermögen insolvenzfest anzulegen (→ § 5 Rn. 32). Der Mieter hat dann ein **Aussonderungsrecht** gem. § 47 InsO. Hat der insolvente Mitbewohner die Kaution pflichtwidrig nicht getrennt von seinem Vermögen angelegt, ist der Kautionsrückzahlungsanspruch lediglich eine Insolvenzforderung.[133]

V. Mitgliedschaft in einer Wohnungsgenossenschaft

70 In Deutschland gibt es derzeit rund 2.000 Wohnungsgenossenschaften, die über insgesamt etwa 2,2 Mio. Wohnungen verfügen.[134] Auch Mieter solcher Genossenschaftswohnungen sollen in der Verbraucherinsolvenz vor dem Verlust ihrer Wohnung geschützt werden. Abweichend von der „normalen" Vermietung sind dabei zwei unabhängige Rechtsverhältnisse zu unterscheiden: Einerseits hat der Schuldner wie ein Wohnraummieter mit der Genossenschaft ein **Nutzungsverhältnis** über die von ihm bewohnte Wohnung abgeschlossen. Andererseits ist der Schuldner **Mitglied der Genossenschaft** und damit als Kapitalgeber mit dieser verbunden. Verknüpft sind diese beiden Ebenen dadurch, dass die Mitgliedschaft in der Wohnungsgenossenschaft in der Regel Voraussetzung für die Überlassung der Wohnung ist. Dies hat vor allem steuerliche Gründe. Denn nur bei einer Fremdvermietungsquote von unter 10 % ist die Genossenschaft nach § 5 Nr. 10 KStG, § 3 Nr. 6 GewStG von der Körperschafts- und Gewerbesteuer befreit.[135]

71 Das mit der Genossenschaft vereinbarte Nutzungsverhältnis ist in der Praxis in aller Regel als Mietvertrag ausgestaltet.[136] Dieses Nutzungsverhältnis kann der Insolvenzverwalter daher nach § 109 Abs. 1 S. 2 InsO nicht kündigen (→ Rn. 48). Die **Kündigung der Mitgliedschaft** in der Wohnungsgenossenschaft ist dagegen gem. § 66a GenG grundsätzlich möglich. Grenzen hierfür setzt allerdings § 67c GenG: Der Insolvenzverwalter kann die Mitgliedschaft danach nur kündigen, wenn erstens die Mitgliedschaft in der Genossenschaft nicht Voraussetzung für die Nutzung der Wohnung des Mitglieds ist

---

[129] BGH NJW 2017, 1747 Rn. 11.
[130] BGH NJW 2009, 78 Rn. 15 ff.
[131] *Schmidt* Privatinsolvenz Ratgeber VI Nr. 1.
[132] LG Dresden BeckRS 2010, 31060; aA *Drasdo* NZM 2012, 585 (592) zur gleichen Situation bei Verwertung des Auseinandersetzungsguthabens nach § 73 GenG.
[133] BGH NJW 2008, 1152; aA *Derleder* NZM 2004, 568 (577).
[134] GdW, Wohnungswirtschaftliche Daten und Trends 2016/2017, S. 14; Statistisches Bundesamt, Zensus 2011, Gebäude und Wohnungen, S. 6.
[135] Ausf. *Drasdo* NZM 2012, 585 (593).
[136] BGH NJW-RR 2004, 12; *Geibel* in Henssler/Strohn GesR § 1 GenG Rn. 28.

(§ 67 Abs. 1 Nr. 1 GenG) oder zweitens das Geschäftsguthaben des Mitglieds das Vierfache der Monatsnettokaltmiete oder 2.000 EUR übersteigt (§ 67 Abs. 1 Nr. 2 GenG). Vorrang ist hat aber auch dann – soweit möglich – eine Reduzierung des Geschäftsguthabens auf den zulässigen Höchstbetrag durch Kündigung einzelner Anteile, § 67c Abs. 2 GenG.

Diese gesetzliche Regelung war notwendig geworden, weil das insolvenzrechtliche **72** Kündigungsverbot für gemieteten Wohnraum nach § 109 Abs. 1 S. 2 InsO auf die Mitgliedschaft des Schuldners in der Wohnungsgenossenschaft nicht anwendbar ist und die Rechtsprechung eine analoge Anwendung ablehnt.[137] Insolvenzverwalter kündigten die Mitgliedschaft in der Wohnungsgenossenschaft daher verbreitet, um das Auseinandersetzungsguthaben zur Masse zu ziehen, § 73 GenG.[138] Wird aber die Mitgliedschaft gekündigt, hat die Genossenschaft betreffend das Nutzungsverhältnis möglicherweise ein berechtigtes Kündigungsinteresse nach § 573 Abs. 1 S. 1 BGB[139] und dem Schuldner droht der Verlust der Wohnung. Vorgeschlagen wurde daher, den Anwendungsbereich des § 109 Abs. 1 InsO auf die Kündigung der Mitgliedschaft in einer Wohnungsgenossenschaft zu erstrecken.[140] Mit dem neu geschaffenen § 67c GenG hat sich der Gesetzgeber jedoch für einen Kompromiss zwischen dem Interesse des Schuldners am Erhalt seiner Wohnung und den Interessen der Gläubiger entschieden. Deren Interesse räumt § 67c GenG bei Überschreiten der Wertgrenzen Vorrang ein, weil dem Geschäftsguthaben oberhalb dieser Grenzen überwiegend die Funktion einer Geldanlage zukommt. Der Schuldner soll über seine Mitgliedschaft in der Genossenschaft nicht einen Teil seines Vermögens der Insolvenzmasse entziehen können, indem er diesen als Geschäftsguthaben anspart.[141] Praktisch kommen Mitglieder von Wohnungsgenossenschaften daher vielfach nicht in den Genuss des Kündigungsschutzes gem. § 67c GenG, weil die Pflichtanteile im Jahr 2012 zum Beispiel in Bayern in ca. 63 % der Fälle und in Berlin in ca. 68 % der Fälle die Obergrenze der vierfachen Nettokaltmiete überschritten.[142]

Greift § 67c GenG ein, kann der Insolvenzverwalter die Mitgliedschaft weder ordentlich **73** noch außerordentlich kündigen. Um die Masse nicht mit Kosten aus der Fortsetzung der Mitgliedschaft zu belasten, wird vorgeschlagen, dem Insolvenzverwalter in analoger Anwendung von § 109 Abs. 1 S. 2 InsO die Möglichkeit einer Enthaftungserklärung hinsichtlich der Mitgliedschaft in der Genossenschaft einzuräumen.[143] Das Vorliegen einer planwidrigen Regelungslücke scheint jedoch zweifelhaft, nachdem sich der Gesetzgeber bewusst für eine eigenständige Regelung und gegen die Erstreckung von § 109 Abs. 1 InsO entschieden hat.

In der Wohngemeinschaft erlangt § 67c GenG Bedeutung, wenn der insolvente Mit- **74** bewohner selbst Mitglied der Wohnungsgenossenschaft ist. Dies kann vor allem bei den WG-Typen A, B und C (→ § 1 Rn. 24, 25, 26) der Fall sein. Bei WG-Typ D ist die Außen-GbR selbst Mieterin und Mitglied in der Genossenschaft.[144] In der Verbraucherinsolvenz eines Mitbewohners greift § 67c GenG daher nicht, weil dieser die Insolvenz des Mitglieds selbst voraussetzt.

---

[137] BGH NJW-RR 2015, 105 Rn. 5 ff.; BGHZ 180, 185 Rn. 8 ff. = NJW 2009, 1820.
[138] BT-Drs. 17/11268, 38.
[139] Offen gelassen BGHZ 180, 185 Rn. 10 = NJW 2009, 1820; dazu ausf. *Keßler/Herzberg* NZM 2009, 474 (475).
[140] BR-Drs. 600/07 (B), 7 f.
[141] BT-Drs. 17/11268, 19, 39.
[142] BR-Drs. 467/12 (B), 14; vgl. auch Stellungnahme des GdW zum RefE, S. 3, verfügbar unter http://web.gdw.de/uploads/GdW_Stn_Reform_Verbraucherinsolvenz_ENTW_Stand_150312.pdf (zuletzt aufgerufen am 15.5.2019).
[143] *Geibel* in Henssler/Strohn GesR § 67c GenG Rn. 8.
[144] Zur Mitgliedsfähigkeit *Geibel* in Henssler/Strohn GesR § 15 GenG Rn. 6.

VI. Auflösung der GbR durch die Verbraucherinsolvenz

75 Hat die WG Gesellschaftsvermögen gebildet und ist deshalb eine Außen-GbR entstanden (→ § 14 Rn. 9), wird diese nach § 728 Abs. 2 BGB durch die Eröffnung des Verbraucherinsolvenzverfahrens über das Vermögen eines Gesellschafters aufgelöst (→ § 22 Rn. 18 ff.). Der Anspruch auf anteilige **Auszahlung des Auseinandersetzungsguthabens** nach § 734 BGB fällt in die Insolvenzmasse.[145]

76 Von der Regelung des § 728 Abs. 2 BGB kann im Gesellschaftsvertrag abgewichen werden.[146] Enthält dieser eine **Fortsetzungsklausel,** scheidet der insolvente Gesellschafter im Zeitpunkt der Eröffnung des Insolvenzverfahrens aus der Gesellschaft aus, § 736 Abs. 1 BGB. Ebenfalls möglich ist eine Vereinbarung im Gesellschaftsvertrag, dass die übrigen Gesellschafter berechtigt sein sollen, die Fortsetzung ohne den insolventen Gesellschafter zu beschließen.[147] Dieser **Fortsetzungsbeschluss** bedarf nicht der Zustimmung des Insolvenzverwalters.[148] Enthält der Gesellschaftsvertrag keine solche Regelung über die Fortsetzung, kann diese dennoch von den Gesellschaftern beschlossen werden, vor Aufhebung des Insolvenzverfahrens jedoch nur mit Zustimmung des Insolvenzverwalters.[149] In der Folge scheidet der insolvente Gesellschafter aus der GbR aus. Sein Abfindungsanspruch aus § 738 Abs. 1 S. 2 BGB fällt in die Insolvenzmasse.[150]

77 Die allermeisten Wohngemeinschaften schließen den Gesellschaftsvertrag nicht ausdrücklich, sondern durch konkludentes Handeln. Dann ist durch Auslegung zu ermitteln, ob im konkreten Fall eine Fortsetzungsklausel gewollt war. Für die GbR ist bei Insolvenz eines Gesellschafters – im Gegensatz zu den Handelsgesellschaften[151] – als Regelfall noch immer die Auflösung der Gesellschaft vorgesehen. Bei der Annahme einer stillschweigenden Vereinbarung über die Fortsetzung ohne den insolventen Mitbewohner ist daher Zurückhaltung geboten. Haben die Mitbewohner gemeinsam Haushaltsgegenstände angeschafft und damit durch die Bildung von Gesellschaftsvermögen eine Außen-GbR gegründet, bedarf es besonderer Anhaltspunkte, um im Einzelfall die Annahme einer Fortsetzungsklausel zu rechtfertigen. Allein bei WG-Typ D, bei dem die Außen-GbR selbst Vertragspartei des Mietvertrags ist, besteht regelmäßig ein besonderes Fortbestandsinteresse, weil die Auflösung hier zum Verlust der Wohnung führen würde. Daher ist bei WG-Typ D in der Regel davon auszugehen, dass das Ausscheiden des insolventen Mitbewohners bei Fortbestand der WG im Übrigen gewollt war.

78 Selbst wenn die WG zwischen den übrigen Mitbewohnern fortgeführt wird, **verliert der insolvente Mitbewohner** durch sein Ausscheiden aus der GbR sein **Recht, in der gemeinsamen Wohnung zu wohnen** (→ § 1 Rn. 8). Dies läuft der Intention des § 109 Abs. 1 InsO entgegen, der dem insolventen Schuldner die von ihm bewohnte Mietwohnung erhalten will. Denkbar wäre daher, den Rechtsgedanken des § 109 Abs. 1 InsO auch auf die Gesellschafterstellung in der GbR zu übertragen. Aus Gläubigersicht ist dies jedoch problematisch, weil dann der Zugriff auf das Gesellschaftsvermögen insgesamt gesperrt wäre. Den Gläubigern wären mithin Vermögenswerte des Schuldners entzogen, die für den Erhalt seiner Wohnung nicht erforderlich sind. Aus dieser Erwägung heraus hatte der BGH abgelehnt, § 109 Abs. 1 InsO auf die Kündigung der Mitgliedschaft in einer Wohnungsgenossenschaft analog anzuwenden.[152] Auch der Gesetzgeber ist dem Vorschlag, § 109 Abs. 1 InsO auf die Mitgliedschaft in der Genossenschaft zu erstre-

---

[145] *Sprau* in Palandt BGB § 728 Rn. 2; *Schäfer* in MüKoBGB § 728 Rn. 38.
[146] OLG Köln NZI 2006, 36 (37); *Schäfer* in MüKoBGB § 736 Rn. 5.
[147] *Schäfer* in MüKoBGB § 736 Rn. 17.
[148] *Sprau* in Palandt BGB § 728 Rn. 2.
[149] *Westermann* in Erman BGB § 728 Rn. 8.
[150] *Schäfer* in MüKoBGB 736 Rn. 14.
[151] Vgl. § 131 Abs. 3 S. 1 Nr. 2 HGB.
[152] BGHZ 180, 185 = NJW 2009, 1820 Rn. 13.

cken,¹⁵³ bewusst nicht gefolgt.¹⁵⁴ Stattdessen lässt die neugeschaffene Regelung in § 67c GenG die Kündigung oberhalb bestimmter Wertgrenzen zu. So wird verhindert, dass der Schuldner Vermögen insolvenzfest anlegen kann (→ Rn. 72). Bliebe die Mitgliedschaft in der GbR von der Insolvenz des Schuldners unberührt, wäre ihm aber genau das möglich. Ein Vergleich mit dem vom Schuldner selbst bewohnten Eigentum zeigt, dass der Schutz der Wohnung im Insolvenzrecht keinen absoluten Vorrang hat. Denn wird das Grundstück oder die Eigentumswohnung des Schuldners verwertet, verliert dieser ebenfalls seine Wohnung.¹⁵⁵ Eine besondere Schutzvorschrift gibt es für diesen Fall aber nicht. Zudem entspricht der Verbleib des insolventen Mitbewohners in der Wohngemeinschafts-GbR nicht dem Interesse der übrigen Mitbewohner. Wären sie gezwungen den insolventen Mitbewohner in der Gesellschaft und damit in der Wohnung zu behalten, müssten sie womöglich seinen Anteil der Miete übernehmen. Zwar könnte der insolvente Mitbewohner seine Miete aus seinem unpfändbaren Einkommen aufbringen, zwangsweise durchsetzbar ist dies aber gerade nicht. Eine gesellschaftsrechtliche Treuepflicht zur Fortsetzung der Wohngemeinschaft mit dem insolventen Mitbewohner überzeugt aus diesem Grund nicht (aA → § 22 Rn. 22).

Damit bleibt die Entscheidung über einen **Verbleib in der Wohngemeinschaft** der **Privatautonomie** der Mitbewohner überlassen. Sind sie gewillt, weiter mit dem insolventen Mitbewohner zusammenzuwohnen, können sie beschließen, ihn wieder in die Wohngemeinschaft aufzunehmen.¹⁵⁶ Andernfalls muss der insolvente Mitbewohner ausziehen. 79

---

¹⁵³ BR-Drs. 600/07, 7 f.
¹⁵⁴ BT-Drs. 17/11268, 18 f.
¹⁵⁵ Vgl. BT-Drs. 17/11268, 50.
¹⁵⁶ *Schäfer* in MüKoBGB § 728 Rn. 44. Dabei handelt es sich um die gewöhnliche Aufnahme eines neuen Mitbewohners (→ § 18 Rn. 30 ff.).

§ 20 Die Beendigung des Mietverhältnisses der Wohngemeinschaft

Übersicht

	Rn.
A. Einführung	1
B. Kündigung	2
I. Kündigung durch den Vermieter	4
1. Formelle Anforderungen an die Kündigung	4
a) Kündigungsberechtigter	5
b) Adressaten der Kündigung	7
c) Formerfordernis	20
d) Pflicht zur Angabe der Kündigungsgründe	24
2. Ordentliche Kündigung	26
a) Erfordernis eines berechtigten Interesses	26
b) Kündigungsfrist	42
c) Kündigungsschutz wegen sozialer Härte	44
3. Außerordentliche fristlose Kündigung aus wichtigem Grund	50
a) Wegen unbefugter Überlassung von Räumlichkeiten an einen unbefugten Mitbewohner	54
b) Störung des Hausfriedens	58
c) Zahlungsverzug	62
II. Kündigung durch die Wohngemeinschaft beziehungsweise die Mitglieder der Wohngemeinschaft	73
1. Formelle Anforderungen an die Kündigung	74
a) Kündigungsberechtigter	74
b) Anspruch gegen die Mitbewohner auf Zustimmung zur Kündigung	81
c) Pflicht zur Angabe der Kündigungsgründe	83
2. Ordentliche Kündigung	84
3. Außerordentliche Kündigung	86
a) Vorenthaltung des vertragsgemäßen Gebrauchs (§ 543 Abs. 2 S. 1 Nr. 1 BGB)	88
b) Erhebliche Gesundheitsgefährdung (§ 569 Abs. 1 BGB)	91
c) Sonderkündigungsrecht aus § 555e BGB	94
C. Zeitablauf	95
D. Mietaufhebungsverträge	98
E. Sonderfälle	102
I. Die Auflösung der Mieter-Außen-GbR	102
II. Todesfälle	103
1. Tod eines Mitbewohners bei WG-Typ D (Außen-GbR)	103
2. Tod des Alleinmieter-Mitbewohners	104
3. Tod eines Mitmieters bei Mietermehrheit	108
III. Überlassung der Ehewohnung nach § 1568a BGB	110
IV. Insolvenz	111
1. Insolvenz eines Mitbewohners	111
2. Insolvenz des Vermieters	113
V. Begründung von Wohnungseigentum an der Wohnung	114
VI. Rechtsnachfolge aufseiten des Vermieters	116
F. Rechtsfolgen der Beendigung des Mietverhältnisses	117
I. Nachvertragliche Ansprüche der Mieterseite	118
II. Nachvertragliche Ansprüche der Vermieterseite	121
1. Rückgabepflicht	121
2. Entschädigung für verspätete Rückgabe	124
3. Vornahme von Schönheitsreparaturen	125
III. Stillschweigende Verlängerung des Mietverhältnisses	126

Schrifttum:

Blank, Die eheähnliche Gemeinschaft im Mietrecht – Gestern, Heute, Morgen, FS Brudermüller, 2014, S. 29; *ders.,* Die ordentliche Kündigung bei Zahlungsverzug des Mieters, NZM 2013, 104; *Börstinghaus,* Verwahrlosung, Lärm und Nachbarstreit im Wohnraummietrecht – Der Umgang mit Beschwerden aus rechtlicher Sicht, NZM 2004, 48; *ders.,* Die Rechtsprechung des BGH zu Kündigungsrechtsausschlussvereinbarungen, NZM 2011, 187; *Caspers,* Das Recht zur Untervermietung: Voraussetzungen und Grenzen, ZAP 2018, 1041 = Fach 4, S. 1757; *ders.,* Der Zeitmietvertrag nach § 575 BGB: Voraussetzungen, Rechtsfolgen und Problemkreise ZAP 2019, 21 = Fach 4, S. 1767; *Drasdo,* Wohngemeinschaften im Mietrecht, NJW-Spezial 2015, 161; *Eckert,* Kündigung von Mietverhältnissen mit mehreren Mietern, in: GS Sonnenschein, 2003, S. 313; *Fleindl,* Die Eigenbedarfskündigung: Tatbestand und Rechtsmissbrauch NZM 2016, 289; *Götz,* Die Ehewohnung nach der Scheidung, NZM 2010, 383; *Grunewald,* Wohngemeinschaften und nichteheliche Lebensgemeinschaften als Mieter, JZ 2015, 1027; *Heilmann,* Risiken der Untervermietung für Mieter und Vermieter, NZM 2016, 74; *Hinz,* Referentenentwurf eines Mietrechtsänderungsgesetzes, ZMR 2012, 153; *Horst,* Nächtliche Lärmbelästigung – Praxisrelevante Einzelfälle im Mietrecht, MDR 2012, 70; *Hülsmann,* Ehegattenauszug und Mietvertragskündigung, NZM 2004, 124; *Jacobs,* Haftung der (studentischen) Wohngemeinschaft nach Anerkennung der Rechtsfähigkeit der Außen-GbR, NZM 2008, 111; *Jacoby,* Die Gesellschaft bürgerlichen Rechts als Mietvertragspartei, ZMR 2001, 409; *Kraemer,* Die Gesellschaft bürgerlichen Rechts als Partei gewerblicher Mietverträge, NZM 2002, 465; *Mayer/Eichel/Klinck,* Hausordnung im Mietverhältnis – Voraussetzungen, Rechtsfolgen, Durchsetzung, NZM 2018, 689; *Milger,* Wertungswidersprüche zwischen fristloser und ordentlicher Kündigung wegen Zahlungsverzugs, NZM 2013, 553; *Paschke,* Gescheiterte Beziehungen im Blickfeld des Mietrechts, WuM 2008, 59; *Schmid,* Die Hausordnung in Miete und Wohnungseigentum, NJW 2013, 2145; *Schrader,* Die Beendigung einer Wohngemeinschaft von Partnern einer nichtehelichen Lebensgemeinschaft, NZM 2010, 257; *Schwab,* Aktuelle Probleme der Zahlungskündigung im Mietrecht, NZM 2019, 36; *Streyl,* Mietermehrheiten, NZM 2011, 377.

A. Einführung

1 Das Mietverhältnis der Wohngemeinschaft kann durch (ordentliche und außerordentliche) **Kündigung** (→ Rn. 2 ff.), **Zeitablauf** (→ Rn. 95 ff.) und **Aufhebungsvertrag** (→ Rn. 98 ff.) beendet werden. Insbesondere lässt es also das Vertragsverhältnis zum Vermieter und damit die vertragliche Haftung beziehungsweise Schuldnerstellung im Außenverhältnis erst einmal unberührt, wenn sich die Mitbewohner zu einer Trennung entschließen (zu der Auseinandersetzung im Innenverhältnis → § 22 Rn. 1 ff.). Auch ist es für den Bestand des Mietverhältnisses unerheblich, wenn einzelne oder alle Mitbewohner aus der gemeinsam genutzten Wohnung ausziehen.[1] Sonderfälle im Zusammenhang mit der Beendigung des Mietverhältnisses werden unter → Rn. 102 ff. behandelt. Zu den Rechtsfolgen der Beendigung des Mietverhältnisses wird unter → Rn. 117 ff. Stellung genommen.

B. Kündigung

2 Nach § 542 Abs. 1 BGB kann ein Mietverhältnis, für das eine Mietzeit nicht bestimmt ist, nach den gesetzlichen Vorschriften gekündigt werden. Die Kündigung kann als ordentliche oder außerordentliche Kündigung erklärt werden, wobei letztere befristet oder fristlos möglich ist. Mietverhältnisse, die für eine bestimmte Zeit eingegangen werden, enden nach § 542 Abs. 2 BGB mit Zeitablauf (→ Rn. 95 ff.) und können vorher nur außerordentlich gekündigt oder durch einen Mietaufhebungsvertrag (→ Rn. 98 ff.) beendet werden. Das Recht zur Kündigung steht beiden Vertragsteilen – sowohl dem **Vermieter** (→ Rn. 4 ff.) als auch der **Wohngemeinschaft** beziehungsweise den **einzelnen oder allen Mitbewohnern** (→ Rn. 73 ff.) – zu.

3 Das (außerordentliche) Kündigungsrecht tritt bei vollzogenen Mietverträgen – das heißt nach Überlassung der Wohnung – an die Stelle des (gesetzlichen) **Rücktrittsrechts aus**

---

[1] Vgl. LG Mannheim BeckRS 1993, 09258; LG Limburg BeckRS 1992, 00910; LG Köln BeckRS 2015, 03893; *Blank* in Schmidt-Futterer MietR BGB § 542 Rn. 31.

§ 323 BGB. Ein Rücktritt ist daher in aller Regel nur vor Überlassung der Wohnung möglich.[2] Haben die Parteien ein vertragliches Rücktrittsrecht vereinbart, so kann sich der Vermieter gemäß § 572 Abs. 1 BGB nach Überlassung des Wohnraums an den Mieter nicht mehr auf diese Abrede berufen; dem Mieter bleibt die Ausübung eines ihm eingeräumten Rücktrittsrechts dagegen möglich.[3] Zur **Anfechtung** des Mietvertrags, auch nach Überlassung der Mieträume, → § 2 Rn. 15 ff.

I. Kündigung durch den Vermieter

1. Formelle Anforderungen an die Kündigung

Die Kündigung ist eine einseitige empfangsbedürftige **Willenserklärung,** deren Wirksamkeit sich nach den allgemeinen Vorschriften für Willenserklärungen richtet (§§ 116 ff. BGB). 4

a) Kündigungsberechtigter

Der Vermieter[4] kann sich bei Abgabe der Kündigungserklärung nach den allgemeinen Grundsätzen **vertreten** lassen (§§ 164 ff. BGB). Der Stellvertreter muss die Fremdbezogenheit seiner Erklärung offenlegen (Offenkundigkeitsgrundsatz). Es genügt jedoch, wenn sich die Vertretung des Vermieters aus den Umständen ergibt (vgl. § 164 Abs. 1 S. 2 BGB). Gibt etwa eine **Hausverwaltung,** die nicht selbst Vermieterin ist, im Rahmen des Mietverhältnisses eine Erklärung gegenüber dem Mieter ab, ist bereits aus diesen Umständen regelmäßig zu entnehmen, dass sie im Namen des Vermieters handelt.[5] 5

Die Mieterseite kann die Kündigung durch den Stellvertreter **nach § 174 S. 1 BGB zurückweisen,** wenn dem Kündigungsschreiben keine Vollmacht in schriftlicher Form beiliegt. Die Zurückweisung ist nach § 174 S. 2 BGB jedoch ausgeschlossen, wenn der Vermieter die Mieter vor Ausspruch der Kündigung von der Bevollmächtigung in Kenntnis gesetzt hat. Grundsätzlich wird es als für eine konkludente **Inkenntnissetzung** ausreichend angesehen, wenn der Bevollmächtigte eine Position bekleidet oder eine Tätigkeit ausübt, die in der Regel mit der Vollmacht für das konkret vorzunehmende einseitige Rechtsgeschäft verbunden ist.[6] Für Hausverwalter wird jedoch verbreitet ein strengerer Maßstab angelegt: Aus der Stellung als Hausverwalter soll sich selbst dann nicht konkludent die Bevollmächtigung zur Kündigung ergeben, wenn der Verwalter am Abschluss des Mietvertrags mitgewirkt hat.[7] Vielmehr muss eine darüber hinausgehende Information der Mieterseite stattgefunden haben.[8] 6

b) Adressaten der Kündigung

Ist nur **einer der Mitbewohner** im Außenverhältnis (als Hauptmieter) Vertragspartner des Vermieters (**WG-Typ A** → § 1 Rn. 24, **WG-Typ E** → § 1 Rn. 28), muss die Kündigung nur diesem gegenüber erklärt werden. 7

---

[2] Vgl. BGHZ 50, 312 (314 ff.) = NJW 1969, 37; *Grüneberg* in Palandt BGB § 323 Rn. 4.
[3] *Geib* in BeckOGK, 1.4.2019, BGB § 572 Rn. 10; *Häublein* in MüKoBGB § 572 Rn. 3.
[4] Zu den Besonderheiten bei einer **Vermietermehrheit** siehe *Häublein* in MüKoBGB § 535 Rn. 59 f. sowie an dem Sonderfall der Vereinigung der Miteigentumsanteile der Vermieter in einer Hand BGH NJW-RR 2019, 332 Rn. 9 ff.
[5] Vgl. BGH NJW 2014, 1803 Rn. 14 (zur Erklärung eines Mieterhöhungsverlangens iSd § 558a BGB in Vertretung des Vermieters); *Schubert* in MüKoBGB § 164 Rn. 158; *Blank* in Blank/Börstinghaus MietR BGB § 535 Rn. 188a.
[6] Vgl. BAG NJW 2014, 3595 Rn. 20; BAGE 137, 347 = NZA 2011, 683 Rn. 24 ff.; *Schubert* in MüKoBGB § 174 Rn. 25; *Ellenberger* in Palandt BGB § 174 Rn. 7.
[7] So LG Berlin BeckRS 1986, 01090; *Schubert* in MüKoBGB § 174 Rn. 25; aA OLG Frankfurt a. M. NJW-RR 1996, 10; *Ellenberger* in Palandt BGB § 174 Rn. 7.
[8] Vgl. *Schubert* in MüKoBGB § 174 Rn. 25.

8 Auch wenn die Mitbewohner eine rechtsfähige Außen-GbR gegründet haben (**WG-Typ D** → § 1 Rn. 27), kann es sich der Vermieter einfach machen und die Kündigung allein der Gesellschaft gegenüber erklären. Dabei reicht es aus, wenn sich aus der Kündigungserklärung entnehmen lässt, dass das Mietverhältnis mit der Gesellschaft gekündigt werden soll und die Kündigung **einem vertretungsberechtigten Mitbewohner-Gesellschafter** zugeht, selbst wenn den Gesellschaftern entsprechend dem gesetzlichen Regelfall (§§ 709 Abs. 1, 714 BGB) die Vertretungsbefugnis gemeinschaftlich zusteht. Denn den § 125 Abs. 2 S. 3 HGB, § 78 Abs. 2 S. 2 AktG, § 35 Abs. 2 S. 3 GmbHG, § 25 Abs. 1 S. 3 GenG und §§ 26 Abs. 2, 1629 Abs. 1 S. 2 BGB lässt sich der allgemeine Rechtsgrundsatz entnehmen, dass eine Willenserklärung gegenüber einer Personenmehrheit bereits dann wirksam wird, wenn sie einem der Gesamtvertreter zugeht.[9]

9 Wenn die Mitbewohner eine rechtsfähige Außen-GbR gegründet haben (**WG-Typ D** → § 1 Rn. 27), setzt die **zwangsweise Durchsetzung des Räumungsanspruchs** einen Titel gegen die Gesellschaft voraus. Die Zwangsvollstreckung gegen die Gesellschafter genügt – wie aus § 129 Abs. 4 HGB folgt – nicht (→ § 21 Rn. 51).

10 Dass der Vermieter die Kündigung nur gegenüber seinem Vertragspartner aussprechen muss, gilt unabhängig davon, wie viele weitere Mitbewohner es gibt und in welchem Umfang diese die Räumlichkeiten nutzen. Es spielt auch keine Rolle, inwiefern der im Außenverhältnis als Vertragspartner auftretende Mitbewohner im Innenverhältnis Untermietverträge mit den anderen Mitbewohnern abgeschlossen hat (**WG-Typ A** → § 1 Rn. 24).

11 Das aus dem Hauptmietvertrag abgeleitete Besitzrecht der **Untermieter** an der Wohnung erlischt mit Beendigung des Hauptmietvertrags durch Kündigung.[10] Wenn eine **Räumungsklage** erhoben wird, muss diese trotz des Alleinmietverhältnisses aber gegenüber sämtlichen Besitzern (Mitbewohnern) der Wohnung erhoben werden (→ § 21 Rn. 51). Andernfalls können Mitbewohner, welche die Wohnung als Untermieter bewohnen, im Rahmen der Räumungsvollstreckung das Fehlen eines persönlichen Titels geltend machen. Dies gilt selbst dann, wenn feststeht, dass das Mietverhältnis zwischen dem Vermieter und dem Hauptmieter beendet und der Untermieter daher nach § 546 Abs. 2 BGB zur Herausgabe der Mietsache an den Vermieter verpflichtet ist.[11] Dem Vermieter ist aus diesem Grund zu empfehlen, den Untermieter im Rahmen der ausgesprochenen Kündigung des Hauptmietverhältnisses über die Beendigung des Hauptmietvertrags und die daraus entstehende Herausgabepflicht nach § 546 Abs. 2 BGB zu **informieren**. Hierdurch verhindert er im Rahmen der gerichtlichen Geltendmachung seines Räumungsanspruchs ein sofortiges Anerkenntnis durch den Untermieter und die damit einhergehende Kostenfolge des § 93 ZPO.[12]

12 Ein Mietverhältnis, an dem **auf Mieterseite mehrere Mitbewohner** beteiligt sind, weil sich die Mitbewohner in einem einheitlichen Mietvertrag als Gesamtschuldner verpflichtet haben (Innen-GbR, **WG-Typ C** → § 1 Rn. 26), nun auch gegenüber allen Beteiligten gekündigt werden, unabhängig davon, ob einer der Mitbewohner zum Kündigungszeitpunkt bereits ausgezogen ist.[13] Eine bloße **Teilkündigung** gegenüber einzelnen Parteien des Mietvertrags ist aufgrund der Einheitlichkeit des Mietverhältnisses **unwirksam**.[14] Es genügt auch nicht, dass einzelne Mitbewohner auf anderem Wege von der Kündigung Kenntnis erlangen. Könnte der Vermieter auch allein einem Mieter kündigen, würde dies

---

[9] BGH BeckRS 2011, 29802 Rn. 34 mwN; BGHZ 136, 314 (323) = NJW 1997, 3437 (3439).
[10] *Heilmann* NZM 2016, 74 (81).
[11] BGH NJW 2010, 2208 Rn. 9; NJW 2008, 3287 Rn. 11; BGHZ 159, 383 (385) = NJW 2004, 3041; BGH NJW-RR 2003, 1450 (1451); *Caspers* ZAP 2018, 1041 (1046) = Fach 4, S. 1757, 1762; *Heilmann* NZM 2016, 74 (80).
[12] *Heilmann* NZM 2016, 74 (81).
[13] RGZ 141, 391 (392); 138, 183 (186); 90, 328 (330); BGH NJW 2010, 1965 Rn. 7; NJW 2005, 1715; NJW 2004, 1797; BGHZ 144, 370 (379) = NJW 2000, 3133 (3135); BGHZ 136, 314 (323) = NJW 1997, 3437 (3439); BGHZ 26, 102 (103) = NJW 1958, 421; *Rolfs* in Staudinger BGB § 542 Rn. 38; *Heinemayer* in MüKoBGB § 425 Rn. 4; *Streyl* NZM 2011, 377 (385).
[14] Vgl. *Grunewald* JZ 2015, 1027 (1031).

das Interesse der Mitbewohner an einer gemeinsamen Nutzung und Kostentragung beeinträchtigen. Dies steht nicht im Widerspruch zu § 425 Abs. 2 BGB. Zwar heißt es dort explizit, dass die Kündigung grundsätzlich nur für und gegen denjenigen Gesamtschuldner wirkt, in dessen Person sie eintritt, die Vorschrift erfasst aber nach überzeugender Auffassung schon gar keine Beendigungskündigungen, sondern allein Fälligkeitskündigungen.[15]

Die Kündigung ist **an alle Mieter zu richten**.[16] Die Kündigung muss allerdings nicht zwingend in einer einzigen, allen durch den Mietvertrag gebundenen Mitbewohnern zugleich zugehenden Erklärung ausgesprochen werden. Der Vermieter kann vielmehr auch mehrere Einzelerklärungen abgeben. Erforderlich ist dann aber, dass die **Einzelerklärungen inhaltsgleich** sind (insbesondere muss also ein einheitlicher Kündigungsgrund und ein einheitliches Kündigungsdatum angegeben werden) und ein enger zeitlicher Zusammenhang gewahrt wird.[17] In diesem Fall wird die Kündigung wirksam, sobald das Kündigungsschreiben dem letzten Empfänger zugegangen ist.[18] **13**

Die Mitbewohner können sich zulässigerweise **zum Empfang** von Kündigungen durch den Vermieter **bevollmächtigen.** Eine solche Empfangsvollmacht kann auch **formularmäßig** erteilt werden. Der Vermieter hat ein verständliches Interesse daran, den rechtsgeschäftlichen Verkehr mit der Mietpartei zu vereinfachen, wenn diese aus einer Personenmehrheit besteht. Würde ihm das verwehrt, bereitete es ihm erhebliche Probleme, Erklärungen wirksam gegenüber allen Mietern abzugeben, sofern ein Mieter ohne Angabe seiner neuen Wohnanschrift ausgezogen ist. Der BGH hat die Zulässigkeit einer solchen Klausel sogar explizit für Wohngemeinschaften für angezeigt erachtet, weil diese erfahrungsgemäß in ihrer Zusammensetzung einem Wechsel unterworfen seien.[19] Die **Empfangsvollmacht** muss sich allerdings ausdrücklich auf Kündigungserklärungen beziehen. Zudem darf der Vermieter auch in diesem Fall nicht ausschließlich den bevollmächtigten Mieter in der Kündigungserklärung adressieren, sondern muss seine Erklärung an alle richten.[20] Die Empfangsvollmacht ist jederzeit widerruflich.[21] **14**

Haben mehrere Mieter als Partner einer Wohngemeinschaft gemeinsam eine Wohnung gemietet und zieht einer der Mieter aus, so kann er dementsprechend durch den Vermieter aus dem Mietverhältnis zunächst einmal nur dadurch entfernt werden, indem der Vertrag insgesamt gekündigt **(Gesamtkündigung)** und dann mit den in der Wohnung verbliebenen Mitbewohnern neu begründet wird. Die Verbliebenen haben aber keinen Anspruch auf die Neubegründung. Ein dahingehender **Kontrahierungszwang besteht nicht.**[22] Auch ein zwischen dem Vermieter und einem ausziehenden Mitmieter geschlossener **Aufhebungsvertrag** bedarf zu seiner Wirksamkeit der Zustimmung der in der Wohnung verbleibenden Mieter (vgl. näher dazu → Rn. 98).[23] **15**

Dem **ausziehenden Mitmieter** wird aber ein Anspruch gegen die anderen Mieter eingeräumt, an der für eine Beendigung des Mitverhältnisses grundsätzlich erforderlichen gemeinsamen Kündigung mitzuwirken, sofern nicht berechtigte Interessen der anderen Mieter dem entgegenstehen (→ Rn. 99; → § 18 Rn. 35). Daraus folgt, dass Mieter, welche **16**

---

[15] *Kreße* in BeckOGK, 1.3.2019, BGB § 425 Rn. 5; *Streyl* NZM 2011, 377 (385).
[16] *Heinemeyer* in MüKoBGB § 425 Rn. 4; *Rolfs* in Staudinger BGB § 542 Rn. 38; *Streyl* NZM 2011, 377 (385).
[17] Als Obergrenze für den notwendigen zeitlichen Zusammenhang soll von einem Monat auszugehen sein, vgl. OLG Düsseldorf NJW-RR 1987, 1369 (1370); LG München I BeckRS 2000, 00641; *Blank* in Schmidt-Futterer MietR BGB § 542 Rn. 30.
[18] *Heinemeyer* in MüKoBGB § 425 Rn. 4; *Rolfs* in Staudinger BGB § 542 Rn. 38; *Streyl* NZM 2011, 377 (385).
[19] BGHZ 136, 314 (325) = NJW 1997, 3437 (3440); vgl. auch *Bieber* in MüKoBGB § 542 Rn. 18.
[20] *Bieber* in MüKoBGB § 542 Rn. 18.
[21] Vgl. BGHZ 136, 314 (326) = NJW 1997, 3437 (3440).
[22] Vgl. LG Konstanz BeckRS 2000, 16229 Rn. 10 ff.; *Grunewald* JZ 2015, 1027 (1031); aA LG Darmstadt NJW 1983, 52.
[23] BGH NJW 2004, 1797. Der Vermieter kann mit dem Ausgezogenen allein vereinbaren, dass er ihn nicht mehr in Anspruch nimmt, was aber an dessen Verpflichtung im Innenverhältnis zu den anderen Mitmietern nichts ändert, vgl. *Grunewald* JZ 2015, 1027 (1031).

die Wohnung mit Einverständnis des Vermieters allein weiter nutzen und deshalb an einer Kündigung nicht mitwirken, gegenüber ihren beiden Vertragspartnern – dem ausziehenden Mieter und dem Vermieter – nach Treu und Glauben verpflichtet sind, an einer der tatsächlichen Nutzung entsprechenden Vertragsänderung der Fortsetzung des Mietverhältnisses mit ihnen allein mitzuwirken und dadurch der Entlassung des ausziehenden Mieters aus dem Mietverhältnis zuzustimmen. Gegen Treu und Glauben im Sinne des § 242 BGB (venire contra factum proprium) verstoßen Mieter, die einerseits das Mietverhältnis nicht gemeinsam mit dem ausziehenden Mieter kündigen, sondern die Wohnung weiter nutzen, und die andererseits ihre Zustimmung zur Entlassung des Mitmieters verweigern, ohne dass dies durch schutzwürdige Interessen gerechtfertigt wäre. Die in dieser Weise widersprüchlich handelnden Mieter müssen sich gegenüber ihren Vertragspartnern so behandeln lassen, als hätten sie ihre Zustimmung zur Entlassung des Mitmieters und zur Fortsetzung des Mietverhältnisses mit ihnen allein erteilt.[24]

17 Aus den gleichen Überlegungen heraus kann sich aber auch der ausziehende Mitbewohner seiner Entfernung aus dem Mietverhältnis nicht grundlos verweigern, sondern ist im Zweifel dazu verpflichtet, einer Kündigung beziehungsweise Vertragsänderung zuzustimmen, sofern nicht seine berechtigten Belange entgegenstehen. Die verbleibenden Mitbewohner können die Abgabe der Zustimmungserklärung im Zweifel gerichtlich erzwingen.[25]

18 Ist hingegen der Vermieter derjenige, der sich einer Entlassung des ausziehenden Mitbewohners aus dem Mietvertrag verweigert, kann zumindest bei auf häufige Wechsel angelegten Wohngemeinschaften eine **Teilkündigungsmöglichkeit des Ausziehenden** in den Vertrag hineingelesen werden (dazu → § 18 Rn. 35).[26]

19 Hat jeder Mitbewohner einen Einzelmietvertrag über die ihm jeweils zugewiesenen Räume sowie die Mitnutzung der Gemeinschaftsräume mit dem Vermieter geschlossen (**WG-Typ B** → § 1 Rn. 25 und ggfs. **WG-Typ F** → § 1 Rn. 29), ist der Vermieter zumindest dann berechtigt, einzelnen Mitbewohnern zu kündigen und sie dadurch aus der Wohngemeinschaft zu entfernen, sofern die Einzelverträge nicht miteinander verknüpft sind, insbesondere also jeder Mitbewohner im Außenverhältnis nur einen Teil der auf die Wohnung entfallenden Gesamtmiete schuldet.

c) Formerfordernis

20 Bei Mietverhältnissen über Wohnraum muss die Kündigung die **Schriftform** wahren (vgl. § 568 Abs. 1 BGB). Demgemäß muss der Vermieter die Kündigungserklärung grundsätzlich eigenhändig unterschreiben (§ 126 Abs. 1 BGB).

21 Die Parteien können die Schriftform nach dem Gesetz zwar durch die sogenannte **elektronische Form** ersetzen. Dazu muss der Kündigende der Erklärung aber seinen Namen hinzufügen und das elektronische Dokument mit einer qualifizierten elektronischen Signatur versehen (vgl. § 126a Abs. 1 BGB). Die hierfür notwendigen technischen Voraussetzungen bringen es indes mit sich, dass dieser Kündigungsweg bislang keine praktische Bedeutung erlangt hat.[27]

22 Eine Erklärung, die den Mitbewohnern per Fax oder als E-Mail (auch mit einem Scan der unterschriebenen Kündigung) zugeht, genügt nicht, weil die Gegenseite bei der Kündigung die **Originalerklärung** in Händen halten muss.[28]

---

[24] Vgl. BGH NZM 2010, 815 Rn. 5; NJW 2005, 1715; vgl. auch bereits BGH NJW 2004, 1797 (1798); aus der Literatur *Paschke* WuM 2008, 59 (63); *Streyl* NZM 2011, 377 (385) sowie zum Ehegattenauszug *Hülsmann* NZM 2004, 124, der für eine gesellschaftsrechtliche Begründung des Mitwirkungsanspruchs plädiert.
[25] *Streyl* NZM 2011, 377 (385).
[26] Dazu auch *Schrader* NZM 2010, 257 (259).
[27] *Häublein* in MüKoBGB § 568 Rn. 5.
[28] Vgl. BGH NJW 1997, 3169 (3170) (zu einem schriftformbedürftigen Schuldbeitritt zu einem Finanzierungsleasingvertrag); BGHZ 121, 224 (228 ff.) = NJW 1993, 1126 (1127) (zu einer Bürgschaftserklärung); BGH NJW 1962, 1388 (1389) (zum Abschluss eines langfristigen Mietvertrags); BAG BeckRS 2016, 67744 Rn. 22 (zum Zustandekommen eines Tarifvertrags); *Einsele* in MüKoBGB § 126 Rn. 20.

Wird das Formerfordernis nicht beachtet, ist die Kündigung nach § 125 S. 1 BGB 23 unwirksam.

d) Pflicht zur Angabe der Kündigungsgründe

Eine Kündigung durch den Vermieter setzt bei Wohnraummietverhältnissen darüber hinaus 24 die Angabe der Kündigungsgründe voraus. Sowohl die außerordentliche fristlose Kündigung aus wichtigem Grund als auch die außerordentliche Kündigung mit gesetzlicher Frist und die ordentliche Kündigung müssen mit Gründen versehen werden (vgl. §§ 569 Abs. 4, 543, 573 Abs. 3, 573a Abs. 3, 573d Abs. 1, 575a Abs. 1 BGB). Die Begründung soll es dem Kündigungsempfänger ermöglichen zu erkennen, auf welche Vorgänge oder auf welches Verhalten des Mieters der Vermieter die Kündigung stützt und ob beziehungsweise wie er – der Mieter – sich hiergegen verteidigen kann; dabei dürfen an den Inhalt der Begründung keine zu hohen und übertrieben formalistischen Anforderungen gestellt werden.[29]

Die Angabe der Gründe ist **Wirksamkeitsvoraussetzung der Kündigung.** Fehlt sie, 25 ist die Kündigung unwirksam.[30] Eine **Heilung** durch nachträgliche Begründung ist nicht möglich, vielmehr ist der erneute Ausspruch einer Kündigung notwendig.[31]

2. Ordentliche Kündigung

a) Erfordernis eines berechtigten Interesses

Der Vermieter kann nach § 573 Abs. 1 S. 1 BGB das Mietverhältnis mit der Wohngemein- 26 schaft beziehungsweise dem in Erscheinung tretenden Mieter grundsätzlich nur kündigen, wenn er ein berechtigtes Interesse an dessen Beendigung hat. **Die Kündigungstatbestände in § 573 Abs. 2 BGB typisieren Fälle,** in denen berechtigte Interessen des Vermieters die Belange des Mieters überwiegen und folglich ohne weitere Abwägung zur Kündigung des Mietverhältnisses im Sinne von § 573 Abs. 1 S. 1 BGB berechtigen. Ein berechtigtes Interesse ist nach § 573 Abs. 2 BGB zu bejahen, wenn der Mieter seine vertraglichen Pflichten schuldhaft nicht unerheblich verletzt hat (Nr. 1), der Vermieter die Räume als Wohnung für sich, seine Familienangehörigen oder Angehörige seines Haushalts benötigt (sogenannte Eigenbedarfskündigung) (Nr. 2) oder der Vermieter durch die Fortsetzung des Mietverhältnisses an einer angemessenen wirtschaftlichen Verwertung des Grundstücks gehindert und dadurch erhebliche Nachteile erleiden würde (Verwertungskündigung) (Nr. 3).

aa) Schuldhafte, nicht unerhebliche Verletzung vertraglicher Pflichten. Die 27 **Pflichtverletzung** muss sich in den Fällen der Nr. 1 auf eine der Haupt- oder Nebenpflichten der Mieter beziehen. Insbesondere kann sie in einer Nichtleistung des Mietzinses oder einer Mietsicherheit liegen (in diesem Fall kann auch eine außerordentliche fristlose Kündigung gerechtfertigt sein, vgl. dazu → Rn. 62 ff.).[32] Daneben kann eine Kündigungsmöglichkeit des Vermieters etwa deshalb zu bejahen sein, weil der Mieter die Wohnung unzureichend beheizt und dadurch ihre Bausubstanz gefährdet[33] (Fälle der **Beeinträchti-**

---

[29] Vgl. BT-Drs. 14/4553, 91; BGH NJW 2004, 850 (851).
[30] Vgl. BGH NJW 2010, 3015 Rn. 25; NJW 2009, 1491 Rn. 16; NJW 2004, 850 (851); *Weidenkaff* in Palandt BGB § 569 Rn. 23.
[31] *Geib* in BeckOGK, 1.4.2019, BGB § 569 Rn. 87. Ist die Kündigung allerdings wirksam begründet worden, so sollen bei einer außerordentlichen Kündigung nachträglich auch weitere **Kündigungsgründe nachgeschoben** werden können, weil es in § 569 Abs. 4 BGB an einer § 573 Abs. 3 S. 2 BGB vergleichbaren Regelung fehle, vgl. AG Lichtenberg NJW-RR 2003, 442 (443); *Geib* in BeckOGK, 1.4.2019, BGB § 569 Rn. 87.
[32] Vgl. zur ordentlichen Kündigung wegen Nichtzahlung der Mietkaution *Weidenkaff* in Palandt BGB Einf v § 535 Rn. 122.
[33] Vgl. LG Hagen BeckRS 2008, 11312 Rn. 4.

gung oder Gefährdung der Mietsache[34]). Auch können eine **vertragswidrige** geschäftliche **Nutzung** der Wohnung[35] oder das **Verhalten des Mieters** (zum Beispiel bei Beleidigungen des Vermieters[36]) zur Kündigung berechtigen[37].

28   **Unerheblich** ist die Pflichtverletzung insbesondere dann, wenn die Rechte und Belange des Vermieters nur ganz geringfügig beeinträchtigt sind. Dabei ist ein vorangegangenes vertragswidriges Verhalten des Vermieters einzubeziehen, insbesondere wenn es das nachfolgende vertragswidrige Verhalten des Mieters provoziert hat.[38] Die ordentliche Kündigung des Mietverhältnisses wegen schuldhafter nicht unerheblicher Vertragsverletzung setzt – anders als die außerordentliche fristlose Kündigung (dazu näher → Rn. 51) – grundsätzlich **keine vorherige Abmahnung** voraus. Allerdings kann einer Abmahnung insofern eine Bedeutung zukommen, als erst ihre Missachtung durch den Mieter dessen Pflichtverletzung das erforderliche Gewicht verleiht, etwa weil vorher nur ein schlichtes Versehen des Mieters vorgelegen hat oder eine Duldung des Vermieters zu vermuten war.[39]

29   Zu beachten ist, dass bei einer **Mietermehrheit** (Innen-GbR, **WG-Typ C** → § 1 Rn. 26) die **schuldhafte Pflichtverletzung durch einen Mieter** genügt.[40] Entgegen § 425 Abs. 2 BGB kommt dem Kündigungsverschulden im Mietverhältnis Gesamtwirkung zu und es kann zulasten auch der übrigen Mieter wirken.[41]

30   Haben die Mitbewohner eine rechtsfähige **Außen-GbR** gegründet, die Mieterin geworden ist (**WG-Typ D** → § 1 Rn. 27), wird dieser das Verschulden der einzelnen Mitbewohner analog § 31 BGB zugerechnet,[42] sodass auch hier die schuldhafte Pflichtverletzung durch nur einen der Mitbewohner ausreichen kann, um eine Kündigung zu begründen.[43]

31   Darüber hinaus ist die Mieterseite im Rahmen von § 573 Abs. 2 BGB grundsätzlich auch für das schuldhafte Verhalten eines **Erfüllungsgehilfen nach § 278 BGB** oder einer Person, der er die Mietsache nach § 540 Abs. 2 BGB zum Gebrauch überlassen hat, verantwortlich. Die ordentliche Kündigung des Vermieters wegen einer nicht unerheblichen Vertragsverletzung setzt nicht ein eigenes schuldhaftes Verhalten der Mieter voraus.[44] Insbesondere sieht der BGH, wenn es um die Frage geht, ob ein Mieter schuldhaft in einen Zahlungsrückstand geraten ist, der den Vermieter zur Kündigung berechtigt, einen Mieterschutzverein, der diesen Mieter bei der Entscheidung darüber berät, ob er von einem Zurückbehaltungsrecht an der Miete Gebrauch machen soll, grundsätzlich als dessen Erfüllungsgehilfen an.[45]

32   **bb) Eigenbedarfskündigung.** Eine Eigenbedarfskündigung (§ 573 Abs. 2 Nr. 2 BGB)[46] setzt voraus, dass der Vermieter die vermieteten Räume als Wohnung für sich, seine Familienangehörigen oder Angehörige seines Haushalts benötigt.[47] Vorauszusetzen ist damit, dass der Vermieter ernsthafte, vernünftige und nachvollziehbare Gründe für die

---

[34] Näher dazu *Geib* in BeckOGK, 1.4.2019, BGB § 573 Rn. 32 ff.
[35] Der Vermieter muss grundsätzlich nur geschäftliche Aktivitäten nicht dulden, die nach außen in Erscheinung treten, vgl. BGH NJW-RR 2013, 1478 Rn. 3; NJW 2009, 3157 Rn. 13 ff.
[36] Vgl. LG Halle BeckRS 2012, 00791 (Äußerungen einer Mieterin, wonach das Verhalten der Geschäftsführerin des Vermieters auf eine Zugehörigkeit zum Rotlichtmilieu oder einer Sekte schließen lasse).
[37] Näher dazu *Geib* in BeckOGK, 1.4.2019, BGB § 573 Rn. 35 ff.
[38] Vgl. BGH NJW 2014, 2566 Rn. 23.
[39] BGH NJW 2008, 508 Rn. 22 ff., 28.
[40] *Häublein* in MüKoBGB § 573 Rn. 52; *Weidenkaff* in Palandt BGB § 573 Rn. 13; *Geib* in BeckOGK, 1.10.2018, BGB § 573 Rn. 21.
[41] *Häublein* in MüKoBGB § 573 Rn. 52; *Weidenkaff* in Palandt BGB § 573 Rn. 13.
[42] Vgl. allgemein zur analogen Anwendung des § 31 BGB auf die Außen-GbR BGHZ 172, 169 Rn. 7 ff. = NJW 2007, 2490.
[43] *Streyl* NZM 2011, 377 (387); *Kraemer* NZM 2002, 465 (471).
[44] BGH NJW 2007, 428 Rn. 15 ff.; *Häublein* in MüKoBGB § 573 Rn. 52; *Geib* in BeckOGK, 1.4.2019, BGB § 573 Rn. 21.
[45] Vgl. BGH NJW 2007, 428 Rn. 21 ff.
[46] Zu Einzelheiten *Fleindl* NZM 2016, 289 ff.
[47] Zu den Rechtsfolgen einer vertragswidrigen Kündigung *Blank* in Schmidt-Futterer MietR § 573 Rn. 77 ff.

beabsichtigte Nutzung vorbringen kann.[48] Die Gerichte haben aber grundsätzlich zu respektieren, welchen Wohnbedarf der Vermieter für sich oder seine Angehörigen als angemessen sieht. Sie sind daher nicht berechtigt, ihre Vorstellungen von angemessenem Wohnen verbindlich an die Stelle der Lebensplanung des Vermieters (oder seiner Angehörigen) zu setzen.[49] Der vom Vermieter geltend gemachte Wohnbedarf wird deshalb nicht auf Angemessenheit, sondern nur auf **Rechtsmissbrauch** überprüft. Rechtsmissbräuchlich ist dabei nicht schon der überhöhte, sondern erst der weit überhöhte Wohnbedarf. Die Wertung, ob der geltend gemachte Wohnbedarf weit überhöht ist, treffen die Gerichte unter Abwägung der beiderseitigen Interessen anhand objektiver Kriterien unter konkreter Würdigung der Einzelfallumstände.[50] Es lassen sich keine Richtwerte aufstellen, ab welcher Grenze bei einem Alleinstehenden von einem weit überhöhten Wohnbedarf auszugehen ist. Denn diese Beurteilung hängt nicht allein von der in Anspruch genommenen Wohnfläche oder der Anzahl der Räume ab, sondern von einer umfassenden Würdigung der gesamten Umstände des Einzelfalls.[51] Einer Eigenbedarfskündigung steht auch nicht entgegen, wenn der Eigentümer die Wohnung trotz bestehenden Mietvertrags erworben hat, um eine Verbesserung seiner Wohnqualität zu erreichen.[52]

Die Eigenbedarfskündigung setzt voraus, dass der Vermieter die Räume „als Wohnung" 33 nutzen will. Insoweit genügt es, wenn der Vermieter für eine nur temporär genutzte **Zweitwohnung** Eigenbedarf geltend macht.[53] Der Wirksamkeit einer Eigenbedarfskündigung steht es auch nicht entgegen, wenn der Vermieter nicht die gesamte Wohnfläche als Wohnraum nutzen will; der Nutzung als Wohnraum darf aber nicht lediglich eine untergeordnete Bedeutung zukommen.[54]

Verfolgt der Vermieter dagegen allein **geschäftliche Zwecke,** kann er sich nicht auf den 34 Kündigungsgrund nach § 573 Abs. 2 Nr. 2 BGB berufen.[55] In diesem Fall kommt allerdings eine auf § 573 Abs. 1 S. 1 BGB gestützte Kündigung in Betracht. Denn die verfassungsrechtliche Eigentumsgarantie (Art. 14 Abs. 1 GG) umfasst nicht nur den Wunsch des Vermieters, die Wohnung zu privaten Zwecken zu nutzen, sondern auch dessen Absicht, sie für eine wirtschaftliche Betätigung zu verwenden.[56] Allerdings darf eine solche Fallgestaltung von den Gerichten nicht als ungeschriebene weitere Kategorie eines typischerweise anzuerkennenden Vermieterinteresses an der Beendigung eines Wohnraummietverhältnisses behandelt werden, weil der Gesetzgeber sie gerade nicht als typisierten Regelfall eines berechtigten Interesses an der Beendigung des Mietverhältnisses aufgeführt hat. Erforderlich ist vielmehr eine an den Einzelfallumständen ausgerichtete Abwägung der beiderseitigen Belange. Im Rahmen der gebotenen **Interessenabwägung** ist im Hinblick auf die vom Gesetzgeber zum Schutz des Mieters eigens geschaffene Härteregelung des § 574 BGB zu beachten, dass die besonderen Belange des Mieters im Einzelfall (individuelle Härte) erst auf Widerspruch des Mieters und nicht schon bei der Abwägung der gegenseitigen Belange im Rahmen der Beurteilung, ob ein berechtigtes Interesse für die Kündigung vorliegt, zu berücksichtigen sind.[57] Aufseiten des Mieters sind daher – anders als bei den Vermieterinteressen, die vollständig einzufließen haben – (nur) die unabhängig von seiner konkreten Situation bestehenden Belange in die Abwägung einzustellen, also das

---

[48] BGH NJW-RR 2018, 138 Rn. 3; BGHZ 204, 216 Rn. 15 = NJW 2015, 1590; BGHZ 103, 91 (96 ff.) = NJW 1988, 904 (zu § 564b Abs. 2 Nr. 2 BGB aF); vgl. auch BVerfG NJW 2014, 2417 Rn. 28.
[49] BVerfG NJW-RR 1999, 1097 (1098); NJW 1995, 1480 (1481); NJW 1994, 995 (996); BVerfGE 89, 1 (9) = NJW 1993, 2035 (2036); BVerfGE 79, 292 (302) = NJW 1989, 970; BGH NJW-RR 2019, 130 Rn. 20; BGH NJW-RR 2019, 134 Rn. 15; BGHZ 204, 216 Rn. 14 f. = NJW 2015, 1590.
[50] BVerfG NJW 1994, 2605 (2606); NJW 1994, 995 (996); NJW 1993, 1637 (1638); BVerfGE 68, 361 (373 f.) = NJW 1985, 2633 (2635); BGHZ 204, 216 Rn. 16 = NJW 2015, 1590.
[51] Vgl. BGHZ 204, 216 Rn. 23 ff. = NJW 2015, 1590.
[52] BGH BeckRS 2019, 11772 Rn. 16.
[53] BVerfG NJW 2014, 2417 Rn. 27 ff.; BGH NJW-RR 2019, 130 Rn. 22; NJW-RR 2018, 138 Rn. 3.
[54] *Geib* in BeckOGK, 1.4.2019, BGB § 573 Rn. 56; *Blank* in Schmidt-Futterer MietR § 573 Rn. 44.
[55] *Geib* in BeckOGK, 1.4.2019, BGB § 573 Rn. 77; *Rolfs* in Staudinger BGB § 573 Rn. 94.
[56] BGHZ 214, 269 Rn. 26 f. = NJW 2017, 2018.
[57] BGHZ 214, 269 Rn. 24 f. = NJW 2017, 2018.

generell bestehende Interesse, die Wohnung und damit den Lebensmittelpunkt nicht zu verlieren und nicht mit den unbeträchtlichen Kosten und anderen erheblichen Unzuträglichkeiten belastet zu werden, die ein Wohnungswechsel in der Regel mit sich bringt.[58]

35 Bei der Eigenbedarfskündigung ist nicht nur der Wohnbedarf des Vermieters selbst, sondern auch derjenige seiner **Familienangehörigen**[59] oder anderer **Angehöriger seines Haushalts**[60] maßgeblich. So hat der BGH etwa entschieden, dass wenn sich der Vermieter den (ernsthaften) Wunsch eines alleinstehenden volljährigen Familienangehörigen zu eigen macht, einen eigenen Hausstand zu gründen und mit einem (langjährigen) Freund eine Wohngemeinschaft zu bilden, und auf dieser Grundlage den aus seiner Sicht angemessenen Wohnbedarf bemisst, diese Entscheidung von den Gerichten grundsätzlich anzuerkennen ist.[61]

36 Der wegen Eigenbedarfs kündigende Vermieter hat im Rahmen seiner vertraglichen Rücksichtnahmepflicht dem Mieter **eine andere,** ihm während der Kündigungsfrist zur Verfügung stehende **vergleichbare Wohnung zur Anmietung anzubieten,** sofern sich diese im selben Haus oder in derselben Wohnanlage befindet.[62] Die Verletzung dieser Anbietpflicht hat jedoch nicht zur Folge, dass die berechtigt ausgesprochene Eigenbedarfskündigung nachträglich rechtsmissbräuchlich und damit unwirksam wird. Sie zieht lediglich einen Anspruch auf Schadensersatz in Geld nach sich.[63]

37 Hat der Vermieter ein Mietverhältnis über Wohnraum wegen Eigenbedarfs wirksam gekündigt und **fällt der geltend gemachte Grund nachträglich weg,** so ist dies nur dann zu berücksichtigen, wenn der Grund vor dem Ablauf der Kündigungsfrist entfallen ist. In diesem Fall ist der Vermieter zu einer entsprechenden Mitteilung an den Mieter verpflichtet.[64]

38 **cc) Verwertungskündigung.** § 573 Abs. 2 Nr. 3 BGB erlaubt dem Vermieter die Kündigung, wenn er durch die Fortsetzung des Mietverhältnisses an einer angemessenen wirtschaftlichen Verwertung des Grundstücks gehindert und dadurch erhebliche Nachteile erleiden würde (Verwertungskündigung). Insofern ist vor dem Hintergrund der Sozialpflichtigkeit des Eigentums (Art. 14 Abs. 2 GG) jeweils im Einzelfall eine Abwägung zwischen dem Bestandsinteresse des Mieters und dem Verwertungsinteresse des Vermieters erforderlich.[65] Maßgeblich ins Gewicht fällt insofern, ob der Vermieter vernünftige und nachvollziehbare Erwägungen für sich geltend machen kann. Die Tatsache, dass der Eigentümer den Mietvertrag abgeschlossen hat und damit auch auf die Belange des Mieters Rücksicht nehmen muss, rechtfertigt es, ihm nicht schon bei jedwedem wirtschaftlichen Nachteil, der ihm etwa im Rahmen eines angestrebten Verkaufs der Wohnung aus der Vermietung erwächst, einen Anspruch auf Räumung zu gewähren. Der Eigentümer hat als Vermieter keinen Anspruch, aus der Mietwohnung die höchstmögliche Rendite zu erzielen.[66] § 573 Abs. 2 Nr. 3 BGB greift jedoch jedenfalls dann, wenn seine Einbußen die Nachteile weit übersteigen, die dem Mieter im Falle des Verlustes der Wohnung erwachsen.[67] Ist **wegen des Alters und schlechten baulichen Zustands** eines bewohnten Gebäudes gemessen an üblichen Wohnverhältnissen eine „Vollsanierung" oder ein Abriss mit anschließender Errichtung eines Neubaus geboten, kann ein erheblicher Nachteil des Vermieters im Sinne des § 573 Abs. 2 Nr. 3 BGB unter dieser Prämisse etwa darin zu sehen

---

[58] BGHZ 214, 269 Rn. 49 = NJW 2017, 2018.
[59] Vgl. dazu näher *Geib* in BeckOGK, 1.4.2019, BGB § 573 Rn. 60.
[60] Vgl. dazu näher *Geib* in BeckOGK, 1.4.2019, BGB § 573 Rn. 64.
[61] BGHZ 204, 216 Rn. 23 ff. = NJW 2015, 1590.
[62] BGHZ 213, 136 Rn. 55 = NJW 2017, 547; BGH NJW-RR 2012, 341 Rn. 24; NJW 2010, 3775 Rn. 14; NJW 2009, 1141 Rn. 12; BGHZ 165, 75 Rn. 12 = NJW 2006, 220; BGH NJW 2003, 2604.
[63] BGHZ 213, 136 Rn. 56 ff. = NJW 2017, 547; aA zuletzt noch BGH NJW-RR 2012, 341 Rn. 24.
[64] BGHZ 165, 75 Rn. 11 ff. = NJW 2006, 220.
[65] BGHZ 179, 289 Rn. 14 ff. = NJW 2009, 1200.
[66] BVerfGE 84, 382 (385) = NJW 1992, 361 (362).
[67] Vgl. zur Verfassungsmäßigkeit der Vorgängerregelung (§ 564b Abs. 2 Nr. 3 S. 1 BGB aF) BVerfGE 79, 283 (289 ff.) = NJW 1989, 972 (973).

sein, dass er anderenfalls auf eine „Minimalsanierung" verwiesen wäre, die weder zu einer nachhaltigen Verbesserung noch zu einer Verlängerung der geringen Restlebensdauer des Gebäudes führen würde.[68]

In Abgrenzung von einer zulässigen Verwertungskündigung ist eine Kündigung, die zu dem Zweck erfolgt, mit dem dadurch hervorgerufenen **Druck eine Mieterhöhung durchzusetzen,** ausgeschlossen (§ 573 Abs. 1 S. 2 BGB). Auch die Absicht, nach der Kündigung im Rahmen eines neuen Mietverhältnisses von einem anderen Mieter eine höhere Miete zu verlangen, ist kein zulässiger Kündigungszweck (vgl. § 573 Abs. 2 Nr. 3 2. Hs. BGB). Schließlich kann der Vermieter sich auch nicht darauf berufen, dass er die Mieträume in eine Eigentumswohnung umwandeln will oder bereits umgewandelt hat und sie zu diesem Zweck zu veräußern gedenkt (vgl. § 573 Abs. 2 Nr. 3 3. Hs. BGB). 39

dd) Sonderfälle. Insbesondere bei **WG-Typ F,** bei dem der Eigentümer/Vermieter selbst Mitglied der Wohngemeinschaft ist (→ § 1 Rn. 29), gelten **Ausnahmen vom grundsätzlichen Erfordernis eines berechtigten Kündigungsinteresses.** So bedarf es bereits im Ausgangspunkt keines berechtigten Interesses des Vermieters, wenn er eine Wohnung in einem von ihm selbst bewohnten Gebäude mit nicht mehr als zwei Wohnungen vermietet (§ 573a Abs. 1 S. 1 BGB). Weiterhin ist ein berechtigtes Interesse auch dann nicht erforderlich, sofern der Vermieter Wohnraum in einer von ihm selbst bewohnten Wohnung vermietet (§ 573a Abs. 2 BGB).[69] Jedoch verlängert sich in beiden Fällen die Kündigungsfrist (vgl. → Rn. 42) um drei Monate. Hat der Vermieter möblierten Einliegerwohnraum in der von ihm bewohnten Wohnung vermietet, entfällt das Berechtigungserfordernis gemäß § 549 Abs. 2 Nr. 2 BGB sogar, ohne dass es zu einer Fristverlängerung käme. Diese Ausführungen gelten entsprechend, sofern die Mitbewohner untereinander in einem (Unter-) Mietverhältnis stehen (**WG-Typ A** → § 1 Rn. 24): Der als Hauptmieter fungierende Mitbewohner kann sich gegenüber seinen Untermietern auf dieselben Kündigungsprivilegien berufen wie der Eigentümer/Vermieter bei WG-Typ F. 40

Zu beachten ist darüber hinaus, dass der Vermieter zu einer Kündigung auch dann kein berechtigtes Interesse braucht, wenn die Wohngemeinschaft Teil eines **Studenten- oder Jugendwohnheims** ist (vgl. § 549 Abs. 3 BGB).[70] Dasselbe gilt schließlich, sofern ein Mitbewohner **nur vorübergehend** (für die Dauer einer längeren Reise, ein Semester) (Unter-) Mieter wird (vgl. § 549 Abs. 2 Nr. 1 BGB). 41

b) Kündigungsfrist

Die Kündigungsfrist meint den Zeitraum zwischen **Kündigungstag** (= Tag, an dem die Kündigung spätestens im Sinne des §§ 130 ff. BGB zugegangen sein muss[71]) und **Kündigungstermin** (= Tag, an dem das Mietverhältnis infolge der Kündigung endet).[72] Das Gesetz bestimmt die Regelkündigungsfrist dadurch, dass in § 573c Abs. 1 S. 1 BGB Kündigungstag (= dritter Werktag) und Kündigungstermin (Ablauf des übernächsten Monats) festgelegt werden. Die Kündigungsfrist beträgt damit regelmäßig drei Monate abzüglich dreier Werktage (sogenannte **Karenztage**).[73] Der **Samstag** ist nach dem allgemeinen Rechtsverständnis als Werktag im Sinne des § 573c Abs. 1 S. 1 BGB bei der Berechnung der Karenzzeit mitzuzählen.[74] Fällt aber der letzte Tag der Karenzfrist auf einen Samstag, verlagert sich der Kündigungstag gemäß § 193 BGB auf den nächstfolgen- 42

---

[68] BGHZ 179, 289 Rn. 16 ff. = NJW 2009, 1200.
[69] Zu einem vertraglichen Ausschluss dieser Kündigungserleichterung siehe BGH NZM 2019, 209 Rn. 17 ff.
[70] Zum Begriff BGH NJW 2012, 2881 Rn. 14 ff.
[71] *Weidenkaff* in Palandt BGB § 573c Rn. 5.
[72] *Häublein* in MüKoBGB § 573c Rn. 6.
[73] Vgl. *Häublein* in MüKoBGB § 573c Rn. 6.
[74] BGH NJW 2010, 2879 Rn. 50; NJW 2005, 2154 (2155).

den Werktag.[75] Dagegen ist es ohne Bedeutung, auf welchen Wochentag der Kündigungstermin fällt. § 193 BGB findet auf die Berechnung des Endes der Kündigungsfrist keine Anwendung.[76]

43 **Nach fünf und acht Jahren** seit der Überlassung des Wohnraums **verlängert sich die Kündigungsfrist für den Vermieter** um jeweils drei Monate (vgl. § 573c Abs. 1 BGB). Bei möbliertem Einliegerwohnraum (vgl. → Rn. 40) gilt eine kürzere Kündigungsfrist: Die Kündigung ist spätestens am 15. eines Monats zum Ablauf dieses Monats zulässig (§ 573c Abs. 3 BGB). Bei Wohnraum, der zum vorübergehenden Gebrauch vermietet wurde (vgl. → Rn. 40), ist die Kündigungsfrist frei vereinbar (§ 573c Abs. 2 BGB). „**Überlassung**" setzt dabei voraus, dass der Vermieter den Mietern den Besitz an der Wohnung verschafft hat.[77] Ein Parteienwechsel auf Mieterseite ist unter dieser Prämisse nur dann nicht dazu geeignet, die Dauer der Überlassung zu unterbrechen, wenn die Identität des Mietverhältnisses gewahrt bleibt. Scheidet bei einer Wohngemeinschaft zwischenzeitlich ein Mitbewohner aus dem Mietvertrag aus und tritt ein neuer dem Vertrag bei, wird die Überlassungsfrist mithin nicht unterbrochen. Erst recht muss dies der Fall sein, wenn eine **Außen-GbR** Mieterin geworden ist (**WG-Typ D** → § 1 Rn. 27) und es zu einem Wechsel der Mitbewohner-Gesellschafter kommt. Ein **Wechsel aller Mieter** vermag den Neubeginn der Frist hingegen nur dann nicht zu verhindern, wenn die den Mietvertrag übernehmende Person bereits vor Eintritt in das Mietverhältnis in den Miethäumen gewohnt hat.[78]

c) Kündigungsschutz wegen sozialer Härte

44 Der Mieter kann der Kündigung des Vermieters nach § 574 Abs. 1 BGB widersprechen und von ihm die Fortsetzung des Mietverhältnisses verlangen, wenn die Beendigung des Mietverhältnisses für den Mieter, seine Familie oder einen anderen Angehörigen seines Haushalts eine Härte bedeuten würde, die auch unter Würdigung der berechtigten Interessen des Vermieters nicht zu rechtfertigen ist. Bei der Würdigung der berechtigten Interessen des Vermieters werden gemäß § 574 Abs. 3 BGB nur die in dem Kündigungsschreiben nach § 573 Abs. 3 BGB angegebenen Gründe berücksichtigt, außer wenn die Gründe nachträglich entstanden sind. Nach § 568 Abs. 2 BGB soll der Vermieter den Mieter auf die Möglichkeit, die Form und die Frist des Widerspruchs nach den §§ 574 bis 574b BGB rechtzeitig hinweisen.

45 Unter eine **Härte** im Sinne des § 574 Abs. 1 BGB fallen Nachteile wirtschaftlicher, finanzieller, gesundheitlicher, familiärer oder persönlicher Art von einigem Gewicht, die infolge der Vertragsbeendigung auftreten können.[79] Insoweit sind nicht nur sichere Folgen einer Räumung zu berücksichtigen, sondern bereits die ernsthafte Gefahr einer Verwirklichung.[80] Die Folgen, die für den Mieter mit einem Umzug verbunden wären, müssen sich allerdings deutlich von den mit einem Wohnungswechsel typischerweise verbundenen Unannehmlichkeiten (wie Wohnungssuche, Umzugskosten oder Arbeitsaufwand) abheben.[81]

46 In der Praxis wird Kündigungsschutz wegen sozialer Härte vor allem bei einem **hohem Alter** des Mieters, das zur Räumungsunfähigkeit beziehungsweise besonderen Schwierigkeiten bei der Ersatzraumsuche führt,[82] bei schwerwiegenden (körperlichen oder see-

---

[75] Ebenso LG Berlin BeckRS 2017, 102998; LG Aachen BeckRS 2004, 11099; *Weidenkaff* in Palandt BGB § 573c Rn. 10; *Geib/D'Ugo* in BeckOGK, 1.4.2019, BGB § 573c BGB Rn. 23; kritisch *Häublein* in MüKoBGB § 573c Rn. 13; offengelassen von BGH NJW 2005, 2154 (2155).
[76] *Geib/D'Ugo* in BeckOGK, 1.4.2019, BGB § 573c BGB Rn. 24.
[77] BGHZ 65, 137 (139 ff.) = NJW 1976, 105 (106).
[78] Vgl. OLG Stuttgart NJW 1984, 875; *Rolfs* in Staudinger BGB § 573c Rn. 24; *Häublein* in MüKoBGB § 573c Rn. 8.
[79] LG Bochum BeckRS 2007, 04346; *Emanuel* in BeckOGK, 1.4.2019, BGB § 574 Rn. 16.
[80] BGH NJW-RR 2014, 78 Rn. 20.
[81] BGH NJW 2017, 1474 Rn. 25; NJW-RR 2014, 78 Rn. 17; NJW 2013, 1596 Rn. 15.
[82] Dazu BGH BeckRS 2019, 11772 Rn. 27 ff. sowie allgemein *Blank* in Schmidt-Futterer MietR BGB § 574 Rn. 41 ff.; *Rolfs* in Staudinger BGB § 574 Rn. 37.

lischen) **Krankheiten** und **Behinderungen**[83] oder bei komplizierten beziehungsweise weit fortgeschrittenen Schwangerschaften[84] gewährt. Zu beachten ist allerdings, dass sich allgemeine Fallgruppen (etwa ein bestimmtes Alter des Mieters oder eine bestimmte Mietdauer), in denen generell die Interessen einer Partei überwiegen, nicht ausmachen lassen, sondern stets eine umfassende Sachverhaltsaufklärung sowie eine besonders sorgfältige Abwägung erforderlich ist, ob im jeweiligen Einzelfall die Interessen des Mieters an der Fortsetzung des Mietverhältnisses diejenigen des Vermieters an dessen Beendigung überwiegen. So wirkten sich etwa die Faktoren Alter und lange Mietdauer mit einer damit einhergehenden Verwurzelung im bisherigen Umfeld je nach Persönlichkeit und körperlicher sowie psychischer Verfassung des Mieters unterschiedlich stark aus und rechtfertigten deshalb ohne weitere Feststellungen zu den sich daraus ergebenden Folgen im Fall eines erzwungenen Wohnungswechsels grundsätzlich nicht die Annahme einer Härte im Sinne des § 574 Abs. 1 S. 1 BGB.[85] Insoweit sind die Gerichte beim Fehlen eigener Sachkunde regelmäßig verpflichtet, sich mittels sachverständiger Hilfe ein genaues und nicht nur an der Oberfläche haftendes Bild davon zu verschaffen, welche gesundheitlichen Folgen im Einzelnen mit einem Umzug verbunden wären. Daher wird regelmäßig von Amts wegen ein Sachverständigengutachten einzuholen sein, wenn der Mieter eine zu besorgende Verschlechterung seines Gesundheitszustandes durch ärztliches Attest belegt hat.[86] Eine Verlängerung des Mietverhältnisses auf bestimmte Zeit kommt auch in Betracht, wenn der Mieter gerade zum Zeitpunkt der vertragsgemäßen Beendigung des Mietverhältnisses außergewöhnlich stark beruflich belastet ist; hiervon können auch vor dem Examen stehende Studierende[87], Referendare am Ende der Ausbildung[88] sowie Ärzte vor Abschluss der Promotion[89] profitieren. Eine Härte im Sinne von § 574 BGB kann auch auf sehr hohe **finanzielle Aufwendungen** (etwa für eine speziell den räumlichen Gegebenheiten angepasste Einbauküche) gestützt werden, die der Mieter im Vertrauen auf eine lange Mietzeit getätigt hat und die sich zum Zeitpunkt der Beendigung des Mietverhältnisses noch nicht amortisiert haben. Sieht der Mieter aber bewusst davon ab, sich die Möglichkeit einer längerfristigen Nutzung des Mietobjekts durch Vereinbarung eines (beiderseitigen) befristeten Kündigungsausschlusses zu sichern, weil er aus beruflichen Gründen örtlich flexibel bleiben wollte, fällt die Interessenabwägung zu seinem Nachteil aus.[90]

Maßgeblicher Zeitpunkt für die nach wirksamem Widerspruch des Mieters gemäß § 574 Abs. 1 S. 1 BGB vorzunehmende Abwägung der wechselseitigen Interessen von Vermieter und Mieter sowie der sich anschließenden Beurteilung, ob oder für welchen Zeitraum das durch wirksame ordentliche Kündigung nach § 573 BGB beendete Mietverhältnis nach § 574a BGB fortzusetzen ist, ist der Schluss der letzten mündlichen Verhandlung in der Tatsacheninstanz.[91]

Eine Härte liegt nach § 574 Abs. 2 BGB auch vor, wenn **angemessener Ersatzwohnraum** zu zumutbaren Bedingungen nicht beschafft werden kann.[92] Hierfür genügt es aber nicht, dass in der Gegend eine Wohnungsmangellage besteht; notwendig ist es vielmehr, dass der konkrete Mieter – trotz des Ergreifens aller erforderlichen und zumutbaren Maßnahmen – nicht in der Lage ist, eine Ersatzwohnung zu beschaffen.[93]

47

---

[83] Siehe dazu BGH BeckRS 2019, 11772 Rn. 27 ff.; NJW-RR 2014, 78 Rn. 17 sowie allgemein *Blank* in Schmidt-Futterer MietR BGB § 574 Rn. 47 ff.; *Rolfs* in Staudinger BGB § 574 Rn. 38 ff.
[84] Dazu *Blank* in Schmidt-Futterer MietR BGB § 574 Rn. 52; *Rolfs* in Staudinger BGB § 574 Rn. 42.
[85] BGH BeckRS 2019, 11772 Rn. 36 ff.
[86] BGH BeckRS 2019, 11772 Rn. 40 ff.; BeckRS 2019, 11773 Rn. 33 ff.
[87] LG Aachen NJW RR 1986, 313; *Rolfs* in Staudinger BGB § 574 Rn. 45 mwN; siehe aber AG Gießen NJW-RR 1990, 653 (654).
[88] AG Lübeck BeckRS 1989, 05763.
[89] AG Tübingen ZMR 1986, 60 (Ls.); *Rolfs* in Staudinger BGB § 574 Rn. 45 mwN.
[90] BGH NJW 2013, 1596 Rn. 16.
[91] BGH BeckRS 2019, 11772 Rn. 32; BeckRS 2019, 11773 Rn. 48.
[92] Zu Einzelheiten *Blank* in Schmidt-Futterer MietR BGB § 574 Rn. 28 ff.
[93] *Blank* in Schmidt-Futterer MietR BGB § 574 Rn. 30.

48 Bei einer **Mietermehrheit** und damit auch bei einer Wohngemeinschaft (Innen-GbR, **WG-Typ C** → § 1 Rn. 26) genügt es, wenn der Härtegrund nur in der Person eines Mieters besteht.[94] Wegen der Einheitlichkeit des Mietverhältnisses müssen aber sämtliche Mieter den Widerspruch erheben sowie die Fortsetzung verlangen.[95] Sind die Mitbewohner einer Wohngemeinschaft nicht sämtlich Mietvertragsparteien – also insbesondere bei **WG-Typ A** (Untermiete → § 1 Rn. 24) und **WG-Typ E** (Mitbewohner ohne Mietvertrag → § 1 Rn. 28) – und liegt ein Härtegrund in der Person eines Nichtmieters vor, kommt es darauf an, ob dieser zum nach § 574 Abs. 1 S. 1 BGB **mitprivilegierten Personenkreis** zu zählen ist. Die Interessen nicht-privilegierter Dritter bleiben außer Betracht.[96] Insofern ist zu beachten, dass eine Angehörigkeit zum Haushalt des Mieters nur dann bejaht wird, wenn die Hausgemeinschaft bereits seit längerem andauert oder zumindest auf längere Zeit hin angelegt ist.[97] Jedenfalls bei einer **Wohngemeinschaft mit einem laufend wechselnden Bestand** ist dies nicht der Fall (vgl. auch → Rn. 105).[98]

49 Nach § 574b Abs. 1 BGB ist der **Widerspruch des Mieters** gegen die Kündigung schriftlich zu erklären; auf Verlangen des Vermieters soll der Mieter über die Gründe des Widerspruchs unverzüglich Auskunft erteilen. Der Vermieter kann die Fortsetzung des Mietverhältnisses nach § 574b Abs. 2 BGB ablehnen, wenn der Mieter ihm den Widerspruch nicht spätestens zwei Monate vor der Beendigung des Mietverhältnisses erklärt hat. Hat der Vermieter allerdings nicht rechtzeitig vor Ablauf der Widerspruchsfrist auf die Möglichkeit des Widerspruchs sowie auf dessen Form und Frist hingewiesen, so kann der Mieter den Widerspruch noch im ersten Termin des Räumungsrechtsstreits erklären.

3. Außerordentliche fristlose Kündigung aus wichtigem Grund

50 Die ordentliche Kündigung setzt – wie gezeigt – die Einhaltung einer Kündigungsfrist voraus. Daneben kann der Vermieter sich außerordentlich fristlos vom Mietvertrag lösen, sofern hierfür ein wichtiger Grund vorliegt (§ 543 Abs. 1 S. 1 BGB). Nach § 543 Abs. 1 S. 2 BGB liegt ein wichtiger Grund vor, wenn dem Vermieter unter Berücksichtigung aller Umstände des Einzelfalls, insbesondere eines Verschuldens, und unter Abwägung der beiderseitigen Interessen die Fortsetzung des Mietverhältnisses bis zum Ablauf der Kündigungsfrist einer ordentlichen Kündigung oder bis zur sonstigen Beendigung des Mietverhältnisses nicht zugemutet werden kann. Daneben zählen § 569 BGB, als Sondervorschrift für die Wohnraummiete, und § 543 Abs. 2 BGB eine Reihe von Tatbeständen, bei deren Vorliegen eine außerordentliche fristlose Kündigung gerechtfertigt ist, explizit auf.

51 Besteht der zur außerordentlichen Kündigung berechtigende wichtige Grund in der Verletzung einer Pflicht aus dem Mietvertrag, so ist die Kündigung erst nach **erfolglosem Ablauf einer zur Abhilfe bestimmten angemessenen Frist** oder nach **erfolgloser Abmahnung** zulässig (vgl. § 543 Abs. 3 S. 1 BGB).[99] Dies gilt nach § 543 Abs. 3 S. 2 Nr. 1 und 2 BGB nicht, wenn eine Frist oder Abmahnung offensichtlich keinen Erfolg verspricht oder die sofortige Kündigung aus besonderen Gründen unter Abwägung der beiderseitigen Interessen gerechtfertigt ist[100]. Dies ist etwa bei einer permanenten Überwachung durch eine Kamera im Hausflur des gemeinschaftlichen Bereichs einer Wohn-

---

[94] LG Bochum BeckRS 2007, 04346; *Emanuel* in BeckOGK, 1.4.2019, BGB § 574 Rn. 19; *Rolfs* in Staudinger BGB § 574 Rn. 27.
[95] *Häublein* in MüKoBGB § 574b Rn. 5; *Hinz* in NK-BGB § 574 Rn. 21; *Weidenkaff* in Palandt BGB § 574b Rn. 2; aA *Blank* in Schmidt-Futterer MietR BGB § 574 Rn. 21, § 574b Rn. 7.
[96] BayObLGZ 1971, 363 (368) = NJW 1972, 685 (686).
[97] Vgl. *Blank* in Schmidt/Futterer MietR BGB § 574 Rn. 23.
[98] LG Freiburg BeckRS 1989, 07543 Rn. 1; *Emanuel* in BeckOGK, 1.4.2019, BGB § 574 Rn. 21.
[99] Zur Abgrenzung von Fristsetzung und Abmahnung *Klein-Blenkers* in NK-BGB § 542 R. 63.
[100] Vgl. zur Entbehrlichkeit einer Abmahnung in Fällen unbefugter Gebrauchsüberlassung (→ Rn. 54 ff.) LG München I BeckRS 2016, 3474; LG Berlin NZM 2015, 248 (249) und bereits → § 3 Rn. 40.

gemeinschaft der Fall.[101] Darüber hinaus muss der Kündigung auch dann keine Fristsetzung oder Abmahnung vorausgehen, wenn der Mieter im Sinne des § 543 Abs. 2 Nr. 3 BGB mit der Entrichtung der Miete in Verzug ist (§ 543 Abs. 3 S. 2 Nr. 3 BGB, vgl. zu diesem Kündigungsgrund noch → Rn. 62 ff.) oder eine außerordentliche Kündigung wegen verzögerter Entrichtung der Mietsicherheit in Betracht kommt (§ 569 Abs. 2a S. 3 BGB, vgl. zu diesem Kündigungsgrund noch → Rn. 65).

Die Anwendung des allgemein für Dauerschuldverhältnisse geltenden § 314 BGB ist neben §§ 543, 569 BGB grundsätzlich ausgeschlossen, sofern sich die Regelungsbereiche der Vorschriften überdecken.[102] Insbesondere findet § 314 Abs. 3 BGB, nach dem der Berechtigte nur innerhalb einer angemessenen Frist kündigen kann, nachdem er vom Kündigungsgrund Kenntnis erlangt hat, auf die fristlose Kündigung eines (Wohnraum-) Mietverhältnisses nach §§ 543, 569 BGB keine Anwendung.[103] So steht etwa **Zeitablauf** von sieben Monaten zwischen der erstmaligen Kündigungsmöglichkeit wegen Zahlungsverzugs (→ Rn. 62 ff.) und der Erklärung der Kündigung ihrer Wirksamkeit nicht entgegen.[104] Die Unanwendbarkeit des § 314 Abs. 3 BGB bedeutet allerdings nicht, dass eine längere Verzögerung der Kündigungserklärung keine Rechtsfolgen nach sich ziehen kann. So kann es bei Kündigungstatbeständen, die auf eine **Unzumutbarkeit der Vertragsfortsetzung** abstellen, angesichts einer längeren Kündigungsverzögerung an einer solchen Unzumutbarkeit und somit an einem durchgreifenden Kündigungsgrund fehlen.[105] Im Übrigen kann eine fristlose Kündigung im Einzelfall aufgrund besonderer Umstände treuwidrig, insbesondere verwirkt sein.[106] Eine solche **Verwirkung** kommt etwa dann in Betracht, wenn der Mieter bei Mietbeginn oder danach erkennt, dass die tatsächliche Wohnfläche die im Mietvertrag angegebene um mehr als zehn Prozent unterschreitet, ohne dies zeitnah zum Anlass für eine fristlose Kündigung zu nehmen.[107] 52

Wenn ein Grund vorliegt, der den Vermieter zur außerordentlichen fristlosen Kündigung berechtigt (§ 574 Abs. 1 S. 2 BGB), kann die Wohngemeinschaft beziehungsweise können ihre Mitglieder einen **Kündigungsschutz wegen sozialer Härte** nach §§ 574 ff. BGB (→ Rn. 44 ff.) **nicht geltend machen**. 53

a) Wegen unbefugter Überlassung von Räumlichkeiten an einen unbefugten Mitbewohner

Nach § 543 Abs. 2 S. 1 Nr. 2 Alt. 2 BGB kann der Vermieter fristlos kündigen, wenn der Mieter die Rechte des Vermieters dadurch verletzt, dass er die Mietsache unbefugt einem Dritten überlässt (→ § 3 Rn. 37 ff.).[108] Denn der Mieter ist hierzu nach § 540 Abs. 1 S. 1 BGB ohne die Erlaubnis des Vermieters nicht berechtigt. Eine Gebrauchsüberlassung liegt nicht nur bei Untervermietung (**WG-Typ A,** Untermiete → § 1 Rn. 24) vor, sondern auch bei (unentgeltlicher) Überlassung eines Teils oder der gesamten Wohnung an einen Dritten beziehungsweise bei der Aufnahme eines Dritten und Einräumung des unselbständigen Mitbesitzes (**WG-Typ E,** Mitbewohner ohne Mietvertrag, → § 1 Rn. 28) (vgl. auch → § 3 Rn. 4). 54

Personen, die der Mieter ohne Erlaubnis des Vermieters in die Wohnung aufnehmen darf, weil dies zum **vertragsgemäßen Gebrauch der Mietsache** gehört, wie Ehegatten, Verlobte, Lebenspartner, sonstige nächste Angehörige, Bedienstete, Besucher, Pflege- und 55

---

[101] AG München BeckRS 2019, 12437.
[102] Vgl. *Bieber* in MüKoBGB § 543 Rn. 2.
[103] BGH NJW 2016, 3720 Rn. 11 ff.
[104] BGH NJW 2016, 3720 Rn. 11.
[105] BGH NJW 2016, 3720 Rn. 20.
[106] BGH NJW 2016, 3720 Rn. 20; NJW 2009, 2297 Rn. 17; NJW 2007, 147 Rn. 11.
[107] BGH NJW 2009, 2297 Rn. 17.
[108] Vgl. BGH NJW 2014, 622 Rn. 9 ff. (tageweise Überlassung an Touristen); BGH NJW-RR 2014, 265 Rn. 5 ff.; näher dazu *Bieber* in MüKoBGB § 543 Rn. 40; *Emmerich* in BeckOGK, 1.4.2019, BGB § 540 Rn. 59; *Blank* in Schmidt-Futterer MietR BGB § 543 Rn. 68 ff.

Erziehungspersonal,[109] sind demgegenüber schon keine „Dritten" im Sinne des § 543 Abs. 2 S. 1 Nr. 2 Alt. 2 BGB (näher → § 3 Rn. 5).

56 Von einer unbefugten Gebrauchsüberlassung ist im Grundsatz auch dann auszugehen, wenn der Mieter einen **Anspruch auf Erteilung der Erlaubnis zur Gebrauchsüberlassung gemäß § 553 Abs. 1 S. 1 BGB** hat (dazu → § 3 Rn. 8 ff.). Allerdings ist dann regelmäßig das Vorliegen einer erheblichen Rechtsverletzung im Sinne des § 543 Abs. 2 S. 1 Nr. 2 BGB zu verneinen (→ § 3 Rn. 38). Jedenfalls kann der Mieter den Anspruch auf Erlaubniserteilung einredeweise einer Räumungsklage des Vermieters entgegenhalten (→ § 3 Rn. 39). Die Kündigung ist auch dann ausgeschlossen, wenn dem Vermieter die **unbefugte Gebrauchsüberlassung bekannt ist und er sie über längere Zeit hinweg geduldet** hat.[110]

57 Nach § 573 Abs. 1 und 2 Nr. 1 BGB kommt in diesem Fall bei einer nicht unerheblichen Vertragsverletzung durch den Mieter auch eine ordentliche Kündigung in Betracht, die jedoch wiederum ein schuldhaftes Verhalten des Mieters voraussetzt (vgl. bereits → Rn. 27, → § 3 Rn. 40).

b) Störung des Hausfriedens

58 Ein zur außerordentlichen Kündigung berechtigender wichtiger Grund liegt für den Vermieter nach §§ 543 Abs. 1, 569 Abs. 2 BGB ferner vor, wenn die Mitbewohner den **Hausfrieden** so nachhaltig stören, dass dem Vermieter unter Berücksichtigung aller Umstände des Einzelfalls, insbesondere eines Verschuldens, und unter Abwägung der beiderseitigen Interessen die Fortsetzung des Mietverhältnisses bis zum Ablauf der Kündigungsfrist oder bis zur sonstigen Beendigung des Mietverhältnisses nicht zugemutet werden kann.

59 Unter dem Hausfrieden wird das Erfordernis gegenseitiger Rücksichtnahme, das durch die Nutzung von Räumlichkeiten in einem Gebäude entsteht, verstanden. Der Hausfrieden ist gestört, wenn die Mitbewohner die Pflicht, sich so zu verhalten, dass andere Mieter nicht mehr als unvermeidlich gestört werden **(Rücksichtnahmepflicht),** in einem unerträglichen und/oder gesundheitsgefährdenden Ausmaß verletzen.[111] Als Anknüpfungspunkt für eine Kündigung werden unter anderem Prostitution und Drogenhandel in der Wohnanlage,[112] in den Hausflur ziehender Zigarettenrauch[113] oder Katzengestank[114] diskutiert. Ein Verschulden ist nicht notwendige Voraussetzung der Kündigung, findet jedoch im Rahmen der Abwägung Berücksichtigung.[115]

60 Zu beachten ist, dass es insofern nicht darauf ankommt, ob unter mehreren Mitbewohnern, die Vertragspartner des Vermieters geworden sind, nur einer stört.[116] Neumieter können jedoch nicht aufgrund von Störungen bereits ausgezogener Altmieter gekündigt werden.[117] Den Mitbewohnern, die Partei des Mietverhältnisses sind, werden darüber hinaus alle Störungen zugerechnet, die ihrem Risikobereich zuzuordnen sind. Der jeweilige (Haupt-) Mieter muss sich mithin bei **WG-Typ A** (Untermiete → § 1 Rn. 24) das Verhalten seiner Untermieter und bei **WG-Typ E** (Mitbewohner ohne Mietvertrag → § 1 Rn. 28) dasjenige der Mitbewohner ohne Mietvertrag zurechnen lassen.[118] Ist ausnahmsweise (allein) eine durch die Mitbewohner gegründete Außen-GbR Vertragspartnerin des Vermieters geworden (**WG-Typ D** → § 1 Rn. 27), muss diese für das Verhalten der Mitbewohner-Gesellschafter analog § 31 BGB einstehen[119]. Entgegenhalten lassen müssen sich

---

[109] Vgl. zu dieser Aufzählung *Bieber* in MüKoBGB § 553 Rn. 4.
[110] Vgl. LG München I NJW-RR 1991, 1112 (unbeanstandete Mitnutzung für zehn Jahre).
[111] Vgl. im Einzelnen *Häublein* in MüKoBGB § 569 Rn. 20 ff.
[112] *Häublein* in MüKoBGB § 569 Rn. 23.
[113] Vgl. BGH NJW 2015, 1239 Rn. 16; LG Düsseldorf NJW-RR 2016, 1483 ff.
[114] Vgl. LG Berlin NJW-RR 1997, 395.
[115] BGH NZM 2005, 300 *Häublein* in MüKoBGB § 569 Rn. 21; *Weidenkaff* in Palandt BGB § 569 Rn. 13.
[116] Vgl. *Geib* in BeckOGK, 1.4.2019, BGB § 569 Rn. 31.
[117] LG Lübeck NJW-RR 1990, 1429; *Geib* in BeckOGK, 1.4.2019, BGB § 569 Rn. 31.
[118] Vgl. *Weidenkaff* in Palandt BGB § 569 Rn. 13.
[119] *Weidenkaff* in Palandt BGB § 569 Rn. 13.

die Mieter sogar das Verhalten von WG-Besuchern (Gäste, Angehörige), sofern diese im Sinne des § 278 BGB als ihre Erfüllungsgehilfen im Hinblick auf die mietvertraglichen Verpflichtungen anzusehen sind und die Mieter nicht auf die Besucher einwirken, falls diese den Hausfrieden stören (vgl. zur Verschuldenszurechnung bei Erfüllungsgehilfen bereits → Rn. 31 sowie → § 11 Rn. 18 ff.).[120]

Eine zur außerordentlichen Kündigung berechtigende Hausfriedensstörung kann durch den Vermieter schließlich mit wiederholten und gravierenden Verstößen der Mieterseite gegen eine in das Vertragsverhältnis einbezogene wirksame **Hausordnung** begründet werden.[121]

c) Zahlungsverzug

Der Vermieter kann das Mietverhältnis darüber hinaus insbesondere dann außerordentlich kündigen, wenn die Mitbewohner entweder **für zwei aufeinander folgende Termine** mit der Entrichtung der Miete **oder eines nicht unerheblichen Teils davon** in Verzug sind (§ 543 Abs. 2 S. 1 Nr. 3a) BGB) oder sich in einem Zeitraum, der sich über mehr als zwei Termine erstreckt, mit der Entrichtung der Miete in Höhe eines Betrages in Verzug befinden, der die Miete für zwei Monate erreicht (§ 543 Abs. 2 S. 1 Nr. 3b) BGB); dies gilt unabhängig davon, ob die Miete monatlich oder in längeren Zeitabschnitten – etwa jährlich – zu entrichten ist.[122]

Ob im Rahmen des **§ 543 Abs. 2 S. 1 Nr. 3a) 2. Alt. BGB** der nicht bezahlte Teil als nicht unerheblich anzusehen ist, wird im Verhältnis zur vollen Miete mit Rücksicht auf die Umstände des Einzelfalls ermittelt. Bei der Wohnraummiete beträgt der Mindestbetrag, bei dem die Erheblichkeitsschwelle überschritten ist, nach § 569 Abs. 3 Nr. 1 BGB die Miete für einen Monat, wobei auch dabei die Nebenkosten einzurechnen sind.[123] Ein eine Monatsmiete unterschreitender Rückstand kann demgegenüber – wie die Verwendung des Wortes „nur" in § 569 Abs. 3 Nr. 1 BGB zeigt – bei Wohnraummietverhältnissen keine Kündigung rechtfertigen.[124] Der Gesamtrückstand von mehr als einer Monatsmiete muss dabei aus zwei aufeinanderfolgenden Monatsmieten resultieren. Sofern er (auch) aus anderen Zahlungszeiträumen herrührt, kommt nur eine auf § 543 Abs. 2 S. 1 Nr. 3b) BGB gestützte Kündigung in Betracht.[125] Bei der Beurteilung, ob der erforderliche Gesamtrückstand erreicht wurde, ist nicht auf die (berechtigterweise) geminderte Miete, sondern auf die **vertraglich vereinbarte Gesamtmiete** abzustellen.[126]

§ 543 Abs. 2 S. 1 Nr. 3b) BGB betrifft Fälle, in denen der Zahlungsrückstand der Mitbewohner nicht wie in den Fällen des Buchstaben a) in zwei aufeinander folgenden Zeiträumen eintritt, sondern in einem längeren Zeitraum. Kündigen kann der Vermieter in diesem Fall, sobald der Gesamtrückstand zwei Monatsmieten erreicht.[127]

Der Rückstand muss grundsätzlich die Mietzahlungen betreffen, kann aber auch eintreten, sofern die Mitbewohner die **laufenden, regelmäßig wiederkehrenden Nebenkosten** (insbesondere die Vorauszahlungen für Heizungs- und Warmwasserkosten) nicht rechtzeitig entrichten.[128] Das Ausbleiben nur einmalig anfallender Zahlungen kann den Vermieter grundsätzlich nicht zur Kündigung berechtigen. Eine Ausnahme gilt nach § 569 Abs. 2a BGB bei der Wohnraummiete jedoch für Rückstände mit der Zahlung der

---

[120] Vgl. näher BGH NJW-RR 2017, 134 Rn. 17; *Häublein* in MüKoBGB § 569 Rn. 20.
[121] Vgl. näher dazu *Schmid* NJW 2013, 2145 (2148); *Mayer/Eichel/Klinck* NZM 2018, 689 (695).
[122] Vgl. BGH NJW-RR 2009, 21 Rn. 15.
[123] Vgl. *Weidenkaff* in Palandt BGB § 543 Rn. 24.
[124] Vgl. auch BGHZ 205, 300 Rn. 51 ff. = NJW 2015, 2419 zur Gewerberaummiete. Die Entscheidung lässt einen Gegenschluss im Hinblick auf Wohnraummietverhältnisse zu.
[125] Vgl. BGH NJW 2008, 3210 Rn. 34 ff. zur Gewerberaummiete.
[126] Vgl. BGH NJW 2018, 939 Rn. 19; NJW 2012, 2882 Rn. 16; NJW 2010, 3015 Rn. 41.
[127] Vgl. BGH NJW 2008, 3210 Rn. 34 ff., 37.
[128] Vgl. BGH NJW 2014, 52 Rn. 22; NJW 2008, 3210 Rn. 31; BeckRS 2001, 9041 (insoweit in NZM 2002, 20 nicht abgedruckt).

Mietkaution (vgl. dazu → § 5 Rn. 22 ff.). Um „Mietnomandentum" zu bekämpfen,[129] eröffnet die Regelung dem Vermieter auch bereits dann eine Kündigungsmöglichkeit, wenn die Mieterseite mit der Entrichtung von Mietsicherheiten in Verzug ist, die der zweifachen Monatsmiete entsprechen.

66 Der Vermieter braucht nach **§ 266 BGB** Teilleistungen an sich nicht anzunehmen. Da die Miete überwiegend bargeldlos gezahlt wird, kann aus der vorbehaltlosen Annahme von Teilbeträgen nur ausnahmsweise geschlossen werden, dass der Vermieter damit den Rest gestundet oder auf sein Kündigungsrecht verzichtet hat.[130] Wenn mehrere Mitbewohner Vertragspartei des Vermieters geworden sind und sie vereinbart haben, dass jeder von ihnen den auf ihn entfallenden Teil der Mietkaution und des Mietzinses an den Vermieter überweist, können alle Mieter bereits dann in Verzug kommen, wenn nur einer von ihnen nicht zahlt.[131] § 425 Abs. 2 BGB, wonach der Verzug grundsätzlich Einzelwirkung hat, kommt im Mietverhältnis nicht zur Anwendung (vgl. bereits → Rn. 12). Ohnehin wird die Miete bei Wohngemeinschaften aber regelmäßig von einem gemeinsamen Konto der Mitbewohner eingezogen, für dessen hinreichende Deckung die Mitbewohner gegenüber dem Vermieter Rechnung tragen.

67 Um – wie in § 543 Abs. 2 S. 1 Nr. 3 BGB gefordert – in **Verzug** zu kommen, müssen die Mieter nicht zuvor durch den Vermieter mittels einer Mahnung zur Zahlung aufgefordert worden sein, da die Fälligkeit der Miete kalendermäßig bestimmt wird (vgl. § 286 Abs. 2 Nr. 1 BGB).[132] Der Verzug kann aber ausgeschlossen sein, wenn die Mieter ihn nicht verschuldet haben (§ 286 Abs. 4 BGB).[133] Zahlungsunfähigkeit kann dabei den Verzug nicht verhindern, da die Mieter das **Beschaffungsrisiko für ihre finanziellen Mittel** tragen (§ 276 Abs. 1 S. 1 aE BGB, „Geld hat man zu haben").[134] Vertretenmüssen scheitert auch nicht daran, dass der Mieter für die Entrichtung der Miete auf Sozialleistungen einer öffentlichen Stelle angewiesen ist und diese Leistungen rechtzeitig beantragt hat.[135] Der auf den Umstand des Zahlungsverzugs abstellende Kündigungsgrund des § 543 Abs. 2 S. 1 Nr. 3 BGB ist vom Gesetzgeber so konzipiert worden, dass er – anders als §§ 543 Abs. 1, 573 Abs. 1 Nr. 1 BGB – eine Berücksichtigung von persönlichen Umständen und Zumutbarkeitserwägungen grundsätzlich nicht zulässt. Vielmehr ist danach bei Vorliegen der Tatbestände des § 543 Abs. 2 BGB allein aus diesem Grund eine außerordentliche fristlose Kündigung möglich, ohne dass noch zusätzliche Abwägungsvoraussetzungen erfüllt sein müssen.[136]

68 Ein fehlendes Verschulden kann aber insbesondere anzunehmen sein, wenn die Mitbewohner das zur Mietzahlung bestimmte Geld rechtzeitig abgesandt haben, es aber dennoch verspätet ankommt.[137] Gehen die Mieter irrtümlich davon aus, gar nicht zur Zahlung verpflichtet zu sein, weil sie sich aufgrund eines Mietmangels zu einer Zurückbehaltung der Mietzahlungen oder einer Minderung berechtigt halten, schließt der **Irrtum über die Zahlungspflicht** den Verzug grundsätzlich nicht aus. Nach Auffassung des BGH sind auch im Wohnraummietrecht an das Vorliegen eines unverschuldeten Irrtums, der nach § 286 Abs. 4 BGB zu einem Entfallen des Zahlungsverzugs führen würde, strenge Anforderungen zu stellen. Auf die Mieterseite werde hierdurch kein unzulässiger Druck dahingehend ausgeübt, auf ihre Mängelrechte zu verzichten, da die Möglichkeit besteht,

---

[129] Vgl. BT-Drs. 17/10485, 1 f., 25; kritisch dazu *Hinz* ZMR 2012, 153 (161).
[130] *Bieber* in MüKoBGB § 543 Rn. 47.
[131] Vgl. zur Kündigung aufgrund Nichtzahlung der Mietkaution durch einen der Mitbewohner KG Berlin BeckRS 1999, 10835 Rn. 5.
[132] Vgl. *Weidenkaff* in Palandt BGB § 543 Rn. 26.
[133] Zu Einzelheiten *Schwab* NZM 2019, 36 (43 f.).
[134] BGHZ 204, 134 Rn. 18 = NJW 2015, 1296; vgl. allgemein BGHZ 150, 187 (194) = NJW 2002, 1872 (1874); BGH NJW 2002, 1123 (1125); BGHZ 107, 92 (102) = NJW 1989, 1276 (1278); ebenso auch BT-Drs. 14/6040, 132.
[135] BGHZ 204, 134 Rn. 19 = NJW 2015, 1296.
[136] BGHZ 204, 134 Rn. 21 = NJW 2015, 1296.
[137] Vgl. *Weidenkaff* in Palandt BGB § 543 Rn. 26.

B. Kündigung   § 20

unter dem einfachen, lediglich die Wirkungen des § 814 BGB ausschließenden Vorbehalt der Rückforderung an den Vermieter zu zahlen, sodass die Möglichkeit bleibt, eine gerichtliche Klärung der eigenen Rechte herbeizuführen, ohne dem Risiko einer fristlosen Kündigung ausgesetzt zu sein.[138] Sind die Mieter zu einer eigenständigen rechtlichen Beurteilung nicht in der Lage, müssen sie Rechtsrat einholen. Für ein etwaiges Verschulden ihres Rechtsberaters haben sie – wie bei der ordentlichen Kündigung wegen schuldhafter Pflichtverletzung (vgl. dazu → Rn. 31) – nach § 278 BGB einzustehen, wobei für einen unverschuldeten Rechtsirrtum des Rechtsberaters ebenfalls strenge Grundsätze gelten.[139] So haben mehrere OLG bereits ein Verschulden der Mieterseite und damit einen Verzug bejaht, obwohl die Mieter den (schuldhaft falschen) Rat eines Mieterschutzverbands über das Bestehen der Zahlungspflicht eingeholt hatten.[140] Wird der Mieter nach einer Kündigung des Vermieters wegen Zahlungsverzugs rechtskräftig zur Zahlung eines auch für die Kündigung relevanten Mietrückstands verurteilt, sind damit allerdings die Voraussetzungen eines Zahlungsverzugs im Zeitpunkt der Kündigung nicht bindend festgestellt.[141]

Bevor die auf § 543 Abs. 2 S. 1 Nr. 3 BGB gestützte Kündigung ihnen zugegangen ist, **69** können die Mieter diese noch **abwenden,** sofern sie ihren Zahlungsrückstand vollständig beseitigen (§ 543 Abs. 2 S. 2 BGB). Zahlungen, die den Rückstand lediglich verringern, können die Kündigung hingegen nicht ausschließen.[142] Die Beseitigung des Rückstands ist insbesondere auch dann noch rechtzeitig, wenn die Mieter die Zahlungen vor Zugang der Kündigung auf ein Bankkonto am Ort einzahlen oder eine entsprechende Überweisung absenden.[143] Statt einer Zahlung kommt auch eine anderweitige Erfüllungshandlung in Betracht, insbesondere eine Aufrechnung mit einer Forderung, die den Mitbewohnern gegen den Vermieter zusteht.[144] Faktisch lässt sich die Zahlungsverzugskündigung oft auch durch Stellung einer zusätzlichen Mietsicherheit (etwa einer Bürgschaft) durch einen Dritten abwenden (zu Mietsicherheiten allgemein →§ 5 Rn. 22 ff.). § 551 Abs. 1, 4 BGB finden auf Mietsicherheiten, die zu diesem Zweck begründet werden, keine Anwendung (vgl. auch → § 5 Rn. 36).[145]

In engen Grenzen kann die Kündigung auch dann noch abgewendet werden, sofern sie **70** den Mitbewohnern bereits zugegangen ist. Zunächst können die Mitbewohner die Kündigung abwenden, sofern sie sich unverzüglich nach der Kündigung durch **Aufrechnung gegenüber dem Vermieter** von ihrer (gesamten) Schuld befreien (§ 543 Abs. 2 S. 3 BGB). Weiterhin wird Wohnraummietern eine zweimonatige **Schonfrist** eingeräumt, die ab Rechtshängigkeit einer im Nachgang der Kündigung angestrengten Räumungsklage berechnet wird. Sofern die Mitbewohner während dieser Schonfrist die rückständigen Mietzahlungen nachholen und darüber hinausgehend eine Entschädigung für das Vorenthalten der Wohnung nach der Kündigung (§ 546a Abs. 1 BGB) leisten beziehungsweise sich eine öffentliche Stelle zur Befriedigung verpflichtet (vgl. § 569 Abs. 3 Nr. 2 BGB), entfallen damit nicht nur für die Zukunft die durch die fristlose Kündigung ausgelösten Räumungs- und Herausgabeansprüche, sondern das Mietverhältnis ist als ununterbrochen fortbestehend zu behandeln.[146]

Die Schonfrist (§ 569 Abs. 3 Nr. 2 BGB) greift nicht, wenn der Kündigung **vor nicht** **71** **länger als zwei Jahren** bereits eine Kündigung wegen Zahlungsverzugs vorausgegangen ist, die auf dem gleichen Wege unwirksam wurde. Zudem ist auch bei Befriedigung des Vermieters nach zugegangener Kündigung grundsätzlich eine **vollständige fristgerechte**

---

[138] Vgl. dazu BGHZ 201, 91 Rn. 23 ff. = NJW 2014, 2720; BGH NJW 2012, 2882 Rn. 19.
[139] BGHZ 201, 91 Rn. 25 = NJW 2014, 2720.
[140] Vgl. OLG Düsseldorf BeckRS 2005, 12880 Rn. 16; OLG Köln BeckRS 1998, 2045 Rn. 3.
[141] BGH NJW 2019, 1745 Rn. 18 ff.
[142] Vgl. BGH NJW 2018, 939 Rn. 23 ff.; NJW 2016, 3437 Rn. 23.
[143] *Weidenkaff* in Palandt BGB § 543 Rn. 27.
[144] *Weidenkaff* in Palandt BGB § 543 Rn. 27.
[145] Vgl. BGH NJW 2013, 1876 Rn. 15; LG Kiel NJW-RR 1991, 1291 (1292).
[146] Vgl. BGH NJW 2018, 3517 Rn. 19 ff.; BeckRS 2018, 24135 Rn. 27 ff.

Tilgung der fälligen Miete und der fälligen Entschädigung erforderlich.[147] Nur in Ausnahmefällen (Zwischenschaltung des zuständigen Sozialleistungsträgers bei der Mietzahlung, geringer ausstehender Betrag) kann nach § 242 BGB auch ein nicht vollständiger Ausgleich des aufgelaufenen kündigungsrelevanten Mietrückstands binnen der gesetzlichen Schonfrist als (noch) ausreichend angesehen werden, um die Kündigung unwirksam werden zu lassen.[148]

72 Regelmäßig muss davon ausgegangen werden, dass der Vermieter an einer hilfsweise oder vorsorglich mit der außerordentlichen Kündigung verknüpften **ordentlichen Kündigung,** die auf die ständig unpünktliche oder unvollständige Zahlung der Miete gestützt wird (§ 573 Abs. 1, Abs. 2 Nr. 1 BGB), trotz eines Ausgleichs der bestehenden Rückstände festhalten will.[149] Der Ausgleich lässt die ordentliche Kündigung grundsätzlich auch nicht unwirksam werden. Die „Schonfristen" gelten insoweit nach Auffassung des BGH nicht. Das Mietverhältnis endet daher möglicherweise trotz des rechtzeitigen Ausgleichs mit gesetzlicher Frist, sofern in diesem Fall nicht das Verschulden der Mieterseite zu verneinen beziehungsweise das Verhalten des Vermieters ausnahmsweise als treuwidrig zu werten ist.[150]

II. Kündigung durch die Wohngemeinschaft beziehungsweise die Mitglieder der Wohngemeinschaft

73 Trennen sich die Mitglieder einer Wohngemeinschaft, so lässt dies ihr Verhältnis zum Vermieter zunächst unberührt. Das Mietverhältnis und damit die vertragliche Schuldnerstellung beziehungsweise die Haftung im Außenverhältnis zum Vermieter bleiben erst einmal bestehen. Will die Wohngemeinschaft das Mietverhältnis verlassen, muss es insgesamt gegenüber dem Vermieter beendet werden. Daneben besteht noch die Möglichkeit, dass einzelne Mitbewohner aus dem Mietverhältnis entlassen werden (dazu → § 18 Rn. 52 ff.).

1. Formelle Anforderungen an die Kündigung

a) Kündigungsberechtigter

74 Welche(r) Mitbewohner aufseiten der Wohngemeinschaft die Kündigung aussprechen muss, ist wiederum davon abhängig, wer Vertragspartner des Vermieters im Außenverhältnis geworden ist (vgl. bereits → Rn. 7 ff.).

75 Ist nur einer der Mitbewohner im Außenverhältnis (als Hauptmieter) Vertragspartner des Vermieters geworden (**WG-Typ A** → § 1 Rn. 24, **WG-Typ E** → § 1 Rn. 28), muss nur dieser die Kündigung erklären. Im seltenen Fall, dass die Mitbewohner eine rechtsfähige Außen-GbR gegründet haben (**WG-Typ D** → § 1 Rn. 27), ist die Kündigung durch den oder die für die GbR im Außenverhältnis vertretungsberechtigten Mitbewohner zu erklären. Haben die Mitbewohner intern keine Abweichung vom gesetzlichen Regelfall vereinbart, ist die Kündigung also durch sämtliche Mitbewohner-Gesellschafter gemeinschaftlich zu erklären (§§ 714, 709 Abs. 1 BGB).

76 Bei einem Mietverhältnis, an dem auf Mieterseite mehrere Mitbewohner beteiligt sind (Innen-GbR, **WG-Typ C** → § 1 Rn. 26), müssen alle Vertragspartner die Kündigung

---

[147] Vgl. BGH NJW 2016, 3437 Rn. 23.
[148] Vgl. BGH NJW 2015, 1749 Rn. 5.
[149] BGH NJW 2018, 3517 Rn. 16; NZM 2018, 1017 Rn. 24.
[150] Vgl. BGH BeckRS 2016, 16914 Rn. 8; NJW 2015, 2650 Rn. 22; BGHZ 195, 64 Rn. 26 ff. = NJW 2013, 159 (zu § 569 Abs. 3 Nr. 3 BGB); BGH NJW 2008, 508 Rn. 19; NZM 2005, 334; *Theesfeld* in BeckOK MietR, BGB § 569 Rn. 75 ff.; *Milger* NZM 2013, 553; kritisch *Blank* in Schmidt-Futterer MietR BGB § 569 Rn. 65: analoge Anwendung des § 569 Abs. 3 Nr. 2 S. 1 BGB; *ders.* NZM 2013, 104.

erklären.¹⁵¹ Das Mietverhältnis weicht wegen seiner Einheitlichkeit insofern vom Regelfall der individuellen Wirkung bestimmter Tatsachen bei der Gesamtschuld (§ 425 BGB) ab (vgl. bereits → Rn. 12). Wegen des Schriftformerfordernisses des § 568 Abs. 1 BGB müssen grundsätzlich alle Mitbewohner die Kündigungserklärung auch eigenhändig unterzeichnen (zur Möglichkeit der Stellvertretung → Rn. 78 ff.). In der Kündigung allein durch einen Mitbewohner kann allenfalls ein Angebot an den Vermieter gesehen werden, einen Mietaufhebungsvertrag abzuschließen, der das Mietverhältnis zu den anderen Mitbewohnern unberührt lassen soll.¹⁵² Die Kündigung muss nicht zwingend in einer einheitlichen Erklärung erfolgen. Das Mietverhältnis kann auch durch eine eigene Erklärung jedes mietvertraglich gebundenen Mitbewohners gekündigt werden¹⁵³, wobei aber ein enger zeitlicher Zusammenhang zu fordern ist, damit noch von einer einheitlichen Kündigung ausgegangen werden kann.¹⁵⁴

Hat demgegenüber jeder Mitbewohner einen eigenständigen Vertrag mit dem Vermieter geschlossen (**WG-Typ B** → § 1 Rn. 25 und gegebenenfalls **WG-Typ F** → § 1 Rn. 29), so können diese Einzelmietverträge jeweils eigenständig gekündigt werden. 77

Auch bei der Kündigung kommt eine **Stellvertretung** in Betracht.¹⁵⁵ Das Handeln (auch) als Stellvertreter muss dabei aus der Kündigungserklärung deutlich hervortreten.¹⁵⁶ Aus § 167 Abs. 2 BGB ergibt sich dabei, dass der Vertreter durch eine formlose Erklärung bevollmächtigt werden kann, selbst wenn die Kündigung eines Mietverhältnisses über Wohnraum nach § 568 Abs. 1 BGB der Schriftform bedarf.¹⁵⁷ Allerdings kann der Vermieter die Kündigung nach § 174 BGB **zurückweisen**, wenn dem Kündigungsschreiben keine Vollmacht in schriftlicher Form beiliegt, es sei denn, die bevollmächtigenden Mitbewohner haben ihn von der Vollmacht in Kenntnis gesetzt (zu § 174 BGB bereits → Rn. 6). 78

Bevollmächtigungen zur Abgabe einer Kündigungserklärung können nach überwiegender Auffassung nur individuell erfolgen, entsprechende Klauseln in Formularmietverträgen werden nach § 307 Abs. 1 BGB für unwirksam gehalten, weil dadurch die einseitige Kündigung eines Mitmieters ohne Wissen und Wollen des anderen zugelassen würde, wodurch man die Mieter entgegen den Geboten von Treu und Glauben unangemessen benachteilige.¹⁵⁸ 79

Eine Vertretung ohne Vertretungsmacht ist nach **§ 180 S. 1 BGB** bei der Kündigung – einem einseitigen Rechtsgeschäft – unwirksam. Da § 180 S. 2 BGB für Gestaltungserklärungen wie die Kündigung nicht gilt, scheidet auch eine nachträgliche Genehmigung der ohne Vertretungsmacht für alle Mitbewohner abgegebenen Erklärung aus.¹⁵⁹ 80

b) Anspruch gegen die Mitbewohner auf Zustimmung zur Kündigung

Haben die Mitbewohner einen Mietvertrag gemeinsam abgeschlossen (**WG-Typ C** → § 1 Rn. 26) und kommt es nach dem Auszug eines Mitbewohners nicht zu einer einvernehmlichen Vertragsänderung und der Entlassung dieses Mitbewohners aus dem Vertrag, stellt sich die Frage, ob er einen Anspruch gegen die Verbleibenden auf Zustimmung zur 81

---

¹⁵¹ Vgl. BGH NJW 2009, 3781 Rn. 16; *Rolfs* in Staudinger BGB § 542 Rn. 8, 12; *Blank* FS Brudermüller, 2014, 29 (34) (zur eheähnlichen Gemeinschaft); *Paschke* WuM 2008, 59 (61); *Schrader* NZM 2010, 257 (259); *Grunewald* JZ 2015, 1027 (1030).
¹⁵² *Rolfs* in Staudinger BGB § 542 Rn. 12; *Paschke* WuM 2008, 59 (61).
¹⁵³ Vgl. LG Limburg NJW-RR 1991, 138; *Rolfs* in Staudinger BGB § 542 Rn. 14.
¹⁵⁴ *Rolfs* in Staudinger BGB § 542 Rn. 14.
¹⁵⁵ *Rolfs* in Staudinger BGB § 542 Rn. 21; *Paschke* WuM 2008, 59 (61).
¹⁵⁶ Vgl. BGHZ 183, 67 Rn. 13 ff. = NJW 2010, 1453; BGH NJW 2009, 3506 Rn. 12; BGHZ 176, 301 Rn. 25 ff. = NJW 2008, 2178 sowie zur Vertretung bei Abschluss einer Verlängerungsvereinbarung zu einem Landpachtvertrag BGHZ 125, 175 (180) = NJW 1994, 1649 (1650).
¹⁵⁷ *Blank* in Schmidt-Futterer MietR BGB § 568 Rn. 15.
¹⁵⁸ OLG Düsseldorf BeckRS 2007, 17641; *Rolfs* in Staudinger BGB § 542 Rn. 24; aA *Bieber* in MüKoBGB § 542 Rn. 18.
¹⁵⁹ Vgl. OLG Celle BeckRS 1998, 31166347.

Kündigung hat, sofern er die Wohnung nicht allein kündigen kann (vgl. zur Möglichkeit einer Teilkündigung → Rn. 12 sowie → § 18 Rn. 35). Dies ist umstritten. Nach herrschender Auffassung besteht kein Anspruch auf Zustimmung zur Kündigung, wenn die verbleibenden Mieter die Wohnung weiter nutzen möchten, sie mit der Kündigung also ihre eigenen Interessen verletzen müssten. Dies gilt jedoch wiederum dann nicht, wenn sich die in der Wohnung Verbleibenden ohne sachlich gerechtfertigten Grund der Entlassung des Ausziehenden aus dem Mietvertrag widersetzen (vgl. dazu bereits → Rn. 16).

82 Bei den anderen WG-Typen stellt sich dieses Problem nicht. Wurden Einzelmietverträge geschlossen (**WG-Typ B** → § 1 Rn. 25 und ggfs. **WG-Typ F** → § 1 Rn. 29), kann der Ausziehende den ihn betreffenden Vertrag eigenständig beenden. Ist der Ausziehende Gesellschafter einer durch die Mitbewohner gegründeten Außen-GbR, die als Mieterin fungiert (**WG-Typ D** → § 1 Rn. 27), so reicht es aus, wenn er nach den personengesellschaftsrechtlichen Grundsätzen aus der Gesellschaft ausscheidet (dazu → § 18 Rn. 52 ff.), das Verhältnis der GbR zum Vermieter wird hiervon grundsätzlich nicht berührt. Der Vermieter braucht dem Gesellschaftsaustritt in aller Regel nicht zuzustimmen (vgl. → § 18 Rn. 38).[160] Bei **WG-Typ A** (→ § 1 Rn. 24) und **WG-Typ E** (→ § 1 Rn. 28) muss der Ausziehende sein Untermietverhältnis zum Hauptmieter beenden, aber ebenfalls keinen Kontakt zum Vermieter der Wohnung aufnehmen.

c) Pflicht zur Angabe der Kündigungsgründe

83 Die Mieterseite muss nur eine außerordentliche fristlose Kündigung begründen (§ 569 Abs. 4 BGB gilt für Mieter und Vermieter gleichermaßen). Im Übrigen bedarf eine Kündigung durch die Mieter keiner Beifügung von Gründen. § 573 Abs. 3 BGB (iVm §§ 573d Abs. 1, 575a Abs. 1 BGB) gilt nur für den Vermieter.

2. Ordentliche Kündigung

84 Eine ordentliche Kündigung durch den Mieter bedarf **weder eines besonderen Grundes noch einer Begründung,** da beides nur für den Vermieter vorgeschrieben ist (vgl. → Rn. 24). Die Mieterseite kann danach grundsätzlich jederzeit das Mietverhältnis durch eine ordentliche Kündigung beenden. Dabei ist sie nur an die Einhaltung der gesetzlichen Kündigungsfrist gemäß § 573c BGB (dazu → Rn. 42 f.) gebunden. Den Mietvertragsparteien bleibt es unbenommen, die Kündigungsfrist zugunsten der Mieterseite zu ändern. Demgegenüber ist eine (auch) zum Nachteil des Mieters von § 573c BGB abweichende Vereinbarung (teil-)unwirksam.[161] Daneben kann das Mietverhältnis durch Abschluss eines Aufhebungsvertrags vorzeitig beendet werden. Der Mieter kann auf den Abschluss eines Aufhebungsvertrags insbesondere bei sogenannten Nachmieterklauseln einen Anspruch haben (dazu → Rn. 98 ff.).

85 Ein **formularvertraglicher**[162] **befristeter Ausschluss des Kündigungsrechts** der Mieterseite, der sich an der gesetzlichen Regelung des bei einer Staffelmietvereinbarung zulässigen Kündigungsausschlusses in § 557a Abs. 3 BGB orientiert – also einen Ausschlusszeitraum bis zu vier Jahren, gerechnet vom Zeitpunkt des Vertragsschlusses an bis zu dem Zeitpunkt, zu dem der Mieter den Vertrag erstmals beenden kann, vorsieht – stellt weder eine Abweichung im Sinne des § 573c Abs. 4 BGB noch im Sinne des § 575 Abs. 4 BGB dar. Er ist daher auch in Allgemeinen Geschäftsbedingungen nicht grundsätzlich gemäß § 307 Abs. 1 S. 1 BGB unzulässig. Dem Mobilitätsinteresse des Mieters und seinem Bedürfnis nach Schutz vor den finanziellen Folgen einer vorzeitigen Aufgabe

---
[160] Vgl. *Jacoby* ZMR 2001, 409 (413); *Grunewald* JZ 2015, 1027 (1029); *Drasdo* NJW-Spezial 2015, 161.
[161] Vgl. *Blank* in Blank/Börstinghaus MietR BGB § 573c Rn. 17 ff.
[162] Vgl. zur Abgrenzung einer Individualvereinbarung von AGB bei Verwendung eines durch die Mieterseite erworbenen und zu den Vertragsverhandlungen mitgebrachten Formulars der Haus & Grund-GmbH BGH NJW-RR 2018, 843 Rn. 2 ff.

der Wohnung trotz fehlender Kündigungsmöglichkeit kann im Regelfall hinreichend dadurch Rechnung getragen werden, dass man ihm die Stellung eines Nachmieters zubilligt (dazu → Rn. 101).[163] Abweichend davon hat der BGH entschieden, dass ein Kündigungsrechtsausschluss von zwei Jahren im Formularmietvertrag über **Wohnräume in einem privaten Studentenwohnheim** nach § 307 Abs. 1 BGB wegen unangemessener Benachteiligung des studentischen Mieters unwirksam ist.[164] **Individualvertragliche Kündigungsausschlüsse** billigt der BGH auch für sehr viel längere Zeiträume.[165] Eine Grenze wird insofern allein durch § 138 BGB gesetzt, wobei jedoch jedenfalls nach Ablauf von 30 Jahren die Möglichkeit einer außerordentlichen Kündigung mit gesetzlicher Frist in entsprechender Anwendung des § 544 BGB zu bejahen ist.[166]

3. Außerordentliche Kündigung

Auch auf Mieterseite gilt, dass eine außerordentliche fristlose Kündigung einen wichtigen Grund voraussetzt (§ 543 Abs. 1 S. 1 BGB). Dieser Grund ist im Kündigungsschreiben anzugeben (§ 569 Abs. 4 BGB, dazu bereits → Rn. 24 f., 83). Abseits der Generalnorm in § 543 Abs. 1 S. 2 BGB (dazu → Rn. 150) werden in den §§ 543, 569 BGB eine Anzahl von Tatbeständen angeführt, bei denen die Mieterseite insbesondere zur außerordentlichen fristlosen Kündigung des Mietverhältnisses berechtigt ist. **86**

Auch insofern gilt, dass die Kündigung erst nach **erfolglosem Ablauf einer zur Abhilfe bestimmten angemessenen Frist** oder nach **erfolgloser Abmahnung** zulässig ist, sofern der zur außerordentlichen Kündigung berechtigende wichtige Grund in der Verletzung einer Pflicht aus dem Mietvertrag liegt (vgl. § 543 Abs. 3 S. 1 BGB, dazu bereits → Rn. 51). Wenn die Mieter ihr Recht zur außerordentlichen fristlosen Kündigung aus einem sich im Laufe der Mietzeit zeigenden **Mangel der Mietsache** herleiten, gilt § 536c BGB. Danach hat die Mieterseite dem Vermieter derartige Mängel unverzüglich anzuzeigen (§ 536c Abs. 1 S. 1 BGB). Unterlassen sie die Anzeige und konnte der Vermieter infolge der Unterlassung der Anzeige nicht Abhilfe schaffen, sind die Mieter zur fristlosen Kündigung nicht berechtigt (§ 536c Abs. 2 S. 2 Nr. 3 BGB). Damit soll klargestellt werden, dass die Mieterseite in jedem Fall erst einmal eine Abhilfefrist setzen muss, bevor sie sich mangelbedingt vom Vertrag lösen kann.[167] Zu den Konsequenzen, die eine Kenntnis von bereits bei Vertragsschluss vorhandenen Mängeln auf die Möglichkeiten von Kündigungen gemäß § 543 Abs. 2 S. 1 Nr. 1 BGB hat, vgl. §§ 536b, 536d, 543 Abs. 4 S. 1 BGB sowie → Rn. 89. **87**

a) Vorenthaltung des vertragsgemäßen Gebrauchs (§ 543 Abs. 2 S. 1 Nr. 1 BGB)

Ein die Mieter zur außerordentlichen Kündigung berechtigender wichtiger Grund liegt speziell dann vor, wenn ihnen der vertragsgemäße Gebrauch der Mietsache ganz oder zum Teil nicht rechtzeitig gewährt oder wieder entzogen wird (§ 543 Abs. 2 S. 1 Nr. 1 BGB). Den Mietern werden die gemieteten Räumlichkeiten nicht nur dann vorenthalten, wenn der Vermieter ihnen den Zutritt zur Wohnung gänzlich verwehrt, etwa indem er **in ihrer Abwesenheit die Schlösser austauscht**. § 543 Abs. 2 S. 1 Nr. 1 BGB ist auch erfüllt, wenn die Mitbewohner die Wohnung aufgrund eines Mangels nicht so nutzen können, wie es eigentlich vereinbart war und die Gebrauchsbehinderung nicht unerheblich ist.[168] So **88**

---

[163] BGH NJW-RR 2017, 137 Rn. 13; BeckRS 2011, 07723 Rn. 11; NJW 2011, 597 Rn. 15; NJW 2005, 1574 (1576); NJW 2004, 1448.
[164] Vgl. BGH NJW 2009, 3506 Rn. 15 ff.
[165] Vgl. BGH NJW-RR 2018, 843 Rn. 16; NJW 2013, 2820 Rn. 17; NJW 2011, 59 Rn. 25; NJW 2004, 1448; vgl. ergänzend den (veralteten) Rechtsprechungsüberblick von *Börstinghaus* NZM 2011, 187.
[166] Vgl. BGH NJW-RR 2018, 843 Rn. 16.
[167] Vgl. *Bieder* in BeckOGK, 1.4.2019, BGB § 536c Rn. 31.
[168] Vgl. *Bieber* in MüKoBGB § 543 Rn. 18; *Weidenkaff* in Palandt BGB § 543 Rn. 19; *Börstinghaus* NZM 2004, 48 (54).

wurde etwa eine Kündigung mit der Begründung, dass die Wärmeversorgung in den Monaten November und Dezember größtenteils so gestört war, dass Temperaturen weit unter 20 Grad Celsius bestanden hatten, obwohl der Vermieter während der Heizperiode für eine **ordentliche Beheizung der Räumlichkeiten** Sorge zu tragen hatte, als gerechtfertigt erachtet.[169] Außerdem wurden auf § 543 Abs. 2 S. 1 Nr. 1 BGB gestützte Kündigungen wegen so unterschiedlicher Gründe wie der Ausübung von Prostitution in einer Nachbarwohnung[170] oder einer **Abweichung** der tatsächlichen von der vereinbarten **Wohnfläche von mehr als 10 %**[171] bejaht. Da der Vermieter im letzteren Fall regelmäßig keine Abhilfe schaffen kann, ist insoweit eine Abmahnung oder Fristsetzung zur Mängelbeseitigung entbehrlich.[172]

89 Entsprechend der bereits aufgezeigten Grundsätze **verliert eine Mehrheit von Mietern das Recht zur fristlosen Kündigung** aus § 543 Abs. 2 S. 1 Nr. 1 BGB gemäß §§ 536b, 543 Abs. 4 S. 1 BGB bereits dann, wenn auch nur einem von ihnen bereits bei Vertragsschluss diejenigen Tatsachen bekannt waren, die den vertragsgemäßen Gebrauch hindern. Dies folgt aus dem Grundsatz, dass mehrere Mieter nur gemeinsam kündigen können (→ Rn. 74 ff.).[173] Ihre aus der Vertragswidrigkeit resultierenden Mängelgewährleistungsrechte behalten die übrigen Mieter hingegen trotz der Kenntnis ihres Mitmieters. Für einen kollektiven Ausschluss der Gewährleistungsrechte nach § 536b BGB besteht richtigerweise keine Veranlassung (→ § 8 Rn. 55 ff.).

90 Liegen die Voraussetzungen des § 543 Abs. 2 S. 1 Nr. 1 BGB im Einzelfall nicht vor, muss immer geprüft werden, ob nicht jedenfalls die Generalklausel des § 543 Abs. 1 S. 2 BGB oder das Kündigungsrecht bei gesundheitsgefährdender Beschaffenheit der Mieträumlichkeiten (§ 569 Abs. 1 BGB, dazu → Rn. 91 ff.) einschlägig sind.

b) Erhebliche Gesundheitsgefährdung (§ 569 Abs. 1 BGB)

91 Nach § 569 Abs. 1 BGB iVm § 543 Abs. 1 BGB sind die Mieter jedenfalls zu einer außerordentlichen Kündigung berechtigt, sofern von den gemieteten Räumlichkeiten eine erhebliche, **objektive** Gesundheitsgefährdung ausgeht. Auch eine auf § 569 Abs. 1 BGB gestützte Kündigung setzt nach heute überwiegend vertretener Auffassung grundsätzlich eine vorherige Fristsetzung/Abmahnung des Vermieters nach § 543 Abs. 3 S. 1 BGB voraus (→ Rn. 51, 87).[174] Dies bedeutet aber nicht, dass der Vermieter die gesundheitsgefährdenden Umstände zwingend zu vertreten haben muss, damit das Kündigungsrecht entsteht.

92 Von einer erheblichen Gesundheitsgefährdung ist etwa dann auszugehen, wenn die Wohnung **einsturzgefährdet** ist,[175] einen **toxischen Schimmelpilzbefall** aufweist[176] oder in ihr ein **unerträglicher Lärmpegel** vorherrscht.[177] Wenn sich die Gesundheitsgefahr nur auf einen Teil des Mietobjekts bezieht, soll nach dem OLG Brandenburg eine funktionale Betrachtung vorzunehmen und die erhebliche Beeinträchtigung des gesamten Mietgebrauchs regelmäßig (erst dann) zu bejahen sein, wenn nicht nur bloße Nebenräume wie Keller oder Abstellkammer nicht benutzbar sind, sondern die sogenannten Haupträume, die zur Deckung der unmittelbaren Wohnbedürfnisse dienen.[178] Im Hinblick auf

---

[169] Vgl. KG Berlin BeckRS 2008, 12458.
[170] Vgl. AG Köln BeckRS 2002, 12988.
[171] Vgl. dazu BGH NJW 2009, 2297 Rn. 13; NJW 2005, 2152 (2153).
[172] BGH NJW 2009, 2297 Rn. 14; *Eisenschmid* in Schmidt-Futterer MietR BGB § 536 Rn. 60.
[173] Vgl. RGZ 138, 183 (186); BGH NJW 1972, 249; *Eisenschmid* in Schmidt-Futterer MietR BGB § 536b Rn. 16; aA *Bieder* in BeckOGK, 1.4.2019, BGB § 536b Rn. 18 f.
[174] Vgl. nur BGH NZM 2011, 32 Rn. 3; NJW 2007, 2177 Rn. 10 ff.
[175] OLG Koblenz NJW-RR 1992, 1228.
[176] Vgl. dazu BGH NJW 2007, 2177 Rn. 30 ff.; OLG Brandenburg BeckRS 2014, 04899; KG Berlin NJOZ 2004, 2217 (2219).
[177] BGH NJW 1959, 1424 (insoweit in BGHZ 29, 289 nicht abgedruckt) zu § 544 BGB aF; näher zur Lärmbelästigung im Mietrecht *Horst* MDR 2012, 70 ff.
[178] OLG Brandenburg BeckRS 2008, 14657; dazu *Häublein* in MüKoBGB § 569 Rn. 7; *Weidenkaff* in Palandt BGB § 569 Rn. 10.

Wohngemeinschaften ist eine nähere Differenzierung erforderlich: Eine Kündigungsmöglichkeit muss bereits dann zu bejahen sein, wenn das Zimmer eines der Mitbewohner aufgrund einer Gesundheitsgefahr unbenutzbar wird, da die Mitbewohner in einer Wohngemeinschaft regelmäßig nicht auf die Nutzung anderer Haupträume der Wohnung ausweichen können. Bezieht sich die Gesundheitsgefahr hingegen auf Nebenräume der Wohngemeinschaft, kann eine Kündigung unter Berücksichtigung des Einzelfalls unzulässig sein.

Das Kündigungsrecht ist **ausgeschlossen,** wenn **die Mieter** die Umstände, die zu der **Gesundheitsgefährdung** führen, **zu vertreten haben.**[179] Für das Vertretenmüssen in einer Wohngemeinschaft gelten dabei die bei einer Mietermehrheit allgemein anerkannten Grundsätze: Das Vertretenmüssen allein eines Mitbewohners, der Vertragspartei des Mietvertrags geworden ist, reicht grundsätzlich aus. Das Verschulden anderer Mitbewohner wird über § 278 BGB zugerechnet (vgl. → Rn. 31, 60), sofern nicht Einzelmietverträge geschlossen sind. Aus § 569 Abs. 1 S. 2 BGB ergibt sich jedoch, dass sich ein Mieterverschulden nicht daraus hergeleitet werden kann, dass **die Mieter die Gefahr** bringende Beschaffenheit bei Vertragsschluss **gekannt** oder darauf verzichtet haben, die ihnen wegen dieser Beschaffenheit zustehenden Rechte geltend zu machen. Vielmehr soll diese Kenntnis das Kündigungsrecht nicht berühren.

93

c) Sonderkündigungsrechte aus § 555e BGB und § 561 BGB

Abseits der bereits benannten Gründe steht den Mietern nach § 555e Abs. 1 S. 1 BGB ein Sonderkündigungsrecht zu, um den mit der **Durchführung einer Modernisierungsmaßnahme** verbundenen Störungen oder einer sich an eine solche Maßnahme anschließenden Mieterhöhung nach § 559 BGB zu entgehen (→ § 9 Rn. 20). Ein weiteres Sonderkündigungsrecht kann die Mieterseite aus § 561 Abs. 1 S. 1 BGB herleiten, sofern der Vermieter eine **Mieterhöhung** bis zur ortsüblichen Vergleichsmiete (§ 558 BGB) oder nach Modernisierungsmaßnahmen (§ 559 BGB) geltend macht (→ § 4 Rn. 67).

94

C. Zeitablauf

Mietverträge sind im Regelfall auf unbestimmte Zeit abgeschlossen, es können aber auch sogenannte Zeitmietverträge vereinbart werden.[180] Voraussetzung dafür ist nach **§ 575 Abs. 1 S. 1 BGB,** dass der Vermieter nach Ablauf der Mietzeit die Räume als Wohnung für sich, seine Familienangehörigen oder Angehörige seines Haushalts nutzen will (1.), in zulässiger Weise die Räume beseitigen oder so wesentlich verändern oder instand setzen will, dass die Maßnahmen durch eine Fortsetzung des Mietverhältnisses erheblich erschwert würden (2.), oder die Räume an einen zur Dienstleistung Verpflichteten vermieten will (3.) und er dem Mieter den Grund der Befristung bei Vertragsschluss schriftlich mitteilt. Das Mietverhältnis endet dann mit dem Ablauf der Mietzeit, kann aber verlängert werden. Dabei kann auch einer der Mietvertragsparteien die Berechtigung eingeräumt werden, das Mietverhältnis durch einseitige Erklärung zu verlängern **(Verlängerungsoption),** oder vereinbart werden, dass sich das Mietverhältnis vorbehaltlich einer gegenteiligen Erklärung verlängert **(Verlängerungsklausel).**[181]

95

Eine vorzeitige Beendigung des befristeten Mietverhältnisses ist nur bei Abschluss eines Mietaufhebungsvertrags (dazu → Rn. 98 ff.), beim Eintritt einer auflösenden Bedingung oder infolge einer außerordentlichen Kündigung (dazu § 575a BGB, → Rn. 50 ff.,

96

---

[179] Vgl. zum Ausschluss des Kündigungsrechts bei Vertretenmüssen des Mieters BGHZ 157, 233 (240 f.) = NJW 2004, 848; *Häublein* in MüKoBGB § 569 Rn. 14.
[180] Ausführlich dazu *Caspers* ZAP 2019, 21 ff. = Fach 4, S. 1767 ff.
[181] *Weidenkaff* in Palandt BGB § 542 Rn. 10.

→ Rn. 86 ff.) möglich. Eine ordentliche Kündigung ist ausgeschlossen (vgl. § 542 Abs. 2 Nr. 1 BGB).[182]

97 Sind die Voraussetzungen des § 575 Abs. 1 S. 1 BGB nicht erfüllt, gilt das Mietverhältnis als auf unbestimmte Zeit abgeschlossen und kann durch Kündigung beendet werden (§ 575 Abs. 1 S. 2 BGB). Darüber hinaus greift die zeitliche Begrenzung auch dann nicht, wenn der Mietvertrag für längere Zeit als ein Jahr nicht in schriftlicher Form geschlossen wird (§ 550 S. 1 BGB) oder formwidrig abgeändert wird (→ § 2 Rn. 69 ff.).

D. Mietaufhebungsverträge

98 Ein Mietvertrag kann jederzeit durch Abschluss eines Mietaufhebungsvertrags aufgehoben werden. Hierzu kann ein praktisches Bedürfnis bestehen, wenn ein befristeter Mietvertrag – wegen Auflösung der Wohngemeinschaft – vor Ablauf der Vertragszeit enden soll, wenn ein Auszug vor Ablauf der Kündigungsfrist sowohl im Interesse des Vermieters als auch der Mieter liegt oder wenn nur ein Mitbewohner aus dem Vertrag entlassen und dieser mit den anderen Mitbewohnern fortgesetzt werden soll (dazu bereits → Rn. 15).

99 Für den Mietaufhebungsvertrag gilt das zur Kündigung Gesagte entsprechend (vgl. → Rn. 7 ff., 74 ff.). An der Aufhebungsvereinbarung müssen **alle Mitbewohner** mitwirken, die Vertragspartner des Vermieters geworden sind, und zwar auch dann, wenn das Mietverhältnis nicht wirksam beendet, sondern nur ein Mitmieter aus dem Mietvertrag entlassen werden soll, da es sich um eine Vertragsinhaltsänderung handelt.[183] Möchte ein Mitbewohner aus der gemeinsam gemieteten Wohnung ausziehen, kann die Verweigerung der Zustimmung zur Entlassung des Ausziehenden aus dem Mietvertrag durch die verbleibenden Mieter im Einzelfall rechtsmissbräuchlich sein (dazu bereits → Rn. 16).

100 Bei einem Mietaufhebungsvertrag kommt eine **Stellvertretung** in Betracht, wenn ein Mitbewohner die Erklärung zugleich namens der anderen abgibt und hierzu von diesen bevollmächtigt ist. Ein Aufhebungs- beziehungsweise Entlassungsvertrag, der allein zwischen dem Vermieter und einem der Vertragspartner aufseiten der Wohngemeinschaft geschlossen wurde, ohne dass die anderen wirksam vertreten wurden, bedarf zu seiner Wirksamkeit der Genehmigung (§§ 177 Abs. 2, 182, 184 Abs. 1 BGB). Eine im Formularmietvertrag erteilte **Erklärungsvollmacht** ist wegen Verstoßes gegen § 307 BGB unwirksam. Ein Mietaufhebungsvertrag kann – zumindest theoretisch – auch **konkludent** geschlossen werden. Allein die widerspruchlose Entgegennahme des Schlüssels durch den Vermieter vom ausziehenden Mieter beendet das Mietverhältnis aber jedenfalls noch nicht.[184]

101 Ein **Rechtsanspruch** der Mieterseite gegen den Vermieter darauf, aus dem gemeinsamen Mietvertrag entlassen zu werden, besteht grundsätzlich nicht. Der Vermieter kann aber ausnahmsweise nach **§ 242 BGB** zum Abschluss eines Mietaufhebungsvertrags (mit einem der Mitbewohner) verpflichtet sein, wenn der Mieter hieran ein berechtigtes Interesse hat und dem Vermieter einen geeigneten und zumutbaren **Nachmieter** stellt, der bereit ist, in den bestehenden Mietvertrag einzutreten oder einen Folgevertrag abzuschließen (siehe auch → § 18 Rn. 22).[185] Nach der obergerichtlichen Rechtsprechung besteht ein berechtigtes Interesse, wenn dem Mieter aufgrund von Ereignissen, die er nicht mit dem Ziel, seine Wohnungssituation zu verändern, bewusst herbeigeführt hat, das Festhalten an der Wohnung unzumutbar geworden ist (zum Beispiel eine schwere Krankheit, ein beruf-

---

[182] Vgl. BGH NJW 2013, 3361 Rn. 20; NJW 2007, 2177 Rn. 19; aA *Häublein* in MüKoBGB § 575 Rn. 5 ff., der im Regelfall eine ordentliche Kündigung durch die Mieterseite für zulässig hält.
[183] *Blank* in Blank/Börstinghaus MietR BGB § 542 Rn. 211.
[184] BGH NJW 1981, 43 (45).
[185] BGH NJW 2003, 1246 (1247); *Blank* in Blank/Börstinghaus MietR BGB § 542 Rn. 220.

lich bedingter Ortswechsel).¹⁸⁶ Insbesondere der Wunsch, eine wirtschaftlich besser geeignete Wohnung zu beziehen, reicht als berechtigtes Interesse demgegenüber noch nicht aus. Die „Zumutbarkeit" des Nachmieters ist jeweils im Einzelfall zu beurteilen.¹⁸⁷ Jedenfalls muss gewährleistet sein, dass der Nachfolger die Miete bezahlen kann.¹⁸⁸ Soll ein Mietaufhebungsvertrag geschlossen werden, um die Kündigungsfrist eines unbefristeten Mietvertrags abzukürzen, so muss der Nachmieter bereit sein, einen unmittelbar an die Beendigung des bisherigen Mietverhältnisses anknüpfenden unbefristeten Mietvertrag abzuschließen.¹⁸⁹

E. Sonderfälle

I. Die Auflösung der Mieter-Außen-GbR

Bilden die Mitbewohner eine **Außen-GbR** (**WG-Typ D** → § 1 Rn. 27) und wird diese aus einem in den §§ 723 ff. BGB bestimmten Grund (Zeitablauf, Kündigung, Zweckerreichung, Tod eines Gesellschafters, Insolvenz der Gesellschaft oder eines Gesellschafters) aufgelöst (näher → § 22 Rn. 7 ff.), so hat dies grundsätzlich nicht zur Folge, dass automatisch auch das Mietverhältnis beendet wird. Vielmehr ist die Gesellschaft bis zur Abwicklung des Mietverhältnisses als fortbestehend anzusehen (zum Ablauf von Auflösung und Auseinandersetzung der Außen-GbR → § 22 Rn. 37 ff.). Die Gesellschafter sind zur Mitwirkung bei der Auflösung des Mietverhältnisses verpflichtet¹⁹⁰. Anders ist es bei einer zweigliedrigen Personengesellschaft. Hier führt das Ausscheiden des vorletzten Gesellschafters vorbehaltlich einer abweichenden Regelung zu einer zur liquidationslosen Vollbeendigung der Gesellschaft.¹⁹¹ Das Gesellschaftsvermögen geht im Wege der Gesamtrechtsnachfolge auf den verbleibenden „Gesellschafter" kraft Gesetzes über (Anwachsung).¹⁹² In der Konsequenz wird der Verbleibende deshalb in diesem Fall Partei des Mietvertrags.¹⁹³ 102

II. Todesfälle

1. Tod eines Mitbewohners bei WG-Typ D (Außen-GbR)

Bilden die Mitbewohner eine **Außen-GbR** (**WG-Typ D** → § 1 Rn. 27), so hat der Tod eines von ihnen nach dem gesetzlichen Regelfall die Auflösung der Gesellschaft zur Folge (vgl. § 727 Abs. 1 BGB und dazu → § 22 Rn. 16 f.). Regelmäßig werden die Mitbewohner jedoch mittels einer sogenannten **Fortsetzungsklausel** (→ § 22 Rn. 30 ff.) vereinbart haben, dass, wenn ein Mitbewohner stirbt, die Gesellschaft unter den übrigen Mitbewohnern fortbestehen soll (vgl. zur Zulässigkeit einer solchen Klausel §§ 727 Abs. 1, 736 Abs. 1 BGB). Greift die Fortsetzungsklausel, so hat der Tod auf das Mietverhältnis erst einmal keine Auswirkungen (vgl. zum Sonderfall einer Zweipersonengesellschaft → Rn. 102). Da nur die Gesellschaft Mieterin ist, treten die Erben des Verstorbenen zwar ggfs. in dessen Gesellschaftsanteil, nicht aber in das Mietverhältnis ein (siehe auch → § 18 Rn. 73).¹⁹⁴ 103

---
¹⁸⁶ Vgl. OLG Karlsruhe NJW 1981, 1741 (1742).
¹⁸⁷ BGH NJW 2003, 1246 (1247).
¹⁸⁸ *Blank* in Blank/Börstinghaus MietR BGB § 542 Rn. 231.
¹⁸⁹ *Blank* in Blank/Börstinghaus MietR BGB § 542 Rn. 228.
¹⁹⁰ Vgl. *Blank* FS Brudermüller, 2014, 29 (34) (zur eheähnlichen Gemeinschaft).
¹⁹¹ Vgl. BGH NJW 2018, 3310 Rn. 10; NJW 1999, 3557.
¹⁹² Vgl. BGH NJW 2018, 3310 Rn. 10; NJW 1999, 3557.
¹⁹³ So auch iE *Grunewald* JZ 2015, 1027 (1029).
¹⁹⁴ Vgl. *Streyl* in Schmidt-Futterer MietR BGB § 563 Rn. 14.

2. Tod des Alleinmieter-Mitbewohners

104 Ist bei einer Wohngemeinschaft einer der Mitbewohner Alleinmieter (**WG-Typ A** → § 1 Rn. 24, **WG-Typ E** → § 1 Rn. 28), tritt mit dessen Tod gemäß § 563 Abs. 1 BGB der Ehegatte oder Lebenspartner, der mit dem Mieter einen gemeinsamen Haushalt führt, in das Wohnraummietverhältnis ein. Leben in dem gemeinsamen Haushalt Kinder des Mieters, treten diese nach § 563 Abs. 2 BGB mit dem Tod des Mieters **in das Mietverhältnis ein,** wenn nicht der Ehegatte oder Lebenspartner eintritt (→ § 18 Rn. 67 ff.). Andere Familienangehörige, die mit dem Mieter einen gemeinsamen Haushalt führen, treten mit dem Tod des Mieters in das Mietverhältnis ein, wenn nicht der Ehegatte oder der Lebenspartner eintritt.

105 Nach § 563 Abs. 2 S. 3 BGB können – sofern der Ehegatte oder Lebenspartner dies nicht tut – auch Personen in das Mietverhältnis eintreten, die mit dem Mieter einen auf Dauer angelegten gemeinsamen Haushalt führen. Eine bloße Wohngemeinschaft stellt jedoch in der Regel keine **auf Dauer angelegte Haushaltsgemeinschaft** dar, weil sie zumeist nur auf Zeit (Studierenden-WG) und zum Zweck der Kostenteilung angelegt ist (→ § 1 Rn. 8 ff. und bereits → Rn. 48). Für die Anwendbarkeit des § 563 Abs. 2 S. 3 BGB muss eine innere Bindung zwischen dem verstorbenen Mieter und der Person, die sich auf das Eintrittsrecht beruft, sowie ein gewisses Näheverhältnis hinzukommen. Wegen der anknüpfenden Folgen sind an die Intensität der Beziehung durchaus hohe Anforderungen zu stellen.[195] Im Einzelfall kann freilich eine andere Beurteilung angezeigt sein. Insoweit wird etwa das dauerhafte Zusammenleben alter Menschen als Alternative zum Alters- oder Pflegeheim genannt, sofern das gegenseitige Füreinandereinstehen zum Beispiel durch gegenseitige Vollmachten dokumentiert wurde.[196]

106 Im Fall eines Eintritts nach § 563 BGB möchte der Gesetzgeber dem Vermieter das Recht zur Auswahl seines Vertragspartners nicht völlig verwehren. Wenn in der Person des Eintretenden ein wichtiger Grund vorliegt, kann der **Vermieter** daher gemäß § 563 Abs. 4 BGB **außerordentlich mit der gesetzlichen Frist kündigen.** Ein wichtiger Grund kann insbesondere darin zu sehen sein, dass der Eintretende objektiv nicht finanziell leistungsfähig und dem Vermieter ein Zuwarten bis zum Vorliegen der Voraussetzungen einer Kündigung wegen Zahlungsverzugs (→ Rn. 62 ff.) nicht zuzumuten ist.[197] Sind nach § 563 Abs. 1 und 2 BGB mehrere Personen in das Mietverhältnis eingetreten, so reicht es grundsätzlich aus, wenn der wichtige Grund nur bei einem von ihnen vorliegt.[198] Die Kündigung kann aber nicht auf eine infrage gestellte finanzielle Leistungsfähigkeit nur eines Mieters gestützt werden, weil alle Mieter gesamtschuldnerisch für die Mietverbindlichkeiten haften.[199]

107 Treten beim Tod des Alleinmieters keine Personen im Sinne des § 563 BGB in das Mietverhältnis ein, so wird es – vorbehaltlich einer anderweitigen Vereinbarung mit dem Vermieter – mit dessen **Erben** fortgesetzt (§§ 1922, 1967 Abs. 1, 564 S. 1 BGB). In diesem Fall ist sowohl der Erbe als auch der Vermieter berechtigt, das Mietverhältnis innerhalb eines Monats außerordentlich mit der gesetzlichen Frist zu kündigen, nachdem sie vom Tod des Mieters und davon Kenntnis erlangt haben, dass ein Eintritt in das Mietverhältnis nicht erfolgt sind (§ 564 S. 2 BGB).

3. Tod eines Mitmieters bei Mietermehrheit

108 Sind Personen aus dem Privilegierungskreis des § 563 BGB (→ Rn. 104 f.) Mitmieter, so wird das Mietverhältnis beim Tod eines der Mieter **mit den Überlebenden fortgesetzt**

---

[195] BT-Drs. 14/4553, 61; vgl. auch *Wendtlandt* in BeckOGK, 1.4.2019, BGB § 563 Rn. 12, 22; *Streyl* in Schmidt-Futterer MietR BGB § 563 Rn. 35; *Grundmann* NJW 2001, 2497 (2502). Sehr streng LG München I NZM 2005, 336 (337).
[196] BT-Drs. 14/4553, 61.
[197] Vgl. BGH NJW 2018, 2397 Rn. 28.
[198] Vgl. BGH NJW 2018, 2397 Rn. 26; *Eckert* GS Sonnenschein, 2003, 313 (316).
[199] BGH NJW 2018, 2397 Rn. 26.

(§ 563a Abs. 1 BGB) (dazu auch → § 18 Rn. 71 ff.). Es handelt sich um eine Sonderrechtsnachfolge, die sowohl etwaige Erben als auch sonstige Familienangehörige nach § 563 BGB, die keine Mitmieter sind, verdrängt.[200] Die Überlebenden können das Mietverhältnis aber binnen Monatsfrist nach Kenntniserlangung vom Tod unter Einhaltung der gesetzlichen Fristen außerordentlich kündigen (§ 563a Abs. 2 BGB). Mehrere Überlebende können dabei nur gemeinschaftlich kündigen (→ Rn. 74 ff.),[201] wobei für den Fristlauf auf denjenigen Mitmieter abzustellen ist, der als letzter vom Tod erfährt.[202] Der Vermieter hat in diesem Fall kein außerordentliches Kündigungsrecht,[203] er kann jedoch eine Kaution verlangen, wenn bislang keine geleistet wurde (§§ 563b Abs. 3, 551 BGB).

Sind ausschließlich Personen, die nicht unter §§ 563a Abs. 1, 563 BGB fallen, Mitmieter, wird das Mietverhältnis unter Einschluss des Erben des Verstorbenen fortgesetzt (dazu bereits → Rn. 107). Bereits aus dem Wortlaut des § 564 S. 2 BGB ergibt sich, dass den **Mitmietern** in diesem Fall nicht per se ein außerordentliches Kündigungsrecht zusteht.[204] Ein vorzeitiges Kündigungsrecht könnte allein aufgrund einer (ergänzenden) Vertragsauslegung anzunehmen sein, für eine solche besteht aber regelmäßig kein Anlass, da die Möglichkeit eines Todesfalls in ihren Reihen grundsätzlich der Risikosphäre der Mieter zuzuordnen ist.[205] Am Sonderkündigungsrecht des **Vermieters** nach § 564 S. 2 BGB ändert sich hingegen auch in Fällen der Mietermehrheit (Innen-GbR, **WG-Typ C** → § 1 Rn. 26) nichts. Anders als dies in der Literatur verbreitet vertreten wird, ist die Vorschrift in diesem Fall nicht teleologisch zu reduzieren, da das Interesse des Vermieters, sich nicht plötzlich einem ihm fremden Vertragspartner (dem Erben) ausgesetzt zu sehen, das Interesse der überlebenden Mitmieter an einer Fortsetzung des Vertragsverhältnisses überwiegt.[206] Härtefälle können durch vertragliche Vorkehrungen vermieden werden. Daneben kann ein in der Person des Erben eingetretener wichtiger Grund – genauso wie ein wichtiger Grund in der Person der überlebenden Mitmieter – ohne weiteres ein sonstiges außerordentliches Kündigungsrecht des Vermieters entstehen lassen. Das Bestandsschutzinteresse der überlebenden Mitmieter muss auch bei der Frage, ob dem **Erben** bei einer Mietermehrheit das Sonderkündigungsrecht nach § 564 S. 2 BGB zustehen sollte, zurückstehen. Dem Erben ist es nicht zumutbar, auf seine sonstigen Lösungsmöglichkeiten vom Vertrag beschränkt zu sein.[207]

III. Überlassung der Ehewohnung nach § 1568a BGB

Ein Ehegatte kann nach § 1568a BGB unter bestimmten Voraussetzungen verlangen, dass ihm der andere Ehegatte anlässlich der Scheidung die Ehewohnung überlässt. Der Ehegatte, dem die Wohnung überlassen wird, tritt zum Zeitpunkt des Zugangs der Mitteilung der Ehegatten über die Überlassung an den Vermieter oder mit Rechtskraft der Endentscheidung in einem Wohnungszuweisungsverfahren an Stelle des zur Überlassung verpflichteten Ehegatten in ein von diesem eingegangenes Mietverhältnis ein oder setzt ein von beiden eingegangenes Mietverhältnis allein fort (§ 1568a Abs. 3 S. 1 Nr. 1 und 2 BGB). Im Gegenzug hat der im Rahmen des § 1568a BGB mit einem Mieterwechsel konfrontierte Vermieter ein Sonderkündigungsrecht entsprechend § 563 Abs. 4 BGB (dazu bereits → Rn. 106).[208]

---

[200] *Rolfs* in Staudinger BGB § 563a Rn. 3.
[201] Vgl. BT-Drucks. 14/4553, 62; *Rolfs* in Staudinger BGB § 563a Rn. 13.
[202] *Häublein* in MüKoBGB § 563a Rn. 15; *Rolfs* in Staudinger BGB § 563a Rn. 13.
[203] *Häublein* in MüKoBGB § 563a Rn. 17; *Rolfs* in Staudinger BGB § 563a Rn. 14.
[204] Ebenso LG Köln BeckRS 2000, 13515 Rn. 3; *Häublein* in MüKoBGB § 564 Rn. 15.
[205] Ähnlich *Eckert* GS Sonnenschein, 2003, 313 (318); weiter *Häublein* in MüKoBGB § 564 Rn. 16.
[206] *Streyl* in Schmidt-Futterer MietR BGB § 564 Rn. 18 ff.; aA *Rolfs* in Staudinger BGB § 564 Rn. 6; *Häublein* in MüKoBGB § 564 Rn. 18.
[207] *Streyl* in Schmidt-Futterer MietR BGB § 564 Rn. 18 ff.; aA unter Berufung auf die Unteilbarkeit des Mietverhältnisses LG Köln BeckRS 2000, 13515 Rn. 3; *Rolfs* in Staudinger BGB § 564 Rn. 6; *Häublein* in MüKoBGB § 564 Rn. 22, nach dem der Erbe nur zusammen mit sämtlichen überlebenden Mitmietern kündigen kann.
[208] Vgl. näher *Götz* NZM 2010, 383 (385).

IV. Insolvenz

1. Insolvenz eines Mitbewohners

111 Wird über das Vermögen eines Mitbewohners, der zugleich Partei des Mietvertrags ist, das Insolvenzverfahren eröffnet, kann der Vermieter gemäß § 112 InsO das Mietverhältnis nicht mehr wegen eines Verzugs mit der Entrichtung der Miete, der in der Zeit vor dem Eröffnungsantrag eingetreten ist oder einer Verschlechterung der Vermögensverhältnisse kündigen (**Kündigungssperre,** ausführlich → § 19 Rn. 51 ff.). Die Kündigung ist auch gegenüber den nicht insolventen, aber gleichfalls in Zahlungsverzug befindlichen Mitmietern unwirksam[209]. Dem Vermieter wäre auch gar nicht damit geholfen, wenn seine Kündigung gegen die nicht-insolventen Mitmieter wirkte, der insolvente Mitbewohner aber weiterhin zum Mietgebrauch berechtigt wäre.

112 Der Insolvenzverwalter kann nach § 109 Abs. 1 S. 2 InsO erklären, dass Ansprüche, die nach Ablauf einer in § 109 Abs. 1 S. 1 InsO genannten Frist fällig werden, nicht im Insolvenzverfahren geltend gemacht werden können (Enthaftungserklärung, vgl. → § 19 Rn. 49). Hierdurch soll das stetige Anwachsen der Masseverbindlichkeiten in Höhe der auflaufenden Mietforderungen (vgl. § 55 Abs. 1 Nr. 2 InsO) verhindert werden,[210] ohne den Mieter aufgrund der Beendigung des Mietverhältnisses zugleich der Obdachlosigkeit preiszugeben[211]. Im Gegenzug steht dem Insolvenzverwalter kein Kündigungsrecht hinsichtlich des Mietvertrags über die vom Schuldner bewohnte Wohnung zu (vgl. § 109 Abs. 1 S. 2 InsO → § 19 Rn. 47 f.). Die Ansprüche des Vermieters richten sich nach Ablauf der Enthaftungsfrist nicht mehr gegen die Insolvenzmasse, sondern nur noch gegen den Schuldner selbst, der dafür nur mit seinem pfändungsfreien Vermögen haftet.[212] Die Kündigungssperre aus § 112 InsO wirkt dabei fort. Der Vermieter muss, um kündigen zu können, also wiederum das Auflaufen von für eine Kündigung ausreichenden Rückständen abwarten.[213]

2. Insolvenz des Vermieters

113 Wird über das Vermögen des Vermieters das Insolvenzverfahren eröffnet und veräußert der Insolvenzverwalter die vermieteten Räumlichkeiten, steht dem anstelle des bisherigen Vermieters in das Mietverhältnis eingerückten Erwerber nach § 111 S. 1 InsO ein Sonderkündigungsrecht zu. Dabei ist die gesetzliche Kündigungsfrist (§ 573c BGB) einzuhalten (§ 111 S. 1 InsO a. E. → § 19 Rn. 65 ff.). Zudem kann die Kündigung nur für den ersten Termin erfolgen, zu dem sie zulässig ist. Ein vergleichbares Kündigungsrecht steht nach einer Zwangsversteigerung der vermieteten Räumlichkeiten dem Erwerber zu (vgl. § 57a ZVG).[214] Dies spielt insbesondere dann eine Rolle, wenn einer der Mitbewohner als Vermieter gegenüber den anderen Mitbewohnern fungiert (**WG-Typ A, WG-Typ E** und **WG-Typ F**).

V. Begründung von Wohnungseigentum an der Wohnung

114 Die Mitbewohner können durch Einräumung von Sondereigentum (§ 3 WEG) und Teilung gemäß § 8 WEG Wohnungseigentum an den von ihnen gemieteten Räumlichkeiten begründen. Das Mietverhältnis wird im Zusammenhang mit dem Erwerb durch Parteiver-

---

[209] *Eckert* in MüKoInsO § 112 Rn. 26.
[210] Vgl. zu diesem Normzweck *Balthasar* in Nerlich/Römermann InsO § 109 Rn. 2.
[211] Vgl. *Ringstmeier* in K. Schmidt InsO § 109 Rn. 19.
[212] *Ringstmeier* in K. Schmidt InsO § 109 Rn. 23.
[213] Vgl. *Ringstmeier* in K. Schmidt InsO § 109 Rn. 25; *Eckert* in MüKoInsO § 109 Rn. 59.
[214] Vgl. zur Reichweite dieses Kündigungsrechts BGHZ 198, 337 Rn. 12 ff. = NJW 2014, 536.

einbarung beendet werden. Teileigentum steht dabei Wohnungseigentum, wie sonst auch (vgl. § 1 Abs. 6 WEG), gleich. Da die Räume bei Umwandlung bereits als Wohnung genutzt werden, bleibt diese Nutzung in aller Regel zulässig. Ein Erwerb der Wohnung durch die Mitbewohner kommt insbesondere dann in Betracht, wenn der Vermieter die vermieteten Räumlichkeiten an einen Dritten veräußert, da den Mietern in diesem Fall ein Vorkaufsrecht zusteht (§ 577 Abs. 1 S. 1 BGB, → § 12 Rn. 68 ff.). Dies gilt jedoch nur dann, wenn an den Räumlichkeiten erst nach der Überlassung an den Mieter Wohnungseigentum begründet worden ist oder begründet werden soll (§ 577 Abs. 1 S. 1 BGB), und dann nicht, wenn der Vermieter die Wohnräume an einen Familienangehörigen oder an einen Angehörigen seines Haushalts verkauft (§ 577 Abs. 1 S. 2 BGB).

Da die Wohnraummieter infolge einer nach Überlassung der Wohnung erfolgten Umwandlung in Wohnungseigentum und durch dessen Veräußerung einer erhöhten Gefahr der Verdrängung ausgesetzt sind, wenn sie ihre Wohnung nicht nach § 577 BGB kaufen können oder wollen, wird ihnen durch § 577a BGB ein befristeter Bestandsschutz gewährt, indem die Möglichkeiten des Vermieters zur ordentlichen Kündigung nach § 573 BGB eingeschränkt werden. **115**

VI. Rechtsnachfolge aufseiten des Vermieters

Auf Vermieterseite kann eine Einzel- oder Gesamtrechtsnachfolge dazu führen, dass eine neue Vertragspartei an die Stelle der alten tritt (dazu → § 12 Rn. 1 ff.). Vgl. zum Schicksal des Altmietvertrags bei einer Einzelrechtsnachfolge → § 12 Rn. 27 ff. **116**

F. Rechtsfolgen der Beendigung des Mietverhältnisses

Wurde das Mietverhältnis nach Maßgabe der vorangegangenen Ausführungen wirksam beendet, stellt sich die Frage, welche Folgeansprüche den Parteien hieraus erwachsen. Aufseiten des Vermieters ist insofern vor allem an den Anspruch auf Rückgabe der Wohnung zu denken (dazu → Rn. 121 ff.). Der Mieterseite ist zumeist vor allem daran gelegen, die gezahlte Mietkaution zurückzuerlangen (dazu → Rn. 118). Als Sonderproblem in diesem Zusammenhang ist auf die Möglichkeit einer stillschweigenden Verlängerung des Mietverhältnisses einzugehen (dazu → Rn. 126 ff.). **117**

I. Nachvertragliche Ansprüche der Mieterseite

Braucht der Vermieter die geleistete **Mietsicherheit** nach Beendigung des Mietverhältnisses nicht mehr, so ist er dazu verpflichtet, sie der Mieterseite zurückzugewähren (zur Herleitung dieses Anspruchs → § 5 Rn. 56). Die Mieterseite hat einen korrespondierenden Anspruch auf Rückgewähr.[215] Bei einer Mietermehrheit (dazu → Rn. 12) können die Mieter mangels anderweitiger Vereinbarung nur die Rückgewähr an alle fordern und der Vermieter kann nur an alle gemeinschaftlich leisten, da insofern von einer Mitgläubigerschaft im Sinne des § 432 BGB auszugehen ist (str., vgl. → § 5 Rn. 59). **118**

Die ehemaligen Mieter können darüber hinaus einen Anspruch auf die **Rückzahlung überbezahlter Miete beziehungsweise einer Nebenkostenvorauszahlung** haben. **119**

In Betracht kommt schließlich ein Ausgleich der wirtschaftlichen Vorteile, die der Vermieter dadurch erhalten hat, dass die Mieterseite Maßnahmen zum Zwecke der Verbesserung der Mietsache vorgenommen hat. So kann der Mieter unter den Voraussetzungen des § 539 Abs. 1 BGB vom Vermieter **Verwendungsersatz** nach den Vorschriften über **120**

---

[215] Siehe dazu jüngst *Lützenkirchen* MDR 2019, 257 ff.

die Geschäftsführung ohne Auftrag verlangen. Zugleich sind der oder die Mieter berechtigt, eine Einrichtung wegzunehmen, mit der sie die Mietsache versehen haben (§ 539 Abs. 2 BGB).[216] Der Vermieter kann die Ausübung des **Wegnahmerechts** (§ 539 Abs. 2 BGB) durch Zahlung einer angemessenen Entschädigung abwenden, wenn nicht der Mieter ein berechtigtes Interesse an der Wegnahme hat (§ 552 Abs. 1 BGB). Eine Vereinbarung, durch die das Wegnahmerecht ausgeschlossen wird, ist nur wirksam, wenn ein angemessener Ausgleich vorgesehen ist (§ 552 Abs. 2 BGB).

II. Nachvertragliche Ansprüche der Vermieterseite

1. Rückgabepflicht

121 Nach Beendigung des Mietverhältnisses ist der Mieter gemäß § 546 Abs. 1 BGB zur Rückgabe der Wohnung verpflichtet. Der Zeitpunkt der Entstehung der Rückgabepflicht und Inhalt des Anspruchs aus § 546 Abs. 1 BGB werden an anderer Stelle ausführlich behandelt (→ § 21 Rn. 2 ff.). Die Rückgabepflicht trifft daneben einen Dritten, dem der Mieter den Gebrauch der Wohnung überlassen hat (§ 546 Abs. 2 BGB, vgl. dazu näher → § 21 Rn. 28 ff.). Ist der Vermieter zugleich Eigentümer, steht ihm auch nach § 985 BGB ein Herausgabeanspruch gegen den oder die Besitzer der Räumlichkeiten zu, der aber nur auf Besitzverschaffung, nicht aber auf Räumung gerichtet ist (vgl. zum Konkurrenzverhältnis der beiden Ansprüche → § 21 Rn. 39). Fehlt es an einer mietvertraglichen Grundlage des Zusammenlebens (dies kann insbesondere bei **WG-Typ F,** → § 1 Rn. 29, der Fall sein), kann sich die Rückgabepflicht allein aus § 985 BGB oder gesellschaftsrechtlichen Regeln ergeben (vgl. → § 21 Rn. 111).

122 Gegen den Rückgabeanspruch aus § 546 Abs. 1 BGB kann der Mieter **kein Zurückbehaltungsrecht** wegen eigener Forderungen gegen den Vermieter geltend machen (§ 570 BGB). Bei verspäteter Rückgabe drohen dem Mieter gemäß §§ 546a Abs. 1, 2 iVm 571 BGB Entschädigungs- und Schadensersatzansprüche des Vermieters. Das Gleiche gilt für einen Dritten, dem der Mieter die Mietsache berechtigt oder unberechtigt zum Gebrauch überlassen hat (§ 546 Abs. 2 BGB).

123 Haben die Mitbewohner die Wohnung gemeinsam gemietet (**WG-Typ C,** → § 1 Rn. 26), haften sie für die rechtzeitige Räumung und Rückgabe der Mietwohnung (§ 546 BGB) **als Gesamtschuldner,** §§ 427, 431 BGB.[217] Diese Verpflichtung endet selbst für einen bereits ausgezogenen Mitbewohner erst dann, wenn auch die anderen die Wohnung an den Vermieter zurückgegeben haben, weil der Auszug eines einzelnen Mieters keine Erfüllung der Rückgabeschuld bewirkt (vgl. → § 21 Rn. 8).[218] Vgl. zur Ausgestaltung der Rückgabepflicht bei einem Untermietverhältnis (**WG-Typ A** → § 1 Rn. 24), bei Verpflichtung mehrerer Mieter unabhängig voneinander in Einzelverträgen (**WG-Typ B** → § 1 Rn. 25) und bei Begründung des Mietverhältnisses durch eine durch die Mitbewohner gegründete Außen-GbR (**WG-Typ D** → § 1 Rn. 27) → § 21 Rn. 7 ff.

2. Entschädigung für verspätete Rückgabe

124 Gibt der Mieter die Mietsache nach Beendigung des Mietverhältnisses nicht zurück, so kann der Vermieter für die Dauer der Vorenthaltung als Entschädigung die **vereinbarte Miete** oder die Miete verlangen, die für vergleichbare Sachen **ortsüblich** ist (§ 546a Abs. 1 BGB). Nach § 546a Abs. 2 BGB ist der Vermieter nicht daran gehindert, daneben auch seinen weiteren, ihm durch die verspätete Rückgabe entstandenen Schaden geltend zu

---

[216] Einzelheiten bei *Bieber* in MüKoBGB § 539 Rn. 13 ff.; *Blank* in Blank/Börstinghaus MietR BGB § 539 Rn. 21 ff.; *Emmerich* in BeckOGK, 1.4.2019, BGB § 539 Rn. 30 ff.
[217] RGZ 89, 203 (207); BGH NJW 2015, 473 Rn. 19; NJW 2005, 3786 (3787); BGHZ 131, 176 (183) = NJW 1996, 515 (516).
[218] BGHZ 131, 176 (183) = NJW 1996, 515 (516).

F. Rechtsfolgen der Beendigung des Mietverhältnisses § 20

machen. Ein Schadensersatzanspruch kann dem Vermieter insbesondere aus §§ 280 Abs. 1, 286 BGB zustehen **(Ersatz des Verzögerungsschadens).** Dabei kann ein Vertretenmüssen der Mieterseite (§ 286 Abs. 4 BGB) vor allem aufgrund eines unverschuldeten Rechtsirrtums zu verneinen sein. Die Rechtsprechung legt insofern aber strenge Maßstäbe an (vgl. → Rn. 68). Im Nachgang von Kündigungen durch den Vermieter setzt der Schadensersatzanspruch nicht nur zwingend voraus, dass die Rückgabe infolge von Umständen unterblieben ist, die der Mieter zu vertreten hat (§ 571 Abs. 1 S. 1 BGB). Er kommt darüber hinaus allein insoweit in Betracht, als der Schadensersatz der Billigkeit entspricht (§ 571 Abs. 1 S. 2 BGB).[219] Nach § 573 Abs. 3 BGB ist es ausgeschlossen, vertraglich eine strengere Haftung des Mieters zu vereinbaren.[220]

3. Vornahme von Schönheitsreparaturen

Grundsätzlich trägt der Vermieter nach §§ 535 Abs. 1 S. 2, 538 BGB die Pflicht, die Mietsache während der Mietzeit in einem zum vertragsgemäßen Gebrauch geeigneten Zustand zu erhalten. Der Vermieter kann diese Pflicht zu einem gewissen Grad auf die Mieter abwälzen (dazu → § 9 Rn. 7 ff.), die sie dann regelmäßig zum Ende des Mietverhältnisses hin erfüllen werden. 125

III. Stillschweigende Verlängerung des Mietverhältnisses

Setzt der Mieter nach Ablauf der Mietzeit den Gebrauch der Mietsache fort, so verlängert sich das Mietverhältnis gemäß § 545 S. 1 BGB **auf unbestimmte Zeit,** sofern nicht eine Vertragspartei ihren entgegenstehenden Willen innerhalb von zwei Wochen dem anderen Teil erklärt. Eine solche Verlängerung durch stillschweigende Fortsetzung des Mietgebrauchs kann grundsätzlich auch nach einer außerordentlichen fristlosen Kündigung erfolgen.[221] Verhindert werden soll mit der kraft Gesetzes eintretenden Verlängerung, dass ein vertragsloser Zustand bei Fortsetzung des Mietgebrauchs durch den Mieter entsteht.[222] Das Mietverhältnis entsteht dabei nicht neu; vielmehr soll das bisherige Mietverhältnis grundsätzlich unverändert und **unter Wahrung seiner Identität** fortgesetzt werden.[223] 126

Die gesetzliche Anordnung der Vertragsverlängerung entfällt allerdings bei **Widerspruch einer Vertragspartei innerhalb von zwei Wochen.** Die Frist beginnt gemäß § 545 Abs. 1 S. 2 BGB für den Mieter mit der Fortsetzung des Gebrauchs (Nr. 1) und für den Vermieter mit dem Zeitpunkt, in dem er von der Fortsetzung Kenntnis erhält (Nr. 2). Allerdings kann der die Verlängerung hindernde Widerspruch **konkludent** schon vor Beendigung des Mietverhältnisses und damit jedenfalls auch mit der Kündigung erklärt werden. Angesichts des Zwecks der Vorschrift, Rechtsklarheit zwischen den Vertragsteilen darüber zu schaffen, ob der Vertrag fortbesteht oder nicht, muss eine konkludente Widerspruchserklärung jedoch den Willen des Vermieters, die Fortsetzung des Vertrags abzulehnen, eindeutig zum Ausdruck bringen. Die Entscheidung, ob eine außerordentliche Kündigung des Vermieters bereits die Erklärung beinhaltet, die Fortsetzung des Vertrags abzulehnen, hängt dabei von den Umständen des Einzelfalls ab; maßgebend sind das Gewicht der Kündigungsgründe und die Bedeutung, welche der Vermieter ihnen nach dem Inhalt 127

---

[219] Dazu LG München II BeckRS 1986, 06183 Rn. 5.
[220] Auch, wenn die Räumung auf einen **Vergleich** zurückzuführen ist, durch den eine tatsächliche oder rechtliche Unsicherheit beseitigt werden sollte, darf dieser Vergleich nicht etwas Strengeres bestimmen, vgl. *Geib* in BeckOGK, 1.4.2019, BGB § 571 Rn. 5; aA *Streyl* in Schmidt/Futterer MietR BGB § 571 Rn. 16.
[221] BGH NJW-RR 2018, 714 Rn. 17.
[222] BGH NJW-RR 2016, 784 Rn. 34.
[223] BGH NJW-RR 2016, 784 Rn. 34.

der Erklärung beigemessen hat.[224] In einem Räumungsverlangen kann ebenfalls eine solche konkludente Widerspruchserklärung liegen.[225]

128 Bei einer **Mietermehrheit** (Innen-GbR, **WG-Typ C** → § 1 Rn. 26) genügt die Fortsetzung durch einen verbleibenden Mieter.[226] Bei einer **Außen-GbR** als Mieterin (**WG-Typ D** → § 1 Rn. 27) ist dementsprechend auf jeden einzelnen Mitbewohner-Gesellschafter abzustellen.[227] Allerdings tritt die Rechtsfolge des § 545 BGB bereits dann nicht ein, wenn einer der Mieter der Vertragsfortsetzung widerspricht. Will der Vermieter der Vertragsfortsetzung gegenüber einer Mietermehrheit widersprechen, so muss auch diese Erklärung gegenüber allen Mietern vorgenommen werden (vgl. zur Kündigung des Vermieters → Rn. 7 ff.).[228]

---

[224] BGH NJW-RR 2018, 714 Rn. 17.

[225] BGH NJW-RR 2018, 714 Rn. 17.

[226] *Mehle* in BeckOGK, 1.4.2019, BGB § 545 Rn. 6; *Blank* in Schmidt-Futterer MietR BGB § 545 Rn. 14; *ders.* in Blank/Börstinghaus MietR BGB § 545 Rn. 12; aA *Emmerich* in Staudinger BGB § 545 Rn. 9.

[227] *Blank* in Schmidt-Futterer MietR BGB § 545 Rn. 14. Vgl. allgemein zur Verlängerung des mit einer Außen-GbR geschlossenen Mietvertrags KG Berlin BeckRS 2009, 24622.

[228] *Blank* in Schmidt-Futterer MietR BGB § 545 Rn. 20; *ders.* in Blank/Börstinghaus MietR BGB § 545 Rn. 18.

§ 21 Rückgabeansprüche und Räumung bei Wohngemeinschaften

Übersicht

	Rn.
A. Überblick	1
B. Ansprüche des Vermieters auf Rückgabe und Räumung	2
I. Rückgabepflicht des Mieters gemäß § 546 Abs. 1 BGB	2
1. Grundlagen	2
2. Gläubiger	4
3. Schuldner	7
4. Zeitpunkt der Rückgabe	12
5. Inhalt des Anspruchs	16
a) Besitzverschaffung durch Schlüsselübergabe	16
b) Räumung	18
c) Reinigung	23
d) Schönheitsreparaturen	24
6. Annex: Übergabeprotokoll	25
II. Rückgabepflicht Dritter gemäß § 546 Abs. 2 BGB	28
1. Grundlagen	28
2. Voraussetzungen	30
a) Gebrauchsüberlassung an Dritten	30
b) Beendigung des (Haupt-)Mietverhältnisses	33
c) Rückforderungserklärung	34
3. Inhalt der Rückgabepflicht	35
III. Vindikation (§ 985 BGB)	39
C. Zwangsweise Durchsetzung der Ansprüche	41
I. Handlungsmöglichkeiten des Vermieters	41
II. Voraussetzungen der Zwangsräumung	44
1. Überblick	44
2. Vollstreckungstitel	47
a) Räumungsklage	47
b) Einstweilige Verfügung gegen Dritte nach § 940a Abs. 2 ZPO	53
3. Vollstreckungsschutz	55
a) Räumungsfrist nach § 721 ZPO	55
b) Maßnahmen nach § 765a ZPO	59
III. Durchführung der Zwangsräumung	62
1. Räumungsvollstreckung nach § 885 ZPO	62
2. Praktische Probleme und „Berliner Räumung"	65
3. Lösung des Gesetzgebers: § 885a ZPO	67

Schrifttum:

Börstinghaus, Die neue „Räumungsverfügung" im Wohnraummietprozess, NJW 2014, 2225; *Bosch,* Räumung des Mieters im Wege der „Selbstjustiz" – Ein teilweise rechtsfolgenfreier Raum!, NZM 2009, 530; *Bunn,* Die Zwangsräumung von Wohnraum, NJW 1988, 1362; *Fischer,* Auswirkungen der „Mietrechtsänderung" auf Räumungsverfahren und -vollstreckung, NZM 2013, 249; *Flatow,* Räumungsvollstreckung ohne Räumung? – Vermieterpfandrecht als „Kostenbremse", NJW 2006, 1396; *dies.,* Der verlorene Schlüssel, NZM 2011, 660; *dies.,* Was heißt hier Räumung, ZMR 2014, 937; *Fleindl,* Der Räumungsvergleich in Mietsachen, ZMR 2016, 8; *ders.,* Räumung von Wohnraum durch einstweilige Verfügung, ZMR 2013, 677; *Hinz,* Die Wohnungsabnahme, NZM 2016, 622; *Hofmann,* Die Räumung von Wohnraum im einstweiligen Rechtsschutz nach § 940a ZPO, ZJS 2016, 431; *Keinert,* Fälligkeitszeitpunkt des Anspruchs auf Rückgabe der Mietsache, WuM 2016, 195; *Klimesch,* Der Trick mit dem Untermieter – Zwangsräumung vor dem Aus?, ZMR 2009, 431; *Lehmann-Richter,* Vollstreckung mietrechtlicher Ansprüche nach neuem Recht, NZM 2014, 257; *Mayer,* Richterliche Fortbildung des Zwangsvollstreckungsrechts? Dargestellt am Beispiel der sogenannten „Berliner Räumung" vor ihrer überfälligen Kodifikation in § 885a ZPO, in: Effer-Uhe u. a. (Hrsg.), Richterliche Rechtsfortbildung und kodifiziertes Richterrecht, Jahrbuch Junger Zivilrechtswissenschaftler

2014, 2015, S. 275; *Meyer-Abich,* Typische Fallstricke des Mietprozesses – Kostenrisiken der Räumungsklage, NJW 2017, 3429; *Mutter,* Wann ist eine Mietsache zurückzugeben? ZMR 1991, 329; *Pauly,* Die Räumungsvollstreckung gegen nicht am Mietvertrag beteiligte Personen, ZMR 2005, 337; *Schneider,* Übergabe- und Rückgabeprotokolle, NZM 2014, 743; *Schuschke,* Die Räumungsvollstreckung gegen Mitbesitzer einer Mietwohnung, NZM 2005, 10; *ders.,* Aktuelle Probleme zur Räumungsvollstreckung, NZM 2012, 209; *ders.;* § 940a II und III ZPO – Irrwege des Gesetzgebers, DGVZ 2016, 37; *Schwieren,* Die Kostenbelastung des Gläubigers bei der Räumungsvollstreckung – effektiver Rechtsschutz?, DGVZ 2011, 41; *Sternel,* Verbleibende Verpflichtungen der Vertragspartner bei Wohnungsübergabe, NZM 2017, 169

A. Überblick

1 Nach der Beendigung eines Wohnungsmietverhältnisses (→ § 20) ist dem Vermieter in aller Regel daran gelegen, die Wohnung schnell und in einem ordentlichen Zustand zurückzuerhalten. § 546 BGB gewährt dem Vermieter schuldrechtliche **Rückgabeansprüche** gegen den Mieter (Abs. 1) sowie gegen Dritte, denen der Mieter den Gebrauch der Wohnung überlassen hat (Abs. 2). Die Ansprüche sind inhaltlich nicht nur auf die **Besitzverschaffung,** sondern auch auf die **Räumung der Wohnung** gerichtet. Im Folgenden werden zunächst die materiell-rechtlichen Voraussetzungen und Rechtsfolgen (→ Rn. 2 ff, → Rn. 28 ff.) der einschlägigen Ansprüche erörtert. In einem zweiten Schritt wird dann die zwangsweise Durchsetzung der Ansprüche behandelt, wobei insbesondere die Voraussetzungen der Räumungsvollstreckung (→ Rn. 44 ff.) und ihre Durchführung (→ Rn. 62 ff.) in den Blick genommen werden. Die folgenden Ausführungen werden zeigen, dass sowohl die materiell-rechtliche als auch die vollstreckungsrechtliche Ebene erhebliches Konfliktpotential bereithalten und die Zwangsräumung für den Vermieter mit erheblichen Schwierigkeiten verbunden sein kann.

B. Ansprüche des Vermieters auf Rückgabe und Räumung

I. Rückgabepflicht des Mieters gemäß § 546 Abs. 1 BGB

1. Grundlagen

2 Dass der Mieter bei Beendigung des Mietverhältnisses zur Rückgabe der Mietsache an den Vermieter verpflichtet ist, ist eigentlich eine Selbstverständlichkeit.[1] Dennoch hat der Gesetzgeber die Rückgabepflicht in § 546 Abs. 1 BGB ausdrücklich normiert.[2] Die Vorschrift gewährt dem Vermieter einen **(nach-)vertraglichen Rückgabeanspruch.**[3] Dieser steht nicht im Gegenseitigkeitsverhältnis zu den Hauptleistungspflichten der Partien (Gebrauchsüberlassung und Mietzahlung), sondern dient dazu, ein beendetes Mietverhältnis abzuwickeln.[4] Gibt der Mieter die Mietsache nach Beendigung des Mietverhältnisses **nicht rechtzeitig** zurück, so kann der Vermieter für die Dauer der Vorenthaltung als Entschädigung die vereinbarte Miete oder die Miete verlangen, die für vergleichbare Sachen ortsüblich ist (§ 546a Abs. 1 BGB). Über diese **Nutzungsentschädigung** hinaus kann der Vermieter nach Maßgabe der §§ 280 Abs. 1 und 3, 281 BGB einen weitergehenden

---

[1] So ausdrücklich auch *Streyl* in Schmidt-Futterer MietR BGB § 546 Rn. 1.
[2] Ob § 546 Abs. 1 BGB einen eigenständigen Regelungsgehalt hat (so etwa *Rolfs* in Staudinger BGB § 546 Rn. 3) oder lediglich das klarstellt, was sich durch Auslegung eines jeden Mietvertrages ohnehin ergebe (so etwa *Streyl* in Schmidt-Futterer MietR BGB § 546 Rn. 1), ist praktisch ohne Bedeutung.
[3] *Streyl* in Schmidt-Futterer MietR BGB § 546 Rn. 1; *Rolfs* in Staudinger BGB § 546 Rn. 3. Nicht überzeugend ist die im Schrifttum befürwortete Einordnung als gesetzliches (Rückgewähr-)Schuldverhältnis (so etwa *Blank* in Blank/Börstinghaus MietR BGB § 535 Rn. 1). Für die Praxis ist dies aber ohnehin unerheblich.
[4] *Streyl* in Schmidt-Futterer MietR BGB § 546 Rn. 1; *Rolfs* in Staudinger BGB § 546 Rn. 1 und 3.

Schadensersatz geltend machen (§ 546a Abs. 2 BGB). Für die Wohnraummiete wird der Schadensersatzanspruch aber durch § 571 BGB eingeschränkt.

§ 546 Abs. 1 BGB setzt zunächst voraus, dass ein **Mietverhältnis begründet** wurde. Ist 3 der Mietvertrag nicht wirksam zustande gekommen, etwa weil ein Vertragspartner geschäftsunfähig war, ein Verstoß gegen § 134 BGB oder § 138 BGB vorlag oder der Vertrag erfolgreich angefochten wurde (§ 142 Abs. 1 BGB), kann sich die Rückgabepflicht nur aus anderen Vorschriften, insbesondere aus § 985 BGB und § 812 Abs. 1 S. 1 Alt. 1 BGB ergeben. Zudem muss das **Mietverhältnis beendet** worden sein, sei es durch Kündigung, Vertragsaufhebung, Zeitablauf oder Verwaltungsakt.[5] § 546 Abs. 1 BGB ist nicht lediglich eine Fälligkeitsregelung; vielmehr entsteht der Rückgabeanspruch des Vermieters erst mit der Beendigung des Mietverhältnisses.

2. Gläubiger

Inhaber des Anspruchs aus § 546 Abs. 1 BGB ist der **Vermieter.** Dies gilt auch dann, wenn 4 der Vermieter nicht Eigentümer der Mietsache ist,[6] da der Rückgabeanspruch schuldrechtlicher und nicht dinglicher Natur ist. Aus diesem Grund steht bei der Untermiete dem Hauptmieter der Anspruch aus § 546 Abs. 1 BGB zu, wenn das zwischen ihnen bestehende Untermietverhältnis beendet ist.[7] Relevant ist dies für Wohngemeinschaften des **WG-Typs A** (Untermiete, → § 1 Rn. 24). Der Hauptmieter kann hier sowohl Schuldner als auch Gläubiger des Rückgabeanspruchs sein. Die Frage, ob der Vermieter auch vom Untermieter Rückgabe verlangen kann, wird von § 546 Abs. 2 BGB positiv beantwortet (→ Rn. 28 f.). Mehrere Vermieter sind Gesamtgläubiger im Sinne des § 432 BGB.[8]

Die Rückgabe muss grundsätzlich **an den Vermieter persönlich** oder an eine vom ihm 5 **zum Empfang berechtigte Person** (zum Beispiel Verwalter, Rechtsanwalt) erfolgen.[9] Vereinbart werden kann auch, dass der Mieter die Mietsache direkt an einen Nachmieter übergibt. Dieser fungiert dann bei der Übergabe als Besitzmittler des Vermieters.[10]

Steht ein Grundstück unter Zwangsverwaltung kann der Anspruch aus § 546 Abs. 1 6 BGB nur vom **Zwangsverwalter** geltend gemacht werden[11] (vgl. § 148 Abs. 2 ZVG). Ist über das Vermögen des Vermieters das Insolvenzverfahren eröffnet worden, ist wegen § 80 Abs. 1 InsO nur der **Insolvenzverwalter** befugt, den Anspruch geltend zu machen.

3. Schuldner

Gemäß § 546 Abs. 1 BGB zur Rückgabe verpflichtet ist der **Mieter.** Hierfür ist es nicht 7 erforderlich, dass der Mieter noch unmittelbarer oder mittelbarer Besitzer der Mietsache ist.[12] Aus diesem Grund steht dem Vermieter gegen den Mieter der Anspruch aus § 546 Abs. 1 BGB auch dann zu, wenn dieser die Sache an einen Dritten untervermietet hat oder anderweitig überlassen hat.[13] Relevant ist dies bei **WG-Typ A** (Untermiete, → § 1 Rn. 24). Hier kann § 546 Abs. 1 BGB zweifach zur Anwendung gelangen: im Verhältnis zwischen Vermieter und Hauptmieter sowie im Verhältnis zwischen Hauptmieter und Untermieter. Der Untermieter ist dem Vermieter gegenüber nicht aus § 546 Abs. 1 BGB verpflichtet. Eine eigenständige Rückgabepflicht kann sich aber aus § 546 Abs. 2 BGB

---

[5] *Streyl* in Schmidt-Futterer MietR BGB § 546 Rn. 15; *Blank* in Blank/Börstinghaus MietR BGB § 546 Rn. 6; *Rolfs* in Staudinger BGB § 546 Rn. 6.
[6] *Blank* in Blank/Börstinghaus MietR BGB § 535 Rn. 7.
[7] OLG München NJW-RR 1989, 524.
[8] *Zehelein* in BeckOGK, 1.4.2019, BGB § 546 Rn. 17.
[9] OLG Hamm NZM 2003, 26; *Streyl* in Schmidt-Futterer MietR BGB § 546 Rn. 62; *Rolfs* in Staudinger BGB § 546 Rn. 17.
[10] OLG Hamm NZM 2003, 26; *Streyl* in Schmidt-Futterer MietR BGB § 546 Rn. 62.
[11] *Rolfs* in Staudinger BGB § 546 Rn. 7; *Wiederhold* in BeckOK BGB, 49. Ed. 1.2.2019, § 546 Rn. 9.
[12] BGHZ 56, 308 = NJW 1971, 2065.
[13] *Blank* in Blank/Börstinghaus MietR BGB § 535 Rn. 9.

ergeben (→ Rn. 28 ff.). Letzteres gilt auch bei **WG-Typ E** (Mitbewohner ohne Mietvertrag, → § 1 Rn. 28).

8 **Mehrere Mieter** sind grundsätzlich Gesamtschuldner (§ 421 BGB).[14] Daher schulden bei **WG-Typ C** (→ § 1 Rn. 26) sämtliche Mitbewohner die Rückgabe der gesamten Wohnung, da hier ein einheitlicher Mietvertrag über die gesamte Wohnung besteht. Dies gilt auch dann, wenn ein Mitbewohner bereits ausgezogen ist. Die Rückgabepflicht wird nämlich nicht schon dadurch erfüllt, dass der Mieter den Besitz an der Mietsache aufgibt. Erforderlich ist vielmehr, dass dem Vermieter der unmittelbare Besitz verschafft wird (→ Rn. 16 f.). Daher kann auch ein Mieter, der bereits aus einer Wohnung ausgezogen ist, noch zur Rückgabe verpflichtet sein[15] – und zwar auch dann, wenn andere Personen (Mieter oder Dritte) noch in der Wohnung wohnen.

9 Bei **WG-Typ B** (→ § 1 Rn. 25) gibt es zwar auch mehrere Mieter, doch haben sich diese unabhängig voneinander in Einzelverträgen verpflichtet. Folglich schulden sie auch unabhängig voneinander die Rückgabe des Teils der Wohnung, den sie gemietet haben. Eine gesamtschuldnerische Herausgabepflicht kann sich hier allenfalls für die Teile der Wohnung ergeben, die in allen Einzelverträgen zur gemeinschaftlichen Nutzung überlassen worden sind (zum Beispiel Badezimmer, Küche) – und das auch nur, wenn die Mietverträge gleichzeitig enden.

10 Bei **WG-Typ D** (→ § 1 Rn. 27) ist nur die Außen-GbR Mieterin und daher auch nur sie aus § 546 Abs. 1 BGB unmittelbar verpflichtet. Die Mitbewohner haften aber als Gesellschafter analog § 128 S. 1 HGB für die Verbindlichkeiten der Gesellschaft, mithin auch für die Erfüllung der Rückgabepflicht.[16] Nach Abschluss des Mietvertrages in die Gesellschaft/Wohngemeinschaft eingetretene Mitbewohner haften analog § 130 HGB ebenfalls für die Erfüllung der Rückgabepflicht.[17]

11 Bei **WG-Typ F** (→ § 1 Rn. 29) ist der Eigentümer selbst Mitglied der Wohngemeinschaft. Bestehen zwischen ihm und den Mitbewohnern Mietverträge, schulden bei deren Beendigung die Mitbewohner Rückgabe nach § 546 Abs. 1 BGB. Fehlt es hingegen an einer mietvertraglichen Grundlage des Zusammenlebens, kann sich die Rückgabepflicht nur aus § 985 BGB oder gesellschaftsrechtlichen Regeln ergeben.

4. Zeitpunkt der Rückgabe

12 Über den Zeitpunkt, an dem die Rückgabepflicht vom Schuldner zu erfüllen ist, besteht im Schrifttum keine Einigkeit. Nach einer Auffassung soll aus dem Wortlaut des § 546 Abs. 1 BGB („nach Beendigung") folgen, dass die Mietsache am Tag nach der Beendigung des Mietverhältnisses zurückzugeben sei.[18] Allerdings wird hierdurch lediglich klargestellt, dass der Mieter die Sache während des Bestehens der Gebrauchsberechtigung nicht zurückgeben muss, was aber ohnehin selbstverständlich ist.[19] Abzustellen ist richtigerweise auf **§ 271 Abs. 1 BGB**.[20] Die Fälligkeit der Rückgabepflicht richtet sich daher – vorbehaltlich einer abweichenden Vereinbarung, die praktisch aber regelmäßig fehlen wird – „nach den Umständen". Insoweit ist die gängige Praxis zu berücksichtigen, dass Wohnraummietverhältnisse typischerweise am ersten Tag eines Monats beginnen und am letzten Tag eines Monats enden. Daher erscheint die Annahme sachgerecht, dass der Mieter die Wohnung

---

[14] *Streyl* in Schmidt-Futterer MietR BGB § 546 Rn. 64; *Bieber* in MüKoBGB § 546 Rn. 13; *Zehelein* in BeckOGK, 1.10.2018, BGB § 546 Rn. 20.

[15] *Blank* in Blank/Börstinghaus MietR BGB § 535 Rn. 11; *Rolfs* in Staudinger BGB § 546 Rn. 15; *Bieber* in MüKoBGB § 546 Rn. 13.

[16] *Zehelein* in BeckOGK, 1.4.2019, BGB § 546 Rn. 20. Zum mittlerweile wohl überholten Streit zwischen Haftungs- und Erfüllungstheorien siehe etwa *Boesche* in Oetker HGB § 128 Rn. 26.

[17] Zur analogen Anwendung des § 130 HGB auf die Außen-GbR grundlegend BGH NJW 2003, 1803.

[18] *Bieber* in MüKoBGB § 546 Rn. 15; *Zehelein* in BeckOGK, 1.4.2019, BGB § 546 Rn. 98; siehe auch *Pütz* WuM 2002, 414.

[19] So auch *Streyl* in Schmidt-Futterer MietR BGB § 546 Rn. 73.

[20] *Streyl* in Schmidt-Futterer MietR BGB § 546 Rn. 73; *Blank* in Blank/Börstinghaus MietR BGB § 535 Rn. 15.

B. Ansprüche des Vermieters auf Rückgabe und Räumung   § 21

(spätestens) am letzten Tag des Mietverhältnisses zurückgeben muss.[21] Der Mieter hat hierfür aber nicht bis 23:59 Uhr Zeit, da die Leistung nicht zur Unzeit bewirkt werden soll. Geboten ist daher eine Rückgabe **bis zum frühen Abend**.[22] Dies hat zwar zur Folge, dass der Mieter die Mietsache nicht während der gesamten Mietzeit vollständig nutzen kann, doch ist dies hinnehmbar. Der Mieter kann die gemietete Wohnung in den letzten Stunden der Mietzeit ohnehin nicht mehr sinnvoll nutzen,[23] da er mit der Beendigung des Mietverhältnisses nicht nur die Besitzverschaffung, sondern auch die Räumung der Wohnung sowie gegebenenfalls den Rückbau von Einrichtungen, die Durchführung von Schönheitsreparaturen und die Beseitigung von Schäden an der Mietsache schuldet.[24] Landesrechtliche Sonderregeln für den Zeitpunkt der Rückgabe gibt es in Hamburg und Bremen.[25]

Fällt der letzte Tag des Mietverhältnisses auf einen **Samstag, Sonntag oder Feiertag** **13** soll nach herrschender Meinung gemäß § 193 BGB die Rückgabe erst am nächsten Werktag geschuldet sein.[26] Bisweilen wird vertreten, dass sich hierdurch das Mietverhältnis entsprechend verlängere – was sehr zweifelhaft ist – und der Mieter den anteiligen Mietbetrag für den Folgemonat schulde. Die Anwendung des § 193 BGB ist für den Vermieter aber mit erheblichen Unsicherheiten verbunden, da die Vorschrift dem Mieter nicht die Möglichkeit nimmt, an einem Samstag, Sonntag oder Feiertag die Mietsache zurückzugeben. Für den Vermieter besteht daher keine Klarheit darüber, ob der Mieter sich auf § 193 BGB beruft und den anteiligen Mietzins für den Folgemonat zahlt oder seine Rückgabepflicht innerhalb der „regulären" Mietzeit erfüllt. Die besseren Gründe sprechen für die **Nichtanwendung des § 193 BGB**,[27] zumal der Vermieter die Wohnung dann nahtlos zum Monatsersten weitervermieten kann, was, wie bereits ausgeführt, in der Praxis üblich ist. Der Mieter ist aber nicht gezwungen, die Mietsache am letzten Werktag der Mietzeit zurückzugeben.[28] Fällt beispielsweise der letzte Tag der Mietzeit auf einen Sonntag, kann der Vermieter die Rückgabe der Wohnung nicht am vorhergehenden Freitag verlangen. Der Vermieter kann sich insbesondere nicht auf § 193 BGB berufen, da die Vorschrift nur den Schuldner einer Leistung, nicht aber deren Gläubiger schützt.

Bei der **Kündigung aus wichtigem Grund** wird das Mietverhältnis sofort mit Zugang **14** der Kündigung beendet. Gemäß § 271 Abs. 1 BGB ist der Mieter in diesen Fällen zur sofortigen Rückgabe verpflichtet, wobei „sofort" als „unverzüglich", also „ohne schuldhaftes Zögern" (vgl. § 121 Abs. 1 S. 1 BGB) verstanden wird.[29] Der Mieter muss daher die Mietsache nicht am Tag der Kündigung zurückgeben. Vielmehr ist ihm eine nach den Umständen zu bemessende **„Ziehfrist"** einzuräumen.[30] Bei der Wohnraummiete dürfte ein Zeitraum von **einer Woche** für den Auszug, die Räumung der Wohnung und deren Rückgabe an den Vermieter in der Regel angemessen sein. In dieser Zeit kann der Mieter typischerweise den Umzug organisieren, gegebenenfalls geschuldete Schönheitsreparaturen vornehmen und etwaige Schäden beseitigen. Für die Zeit zwischen Kündigung und Rückgabe steht dem Vermieter ein Nutzungsersatzanspruch **analog § 546a BGB** auf anteilige Mietzahlung zu.[31]

---

[21] So auch *Streyl* in Schmidt-Futterer MietR BGB § 546 Rn. 74; *Blank* in Blank/Börstinghaus MietR BGB § 546 Rn 15; *Rolfs* in Staudinger BGB § 546 Rn. 35; *Keinert* WuM 2016, 195 (197).
[22] *Streyl* in Schmidt-Futterer MietR BGB § 546 Rn. 74.
[23] *Keinert* WuM 2016, 198.
[24] *Streyl* in Schmidt-Futterer MietR BGB § 546 Rn. 74.
[25] Vgl. § 25 Hamburger Ausführungsgesetz zum BGB vom 1.7.1958 sowie § 13 Bremer Ausführungsgesetz zum BGB vom 18.7.1898; dazu *Zehelein* in BeckOGK, 1.4.2019, BGB § 546 Rn. 96. Die Zulässigkeit dieser Regeln ergibt sich aus Art. 93 EGBGB.
[26] OLG Hamm BeckRS 1980, 31163844; *Streyl* in Schmidt-Futterer MietR BGB § 546 Rn. 75; *Rolfs* in Staudinger BGB § 546 Rn. 35, *Bieber* in MüKoBGB § 546 Rn. 15; *Wiederhold* in BeckOK BGB, 49. Ed. 1.2.2019, § 546 Rn. 19; *Pütz* WuM 2002, 414; in diese Richtung auch BGH NZM 2010, 661.
[27] Im Ergebnis auch *Blank* in Blank/Börstinghaus MietR BGB § 546 Rn. 15a.
[28] So aber *Blank* in Blank/Börstinghaus MietR BGB § 546 Rn. 15a.
[29] *Streyl* in Schmidt-Futterer MietR BGB § 546 Rn. 76; siehe auch OLG München NZM 2001, 710.
[30] *Streyl* in Schmidt-Futterer MietR BGB § 546 Rn. 76.
[31] Nach *Streyl* in Schmidt-Futterer MietR BGB § 546 Rn. 76 ergibt sich der Anspruch aus § 242 BGB.

15 Eine **vorzeitige Rückgabe** ist bei der Wohnraummiete in aller Regel zulässig.[32] Aus dem Mietvertrag folgt keine Gebrauchspflicht des Mieters. Auch lässt § 271 Abs. 2 BGB im Regelfall die vorfällige Leistung zu. Ein schützenswertes Interesse des Vermieters, die Wohnung erst Ende des Mietverhältnisses zurückzubekommen, ergibt sich auch nicht aus § 548 BGB, wonach Ansprüche des Vermieters gegen den Mieter sechs Monate nach Rückgabe der Mietsache verjähren. Mit Rückerlangung der Wohnung wird der Vermieter in die Lage versetzt, diese auf etwaige Schäden hin zu untersuchen und geeignete verjährungshemmende Maßnahmen zu treffen.[33] Die Mietzahlungspflicht des Mieters wird von einer vorzeitigen Rückgabe ohnehin nicht berührt.[34] Bei Wohngemeinschaften ist – insbesondere bei **WG-Typ C** – zu beachten, dass der Auszug nur eines Mieters nicht ohne Weiteres zur Erfüllung der Rückgabepflicht führt (→ Rn. 8).

5. Inhalt des Anspruchs

a) Besitzverschaffung durch Schlüsselübergabe

16 Der Anspruch aus § 546 Abs. 1 BGB ist einerseits gerichtet auf die **Rückübertragung des Besitzes** an der Mietsache. Der Mieter ist nach Beendigung eines Wohnraummietverhältnisses also verpflichtet, dem Vermieter den unmittelbaren Besitz an der Wohnung zu verschaffen.[35] Die bloße Besitzaufgabe, etwa durch den Auszug aus der Wohnung, reicht nicht aus. Dem Vermieter muss vielmehr die Mietsache so übergeben werden, dass dieser über sie verfügen kann.[36] Bei Wohnungen erfolgt die Besitzverschaffung typischerweise durch die **Übergabe sämtlicher Wohnungsschlüssel,** einschließlich der Schlüssel, die der Mieter (mit oder ohne Zustimmung des Vermieters) nachmachen lassen hat.[37] Solange der Mieter noch im Besitz von Schlüsseln ist, kann der Vermieter über die Wohnung nicht ohne Weiteres verfügen. Dies gilt auch dann, wenn der Vermieter einen Ersatzschlüssel hat.[38] Sind dem Mieter Schlüssel **verloren** gegangen, scheidet eine Rückgabe zwar aus. Doch kann der Vermieter in diesem Fall die Türschlösser auswechseln und die Kosten als Schadensersatz vom Mieter nach § 280 Abs. 1 BGB ersetzt verlangen,[39] wenn dieser den Verlust zu vertreten hat, was gemäß § 280 Abs. 1 S. 2 BGB vermutet wird. Die Kosten für die Auswechslung einer Schließanlage für das gesamte Haus sind vom Mieter aber nur zu tragen, wenn eine missbräuchliche Verwendung des Schlüssels durch unbefugte Dritte zu befürchten ist.[40] Damit der Vermieter beurteilen kann, ob eine Missbrauchsgefahr vorliegt, kann er vom Mieter verlangen, dass dieser vorträgt, unter welchen Umständen er die Schlüssel verloren hat.[41] Verbleibende Zweifel gehen zulasten des Mieters.[42]

---

[32] LG Köln BeckRS 2008, 11989; *Streyl* in Schmidt-Futterer MietR BGB § 546 Rn. 77; *Blank* in Blank/Börstinghaus MietR BGB § 546 Rn. 16; *Rolfs* in Staudinger BGB § 546 Rn. 38; *Wiederhold* in BeckOK BGB, 49. Ed. 1.2.2019, § 546 Rn. 19; aA *Bieber* in MüKoBGB § 546 Rn. 16; *Lammel* WohnraummietR BGB § 546 Rn. 11; *Pauly* NZM 2012, 553; siehe auch BGH NJW 2012, 144; OLG Dresden NZM 2000, 827.
[33] *Streyl* in Schmidt-Futterer MietR BGB § 546 Rn. 76.
[34] Vgl. BGH NJW 2006, 1588; *Blank* in Blank/Börstinghaus MietR BGB § 546 Rn. 17.
[35] BGHZ 56, 308 = NJW 1971, 2065; *Blank* in Blank/Börstinghaus MietR BGB § 546 Rn. 21; *Rolfs* in Staudinger BGB § 546 Rn. 9; *Zehelein* in BeckOGK, 1.10.2018, BGB § 546 Rn. 25; *Wiederhold* in BeckOK BGB, 49. Ed. 1.2.2019, § 546 Rn. 12. Siehe auch *Streyl* in Schmidt-Futterer MietR BGB § 546 Rn. 24, der von einer „Besitzveränderung zugunsten des Vermieters" spricht.
[36] OLG Hamburg BeckRS 1993, 30859159; *Blank* in Blank/Börstinghaus MietR BGB § 546 Rn. 21; Rolfs in Staudinger BGB § 546 Rn. 3.
[37] BGH NJW 2011, 143; OLG Düsseldorf NJW-RR 1996, 209; *Streyl* in Schmidt-Futterer MietR BGB § 546 Rn. 28 und 33; *Zehelein* in BeckOGK, 1.10.2018, BGB § 546 Rn. 34.
[38] LG Düsseldorf BeckRS 1991, 30942669; *Blank* in Blank/Börstinghaus MietR BGB § 546 Rn. 22.
[39] *Flatow* NZM 2011, 660 (661).
[40] BGH NJW 2014, 1653; KG Berlin NZM 2009, 294; *Streyl* in Schmidt-Futterer MietR BGB § 546 Rn. 35; *Blank* in Blank/Börstinghaus MietR BGB § 546 Rn. 23; *Flatow* NZM 2011, 660 (661).
[41] LG Berlin BeckRS 2016, 7972; *Blank* in Blank/Börstinghaus MietR BGB § 546 Rn. 23.
[42] *Flatow* NZM 2011, 660 (663).

Die Schlüssel sind – vorbehaltlich einer abweichenden Vereinbarung – **am Wohnort** 17
beziehungsweise Geschäftssitz des Vermieters zurückzugeben.[43] Der Ansicht, dass
bei der Vermietung durch eine juristische Person die Übergabe an einen „zuständigen
Sachbearbeiter" erfolgen müsse,[44] ist nicht zu folgen. In der Praxis wird ohnehin häufig
vereinbart, dass die Schlüsselübergabe bei der Wohnungsübergabe in der Wohnung stattfindet.
Auch die Übergabe an einen **Hauswart, Verwalter, Nachbarn oder Nachmieter**
kann vereinbart werden. Übergibt der Vermieter die Schlüssel ohne Zustimmung
des Vermieters an eine solche Person, liegt darin zunächst keine wirksame Erfüllung der
Rückgabepflicht, sondern lediglich eine bloße Besitzaufgabe. Die Rückgabepflicht erlischt
in diesen Fällen erst dann, wenn der Vermieter die Schlüssel tatsächlich erhält.[45] Weigert
sich der Vermieter, die Schlüssel in Empfang zu nehmen, kommt er in **Annahmeverzug**.
Der Mieter kann dann gemäß § 303 BGB den Besitz an den Schlüsseln aufgeben
und so seine Pflicht zur Besitzverschaffung erfüllen,[46] wenn er dies dem Vermieter vorher
angedroht hat.

b) Räumung

Neben der Besitzverschaffung schuldet der Mieter nach § 546 Abs. 1 BGB die Räumung 18
der Wohnung. Diese muss grundsätzlich so zurückgegeben werden, wie sie bei Beginn des
Mietverhältnisses übernommen wurde.[47] Der Mieter ist insbesondere verpflichtet, in die
Wohnung eingebrachte Sachen zu entfernen und bauliche Veränderungen rückgängig zu
machen, sofern die Parteien nicht etwas anderes (ausdrücklich oder konkludent) vereinbart
haben.

Zu beräumen sind grundsätzlich **sämtliche beweglichen Sachen, die der Mieter in** 19
die Wohnung – mit oder ohne Zustimmung des Vermieters – **eingebracht** hat.[48] Dazu
zählen neben Möbeln und Einrichtungsgegenständen[49] auch Sperrmüll und sonstiger
Abfall.[50] Die Eigentumsverhältnisse an den betreffenden Sachen sind insoweit gleichgültig.[51]
Wurden die Sachen durch Dritte in die Wohnung eingebracht, schuldet der Mieter deren
Entfernung, wenn ihm die Einbringung zuzurechnen ist, was bei Mitbewohnern und
Besuchern regelmäßig der Fall ist.[52]

Sachen, die dem Vermieter gehören, **muss** der Mieter hingegen in der Wohnung 20
belassen.[53] Dasselbe gilt für die Gegenstände, an denen der Vermieter ein Pfandrecht
geltend macht (zum Vermieterpfandrecht → § 5 Rn. 2 ff.).[54] Erstreckt sich das geltend
gemachte Pfandrecht auf alle in der Mietsache befindlichen Sachen, ist der Mieter nicht zur
Räumung verpflichtet.[55] Der Vermieter hat dann auch keinen Anspruch auf Nutzungsentschädigung.[56]
Hat der Mieter mit dem Nachmieter vereinbart, dass dieser Sachen (zum
Beispiel eine Einbauküche) entgeltlich oder unentgeltlich übernimmt, **darf** der Mieter

---

[43] *Bieber* in MüKoBGB § 546 Rn. 17; zweifelnd *Zehelein* in BeckOGK, 1.10.2018, BGB § 546 Rn. 37.
[44] *Blank* in Blank/Börstinghaus MietR BGB § 546 Rn. 26.
[45] *Blank* in Blank/Börstinghaus MietR BGB § 546 Rn. 27.
[46] OLG Düsseldorf NZM 1999, 1142; *Blank* in Blank/Börstinghaus MietR BGB § 546 Rn. 28; *Bieber* in MüKoBGB § 546 Rn. 8.
[47] *Streyl* in Schmidt-Futterer MietR BGB § 546 Rn. 36.
[48] BGH NJW 2006, 2115; BGHZ 104, 285 = NJW 1988, 2665; *Zehelein* in BeckOGK, 1.4.2019, BGB § 546 Rn. 51.
[49] BGH NJW 2006, 2115.
[50] LG Gießen BeckRS 2013, 15012; *Zehelein* in BeckOGK, 1.4.2019, BGB § 546 Rn. 51.
[51] *Streyl* in Schmidt-Futterer MietR BGB § 546 Rn. 37; *Zehelein* in BeckOGK, 1.10.2018, BGB § 546 Rn. 51.
[52] *Zehelein* in BeckOGK, 1.10.2018, BGB § 546 Rn. 51.
[53] *Streyl* in Schmidt-Futterer MietR BGB § 546 Rn. 40; *Blank* in Blank/Börstinghaus MietR BGB § 546 Rn. 32.
[54] KG Berlin NZM 2005, 422; *Streyl* in Schmidt-Futterer MietR BGB § 546 Rn. 40; *Blank* in Blank/Börstinghaus MietR BGB § 546 Rn. 32; *Rolfs* in Staudinger BGB § 546 Rn. 22.
[55] *Blank* in Blank/Börstinghaus MietR BGB § 546 Rn. 32.
[56] KG Berlin NZM 2005, 422; *Blank* in Blank/Börstinghaus MietR BGB § 546 Rn. 32.

diese bei Auszug in der Wohnung belassen,[57] ohne dass hieraus ein Zahlungsanspruch des Vermieters abgeleitet werden kann.[58]

21 **Bauliche Veränderungen** (zum Beispiel Wanddurchbrüche, Verkleidung von Decken und Wänden, Kabelkanäle, Satellitenanlage, Kinderspielgeräte im Garten), die der Mieter an der Wohnung vorgenommen hat, sind grundsätzlich rückgängig zu machen.[59] Auch vom Mieter geschaffene **Dübellöcher** sind von der Rückbaupflicht umfasst und daher bei Beendigung des Mietverhältnisses wieder zu verschließen.[60] Aus § 538 BGB folgt nichts anderes. Zwar ist die Verwendung von Dübeln grundsätzlich vom vertragsgemäßen Gebrauch umfasst, weshalb der Mieter die Veränderung der Verschlechterung der Mietsache durch das Bohren der Löcher nicht zu vertreten hat, doch besteht die Rückbaupflicht unabhängig von einem Vertretenmüssen des Mieters. Sind durch die Dübel einzelne Fliesen beschädigt worden, ist eine komplette Neuverfliesung in der Regel nicht geschuldet. Dies gilt auch dann, wenn die betreffenden Fließen nicht mehr beschafft werden können. Der Vermieter hat in diesem Fall aber einen Anspruch auf Ausgleich des Minderwerts.[61]

22 Die **Höhe der Kosten,** die der Mieter für den Rückbau aufwenden muss, ist grundsätzlich unbeachtlich.[62] Die Rückbaupflicht besteht auch dann, wenn der Vermieter dem Umbau zugestimmt hat.[63] **Im Einzelfall** kann die Zustimmung aber dahingehend auszulegen sein, dass ein Rückbau bei Beendigung des Mietverhältnisses nicht geschuldet sein soll. Dies gilt namentlich dann, wenn die bauliche Veränderung zu einer dauerhaften Wertsteigerung geführt hat, die durch einen Rückbau verloren gehen würde.[64]

c) Reinigung

23 Der Mieter muss die Wohnung in einem gereinigten Zustand zurückgeben. Die Reinigungspflicht folgt dabei ebenfalls aus § 546 BGB.[65] Eine Endreinigungsklausel im Mietvertrag hat nur deklaratorischen Charakter.[66] Die Intensität der geschuldeten Reinigung richtet sich dabei nach der Verkehrssitte. Hiernach sind Wohnungen typischerweise **in besenreinem Zustand** zurückzugeben[67]. Die Räume sind daher auszufegen beziehungsweise zu saugen. Grobe Verunreinigungen an Böden, Decken und Wänden sind zu beseitigen.[68] Fenster müssen nicht geputzt werden.[69] Fensterrahmen sind aber ebenso abzuwischen wie Heizkörper, Türen und vor allem Sanitäranlagen.[70] Eine Grundreinigung von Teppichen, Polstern, Gardinen oder ähnlichem ist nur geschuldet, wenn dies vertraglich vereinbart wurde.

d) Schönheitsreparaturen

24 Weitergehende Pflichten des Mieters bestehen, wenn ihm vertraglich (wirksam) die Durchführung von **Schönheitsreparaturen übertragen** wurden. Unter welchen Voraussetzun-

---

[57] *Blank* in Blank/Börstinghaus MietR BGB § 546 Rn. 33.
[58] So aber OLG Düsseldorf ZMR 2012, 697.
[59] *Streyl* in Schmidt-Futterer MietR BGB § 546 Rn. 44; *Blank* in Blank/Börstinghaus MietR BGB § 546 Rn. 35; *Rolfs* in Staudinger BGB § 546 Rn. 27.
[60] Ebenso *Blank* in Blank/Börstinghaus MietR BGB § 546 Rn. 39; *Sternel* NZM 2017, 169 (181), aA *Zehelein* in BeckOGK, 1.10.2018, BGB § 546 Rn. 70.
[61] AG Hamburg-Altona BeckRS 2008, 17518, *Blank* in Blank/Börstinghaus MietR BGB § 546 Rn. 39.
[62] OLG Karlsruhe NJW-RR 1986, 1394; *Streyl* in Schmidt-Futterer MietR BGB § 546 Rn. 44.
[63] OLG Düsseldorf BeckRS 2010, 12225; *Blank* in Blank/Börstinghaus MietR BGB § 546 Rn. 35.
[64] Vgl. auch LG Berlin BeckRS 2010, 24120.
[65] Auf eine allgemeine Obhutspflicht des Mieters abstellend hingegen *Zehelein* in BeckOGK, 1.4.2019, BGB § 546 Rn. 57.
[66] Anders offenbar *Blank* in Blank/Börstinghaus MietR BGB § 546 Rn. 44.
[67] *Streyl* in Schmidt-Futterer MietR BGB § 546 Rn. 49; *Zehelein* in BeckOGK, 1.4.2019, BGB § 546 Rn. 57; *Rolfs* in Staudinger BGB § 546 Rn. 23.
[68] BGH NJW 2006, 2915.
[69] BGH NJW 2006, 2915.
[70] OLG Düsseldorf BeckRS 2009, 28073.

gen dies der Fall ist und welche Maßnahmen der Mieter bei Vertragsbeendigung schuldet, wird in einem eigenständigen Kapitel behandelt (→ § 9).

6. Annex: Übergabeprotokoll

In der Praxis ist es üblich, dass sowohl bei Einzug als auch bei Auszug ein Übergabeprotokoll über den **Zustand der vermieteten Wohnung** erstellt wird, das von den Parteien (oder ihren Vertretern) **unterzeichnet** wird.[71] Darin werden typischerweise neben der vorhandenen Ausstattung und Zählerständen für Strom, Wasser und Heizung insbesondere erkennbare Mängel aufgeführt. Notizen nur einer Partei sind kein Übergabeprotokoll. Dasselbe gilt für ein „Protokoll", das keinerlei Aussagen zum Zustand der Wohnung trifft. Ein Anspruch auf Erstellung eines Übergabeprotokolls besteht nicht.[72]

Über die **rechtlichen Wirkungen,** die ein Übergabeprotokoll entfaltet, besteht keine Einigkeit. Zum Teil wird angenommen, dass das Protokoll hinsichtlich der darin enthaltenen Feststellungen zwar keine Bindungswirkung, aber doch eine Indizwirkung entfalte, die auch zu einer Beweislastumkehr führen könne.[73] Weitergehend wird vertreten, dass die Feststellungen für die Partien verbindlich sein sollen und hinsichtlich nicht aufgeführter Mängel das Protokoll zu Lasten des Vermieters ein negatives Schuldanerkenntnis (§ 781 BGB) darstelle.[74] Eine vermittelnde Auffassung will schließlich auf eine schematische Einordnung verzichten und die Wirkung des Protokolls nach seinem Sinn und Zweck sowie den Umständen des Einzelfalls bestimmen.[75]

Im Regelfall wird sich durch **Auslegung** dem Übergabeprotokoll entnehmen lassen, dass die Parteien eine **verbindliche Feststellung der vorhandenen Mängel** bezweckt haben, soweit diese bei der Übergabe erkennbar waren. Auf diese Weise wird den Interessen von Vermieter und Mieter auch angemessen Rechnung getragen. Es ist Sache des Vermieters, erkennbare Mängel bei der Übergabe zu monieren und ins Protokoll mitaufzunehmen, zumal der Mieter anschließend keinen Einblick auf das weitere Schicksal der Wohnung mehr hat. Werden erkennbare Mängel nicht aufgeführt, kann der Vermieter diese daher nicht mehr geltend machen. Etwas anderes gilt für versteckte Mängel, die bei einer verkehrsüblichen Übergabe nicht ohne Weiteres erkennbar sind. Zeichnet der Mieter ein Protokoll ab, das Mängel aufführt, kann er sich später nicht auf die Mangelfreiheit berufen. Damit ist aber noch nicht entschieden, ob der Mieter für die Mängel auch haftet. Dies ist eine Rechtsfrage, die vom Übergabeprotokoll nicht präjudiziert wird.

II. Rückgabepflicht Dritter gemäß § 546 Abs. 2 BGB

1. Grundlagen

Hat der Mieter den Gebrauch der Mietsache einem Dritten überlassen, so kann der Vermieter die Sache nach Beendigung des Mietverhältnisses gemäß § 546 Abs. 2 BGB auch von dem Dritten zurückfordern. Die Vorschrift dient dem **Schutz des Vermieters** und soll gewährleisten, dass dieser die Mietsache auch dann zurückerhält, wenn der Mieter nicht oder nicht allein Besitzer ist, weil er die Mietsache einem Dritten überlassen hat.[76] Zwar ist der Mieter bereits nach § 546 Abs. 1 BGB verpflichtet, auf den Dritten dahingehend einzuwirken, dass dieser aus der Wohnung auszieht, damit der Vermieter diese in Besitz

---

[71] *Zehelein* in BeckOGK, 1.10.2018, BGB § 546 Rn. 83.
[72] *Rolfs* in Staudinger BGB, Stand 27.7.2018, § 546 Rn. 24; *Zehelein* in BeckOGK BGB, Stand 1.4.2019, § 546 Rn. 82; *Wiederhold* in BeckOK BGB, 49. Ed. 1.2.2019, § 546 Rn. 17b.
[73] *Emmerich* NZM 2000, 1155 (1163).
[74] OLG Düsseldorf NJW-RR 2004, 734; *Wiederhold* in BeckOK BGB, 49. Ed. 1.2.2019, § 546 Rn. 17b; *Hinz* NZM 2016, 622 (625).
[75] *Zehelein* in BeckOGK, 1.10.2018, BGB § 546 Rn. 88.
[76] *Streyl* in Schmidt-Futterer MietR BGB § 546 Rn. 86.

nehmen kann. Jedoch gibt es Fälle, in denen dem Mieter gegen den Dritten kein entsprechender Anspruch zusteht, zum Beispiel weil das zwischen ihnen bestehenden Untermietverhältnis nicht oder nicht rechtzeitig gekündigt werden konnte. Um die Rückerlangung der Mietsache nicht von den Handlungsmöglichkeiten (und der Handlungsbereitschaft) des Mieters abhängig zu machen, hat der Gesetzgeber mit § 546 Abs. 2 BGB dem Vermieter gegen den Dritten einen **eigenständigen Rückgabeanspruch** gewährt.

29 Ein Vertragsverhältnis zwischen Vermieter und Drittem wird durch § 546 Abs. 2 BGB nicht begründet.[77] Nach herrschender Meinung ordnet § 546 Abs. 2 BGB einen gesetzlichen Schuldbeitritt an.[78] Dagegen spricht aber, dass der Anspruch gegen den Mieter inhaltlich nicht deckungsgleich ist mit dem Anspruch gegen den Dritten[79] (→ Rn. 35). Richtig ist aber, dass der Rückgabeanspruch nur entsteht, wenn auch der Mieter nach § 546 Abs. 1 BGB zur Rückgabe verpflichtet ist. § 546 Abs. 2 BGB begründet mithin ein **gesetzliches Schuldverhältnis zwischen Vermieter und Drittem,** das an die Beendigung des Mietverhältnisses zwischen Vermieter und Mieter geknüpft ist. Ob das zwischen Mieter und Drittem bestehende Vertragsverhältnis beendet ist, ist hingegen für § 546 Abs. 2 BGB ohne Relevanz. Bei Wohngemeinschaften spielt § 546 Abs. 2 BGB namentlich bei **WG-Typ A** (Untermiete, → § 1 Rn. 24) und **WG-Typ E** (Mitbewohner ohne Mietvertrag, → § 1 Rn. 24) eine Rolle (siehe schon → Rn. 7).

2. Voraussetzungen

a) Gebrauchsüberlassung an Dritten

30 § 546 Abs. 2 BGB setzt voraus, dass der Mieter den Gebrauch der Mietsache einem Dritten überlassen hat. Dritter ist jeder, der nicht Partei des (Haupt-)Mietverhältnisses ist.[80] Erfasst sind damit insbesondere **Angehörige** und **nichteheliche Lebenspartner,** die gemeinsam mit dem Mieter in der Wohnung leben, sowie **Untermieter,** aber auch Personen, die aufgrund einer anderen vertraglichen Abrede (zum Beispiel Leihe) oder eines Gefälligkeitsverhältnisses die Wohnung nutzen. § 546 Abs. 2 BGB greift unabhängig davon ein, ob die Wohnung dem Dritten vollständig (zum Beispiel als Zwischenmiete) oder nur teilweise (so insbesondere bei **WG-Typ A**) überlassen wurde, wenngleich der Anspruchsinhalt je nach Umfang der Gebrauchsüberlassung variieren kann (→ Rn. 35).

31 Für den Anspruch aus § 546 Abs. 2 BGB spielt es **keine Rolle,** ob der Mieter zur Überlassung **berechtigt** war,[81] ob er also zum Beispiel die Wohnung oder einzelne Räume untervermieten durfte. Irrelevant ist auch, ob der Untermietvertrag wirksam geschlossen wurde. Entscheidend ist allein, dass der Mieter dem Dritten den Gebrauch der Wohnung **bewusst und willentlich** überlassen hat. Hierfür kann es ausreichen, dass der Mieter die Ingebrauchnahme durch den Dritten **geduldet** hat.[82] Bei mehreren Mietern reicht es aus, dass einer von ihnen dem Dritten den Gebrauch überlassen hat.[83] Hat der Dritte die Wohnung eigenmächtig in Besitz genommen, ist § 546 Abs. 2 BGB nicht anwendbar. Eine analoge Anwendung der Vorschrift ist nicht geboten, da der Vermieter durch die allgemeinen Vorschriften (§§ 861 ff. BGB, §§ 812 ff. BGB, §§ 823 ff. BGB, §§ 985 ff. BGB, § 1004 Abs. 1 BGB) hinreichend geschützt ist.[84]

---

[77] BGH NJW 2001, 1355; *Rolfs* in Staudinger BGB § 546 Rn. 88.
[78] BGHZ 79, 232 = NJW 1981, 865; *Blank* in Blank/Börstinghaus MietR BGB § 546 Rn. 59; *Rolfs* in Staudinger BGB § 546 Rn. 87; *Zehelein* in BeckOGK, 1.4.2019, BGB § 546 Rn. 157.
[79] Das erkennt auch *Streyl* in Schmidt-Futterer MietR BGB § 546 Rn. 87 an, der deswegen von einem „eng begrenzten" Schuldbeitritt spricht.
[80] *Streyl* in Schmidt-Futterer MietR BGB § 546 Rn. 96.
[81] *Rolfs* in Staudinger BGB § 546 Rn. 91.
[82] *Streyl* in Schmidt-Futterer MietR BGB § 546 Rn. 97; *Rolfs* in Staudinger BGB § 546 Rn. 90; *Zehelein* in BeckOGK, 1.10.2018, BGB § 546 Rn. 162; *Lützenkirchen* in Lützenkirchen MietR BGB § 546 Rn. 138.
[83] *Rolfs* in Staudinger BGB § 546 Rn. 90; *Wiederhold* in BeckOK BGB, 49. Ed. 1.2.2019, § 546 Rn. 6.
[84] Vgl. *Streyl* in Schmidt-Futterer MietR BGB § 546 Rn. 97.

Ein Rückgabeanspruch gegen den Dritten besteht **nicht,** wenn bei Beendigung des **32** (Haupt-)Mietverhältnisses die **Gebrauchsüberlassung bereits beendet** ist.[85] § 546 Abs. 2 BGB soll die Rechte des Vermieters nämlich nur für die Fälle erweitern, in denen der Mieter nicht allein in der Lage ist, die Mietsache zurückzugeben. Von einer Beendigung der Gebrauchsüberlassung ist regelmäßig auszugehen, wenn der Dritte den Besitz an der überlassenen Mietsache vollständig aufgibt und der Besitz an den Mieter zurückfällt.[86] Das gilt unabhängig davon, ob das der Gebrauchsüberlassung zugrunde liegende Rechtsverhältnis (zum Beispiel ein Untermietvertrag) wirksam beendet wurde. Für § 546 Abs. 2 BGB ist allein die tatsächliche Gebrauchsüberlassung entscheidend.[87]

b) Beendigung des (Haupt-)Mietverhältnisses

Der Anspruch aus § 546 Abs. 2 BGB setzt voraus, dass das zunächst wirksam begründete **33** Mietverhältnis zwischen Vermieter und Mieter beendet wurde. Fehlt es an einem wirksamen Mietvertrag, kommen lediglich Ansprüche aus §§ 985 ff. BGB und §§ 812 ff. BGB sowie gegebenenfalls aus § 1004 Abs. 1 BGB in Betracht. Der Grund (insbesondere Vertragsaufhebung, Kündigung oder Tod des Mieters) für die Beendigung des Mietverhältnisses ist nicht entscheidend. Tritt anstelle des ursprünglichen Mieters ein anderer Mieter in den Vertrag ein, liegt kein Fall der Vertragsbeendigung vor, sodass § 546 Abs. 2 BGB nicht eingreift. Vereinbaren Vermieter und Mieter die Vertragsbeendigung nur, um dem Dritten die Gebrauchsberechtigung zu entziehen, so ist die Vereinbarung nach § 138 BGB wegen Sittenwidrigkeit oder als Scheingeschäft gemäß § 117 BGB nichtig.[88]

c) Rückforderungserklärung

Nach überwiegender Ansicht muss der Vermieter den Rückgabeanspruch gegenüber dem **34** Dritten durch **einseitige, formlose Willenserklärung** geltend machen.[89] Diese kann zwar schon vor Ende des (Haupt-)Mietverhältnisses abgegeben werden, entfaltet ihre Wirkungen aber erst mit dessen Beendigung.[90] Der Anspruch aus § 546 Abs. 2 BGB soll dabei erst entstehen, wenn der Vermieter die Rückforderungserklärung abgegeben hat.[91] Begründet wird dies mit dem Wortlaut der Vorschrift und dem Umstand, dass der Dritte von der Beendigung des (Haupt-)Mietverhältnisses keine Kenntnis haben muss. Ebenso vertretbar ist es aber, die Erklärung als Voraussetzung für die Fälligkeit des Anspruchs anzusehen.[92] Für die Praxis macht es keinen Unterschied, ob der Anspruch vor der Geltendmachung durch den Vermieter (noch) nicht besteht oder (noch) nicht fällig ist. Nicht zu folgen ist hingegen der Ansicht,[93] die in der Rückforderungserklärung lediglich eine Verzugsvoraussetzung sieht.

3. Inhalt der Rückgabepflicht

Der Rückgabeanspruch gegen den Dritten aus § 546 Abs. 2 BGB ist – wie der Anspruch **35** aus § 546 Abs. 1 BGB gegen den Mieter – gerichtet auf Besitzverschaffung und Räumung

---

[85] OLG München NJW-RR 1989, 524; *Zehelein* in BeckOGK, 1.4.2019, BGB § 546 Rn. 163.
[86] *Streyl* in Schmidt-Futterer MietR BGB § 546 Rn. 101.
[87] *Streyl* in Schmidt-Futterer MietR BGB § 546 Rn. 101.
[88] BGH NJW 1982, 1696; *Streyl* in Schmidt-Futterer MietR BGB § 546 Rn. 93; *Blank* in Blank/Börstinghaus MietR BGB § 546 Rn. 63; *Rolfs* in Staudinger BGB § 546 Rn. 70.
[89] *Streyl* in Schmidt-Futterer MietR BGB § 546 Rn. 102; *Blank* in Blank/Börstinghaus MietR BGB § 546 Rn. 67; aA *Zehelein* in BeckOGK, 1.4.2019, BGB § 546 Rn. 167.
[90] *Streyl* in Schmidt-Futterer MietR BGB § 546 Rn. 102.
[91] RGZ 156, 150; *Streyl* in Schmidt-Futterer MietR BGB § 546 Rn. 103; *Blank* in Blank/Börstinghaus MietR BGB § 546 Rn. 67; *Weidenkaff* in Palandt BGB § 546 Rn. 20; *Wiederhold* in BeckOK BGB, 49. Ed. 1.2.2019, § 546 Rn. 8.
[92] *Lammel* WohnraummietR BGB § 546 Rn. 34.
[93] *Rolfs* in Staudinger BGB § 546 Rn. 96; *Bieber* in MüKoBGB § 546 Rn. 22; *Lützenkirchen* in Lützenkirchen MietR BGB § 546 Rn. 149.

der Wohnung. Es wäre aber dennoch verfehlt anzunehmen, dass beide Ansprüche inhaltsgleich seien.[94] Dies ist nicht der Fall. Es wäre nämlich nicht sachgerecht, dem Dritten, der nur einen Teil der vom Vermieter an den Mieter vermieteten Wohnung zum Gebrauch überlassen bekommen hat, eine Rückgabepflicht hinsichtlich der gesamten Wohnung aufzuerlegen. Der Dritte schuldet **nur** Rückgabe, **soweit die Gebrauchsüberlassung reicht.**[95] Soweit sich die Pflichten von Mieter und Drittem decken, haften sie gesamtschuldnerisch für deren Erfüllung.[96]

36 Der Dritte muss dem Vermieter den **Besitz** an der Wohnung beziehungsweise den Räumen **verschaffen,** die ihm vom Mieter zum Gebrauch überlassen wurden. Dies hat durch **Übergabe der Schlüssel** an den Vermieter oder eine von ihm benannte Person zu erfolgen. Insoweit gilt dasselbe wie bei § 546 Abs. 1 BGB (→ Rn. 16). Der Dritte ist ferner dem Vermieter gegenüber zur Räumung verpflichtet. Er muss also die von ihm eingebrachten Sachen (→ Rn. 19) aus der Wohnung entfernen. Dem Dritten ist eine angemessene **Ziehfrist** (→ Rn. 14) einzuräumen,[97] die es ihm ermöglicht, den Auszug aus der Wohnung und deren Räumung zu bewerkstelligen. Grundsätzlich dürfte eine Ziehfrist von einer Woche bei der Wohnungsmiete ausreichend sein. Einer Ziehfrist bedarf es nicht, wenn der Vermieter die Rückforderungserklärung bereits (mehr als eine Woche) vor Beendigung des Hauptmietverhältnisses abgibt und darin den Dritten über den Zeitpunkt der Beendigung informiert. In diesem Fall hat der Dritte ausreichend Zeit, die erforderlichen Maßnahmen zu treffen.

37 Umstritten ist, ob der Dritte **bauliche Veränderungen** rückgängig machen muss.[98] Vorzugswürdig erscheint es insoweit, darauf abzustellen, ob der Dritte diese Veränderungen veranlasst hat.[99] Ist dies der Fall, trifft ihn eine Rückbaupflicht (→ Rn. 21). Der Dritte ist schließlich auch zur Reinigung der ihm überlassenen Räumlichkeiten verpflichtet (→ Rn. 23). Besondere vertragliche Abreden zwischen Mieter und Dritten (zum Beispiel über die Durchführung von Schönheitsreparaturen) kommen dem Vermieter im Rahmen des § 546 Abs. 2 BGB nicht zugute,[100] da dieser nicht Vertragspartner des Dritten ist. Ebenso schuldet der Dritte aus § 546 Abs. 2 BGB keine Schönheitsreparaturen, da eine entsprechende Pflicht des Mieters nicht aus § 546 Abs. 1 BGB, sondern aus der mietvertraglichen Abrede folgt.

38 Der Dritte ist **zugleich** dem Vermieter nach § 546 Abs. 2 BGB und dem Mieter nach § 546 Abs. 1 BGB verpflichtet, wenn Haupt- und Untermietverhältnis gleichzeitig oder in engem zeitlichen Zusammenhang beendet werden. Die Erfüllung eines der beiden Ansprüche führt in diesem Fall auch zum Erlöschen des anderen. Der Dritte kann also die Wohnung beziehungsweise die überlassenen Räume **sowohl an den Vermieter als auch an den Mieter** zurückgeben.[101] Etwas anderes gilt aber, wenn der Vermieter gegen den Dritten bereits einen rechtskräftigen Titel erlangt hat; dann muss die Rückgabe an den Vermieter erfolgen.

III. Vindikation (§ 985 BGB)

39 Mit der Beendigung des Mietverhältnisses ist das Besitzrecht des Mieters entfallen. Dasselbe gilt für etwaige Besitzrechte, die ein Dritter vom Mieter abgeleitet hat. Daher kann der

---

[94] So aber *Blank* in Blank/Börstinghaus MietR BGB § 546 Rn. 69.
[95] So wohl auch trotz Annahme eines gesetzlichen Schuldbeitritts *Zehelein* in BeckOGK, 1.4.2019, BGB § 546 Rn. 169.
[96] *Zehelein* in BeckOGK, 1.4.2019, BGB § 546 Rn. 169.
[97] *Streyl* in Schmidt-Futterer MietR BGB § 546 Rn. 102.
[98] Dafür etwa *Streyl* in Schmidt-Futterer MietR BGB § 546 Rn. 105; dagegen etwa *Blank* in Blank/Börstinghaus MietR BGB § 546 Rn. 82.
[99] So überzeugend *Zehelein* in BeckOGK, 1.4.2019, BGB § 546 Rn. 171.
[100] *Blank* in Blank/Börstinghaus MietR BGB § 546 Rn. 71.
[101] *Blank* in Blank/Börstinghaus MietR BGB § 546 Rn. 73.

Vermieter, der **zugleich Eigentümer** ist, die Mietsache nach § 985 BGB herausverlangen. Zwischen dem Vindikationsanspruch und den mietrechtlichen Rückgabeansprüchen aus § 546 Abs. 1 und 2 BGB besteht **Anspruchskonkurrenz.**[102] Der Anspruch aus § 985 BGB geht inhaltlich aber weniger weit, da er nur auf die Besitzverschaffung gerichtet ist,[103] nicht aber auf die Räumung der Wohnung, den Rückbau baulicher Veränderungen oder die Reinigung.

Ist der **Vermieter nicht Eigentümer,** kann der Mieter die Rückgabe an den Vermieter **40** nicht mit dem Hinweis auf dessen fehlende Eigentümerstellung verweigern. Verlangen aber Vermieter und Eigentümer die Mietsache jeweils an sich heraus, ist der dingliche Anspruch aus § 985 BGB vorrangig zu erfüllen, wenn der Vermieter seinerseits dem Eigentümer gegenüber nicht zum Besitz berechtigt ist. Zwar wird der Mieter auch in diesem Fall durch Rückgabe an den Vermieter von seiner Pflicht aus § 985 BGB frei, da die Voraussetzungen der Vindikation durch die Besitzaufgabe wegfallen, doch drohen dann Schadensersatzansprüche aus §§ 989, 990 BGB.[104] Hat der Vermieter hingegen ein Besitzrecht, kann der Eigentümer wegen § 986 Abs. 1 S. 2 BGB ohnehin nur Herausgabe an den Vermieter verlangen.[105]

C. Zwangsweise Durchsetzung der Ansprüche

I. Handlungsmöglichkeiten des Vermieters

Der Vermieter darf die ihm zustehenden Rückgabe- und Herausgabeansprüche (§§ 546 **41** Abs. 1 und 2, 985 BGB) **nicht eigenmächtig durchsetzen.** Entzieht er dem Mieter oder Dritten ohne dessen Willen den Besitz an der Wohnung, zum Beispiel indem er das Schloss austauscht, und/oder lässt er die in der Wohnung befindlichen Gegenstände entfernen, begeht der Vermieter eine **verbotene Eigenmacht** im Sinne des § 858 Abs. 1 BGB.[106] Dem Mieter oder Dritten stehen dagegen die Selbsthilferechte aus § 859 BGB sowie ein possessorischer Besitzschutzanspruch aus § 861 BGB zu. Ist der Mieter oder Dritte zur Rückgabe und/oder Räumung der Wohnung nicht bereit, muss der Vermieter die bestehenden Ansprüche im Wege der (hoheitlichen) **Zwangsvollstreckung** durchsetzen (→ Rn. 44 ff.).

Der Vermieter ist allerdings nicht generell gehindert, **Druck** auf den Mieter oder Dritten **42** auszuüben. Da der Vermieter nach Beendigung nicht mehr verpflichtet ist,[107] dem Mieter den vertragsgemäßen Gebrauch der Wohnung zu überlassen, kann er insbesondere **Versorgungsleistungen** (zum Beispiel Strom, Wasser, Wärme, Gas, Telefon, Internet) **einstellen,** die er selbst erbringt oder durch von ihm beauftrage Versorgungsunternehmen erbringen lässt.[108] Die Einstellung der Versorgung stellt dann keine verbotene Eigenmacht hinsichtlich der Mietwohnung dar.[109] Die Versorgung ist jedoch aufrecht zu erhalten, wenn eine gemäß § 721 ZPO gewährte Räumungsfrist noch läuft oder Vollstreckungsschutz nach § 765a ZPO gewährt wurde.[110]

---

[102] *Streyl* in Schmidt-Futterer MietR BGB § 546 Rn. 11; *Blank* in Blank/Börstinghaus MietR BGB § 546 Rn. 4; *Rolfs* in Staudinger BGB § 546 Rn. 84; *Zehelein* in BeckOGK, 1.4.2019, BGB § 546 Rn. 9; *Lützenkirchen* in Lützenkirchen MietR BGB § 546 Rn. 3.
[103] Vgl. BGHZ 197, 235 = NJW 2013, 1881; BGH NZM 2011, 75; *Zehelein* in BeckOGK, 1.4.2019, BGB § 546 Rn. 9.
[104] *Streyl* in Schmidt-Futterer MietR BGB § 546 Rn. 12.
[105] *Streyl* in Schmidt-Futterer MietR BGB § 546 Rn. 12.
[106] Allgemein dazu *Staake* Gesetzliche Schuldverhältnisse § 19 Rn. 2 ff.
[107] BGHZ 180, 300 = NJW 2009, 1947.
[108] *Streyl* in Schmidt-Futterer MietR BGB § 546 Rn. 116.
[109] BGHZ 180, 300 = NJW 2009, 1947; *Streyl* in Schmidt-Futterer MietR BGB § 546 Rn. 121.
[110] BGHZ 180, 300 = NJW 2009, 1947 (1948); *Streyl* in Schmidt-Futterer MietR BGB § 546 Rn. 119.

43 Selbstverständlich kann der Vermieter versuchen, Anreize zur Erfüllung der Rückgabe- und Herausgabepflichten zu setzen.[111] So kann er dem Mieter etwa eine **Auszugsprämie** (zum Beispiel in Höhe der Umzugskosten) oder den **Erlass** von Mietrückständen oder geschuldeten Schönheitsreparaturen anbieten. Ein solches Vorgehen kann trotz der damit zunächst verbundenen finanziellen Einbußen für den Vermieter durchaus wirtschaftlich sinnvoll sein. Die gerichtliche Geltendmachung und anschließende zwangsweise Durchsetzung ist häufig mit Kosten und Unsicherheiten verbunden und kann sich über einen längeren Zeitraum hinziehen. Zwar schuldet der Mieter für die Zeit des Gebrauchs der Wohnung nach Beendigung des Mietvertrages eine Nutzungsentschädigung nach § 546a BGB und gegebenenfalls auch nach §§ 987, 990 BGB, doch hat der Vermieter in aller Regel ein Interesse an einer alsbaldigen Weitervermietung. Oft wird mit einem Nachmieter auch bereits ein Mietvertrag abgeschlossen worden sein, den der Vermieter nur erfüllen kann, wenn er die Wohnung rechtzeitig zurückerhält. Kurzum: Die **Vermeidung eines Rechtsstreits** liegt häufig auch und gerade **im Interesse des Vermieters**.

II. Voraussetzungen der Zwangsräumung

1. Überblick

44 Durch die Zwangsräumung sollen ohne den Willen des Mieters oder Dritten der Vermieter in den Besitz der Wohnung gesetzt und gegebenenfalls eingebrachte Gegenstände aus der Wohnung entfernt werden. Die Zwangsräumung darf nur im Wege der Zwangsvollstreckung erfolgen. Für deren **Einleitung** bedarf es nach den allgemeinen Regeln der ZPO eines **Vollstreckungstitels** (§§ 704, 794 ZPO), der mit einer **Vollstreckungsklausel** (§§ 724 ff. ZPO) versehen und dem Schuldner **zugestellt** (§ 750 ZPO) werden muss. Die Vollstreckung erfolgt nur auf **Antrag des Vollstreckungsgläubigers.** Problematisch ist bei der Wohnraummiete insbesondere die Erlangung des Vollstreckungstitels. Bei Wohngemeinschaften bedarf es dabei eines Titels gegen jeden Mitbewohner (→ Rn. 51). Dies gilt unabhängig davon, ob zwischen Vermieter und Mitbewohner ein Mietverhältnis bestanden hat. Um den damit verbundenen Schwierigkeiten für Vermieter zu begegnen, hat der Gesetzgeber mit § 940a Abs. 2 ZPO die Möglichkeit geschaffen, im Wege des einstweiligen Rechtsschutzes einen Titel gegen Nichtvertragsparteien zu erlangen (→ Rn. 53).

45 Nach § 721 ZPO kann das einer Räumungsklage stattgebende Prozessgericht dem Mieter eine **Räumungsfrist** einräumen (→ Rn. 55 ff.). Auf diese Weise kann trotz Beendigung des Mietverhältnisses der Mieter für einen gewissen Zeitraum weiter in der Wohnung verbleiben. Zudem kann durch das Vollstreckungsgericht **Vollstreckungsschutz** nach § 765a ZPO gewährt werden (→ Rn. 59 ff.). Die §§ 721, 765a ZPO bestehen unabhängig von den zivilrechtlichen Mieterschutzvorschriften, die bei der Wohnraummiete die Kündigungsmöglichkeiten des Vermieters beschränken (→ § 20 Rn. 44 ff.).

46 Die Vollstreckung selbst richtet sich dann nach den **§§ 885, 885a ZPO** (→ Rn. 62 ff.). Die Praxis hat dabei zur Vermeidung übermäßiger Kosten für den Vermieter das Modell der sogenannten „**Berliner Räumung**" (→ Rn. 66) entwickelt, das zunächst vom BGH anerkannt und später vom Gesetzgeber durch die Einführung des § 885a ZPO (→ Rn. 67 ff.) legitimiert und auf eine gesetzliche Grundlage gestellt wurde.

2. Vollstreckungstitel

a) Räumungsklage

47 Bei der Wohnraummiete kann sich der Mieter gemäß § 794 Abs. 1 Nr. 5 ZPO **nicht der sofortigen Zwangsvollstreckung unterwerfen.** § 940a ZPO lässt den Erlass einer

---
[111] *Streyl* in Schmidt-Futterer MietR BGB § 546 Rn. 114.

C. Zwangsweise Durchsetzung der Ansprüche § 21

Räumungsverfügung im einstweiligen Rechtsschutzverfahren nur in eng begrenzten Ausnahmefällen zu.[112] Sie darf gegen den (ehemaligen) Mieter nur ergehen bei Vorliegen einer konkreten Gefahr für Leib oder Leben (§ 940a Abs. 1 Alt. 2 ZPO) oder wenn der wegen Zahlungsverzug gekündigte Mieter einer Sicherungsanordnung nach § 283a ZPO nicht Folge leistet (§ 940a Abs. 3 ZPO). In Betracht kommt daher grundsätzlich nur die Vollstreckung aus einem **Urteil** oder einem **Räumungsvergleich**[113] (Ausnahme: § 940a Abs. 2 ZPO, → Rn. 53). Daher muss der Vermieter seinen Rückgabeanspruch aus § 546 Abs. 1 BGB durch Erhebung einer Leistungsklage geltend machen.

In der Praxis wird typischerweise auf Herausgabe und Räumung geklagt, weshalb die 48 übliche Bezeichnung als **Räumungsklage** eigentlich nicht ganz vollständig ist – da sie sich eingebürgert hat, wird sie aber auch im Folgenden verwendet. Die einzelnen Gegenstände, die sich in der zu räumenden Wohnung befinden, müssen vom klagenden Vermieter nicht benannt werden. Dies ist in den meisten Fällen ohnehin nicht möglich, da er kein allgemeines Zutrittsrecht hat und sich daher weder Zugang zur Wohnung noch einen Überblick über die darin befindlichen Gegenstände verschaffen kann. Die ebenfalls aus § 546 Abs. 1 BGB folgenden Ansprüche auf Rückbau baulicher Veränderungen und Reinigung werden in aller Regel nicht eigenständig, sondern bei Nichterfüllung später gesondert als Schadensersatzansprüche geltend gemacht.[114]

Sachlich zuständig für eine Räumungsklage sind gemäß § 23 Nr. 2a GVG ausschließ- 49 lich die Amtsgerichte. Die **örtliche Zuständigkeit** richtet sich nach § 29a ZPO. Die Klage ist also vor dem **Amtsgericht am Ort der Wohnung** zu erheben. Das gilt auch für die auf § 546 Abs. 2 BGB gestützte Räumungsklage gegen einen Dritten,[115] da der Anspruch an den Rückgabeanspruch des Mieters nach § 546 Abs. 1 BGB anknüpft. Wegen der ausschließlichen Zuständigkeit nach § 29a ZPO ist eine **Gerichtsstandsvereinbarung nicht möglich** (§ 40 Abs. 2 Nr. 2 ZPO).

Das **Rechtsschutzbedürfnis** für eine Räumungsklage fehlt bei Wohngemeinschaften 50 nicht allein deshalb, weil einer von mehreren Mitbewohnern aus der Wohnung ausgezogen ist.[116] Dies ergibt sich schon aus dem Umstand, dass der ausgezogene Mieter trotz der Besitzaufgabe verpflichtet ist, auf die Besitzverschaffung zugunsten des Vermieters und den Auszug der anderen Mitbewohner hinzuwirken. Bereits vor Beendigung des Mietverhältnisses kann auf **zukünftige Räumung** geklagt werden, wenn feststeht, wann das Mietverhältnis enden wird (§ 257 ZPO), oder die Besorgnis der nicht rechtzeitigen Räumung besteht (§ 259 ZPO).[117] Für den Vermieter besteht dann aber das Risiko, dass er bei einem sofortigen Anerkenntnis des Mieters nach § 93 ZPO die Prozesskosten zu tragen hat.

Nach Ansicht des BGH[118] kann der Vermieter aus dem Räumungstitel gegen den Mieter 51 einer Wohnung nur gegen diesen vollstrecken, nicht aber gegen einen im Titel nicht aufgeführten Dritten, wenn dieser Mitbesitzer ist. Erforderlich ist also ein **Titel gegen sämtliche Besitzer (Mitbewohner) der Wohnung** – und zwar unabhängig davon, ob diese dem Vermieter gegenüber zum Besitz berechtigt sind. Der Gerichtsvollzieher kann Mitbewohner, die im Räumungstitel nicht aufgeführt sind, nicht aus dem Besitz setzen. Er kann im Räumungsverfahren nur die tatsächlichen Besitzverhältnisse beurteilen, nicht aber ob weitere, bislang nicht titulierte Rückgabeansprüche bestehen.[119] Der Vermieter ist daher gehalten, Räumungsklage gegen sämtliche Personen zu erheben, von denen er nach § 546 Abs. 1 oder Abs. 2 BGB Rückgabe und Räumung der Wohnung verlangen kann. Dies ist bei **Wohngemeinschaften** von besonderer Bedeutung: Der Räumungstitel gegen nur

---

[112] Allgemein zu § 940a ZPO *Hofmann* ZJS 2016, 431.
[113] Dazu *Zehelein* in BeckOGK, 1.4.2019, BGB § 546 Rn. 233 ff.; *Fleindl* ZMR 2016, 8.
[114] KG Berlin BeckRS 2006, 09349; *Streyl* in Schmidt-Futterer MietR BGB § 546 Rn. 128.
[115] *Streyl* in Schmidt-Futterer MietR BGB § 546 Rn. 128.
[116] *Streyl* in Schmidt-Futterer MietR BGB § 546 Rn. 128.
[117] Dazu vertiefend *Streyl* in Schmidt-Futterer MietR BGB § 546 Rn. 128.
[118] BGH NJW 2008, 3287; BGHZ 159, 383 = NJW 2004, 3041.
[119] *Hofmann* ZJS 2016, 431 (432).

einen Mitbewohner ermöglicht nicht die Zwangsvollstreckung gegen andere Mitbewohner, auch wenn wie bei **WG-Typ A** und **WG-Typ E** diese in keiner vertraglichen Beziehung zum Vermieter stehen. Bei **WG-Typ D** ermöglicht ein Titel gegen die Außen-GbR analog § 129 Abs. 4 HGB nicht die Zwangsvollstreckung gegen die Gesellschafter, weshalb auch hier die Gesellschafter (Mitbewohner) auf die analog § 128 HGB geschuldete Rückgabe und Räumung zu verklagen sind. Wegen § 736 ZPO ist dann ein gesonderter Titel gegen die Außen-GbR nicht erforderlich.[120] Der Vermieter hat gegen den Mieter aus § 242 BGB einen Anspruch darauf, dass dieser ihm Auskunft darüber gibt, ob Dritte Besitz an der Wohnung haben, und dass diese Dritten namentlich benannt werden.

52 Mehrere auf Herausgabe und Räumung verklagte Mitbewohner sind **einfache Streitgenossen**.[121] Eine **Klageerweiterung** auf bislang nicht mit verklagte Personen ist auch in der Berufungsinstanz regelmäßig sachdienlich und damit zuzulassen.[122] Eine **Rechtskrafterstreckung** auf nicht verklagte Dritte nach § 325 ZPO, die eine Titelumschreibung ermöglichen würde, kommt nur ausnahmsweise in Betracht, etwa dann, wenn ein Beklagter nach Rechtshängigkeit seinen Besitz an der Wohnung vollständig auf einen Dritten übertragen hat.

b) Einstweilige Verfügung gegen Dritte nach § 940a Abs. 2 ZPO

53 Die Zwangsräumung einer Wohnung setzt voraus, dass der Vermieter gegen jeden Besitzer einen Räumungstitel hat. Dies kann in der Praxis dazu führen, dass trotz erfolgreicher Räumungsklage die Zwangsräumung daran scheitert, dass zuvor dem Vermieter nicht bekannte Personen geltend machen, Besitzer zu sein. Der Vermieter müsste dann eigentlich eine weitere Räumungsklage anstrengen. **§ 940a ZPO,** der durch das MietRÄndG 2013[123] eingeführt wurde, kommt dem Vermieter ein Stück weit entgegen. Die Räumung von Wohnraum darf **durch einstweilige Verfügung** gegen einen Dritten, der im Besitz der Mietsache ist, angeordnet werden, wenn gegen den Mieter ein vollstreckbarer Räumungstitel vorliegt und der Vermieter vom Besitzerwerb des Dritten erst nach dem Schluss der mündlichen Verhandlung Kenntnis erlangt hat. Mit § 940a ZPO hat der Gesetzgeber zwar einerseits die Rechtsprechung des BGH bestätigt, wonach eine Vollstreckung ohne Titel auch gegen nichtmietende Dritte ausgeschlossen ist. Andererseits wird der Vermieter in die Lage versetzt, sich einen Titel schnell zu beschaffen.

54 Nach vorzugswürdiger Ansicht ist § 940a Abs. 2 ZPO in das allgemeine anerkannte System des einstweiligen Rechtsschutzes integriert. Es handelt sich nicht um eine Ausweitung der Vollstreckbarkeit des gegen den Mieter ergangenen Räumungstitels, sondern um eine eigenständige Leistungs- beziehungsweise Befriedigungsverfügung.[124] Wie bei jeder einstweiligen Verfügung sind daher auch bei § 940a Abs. 2 BGB ein Verfügungsanspruch und ein Verfügungsgrund erforderlich. Der **Verfügungsanspruch** gegen den Dritten ergibt sich aus § 546 Abs. 2 BGB (→ Rn. 28 ff.). Hinsichtlich des **Verfügungsgrundes** modifiziert § 940a Abs. 2 ZPO den allgemeineren § 940 ZPO. Der Vermieter muss daher nicht geltend machen, dass die einstweilige Verfügung gegen den Dritten zur Abwendung wesentlicher Nachteile oder zur Verhinderung drohender Gewalt oder aus anderen Gründen nötig erscheint. Vielmehr werden die Voraussetzungen des Verfügungsgrundes in § 940a ZPO **typisierend und abschließend** benannt.[125] Der Dritte muss **(1.)**

---

[120] Zur Einordnung des § 736 ZPO nach Anerkennung der Rechtsfähigkeit der Außen-GbR BGHZ 146, 341 = NJW 2001, 1056 – ARGE Weißes Ross.
[121] *Streyl* in Schmidt-Futterer MietR BGB § 546 Rn. 129; abweichend *Zehelein* in BeckOGK, 1.10.2018, BGB § 546 Rn. 222.
[122] *Streyl* in Schmidt-Futterer MietR BGB § 546 Rn. 129.
[123] Gesetz über die energetische Modernisierung von vermietetem Wohnraum und über die vereinfachte Durchsetzung von Räumungstiteln vom 11.3.2013 (MietRÄndG 2013), BGBl I 434.
[124] *Hofmann* ZJS 2016, 431 (432).
[125] *Streyl* in Schmidt-Futterer MietR BGB § 940a ZPO Rn. 20; *Drescher* in MüKoZPO § 940a Rn. 11; *Börstinghaus* NJW 2014, 2225.

im Besitz der Wohnung sein. Ist dies nicht der Fall, fehlt es aber typischerweise bereits am Verfügungsanspruch. Der Vermieter muss (**2.**) gegen den Mieter einen vollstreckbaren Räumungstitel haben. Gleichgültig ist dabei, ob es sich um einen vorläufig oder endgültig vollstreckbaren Titel handelt.[126] Und schließlich darf der Vermieter (**3.**) vom Besitzerwerb des Dritten erst nach dem Schluss der mündlichen Verhandlung Kenntnis erlangt haben. Gemeint ist damit die mündliche Verhandlung zur Räumungsklage gegen den Mieter. Der Vermieter muss also glaubhaft darlegen, dass er zu diesem Zeitpunkt keine Kenntnis vom Besitz des Dritten hatte. Einfache oder grob fahrlässige Unkenntnis schaden hingegen nicht.[127] Die Verfügung nach § 940a Abs. 2 ZPO kann daher auch nicht mit der Begründung abgelehnt werden, dass der Vermieter im Räumungsprozess mit dem Mieter den ihm zustehenden Auskunftsanspruch (→ Rn. 53) nicht geltend gemacht hat.

3. Vollstreckungsschutz

a) Räumungsfrist nach § 721 ZPO

55 Gemäß § 721 ZPO kann das Gericht **auf Antrag oder von Amts wegen eine angemessene Räumungsfrist gewähren.** Die Vorschrift dient dem Schutz des zur Räumung verurteilten (!) Mieters von Wohnraum. Sie soll die Beschaffung von Ersatzwohnraum ermöglichen, um Obdachlosigkeit[128] zu vermeiden. § 721 ZPO ist nicht anwendbar auf einstweilige Verfügungen gegen Dritte nach § 940a ZPO.[129] Für Räumungsvergleiche enthält § 794a ZPO eine Sonderregelung.[130]

56 Die Entscheidung über die Gewährung einer Räumungsfrist steht im pflichtgemäßen Ermessen des Gerichts, das dabei die **Interessen von Mieter und Vermieter im Einzelfall gegeneinander abzuwägen** hat.[131] Zugunsten des Mieters sind dabei insbesondere die Lage am Wohnungsmarkt, der Gesundheitszustand und eine etwaige Behinderung des Mieters sowie dessen familiäre Situation zu berücksichtigen. Zugunsten des Vermieters können zum Beispiel ein dringender Eigenbedarf oder eine zur Kündigung führende Störung des Hausfriedens durch den Mieter sprechen. Das Bemühen oder Nichtbemühen des Mieters um **Ersatzwohnraum** ist von besonderer Bedeutung. Dabei gilt: Je mehr sich der Mieter erfolglos bemüht hat, eine andere Wohnung zu finden, desto eher ist eine Räumungsfrist zu gewähren. Ersatzwohnraum fehlt jedenfalls dann, wenn der Schuldner keine Möglichkeiten hat, Wohnungen anzumieten. Indes dürfte dies nur selten wirklich der Fall sein,[132] da vielfach ein Umzug in andere Wohngebiete oder Wohnungen anderer Größe oder Ausstattung möglich sein dürfte. Praktisch relevant (und nur für den Einzelfall zu beantworten) ist daher vielfach die Frage, ob der Bezug von vorhandenem Ersatzwohnraum dem Mieter **zumutbar** ist. Dabei können im Rahmen des § 721 ZPO vom Mieter größere Kompromisse erwartet werden als bei § 574 BGB.[133]

57 Auch die **Länge der Räumungsfrist** steht im Ermessen des Gerichts. Zur Vermeidung von Unklarheiten sollte ihr Ende durch Angabe eines Kalenderdatums bestimmt werden.[134] Das Gericht kann eine festgelegte Räumungsfrist auf Antrag verlängern oder verkürzen (§ 721 Abs. 3 ZPO). Sie darf insgesamt aber **nicht mehr als ein Jahr** betragen (§ 721

---

[126] *Drescher* in MüKoZPO § 940a Rn. 3; *Börstinghaus* NJW 2014, 2225 (2227).
[127] *Huber* in Musielak/Voit ZPO § 940a Rn. 6.
[128] *Lackmann* in Musielak/Voit ZPO § 721 Rn. 1.
[129] *Lehmann-Richter* in Schmidt-Futterer MietR BGB § 721 ZPO Rn. 14; *Götz* in MüKoZPO § 721 Rn. 2; *Lackmann* in Musielak/Voit ZPO § 721 Rn. 1.
[130] Zum Räumungsvergleich siehe etwa *Zehelein* in BeckOGK, 1.4.2019, BGB § 546 Rn. 233 ff.; *Fleindl* ZMR 2016, 8.
[131] Zum Folgenden jeweils mit zahlreichen Nachweisen *Lehmann-Richter* in Schmidt-Futterer MietR BGB § 721 ZPO Rn. 16 ff.; *Götz* in MüKoZPO § 721 Rn. 8 ff.; *Lackmann* in Musielak/Voit ZPO § 721 Rn. 4 ff.; *Ulrici* in BeckOK ZPO, 32. Ed. 1.3.2019, § 721 Rn. 5 ff.
[132] *Lehmann-Richter* in Schmidt-Futterer MietR BGB § 721 ZPO Rn. 20.
[133] KG Berlin BeckRS 2008, 16179; *Lehmann-Richter* in Schmidt-Futterer MietR BGB § 721 ZPO Rn. 20.
[134] *Lackmann* in Musielak/Voit ZPO § 721 Rn. 9.

Abs. 5 ZPO). Danach kommt nur noch ein Vollstreckungsschutz nach § 765a ZPO in Betracht.[135]

58 Die Räumungsfrist **hindert** die Zwangsvollstreckung. Ihr Ablauf ist eine besondere Vollstreckungsvoraussetzung im Sinne des § 751 ZPO.[136] Betreibt der Vermieter trotz laufender Vollstreckungsfrist die Zwangsräumung, kann der Mieter hiergegen nach § 766 ZPO vorgehen. Die Vollstreckungsfrist verlängert aber nicht das beendete Mieterverhältnis und schafft auch kein Recht zum Besitz.[137] Der Vermieter hat gegen den Mieter einen Anspruch auf **Nutzungsentschädigung** (§ 546a BGB) für die Zeit bis zum tatsächlichen Auszug,[138] nicht aber Schadensersatz nach § 571 BGB.[139]

b) Maßnahmen nach § 765a ZPO

59 Dem Schutz des Vollstreckungsschuldners dient auch § 765a ZPO. Danach kann das Vollstreckungsgericht auf Antrag des Schuldners eine Zwangsvollstreckungsmaßnahme ganz oder teilweise aufheben, untersagen oder einstweilen einstellen, wenn die Maßnahme unter voller Würdigung des Schutzbedürfnisses des Gläubigers für den Schuldner wegen ganz besonderer Umstände eine Härte darstellt, die mit den guten Sitten nicht vereinbar ist. § 765a ZPO ist damit eine **restriktiv zu handhabende Ausnahmeregelung**.[140] Sie kann nur zur Anwendung gelangen, wenn Schutzvorschriften erschöpft sind oder nicht zur Anwendung kommen.[141] Daher ist für eine Entscheidung nach § 765a ZPO kein Raum, wenn und solange gemäß § 721 ZPO eine Räumungsfrist gewährt werden kann.[142]

60 § 765a ZPO setzt eine **sittenwidrige Härte** für den Vollstreckungsschuldner voraus. Anzustellen ist dabei eine **umfassende Würdigung der Gesamtumstände,**[143] wobei nach herrschender Meinung auch die Belange von dem Schuldner nahestehenden Personen berücksichtigt werden können.[144] In der Praxis wird eine Anwendung des § 765a ZPO häufig in Fällen erwogen, in denen eine **konkrete Suizidgefahr** besteht[145] oder **schwerwiegende Gesundheitsschäden drohen.**[146] Vor allem bei alten und/oder kranken Menschen kann eine Veränderung des Lebensmittelpunktes zu gravierenden Erkrankungen, gesundheitlichem Verfall und zu einer Verkürzung der Lebenserwartung führen.[147] Auch eine **drohende Obdachlosigkeit** kann eine sittenwidrige Härte sein.[148] Allerdings ist insoweit zu beachten, dass die zuständigen Behörden verpflichtet sind, dies durch Einweisung in eine Ersatzwohnung oder Unterkunft zu verhindern. Auch die Unterbringung in einer Obdachlosenunterkunft ist für den Schuldner dabei in der Regel zumutbar.[149]

61 Wird Vollstreckungsschutz nach § 765a ZPO gewährt, besteht insoweit ein **Vollstreckungshindernis**. Die Zwangsräumung darf dann nicht betrieben werden. Wird sie dennoch durchgeführt, kann der Schuldner sich hiergegen nach § 766 ZPO wehren.[150] Wie auch bei § 721 ZPO wird das Mietverhältnis nicht verlängert, ein Recht zum Besitz nicht begründet. Der Vermieter hat auch hier einen Anspruch gegen den Mieter auf

---

[135] Vgl. *Bendtsen* in HK-ZVR ZPO § 765a Rn. 16.
[136] *Lehmann-Richter* in Schmidt-Futterer MietR ZPO § 721 Rn. 40; *Giers* in HK-ZVR ZPO § 721 Rn. 18.
[137] *Ulrici* in BeckOK ZPO, 32. Ed. 1.3.2019, § 721 Rn. 20.
[138] *Lackmann* in Musielak/Voit ZPO § 721 Rn. 11; *Ulrici* in BeckOK ZPO, 32. Ed. 1.3.2019, § 721 Rn. 20.
[139] *Lehmann-Richter* in Schmidt-Futterer MietR ZPO § 721 Rn. 41.
[140] BGH NJW 2010, 1002.
[141] *Lehmann-Richter* in Schmidt-Futterer MietR ZPO § 765a Rn. 1; *Heßler* in MüKoZPO § 765a Rn. 13; *Bendtsen* in HK-ZVR ZPO § 765a Rn. 8.
[142] Siehe auch *Bendtsen* in HK-ZVR ZPO § 765a Rn. 16.
[143] BVerfG NJW 2007, 2910; BGHZ 163, 66 = NJW 2005, 1859.
[144] Siehe etwa BGH NJW 2007, 3430; *Lehmann-Richter* in Schmidt-Futterer MietR BGB § 765a ZPO Rn. 15.
[145] BGH NJW-RR 2011, 423; BGH BeckRS 2010, 27194; siehe auch BVerfG NJW 1991, 3207.
[146] BGH NZM 2011, 167.
[147] BGH NJW 2009, 3440.
[148] LG Hamburg BeckRS 1991, 07704.
[149] LG Kleve BeckRS 2013, 137787; *Lehmann-Richter* in Schmidt-Futterer MietR ZPO § 765a Rn. 25.
[150] *Lehmann-Richter* in Schmidt-Futterer MietR ZPO § 765a Rn. 44.

Nutzungsentschädigung nach § 546a BGB. Im Einzelfall kann ein öffentlich-rechtlicher Entschädigungsanspruch bestehen.[151]

III. Durchführung der Zwangsräumung

1. Räumungsvollstreckung nach § 885 ZPO

Die Durchführung der Räumungsvollstreckung richtet sich im Ausgangspunkt nach § 885 ZPO, da es um die Herausgabe und Räumung einer unbeweglichen Sache geht. Zuständiges Vollstreckungsorgan ist der **Gerichtsvollzieher.** Dieser hat nach § 885 Abs. 1 S. 1 ZPO den Schuldner aus dem Besitz zu setzen und den Gläubiger in den Besitz einzuweisen.[152] Die Räumung der Wohnung erfolgt dann nach Maßgabe der § 885 Abs. 2 bis 5 ZPO. 62

Um bei der Wohnungsräumung einen Besitzwechsel (§ 885 Abs. 1 S. 1 ZPO) zu bewirken, muss der Gerichtvollzieher dem Schuldner **sämtliche Wohnungsschlüssel abnehmen,** was gemäß § 758 Abs. 3 ZPO auch gewaltsam erfolgen könnte. Alternativ kann der Gerichtsvollzieher das **Schloss austauschen.** Dieses Vorgehen ist für die Praxis nicht nur deswegen attraktiver, weil auf Gewalt gegen die Person des Schuldners verzichtet werden kann, sondern weil oft unklar ist, wie viele Schlüssel zur Wohnung existieren. 63

Die **in der Wohnung befindlichen Sachen** („Räumungsgut"[153]) sind nicht selbst Gegenstand der Zwangsvollstreckung. Der Gerichtsvollzieher kann sie aber gemäß § 885 Abs. 2 ZPO **aus der Wohnung wegschaffen.** Ist der Schuldner oder eine von ihm bevollmächtigte Person anwesend und annahmebereit, sind die Sachen zu übergeben. Anderenfalls hat der Gerichtsvollzieher die Sachen grundsätzlich auf Kosten des Schuldners **zu verwahren** (§ 885 Abs. 3 ZPO). Nach Maßgabe des § 885 Abs. 4 ZPO können die verwahrten Sachen durch den Gerichtsvollzieher frühestens nach einem Monat veräußert oder vernichtet werden (§ 885 Abs. 4 ZPO). Unpfändbare Sachen und solche Sachen, bei denen ein Verwertungserlös nicht zu erwarten ist, sind auf Verlangen des Schuldners jederzeit ohne Weiteres herauszugeben (§ 885 Abs. 5 ZPO). 64

2. Praktische Probleme und „Berliner Räumung"

In der Praxis wurde ein Vorgehen nach § 885 ZPO vielfach als unbefriedigend empfunden. Für die Vermieter problematisch war dabei insbesondere, dass die Räumung der in der Wohnung befindlichen Sachen **sehr aufwendig** und mit **unverhältnismäßig hohen Kosten** verbunden war.[154] Zwar sind die Kosten der Räumungsvollstreckung vom Vollstreckungsschuldner zu tragen (§ 788 ZPO). Dies gilt, wie § 885 Abs. 3 ZPO ausdrücklich klarstellt, auch für die Kosten für die Aufbewahrung der weggeschafften Sachen. Jedoch muss der Vollstreckungsgläubiger sämtliche Kosten verauslagen (§ 4 Abs. 1 S. 1 GvKostG). Zudem ist die Durchsetzbarkeit des Kostenerstattungsanspruchs gegen den Vollstreckungsschuldner häufig sehr fraglich, insbesondere in den Fällen, in denen das Mietverhältnis wegen Zahlungsverzuges vom Vermieter gekündigt wurde.[155] 65

Aus diesem Grund sind die Vermieter vielfach dazu übergegangen, den **Vollstreckungsauftrag** dahingehend **zu begrenzen,** dass der Gerichtsvollzieher nach § 885 Abs. 1 ZPO zwar den Besitzwechsel vornehmen sollte, die Sachen aber in der Wohnung verbleiben sollten. Hinsichtlich der in der Wohnung befindlichen Sachen wurde dabei ein **Vermieterpfandrecht** geltend gemacht. Diese als **„Berliner Räumung"** bekannt gewordene Praxis 66

---

[151] *Lehmann-Richter* in Schmidt-Futterer MietR ZPO § 765a Rn. 445 („enteignender Eingriff").
[152] Siehe etwa *Lackmann* in Musielak/Voit ZPO § 885 Rn. 12.
[153] *Lehmann-Richter* in Schmidt-Futterer MietR ZPO § 885 Rn. 31.
[154] *Mayer* in Richterliche Rechtsfortbildung und kodifiziertes Richterrecht, S. 275 (291).
[155] Dazu *Körner* ZMR 2006, 201 (202); *Flatow* NJW 2006, 1396.

wurde vom BGH in mehreren Entscheidungen gebilligt.[156] Der BGH führte hierfür als Begründung an, dass das Vermieterpfandrecht Vorrang gegenüber der in § 885 Abs. 2 und 3 S. 1 ZPO angeordneten Entfernung der beweglichen Sachen aus der Wohnung genieße. Der Vermieter könne nämlich sein Pfandrecht nach § 562b Abs. 1 S. 2 BGB im Wege der Selbsthilfe geltend machen und die Sachen des Mieters bei dessen Auszug in Besitz nehmen.[157] Dem Gerichtsvollzieher sei es zudem verwehrt, materiell-rechtliche Ansprüche der Beteiligten zu prüfen. Dies gelte auch für die Frage, ob dem Vermieter überhaupt ein Pfandrecht zustehe und auf welche Sachen sich dieses erstrecke. Den Interessen des Mieters werde durch die Verwahrungspflicht des Vermieters aus §§ 1215, 1217 BGB hinreichend Rechnung getragen. Die Rechtsprechung des BGH wurde im Schrifttum zum Teil als unzulässige Rechtsfortbildung contra legem **kritisiert**.[158] Auch war die dogmatische Anknüpfung an das Vermieterpfandrecht durchaus zweifelhaft, da das Berufen auf das Vermieterpfandrecht selbst eine materiell-rechtliche Voraussetzung darstellt, die vom Gerichtsvollzieher gerade nicht geprüft wird.[159]

3. Lösung des Gesetzgebers: § 885a ZPO

67 Die „Berliner Räumung" stand also zunächst auf einem dogmatisch fragwürdigen Fundament. Dies hat der Gesetzgeber mit der Einführung des § 885a ZPO durch das MietRÄndG 2013[160] geändert. Erklärtes Ziel des Gesetzgebers war es dabei, die **„Berliner Räumung" auf eine gesetzliche Grundlage zu stellen**.[161] Gemäß § 885a Abs. 1 ZPO kann der Vollstreckungsauftrag auf die Maßnahmen nach § 885 Abs. 1 ZPO begrenzt werden. Der Gerichtsvollzieher kann auch nur damit beauftragt werden, den die Räumungsvollstreckung betreibenden Vermieter in den Besitz der Wohnung einzuweisen, was insbesondere durch Austausch des Schlosses geschehen kann (→ Rn. 63). Auf eine Entfernung der beweglichen Sachen aus der Wohnung kann hingegen zunächst verzichtet werden, sodass der Vermieter hierfür auch nicht die Kosten verauslagen muss. Der bedeutendste Unterschied zu der bis dahin geübten und vom BGH gebilligten Praxis besteht darin, dass § 885a Abs. 1 ZPO **nicht** darauf abstellt, dass der Vermieter ein **Vermieterpfandrecht** geltend macht. Damit wird vermieden, dass der Gerichtsvollzieher mit materiell-rechtlichen Fragestellungen konfrontiert wird (→ Rn. 66).

68 Der Gerichtsvollzieher hat gemäß § 885a Abs. 2 ZPO im Vollstreckungsprotokoll (§ 762 ZPO) die frei ersichtlichen beweglichen Sachen **zu dokumentieren,** die er bei der Vornahme der Vollstreckungshandlung vorfindet.[162] Dies kann durch die Anfertigung von Fotos erfolgen. Eine vollständige Inventarisierung ist aber nicht erforderlich.[163]

69 Der Gläubiger (Vermieter) kann bewegliche Sachen, die nicht Gegenstand der Zwangsvollstreckung sind, jederzeit **wegschaffen** (§ 885a Abs. 3 S. 1 ZPO). Macht er von dieser Möglichkeit Gebrauch, trifft ihn (und nicht den Gerichtsvollzieher) eine **Verwahrungspflicht.** Sachen, an deren Aufbewahrung offensichtlich kein Interesse besteht, können durch den Gläubiger vernichtet werden (§ 885a Abs. 3 S. 2 ZPO). Bei alledem **haftet** der Gläubiger gemäß § 885a Abs. 3 S. 3 ZPO **nur für Vorsatz und grobe Fahrlässigkeit.** Der Gesetzgeber hat die Haftungsmilderung ausdrücklich an § 300 BGB angelehnt und damit die Lage des Vermieters mit derjenigen des Schuldners beim Annahmeverzug gleichgesetzt.[164]

---

[156] BGH NJW-RR 2009, 1384; BGH NJW 2006, 3273; NJW 2006, 848.
[157] BGH NJW 2006, 3273 (3274).
[158] *Mayer* in Richterliche Rechtsfortbildung und kodifiziertes Richterrecht, S. 275 (292).
[159] *Mayer* aaO, S. 275 (293).
[160] Gesetz über die energetische Modernisierung von vermietetem Wohnraum und über die vereinfachte Durchsetzung von Räumungstiteln vom 11.3.2013 (MietRÄndG 2013), BGBl I 434.
[161] Begr. zum RegE, BR-Drucks. 313/12, 43.
[162] Zum Umfang der Dokumentationspflicht mit Kritik an der gesetzlichen Regelung *Lehmann-Richter* in Schmidt-Futterer MietR ZPO § 885a Rn. 13 ff.
[163] *Bendtsen* in HK-ZVR ZPO § 885a Rn. 5.
[164] Begr. zum RegE, BR-Drucks. 313/12, 45.

Fordert der Schuldner die Sachen nicht binnen eines Monats heraus, darf der Gläubiger die Sachen **verwerten** beziehungsweise bei Wertlosigkeit vernichten (§ 885a Abs. 4 ZPO).[165] Die Verwertung hat dabei wegen des gesetzlichen Verweises auf die §§ 383, 385 BGB entweder durch Versteigerung oder freihändigen Verkauf zu erfolgen. Unpfändbare Sachen und solche Sachen, bei denen ein Verwertungserlös nicht zu erwarten ist, sind auf Verlangen des Schuldners jederzeit ohne Weiteres herauszugeben (§ 885 Abs. 5 ZPO). Gläubiger und Schuldner sind vom Gerichtsvollzieher mit der Mitteilung des Räumungstermins über Bestimmungen des § 885a Abs. 2 bis 5 ZPO zu informieren (§ 885a Abs. 6 ZPO).

In der Gesetzesbegründung zu § 885a ZPO findet sich der Hinweis, dass die Vorschriften 70 über das Vermieterpfandrecht (§ 562 BGB) durch die Beschränkung des Vollstreckungsauftrages unberührt bleiben.[166] Hieraus wird im Schrifttum zum Teil der Schluss gezogen, dass die „Berliner Räumung" auch weiterhin nach § 885 ZPO, also insbesondere auch ohne Beachtung der §§ 885a Abs. 2 bis 6 ZPO erfolgen könne.[167] Auch in der Rechtsprechung wird dies vereinzelt so gesehen.[168] Dem ist nicht zu folgen. Die Aussage ist vielmehr dahingehend zu verstehen, dass der Vermieter **außerhalb der Zwangsvollstreckung** sich natürlich weiterhin auf das ihm zustehende **Vermieterpfandrecht** berufen kann. Der Vermieter kann daher bei Auszug des Mieters nach § 562b Abs. 1 S. 2 BGB vorgehen und die Sachen selbst an sich nehmen. Bedient er sich aber eines Gerichtsvollziehers und will er den Vollstreckungsauftrag abweichend von § 885 Abs. 2 und 3 ZPO auf die Besitzverschaffung beschränken, sind die Vorgaben des § 885a Abs. 2 bis 6 ZPO zwingend zu beachten.[169] Dies gilt nicht nur für die Dokumentations- und Informationspflicht des Gerichtsvollziehers, sondern auch für die Verwahrungspflicht des Gläubigers sowie die Vorgaben zur Verwertung der Sachen. Kurzum: Die **„Berliner Räumung"** ist nur nach Maßgabe des § 885a ZPO zulässig.

---

[165] Verfassungsrechtliche Bedenken äußert insoweit *Schuschke* NZM 2012, 209 (219).
[166] Begr. zum RegE, BR-Drucks. 313/12, 43.
[167] *Gruber* in MüKoZPO § 885a Rn. 6, 44 ff.; *Stürner* in BeckOK ZPO, 32. Ed. 1.3.2019 § 885a Rn. 4; *Lackmann* in Musielak/Voit ZPO § 885 Rn. 1a; *Fischer/Mroß* DGVZ 2015, 97 (101); *Horst* MDR 2013, 249 (252); dagegen im Grundsatz *Lehmann-Richter* in Schmidt-Futterer MietR ZPO § 885a Rn. 4 und 34; *ders.* NZM 2014, 257 (261).
[168] So implizit jedenfalls OLG Schleswig BeckRS 2015, 03635.
[169] Abweichend *Lehmann-Richter* in Schmidt-Futterer MietR ZPO § 885a Rn. 4, 34, der eine Verwertung nach den Vorschriften über das Vermieterpfandrecht zulassen will.

§ 22 Auflösung und Auseinandersetzung von Wohngemeinschaften

Übersicht

	Rn.
A. Problemstellung	1
I. Praktische Probleme der Auflösung und Auseinandersetzung von Wohngemeinschaften	1
II. Rechtliche Probleme der Auflösung und Auseinandersetzung von Wohngemeinschaften	6
B. Auflösungsgründe bei GbR	7
I. Überblick	7
II. Kündigung	9
1. Kündigungsrecht	10
2. Kündigung des Mietverhältnisses	11
3. Beschränkung des gesellschaftsrechtlichen Kündigungsrechts	13
III. Tod	16
IV. Insolvenz eines Gesellschafters	18
V. Insolvenz der Gesellschaft selbst	24
VI. Zweckerreichung und Auflösungsbeschluss	25
VII. Wirkungen der Auflösung	28
C. Fortsetzung der Gesellschaft aufgrund einer Fortsetzungsklausel	30
D. Ad-hoc-Fortsetzung durch Gesellschafterbeschluss	33
E. Ablauf von Auflösung und Auseinandersetzung der GbR	37
I. Schritte der Auflösung einer Außen-GbR	39
1. Beendigung aller schwebenden Geschäfte	39
2. Rückgabe der zur Nutzung überlassenen Gegenstände	40
3. Tilgung der Schulden der Gesellschaft	41
4. Rückzahlung der Einlagen	44
5. Verteilung des Gesellschaftsvermögens / Nachschüsse	47
6. Vollbeendigung	48
II. Auseinandersetzung der Innen-GbR	49
III. Praktische Umsetzung der Vorgaben zur Auseinandersetzung	50
F. Zusammenfassende Differenzierung nach WG-Typen	52
I. WG-Typ A	52
II. WG-Typ B	54
III. WG-Typ C	55
IV. WG-Typ D	56
V. WG-Typ E	57
VI. WG-Typ F	58

Schrifttum:

Hellmann, Die Auseinandersetzung des Gesellschaftsvermögens nach Auflösung und Ausscheiden – Anspruchsermittlung und prozessuale Durchsetzung am Beispiel der Außengesellschaft bürgerlichen Rechts, 2013; *Schmidt*, Gesellschaftsrecht, 4. Aufl. 2002.

A. Problemstellung

I. Praktische Probleme der Auflösung und Auseinandersetzung von Wohngemeinschaften

1 Das Thema Auflösung und Auseinandersetzung von Wohngemeinschaften betrifft praktisch die Situation, dass eine WG – aus welchen Gründen auch immer – **aufgelöst** wird. Es geht also nicht um den Fall, dass ein Mitbewohner oder auch mehrere Mitbewohner aus einer WG ausziehen und die WG mit neuen Mitbewohnern fortgesetzt wird (dazu → § 18 Rn. 8 ff.).

2 Wohngemeinschaften sind rechtlich in aller Regel als **BGB-Innengesellschaften** (Innen-GbR) zu qualifizieren (→ § 14 Rn. 1 ff.). Das hat Konsequenzen für die Frage, wie Wohngemeinschaften „beendet" werden können. Rechtsterminologisch und rechtstechnisch geht es daher bei der Beendigung von Wohngemeinschaften um die Auflösung und Auseinandersetzung von Innen-GbRs.

3 Die **Ursachen** für die Auflösung einer WG können zum einen auf einer **Entscheidung der Mitbewohner** beruhen. Beispielsweise kann die WG von Anfang an nur für eine bestimmte Zeit begründet worden sein, weil sich vier Mitbewohner zusammenschließen, um aus beruflichen Gründen für die Zeit von einem Jahr in einer anderen Stadt gemeinsam in einer WG zu leben, um anschließend wieder in ihre Heimatstadt zurückzukehren. Oder zwei Studienanfänger mieten gemeinsam eine Wohnung an, wobei sie bereits wissen, dass sie nach vier Semestern an eine andere Hochschule im Ausland wechseln werden (→ Rn. 7).

4 Zum anderen gibt es vom Parteiwillen unabhängige **rechtliche Gründe** für die Auflösung von WGs. Auch für den Fall, dass die Mitbewohner eine Auflösung der WG nicht beabsichtigen, ordnet das Gesetz unter bestimmten Voraussetzungen an, dass die WG aufgelöst ist. Das gilt namentlich für den Tod oder die Privatinsolvenz eines Mitbewohners. Eine andere Frage ist, ob die WG in diesen Fällen tatsächlich auseinandergesetzt werden muss oder, ob die Mitbewohner die Möglichkeit haben, die WG doch noch zu erhalten, indem sie ihre Auflösung rückgängig machen. Das wird im Einzelnen zu behandeln sein.

5 In der ganz überwiegenden Zahl der Fälle werden sich WGs einvernehmlich und „geräuschlos" auflösen und auseinandersetzen, falls die Auflösung und Auseinandersetzung gewollt ist. Falls nicht, werden die Beteiligten praktische Lösungen finden, die die Fortsetzung der WG ermöglichen. Das Recht lässt in aller Regel solche übereinstimmenden Entscheidungen der Beteiligten zu. Die **problematischen Fälle** solcher gesetzlichen Auflösungsgründe sind im Rahmen dieser Darstellung ebenso näher zu behandeln, wie jene, in denen kein Konsens zwischen den Beteiligten besteht: Ein Teil der Mitbewohner wünscht also die Auflösung und Auseinandersetzung der WG, der andere Teil der Mitbewohner verlangt jedoch ihre Fortsetzung. Kommt es tatsächlich zur Auflösung der WG, kreisen die praktischen Probleme meist um die Frage, welcher Mitbewohner die (Haushalts-)Gegenstände übernimmt oder behält, wer ausstehende Rechnungen bezahlt, um die Aufteilung der Mietkaution oder die Abwicklung des Mietverhältnisses mit dem Vermieter.

II. Rechtliche Probleme der Auflösung und Auseinandersetzung von Wohngemeinschaften

6 Die „Beendigung" des Zusammenlebens in einer WG richtet sich zwischen den Mitbewohnern nach **Gesellschaftsrecht**. Wohngemeinschaften sind – von wenigen Ausnahmen abgesehen – als Gesellschaften bürgerlichen Rechts **(GbR)** zu qualifizieren (→ § 14

Rn. 1 ff.).¹ Da die Innenordnung solcher WG-Gesellschaften, also das Verhältnis zwischen den Mitbewohnern untereinander, praktisch nie schriftlich vereinbart sein wird, regeln die Vorschriften der §§ 705 ff. BGB diese Innenordnung mit dispositivem Gesetzesrecht. Dabei bestimmen die §§ 723 ff. BGB, aus welchen Gründen eine GbR aufgelöst ist und wie sie sodann vollständig beendet, also auseinandergesetzt, werden muss. Im vorliegenden Zusammenhang ist insbesondere von Relevanz, ob und gegebenenfalls in welchem Umfang von den gesetzlichen Vorgaben für die Auflösung der GbR abgewichen werden kann, falls bei der Gründung der WG dazu gesellschaftsvertraglich nichts geregelt wurde. Hier ergeben sich Schnittmengen und Konflikte mit dem Erbrecht, dem Insolvenzrecht und dem Mietrecht.

B. Auflösungsgründe bei GbR

I. Überblick

Es entspricht historisch einem Grundgedanken der Gesellschaft bürgerlichen Rechts (GbR), dass sie in ihrem personellen Bestand unverändert bleibt (auch wenn diese Grundidee heute empirisch nicht mehr zutrifft). Dahinter steht die Vorstellung, dass sich die Gesellschafter einer GbR bewusst in einer bestimmten Konstellation zusammenschließen, um einen **gemeinsamen Zweck** zu verfolgen und sich deshalb verpflichten, diesen Zweck mit ihren Beiträgen zu fördern.² Die Gesellschafter schließen einen Gesellschaftsvertrag, der fortan das Rechtsverhältnis zwischen ihnen – und zunächst auch ausschließlich zwischen ihnen – regelt. Als Regelfall sieht das BGB deshalb vor, dass die GbR aufgelöst wird, falls ein Gesellschafter nichts mehr zu der Erreichung des gemeinsamen Zwecks beitragen kann oder will. Auflösungsgründe sind daher konsequenterweise Kündigung, Tod oder Insolvenz eines Gesellschafters, die Erreichung des Gesellschaftszwecks sowie Zeitablauf, falls die Gesellschaft nur für eine bestimmte Zeit eingegangen wurde. Etwas anderes gilt dann, wenn die Gesellschafter vorher im Gesellschaftsvertrag geregelt haben, dass die Gesellschaft fortgesetzt werden soll, falls einer der Gesellschafter kündigt, stirbt oder über sein Vermögen ein Insolvenzverfahren eröffnet wird (sog. Fortsetzungsklausel).³

Als **mögliche Auflösungsgründe** der GbR kommen **mehrere** in Betracht: Zum einen die Kündigung des Gesellschaftsvertrags durch einen Gesellschafter bzw. Mitbewohner, zum anderen Tod oder Insolvenz eines Gesellschafters. Weiter ist eine Auflösung möglich bei Insolvenz der Gesellschaft selbst oder deren Zweckerreichung sowie durch Auflösungsbeschluss durch die Gesellschafter.

II. Kündigung

Die Kündigung der Gesellschaft durch einen der Gesellschafter ist heute praktisch sicherlich der häufigste Grund für die Auflösung einer GbR. Das gilt vermutlich auch für das Innenverhältnis von WGs. Denn die meisten WGs werden heute erfahrungsgemäß nicht mehr für eine bestimmte Zeit oder bis zur Erreichung eines bestimmten Zwecks geschlossen. Sondern sie enden, wenn sich dies aus den **veränderten Lebensumständen der Mitbewohner oder des Vermieters** ergibt, mit einer Kündigung eines der Mitbewohner.

---

[1] *Hadding/Kießling* in Soergel BGB Vor § 705 Rn. 41; *Schöne* in BeckOK BGB, 49. Ed. 1.2.2019, § 705 Rn. 166; *Sprau* in Palandt BGB § 705 Rn. 42; *Schäfer* in MüKoBGB Vor § 705 Rn. 34.
[2] *K. Schmidt* GesR § 58 II.3; *Schäfer* in MüKoBGB Vor § 705 Rn. 85 ff.
[3] *Gummert* in MHdB GesR I § 21 Rn. 10.

1. Kündigungsrecht

10 Jeder Gesellschafter hat das Recht, die WG **jederzeit** zu kündigen, soweit vertraglich nichts anderes vereinbart wurde. Das ergibt sich **aus § 723 BGB**. Die Kündigung der GbR liegt vor, wenn ein Gesellschafter gegenüber der Gesellschaft durch eine Erklärung zu verstehen gibt, dass er nicht mehr an der Erreichung des gemeinsamen Zweckes – also hier des gemeinsamen Wohnens – mitwirken möchte (dazu ausführlich → § 18 Rn. 18 ff., → § 20 Rn. 73 ff..). Der Begriff „Kündigung" muss nicht verwendet werden. Die Kündigung ist ohne Frist jederzeit formfrei möglich. Sie darf lediglich nicht zur Unzeit erfolgen, § 723 Abs. 2 BGB. Die Kündigung ist zu richten an alle übrigen Mitbewohner.[4] Eine Kündigung gegenüber lediglich einem von mehreren Mitbewohnern genügt grundsätzlich nicht. Etwas anderes gilt aber dann, wenn die Mitbewohner einem von ihnen die „Geschäftsführung" übertragen haben. Zwar ist ein geschäftsführender Gesellschafter zur Vertretung im Falle von Kündigungen des Gesellschaftsverhältnisses grundsätzlich nicht vertretungsberechtigt.[5] Dies folgt daraus, dass die Geschäftsführung im Falle von Grundlagengeschäften, falls nicht ausdrücklich anders im Gesellschaftsvertrag vereinbart, gemeinschaftlich von allen Gesellschaftern auszuüben ist, was gem. § 709 BGB auf die Vertretungsmacht durchschlägt. Der geschäftsführende Gesellschafter kann jedoch regelmäßig als bestimmt und ermächtigt angesehen werden, sämtliche Erklärungen, die die WG betreffen, entgegenzunehmen.[6] Er ist daher Empfangsbote der anderen Gesellschafter.

2. Kündigung des Mietverhältnisses

11 Die Kündigung der Gesellschaft darf **nicht verwechselt werden mit** der Kündigung des **Mietverhältnis**ses gegenüber dem Vermieter (→ § 20 Rn. 73 ff.). Die Kündigung gegenüber dem Vermieter führt zur Beendigung des Mietvertrages. Die Beendigung des Mietvertrages bedeutet jedoch nicht, dass auch das gesellschaftsrechtliche Innenverhältnis der Mitbewohner untereinander beendet wird. Regelmäßig wird sich aber aus den Gesamtumständen entnehmen lassen, ob die Mitbewohner, die die gesamte Wohnung – nicht nur einzelne Zimmer – gegenüber dem Vermieter gekündigt haben, auch die WG beenden wollen, oder ob nach ihrer Vorstellung die WG personell unverändert in einer anderen Wohnung fortgesetzt werden soll. Das wäre etwa der Fall, wenn sich die Mitbewohner entscheiden, gemeinsam eine neue Wohnung für ihre WG zu suchen.

12 Theoretisch ist es – umgekehrt – denkbar, dass einzelne Mitbewohner zwar das **Gesellschaftsverhältnis beenden** möchten, **ohne** jedoch den **Mietvertrag zu beenden.** Hat sich die WG mit einem ihrer Mitbewohner beispielsweise derart zerstritten, dass eine gemeinsame Planung des WG-Alltags nicht mehr möglich ist, kann es ein Anliegen sein, Telekommunikationsdienstleistungen nicht mehr gemeinschaftlich zu beziehen. Oder die Nutzung der gemeinsamen Küche wird für einen Mitbewohner beendet, falls dieser sich künftig anders versorgen möchte. Eine solche, rein auf das Innenverhältnis beschränkte Kündigung des Gesellschaftsvertrages erscheint jedenfalls dann möglich, wenn jeder Mitbewohner einen eigenen Mietvertrag mit dem Vermieter geschlossen hat (WG-Typ B) und lediglich noch die Wohnung als solche geteilt wird (als Zweck-WG). Die Folge wäre, dass die Gesellschaft aufgelöst ist und auseinandergesetzt werden muss, sofern die übrigen Mitbewohner nicht die Fortsetzung der WG (→ Rn. 34–47) ohne den kündigenden Gesellschafter beschließen (dann liegt ein Fall des Ausscheidens vor → § 18 Rn. 8 ff.).

---

[4] *Sprau* in Palandt BGB § 723 Rn. 1.
[5] *Schäfer* in MüKoBGB § 723 Rn. 11.
[6] BGH NJW 1993, 1002; *Gummert* in MHdB GesR I § 21 Rn. 15; *Sprau* in Palandt BGB § 723 Rn. 1.

3. Beschränkung des gesellschaftsrechtlichen Kündigungsrechts

Für WGs stellt sich die Frage, ob der mietvertraglich in beschränktem Umfang zulässige **Verzicht** auf die Ausübung gesetzlicher Kündigungsrechte durch den Mieter auch gesellschaftsrechtlich zulässigerweise vereinbart werden kann. Das Mietrecht gestattet es in seiner Ausprägung durch die höchstrichterliche Rechtsprechung, dass der Mieter für eine gewisse Dauer auf sein Recht verzichtet, die Wohnung zu kündigen.[7] Die Folge ist, dass der Mieter für diesen Zeitraum an das Mietverhältnis gebunden ist, es also nicht einseitig durch Kündigung beenden kann. Ist ein solcher zeitlich begrenzter Verzicht auf das Kündigungsrecht des Mieters mit dem Vermieter vereinbart worden, folgt daraus nicht automatisch, dass auch die WG für die Zeit des Ausschlusses nicht gekündigt werden kann. Das Recht, die WG im Innenverhältnis zu kündigen, richtet sich vielmehr nach gesellschaftsrechtlichen Regelungen. Danach kann das Recht, die Gesellschaft zu kündigen, gem. § 723 Abs. 3 BGB nicht wirksam ausgeschlossen werden. Darum stellt sich die Frage, ob der zeitlich beschränkte Verzicht auf das Recht zur Kündigung der Gesellschaft unzulässig ist. 13

Dies ist im Ergebnis nicht der Fall. Denn das Gesellschaftsrecht sieht die Möglichkeit vor, Gesellschaften auf bestimmte Zeit einzugehen. Gem. §§ 723 Abs. 1 S. 2, 724 BGB ist für den Fall, dass eine Zeitdauer der Gesellschaft vereinbart ist, das Recht zur Kündigung ausgeschlossen. **Beschränkungen des Kündigungsrechts** sind deshalb durchaus **möglich**. Für Gesellschaften, die nicht für eine bestimmte Zeit eingegangen sind, folgt daraus, dass nicht jede Beschränkung des Rechts, die Gesellschaft zu kündigen, unwirksam ist. Vielmehr ist davon auszugehen, dass der zeitliche begrenzte Verzicht auf das Recht, die Gesellschaft jederzeit zu kündigen, zulässig vereinbart werden kann. Da im Falle von WGs so gut wie nie ein schriftlicher Gesellschaftsvertrag vorliegt, ist durch **Auslegung** zu ermitteln, ob die Mitbewohner einen zeitlich begrenzten Verzicht auf das Recht, die Gesellschaft zu kündigen, vereinbaren wollten. In aller Regel werden die Gründe, die dazu geführt haben, dass die Mitbewohner mit dem Vermieter einen zeitlich beschränkten Verzicht auf ihr mietvertragliches Kündigungsrecht vereinbart haben, auch für das Innenverhältnis der Mitbewohner untereinander von Relevanz sein. So wird man annehmen müssen, dass Mitbewohner, die sich gemeinsam dazu entscheiden, eine Wohnung zu mieten, die sie nur bekommen, falls sie für zwei Jahre auf ihr Kündigungsrecht verzichten, auch die WG für diese Dauer einrichten wollten. Eine vorzeitige Beendigung gemeinsamer Absprachen, wie des Reinigungsplans oder bzgl. der gemeinsamen Nutzung von Telekommunikationsanbietern durch einen Mitbewohner, kann deshalb als von Anfang an nicht gewollt angesehen werden. Unberührt bleibt allerdings gleichwohl das Recht zur außerordentlichen Kündigung aus wichtigem Grund. 14

Konflikte können sich jedoch ergeben, wenn für die Mitglieder einer WG hinsichtlich des zeitlich beschränkten Verzichts auf ihr Kündigungsrecht **unterschiedliche Fristen** gelten. Sind die Mitbewohner beispielsweise zu unterschiedlichen Zeiten in die WG eingezogen und haben sie jeweils Einzelverträge mit dem Vermieter abgeschlossen (WG-Typ B), die einen zeitlich beschränkten Verzicht auf das Kündigungsrecht beinhalten, steht jedem von ihnen das Recht zur Kündigung des Mietverhältnisses auch zu einem anderen Zeitpunkt wieder zu. In einem solchen Fall wird man davon ausgehen müssen, dass gesellschaftsvertraglich kein Verzicht auf das Recht, die Gesellschaft zu kündigen, gewollt ist. 15

III. Tod

Der Tod eines Gesellschafters führt gem. **§ 727 Abs. 1 BGB** zur Auflösung der Gesellschaft (→ § 12 Rn. 3). Für den Fall einer WG bedeutet dies: Stirbt ein Mitbewohner, ordnet das Gesetz an, dass die WG aufgelöst ist. Hintergrund dieser gesetzlichen Regelung 16

---

[7] *Weidenkaff* in Palandt BGB § 573c Rn. 3.

ist wiederum die historische gewachsene Vorstellung, dass sich mehrere Personen zu einer GbR zusammenschließen, um in genau dieser personellen Besetzung einen gemeinsamen Zweck zu verfolgen.[8] Die übrigen Gesellschafter sollen nicht gezwungen sein, den gemeinsamen Zweck fortan mit den Erben des verstorbenen Gesellschafters oder allein fortzusetzen.

17 Diese gesetzliche Konzeption entspricht regelmäßig nicht den Vorstellungen von GbR-Gesellschaftern und dürfte gerade im Falle von Wohngemeinschaften die Wünsche der Mitbewohner unzutreffend abbilden. Das gilt in besonderem Maße für **Senioren- und Pflege-WGs**, in denen der Tod von Mitbewohnern eher die Regel als die Ausnahme ist (dazu auch → § 28 Rn. 1 ff). Für den Fall von Senioren- und Pflege-WGs empfiehlt sich deshalb unbedingt eine entsprechende Vertragsgestaltung, die eine unkomplizierte Fortsetzung der WG ermöglicht.

IV. Insolvenz eines Gesellschafters

18 Wird über das Vermögen eines Gesellschafters das Insolvenzverfahren eröffnet, ist die Gesellschaft gem. **§ 728 Abs. 2 BGB** aufgelöst (dazu auch → § 19 Rn. 41 ff.). Hintergrund dieser gesetzlichen Regelung ist, dass die Gläubiger des insolventen Gesellschafters bzw. ein Insolvenzverwalter, dem die Verteilung des verbleibenden Vermögens unter die Gläubiger obliegt, auf das Auseinandersetzungsguthaben zugreifen können soll.[9] Die Gesellschafter können von dieser Rechtsfolge allerdings wiederum eine abweichende Regelung treffen. Eine gesellschaftsvertragliche Regelung, die diese Auflösung der GbR als Folge der Insolvenz eines Gesellschafters ausschließt, ist nicht unwirksam.[10]

19 Im Falle der WG als GbR bedeutet dies, dass die WG aufgelöst wird und abzuwickeln ist, falls über das Vermögen eines Gesellschafters das Insolvenzverfahren eröffnet wird, sofern der Gesellschaftsvertrag keine abweichende Vereinbarung vorsieht. Das gilt auch im Falle der Eröffnung des Verbraucherinsolvenzverfahrens über das Vermögen eines Mitbewohners. Folge dieser Regelung ist, dass für die Zeit zwischen Auflösung und Vollbeendigung der Gesellschaft der **Gesellschaftsanteil** in die **Insolvenzmasse** fällt und deshalb vom Insolvenzverwalter verwaltet wird.[11] Der Insolvenzverwalter übt die Stimm- und Verwaltungsrechte des insolventen Gesellschafters bis zur Vollbeendigung der Gesellschaft aus.[12]

20 Es liegt auf der Hand, dass diese Rechtsfolge im Falle von WGs nicht den Kern des Problems trifft, das sich für die WG-Bewohner einerseits und die Gemeinschaft der Gläubiger bzw. den Insolvenzverwalter andererseits darstellt. Die Regelung, dass im Falle der Insolvenz eines Gesellschafters die Gesellschaft aufgelöst ist, soll verhindern, dass Gesellschaftsanteile, die häufig einen erheblichen Bestandteil des schuldnerischen Vermögens ausmachen, dem Zugriff der Gläubiger entzogen werden. Der **Wert** von **Gesellschaftsanteilen** an **WG-GbRs** dürfte allerdings in aller Regel zu vernachlässigen sein. Darüber hinaus besteht ein Konflikt mit dem Miet- und Insolvenzrecht. § 109 Abs. 1 S. 2 InsO sieht zum Schutze eines insolventen Mieters vor, dass das Mietverhältnis nicht durch den Insolvenzverwalter gekündigt werden kann. Der Insolvenzverwalter kann lediglich erklären, dass die Insolvenzmasse nach Ablauf der Sonderkündigungsfrist von drei Monaten, mit der ein Insolvenzverwalter andere Mietverhältnisse als solche über Wohnraum kündigen kann, nicht mehr für Ansprüche aus dem Mietverhältnis haftet. Auf diese Weise soll die Insolvenzmasse entlastet und zugleich dem Mieter die Möglichkeit gegeben werden, die für einen wirtschaftlichen Neuanfang erforderliche Wohnung zu erhalten.[13]

---

[8] *Schäfer* in MüKoBGB § 727 Rn. 1.
[9] *Gummert* in MHdB GesR I § 21 Rn. 69.
[10] *Schäfer* in MüKoBGB § 728 Rn. 3.
[11] *Büteröwe* in K. Schmidt InsO § 35 Rn. 26.
[12] *Schäfer* in MüKoBGB § 728 Rn. 37.
[13] *Wegener* in Uhlenbruck InsO § 109 Rn. 14.

Dies führt zu der misslichen Situation, dass das Gesellschaftsrecht die WG für aufgelöst 21
erklärt, während das Insolvenzrecht das Fortbestehen des Mietverhältnisses bestimmt, bis
Mieter oder Vermieter das Mietverhältnis nach allgemeinen Regeln kündigen. Praktisch
wird das Problem allerding selten virulent werden, denn der Insolvenzverwalter hat die
Möglichkeit, Gegenstände, die gem. **§ 35 InsO** in die Insolvenzmasse fallen, **freizugeben**.[14] Dazu zählen auch Anteile an Personengesellschaften. Der Insolvenzverwalter hat
deshalb das Recht, den in die Insolvenzmasse fallenden WG-Anteil freizugeben, wenn
dessen Verwertung durch eine Veräußerung für die Insolvenzmasse wirtschaftlich nicht
nützlich wäre. In aller Regel wird das im Falle von WG-Anteilen der Fall sein, da diese
kaum jemals einen wirtschaftlichen Wert von Bedeutung darstellen dürften. Der Insolvenzschuldner könnte nach Freigabe des WG-Anteils durch den Insolvenzverwalter dann seine
Stimm- und Verwaltungsrechte wieder selbst ausüben und daher gemeinsam mit den
Mitbewohnern beschließen, dass die WG fortgesetzt wird (zur Möglichkeit eines Fortsetzungsbeschlusses → Rn 22, 33 ff.).

Sollten sich die Mitbewohner weigern, einen entsprechenden **Fortsetzungsbeschluss** 22
zu fassen, stellt sich die Frage, ob die gesellschaftsrechtliche Treuepflicht sie dazu verpflichten kann, einen solchen Beschluss zu fassen. Dafür spricht, dass die Vorschrift des
§ 728 Abs. 2 BGB, wonach die Gesellschaft im Falle der Insolvenz eines Gesellschafters
aufgelöst ist, dem Schutze der Insolvenzmasse dient und nicht etwa den Mitgesellschaftern
das Recht geben soll, den insolventen Mitgesellschafter auszuschließen. Sofern man mit der
hier vertretenen Auffassung davon ausgeht, dass im Zweifel ein Gleichlauf von mietvertraglichen Kündigungsfristen und gesellschaftsrechtlichen Kündigungsfristen gewollt ist,
berechtigt die Privatinsolvenz eines Mitbewohners die anderen WG-Mitglieder nicht zur
Kündigung des Gesellschaftsverhältnisses. Sie sind vielmehr aus der **Treuepflicht** gegenüber ihrem Mitgesellschafter verpflichtet, die Fortsetzung der Gesellschaft zu beschließen,
falls der Insolvenzverwalter den Gesellschaftsanteil freigibt und der insolvente Mitbewohner
dies wünscht.

Die Eröffnung eines **Nachlassinsolvenzverfahrens** führt nach der Rechtsprechung 23
nicht zur Auflösung der Gesellschaft. Dies kann relevant werden, falls die Gesellschaft durch
den Tod eines Gesellschafters abweichend vom gesetzlichen Regelfall – dazu sogleich –
nicht aufgelöst wird und der Nachlass überschuldet ist.

V. Insolvenz der Gesellschaft selbst

Wird über die Gesellschaft selbst ein Insolvenzverfahren eröffnet, führt dies ebenfalls zur 24
Auflösung der Gesellschaft. Dies ist keine Besonderheit der GbR, sondern im gesamten
Gesellschaftsrecht der **Regelfall**. Dieses gesellschaftsrechtliche Strukturprinzip soll den
Gläubigern der Gesellschaft den Zugriff auf das Gesellschaftsvermögen erleichtern. Die
Eröffnung des Insolvenzverfahrens über das Vermögen einer WG-GbR dürfte praktisch die
absolute Ausnahme darstellen. Denkbar wäre sie etwa in dem Fall, dass die WG selbst
Verträge mit Dritten abgeschlossen hat (WG-Typ D), beispielsweise mit Telekommunikationsanbietern, die einen Gläubigerinsolvenzantrag stellen, weil ihre Rechnungen nicht
beglichen werden. In aller Regel werden aber solche Dritte zunächst versuchen, sich
persönlich bei den WG-Bewohnern schadlos zu halten.

VI. Zweckerreichung und Auflösungsbeschluss

Die GbR wird ferner aufgelöst, wenn der Gesellschaftszweck erreicht ist. Im Falle der **WG** 25
ist das **kaum vorstellbar.** Denn es handelt sich im Falle des gemeinsamen Wohnens um
einen Dauerzweck. Sollten die Mitbewohner die WG nur für einen von vornherein ver-

---

[14] HM, vgl. *Büteröwe* in K. Schmidt InsO § 35 Rn. 26.; *Hirte/Praß* in Uhlenbruck InsO § 35 Rn. 71 ff.

einbarten Zeitraum gegründet haben, liegt eine Gesellschaft vor, die nur für einen bestimmten Zeitraum gegründet wurde; sie ist deshalb nicht wegen Zweckerreichung, **sondern Zeitablaufs** aufgelöst.

26 Anders verhält es sich mit der Möglichkeit, die Gesellschaft durch Auflösungsbeschluss zu beenden. Es steht den Gesellschaftern jederzeit frei, die Auflösung der Gesellschaft gemeinsam zu beschließen. Dazu bedarf es eines Gesellschafterbeschlusses. Ein solcher Beschluss ist gesetzlich zwar nicht vorgesehen, aber den Gesellschaftern im Rahmen ihrer **Privatautonomie** jederzeit möglich. Er bedarf keiner besonderen Form.[15]

27 Ergibt sich aus dem Verhalten der WG-Mitglieder, dass sie die WG beenden wollen, wird daraus regelmäßig auf das Vorliegen eines **einstimmigen Gesellschafterbeschlusses,** der die Auflösung der Gesellschaft zum Gegenstand hat, geschlossen werden können.

VII. Wirkungen der Auflösung

28 Liegt ein Auflösungsgrund vor, ist die Gesellschaft gleichwohl nicht automatisch sofort beendet. Vielmehr richten sich die **Rechtsfolgen der Auflösung** zunächst nach dem Gesellschaftsvertrag, in dem näher geregelt werden kann, welche Rechtsfolgen die Auflösung der Gesellschaft hat.[16] Fehlt eine solche Regelung, gelten für die GbR grundsätzlich die gesetzlichen Regelungen der §§ 730 ff. BGB. Etwas anderes gilt, falls eine Innen-GbR ohne Gesellschaftsvermögen vorliegt; in diesem Fall passen die Regeln der §§ 730 ff. BGB nicht oder nur partiell.[17] Darauf ist später näher einzugehen (→ Rn. 49).

29 Die Auflösung der GbR bewirkt, dass sich der Zweck der Gesellschaft ändert. **Zweck** der Gesellschaft ist nunmehr kraft Gesetzes die Herbeiführung der **Vollbeendigung** der Gesellschaft.[18] Die Gesellschafter sind weiterhin verpflichtet, diesen neuen Gesellschaftszweck zu fördern und an allen dazu erforderlichen Maßnahmen mitzuwirken. Die Mitbewohner müssen also gemeinsam darauf hinwirken, dass die WG vollständig „abgewickelt" wird, die GbR also beendet wird („Vollbeendigung").

C. Fortsetzung der Gesellschaft aufgrund einer Fortsetzungsklausel

30 Gem. § 736 BGB ist im Falle einiger Auflösungsgründe die Fortsetzung der Gesellschaft möglich, wenn im Gesellschaftsvertrag zwischen den Gesellschaftern vereinbart ist, dass die Gesellschaft fortgesetzt werden soll, falls ein solcher Auflösungsgrund vorliegt (Fortsetzungsklausel). Zulässig ist eine Fortsetzungsklausel für den Fall der Kündigung eines Gesellschafters und den Tod eines Gesellschafters (→ Rn. 9, 16, 28 f.). Im Fall der Insolvenz der Gesellschaft ist die Auflösung der GbR zwingende Folge (→ Rn. 24, 28 f.).

Möglich ist außerdem eine Fortsetzungsklausel für den Fall der Insolvenz eines Gesellschafters (→ Rn. 18 f., 22, 28 f.). Der insolvente Gesellschafter muss dann allerdings zwingend aus der Gesellschaft ausscheiden. Die anderen Gesellschafter müssen ohne ihn weitermachen. Der Insolvenzmasse des insolventen Gesellschafters steht in diesem Fall ein Abfindungsanspruch (§ 738 Abs. 1 S. 2 BGB) gegen die WG in Höhe des Wertes des Gesellschaftsanteils des insolventen WG-Mitglieds zu.[19]

31 Fraglich ist allerdings, wann eine konkludente Fortsetzungsklausel im Falle von Wohngemeinschaften praktische Relevanz erlangt. Gesellschaftsverträge werden hier so gut wie nie schriftlich fixiert, eine Fortsetzungsklausel höchstwahrscheinlich bei Abschluss des Gesellschaftsvertrages niemals thematisiert. Für schriftliche Gesellschaftsverträge gilt nach

---

[15] BGHZ 26, 126 (130) = NJW 1958, 299.
[16] *K. Schmidt* GesR § 59 V.
[17] *Schäfer* in MüKoBGB § 730 Rn. 12.
[18] *Gummert* in MHdB GesR I § 21 Rn. 2.
[19] *Kilian* in Henssler/Strohn GesR § 728 Rn. 11.

der Rechtsprechung eine Vermutung für ihre Richtigkeit und Vollständigkeit.[20] Im Falle schriftlich abgefasster Gesellschaftsverträge kann man daher davon ausgehen, dass keine Fortsetzungsklausel gewollt war, falls der Gesellschaftsvertrag keine enthält. Jedoch ist der Abschluss eines Gesellschaftsvertrages im Falle der GbR formlos möglich, weshalb es theoretisch denkbar ist, das die Gesellschafter konkludent eine Fortsetzungsklausel in den Gesellschaftsvertrag aufgenommen haben.[21] Ein Indiz dafür wäre es, falls die WG-Bewohner die WG nach einem Ereignis, dass nach dem BGB zur Auflösung der GbR führt, trotzdem weitermachen. Praktisch und auch rechtlich dürfte es allerdings näher liegen, die Begründung für die Fortsetzung der Gesellschaft nicht in einem bereits zu Beginn der Gesellschaft für den jeweiligen Fall vorgefassten Willen, sondern aufgrund eines wegen der **konkreten Situation gefassten Gesellschafterbeschlusses** zu sehen (dazu sogleich → Rn. 32), falls die WG **faktisch** von den verbleibenden Mitbewohnern **fortgesetzt** wird. Denn es erscheint doch fraglich, ob sich die Mitbewohner bei Begründung des WG-Verhältnisses über eine Fortsetzungsklausel überhaupt Gedanken gemacht haben.

Ein **praktischer Unterschied** zwischen der Annahme einer konkludenten Fortsetzungsklausel und der eines Gesellschafterbeschlusses, die Gesellschaft nach Eintritt des Auflösungsgrundes doch noch fortzusetzen, zeigt sich an folgendem Beispiel: 32

Eine WG besteht aus A, B, C und D. A, der bereits Waise ist, kommt bei einem Autounfall ums Leben und wird von seinen drei Geschwistern beerbt, von denen eines in den USA, eines in Australien und eines in Dubai lebt. Im Falle einer konkludenten Fortsetzungsklausel könnten B, C und D die WG fortsetzen. Den drei Erben stünde lediglich ein Abfindungsanspruch auf den Wert des Gesellschaftsanteils zu. Fehlt eine konkludente Fortsetzungsklausel, werden die drei Geschwister als Erben des A Gesellschafter einer aufgelösten und auseinanderzusetzenden WG. Sie müssten einer Fortsetzung zustimmen.

Möchte man dieses Ergebnis vermeiden, müsste wegen ergänzender Vertragsauslegung eine Fortsetzungsklausel in den mündlich oder konkludent geschlossenen Gesellschaftsvertrag hineingelesen werden. Die **Lückenfüllung** von Verträgen im Wege **ergänzender Vertragsauslegung** ist dann möglich, wenn die Vertragsparteien unabsichtlich keine ausdrückliche Regelung vereinbart haben oder sich der Vertrag durch spätere Entwicklungen, die für die Parteien bei Vertragsschluss noch nicht erkennbar waren oder nicht erkannt wurden, als lückenhaft erweist, weil sie sonst bei verständiger Würdigung eine entsprechende Regelung in den Vertrag aufgenommen hätten.[22] Die **hM** geht im Falle von Gesellschaftsverträgen davon aus, dass **die ergänzende Vertragsauslegung dem Parteiwillen** regelmäßig **näher kommt,** als die Anwendung der gesellschaftsrechtlichen Normen der §§ 705 ff. BGB. Hintergrund ist, dass diese Vorschriften oft die Vielschichtigkeit der Erscheinungsformen von Gesellschaften nicht erfassen können, sodass den Parteien im Zweifel nicht unterstellt werden kann, sie hätten mit ihrem Schweigen zum Ausdruck bringen wollen, dass anstelle vertraglicher Regelungen die Vorschriften des BGB Anwendung finden sollten.[23] Im Falle von WG-GbRs dürfte es dem Parteiwillen regelmäßig entsprechen, dass die Gesellschaft im Fall des Todes eines Mitbewohners mit den bisherigen Mitbewohnern unter Ausschluss der Erben des Verstorbenen fortgeführt werden soll. Das vorstehend gebildete Beispiel illustriert die möglichen Probleme, die andernfalls für alle Beteiligten entstehen. Entsprechendes dürfte für den Fall der Insolvenz eines Gesellschafters anzunehmen sein. Denn es kann nicht ernsthaft in Erwägung gezogen werden, dass die Mitbewohner es bevorzugen würden, Entscheidungen, die ihre WG betreffen, lieber unter Mitwirkung eines Insolvenzverwalters zu treffen. Sie müssen zwar in diesem Fall akzeptieren, dass der Insolvenzmasse ein Abfindungsanspruch gegen die WG in Höhe des Wertes zusteht, den der Gesellschaftsanteil hat. Dies scheint jedoch angesichts des geringen Wertes

---

[20] *Eisele* in MüKoBGB § 125 Rn. 39; *Lieder* in Oetker HGB § 105 Rn. 97.
[21] OLG Celle BeckRS 2014, 21702; *Sprau* in Palandt BGB § 736 Rn. 2a.
[22] *Schäfer* in MüKoBGB § 705 Rn. 174.
[23] BGHZ 123, 281 = NJW 1993, 3193; *Schäfer* in MüKoBGB § 705 Rn. 174; *Westermann* in Erman BGB § 705 Rn. 36.

solcher WG-Gesellschaftsanteile konsensfähig. Im Ergebnis ist deshalb im Zweifel davon auszugehen, dass der Gesellschaftsvertrag eine Fortsetzungsklausel enthält.

D. Ad-hoc-Fortsetzung durch Gesellschafterbeschluss

33 Kann im Wege ergänzender Vertragsauslegung keine konkludente Fortsetzungsklausel ermittelt werden, stellt sich die Frage, ob die Gesellschafter die Fortführung der Gesellschaft im Wege eines Gesellschafterbeschlusses erreichen können. Ein solcher Gesellschafterbeschluss ist grundsätzlich möglich. Die Fortsetzung der Gesellschaft ist im Falle von Kündigung, Insolvenz oder Tod des Gesellschafters auch dann zulässig, wenn die Gesellschafter einen entsprechenden Gesellschafterbeschluss fassen. Erforderlich ist allerdings ein einstimmiger Beschluss.[24] Das bedeutet, dass im Falle der Kündigung **auch der kündigende Gesellschafter mitstimmen** muss. Im Fall des Todes eines Gesellschafters können die überlebenden Gesellschafter mit den Erben des verstorbenen Mitbewohners beschließen, die Gesellschaft fortzusetzen. Hierin liegt der entscheidende Unterschied zu einer Fortsetzungsklausel. Grund für das Einstimmigkeitserfordernis ist, dass der mit Eintritt des Auflösungsgrundes bereits entstandene Anspruch jedes Gesellschafters auf Durchführung der Liquidation durch den Fortführungsbeschluss vernichtet wird.[25]

34 Ist die WG aufgrund der Eröffnung eines Insolvenzverfahrens über das Vermögen eines Gesellschafters aufgelöst, ist ein Fortsetzungsbeschluss nur möglich, wenn der **Insolvenzverwalter der Fortsetzung zustimmt**.[26] In der Regel wird er dies im Falle einer WG nicht tun, sondern den Gesellschaftsanteil aus der Insolvenzmasse freigeben, da dieser einerseits keinen nennenswerten wirtschaftlichen Wert für die Masse darstellt und der Insolvenzverwalter andererseits mögliche Verpflichtungen zwischen den Mitbewohnern nicht aus der Insolvenzmasse begleichen möchte. Falls der Insolvenzverwalter den Gesellschaftsanteil des insolventen Mitbewohners freigibt, können alle Mitbewohner unter Einschluss des insolventen Mitbewohners die Fortsetzung der WG beschließen.

35 Für einen Fortsetzungsbeschluss sieht das Gesetz **keine besondere Form** vor. Das bedeutet, dass ein solcher Beschluss auch konkludent, also durch schlüssiges Verhalten, gefasst werden kann.[27] Im Falle von WGs dürfte dies der Regelfall sein. Teilt ein Mitbewohner mit, dass er die WG verlassen möchte, ist darin im Innenverhältnis eine Kündigung der Gesellschaft zu sehen. Die gesetzliche Folge wäre, dass die Gesellschaft aufgelöst ist. Sie wäre deshalb grundsätzlich auseinanderzusetzen.

36 Kommen die Gesellschafter – also alle aktuellen Mitbewohner – überein, dass die WG nicht aufgelöst wird, sondern dass ein **neuer Mitbewohner gesucht** werden soll, liegt darin ein **konkludent** gefasster Gesellschafterbeschluss, die Gesellschaft fortzusetzen. In diesem Fall scheidet der Mitbewohner, der kündigt, aus der WG aus. Insofern kann auf die Ausführungen zum Ausscheiden eines Mitbewohners verwiesen werden (→ § 18 Rn 8 ff.).

E. Ablauf von Auflösung und Auseinandersetzung der GbR

37 Liegt ein Auflösungsgrund vor, ist die Gesellschaft **von Rechts wegen aufgelöst.** Das bedeutet nicht, dass die GbR nicht mehr existiert. Die Auflösung markiert nach der

---

[24] HM vgl. *Koch* in BeckOGK, 15.9.2018, BGB § 736 Rn. 32; *Schöne* in BeckOK BGB, 49. Ed. 1.2.2019, § 723 Rn. 4; *Westermann* in Erman BGB § 723 Rn. 6; weniger streng *Schäfer* in MüKoBGB Vor § 723 Rn. 11, der die Mitwirkung des ausscheidenden Gesellschafters nicht für erforderlich hält, sofern dieser zum vollen Verkehrswert abgefunden werde.
[25] *Westermann* in Erman BGB § 723 Rn. 6.
[26] *Sprau* in Palandt BGB § 728 Rn. 2.
[27] *Schäfer* in MüKoBGB Vor § 723 Rn. 11.

gesetzlichen Konzeption der §§ 723, 730 ff. BGB lediglich den rechtsgestaltenden Akt, der das Ende der Gesellschaft mit ihrem bisherigen Gesellschaftszweck und den Beginn der Auseinandersetzung einleitet.[28] Denn die GbR hat in der Regel rechtliche Beziehungen zu anderen Teilnehmern des Rechtsverkehrs, insbesondere Kunden und Lieferanten. Im Falle von WG-Typ D (Außen-GbR) bestehen Beziehungen zum Vermieter, zu Energieversorgern, möglicherweise auch zu Telekommunikationsanbietern. Die GbR ist deshalb nach ihrer Auflösung auseinanderzusetzen und sodann zu beenden (Vollbeendigung).

Handelt es sich, wie bei vielen WGs, **nicht** um eine **Außen-GbR** (→ § 14 Rn. 6 ff.), bedarf es in der Regel keiner Auseinandersetzung der Gesellschaft.[29] Da die Innen-GbR nach herrschender Meinung kein Vermögen hat, weil sie andernfalls Außen-GbR wird,[30] bestehen lediglich Ansprüche der Gesellschafter untereinander. Die Innen-GbR ist deshalb beendet, sobald sie aufgelöst ist.[31]

Ist die GbR aufgelöst und kommt es für die Außen-GbR zu einer Auseinandersetzung 38 nach Maßgabe der §§ 730 ff. BGB, so vollzieht sich eine erforderliche Auseinandersetzung mit dem Zweck, die Gesellschaft zu beenden, für gewöhnlich in **sechs Schritten**. Die Reihenfolge dieser Schritte ergibt sich aus dem Gesetz, ist also grundsätzlich nicht ins Belieben der Gesellschafter gestellt. Es besteht aber die Möglichkeit, eine Auseinandersetzungsvereinbarung zu schließen, in der die Einzelheiten der Auseinandersetzung und gegebenenfalls auch eine abweichende Reihenfolge festgelegt werden kann.[32] In diesem sog. Liquidationsstadium erlischt die gegebenenfalls einzelnen Mitbewohnern erteilte Geschäftsführungsbefugnis. In der Folge sind im Außenverhältnis alle Mitbewohner nur noch gemeinschaftlich zur Vertretung der WG berechtigt, sofern nicht ausdrücklich etwas anderes vereinbart wird.[33]

I. Schritte der Auflösung einer Außen-GbR

1. Beendigung aller schwebenden Geschäfte

Zunächst sind alle schwebenden Geschäfte zu beenden. Das bedeutet, dass nicht erfüllte 39 Verträge zu erfüllen sind. **Dauerschuldverhältnisse** sind nach den für sie geltenden Vorschriften zu beenden, also idR ordentlich zu **kündigen**. Im Falle von Wohngemeinschaften bedeutet dies, dass insbesondere die mit der WG als solcher geschlossenen Verträge zu beenden sind. Das kann, je nach WG-Typ, insbesondere den Mietvertrag betreffen. Andere Beispiele wären Verträge mit Telekommunikationsanbietern oder anderen Dienstleistern, wie Raumpflegern.

2. Rückgabe der zur Nutzung überlassenen Gegenstände

§ 732 BGB schreibt vor, dass Gegenstände, die ein Gesellschafter der Gesellschaft zur 40 Nutzung überlassen hat, an den Gesellschafter zurückzugeben sind. Hat also bspw. ein Gesellschafter einen **Fernseher** in die gemeinschaftlich genutzten Räume der WG gestellt und seinen Mitbewohnern gestattet, den Fernseher zu verwenden, wäre der Fernseher im Zuge der Auseinandersetzung an diesen Gesellschafter zurückzugeben. Hier kann freilich Streit darüber entstehen, ob der Fernseher „zur Verfügung gestellt" oder „eingebracht" wurde. Entscheidend ist, was die Mitbewohner wollten: Sollte der Fernseher Eigentum der Gesellschaft werden oder stellten sie sich vor, dass er „nur geliehen" ist (dazu ausführlich

---

[28] *Hellmann* S. 22; *Schäfer* in MüKoBGB Vor § 723 Rn. 5.
[29] *Schäfer* in MüKoBGB § 730 Rn. 12; aA *Servatius* in Henssler/Strohn GesR § 705 Rn. 9.
[30] BGHZ 126, 226 (234) = BeckRS 9998, 166402.
[31] *Gummert* in MHdB GesR I § 21 Rn. 5.
[32] *Kilian* in Henssler/Strohn GesR § 731 Rn. 2.
[33] *Schäfer* in MüKoBGB § 730 Rn. 43; *Hellmann* S. 23.

→ § 15 Rn. 5 ff.). Im zweiten Fall stellt sich weiter die Frage, ob das Gebrauchsrecht an der Sache („quoad usum") oder der Wert der Sache („quoad sortem") überlassen werden sollte. Für den Anspruch aus § 723 BGB ist dies jedoch ohne Belang,[34] relevant wird diese Unterscheidung erst für die Ermittlung des Wertes, mit dem der Gegenstand in der Auseinandersetzungsrechnung zu berücksichtigen ist. Hat der einbringende Gesellschafter der WG das Eigentum an dem Fernseher übertragen, so ist die WG folglich zur Rückübereignung verpflichtet. Sollte die WG den Fernseher hingegen nur nutzen dürfen, ist dem Eigentümer der Besitz an dem Fernseher zu verschaffen.[35]

3. Tilgung der Schulden der Gesellschaft

41 Im nächsten Schritt sind die **Schulden der Gesellschaft zu begleichen,** § 733 Abs. 1 S. 1 BGB. Ob eine WG als solche Schulden hat, hängt maßgeblich davon ab, ob es sich um eine Außen-GbR oder um eine Innen-GbR handelt (zur Abgrenzung → Rn. 37, 49 und → § 14 Rn. 6 ff.). Hier spielt eine entscheidende Rolle, **welcher WG-Typ** vorliegt (→ Rn. 52 ff.). In den meisten Fällen wird die WG selbst – also die GbR – keine Schulden haben.

42 Sollte die GbR selbst doch einmal Schulden haben, sind diese zu erfüllen, und zwar so, wie es das Rechtsverhältnis, aus dem die Schulden resultieren, vorsieht. Im Regelfall muss die Gesellschaft daher **Geldschulden** bezahlen. Sollte die Gesellschaft nicht in der Lage sein, die Schulden zu bezahlen, kann dies insolvenzrechtliche Konsequenzen haben. Zum einen ist die Gesellschaft in diesem Fall möglicherweise zahlungsunfähig im Sinne des § 17 Abs. 2 InsO. Danach liegt Zahlungsunfähigkeit vor, wenn der Schuldner – die WG, nicht die Mitbewohner einzeln oder gemeinsam – nicht in der Lage ist, ihre bestehenden Verbindlichkeiten zu berichtigen. Nach der Rechtsprechung ist das jedenfalls dann der Fall, wenn der Schuldner nicht in der Lage ist 90 % seiner fälligen Verbindlichkeiten zu bezahlen und sich daran auch innerhalb eines Zeitraums von drei Wochen voraussichtlich nichts ändern wird.[36]

43 Die **Zahlungsunfähigkeit** im Sinne des § 17 InsO ist ein **Insolvenzgrund** (dazu → § 19 Rn. 41 ff.). Er berechtigt die GbR oder deren Gläubiger, Antrag auf Eröffnung eines Insolvenzverfahrens über das Vermögen der Gesellschaft zu stellen. Daneben kann auch der Insolvenzgrund der Überschuldung vorliegen, § 19 InsO. Überschuldung im insolvenzrechtlichen Sinne liegt vor, wenn das Vermögen der Gesellschaft nicht ausreicht, um deren Schulden zu decken (und keine positive Fortführungsprognose besteht). Es kommt also nicht auf die Zahlungsfähigkeit an, sondern nur darauf, ob mehr Schulden – auch nicht fällige – als Vermögenswerte vorhanden sind.

Eine GbR ist allerdings nicht verpflichtet, Insolvenzantrag zu stellen, falls ein Insolvenzgrund vorliegt. Da ihre Gesellschafter – die Mitbewohner – **persönlich haften,** sieht das Gesetz eine solche Pflicht nicht vor. Es besteht jedoch ein gewisses Risiko, dass Gläubiger einen Insolvenzantrag stellen, falls die Gesellschaft ihre Schulden nicht bezahlt, zum Beispiel der Telekommunikationsanbieter usw. Um dies zu vermeiden, empfiehlt es sich, dass die Gesellschafter im Falle einer Außen-GbR prüfen, ob Insolvenzgründe vorliegen. Falls die liquiden Mittel nicht ausreichen, um die Schulden der Gesellschaft zu begleichen, hat die Gesellschaft als solche abweichend von § 707 BGB unter bestimmten Voraussetzungen das Recht, Nachschüsse von den Gesellschaftern verlangen. Das ergibt sich aus § 735 BGB.

---

[34] *Hellmann* S. 33.
[35] *Hellmann* S. 33.
[36] *Mock* in Uhlenbruck InsO § 17 Rn. 21, 26.

4. Rückzahlung der Einlagen

44 Sind die Verbindlichkeiten der Gesellschaft berichtigt, so sind in einem nächsten Schritt die **Einlagen zurück zu erstatten.** Es handelt sich um die Beiträge der Gesellschaft, die diese erbracht haben, um den Zweck der Gesellschaft zu fördern. Die Einlagen sind **grundsätzlich in Geld** zu erstatten.[37] Das gilt auch dann, wenn die Gesellschafter keine Geldeinlagen, sondern Sacheinlagen geleistet haben, sofern die eingelegte Sache in das Eigentum der Gesellschaft übergegangen ist (→ § 15 Rn 8 ff.). Maßgeblich für die Wertberechnung der eingebrachten Sache ist ihr **Wert zum Zeitpunkt der Einbringung.** Praktisch wird es nicht vorkommen, dass Mitbewohner Einlagen in Geld leisten. Sollte die Auslegung ergeben, dass die Mitbewohner der WG Sachen dergestalt zur Verfügung gestellt haben, dass sie Eigentum der WG werden sollen, besteht deshalb grundsätzlich die Pflicht, dem einbringenden Mitbewohner den Wert zu ersetzen, den die eingebrachte Sache im Zeitpunkt der Einbringung hatte.[38] Allerdings können die Mitbewohner beschließen, dass statt eines Geldbetrages die Sache selbst zurückgegeben wird (Leistung an Erfüllungs statt, § 364 BGB). Hat die Sache selbst – wie im Regelfalls – in der Zwischenzeit seit ihrer Einbringung an Wert verloren, stellt sich die Frage, ob der Anspruch auf Erstattung der Einlagen mit der Rückübereignung der (wertgeminderten) Sache erfüllt sein soll oder, ob der Gesellschafter für den Wertverlust eine Kompensation in Geld erhält. In der Regel bleibt es dabei, dass der Wert zu ersetzen ist, den der eingebrachte Gegenstand bei seiner Einbringung hatte, sodass im Zweifel ein Anspruch des Gesellschafters gegen die GbR auf Ersatz des Wertverlustes in Geld hat.

45 Falls **Dienstleistungen** eingebracht wurden, ist **prinzipiell nichts zu erstatten,** sofern keine gesonderte Pflicht zur Erstattung des Wertes solcher Dienstleistungen vereinbart wurde.[39] Eine solche Vereinbarung wird im Falle von Mitbewohnern einer WG so gut wie nie vorkommen. Vielmehr ist davon auszugehen, dass es dem Willen der Mitbewohner entspricht, dass ihre jeweils geleisteten Dienstleistungen nicht gegeneinander aufgerechnet werden sollen, sondern mit Auflösung der Gesellschaft als erledigt anzusehen sind. Dies betrifft insbesondere die im Rahmen von Putzplänen erbrachten Reinigungsarbeiten oder die Verwaltung der WG-Kasse etc.

46 **Reicht das Vermögen nicht aus,** um den Wert der geleisteten Einlagen an die Gesellschafter auszuzahlen, ist zunächst **vorhandenes Sachvermögen** zu **veräußern.** Ist kein oder zu geringes Sachvermögen vorhanden, erhält der Gesellschafter den Wert seiner Einlage nicht zurück.

5. Verteilung des Gesellschaftsvermögens / Nachschüsse

47 Sollte nach Berichtigung der Schulden (→ Rn. 41) und der Rückerstattung der Einlagen noch **Vermögen vorhanden** sein, so ist es **an die Gesellschafter zu verteilen.** Ergibt hingegen die Schlussabrechnung, dass nicht alle Verbindlichkeiten beglichen und Einlagen erstattet werden konnten, sind die Gesellschafter verpflichtet, gem. **§ 735 BGB Nachschüsse** zu leisten. Es liegt jedoch bei den Gesellschaftern selbst, diesen Anspruch nicht untereinander geltend zu machen. Die Gesellschaft ist in diesem Fall überschuldet, gegebenenfalls auch zahlungsunfähig, wenn die nicht bereinigten Verbindlichkeiten fällig sind. Gläubiger der Gesellschaft – sofern vorhanden – haben in diesem Fall die Möglichkeit, ihre Forderung gegen die Gesellschaft direkt gegenüber den Mitbewohnern geltend zu machen. Dabei ist zu beachten, dass die Mitbewohner für die Verbindlichkeiten gesamtschuldnerisch haften. Das bedeutet, dass Gläubiger ihre Ansprüche gegen jeden der Mitbewohner in voller Höhe geltend machen können.

---

[37] *Sprau* in Palandt BGB § 733 Rn. 9.
[38] *Gummert* in MHdB GesR I § 21 Rn 113.
[39] *Gummert* in MHdB GesR I § 21 Rn. 5; *Schäfer* in MüKoBGB § 733 Rn. 117.

6. Vollbeendigung

48 Sobald die Schulden berichtigt, die **Einlagen zurückerstattet und vorhandenes Vermögen verteilt** ist, gilt die Außen-Gesellschaft als beendet. Eine Innen-GbR ist – wie oben bereits ausgeführt – schon **mit ihrer Auflösung** beendet.

II. Auseinandersetzung der Innen-GbR

49 Für die Auseinandersetzung der Innen-GbR macht das Gesetz – wie erwähnt (→ Rn. 37) – keine Vorgaben. Nach hM ist die Innen-GbR **mit Auflösung auseinandergesetzt** und voll beendet.[40] Das bedeutet, dass die Innen-GbR mit ihrer Auflösung nicht mehr besteht. Rechts- und Wirtschaftsbeziehungen existieren **nur zwischen den Mitbewohnern untereinander** und zwischen ihnen und dem Vermieter. Es bestehen keine Rechtsbeziehungen mehr zur GbR. Sofern hier bspw. der eine für den anderen in Vorleistung getreten ist, ist miteinander, aber nicht mit der WG als solcher abzurechnen.

III. Praktische Umsetzung der Vorgaben zur Auseinandersetzung

50 Das Gesetz macht keine Vorgaben, wie eine Auseinandersetzung abzurechnen ist. Insbesondere schreibt es **keine Auseinandersetzungsbilanz** vor. Möglich ist daher auch jede andere Form der Abrechnung.[41] Die Mitbewohner können sogar auf **eine Abrechnung verzichten**.[42] Wird keine Abrechnung vorgenommen und auch nicht eingefordert, wird darin regelmäßig ein Verzicht auf die Abrechnung zu sehen sein. Da ohne eine Abrechnung die Höhe der Ansprüche von Mitbewohnern gegen die Gesellschaft nicht beziffert werden kann, dürfte daher in einem Verzicht auf die Abrechnung zugleich ein Verzicht auf die Ansprüche gegen die Gesellschaft zu sehen sein. Dies führt zur Aufhebung der Gesellschafterverbindlichkeiten, sodass die Vollbeendigung erfolgen kann.

51 Wird **keine Vereinbarung** darüber getroffen, wie die Auseinandersetzung zu erfolgen hat, gilt **grundsätzlich die gesetzlich vorgesehene**, vorstehend dargestellte **Reihenfolge**. Sie ist indes oft nicht praktikabel. Insbesondere die Vorgabe, dass zunächst sämtliche Gesellschaftsschulden zu begleichen und sodann alle geleisteten Einlagen zurückzuerstatten sind, kann zu einem unpraktischen Hin-und-Her führen, wenn das Vermögens der Gesellschaft insgesamt nicht ausreicht, um alle ihre Verpflichtungen zu erfüllen. Die Rechtsprechung lässt deshalb auch bei Fehlen einer gesonderten Vereinbarung der Gesellschafter zu, dass die Abwicklung aller wechselseitigen Ansprüche von Gesellschaft und Gesellschaftern aus dem Gesellschaftsverhältnis in einem einheitlichen Verfahren erfolgt.[43]

F. Zusammenfassende Differenzierung nach WG-Typen

I. WG-Typ A

52 WG-Typ A (→ § 1 Rn. 24) ist dadurch charakterisiert, dass im Außenverhältnis keine Pflichten der GbR bestehen. Denn im Falle von WG-Typ A schließt ein Mitbewohner einen Hauptmietvertrag mit dem Vermieter und sodann Untermietverträge mit den anderen Mitbewohnern. Sofern WG-Typ A kein Vermögen oder sonstige Vertragsbeziehungen

---

[40] *Schäfer* in MüKoBGB § 730 Rn. 12; *Gummert* in MHdB GesR I § 21 Rn. 5; *Sprau* in Palandt BGB § 705 Rn. 35; aA *Servatius* in Henssler/Strohn GesR § 705 Rn. 9.
[41] *Hellmann* S. 62; *Sprau* in Palandt BGB § 731 Rn. 1; *Schäfer* in MüKoBGB § 730 Rn. 63.
[42] *Koch* in BeckOGK, 15.9.2018, BGB § 730 Rn. 45.
[43] *Sprau* in Palandt BGB § 730 Rn. 6; *Schäfer* in MüKoBGB § 730 Rn. 49 ff.

F. Zusammenfassende Differenzierung nach WG-Typen § 22

zu Dritten hat, liegt eine **reine Innen-GbR** vor. Folge ist, dass die WG bereits mit ihrer Auseinandersetzung aufgelöst ist. Die Mitbewohner müssen lediglich noch unter einander abrechnen.

Falls WG-Typ A **Vermögen hat oder Vertragsbeziehungen zu Dritten unterhält,** 53 sieht das Gesetz folgenden Ablauf der Auseinandersetzung vor:
– Rückgabe überlassener Gegenstände an die Gesellschafter
– Rückerstattung der Einlagen (falls vorhanden, zum Beispiel auf die Gesellschaft zu Eigentum übertragene Gegenstände (Waschmaschine etc.)) und Ersatz eines möglichen Wertverlustes der als Einlage überlassenen Gegenstände
– Verwertung des Gesellschaftsvermögens, zum Beispiel der WG-Kasse (→ § 14 Rn. 52)
– Verteilung des Überschusses, zum Beispiel Überschuss in der WG-Kasse

II. WG-Typ B

Der Ablauf der Auseinandersetzung für WG-Typ B (→ § 1 Rn. 25) **entspricht dem von** 54 **WG-Typ A.** Sofern die WG kein Vermögen oder Vertragsbeziehungen zu Dritten hat, ist sie reine Innen- GbR und mit Auflösung auseinandergesetzt. Falls sie Vermögen oder Vertragsbeziehungen unterhält, ist sie eine Außen-GbR. Für die einzelnen Schritte der Auseinandersetzung in diesem Fall vgl. vorstehend WG-Typ A.

III. WG-Typ C

Im Falle von WG-Typ C besteht ein mehrseitiger Mietvertrag zwischen den Mitbewoh- 55 nern und dem Vermieter (→ § 1 Rn. 26). Für die Auseinandersetzung der WG als GbR **gilt hier nichts anderes** als in den Fällen von WG-Typ A und WG-Typ B. **Zu beachten ist jedoch,** dass im Fall von WG-Typ C nur ein Vertrag zwischen allen Mitbewohnern und dem Vermieter besteht. Das bedeutet, dass der **Vermieter in der Regel von jedem Mitbewohner die gesamte Miete einfordern könnte.** Im Falle der Auseinandersetzung der Wohngemeinschaft, die mit dem Auszug der Mitbewohner verbunden ist, könnte der Vermieter auch mögliche Schadensersatzansprüche von jedem einzelnen Mitbewohner verlangen. Die Mitbewohner sind im Verhältnis zum Vermieter **Gesamtschuldner im Sinne des § 421 BGB.** Der leistende WG-Mitbewohner kann die Zahlung der gesamten Miete in der Regel nicht verweigern, sondern lediglich Regress bei seinen Mitbewohnern nehmen.

IV. WG-Typ D

Falls die WG eine **echte Außen-GbR** ist (WG-Typ D → § 1 Rn. 27), weil sie Vermögen 56 hat oder Vertragsbeziehungen zu Dritten, folgt die Auseinandersetzung **mangels abweichender Vereinbarungen** den oben dargestellten Schritten:
– Beendigung schwebender Geschäfte, insb. des Mietvertrages zwischen der WG und dem Vermieter
– Rückgabe überlassener Gegenstände
– Berichtigung der Gesellschaftsverbindlichkeiten, insbesondere der Mietrückstände, Nebenkosten usw.
– Rückerstattung der Einlagen, falls überhaupt vorhanden
– Verwertung des Gesellschaftsvermögens, zum Beispiel Mietsicherheit (=Forderung), ansonsten oft nur Kaffeekasse
– Verteilung des Überschusses, in der Regel höchstens Kaffeekasse

V. WG-Typ E

57 WG-Typ E (→ § 1 Rn. 28) betrifft den Fall, dass zwischen Vermieter und einem Mieter ein Mietvertrag besteht, der Mieter jedoch – ohne einen Untermietvertrag abzuschließen – einen Mitbewohner aufnimmt. Häufigste Konstellation dieses WG-Typs dürfte sein, dass der Mieter seinen (nichtehelichen oder ehelichen) Lebensgefährten in die Wohnung aufnimmt. Im Grundsatz **entspricht dies WG-Typ B.** Auf die **dortigen Ausführungen kann daher verwiesen** werden. Aus der möglichen besonderen familienrechtlichen Verbundenheit, die hier oft vorhanden ist, können jedoch einige Besonderheiten resultieren, die insbesondere die Mitbewohner selbst – und weniger den Vermieter – betreffen (vgl. hierzu insbesondere → § 23 Rn. 48 ff.).

VI. WG-Typ F

58 **WG-Typ F entspricht für die Auseinandersetzung WG-Typ A.** Aus der Tatsache, dass der Eigentümer selbst Mitbewohner ist (→ § 1 Rn. 29) folgt für die Auseinandersetzung zunächst keine Besonderheit. Sofern allerdings der Eigentümer-Mitbewohner im Zuge der Auflösung und Auseinandersetzung selbst Erklärungen für die WG gegenüber sich selbst als Vermieter abgibt, wird er insoweit nicht über die erforderliche Vertretungsmacht verfügen. Denn er handelt insoweit als Vertreter eines anderen gegenüber sich selbst, wozu er gem. **§ 181 BGB** einer besonderen Erlaubnis bedarf.

§ 23 Zusammenwohnen in nichtehelicher Lebensgemeinschaft

Übersicht

	Rn.
A. Die nichteheliche Lebensgemeinschaft	1
B. Rechtsgrundlage des Zusammenwohnens in nichtehelicher Lebensgemeinschaft	6
I. Verhältnis zum Vermieter	7
1. Mietvertrag mit beiden Partnern	8
2. Mietvertrag mit einem der Partner	9
II. Innenordnung zwischen den Lebensgefährten	14
1. Meinungsstand	15
2. Die Voraussetzungen der Begründung einer Innen-GbR	18
C. Besonderheiten bei der Wohnungsvermittlung	21
I. Persönliche Kongruenz des abgeschlossenen Mietvertrages	22
II. Ausschluss des Provisionsanspruchs nach § 2 Abs. 2 Nr. 2 WoVermG	24
D. Eintritt und Wechsel von Mitbewohnern	25
I. Aufnahme des Lebensgefährten in bestehende WG	25
II. Aufnahme Dritter in die Wohnung der nichtehelichen Lebensgemeinschaft	26
E. Mietzahlungen	27
I. Mietvertrag mit beiden Partnern	27
II. Mietvertrag mit einem der Partner/Wohneigentum	29
F. Besitz und Eigentum an Haushaltsgegenständen	30
I. In den Haushalt eingebrachte Gegenstände	31
II. Während des Zusammenlebens erworbene Gegenstände	33
G. Unterhaltspflichten	37
H. Haftungsfragen	40
I. Haftung der Partner untereinander	41
II. Mietvertrag als Vertrag mit Schutzwirkung zugunsten Dritter	43
I. Zwangsvollstreckung	45
I. Räumungsvollstreckung	46
II. Zwangsvollstreckung in bewegliches Vermögen	47
J. Beendigung der nichtehelichen Lebensgemeinschaft durch Trennung	48
I. Rechtliches Schicksal der Wohnung	48
1. Beide Partner sind Mieter	49
2. Ein Partner ist Mieter oder Eigentümer	53
3. Abweichende Wohnungszuweisung?	56
II. Eigentum an Haushaltsgegenständen	58
1. Grundsätze	58
2. Haustiere	59
III. Ausgleich unentgeltlicher Leistungen	60
1. Entwicklung	61
2. Grundsätze	64
a) Rechtsgrund unentgeltlicher Leistungen	65
b) Herausgabe der Bereicherung (condictio ob rem – § 812 Abs. 1 S. 2 Var. 2 BGB)	69
c) (Teil-)Rückgewähr der Leistung (§§ 313 Abs. 1, 3, 323, 346 Abs. 1 BGB)	72
3. Einzelne Zuwendungen	76
a) Mietzahlungen und Darlehensraten	76
b) Finanzierung von Haushaltsgegenständen und Wohneigentum	78
c) Arbeitsleistungen zur Renovierung der Wohnung	80
K. Beendigung der nichtehelichen Lebensgemeinschaft durch Tod eines Partners	82
I. Weiterwohnen des überlebenden Partners	83
1. Mietwohnung	83

	Rn.
2. Wohneigentum	85
II. Ausgleich unentgeltlicher Zuwendungen	87
1. Tod des Zuwendenden	87
2. Tod des Zuwendungsempfängers	88

Schrifttum:

Blank, Die eheähnliche Gemeinschaft im Mietrecht – Gestern, Heute, Morgen – in Götz/Schwenzer/Seelmann/Taupitz (Hrsg.), Familie – Recht – Ethik, Festschrift für Gerd Brudermüller zum 65. Geburtstag (2014), S. 29; *Brudermüller,* Zuweisung der Mietwohnung bei Ehegatten, Lebenspartnern, Lebensgefährten, WuM 2003, 250; *Burhoff/Willemsen,* Handbuch der nichtehelichen Lebensgemeinschaft, 4. Aufl. 2014; *Dethloff,* Vermögensausgleich bei Auflösung nichtehelicher Lebensgemeinschaften in Helms/Zeppernick (Hrsg.), Lebendiges Familienrecht, Festschrift für Rainer Frank zum 70. Geburtstag am 14. Juli 2008 (2008), S. 81; *Diederichsen,* Die nichteheliche Lebensgemeinschaft im Zivilrecht, NJW 1983, 1017; *Fest,* Zweckoffenheit der Gesellschaft bürgerlichen Rechts: Restriktionen bei der Errichtung von Innengesellschaften, AcP 215 (2015), 765; *Götz/Brudermüller,* Madame Butterfly – Eine Untersuchung unter miet- und familienrechtlichen Aspekten, NZM 2011, 664; *Götz/Brudermüller/Giers,* Die Wohnung in der familienrechtlichen Praxis, 2. Aufl. 2018; *Grotkamp,* Das Recht zum Besitz in der nichtehelichen Lebensgemeinschaft, AcP 216 (2016), 584; *Grunewald,* Wohngemeinschaften und nichteheliche Lebensgemeinschaften als Mieter, JZ 2015, 1027; *Grziwotz,* Nichteheliche Lebensgemeinschaft, 5. Aufl. 2014; *Hausmann/Hohloch,* Das Recht der nichtehelichen Lebensgemeinschaft (2. Aufl. 2004), Kapitel 1. B. IV. (Miet- und Wohnungsrecht); *Hausmann,* Die nichteheliche Lebensgemeinschaft im Spiegel der höchstrichterlichen Rechtsprechung von 1968 bis 2008 in Derschka/Hausmann/Löhnig (Hrsg.), Festschrift für Hans-Wolfgang Strätz zum 70. Geburtstag (2009), S. 209; *Kampen,* Haftungsrechtliche Aspekte der nichtehelichen Lebensgemeinschaft, NJW 2016, 1046; *Mankowski,* Rechtskultur (2016); *Paschke,* Gescheiterte Beziehungen im Blickfeld des Mietrechts, WuM 2008, 59; *Scherpe,* Einführung: Nichteheliche Lebensgemeinschaften als Problem für den Gesetzgeber in Scherpe/Yassari (Hrsg.), Die Rechtsstellung nichtehelicher Lebensgemeinschaften (2005); *Schrader,* Die Beendigung einer Wohngemeinschaft von Partnern einer nichtehelichen Lebensgemeinschaft, NZM 2010, 257; *Zwißler,* Die nichteheliche Lebensgemeinschaft in der anwaltlichen Praxis (1999), § 5 (Mietverhältnis mit und zwischen einer nichtehelichen Lebensgemeinschaft).

A. Die nichteheliche Lebensgemeinschaft

1 Nichteheliches Zusammenleben galt im **Ausgang des 19. Jahrhunderts** – in erster Linie für Frauen – als verpönt.[1] Eine gesetzliche Regelung für die nichteheliche Lebensgemeinschaft stand dementsprechend bei der Schaffung des Bürgerlichen Gesetzbuches nicht zur Debatte. In der Folgezeit etablierte sich die nichteheliche Lebensgemeinschaft zu einem gewohnten gesellschaftlichen Bild;[2] in heterosexuellen Beziehungen nimmt die Bedeutung der nichtehelichen Lebensgemeinschaft gegenüber der Ehe noch immer zu.[3] Im Bürgerlichen Gesetzbuch findet sich die nichteheliche Lebensgemeinschaft gleichwohl noch immer nicht als familienrechtliches Institut wieder.[4] Lediglich einzelne Vorschriften erfassen (auch) die nichteheliche Lebensgemeinschaft: § 563 Abs. 2 S. 3 BGB enthält bei Tod des Mieters ein Eintrittsrecht für Personen, die mit dem Mieter einen auf Dauer angelegten gemeinsamen Haushalt führen; das gilt insbesondere für nichteheliche Partner (→ Rn. 83). § 1579 Nr. 2 BGB normiert seit 1.1.2008[5] die verfestige Lebensgemeinschaft als eigenständigen Ausschlusstatbestand des nachehelichen Unterhalts (→ Rn. 39). Der gescheiterte Entwurf eines Gesetzes zur Regelung der Rechtsverhältnisse nichtehelicher Lebens-

---

[1] *Mugdan,* Band 4, S. 302: „Dazu kommt, daß auf der Festigkeit der Ehe im Gegensatze zum Konkubinate die höhere sittliche Stellung des weiblichen Geschlechtes beruht..."
[2] *Blank* FS Brudermüller, 2014, S. 29 (30); *Dethloff* FS Frank, 2008, S. 81; *Grziwotz* Nichteheliche Lebensgemeinschaft Teil 1 Rn. 1 ff.; *Mankowski* Rechtskultur S. 205.
[3] Vgl. Prognos AG/Institut für Demoskopie Allensbach, Zukunftsreport Familie 2030, 2016, https://www.prognos.com/uploads/tx_atwpubdb/160928_Langfassung_Zukunftsreport_Familie_2030_final.pdf (Stand 19.5.2017), Seite 16: Ein steigender Anteil der Kinder wird in nichtehelichen Lebensgemeinschaften geboren.
[4] *Scherpe* in Scherpe/Yassari, Die Rechtsstellung nichtehelicher Lebensgemeinschaften S. 1 (3).
[5] Unterhaltsrechtsänderungsgesetzes, BGBl. 2007 I 3189 (3190).

A. Die nichteheliche Lebensgemeinschaft §23

gemeinschaften vom 14.3.1997 der Fraktion Bündnis90/Die Grünen[6] bezweckte nicht in erster Linie eine Regelung des nichtehelichen Zusammenlebens, sondern des Zusammenlebens homosexueller Paare, auch wenn der Entwurf homosexuelle ebenso wie heterosexuelle Paare erfasste.

Viele **andere Staaten** sehen demgegenüber durchaus gesetzliche Modelle zwischen Ehe 2 und familienrechtlicher Bindungslosigkeit vor: Diese Zwischenmodelle lassen sich rechtsvergleichend in zwei Gruppen einteilen[7]: Modelle, die eine Vereinbarung der Partner erfordern, und Modelle, die kraft Gesetzes Rechtsfolgen an eine bestimmte Form des Zusammenlebens knüpfen. Der 1999 eingeführte französische PACS *(Pacte civil de solidarité)* erfordert eine Vereinbarung vor dem Instanzgericht oder dem Notar.[8] Neben dem PACS kennt der französische *code civile* die faktische Lebensgemeinschaft ohne ausdrückliche Vereinbarung *(concubinage)*,[9] die kraft Gesetzes durch stabiles und dauerhaftes homo- oder heterosexuelles Zusammenleben als Paar entsteht, aber nur wenige rechtlichen Folgen zeitigt.[10] Auch das schwedische *sambolag* entsteht kraft Gesetzes, wenn zwei Personen beständig in einem Paarverhältnis zusammenwohnen, einen gemeinsamen Haushalt unterhalten und nicht anderweitig verheiratet sind. Rechtsfolgen des *sambolag* sind unter anderem Unterhaltspflichten und Vermögensregelungen bezüglich Wohnung und Hausrat.[11] Die brasilianische *união estável* wird ebenfalls kraft Gesetzes begründet und ist unter anderem mit Unterhaltspflichten verbunden; ihre Definition ist deutlich konservativer gefasst als die ihrer französischen und schwedischen Pendants: Voraussetzung ist ein öffentliches, heterosexuelles Zusammenleben, das auf Dauer angelegt ist und die Absicht einschließt, eine Familie zu gründen.[12]

Diese exemplarische Darstellung zeigt, dass andere Staaten unterschiedliche Wege zur 3 Begründung und Definition **nichtehelicher Lebensgemeinschaften** fanden. Die nichteheliche Lebensgemeinschaft in Deutschland blieb dagegen bisher **rechtlich konturlos.** Eine gesetzliche Definition existiert nicht.[13] Eine gefestigte, richterliche Definition besteht nur für die **eheähnliche Gemeinschaft**: Sie wird als eine Verbindung definiert, die auf Dauer angelegt ist, daneben keine weitere Lebensgemeinschaft gleicher Art zulässt und sich durch innere Bindungen auszeichnet, die ein gegenseitiges Einstehen der Partner füreinander begründen, also über die Beziehungen in einer reinen Haushalts- und Wirtschaftsgemeinschaft hinausgeht. Die Definition der eheähnlichen Gemeinschaft basiert auf dem spezifisch sozial[14]- beziehungsweise unterhaltsrechtlichen[15] Verantwortungs- und Einstehungsgedanken. Die Verantwortungs- und Einstehensgemeinschaft ist auf das Zivilrecht nur in Einzelfällen übertragbar.[16] Ist von einer „nichtehelichen Lebens-

---

6 BT-Drs. 13/7228.
7 *Scherpe* in Scherpe/Yassari, Die Rechtsstellung nichtehelicher Lebensgemeinschaften S. 1 (6).
8 Art. 515-4 ff. cc. Der PACS war wie der deutsche Gesetzesentwurf vom 14. März 1997 (s. o.) ursprünglich für homosexuelle Paare gedacht, denen in Frankreich bis zum Jahr 2013 die Ehe nicht offenstand und wurde tatsächlich zunächst überwiegend von homosexuellen Paaren genutzt, auch wenn er heterosexuellen Paaren ebenso offensteht.
9 Art. 515-8 cc: „Le concubinage est une union de fait, caractérisée par une vie commune présentant un caractère de stabilité et de continuité, entre deux personnes, de sexe différent ou de même sexe, qui vivent en couple."
10 *Katzenmeier* in Rieck Ausländisches Familienrecht, 17. EL Juli 2018, Frankreich Rn. 25.
11 *Scherpe* in Scherpe/Yassari, Die Rechtsstellung nichtehelicher Lebensgemeinschaften, S. 1 (10).
12 Art. 1723cc: „É reconhecida como entidade familiar a união estável entre o homem e a mulher, configurada na convivência pública, contínua e duradoura e estabelecida com o objetivo de constituição de família." Vgl. dazu *Albuquerque* in Rieck, Ausländisches Familienrecht, 17. EL Juli 2018, Brasilien Rn. 33.
13 *Burhoff/Willemsen* Nichteheliche Lebensgemeinschaft-HdB Rn. 871.
14 BVerfGE 87, 234 = NJW 1993, 643 (645); → § 27 Rn. 21. Zur Übertragung dieser Definition auf das Mietrecht s. BGHZ 121, 116 = NJW 1993, 999 (1001) – (heute: §§ 563, 563a BGB).
15 BGHZ 168, 245 = NJW 2006, 2687 (zu § 1615l BGB); BGH NJW 2002, 217 (nunmehr § 1579 Nr. 2 BGB).
16 Anders offenbar: BGHZ 176, 262 = NJW 2008, 2333 (2337 Rn. 25); BGH NJW 2008, 443; OLG München, NJW-RR 2017, 589. Vgl. auch *Brudermüller* in Palandt BGB Einl Vor § 1297 ff. Rn. 10.

gemeinschaft" die Rede, bleiben deren Merkmale – anders als bei der Ehe oder der Lebenspartnerschaft – daher unscharf. Sicher ist, dass nichteheliche Lebensgemeinschaften sowohl zwischen heterosexuellen als auch zwischen homosexuellen Paaren bestehen können.[17] Auch können wohl neben monogamen auch polygame Beziehungen als nichteheliche Lebensgemeinschaften gelten. Schließlich müssen die Partner nicht zwingend zusammenwohnen.[18] Jenseits davon sind die Grenzen zwischen einer bloßen Wohngemeinschaft und einer nichtehelichen Lebensgemeinschaft fließend: unklar bleibt, wie intim die Beziehung (Zweckgemeinschaften im Alter?), wie intensiv das Zusammenleben (Wochenendbeziehung?) und wie ernsthaft die Absichten (Lebensabschnittsgefährten?) sein müssen, damit aus einer Wohngemeinschaft eine nichteheliche Lebensgemeinschaft wird.

4 Aus der Konturlosigkeit der nichtehelichen Lebensgemeinschaft folgt, dass ein Sonder-(familien-)recht für nichteheliche Lebensgemeinschaften nicht existieren kann. Im System der Gewaltenteilung obliegt der Legislative die Entscheidung, welchen gesellschaftlichen Lebensformen sie einen besonderen (familien-)rechtlichen Rahmen geben will. Dementsprechend findet das Eherecht nach ganz überwiegender und zutreffender Auffassung keine analoge Anwendung.[19] Insbesondere sind die Partner einander nicht wie Ehepartner zum Unterhalt verpflichtet (→ Rn. 37).[20] Aus dem Fehlen von Sonderrecht folgt jedoch nicht, dass Partner nichtehelicher Lebensgemeinschaften im rechtsfreien Raum leben. Auf die vermögensrechtlichen Angelegenheiten nichtehelicher Lebensgemeinschaften finden die schuld- und sachenrechtlichen Regelungen des ersten bis dritten Buches des Bürgerlichen Gesetzbuches Anwendung.

5 Ausdrückliche **vermögensrechtliche Vereinbarungen,** zum Beispiel über die Aufteilung gemeinsam angeschaffter Gegenstände, werden in nichtehelichen Lebensgemeinschaften höchst selten getroffen. Während vor rund 100 Jahren die wirtschaftliche Absicherung der Beziehung durch Eheschließung im Vordergrund stand, liegt heute der gesellschaftliche Fokus auf der romantischen Beziehung, in der die Eheschließung nur den vermeintlichen Höhepunkt einnimmt. Vermögensrechtliche Vereinbarungen gelten als unromantisch. Dennoch ist eine vermögensrechtliche Vereinbarung, insbesondere für die Aufteilung der Haushaltsgegenstände nach Trennung (→ Rn. 58), zur Finanzierung von Wohneigentum oder im Hinblick auf Trennungsunterhalt (→ Rn. 37) zu empfehlen.[21]

B. Rechtsgrundlage des Zusammenwohnens in nichtehelicher Lebensgemeinschaft

6 Bei der Bestimmung der rechtlichen Grundlage des Zusammenlebens in nichtehelicher Lebensgemeinschaft ist zwischen dem Außenverhältnis zum Vermieter (I.) und dem Innenverhältnis zwischen den Partnern (II.) zu differenzieren:

---

[17] *Coester* JZ 2008, 315 Fn. 3; *Dethloff* JZ 2009, 418; *Schäfer* in MüKoBGB Vor § 705 Rn. 81; *Wellenhofer* in BeckOGK, 1.5.2019, BGB § 1297 Rn. 75.
[18] *Grziwotz* Nichteheliche Lebensgemeinschaft Teil 6 Rn. 1.
[19] AG Gelsenkirchen Urt. v. 20.2.2001 – 14 C 367/00 juris; *Brudermüller* in Palandt BGB Einl Vor § 1297 ff. Rn. 13; *Wellenhofer* in BeckOGK, 1.10.2018, BGB § 1297 Rn. 76. Differenzierend: *Grziwotz* Nichteheliche Lebensgemeinschaft § 5 Rn. 14.
[20] *Brudermüller* in Palandt BGB Einl Vor § 1297 ff. Rn. 27. Zur Berücksichtigung in der Bedarfsgemeinschaft → § 27 Rn. 16 ff.
[21] So auch *Wellenhofer* in BeckOGK, 1.5.2019, BGB § 1297 Rn. 95.

B. Rechtsgrundlage des Zusammenwohnens in nichtehelicher Lebensgemeinschaft § 23

I. Verhältnis zum Vermieter

Für das Verhältnis zum Vermieter ist entscheidend, ob beide Partner gemeinsam den Mietvertrag geschlossen haben (1.) oder nur einer der Partner Vertragspartei ist (2.). 7

1. Mietvertrag mit beiden Partnern

Schließen beide Partner gemeinsam einen Mietvertrag mit dem Vermieter (WG-Typ C), sind beide Partner aufgrund des Mietvertrages zum Gebrauch (§ 535 Abs. 1 S. 1 BGB) und Besitz (§ 868 BGB) der gesamten Wohnung berechtigt. Der Vertragsschluss zwischen Vermieter und jedem Lebensgefährten über die einzelnen Zimmer und die Mitnutzung der übrigen Räume (WG-Typ B) oder die Begründung einer Außen-GbR durch die Lebensgefährten (WG-Typ D, dazu § 14 Rn. 6 ff.) sind praktisch denkbar,[22] werden aber bei Partnern einer nichtehelichen Lebensgemeinschaft selten vorkommen. 8

2. Mietvertrag mit einem der Partner

Häufig schließt nur einer der Partner einen Mietvertrag ab und der andere zieht – sogleich oder zu einem späteren Zeitpunkt – mit ein (WG-Typ E). Selten wird es zum Abschluss eines Untermiet-/Leihvertrages zwischen den Lebensgefährten kommen (WG-Typ A). In beiden Konstellationen wird der Nichtvertragspartner nicht analog § 1357 Abs. 1 BGB, § 8 Abs. 2 LPartG aus dem Mietvertrag mitverpflichtet und mitberechtigt. Abgesehen davon, dass § 1357 BGB und § 8 Abs. 2 LPartG ohnehin auf Grundlagengeschäfte wie den Abschluss eines Mietvertrages keine Anwendung finden,[23] sind die Vorschriften auf nichteheliche Lebensgemeinschaften nach überwiegender und zutreffender Ansicht nicht analog anwendbar.[24] Deshalb wird der Partner auch beim Abschluss von **Bedarfsdeckungsgeschäften** (zum Beispiel Energielieferungsverträge, Kauf von Haushaltsgegenständen) nicht automatisch mitverpflichtet und mitberechtigt.[25] Eine Bevollmächtigung (§ 167 BGB), auch eine Duldungs- oder Anscheinsvollmacht, ist im Einzelfall möglich, folgt aber nicht bereits konkludent aus dem Zusammenleben.[26] 9

Der nicht mietende Lebensgefährte ist, anders als der Ehegatte,[27] **Dritter** im Sinne von § 540 Abs. 1 S. 1 BGB.[28] Der Mieter hat allerdings regelmäßig ein berechtigtes Interesse daran, die Wohnung mit seinem Lebensgefährten zu teilen. Soll der Lebensgefährte **nach Abschluss des Mietvertrages** mit in die Wohnung einziehen, kann der Mieter nach § 553 Abs. 1 S. 1, 2 BGB vom Vermieter die Erlaubnis hierzu verlangen, es sei denn, in der 10

---

[22] *Häublein* in MüKoBGB § 535 Rn. 55.
[23] OLG Brandenburg NJW-RR 2007, 221; *Voppel* in Staudinger BGB § 1357 Rn. 46.
[24] OLG Hamm NJW 1989, 909; AG Bremen BeckRS 2012, 05273; AG Hamburg NJW-RR 1988, 1522 (1523); *Brudermüller* in Palandt BGB § 1357 Rn. 6; *Grziwotz* Nichteheliche Lebensgemeinschaft Teil 7 Rn. 59; *Hahn* in BeckOK BGB, 1.2.2019, § 1357 Rn. 7; *Roth* in MüKoBGB § 1357 Rn. 8; *Voppel* in Staudinger BGB § 1357 Rn. 26; *Wellenhofer* in BeckOGK, 1.5.2019, BGB § 1297 Rn. 78; aA *Erbarth* in BeckOGK, 15.4.2019, BGB § 1357 Rn. 41.
[25] AG Hamburg NJW-RR 1988, 1522.
[26] *Kroll-Ludwigs* in Erman BGB Vor § 1353 Rn. 19; *Wellenhofer* in BeckOGK, 1.5.2019, BGB § 1297 Rn. 78.
[27] BGH NJW 2013, 2507 Rn. 7 mwN.
[28] RegE BT-Drucks 14/4553, 49; BGHZ 157, 1 = NJW 2004, 56 (57); BGHZ 92, 213 = NJW 1985, 130; OLG Hamm NJW-RR 1997, 1370 (Lebensgefährte der Tochter); OLG Hamm NJW 1992, 513; NJW 1982, 2876; LG Berlin BeckRS 2011, 08998; *Blank* FS Brudermüller, 2014, 31; *Götz/Brudermüller* NZM 2011, 664; *Blank* in Blank/Börstinghaus MietR BGB § 540 Rn. 37; *Bieber* in MüKoBGB § 540 Rn. 5; *Emmerich* in Staudinger BGB § 540 Rn. 5; *Löhnig* in Staudinger BGB Anh. zu §§ 1297 ff., Rn. 189; *Weidenkaff* in Palandt BGB § 540 Rn. 5; aA *Blank* LMK 2004, 1 (Lebensgefährte nicht Dritter iSv § 540 BGB und Aufnahme daher erlaubnisfrei). Zur Gebrauchsüberlassung an Dritte und deren Folgen → § 10 Rn. 19

Person des Lebenspartners liegt ein wichtiger Grund vor, der Wohnraum würde übermäßig belegt oder dem Vermieter ist die Überlassung aus sonstigen Gründen unzumutbar.[29] Für das berechtigte Interesse genügt der – gerichtlich nicht näher überprüfbare – höchstpersönliche Wunsch mit dem nichtehelichen Lebensgefährten zusammen zu leben.[30] Darauf, ob die Beziehung bereits vor Begründung einer Wohngemeinschaft bestand, kommt es nicht an.[31] Schließlich sind diverse – ebenfalls höchstpersönliche und gerichtlich nicht näher nachprüfbare Motive denkbar – eine Lebensgemeinschaft (zunächst) ohne Begründung einer Wohngemeinschaft zu führen. Der Lebensgefährte hat allerdings, auch nach Gestattung der Gebrauchsüberlassung, keinen Anspruch gegen den Vermieter auf Aufnahme in den Mietvertrag.[32] Ebenso besteht kein Anspruch des Vermieters auf Beitritt des einziehenden Partners zum Mietvertrag.[33]

11 Das berechtigte Interesse zum Zusammenleben mit einer anderen Person ist nicht auf nichteheliche Lebensgefährten beschränkt, mit denen der Mieter eine intime, monogame Beziehung führt.[34] Maßgeblich für die Privilegierung des Interesses ist – in systematischer Zusammenschau mit § 563 Abs. 2 S. 3 BGB (→ Rn. 83) – die Absicht zum **dauerhaften** und nicht von vornherein auf einen absehbaren Zeitraum begrenzten Zusammenleben. Dementsprechend besteht auch ein berechtigtes Interesse am dauerhaften Zusammenleben alter Menschen als Alternative zum Alters- oder Pflegeheim, am dauerhaften Zusammenleben mit Freunden und am Zusammenleben von Eltern und Kindern. Davon abzugrenzen ist die von vorherein nur auf eine kurze Phase angelegte Wohngemeinschaft (zum Beispiel zwischen Studenten).

12 Hat der Mieter die Absicht, seinen Lebensgefährten sogleich **bei Abschluss des Mietvertrages** in die Wohnung aufzunehmen, gilt § 553 BGB nicht („nach Abschluss des Mietvertrages"). Der Mieter muss den Vermieter vor Abschluss des Mietvertrages über seine Absicht aufklären und ihm die Wahl lassen, die Aufnahme des Lebensgefährten in die Wohnung zu gestatten, den Abschluss eines Mietvertrages mit beiden Partnern zu fordern oder den Mietvertrag überhaupt nicht abzuschließen. Nur wenn der Mieter dem Vermieter entsprechend aufklärt, kann der Vermieter von seiner Vertragsabschlussfreiheit effektiv Gebrauch machen. Teilt der Mieter dem Vermieter seine Absichten nicht mit, besteht auch später kein berechtigtes Interesse im Sinne von § 553 BGB und damit auch kein Anspruch auf Gestattung der Gebrauchsüberlassung.[35]

13 Überlässt der Mieter seinem Partner die Mitbenutzung an der Wohnung ohne ausdrückliche oder konkludente[36] Gestattung seines Vermieters, handelt es sich grundsätzlich um eine unerlaubte Gebrauchsüberlassung an einen Dritten, die einen Grund für eine außerordentliche (§ 543 Abs. 2 S. 1 Nr. 2 BGB) oder ordentliche Kündigung (§ 573 Abs. 2 Nr. 1 BGB) darstellen kann. Die Hürden für eine außerordentliche oder ordentliche Kündigung sind jedoch hoch: § 543 Abs. 2 S. 1 Nr. 2 BGB erfordert eine erhebliche Verletzung der Rechte des Vermieters durch die Gebrauchsüberlassung. Daran fehlt es regelmäßig, wenn der Mieter seinen Vermieter zwar nicht über den Einzug des Partners informiert hat, er aber einen

---

[29] BGHZ 157, 1 = NJW 2004, 56 (57); AG Aachen NJW-RR 1991, 1112; *Blank* FS Brudermüller, 2014, 29 (31); *Brudermüller* FamRZ 2004, 359 (360); *Burhoff/Willemsen* Nichteheliche Lebensgemeinschaft-HdB Rn. 164; *Caspary* in Krenzler/Borth FamR-AnwaltsHdB, Kap. 13 Rn. 22; *Häublein* in MüKoBGB § 535 Rn. 56; *Heilmann* NZM 2016, 74 (76); *Laumen* in Rahm/Künkel Familien- und Familienverfahrensrecht-HdB, 74. Erg.-Lfg., B. Die Rechtsfolgen des Zusammenlebens Rn. 37; *Emmerich* in Erman BGB § 553 Rn. 3; *Wellenhofer* in BeckOGK, 1.10.2018, BGB § 1297 Rn. 91; *Weidenkaff* in Palandt BGB § 540 Rn. 8; *Wiek* WuM 2003, 690; *Zwißler*, Die Nichteheliche Lebensgemeinschaft in der anwaltlichen Praxis, § 5 Rn. 7.
[30] BGHZ 157, 1 = NJW 2004, 56 (58); *Löhnig* in Staudinger BGB Anh. zu §§ 1297 ff. Rn. 190.
[31] *Löhnig* in Staudinger BGB Anh. zu §§ 1297 ff Rn. 190; aA *Blank* FS Brudermüller, 2014, 29 (32).
[32] *Löhnig* in Staudinger BGB Anh. zu §§ 1297 ff Rn. 196.
[33] *Götz/Brudermüller* NZM 2011, 664.
[34] *Weidenkaff* in Palandt BGB § 553 Rn. 4.
[35] BGH NJW 1985, 130; *Löhnig* in Staudinger BGB Anh. zu §§ 1297 ff. Rn. 187.
[36] OLG Hamburg NJW-RR 1988, 1481 (1482).

B. Rechtsgrundlage des Zusammenwohnens in nichtehelicher Lebensgemeinschaft § 23

Anspruch auf Gestattung nach § 553 Abs. 1 S. 1 BGB hätte.[37] § 573 Abs. 2 Nr. 1 BGB erfordert eine nicht unerhebliche, schuldhafte Pflichtverletzung des Mieters. Hierzu bedarf es einer bewussten Missachtung von Belangen des Vermieters. Eine solche Pflichtverletzung ist zwar darin zu sehen, dass der Mieter einen Dritten ohne Einverständnis des Vermieters mitwohnen lässt. Durch die berechtigte Motivation des Mieters, mit seinem Lebensgefährten auf Dauer zusammenzuleben, verliert die Pflichtverletzung jedoch an Gewicht und kann daher regelmäßig nicht mehr als Grund für die ordentliche Kündigung dienen.[38]

II. Innenordnung zwischen den Lebensgefährten

In den meisten Fällen schließen die Partner einer nichtehelichen Lebensgemeinschaft 14 untereinander keinen ausdrücklichen **(Unter-)mietvertrag** oder **(Unter-)leihvertrag**. Der konkludente Vertragsschluss scheitert regelmäßig am fehlenden Rechtsbindungswillen der Partner.[39] Der gebrauchsüberlassende Partner will sich gewiss nicht den Instandhaltungsansprüchen des anderen ausgesetzt sehen (§ 535 Abs. 1 S. 2 BGB) und den Kündigungsreglementierungen (§§ 543, 573 ff., 605 BGB) unterworfen sehen. Das Innenverhältnis der Mitbewohner einer WG qualifizieren Rechtsprechung und Literatur grundsätzlich als Innen-GbR.[40] Leben die Mitbewohner in einer nichtehelichen Lebensgemeinschaft zusammen, ist deren Innenordnung demgegenüber bisher nicht eindeutig geklärt.

1. Meinungsstand

Zwischen Partner einer nichtehelichen Lebensgemeinschaft kann grundsätzlich eine Innen- 15 GbR bestehen. Die Anforderungen des Bundesgerichtshof an die Innen-GbR zwischen nichtehelichen Lebensgefährten wurden jedoch mit dem Wechsel der Zuständigkeit vom II. (zuständig für Gesellschaftsrecht) auf den XII. Zivilsenat (zuständig für Familienrecht) strenger: Als nichteheliche Lebensgemeinschaften noch in die Zuständigkeit des II. Zivilsenats fielen, stellte der Bundesgerichtshof keine besonderen Anforderungen an das zustande kommen einer GbR zwischen Partnern einer nichtehelichen Lebensgemeinschaft, sondern setzte lediglich einen zumindest schlüssig zustande gekommenen Gesellschaftsvertrag voraus.[41] Anders als bei Ehegatten durfte der Gesellschaftszweck bei Partnern einer nichtehelichen Lebensgemeinschaft auch im bloßen Zusammenleben bestehen. Einen über die Lebensgemeinschaft hinausgehenden Zweck forderte der II. Zivilsenat nicht.[42] Darüber hinaus bejahte der II. Zivilsenat in Einzelfällen auch bei Fehlen eines Gesellschaftsvertrags eine entsprechende Anwendung der §§ 705 ff. BGB.[43]

---

[37] BayObLGZ 1990, 301 = NJW-RR 1991, 461 (462); LG München I NJW-RR 1991, 1112; LG Köln WM 1991, 264; *Sternel* in Hausmann/Hohloch, Das Recht der nichtehelichen Lebensgemeinschaft, Kap. 5 Rn. 92; *Kraemer* NZM 2001, 553 (560); *Löhnig* in Staudinger BGB Anh. zu §§ 1297 ff. Rn. 199; *Wellenhofer* in BeckOGK, 1.5.2019, BGB § 1297 Rn. 92.
[38] LG Berlin BeckRS 2016, 07968.
[39] BGHZ 176, 262 = NJW 2008, 2333 Rn. 15.
[40] S. dazu → § 14 Rn. 1 mwN.
[41] S. auch LG Bonn NJW-RR 1989 (1498).
[42] BGHZ 142, 137 (146) = NJW 1999, 2962; BGHZ 84, 388 = NJW 1982, 2863 (2864). Diese Differenzierung hat ihren Grund in der Ausgestaltung der Rechte und Pflichten in einer Ehe: Ehegatten sind zur ehelichen Lebensgemeinschaft, zur Rücksichtnahme bei der Wahl und Ausübung einer Erwerbstätigkeit sowie dazu verpflichtet, durch ihre Arbeit und mit ihrem Vermögen die Familie angemessen zu unterhalten (§§ 1353 Abs. 1 S. 2, 1356 Abs. 2 S. 2, 1360 BGB). Ferner erhält ein mitarbeitender Ehegatte bei Scheidung einer im gesetzlichen Güterstand geführten Ehe grundsätzlich bereits durch den Zugewinnausgleich einen angemessenen Ausgleich. Bei der nichtehelichen Lebensgemeinschaft bestehen dagegen weder rechtliche Mitarbeitspflichten noch güterrechtliche Ausgleichsmöglichkeiten. Das erlaubt eine großzügigere Anwendung gesellschaftsrechtlicher Auseinandersetzungsregeln.
[43] BGHZ 84, 388 = NJW 1982, 2863 (2864). In der Literatur wurde die entsprechende Anwendung der §§ 705 ff. BGB als Vertragsfiktion kritisiert; das Gesellschaftsrecht sei als gesetzliches Schuldverhältnis missbraucht worden, *Dethloff* FS Frank, 2008, 81 (87).

16 Der nunmehr für nichteheliche Lebensgemeinschaften zuständige XII. Zivilsenat ist deutlich zurückhaltender bei der Qualifikation einzelner vermögensrechtlicher Beziehungen in einer nichtehelichen Lebensgemeinschaft als GbR. Wenn auch der XII. Zivilsenat keinen über die Lebensgemeinschaft hinausgehenden Zweck fordert, lehnt er nunmehr die entsprechende Anwendung der §§ 705 ff. BGB ab[44] und stellt besondere Anforderungen an die Feststellung eines Rechtsbindungswillen zum konkludenten Abschluss eines Gesellschaftsvertrages. Verfolgen die Partner einen Zweck, der nicht über die Verwirklichung der nichtehelichen Lebensgemeinschaft hinausgeht, bestünden grundsätzlich Zweifel an dem erforderlichen Rechtsbindungswillen. Denn regelmäßig fehle es den Partner insoweit an rechtlichen Vorstellungen. Die Anwendung gesellschaftsrechtlicher Regelungen komme demnach nur in Frage, wenn die Partner erhebliche Beiträge leisten und die Absicht verfolgen, einen hochwertigen gemeinsamen Vermögenswert, etwa eine Immobilie, zu schaffen, der von ihnen für die Dauer der Partnerschaft nicht nur gemeinsam genutzt werden, sondern ihnen nach ihrer Vorstellung auch gemeinsam gehören sollte.[45]

17 Ob diese Rechtsprechung verallgemeinerbar ist und zwischen Partnern nichtehelicher Lebensgemeinschaften tatsächlich nur dann eine konkludent geschlossene Innen-GbR besteht, wenn es erhebliche Beiträge geleistet werden, ist zweifelhaft: Die Entscheidungen des XII. Zivilsenats ergingen stets zur Frage, ob für unentgeltliche Zuwendungen ein Ausgleichsanspruch nach Beendigung der nichtehelichen Lebensgemeinschaft besteht (→ Rn. 60 ff.). Die Argumentation scheint daher von der Idee geleitet zu sein, nicht jegliche unentgeltlichen Zuwendungen nach Beendigung der Lebensgemeinschaft gem. § 733 Abs. 2 BGB ausgleichspflichtig werden zu lassen. Soweit es nicht um Auseinandersetzungsansprüche geht, qualifiziert die Literatur demgegenüber nichteheliche Partner, die Mitmieter sind, regelmäßig als Innen-GbR.[46]

2. Die Voraussetzungen der Begründung einer Innen-GbR

18 Das Zusammenwohnen sollte nicht nur in WGs, sondern auch bei Partnern einer nichtehelichen Lebensgemeinschaft in Innen-GbR qualifiziert werden, wenn jeder Partner mindestens einen Beitrag für die Gemeinschaft mit Rechtsbindungswillen erbringt. Ein Rechtsbindungswille besteht entgegen der Ansicht des Bundesgerichtshofs nicht nur dann, wenn die Partner erhebliche Beiträge leisten und einen hochwertigen Vermögensgegenstand schaffen wollen. Teilen sich etwa die Partner die Miete, wird im Hinblick auf die vereinbarten Beiträge zur Miete regelmäßig ein Rechtsbindungswille bestehen. Als Beitrag kann auch die Überlassung des Mitbesitzes an der Wohnung durch den mietenden Partner beziehungsweise Eigentümer-Partner gelten. Aus dem Gesellschaftsvertrag ergibt sich für den nichtmietenden Partner beziehungsweise für den Nichteigentümer in diesem Fall eine Recht zum Besitz (§ 986 Abs. 1 S. 1 BGB).

19 Die Qualifikation als Innen-GbR überlässt das Zusammenwohnen in nichtehelicher Lebensgemeinschaft nicht dem rechtsfreien Raum und erkennt gleichzeitig an, dass eine nichteheliche Lebensgemeinschaft in wirtschaftlicher Hinsicht keine umfassende Rechtsgemeinschaft ist. Aufgrund des Umstandes, dass allenfalls das Zusammenwohnen und nicht die nichteheliche Lebensgemeinschaft als solche zu einer gesellschaftsrechtlichen Bindung führt, kommt es am Ende der Beziehung keinesfalls zum Gesamtausgleich des Vermögenserwerbs (vgl. § 721 Abs. 1 BGB) im Sinne eines Zugewinnausgleichs.[47] Aus der Qualifikation des Zusammenwohnens der Partner als Innen-GbR folgt auch nicht, dass unentgeltliche Zuwendungen nach § 733 Abs. 2 BGB als Einlage zurückzuerstatten sind. Vielmehr sind unentgeltliche Zuwendungen mangels Rechtsbindungswillens grundsätzlich nicht als

---

[44] BGHZ 165, 1 = NJW 2006, 1268.
[45] Krit. *Schäfer* in MüKoBGB Vor § 705 Rn. 83.
[46] *Blank* FS Brudermüller, 2014, 29 (34); *Grunewald* JZ 2015, 1027 (1028); *Schrader* NZM 2010, 257 (258). Ebenso bereits LG München II NJW-RR 1993, 334.
[47] OLG Bremen NJW-RR 2013, 197.

Einlage anzusehen (→ Rn. 66). Letztlich ist die Qualifikation als Innen-GbR auch aus praktischen Gesichtspunkten vorzugswürdig: Die nichteheliche Lebensgemeinschaft hat bisher keine gesetzlichen Konturen erfahren; die Grenzen zwischen bloßer Wohngemeinschaft und nichtehelicher Lebensgemeinschaft sind fließend (→ Rn. 3). Die Lösung über die Innen-GbR vermeidet eine Definition der nichtehelichen Lebensgemeinschaft und eine unterschiedliche Behandlung von Lebensgefährten und außerhalb der Beziehung stehenden Personen in einer gemischten WG.

Erbringt nur einer der Partner Beiträge mit Rechtsbindungswillen, kann keine GbR **20** bestehen. Eine beitragsfreie Beteiligung an einer Gesellschaft ist mit dem Schuldvertragscharakter der GbR unvereinbar.[48] Das ist beispielsweise der Fall, wenn der alleinmietende Partner (WG-Typ E) oder der Eigentümer-Partner (WG-Typ F), dem anderen unentgeltlich den Mitbesitz an der Wohnung überlässt. Selbst wenn der andere Partner die Haushaltsführung übernimmt, wird er sich zur Leistung dieses Beitrages wohl kaum verklagen lassen wollen. In diesem Fall besteht keine Rechtsgrundlage für die Gebrauchsüberlassung an den Lebensgefährten; die Einräumung der Mitbenutzung ist rein tatsächlicher Art.[49] Ein gesetzliches Recht zum Besitz aus § 1353 Abs. 1 S. 2 BGB analog kommt nicht in Betracht.[50] Die bisherige Konturlosigkeit der nichtehelichen Lebensgemeinschaft verbietet die Schaffung familienrechtlichen Sonderrechts (→ Rn. 4). Ein Nutzungsersatzanspruch (§§ 987, 990 BGB) ist dennoch für die Zeit des Zusammenlebens ausgeschlossen (→ Rn. 86).[51]

C. Besonderheiten bei der Wohnungsvermittlung

Besonderheiten bei der Wohnungsvermittlung bestehen hinsichtlich der persönlichen Kongruenz zwischen vermitteltem oder nachgewiesenem und tatsächlich abgeschlossenem Geschäft, wenn der Mieter in einer nichtehelichen Lebensgemeinschaft lebt (1.). Lebt der Makler in einer nichtehelichen Lebensgemeinschaft, ist eine analoge Anwendung des § 2 Abs. 2 Nr. 2 WoVermG zu erwägen (2.). **21**

I. Persönliche Kongruenz des abgeschlossenen Mietvertrages

Nach § 2 Abs. 1 S. 1 WoVermG steht dem Makler ein Vergütungsanspruch nur zu, wenn **22** „infolge" seiner Vermittlung oder „infolge" seines Nachweises ein Mietvertrag zustande kommt. Der abgeschlossene Mietvertrag darf daher inhaltlich und persönlich nicht wesentlich von dem vermittelten oder nachgewiesenen Geschäft abweichen. Führt die Tätigkeit des Maklers zum Abschluss eines Mietvertrages mit einer anderen Person als dem Auftraggeber des Maklers, so entsteht grundsätzlich kein Anspruch auf Maklerlohn.

Eine Ausnahme von diesem Grundsatz kommt es in Betracht, wenn der Auftraggeber **23** mit dem tatsächlich abgeschlossenen Vertrag wirtschaftlich denselben Erfolg erzielt. Bei der Anmietung des nachgewiesenen Objekts durch einen Dritten ist die wirtschaftliche Identität der Verträge zu bejahen, sofern zwischen dem Auftraggeber des Maklers und dem Dritten besonders enge persönliche oder besonders ausgeprägte wirtschaftliche Beziehungen bestehen.[52] Ein Vergütungsanspruch entsteht daher, wenn zwar der Maklervertrag nur zwischen einem der Partner und dem Makler geschlossen wird, die Wohnung aber später an beide Partner vermietet wird oder an den anderen Partner vermietet wird und der Auftraggeber mit in die Wohnung einzieht. Gleiches gilt, wenn der Maklervertrag mit

---

[48] *Schäfer* in MüKoBGB § 706 Rn. 17 mwN.
[49] BGHZ 176, 262 = NJW 2008, 2333; LG Köln BeckRS 2016, 14681; *Löhnig* in Staudinger BGB Anh. zu §§ 1297 ff. Rn. 188.
[50] BGHZ 176, 262 = NJW 2008, 2333 Rn. 14.
[51] BGHZ 176, 262 = NJW 2008, 2333 Rn. 32. *Grotkamp* AcP 216, 584.
[52] BGH NJW 2008, 651; BGH NJW-RR 2004, 851.

beiden Partnern geschlossen wurde, später aber nur einer mietet und der andere mit einzieht.[53] Abgrenzungsschwierigkeiten zwischen nichtehelicher Lebensgemeinschaft und bloßer Wohngemeinschaft entstehen nicht. Der Maklerlohn entsteht in den genannten Konstellationen auch, wenn in die Wohnung mehrere Personen als Wohngemeinschaft einziehen.[54]

II. Ausschluss des Provisionsanspruchs nach § 2 Abs. 2 Nr. 2 WoVermG

24 Dem Makler steht nach § 2 Abs. 2 Nr. 2 WoVermG kein Provisionsanspruch zu, wenn der Mietvertrag über Wohnräume abgeschlossen wird, deren Eigentümer, Verwalter, Mieter oder Vermieter der Makler ist. Dem Wortlaut nach ist es einerlei, ob der Ehegatte oder der nichteheliche Partner Eigentümer, Verwalter, Mieter oder Vermieter des Mietobjekts ist. Der Ausschluss kann deshalb nicht allein daraus hergeleitet werden, dass der Makler mit dem Eigentümer, Verwalter oder Vermieter der vermittelten Wohnung verheiratet ist[55] und folglich auch nicht daraus, dass eine nichteheliche Lebensgemeinschaft besteht. Dies gilt selbst dann, wenn der Makler ausschließlich Wohnungen vermittelt beziehungsweise nachweist, die im Eigentum seines Lebensgefährten stehen.[56] Nur im Einzelfall, wenn ebenso wie in den in § 2 Abs. 2 Nr. 2 WoVermG aufgezählten Fällen feststeht, dass der Makler keine echte Maklertätigkeit entfaltet, ist ein Provisionsanspruch in analoger Anwendung der Vorschrift ausgeschlossen. Dies kommt insbesondere in Betracht, wenn der Makler nicht nur mit dem Verwalter eine nichteheliche Lebensgemeinschaft führt, sondern sich gleichzeitig bei der Wohnungsvermittlung der Hilfe des Verwalters bedient.[57]

D. Eintritt und Wechsel von Mitbewohnern

I. Aufnahme des Lebensgefährten in bestehende WG

25 Will ein WG-Bewohner seinen Partner in eine bestehende WG aufnehmen, ist hierfür im Innenverhältnis die Mitwirkung aller Mitbewohner erforderlich (→ § 18 Rn. 45). Ein Anspruch auf Zustimmung zur Gebrauchsüberlassung der Wohnung an den Lebensgefährten, wie er im Außenverhältnis gegenüber dem Vermieter angenommen wird (→ Rn. 10), besteht im Innenverhältnis gegenüber den anderen WG-Mitbewohnern nicht. Schließlich müssen die WG-Mitbewohner, anders als der Vermieter, mit dem neuen WG-Mitglied zusammenwohnen und Gemeinschaftsräume teilen (dazu auch → § 18 Rn. 47).

II. Aufnahme Dritter in die Wohnung der nichtehelichen Lebensgemeinschaft

26 Auch die Aufnahme Dritter in die Wohnung der Lebensgefährten bedarf der Zustimmung des anderen. Die Aufnahme des Geliebten/der Geliebten in die Wohnung führt nur im Einzelfall zu einem Unterlassungsanspruch aus §§ 823 Abs. 1 iVm 1004 BGB analog gegen den Partner und den Dritten. Wie die Ehe ist auch die nichteheliche Lebensgemeinschaft kein geschütztes, absolutes Recht im Sinne von § 823 Abs. 1 BGB.[58] Die Rechtsprechung

---

[53] BGH NJW 1991, 490; *Grziwotz* Nichteheliche Lebensgemeinschaft Teil 6 Rn. 24; *Fischer* in Erman BGB § 652 Rn. 46; *Sprau* in Palandt BGB § 652 Rn. 44.
[54] *Fischer* in Erman BGB § 652 Rn. 46.
[55] BVerfGE 76, 126 = NJW 1987, 2733; *Grziwotz* Nichteheliche Lebensgemeinschaft Teil 6 Rn. 25.
[56] AA *Grziwotz* Nichteheliche Lebensgemeinschaft Teil 6 Rn. 25.
[57] *Grziwotz* Nichteheliche Lebensgemeinschaft Teil 6 Rn. 25.
[58] *Wellenhofer* in BeckOGK, 1.5.2019, BGB § 1297 Rn. 87. *Roth* in MüKoBGB § 1353 Rn. 48 mwN.

akzeptiert hingegen den räumlich-gegenständlichen Bereich der Ehewohnung als Schutzgut im Sinne von § 823 Abs. 1 BGB.[59] Die Begründung der Rechtsprechung aus den 50er Jahren zielte in erster Linie auf die Aufrechterhaltung des Außenbildes der Ehe, die insbesondere der Ehefrau ermöglichen solle, ein Leben zu führen, das ihrer Stellung als verheiratete Frau entspricht.[60] Diese Begründung vermag, so man ihr heute überhaupt noch folgen möchte, zumindest für die nichteheliche Lebensgemeinschaft nicht zu überzeugen. Ein äußeres Band, welches es aufrecht zu erhalten gilt, existiert bei der nichtehelichen Lebensgemeinschaft nicht. Im Hinblick auf den Schutz der Familie nach Art. 6 Abs. 1 GG, der auch bei nichtehelichen Lebensgemeinschaften anerkannt ist[61], besteht jedoch im Einzelfall ein Unterlassungsanspruch wegen Verletzung des räumlich-gegenständlichen Bereichs der Familie, wenn aufgrund der andernfalls bestehenden Konfliktsituation das Wohl minderjähriger im Haushalt lebender Kinder beeinträchtigt ist.[62]

E. Mietzahlungen

I. Mietvertrag mit beiden Partnern

Schließen beide Partner einen Mietvertrag mit dem Vermieter ab, sind sie dem Vermieter gegenüber als Gesamtschuldner zur Mietzahlung verpflichtet: Der Vermieter kann die Miete nach seinem Belieben von jedem Schuldner ganz oder zu einem Teil, insgesamt jedoch nur einmal fordern (vgl. § 421 S. 1 BGB).[63] Im Verhältnis zueinander sind Gesamtschuldner grundsätzlich nach § 426 Abs. 1 S. 1 Hs. 1 BGB zu gleichen Anteilen verpflichtet. 27

Zahlt nur einer der Partner während der bestehenden Lebensgemeinschaft die gesamte Miete oder mehr als fünfzig Prozent der Miete an den Vermieter, besteht regelmäßig kein Ausgleichsanspruch: Die Zweifelsregelung steht unter dem Vorbehalt einer anderweitigen Bestimmung der Parteien (§ 426 Abs. 1 S. 1 Hs. 2 BGB), die derjenige, der sich darauf beruft, darzulegen und zu beweisen hat. Eine anderweitige Bestimmung bedarf jedoch keiner besonderen Vereinbarung der Parteien, sondern kann sich auch aus der Natur der Sache oder aus dem Inhalt und Zweck des infrage stehenden Rechtsverhältnisses ergeben.[64] Bei nichtehelichen Lebensgemeinschaften ist davon auszugehen, dass die Beiträge mit Rücksicht auf das gemeinsame Zusammenleben übernommen wurden und die tatsächlich erbrachten Beiträge daher den im Innenverhältnis geschuldeten Beiträgen entsprechen.[65] Nur wenn sich aus den Umständen des Einzelfalls (zum Beispiel einmalige Mehrzahlung durch einen Partner wegen Zahlungsengpass des anderen) oder einer Vereinbarung etwas anderes ergibt, besteht ein Ausgleichsanspruch. Die anderweitige Bestimmung endet mit Auflösung der nichtehelichen Lebensgemeinschaft (→ Rn. 77). 28

II. Mietvertrag mit einem der Partner/Wohneigentum

Auch wenn nur ein Partner im Außenverhältnis Mietschuldner ist, können die Lebensgefährten im Innenverhältnis vereinbaren, dass der andere einen Beitrag zur Miete leistet. 29

---

[59] *Roth* in MüKoBGB § 1353 Rn. 51 mwN.
[60] BGH BeckRS 1955, 31373334; BGHZ 6, 361 = NJW 1952, 975.
[61] Qualifiziert man das Zusammenleben als Innen-GbR (→ Rn. 15 ff.), schulden beide Partner im Zweifel ebenfalls Mietbeiträge in gleicher Höhe (§ 706 Abs. 1 BGB).
[62] *Wellenhofer* in BeckOGK, 1.5.2019, BGB § 1297 Rn. 87; aA *Grziwotz* Nichteheliche Lebensgemeinschaft Teil 6 Rn. 5.
[63] *Schrader* NZM 2010, 257 (258).
[64] BGHZ 77, 55 (58) = NJW 1980, 1520; AG Bremen BeckRS 2017, 108357 (Treu und Glauben).
[65] BGH NJW 2010, 868; BGHZ 183, 242 = NJW 2010, 998 (für ein gemeinsam aufgenommenes Darlehen); *Blank* FS Brudermüller, 2014, 30; *Löhnig* in Staudinger BGB Anh. zu §§ 1297 ff. Rn. 204.

Gleiches gilt, wenn ein Partner Eigentümer der Wohnung ist und dem anderen den Mitgebrauch gestattet. Der Beitrag zur Miete beziehungsweise zu den Unterhaltungskosten der Wohnung ist als Beitrag zur Innen-GbR gem. § 706 BGB zu verstehen und als solcher auch einklagbar (→ Rn. 18).

F. Besitz und Eigentum an Haushaltsgegenständen

30 In gemeinschaftlichen Wohnungen sind die Eigentumsverhältnisse an Haushaltsgegenständen häufig schwer festzustellen. In der Regel wird es daher sowohl bei in die Wohnung eingebrachten (dazu unter 1.) als auch bei später erworbenen Gegenständen (dazu unter 2.) auf die Beweislastverteilung ankommen. Für Haustiere gelten die sachenrechtlichen Vorschriften entsprechend (§ 90a S. 3 BGB). Zur Behandlung von Haushaltsgegenständen nach Trennung s. → Rn. 58.

I. In den Haushalt eingebrachte Gegenstände

31 Bringt ein Partner Haushaltsgegenstände mit in die Wohnung (Waschmaschine, Möbel etc.), wird er dem anderen regelmäßig **Mitbesitz** an diesen Gegenständen einräumen. Etwas anderes gilt nur für Gegenstände, die ausschließlich dem persönlichen Gebrauch dienen (zum Beispiel Musikinstrument). Solche Gegenstände bleiben im Alleinbesitz. Eine Verpflichtung zur Einräumung von Mitbesitz besteht allerdings nicht. § 1353 Abs. 1 S. 2 BGB, der Ehegatten zur Überlassung von Mitbesitz an Haushaltsgegenständen verpflichtet, ist auf nichteheliche Lebensgemeinschaften nach ganz überwiegender Auffassung nicht anwendbar.[66]

32 Räumt ein Partner dem anderen Mitbesitz an in die Wohnung eingebrachten Gegenständen ein, führt dieser Mitbesitz nicht gleichzeitig zur Miteigentumsvermutung nach § 1006 Abs. 1 S. 1 BGB. § 1006 Abs. 1 S. 1 BGB knüpft nicht an die bloße Tatsache des Besitzes, sondern an die vermutete Gleichzeitigkeit von Eigentums- und Besitzerwerb.[67] Der Besitzer muss daher zwar nicht die einzelnen, den Eigentumstatbestand begründenden Tatsachen, aber doch einen dem Eigentumserwerb dienenden Besitzerwerb darlegen. Die Vermutung gilt deshalb grundsätzlich nicht, wenn der Mitbesitzer selbst behauptet, dass der Eigentümer die Sache lediglich in die Wohnung einbrachte und der Besitzerwerb daher nicht dem Eigentumserwerb diente.[68] Vielmehr müssen weitere gewichtige Anhaltspunkte hinzutreten, die dafür sprechen, dass der andere nicht nur Besitz, sondern auch Eigentum an dem Haushaltsgegenstand erwerben soll. Solche Anhaltspunkte, die derjenige Partner, der sich auf § 1006 Abs. 1 BGB beruft, darzulegen und gegebenenfalls zu beweisen hat, werden sich in der Regel schwer finden lassen. Die bloße Einbringung des Gegenstands in die Wohnung der nichtehelichen Lebensgemeinschaft genügt für die Annahme einer konkludenten Einigungserklärung jedenfalls nicht.

II. Während des Zusammenlebens erworbene Gegenstände

33 Werden während des Zusammenlebens Gegenstände erworben und gemeinsam genutzt (zum Beispiel Kraftfahrzeug, Möbel), erlangen die Partner Mitbesitz.[69] An Gegenständen

---

[66] *Voppel* in Staudinger BGB § 1353 Rn. 27.
[67] OLG Düsseldorf BeckRS 1998, 11834.
[68] *Herrler* in Palandt BGB § 1006 Rn. 4.
[69] BGHZ 170, 187 = NJW 2007, 992; OLG Düsseldorf NJW 1992, 1706 (1707); *Baldus* in MüKoBGB § 1006 Rn. 40.

des persönlichen Gebrauchs hat nur der Partner Alleinbesitz, der den Gegenstand für sich nutzt.

Bei Mitbesitz kann § 1006 Abs. 1 S. 1 BGB zur Anwendung kommen, wenn der Besitz- **34** erwerb dem Eigentumserwerb diente. Das ist der Fall, wenn beide Partner den Gegenstand anschaffen. Es wird dann widerleglich vermutet, dass beide Partner mit Besitzerwerb Eigenbesitzer geworden sind, dabei unbedingtes Miteigentum erwarben (Eigenbesitzvermutung) und während der Dauer ihres Besitzes Miteigentümer geblieben sind (Fortdauervermutung).[70] Der tatsächliche Eigentumserwerb richtet sich nach den allgemeinen Vorschriften. §§ 929 ff. BGB gelten mangels abweichender gesetzlicher Vorschriften auch bei Anschaffungen für den gemeinsamen Hausrat einer nichtehelichen Lebensgemeinschaft.[71] Die Person des Erwerbers hängt nicht vom Innenverhältnis der Partner oder dem Willen eines oder beider Partner ab. Entscheidend ist vielmehr, wem die Sache vom Veräußerer übereignet worden ist. Eigentümer wird somit grundsätzlich nur derjenige, der den Gegenstand anschafft.[72] Treten beide Partner gegenüber dem Veräußerer als Erwerber auf, dann erwerben sie an dem Gegenstand Miteigentum zu gleichen Teilen. Auf die Frage, welchen Anteil jeder von ihnen zum Kaufpreis beigetragen hat, kommt es nicht an.[73] Die (Mit-)Eigentumsvermutung des § 1006 Abs. 1 S. 1 BGB kann daher im Falle des gemeinschaftlichen Erwerbs von demjenigen Partner, der gleichwohl meint, Alleineigentum erworben zu haben, regelmäßig nicht widerlegt werden.

Trat ein Partner gegenüber dem Veräußerer allein als Erwerber auf und bringt den **35** Gegenstand später in die gemeinsame Wohnung ein, gilt die Miteigentumsvermutung des § 1006 Abs. 1 S. 1 BGB nicht (→ Rn. 32). Der andere Partner wird nur dann Miteigentümer, wenn der Partner, der den Gegenstand anschafft, die Einigungserklärung auch als Vertreter für den anderen abgeben wollte. Hierbei können die Regeln über das „verdeckte Geschäft für den, den es angeht" zu Anwendung kommen, sodass die Vertretung bei der Abgabe der Einigungserklärung nicht offengelegt werden muss. Voraussetzung ist jedoch, dass der Vertreter für den Vertretenen handeln will und dass der Gegenpartei die Person des Kontrahenten gleichgültig ist.[74] Erwirbt der Partner den Gegenstand aus gemeinsamen Mitteln, wird in der Regel davon auszugehen sein, dass er auch für den anderen Eigentum erwerben will.[75] Erwirbt der Partner den Gegenstand aus eigenen Mitteln, kann dies ein Indiz dafür sein, dass der Partner Alleineigentum erwerben wollte. Allein die Tatsache, dass der Gegenstand dem Haushalt einer nichtehelichen Lebensgemeinschaft dient, lässt nicht auf den Willen den zahlenden Partners schließen, dem anderen Miteigentum zu verschaffen.[76] Wirtschaften die Partner dagegen stets „aus einem Topf" und vollziehen keine Trennung ihrer vermögensrechtlichen Beziehungen, kann dies ein Indiz für den Erwerb von Miteigentum sein.[77] Die Beweislast dafür, dass der Partner seine Einigungserklärung auch als Vertreter im Namen des anderen Partners abgab und damit Miteigentum erworben wurde, trägt derjenige, der sich auf Miteigentum beruft.

Die Beweislast dafür, dass der Gegenstand allein angeschafft wurde, trägt der Partner, der **36** den Gegenstand angeschafft haben will.[78] Kann nicht festgestellt mehr werden, wer den Gegenstand angeschafft hat, ist gem. § 1006 Abs. 1 S. 1 BGB von Miteigentum auszugehen.

---

70 BGHZ 170, 187 = NJW 2007, 992; OLG Düsseldorf BeckRS 1998, 11834; OLG Düsseldorf NJW 1992, 1706 (1707); LG Duisburg BeckRS 2011, 20635.
71 OLG Düsseldorf BeckRS 1998, 11834; LG Mühlhausen BeckRS 2008, 12606.
72 OLG Köln NJW-RR 1996, 1411.
73 OLG Hamm BeckRS 2002, 13381.
74 LG Mühlhausen BeckRS 2008, 12606.
75 S. auch OLG Köln NJW-RR 1996, 1411 zum Erwerb bei einer Versteigerung.
76 OLG Hamm NJW 1989, 909; LG Mühlhausen BeckRS 2008, 12606; aA LG Aachen BeckRS 2010, 10992.
77 OLG Düsseldorf NJW 1992, 1706 (1707).
78 LG Duisburg BeckRS 2011, 20635.

G. Unterhaltspflichten

37 Zwischen Partnern einer nichtehelichen Lebensgemeinschaft bestehen grundsätzlich **keine Unterhaltsverpflichtungen**.[79] Aus der Berücksichtigung des Partners in der Bedarfsgemeinschaft (→ § 27 Rn. 18 ff.) können keine Rückschlüsse auf das Zivilrecht gezogen werden.[80] Demensprechend stehen bei Tötung eines Lebensgefährten dem anderen auch keine Ersatzansprüche gegen den Schädiger aus dem an eine gesetzliche Unterhaltsverpflichtung anknüpfenden § 844 Abs. 2 BGB zu.[81] Bei Verletzung eines Lebensgefährten gilt § 842 BGB, wonach zum Schaden des Verletzten auch der Erwerbsschaden gehört. Hierzu zählt jedoch nicht der Haushaltsführungsschaden des verletzten Lebensgefährten.[82] Hausarbeit stellt als solche keine Erwerbstätigkeit im Sinne von § 842 BGB dar, sondern nur, wenn die Haushaltstätigkeit in Erfüllung einer gesetzlich geschuldeten Unterhaltsverpflichtung geleistet wird; dies ist bei nichtehelichen Lebensgemeinschaften, anders als bei Ehegatten (vgl. § 1360 S. 2 BGB), nicht der Fall.

38 Als Ausnahme hierzu gewährt **§ 1615l Abs. 1 BGB** der Kindesmutter einen Unterhaltsanspruch für die Dauer von sechs Wochen vor und acht Wochen nach der Geburt des Kindes. Zum Unterhaltsbedarf gehören auch die Kosten, die infolge der Schwangerschaft oder der Entbindung außerhalb des 12-Wochenzeitraums entstehen. Nach dem Zeitraum von 12-Wochen besteht ein Unterhaltsanspruch nur unter den Voraussetzungen von § 1615l Abs. 2 BGB. Dieser Unterhaltsanspruch kann auch dem Kindesvater zustehen, wenn er das Kind betreut (§ 1615l Abs. 4 S. 1 BGB).

39 Erhält einer der Partner **nachehelichen Unterhalt**, kann das Bestehen einer nichtehelichen Lebensgemeinschaft zur Beschränkung oder Versagung des Unterhalts führen, wenn es sich bei der nichtehelichen Lebensgemeinschaft um eine verfestigte Lebensgemeinschaft im Sinne von § 1579 Nr. 2 BGB handelt. Eine **verfestigte Lebensgemeinschaft** besteht, wenn objektive, nach außen tretende Umstände (zum Beispiel ein über einen längeren Zeitraum hinweg geführter gemeinsamer Haushalt, gemeinsamen Auftreten in der Öffentlichkeit), größere gemeinsame Investitionen (zum Beispiel Erwerb eines gemeinsamen Familienheims) oder die Dauer der Verbindung den Schluss auf eine verfestigte Lebensgemeinschaft nahelegen.[83] Weitere Kriterien wie etwa die Leistungsfähigkeit des neuen Partners spielen keine Rolle. Die verfestigte Lebensgemeinschaft ist damit kein Fall der bloßen Bedarfsdeckung im Sinne von § 1577 Abs. 1 BGB, sondern eine Unterhaltsbeschränkung aus Billigkeitserwägungen. Maßgeblich ist, dass sich der frühere Ehegatte durch die verfestigte Lebensgemeinschaft endgültig aus der ehelichen Solidarität löst.[84] Die Belange eines dem Unterhaltsberechtigten zur Pflege und Erziehung anvertrauten gemeinschaftlichen Kindes der früheren Ehegatten sind allerdings im Rahmen der Kinderschutzklausel im Einleitungssatz des § 1579 BGB zu beachten.

H. Haftungsfragen

40 Haftungsfragen stellen sich zum einen zwischen den Partnern untereinander (I.) und zum anderen im Verhältnis zum Vermieter (II.):

---

[79] OLG Bremen NJW-RR 2013, 197.
[80] *Kroll-Ludwigs* in Erman BGB Vor § 1353 Rn. 13.
[81] *Kroll-Ludwigs* in Erman BGB Vor § 1353 Rn. 22; *Kampen* NJW 2016, 1046. Zur Ersatzpflicht im Hinblick auf die Beerdigungskosten (§ 844 Abs. 1 BGB) → Rn. 82.
[82] OLG Karlsruhe BeckRS 2016, 112040; aA *Kampen* NJW 2016, 1046 (1047).
[83] BGH NJW 2011, 3712 Rn. 20.
[84] BT-Drucks. 16/1830, 21; BGH NJW 2011, 3712 Rn. 20 mwN.

I. Haftung der Partner untereinander

Partner einer nichtehelichen Lebensgemeinschaft haben untereinander bei Handlungen, die im engen Verhältnis zur Verwirklichung der Lebensgemeinschaft stehen, nur für diejenige Sorgfalt einzustehen, die sie in eigenen Angelegenheit anzuwenden pflegen (§ 277 BGB). Ob man diese **Haftungserleichterung** aus § 1359 BGB analog[85] oder bei Bestehen einer Innen-GbR (→ Rn. 15 ff.) aus § 708 BGB oder aus einer Haftungsbeschränkungsvereinbarung sui generis[86] herleitet, ist einerlei. Entscheidend ist, dass aufgrund der häuslichen Nähe größeres Schädigungspotential besteht und den Partnern im Rahmen ihrer häuslichen Umgebung nicht der strenge Maßstab des § 276 Abs. 1 S. 1 BGB auferlegt werden kann. Keine Haftungserleichterung besteht in Bereichen, in denen kein Raum für individuelle Sorglosigkeit verbleibt, insbesondere im Straßenverkehr.[87] 41

Partner einer nichtehelichen Lebensgemeinschaft sind – anders als Ehegatten – untereinander nicht aus § 1353 Abs. 1 S. 2 BGB an der wechselseitigen Durchsetzung von Ansprüchen gehindert. Insoweit besteht **keine Stillhalteverpflichtung**.[88] 42

II. Mietvertrag als Vertrag mit Schutzwirkung zugunsten Dritter

Kommt es zu Schädigungen des nichtmietenden Partners (WG-Typ E) durch ein Verhalten des Vermieters, kann der nichtmietende Partner in den Mietvertrag als Vertrag mit Schutzwirkung zugunsten Dritter einbezogen sein (→ § 11 Rn. 10).[89] Ein Anspruch des nichtmietenden Partners scheitert nicht an eigenen Ansprüchen[90] gegen den mietenden Partner, wenn kein Untermietvertrag/Unterleihvertrag (→ Rn. 14) geschlossen wird, sondern der Partner einfach mit einzieht. Der Lebensgefährte, der sich berechtigt in der Wohnung aufhält, ist daher in den Schutzbereich des Mietvertrages einbezogen. 43

Die Einbeziehung in den Schutzbereich des Mietvertrages beginnt bereits mit Mitteilung an den Vermieter, dass der Lebensgefährte in die Wohnung mit eingezogen ist. Von der Erteilung der Erlaubnis kann die Schutzwirkung nicht abhängen, wenn der Mieter einen Anspruch auf Erteilung der Erlaubnis (→ Rn. 10) hat.[91] 44

I. Zwangsvollstreckung

Besonderheiten in der Zwangsvollstreckung ergeben sich bei der Räumung der Wohnung (I.) sowie bei der Zwangsvollstreckung in bewegliches Vermögen eines Lebensgefährten (II.). 45

I. Räumungsvollstreckung

Sind beide Lebensgefährten Mieter, ist zur Räumungsvollstreckung nach § 885 ZPO ein **Räumungstitel** gegen beide notwendig. Ist nur einer der Partner Mieter bedarf es ebenfalls 46

---

[85] OLG Celle NZV 1993, 187; OLG Oldenburg NJW 1986, 2259 mwN; LG Stuttgart VersR 1965, 296 L; LG Itzehoe v. 6.3.2003 – 7 O 263/02 juris; *Mergner/Kraft* VersR 2016, 435 (436); *Wacke* in MüKoBGB LPartG § 4 Rn. 1.
[86] OLG Karlsruhe BeckRS 2011, 3551.
[87] *Brudermüller* in Palandt BGB § 1359 Rn. 2.
[88] *Kroll-Ludwigs* in Erman BGB Vor § 1353 Rn. 21.
[89] OLG Hamburg NJW-RR 1988, 1481 (1482); *Blank* FS Brudermüller, 2014, 29 (33); *Häublein* in MüKoBGB § 535 Rn. 55; *Löhnig* in Staudinger BGB Anh. zu §§ 1297 ff. Rn. 197.
[90] Dazu BGH NJW 2013, 1002 Rn. 9.
[91] AA OLG Hamburg NJW-RR 1988, 1481 (1482); *Bieber* in MüKoBGB § 540 Rn. 5.

eines Räumungstitels gegen beide Partner, wenn der nicht mietende Partner Mitgewahrsam an der Wohnung hat.[92] Weil das Zwangsvollstreckungsverfahren formalisiert ist und der Gläubiger vor einer Verschleierung der Besitzverhältnisse durch den Schuldner zur Vereitelung der Zwangsvollstreckung geschützt werden muss, darf der Gerichtsvollzieher bei der Beurteilung, ob ein solcher Mitgewahrsam besteht, nur eine nach außen hin erkennbare Sachherrschaft berücksichtigen. Dabei muss sich aus den Gesamtumständen klar und eindeutig ergeben, dass der nichteheliche Lebensgefährte Mitgewahrsam hat,[93] Allein die Anwesenheit des Lebensgefährten in der Wohnung bei dem Räumungstermin rechtfertigt nicht die Annahme von Mitbesitz. Anhaltspunkte sind vielmehr seine Meldung in der Wohnung nach dem Meldegesetz beziehungsweise eine Anzeige der Schuldnerin an den Gläubiger über seine Aufnahme in die Wohnung zu Wohnzwecken.

II. Zwangsvollstreckung in bewegliches Vermögen

47 Die gesetzliche Vermutungen, dass die im Besitz eines oder beider Ehegatten befindlichen beweglichen Sachen dem Schuldner allein gehören (§ 1362 BGB) und in dessen Alleingewahrsam stehen (§ 739 ZPO), sind nach Auffassung des Bundesgerichtshofs auf die eheähnliche Lebensgemeinschaft nicht entsprechend anzuwenden.[94] Diese Ansicht sieht sich zunehmender Kritik der Literatur ausgesetzt.[95] Dieser Kritik ist nicht zuzustimmen. § 1362 BGB wurde im Interesse der Gläubiger eines Ehegatten eingeführt, weil Gegenstände des ehelichen Haushalts im Laufe des Zusammenlebens oft vermischt werden und für Außenstehende nicht mehr einfach nachweisbar sein wird, wer Eigentümer ist. Eine vergleichbare Interessenlage besteht bei jeglicher Form nichtehelichen Zusammenlebens, insbesondere auch bei auf Dauer angelegten Wohngemeinschaften mit gemeinschaftlich genutzten Räumlichkeiten. Für eine derart weite Ausdehnung des § 1362 BGB auf jegliches Zusammenwohnen fehlt es jedoch an einer planwidrigen Regelungslücke. Demgegenüber ist nicht ersichtlich, warum § 1362 BGB gerade für eheähnliche Gemeinschaften analog anwendbar sein soll.

J. Beendigung der nichtehelichen Lebensgemeinschaft durch Trennung

I. Rechtliches Schicksal der Wohnung

48 Im Hinblick auf das Schicksal der Wohnung ist zunächst zu differenzieren, ob beide Partner Mieter sind (1.) oder nur ein Partner Mieter oder Wohnungseigentümer (2.) ist. Sodann kommt im Einzelfall eine von der Mietvertragslage abweichende gerichtliche Wohnungszuweisung in Betracht (3.).

1. Beide Partner sind Mieter

49 Sind beide Partner Mieter (WG-Typ C), muss die Kündigung von beziehungsweise gegenüber beiden Mitmietern erklärt werden.[96] Eine Teilkündigung nur mit Wirkung für einen

---

[92] BGH NJW 2008, 1959 Rn. 16; OLG Düsseldorf NZM 1998, 880; LG Frankfurt a. M. IBRRS 2012, 3385. *Stöber* in Zöller ZPO § 885 Rn. 10; *Wellenhofer* in BeckOGK, 1.5.2019, BGB § 1297 Rn. 94; aA *Löhnig* in Staudinger BGB Anh. zu §§ 1297 ff Rn. 200 mwN.
[93] BGH NJW 2008, 1959 Rn. 16; LG Frankfurt a. M. IBRRS 2012, 3385.
[94] BGHZ 170, 187 = NJW 2007, 992 (993).
[95] *Brudermüller* in Palandt BGB Einl Vor § 1297 Rn. 26, § 1362 Rn. 1; *Baldus* in MüKoBGB § 1006 Rn. 41 ff.; *Erbarth* in BeckOGK, 15.4.2019, BGB § 1362 Rn. 25 ff. mwN.
[96] BGH NJW 2005, 1715; *Schrader* NZM 2010, 257 (258); *Wellenhofer* in BeckOGK, 1.5.2019, BGB § 1297 Rn. 94; *Zwißler*, Die Nichteheliche Lebensgemeinschaft in der anwaltlichen Praxis, § 5 Rn. 24.

J. Beendigung der nichtehelichen Lebensgemeinschaft durch Trennung § 23

der Partner ist nicht möglich. Eine analoge Anwendung der §§ 563 Abs. 2 S. 3, 563a BGB (Fortsetzung mit dem überlebenden Mieter) kommt bei Trennung mangels Vergleichbarkeit der Interessenlage nicht in Betracht.[97] Wollen beide Partner aus der Wohnung ausziehen, steht einer gemeinsamen Kündigung in der Regel nichts im Wege. Will ein Partner in der Wohnung verbleiben und der andere ausziehen, sind zwei Szenarien denkbar:

Zum einen kann der ausziehende Partner den anderen gerichtlich zur **Zustimmung** 50 **zur Kündigung** verpflichten (§ 894 ZPO): Versteht man das Zusammenwohnen als Innen-GbR (→ Rn. 18) so ist die Trennung als Kündigung der Innen-GbR zu sehen. Jeder Partner hat gegen den anderen nach der jederzeit möglichen Kündigung gemäß §§ 723 Abs. 1 S. 1, 730 Abs. 1 BGB einen Anspruch auf Mitwirkung an einer angemessenen Auseinandersetzung. Dieser Auseinandersetzungsanspruch schließt einen Anspruch auf Zustimmung zur Kündigung des Mietvertrages ein.[98] Im Übrigen befürworten auch diejenigen, die eine Innen-GbR zwischen Partnern einer nichtehelichen Lebensgemeinschaft ablehnen, eine analoge Anwendung der §§ 723, 730 BGB beziehungsweise stützen den Auseinandersetzungsanspruch auf § 242 BGB.[99]

Zum anderen kann die **Entlassung beziehungsweise Auswechselung** des ausziehen- 51 den Partners aus dem Mietvertrag vereinbart werden. Die Entlassung beziehungsweise Auswechselung eines Mieters bedarf grundsätzlich der Zustimmung aller Mieter (zur Ausnahme → Rn. 52), des Vermieters und gegebenenfalls des neuen Mieters.[100] Ein antizipiertes Einverständnis des Vermieters zur Auswechselung von Mietern, wie es bei reinen Wohngemeinschaften zum Teil angenommen wird,[101] besteht bei der Vermietung an Partner einer nichtehelichen Lebensgemeinschaft nicht. Die Vermieterzustimmung ist daher nicht entbehrlich.[102] Die Mieter haben keinen Anspruch gegen den Vermieter auf Erteilung der Zustimmung beziehungsweise auf Abschluss eines neuen Mietvertrages.[103] Daher sollten Partner einer nichtehelichen Lebensgemeinschaft einen ausdrücklichen Passus in den Mietvertrag aufnehmen lassen, der die jederzeitige Entlassung einer der Parteien aus dem Mietvertrag erlaubt. Wird dem Vermieter allerdings der Auszug mitgeteilt und behandelt er in der Folgezeit nur noch den in der Wohnung Verbleibenden als Mieter (Geltendmachung von Mietrückständen, Ausspruch der Kündigung, sonstige Korrespondenz), erteilt er damit konkludent seine Zustimmung. Einer entsprechenden Erklärung gegenüber dem ausscheidenden Mieter bedarf es nicht (§ 151 S. 1 BGB).[104] Erfolgt keine (gegebenenfalls konkludente) Entlassung aus dem Mietvertrag, bleibt der mitmietende Partner Mietschuldner.[105]

Entlässt der Vermieter einen Mitmieter mittels Aufhebungsvertrag aus dem Mietverhält- 52 nis, ist nach überwiegender Auffassung zur Wirksamkeit der Entlassung auch die Zustimmung des anderen in der Wohnung verbleibenden Mieters erforderlich.[106] Dem in der Wohnung verbleibenden Partner bleibt eine Berufung auf die Unwirksamkeit auf der Entlassung allerdings nach Treu und Glauben verwehrt, wenn er die Wohnung mit Ein-

---

[97] LG Konstanz BeckRS 2000, 16229; *Schrader* NZM 2010, 257 (259).
[98] BGH NJW 2005, 1715 (1716); OLG Düsseldorf BeckRS 2007, 16521; OLG Köln NZM 1999, 998; LG Berlin BeckRS 2016, 119208; LG München II NJW-RR 1993, 334; *Wellenhofer* in BeckOGK, 1.5.2019, BGB § 1297 Rn. 94; *Schrader* NZM 2010, 257 (261).
[99] *Löhnig* in Staudinger BGB Anh. zu §§ 1297 ff. Rn. 201
[100] *Wellenhofer* in BeckOGK, 1.5.2019, BGB § 1297 Rn. 94.
[101] LG Berlin MM 2017, Nr. 5, 29; LG Berlin WuM 2016, 553: Dem Vermieter müsse bei Vermietung an eine Wohngemeinschaft von Anfang an klar sein, dass die Gemeinschaft aufgrund möglicher Wohnsitzwechsel oder aus anderen Gründen nicht auf Dauer angelegt ist. Da bei Vermietung an eine Wohngemeinschaft somit ein antizipiertes Einverständnis des Vermieters mit dem künftigen Wechsel der Mieter besteht, bedürfe es nicht der (bereits konkludent erteilten) Zustimmung, sondern „nur" einer Anzeige an den Vermieter.
[102] *Wellenhofer* in BeckOGK, 1.5.2019, BGB § 1297 Rn. 94.
[103] *Häublein* in MüKoBGB § 535 Rn. 56; *Grunewald* JZ 2015, 1027 (1031).
[104] BGH NJW 2005, 1715.
[105] *Häublein* in MüKoBGB § 535 Rn. 56.
[106] Offenlassend: BGH NJW 2005, 1715; BGH NJW 2004, 1797.

verständnis des Vermieters allein weiter nutzt und deshalb an einer gemeinsamen Kündigung nicht mitwirkt.[107] Schließlich könnte der ausziehende Mieter den in der Wohnung verbleibenden Mieter zur Zustimmung zur Kündigung verpflichten (→ Rn. 50).

2. Ein Partner ist Mieter oder Eigentümer

53 Ist nur ein Partner Mieter oder Eigentümer der Wohnung, kann er von dem anderen nach der Trennung die Herausgabe des Mitbesitzes an der Wohnung aus § 985 BGB verlangen.[108] Das Erlöschen des Rechts zum Besitz folgt entweder aus der jederzeitigen Kündbarkeit der Innen-GbR (§ 723 Abs. 1 S. 1 BGB, zur Innen-GbR → Rn. 15 ff.) oder aus der jederzeitigen Widerruflichkeit der tatsächlichen Gestattung des Mitgebrauchs der Wohnung. Kündigungsschutzvorschriften sind nicht anwendbar.[109] Die Ausübung der GbR-Kündigung beziehungsweise des Widerrufs ist lediglich begrenzt durch das Schikaneverbot (§ 226 BGB), das es als Ausprägung des allgemeinen Grundsatzes von Treu und Glauben beispielsweise verbietet, vom Partner des Nachts oder binnen unangemessen kurzer Zeit die Herausgabe des Mitbesitzes zu verlangen.[110]

54 Verweigert der frühere Lebensgefährte den Auszug aus der Wohnung, hat der Mieter beziehungsweise der Eigentümer kein Selbsthilferecht. Er kann den früheren Lebensgefährten nicht einfach aussperren, sondern muss die Herausgabe des Mitbesitzes gerichtlich geltend machen.[111] Sperrt der Mieter seinen früheren Lebensgefährten aus, verübt er verbotene Eigenmacht (§ 858 BGB) und macht sich ggf. sowohl nach §§ 280 Abs. 1, 3, 281 BGB (Verletzung der Pflicht zur Gebrauchsüberlassung aus Untermietvertrag beziehungsweise Innen-GbR) als auch nach § 823 Abs. 1 BGB (Verletzung des Rechts zum Besitz als sonstiges Recht) schadensersatzpflichtig.[112]

55 Ist nur ein Partner Mieter, kann allein der mietende Partner kündigen und die Kündigung muss ihm gegenüber erfolgen. Zieht der mietende Partner aus und überlässt dem anderen die Wohnung zum Alleingebrauch, hat der Vermieter ein Recht zur außerordentlichen Kündigung.[113] Der in der Wohnung verbleibende Partner hat gegen den Vermieter keinen Anspruch auf Abschluss eines neuen Mietvertrages.

3. Abweichende Wohnungszuweisung?

56 §§ 1568a, 1361b BGB, 14 LPartG finden keine analoge Anwendung.[114] Ein Anspruch auf Überlassung der Wohnung mit der Folge des Eintritts des nicht mietenden Partners anstelle des mietenden Partners oder der alleinigen Fortsetzung des Mietverhältnisses durch einen der beiden Mieter (§ 1568a Abs. 3 S. 1 BGB) existiert daher nicht. § 2 Abs. 1 GewSchG verschafft nur Opfern häuslicher Gewalt einen Anspruch gegen den Täter auf zeitlich befristete Überlassung der Wohnung.[115]

57 Diese Gesetzeslage führt bei Familienwohnungen mit Kindern unter Umständen dazu, dass ein dem Kindeswohl nicht zuträglicher Wohnungswechsel erforderlich ist. Widerspricht ein Wohnungswechsel dem Kindeswohl, ist daher eine analoge Anwendung des

---

[107] BGH NJW 2005, 1715; *Schrader* NZM 2010, 257 (262).
[108] *Häublein* in MüKoBGB § 535 Rn. 55; *Kroll-Ludwigs* in Erman BGB Vor § 1353 Rn. 24.
[109] *Blank* FS Brudermüller, 2014, 29 (35).
[110] *Blank* FS Brudermüller, 2014, 29 (35).
[111] *Löhnig* in Staudinger BGB Anh. zu §§ 1297 ff. Rn. 209.
[112] Ein Schadensersatzanspruch besteht demgegenüber nicht, wenn die Gebrauchsüberlassung nur auf einer tatsächlichen Erlaubnis beruhte.
[113] AG Neukölln NJW-RR 1997, 584; *Wellenhofer* in BeckOGK, 1.5.2019, BGB § 1297 Rn. 92.
[114] BGHZ 176, 262 = NJW 2008, 2333 Rn. 14; OLG Hamm NJW-RR 2005, 1168 (zu § 5 HausratsVO); LG Konstanz BeckRS 2000, 16229 (zu § 5 HausratsVO); LG Hagen BeckRS 1992, 31162686, *Blank* FS Brudermüller, 2014, 29 (33); *Brudermüller* in Palandt BGB§ 1361b Rn. 4; *Brudermüller* WuM 2003, 250 (254); *Löhnig* in Staudinger BGB Anh. zu §§ 1297 ff. Rn. 205; *Schrader* NZM 2010, 257 (260); *Zwißler*, Die Nichteheliche Lebensgemeinschaft in der anwaltlichen Praxis, § 5 Rn. 62.
[115] *Häublein* in MüKoBGB Vor § 535 Rn. 54.

§ 1568a BGB zu erwägen.[116] Anhaltspunkte für einen Widerspruch zum Kindeswohl sind insbesondere ein angespannter Wohnungsmarkt, der zur die Anmietung einer Wohnung in einem anderen Stadtteil oder gar in einem anderen Ort zwingt und die soziale Vernetzung der Kinder im Wohnumfeld. Sind die früheren Partner Mitmieter, kann ein Partner außerdem aufgrund seiner Unterhaltsverpflichtung gegenüber den gemeinsamen Kindern verpflichtet sein, das Mietverhältnis aufrecht zu erhalten und den grundsätzlich bestehenden Anspruch auf Mitwirkung bei der Kündigung (→ Rn. 50) nicht geltend zu machen.[117]

II. Eigentum an Haushaltsgegenständen

1. Grundsätze

Im Falle der Auflösung einer nichtehelichen Lebensgemeinschaft ist grundsätzlich nicht **58** davon auszugehen, dass der eine Partner dem anderen, der bei der Trennung im Miteigentum stehende Gegenstände mitnimmt, daran das stillschweigend Alleineigentum einräumt. Fehlt es an einer Absprache über die Aufteilung der Haushaltsgegenstände, gelten vielmehr die während der Lebensgemeinschaft bestehenden beziehungsweise nach § 1006 Abs. 1 S. 1 BGB vermuteten Eigentumsverhältnisse (→ Rn. 30 ff.) fort.[118] Gegenstände, die im Alleineigentum eines Partners stehen, kann dieser nach § 985 BGB herausverlangen. Soweit das Zusammenwohnen als Innen-GbR qualifiziert wird (→ Rn. 15 ff.), folgt ein Rückgabeanspruch außerdem aus § 732 S. 1 BGB. Gegenstände, die im Miteigentum beider Partner stehen, sind, sofern ohne Wertminderung möglich, in Natur zu teilen (§ 752 BGB), andernfalls durch Pfandverkauf zu veräußern (§§ 752, 1235, 383 Abs. 3 BGB). Anderweitige, einvernehmliche Teilungsvereinbarungen der Partner sind vorrangig.[119]

2. Haustiere

Haustiere sind grundsätzlich wie sonstige Haushaltsgegenstände zu behandeln (§ 90a S. 3 **59** BGB). Steht das Haustier im Eigentum eines Partners, kann er es nach der Trennung vom anderen herausverlangen (§ 985 BGB). Bei Miteigentum wird die Veräußerung und Teilung des Erlöses (→ Rn. 58) in aller Regel nicht dem Willen der Parteien entsprechen. Die Parteien behalten in diesem Fall Miteigentum an dem Haustier. Jeder Miteigentümer hat gegen den anderen gemäß § 745 Abs. 2 BGB einen Anspruch auf Zustimmung zu einer Benutzungs- beziehungsweise Umgangsregelung nach billigem Ermessen. So kann beispielsweise festgelegt werden, dass der gemeinsame Hund einen halben Monat bei dem einen und einen halben Monat bei dem anderen Teil verbringt.[120]

III. Ausgleich unentgeltlicher Leistungen

Nach Beendigung der nichtehelichen Lebensgemeinschaft verlangt bisweilen einer der **60** Partner einen Ausgleich für Leistungen, die er während der Beziehung unentgeltlich erbracht hat. Jedenfalls nicht in Betracht kommen Ansprüche aus analoger Anwendung eherechtlicher (§§ 1378 Abs. 1, 1569 ff. BGB) oder verlöbnisrechtlicher (§§ 1298 ff. BGB) Vorschriften.[121] Nach heute herrschender Ansicht können jedoch Ansprüche aus schuldrechtlichen Anspruchsgrundlagen, insbesondere §§ 812 Abs. 1 S. 2 Var. 2 BGB und § 313

---

[116] Für eine generelle Anwendung des § 1361a BGB, wenn gemeinsame Kinder vorhanden sind: LG München I NJW-RR 1991, 834; *Löhnig* in Staudinger BGB Anh. zu §§ 1297 ff. Rn. 207.
[117] Dies im konkreten Fall ablehnend, weil die Kinder bei Beendigung des Mietverhältnisses nicht schlechterdings obdachlos werden: LG Berlin BeckRS 2016, 119208.
[118] OLG Hamm BeckRS 2002, 13381.
[119] *Sprau* in Palandt BGB § 752 Rn. 1.
[120] LG Duisburg BeckRS 2011, 20635 Rn. 14.
[121] *Kroll-Ludwigs* in Erman BGB Vor § 1353 Rn. 26.

BGB bestehen (1.). Hiernach sind an die Rückgewähr einzelner unentgeltlicher Zuwendungen allerdings hohe Voraussetzungen geknüpft (2., 3.).

1. Entwicklung

61 Bis zum Jahr 2008 verfolgte der Bundesgerichtshof den **Grundsatz der Nichtausgleichung**.[122] Schließlich stünden „bei einer nichtehelichen Lebensgemeinschaft [...] die persönlichen Beziehungen derart im Vordergrund, dass sie auch das die Gemeinschaft betreffende vermögensmäßige Handeln der Partner bestimmen..."[123] Hatten die Partner keine ausdrückliche Vereinbarung getroffen, wurden dementsprechend wirtschaftliche Leistungen nicht ausgeglichen.[124] Wer in einer Partnerschaft die rechtliche Bindung einer Ehe gerade nicht eingehe, übernehme damit auch das Risiko, dass er wirtschaftliche Leistungen erbringt, die er dann nicht selbst voll ausnutzen und dennoch nicht ersetzt verlangen kann.[125] An diesem Grundsatz hielt die Rechtsprechung zunächst fest, einerlei ob die Zuwendung zur Finanzierung eines Grundstückserwerbs,[126] eines Hausbaus,[127] eines Hausumbaus,[128] einer Wohnungsrenovierung[129] oder eines Autokaufs[130] erfolgte oder dem Partner Miteigentum an einem Grundstück übertragen wurde.[131] Nur in Ausnahmefällen, wenn durch die Zuwendung ein erheblicher gemeinschaftlicher Wert geschaffen werden sollte, der nicht nur von den Partnern gemeinschaftlich genutzt, sondern ihnen auch gemeinsam gehören sollte, wandte der II. Senat §§ 730 ff. BGB analog an (→ Rn. 15).[132]

62 Diese Rechtsprechung blieb nicht kritiklos. Zwar scheidet ein Ausgleich jedenfalls für solche Leistungen aus, mit denen die laufenden Bedürfnisse der Lebensgemeinschaft erfüllt werden (zum Beispiel Lebensmitteleinkauf). Wegen Leistungen, die diesen Rahmen überschreiten, kann jedoch unter Umständen ein rechtlich schutzwürdiges Ausgleichsbedürfnis bestehen. Nachdem bereits Oberlandesgerichte dem Grundsatz der Nichtausgleichung den Rücken gekehrt hatten[133] und seit 2005 nicht mehr der II. Zivilsenat (für Gesellschaftsrecht zuständig), sondern der XII. Zivilsenat (für Familienrecht zuständig) für die vermögensrechtliche Auseinandersetzung nichtehelicher Lebensgemeinschaften nach dem Geschäftsverteilungsplan des Bundesgerichtshofs zuständig ist, kam es zu einer Rechtsprechungsänderung: Nunmehr kommen Ausgleichsansprüche nach Beendigung einer nichtehelichen Lebensgemeinschaft grundsätzlich in Betracht.[134]

63 Mit seiner Rechtssprechungsänderung schuf die der XII. Zivilsenat **kein Sonderrecht für nichteheliche Lebensgemeinschaften.** Vielmehr können sich Ausgleichsansprüche aus den im Bürgerlichen Gesetzbuch vorgegebenen schuldrechtlichen Anspruchsgrundlagen, insbesondere, § 812 Abs. 1 S. 2 Var. 2 BGB und § 313 BGB ergeben (→ Rn. 4). Die Ausgleichsansprüche sind außerdem **kein Spezifikum nichtehelicher Lebensgemeinschaften;** sie bestehen unabhängig von einer intimen Beziehung auch nach Scheitern anderer auf Dauer angelegter Beziehungen (zum Beispiel dauerhaftes Zusammenleben

---

[122] *Dethloff* FS Frank, 2008, 81 (84).
[123] BGH NJW-RR 1991, 898 (899); BGHZ 77, 55 = NJW 1980, 1520.
[124] BGHZ 77, 55 = NJW 1980, 1520. S. auch BGH BeckRS 2010, 12053.
[125] OLG München BeckRS 2009, 04177.
[126] BGHZ 77, 55 = NJW 1980, 1520.
[127] BGH NJW 1986, 51; BGH BeckRS 1982, 31068206; BGH NJW 1986, 51.
[128] BGH BeckRS 2010, 12053.
[129] OLG München BeckRS 2009, 04177; OLG Oldenburg NJW 1986, 1817 (Windfangtür und Terrassenüberdachung).
[130] OLG Oldenburg NJW 1986, 1817; OLG Celle NJW 1983, 1063 (1064).
[131] BGH NJW-RR 1991, 898 (899).
[132] BGH NJW 1992, 906 (907) (gemeinsam bewohnte Eigentumswohnung); BGHZ 84, 388 = NJW 1982, 2863 (2864) (gewerbliches Unternehmen). Vgl. auch OLG Stuttgart DStR 1992, 474; OLG Nürnberg BeckRS 1982, 31338130.
[133] OLG Sachsen-Anhalt NJW 2006, 2418; OLG Karlsruhe NJW-RR 1994, 1157 (1158) (Anwendung der Grundsätze des Wegfalls der Geschäftsgrundlage).
[134] BGHZ 177, 193 = NJW 2008, 3277 (3280 Rn. 33); offenlassend: BGH NJW 2008, 443.

J. Beendigung der nichtehelichen Lebensgemeinschaft durch Trennung   § 23

enger Freunde, Geschwister, sonstiger Verwandter, Zusammenleben im Alter).[135] Maßgeblich ist demnach ein gemeinsames Leben und Wirtschaften.[136] Und letztlich folgt aus der Abkehr vom Grundsatz der Nichtausgleichung **kein Ausgleich für unentgeltliche Zuwendungen in jedem Fall**. Im Ergebnis bleiben Ausgleichsansprüche aufgrund der engen Voraussetzungen der §§ 812 Abs. 1 S. 2 Var. 2, 313 BGB auf unbillige Vermögensverschiebungen im Einzelfall beschränkt.

2. Grundsätze

Rechtsgrund für unentgeltliche Leistungen unter nichtehelichen Lebensgefährten ist regelmäßig entweder eine unbenannte, gemeinschaftsbezogene Zuwendung oder ein Kooperationsvertrag sui generis (a). Ausgleichsansprüche können sich in erster Linie aus § 812 Abs. 1 S. 2 Var. 2 BGB (b) und § 313 Abs. 1, 3, 323, 346 BGB (c) ergeben.   64

a) Rechtsgrund unentgeltlicher Leistungen

Regelmäßig vereinbaren Partner **keinen (stillschweigenden) Austauschvertrag,** wenn sie untereinander unentgeltliche Zuwendungen tätigen. Es ist grundsätzlich davon auszugehen, dass die Leistungen in einer nichtehelichen Lebensgemeinschaft ohne den Willen erfolgen, sich, insbesondere im Hinblick auf Vergütung und Gewährleistungsansprüche, rechtlich zu binden.   65

Des Weiteren qualifiziert die Rechtsprechung Beziehungen in der nichtehelicher Lebensgemeinschaft nur als **Innen-GbR,** soweit ausnahmsweise ein Rechtsbindungswille feststellbar ist (→ Rn. 15 ff.) und verneint daher regelmäßig einen Einlagenrückerstattungsanspruch aus §§ 730, 731 S. 1, 733 Abs. 2 S. 2 BGB. Qualifiziert man das Zusammenwohnen bei Vorliegen rechtsverbindlicher Beiträge beider Partner als Innen-GbR (→ Rn. 18), folgt daraus gleichsam nicht die Rückerstattung unentgeltlicher Leistungen als Einlagen: Unentgeltliche Leistungen unter nichtehelichen Lebensgefährten sind nicht als mit Rechtsbindungswillen erbrachte Einlagen anzusehen.   66

Der Rechtsgrund für unentgeltliche Zuwendungen bestimmt sich danach, ob es sich um gegenständliche Zuwendungen oder um Arbeitsleistungen handelt. Gegenständliche Zuwendungen sind, wenn sie der Ausgestaltung der Lebensgemeinschaft dienen, nicht als Schenkung, sondern, in Anlehnung an die Terminologie bei Ehegatten – als **unbenannte, gemeinschaftsbezogene Zuwendungen** einzuordnen.[137] Eine Schenkung liegt nicht vor, weil die Zuwendung nicht unentgeltlich, sondern mit Rücksicht auf das tägliche Zusammenleben erbracht wird.[138] Mangels Bestehen eines Schenkungsvertrages scheidet ein Bereicherungsanspruch nach Schenkungswiderruf (§§ 530 Abs. 1, 531 Abs. 2, 812 Abs. 1 S. 2 Var. 1 BGB) daher aus. Im Übrigen sind die Anforderungen an einen Schenkungswiderruf wegen groben Undanks hoch. Untreue oder die Zuwendung zu einem anderen Partner genügen nicht. Für Schenkungen im Sinne von § 516 BGB bleibt nur Raum, wenn der Zuwendende an dem Gegenstand nicht im Rahmen des täglichen Zusammenlebens partizipieren möchte, was etwa bei Geburtstags- oder Weihnachts-   67

---

[135] BGH NJW 2008, 3282 Rn. 26.
[136] OLG Düsseldorf BeckRS 2010, 27560.
[137] BGHZ 177, 193 = NJW 2008, 3277 Rn. 14; BGH NJW 2008, 443; OLG NJW-RR 2013, 197.
[138] Der ursprüngliche Grund für die Differenzierung zwischen Schenkung und unbenannter Zuwendung bei Ehegatten liegt im Zugewinnausgleichsrecht: Nach § 1374 Abs. 2 BGB werden Schenkungen dem Anfangsvermögen zugerechnet und damit vom Zugewinnausgleich ausgenommen; Grund für Herausnahme von Schenkungen aus dem Zugewinnausgleich ist, dass der andere Ehegatte an der Vermögensmehrung nicht partizipiert hat. Da dies bei Zuwendungen zwischen den Ehegatten nicht der Fall ist (hier hat der Zuwendende gerade an Vermögensmehrung partizipiert), wurden Zuwendungen zwischen Ehegatten regelmäßig als unbenannte Zuwendungen qualifiziert und dementsprechend nicht unter § 1374 Abs. 2 BGB eingeordnet. Bei nichtehelichen Lebensgemeinschaften (und i. Ü. auch bei Ehen mit Gütertrennung) übernahm die Rechtsprechung die Differenzierung zwischen Schenkung und unbenannter Zuwendung.

geschenken, die dem persönlichen Gebrauch dienen sollen (zum Beispiel Schmuck) der Fall ist.[139]

68 Unentgeltliche Dienstleistungen sind nach h.M. bereits aufgrund der fehlenden objektiven Bereicherung beim Empfänger keine Schenkung.[140] Grundlage von Arbeitsleistungen, die ein Partner im Rahmen einer nichtehelichen Lebensgemeinschaft erbringt, ist ein **Kooperationsvertrag sui generis**.[141]

b) Herausgabe der Bereicherung (condictio ob rem – § 812 Abs. 1 S. 2 Var. 2 BGB

69 Nach § 812 Abs. 2 Var. 2 BGB besteht für den Empfänger einer Leistung die Pflicht zur Herausgabe der Zuwendung, sofern der mit der Leistung nach dem Inhalt des Rechtsgeschäfts bezweckte Erfolg nicht eingetreten ist. Ein Bereicherungsanspruch setzt voraus, dass darüber mit dem Empfänger der Leistung eine Zweckabrede getroffen worden ist. Hierzu bedarf es einer Willensübereinstimmung. Einseitige Vorstellungen genügen nicht. Eine Zweckabrede kann auch stillschweigend geschlossen werden. Dann aber muss der eine Teil einen bestimmten Erfolg bezwecken und der andere Teil dies auch erkennen und die Leistung im Bewusstsein der Zweckrichtung entgegennehmen.[142] Die erforderliche Zweckabrede ist vom Anspruchsteller zu beweisen.[143] Legt der Anspruchsteller keine Anhaltspunkte hierfür dar, kommt nur ein Rückgewähranspruch aus §§ 313 Abs. 1, 3, 323, 346 BGB in Betracht.

70 Der bezweckte Erfolg kann in der Absicht liegen, an der Vermögensmehrung langfristig zu partizipieren. Eine solche Zweckabrede kann nicht bereits mit der Begründung abgelehnt werden, die Möglichkeit des Scheiterns einer Beziehung könne nie ausgeschlossen werden.[144] Einer Zweckabrede steht auch nicht entgegen, dass die Vermögensmehrung der Befriedigung des Wohnbedarfs und damit letztlich dem Unterhalt der Familie diente.[145] Die finale Ausrichtung auf eine längerfristige Partizipation kann jedoch nur bezüglich solcher Zuwendungen bestehen, die deutlich über das hinausgehen, was die Lebensgemeinschaft Tag für Tag benötigt.[146] Bei Vermögensmehrungen geringeren Wertes tritt der bezweckte Erfolg bereits durch den (gegebenenfalls kurzzeitigen) Fortbestand der Beziehung nach der Zuwendung ein.

71 Für einen Ausschluss des Anspruchs nach § 815 Alt. 2 BGB, weil der Leistende den Erfolg wider Treu und Glauben verhindert hat, genügt nicht die Veranlassung der Trennung oder Zuwendung zu einem anderen Partner. Die persönlichen Beziehungen der Parteien sind einer gerichtlichen Wertung nicht zugänglich.

c) (Teil-)Rückgewähr der Leistung (§§ 313 Abs. 1, 3, 323, 346 Abs. 1 BGB)

72 §§ 313 Abs. 1, 3, 323, 346 Abs. 1 BGB ermöglichen als gesetzliche Ausformung des Grundsatzes von Treu und Glauben die Rückabwicklung in Fällen, in denen es nicht zu gesellschaftsrechtlichen Ausgleichsansprüchen kommt und in denen eine Zweckabrede im Sinne von § 812 Abs. 1 S. 2 Var. 2 BGB nicht feststellbar ist.[147] Besteht bereits ein anderweitiger Anspruch, ist für § 313 BGB daher kein Raum.

---

[139] *Hoppenz* FPR 2012, 84 (85).
[140] BGHZ 127, 51 = NJW 1994, 2545.
[141] BGH NJW 2008, 3282 Rn. 31; BGHZ 177, 193 = NJW 2008, 3277 Rn. 43; OLG Bremen NJW-RR 2013, 197.
[142] BGHZ 177, 193 = NJW 2008, 3277 Rn. 34; OLG Hamm NJOZ 2013, 1962.
[143] BGH NJW 2008, 3282 Rn. 27; OLG Brandenburg BeckRS 2013, 10111; KG Berlin NJW-RR 2010, 29.
[144] BGH NJW 2011, 2880 mAnm *Wellenhofer* JuS 2012, 74.
[145] BGH NJW 2011, 2880 Rn. 40.
[146] BGHZ 177, 193 = NJW 2008, 3277 Rn. 35.
[147] BGHZ 177, 193 = NJW 2008, 3277 Rn. 40; von denselben Voraussetzungen von § 812 Abs. 1 S. 2 Var. 2 BGB und § 313 BGB ausgehend demgegenüber: OLG Hamm NJOZ 2013, 1962.

§ 313 Abs. 1 BGB setzt eine schwerwiegende **Änderung der Geschäftsgrundlage** 73
voraus. Damit eine Tatsache zur Geschäftsgrundlage eines Vertrages wird, bedarf es keiner
Willensübereinstimmung. Auch objektive Grundlagen fallen unter § 313 Abs. 1 BGB.[148]
Leistungen im Rahmen des täglichen Lebens (zum Beispiel Lebensmitteleinkäufe) werden
ohne die Erwartung an den Fortbestand Beziehung, sondern lediglich im Hinblick auf die
alltäglichen Bedürfnisse getätigt. Nicht anders zu beurteilen sind aber auch die Leistungen
desjenigen Partners, der nicht zu den laufenden Kosten beiträgt, sondern größere Einmalleistungen erbringt: Er kann insofern nicht besser gestellt werden als derjenige Partner,
dessen Aufwendungen den täglichen Bedarf decken oder der sonst erforderlich werdende
Beiträge übernimmt. Der Fortbestand der Beziehung wird daher nur für Leistungen, die
über den Rahmen des täglichen Zusammenlebens hinausgehen, zur Geschäftsgrundlage.[149]

Geht die Leistung über den Rahmen des täglichen Zusammenlebens hinaus, ist ent- 74
scheidend, ob dem Zuwendenden die durch die Leistung geschaffenen Vermögensverhältnisse unter Berücksichtigung des Einzelfalls **zuzumuten** sind (vgl. § 313 Abs. 1 BGB).
Insoweit ist vom Grundsatz auszugehen, dass es der Zuwendende einst für richtig hielt, eine
unentgeltliche Zuwendung zu machen.[150] Allein aufgrund der Trennung kann daher keine
Rückgewähr erfolgen. Nur wenn der Verbleib der Zuwendung beim anderen im Einzelfall
zu einer unzumutbaren Situation für den Zuwendenden führt, kann ein Rückgewähranspruch bestehen. Kriterien für eine Unzumutbarkeit sind nicht die Einzelheiten der
persönlichen Beziehungen, denn diese sind einer gerichtlichen Bewertung nicht zugänglich. Einerlei ist daher, wer wen verlassen, betrogen oder unangemessen behandelt hat.

In die Abwägung einfließen können vielmehr die Dauer der Lebensgemeinschaft, das 75
Alter der Partner, Art und Umfang der erbrachten Leistungen und die Höhe der noch
vorhandenen Vermögensmehrung.[151] Die Beurteilung erfolgt anhand der konkreten Einkommens- und Vermögensverhältnisse.[152] Ein Ausgleich kommt nur wegen solcher Leistungen in Betracht, die nach den jeweiligen Verhältnissen erheblich über das hinausgehen,
was das tägliche Zusammenleben erfordert und zu einem messbaren und noch vorhandenen
Vermögenszuwachs des anderen Partners geführt haben. Dabei gebieten es Treu und
Glauben nicht zwangsläufig, die Vermögenszuordnung im Hinblick auf die während des
Zusammenlebens günstigeren Einkommensverhältnisse des Zuwendenden beizubehalten.[153]

3. Einzelne Zuwendungen

a) Mietzahlungen und Darlehensraten

Waren beide Partner Mieter und zahlte einer von beiden vor der Trennung einen größeren 76
Anteil oder die gesamte Miete, hat der Mehrzahler nach Trennung bezüglich der Zahlungen **während bestehender Lebensgemeinschaft fällig gewordener Miete** regelmäßig keinen Ausgleichsanspruch nach § 426 Abs. 1 S. 1 BGB. Die Zweifelsregel zur
hälftigen Verpflichtung gilt bei nichtehelichen Lebensgemeinschaften grundsätzlich nicht.
Vielmehr ist anzunehmen, dass die Partner mit ihren tatsächlich geleisteten Beiträgen ihren
Verpflichtungen im Innenverhältnis nachgekommen sind (→ Rn. 28). Ansprüche aus § 812
Abs. 1 S. 2 Var. 2 BGB oder § 313 BGB bestehen ebenfalls nicht, weil es sich bei den
Mietzahlungen um die laufenden Kosten der Lebenshaltung handelt. Ansprüche kommen
demgegenüber in Betracht, wenn ein Partner regelmäßige finanzielle Zuwendungen zur
Zahlung der **Darlehensraten** für das im Alleineigentum des anderen Partners stehende

---

[148] *Grüneberg* in Palandt BGB § 313 Rn. 4.
[149] BGH NJW 2008, 3282 Rn. 28; BGHZ 177, 193 = NJW 2008, 3277 Rn. 40.
[150] BGH NJW 2013, 2187; NJW 2008, 3282 Rn. 32; BGHZ 177, 193 = NJW 2008, 3277 Rn. 44; OLG Düsseldorf BeckRS 2009, 21068.
[151] BGH NJW 2013, 2187; NJW 2011, 2880; OLG Brandenburg NZFam 2016, 336.
[152] BGH NJW 2013, 2187; *Dethloff* FS Frank, 2008, 81 (86).
[153] BGH NJW 2011, 2880 Rn. 25.

Wohneigentum macht (WG-Typ F) und die Zahlungen deutlich über die Miete hinausgehen, die für vergleichbaren Wohnraum aufzuwenden wäre.[154]

77 **Nach der Trennung** endet die anderweitige Bestimmung über die Mietbeiträge, sodass nunmehr die Zweifelsregelung des § 426 Abs. 1 S. 1 BGB Anwendung findet.[155] Zahlt ein Partner auf nach der Trennung fällig gewordene Mietforderungen mehr als die Hälfte, so kann er überobligatorisch gezahlte Beträge vom anderen nach § 426 Abs. 1 S. 1 BGB beziehungsweise §§ 535 Abs. 2, 426 Abs. 2 S. 1 BGB zurückfordern. Allerdings beinhaltet § 426 Abs. 1 S. 1 BGB auch nach der Trennung lediglich eine Zweifelsregelung. Im Einzelfall kann weiterhin eine abweichende (konkludente) Vereinbarung über den Innenausgleich vorliegen. Eine solche abweichende Vereinbarung kann sich zum Beispiel aus einer einvernehmlichen Regelung über die alleinige Nutzung der Wohnung durch eine der Parteien ergeben.[156] Sind die Parteien sich über die Weiternutzung der Wohnung durch einen der Partner demgegenüber nicht einig, verbleibt es bei der hälftigen Verpflichtung im Innenverhältnis;[157] schließlich kann derjenige, der aus der Wohnung ausgezogen ist, den anderen zur Zustimmung zur Kündigung verpflichten (→ Rn. 50).

b) Finanzierung von Haushaltsgegenständen und Wohneigentum

78 Erwirbt und finanziert einer der Partner einen Haushaltsgegenstand allein, erlangt regelmäßig nur dieser Partner Eigentum (→ Rn. 35). Nach Ende der Beziehung kann er den Gegenstand gem. § 985 BGB von dem anderen herausverlangen (→ Rn. 58). Finanziert einer der Partner einen Haushaltsgegenstand allein und erlangt der andere gleichsam Mit- oder Alleineigentum[158], kann sich nach Ende der Beziehung die Frage nach Ausgleichsansprüchen stellen.

79 In der Regel werden allerdings bei Haushaltsgegenständen die Voraussetzungen von § 812 Abs. 1 S. 2 Var. 2 BGB und § 313 BGB nicht erfüllt sein: Für einen Anspruch aus § 812 Abs. 1 S. 2 Var. 2 BGB muss der Anspruchsteller eine konkrete Zweckvereinbarung darlegen und gegebenenfalls beweisen (→ Rn. 69). Daran fehlt es insbesondere, wenn die Leistung dem täglichen Zusammenleben dient (zum Beispiel Anschaffung von Möbelstücken, Zuwendung eines PKW zur Bewältigung des täglichen Arbeitsweges[159]). Das Merkmal der Unzumutbarkeit der Vermögensverschiebung in § 313 Abs. 1 BGB ist unter anderem am Wert der Zuwendung zu messen (→ Rn. 75). Danach besteht bei Haushaltsgegenständen regelmäßig kein Rückforderungsanspruch (zum Beispiel PKW,[160] Kamin, Beleuchtung, Fassadenarbeiten etc.[161]), es sei denn die Vermögenverschiebung ist aufgrund des Wertes des Gegenstandes und der Vermögensverhältnisse unzumutbar. Rückforderungsansprüche sind denkbar, wenn erhebliche Geldbeträge zur Finanzierung von **Wohneigentum** des Partners[162] oder zur Absicherung des Partners bei Tod des Zuwendenden[163] aufgewandt worden sind. Maßgeblich ist insoweit, dass die Zuwendungen deutlich über Miete und Renovierungskosten hinausgehen, die für vergleichbaren Wohnraum aufzuwen-

---

[154] BGH NJW 2013, 2187.
[155] OLG Bremen NJW 2016, 1248 (für ein gemeinsam aufgenommenes Darlehen); *Löhnig* in Staudinger BGB Anh. zu §§ 1297 ff. Rn. 202. Zur Handhabung der Zweifelsregelung nach Tod eines Partners s. OLG Koblenz NJW-RR 2012, 738 (für Ehegatten).
[156] *Heinemeyer* in MüKoBGB § 426 Rn. 21, 19.
[157] Str., vgl. *Heinemeyer* in MüKoBGB § 426 Rn. 21, 19 mwN zur Rechtsprechung bei Ehegatten.
[158] ZB weil beide Partner gegenüber dem Veräußerer als Erwerber auftraten und daher die Übereignung an beider Partner erfolgte (→ Rn. 34) oder weil der Haushaltsgegenstand durch Einbau wesentliches Zubehör des im Eigentum des anderen stehenden Grundstücks wurde.
[159] LG Köln NJW-Spezial 2017, 645.
[160] LG Köln NJW-Spezial 2017, 645.
[161] OLG Brandenburg NZFam 2016, 336.
[162] Für einen solchen Fall s. BGH NJW 2011, 2880; BGHZ 177, 193 = NJW 2008, 3277; OLG Brandenburg, 5NZFam 2014, 1010; OLG Bremen FamRB 2010, 338 (Immobilie auf Lanzarote); KG Berlin NJW-RR 2010, 295; OLG Oldenburg NJW-RR 2009, 938; OLG Düsseldorf BeckRS 2009, 21068 Rn. 29 ff.; LG Bamberg BeckRS 2015, 13491.
[163] BGH NJW 2014, 2638.

den wären.¹⁶⁴ Dementsprechend führen Investitionen nicht zu einem Rückgewähranspruch, wenn sie auf die Zeit des Zusammenlebens gerechnet, unter Berücksichtigung des Monatseinkommens einen angemessenen Beitrag für ein Zusammenleben nicht übersteigen.¹⁶⁵

c) Arbeitsleistungen zur Renovierung der Wohnung

Erbringt einer der Partner Arbeitsleistungen in der gemeinsamen Wohnung, bestehen jedenfalls keine Ansprüche aus einem (stillschweigend vereinbarten) Dienst- oder Werkvertrag (→ Rn. 68). Unabhängig vom Bestehen einer Innen-GbR scheidet ein Einlagenrückerstattungsanspruch aus. Für die Leistung von Diensten kann gem. § 733 Abs. 2 S. 3 BGB kein Ersatz verlangt werden. Für § 812 Abs. 1 S. 2 Var. 2 BGB sowie § 313 Abs. 1, 3 BGB gelten die oben (→ Rn. 69 ff.) dargestellten Grundsätze. Ein Anspruch aus § 812 Abs. 1 S. 2 Var. 2 BGB bedarf einer konkreten Zweckvereinbarung. Nach § 313 BGB besteht kein Rückforderungsanspruch für Arbeitsleistungen, die das tägliche Zusammenleben erfordern (zum Beispiel Arbeitsleistungen zur Renovierung der Wohnung,¹⁶⁶ Versorgung des Haushalts und der Kinder¹⁶⁷). Eine Unzumutbarkeit der Vermögensmehrung beim anderen ist nur dann anzunehmen, wenn die Arbeitsleistung zu einem erheblichen Wertzuwachs geführt und der Partner erhebliche Zeit investiert hat (zum Beispiel Planungsleistungen für gemeinsamen Hausbau durch Partner, der Architekt ist).¹⁶⁸ **80**

Besteht ein Rückforderungsanspruch aus § 313 Abs. 1, 3, 323, 346 BGB ist zusätzlich zu beachten, dass für die erbrachten Arbeitsleistungen keine Vergütung nach dienst- beziehungsweise werkvertraglichen Maßstäben, sondern nur eine angemessene Beteiligung an dem gemeinsam Erarbeiteten verlangt werden kann. Der Ausgleichsanspruch ist dabei in zweifacher Weise begrenzt: zum einen durch den Betrag, um den das Vermögen des anderen zur Zeit des Wegfalls der Geschäftsgrundlage noch vermehrt ist, zum anderen durch die gemeinsam ersparten Kosten für fremde Arbeitsleistung.¹⁶⁹ **81**

K. Beendigung der nichtehelichen Lebensgemeinschaft durch Tod eines Partners

Der überlebende Partner einer nichtehelichen Lebensgemeinschaft zählt nicht zu den gesetzlichen Erben. § 1931 BGB ist nicht analog anzuwenden.¹⁷⁰ Er kann nur kraft Verfügung von Todes wegen Erbe werden. Ist der überlebende Partner als Erbe eingesetzt, kann er zur Zahlung der Beerdigungskosten herangezogen werden (§ 1968 BGB) und dementsprechend, sofern der Partner durch eine unerlaubte Handlung zu Tode gekommen ist, vom Schädiger nach § 844 Abs. 1 BGB die Beerdigungskosten ersetzt verlangen.¹⁷¹ **82**

I. Weiterwohnen des überlebenden Partners

1. Mietwohnung

Lebten die Partner in einer Mietwohnung, gelten die §§ 563 Abs. 2 S. 3, 563a BGB, die einen Eintritt beziehungsweise eine Fortsetzung des Mietverhältnisses ermöglichen. Voraus- **83**

---
¹⁶⁴ BGH NJW 2013, 2187 Rn. 23, 26.
¹⁶⁵ OLG Brandenburg NZFam 2016, 336 Rn. 49.
¹⁶⁶ BGH NJW 2013, 2187.
¹⁶⁷ OLG Bremen NZG 2013, 134.
¹⁶⁸ BGH NJW 2008, 3282.
¹⁶⁹ BGH NJW 2008, 3282 Rn. 33; BGHZ 177, 193 = NJW 2008, 3277 Rn. 45.
¹⁷⁰ *Kroll-Ludwigs* in Erman BGB Vor § 1353 Rn. 38.
¹⁷¹ *Kampen* NJW 2016, 1046.

setzung ist ein auf Dauer angelegter gemeinsamer Haushalt (§ 563 Abs. 2 S. 3 BGB), nicht aber eine intime und exklusive Lebensgemeinschaft, die keine Bindungen weiterer Art zulässt.[172] Die Vorschriften finden insbesondere auch auf das dauerhafte Zusammenleben alter Menschen als Alternative zum Alters- oder Pflegeheim[173], das dauerhafte Zusammenleben von Freunden[174] und das Zusammenleben von Eltern und Kindern[175] Anwendung.

84 Bestand der **Mietvertrag nur mit dem verstorbenen Partner** (WG-Typ E), tritt der überlebende Partner in den Mietvertrag ein, soweit zwischen ihm und dem Mieter ein auf Dauer angelegter gemeinsamer Haushalt bestand. Der überlebende Partner kann den Eintritt verhindern, indem er dem Vermieter innerhalb eines Monats, nachdem er vom Tod des Mieters Kenntnis erlangt hat, mitteilt, dass er das Mietverhältnis nicht fortsetzen wolle (§ 563 Abs. 3 S. 1 BGB). Bestand ein **Mietvertrag mit beiden Partnern** (WG-Typ C) ermöglichen §§ 563a Abs. 1, 563 Abs. 2 S. 3 BGB die Fortsetzung des Mietverhältnisses durch den überlebenden Partner. Der überlebenden Partner kann das Mietverhältnis innerhalb eines Monats, nachdem er vom Tod des Mieters erfahren hat, außerordentlich mit der gesetzlichen Frist kündigen, § 563a Abs. 2 BGB.

2. Wohneigentum

85 War der verstorbene Partner Eigentümer des von der Lebensgemeinschaft bewohnten Grundstücks oder der Eigentumswohnung (WG-Typ F), können die Erben die Immobilie vom überlebenden Partner herausverlangen (§ 985 BGB). Bestand zwischen den Partnern eine Innen-GbR, wird die Gesellschaft mit Tod eines Partners aufgelöst (§ 727 Abs. 1 BGB). Damit endet auch das Recht zum Besitz aus der Innen-GbR. Bestand zwischen den Partnern keine Innen-GbR, endet die tatsächliche Gestattung des Mitbesitzes ebenfalls mit Tod des Eigentümers.[176]

86 Ein **Nutzungsersatzanspruch** (§§ 987, 990 BGB) ist jedenfalls für die Zeit des Zusammenlebens ausgeschlossen, einerlei, ob ein Recht zum Besitz bestand oder dem Partner der Besitz an der Wohnung nur tatsächlich gestattet war.[177] Für die Zeit nach dem Tod des Eigentümers können die Erben jedoch einen Nutzungsersatzanspruch geltend machen.[178]

II. Ausgleich unentgeltlicher Zuwendungen

1. Tod des Zuwendenden

87 Tätigt ein Partner unentgeltliche Zuwendungen in der Erwartung, die Lebensgemeinschaft werde bestand haben, und ist ihm die Vermögensmehrung nach Ende der Lebensgemeinschaft nicht mehr zumutbar, kommt insbesondere ein Rückgewähranspruch nach § 313 Abs. 1, 3, 323, 346 BGB in Betracht (→ Rn. 72 ff.). Dies gilt jedoch nur, wenn die Beziehung durch Trennung endet. Der Tod des Zuwendenden führt dagegen nicht zum Wegfall der Geschäftsgrundlage. Geschäftsgrundlage ist der Fortbestand der Lebensgemeinschaft für einen wesentlichen Zeitraum. Verstirbt der Zuwendende, entfällt die Geschäftsgrundlage der Zuwendung nicht, denn die Lebensgemeinschaft bestand – aus Sicht des Zuwendenden – lebenslänglich.[179]

---

[172] LG Berlin BeckRS 2016, 1369; *Löhnig* in Staudinger BGB Anh. zu §§ 1297 ff. Rn. 211.
[173] BT-Drs 14/4553, 61.
[174] LG Berlin BeckRS 2016, 1369 („Vater-Sohn-ähnliches Verhältnis").
[175] LG Berlin BeckRS 2015, 563.
[176] Davon ausgehend: BGHZ 176, 262 = NJW 2008, 2333 Rn. 32.
[177] BGHZ 176, 262 = NJW 2008, 2333 Rn. 32; krit. zur dogmatischen Begründung des Ausschlusses eines Nutzungsersatzanspruches bei tatsächlicher Gestattung: *Grotkamp* AcP 216, 584 ff.
[178] BGHZ 176, 262 = NJW 2008, 2333 Rn. 32.
[179] BGH NJW 2010, 998.

2. Tod des Zuwendungsempfängers

Endet die nichteheliche Lebensgemeinschaft durch den Tod des Zuwendungsempfängers ist **88** dagegen ein Rückerstattungsanspruch aus § 313 Abs. 1, 3, 323, 346 BGB denkbar, denn in diesem Fall bestand die Lebensgemeinschaft aus Sicht des Zuwendenden nicht lebenslänglich:[180] Der Zuwendende lebt noch, er kann aber – soweit er nicht Alleinerbe seines Partners geworden ist – nicht mehr an dem zugewandten Gegenstand partizipieren.

---

[180] BGH NJW 2010, 998; offenlassend, weil Zuwendung schon nicht hinreichend dargelegt: OLG Brandenburg BeckRS 2010, 14103.

§ 24 Couchsurfing, Airbnb und andere Formen der kurzfristigen Gebrauchsüberlassung

Übersicht

	Rn.
A. Praktische Relevanz der kurzfristigen Gebrauchsüberlassung	1
B. Voraussetzungen der Zulässigkeit der Gebrauchsüberlassung einer Mietwohnung an Nichtmieter	5
I. Grundsatz der Unzulässigkeit der Gebrauchsüberlassung durch den Mieter .	6
II. Vorbehalt der Erlaubnis des Vermieters	7
1. Erlaubnispflichtigkeit der Gebrauchsüberlassung...........................	8
a) Abgrenzung: „Dritte" und „Gäste"	8
b) Einschränkung des Vermieterinteresses bei der WG: Eher Gäste als Dritte in einer WG?..	15
c) Keine Relevanz der verwendeten Terminologie „Gast" und „Gastgeber"	16
2. Anspruch auf Erlaubniserteilung	17
a) Wirkung des bestehenden Anspruchs gegen den Vermieter	18
b) Voraussetzungen des Anspruchs auf Erteilung der Erlaubnis	19
3. Umfang der Erlaubnis zur Gebrauchsüberlassung.........................	26
a) Inhaltlicher Bezugspunkt der Erlaubnis	27
b) Einschränkungen durch Zweckentfremdungsverbote	31
III. Notwendigkeit der Zustimmung der anderen Mitbewohner zur partiellen Gebrauchsüberlassung	36
C. Folgen unberechtigter Untervermietung	38
I. Unterlassungsverlangen des Vermieters	38
II. Kündigung des Mietverhältnisses	39
1. Möglichkeit der Kündigung	40
a) Kündigungsgrund: unbefugte Untervermietung	40
b) Kündigungsgrund: nachhaltige Störung des Hausfriedens	43
c) Kündigungsempfänger	44
2. Erfordernis der vorherigen Abmahnung	47
III. (Keine) Pflicht zur Herausgabe der Untermiete	51
D. Der Gastgeber als Unternehmer	57
I. Informationspflichten im Fernabsatz	57
II. Vertragsschluss außerhalb des Internets	63
E. Steuerrechtliche Aspekte der Untervermietung	65
F. Ergebnisse	72

Schrifttum:

Berg, Hauptprobleme der Geschäftsführung ohne Auftrag, JuS 1975, 681–689; *Diederichsen,* Das Recht zum Besitz aus Schuldverhältnissen, 1965; *Diederichsen,* Ansprüche des Vermieters bei unberechtigter Untervermietung, NJW 1964, 2296–2297; *Gebauer,* Zur Haftung des Mieters bei unbefugter Untervermietung – BGH – Urt. v. 13.12.1995 – XII ZR 194/94, Jura 1998, 128–135; *Häublein,* Die fristlose Kündigung im Mietrecht nach Miet- und Schuldrechtsreform, ZMR 2005, 1–8; *Herschel,* Nochmals: Herausgabe des Untermietzinses bei unberechtigter Untervermietung? – BGH, NJW 1964, 1853, JuS 1968, 562–563; *Koch/Wallimann,* Die Gebrauchsüberlassung an Dritte aus bereicherungsrechtlicher Sicht, JZ 2016, 342–347; *Kohlstrunk,* Touristen in Miet- und Eigentumswohnungen, NZM 2014, 231–234; *Kollhosser,* Dingliches Wohnrecht und unberechtigte Vermietung, BB 1973, 820–822; *Koppensteiner/Kramer,* Ungerechtfertigte Bereicherung, 2. Aufl. 1988; *Meller-Hannich,* Zu einigen rechtlichen Aspekten der „Share-Economy", WM 2014, 2337–2345; *Mutter,* Die unberechtigte Untervermietung und ihre bereicherungsrechtliche Behandlung, MDR 1993, 303–305; *Neumann-Duesberg,* Ansprüche des Eigentümers gegen den Mieter wegen unberechtigter Untervermietung, BB 1965, 729–731; *Reuter/Martinek,* Ungerechtfertigte Bereicherung, 1983; *Schrader,* Umfassende Geltung der kurzen mietrechtlichen Verjährungsfrist, ZJS 2012, 720–722; *Söllner,* Herausgabe des Untermietzinses bei unberechtigter Untervermietung?, JuS 1967, 449–453; *Solmecke/Lengersdorf,* Rechtliche Probleme bei Sharing Economy Herausforderungen an die Gesetzgebung auf dem Weg in eine geteilte Welt, MMR 2015, 493–497; *Streyl,* Mietermehrheiten, NZM 2011, 377–391; *Theuffel,* Noch einmal – Herausgabe des Untermietzinses bei unberechtigter Untervermietung – BGH, NJW 1996, 838 (zu Homann, JuS 1997, 287), JuS 1998, 968; *Windoffer,* Wider die Zweckentfremdung – Ordnungsrechtliche Grenzen der „Sharing Economy" bei kurzfristigen Vermietungen, LKV 2016, 337–343.

A. Praktische Relevanz der kurzfristigen Gebrauchsüberlassung

1   Kurzfristig nicht genutzter Wohnraum kann wirtschaftlich verwertet werden, indem die vom Mieter nicht (gänzlich) persönlich in Anspruch genommene Gebrauchsmöglichkeit des Wohnraums Dritten eingeräumt wird. Internetportale wie „Airbnb" ermöglichen eine unkomplizierte Kontaktaufnahme zwischen „Gastgebern" und „Gästen".[1] Teilweise nutzen Personen diese Möglichkeit auch als Geschäftsmodell, indem sie gezielt ihre (meist in Ballungsgebieten und/oder Touristenzentren gelegenen) Wohnungen zur Gebrauchsüberlassung anbieten, um sie im Bedarfsfall kurzfristig zu räumen und „Gästen" zu überlassen.

2   In der Regel erfolgt diese Gebrauchsüberlassung entgeltlich, zumindest ist sie jedoch von wirtschaftlichen Interessen geleitet. Beim sogenannten „Couchsurfing" erfolgt die Gebrauchsüberlassung an die „Gäste" zwar in der Regel unentgeltlich, allerdings mit der generell erklärten Bereitschaft, einen „Gegenbesuch" zu ermöglichen. Dabei ist aber auch möglich, dass nicht einmal der anreisende „Gast", sondern ein anderer „Gastgeber" des „Gastfreundschaftennetzwerkes" besucht wird.[2]

3   Die in Wohngemeinschaften typische gemeinsame Nutzung zahlreicher (gemeinsamer) Güter, wie Küche, Bad und Haushaltsgegenstände, setzt sich häufig in der Bereitschaft fort, auch die „eigenen" (persönlichen, exklusiven) Bereiche (das heißt das eigengenutzte Zimmer eines WG-Mitglieds) mit Dritten, also Personen, die nicht Mitglieder der WG sind, zu teilen. Dies betrifft insbesondere Zeiten, in denen die Gebrauchsmöglichkeit vorübergehend nicht selbst in Anspruch genommen werden kann oder muss.

4   Derzeit ist ein allgemeiner Trend zur „share economy" erkennbar.[3] Dies spiegelt sich nicht nur in tatsächlichen Entwicklungen dahingehend wider, knappe Güter teilen zu wollen und sich mit der Nutzung bloß geteilter Güter zufrieden zu geben. Auch in gesetzgeberischen Motiven manifestiert sich der Wille, die geteilte Nutzung von Gütern zu fördern, wenn dadurch eine Entlastung angespannter Ressourcenverteilungen erreicht werden kann. Ein Beispiel ist das 2017 im Wesentlichen in Kraft getretene Carsharing-Gesetz,[4] das eine Ermächtigungsgrundlage zur Parkbevorrechtigung und Parkgebührenbefreiung für das Carsharing im öffentlichen Verkehrsraum enthält, um in Ballungszentren beziehungsweise Innenstädten die Zahl der Fahrzeuge zu reduzieren. Aus dieser Entwicklung kann aber nicht die allgemeine Wertung gewonnen werden, dass geteilte Güter künftig immer bevorzugt werden sollen. Sobald mit der Güterteilung ein Eingriff in bestehende – beispielsweise als Eigentum ausgestaltete – Rechtspositionen verbunden ist, dürften gesetzgeberische Aktivitäten trotz der (verfassungsrechtlich gleichwertig genannten) Sozialbindung des Eigentums (Art. 14 Abs. 1 S. 2, Abs. 2 GG) an die Grenze der verfassungsrechtlichen Zulässigkeit stoßen.

---

[1]   Vgl. die Terminologie in den AGB von Airbnb (www.airbnb.de/terms).
[2]   Ein bekanntes Beispiel eines solchen „Gastfreundschaftennetzwerkes" wird unter der Webseite www.couchsurfing.com betrieben.
[3]   Zur sog. share economy vgl. *Meller-Hannich* WM 2014, 2337; *Solmecke/Lengersdorf* MMR 2015, 493; *Windoffer* LKV 2016, 337.
[4]   Gesetz zur Bevorrechtigung des Carsharing (Carsharinggesetz – CsgG) v. 5.7.2017, BT-Drs. 18/11285, 16.

B. Voraussetzungen der Zulässigkeit der Gebrauchsüberlassung einer Mietwohnung an Nichtmieter

Gemäß § 535 Abs. 1 S. 1 BGB wird der Vermieter durch den Mietvertrag verpflichtet, 5 „*dem Mieter* den Gebrauch der Mietsache während der Mietzeit zu gewähren".

I. Grundsatz der Unzulässigkeit der Gebrauchsüberlassung durch den Mieter

Durch den zwischen Vermieter und Mieter abgeschlossenen Mietvertrag wird daher nur 6 „der Mieter"[5] im Sinne des § 535 Abs. 1 S. 1 BGB zum Gebrauch der Mietsache berechtigt, Dritte grundsätzlich nicht.[6] Zudem stellt § 540 Abs. 1 S. 1 BGB zunächst klar, dass der Mieter dem Grundsatz nach nicht berechtigt ist, „den Gebrauch der Mietsache einem Dritten zu überlassen, insbesondere sie weiter zu vermieten". Außerdem enthält § 540 Abs. 1 S. 1 BGB auch einen Erlaubnisvorbehalt, das heißt der Vermieter kann die Gebrauchsüberlassung an Dritte erlauben. Der Gebrauch der Mietsache wird im Sinne des § 540 Abs. 1 S. 1 BGB überlassen, wenn der (Teil-)Mitbesitz einem Dritten eingeräumt wird, damit dieser ihn selbstständig gebrauchen kann. Dazu gehören beispielsweise der auf eine bestimmte Dauer ausgerichtete Alleingebrauch oder auch der Mitgebrauch.[7]

II. Vorbehalt der Erlaubnis des Vermieters

Die Wohnung des Mieters dient diesem als sozialer Rückzugsort. Diesen Bereich der 7 privaten Lebensführung kann er grundsätzlich nach seinen Vorstellungen gestalten.[8] Die Wohnung ist ein besonders geschützter Ort, was beispielsweise dadurch sichtbar wird, dass die Wohnung besonders vor staatlichem Zugriff geschützt ist (Art. 13 GG). Hieraus lässt sich freilich wenig Konkretes für das Verhältnis zwischen Mieter und Vermieter ableiten, doch zeigt es die Wertigkeit des Rechtsgutes der ungestörten Nutzung der Wohnräume. Der Mieter entfaltet in ihnen seine Persönlichkeit und gestaltet dort einen Großteil seiner sozialen Aktivitäten. Hierzu gehört auch der Sozialkontakt mit anderen Personen, insbesondere auch das Empfangen von Gästen in seiner Wohnung. Dies alles ist Inhalt der vertragsgemäßen Nutzung der Mietwohnung. Die Grenze der vertragsgemäßen Nutzung ist dort erreicht, wo Interessen des Vermieters beeinträchtigt sind, vor allem wenn beispielsweise seine Eigentümerinteressen gefährdet sind.

1. Erlaubnispflichtigkeit der Gebrauchsüberlassung

a) Abgrenzung: „Dritte" und „Gäste"

Die Gebrauchsüberlassung erfordert nur dann die Erlaubnis des Vermieters, wenn der 8 Gebrauch an einen „Dritten" überlassen wird, § 540 Abs. 1 S. 1 BGB. Diese Einschränkung der erlaubnispflichtigen Gebrauchsüberlassung nimmt diejenigen Handlungen aus, die zum vertragsgemäßen Gebrauch gehören.

aa) Empfang von Gästen als Gestaltung der Persönlichkeitssphäre des Mieters und 9 **damit als Inhalt des mietvertraglichen Gebrauchs.** Der vertragsgemäße Gebrauch umfasst auch das Empfangen von Gästen (Besuchern) in der Wohnung und dementspre-

---

[5] Vgl. → § 2 Rn. 56 ff. zur Frage, wer „der Mieter" bei der Personenmehrheit in einer WG ist.
[6] Mieter ist nur derjenige, der im Vertrag als Mieter bezeichnet ist und den Vertrag unterzeichnet hat. Zu den Besonderheiten bei Eheleuten vgl. *Blank* in Blank/Börstinghaus MietR § 535 Rn. 228 ff.
[7] *Wiederhold* in BeckOK BGB, 49. Ed. 1.2.2019, § 540 Rn. 3.
[8] Vgl. *Schrader* ZJS 2012, 720 (721).

chend die dadurch notwendig werdende Anwesenheit weiterer Personen in den gemieteten Wohnräumen.[9] Kennzeichnend für einen Gast ist, dass sein Aufenthalt auf einem reinen Gefälligkeitsverhältnis beruht (sowie insbesondere unentgeltlich ist), das jederzeit frei widerruflich ist.[10] Das Empfangen von Gästen in der Wohnung und die dadurch entstehende Mitbenutzung der Mietsache gehören zum eigenen Mietgebrauch, weil der Mieter damit in dem geschützten Raum seine Privatsphäre auslebt und seine Persönlichkeit entfalten kann. Daher sind Gäste keine Dritte im Sinne des § 540 Abs. 1 S. 1 BGB. Für die Einräumung der (sozialüblich kurzfristigen) Überlassung des Gebrauchs während des Besuchs bedarf es keiner Zustimmung des Vermieters.

10 Die Rechtsprechung hat auch enge Familienangehörige wegen der engen sozialen Bindung des Mieters zu den Personen als „Nicht-Dritte" angesehen, auch wenn sich diese eine längere Zeit in der Mietwohnung aufhalten.[11] Voraussetzung dafür ist jedoch eine sehr enge soziale Beziehung.[12] Werden diese Personen aufgenommen, erfordert dies, dass auch der Mieter die Wohnung weiterhin bewohnt (→ § 3 Rn. 5).[13]

11 **bb) Kein „Gast" bei Entgeltlichkeit der Gegenleistungen für die Gebrauchsüberlassung (kurzfristige Untervermietung).** Erfolgt die Gebrauchsüberlassung gegen Entgelt, so fehlt die typische soziale Komponente, die für die Gebrauchsüberlassung an andere Personen (Gäste) im Rahmen der mietvertragsgemäßen Nutzung notwendig ist. Entscheidend ist dabei allerdings nicht, dass in dem Verhältnis zwischen Mieter und „Gast" überhaupt eine entgeltliche Austauschbeziehung besteht, sondern dass das Entgelt eine wirtschaftliche Gegenleistung für die Gebrauchsüberlassung ist. Erfolgt eine kurzfristige Kinderbetreuung in der Wohnung, so ist irrelevant, ob diese Betreuung entgeltlich oder unentgeltlich erfolgt. Sie ist Ausdruck der Gestaltung der Privatsphäre und damit nicht von der Zustimmung des Vermieters abhängig, auch wenn dafür die Anwesenheit der Betreuungsperson notwendig ist.[14] Zahlt der „Gast" dagegen für den Aufenthalt, das heißt für die Gebrauchsüberlassung, stehen wirtschaftliche Interessen des „Gastgebers" im Vordergrund und nicht die Gestaltung seiner Privatsphäre.

12 **cc) Auch kein „Gast" bei anderer wirtschaftlicher Gegenleistung für die Gebrauchsüberlassung („Couchsurfing").** Erfolgt die Gebrauchsüberlassung ohne Zahlung eines Entgelts, ist die Abgrenzung zwischen „Gast" und „Drittem" schwieriger. Vor dem Hintergrund der Regelung des § 540 Abs. 1 BGB muss diese Frage weniger anhand einer eventuell bestehenden Verkehrsüblichkeit als vielmehr anhand der berechtigten Erwartung des Vermieters beantwortet werden. Sicherlich muss geänderten Verhältnissen in der Gesellschaft Rechnung getragen werden, sodass dem Empfang von Gästen im Vergleich zu früher möglicherweise nunmehr eine weniger intensive vorherige Kennenlernphase vorausgeht. Daher kann eine Kontaktanbahnung auch ausschließlich über den digitalen Weg erfolgen. Die Kontaktanbahnung an sich wird aber zur Begründung eines sozialen Näheverhältnisses erforderlich sein und kann sich nicht lediglich in dem Austausch persönlicher Daten (Name, Adresse, Erwartungen an den Gastgeber etc.) zwecks Übernachtungsmöglichkeit erschöpfen.

---

[9] *Blank* in Schmidt-Futterer MietR BGB § 540 Rn. 35; *Emmerich* in BeckOGK, 1.4.2019, BGB § 540 Rn. 24.
[10] *Emmerich* in BeckOGK, 1.4.2019, BGB § 540 Rn. 17 f.
[11] BayObLGZ 1997, 292 = NJW 1998, 1324, wo jedoch die Besonderheit bestand, dass die Aufnahme der Eltern durch den Mieter für die Ausübung der vertragsgemäßen Nutzung notwendig war, weil der Mieter ständiger Pflege bedurfte.
[12] BGHZ 157, 1 = NJW 2004, 56; Dritte sind daher der Lebensgefährte (BGHZ 157, 1 = NJW 2004, 56) sowie der Bruder (BayObLGZ 1983, 285 = ZMR 1984, 87) des Mieters.
[13] *Blank* in Schmidt-Futterer MietR BGB § 540 Rn. 26; *Emmerich* in BeckOGK, 1.4.2019, BGB § 540 Rn. 14.
[14] Anderes gilt freilich für die langfristige Einquartierung eines Austauschschülers, der die Kinderbetreuung übernehmen soll. In diesem Fall sind die Vermieterinteressen weit stärker tangiert als bei der kurzfristigen Kinderbetreuung.

Selbst wenn es im Einzelfall so sein sollte, dass ein Mieter seine Privatsphäre mit 13
außergewöhnlich zahlreichen und ständig wechselnden und ihm im Einzelnen unbekannten Personen gestalten möchte, kann dies nicht dazu führen, dass die Vermieterinteressen dahinter vollkommen zurücktreten müssten. Schließlich ist die Abnutzung der Mietsache durch die dauernde Anwesenheit (insbesondere unterschiedlicher, das heißt wechselnder) weiterer Personen erhöht und der mietvertragliche Gebrauch erweitert. Sinn der Regelung des § 540 Abs. 1 BGB ist es gerade, den Vermieter durch den Erlaubnisvorbehalt davor zu schützen, dass Personen auf die Mietsache Einfluss nehmen können, die er sich nicht als Vertragspartner ausgesucht hat und die nicht im Rahmen der vertragsgemäßen Nutzung im sozialen Umfeld des Mieters notwendigerweise mit der Mietsache in Kontakt kommen.[15] Überlässt der Mieter den Gebrauch daher regelmäßig an andere Personen, sind diese weiterhin „Dritte", wenn der Mieter zu diesen Personen bereits keinen tiefergehenden Sozialkontakt unterhält oder zumindest nicht einmal aufbauen will. Daher dürfte das Konzept „Couchsurfing" regelmäßig nicht dazu führen, einen solchen Sozialkontakt aufzubauen:[16] Der „Gast" meldet sich an, kommt vorbei, übernachtet und reist wieder ab. Die Motivation des „Gastgebers", diese Gebrauchsüberlassung zu gestatten, kann zwar durchaus auch im Aufbau einer Sozialbeziehung zu dem „Gast" liegen. Dies muss aber nicht den Regelfall darstellen, sondern kann sich allenfalls als „Begleiterscheinung" ergeben. Vielmehr ist die Überlassung des Gebrauchs der eigenen Wohnung für die Inanspruchnahme der Möglichkeit, selbst bei anderen Teilnehmern der Plattform zu übernachten, erforderlich. Ein sich möglicherweise entwickelnder Sozialkontakt darf nicht darüber hinwegtäuschen, dass das Verhältnis auf Gegenseitigkeit – und zwar in Bezug auf andere Plattformteilnehmer – ausgerichtet ist. Daher ist das Konzept nicht in erster Linie auf einen gegenseitigen Besuch und damit auf den Aufbau einer Sozialbeziehung mit dem „eigenen Gast" gerichtet, vielmehr handelt es sich um eine „entindividualisierte" Gegenleistung für die Begründung der Möglichkeit der eigenen Partizipation an dem Netzwerk, nämlich bei einem beliebigen Teilnehmer des Netzwerks eine Übernachtungsmöglichkeit abrufen zu können.

Daher sind auch „Gäste", die keine entgeltliche, sondern eine andere wirtschaftlich 14
wertvolle und nicht rein im Sozialkontakt wurzelnde Gegenleistung erbringen, „Dritte" im Sinne des § 540 Abs. 1 BGB. Die Überlassung des Gebrauchs an „Couchsurfer" erfordert somit die Erlaubnis des Vermieters.

b) Einschränkung des Vermieterinteresses bei der WG: Eher Gäste als Dritte in einer WG?

Bei der Vermietung einer Wohnung an mehrere Personen zur Begründung einer WG ist 15
dem Vermieter klar, dass mehrere Personen in der Wohnung wohnen werden. Diese Personen müssen nicht persönlich enger verbunden sein, als es die räumliche Nähe in der geteilten Wohnung und die Nutzung der Gemeinschaftsbereiche erfordert. Das zieht freilich nach sich, dass die unterschiedlichen Personen auch mehrere unabhängige Freundeskreise haben und damit eine größere Sozialgemeinschaft (mehrerer Personen) besteht, die potentiell als Gäste in Betracht kommt. Allerdings kann daraus nicht gefolgert werden, dass es dem Vermieter damit vollkommen gleichgültig ist, wer durch einen Aufenthalt in

---

[15] *Blank* in Schmidt-Futterer MietR BGB § 540 Rn. 1.
[16] Auf das lediglich motivationsstützende Werbekonzept einzelner Plattformbetreiber (vgl. www.couchsurfing.com/about/how-it-works), über die Teilnahme am „Couchsurfing" seinen Freundeskreis potentiell ausbauen zu können, kommt es indes nicht an, wenn die innere Verbundenheit der „Einladenden" und „Gäste" nicht im Vordergrund steht, sondern sich ein Sozialkontakt lediglich ergeben kann. Kennzeichnend für den Sozialkontakt ist die üblicherweise fehlende (verpflichtende) Vergütungsabrede für den Aufenthalt. Damit rücken die Parteien ihre Motivation von der Anbahnung des Sozialkontakts ab in den wirtschaftlich geprägten (unüblich rein sozialkontaktspezifischen) Umgang miteinander. Dies gilt auch, wenn die Gegenleistung in der Verfestigung der Möglichkeit besteht, selbst bei Mitgliedern des Netzwerkes übernachten zu können.

der Wohnung auf die Mietsache Einfluss nehmen kann. Vielmehr verbleibt immer die Gewissheit, dass die Gäste in der Wohnung in einer sozialen Beziehung zumindest zu einem WG-Bewohner stehen.

c) Keine Relevanz der verwendeten Terminologie „Gast" und „Gastgeber"

16 Die bloße Bezeichnung der Personen, denen der Gebrauch der Mietsache überlassen wird, als „Gäste" und die eigene Darstellung als „Gastgeber"[17] ändern nichts daran, dass es sich bei der Gebrauchsüberlassung an Personen, die sich erstmals über eine Internetanzeige kennengelernt haben und deren Verbindung in der bloßen kurzzeitigen Gebrauchsüberlassung der Wohnung (gegebenenfalls gegen Entgelt) besteht, um eine Gebrauchsüberlassung an „Dritte" im Sinne des § 540 Abs. 1 S. 1 BGB handelt.

2. Anspruch auf Erlaubniserteilung

17 Der Entscheidungsspielraum hinsichtlich des Erlaubnisvorbehalts des Vermieters wird durch die Regelung des § 553 BGB eingeschränkt. Danach kann dem Mieter ein Anspruch gegen den Vermieter auf Erteilung der Erlaubnis zur Überlassung eines Teils des Wohnraums zustehen.

a) Wirkung des bestehenden Anspruchs gegen den Vermieter

18 Das bloße Bestehen des Anspruchs auf Erlaubniserteilung bei Vorliegen der Voraussetzungen des § 553 Abs. 1 S. 1 BGB führt noch nicht zur Zulässigkeit der Gebrauchsüberlassung. Vielmehr muss der Mieter diesen Anspruch geltend machen und durchsetzen. Bis zur (gegebenenfalls erzwungenen) Erlaubnis bleibt eine etwaige Überlassung des Gebrauchs vertragswidrig.[18] Dies gilt grundsätzlich auch dann, wenn der Vermieter die Erlaubnis zu Unrecht verweigert. Wird der Mieter wegen vertragswidrigen Gebrauchs in Anspruch genommen, ist bei einer eventuellen Einrede des rechtsmissbräuchlichen Verhaltens eine weitergehende Abwägung der Vermieterinteressen mit den Gründen vorzunehmen, die den Mieter zur Gebrauchsüberlassung ohne vorherige Erlaubnis des Vermieters bewogen haben.[19]

b) Voraussetzungen des Anspruchs auf Erteilung der Erlaubnis

19 Die Voraussetzungen des Anspruchs auf Erteilung der Erlaubnis spiegeln die Interessen des Mieters und des Vermieters wider. Seitens des Mieters muss ein berechtigtes Interesse an der Gebrauchsüberlassung entstanden sein, § 553 Abs. 1 S. 1 BGB. Bei mehreren Mietern reicht es aus, dass das berechtigte Interesse bei einem Mieter vorliegt.[20] Die Interessen des Vermieters werden im Rahmen einer Zumutbarkeitsprüfung in die Abwägung eingestellt, § 553 Abs. 1 S. 2, Abs. 2 BGB.

20 **aa) Berechtigtes Interesse des Mieters.** Der Anspruch auf Erteilung der Erlaubnis zur Gebrauchsüberlassung an Dritte ist davon abhängig, dass für den Mieter nach Abschluss des Mietvertrages ein berechtigtes Interesse an der Gebrauchsüberlassung entsteht, § 553 Abs. 1 S. 1 BGB. In der Gesetzesbegründung zum Mietrechtsreformgesetz wird für ein solches berechtigtes Interesse an der Gebrauchsüberlassung der Fall genannt, in dem es „um die Aufnahme seines Lebenspartners zum Zwecke der Bildung oder Fortführung eines auf Dauer angelegten gemeinsamen Haushalts geht".[21] Somit ist der Lebensgefährte zwar

---

[17] Vgl. die Terminologie in den AGB von Airbnb (www.airbnb.de/terms).
[18] BayObLG NJW-RR 1991, 461 (462).
[19] *Bieber* in MüKoBGB § 553 Rn. 12.
[20] *Emmerich* in BeckOGK, 1.4.2019, BGB § 553 Rn. 7; *Emmerich* in Staudinger BGB § 553 Rn. 4.
[21] Entwurf eines Gesetzes zur Neugliederung, Vereinfachung und Reform des Mietrechts (Mietrechtsreformgesetz), 9.11.2000, BT-Drs. 14/4553, 49.

B. Voraussetzungen der Gebrauchsüberlassung an Nichtmieter   § 24

„Dritter" im Sinne des § 540 Abs. 1 BGB, der Mieter hat jedoch typischerweise einen Anspruch auf Erlaubniserteilung, um dem Lebensgefährten den Gebrauch zu überlassen.[22]

Neben einer solchen Erweiterung der Nutzung, die in der sozialen Entwicklung des Mieters seinen Grund hat, soll § 553 Abs. 1 S. 1 BGB auch das Interesse des Mieters am Erhalt seiner Wohnung schützen.[23] So führt der BGH dazu aus, es sei „ein Interesse des Mieters [im Sinne des § 553 Abs. 1 S. 1 BGB beziehungsweise § 549 Abs. 2 S. 1 BGB aF] schon dann anzunehmen, wenn ihm vernünftige Gründe zur Seite stehen, die seinen Wunsch nach Überlassung eines Teils der Wohnung an Dritte nachvollziehbar erscheinen lassen".[24] In diesem Zusammenhang setzt sich der BGH auch mit in der Literatur hierzu vertretenen Ansichten auseinander, dass ein „berechtigtes Interesse" nicht unbedingt ein rechtliches Interesse sein muss, sondern vielmehr ein persönliches, wirtschaftliches Interesse genüge.[25] In der BGH-Entscheidung werden zudem Beispiele aufgeführt, die in der Literatur diskutiert werden, die ein wirtschaftliches, persönliches Interesse begründen können, das zu einem berechtigten Interesse an einer Gebrauchsüberlassung führen kann. Genannt werden Beispiele, „denen gerade eine besonders gewichtige oder schicksalhafte Veränderung der Verhältnisse des Mieters zugrunde liegt, wie etwa die Verringerung des Raumbedarfs bei Tod oder Auszug eines Familienangehörigen, der Eintritt eines Pflegefalles mit Zwang zur Aufnahme einer Pflegekraft oder die Verringerung des Einkommens des Mieters".[26] **21**

Das Interesse des Mieters an der Erhaltung seiner Wohnung ist von der Rechtsprechung sehr weit verstanden worden. Es ist nicht einmal notwendig, dass der Mieter seinen Lebensmittelpunkt in der zu erhaltenden Wohnung behält.[27] Der BGH begründet dies mit der in der heutigen Gesellschaft zunehmenden Bedeutung von Mobilität und Flexibilität, die in der Begründung des Regierungsentwurfs zum Mietrechtsreformgesetz[28] besonders betont werde.[29] Im Hinblick auf die Erfüllung der Obhutspflicht des Mieters, die auch bei (genehmigter) Untervermietung fortbesteht, wird diese Ausdehnung des Anspruchs gemäß § 553 Abs. 1 S. 1 BGB kritisch betrachtet.[30] **22**

Der BGH hat ein berechtigtes Interesse an der Überlassung angenommen, wenn sich für den Mieter ein mehrjähriger (berufsbedingter) Auslandsaufenthalt ergibt.[31]

Trotz der ausgedehnten und mieterfreundlichen Auslegung des Anspruchs auf Erteilung der Erlaubnis zur Gebrauchsüberlassung ist anerkannt, dass ein berechtigtes Interesse an der Gebrauchsüberlassung nicht vorliegt, wenn lediglich die Absicht verfolgt wird, durch die Untervermietung Einnahmen zu erzielen,[32] insbesondere wenn es sich lediglich um kurzfristige Gebrauchsüberlassungen handelt. Auch wenn ein mieterseitig begründetes Interesse an der generellen Gebrauchsüberlassung an einen Dritten vorliegen sollte, müssen zusätzliche Gründe hinzutreten, wenn der Mieter statt nur an einen Dritten an (zahlreiche) mehrere Dritte kurzfristig untervermieten will, da ein häufiger Personenwechsel in der Wohnung anders zu beurteilen ist als ein einmaliger (vorübergehender) Wechsel in der Person des Mieters. **23**

---

[22] BGHZ 157, 1 = NJW 2004, 56 (57).
[23] *Bieber* in MüKoBGB § 553 Rn. 2; *Emmerich* in Staudinger BGB § 553 Rn. 4; ebenso: BGH NJW 2006, 1200 Rn. 11.
[24] BGHZ 92, 213 = NJW 1985, 130 (131).
[25] Mit zahlreichen Nachweisen über die vertretenen Meinungen in der Literatur: BGHZ 92, 213 = NJW 1985, 130 (131).
[26] BGHZ 92, 213 = NJW 1985, 130 (131); hierzu auch: *Bieber* in MüKoBGB § 553 Rn. 7.
[27] BGH NJW 2006, 1200.
[28] Entwurf eines Gesetzes zur Neugliederung, Vereinfachung und Reform des Mietrechts (Mietrechtsreformgesetz) v. 9.11.2000, BT-Drs. 14/4553, 38 f.
[29] BGH NJW 2006, 1200 Rn. 13.
[30] *Bieber* in MüKoBGB § 553 Rn. 6.
[31] BGH NJW 2014, 2717 Rn. 14.
[32] *Emmerich* in BeckOGK, 1.4.2019, BGB § 553 Rn. 6 mwN.

24 bb) Interessen des Vermieters. Die Interessen des Vermieters finden im Rahmen von Zumutbarkeitserwägungen Beachtung. Der Mieter hat keinen Anspruch auf Erteilung der Erlaubnis der Gebrauchsüberlassung, wenn dem Vermieter aus Gründen in der Person des Dritten, wegen Überbelegung oder sonstiger Gründe die Überlassung nicht zuzumuten ist, § 553 Abs. 1 S. 2 BGB. Diese umfassende Interessenabwägung[33] setzt voraus, dass dem Vermieter die Person(en) benannt wird/werden, an die der Gebrauch überlassen werden soll. Andernfalls kann der Vermieter nicht einschätzen, ob eine Überbelegung beziehungsweise ein in der Person des Dritten liegender Grund gegen eine Erlaubnis spricht.[34] In diesem Sinne ist auch die Entscheidung des BGH[35] zu verstehen, in der er darüber zu entscheiden hatte, ob die vom Vermieter erteilte „Blankoerlaubnis"[36] zur Untervermietung auch die Erlaubnis einer tageweisen Vermietung an Touristen umfasst. Der BGH verneint dies, allerdings mit der etwas konstruiert wirkenden Begründung, dass sich dadurch, dass in dem Vertrag auch allen Untermietern eine Postvollmacht erteilt wurde, ergebe, dass sich die Untervermietungserlaubnis nicht auf kurzzeitige, sondern nur auf längerfristige (das heißt „für eine gewisse Dauer" bestehende) Untermietverhältnisse bezog, weil andernfalls die Postvollmacht für tageweise verbleibende Untermieter funktionslos sei.[37] Der Entscheidung ist jedoch die aus Vermietersicht vorzunehmende Differenzierung zwischen kurzfristiger und langfristiger Gebrauchsüberlassung deutlich zu entnehmen. Dies überzeugt vor allem im Hinblick auf die Vermieterinteressen, die bei einer langfristigen Untervermietung weniger tangiert sein dürften als bei einer sehr kurzfristigen Gebrauchsüberlassung an häufig wechselnde Untermieter. Schließlich zielt der in § 540 Abs. 1 S. 1 BGB enthaltene Erlaubnisvorbehalt gerade darauf ab, den Vermieter vor den Gefahren zu schützen, die sich daraus ergeben, dass Personen auf sein Eigentum Zugriff erlangen, die er sich nicht als Vertragspartner ausgesucht hat.[38] Konkret bedeutet das, dass bei einer kurzfristigen Gebrauchsüberlassung entweder der Mieter dem Vermieter jeden künftigen Untermieter benennen muss und den Anspruch auf Zustimmung gemäß § 553 Abs. 1 S. 1 BGB nachsucht oder der Vermieter ausdrücklich die kurzfristige Untervermietung billigt und damit auf die Benennung der Person des Untermieters verzichtet.

25 Die wirtschaftlichen Interessen des Vermieters werden gemäß § 553 Abs. 2 BGB berücksichtigt. Danach kann der Vermieter die Erteilung der Erlaubnis zur Überlassung von der Zustimmung des Mieters zu einer Mieterhöhung abhängig machen, wenn dem Vermieter die Zustimmung nur bei einer angemessenen Erhöhung der Miete zuzumuten ist. Dieser Untermietzuschlag kompensiert beispielsweise die erwartete höhere Abnutzung sowie steigende Betriebskosten.[39]

3. Umfang der Erlaubnis zur Gebrauchsüberlassung

26 Der Inhalt der vermieterseitigen Erlaubnis zur Gebrauchsüberlassung richtet sich nicht ausschließlich nach dem Willen des Vermieters, sondern ist darüber hinaus von dem Bestehen etwaiger Zweckentfremdungssatzungen abhängig.

a) Inhaltlicher Bezugspunkt der Erlaubnis

27 Bezüglich des Umfangs der Gebrauchsüberlassung, auf die der Mieter einen Anspruch gemäß § 553 Abs. 1 S. 1 BGB haben kann, ist zu beachten, dass sich der Anspruch nur darauf bezieht, „*einen Teil* des Wohnraums einem Dritten zum Gebrauch zu überlassen".

---

[33] *Emmerich* in BeckOGK, 1.4.2019, BGB § 553 Rn. 15.
[34] Hierzu AG Tempelhof-Kreuzberg BeckRS 2016, 20005.
[35] BGH NJW 2014, 622.
[36] *Kohlstrunk* NZM 2014, 231 (232).
[37] BGH NJW 2014, 622 Rn. 11.
[38] *Schwab* in MüKoBGB § 812 Rn. 290.
[39] *Blank* in Schmidt-Futterer MietR BGB § 553 Rn. 17; *Emmerich* in BeckOGK, 1.4.2019, BGB § 553 Rn. 19.

B. Voraussetzungen der Gebrauchsüberlassung an Nichtmieter § 24

Der Anspruch auf Erteilung der Erlaubnis zur Untervermietung ist daher nicht auf die 28
Überlassung des Gebrauchs der gesamten Wohnung gerichtet. Der BGH geht davon aus, dass eine Überlassung eines Teils des Wohnraums auch dann vorliegt, wenn der Mieter den Gewahrsam an dem Wohnraum nicht vollständig aufgibt. Daher soll es bereits genügen, wenn der Mieter zwar (befristet) im Ausland arbeitet, aber noch „ein Zimmer einer größeren Wohnung zurückbehält, um hierin Einrichtungsgegenstände zu lagern und/oder dieses gelegentlich zu Übernachtungszwecken (Urlaub, kurzzeitiger Aufenthalt) zu nutzen".[40] Der untervermietete Teil der Wohnung muss dem Mieter nicht mehr als Lebensmittelpunkt dienen.[41]

Unabhängig von der mietvertraglichen Gestaltung der Wohngemeinschaft (→ § 1) wer- 29
den den Mitbewohnern einzelne Zimmer zugewiesen und von diesen zunächst genutzt. Machen diese beziehungsweise die Wohngemeinschaft nunmehr ein berechtigtes Interesse an der Gebrauchsüberlassung an Dritte geltend, gilt Folgendes: Angesichts der vom BGH herausgestellten Bedeutung von Mobilität und Flexibilität in der heutigen Gesellschaft sowie den mieterfreundlich eher geringen Anforderungen im Hinblick auf das Vorliegen eines berechtigten Interesses an der Gebrauchsüberlassung an Dritte (bisherige Wohnung braucht kein Lebensmittelpunkt mehr sein; mehrjähriger (berufsbedingter) Auslandsaufenthalt des Mieters begründet ein berechtigtes Interesse an Gebrauchsüberlassung) wird ein solches in der Regel bei einem WG-Bewohner vorliegen, der seinen Teil der Wohnung untervermieten will, beispielsweise weil ein auswärtiges Praktikum ansteht. Das Interesse an der Erhaltung der Wohnung ist wegen des Zusammenlebens in der WG mit bekannten Personen, zu denen man wieder nach einem Auslandsaufenthalt zurückziehen will, noch stärker ausgeprägt als im Normalfall des Erhaltungsinteresses an einer Wohnung.

Diese Argumentation bezieht sich jedoch zunächst nur auf langfristig angelegte Ge- 30
brauchsüberlassung, die nach Monaten oder Jahren bemessen ist. Kurzfristige Überlassungen unterliegen anderen Abwägungskriterien, wie die Entscheidung des BGH zum eingeschränkten Umfang der ausdrücklich (blanko) erklärten Untervermietungserlaubnis zeigt.[42] Danach enthält die generelle Erlaubnis zur Untervermietung keine Erlaubnis die Wohnung auch kurzfristig (tageweise) an Touristen zu überlassen.

b) Einschränkungen durch Zweckentfremdungsverbote

Neben die mietrechtlichen Anforderungen an die Zulässigkeit kurzfristiger Gebrauchsüber- 31
lassung treten öffentlich-rechtliche Beschränkungen. Zu beachten sind sog. „Zweckentfremdungssatzungen"[43] einzelner Gemeinden. Diese bestehen meist in Ballungszentren. Ihr Regelungsinhalt ist das Verbot der kurzfristigen Überlassung von Wohnraum an Touristen im Gemeindegebiet. Hintergrund des Erlasses der Zweckentfremdungssatzungen ist die zunehmende Wohnungsknappheit in Ballungszentren. Diese wird durch die mit der kurzfristigen Überlassung an Touristen verbundene Zweckentfremdung der Wohnung verschärft. Dem soll durch das Verbot der kurzfristigen Gebrauchsüberlassung an Touristen entgegengewirkt werden. Es gibt kein generelles Verbot der Zweckentfremdung. Vielmehr besteht ein solches nur, wenn die Gemeinde eine solche Satzung für das betreffende Gebiet erlassen hat.

Eine Zweckentfremdung liegt vor, wenn Wohnraum zu anderen als Wohnzwecken 32
verwendet wird. Die meisten Zweckentfremdungssatzungen enthalten diese generalklausel-

---

[40] BGH NJW 2014, 2717 Rn. 30.
[41] BGH NZM 2006, 220 Rn. 9 ff.
[42] BGH NJW 2014, 622.
[43] Zweckentfremdungssatzungen gelten beispielsweise in München (2017) (hierzu: VG München BeckRS 2016, 109853), Köln (2014) und Stuttgart (2015). In Hamburg gilt das Verbot der Zweckentfremdung seit 1971. In Berlin wurde 2013 ein allgemeines Zweckentfremdungsverbot mit Genehmigungsvorbehalt eingeführt; verfassungsrechtliche Bedenken teilte das VG Berlin (BeckRS 2016, 48434) nicht. Umfassend hierzu: *Windoffer* LKV 2016, 337.

artige Regelung.⁴⁴ Nach dem Hamburgischen Wohnraumschutzgesetz (HmbWoSchG) gilt insbesondere die Überlassung von Wohnraum an wechselnde Nutzer zum Zwecke des nicht auf Dauer angelegten Gebrauchs und eine entsprechende Nutzung als Zweckentfremdung (vgl. § 9 Abs. 2 S. 3 Nr. 2 HmbWoSchG). Ein nicht auf Dauer angelegter Gebrauch in diesem Sinne wird jedenfalls dann anzunehmen sein, wenn die ganze Wohnung nur kurzzeitig an Touristen überlassen wird.⁴⁵ Es kommt nicht darauf an, dass es sich um eine gewerbsmäßige Vermietung handelt.⁴⁶ Entscheidend ist, dass keine Wohnnutzung vorliegt.⁴⁷ Wann eine „Wohnnutzung" vorliegt, lässt sich den Zweckentfremdungsregelungen regelmäßig nicht entnehmen. Nach der Fachanweisung zum Hamburgischen Wohnraumschutzgesetz liegt eine Wohnnutzung vor, wenn Verfügungs- oder Nutzungsberechtigte in der Wohnung ihren Lebensmittelpunkt haben. Diese Voraussetzung sei erfüllt, wenn die Aufenthaltsdauer sechs Monate oder mehr beträgt.⁴⁸ Neben dem Aspekt des Lebensmittelpunktes ist insbesondere die Aufenthaltsdauer von Bedeutung. Eine dem § 9 Abs. 2 S. 3 Nr. 2 HmbWoSchG ähnliche Konkretisierung der Zweckentfremdung findet sich in § 2 Abs. 1 Nr. 1 des Zweckentfremdungsverbot-Gesetzes in Berlin (ZwVbG Berlin). Danach liegt eine Zweckentfremdung vor, soweit Wohnraum zum Zwecke der wiederholten nach Tagen oder Wochen bemessenen Vermietung als Ferienwohnung oder einer Fremdenbeherbergung, insbesondere einer gewerblichen Zimmervermietung oder der Einrichtung von Schlafstellen, verwendet wird.

33 Allerdings enthalten die Zweckentfremdungssatzungen häufig einen umfangreichen Ausnahmenkatalog. Eine Zweckentfremdung nach § 9 Abs. 2 S. 4 HmbWoSchG liegt bspw. im Zweifel nicht vor, soweit sich die zweckfremde Nutzung auf nicht mehr als 50 Prozent der Gesamtwohnfläche einer Hauptwohnung bezieht. Die unterschiedlichen Zweckfremdungssatzungen erfassen nicht nur Handlungen und Unterlassungen des Verfügungsberechtigten, sondern auch solche des Nutzungsberechtigten. Folglich kann auch die Untervermietung durch den Mieter eine zweckfremde Wohnungsnutzung begründen. Adressat des Verbots sind mithin sowohl Vermieter als auch Mieter.

34 Das Zweckentfremdungsverbot steht nicht in der Disposition des Vermieters. Besteht ein Zweckentfremdungsverbot, führt auch die vermieterseitig erteilte Erlaubnis zur kurzfristigen Untervermietung allein nicht zu deren Zulässigkeit. Zusätzlich müssen in dem Fall die Voraussetzungen einer etwaigen Zweckentfremdungssatzung gewahrt werden. Wohnraum darf nur bei Vorliegen einer Genehmigung der jeweils zuständigen Behörde anderen als Wohnzwecken zugeführt werden.⁴⁹ Der Antrag auf Genehmigung einer zweckfremden Nutzung kann zuweilen nicht ausschließlich vom Eigentümer, sondern auch von den Mietern gestellt werden. Dies setzt jedoch regelmäßig die Zustimmung des Vermieters voraus.⁵⁰ Im Rahmen der Genehmigungserteilung wird das private Interesse an der zweckfremden Nutzung mit dem öffentlichen Interesse an der Erhaltung des Wohnraums abgewogen.⁵¹

35 Verstöße gegen Zweckentfremdungsverbote sind eine Ordnungswidrigkeit. Je nach Ausgestaltung der Satzung können Verstöße mit einem Bußgeld bis zu 500.000 EUR geahndet

---

⁴⁴ Vgl. § 4 Abs. 1 S. 1 Wohnzweckentfremdungssatzung (München); § 4 Abs. 1 S. 1 Wohnraumschutzsatzung (Köln); § 3 Abs. 1 S. 1 Zweckentfremdungsverbotssatzung (Stuttgart); § 9 Abs. 2 S. 1 HmbWoSchG (Hamburg).
⁴⁵ *Hinrichs* NZM 2017, 589 (591); *Hinrichs* NZM 2014, 545 (546).
⁴⁶ *Hinrichs* NZM 2014, 545 (546); Fachanweisung HmbWoSchG, 9.2.2.2.
⁴⁷ *Hinrichs* NZM 2014, 545 (546).
⁴⁸ Fachanweisung HmbWoSchG (Hamburg), 1.3 (abrufbar über das Rechtsportal www.hamburg.de/wohnraumschutz); *Hinrichs* NZM 2017, 589 (590).
⁴⁹ Vgl. etwa. § 9 Abs. 1 S. 1 HmbWoSchG (Hamburg); § 5 Abs. 1 Wohnzweckentfremdungssatzung (München); § 5 Abs. 1 Wohnraumschutzsatzung (Köln).
⁵⁰ Vgl. § 3 Abs. 3 Zweckentfremdungsverbot-Verordnung (Berlin); § 10 Abs. 1 S. 1, 3 HmbWoSchG (Hamburg). Die Regelungen in den unterschiedlichen Zweckentfremdungssatzungen stellen regelmäßig auf die Person des „Verfügungsberechtigten" ab. Hierbei muss es sich nicht zwingend um den Eigentümer handeln.
⁵¹ Vgl. § 5 Abs. 2 Wohnraumschutzsatzung (Köln).

werden. Adressat des Bußgeldbescheides ist in der Regel derjenige, der untervermietet.[52] Darüber hinaus kommt auch der Vermieter (Eigentümer) als Adressat eines Bußgeldbescheides in Betracht, wenn er trotz Kenntnis einer zweckfremden Nutzung durch den Mieter nicht einschreitet.[53] Darüber hinaus enthalten die einzelnen Zweckentfremdungssatzungen teils Regelungen, nach denen den jeweiligen Behörden zur Überwachung der Einhaltung der Vorschriften mitunter umfangreiche Auskunfts- und Betretungsrechte zustehen.[54] Aufgrund der erhöhten Sensibilität der Behörden ist es ratsam, sich bereits frühzeitig über das Bestehen eines Zweckentfremdungsverbots in der jeweiligen Gemeinde zu informieren. Letztlich kommt ein Anspruch des Mieters auf Zustimmung zur Untervermietung ohnehin nur in Betracht, wenn die jeweilige Zweckentfremdungsregelung die angestrebte Nutzung überhaupt vorsieht.

III. Notwendigkeit der Zustimmung der anderen Mitbewohner zur partiellen Gebrauchsüberlassung

Im Hinblick auf die Zulässigkeit der Untervermietung gilt eine Besonderheit in WG-Konstellationen. Stehen auf Mieterseite mehrere Personen, müssen deren Interessen in die Beantwortung der Frage nach der Zulässigkeit der Untervermietung nur durch einen Mieter mitberücksichtigt werden. Der Untermieter soll schließlich nicht nur das Zimmer des untervermietenden Mieters, sondern auch die allgemein zugänglichen Bereiche nutzen dürfen. Daher ist für die Untervermietung eines einzelnen Mitbewohners auch die Zustimmung der anderen Mitbewohner nötig. Diese Frage betrifft jede Untervermietung in einer WG, daher wird sie vornehmlich in → § 3 abgehandelt.[55] Sie ist überwiegend gesellschaftsrechtlich zu beantworten. Dabei wird ein gesellschaftsrechtlich begründeter Anspruch des untervermietenden Mieters (als Gesellschafter) gegen den beziehungsweise die anderen Mitbewohner (als andere Gesellschafter) auf Zustimmung zur Untervermietung auch von Zumutbarkeitserwägungen beeinflusst werden (→ § 18). Schließlich betrifft die Änderung der Gebrauchsmöglichkeit nicht lediglich wirtschaftliche Aspekte, sondern vor allem auch die persönliche Sphäre der Mitbewohner, in die eine neue Person integriert werden soll. Dies gilt zumindest für die Allgemeinbereiche, die auch die Teilung der Intimsphäre (Bad) oder Kommunikationsbereiche (Küche) betrifft, deren ungestörte Nutzung und Teilung maßgeblich für die Entfaltung der Persönlichkeit sein können. 36

Bei kurzfristiger Überlassung des Gebrauchs der Mietsache nur durch einen Mieter muss den Interessen der anderen Mitmieter noch stärkeres Gewicht beigemessen werden. Schließlich ist der Einfluss eines häufigen Wechsels der Untermieter auf die anderen Mitbewohner wesentlich größer als bei einer langfristigen Überlassung des Gebrauchs an (nur) eine andere Person. Daher wird der möglicherweise gesellschaftsrechtlich zu begründende Anspruch des Untervermietenden gegen die anderen Mitmieter auf Zustimmung zur kurzfristigen Überlassung des Gebrauchs seltener gegeben sein als bei langfristiger Untervermietung. 37

---

[52] Vgl. § 14 Abs. 1 iVm § 4 Abs. 1 S. 1 Wohnzweckentfremdungssatzung (München).
[53] Vgl. § 15 Abs. 1 S. 1 Nr. 5 iVm § 9 Abs. 3 HmbWoSchG (Hamburg); Fachanweisung HmbWoSchG (Hamburg), 9.3 (Abwendungsverpflichtung).
[54] Vgl. § 12 Abs. 1 Wohnzweckentfremdungssatzung (München).
[55] Vgl. § 3 („Untervermietung").

C. Folgen unberechtigter Untervermietung

I. Unterlassungsverlangen des Vermieters

38   Überlässt der Mieter den Gebrauch trotz fehlender Erlaubnis des Vermieters einem Dritten, stellt dies eine Verletzung seiner mietvertraglichen Nebenpflicht gemäß § 241 Abs. 2 BGB dar. Der Vermieter kann Unterlassungsklage erheben, § 541 BGB. Allerdings erfordert dies eine vorherige Abmahnung des Mieters, womit dem Mieter eine letzte Gelegenheit zu vertragstreuem Verhalten gegeben werden soll.[56]

II. Kündigung des Mietverhältnisses

39   Der Vermieter kann unter den Voraussetzungen des § 543 Abs. 1, Abs. 2 S. 1 Nr. 2 Alt. 2 BGB (ferner § 569 Abs. 2 BGB) das Mietverhältnis außerordentlich beziehungsweise gemäß § 573 Abs. 1, Abs. 2 Nr. 1 BGB ordentlich kündigen.

1. Möglichkeit der Kündigung

a) Kündigungsgrund: unbefugte Untervermietung

40   Die außerordentliche Kündigung gemäß § 543 Abs. 1, Abs. 2 S. 1 Nr. 2 Alt. 2 BGB setzt nicht nur das bloße Vorliegen einer unbefugten Untervermietung voraus, sondern erfordert auch, dass dadurch die Rechte des Vermieters in erheblichem Maße verletzt werden, denn diese Voraussetzung gilt für beide Alternativen des vertragswidrigen Gebrauchs.[57]

41   Gemäß § 543 Abs. 1 S. 2 BGB ist dabei auf die Umstände des Einzelfalls abzustellen und insbesondere eine Abwägung der Interessen beider Parteien vorzunehmen. Besteht materiell-rechtlich ein Anspruch des Mieters auf Erteilung der Erlaubnis der Gebrauchsüberlassung an Dritte, so kann diesem bei der Abwägung erhebliche Bedeutung zukommen. Allerdings sind auch die (fehlenden) Gründe zu beachten, die den Mieter von der Einholung der vorherigen Erlaubnis abhielten.[58] Liegt auf Seiten des Mieters vorsätzliches Verhalten vor, ist dies im Rahmen der Abwägung zu berücksichtigen. Gleiches gilt für anderslautende Erklärungen gegenüber dem Vermieter („ich vermiete gar nicht unter") bei gleichzeitig freigeschalteter Internet-Anzeige der Wohnung zum kurzfristigen Gebrauch.[59]

42   Insoweit wiegt auch schwer, wenn die Untervermietung ohne Erlaubniseinholung und aus rein wirtschaftlichen Gründen zur Erzielung von Einkünften vorgenommen wird, ohne dass neben der unbefugten Untervermietung ein berechtigtes Interesse des Mieters an der Gebrauchsüberlassung ersichtlich ist.

b) Kündigungsgrund: nachhaltige Störung des Hausfriedens

43   Ob durch die unbefugte Untervermietung auch der Kündigungsgrund gemäß § 569 Abs. 2 BGB vorliegt, ist eine Frage des Einzelfalls. Der den Gebrauch an Dritte unbefugt überlassende Mieter muss dazu den Hausfrieden nachhaltig stören. Dies geht üblicherweise über die bloße unbefugte Untervermietung (die von § 543 Abs. 1, Abs. 2 S. 1 Nr. 2 Alt. 2 BGB erfasst ist) hinaus. Im Rahmen des § 569 Abs. 2 BGB muss sich die Untervermietung auf

---

[56] *Wiederhold* in BeckOK BGB, 49. Ed. 1.2.2019, § 541 Rn. 1; eine solche Abmahnung ist nur entbehrlich, wenn zusätzlich zur Untervermietung weitere (schwerwiegende) Verfehlungen hinzutreten, vgl. LG Amberg BeckRS 2017, 123537 Rn. 25.
[57] *Bieber* in MüKoBGB § 543 Rn. 34.
[58] *Bieber* in MüKoBGB § 543 Rn. 40.
[59] Hierzu AG Tempelhof-Kreuzberg BeckRS 2016, 20005.

die anderen Mieter auswirken.[60] Das erfordert, dass nicht nur die höhere Frequentierung der Allgemeinbereiche (Hausflur) mit einem unguten Gefühl der Verunsicherung der anderen Mieter ohne benennbaren Anlass einhergeht, sondern es entweder einen Vorfall in diesen Bereichen[61] oder auch eine unmittelbare Auswirkung auf die gemietete Wohnung der anderen Mieter gibt, wie beispielsweise erhöhter und in den anderen Wohnungen wahrnehmbarer Lärm durch die Untermieter.[62]

c) Kündigungsempfänger

Vermietet nur ein WG-Bewohner seinen Teil der WG unberechtigt unter, kommt es maßgeblich auf die mietvertragliche Konstruktion an, welche Folgen die unzulässige Gebrauchsüberlassung auf den Bestand der Vertragsverhältnisse haben kann.[63] **44**

Besteht mit allen WG-Bewohnern ein von allen unterzeichneter einheitlicher Mietvertrag (WG-Typ C [Gesamtschuld] und WG-Typ D [Außen-GbR]) so kann der Vermieter das vertragswidrige Verhalten eines WG-Bewohners zum Anlass nehmen, den gesamten Mietvertrag zu kündigen (→ § 20 Rn. 29 f.).[64] Hieraus erwächst die an dieser Stelle nicht weiter zu vertiefende Frage, ob die anderen WG-Bewohner gegen den vertragswidrig Handelnden einen Anspruch auf Unterlassung des vertragswidrigen Verhaltens (aus dem gesellschaftsrechtlichen Innenverhältnis) haben können, damit sie nicht auch die Folgen des vertragswidrigen Verhaltens des Einzelnen treffen. **45**

Besteht dagegen mit jedem einzelnen WG-Bewohner ein separat abgeschlossener Mietvertrag (WG-Typ B [Einzelverträge] oder auch gegebenenfalls WG-Typ F [Eigentümer als Mitbewohner]) dann kann auch grundsätzlich nur die mietvertragliche Pflicht aus dem jeweiligen Vertragsverhältnis verletzt werden.[65] Eine etwaige Zurechnung der Pflichtverletzung eines Einzelnen zu den anderen scheitert an einer Haftungsgrundlage. Insbesondere kann § 278 BGB hierfür nicht herangezogen werden, weil bei separaten Verträgen keiner die Pflicht aus dem jeweils anderen Vertrag als Erfüllungsgehilfe erfüllt, sondern nur seine eigene Pflicht. In diesen Fällen kann nur das jeweilige Vertragsverhältnis des unbefugt Untervermietenden gekündigt werden, denn nur in diesem Verhältnis liegt eine Vertragspflichtverletzung vor. **46**

2. Erfordernis der vorherigen Abmahnung

Gemäß § 543 Abs. 3 S. 1 BGB ist die außerordentliche Kündigung erst nach einer erfolglosen Abmahnung des vertragswidrigen Verhaltens zulässig. Teilweise wird dieses Erfordernis in der Rechtsprechung jedoch gemäß § 543 Abs. 3 S. 2 Nr. 2 BGB für entbehrlich gehalten, wenn der Mieter unbefugt die Mieträume Dritten überlässt und „die sofortige Kündigung aus besonderen Gründen unter Abwägung der beiderseitigen Interessen gerechtfertigt ist".[66] Die Rechtsprechung sieht diese Voraussetzungen als erfüllt an, wenn feststeht, dass der Mieter nicht zur Überlassung der Mietsache an einen Dritten berechtigt ist (weil insbesondere kein Anspruch auf Erlaubnis besteht) und weitere Umstände hinzutreten, die den Vertragsverstoß als besonders schwerwiegend erscheinen lassen, was wiederum voraussetzt, dass der Mieter erkennen konnte, dass sein Verhalten vom Vermieter nicht weiter hingenommen werden wird (Untervermietung während laufender Räumungs- **47**

---

[60] Hierzu *Häublein* in MüKoBGB § 569 Rn. 20; *Häublein* ZMR 2005, 1 (4).
[61] Vgl. im Hinblick auf die Mangelhaftigkeit des Mietobjekts bei geändertem Kundenverkehr in den Allgemeinbereichen und den dafür notwendigen Vorfall: BGH NZM 2009, 124 Rn. 21 ff.
[62] LG Berlin BeckRS 2016, 18983.
[63] Vgl. zu den unterschiedlichen WG-Typen: § 1 („Praktische Bedeutung und rechtliche Erscheinungsformen von Wohngemeinschaften").
[64] Wegen der Unteilbarkeit der Pflicht zur Gebrauchsüberlassung scheidet eine „Teilkündigung" bei einem einheitlich mit allen Bewohnern abgeschlossenen Vertrag (WG-Typ C) aus, vgl. hierzu: *Streyl* NZM 2011, 377, (385).
[65] Vgl. im Einzelnen *Streyl* NZM 2011, 377 (387).
[66] LG Berlin NZM 2015, 248 (249).

klage wegen vertragswidrigen Verhaltens).⁶⁷ Die wiederholte⁶⁸ unerlaubte kurzfristige Gebrauchsüberlassung eines Mieters begründet in der Summe oftmals eine besondere Schwere der Vertragsverletzung, da sie gleichförmig und wegen der Kurzfristigkeit auch meist unerkannt erfolgt, sodass zumindest bei bewusstem Verhalten des Mieters eine Abmahnung nicht immer zwingend erforderlich sein wird.⁶⁹

48 Bei der Abfassung der Abmahnung durch den Vermieter sollte auf eine weite Fassung des beanstandeten Verhaltens gerade bei mehrfacher, kurzfristiger und unerlaubter Gebrauchsüberlassung geachtet werden. Wird die Abmahnung zu eng gefasst, indem bloß auf die unbefugte Untervermietung durch den Mieter abgestellt wird, setzt sich der Vermieter der Gefahr aus, dass das bloße weitere Anbieten der Überlassung der Wohnung durch einen (beauftragten) Dritten kein wichtiger Grund sein könnte, der zur außerordentlichen Kündigung rechtfertigt, weil diesbezüglich eine Abmahnung fehlt. In diesen Fällen muss begründet werden, dass die Interessenabwägung im Rahmen des § 543 Abs. 1 S. 2 BGB zu Ungunsten des Mieters ausgeht, obwohl es nach der Abmahnung noch zu keiner weiteren Untervermietung kam.⁷⁰

49 Bei einer WG ist nach der Vertragskonstellation zu differenzieren. Handelt es sich um einen Gesamtvertrag mit allen WG-Bewohnern (WG-Typ C), sind alle Vertragspartner abzumahnen, auch wenn nur ein WG-Bewohner seinen Teil der WG unbefugt vermietet. Vermietet anschließend ein anderer WG-Bewohner seinen Teil der WG unbefugt unter, ist keine weitere Abmahnung für die Zulässigkeit der außerordentlichen Kündigung erforderlich.⁷¹

50 Etwas schwieriger ist die Lage bei Einzelverträgen mit jedem WG-Bewohner (WG-Typ B). Vermietet nur ein WG-Bewohner unter, verletzt nur er seine vertragliche Pflicht aus seinem Mietvertrag. Daher kann auch grundsätzlich nur er abgemahnt werden. Auf andere WG-Bewohner hat das zunächst keine Auswirkungen. Allerdings könnte der Vermieter den anderen WG-Bewohnern anlässlich der Abmahnung des untervermietenden WG-Bewohners nachrichtlich mitteilen, dass er die unberechtigte Untervermietung durch diesen nicht dulde. Das hat zwar keine die Abmahnung des eigenen vertragswidrigen Verhaltens der anderen WG-Bewohner unmittelbar beeinflussende Wirkung, kann aber in einer im Rahmen des § 543 Abs. 1 S. 2 BGB vorzunehmenden Gesamtabwägung dazu führen, dass dem dennoch unbefugt Untervermietenden (und bislang noch nicht Abgemahnten) klar sein muss, dass ein solches vertragswidriges Verhalten nicht geduldet wird und die gleichwohl erfolgende unbefugte Untervermietung als besonders schwerwiegend angesehen wird,⁷² sodass dann auch eine außerordentliche Kündigung ohne vorherige Abmahnung zulässig sein kann.

III. (Keine) Pflicht zur Herausgabe der Untermiete

51 Nach der höchstrichterlichen, häufig bestätigten aber in der Literatur teilweise substantiell kritisierten Rechtsprechung⁷³ steht dem Vermieter weder ein Anspruch auf Herausgabe des Untermietzinses noch ein Schadens- oder Wertersatzanspruch zu.

---

⁶⁷ LG Amberg BeckRS 2017, 123537 Rn. 25; LG Berlin NZM 2015, 248 (249).
⁶⁸ Eine einmalige unberechtigte Untervermietung kann dies nicht begründen: AG Köln BeckRS 2016, 20858.
⁶⁹ Über die unberechtigte Gebrauchsüberlassung hinaus müssen weitere Umstände hinzutreten, die den Vertragsverstoß als besonders schwerwiegend erscheinen lassen. Der bloße Verstoß gegen ein Verbot der Zweckentfremdung, das aufgrund einer Satzung bzw. eines Gesetzes besteht, kann die weiteren Umstände ebenfalls nicht rechtfertigen, da diese Regelungen allein dem Interesse der Öffentlichkeit an der angemessenen Versorgung der Bevölkerung mit ausreichendem Wohnraum zu dienen bestimmt sind, nicht jedoch zu einer Verletzung individueller Vermieterinteressen führen, vgl. LG Berlin BeckRS 2016, 14632.
⁷⁰ So LG Berlin NJOZ 2015, 578.
⁷¹ Dazu § 20 („Beendigung des Mietverhältnisses").
⁷² Vgl. LG Berlin NZM 2015, 248 (249).
⁷³ *Diederichsen* Das Recht zum Besitz aus Schuldverhältnissen S. 139 (Fn. 490); *Diederichsen* NJW 1964, 2296; *Koch/Wallimann* JZ 2016, 342; *Söllner* JuS 1967, 449 (451).

C. Folgen unberechtigter Untervermietung § 24

(Vertragliche) Schadensersatzansprüche scheitern am Vorliegen eines Schadens, denn **52** nach der Differenzhypothese[74] ist der Geschädigte so zu stellen, wie er stünde, wenn das zum Schadensersatz verpflichtende Ereignis nicht eingetreten wäre. Der Vermieter hätte die vermietete Wohnung nicht mehr untervermieten können, daher kann darauf nicht abgestellt werden. Auch ein entgangener Gewinn in Bezug auf die ausgebliebene Mieterhöhung gemäß § 553 Abs. 2 BGB kann nicht zu einem Schadensersatz führen, denn meist hat der Mieter keinen Anspruch auf Untervermietung beziehungsweise der Vermieter setzt sich mit der verweigerten Erlaubnis gerade in Widerspruch zu der Realisierung dieser Mieterhöhung, die er als Schaden geltend macht.[75]

Ein Anspruch auf Erlösherausgabe nach den Regeln der angemaßten Eigengeschäfts- **53** führung, §§ 687 Abs. 2 S. 1, 681 S. 2, 667 BGB scheidet aus, da das Geschäft nicht objektiv fremd ist.[76]

Ein Wertersatzanspruch für die gezogenen Nutzungen gemäß §§ 990 Abs. 1, 987 Abs. 1, **54** 99 Abs. 3 BGB scheitert am Vorliegen einer Vindikationslage, wenn man die Konstruktion des „nicht-so-berechtigten Besitzers" ablehnt.[77]

Der Anspruch auf Herausgabe des Erlangten wegen einer Verfügung eines Nichtberech- **55** tigten gemäß § 816 Abs. 1 S. 1 BGB entfällt mangels Verfügung, denn die Untervermietung wirkt nur schuldrechtlich und hat gerade keinen verfügenden Charakter, durch den ein Recht unmittelbar geändert wird.[78] Teilweise wird vorgeschlagen, die Besitzeinräumung des Mieters an den Untermieter dennoch als eine Verfügung zu qualifizieren, weil diese tatsächliche Handlung eine verfügungsähnliche Wirkung habe.[79] Diese Lösung wird allerdings weitgehend abgelehnt, weil die erzielte Untermiete kein Gegenwert für die Einbuße ist, die der Berechtigte erleidet.[80] Der Mieter greift nicht in eine Rechtsposition ein, über die der Vermieter verfügen könnte, sodass ihm das daraus Erlangte zustünde. Dem Vermieter ist es verwehrt, den Gebrauch während der Mietzeit einem Dritten einzuräumen. Daher ist das aus einer unberechtigten Untervermietung Erlangte nicht dem Vermieter zugeordnet.

Diese Argumentation wird auch gegen den in Betracht kommenden Wertersatzanspruch **56** aus Eingriffskondition angeführt.[81] Allerdings könnte die Rechtsposition, in die durch die Untervermietung eingegriffen wird, nicht nur die Gebrauchsüberlassung selbst sein, sondern die Möglichkeit, die Untervermietung zu erlauben.[82] Diese Rechtsposition steht dem Vermieter zu. Greift der Mieter in diese Rechtsposition ein, muss er dafür Wertersatz leisten, der möglicherweise in dem Anspruch auf Zahlung der erhöhten Miete gemäß § 553 Abs. 2 BGB liegen kann. Das setzt jedoch voraus, dass ein solcher Anspruch bei hypothetisch erteilter (und wegen entsprechender Zweckentfremdungssatzungen häufig gar nicht möglicher) Erlaubnis tatsächlich für den Vermieter realisierbar gewesen wäre.

---

[74] *Oetker* in MüKoBGB § 249 Rn. 18.
[75] Umfassend: BGHZ 131, 297 = NJW 1996, 838 (839); sowie *Reuter/Martinek* Ungerechtfertigte Bereicherung § 8 I. 3. a (S. 309).
[76] BGH NJW 2002, 60 (61); BGHZ 131, 297 = NJW 1996, 838 (840); BGH NJW 1964, 1853; *Söllner* JuS 1967, 449 (451); aA *Herschel* JuS 1968, 562 und *Berg* JuS 1975, 681 (689), jeweils mit dem Argument, dass der Vermieter nur den Eigengebrauch eingeräumt hat und die Gebrauchsüberlassung an Dritte demnach für den Mieter ein fremdes Geschäft bleibt.
[77] Vgl. BGH NJW 2002, 60 (61); BGHZ 59, 51 = NJW 1972, 1416 (1418); *Reuter/Martinek* Ungerechtfertigte Bereicherung § 8 I. 3. a (S. 309); aA *Medicus/Petersen* Bürgerliches Recht Rn. 716.
[78] BGHZ 131, 297 = NJW 1996, 838 (840).
[79] Daher sei § 816 Abs. 1 S. 1 BGB direkt anwendbar: *Diederichsen* Das Recht zum Besitz aus Schuldverhältnissen S. 139 (Fn. 490); *Diederichsen* NJW 1964, 2296; andere schlagen eine analoge Anwendung von § 816 Abs. 1 S. 1 BGB vor: *Berg* JuS 1971, 310 (313); einen Anspruch aus Eingriffskondition ablehnend: *Koppensteiner/Kramer* Ungerechtfertigte Bereicherung § 9 III 2e (S. 84).
[80] BGH NJW 2012, 3572 Rn. 16; BGHZ 131, 297 = NJW 1996, 838 (840); *Mutter* MDR 1993, 303 (305); *Reuter/Martinek* Ungerechtfertigte Bereicherung § 8 I 3a (S. 310); *Söllner* JuS 1967, 449 (453).
[81] BGH NJW 2002, 60; BGHZ 131, 297 = NJW 1996, 838 (839); BGHZ 107, 117 = NJW 1990, 52.
[82] *Schmidt-Kessel/Hadding* in Soergel BGB § 812 Rn. 45; *Gebauer* Jura 1998, 128 (131); *Kollhosser* BB 1973, 820; *Neumann-Duesberg* BB 1965, 729 (730); *Theuffel* JuS 1998, 968.

D. Der Gastgeber als Unternehmer

I. Informationspflichten im Fernabsatz

57 Vermittlungsplattformen (wie beispielsweise Airbnb) vereinfachen das Zustandekommen von Kurzzeitmietverträgen. Über solche Plattformen geschlossene Verbraucherverträge (das heißt solche, die eine entgeltliche Leistung des Unternehmers gegenüber dem Verbraucher zum Gegenstand haben, § 310 Abs. 3 BGB) stellen unter Umständen einen Fernabsatzvertrag (das heißt gemäß § 312c Abs. 1 BGB einen Vertrag für dessen Vertragsverhandlungen und dessen Vertragsschluss ausschließlich Fernkommunikationsmittel verwenden werden) dar, welcher eine Reihe von Pflichten für den unternehmerischen Anbieter mit sich bringt. Diese treffen den Untervermieter immer dann, wenn er als Unternehmer im Sinne von § 14 Abs. 1 BGB handelt. Wann die Unternehmereigenschaft erfüllt ist, ist vom Einzelfall abhängig und wird von der Rechtsprechung nicht einheitlich beurteilt. Sie wird regelmäßig dann nicht vorliegen, wenn die Vermietung lediglich an vereinzelten Wochenenden im Jahr oder nur gelegentlich in den Ferien erfolgt. Der Untervermieter wird aber in der Regel jedenfalls dann unternehmerisch handeln, wenn er die Vermietung dauerhaft mit häufig (mehrmals monatlich) wechselnden Untermietern betreibt. Auf die Absicht, durch die Vermietung einen Gewinn zu erzielen, kommt es hierbei nicht an.[83]

58 Entscheidend für die Beurteilung der Unternehmereigenschaft sind das jeweilige Vertragsverhältnis und der jeweilige Vertragspartner. Wird der Vertrag unter Nutzung einer Vermittlungsplattform geschlossen, kommt es folglich nicht auf die Unternehmereigenschaft des Vermittlers, sondern des Vertragspartners an.

59 Liegt ein Fernabsatzvertrag vor, muss der Unternehmer (Untervermieter) seine vollständige Identität bekanntgeben, das heißt seinen vollständigen Namen, seine Adresse, seine Telefonnummer und seine E-Mail-Adresse (§ 312d Abs. 1 S. 1 BGB iVm Art. 246a § 1 Abs. 1 S. 1 Nr. 2 EGBGB). Zudem besteht die Pflicht, über die wesentlichen Eigenschaften des Mietvertrages zu informieren, also etwa die (ungefähre) Größe des Mietgegenstandes, die Mietzeit etc. Hierbei muss ein Gesamtpreis ausgewiesen werden, welcher Steuern, Abgaben sowie sämtliche genannten Leistungen beinhaltet, soweit diese nicht Gegenstand von Sondervereinbarungen sind, deren Preis getrennt vereinbart wird. Soweit der Untervermieter vom Untermieter eine Kaution verlangt, muss hierüber bereits vor Vertragsschluss informiert werden. Diese Informationen müssen daher auf der Angebotsseite auf der Plattform abrufbar sein (§ 312d Abs. 1 S. 1 BGB iVm Art. 246a § 1 Abs. 1 S. 1 EGBGB).

60 Der Untervermieter ist im Rahmen seiner Unternehmertätigkeit zudem verpflichtet, den Verbraucher umfangreich über das Bestehen oder Nichtbestehen von Widerrufsrechten zu belehren. Grundsätzlich steht dem Verbraucher bei Fernabsatzverträgen ein Widerrufsrecht gemäß § 312g Abs. 1 BGB zu. Dieses besteht aber nicht bei Verträgen „zur Erbringung von Dienstleistungen in den Bereichen Beherbergung zu anderen Zwecken als zu Wohnzwecken", § 312g Abs. 2 Nr. 9 BGB. Daher besteht in Fällen kurzzeitiger Untervermietung kein Widerrufsrecht, da diese eine Beherbergung, nicht aber eine Vermietung zu Wohnzwecken darstellt. Die Beherbergung setzt üblicherweise voraus, dass „der betreffende Vertrag von einer Art ist, wie er typischerweise im touristischen Bereich beziehungsweise im Freizeitbereich wahrgenommen wird"[84] (kurze Dauer der Vertragszeit, häufiger Wechsel von Vertragspartnern etc.). Gerade eine solche Beherbergung liegt bei kurzzeitiger Überlassung von Wohnraum an Touristen vor. Für den Ausschluss des Widerrufsrechts kommt es hierbei auf die tatsächliche Nutzung im Einzelfall nicht an; auch die geschäftliche

---

[83] BGHZ 167, 40 = NJW 2006, 2250 Rn. 18; aA LG Köln BeckRS 2009, 89198. Zum Überblick über die Rechtsprechung: *Pfeifer* in BeckOK MietR, 15. Ed. 1.3.2019, HeizkostenV § 4 Rn. 36.

[84] *Wendehorst* in MüKoBGB § 312 Rn. 81.

Nutzung einer solchen Übernachtungsmöglichkeit fällt unter die Regelung des § 312g Abs. 2 Nr. 9 BGB. Da der Unternehmer den Verbraucher auch über das Nichtbestehen des Widerrufsrechts informieren muss (Art. 246a § 1 Abs. 3 Nr. 1 EGBGB), muss der unternehmerische Untervermieter den Mieter auch über das Nichtbestehen des Widerrufsrechts gemäß der Ausnahmevorschrift § 312g Abs. 2 Nr. 9 BGB informieren.

Diese Informationen müssen dem Untermieter nicht explizit genannt werden, es reicht aus, wenn sie einsehbar sind, etwa über ein Profil auf der Vermittlungsplattform. Sie müssen jedoch klar und verständlich formuliert und in der jeweiligen Darstellungsform lesbar sein (Art. 246a § 4 EGBGB). 61

Liegt ein Fernabsatzvertrag (wie oben beschrieben) vor, muss der Untervermieter dem Untermieter den Vertrag bestätigen (§ 312f Abs. 2 BGB). Diese Bestätigung muss sämtliche oben genannten Informationen beinhalten und auf einem dauerhaften Datenträger (als E-Mail reicht aus) gespeichert sein. Wichtig ist hierbei nur, dass die Informationen dauerhaft gespeichert und in lesbarer Form abgerufen werden können. 62

II. Vertragsschluss außerhalb des Internets

Schließen Untermieter und Untervermieter den Vertrag ohne Einsatz von Fernkommunikationsmitteln, treffen sie sich beispielsweise im Rahmen einer Besichtigung in der Wohnung, die gemietet werden soll oder in einem Café, finden die obigen Informationspflichten ebenfalls Anwendung, sofern der Untervermieter Unternehmer iSV § 14 Abs. 1 BGB ist (Außergeschäftsraumvertrag, vgl. § 312d Abs. 1 S. 1 BGB iVm Art. 246a § 1 Abs. 1, 3 Nr. 1 EGBGB). 63

Hierbei müssen die Informationen grundsätzlich in Papierform zur Verfügung gestellt werden. Hierzu gehört auch eine Abschrift des Vertrages, welchen Untervermieter und Untermieter unterschrieben haben. Auch in solchen Fällen ist der Vertrag samt Inhalt durch den Unternehmer zu bestätigen. Auf die Papierform kann verzichtet werden, wenn der Verbraucher (Untermieter) explizit zustimmt (§ 312f Abs. 1 S. 2 BGB). Stimmt er zu, muss der Unternehmer die Informationen auf einem dauerhaften Datenträger (s. o.) übermitteln. 64

E. Steuerrechtliche Aspekte der Untervermietung

Die kurzzeitige Untervermietung an wechselnde Mieter kann steuerliche Pflichten begründen. Zu den der Einkommensteuer unterliegenden Einkünften zählen insbesondere solche aus Vermietung und Verpachtung (§ 2 Abs. 1 S. 1 Nr. 6 EStG). Erfasst wird insbesondere die Verpachtung und Vermietung von Grundstücken, Gebäuden und Gebäudeteilen (§ 21 Abs. 1 S. 1 Nr. 1 EStG). Gebäudeteile in diesem Sinne sind auch Wohnungen oder einzelne Zimmer.[85] Von den Untermieteinkünften sind die Aufwendungen, die zur Erwerbung, Sicherung und Erhaltung (sog. Werbungskosten) getätigt wurden, abzuziehen, § 9 Abs. 1 S. 1 EStG. Werbungskosten sind (nur) bei der Einkunftsart abzuziehen, bei der sie erwachsen sind, § 9 Abs. 1 S. 2 EStG. Als Werbungskosten im Rahmen der Einkünfte aus (Unter-) Vermietung sind insbesondere in Abzug zu bringen: die (zeitlich) anteilige Wohnungsmiete, die anteiligen Nebenkosten sowie die Gebühren für Inserate und Online-Plattformen (zum Beispiel die Service-Gebühr von Airbnb).[86] Die Werbungskosten sind von dem Steuerpflichtigen geltend und zumindest glaubhaft zu machen.[87] Die nach Abzug der Werbungskosten verbleibenden Einnahmen sind Grundlage der weiteren Ermittlung des zu versteuernden Einkommens (vgl. § 2 Abs. 2–5 S. 1 EStG). 65

---

[85] *Schallmoser* in Blümich EStG, 146. EL Februar 2019, § 21 Rn. 407; BFH BeckRS 2008, 25013713.
[86] Vgl. Kußmaul/Kloster DStR 2016, 1280, 1285.
[87] *Thürmer* in Blümich EStG, 146. EL Februar 2019, § 9 Rn. 80.

66 Für den Fall der Erzielung eines Überschusses ist der Grundfreibetrag des § 32a Abs. 1 S. 1 Nr. 1 EStG zu berücksichtigen. Danach entfällt die Einkommensteuer, soweit das Gesamteinkommen des alleinstehenden (Unter-)Vermieters den Betrag (derzeit) in Höhe von 9.168 EUR nicht übersteigt. Darüber hinaus gilt für Einnahmen aus der vorrübergehenden Untervermietung von Teilen einer angemieteten Wohnung, die im Übrigen selbst genutzt wird, eine besondere Freigrenze. Sofern diese Einnahmen den Betrag von 520 EUR im Veranlagungszeitraum nicht überschreiten, kann im Einverständnis mit dem Steuerpflichtigen aus Vereinfachungsgründen von der Besteuerung abgesehen werden.[88]

67 Die Einkommensteuer ist zudem nicht zu zahlen, soweit es an einer Einkünfteerzielungsabsicht (vgl. auch den Wortlaut des § 2 Abs. 1 S. 1 Nr. 6 EStG) des jeweiligen (Unter-)Vermieters fehlt. Einkünfteerzielungsabsicht meint das Streben des Vermieters, auf Dauer einen Totalüberschuss der Einnahmen über die Werbungskosten zu erzielen.[89] Das Gegenstück hierzu bildet die sog. Liebhaberei. Hierbei handelt es sich um eine Tätigkeit, die allein auf privater Neigung beruht.[90]

68 Im Hinblick auf eine zum Geschäftsmodell entwickelte kurzfristige Untervermietung an wechselnde Mieter, kann der erwirtschaftete Untermietzins Einkünfte aus Gewerbebetrieb im Sinne von § 15 Abs. 2 EStG darstellen. Maßgeblich ist, ob die Tätigkeit dem Bild eines Gewerbebetriebs entspricht.[91] Unter Rückgriff auf die in der Rechtsprechung entwickelten Grundsätze im Zusammenhang mit der Vermietung von Ferienwohnungen, wird für die Annahme eines Gewerbebetriebs im Sinne des § 15 Abs. 2 EStG ein sog. „hotelmäßiges Angebot" zu fordern sein.[92] Ein solches liegt vor, soweit beispielsweise ein täglicher Zimmerservice angeboten oder jederzeit ansprechbares Personal vorgehalten wird.[93] Die Mehrheit der hier im Fokus stehenden Untervermietungen von WG-Zimmern wird diesen Anforderungen regelmäßig nicht genügen. Der Umstand, dass der (Unter-)Mietvertragsschluss von einer gewerblich handelnden Plattform wie Airbnb vermittelt wird, begründet keine Besonderheit des Einzelfalls, die für eine gewerbliche Tätigkeit des (Unter-)Vermieters spricht.[94] Unabhängig davon wird der Gewerbeertrag eines (Unter-)Vermieters wohl selten über den Freibetrag des § 11 Abs. 1 Nr. 1 GewStG in Höhe von derzeit 24.500 EUR hinausgehen.

69 Gemäß § 4 Nr. 12 S. 2 UStG ist die Vermietung von Wohn- und Schlafräumen, die ein Unternehmer zur kurzfristigen Beherbergung von Fremden bereithält, nicht von der Umsatzsteuer befreit. Bei beträchtlichen Einnahmen im Wege der (Unter-)Vermietung auch nur einzelner Zimmer kann insoweit die Umsatzsteuer anfallen. Selbst wenn man den jeweiligen (Unter-)Vermieter als Unternehmer im Sinne des Umsatzsteuergesetzes einordnet, wird der generierte Umsatz zzgl. Umsatzsteuer jedoch regelmäßig nicht 17.500 EUR übersteigen. Nach § 19 Abs. 1 S. 1 UStG würde dann keine Umsatzsteuer erhoben.[95]

70 Vor dem Hintergrund, dass sich das traditionelle Beherbergungsgewerbe einer zunehmenden Konkurrenz privater (Unter-)Vermieter ausgesetzt sieht, ist mit einer entsprechenden Einflussnahme auf Gesetzgebung und Verwaltung zu rechnen. Es ist von einer erhöhten Sensibilität der Finanzämter für Betätigungen im Bereich der privaten (Unter-)Vermietung auszugehen. Nicht zuletzt deshalb sollten steuerliche Sachverhalte den zuständigen Stellen stets offenbart werden.

71 Für Bezieher von Ausbildungsgeld nach dem Bundesausbildungsförderungsgesetz (BAföG-Empfänger) ist zudem zu beachten, dass die Einkünfte aus (Unter-)Vermietung

---

[88] R. 21.2 Abs. 1 S. 2 EStR (Einkommensteuer-Richtlinie 2012 in der Fassung der EStÄR 2012 v. 25.3.2013 (BStBl. I S. 276)).
[89] BFH NJW 1981, 2214; *Schallmoser* in Blümich EStG, 146. EL Februar 2019, § 21 Rn. 150; *Mellinghoff* in Kirchhof EStG § 21 Rn. 11.
[90] BFH NJW 1981, 2214.
[91] BFH DStRE 2013, 126 Rn. 34; *Bode* in Blümich EStG, 146. EL Oktober 2019, § 15 Rn. 56.
[92] BFH BeckRS 2010, 25016624 Rn. 4; BFH BeckRS 2004, 25003408.
[93] FG Berlin-Brandenburg BeckRS 2012, 95321.
[94] BFH BeckRS 2004, 25003408.
[95] Vgl. auch *Kußmaul/Kloster* DStR 2016, 1280 (1286).

vom Einkommensbegriff des BAföG erfasst sind, § 21 Abs. 1 S. 1 BAföG. Zwar kann die u. U. zu zahlende Einkommensteuer nach § 21 Abs. 1 S. 2 Nr. 3 BAföG in Abzug gebracht werden. Doch ist der verbleibende Betrag, sofern dieser die monatliche Anrechnungsfreigrenze von (derzeit) 290 EUR übersteigt (§ 23 Abs. 1 Nr. 1 BAföG), vom monatlichen Bedarf abzuziehen (§ 11 Abs. 2 S. 1 Hs. 1 BAföG).

F. Ergebnisse

Grundsätzlich ist dem Mieter die Gebrauchsüberlassung der Wohnräume an Dritte weder kurzfristig noch langfristig gestattet. **72**

Fehlt eine vor Gebrauchsüberlassung bestehende soziale Beziehung zu den aufgenommenen „Gästen", sind diese Personen keine vom vertragsgemäßen Gebrauch umfassten Besucher, sondern Dritte im Sinne des § 540 Abs. 1 BGB. Dies gilt erst recht bei entgeltlicher Untervermietung, die in § 540 Abs. 1 S. 1 BGB als Regelbeispiel zustimmungspflichtiger Gebrauchsüberlassung erwähnt ist („insbesondere sie weiter zu vermieten"). **73**

Die Gebrauchsüberlassung an Dritte unterliegt dem Erlaubnisvorbehalt des Vermieters und kann bei Bestehen eines Zweckentfremdungsverbots ausgeschlossen sein. **74**

Dem Mieter kann ein Anspruch auf Erteilung der Erlaubnis zustehen, wenn er ein berechtigtes Interesse an der Gebrauchsüberlassung hat, das sich nach Abschluss des Mietverhältnisses ergeben hat. Dazu zählt beispielsweise der befristete, beruflich bedingte auswärtige Aufenthalt, nicht dagegen die Gebrauchsüberlassung zur Erschließung einer Geldquelle. **75**

Erfolgt die Gebrauchsüberlassung ohne Erlaubnis des Vermieters, rechtfertigt dies eine außerordentliche Kündigung (teilweise sogar ohne vorherige Abmahnung). **76**

Gekündigt werden kann jeweils nur das Vertragsverhältnis, dessen vertragliche Pflicht verletzt wurde. Bei Verträgen mit jedem WG-Bewohner einzeln kann nur der jeweilige Vertrag mit dem im konkreten Fall unbefugt Untervermietenden gekündigt werden. Bei einem Gesamtvertrag, den alle WG-Bewohner unterzeichnet haben, rechtfertigt die unbefugte Untervermietung nur eines WG-Bewohners die Kündigung des gesamten Vertrages. Eine gegebenenfalls vor der Kündigung notwendige Abmahnung kann auch gegenüber einem anderen WG-Bewohner erfolgt sein, der bereits zuvor unberechtigt untervermietet hat. **77**

Der Vermieter hat nach der Rechtsprechung keinen Anspruch auf die mit der unbefugten Untervermietung erzielte Untermiete. **78**

§ 25 Wohngemeinschaften in Eigentumswohnungen

Übersicht

	Rn.
A. Grundlagen	1
I. Wohngemeinschaft – Versuch einer Begriffsbildung	1
1. Zusammenwohnen im Rahmen familienrechtlicher Statusverhältnisse	2
2. Zusammenwohnen im Rahmen öffentlich-rechtlicher Statusverhältnisse	3
3. Zusammenwohnen jenseits von Statusverhältnissen	4
4. Wohngemeinschaft als Rechtsbegriff	6
II. Wohnungseigentum als Rechtsbegriff	8
III. Die Wohngemeinschaft im Wohnungseigentum	17
B. Rechtsverhältnisse	20
I. Die Wohnungseigentümer untereinander und ihr Verhältnis zu Dritten	21
1. Die Wohnungseigentümergemeinschaft als (teil-)rechtsfähiger Verband	28
a) Teilrechtsfähigkeit	29
b) Verwaltungsvermögen	30
c) Wahrnehmungskompetenzen	38
d) Haftungsverfassung	41
2. Die Wohnungseigentümer als (Bruchteils-)Gemeinschaft	47
II. Die Wohngemeinschaft zum überlassenden Wohnungseigentümer	49
III. Die Wohngemeinschaft zu den anderen Wohnungseigentümern	51
IV. Die Wohngemeinschaft zu der (teil-)rechtsfähigen Wohnungseigentümergemeinschaft	57
V. Die Wohngemeinschaft zu den Bewohnern anderer Eigentumswohnungen	60
C. Die Vermietung von Wohnungseigentum	63
D. Das vermietete Wohnungseigentum	67
I. Gebrauch von Sonder- und Gemeinschaftseigentum	67
II. Mietgewährleistung, Sekundärrechte	73
III. Barrierefreiheit (§ 554a BGB)	75
IV. Die wohnungseigentumsrechtliche Verwalterabrechnung und die mietrechtliche Betriebskostenabrechnung	76
1. Grundsätze der Verwalterabrechnung	79
2. Unterschiede zur Betriebskostenabrechnung	83
a) Umlageschlüssel	83
b) Abrechnungszeitraum, Abrechnungszeitpunkt	85
c) Abfluss- und Leistungsprinzip	86
3. Spezifika einzelner Abrechnungsposten	87
a) Grundsteuer	87
b) Heizkosten	88
4. Folgen für die Erstellung der Betriebskostenabrechnung	91
5. Insbesondere Wohngemeinschaften	97
6. Belege und Einsichtsrecht	103
7. Gestaltungsmöglichkeiten	104
a) Gemeinschaftsordnung	105
b) Mietverhältnis	107
c) insbesondere Wohngemeinschaften	112
d) Verwaltervertrag	113

Schrifttum:

Abramenko, Zur vertraglichen Bindung des Mieters an die Betriebskostenabrechnung des Wohnungseigentumsverwalters, ZMR 1999, S. 676–680; *Armbrüster*, Kollisionen zwischen Gemeinschaftsordnung und Mietvertrag, ZWE 2004, S. 217–226; *ders.*, Harmonisierung des wohnungseigentumsrechtlich und mietvertraglich zulässigen Gebrauchs, in Börstinghaus/Eisenschmid (Hrsg.), FS Blank, München 2006, S. 577–589; *ders./Ma. Müller,*

Wohnungseigentumsrechtliche Gebrauchsbeschränkungen und Mieter, in FS Seuß, Berlin 2007, S. 3–17; *ders./ ders.*, Direkte Ansprüche der Wohnungseigentümer gegen Mieter, insbesondere bei zweckwidrigem Gebrauch, ZMR 2007, S. 321–327; *Becker*, Die Ableitung der Betriebskostenabrechnung aus der Jahresabrechnung – Blick aus dem Wohnungseigentumsrecht, WuM 2013, S. 73–77; *Beyer*, Die Ableitung der Betriebskostenabrechnung aus der Jahresabrechnung – Blick aus dem Mietrecht, WuM 2013, S. 77–81 (= ZMR 2013, S. 933–944); *Bielefeld*, Die Anwendung der Heizkostenverordnung im Bereich des Wohnungseigentums unter besonderer Berücksichtigung der Problematik bei vermieteten Eigentumswohnungen, in Seuß (Hrsg.), FS Bärmann und Weitnauer, Hamburg 1985, S. 173–210; *Blank*, Die Betriebskosten der vermieteten Eigentumswohnung, in Bub et al. (Hrsg.), FS Bärmann und Weitnauer, München 1990, S. 29–38; *ders.* Das Mietrecht in der Schnittstelle zum WEG, WuM 2000, S. 523–526; *ders.*, Jahresabrechnung und Betriebskostenabrechnung, NZM 2004, S. 365–372; *ders.*, Gebrauchsregelungen – Blick aus dem Mietrecht, WuM 2013, S. 94–98; *Bonifacio*, Gemeinschaftswidriges Nutzungsverhalten des Mieters, ZWE 2013, S. 196–199; *Briesemeister*, Vermietetes Wohneigentum – Zum Umfang der Gebrauchsgewährung durch den Vermieter, in Arzt/Börstinghaus (Hrsg.), 10 Jahre Mietrechtsreformgesetz – Eine Bilanz, München 2011, S. 98–108; *Dötsch*, „Drittwirkung" von Gebrauchsregelungen (§ 15 WEG) gegenüber Mietern? – Blick aus dem Wohnungseigentumsrecht, WuM 2013, S. 90–94; *ders.*, Der Unterlassungsanspruch bei rechtswidriger Nutzung des vermieteten Sondereigentums, WuM 2017, S. 493–502; *Drasdo*, Die Beziehungen des Mietrechts zum Wohnungseigentumsrecht in den Entwürfen zur Neuordnung des Mietrechts, NZM 2001, S. 13–19; *ders.*, Das vermietete Wohnungseigentum, in Bub/Treier (Hrsg.), Handbuch der Geschäfts- und Wohnraummiete, 4. Aufl., München 2014, Kapitel VII.; *J. Emmerich*, Disharmonie WEG und Mietrecht – Unterschiedliche Abrechnungsschlüssel, ZWE 2012, S. 245–250; *Häublein*, Einbeziehung der wohnungseigentumsrechtlichen Hausordnung in Wohnraummietverträge – Steht das AGB-Recht einem Interessenausgleich im Weg?, WuM 2009, S. 435–437; *ders.*, Erforderlichkeit und Möglichkeit einer Harmonisierung von Wohnungseigentums- und Mietrecht – Rechtsgutachten, erstellt im Auftrag des DDIV – Dachverband Deutscher Immobilienverwalter e. V., NZM 2014, S. 97–127; *Hannemann*, Die vermietete Eigentumswohnung, in ders./Wiegner (Hrsg.), Münchener Anwaltshandbuch Mietrecht, 4. Aufl., München 2014, § 33 I.; *Jacoby*, Ahndung von Verstößen gegen Gebrauchsregelungen der Eigentümer, ZWE 2012, S. 70–75; *ders.*, Gebrauchsbeschränkungen bei Wohnungseigentum und Miete, ZMR 2012, S. 669–676; *ders.*, Kostenverteilung im vermieteten Wohnungseigentum, in Partner im Gespräch, Bd. 107, München 2018, S. 81–90; *Kümmel*, Abwehransprüche der Wohnungseigentümer gemäß § 1004 BGB gegen Mieter und sonstige Nutzer des Sonder- und Gemeinschaftseigentums, ZWE 2008, S. 273–278; *Langenberg*, Die Betriebskosten der vermieteten Eigentumswohnung, NZM 2004, S. 361–365; *Lehmann-Richter*, Änderungen der mietvertraglichen Geschäftsgrundlage aufgrund von Wohnungseigentümerbeschlüssen, ZWE 2009, S. 345–353; *ders.*, Duldungspflichten des Mieters bei Baumaßnahmen in der Wohnungseigentumsanlage, WuM 2013, S. 82–86; *ders.*, Vermietetes Wohnungseigentum: Gebrauch und Kostenumlage, ZWE 2019, S. 105–113; *Lüke*, Vermietung von Sondereigentum unter Berücksichtigung der Aufgaben des Verwalters, ZWE 2004, S. 291–301; *Lützenkirchen*, Mietrechtsreform – Auswirkungen auf die Vermietung von Sonder- und Gemeinschaftseigentum, ZWE 2003, S. 99–121; *ders./Jennißen*, Mietrechtliche Betriebskostenabrechnung und wohnungseigentumsrechtliche Jahresabrechnung im Spannungsverhältnis, ZWE 2002, S. 446–459; *Nüßlein*, Die Divergenzen zwischen Wohnungseigentums- und Mietrecht – und ihre Bedeutung für die Durchführung von Mietverträgen über Eigentumswohnungen, Berlin 2006; *Riecke*, Risiken und Besonderheiten bei der Betriebskostenabrechnung für vermietetes Sondereigentum, WuM 2003, S. 309–311; *Schmid*, Der behinderte Mieter in der Wohnungseigentumsanlage – Hat er die gleichen Sonderrechte wie im „Mietshaus"?, NJW 2014, S. 1201–1206; *J.-H. Schmidt*, Die Durchsetzung der WEG-Hausordnung gegenüber dem Mieter und dem Eigentümer durch den WEG-Verwalter, ZMR 2009, S. 325–335; *Suilmann*, Vermietetes Wohneigentum, in Bärmann/Seuß, Praxis des Wohnungseigentums, 7. Aufl., München 2017, §§ 8–10; *ders.*, Zum Anspruch des Mieters auf Instandsetzung der vermieteten Sache beziehungsweise auf Vornahme oder Duldung baulicher Veränderungen bei vermietetem Wohnungseigentum, WuM 2013, S. 86–89; *ders.*, Vermietetes Wohnungseigentum: Erhaltung und Veränderung des gemeinschaftlichen Eigentums, ZWE 2019, S. 114–119.

A. Grundlagen

I. Wohngemeinschaft – Versuch einer Begriffsbildung

1 Das gemeinschaftliche Wohnen auf vergleichsweise engem Raum gehört gewiss zu den ältesten und zugleich konfliktträchtigsten Erscheinungen menschlichen Daseins. Dennoch ist das Wort **„Wohngemeinschaft" kein etablierter**[1] **Gesetzesbegriff** und auch die

---

[1] Der Begriff wird neuerdings in (Landes-)Gesetzen verwendet, die das betreute Wohnen regeln (sollen), etwa in den §§ 24 ff. des Wohn- und Teilhabegesetzes NRW (GV. NRW 2014, 625, 632) und den §§ 9 ff. des Hamburgischen Wohn- und Betreuungsqualitätsgesetzes (HmbGVBl. 2009, 494); vgl. auch den pflegeversicherungsrechtlichen Begriff der (ambulant betreuten) „Wohngruppe" in den §§ 38a, 45e SGB XI, dazu → § 28 Rn. 13 ff.

A. Grundlagen   § 25

Rechtswissenschaft ist noch entfernt von einem (gemeinsamen) Begriffsverständnis (→ § 1 Rn. 1 ff.). Vermutlich liegt der Grund darin, dass das Zusammenwohnen bis vor nicht allzu langer Zeit meist nicht den einzigen, jedenfalls nicht den primären Zweck einer zwischenmenschlichen Beziehung darstellte. Die Sippe im Familienheim, Mägde und Knechte im Gesindehaus, Korpsstudenten im Verbindungshaus, Arbeiter in Werkswohnungen, Matrosen in der Kajüte, Soldaten in der Kaserne und Sträflinge im Gefängnis begreifen das gemeinschaftliche Wohnen als notwendigen und selbstverständlichen Aspekt ihrer Gemeinschaft, aber diese wird nicht primär zum Zwecke des gemeinsamen Wohnens gebildet. Dementsprechend erfassen die darauf bezogenen Regelungsmuster das gemeinschaftliche Wohnen als einen Aspekt unter vielen mit mal größerer, mal kleinerer Bedeutung. Erscheint das gemeinsame Wohnen als Teil eines übergeordneten Regelungszusammenhangs, besteht kaum Veranlassung zu einer gesonderten rechtlichen Einordnung. Eine von diesem übergeordneten Zusammenhang losgelöste rechtliche Betrachtung wird gar bis hin zur Unmöglichkeit erschwert, je dichter das Zusammenwohnen mit anderen Aspekten einer übergeordneten Beziehung verwoben ist. Erst der Hang der modernen Gesellschaft zur Individualisierung und Gleichberechtigung sowie die signifikante Zunahme von Wohlstand und Mobilität haben das gemeinsame Wohnen jenseits der geschilderten Kollektive zu einem verbreiteten Phänomen werden lassen, das nach rechtlicher und damit begrifflicher Erfassung verlangt.

1. Zusammenwohnen im Rahmen familienrechtlicher Statusverhältnisse

Eine hervorgehobene Bedeutung hat das Zusammenwohnen im Rahmen familienrecht- 2 licher Statusverhältnisse.[2] Im Rahmen einer Ehe sind die Ehegatten einander zur ehelichen Lebensgemeinschaft verpflichtet (§ 1353 Abs. 1 S. 2 Hs. 1 BGB),[3] was grundsätzlich die Pflicht zur Wohngemeinschaft einschließt.[4] Qua ihrer gegenseitigen Unterhaltsverpflichtungen schulden sie einander die Mitbenutzung der Ehewohnung samt der Haushaltsgegenstände.[5] Diese umfassen ferner die Kosten des Haushalts (§ 1360a BGB) und ein Ehegatte erfüllt durch die alleinige Haushaltsführung in der Regel seine Verpflichtung zum Familienunterhalt (§ 1360 BGB). Die Ehewohnung erfährt eine gesonderte rechtliche Behandlung im Falle des Getrenntlebens (§ 1361b BGB)[6] und anlässlich der Scheidung (§ 1568a BGB), was sogar zur einseitigen Umgestaltung eines Mietverhältnisses gegenüber Dritten ermächtigt (§ 1568a Abs. 3 S. 1 BGB). Die normative Verfestigung eines Statusrechtsverhältnisses erlaubt es, die Ehegatten im Außenverhältnis trotz Gütertrennung als Rechts- und Haftungsgemeinschaft zu betrachten, ohne dass es auf die konkrete Ausgestaltung des Innenverhältnisses ankommt; genannt seien hier lediglich die sog „Schlüsselgewalt"[7] (§ 1357 BGB)[8] sowie die Eigentums- (§ 1362 BGB) und die Gewahrsamsvermutung (§ 739 ZPO). Diese wenigen Bemerkungen zeigen bereits, dass das auf diese Statusverhältnisse bezogene Regelungsgefüge die Wohnsituation vollständig erfasst und mit anderen Elementen, insbesondere dem Unterhaltsrecht untrennbar ver-

---

[2]   Zum Status im Familienrecht ausgreifend *Windel,* Status und Realbeziehung, in Lipp/Röthel/Windel, Familienrechtlicher Status und Solidarität, S. 1–51.
[3]   Zur Normqualität dieser Verpflichtung *Voppel* in Staudinger BGB § 1353 Rn. 17 ff.
[4]   RGZ 53, 337 (340); *Dölle* FamR I § 33 I. 3. (S. 393); *Muscheler* FamR Rn. 283; *Voppel* in Staudinger BGB § 1353 Rn. 69 ff.; *Roth* in MüKoBGB § 1353 Rn. 34; *Brudermüller* in Palandt BGB § 1353 Rn. 6.
[5]   *Muscheler* FamR Rn. 283; *Roth* in MüKoBGB § 1353 Rn. 34. Unnötig gekünstelt wirkt die Annahme eines „stillschweigenden Gebrauchsüberlassungsvertrages nach Art der Leihe" bei Aufnahme des einen Ehegatten in die Wohnung des anderen bei BGHZ 12, 380 (399 f.) = NJW 1954, 918 (920).
[6]   Vgl. → Fn. 16.
[7]   Zum Funktionswandel der Vorschrift im Zuge der Gleichberechtigung *Muscheler* FamR Rn. 327; eine Neubestimmung versucht Herberger, Von der „Schlüsselgewalt" zur reziproken Solidarhaftung.
[8]   Die allerdings nicht die Anmietung und Kündigung einer Wohnung umfasst, OLG Brandenburg NJW-RR 2007, 221; LG Mannheim NJW-RR 1994, 274, geschweige denn deren Erwerb, BGH NJW-RR 1989, 85; zu weiteren wohnungsrechtlichen Aspekten der Schlüsselgewalt *Roth* in MüKoBGB § 1357 Rn. 23.

knüpft. Für eine gesonderte (schuld-)rechtliche Betrachtung ist daneben weder Raum noch Bedarf.[9]

2. Zusammenwohnen im Rahmen öffentlich-rechtlicher Statusverhältnisse

3   Für eine privatrechtliche Einordnung überhaupt ist kein Raum dort, wo das Zusammenwohnen im Rahmen öffentlich-rechtlicher Statusverhältnisse erfolgt. Ein Soldat ist auf dienstliche Anordnung hin verpflichtet, in einer Gemeinschaftsunterkunft zu wohnen (§ 18 SoldatenG), die ihm unentgeltlich bereitzustellen ist (§ 69 Abs. 2 BBesG); gleiches gilt für Zivildienstleistende (§§ 31; 35 Abs. 1 ZDG) und Beamte, insbesondere Polizisten (exemplarisch § 10 BPolBG; § 111 LBG NRW). Die Begründung und Beendigung der Wohnsituation stehen in untrennbarem Zusammenhang mit dem Dienstverhältnis, das gemeinschaftliche Wohnen wird allein durch das Dienstrecht geregelt. Ebenso wird einem Sträfling die Wohnsituation oktroyiert (§ 18 StVollzG Bund[10]) und das Zusammenleben mittels Gesetz und Verordnung abschließend geregelt.[11]

3. Zusammenwohnen jenseits von Statusverhältnissen

4   Vollzieht sich das Zusammenwohnen jenseits eines – das Zusammenleben rechtlich vollständig erfassenden – Statusverhältnisses, dürfte regelmäßig Raum für eine gesonderte rechtliche Einordnung bestehen, und zwar selbst dann, wenn das gemeinsame Wohnen wiederum bloß den Ausschnitt einer übergeordneten Beziehung darstellt.

5   So erscheint die Einbeziehung der Realbeziehungen – als die nicht durch Status verfestigten familialen Beziehungen – in den Begriff der „Wohngemeinschaft" angezeigt.[12] Ihnen ist zwar mit den Statusverhältnissen gemeinsam, dass das Zusammenwohnen nur einen – nicht einmal notwendigen – Aspekt ihrer Beziehung darstellt. Anders als bei den Statusverhältnissen bildet das Recht diesen Aspekt aber nur unzureichend ab.[13] Das gemeinschaftliche Wohnen ist nicht in ein übergeordnetes Regelungsmuster eingebettet, sondern die rechtliche Erfassung der Realbeziehung erfolgt mithilfe der allgemeinen Rechtsinstitute und punktueller Analogiebildung.[14] Es besteht also nicht nur Raum für die rechtliche Betrachtung allein der Wohnsituation innerhalb einer Realbeziehung, sondern diese erscheint geradezu notwendig, um das gemeinschaftliche Wohnen sodann in einen übergeordneten rechtlichen Zusammenhang stellen zu können, der die Realbeziehung insgesamt angemessen erfasst. Die Gemeinsamkeit mit den Statusverhältnissen rechtfertigt es aber, die nichteheliche Lebensgemeinschaft – gleichsam das Exempel einer Realbeziehung – als eine „Sonderform der Wohngemeinschaft" zu behandeln (→ § 23).

4. Wohngemeinschaft als Rechtsbegriff

6   Eine tatsächliche Erscheinung zu einem Rechtsbegriff formen bedeutet, diese Erscheinung abzugrenzen von anderen, um sie einer isolierten rechtlichen Betrachtung zugänglich zu machen. Für das gemeinschaftliche Wohnen erscheint das nur sinnvoll, wenn es nicht bloß

---

[9] *Dölle* FamR I § 33 I. 3. (S. 393).
[10] Die im Zuge der Föderalismusreform auf die Länder übergegangene und mittlerweile von allen wahrgenommene Gesetzgebungskompetenz für den Strafvollzug hat Landesgesetze mit vergleichbaren Vorschriften zur Unterbringung hervorgebracht, vgl. etwa § 14 StVollzG NRW.
[11] Vgl. etwa zur Zulässigkeit der Vogelhaltung im Strafvollzug OLG Karlsruhe OLGSt StVollzG § 19 Nr. 4 = BeckRS 2002, 03745.
[12] Zu Begriff, Erscheinungsformen und rechtlicher Behandlung der Realbeziehungen *Windel,* Status und Realbeziehung, in Lipp/Röthel/Windel, Familienrechtlicher Status und Solidarität, S. 1 (39).
[13] Näher *Windel,* Status und Realbeziehung, in Lipp/Röthel/Windel, Familienrechtlicher Status und Solidarität, S. 1 (44).
[14] Zur Rechtsbeziehung der Partner im Hinblick auf eine gemeinsame Mietwohnung *Sternel* in Bültmann/Hausmann/Hohloch, Das Recht der nichtehelichen Lebensgemeinschaft, Kap. 5 Rn. 9 ff.

untergeordnetes Element einer vielschichtigen Beziehung ist, sondern deren Mittelpunkt (→ § 1 Rn. 8). Für die Begriffsbildung maßgeblich ist demnach, ob das gemeinschaftliche Wohnen als Teilaspekt einer komplexen Rechtsbeziehung vollständig in ein übergreifendes Regelungsmuster eingebettet ist oder ob das Zusammenwohnen die Rechtsbeziehung erst begründet und deren Mittelpunkt bildet. Nur für den letzteren Fall soll von einer „Wohngemeinschaft" im Rechtssinne gesprochen werden.[15]

Aus diesen Gründen bilden **Ehegatten, Eingetragene Lebenspartner** und **Abkömm-** 7 **linge keine „Wohngemeinschaft"**, sondern das gemeinschaftliche Wohnen ist – wenn auch kein notwendiger, so doch – ein zentraler Aspekt der ehelichen, partnerschaftlichen und familiären Gemeinschaft, der vollständig vom Regelungsprogramm des Statusverhältnisses abgedeckt wird (→ § 1 Rn. 14). Methodisch handelt es sich beim Statusrechtsverhältnis um eine abschließende Sonderregelung im Hinblick auf das Zusammenwohnen.[16] Die Realbeziehungen hingegen gehören zu den Wohngemeinschaften im Rechtssinne ebenso wie die schlichten Haushaltsgemeinschaften (→ § 1 Rn. 13), was nicht ausschließt, dass diese unterschiedlichen Formen der Wohngemeinschaft rechtlich unterschiedlich behandelt werden (können).

II. Wohnungseigentum als Rechtsbegriff

Das Wohnungseigentum ist ein Gesetzes- und damit ein Rechtsbegriff. Es erfährt seine 8 wesentliche Ausgestaltung durch das am 20.3.1951 in Kraft getretene Wohnungseigentumsgesetz (WEG).[17] Das WEG war aus Anlass der kriegsbedingten Wohnungsnot und Kapitalarmut entstanden,[18] die man mit dem allgemeinen zivilrechtlichen Instrumentarium nicht glaubte bewältigen zu können.[19]

Das WEG erlaubt eine Abweichung vom sachenrechtlichen Akzessionsprinzip des BGB, 9 wonach ein Gebäude grundsätzlich wesentlicher Bestandteil des Grundstücks ist, auf dem es steht *(superficies solo cedit)*, und damit nicht Gegenstand besonderer Rechte sein kann (§§ 93 f. BGB). Ohne das Wohnungseigentum gäbe es keine eigenständige Berechtigung an einzelnen Räumen und Gebäude(teile)n, sondern stets nur am ganzen Grundstück, entweder als Alleineigentum oder als ideeller Bruchteil. Erst die Durchbrechung des Akzessionsprinzips durch das Wohnungseigentum als Rechtsinstitut ermöglicht die individuelle Güterzuordnung von Wohnraum.[20]

Das Wohnungseigentum basiert auf drei Komponenten und deren spezifischer Verbin- 10 dung, nämlich erstens dem Sondereigentum am Wohnraum verbunden zweitens mit dem Miteigentum insbesondere am Grundstück und drittens der Mitgliedschaft in der Wohnungseigentümergemeinschaft.

Die beiden sachenrechtlichen Komponenten des Wohnungseigentums sind das Sonder- 11 eigentum und ein Miteigentumsanteil. Das Wohnungseigentum wird gem. § 1 Abs. 2 WEG definiert als das Sondereigentum an einer Wohnung in Verbindung mit dem Miteigentumsanteil an dem gemeinschaftlichen Eigentum, zu dem es gehört. Zu dem gemein-

---

[15] Für den pflegeversicherungsrechtlichen Begriff der „Wohngruppe" (dazu schon → Fn. 1 sowie → § 28 Rn. 13 ff.) ist das Zusammenwohnen zum Zwecke der gemeinschaftlich organisierten pflegerischen Versorgung maßgeblich, näher → § 28 Rn. 18.
[16] Exemplarisch für § 1361b BGB OLG Rostock BeckRS 2016, 117292.
[17] Zur Entwicklung des WEG samt Materialien *Weitnauer*, Zur Entstehung des WEG, in 30 Jahre Wohnungseigentum – Materialien zum WEG S. 53 (auszugsweise nachgedruckt in ZWE 2001, 126).
[18] Zu diesem Zusammenhang *Wolff/Raiser* Sachenrecht § 89 I. S. 356; *Brehm/Berger* SachenR § 25 Rn. 6 (S. 392).
[19] Zu den altrechtlichen Vorbildern – den Ausprägungen des sog Stockwerkseigentums – und deren teilweiser Fortgeltung unter dem BGB nach den Art. 131, 182 EGBGB *Thümmel* JZ 1980, 125; *Wolff/Raiser* Sachenrecht § 89 I. S. 355 (dort fälschlich der Verweis auf Art. 192 EGBGB); rechtsvergleichend *Bärmann* AcP 155 (1956), 1 ff.
[20] Zur güterzuordnungsrechtlichen Funktion des Sachbegriffs *Korves* Eigentumsunfähige Sachen? S. 137.

schaftlichen Eigentum gehört gem. § 1 Abs. 5 WEG zwingend das Grundstück, auf dem sich der Wohnraum befindet.

12   Von zentraler Bedeutung für das Wohnungseigentum ist die rechtliche Verbindung dieser beiden Komponenten. Diese Verbindung ist erstens singulär, das heißt Sondereigentum kann stets nur mit Miteigentum an einem Grundstück verbunden werden (§ 1 Abs. 4 WEG). Zweitens ist das Sondereigentum akzessorisch zum Miteigentumsanteil – das Sondereigentum kann nur zusammen mit dem Miteigentumsanteil veräußert oder belastet werden (§ 6 Abs. 1 WEG) und Belastungen des Miteigentumsanteils erstrecken sich eo ipso auf das zugehörige Sondereigentum (§ 6 Abs. 2 WEG). Diese Konstruktion soll die isolierte Entstehung sowohl von Sonder- als auch von Miteigentum verhindern.[21]

13   Die Verbindung von Sonder- und Miteigentum sichert die Mitgliedschaft in der Eigentümergemeinschaft als der verbandsrechtlichen Komponente des Wohnungseigentums ab. Die Untrennbarkeit der Verbindung bewirkt, dass jeder Sondereigentümer zwingend Mitglied der Gemeinschaft ist, und die Singularität, dass die Gemeinschaft alle, aber auch nur die Sondereigentümer eines Grundstücks umfasst.

14   Das Gesetz enthält in den §§ 10 ff. WEG ausgreifende Regeln über diesen Verband und dessen Verwaltung (§§ 20 ff. WEG), die auf die Besonderheiten des Wohnungseigentums zugeschnitten sind und daher Sonderrecht bilden; die allgemeinen Regeln über die (Bruchteils-)Gemeinschaft (§§ 741 ff.; 1008 ff. BGB) gelangen nur subsidiär zur Anwendung (§ 10 Abs. 2 WEG). Von diesen allgemeinen Regeln unterscheidet sich das Recht der Wohnungseigentümergemeinschaft insbesondere dadurch, dass die Aufhebung der Gemeinschaft weder von ihren Mitgliedern (§ 11 Abs. 1 WEG) noch von Dritten (§ 11 Abs. 2 WEG) verlangt werden kann, einzelne Mitglieder jedoch auch gegen ihren Willen aus der Gemeinschaft ausgeschlossen werden können (vgl. § 18 WEG). Ferner erfolgt die Verwaltung in der Regel nicht durch Mitglieder der Gemeinschaft, sondern einen externen Verwalter (§ 20 WEG). Schließlich ist der Verband selbst rechtsfähig (§ 10 Abs. 6 WEG).

15   Um diese drei Komponenten und deren Verhältnis zueinander ranken sich die Theorien zur Dogmatik des Wohnungseigentums.[22] Einige[23] stellen den Miteigentumsanteil in den Vordergrund, betrachten das Sondereigentum als bloßen Anhängsel und deuten das Wohnungseigentum so als modifiziertes Miteigentum nach Bruchteilen. Andere[24] heben die verbandsrechtliche Komponente hervor und wieder andere[25] sehen die drei Komponenten gleichgewichtig miteinander verwoben.[26]

16   Ohne den Streit um die dogmatische Einordnung an dieser Stelle aufarbeiten zu können, dürften sich einerseits die dahinterstehenden Sachfragen früherer Zeit seit Anerkennung der Rechtsfähigkeit der Wohnungseigentümergemeinschaft (dazu → Rn. 26 ff.) erheblich reduziert haben,[27] andererseits wird diese Entwicklung ebenso viele neue Zweifelsfragen auf-

---

[21] Die dennoch mögliche Entstehung isolierter Miteigentumsanteile (vgl. BGHZ 130, 159 (169 f.) = NJW 1995, 2851 (2853); BGHZ 109, 179 (184 f.) = NJW 1990, 447 (448)), gilt als zu beseitigende Anomalie, dazu nur *Hügel/Elzer* in Hügel/Elzer WEG § 3 Rn. 103.
[22] Eingehend *Rapp* in Staudinger BGB Einl. WEG Rn. 1 ff.; über unsere Zeit und Rechtsordnung hinausgreifend *Bärmann* AcP 155 (1956), 1 (4).
[23] Grundlegend *Weitnauer* WEG, 1951, § 3 Rn. 23 ff., § 10 Rn. 1 ff.; *ders.* FS Seuß, 1987, 295; *Armbrüster* in Bärmann WEG § 1 Rn. 7, 9; *Rapp* in Staudinger BGB Einl. WEG Rn. 23 ff.; *Brehm/Berger* SachenR § 25 Rn. 15; wohl auch *Müller* in BeckOGK, 1.12.2018, WEG § 1 Rn. 46 ff.; sowie die (frühere) Rechtsprechung BGHZ 150, 109 (114) = NJW 2002, 1647 (1648); BGHZ 108, 156 (160) = NJW 1989, 2534 (2535).
[24] *Merle,* Das Wohnungseigentum im System des bürgerlichen Rechts; *Junker* Die Gesellschaft nach dem Wohnungseigentumsgesetz – ein Beitrag zur dogmatischen Einordnung des Wohnungseigentums; *Grziwotz* in Erman BGB § 1 WEG Rn. 1.
[25] Grundlegend *Bärmann* AcP 155 (1956), 1 (10); *ders.,* Die Wohnungseigentümergemeinschaft – Ein Beitrag zur Lehre von den Personenverbänden; *ders.* NJW 1989, 1057; *Pick* in Bärmann/Pick WEG Einl. III Nr. 5 Rn. 9; *Commichau* in MüKoBGB Vor § 1 WEG Rn. 27; *Hügel/Elzer* in Hügel/Elzer WEG § 1 Rn. 10; *Eickmann* in Westermann/Gursky/Eickmann Sachenrecht § 66 Rn. 7.
[26] Die neuere Rechtsprechung scheut eine dogmatische Festlegung, ist von früheren Einordnungen (vgl. → Fn. 23) aber auch nicht ausdrücklich abgerückt, vgl. BGHZ 163, 154 = NJW 2005, 2061.
[27] Diese Einschätzung teilen *Armbrüster* in Bärmann WEG § 1 Rn. 7; *Rapp* in Staudinger BGB Einl. WEG Rn. 23, 38; *Hügel/Elzer* in Hügel/Elzer WEG § 1 Rn. 10.

werfen,[28] die sich nicht unter Verweis auf das „Wesen des Wohnungseigentums" werden lösen lassen.[29]

III. Die Wohngemeinschaft im Wohnungseigentum

In Abweichung vom sonst gültigen Akzessionsprinzip ermöglicht das WEG Sonderrechte 17 an einzelnen Räumen und Gebäude(teile)n auf einem – sonst als rechtliche Einheit gedachten – Grundstück (→ Rn. 9). Mit diesem Sondereigentum kann der Wohnungseigentümer grundsätzlich nach Belieben verfahren (§ 13 Abs. 1 WEG), es ist also dem bürgerlich-rechtlichen Eigentum (vgl. § 903 BGB) angelehnt.[30] Doch unterwirft das WEG dieses Sondereigentum – im Vergleich zum bürgerlich-rechtlichen Eigentum – einer gesteigerten Pflichtenbindung (vgl. § 14 WEG), die der besonderen räumlichen Nähe und der gemeinschaftlichen Benutzung des einheitlichen Grundstücks geschuldet ist. Die besondere Pflichtenbindung hat bedeutende Auswirkungen auf die Vermietung von Wohnungseigentum allgemein und an Wohngemeinschaften insbesondere.

Vermietet der Alleineigentümer eines Grundstücks darauf befindlichen Wohnraum an 18 eine Wohngemeinschaft, ist die Innenordnung der Wohngemeinschaft auszuloten (→ §§ 14ff.) und das Verhältnis der Wohngemeinschaft zum Wohnraumgeber zu bestimmen (→ §§ 2ff.).[31] Handelt es sich bei dem überlassenen Wohnraum um Wohnungseigentum, so ist dieses mehrpolige Verhältnis aus zumeist vertrags- und verbandsrechtlichen Beziehungen zudem eingebettet in das komplexe Geflecht aus Rechtsverhältnissen zwischen den (sonstigen) Wohnungseigentümern (die ihrerseits Wohnraum vermietet haben [können]), der Gemeinschaft als selbständiger Rechtsträgerin, dem Verwalter sowie Dritten.[32]

Zunächst werden diese Rechtsbeziehungen im Einzelnen herausgearbeitet (→ Rn. 20ff.), 19 um auf dieser Grundlage den rechtlichen Rahmen der Vermietung von Wohnungseigentum (→ Rn. 63ff.) abzustecken. Sodann wird der Blick auf das vermietete Wohnungseigentum gerichtet, wobei die Wohngemeinschaft als Mieterin im Fokus steht (→ Rn. 67ff.).

B. Rechtsverhältnisse

Dargestellt werden zunächst die Rechtsverhältnisse der Wohnungseigentümer untereinan- 20 der, die durch die Zwangsmitgliedschaft in der Gemeinschaft determiniert sind und die ihr Verhältnis zu Dritten bestimmen (→ Rn. 21ff.). Dabei kommt es jeweils nicht darauf an, ob ein Eigentümer seine Wohnung selbst (mit)nutzt oder sie (ausschließlich) Dritten zur Nutzung überlässt. Anschließend geht es um die Rechtsverhältnisse der Wohngemeinschaft zum überlassenden Wohnungseigentümer (→ Rn. 49f.), zu den anderen Wohnungseigentümern (→ Rn. 51ff.) und zu der Gemeinschaft als (teil-)rechtsfähigem Verband (→ Rn. 57ff.). Abschließend wird das Verhältnis der Wohngemeinschaft zu den Bewohnern anderer Eigentumswohnungen betrachtet (→ Rn. 60ff.).

I. Die Wohnungseigentümer untereinander und ihr Verhältnis zu Dritten

Das Rechtsverhältnis der Wohnungseigentümer untereinander harrt einer konsensfähigen 21 dogmatischen Einordnung ebenso wie das Wohnungseigentum selbst (zu letzterem

---
[28] *Baur/Stürner* SachenR § 29 Rn. 13 aE; *Rapp* in Staudinger BGB Einl. WEG Rn. 38.
[29] So schon früher *Roth* ZWE 2001, 238 (239).
[30] Näher zur eigentumsrechtlichen Einordnung → Rn. 23.
[31] Zum genossenschaftlichen Wohnen *Drasdo* NZM 2012, 585; ferner → § 29 Rn. 46ff.
[32] Rechtspolitisch zur Harmonisierung von Wohnungseigentums- und Mietrecht *Häublein* NZM 2014, 97.

→ Rn. 15). Während es bei der Qualifikation des Letzteren um die Gewichtung geht, die der Mitgliedschaft in der Gemeinschaft als der verbandsrechtlichen Komponente neben den beiden sachenrechtlichen Komponenten zukommt, geht es hier um die Binnenperspektive der verbandsrechtlichen Komponente.

22 Das Sonderrechtsverhältnis der Wohnungseigentümer trägt der zwingenden Verbindung von Sonder- und Miteigentum Rechnung, was unter Anwendung der allgemeinen Regeln für das Sondereigentum (§§ 903 ff. BGB) einerseits und derjenigen für das Gemeinschaftseigentum (§§ 741 ff.; 1008 ff. BGB) andererseits nicht möglich wäre. Das Rechtsverhältnis der Wohnungseigentümer erfasst sowohl das Sonder- als auch das Gemeinschaftseigentum.

23 Das Sondereigentum ist dadurch trotz seiner Ausgestaltung als Vollrecht (vgl. § 13 Abs. 1 WEG) einer gesteigerten Pflichtenbindung unterworfen. Diese gesteigerte Pflichtenbindung gerade im Hinblick auf die anderen Wohnungseigentümer unterscheidet es vom bürgerlich-rechtlichen Eigentum. Der Wohnungseigentümer steht zwingend in einer rechtlichen Beziehung zu den anderen Wohnungseigentümern. Der Inhalt des Sondereigentums kann von der Gemeinschaft ausgestaltet, dessen Gebrauch eingeschränkt (§ 15 WEG) und Verfügungen erschwert (§ 12 WEG) werden. Anders als beim bürgerlich-rechtlichen Eigentum (vgl. § 137 BGB) kann die jeweilige Ausgestaltung verdinglicht werden. Das **Wohnungseigentum** ist daher ein **eigentumsähnliches**,[33] nicht aber ein eigentumsgleiches **subjektives Recht**.

24 Die Regelungen des WEG bilden lediglich den Rahmen für die Innenordnung der Wohnungseigentümer. Maßgeblich bestimmt wird die Gemeinschaftsordnung privatautonom durch ihre Mitglieder (§ 10 Abs. 2 S. 2 WEG), nur wenige Bestimmungen des WEG sind nicht disponibel.[34]

25 Die Wohnungseigentümer bestimmen ihr **Verhältnis untereinander** durch **Vereinbarungen und Beschlüsse**. Vereinbarungen sind (formlose) Verträge aller Wohnungseigentümer. Ihre Wirkung ist grundsätzlich auf die vertragsschließenden Wohnungseigentümer beschränkt, kann aber – durch Eintragung ins Grundbuch – zum Inhalt des Sondereigentums gemacht und damit verdinglicht werden (§§ 5 Abs. 4; 10 Abs. 3 WEG). Beschlüsse sind grundsätzlich förmliche (§ 23 WEG) Mehrheitsentscheidungen (vgl. § 25 WEG), die stets auch die Rechtsnachfolger binden (§ 10 Abs. 4 WEG). In der Regel beziehen sie sich auf untergeordnete Aspekte der Gemeinschaftsordnung.

26 In Anlehnung an die Rechtsprechung zur Gesellschaft bürgerlichen Rechts hat der BGH im Jahre 2005 auch der Wohnungseigentümergemeinschaft Rechtsfähigkeit zuerkannt, „soweit sie bei der Verwaltung des gemeinschaftlichen Eigentums am Rechtsverkehr teilnimmt".[35] Auslöser war die Verselbständigung des Verwaltungsvermögens in der Praxis und die Notwendigkeit, ein vom Mitgliederbestand unabhängiges Zurechnungssubjekt zu schaffen. Mit der Reform von 2007[36] wurde das Erkenntnis gesetzlich festgeschrieben.

27 Dem rechtsfähigen Verband ist als Vermögensmasse das Vermögen aus der Verwaltung des gemeinschaftlichen Eigentums zugeordnet, während das gemeinschaftliche Eigentum den einzelnen Wohnungseigentümern als Bruchteilseigentum zugeordnet ist. Es überlappen sich also zwei Gemeinschaftsverhältnisse mit identischem Personenbestand und dem gemeinschaftlichen Eigentum als gemeinsamem Substrat. Die gesetzliche Konzeption – um deren treffende Erfassung die sog Einheits- mit der sog. Trennungstheorie ringt[37] – evoziert unweigerlich Abgrenzungsschwierigkeiten im Hinblick auf die Verwaltungskompetenzen und die Vermögenszuordnung.

---

[33] So auch *Brehm/Berger* SachenR § 25 Rn. 12.
[34] Zusammenstellung der zwingenden Regeln des WEG bei *Suilmann* in Bärmann WEG § 10 Rn. 95.
[35] BGHZ 163, 154 = NJW 2005, 2061; grundsätzliche Kritik daran bei *Rapp* in Staudinger BGB Einl. WEG Rn. 48 ff.
[36] Durch Gesetz zur Änderung des Wohnungseigentumsgesetzes und anderer Gesetze v. 26.3.2007, BGBl. I S. 370.
[37] Zum Theorienstreit *Daum*, Das Rechtssubjekt Wohnungseigentümergemeinschaft S. 160; *Hügel/Elzer* in Hügel/Elzer WEG § 10 Rn. 23.

B. Rechtsverhältnisse § 25

1. Die Wohnungseigentümergemeinschaft als (teil-)rechtsfähiger Verband

Die Wohnungseigentümergemeinschaft kann gem. § 10 Abs. 6 S. 1 WEG im Rahmen der Verwaltung des gemeinschaftlichen Eigentums gegenüber den Wohnungseigentümern und gegenüber Dritten selbst Rechte erwerben und Verbindlichkeiten begründen. Sie ist aktiv wie passiv parteifähig (§ 10 Abs. 7 S. 5 WEG) und Trägerin des sog. Verwaltungsvermögens (§ 10 Abs. 7 S. 1 WEG).   28

a) Teilrechtsfähigkeit

Der Begriff Teilrechtsfähigkeit ist insofern irreführend, als es nicht um eine Rechtsfähigkeit minderer Qualität oder beschränkten Inhalts geht.[38] Er bezeichnet vielmehr eine **gegenständlich auf das Verwaltungsvermögen beschränkte Rechtsfähigkeit**. Dies wiederum ist keine Besonderheit, denn die Rechtsfähigkeit jedes Rechtssubjekts ist als eine originäre Rechtszuständigkeit auf das ihr jeweils zugeordnete Vermögen beschränkt.[39]   29

b) Verwaltungsvermögen

Das Verwaltungsvermögen setzt sich aus den im Rahmen der Verwaltung des gemeinschaftlichen Eigentums erworbenen Sachen und Rechten sowie den entstandenen Verbindlichkeiten zusammen (§ 10 Abs. 7 S. 2 WEG). Dazu gehören gem. § 10 Abs. 7 S. 3 WEG insbesondere die Ansprüche und Befugnisse aus Rechtsverhältnissen, und zwar aus solchen sowohl zwischen der Gemeinschaft und Dritten als auch zwischen der Gemeinschaft und einzelnen Wohnungseigentümern; ferner eingenommene Gelder.[40]   30

Rechtsverhältnisse zu Dritten begründet der rechtsfähige Verband vor allem durch Rechtsgeschäfte mit Handwerkern, Dienstleistern und Versorgern im Hinblick auf das gemeinschaftliche Eigentum. Gehören die daraus resultierenden primären Ansprüche und Verbindlichkeiten nach allgemeiner Ansicht zum Verwaltungsvermögen,[41] so wird gelegentlich[42] der missverständliche Eindruck erweckt, die Sekundärrechte würden durch den Verband wahrgenommen (vgl. § 10 Abs. 6 S. 3 WEG), wobei unter den Sekundärrechten wiederum differenziert wird zwischen solchen, die auf die Rückabwicklung des Vertrages abzielen (großer Schadensersatz, Rücktritt, früher auch Wandelung), und den übrigen.   31

Entscheidend für die Vermögenszuordnung ist nicht die Differenzierung zwischen Primär- und Sekundärrechten, sondern die Frage nach der Einheit des Schuldverhältnisses, die sich maßgeblich nach den am Schuldverhältnis beteiligten Rechtssubjekten beantwortet. Rechte und Pflichten aus einem Schuldverhältnis, das der Verband begründet, sind einheitlich dem Verwaltungsvermögen zuzuordnen und werden vom Verband als eigene wahrgenommen. Schließt der Verband einen Werkvertrag zur Instandhaltung des gemeinschaftlichen Eigentums, ist allein der Verband Inhaber der aus diesem Rechtsverhältnis herrührenden Rechte und Pflichten.   32

Die maßgeblichen Entscheidungen[43] betreffen jedoch meist Fallgestaltungen, in denen gar kein einheitliches – vom Verband begründetes – Schuldverhältnis vorliegt. Vielmehr geht es regelmäßig um **Verträge über den Erwerb von Wohnungseigentum vom Bauträger** durch einzelne Wohnungseigentümer, die diese Verträge wegen Mängeln am Gemeinschaftseigentum rückabwickeln wollten. In diesen Fällen geht die Rechtsprechung   33

---

[38] Hügel/Elzer in Hügel/Elzer WEG § 10 Rn. 205.
[39] Grundsätzlich zur Teilrechtsfähigkeit bzw. relativen Rechtsfähigkeit *Fabricius* Relativität der Rechtsfähigkeit; *Pawlowski,* BGB AT Rn. 98a, 109 ff.; *Windel* FS Schapp, 2010, 537 (542, 548); zum Zusammenhang von Rechtsfähigkeit und Vermögenszuordnung *Pawlowski,* BGB AT Rn. 99 ff.
[40] Näher zu den Gegenständen des Verwaltungsvermögens *Müller* ZWE 2012, 473; *Hügel/Elzer* in Hügel/Elzer WEG § 10 Rn. 284 ff.; *Suilmann* in Bärmann WEG § 10 Rn. 285 ff.; *Kreuzer* in Staudinger BGB § 10 WEG Rn. 295 ff.
[41] BGH NJW 2011, 1453 Rn. 8; *Wicke* in Palandt BGB § 10 WEG Rn. 32.
[42] *Hügel/Elzer* in Hügel/Elzer WEG § 10 Rn. 259 ff., 288; *Kreuzer* in Staudinger BGB § 10 WEG Rn. 319.
[43] BGHZ 200, 263 = NJW 2014, 1377; BGH NJW 2010, 3089; BGHZ 172, 42 = NJW 2007, 1952.

zutreffend davon aus, dass die einzelnen Wohnungseigentümer die zur Rückabwicklung führenden Mängelrechte selbst innehaben und ausüben können. Das ist aber allein darauf zurückzuführen, dass die einzelnen Wohnungseigentümer jeweils selbst Vertragspartner des Bauträgers sind und somit Inhaber aller Rechte und Pflichten, die sich daraus ergeben, insbesondere auch der Primäransprüche. Betreffen die Mängelrechte das Gemeinschaftseigentum, so können diese als gemeinschaftsbezogen durch den Verband gem. § 10 Abs. 6 S. 3 WEG ausgeübt werden (→ Rn. 38 ff.).

34 **Der Verband ist mit jedem Wohnungseigentümer** einzeln **durch ein Rechtsverhältnis verbunden,** das aus der Mitgliedschaft im Verband resultiert. Die aus diesem Rechtsverhältnis erwachsenden Rechte und Pflichten gehören zum Verwaltungsvermögen. Dies sind insbesondere die Ansprüche des Verbandes gegen die Wohnungseigentümer auf eine angemessene finanzielle Ausstattung, die durch regelmäßige Beiträge zur Deckung der laufenden Verwaltungskosten (Hausgeld),[44] die Bildung einer Rücklage zur Instandhaltung des gemeinschaftlichen Eigentums (§ 21 Abs. 5 Nr. 4 WEG) sowie Sonderumlagen für besonderen Verwaltungsaufwand (§ 21 Abs. 7 WEG) sichergestellt wird. Den Wohnungseigentümern können gegen den Verband Aufwendungsersatzansprüche aus Notgeschäftsführungsmaßnahmen (§ 21 Abs. 2 WEG)[45] und Bereicherungsansprüche wegen beschlossener, aber eigenmächtig durchgeführter Instandhaltungsmaßnahmen (dazu auch → Rn. 48) zustehen.[46]

35 Die gebildete **Instandhaltungsrücklage** und die **Einnahmen aus Sonderumlagen** gehören häufig zu den größten Vermögensbestandteilen eines Verbandes und sind daher für dessen Gläubiger von besonderem Interesse. Es handelt sich zwar um **zweckgebundenes Vermögen,** das der Verband und sein Verwalter nicht zweckfremd verwenden dürfen.[47] Es ist **aber kein Treuhandvermögen** und **unterliegt** daher **dem uneingeschränkten Zugriff der Gläubiger des Verbandes** ohne Interventionsbefugnis (§ 771 ZPO) der Wohnungseigentümer.[48] Dies beruht auf dem Grundsatz, dass nicht jede vermögensbezogene Zweckbestimmung zu einer Vermögenssegregation führt, Sondervermögen mithin nicht willkürlich gebildet werden kann.[49]

36 Nach verbreiteter Ansicht sollen auch die **Gelder** unmittelbar ins Verwaltungsvermögen fließen, die der Verband **qua seiner Ausübungsbefugnis (→ Rn. 38 ff.) vereinnahmt,** die also aus Ansprüchen der Wohnungseigentümer herrühren.[50] Das ist insoweit richtig, als der Verband diese Rechte im eigenen Namen geltend macht und dabei Leistung an sich verlangt. Als Einziehungsermächtigter beziehungsweise Prozessstandschafter könnte er stattdessen auch Leistung an die einzelnen Wohnungseigentümer verlangen mit der Folge, dass diese Inhaber der geleisteten Gegenstände werden. Verlangt der Verband etwa wegen Beschädigung des gemeinschaftlichen Eigentums vom Schädiger Zahlung von Schadensersatz an sich, so erlöschen mit Zahlung an den Verband die Ansprüche der Wohnungseigentümer durch Erfüllung (§ 362 Abs. 2 BGB). Gleichzeitig erfüllen die Wohnungseigentümer dadurch ihre Verpflichtung zur Instandhaltung des gemeinschaftlichen Eigentums (§ 21 Abs. 5 Nr. 2 WEG), sodass der Verband um die vereinnahmten Gelder nicht rechtsgrundlos bereichert ist.

37 Zum Verwaltungsvermögen gehört ferner **Sacheigentum,** das der Verband erworben hat. Das ist in erster Linie das im Rahmen der laufenden Verwaltung angeschaffte Mobiliareigentum, das nicht wesentlicher Grundstücksbestandteil wird (§§ 93 f. BGB) und daher

---

[44] BGH NJW-RR 2017, 844.
[45] BGH NZM 2011, 454 Rn. 23 (zum insoweit vergleichbaren Notgeschäftsführungsrecht des Verwalters aus § 27 Abs. 1 Nr. 3 WEG); *Hügel/Elzer* in Hügel/Elzer WEG § 21 Rn. 19.
[46] BGHZ 207, 40 Rn. 17 f. = NJW 2016, 1310.
[47] *Hügel/Elzer* in Hügel/Elzer WEG § 21 Rn. 117; zur Vermögenssonderungspflicht des Verwalters (§ 27 Abs. 5 S. 1 WEG) *Grziwotz* in Erman BGB § 27 WEG Rn. 24.
[48] *Hügel/Elzer* in Hügel/Elzer WEG § 21 Rn. 118.
[49] *Windel* ZIP 2019, 441 ff.; grundsätzlich schon *G. Schwarz* ArchBürgR 32 (1908), 12 (29).
[50] *Hügel/Elzer* in Hügel/Elzer WEG § 10 Rn. 288; *Suilmann* in Bärmann WEG § 10 Rn. 287; *Wicke* in Palandt BGB § 10 WEG Rn. 39.

nicht in das Eigentum der Wohnungseigentümer fällt (§ 946 BGB iVm § 10 Abs. 1 WEG) wie etwa Brennstoffe, Verbrauchszähler, Gemeinschaftswerkzeug, -geräte, -waschmaschinen, -trockner, -wäschespinnen, Gartenmöbel, Mülltonnen, Rauchmelder etc.; das kann aber auch Grundstücks- oder Wohnungseigentum sein.[51]

c) Wahrnehmungskompetenzen

Der rechtsfähige Verband nimmt sowohl eigene als auch fremde Rechte im eigenen Namen wahr. Neben den ihm originär zustehenden Rechten und Pflichten (→ Rn. 30 ff.) nimmt er die gemeinschaftsbezogenen Rechte und Pflichten wahr sowie die sonstigen, soweit diese gemeinschaftlich geltend gemacht werden können oder zu erfüllen sind (§ 10 Abs. 6 S. 3 WEG). Diese bleiben haftungsrechtlich den gemeinschaftlich verbundenen Miteigentümern zugeordnet, werden aber durch den Verband ausgeübt. 38

Die sog. gemeinschaftsbezogenen Rechte und Pflichten sind diejenigen, deren einheitliche Rechtswahrnehmung im Interesse der Wohnungseigentümer oder Dritter erforderlich ist. Dem Verband steht von Gesetzes wegen (§ 10 Abs. 6 S. 3 Hs. 1 WEG) eine sog. geborene Ausübungsbefugnis zu. Die sonstigen Rechte und Pflichten sind solche, deren einheitliche Rechtswahrnehmung nicht erforderlich, aber möglich und zweckmäßig ist. Dem Verband steht in diesem Fall nicht ohne weiteres eine Ausübungsbefugnis zu, sondern diese muss ihm eingeräumt, also gekoren werden, und zwar durch Vereinbarung, Mehrheitsbeschluss oder gewillkürte Ermächtigung einzelner Wohnungseigentümer. 39

Die Ausübungsbefugnis berechtigt zur außergerichtlichen wie gerichtlichen Geltendmachung der Rechte im eigenen wie im fremden Namen, zur Einziehung von Forderungen und Ausübung von Gestaltungsrechten. Sie ist dogmatisch als Einziehungsermächtigung beziehungsweise Prozessstandschaft einzuordnen.[52] Mit Übergang der Ausübungsbefugnis auf den Verband sind die Wohnungseigentümer von der Rechtswahrnehmung ausgeschlossen. Ein für oder gegen den Verband ergangenes Urteil wirkt auch gegen die Wohnungseigentümer. Ist vor Übergang der Ausübungsbefugnis ein Prozess mit einem oder mehreren Wohnungseigentümern anhängig, so findet bei Übergang der Ausübungsbefugnis § 265 Abs. 2 ZPO Anwendung; der Verband kann lediglich als einfacher Nebenintervenient beitreten. 40

d) Haftungsverfassung

Als rechtsfähiger Verband kann die Wohnungseigentümergemeinschaft selbst Verbindlichkeiten eingehen und haftet ihren Gläubigern mit ihrem Verwaltungsvermögen.[53] Da dieses im wesentlichen Umlaufvermögen ist und die dahinter stehenden Sachwerte, insbesondere das Sonder- und Miteigentum, nicht dazugehören, taugt das **Verwaltungsvermögen nur beschränkt** als **Kreditunterlage**.[54] 41

Die Gläubiger des Verbandes haben überdies eine vergleichsweise schwache Stellung.[55] Anders als bei dem personengesellschaftsrechtlichen Modell (§§ 128 ff. HGB) findet keine volle Durchgriffshaftung der Mitglieder statt, sondern jeder Wohnungseigentümer haftet für Verbindlichkeiten des Verbandes lediglich anteilig in Höhe seines Miteigentumsanteils 42

---

51 Zum Immobilienerwerb durch eine Wohnungseigentümergemeinschaft → Fn. 79.
52 Näher *Brehm/Berger* SachenR § 25 Rn. 21; de lege ferenda für eine Rechtsinhaberschaft des Verbands *Lieder* DNotZ 2018, 177 (198 ff.).
53 Zur Haftungsverfassung *Derleder/Fauser* ZWE 2007, 2; *Dötsch* ZWE 2012, 401; *Hügel/Elzer* in Hügel/Elzer WEG § 10 Rn. 295 ff.; *Suilmann* in Bärmann WEG § 10 Rn. 298 ff.; *Kreuzer* in Staudinger BGB § 10 WEG Rn. 337 ff.
54 Zur Kreditaufnahme durch den Verband *J.-H. Schmidt* ZMR 2007, 90; *Elzer* NZM 2009, 57; *Abramenko* ZMR 2011, 173.
55 Nach Wertung von *Derleder/Fauser* ZWE 2007, 2: „schlimmer als eine Limited"; sehr kritisch auch *Rapp* in Staudinger BGB Einl. WEG Rn. 48d.

(§ 10 Abs. 8 S. 1 WEG).[56] Über das Verbandsvermögen findet kein Insolvenzverfahren statt (§ 11 Abs. 3 WEG).

43   Fällt ein Wohnungseigentümer mit seiner anteiligen Außenhaftung für die Gläubiger aus, so trifft die übrigen Wohnungseigentümer im Verhältnis zum Verband eine – letztlich unbeschränkte – Nachschusspflicht.[57] Diese kann jedoch von Gläubigern des Verbandes nicht ohne weiteres realisiert werden, da Zahlungsansprüche des Verbandes gegen die Wohnungseigentümer nur durch entsprechenden Beschluss entstehen (§ 21 Abs. 5, 7 WEG) und die Beschlussfassung von Dritten nicht erzwungen werden kann. Ohne Beschluss und damit Zahlungsansprüche sind Gläubiger auf die Pfändung von Schadensersatzansprüchen des Verbandes gegen die Wohnungseigentümer verwiesen, die aus der Verletzung der Nachschusspflicht für den Verband entstehen, für die aber die Wohnungseigentümer wiederum nur anteilig haften (§ 10 Abs. 8 S. 4 WEG).[58]

44   Die Nachhaftung[59] eines ausgeschiedenen Wohnungseigentümers ist entsprechend dem Personengesellschaftsrecht ausgestaltet (§ 10 Abs. 8 S. 1 Hs. 2 WEG; § 160 HGB), während eine Haftung der eintretenden Wohnungseigentümer (vgl. § 130 HGB) nicht vorgesehen ist.

45   Durch die Zuerkennung von Rechtsfähigkeit ist die **Kreditabwicklung erleichtert** worden, da nicht mehr alle Wohnungseigentümer gemeinsam Verbindlichkeiten eingehen (müssen) und die mit einem Wechsel von Wohnungseigentümern verbundenen Probleme weitestgehend vermieden werden.[60] Angesichts der für Gläubiger schwachen Haftungsverfassung dürfte die **Kreditaufnahme jedoch schwieriger, jedenfalls teurer** geworden **und von zusätzlichen Sicherheiten**[61] – etwa Schuldbeitritte und Bürgschaften der einzelnen Wohnungseigentümer – **abhängig** sein.[62] Hinzu kommt die Ungewissheit, ob die Kreditaufnahme ordnungsmäßiger Verwaltung entspricht und damit mehrheitlich rechtmäßig beschlossen (§ 21 Abs. 3 WEG) oder ein entsprechender Beschluss bis zur Bestandskraft erfolgreich angefochten werden kann (§§ 23 Abs. 4 S. 2; 46 WEG).[63]

46   Für **Wohngemeinschaften als Mieter von Wohnungseigentum** ist die Haftungsverfassung des Verbands von ungeordneter Bedeutung, wenn diese von einzelnen Wohnungseigentümern mieten. Ist hingegen der Verband als solcher Vermieter – etwa weil die Wohnung in seinem Eigentum steht und damit zum Verwaltungsvermögen gehört –, sollten die Mieter sich aufgrund ihrer vergleichsweise schwachen Gläubigerstellung der treuhänderischen Anlage ihrer Mietsicherheit (§ 551 Abs. 3 S. 3 BGB, dazu näher → § 5 Rn. 32, 78) vergewissern.

2. Die Wohnungseigentümer als (Bruchteils-)Gemeinschaft

47   Allein das Verwaltungsvermögen ist dem teilrechtsfähigen Verband zugeordnet. **Die übrigen Vermögensbestandteile** des Wohnungseigentums **sind den Wohnungseigentümern** als individuelle Rechtsträger **zugeordnet, insbesondere das Sonder- und** das **gemeinschaftliche Eigentum** sowie die daraus entstehenden Rechte und Pflichten (§ 10

---

[56] Vergleichbar der Außenhaftung bei der mittlerweile (durch das Gesetz zur Reform des Seehandelsrechts vom 20.4.2013, BGBl. I S. 831) abgeschafften Partenreederei (vgl. § 507 Abs. 1 HGB aF).
[57] *Hügel/Elzer* in Hügel/Elzer WEG § 10 Rn. 297; *Kreuzer* in Staudinger BGB § 10 WEG Rn. 346.
[58] Näher *Derleder/Fauser* ZWE 2007, 2 (11); weitergehend *Kreuzer* in Staudinger BGB § 10 WEG Rn. 346, der offenbar die Mitwirkungsrechte der Wohnungseigentümer zugleich als Pflichten mit korrespondierenden Rechten des Verbandes deutet, die isoliert von Verbandsgläubigern gepfändet werden könnten.
[59] Dazu *Hügel/Elzer* in Hügel/Elzer WEG § 10 Rn. 309; *Suilmann* in Bärmann WEG § 10 Rn. 319; *Kreuzer* in Staudinger BGB § 10 WEG Rn. 352.
[60] Zur früheren Lage *Elzer* NZM 2009, 57; *Suilmann* in Bärmann WEG § 10 Rn. 298.
[61] Näher zur Kreditsicherung *Derleder* ZWE 2010, 10; zur Sicherungshypothek des Bauunternehmers gem. § 648 BGB aF (nunmehr § 650e BGB) *Rapp* in Staudinger BGB Einl. WEG Rn. 48e.
[62] Zur Kreditwürdigkeit vor dem Hintergrund der neuen Haftungsverfassung *Derleder/Fauser* ZWE 2007, 2; *Rapp* in Staudinger BGB Einl. WEG Rn. 48d.
[63] Zur Problematik BGH NJW 2012, 3719 mAnm *Elzer* NJW 2012, 3721; OLG Hamm ZWE 2012, 378; *Hügel/Elzer* in Hügel/Elzer WEG § 10 Rn. 221.

Abs. 1 WEG). Das sind insbesondere die aus Beeinträchtigungen des Sonder- und Gemeinschaftseigentums entspringenden negatorischen und deliktischen Ansprüche, die aber ungeachtet der Vermögenszuordnung regelmäßig durch den Verband ausgeübt werden (→ Rn. 38 ff.); ferner die Verkehrssicherungspflichten und die öffentlich-rechtlichen Lasten.

Untereinander schulden die Wohnungseigentümer gem. § 21 Abs. 4 WEG **eine** **48** **Verwaltung, die der** ausbedungenen **Gemeinschaftsordnung und einem objektivierten Gemeinschaftsinteresse** („nach billigem Ermessen") **entspricht,** welches durch § 21 Abs. 5 WEG konkretisiert wird. Für den einzelnen Wohnungseigentümer wirtschaftlich bedeutsam sind (außerordentliche) Instandhaltungsmaßnahmen am Gemeinschaftseigentum, zu deren Durchführung und Kostentragung jeder Wohnungseigentümer grundsätzlich verpflichtet ist; diese Verpflichtung begründet für die jeweils anderen Wohnungseigentümer einen Anspruch auf entsprechende Beschlussfassung im Hinblick auf die Durchführung der Maßnahme und die Verteilung der Kosten.[64] Die eigenmächtige Durchführung von Instandhaltungsmaßnahmen begründet für die durchführenden Wohnungseigentümer einen (Aufwendungsersatz- oder Bereicherungs-)Anspruch gegen die anderen zustimmungspflichtigen Wohnungseigentümer (vgl. dazu auch → Rn. 34).[65] Neben der wohnungseigentumsrechtlich determinierten Gemeinschaftsordnung sollen die Wohnungseigentümer untereinander im Hinblick auf ihr jeweiliges Sondereigentum zugleich wie Grundstücksnachbarn zu behandeln sein und in analoger Anwendung von § 906 Abs. 2 S. 2 BGB wechselseitig verschuldensunabhängigen Ausgleichsansprüchen ausgesetzt sein.[66]

II. Die Wohngemeinschaft zum überlassenden Wohnungseigentümer

Das Rechtsverhältnis der Wohngemeinschaft zu dem den Wohnraum überlassenden Woh- **49** nungseigentümer hat keine wohnungseigentumsrechtliche Grundlage. In der Regel wird die entgeltliche oder unentgeltliche **Überlassung der Wohnung auf einer vertraglichen Grundlage** zwischen dem Wohnungseigentümer und – je nach WG-Typ (→ § 1 Rn. 20 ff., insbesondere → § 1 Rn. 24 ff.) – allen oder einzelnen Mitgliedern der Wohngemeinschaft beziehungsweise dieser als rechtsfähiger Gesellschaft **beruhen**.[67]

Das Wohnungseigentumsrecht kann in vielfältiger Weise auf dieses Rechtsverhältnis ein- **50** wirken. Einschränkungen im Hinblick auf die Überlassung, insbesondere Vermietungsverbote, können den Abschluss eines Gebrauchsüberlassungsvertrages beeinflussen (näher → Rn. 64 ff.). Übersteigt das (miet-)vertraglich eingeräumte Gebrauchsrecht das nach der Gemeinschaftsordnung zulässige Maß (näher → Rn. 69 ff.), stört das die Vertragsdurchführung. Ebenso können Umgestaltungen die Gebrauchsüberlassung beeinträchtigen (vgl. nur §§ 577 f. BGB).

III. Die Wohngemeinschaft zu den anderen Wohnungseigentümern

Die Mitglieder der Wohngemeinschaft werden in der Regel keine vertraglichen Sonder- **51** verbindungen zu den anderen Wohnungseigentümern haben. Die Vermietung oder anderweitige **Überlassung von Wohnungseigentum** und die damit verbundene Einräumung von Gebrauchsrechten am Sonder- und am Miteigentum **führt** auch **nach herrschender Meinung nicht ohne weiteres** zu einer quasi-vertraglichen oder gesetzlichen **Sonderverbindung des Bewohners zu den anderen Wohnungseigentümern.**

---

[64] Vgl. etwa BGHZ 202, 375 Rn. 10 = NJW 2015, 613, dort (Rn. 12 ff.) auch zum Wirtschaftlichkeitsgebot und etwaigen individuellen Opfergrenzen.
[65] BGHZ 207, 40 Rn. 8 ff. = NJW 2016, 1310.
[66] BGHZ 198, 327 = NJW 2014, 458, dort (Rn. 9 ff.) auch zum Meinungsstand.
[67] Zur sog „Gefälligkeitsmiete" BGH NJW-RR 2017, 1479; zum genossenschaftlichen Wohnen → Fn. 31.

52 Für **Beeinträchtigungen des gemeinschaftlichen Eigentums und des Sondereigentums** der anderen Wohnungseigentümer sollen die Bewohner lediglich außervertraglich nach den § 1004 und § 823 BGB haften.[68] Bei der Konkretisierung dieser Haftung sollen jedoch Gebrauchsregelungen der Wohnungseigentümer untereinander Berücksichtigung finden. Während ein Teil der hM[69] jegliche Gebrauchsregelung zur Konkretisierung der Eigentumsbeeinträchtigung heranzieht und ihr damit Wirkung auch gegenüber den Bewohnern zubilligt, will ein anderer Teil[70] eine solche Drittwirkung nur für Vereinbarungen zulassen, die zum Inhalt des Gemeinschafts- oder Sondereigentums gemacht werden (§§ 5 Abs. 4 S. 1; 10 Abs. 2, 3 WEG; §§ 746, 1010 BGB) sowie für auf einer Öffnungsklausel beruhende Beschlüsse. Teilweise[71] wird daneben jedweden Beschlüssen Drittwirkung beigemessen. Schließlich[72] wird das WEG-Recht im Hinblick auf Mieter für gänzlich irrelevant erachtet.

53 Nach der Konstruktion der **herrschenden Meinung** sei jede Form der Benutzung des gemeinschaftlichen Eigentums als Eigentumsbeeinträchtigung zu betrachten und demnach **komme den Gebrauchsregelungen** keine anspruchsbegründende, sondern **lediglich rechtfertigende Wirkung zu**.[73] Konsequenterweise sei dann die Form der Gebrauchsregelung nicht relevant, da jeder Wohnungseigentümer die rechtfertigende Gebrauchsbefugnis allein aus dem Verhältnis der Wohnungseigentümer untereinander ableite und diese dann an andere Bewohner weitergeben könne. Auch differenziert man nicht zwischen dem Gebrauch des Sonder- und des Gemeinschaftseigentums.

54 Die herrschende Meinung erscheint inkonsistent: Einerseits sollen Bewohner und übrige Wohnungseigentümer haftungsrechtlich wie Zufallskontakte eingeordnet werden, andererseits soll die gesteigerte Pflichtenbindung des Wohnungseigentums in vielfältiger Weise Drittwirkung für die Bewohner entfalten. Die Überlassung von Wohnungseigentum geht notwendig einher mit der Einräumung von Gebrauchsrechten auch am Miteigentum der anderen Wohnungseigentümer. Jeder Bewohner kommt also mit dem fremden Miteigentum nicht nur in gesteigertem Maße in Berührung, sondern beansprucht es notwendig in Ausübung des ihm (vertraglich) von einem Mitglied der Gemeinschaft eingeräumten Gebrauchsrechts. Die daraus resultierende Rechtsbeziehung hat mit einem Zufallskontakt, auf den die außervertragliche Haftung zugeschnitten ist, nichts zu tun. Sie geht auch über das nachbarschaftliche Gemeinschaftsverhältnis – das überwiegend nicht als gesetzliches Schuldverhältnis eingeordnet wird – hinaus, da es nicht bloß um das Nebeneinander von Grundeigentum geht, das ohnehin durch das Nachbarrecht eine gewisse Regelungsdichte erfährt. Sondern der Rechtsbeziehung zwischen dem Bewohner und den anderen Wohnungseigentümern ist die Inanspruchnahme fremden Eigentums geradezu immanent.

55 Die Vermietung und damit die Überlassung des Sondereigentums an gemeinschaftsfremde Dritte gehört zum Kern des Wohnungseigentums (§ 13 Abs. 1 WEG, zu Vermietungseinschränkungen → Rn. 64 ff.). Der Gebrauch der Wohnräume durch einen Mieter darf für diesen nicht unter permanentem Rechtfertigungsvorbehalt gegenüber allen Wohnungs-

---

[68] BGH NJW 1996, 714; AG Kerpen BeckRS 2011, 20770; näher *Jacoby* ZWE 2012, 70; *ders.* ZMR 2012, 669 (672).
[69] *Jacoby* ZWE 2012, 70 (73); *ders.* ZMR 2012, 669 (673); *Bonifacio* ZWE 2013, 196; *Falkner* in Beck OGK, 1.12.2018, WEG § 13 Rn. 92 f.; *Schultzky* in Jennißen WEG § 13 Rn. 33; OLG Frankfurt a. M. NJW-RR 1993, 981.
[70] *Armbrüster* FS Blank, 2006, 577 (578); *Armbrüster/Müller* FS Seuß, 2007, 3 (6); *dies.* ZMR 2007, 321 (323); *Briesemeister* in 10 Jahre Mietrechtsreformgesetz – Eine Bilanz S. 98 (105); *Wicke* in Palandt BGB § 15 WEG Rn. 28; keinen Widerspruch zur hM sieht darin *J.-H. Schmidt* ZMR 2009, 325 (327).
[71] OLG Frankfurt a. M. NJW-RR 1993, 981; *Hügel/Elzer* in Hügel/Elzer WEG § 13 Rn. 17; wohl auch *Dötsch* WuM 2017, 493 (497); offen gelassen von BGH NJW 2015, 2968 (2969) Rn. 13 (zur Duldungspflicht bei beschlossenen Baumaßnahmen); aA LG Nürnberg-Fürth ZWE 2010, 26 mzustAnm *Briesemeister* ZWE 2010, 24.
[72] *Kümmel* ZWE 2008, 273 (275).
[73] OLG Frankfurt a. M. NJW-RR 1993, 981; *Lehmann-Richter* ZWE 2009, 345 f.; anders offenbar numehr *ders.* ZWE 2019, 105 (107); *Jacoby* ZWE 2012, 70 (73); *Dötsch* WuM 2013, 90 (92); *Hügel* in Brinkmann/Shirvani (Hrsg.), Privatrecht und Eigentumsgrundrecht S. 133 (152).

eigentümern der Anlage stehen. Es würde den Mietvertrag als Grundlage des Gebrauchsrechts nahezu entwerten, wenn sich das Gebrauchsrecht des Mieters letztlich allein nach der Gemeinschaftsordnung richtet, die er weder beeinflussen noch immer kennen kann. Der mietvertraglich festgelegte Gebrauch würde zur schadensrechtlichen Bemessungsgrundlage verkommen, hätte aber keinerlei Bedeutung für die Gebrauchsbefugnis des Mieters. Der Mieter von Wohnungseigentum ist auch nicht vergleichbar mit einem Untermieter. Jedenfalls wenn man das Wohnungseigentum als dem bürgerlich-rechtlichen Eigentum ähnlich begreift (→ Rn. 23), leitet der Mieter von Wohnungseigentum seine Rechtsstellung anders als ein Untermieter unmittelbar vom dinglichen (Voll-)Rechtsinhaber ab.

Vorzugswürdiger ist es, zwischen den Bewohnern und den übrigen Miteigentümern eine rechtliche Sonderverbindung anzunehmen, die zur gegenseitigen Rücksicht auf die Rechte, Rechtsgüter und Interessen verpflichtet (§ 241 Abs. 2 BGB). Konkretisiert wird der Pflichtenkreis durch förmliche Vereinbarungen der Wohnungseigentümer über den Gebrauch, wenn diese zum Inhalt des Grundbuchs gemacht werden (§§ 5 Abs. 4 S. 1; 10 Abs. 2, 3 WEG; §§ 746, 1010 BGB). Demgegenüber entfalten Beschlüsse und Vereinbarungen der Wohnungseigentümer untereinander, die nicht einmal die Rechtsnachfolger der Wohnungseigentümer binden, auch keine Wirkung gegenüber den Bewohnern.[74] Beschließen oder vereinbaren die Wohnungseigentümer Gebrauchsregelungen, die nicht Inhalt des Sonder- oder Gemeinschaftseigentums werden, so begehen die Bewohner keine Pflicht- oder Eigentumsverletzung, wenn sich ihr Gebrauch im sonst zulässigen Maß hält. Allenfalls der im Innenverhältnis gebundene Wohnungseigentümer haftet den anderen gegenüber, wenn er einen die Innenordnung übersteigenden Gebrauch zulässt (→ Rn. 70). Haftet für eine konkrete Beschädigung neben dem Bewohner auch der überlassende Wohnungseigentümer den übrigen Wohnungseigentümern auf Schadensersatz, so haften beide als Gesamtschuldner. Klagen gegen Bewohner, die keine Wohnungseigentümer sind, sind keine Wohnungseigentumssachen im Sinne von § 43 WEG.[75] **56**

IV. Die Wohngemeinschaft zu der (teil-)rechtsfähigen Wohnungseigentümergemeinschaft

Zwischen der Wohngemeinschaft und der Wohnungseigentümergemeinschaft als (teil-) rechtsfähigem Verband bestehen regelmäßig keine Rechtsbeziehungen. Die Wohnungseigentümergemeinschaft als Rechtssubjekt tritt den Bewohnern der einzelnen Eigentumswohnungen zumeist nur als Sachwalterin gegenüber. Ist – wie in der Regel – kein Mitglied der Wohngemeinschaft zugleich Wohnungseigentümer (Ausnahme WG-Typ F → § 1 Rn. 29), hat eine Wohngemeinschaft keine originären Mitwirkungsbefugnisse am Willensbildungsprozess der Wohnungseigentümergemeinschaft, insbesondere **kein Teilnahmerecht in der Versammlung der Wohnungseigentümer;** auch dann nicht, wenn der vermietende Wohnungseigentümer sie hinzuziehen möchte.[76] Allenfalls kann ein Mieter – wie andere Dritte auch – den Wohnungseigentümer mit entsprechender **Bevollmächtigung** in der Versammlung vertreten,[77] doch kann dieser dann nicht zugleich teilnehmen[78] (zum Einsichtsrecht der Mieter in Abrechnungs- und Beschlussunterlagen → Rn. 103). **57**

Eigene Rechtsbeziehungen begründet die Wohnungseigentümergemeinschaft nur im Hinblick auf das Verwaltungsvermögen (→ Rn. 30 ff.). Gehört Wohnungseigentum – in der eigenen oder in der fremden Wohnungseigentumsanlage – zum Verwaltungsver- **58**

---

[74] LG Nürnberg-Fürth ZWE 2010, 26 mzustAnm *Briesemeister* ZWE 2010, 24.
[75] BGH NJW 2015, 2968.
[76] *Armbrüster/Roguhn* ZWE 2016, 105 (110); *Häublein* in Staudinger BGB § 24 WEG Rn. 185 ff.
[77] *Armbrüster/Roguhn* ZWE 2016, 105 (107), dort auch zu Vertreterregelungen in der Gemeinschaftsordnung.
[78] LG Köln ZWE 2013, 412; LG Karlsruhe NJW 2016, 208.

mögen,[79] so kann die Wohnungseigentümergemeinschaft selbst Überlassungs-, insbesondere Mietverträge mit Wohngemeinschaften schließen und hat dann ihnen gegenüber die gleiche Rechtsstellung wie jeder andere überlassende Wohnungseigentümer (→ Rn. 49 f.).

59 Der rechtsfähige Verband kann als Gläubiger des vermietenden Wohnungseigentümers und die mietende **Wohngemeinschaft als Drittschuldnerin** in Erscheinung treten. Bleibt der vermietende Wohnungseigentümer Beiträge zur Gemeinschaft (Hausgeld, Instandhaltungsrücklage, Sonderumlage) schuldig, gehören dessen Mietansprüche regelmäßig zu den bevorzugten Pfändungsobjekten. Mietforderungen können solange gepfändet werden, wie nicht die Zwangsverwaltung angeordnet ist (§ 865 Abs. 2 S. 2 ZPO; §§ 146 Abs. 1; 148 Abs. 1 S. 1; 21 Abs. 2 ZVG). Mit Anordnung der Zwangsverwaltung (§ 148 Abs. 2 ZVG) beziehungsweise Zustellung des Überweisungsbeschlusses an den Mieter als Drittschuldner (§§ 835 Abs. 3 S. 1; 829 Abs. 3 ZPO) verliert der vermietende Wohnungseigentümer die Befugnis zur Einziehung der Mietforderungen, auch der künftigen (§ 832 ZPO). Der Mieter kann ab Kenntnis von der Beschlagnahme beziehungsweise Pfändung der Mietforderungen nicht mehr mit befreiender Wirkung an den vermietenden Wohnungseigentümer leisten (§§ 412; 407 BGB). Der Mieter unerliegt mit Pfändung der Erklärungspflicht des § 840 ZPO.

V. Die Wohngemeinschaft zu den Bewohnern anderer Eigentumswohnungen

60 Die Mieter und andere Nutzer von Wohnungseigentum verbindet regelmäßig kein Rechtsverhältnis miteinander. Anders als zwischen den Mietern und den Wohnungseigentümern, deren gemeinschaftliches Eigentum notwendig in Anspruch genommen wird (→ Rn. 54), begründet allein das Zusammenwohnen in derselben Wohnungseigentumsanlage **kein Sonderrechtsverhältnis**. Allerdings sollen die Mieter als (berechtigte) Besitzer des Sondereigentums ebenso wie die Wohnungseigentümer (vgl. → Rn. 48 aE) untereinander den verschuldensunabhängigen nachbarrechtlichen Ausgleichsansprüchen in entsprechender Anwendung von § 906 Abs. 2 S. 2 BGB ausgesetzt sein.[80]

61 Wenn die vermietenden Wohnungseigentümer die Mieter über den Mietvertrag an die Hausordnung binden (→ Rn. 71), so ist doch der **Mietvertrag regelmäßig kein Vertrag zugunsten der anderen Bewohner**.[81] Der vermietende Eigentümer bindet seine(n) Mieter an die Hausordnung, um sich gegen eine Inanspruchnahme durch die anderen Wohnungseigentümer oder den Verband wegen Verstößen gegen die Gemeinschaftsordnung abzusichern. Die Mieter hingegen akzeptieren die Bindung an die Hausordnung als Teil des Mietvertrages und nicht, weil sie hoffen, die anderen Mietparteien seien über deren Verträge auch an sie gebunden. Weder Vermieter noch Mieter haben daher regelmäßig ein Interesse daran, aus ihrem Vertrag Dritten unmittelbar Rechte einzuräumen (§ 328 Abs. 2 BGB).

62 Der **Mietvertrag** ist **kein Vertrag mit Schutzwirkung zugunsten der anderen Bewohner**; *Mayer/Eichel/Klinck* NZM 2018 689 (694 f.); da diese mit der vertraglich geschuldeten Leistung (zeitweise Überlassung von Wohnraum) nicht in gleicher Weise in Berührung kommen wie der Mieter als Gläubiger des Vermieters. Die anderen Bewohner sind auch nicht schutzwürdig, denn als Mieter haben sie jeweils eigene vertragliche Ansprüche und als selbstnutzende Wohnungseigentümer eigene Rechte und Einwirkungsmöglichkeiten aus dem Gemeinschaftsverhältnis gegen den vermietenden Wohnungseigentümer.

---

[79] Zum Immobilienerwerb durch eine Wohnungseigentümergemeinschaft *Hügel/Elzer* in Hügel/Elzer WEG § 10 Rn. 224 ff.; insbes. zur Beschlusskompetenz und internen Kostenverteilung BGH NJW 2016, 2177.
[80] BGHZ 198, 327 Rn. 8 = NJW 2014, 458.
[81] Man mag das Vermieterinteresse anders beurteilen, wenn dieser an alle Bewohner eines Hauses vermietet, vgl. BGHZ 157, 188 (194) = NJW 2004, 775 (777); OLG München NJW-RR 1992, 1097; vgl. auch → Rn. 71.

C. Die Vermietung von Wohnungseigentum

In Anlehnung an die **grundsätzlich unbeschränkte Freiheit** des bürgerlich-rechtlichen 63
Eigentümers (§ 903 BGB) formuliert § 13 Abs. 1 WEG entsprechendes für den Wohnungseigentümer und hebt dabei das **Recht zur Vermietung** ausdrücklich hervor.

Abweichend vom Grundsatz können die Wohnungseigentümer **Einschränkungen** un- 64
terliegen, ob und wie Wohnungseigentum an Dritte überlassen werden darf. Solche Einschränkungen können bei Begründung von Wohnungseigentum **in** die **Teilungserklärung** aufgenommen werden **oder** nachträglich **durch Vereinbarung und** eingeschränkt auch durch (Mehrheits-)**Beschluss** ausbedungen werden. Solche Einschränkungen sind das wohnungseigentumsrechtliche Instrumentarium, einen personenbezogenen Milieuschutz herzustellen und so die Wohnanlage auf bestimmte Wohnformen auszurichten oder sie dagegen abzuschirmen. Wenig beleuchtet ist das Spannungsverhältnis zum privatrechtlichen Diskriminierungsschutz, der deutlich auf das Mietvertrags-,[82] nicht aber das Wohnungseigentumsrecht zugeschnitten ist (vgl. §§ 2 Abs. 1 Nr. 8; 19 Abs. 3 AGG).[83] Diese Einschränkungen und die über sie geführten juristischen Auseinandersetzungen sind ein verlässliches Abbild der Entstehung neuer Wohnformen und deren Konfliktpotenzial. Waren es in jüngerer Vergangenheit die Folgen der demographischen Entwicklung,[84] wird aktuell die Flüchtlingsunterbringung[85] unter diesem Aspekt aufgearbeitet, was auch die übergeordnete Frage nach der Abgrenzung von Wohn- und Teileigentum betrifft.[86]

Die Überlassung kann unter **Zustimmungsvorbehalt** stehen, dem Wohnungseigentü- 65
mer kann die Überlassung überhaupt oder nur im Hinblick auf bestimmte Nutzergruppen **ge- oder verboten** sein und es können **Nutzungseinschränkungen** vorgesehen sein. Einem ausdrücklichen Ver- oder Gebot, an bestimmte Nutzergruppen (nicht) zu vermieten, kommt es häufig gleich, wenn die Gemeinschaftsordnung eine **bestimmte Nutzung** der Anlage vorsieht, etwa als „betreutes" oder „altersgerechtes Wohnen",[87] als „Studentenwohnheim" oder „Asylunterkunft".[88]

Die Vermietung von Wohnraum **unter Verstoß gegen Vermietungsverbote** oder 66
Nutzungseinschränkungen **berührt** im Umkehrschluss zu § 12 Abs. 3 WEG **nicht die Wirksamkeit des Mietvertrages**.[89] Eine zweckwidrige Nutzung der Wohnung begründet nach hier vertretener Ansicht (→ Rn. 56) nur dann Ansprüche der Wohnungseigentümer gegen den Mieter, wenn der Nutzungszweck – durch die Teilungserklärung oder eine im Grundbuch eingetragene Vereinbarung – zum Inhalt des Sondereigentums gemacht worden ist.[90] **Ein Vermietungsgebot oder ein bestimmter Nutzungszweck begründen** für die Wohnungseigentümer **grundsätzlich keinen Kontrahierungszwang** gegen-

---

[82] Dazu etwa *Rolfs* NJW 2007, 1489 ff.
[83] Vgl. nur *Schultzky* in Jennißen WEG § 13 Rn. 24; *Suilmann* in Bärmann WEG § 13 Rn. 65; ferner OLG Zweibrücken MittBayNot 1994, 44 (zur Unwirksamkeit einer diskriminierenden Veräußerungsbeschränkung unter Rückgriff auf § 138 BGB und die grundrechtliche Drittwirkungslehre).
[84] Vgl. BGH NJW 2007, 213; *Heinemann* MittBayNot 2002, 69 (71); *Kahlen* ZMR 2002, 671.
[85] Vgl. LG Koblenz ZWE 2016, 412 mAnm *Ehmann* ZWE 2016, 413; LG Braunschweig NZM 2016, 802 mAnm *Disput* NZM 2016, 804; LG München I BeckRS 2016, 00858 (im Eilrechtsschutz); AG Laufen ZWE 2016, 456; eingehend *Ehmann* ZWE 2016, 342; s. auch *Först* NZM 2016, 882 (885) *Bueb* ZWE 2018, 350 (351).
[86] Vgl. insbes. BGH NJW 2018, 41.
[87] Vgl. BGH NJW 2007, 213; BGH NJW 2019, 1280; *Hügel* in Brinkmann/Shirvani (Hrsg.), Privatrecht und Eigentumsgrundrecht S. 133 (147).
[88] Zum Ganzen *Armbrüster* ZWE 2004, 217 (220); *ders.* ZWE 2008, 361 (364); *Suilmann* in Bärmann WEG § 13 Rn. 64 ff.; *Schultzky* in Jennißen WEG § 13 Rn. 23 ff.; *Hügel/Elzer* in Hügel/Elzer WEG § 13 Rn. 10; *Drasdo* in Bub/Treier BeckHdB MietR VII Rn. 29 ff.; *Kreuzer* in Staudinger BGB § 13 WEG Rn. 14 ff.
[89] *Armbrüster* ZWE 2004, 217 (219, 222); *Ehmann* ZWE 2016, 342 (344); *Schultzky* in Jennißen WEG § 13 Rn. 26.
[90] Zur Rechtsmängelhaftung des vermietenden Wohnungseigentümers gegenüber dem Mieter → Rn. 73.

über bestimmten Personen, die dem begünstigten Nutzerkreis angehören; eine entsprechende Bestimmung der Gemeinschaftsordnung ist regelmäßig nicht als Vertrag einzuordnen, der Dritten unmittelbar einen Anspruch auf Abschluss eines Mietvertrages einräumen soll (§ 328 Abs. 2 BGB).

D. Das vermietete Wohnungseigentum

I. Gebrauch von Sonder- und Gemeinschaftseigentum

67 Der vermietende Wohnungseigentümer ist grundsätzlich verpflichtet, dem Mieter den Gebrauch der Mietsache zu gewähren (§ 535 Abs. 1 S. 1 BGB) und ihm die Mietsache in einem vertragsgemäßen Zustand zu überlassen (§ 535 Abs. 1 S. 2 Hs. 1 BGB). Im Hinblick auf Wohnungseigentum bedeutet das in der Regel die Pflicht zur Einräumung von Alleinbesitz am Sondereigentum und von Mitbesitz am Gemeinschaftseigentum. Der vermietende Wohnungseigentümer ist gegenüber den anderen Wohnungseigentümern auch ohne besondere Abrede zur Gebrauchsüberlassung an Dritte, insbesondere Mieter, befugt, denn diese Befugnis ist dem Recht zur Vermietung und Verpachtung immanent (§ 13 Abs. 1 WEG, vgl. auch § 14 Nr. 2 WEG). Bewohnt der vermietende Wohnungseigentümer die Anlage nicht selbst (alle WG-Typen außer F → § 1 Rn. 24 ff.), so verliert er durch die Überlassung an Dritte seine Gebrauchsrechte am Sonder- und Gemeinschaftseigentum,[91] und zwar nicht nur im Verhältnis zu seinem Mieter, sondern auch gegenüber den anderen Wohnungseigentümern; diese haben ein Interesse daran, dass es nicht zu einer übermäßigen Vervielfältigung der Gebrauchsbefugnisse insbesondere am Gemeinschaftseigentum kommt.

68 Den vermietenden Wohnungseigentümer trifft grundsätzlich ebenso die **Pflicht zur Erhaltung der Gebrauchstauglichkeit** während der Mietzeit (§ 535 Abs. 1 S. 2 Hs. 2 BGB), auch wenn er diese häufig nicht ohne Mitwirkung der übrigen Wohnungseigentümer erfüllen kann. Darf der vermietende Wohnungseigentümer die Gebrauchstauglichkeit nicht eigenmächtig aufrechterhalten – etwa weil Reparaturen am Gemeinschaftseigentum durch die (Mehrheit der) Mitglieder der Eigentümergemeinschaft beschlossen werden müssen –, so beschränkt sich seine Verpflichtung auf entsprechende Hin- und Mitwirkung in der Gemeinschaft;[92] deren Vollstreckung erfolgt als unvertretbare Handlung nach § 888 ZPO,[93] um dem Mieter nicht durch die vollstreckungsrechtliche Hintertür die Selbstbeziehungsweise Ersatzvornahme zu ermöglichen. Geht man – wie hier vertreten (→ Rn. 56) – davon aus, dass zwischen den Mietern und den jeweils übrigen Wohnungseigentümern wegen der notwendigen Inanspruchnahme des Gemeinschaftseigentums durch die Mieter eine rechtliche Sonderverbindung besteht, so könnte man daraus auch Ansprüche gegen die jeweils übrigen Wohnungseigentümer auf (Duldung von) Instandhaltungsmaßnahmen ableiten.[94] Dies erscheint jedoch zu weitgehend, da die Mieter den übrigen Wohnungseigentümern keine Gegenleistung schulden.

69 Der Mieter ist an die Gemeinschaftsordnung nur im aufgezeigten Ausmaß gebunden (→ Rn. 51 ff.) und das auch nur den übrigen Wohnungseigentümern gegenüber. Gegenüber dem vermietenden Wohnungseigentümer ist der **Mietvertrag** die **Grundlage des Gebrauchsrechts.** Der vermietende Wohnungseigentümer kann den Mieter nur dann

---
[91] *Hügel/Elzer* in Hügel/Elzer WEG § 13 Rn. 13; *Falkner* in BeckOGK, 1.12.2018, WEG § 13 Rn. 68.
[92] BGH NJW 2005, 3284 (3285); KG Berlin NJW-RR 1990, 1166 (1167); *Suilmann* WuM 2013, 86 (88); *ders.* ZWE 2019, 114 (115); vgl. auch *Falkner* in BeckOGK, 1.12.2018, WEG § 13 Rn. 70 ff.
[93] KG Berlin NJW-RR 1990, 1166 (1167); *Suilmann* WM 2013, 86 (88); *ders.* ZWE 2019, 114 (115); *Falkner* in BeckOGK, 1.12.2018, WEG § 13 Rn. 74.
[94] Dafür *de lege ferenda* etwa *Suilmann* WuM 2013, 86 (89); *ders.* ZWE 2019, 114 (115 f.); vgl. zur Parallelproblematik beim Mieteranspruch auf Herstellung von Barrierefreiheit (§ 554a BGB) → Rn. 75.

gem. § 541 BGB auf Unterlassung in Anspruch nehmen, wenn dieser sein im Mietvertrag ausbedungenes Gebrauchsrecht überschreitet.

Verhält der Mieter sich vertragskonform, verstößt aber gegen die Gemeinschaftsordnung, weil der vermietende Wohnungseigentümer ihm mietvertraglich mehr Rechte eingeräumt hat als nach der Gemeinschaftsordnung zulässig, so kommt es darauf an, ob die Gemeinschaftsordnung dem Mieter gegenüber Wirkung entfaltet (→ Rn. 51 ff.). Bejahendenfalls haftet der Mieter den übrigen Wohnungseigentümern, jedoch nicht mietvertragsrechtlich gem. § 541 BGB, sondern nach hier vertretener Ansicht (→ Rn. 56) gem. § 280 BGB beziehungsweise nach herrschender Auffassung (→ Rn. 52) nach den Grundsätzen der außervertraglichen Haftung (§§ 1004, 823 BGB). Ist der Mieter nicht an die Gemeinschaftsordnung gebunden und verhält sich mietvertragskonform, so kann er weder vom vermietenden Wohnungseigentümer noch von Dritten in Anspruch genommen werden. Allein der vermietende Wohnungseigentümer haftet den übrigen Wohnungseigentümern aus dem Gemeinschaftsverhältnis für das gemeinschaftswidrige Verhalten seines Mieters (§§ 14 Nr. 2; 15 WEG); gegenüber seinem Mieter steht ihm deswegen weder ein außerordentliches Kündigungsrecht noch ein Anspruch auf Vertragsanpassung (§ 313 Abs. 1 BGB) zu.[95] **70**

Ein Gleichklang zwischen der Gemeinschaftsordnung und dem Mietvertragsrecht kann durch eine entsprechende Vertragsgestaltung erreicht werden.[96] Die den Gebrauch des Sonder- und Miteigentums betreffenden Regeln der Gemeinschaftsordnung („Hausordnung") können zum Bestandteil des Mietvertrags gemacht werden, sodass der mietvertraglich zugesicherte und der nach der Gemeinschaftsordnung zulässige Gebrauch korrespondieren. Der vermietende Wohnungseigentümer kann so auf jedweden gemeinschaftswidrigen Gebrauch des Mieters (nur)[97] mietvertragsrechtlich reagieren (§ 541 BGB). Die übrigen Wohnungseigentümer können den Mieter auch in diesem Fall grundsätzlich nur im dargestellten Ausmaß in Anspruch nehmen (→ Rn. 51 ff.), da durch eine entsprechende mietvertragliche Vereinbarung Dritten in der Regel wohl keine eigenen Rechte eingeräumt werden sollen (§ 328 Abs. 2 BGB).[98] **71**

Durch **AGB** ist die Implementation der **Hausordnung** in den Mietvertrag nur wirksam möglich, wenn der Mieter vom Text Kenntnis nehmen kann[99] und sie keine überraschenden Klauseln (§ 305c BGB) enthält.[100] Eine Implementation der Hausordnung in ihrer jeweils geltenden Fassung, um den Gleichklang zwischen Mietvertrag und Gemeinschaftsordnung für die Dauer des Mietverhältnisses sicherzustellen, ist an § 308 Nr. 4 BGB zu messen und muss daher für den Mieter zumutbar sein.[101] **72**

II. Mietgewährleistung, Sekundärrechte

Wird der Mieter wegen mietvertragskonformem, aber gemeinschaftsordnungswidrigem Gebrauch durch Dritte in Anspruch genommen, insbesondere durch die übrigen Wohnungseigentümer beziehungsweise den Verband, begründet dies einen Rechtsmangel, für den ihm der vermietende Wohnungseigentümer grundsätzlich nach den allgemeinen Re- **73**

---

[95] BGH NJW 1996, 714 (zur gemeinschaftsordnungswidrigen Nutzung von Teileigentum); *Lehmann-Richter* ZWE 2009, 345 (347).
[96] Dazu insgesamt *Armbrüster* ZWE 2004, 217 (223); *ders.* FS Blank, 2006, 577 (579 ff.); *Nüßlein* Divergenzen 143 ff.; *Häublein* WuM 2009, 435; *Blank* WuM 2013, 94 (95); *Falkner* in BeckOGK, 1.12.2018, WEG § 13 Rn. 78 ff.
[97] *Blank* WuM 2013, 94 (97).
[98] Vgl. → Rn. 61.
[99] *Armbrüster* ZWE 2004, 217 (223); *Blank* WuM 2013, 94 (96).
[100] *Armbrüster* ZWE 2004, 217 (224); *Blank* WuM 2013, 94 (96).
[101] *Armbrüster* ZWE 2004, 217 (224); *Blank* WuM 2013, 94 (98); *Häublein* WuM 2009, 435 (436); *ders.* in MüKoBGB § 535 Rn. 174; *Lehmann-Richter* ZWE 2009, 345 (351); *Falkner* in BeckOGK, 1.12.2018, WEG § 13 Rn. 86; *Hügel/Elzer* in Hügel/Elzer WEG § 13 Rn. 22; sehr restriktiv *Nüßlein* Divergenzen S. 15; ablehnend *Briesemeister* S. 98 (108); *Mayer/Eichel/Klinck* NZM 2018, 689 (693).

geln haftet (dazu → § 8). Die Miete mindert sich eo ipso (§ 536 Abs. 1, 3 BGB) und der Mieter kann Schadensersatz verlangen (§ 536a Abs. 1 BGB); auch kann er das Mietverhältnis außerordentlich kündigen (§ 543 Abs. 2 S. 1 Nr. 1 BGB).[102]

74 Der Mieter hat im Hinblick auf Mängel am Gemeinschaftseigentum kein Recht zur Selbstvornahme und folglich auch keinen Aufwendungsersatzanspruch gem. § 536a Abs. 2 BGB.[103] Dieses Recht fußt auf einer mietvertraglichen Sonderverbindung, die im Hinblick auf das Gemeinschaftseigentum zwischen dem Mieter und den übrigen Wohnungseigentümern nicht besteht. Nimmt der Mieter gleichwohl eigenmächtig Mängelbeseitigungsmaßnahmen am Gemeinschaftseigentum vor, so finden die subsidiären Regeln der Geschäftsführung ohne Auftrag (§§ 677 ff. BGB) Anwendung.

III. Barrierefreiheit (§ 554a BGB)

75 In Wohnraummietverhältnissen steht einem behinderten Mieter gem. § 554a Abs. 1 S. 1 BGB gegen den Vermieter ein unabdingbarer (Abs. 3) Anspruch auf Duldung von Maßnahmen zur Herstellung von Barrierefreiheit zu.[104] In Wohnungseigentumsanlagen wird Barrierefreiheit regelmäßig nicht ohne bauliche Veränderungen am Gemeinschaftseigentum herzustellen sein, sodass der vermietende Wohnungseigentümer diesen Anspruch nicht ohne die übrigen Wohnungseigentümer erfüllen kann.[105] Der Anspruch gegen den vermietenden Wohnungseigentümer ist daher darauf beschränkt – es handelt sich um einen Fall von qualitativer Teilunmöglichkeit (§ 275 Abs. 1 BGB) –, dass dieser sich für Barrierefreiheit einsetzt, insbesondere entsprechenden Beschlüssen und Vereinbarungen zustimmt.[106] Ein **Anspruch des Mieters gegen die Gemeinschaft oder die übrigen Wohnungseigentümer besteht nicht**,[107] daher kann der Mieter in einem Prozess mit dem vermietenden Wohnungseigentümer weder der Gemeinschaft noch den übrigen Wohnungseigentümern den Streit verkünden.[108]

IV. Die wohnungseigentumsrechtliche Verwalterabrechnung und die mietrechtliche Betriebskostenabrechnung

76 Die Bewirtschaftung eines Wohngrundstücks verursacht laufend Kosten, die bei einer Vermietung teilweise als sog. Betriebskosten dem Mieter auferlegt werden können. Im Mietshaus eines Alleineigentümers fallen die gesamten Bewirtschaftungskosten bei diesem an und werden sodann auf die Mieter umgelegt. Bei einer Wohnungseigentumsanlage fallen die Bewirtschaftungskosten größtenteils bei der Gemeinschaft an, werden zunächst vom Verwalter aus dem Verwaltungsvermögen bestritten und sodann auf die Wohnungseigentümer umgelegt, die diese wiederum an ihre jeweiligen Mieter weitergeben können.

77 Der Verwalter schuldet den Wohnungseigentümern – regelmäßig jährlich (§ 28 Abs. 3 WEG) – eine Abrechnung über die Bewirtschaftungskosten. Ebenso schulden die vermietenden Wohnungseigentümer ihren jeweiligen Mietern eine Abrechnung über die

---

[102] *Blank* WuM 2013, 94 (97).
[103] Undifferenziert *Hügel/Elzer* in Hügel/Elzer WEG § 13 Rn. 21 aE, die auf den ganzen § 536a BGB verweisen.
[104] Zum umgekehrten Fall einer Duldungspflicht des Mieters von Wohnungseigentum *Lehmann-Richter* WuM 2013, 82; *Suilmann* ZWE 2019, 114 (118 f.).
[105] Aktuelle Reformüberlegungen (BR-Drucks. 340/16) beschäftigen sich mit der erleichterten Durchsetzung solcher Maßnahmen, dazu *Först* ZWE 2017, 302; *Grziwotz* in Erman BGB § 22 WEG Rn. 6 aE; *Kaßler* ZWE 2018, 425 (426); *Hannemann* ZWE 2018, 244 (248).
[106] *Schmid* NJW 2014, 1201 (1203); *Bieber* in MüKoBGB § 554a Rn. 16;
[107] *Schmid* NJW 2014, 1201; *Suilmann* in Bärmann/Seuß, Praxis des Wohnungseigentums, § 9 Rn. 23; de lege ferenda dafür *Suilmann* WuM 2013, 86 (88); *ders.* ZWE 2019, 114 (118).
[108] *Schmid* NJW 2014, 1201 (1205); undifferenziert *Drasdo* WuM 2002, 123 (129); nahezu wortgleich *ders.* in Bub/Treier BeckHdB MietR VII Rn. 182.

D. Das vermietete Wohnungseigentum   § 25

Betriebskosten, wenn diese nicht über eine Pauschale, sondern über regelmäßige Vorauszahlungen abgegolten werden (§ 556 Abs. 3 S. 1 Hs. 1 BGB). Das Mietvertragsrecht differenziert nicht zwischen Alleineigentümern von Mietshäusern einerseits und vermietenden Wohnungseigentümern andererseits und ist überdies auf erstere zugeschnitten. Zudem sind Mietvertrags- und Wohnungseigentumsrecht vielfach nicht aufeinander abgestimmt. Das führt vor allem zu Problemen hinsichtlich der Betriebskostenabrechnung.

Der vermietende Wohnungseigentümer wird aus Praktikabilitätsgründen eine gesonderte **78** Buchführung zu vermeiden suchen und eine von ihm geschuldete Betriebskostenabrechnung möglichst aus der ihm geschuldeten Verwalterabrechnung entwickeln wollen. Das ist nicht ohne weiteres möglich und zulässig, da die Abrechnungen nur teilweise denselben Zweck haben, unterschiedlichen Grundsätzen unterliegen und ein Gleichklang durch privatautonome Regeln nur eingeschränkt erreicht werden kann.[109] Die Probleme potenzieren sich, wenn der Wohnungseigentümer seine Wohnung zugleich an mehrere Personen vermietet und unter diesen wiederum eine Betriebskostenumlage vorzunehmen hat. Zur Verdeutlichung werden zunächst die Grundsätze der wohnungseigentumsrechtlichen Abrechnung dargestellt (→ Rn. 79 ff.), um sodann die wesentlichen Unterschiede zur mietvertraglichen Betriebskostenabrechnung herausarbeiten zu können, deren Grundsätze an anderer Stelle ausführlich dargestellt sind (→ § 6). Schließlich werden die Gestaltungsmöglichkeiten der vermietenden Wohnungseigentümer ausgelotet (→ Rn. 104 ff.).

1. Grundsätze der Verwalterabrechnung

Die vom Verwalter geschuldete Abrechnung dient hauptsächlich zwei Zwecken. Erstens **79** der periodischen und damit anlasslosen Rechnungslegung über die Verwaltertätigkeit sowie zweitens der Abrechnung über die von den Wohnungseigentümern geschuldeten und geleisteten Beiträge. Die Abrechnung ist eine periodische Rechnungslegung über den davon zu unterscheidenden und zuvor durch Mehrheitsbeschluss aufgestellten Wirtschaftsplan (§ 28 Abs. 5 WEG).[110]

Der Wirtschaftsplan wird jeweils für ein Kalenderjahr aufgestellt (§ 28 Abs. 1 S. 1 WEG), **80** sodass die Abrechnung in der Regel auch diesen Zeitraum umfasst. Sie hat gem. § 28 Abs. 3 WEG nach Ablauf des Kalenderjahres zu erfolgen, nach herrschender Meinung spätestens im zweiten Quartal des Folgejahres.[111] Die Abrechnung hat mindestens zu enthalten die Kostenverteilung unter den Wohnungseigentümern, die Entwicklung des Verwaltungsvermögens einschließlich der Instandhaltungsrücklage, die Heizkostenabrechnung und die Saldenliste.[112] Die Kostenverteilung unter den Wohnungseigentümern und die Heizkostenabrechnung (dazu → Rn. 88 ff.) wird regelmäßig in einer sog. Einzelabrechnung[113] erstellt, während die Entwicklung des Verwaltungsvermögens einschließlich der Instandhaltungsrücklage sowie die Liste der Salden aller Wohnungseigentümer in der sog. Gesamtabrechnung[114] enthalten ist.

Die Abrechnung hat eine periodische Aufstellung aller tatsächlich erfolgten Einnahmen **81** und Ausgaben zu enthalten, unerheblich ob die Gründe, auf denen sie beruhen, im Abrechnungszeitraum entstanden und ob die Zu- und Abflüsse zu recht erfolgt sind. Die Abrechnung erfolgt also grundsätzlich nach dem Zu- und Abflussprinzip; Ausnahmen

---

[109] Zur Problematik jeweils zusammenfassend *Blank* WuM 2000, 523; *ders.* NZM 2004, 365; *Lützenkirchen/Jennißen* ZWE 2002, 446; *Riecke* WuM 2003, 309; *Becker* WuM 2013, 73; *Beyer* WuM 2013, 77; längere Darstellung bei *Nüßlein* Divergenzen S. 69.
[110] Eingehend *Jennißen*, Die Verwalterabrechnung nach dem WEG; *Häublein* in Staudinger BGB § 28 WEG Rn. 8 ff.
[111] *Hügel/Elzer* in Hügel/Elzer WEG § 28 Rn. 79; *Grziwotz* in Erman BGB § 28 WEG Rn. 4; *Jennißen* in Jennißen WEG § 28 Rn. 138a; aA nunmehr *ders.* ZWE 2018, 18 (30.9. des Folgejahres).
[112] Näher *Jennißen* in Jennißen WEG § 28 Rn. 102 ff.
[113] *Jennißen* in Jennißen WEG § 28 Rn. 106 ff.; *Becker* in Bärmann WEG § 28 Rn. 135 ff.; *Hügel/Elzer* in Hügel/Elzer WEG § 28 Rn. 95 ff.
[114] *Becker* in Bärmann WEG § 28 Rn. 114 ff.; *Hügel/Elzer* in Hügel/Elzer WEG § 28 Rn. 88 ff.

bestehen für die Heizkosten (→ Rn. 88 ff.) sowie für Instandhaltungs- und Sonderumlagen.[115]

82 Der gesetzliche Verteilungsschlüssel, nach dem die Umlage der Bewirtschaftungskosten unter den Wohnungseigentümern erfolgt, ist das Verhältnis der Miteigentumsanteile der Wohnungseigentümer, § 16 Abs. 2 WEG. Das gilt – mit Ausnahme der Heizkosten (→ Rn. 88 ff.) – für alle Kosten, die zunächst bei der Gemeinschaft anfallen, auch wenn § 16 Abs. 2 WEG lediglich die Lasten und Kosten des gemeinschaftlichen Eigentums nennt.[116] Es kommt nicht darauf an, ob der Wohnungseigentümer in irgendeiner Weise von dem Gegenwert der Kosten profitiert, also etwa kostenverursachende Einrichtungen wie Treppenhäuser, Aufzüge, Garagen, Zufahrten, Waschräume etc. überhaupt benutzen kann.[117]

2. Unterschiede zur Betriebskostenabrechnung

a) Umlageschlüssel

83 Das Mietvertragsrecht hält zwei gesetzliche Umlageschlüssel vor, die – vorbehaltlich anderweitiger Abreden und den Sonderregeln für Heizkosten (→ Rn. 88 ff.) – nebeneinander zur Anwendung kommen. Für solche Kosten, die verbrauchs- oder verursachungsabhängig erfasst werden, ist der jeweilige Verbrauch beziehungsweise Verursachungsbeitrag des Mieters für die Umlage maßgebend (§ 556a Abs. 1 S. 2 BGB). Für alle anderen Kosten gilt der Grundsatz, dass nach dem Anteil der Wohnfläche umgelegt wird (§ 556a Abs. 1 S. 1 BGB).

84 Das **Verhältnis der Wohnflächen** im Sondereigentum entspricht **häufig nicht dem Verhältnis der Miteigentumsanteile** der Wohnungseigentümer. Die Miteigentumsanteile werden vielfach nach der Wertigkeit des damit verbundenen Sondereigentums zugeschrieben. Die Wohnfläche ist dabei nur ein wertbildender Faktor, daneben spielt insbesondere die Lage der Wohnung innerhalb der Anlage eine gewichtige Rolle („Penthouse", barrierefreier Zugang).

b) Abrechnungszeitraum, Abrechnungszeitpunkt

85 Der Abrechnungszeitraum für die Betriebskostenabrechnung beträgt ebenso wie bei der Verwalterabrechnung ein Jahr (§ 556 Abs. 3 S. 1 Hs. 1 BGB), aber es muss sich **nicht um ein Kalenderjahr** handeln.[118] Gleichwohl ist der vermietende Wohnungseigentümer gut beraten, falls möglich ebenfalls über das Kalenderjahr abzurechnen, um einen Gleichlauf der Abrechnungszeiträume zu erreichen. Die Betriebskostenabrechnung ist dem Mieter spätestens zwölf Monate nach Ende des Abrechnungszeitraumes mitzuteilen (§ 556 Abs. 3 S. 2 BGB), andernfalls ist der Vermieter mit Nachforderungen grundsätzlich ausgeschlossen (§ 556 Abs. 3 S. 3 BGB). Der Vermieter kann sich gegenüber dem Mieter für eine Verspätung nicht damit exkulpieren, dass ihm noch keine Jahresabrechnung des Verwalters vorliegt.[119] Wenn der vermietende Wohnungseigentümer ebenfalls über das Kalenderjahr abrechnet, kann er die Betriebskostenabrechnung stets nach (Genehmigung) der Verwalterabrechnung erstellen.

c) Abfluss- und Leistungsprinzip

86 Umstritten, aber mittlerweile[120] höchstrichterlich entschieden ist, ob die **Betriebskostenabrechnung** ebenfalls wie die Verwalterabrechnung nach dem **Abflussprinzip** erstellt

---

[115] *Becker* in Bärmann WEG § 28 Rn. 125 ff.
[116] BGH NJW 2007, 3492; *Hügel/Elzer* in Hügel/Elzer WEG § 16 Rn. 6a.
[117] BGHZ 92, 18 (22 f.) = NJW 1984, 2576 (2577); OLG Celle NZM 2007, 217 (218); OLG Schleswig BeckRS 2006, 07461; BayObLG ZWE 2005, 230 (233); *Hügel/Elzer* in Hügel/Elzer WEG § 16 Rn. 10.
[118] BGH NJW 2008, 2328.
[119] BGH NJW 2017, 2608; *Jacoby*, PiG 107, S. 81 (88 f.).
[120] Offen gelassen noch von BGH NJW 2006, 3350 (3351).

D. Das vermietete Wohnungseigentum   § 25

werden darf **oder** das **Leistungsprinzip** zwingend beziehungsweise ohne anderweitige
Abrede zugrunde zu legen ist. Der BGH[121] hält eine Abrechnung nach beiden Grundsätzen
für zulässig und begründet dies auch mit den Vereinfachungseffekten sowohl für den
erstellenden Vermieter als auch den kontrollierenden Mieter. Der vermietende Wohnungseigentümer kann also für die Betriebskostenabrechnung die gleichen Grundsätze heran-
ziehen, nach der auch die Verwalterabrechnung erstellt wird.

3. Spezifika einzelner Abrechnungsposten

a) Grundsteuer

Die Grundsteuer gehört zu denjenigen Betriebskosten (§ 2 Nr. 1 BetrKV), die ohne **87**
Anwendung eines Verteilungsschlüssels an den Mieter weitergegeben werden können.[122]
Steuergegenstand ist die jeweilige Wohnungseigentumseinheit (§ 2 Nr. 2 S. 1 GrStG
iVm § 68 Abs. 1 Nr. 3 BewG), Steuerschuldner allein der jeweilige Wohnungseigentümer, dem die Wohnungseigentumseinheit steuerlich zugerechnet wird (§ 39 Abs. 1 AO;
§ 10 Abs. 1 GrStG). Die Grundsteuerbescheide gehen daher den jeweiligen Wohnungseigentümern zu, die Grundsteuer taucht somit nicht in den Abrechnungen des Verwalters
auf.

b) Heizkosten

Die **Kosten für Wärme und Warmwasser** gehören zu den Betriebskosten (§ 2 Nrn. 4–6 **88**
BetrKV). Zugleich fallen die Erfassung des Verbrauchs von und die Verteilung der Kosten
für Wärme und Warmwasser in den **Anwendungsbereich der HeizkostenV** (§§ 4
Abs. 1; 6 ff. HeizkostenV). Diese gilt sowohl im Verhältnis der Gemeinschaft der Wohnungseigentümer zu den einzelnen Wohnungseigentümern als auch im Verhältnis der
vermietenden Wohnungseigentümer zu ihren jeweiligen Mietern (§ 1 Abs. 2 Nr. 3 HeizkostenV).[123] Deren **zwingende Vorschriften** überlagern sowohl Vereinbarungen und
Beschlüsse der Wohnungseigentümer (§ 3 HeizkostenV)[124] als auch mietvertragliche Abreden (§ 2 HeizkostenV).

Die HeizkostenV schreibt einen **einheitlichen Umlageschlüssel** für die Verteilung der **89**
Wärme- und Warmwasserkosten vor, der nur wenig Spielraum für Abweichungen lässt. Da
er sowohl Vereinbarungen und Beschlüsse der Wohnungseigentümer als auch mietvertragliche Abreden überlagert, gilt grundsätzlich im Verhältnis der Gemeinschaft der Wohnungseigentümer zum jeweiligen Wohnungseigentümer derselbe Abrechnungsmaßstab wie im
Verhältnis des vermietenden Wohnungseigentümers zu dessen Mieter.

Die Wärme- und Warmwasserkosten sind grundsätzlich aus einer Kombination von **90**
Verbrauch und Wohnfläche umzulegen. Von den Gesamtkosten sind mindestens 50%,
höchstens 70% nach dem Verbrauch, und der Rest nach der Wohnfläche zu verteilen (§§ 7
Abs. 1 S. 1 & 5; 8 Abs. 1 HeizkostenV), wobei die Wahl des jeweiligen Abrechnungs-
verhältnisses durch einseitige Bestimmung der Gemeinschaft beziehungsweise des vermietenden Wohnungseigentümers erfolgt (§ 6 Abs. 4 HeizkostenV). Einvernehmlich kann der
verbrauchsabhängige Anteil auch auf mehr als 70% festgelegt werden (§ 10 HeizkostenV).
Da die Wärme- und Warmwasserkosten (teilweise) verbrauchsabhängig verteilt werden
müssen, ist diese Kostenposition in den Einzelabrechnungen des Verwalters – unabhängig
vom sonst geltenden Abflussprinzip – entsprechend darzustellen.[125] Die unabdingbare

---

[121] BGH NJW 2008, 1300 (1301); dort auch zum früheren Streitstand.
[122] Nunmehr BGH NJW-RR 2013, 785; unter Aufgabe der früheren Rechtsprechung BGH NJW-RR 2004, 1237 (1238); zur Problematik ferner *Drasdo* in Bub/Treier BeckHdB MietR VII Rn. 154 ff.
[123] Aus dem älteren Schrifttum zur Problematik *Bielefeld* FS Bärmann und Weitnauer, 1985, 173 ff.
[124] Näher *Häublein* in Staudinger BGB § 28 WEG Rn. 66.
[125] BGH NJW 2012, 1434 (1435) Rn. 12 ff., mAnm von *Schmid* ZWE 2012, 214, und *Spielbauer* ZWE 2013, 237 ff.

Pflicht zur (teilweise) verbrauchsabhängigen Abrechnung schließt die Vereinbarung einer Heizkostenpauschale und damit auch einer Bruttowarmmiete aus.[126]

4. Folgen für die Erstellung der Betriebskostenabrechnung

91 Es liegt in der alleinigen Verantwortung des vermietenden Wohnungseigentümers, dem Mieter eine korrekte Betriebskostenabrechnung zu erstellen, insbesondere auch dann, wenn der wohnungseigentumsrechtliche und der mietvertragliche Verteilungsschlüssel nicht aufeinander abgestimmt sind. Kann der Vermieter die Betriebskostenabrechnung nicht ohne weiteres aus der Verwaltereinzelabrechnung entwickeln, muss er die Betriebskostenabrechnung selbständig erstellen. Dazu muss er zunächst von den auf ihn umgelegten Gesamtkosten die auf seinen Mieter umlagefähigen Betriebskosten aus der Verwaltereinzelabrechnung herausfiltern. Nicht umlagefähig sind insbesondere die Verwaltungs- sowie Instandhaltungs- und Instandsetzungskosten (§ 1 Abs. 2 BetrKV). Nachdem die umlagefähigen Betriebskosten aus der Verwaltereinzelabrechnung herausgefiltert worden sind, wäre in einem weiteren Schritt jeder Rechnungsposten[127] gesondert nach dem mietvertraglich vereinbarten Verteilungsschlüssel umzulegen. Sind die Verteilungsschlüssel nicht identisch, ist diese Rechenoperation für den vermietenden Wohnungseigentümer häufig nicht möglich. Sind etwa beide Abrechnungen nach den jeweiligen gesetzlichen Verteilungsschlüsseln zu erstellen, so werden dem vermietenden Wohnungseigentümer die Kosten entsprechend seinem Miteigentumsanteil auferlegt und so in der Verwaltereinzelabrechnung ausgewiesen. Ist der Miteigentumsanteil wiederum nicht identisch mit dem Anteil der Wohnfläche seines Sondereigentums im Verhältnis zur Gesamtwohnfläche aller Wohnungseigentümer, so müsste der vermietende Wohnungseigentümer letzteren Anteil nach den Grundsätzen der WoFlV (vgl. zur Wohnflächenbestimmung auch → Rn. 106) ausrechnen, um seinem Mieter eine korrekte Betriebskostenabrechnung erstellen zu können.[128] Der damit verbundene Aufwand ist vom vermietenden Wohnungseigentümer bis zur Grenze der Unzumutbarkeit zu leisten.[129] Kann ihm dies allerdings nicht gelingen, etwa weil er die Wohnflächen der anderen Wohnungen nicht kennt und nicht in Erfahrung bringen kann, so muss man dem vermietenden Wohnungseigentümer diesen letzten Rechenschritt erlassen und ihm zubilligen, die grundsätzlich umlagefähigen Kosten so weiterzuleiten, wie sie ihm von der Gemeinschaft (zulässigerweise) auferlegt wurden, auch wenn dadurch der mietvertragliche Verteilungsschlüssel obsolet wird.[130]

92 Da die **Wärme- und Warmwasserkosten** regelmäßig einheitlich nach demselben Umlageschlüssel und unabhängig vom sonst geltenden Abrechnungsprinzip verteilt werden (→ Rn. 88 ff.), können die dem vermietenden Wohnungseigentümer auferlegten Kosten ohne weiteres in die Betriebskostenabrechnung eingestellt werden. Umlagefähig, aber nicht in der Verwaltereinzelabrechnung enthalten, ist die **Grundsteuer,** die ebenfalls ohne weiteres in die Betriebskostenabrechnung eingestellt werden kann (→ Rn. 87).

93 Für diejenigen Kosten, die zunächst von der Wohnungseigentümergemeinschaft getragen und sodann über die Abrechnungen auf die einzelnen Wohnungseigentümer umgelegt werden, wird teilweise[131] vertreten, diese dürften erst nach Beschlussfassung über die Verwalterabrechnung (§ 28 Abs. 5 WEG) gegenüber dem Mieter abgerechnet werden, wäh-

---

[126] *Langenberg* in Schmidt-Futterer MietR BGB § 556 Rn. 13 ff.
[127] Zur Bildung von sog. Abrechnungskreisen und -einheiten *Beyer* WuM 2013, 77 (78).
[128] *Drasdo* in Bub/Treier BeckHdB MietR VII Rn. 139.
[129] *Drasdo* NZM 2001, 13 (15).
[130] *Blank* WuM 2000, 523 (524); mit anderer Begründung noch *ders.* FS Bärmann und Weitnauer, 1990, 29 (34); noch weitergehend *ders.* NZM 2004, 365 (370 f.), für die unmittelbare Umlagefähigkeit der beim Wohnungseigentümer anfallenden Kosten *de lege lata;* so auch Lehmann-Richter ZWE 2019, 105 (109 ff.); *Jacoby,* PiG 107, S. 81 (84 ff.); dagegen *J. Emmerich* ZWE 2012, 245 (248); *Becker* WuM 2013, 73 (76).
[131] OLG Düsseldorf NJW-RR 2001, 299; *Blank* NZM 2004, 365 (371); *Langenberg* NZM 2004, 361 (362); vgl. nunmehr jedoch *ders.* in Schmidt-Futterer MietR BGB § 556 Rn. 379 („Streit erledigt").

rend andere[132] und mittlerweile auch der BGH[133] die Beschlussfassung für irrelevant halten. Jedenfalls sollte der vermietende Wohnungseigentümer die Abrechnung gegenüber dem Mieter unter Vorbehalt einer (gerichtlichen) Korrektur der Verwalterabrechnung formulieren, um sich die Möglichkeit einer Nachforderung zu erhalten.[134]

Stellt der vermietende Wohnungseigentümer **nicht umlagefähige Kosten** in die Betriebskostenabrechnung ein, so obliegt es dem Mieter, dies innerhalb der Zwölfmonatsfrist zu rügen, deren Lauf mit Zugang der Abrechnung beginnt (§ 556 Abs. 3 S. 5, 6 BGB).[135] Dem vermietenden Wohnungseigentümer soll es aber gem. § 242 BGB verwehrt sein, sich auf diesen Einwendungsausschluss zu berufen, wenn er die Betriebskosten abrechnet unter pauschaler Bezugnahme auf die Verwalterabrechnung und diese ausdrücklich zwischen umlagefähigen und nicht umlagefähigen Kosten differenziert.[136] 94

Der Vermieter darf gegenüber dem Mieter nur solche Kosten abrechnen, die ihm selbst entstanden sind.[137] Gerade wenn die Verteilungsschlüssel nicht aufeinander abgestimmt sind, kann der mietvertragliche Verteilungsschlüssel rechnerisch eine höhere Belastung des Mieters vorsehen, als den vermietenden Wohnungseigentümer im Verhältnis zur Gemeinschaft tatsächlich trifft. Es ist aber weder mit dem Abfluss- noch dem Leistungsprinzip vereinbar, in die Betriebskostenabrechnung vom vermietenden Wohnungseigentümer nicht erbrachte oder nicht geschuldete Beiträge einzustellen. 95

Trotz der Unterschiede zur Verwalterabrechnung ist der vermietende Wohnungseigentümer auf diese zur Erstellung der von ihm geschuldeten Betriebskostenabrechnung regelmäßig angewiesen. Er sollte daher alle Möglichkeiten ausschöpfen, die Betriebskostenabrechnung der Verwalterabrechnung zeitlich nachfolgend zu erstellen (→ Rn. 85, 110). 96

5. Insbesondere Wohngemeinschaften

Hat der Wohnungseigentümer an eine Wohngemeinschaft vermietet, so ist eine weitere Unterverteilung der Betriebskosten unter den Mitgliedern der Wohngemeinschaft vorzunehmen. Diese Unterverteilung erfolgt regelmäßig nicht nach den dargestellten Grundsätzen. Da **eine Wohnung regelmäßig eine Verbrauchseinheit** darstellt, mithin innerhalb derselben keine weitere Verbrauchserfassung insbesondere von Strom, Wärme und Wasser stattfindet, kann die Pflicht zur verbrauchsabhängigen Unterverteilung (§ 556a Abs. 1 S. 2 BGB; §§ 6 ff. HeizkostenV) kaum erfüllt werden. 97

Entscheidend für die Unterverteilung ist – ganz gleich wer sie vorzunehmen hat –, ob die Wohngemeinschaft auf einer mietvertraglichen oder einer gesellschaftsrechtlichen Grundlage fußt. Eine (jährliche) Betriebskostenabrechnung ist überhaupt nur auf einer mietvertraglichen Grundlage geschuldet, während die Betriebskosten in einem (rein) gesellschaftsrechtlichen Verhältnis über die geschuldeten Beiträge finanziert werden und so im Rechnungsabschluss sowie der Gewinn- und Verlustverteilung aufgehen. Sind die Mitglieder der Wohngemeinschaft untereinander sowohl über das Mietvertrags- als auch das Gesellschaftsrecht verbunden, so dürften die zwingenden Regeln des Mietvertragsrechts vorgehen. Die rechtliche Ausgestaltung des Mietverhältnisses bestimmt, ob diese Unterverteilung in der Verantwortung des vermietenden Wohnungseigentümers (so bei den WG-Typen B und F) oder der Mitglieder der Wohngemeinschaft (so bei den WG-Typen A, C, D und E) liegt. 98

---

[132] *Drasdo* NZM 2001, 13 (16); *ders.* in Bub/Treier BeckHdB MietR VII Rn. 117; *Riecke* WuM 2003, 309 (310); *Jennißen* Die Verwalterabrechnung nach dem WEG Rn. 1132.
[133] BGH NJW 2017, 2608 Rn. 17 ff.
[134] *Lützenkirchen* ZWE 2003, 99 (113); *Langenberg* NZM 2004, 361 (362); *ders.* in Schmidt-Futterer MietR BGB § 556 Rn. 381; *Blank* NZM 2004, 365 (371).
[135] BGH NJW 2016, 2254 (2256); nach anderer Ansicht soll sich der Einwendungsausschluss des § 556 Abs. 3 S. 6 BGB nur auf umlagefähige Betriebskosten beziehen, so etwa AG Karlsruhe BeckRS 2012, 21522; *Langenberg* in Schmidt-Futterer MietR BGB § 556 Rn. 503.
[136] BGH NJW 2016, 2254 (2256).
[137] *Langenberg* NZM 2004, 361 (362).

99 Beim Modell der **Untermiete** (**WG-Typ A** → § 1 Rn. 24) kann der vermietende Wohnungseigentümer die Betriebskostenabrechnung für den Hauptmieter so erstellen, als wenn es nur diesen Mieter gäbe. Der Hauptmieter wiederum schuldet die Unterverteilung sowohl der Wärme- und Warmwasser- (§ 1 Abs. 2 Nr. 1 HeizkostenV)[138] als auch – falls vereinbart – der sonstigen Betriebskosten (§ 556 Abs. 3 S. 1 Hs. 1 BGB).

100 Hat der vermietende Wohnungseigentümer mit mehreren Personen **jeweils selbständige Mietverträge** geschlossen (**WG-Typ B** → § 1 Rn. 25), so schuldet er jedem eine eigene Abrechnung und damit die Unterverteilung der Betriebskosten, während bei der Vermietung an mehrere Personen in einem **einheitlichen Mietvertrag** (**WG-Typ C** → § 1 Rn. 26) beziehungsweise an eine GbR (**WG-Typ D** → § 1 Rn. 27) eine einheitliche Abrechnung zu erstellen ist. Im ersteren Fall wird regelmäßig ein Innenausgleich unter den Mietern nicht geschuldet sein, während in den beiden letzteren Fällen eine etwaige Unterverteilung nach gesellschaftsrechtlichen Grundsätzen erfolgt.

101 Vermietet der Wohnungseigentümer an nur eine Person und nimmt diese **weitere Personen ohne (Unter-)Mietvertrag** auf (**WG-Typ E** → § 1 Rn. 28), so schuldet allein der vermietende Wohnungseigentümer seinem Mieter eine Betriebskostenabrechnung nach den allgemeinen Grundsätzen. Eine etwaige Beteiligung an diesen Kosten durch die aufgenommenen Personen richtet sich nach dem zugrundeliegenden Rechtsverhältnis, ohne dass die Vorgaben des Mietvertragsrechts und der HeizkostenV einschlägig sind.

102 Ist der **Wohnungseigentümer zugleich Mitglied der Wohngemeinschaft** (**WG-Typ F** → § 1 Rn. 29), so schuldet er den anderen Mitgliedern die Unterverteilung und Abrechnung der Betriebskosten nur, wenn er mietvertraglich mit diesen verbunden ist.

6. Belege und Einsichtsrecht

103 Die vom Vermieter geschuldete jährliche Abrechnung über die Betriebskosten (§ 556 Abs. 3 S. 1 Hs. 1 BGB) hat nach allgemeiner Ansicht[139] den Grundsätzen des § 259 BGB zu entsprechen. Der Mieter hat danach (vgl. § 259 Abs. 1 aE BGB) einen **Anspruch auf Einsicht** in diejenigen Belege, die zur Überprüfung der Betriebskostenabrechnung erforderlich sind. Ein Großteil dieser Belege wird dem vermietenden Wohnungseigentümer wiederum nicht direkt von den Versorgern, Dienstleistern und Handwerkern erteilt, sondern über den Verwalter – in der Regel mit der (Jahres-)Abrechnung. Der Mieter ist nicht darauf beschränkt, nur diejenigen Belege fordern zu können, die der vermietende Wohnungseigentümer seinerseits vom Verwalter erhalten hat.[140] Vielmehr ist der vermietende Wohnungseigentümer gegenüber dem Mieter verpflichtet, die Belege vollständig zusammenzutragen. Die Wohnungseigentümer haben aus dem Verwaltervertrag ein Einsichtsrecht in die Verwaltungsunterlagen,[141] zu dessen **Ausübung** sie auch ihre(n) **Mieter ermächtigen** können.[142] Die **Mieter** hingegen **haben kein eigenes Einsichtsrecht gegenüber dem Verwalter**.[143] Daher haben sie auch gegenüber dem Vermieter kein Zurückbehaltungsrecht hinsichtlich einer Betriebskostennachforderung, wenn ihnen keine Einsicht vom Verwalter gewährt wird.[144] **Auch** können die Mieter **keine Einsicht in**

---

[138] Zur Anwendung der HeizkostenV im Falle der Untermiete *Lammel* HeizkostenV § 1 Rn. 29, 32; *Drager* in BeckOGK, 1.4.2019, HeizkostenV § 1 Rn. 27.
[139] Vgl. nur *Weidenkaff* in Palandt BGB § 556 Rn. 9.
[140] BGH NJW 1982, 573 (575).
[141] Näher BGH NJW 2011, 1137 Rn. 8 ff.; OLG Hamm NJW-RR 1988, 597; *Engelhardt* in MüKoWEG § 28 Rn. 79 ff.
[142] *Hügel/Elzer* in Hügel/Elzer WEG § 28 Rn. 240; *Häublein* in Staudinger BGB § 28 WEG Rn. 323; *Grziwotz* in Erman BGB § 24 WEG Rn. 8; *Jacoby* PiG 107, S. 81 (89); *Lehmann-Richter* ZWE 2019, 105 (112).
[143] *Becker* in Bärmann WEG § 28 Rn. 145; *Hügel/Elzer* in Hügel/Elzer WEG § 28 Rn. 240; *Häublein* in Staudinger BGB § 28 WEG Rn. 324.
[144] Anders LG Düsseldorf WE 1991, 75.

Beschlüsse der Gemeinschaft verlangen, selbst wenn diese sich auf die Entstehung oder Verteilung der Betriebskosten auswirken.[145]

7. Gestaltungsmöglichkeiten

Um soweit wie möglich einen **Gleichlauf zwischen** der dem Wohnungseigentümer vom Verwalter zu erteilenden **Jahreseinzelabrechnung und** der dem Mieter vom vermietenden Wohnungseigentümer zu erteilenden **Betriebskostenabrechnung** zu erreichen, stehen verschiedene Möglichkeiten offen. Ausgangspunkte sind dabei in erster Linie die jeweiligen Rechtsverhältnisse, die den vermietenden Wohnungseigentümer einerseits mit seinen Mietern und andererseits mit den anderen Wohnungseigentümern verbinden. Das Gemeinschaftsverhältnis der Wohnungseigentümer kann mit Rücksicht auf vermietende Mitglieder und die jeweiligen Mietverhältnisse können mit Rücksicht auf das Gemeinschaftsverhältnis gestaltet werden. Daneben kann der Verwalter darauf verpflichtet werden, seine Abrechnung den Bedürfnissen der vermietenden Wohnungseigentümer entsprechend zu gestalten. Tendenziell ist der Gestaltungsspielraum im Hinblick auf die Gemeinschaftsordnung größer als der im Mietvertragsrecht, welches vielfach durchzogen ist von – die Privatautonomie einschränkenden – (halb-)zwingenden Mieterschutzvorschriften. Der Einfluss jedes einzelnen Wohnungseigentümers innerhalb der Gemeinschaft wiederum hängt maßgeblich von deren Größe und Zuschnitt ab. 104

a) Gemeinschaftsordnung

Die Wohnungseigentümer können für die Umlage der Betriebskosten einen anderen als den gesetzlichen Verteilungsschlüssel nach Miteigentumsanteilen nicht nur einstimmig vereinbaren, sondern auch mit Stimmenmehrheit beschließen, soweit dies ordnungsmäßiger Verwaltung entspricht (§ 16 Abs. 3 WEG).[146] Als abweichende Verteilungsschlüssel nennt § 16 Abs. 3 WEG beispielhaft Verbrauch und Verursachung, in Betracht kommt aber auch die Verteilung nach Gebrauchsmöglichkeit (etwa bei den Aufzugskosten), nach Wohnungseinheiten, nach Anschlüssen, nach der Anzahl der Bewohner oder nach der Wohnfläche.[147] Es können auch für unterschiedliche Kosten(-gruppen) unterschiedliche Verteilungsschlüssel gewählt werden; so können etwa die Kosten für Kaltwasser[148] nach Verbrauch, die Kosten für Hausreinigung, Gartenpflege und Allgemeinstrom nach Miteigentumsanteilen, die Kosten für Müllbeseitigung sowie Straßenreinigung nach Wohnungen und die Kosten für Antennen und Breitbandnetz nach Anschlüssen umgelegt werden. Auch können einzelne Kostenpositionen aufgespalten und unterschiedlichen Verteilungsschlüsseln unterworfen werden, so etwa ein Sockelbetrag nach Miteigentumsanteilen und der Rest nach Verbrauch. 105

Eine Angleichung der Gemeinschaftsordnung an die gesetzlichen Umlageschlüssel des Mietvertragsrechts – Wohnfläche, Verbrauch und Verursachung (→ Rn. 83) – ist daher möglich. Allerdings kann die Wohnfläche des Sondereigentums nach der Rechtsprechung nur dann durch Mehrheitsbeschluss wirksam zum Umlageschlüssel erhoben werden, wenn die Wohnfläche bekannt ist, da andernfalls der Verwalter keine Aufteilung vornehmen könne.[149] Hingegen soll eine entsprechende Bestimmung in der Teilungserklärung auslegungsfähig sein und die Auslegung sich an mietvertragsrechtlichen Grundsätzen, also im Wesentlichen an der WoFlV, orientieren.[150] Diese Differenzierung überzeugt nicht. Vielmehr ist der Begriff 106

---

[145] BGH NZM 2012, 96.
[146] Einen Überblick mit zahlreichen Rechtsprechungsnachweisen zum Maßstab der ordnungsmäßigen Verwaltung im Hinblick auf einzelne Betriebskosten bietet *Schmid* ZWE 2014, 248; ferner *Grziwotz* in Erman BGB § 16 WEG Rn. 10.
[147] Zu den möglichen Umlageschlüsseln *Becker* in Bärmann WEG § 16 Rn. 46 ff.; *Hügel/Elzer* in Hügel/Elzer WEG § 16 Rn. 15.
[148] Warmwasser fällt in den Anwendungsbereich der HeizkostenV (→ Rn. 88 ff.).
[149] AG Berlin-Charlottenburg NJW-RR 2010, 90 (91).
[150] BayObLG NJW 1996, 2106.

Wohnfläche ohne weitere Angabe stets nach den Grundsätzen der WoFlV auszulegen, gleich ob es sich um eine Bestimmung in der Teilungserklärung, einer Vereinbarung oder einem Beschluss handelt. Ist die Wohnfläche in der Teilungserklärung angegeben, so soll diese Angabe im Zweifel maßgeblich sein.[151] Es empfiehlt sich daher, die dem jeweiligen Sondereigentum zugeordnete und für eine etwaige Kostenverteilung maßgebliche Wohnfläche ausdrücklich zu beziffern oder wenigstens die Berechnungsgrundlage – etwa die WoFlV – zu benennen.

b) Mietverhältnis

107 Im Mietvertrag kann der Umlageschlüssel für Betriebskosten grundsätzlich frei gewählt werden (§ 556a Abs. 1 S. 1 BGB), mit Ausnahme der Heizkosten (→ Rn. 88 ff.) und derjenigen Kosten, die verbrauchs- und verursachungsabhängig erfasst werden (§ 556a Abs. 1 S. 2 BGB). Die Parteien können daher grundsätzlich den Verteilungsschlüssel der Gemeinschaftsordnung als den für das Mietverhältnis maßgeblichen vereinbaren.[152] Für Kosten, die nach Verbrauch und Verursachung erfasst werden, kann trotz der beschränkten Verweisung in § 556a Abs. 3 BGB nach herrschender Meinung kein anderer Umlagemaßstab vereinbart werden.[153] Ein vollständiger Gleichlauf beider Verteilungsschlüssel kann allein durch die mietvertragliche Gestaltung nicht erreicht werden, vielmehr muss der Verteilungsschlüssel der Gemeinschaftsordnung wenigstens für die nach Verbrauch und Verursachung erfassten Kosten verändert werden.

108 In den AGB eines Mietvertrages ist eine Verweisung auf den Verteilungsschlüssel der Gemeinschaftsordnung im Hinblick auf das Transparenzgebot nur zulässig, wenn er konkret benannt wird, insbesondere bei unterschiedlichen Verteilungsschlüsseln für unterschiedliche Kostengruppen.[154] Eine pauschale Bezugnahme auf den geltenden Verteilungsschlüssel der Gemeinschaftsordnung ist unzulässig, da der Mieter diesen nicht kennt und somit weder die Angemessenheit seiner Vorauszahlungen noch die Richtigkeit der Betriebskostenabrechnung überprüfen kann. Erst recht intransparent und unangemessen ist der pauschale Verweis auf die jeweilige Verwalterabrechnung.[155]

109 Vor diesem Hintergrund ist auch die Zulässigkeit einer **dynamischen Verweisung auf den jeweils geltenden Verteilungsschlüssel** zu beurteilen.[156] An einer solchen Verweisung hat der Vermieter ein berechtigtes Interesse, um den angestrebten Gleichlauf der Abrechnungen für die gesamte Dauer des Mietverhältnisses sicherzustellen, insbesondere da der Verteilungsschlüssel der Gemeinschaftsordnung durch Mehrheitsbeschluss (§ 16 Abs. 3 WEG) und damit ohne seine Mitwirkung verändert werden kann. Im Gegenzug muss eine entsprechende Klausel die Belange des Mieters ausreichend berücksichtigen, etwa indem eine Pflicht des Vermieters begründet wird, den Mieter über jede (absehbare) Veränderung des Verteilungsschlüssels unverzüglich zu informieren.[157] Zudem erscheint es angezeigt, die Gefahren einer dynamischen Verweisung durch eine Kappungsgrenze abzumildern, etwa dass die durch eine Veränderung des Gemeinschaftsschlüssels verursachte Mehrbelastung des Mieters von diesem nur bis zu einem bestimmten Prozentsatz zu tragen ist.[158]

110 Ohne besondere Abrede kann der vermietende Wohnungseigentümer den jährlichen Abrechnungszeitraum selbst bestimmen (→ Rn. 85).[159] Ihm ist zu raten, stets über das

---

[151] OLG Frankfurt a. M. NZM 2007, 490 (492); *Wicke* in Palandt BGB § 16 WEG Rn. 7.
[152] *J. Emmerich* ZWE 2012, 245 (249); einschränkend *Langenberg* NZM 2004, 361 (362).
[153] *Langenberg* in Schmidt-Futterer MietR BGB § 556a Rn. 81; *Blank* in Blank/Börstinghaus MietR BGB § 556a Rn. 10.
[154] *Lützenkirchen/Jennißen* ZWE 2002, 446 (453); *J. Emmerich* ZWE 2012, 245 (249).
[155] LG Hamburg BeckRS 2009, 06300; *Riecke* WuM 2003, 309 (311); *Langenberg* NZM 2004, 361 (365); tendenziell anders *Abramenko* ZMR 1999, 676.
[156] Generell dagegen, weil eine Bindung an die Beschlüsse der Gemeinschaft den schutzwürdigen Belangen der Mieter entgegenstünde, *Lehmann-Richter* ZWE 2009, 345 (351); *J. Emmerich* ZWE 2012, 245 (249); *Langenberg* in Schmidt-Futterer MietR BGB § 556 Rn. 318.
[157] Nicht für ausreichend hält dies *Drasdo* in Bub/Treier BeckHdB MietR VII Rn. 149.
[158] Eine „Zumutbarkeitsregelung" fordert auch *Drasdo* in Bub/Treier BeckHdB MietR VII Rn. 149.
[159] BGH NJW 2008, 2328.

Kalenderjahr abzurechnen, um die Identität der Abrechnungszeiträume zu erreichen. Gab es im Kalenderjahr einen Mieterwechsel, so darf[160] und sollte er mit dem neuen Mieter vereinbaren, dass die erste Abrechnung den Rest des laufenden und das ganze folgende Kalenderjahr umfasst, um sodann wieder zum kalenderjährlichen Abrechnungszeitraum zu gelangen.[161]

Ihm ist ebenfalls zu raten, die Betriebskostenabrechnung nach dem Abflussprinzip zu erstellen, also die im Abrechnungszeitraum von ihm beglichenen Kosten zugrunde zu legen, da die Verwaltereinzelabrechnung ebenfalls danach erstellt ist (→ Rn. 81). Das Verhältnis der Heizkostenverteilung (→ Rn. 90) sollte er entsprechend dem in der Gemeinschaft geltenden wählen. 111

c) insbesondere Wohngemeinschaften

Wohngemeinschaften sind im Hinblick auf die Betriebskosten möglichst so auszugestalten, dass eine Unterverteilung der auf die Wohnung entfallenden Gesamtbetriebskosten entweder ganz unterbleiben oder nach praktisch handhabbaren Kriterien erfolgen kann. Dies kann dadurch erreicht werden, dass sich die Mitglieder der Wohngemeinschaft untereinander nicht mietvertraglich binden und dadurch die Unterverteilung der Betriebskosten ohne zwingende Vorgaben nach ihren Bedürfnissen selbst regeln können. Der vermietende Wohnungseigentümer kann die Pflicht zur Unterverteilung der Betriebskosten nur vermeiden, indem er eine einheitliche Mietvertragsgestaltung wählt (→ Rn. 97 ff.). Die **Vereinbarung einer Pauschale** (§ 556 Abs. 2 S. 1 BGB) ist nicht nur risikobehaftet, sondern dürfte jedenfalls im Hinblick auf die Wärme- und Warmwasserkosten an den zwingenden Vorschriften der HeizkostenV scheitern (vgl. → Rn. 88), selbst wenn eine verbrauchsabhängige Erfassung unter den einzelnen Bewohnern nur schwer möglich sein dürfte – die Wärmekosten dürften dann allein anhand der Wohnflächen, die Warmwasserkosten nach Kopfteilen umgelegt werden müssen. 112

d) Verwaltervertrag

Das WEG enthält nur ganz rudimentäre Regelungen über Inhalt und Form der vom Verwalter geschuldeten Abrechnung. Von Gesetzes wegen besteht keine Verpflichtung für den Verwalter, eine Abrechnung zu erstellen, die möglichst auf die Interessen der vermietenden Wohnungseigentümer im Hinblick auf die von diesen geschuldeten Betriebskostenabrechnungen Rücksicht nimmt. Das Rechtsverhältnis zwischen der Gemeinschaft und dem Verwalter wird daneben jedoch regelmäßig eine vertragliche Grundlage haben, die Gestaltungsmöglichkeiten eröffnet. 113

Der Verwalter ist nicht ohne weiteres verpflichtet, in der Einzelabrechnung für vermietete Wohnungseinheiten die mietvertragsrechtlich grundsätzlich umlagefähigen Rechnungsposten gesondert auszuweisen.[162] Daher empfiehlt sich eine entsprechende Klausel im Verwaltervertrag. Ebenfalls vertraglich festgelegt werden sollte der **Zeitpunkt,** zu dem der Verwalter die Abrechnung spätestens erstellt haben sollte,[163] da die Wohnungseigentümer diese zumeist benötigen, um ihrerseits fristgerecht eine von ihnen geschuldete Betriebskostenabrechnung oder Einkommensteuererklärung erstellen zu können. 114

Schließlich kann die Pflicht des Verwalters ausbedungen werden, die Nebenkostenabrechnungen einzelner oder aller vermietenden Wohnungseigentümer zu erstellen. Dies ist für den Verwalter ein erheblicher Mehraufwand, der entsprechend zu vergüten sein wird. 115

---

[160] BGH NJW 2011, 2878 (2879).
[161] Zur Divergenz zwischen den Abrechnungszeiträumen der Heiz- und sonstigen Betriebskosten BGH NJW 2008, 2328.
[162] BayObLG BeckRS 2005, 05035; aA *Grziwotz* in Erman BGB § 28 WEG Rn. 4, der dafür allerdings unzutreffend auf BGH NJW 2012, 1434, verweist, diese Entscheidung jedoch allein die Besonderheiten der Heizkosten aufgrund der Vorgaben der HeizkostenV (dazu → Rn. 88 ff.) betrifft.
[163] Vgl. *Jennißen* in Jennißen WEG § 28 Rn. 138; *ders.* ZWE 2018, 18 (19 aE).

Eine solche – an die Sondermietverwaltung[164] heranreichende – Vereinbarung ist daher allenfalls dann im Verwaltervertrag richtig verortet, wenn die Gemeinschaft ausschließlich aus vermietenden Wohnungseigentümern besteht. Andernfalls erscheint es sinnvoller, dass jeder vermietende Wohnungseigentümer eine gesonderte Vereinbarung mit dem Verwalter trifft.

---

[164] Dazu allgemein *Drasdo* in Bub/Treier BeckHdB MietR VII Rn. 515 ff.; *F. Schmidt* ZWE 2000, 506, speziell zum Rollenkonflikt des Verwalters *Lüke* ZWE 2004, 291.

§ 26 Multinationale Wohngemeinschaften – Anwendbares Recht und internationale Zuständigkeit

Übersicht

	Rn.
A. Einleitung	1
B. Anwendbares Recht	3
I. Mietvertrag	4
1. Mietstatut	5
a) Allgemeines Mietstatut	5
b) Kurzfristige Mietverhältnisse	7
c) Engere Verbindung	10
2. Rechtswahl	11
a) Grundsatz	11
b) Reine Inlandssachverhalte	13
c) Binnenmarkt-Sachverhalte	16
3. Reichweite des Mietvertragsstatuts	18
a) Form des Mietvertrags	18
b) Umfang und Beendigung des Mietvertrags	21
c) Dingliche und quasi-dingliche Wirkungen	23
d) Eingriffsnormen	25
II. Die WG als Gesellschaft	28
1. Das Gesellschaftsstatut	29
2. Innengesellschaft	33
3. Außengesellschaft	37
III. Verhältnis zu Dritten	39
1. Verträge mit der WG	39
2. Deliktische Rechtsverletzungen in der WG	43
C. Internationale Zuständigkeit	45
I. Rechtsstreitigkeiten aus dem Mietvertrag	46
1. Ausschließliche Zuständigkeit, Art. 24 Nr. 1 S. 1 EuGVVO	46
2. Zusätzlicher Gerichtsstand bei kurzfristigen Mietverhältnissen, Art. 24 Nr. 1 S. 2 EuGVVO	50
II. Sonstige Rechtsstreitigkeiten	52
1. Allgemeiner Gerichtsstand: Wohnsitz	53
2. Besondere Zuständigkeiten	56
3. Verbrauchergerichtsstand	58

Schrifttum:

v. Hoffmann, Inländische Sachnormen mit zwingendem internationalem Anwendungsbereich, IPRax 1989, 261; *Kluth,* Die Grenzen des kollisionsrechtlichen Verbraucherschutzes, 2009; *Kropholler,* Das kollisionsrechtliche System des Schutzes der schwächeren Vertragspartei, RabelsZ 42 (1978), 634; *Lurger,* Rechtswahlklauseln in Mietverträgen im österreichischen und deutschen IPR, IPRax 2001, 52; *Magnus,* Die Rom I-Verordnung, IPRax 2010, 27; *Maultzsch,* Rechtswahl und ius cogens im Internationalen Schuldvertragsrecht, RabelsZ 75 (2011), 60; *Rentsch,* Der gewöhnliche Aufenthalt im System des Europäischen Kollisionsrechts, 2017; *Trenk-Hinterberger,* Internationales Wohnungsmietrecht, 1977; *ders.,* ZMR 1973, 1; *Wagner/Diehl,* Internationale Zuständigkeit bei der Miete ausländischer Ferienhäuser, GPR 2014, 230; *Weller,* in Leible/Unberath, Brauchen wir eine Rom 0-Verordnung?, 2013, 293.

A. Einleitung

1 Das Zusammenleben von Menschen in einer Wohngemeinschaft gewinnt einen – rechtlich beachtenswerten – internationalen Aspekt hinzu, wenn die Bewohner aus unterschiedlichen Staaten stammen. Solche multinationalen Wohngemeinschaften (WG) sind in unterschiedlichen Konstellationen denkbar. Häufig werden Studierende, die aus dem Ausland kommen und ein oder mehrere Semester an einer deutschen Universität verbringen – etwa im Rahmen des Erasmus-Programms der Europäischen Union[1] –, in WGs leben. Multinationale WGs können aber auch aus anderen Lebenssituationen heraus entstehen. Ausländische Unternehmen entsenden regelmäßig Arbeitnehmer nach Deutschland, die vorübergehend an Projekten im Inland arbeiten.[2] Einige dieser Personen werden vielleicht in einer sogenannten „Business-WG" wohnen. Darüber hinaus leben in Deutschland viele Menschen ausländischer Staatsangehörigkeit,[3] die sich selbstverständlich ebenfalls für die Wohnform der WG entscheiden können.

2 Die folgenden Ausführungen widmen sich solchen „multinationalen WGs" und der Frage, welches Recht in verschiedenen Situationen Anwendung findet (B.) und welche Gerichte für etwaige Streitigkeiten zuständig sind (C.).

B. Anwendbares Recht

3 Neben dem Mietvertrag und dem Verhältnis der WG zum Vermieter (I.→ Rn. 4 ff.) wird der Frage nachgegangen, nach welchem Recht sich das Verhältnis der WG-Mitbewohner untereinander (II.→ Rn. 28 ff.) und gegenüber Dritten (III.→ Rn. 39 ff.) beurteilt. Dabei wird stets deutsches Kollisionsrecht zugrunde gelegt, also das internationale Privatrecht, das ein deutsches Gericht anwenden würde.

I. Mietvertrag

4 Weist ein Mietvertrag oder ein Untermietvertrag einen Auslandsbezug auf, etwa weil eine oder beide Parteien aus dem Ausland kommen, ist zunächst zu klären, dem Recht welchen Staates der Mietvertrag unterliegt.

1. Mietstatut

a) Allgemeines Mietstatut

5 Das auf vertragliche Schuldverhältnisse anzuwendende Recht bestimmt sich in Deutschland für Mietverträge, die ab dem 17.12.2009 geschlossen wurden, nach der **Rom I-VO**.[4] Mietverträge über unbewegliches Eigentum bestimmen sich gem. **Art. 4 Abs. 1 lit. c)**

---

[1] Das Erasmus-Programm ermöglicht Studierenden, Lehrenden und Schülern einen Auslandsaufenthalt an europäischen Universitäten. Im Studienjahr 2013–2014 kamen über dieses Programm 30.964 Studenten nach Deutschland. Europäische Kommission, Erasmus+ statistics 2014, Germany, abrufbar unter: http://ec.europa.eu/dgs/education_culture/repository/education/library/statistics/2014/germany_en.pdf

[2] So betrug im Jahr 2013 etwa die Anzahl an Entsendungen nach Deutschland aus den EU-Mitgliedstaaten, den EWR-Staaten sowie der Schweiz 199.544. BT-Drucks. 18/3520, 30 ff.

[3] Nach Einschätzung des Statistischen Bundesamts lebten im Jahr 2015 ca. 9,1 Millionen Personen ausländischer Staatsangehörigkeit in Deutschland. Abrufbar unter: https://www.destatis.de/DE/ZahlenFakten/GesellschaftStaat/Bevoelkerung/MigrationIntegration/MigrationIntegration.html#Tabellen.

[4] Verordnung Nr. 593/2008 des Europäischen Parlaments und des Rates vom 17.6.2008 über das vertragliche Schuldverhältnisse anzuwendende Recht. Die Verordnung gilt für Verträge, die ab dem 17. Dezember 2009 geschlossen wurden (Art. 28 Rom I-VO).

Rom I-VO grundsätzlich nach dem Recht am **Ort der Belegenheit des Grundstücks**. Es gilt mithin die *lex rei sitae*. Das Grundstück (sowie die darauf errichteten Gebäude) sind unbeweglich mit ihrem Standort verbunden, sodass das an diesem Ort geltende Recht in der Regel sachgerechte Vorschriften enthält und die engste Verbindung zu einem entsprechenden Mietvertrag aufweist.[5] Art. 4 Abs. 1 lit. c) gilt dabei nicht nur für Mietverträge über das Grundstück, sondern auch für **Verträge über Wohnungen**.[6]

Ein Mietvertrag über eine Wohnung in Paderborn unterliegt also in der Regel deutschem Mietrecht, unabhängig von der Nationalität oder dem Aufenthaltsort von Mieter und Vermieter, wenn nichts anderes vereinbart wurde (dazu → Rn. 11 ff.).

Der Begriff der Miete ist autonom auszulegen.[7] Gemeinhin wird unter Miete (oder Pacht) jedes Rechtsverhältnis verstanden, das die **Überlassung einer Immobilie zum Gebrauch auf Zeit** zum Gegenstand hat.[8] Auch die Vermietung von **Ferienwohnungen** oder **Parkplätzen** sowie **(Unter-) Mietverträge über einzelne Räume** fallen mithin unter Art. 4 Abs. 1 lit. c).[9]

Mietet S aus Spanien als Alleinmieter eine Wohnung in Osnabrück und vermietet die einzelnen Räume an F aus Frankreich und P aus Portugal, unterliegen auch diese Untermietverträge deutschem Recht.

b) Kurzfristige Mietverhältnisse

Die Regel, dass das Recht des Belegenheitsortes auf Mietverträge anzuwenden ist, wird eingeschränkt, wenn es sich um einen Mietvertrag mit einer **Dauer von weniger als sechs Monaten** handelt. In diesem Fall kann sich das anwendbare Recht nach dem **gemeinsamen gewöhnlichen Aufenthalt von Mieter und Vermieter, Art. 4 Abs. 1 lit. d) Rom I-VO,** bestimmen.[10] Die Anknüpfung des Mietstatuts ist dann nicht mehr gegenständlich, sondern personal.[11] Voraussetzung ist – neben dem Zeitraum von weniger als sechs Monaten –, dass die Anmietung zu privaten Zwecken erfolgt und der Mieter eine natürliche Person ist. Dies ist insbesondere bei Wohnungsmieten während eines Geschäfts- oder Studienaufenthalts gegeben.[12]

Ein kurzfristiges Mietverhältnis im Sinne von Art. 4 Abs. 1 lit. d) Rom I-VO wäre also etwa die Vermietung einer Wohnung in Bochum an Erasmus-Studierende aus Italien, die für weniger als ein halbes Jahr in Bochum studieren und die Wohngemeinschaft anschließend wieder auflösen.

Haben Vermieter und Mieter ihren **gewöhnlichen Aufenthalt in dem gleichen Staat,** ist dessen Recht zur Anwendung berufen. Wo eine Person ihren gewöhnlichen Aufenthalt hat, ist wiederum **autonom zu bestimmen**.[13] Für Gesellschaften und natür-

---

[5] vgl. BGH NJW-RR 1996, 1034; OLG Düsseldorf NJW-RR 1998, 1159; *Ferrari* in Ferrari/Kieninger/Mankowski IntVertrR Art. 4 Rom I-VO Rn. 34; *Magnus* in Staudinger IntVertrR 1 Rom I-VO Art. 4 Rn. 48; *Martiny* in MüKoBGB Rom I-VO Art. 4 Rn. 114.
[6] *Magnus* in Staudinger IntVertrR 1 Rom I-VO Art. 4 Rn. 46; *Martiny* in MüKoBGB Rom I-VO Art. 4 Rn. 115.
[7] Vgl. *Ferrari* in Ferrari/Kieninger/Mankowski IntVertrR Rom I-VO Art. 4 Rn. 39.
[8] Vgl. *Ferrari* in Ferrari/Kieninger/Mankowski IntVertrR Rom I-VO Art. 4 Rn. 39.
[9] Vgl. *Ferrari* in Ferrari/Kieninger/Mankowski IntVertrR Rom I-VO Art. 4 Rn. 39; *Magnus* in Staudinger IntVertrR 1 Rom I-VO Art. 4 Rn. 49; *Martiny* in MüKoBGB Rom I-VO Art. 4 Rn. 115.
[10] „Nach der Anknüpfungsregel des Abs. 1 lit. d unterliegt die Miete oder Pacht unbeweglicher Sachen für höchstens sechs aufeinander folgende Monate zum vorübergehenden privaten Gebrauch dem Recht des Staates, in dem der Vermieter oder Verpächter seinen gewöhnlichen Aufenthalt hat, sofern der Mieter oder Pächter eine natürliche Person ist und seinen gewöhnlichen Aufenthalt in demselben Staat hat wie der Vermieter oder Verpächter." vgl. hierzu *Ferrari* in Ferrari/Kieninger/Mankowski IntVertrR Rom I-VO Art. 4 Rn. 42; *Gebauer* in Calliess, Rome Regulations, Rome I Art. 4 mn. 26; *Güllemann* IntVertrR S. 56.
[11] Vgl. *Mankowski* in Reithmann/Martiny IntVertrR Rn. 6.960.
[12] Vgl. *Magnus* in Staudinger IntVertrR 1 Rom I-VO Art. 4 Rn. 58.
[13] Vgl. *Ferrari* in Ferrari/Kieninger/Mankowski IntVertrR Rom I-VO Art. 19 Rn. 15; *Martiny* in MüKoBGB Rom I-VO Art. 19 Rn. 12. Zum Begriff des gewöhnlichen Aufenthalts im Kollisionsrecht siehe eingehend *Rentsch* Der gewöhnliche Aufenthalt im System des Europäischen Kollisionsrechts.

liche Personen, die im Rahmen der Ausübung ihrer beruflichen Tätigkeit handeln, bestimmt **Art. 19 Rom I-VO,** dass es auf den **Ort der Hauptverwaltung** beziehungsweise **der Hauptniederlassung** ankommt.[14] Für Privatpersonen, die nicht im Rahmen ihrer beruflichen Tätigkeit handeln, enthält die Rom I-VO keine Bestimmung. Voraussetzung ist hier zunächst, dass der **Aufenthalt für eine gewisse Dauer** besteht.[15] Eine bloß ganz vorübergehende Anwesenheit genügt also nicht. Der Aufenthalt in einer Ferienwohnung oder einem Hotelzimmer kann daher noch keinen gewöhnlichen Aufenthalt begründen, das Anmieten einer Wohnung hingegen schon.[16] Zudem muss die Person an diesem Ort ihren **tatsächlichen „Daseinsmittelpunkt"** haben, der durch soziale Integration, insbesondere familiäre, freundschaftliche und soziale Beziehungen geprägt ist.[17] Teilweise wird zudem der **„Bleibewille",** also der „Wille zur dauerhaften sozialen Integration", als konstitutives Element herangezogen.[18] Zur Begründung wird auf die gesteigerte Mobilität, insbesondere innerhalb der EU, verwiesen, die die tatsächliche Aufenthaltsdauer an einem bestimmten Ort tendenziell verkürze.[19] Nach dieser überzeugenden Ansicht würde ein im Ausland Studierender seinen gewöhnlichen Aufenthalt im Herkunftsstaat beibehalten.[20] Insbesondere wenn der Auslandsaufenthalt von Anfang an **für eine begrenzte Zeit geplant** ist und der Studierende nach diesem Zeitraum wieder in sein **Heimatland zurückkehren** will, wird im Gastland kein gewöhnlicher Aufenthalt begründet.

A und B aus Norwegen gehen zusammen für sechs Monate nach Hamburg. Sie mieten ihre Wohnung von einem norwegischen Freund, der Eigentümer der Wohnung ist. A soll in Deutschland einen Auftrag für seinen Arbeitgeber erledigen, B begleitet ihn und studiert für ein Semester an der Universität Hamburg. Wie geplant gehen sie nach den sechs Monaten zurück nach Oslo. Der Mietvertrag unterliegt in diesem Fall norwegischem Recht, weil Mieter und Vermieter ihren gewöhnlichen Aufenthalt in Norwegen haben.

9   Nur der **Mieter muss eine natürliche Person** sein, der **Vermieter kann eine Gesellschaft sein.** Zudem gilt auch die Unterbringung eines Arbeitnehmers während einer Entsendungen ins Ausland noch als privater Gebrauch.[21]

Ein polnisches Bauunternehmen besitzt eine Wohnung in Lüdenscheid und vermietet die einzelnen Zimmer an Arbeitnehmer, die kurzzeitig (weniger als sechs Monate) für Handwerkerleistungen auf Baustellen eingesetzt werden. Der Mietvertrag unterliegt polnischem Recht.

c) Engere Verbindung

10   Eine abweichende Beurteilung des Vertragsstatuts ist nach **Art. 4 Abs. 3 Rom I-VO** geboten, wenn sich aus der Gesamtheit der Umstände eine **„offensichtlich engere Verbindung"** zu einem anderen Staat ergibt.[22] Diese Ausweichklausel gilt auch für das auf

---

[14] Art. 19 Abs. 1 Rom I-VO lautet: „Für die Zwecke dieser Verordnung ist der Ort des gewöhnlichen Aufenthalts von Gesellschaften, Vereinen und juristischen Personen der Ort ihrer Hauptverwaltung. Der gewöhnliche Aufenthalt einer natürlichen Person, die im Rahmen der Ausübung ihrer beruflichen Tätigkeit handelt, ist der Ort ihrer Hauptniederlassung."
[15] Vgl. *Ferrari* in Ferrari/Kieninger/Mankowski IntVertrR Rom I-VO Art. 19 Rn. 15; *Martiny* in MüKoBGB Rom I-VO Art. 19 Rn. 12.
[16] vgl. *Ferrari* in Ferrari/Kieninger/Mankowski IntVertrR Rom I-VO Art. 19 Rn. 15; *Martiny* in MüKoBGB Rom I-VO Art. 19 Rn. 12.
[17] Vgl. BGH NJW 1993, 2047 (2049); BGHZ 78, 293 (295) = NJW 1981, 520; *Ferrari* in Ferrari/Kieninger/Mankowski IntVertrR Rom I-VO Art. 19 Rn. 15; *Magnus* in Staudinger IntVertrR 2 Rom I-VO Art. 19 Rn. 31; *Martiny* in MüKoBGB Rom I-VO Art. 19 Rn. 12.
[18] So insbesondere *Weller* in Leible/Unberath, Brauchen wir eine Rom 0-Verordnung?, 293 (317).
[19] *Weller* in Leible/Unberath, Brauchen wir eine Rom 0-Verordnung?, 293 (317).
[20] vgl. *Weller* in Leible/Unberath, Brauchen wir eine Rom 0-Verordnung?, 293 (322).
[21] Vgl. *Mankowski* in Reithmann/Martiny IntVertrR Rn. 6.957.
[22] „Ergibt sich aus der Gesamtheit der Umstände, dass der Vertrag eine offensichtlich engere Verbindung zu einem anderen als dem nach Abs. 1 oder 2 bestimmten Staat aufweist, so ist das Recht dieses anderen Staates anzuwenden."

einen Mietvertrag anzuwendende Recht.[23] Eine solch enge Verbindung ist nur anzunehmen, wenn **wesentliche Umstände** vorliegen, aus denen sich klar ergibt, dass der Vertrag einem anderen Recht unterliegen müsste.[24] Dies wird etwa angenommen, wenn der Vertrag in enger Verbindung zu einem anderen (nach fremdem Recht zu beurteilenden) Vertrag steht, ebenso für Fälle einer gemeinsamen Staatsangehörigkeit oder einem gemeinsamen gewöhnlichen Aufenthalt der Vertragsparteien.[25] Zudem wird **Art. 4 Abs. 1 lit. d) Rom I-VO** als „**Modellfall" einer offensichtlich engeren Verbindung** bezeichnet.[26] Deshalb können Fälle, die ähnlich gelagert sind, jedoch wegen des engen Anwendungsbereichs nicht unter lit. d) fallen, über Art. 4 Abs. 3 Rom I-VO gelöst werden.[27]

A und B studieren Medizin in Kiel und wohnen in einer WG. Beide kommen aus Dänemark und planen nach dem Studium auch dorthin zurückzukehren. Sie vermieten ein drittes Zimmer an C, der ebenfalls aus Dänemark kommt und für ein achtmonatiges Praktikum in Kiel ist. Der Mietvertrag unterliegt in diesem Fall dänischem Recht, auch wenn die Mietdauer mehr als sechs Monate beträgt und daher Art. 4 Abs. 1 lit. d) keine Anwendung findet, weil der Mietvertrag wegen der Umstände des Falles eine offensichtlich engere Verbindung zum dänischen Recht aufweist.

2. Rechtswahl

a) Grundsatz

Im internationalen Schuldvertragsrecht gilt der **Grundsatz der Parteiautonomie**.[28] Die 11 Parteien können daher in der Regel wählen, nach welchem Recht ihre Vertragsbeziehung beurteilt werden soll.[29] Diese Rechtswahlfreiheit wird in **Art. 3 Rom I-VO** verwirklicht. Auch das auf einen Mietvertrag anzuwendende Recht ist generell einer Rechtswahl zugänglich.[30] Dabei ist weder erforderlich, dass das gewählte Recht objektive Bezugspunkte zum Sachverhalt aufweist,[31] noch muss das Vertragsverhältnis an sich ein grenzüberschreitendes Element enthalten.[32] Bereits die **Wahl eines ausländischen Rechts** erfordert eine kollisionsrechtliche Beurteilung nach der Rom I-VO.

---

23 Vgl. *Magnus* in Staudinger IntVertrR 1 Rom I-VO Art. 4 Rn. 252.
24 Vgl. *Güllemann* IntVertrR S. 61; *Magnus* IPRax 2010, 27 (37) („so eindeutige Verbindung [..] dass sie mit den Händen zu greifen ist"); *Martiny* in MüKoBGB Rom I-VO Art. 4 Rn. 114.
25 *Güllemann* IntVertrR S. 61; *Magnus* in Staudinger IntVertrR 1 Rom I-VO Art. 4 Rn. 132 (weisen viele verschiedene Anknüpfungsmerkmale auf das gleiche Recht hin, kumuliert sich ihre Wirkung, sodass auch an sich weniger aussagekräftige Merkmale an Bedeutung gewinnen); *Mankowski* in Reithmann/Martiny IntVertrR Rn. 6.963; *Martiny* in MüKoBGB Rom I-VO Art. 4 Rn. 123. Vgl. auch Erwägungsgrund 11 der Rom I-VO („Zur Bestimmung dieses Staates sollte unter anderem berücksichtigt werden, ob der betreffende Vertrag in einer sehr engen Verbindung zu einem oder mehreren anderen Verträgen steht."). Nach OLG Düsseldorf NJW-RR 1998, 1159, soll allerdings nicht ausreichend sein, dass der Mieter seinen Hauptsitz in einem anderen Staat hat (zu Art. 28 Abs. 2 EGBGB aF).
26 *Magnus* in Staudinger IntVertrR 1 Rom I-VO Art. 4 Rn. 56.
27 Vgl. *Magnus* in Staudinger IntVertrR 1 Rom I-VO Art. 4 Rn. 56.
28 Zum Grundsatz der Parteiautonomie siehe nur *v. Bar* IPR II Rn. 412; *Basedow* RabelsZ 75 (2011), 32; *Gebauer* in Riesenhuber/Nishitani, Wandlungen oder Erosion der Privatautonomie, 257; *Leible* FS Jayme I, 2004, 485; *Mansel* in Leible/Unberath, Brauchen wir eine Rom 0-Verordnung?, 241 (261).
29 So lautet Erwägungsgrund 11 der Rom I-VO: „Die freie Rechtswahl der Parteien sollte einer der Ecksteine des Systems der Kollisionsnormen im Bereich der vertraglichen Schuldverhältnisse sein." Vgl. auch *Calliess* in Calliess, Rome Regulations Art. 3 Rome I mn. 12; *Ferrari* in Ferrari/Kieninger/Mankowski IntVertrR Rom I-VO Art. 4 Rn. 36; *Martiny* in MüKoBGB Rom I-VO Art. 3 Rn. 8; *Maultzsch* RabelsZ 75 (2011), 60 (63).
30 Vgl. AG Rostock IPRspr. 1997, Nr. 30; *Gebauer* in Calliess, Rome Regulations, Art. 4 Rome I mn. 24; *Mankowski* in Reithmann/Martiny IntVertrR Rn. 6.947; *Martiny* in MüKoBGB Rom I-VO Art. 4 Rn. 114. Gegen eine Rechtswahlfreiheit bei Miete von Immobilien hat sich beispielsweise *Lando* Kontraktstatutet S. 234, ausgesprochen.
31 Vgl. *Martiny* in MüKoBGB Rom I-VO Art. 3 Rn. 22.
32 Vgl. *Calliess* in Calliess, Rome Regulations Art. 3 Rome I mn. 13; *Martiny* in MüKoBGB Rom I-VO Art. 3 Rn. 20; kritisch *Maultzsch* RabelsZ 75 (2011), 60 (66).

A stammt aus Argentinien und ist Mieter einer Wohnung in Magdeburg. Mit seinen Mitbewohnern schließt er Untermietverträge und vereinbart dabei die Geltung argentinischen Rechts, weil er dies gut kennt. Auf die Mietverträge ist das Recht von Argentinien anwendbar.

12 Eine Rechtswahl ist auch in einem **Formularvertrag zulässig**.[33] Die Rechtswahlklausel unterliegt nach richtiger Ansicht grundsätzlich **keiner AGB-Kontrolle nach deutschem Recht**.[34] Da sich die **Wirksamkeit der Rechtswahl** gemäß Art. 3 Abs. 5 iVm Art. 10 Rom I-VO nach dem **gewählten Recht** richtet, ist sie dem deutschen AGB-Recht zunächst entzogen. Nach Rspr. des EuGH ist allerdings eine Missbrauchskontrolle nach unionsrechtlichem Maßstab vorzunehmen[35] Zudem ermöglicht **Art. 10 Abs. 2 Rom I-VO** eine „**kollisionsrechtliche Überrumpelungskontrolle**".[36] Nach Art. 10 Abs. 2 Rom I-VO kann für die Frage des Zustandekommens eines Vertrags das Recht des Staates des gewöhnlichen Aufenthalts einer Partei zur Anwendung kommen, wenn sich aus den Umständen des Falls ergibt, dass es ungerechtfertigt wäre, hierfür das gewählte Recht heranzuziehen. Insbesondere im Fall eines **Vertrags mit einem Verbraucher, der seinen gewöhnlichen Aufenthalt in Deutschland hat,** kann die Wahl eines Rechts, das kaum eine Beziehung zum Vertrag aufweist, nach deutschem AGB-Recht zu beurteilen sein und eine entsprechende Klausel überraschend im Sinne von § 305c Abs. 1 BGB sein.[37]

b) Reine Inlandssachverhalte

13 Die Möglichkeit einer Rechtswahl bei reinen Inlandssachverhalten birgt offensichtlich ein gewisses **Missbrauchsrisiko**. Diesem begegnet **Art. 3 Abs. 3 Rom I-VO**. Hiernach ist in Fällen, in denen „**alle anderen Elemente des Sachverhalts**" zum Zeitpunkt der Rechtswahl in einem anderen als demjenigen Staat belegen [sind], dessen Recht gewählt wurde", die Rechtswahl nur in Bezug auf **dispositive Vorschriften** wirksam. Die **zwingenden Bestimmungen** des Rechts, welches eigentlich zur Anwendung berufen wäre, bleiben hingegen anwendbar. Das bedeutet, dass sich auch „einfache zwingende Bestimmungen" des nationalen Rechts gegenüber der Rechtswahl durchsetzen; es muss sich nicht um „international zwingendes" Recht handeln.[38]

D ist Deutscher und hat eine Wohnung in Braunschweig gemietet. Mit seinen Mitbewohnern schließt er Untermietverträge ab und vereinbart mit ihnen die Geltung russischen Rechts, weil er dieses für besonders vermieterfreundlich hält. Die Verträge unterliegen zwar dem Recht von Russland; sämtliche unabdingbaren Vorschriften des deutschen Rechts bleiben aber dennoch anwendbar.

14 Nicht ganz einheitlich wird beurteilt, welche **Intensität der Auslandsbezug** eines Falles aufweisen muss, um nicht mehr als reiner Inlandssachverhalt zu gelten. Teilweise wird vertreten, dass keine zu strengen Anforderungen an den Auslandsbezug gestellt werden dürften.[39] Andere hingegen fordern Anknüpfungsmerkmale von „einigem Gewicht".[40] Relevant wird dieser Streit beispielsweise bei der Frage, ob bereits eine **ausländische**

---

[33] Vgl. *Güllemann* IntVertrR S. 43.
[34] So auch *Hausmann* in Staudinger IntVertrR 1 Rom I-VO Art. 10 Rn. 80a; *Martiny* in MüKoBGB Rom I-VO Art. 3 Rn. 13; *Pfeiffer* IPRax 2015, 320 (322); *Spellenberg* in MüKoBGB Rom I-VO Art. 10 Rn. 185. Anders wohl BGH GRUR 2013, 421 Rn. 34.
[35] EuGH NJW 2016, 2727. Vgl. hierzu Martiny in MüKo BGB Rom I-VO Art. 3 Rn. 13a.
[36] *Pfeiffer* IPRax 2015, 320 (323). vgl. auch *Spellenberg* in MüKoBGB Rom I-VO Art. 10 Rn. 217 („kollisionsrechtliche Zumutbarkeitsregel").
[37] So *Pfeiffer* IPRax 2015, 320 (323). Ähnlich schon *Thorn* IPRax 1997, 98 (104), zu Art. 31 Abs. 2 EGBGB aF.
[38] Vgl. *Calliess* in Calliess, Rome Regulations, Art. 3 Rome I mn. 13; *Güllemann* IntVertrR S. 42; *Magnus* in Staudinger IntVertrR 1 Rom I-VO Art. 3 Rn. 144; *Mankowski* in Reithmann/Martiny IntVertrR Rn. 6.948; *Martiny* in MüKoBGB Rom I-VO Art. 3 Rn. 96.
[39] *Maultzsch* RabelsZ 75 (2011), 60 (70).
[40] So etwa *Magnus* in Staudinger IntVertrR 1 Rom I-VO Art. 3 Rn. 138; *Martiny* in MüKoBGB Rom I-VO Art. 3 Rn. 90.

Staatsangehörigkeit einer der Vertragsparteien ein ausreichendes internationales Moment darstellt.

I lebt seit etwa 20 Jahren in Deutschland, besitzt aber die iranische Staatsangehörigkeit. Er zieht in die WG von D in Braunschweig und erhält ebenfalls einen (Unter-)Mietvertrag, der dem Recht von Russland unterstellt wird.

Besonders in einem Fall wie diesem, in dem der Mieter schon lange in Deutschland 15 lebt und nur eine andere Staatsangehörigkeit besitzt, erscheint es zweifelhaft, von einem ausreichenden Auslandsbezug auszugehen.[41] Dafür spricht zwar, dass die Staatsangehörigkeit nach wie vor als Anknüpfungspunkt dient, etwa bei der Rechts- und Geschäftsfähigkeit einer Person (Art. 7 EGBGB).[42] Allerdings ist die Staatsangehörigkeit bei der Anknüpfung von Verträgen mittlerweile **kaum mehr relevant**.[43] Stattdessen spielt der **gewöhnliche Aufenthalt** oder die „**Ansässigkeit**" eine wesentlich größere Rolle.[44] Zudem erscheint es unbillig, dass für den Mietvertrag über eine Wohnung in Deutschland zwischen Parteien, die beide in Deutschland leben, ein besonders vermietergünstiges Recht gewählt werden kann, nur weil der Mieter eine ausländische Staatsangehörigkeit besitzt.[45]

c) Binnenmarkt-Sachverhalte

Absatz 4 betrifft den Fall, dass das **Recht eines Drittstaates** gewählt wurde, obwohl „alle 16 anderen Elemente des Sachverhalts zum Zeitpunkt der Rechtswahl in einem oder mehreren Mitgliedstaaten belegen" sind.

T aus Tschechien, P aus Polen und L aus Litauen ziehen zusammen in eine WG in Recklinghausen. Im Mietvertrag wird das Recht von Panama gewählt.

In einem solchen sogenannten **Binnenmarkt-Sachverhalt** ist die Rechtswahl zwar 17 ebenfalls wirksam, es finden jedoch die „**Bestimmungen des Gemeinschaftsrechts** – gegebenenfalls in der von dem Mitgliedstaat des angerufenen Gerichts umgesetzten Form –, **von denen nicht durch Vereinbarung abgewichen werden kann**" Anwendung (**Art. 3 Abs. 4 Rom I-VO**). Die Vorschrift soll verhindern, dass Parteien aus unterschiedlichen Mitgliedstaaten die **zwingenden Vorschriften** des *acquis communautaire* umgehen, indem sie das Recht eines Drittstaates wählen.[46]

3. Reichweite des Mietvertragsstatuts

a) Form des Mietvertrags

Bei formbedürftigen Handlungen im Zusammenhang mit dem Mietverhältnis – etwa der 18 Schriftform für einen auf mehr als ein Jahr befristeten Mietvertrag (§ 550 BGB) – stellt sich auf kollisionsrechtlicher Ebene die Frage, den Formvorschriften welcher Rechtsordnung das Rechtsgeschäft unterliegt. Im internationalen Privatrecht wird die Beurteilung der Form von Verträgen und einseitigen Rechtsgeschäften **gesondert vom Geschäftsstatut** angeknüpft. **Art. 11 Rom I-VO** regelt das auf internationale Verträge anzuwendende

---

[41] So auch *v. Bar* IPR II Rn. 419 (zu Art. 27 Abs. 3 EGBGB aF). Ähnlich *Calliess* in Calliess, Rome Regulations, Art. 3 Rome I mn. 54.
[42] Vgl. *Martiny* in MüKoBGB Rom I-VO Art. 3 Rn. 90.
[43] Vgl. auch *Magnus* in Staudinger IntVertrR 1 Rom I-VO Art. 3 Rn. 140.
[44] Vgl. *Mankowski* in Reithmann/Martiny IntVertrR Rn. 6.949.
[45] So auch *Mankowski* in Reithmann/Martiny IntVertrR Rn. 6.949 („erhebliche Wertungsprobleme").
[46] Vgl. *Calliess* in Calliess, Rome Regulations, Art. 3 Rome I mn. 18; *Güllemann* IntVertrR S. 42. Spezifische mietrechtliche Vorschriften gibt es auf EU-Ebene bislang nicht. Allenfalls die Klausel-Richtlinie (Richtlinie 93/13/EWG des Rates vom 5.4.1993 über missbräuchliche Klauseln in Verbraucherverträgen) könnte relevant werden, wenn es sich beim Mietvertrag um einen Formularvertrag mit Allgemeinen Vertragsbedingungen handelt und der Mieter Verbraucher ist.

Formstatut. Absatz 1 betrifft Verträge, die zwischen **Personen, die sich im gleichen Staat befinden,** geschlossen werden und legt fest, dass ein formpflichtiger Vertrag **entweder** dem auf das **Vertragsverhältnis** anzuwendenden materiellen Recht oder den Formerfordernissen des Staates, in welchem der Vertrag geschlossen wurde, genügen muss. Haben die Parteien bei Abschluss des Rechtsgeschäfts jene Form beachtet, die am Ort des Vertragsabschlusses gilt, ist das Rechtsgeschäft wirksam. Die nach dem anwendbaren Recht *(lex causae)* zwingende Form kann also ersetzt werden durch die Form nach dem Ortsrecht *(lex loci actus).*[47] Nach Absatz 2 genügt bei grenzüberschreitenden Verträgen sogar die Erfüllung der Formerfordernisse des Rechts eines der Staaten, in denen sich die Parteien bei Vertragsschluss aufhalten oder des Staates, in dem eine der Parteien zu diesem Zeitpunkt ihren gewöhnlichen Aufenthalt hat.

19 Art. 11 Rom I-VO verwirklicht damit das *favor negotii*-Prinzip – der Bindungswille der Parteien soll möglichst nicht an einer Formvorschrift scheitern.[48] Allerdings statuiert Absatz 5 eine Ausnahme für Verträge über ein dingliches Recht an einer unbeweglichen Sache sowie für Miete oder Pacht einer unbeweglichen Sache. Für diese Verträge gelten die besonderen Formerfordernisse des Belegenheitsortes, sofern sie unabhängig davon gelten, in welchem Staat der Vertrag geschlossen wird oder welchem Recht dieser Vertrag unterliegt (Art. 11 Abs. 5 lit. a)) und sie zwingendes Recht sind (Art. 11 Abs. 5 lit. b)).

A lebt in der Schweiz und ist Eigentümer einer Wohnung in Freiburg i. Br. Sein Sohn S wohnt zusammen mit zwei Freunden, B und C (ebenfalls aus der Schweiz) in der Wohnung. Im Mietvertrag wird schweizerisches Recht vereinbart. A erklärt gegenüber B und C, dass der Mietvertrag zunächst auf 2 Jahre befristet sein soll.

20 Während nach deutschem Recht die Befristung eines Mietvertrags für mehr als ein Jahr schriftlich vereinbart werden muss (§ 550 BGB), erlaubt das Schweizer Recht einen mündlichen Vertragsschluss auch bei längerer Befristung, Art. 267 ff. schweizOR. Da für den Mietvertrag wirksam die Geltung Schweizerischen Rechts vereinbart wurde, stellt sich die Frage, ob § 550 BGB eine Formvorschrift im Sinne von Art. 11 Abs. 5 Rom I-VO darstellt.

Ob einer Formvorschrift **internationaler Geltungsanspruch** zukommt, ist durch Auslegung der jeweiligen Norm festzustellen.[49] Dabei soll der „**eigene Anwendungswille**" der Formvorschrift erforscht werden.[50] **Mieterschützenden Formvorschriften** kann potenziell ein entsprechend zwingender Charakter zukommen.[51] Insbesondere die **Schriftform für die Kündigung von Wohnraum** (§ 568 BGB) im Inland ist international zwingend.[52] Ob auch die **Schriftform für eine mehr als einjährige Befristung** (§ 550 BGB) die Voraussetzungen von Art. 11 Abs. 5 Rom I-VO erfüllt, ist umstritten.[53] Nach ganz herrschender Meinung dient die Formvorschrift dem Schutz des Grundstückserwerbers, der nach § 566 BGB in den Mietvertrag eintritt und die Vereinbarung einer bestimmten Mietdauer gegen sich gelten lassen muss.[54] Da sich § 566 BGB als Eingriffsnorm gegenüber einem ausländischen Vertragsstatut durchsetzt, erscheint es sinnvoll, auch § 550 BGB anzuwenden, um Diskrepanzen zu vermeiden.

---

[47] Vgl. *Baum* Alternativanknüpfungen S. 104.
[48] Vgl. *Baum* Alternativanknüpfungen S. 110; *Loacker* in Calliess, Rome Regulations, Art. 11 Rome I mn. 1; *Marsch,* Der Favor Negotii im deutschen Internationalen Privatrecht, S. 42.
[49] Vgl. *Mankowski* in Reithmann/Martiny IntVertrR Rn. 6.987; *Schulze* in Ferrari/Kieninger/Mankowski IntVertrR Art. 11 Rn. 29; *Winkler v. Mohrenfels* in Staudinger IntVertrR 2 Rom I-VO Art. 11 Rn. 142.
[50] *Mankowski* in Reithmann/Martiny IntVertrR Rn. 6.987.
[51] Vgl. *Güllemann* IntVertrR S. 98; *Spellenberg* in MüKoBGB Rom I-VO Art. 11 Rn. 63.
[52] Vgl. *v. Hein* in Rauscher EuZPR/EuIPR Rom I-VO Art. 11 Rn. 35; *Spellenberg* in MüKoBGB Rom I-VO Art. 11 Rn. 63; *Winkler v. Mohrenfels* in Staudinger IntVertrR 2 Rom I-VO Art. 11 Rn. 145.
[53] Dafür *v. Hein* in Rauscher EuZPR/EuIPR Rom I-VO Art. 11 Rn. 35. Dagegen *Spellenberg* in MüKoBGB Rom I-VO Art. 11 Rn. 63 (Fn. 85); *Winkler v. Mohrenfels* in Staudinger IntVertrR 2 Rom I-VO Art. 11 Rn. 145. Dagegen wohl auch *Mankowski* in Reithmann/Martiny IntVertrR Rn. 6.987.
[54] Vgl. *Bieber* in MüKoBGB § 550 Rn. 2; *Schmid/Sommer* in Schmid/Harz MietR BGB § 550 Rn. 2.

b) Umfang und Beendigung des Mietvertrags

Die Rom I-VO legt in **Art. 12** die **Reichweite des Vertragsstatuts** fest. Hiernach ist das 21 auf den Vertrag anwendbare Recht insbesondere für die **Auslegung**, die **Erfüllung**, die **Folgen einer etwaigen Nichterfüllung**, das **Erlöschen** und die **Folgen der Nichtigkeit des Vertrags** maßgeblich.

Die gegenseitigen Rechte und Pflichten aus dem Mietvertrag unterliegen folglich dem Mietvertragsstatut.[55] Bei Wohngemeinschaften richtet sich insbesondere die **Zulässigkeit einer Untervermietung** oder des **Wechsels von Mitbewohnern** nach dem Mietvertragsstaut. Auch eine etwaige **Verpflichtung, einen Nachmieter zu stellen**, unterfällt dem Mietvertragsstatut. Denn die Suche eines angemessenen Nachmieters ist innerhalb eines bestehenden Mietvertrags keine vertragscharakteristische Pflicht, sondern lediglich eine Nebenpflicht.[56] Sogenannte „**Mietgarantien**", also Verträge, in denen dem Vermieter die Vermietung zu einer bestimmten Miethöhe oder –länge garantiert wird, sind hingegen keine Mietverträge. Die **Voraussetzungen einer Kündigung**[57] und die **Verjährung von Mietzinsen** sind vom Mietvertragsstatut umfasst.[58]

A, B und C kommen aus Wien nach Dresden, um hier gemeinsam ein Kaffeehaus zu betreiben. Sie mieten gemeinsam eine Wohnung. Der Mietvertrag wird schriftlich auf zunächst drei Jahre befristet und es wird die Geltung österreichischen Rechts vereinbart. Nach einem Jahr geben A, B und C das schlecht laufende Kaffeehaus auf und wollen zurück nach Wien. Sie kündigen die Wohnung ordentlich zum nächstmöglichen Zeitpunkt.

Nach deutschem Recht kann ein befristetes Mietverhältnis nicht ordentlich gekündigt 22 werden.[59] Nach § 29 Abs. 2 öMRG hingegen schon: „Im Fall eines nach Abs. 1 Z 3 befristeten Haupt- oder Untermietvertrags über eine Wohnung hat der Mieter nach Ablauf eines Jahres der ursprünglich vereinbarten oder verlängerten Dauer des Mietverhältnisses das unverzichtbare und unbeschränkbare Recht, den Mietvertrag vor Ablauf der bedungenen Zeit jeweils zum Monatsletzten gerichtlich oder schriftlich unter Einhaltung einer dreimonatigen Kündigungsfrist zu kündigen." Da der Mietvertrag auch im Hinblick auf seine Beendigung dem Recht von Österreich unterliegt, ist die ordentliche Kündigung möglich.

c) Dingliche und quasi-dingliche Wirkungen

Neben den schuldrechtlichen Bindungen zwischen Vermieter und Mieter entstehen durch 23 einen Mietvertrag auch dingliche beziehungsweise quasi-dingliche Rechte. Die relevantesten Fälle sind der **Sukzessionsschutz beim Eigentümerwechsel** (§ 566 BGB) sowie das **Vermieterpfandrecht** (§ 562 BGB).[60]

A und B aus Italien möchten gemeinsam in eine Wohnung in Görlitz ziehen. Da sie planen, dort langfristig ihren Lebensmittelpunkt aufzubauen, wollen sie sicherstellen, dass der Mietvertrag von einem etwaigen Eigentümerwechsel unberührt bleibt. Nach italienischem Mietrecht ist der Erwerber einer Immobilie an bestehende Mietverträge nur gebunden, wenn diese eingetragen sind oder kürzer als neun Jahre bestehen (Art. 1599 codice civile). A und B möchten daher das Mietverhältnis im Grundbuch eintragen lassen.

Nach ganz überwiegender Meinung werden die dinglichen und quasi-dinglichen 24 Wirkungen der Miete nicht dem **Mietvertragsstatut** unterstellt, sondern der *lex rei*

---

[55] *Martiny* in MüKoBGB Rom I-VO Art. 4 Rn. 124.
[56] *Mankowski* in Reithmann/Martiny IntVertrR Rn. 6.950.
[57] Zu den zwingenden Kündigungsschutzvorschriften → Rn. 26.
[58] *Mankowski* in Reithmann/Martiny IntVertrR Rn. 6.982.
[59] BGH NJW 2007, 2177.
[60] Vgl. hierzu *Trenk-Hinterberger* IntWohnMietR S. 148.

sitae.[61] Das **Recht am Belegenheitsort** der Sache entscheidet dann über **Existenz und Umfang von dinglichen Wirkungen**. Dies ist – wie auch sonst im internationalen Sachenrecht – auf die Notwendigkeit einer **einheitlichen Beurteilung dinglicher Rechte** zurückzuführen. Dingliche Rechte sind von jedermann zu beachten und zu respektieren. Könnten die Parteien mittels Rechtswahl dingliche Rechte begründen, die dem inländischen Rechtsverkehr fremd sind, würde dies zu **erheblicher Rechtsunsicherheit** führen.[62] Die Eintragung von Mietverträgen – wie in manchen Rechtsordnungen möglich (zum Beispiel in der Schweiz, Art. 261b Abs. 1 schweizOR) – ist für eine Wohnung in Deutschland daher nicht möglich.[63] Dafür enthält das deutsche Mietrecht andere dingliche beziehungsweise quasi-dingliche Wirkungen, die unabhängig davon entstehen, ob der Mietvertrag einem ausländischen Recht unterstellt wurde. Dies gilt insbesondere für **§ 566 BGB** (Kauf bricht nicht Miete)[64] und **§ 562 BGB** (Vermieterpfandrecht).[65]

d) Eingriffsnormen

25   Grundsätzlich sind nur die zwingenden Vorschriften des zur Anwendung berufenen Rechts zu beachten. In **Art. 9 Abs. 2 Rom I-VO** findet sich eine Ausnahme zu Gunsten bestimmter **zwingender Regeln des Forumstaates**, also der *lex fori*. Solche Eingriffsnormen setzen sich nicht nur gegen ein gewähltes Recht, sondern auch gegen ein nach der Verordnung berufenes Recht durch.[66] Die Anwendung entsprechender Vorschriften führt zu einer **Durchbrechung des internationalen Entscheidungseinklangs**. Deshalb ist nicht jede national zwingende Vorschrift auch eine Eingriffsnorm,[67] sondern lediglich solche „deren Einhaltung von einem Staat als so **entscheidend für die Wahrung seines öffentlichen Interesses,** insbesondere seiner **politischen, sozialen oder wirtschaftlichen Organisation,** angesehen wird, dass sie ungeachtet des nach Maßgabe dieser Verordnung auf den Vertrag anzuwendenden Rechts auf alle Sachverhalte anzuwenden ist, die in ihren Anwendungsbereich fallen."[68]

26   Vorschriften des **Mietschutzrechts** werden, soweit es um **inländische Immobilien** geht, seit jeher als **Eingriffsnormen** qualifiziert.[69] Das mietrechtliche Sonderprivatrecht diene **nicht nur dem Individualschutz, sondern auch öffentlichen Interessen,** weil es den Wohnungsmarkt steuere und Wohnungsnot vorzubeugen suche.[70] Diesen Zweck

---

[61] Vgl. *Mankowski* in Reithmann/Martiny IntVertrR Rn. 6.983; *Martiny* in MüKoBGB Rom I-VO Art. 4 Rn. 126.
[62] Vgl. *Magnus* in Staudinger IntVertrR 1 Rom I-VO Art. 4 Rn. 258; *Mankowski* in Reithmann/Martiny IntVertrR Rn. 6.983; *Trenk-Hinterberger* ZMR 1973, 1 (5).
[63] Vgl. *Trenk-Hinterberger* ZMR 1973, 1 (4).
[64] *Magnus* in Staudinger IntVertrR 1 Rom I-VO Art. 4 Rn. 258; *Mankowski* in Reithmann/Martiny IntVertrR Rn. 6. 984; *Trenk-Hinterberger* ZMR 1973, 1 (5). Eine andere Regelung enthält neben dem italienischen Recht (Art. 1599 codice civile) beispielsweise das französische Recht (der Mietvertrag bleibt nur bestehen, wenn es sich um einen auf bestimmte Zeit geschlossenen oder notariell beurkundeten Vertrag handelt, Art. 1743 Code civil).
[65] *Magnus* in Staudinger IntVertrR 1 Rom I-VO Art. 4 Rn. 258; *Trenk-Hinterberger* ZMR 1973, 1 (5). In Frankreich etwa existiert auch ein pfandrechtsähnliches Recht, jedoch mit anderem Umfang (Art. 2102 Ziff. 1 Code civil).
[66] Vgl. *Maultzsch* RabelsZ 75 (2011), 60 (81). Zur Anknüpfung von Eingriffsnormen siehe auch *Kuckein,* Die ‚Berücksichtigung' von Eingriffsnormen im deutschen und englischen internationalen Vertragsrecht, S. 12; *Zeppenfeld,* Die allseitige Anknüpfung von Eingriffsnormen im Internationalen Wirtschaftsrecht.
[67] Auch die Erwägungsgründe der Rom I-VO betonen, dass der Begriff „Eingriffsnormen" nicht mit zwingenden Vorschriften gleichzusetzen ist, sondern enger ausgelegt werden muss, vgl. Erwägungsgrund 37.
[68] Art. 9 Abs. 1 Rom I-VO.
[69] So schon in der Begründung des Regierungsentwurfs zum Gesetz zur Neuregelung des Internationalen Privatrechts vom 20.10.1983, BT-Drucks. 10/504, 83 f. vgl. ferner *v. Hoffmann* IPRax 1989, 261 (266); *v. Hoffmann/Thorn* IPR § 10 Rn. 96; *Kropholler* RabelsZ 42 (1978), 634 (654); *Trenk-Hinterberger* IntWohnMietR S. 140; *ders.* ZMR 1973, 1 (3).
[70] So insbesondere *Trenk-Hinterberger* IntWohnMietR S. 140. vgl. auch *v. Hoffmann* IPRax 1989, 261 (266).

könne der Staat sowohl durch privatrechtliche als auch öffentliche Regelungen verwirklichen; in jedem Fall seien die Regelungen international zwingend und könnten insbesondere durch eine Rechtswahl der Parteien nicht verdrängt werden.[71]

Dass Mietschutzrecht in vielen Bereichen privatrechtlichen Charakter hat und vor allem den Ausgleich zwischen Mieter- und Vermieterinteressen bezweckt, wird nur vereinzelt kritisch angemerkt.[72] Ganz überwiegend wird Mietschutzrecht oder Mietsonderrecht nach wie vor eine **„überragende ordnungs- und sozialpolitische Bedeutung"**[73] sowie eine „besondere sozialpolitische Funktion"[74] beigemessen und als dem „sozialen Frieden"[75] dienend eingeschätzt. Zu **den mietrechtlichen Eingriffsnormen** werden insbesondere Vorschriften über **Mieterhöhungen** und **Kündigungsschutzvorschriften,** sowie der **mietrechtliche Sukzessionsschutz** gezählt.[76] Umstritten ist allerdings, ob diese inländischen Regelungen sich dann nicht durchsetzen, wenn das ausländische Vertragsrecht einen weitergehenden Mieterschutz vorsieht; ob mit anderen Worten das **Günstigkeitsprinzip** gilt.

A, B und C aus Passau leben dort in einer Wohnung, die D gehört, der Österreicher ist. Im Mietvertrag wurde österreichisches Recht vereinbart. Nach mehrfachen Beschwerden wegen Lärms und erfolgloser Abmahnung übergibt D den WG-Mitgliedern eine schriftliche Kündigung. A meint, die Kündigung sei unwirksam, weil nach österreichischem Recht der Mietvertrag vom Vermieter nur gerichtlich gekündigt werden kann (§ 33 Abs. 1 öMRG).

Für die Geltung des Günstigkeitsprinzips wird angeführt, dass das Mietschutzrecht einen **27** möglichst weitgehenden Schutz des Mieters bezwecke und sich daher nur gegen (für den Mieter) ungünstigere ausländische Vorschriften durchsetze.[77] Es sei nicht einzusehen, warum die Vertragsparteien nicht etwa einen höheren Mieterschutz vereinbaren könnten.[78] Gegen einen solchen „Günstigkeits-Vergleich zugunsten des Mieters" wird allerdings zu Recht vorgebracht, dass das Mietschutzrecht eines Staates der **Steuerung des inländischen Wohnungsmarktes** dient.[79] Die mieterschützenden Vorschriften sind Teil eines regulatorischen Gesamtkonzepts zur Erreichung eines bestimmten sozialpolitischen Ziels. Dieses Gesamtgefüge gerät aus der Balance, wenn punktuell (strengere) ausländische Regelungen angewendet werden. Zudem ist das Günstigkeitsprinzip in der Rom I-VO für das Verbraucher- und Arbeitnehmerschutzrecht ausdrücklich niedergelegt. Im Mietschutzrecht fehlt eine entsprechende Regelung. Ein Günstigkeits-Vergleich bei Vorschriften des Mieterschutzrechts ist auch deshalb nicht angebracht.

---

[71] *Trenk-Hinterberger* IntWohnMietR S. 141.
[72] So etwa *Mankowski* in Reithmann/Martiny IntVertrR Rn. 6.990; *Zeppenfeld,* Die allseitige Anknüpfung von Eingriffsnormen im Internationalen Wirtschaftsrecht, S. 31. Eine generell restriktivere Herangehensweise und die Beschränkung der Eingriffsnormen auf öffentlich-rechtliche Vorschriften fordert insbesondere *Maultzsch* RabelsZ 75 (2011), 60 (91). Er will unterscheiden „nach der Verleihung eines privat durchzusetzenden Rechts (dann Bestandteil des Vertragsstatuts) oder eines primär hoheitlichen Durchsetzungsmechanismus (dann Eingriffsnorm)" (S. 91). Anderenfalls drohten „eine Nivellierung der Rechtswahlfreiheit und eine inhomogene Normenhäufung" (S. 100). Für einen Überblick zum Streitstand siehe *Kuckein,* Die ‚Berücksichtigung' von Eingriffsnormen im deutschen und englischen internationalen Vertragsrecht, S. 42 ff.
[73] *Thorn* in Rauscher EuZPR/EuIPR Art. 9 Rom I-VO Rn. 54.
[74] *Martiny* in MüKoBGB Rom I-VO Art. 4 Rn. 125.
[75] *Magnus* in Staudinger IntVertrR 1 Rom I-VO Art. 4 Rn. 255 und ähnlich Art. 9 Rn. 155.
[76] Vgl. *Freitag* in Reithmann/Martiny IntVertrR Rn. 5.62; *Magnus* in Staudinger IntVertrR 1 Rom I-VO Art. 4 Rn. 255 und ähnlich Art. 9 Rn. 155; *Martiny* in MüKoBGB Rom I-VO Art. 4 Rn. 125; *Staudinger* in 10 Jahre Mietrechtsreformgesetz 929 (946).
[77] So etwa *Freitag* in Reithmann/Martiny IntVertrR Rn. 5.62; *Lurger* IPRax 2001, 52 (56); *Magnus* in Staudinger IntVertrR 1 Rom I-VO Art. 9 Rn. 155.
[78] *Lurger* IPRax 2001, 52 (56).
[79] *Kropholler* RabelsZ 42 (1978), 634 (652).

II. Die WG als Gesellschaft

28 Personen, die sich zu einer Wohngemeinschaft zusammenschließen, verfolgen und fördern einen gemeinsamen Zweck, nämlich eine Wohnung gemeinsam zu mieten, zu bewohnen und zu verwalten. Sie bilden damit nach deutschem Recht eine Gesellschaft bürgerlichen Rechts im Sinne von §§ 705 ff. BGB.[80] Tritt die Wohngemeinschaft im eigenen Namen im Rechtsverkehr auf – insbesondere beim Abschluss des Mietvertrages – wird sie zudem als rechtsfähige Außengesellschaft eingeordnet.[81] Bei multinationalen Wohngemeinschaften stellt sich nun die Frage, welches Recht auf die Gesellschaft anzuwenden ist, was das „Gesellschaftsstatut" ist.

1. Das Gesellschaftsstatut

29 Das internationale Gesellschaftsrecht wurde bislang weder harmonisiert noch kodifiziert. Die Verordnungen Rom I und Rom II nehmen das Gesellschaftsrecht explizit von ihrem Anwendungsbereich aus (vgl. Art. 1 Abs. 2 lit. f) Rom I-VO und Art. 1 Abs. 2 lit. d) Rom II-VO). Auch das EGBGB enthält keine Regelungen für das Gesellschaftsrecht. Lediglich in einigen wenigen bilateralen Staatsverträgen ist zumindest das Prinzip gegenseitiger Anerkennung von wirksam errichteten Gesellschaften niedergelegt.[82] Darüber hinaus ist das internationale Gesellschaftsrecht stark durch die **Rechtsprechung des EuGH** geprägt (→ Rn. 32).

30 Nach dem Gesellschaftsstatut bestimmt sich, nach welchen Regelungen eine **Gesellschaft „entsteht, lebt und vergeht".**[83] Das Gesellschaftsstatut ist daher insbesondere für die **Rechtsfähigkeit** und die **(organschaftliche) Vertretung** einer Gesellschaft sowie das **Innenverhältnis der Gesellschafter** maßgeblich.[84]

31 Für die Bestimmung des Gesellschaftsstatuts kommen im Wesentlichen zwei Theorien zur Anwendung: **Sitztheorie** und **Gründungstheorie**.[85] Nach der – vorwiegend im anglo-amerikanischen Rechtskreis vertretenen – Gründungstheorie ist das Recht berufen, nach welchem die **Gesellschaft gegründet wurde**.[86] In Deutschland – sowie in Frankreich und Belgien – gilt hingegen die Sitztheorie. Hiernach kommt das Sachrecht des Staates, in welchem die **Gesellschaft ihren tatsächlichen Sitz (Verwaltungssitz) hat** zur Anwendung.[87] Dies ist „der Ort, wo die grundlegenden Entscheidungen der Unternehmensleitung effektiv in laufende Geschäftsführungsakte umgesetzt werden"[88]

32 Die Sitztheorie ist durch mehrere Urteile des EuGH aufgeweicht worden.[89] Wegen der in Art. 49, 54 AEUV gewährleisteten Niederlassungsfreiheit müssen wirksam im EU-Ausland (oder in den EWR-Staaten) gegründete Gesellschaften im Inland anerkannt werden, auch wenn sie beispielsweise nicht die formellen Anforderungen des nationalen Rechts erfüllen. Für die Gesellschaft bürgerlichen Rechts ist diese Rechtsprechung allerdings irrelevant. Denn zum einen wird sie nicht durch einen staatlichen beziehungsweise förmlichen Gründungsakt ins Leben gerufen, zum anderen genießen nur wirtschaftlich tätige Gesellschaften die Niederlassungsfreiheit nach Art. 49, 54 AEUV.[90]

---

[80] So mittlerweile ganz hM. Siehe hierzu *Sagan* → § 14.
[81] Vgl. *Jacobs* NZM 2008, 111 (112).
[82] So enthält etwa der Deutsch-Amerikanische Freundschafts-, Handels- und Schifffahrtsvertrag vom 29.10.1954 Kollisionsregeln.
[83] BGHZ 25, 134 (144) = NJW 1957, 1433.
[84] Vgl. *Rauscher* IPR Rn. 641 ff.
[85] Vgl. *v. Hoffmann/Thorn* IPR § 7 Rn. 24; *Lieder* in Oetker HGB § 105 Rn. 139.
[86] Vgl. *v. Hoffmann/Thorn* IPR § 7 Rn. 24.
[87] BGHZ 178, 192 (197) Rn. 21 = NJW 2009, 289 (290); BGHZ 97, 269 (271) = NJW 1986, 2194 (2195).
[88] BGHZ 97, 269 (272) = NJW 1986, 2194 (2195).
[89] EuGH Slg. 2003, I-10155 = NJW 2003, 3331 – Inspire Art; EuGH Slg. 2002, I-9919 = NJW 2002, 3614 – Überseering; EuGH Slg. 1999, I-1459 = NJW 1999, 2027 – Centros.
[90] *Rauscher* IPR Rn. 661.

2. Innengesellschaft

Tritt die Wohngemeinschaft nicht nach außen im Rechtsverkehr auf und begründet keine 33
Rechte und Pflichten im eigenen Namen, handelt es sich um eine Innengesellschaft. Die
Regelungen des Gesellschaftsrechts spielen nur für den **internen Ausgleich der Gesellschafter** eine Rolle. Im Verhältnis zu Dritten hat die Gesellschaft keine Wirkung. Sie
besitzt **keine eigene Rechtsfähigkeit**.

A, B und C aus Leipzig studieren für ein Semester in Aix-en-Provence. Sie ziehen dort zusammen in
eine Wohngemeinschaft. Für die alltäglichen Ausgaben – vor allem Lebensmittel und Getränke – legen
sie eine Haushaltskasse an, die A verwaltet und in die sie jeweils 200 EUR pro Monat einzahlen. B
versäumt drei Monate lang, in die Haushaltskasse einzuzahlen. A und C verlangen von ihm die
Zahlung von 600 EUR.

Grundsätzlich gilt sowohl für Kapital- als auch für Personenvereinigungen die Sitztheorie.[91] Die Wohngemeinschaft von A, B und C wäre dann möglicherweise eine *société en 34
participation* nach französischem Recht, weil sie in Frankreich ihren Sitz hat. Ob es gerechtfertigt ist, auch reine Innengesellschaften nach den Regeln des internationalen Gesellschaftsrechts zu beurteilen, ist allerdings zweifelhaft. Da sie nicht im Rechtsverkehr auftreten, wird zu Recht angeführt, dass es keinen Grund gibt, die Rechtswahlfreiheit der
beteiligten Personen einzuschränken.[92] Argumente des Dritt- und Verkehrsschutzes (Arbeitnehmer und Gläubiger sollen nicht mit ausländischem Recht konfrontiert werden), die
für eine Anknüpfung an den Sitz der Gesellschaft sprechen,[93] greifen bei einer reinen
Innengesellschaft nicht. Die Beziehungen der Gesellschafter einer reinen Innengesellschaft
sind zudem vor allem vertraglich und kaum körperschaftlich geprägt. Dementsprechend
sind **reine Innengesellschaften** richtigerweise **nicht vom Ausschluss des Art. 1 Abs. 2
lit. f) Rom I-VO umfasst**.[94]

Welchem Recht die **Ansprüche der Innengesellschafter untereinander** unterliegen, 35
ist also nach **Art. 3 ff. Rom I-VO** zu beurteilen.[95] Für Ausgleichsansprüche nach Beendigung einer Innengesellschaft hält Art. 4 Abs. 1 Rom I-VO keine spezielle Regelung bereit.
Und auch eine vertragscharakteristische Leistung (Art. 4 Abs. 2 Rom I-VO) ist bei einem
Gesellschaftsvertrag nicht auszumachen. Daher ist nach **Art. 4 Abs. 4 Rom I-VO** entscheidend, zu welchem Staat der Vertrag die **engste Verbindung** aufweist.[96] Auf die
Ansprüche aus einer Innengesellschaft, die aus Personen besteht, die sämtlich ihren gewöhnlichen Aufenthalt in Deutschland haben, wäre demnach deutsches Recht anzuwenden.

Zudem können die Gesellschafter wählen, welches Recht auf ihre Beziehung anwendbar 36
sein soll (Art. 3 Rom I-VO). Diese Rechtswahl kann auch stillschweigend, insbesondere
durch die Verwendung einer bestimmten Sprache oder einschlägiger Rechtsterminologie
in Verbindung mit weiteren signifikanten Umständen, geschehen.[97] Insbesondere wenn die
Beteiligten einen gemeinsamen gewöhnlichen Aufenthalt haben, geht der BGH davon aus,
dass sie „ihre Rechtsbeziehungen zueinander gewissermaßen [ins Ausland] mitgenommen
haben".[98] Bei einer Wohngemeinschaft im Ausland ist bei entsprechenden Umständen

---

[91] Vgl. *Terlau*, Das Internationale Privatrecht der Gesellschaft bürgerlichen Rechts, S. 210. Zum Gesellschaftsstatut der Personengesellschaft siehe auch *Walden*, Das Kollisionsrecht der Personengesellschaften im deutschen und US-amerikanischen Recht.
[92] vgl. *Magnus* in Staudinger IntVertrR 1 Rom I-VO Art. 1 Rn. 80.
[93] BGH NJW 1967, 36 (38). Vgl. auch *v. Hoffmann/Thorn* IPR § 7 Rn. 24; *Kindler* in MüKoBGB IntHGR Rn. 423. Kritisch *Walden*, Das Kollisionsrecht der Personengesellschaften im deutschen und US-amerikanischen Recht, S. 90 ff.
[94] So auch *Kindler* in MüKoBGB IntHGR Rn. 287; *Magnus* in Staudinger IntVertrR 1 Rom I-VO Art. 1 Rn. 80. Ähnlich für Art. 37 Abs. 1 Nr. 2 EGBGB aF BGH NJW 2009, 1482.
[95] vgl. *Kindler* in MüKoBGB IntHGR Rn. 287.
[96] So auch *Kindler* in MüKoBGB IntHGR Rn. 287.
[97] Vgl. BGH NJW-RR 2005, 581 (582); KG Berlin NJW-RR 2009, 195; *Martiny* in MüKoBGB Rom I-VO Art. 3 Rn. 58, 62.
[98] BGH NJW 2009, 1482.

(gemeinsamer gewöhnlicher Aufenthalt in Deutschland, Verwendung deutscher Sprache, Vereinbarungen orientieren sich an deutschen Rechtsgrundsätzen etc.) von einer stillschweigenden Wahl deutschen Rechts auszugehen. Auch hiernach wären die Ansprüche gegen B also nach deutschem Recht zu beurteilen (zu den gegenseitigen Ansprüchen bei Auflösung der Wohngemeinschaft → § 22).

3. Außengesellschaft

37 Daneben ist denkbar, dass die Wohngemeinschaft als solche im Rechtsverkehr auftritt und eigene Rechte und Pflichten begründet. Dann ist sie keine reine Innengesellschaft mehr. Für ihre persönlichen Rechtsbeziehungen zueinander, etwa innergesellschaftliche Ausgleichsansprüche, ist nach überwiegender Ansicht dennoch eine Rechtswahl möglich.[99] In diesem Fall sind – ebenso wie bei einer reinen Innengesellschaft – die Interessen des Rechtsverkehrs nicht berührt. Etwas anderes gilt hingegen im Verhältnis zu Dritten.

Die Wohngemeinschaft von A, B und C in Aix-en-Provence wohnt in der Eigentumswohnung von V (ebenfalls aus Leipzig). Der Mietvertrag nennt als Mieter die „A, B, C-WG" (WG-Typ D). Im Mietvertrag ist zudem festgelegt, dass ein alter Kamin, der sich in der Wohnung befindet, aus Feuerschutzgründen nicht benutzt werden darf. Als C eines Abends alleine zuhause ist und friert, entzündet er ein Feuer im Kamin. In der Wohnung entstehen kleinere Brand- und Rußschäden. V wendet sich an A (der wohlhabend ist) und verlangt Schadensersatz nach § 128 HGB analog.

38 Auch für die **Haftung der Gesellschafter** ist das **Gesellschaftsstatut** ausschlaggebend.[100] Die Wohngemeinschaft ist in diesem Fall keine reine Innengesellschaft, denn sie tritt als Außengesellschaft im Rechtsverkehr auf. BGB-Gesellschaften, die keine reinen Innengesellschaften sind, werden kollisionsrechtlich ebenso behandelt, wie andere Personenvereinigungen und juristische Personen.[101] Für sie gilt daher der **Ausschluss in Art. 1 Abs. 2 lit. f) Rom I-VO**. Die **Wohngemeinschaft als Außengesellschaft** ist daher nach der **Sitztheorie** zu beurteilen. Im Beispielsfall liegt der tatsächliche Verwaltungssitz, zum Zeitpunkt der Entstehung des Anspruchs, in Aix-en-Provence. Die Gesellschaft würde folglich französischem Recht unterliegen. Hiernach könnte sie als *société en participation* einzuordnen sein. Diese ist eine nicht eingetragene Gesellschaft, die weder rechtsfähig noch parteifähig ist.[102] Sie ist in Art. 1871 Code civil geregelt. Auch die Gesellschafter einer *société en participation* haften für Verbindlichkeiten, die aus der Handlung eines Mitgesellschafters für die Gesellschaft entstehen; im Gegensatz zum deutschen Recht ist die Haftung allerdings nur anteilig, nicht gesamtschuldnerisch.[103] Dementsprechend könnte V von A nur anteilig Schadensersatz verlangen.

III. Verhältnis zu Dritten

1. Verträge mit der WG

39 Das auf Verträge mit Auslandsbezug anzuwendende Recht, bestimmt sich, sofern keine Rechtswahl getroffen wurde, nach **Art. 4 Rom I-VO**. In der Regel wird an den **gewöhnlichen Aufenthalt** der Partei, die die **vertragscharakteristische Leistung** erbringt, angeknüpft. Verträge zwischen einem **Verbraucher und einem Unternehmer** unterliegen nach **Art. 6 Rom I-VO** einer gesonderten Beurteilung. Der Vertrag unterliegt dann

---

[99] BGH NJW 1967, 36 (38). Siehe hierzu auch *Terlau*, Das Internationale Privatrecht der Gesellschaft bürgerlichen Rechts, S. 107 und 260.
[100] Vgl. *v. Hoffmann/Thorn* IPR § 7 Rn. 23; *Terlau*, Das Internationale Privatrecht der Gesellschaft bürgerlichen Rechts, S. 251.
[101] Vgl. *Magnus* in Staudinger IntVertrR 1 Rom I-VO Art. 1 Rn. 80; *Rauscher* IPR Rn. 660.
[102] Siehe hierzu nur *Tat*, Die Rechtssubjektivität und Haftung der Gesellschaft bürgerlichen Rechts in Deutschland und Frankreich, S. 142.
[103] Vgl. Art. 1872-1 code civil.

dem Recht des Staates, in dem der Verbraucher seinen gewöhnlichen Aufenthalt hat, wenn der Unternehmer seine „Tätigkeit auf irgendeiner Weise auf diesen Staat oder auf mehrere Staaten, einschließlich dieses Staates, ausrichtet und der Vertrag in den Bereich dieser Tätigkeit fällt", **Art. 6 Abs. 1 lit. b)**.[104]

Einige Bereiche sind allerdings nach Absatz 4 **ausgenommen.** Dazu zählen unter anderem **Mietverträge (Art. 6 Abs. 4 lit. c)**.[105] Selbst wenn die Parteien des Mietvertrags Unternehmer und Verbraucher sind, wird der **Mietvertrag kollisionsrechtlich nicht als Verbrauchervertrag** eingeordnet.[106] Denn der Mietvertrag weist vor allem eine enge Verbindung mit dem Standort der Immobilie auf und auch Verbrauchern ist zuzumuten, sich auf das Recht des Staates, in dem sie eine Wohnung oder ein Grundstück mieten, einzulassen.[107] Voraussetzung ist allerdings, dass es sich tatsächlich um einen reinen Mietvertrag handelt. Ein **Beherbergungsvertrag,** wie etwa die Anmietung eines Hotelzimmers, enthält hingegen vor allem **Dienstleistungselemente,** die mit der Unterbringung einhergehen.[108] Bei einem gewöhnlichen Mietvertrag über Räume mit einer beziehungsweise für eine Wohngemeinschaft, wird es sich recht klar um eine reine Immobilienmiete handeln. Insbesondere gehören Leistungen wie **die Instandhaltung der Mietsache** oder das **Erstellen einer Nebenkostenabrechnung** zu den **üblichen Nebenpflichten** aus einem Mietvertrag und deuten nicht auf einen darüberhinausgehenden Dienstvertrag hin.[109] Weniger eindeutig ist hingegen die kurzzeitige Vermietung von Wohnungsräumen an (fremde) Gäste, wie etwa über die Plattform Airbnb (vgl. hierzu → § 24). **40**

A und B leben in einer Wohngemeinschaft in einer Dreizimmer Wohnung in München. Um ein wenig Geld nebenbei zu verdienen, vermieten sie das dritte Zimmer regelmäßig über Airbnb. Sie stellen ihren Gästen dann frische Handtücher und Bettwäsche zur Verfügung und geben ihnen eine kleine Mappe, in denen die Hausregeln aufgelistet und einige Tipps für Sehenswürdigkeiten zu finden sind. Die Endreinigung des Zimmers übernehmen ebenfalls A und B.

Airbnb sieht sich selbst – ausweislich der Nutzungsbedingungen – lediglich als Vermittler.[110] Zwar hat dieses Selbstverständnis nur bedingt Einfluss auf die rechtliche Einordnung. Der Ablauf einer Vermietung über Airbnb spricht allerdings ebenfalls dafür, dass Airbnb nicht Vertragspartei des Mietvertrags wird. Denn Anbieter und Suchender finden sich zwar über die Suchfunktionen der Plattform, sie treten dann aber direkt miteinander in Kontakt und entscheiden, ob sie mit dem jeweils anderen kontrahieren wollen. Der Vertrag wird also zwischen dem Gast als Mieter und der Wohnungsgemeinschaft als Vermieter geschlossen. Macht die WG nicht nur ab und zu, etwa bei Urlaubsabwesenheit, von der Möglichkeit der Untervermietung Gebrauch, sondern vermietet regelmäßig, handelt sie zu gewerblichen Zwecken und ist Unternehmerin im Sinne von Art. 6 Rom I-VO. Leistungen, wie die Bereitstellung von Bettwäsche, Handtüchern, Reiseinformationen etc. **gehen wesentlich über eine einfache Gebrauchsüberlassung hinaus.** Der Vertrag **41**

---

[104] Alternativ ist das Recht des Staates in dem der Verbraucher seinen gewöhnlichen Aufenthalt hat anzuwenden, wenn der Unternehmer seine Tätigkeit in diesem Staat ausübt (lit. a)). Diese Alternative ist bei Vermietung einer inländischen Wohnung nicht gegeben.

[105] Insofern kritisch *Mankowski* in Reithmann/Martiny IntVertrR Rn. 6.965, der die Vorschrift als „kollisionsrechtliche Subventionierung der Wohnungswirtschaft" bezeichnet.

[106] Vgl. *Gebauer* in Calliess, Rome Regulations, Art. 4 Rome I mn. 25; *Güllemann* IntVertrR S. 58; *Martiny* in MüKoBGB Rom I-VO Art. 6 Rn. 30; *Staudinger* in: 10 Jahre Mietrechtsreformgesetz, 929 (944). Etwas anderes gilt nur für Time-Sharing Verträge („Verträge über Teilzeitnutzungsrechte an Immobilien im Sinne der Richtlinie 94/47/EG").

[107] Vgl. *Kluth,* Verbraucherschutz, S. 277.

[108] Vgl. *Magnus* in Staudinger IntVertrR 1 Rom I-VO Art. 4 Rn. 49; *Mankowski* in Reithmann/Martiny IntVertrR Rn. 6.946; *Martiny* in MüKoBGB Rom I-VO Art. 4 Rn. 65.

[109] Vgl. *Mankowski* in Reithmann/Martiny IntVertrR Rn. 6.966.

[110] „Wenn Mitglieder eine Buchung vornehmen bzw. annehmen, schließen sie direkt untereinander einen Vertrag. Airbnb ist und wird weder Partei oder ein sonstiger Beteiligter an dem Vertragsverhältnis zwischen Mitgliedern, noch ist Airbnb ein Immobilienmakler oder eine Versicherungsgesellschaft.", Auszug aus den Nutzungsbedingungen, abrufbar unter: https://www.airbnb.de/terms., 7.5.2019.

ähnelt dann mehr einem Beherbergungsvertrag als einer gewöhnlichen Miete.[111] Dennoch bestimmt sich das anwendbare Recht nicht nach Art. 6 Abs. 1 Rom I-VO, weil **Dienstleistungen, die ausschließlich in einem anderen Staat als dem des Verbrauchers erbracht werden,** nach **Art. 6 Abs. 4 lit. a) ausgenommen** sind.[112] Dies gilt nicht nur für reine Dienstleistungsverträge, sondern auch für Mietverträge mit Dienstleistungselementen.[113] Dementsprechend sind insbesondere **Beherbergungsverträge** nicht nach Art. 6 Abs. 1 Rom I-VO zu beurteilen.[114]

42 Stattdessen bestimmt sich das anwendbare Recht nach **Art. 4 Abs. 1 lit. b Rom I-VO.** Entscheidend ist der **gewöhnliche Aufenthalt des Dienstleisters.** Vermietet eine WG als Außengesellschaft ein Zimmer über Airbnb, ist der **Sitz der Gesellschaft** entscheidend. Anwendbar ist mithin das Recht des Staates, in dem sich die Wohngemeinschaft befindet. Ist nur einer der Mitbewohner Vertragspartner, kommt es darauf an, ob er dauerhaft in der Wohnung lebt, also seinen **gewöhnlichen Aufenthalt** dort hat. Ist dies ausnahmsweise nicht der Fall, etwa weil der Mitbewohner selber nur vorübergehend in der WG lebt und seinen gewöhnlichen Aufenthalt im Ausland hat, wäre nach Absatz 1 das Recht dieses anderen Staates anwendbar. Allerdings wird man in diesem besonderen Fall wohl nach **Art. 4 Abs. 3 Rom I-VO** annehmen können, dass der Vertrag eine **wesentlich engere Verbindung** zu einem anderen Recht aufweist, nämlich zum Recht des Staates, in dem sich die Wohnung befindet.

2. Deliktische Rechtsverletzungen in der WG

43 Die kollisionsrechtliche Beurteilung **außervertraglicher Schuldverhältnisse** bestimmt sich nach den Vorschriften der **Rom II-VO.**[115] Im Falle einer unerlaubten Handlung ist grundsätzlich das Recht des Staates anzuwenden, **in dem der Schaden eintritt, Art. 4 Abs. 1 Rom II-VO.** Etwas anderes gilt jedoch, wenn Schädiger und Geschädigter zum Zeitpunkt des Schadenseintritts ihren **gewöhnlichen Aufenthalt** in demselben Staat haben. Dann unterliegt die deliktische Handlung diesem Recht, **Art. 4 Abs. 2 Rom II-VO.**[116]

A, B und C sind Erasmus-Studierende aus Italien und leben in einer Wohngemeinschaft in Rostock. Als A's Mutter aus Italien zu Besuch ist, zerstört sie versehentlich B's Laptop. Die Rechtsverletzung ist nach italienischem Recht zu beurteilen.

44 In besonderen Konstellationen kann eine unerlaubte Handlung auch einer anderen, dritten Rechtsordnung unterliegen. Dies ist nach **Art. 4 Abs. 3 S. 1 Rom II-VO** der Fall, wenn sich „aus der Gesamtheit der Umstände [ergibt], dass die unerlaubte Handlung eine **offensichtlich engere Verbindung** mit einem anderen als dem in den Absätzen 1 oder 2 bezeichneten Staat aufweist". Dies könnte etwa der Fall sein, wenn die beteiligten Personen

---

[111] Vgl. *Martiny* in MüKoBGB Rom I-VO Art. 4 Rn. 123. *Mankowski* in Reithmann/Martiny IntVertrR Rn. 6.969, hält allerdings Leistungen wie Endreinigung, Wäschewechsel und Schlüsselübergabe für reine Nebenleistungen eines Mietvertrags.
[112] vgl. *Magnus* in Staudinger IntVertrR 1 Rom I-VO Art. 4 Rn. 253; Staudinger in: 10 Jahre Mietrechtsreformgesetz, S. 929 (944). Kritisch zu dieser Ausnahme *Kluth,* Verbraucherschutz, S. 273.
[113] *Staudinger* in: 10 Jahre Mietrechtsreformgesetz, S. 929 (944).
[114] *Martiny* in MüKoBGB Rom I-VO Art. 6 Rn. 27; Staudinger in Ferrari/Kieninger/Mankowski Int VertrR Rom I-VO Art. 6 Rn. 34.
[115] Verordnung Nr. 864/2007 des Europäischen Parlaments und des Rates vom 11.7.2007 über das auf außervertragliche Schuldverhältnisse anzuwendende Recht. Die Verordnung gilt für alle schadensbegründenden Ereignisse, die nach 11.1.2009 eingetreten sind (Art. 31 Rom II-VO).
[116] (3) 1Ergibt sich aus der Gesamtheit der Umstände, dass die unerlaubte Handlung eine offensichtlich engere Verbindung mit einem anderen als dem in den Absätzen 1 oder 2 bezeichneten Staat aufweist, so ist das Recht dieses anderen Staates anzuwenden. 2Eine offensichtlich engere Verbindung mit einem anderen Staat könnte sich insbesondere aus einem bereits bestehenden Rechtsverhältnis zwischen den Parteien – wie einem Vertrag – ergeben, das mit der betreffenden unerlaubten Handlung in enger Verbindung steht.

aus dem gleichen Staat stammen, einer von ihnen aber mittlerweile seinen gewöhnlichen Aufenthalt ins Inland verlegt hat.

C. Internationale Zuständigkeit

Die internationale Zuständigkeit richtet sich grundsätzlich nach den Vorschriften der EuGVVO (oder Brüssel Ia-VO).[117] Die Regelungen der EuGVVO sind weitestgehend mit jenen der Rom-Verordnungen abgestimmt, um einen Gleichlauf von Forum und anwendbarem Recht herzustellen: Ein Gericht soll nach Möglichkeit sein eigenes materielles Recht anwenden können.[118]

45

I. Rechtsstreitigkeiten aus dem Mietvertrag

1. Ausschließliche Zuständigkeit, Art. 24 Nr. 1 S. 1 EuGVVO

Für **Klagen aus dem Mietvertrag** sind **ausschließlich die Gerichte am Belegenheitsort** der Immobilie zuständig, **Art. 24 Nr. 1 S. 1 EuGVVO**.[119] Hinter dieser Zuständigkeit stehen ähnliche Erwägungen, wie hinter der kollisionsrechtlichen Anknüpfung: Die Gerichte am Belegenheitsort besitzen die besten Kenntnisse der örtlich geltenden (Mietschutz-)Normen und können durch ihre tatsächliche Nähe zur streitgegenständlichen Immobilie am einfachsten den Sachverhalt aufklären.[120]

46

Liegt die **unbewegliche Sache in einem Drittstaat**, gilt Art. 24 Nr. 1 EuGVVO nicht. Es sind dann die anderen Vorschriften der EuGVVO heranzuziehen. Die Anwendung von Art. 24 Nr. 1 EuGVVO setzt hingegen nicht voraus, dass der Beklagte seinen Wohnsitz in einem Mitgliedstaat hat; die ausschließliche Zuständigkeit gilt also auch gegenüber Drittstaatlern.[121]

47

B und C wohnen in Kassel in der Wohnung des A, der selbst in Australien lebt. Für eine Klage gegen A wegen Verletzung seiner Pflichten als Vermieter sind deutsche Gerichte gem. Art. 24 Nr. 1 S. 1 EuGVVO international zuständig.

Der Begriff der Miete ist – wie auch im Zusammenhang mit der Rom I-VO – **autonom zu bestimmen**.[122] Als Miete wird „jede einen Rechtsanspruch begründende Überlassung des Gebrauchs der Immobilie auf Zeit"[123] verstanden. Gegenstand der Miete können Grundstücke, Häuser und Wohnungen sein.[124] Der Vermieter muss nicht Eigentümer der Immobilie sein, sodass auch Untermietverträge als Miete iSd EuGVVO gelten.[125] Ein **Hotel- oder Beherbergungsvertrag** ist hingegen kein Mietvertrag.[126]

48

---

[117] Verordnung (EU) Nr. 1215/2012 des Europäischen Parlaments und des Rates vom 12.12.2012 über die gerichtliche Zuständigkeit und die Anerkennung und Vollstreckung von Entscheidungen in Zivil- und Handelssachen.
[118] Vgl. *Schack* IntZivVerfR § 1 Rn. 25.
[119] „[Ausschließlich zuständig sind] für Verfahren, welche dingliche Rechte an unbeweglichen Sachen sowie die Miete oder Pacht von unbeweglichen Sachen zum Gegenstand haben, die Gerichte des Mitgliedstaats, in dem die unbewegliche Sache belegen ist".
[120] Vgl. *Kümmerle* GPR 2014, 170 (171); *Mankowski* in Rauscher EuZPR/EuIPR Brüssel Ia-VO Art. 24 Rn. 26 („Beweis- und Rechtsnähe").
[121] Vgl. *Dörner* in Saenger ZPO EuGVVO Art. 24 Rn. 5; *Mankowski* in Rauscher EuZPR/EuIPR Brüssel Ia-VO Art. 24 Rn. 5
[122] Vgl. *Dörner* in Saenger ZPO EuGVVO Art. 24 Rn. 10; *Mankowski* in Rauscher EuZPR/EuIPR Brüssel Ia-VO Art. 24 Rn. 26; *Wagner/Diehl* GPR 2014, 230 (232).
[123] *Mankowski* in Rauscher EuZPR/EuIPR Brüssel Ia-VO Art. 24 Rn. 26.
[124] *Mankowski* in Rauscher EuZPR/EuIPR Brüssel Ia-VO Art. 24 Rn. 26.
[125] Vgl. *Dörner* in Saenger ZPO EuGVVO Art. 24 Rn. 10; *Wagner/Diehl* GPR 2014, 230 (232).
[126] Vgl. *Mankowski* in Rauscher EuZPR/EuIPR Brüssel Ia-VO Art. 24 Rn. 32.

A ist Hauptmieter einer Dreizimmer Wohnung in Dortmund. Eines der Zimmer ist dauerhaft an B aus Bulgarien vermietet. Ein weiteres Zimmer vermietet er regelmäßig an Airbnb-Gäste. Für eine Klage gegen B sind deutsche Gerichte nach Art. 24 Nr. 1 S. 1 EuGVVO ausschließlich zuständig. Klagen gegen Airbnb-Gäste fallen hingegen nicht unter diese Vorschrift, weil es sich bei dem Vertrag nicht um eine Miete, sondern (schwerpunktmäßig) um einen Beherbergungsvertrag handelt (→ Rn. 41).

49 Die ausschließliche Zuständigkeit gilt für sämtliche Rechtsstreitigkeiten, die Rechte und Pflichten aus dem Mietvertrag betreffen.[127] Erfasst sind also das Zustandekommen und die Auslegung des Vertrages, Ansprüche auf Zahlung des Mietzinses und der Nebenkosten beziehungsweise auf Rückzahlung des Mietzinses, etwa im Fall einer Mietminderung, sowie Schadensersatzklagen wegen Beschädigung der Mietsache und die Klage auf Herausgabe der Mietsache.[128]

2. Zusätzlicher Gerichtsstand bei kurzfristigen Mietverhältnissen, Art. 24 Nr. 1 S. 2 EuGVVO

50 In Gleichlauf mit der kollisionsrechtlichen Regelung in Art. 4 Abs. 1 lit. d) Rom I-VO, hält auch die EuGVVO eine Sonderregel für kurzfristige Mietverhältnisse bereit.[129] Nach **Art. 24 Nr. 1 S. 2 EuGVVO** sind „für Verfahren betreffend die Miete oder Pacht unbeweglicher Sachen zum vorübergehenden privaten Gebrauch für **höchstens sechs aufeinander folgende Monate** auch die Gerichte des Mitgliedstaats zuständig, in dem der Beklagte seinen Wohnsitz hat, sofern es sich bei dem Mieter oder Pächter um eine natürliche Person handelt und der Eigentümer sowie der Mieter oder Pächter ihren Wohnsitz in demselben Mitgliedstaat haben". Die Verordnung gewährt hier einen **zusätzlichen, fakultativen Gerichtsstand**.[130]

F lebt in Finnland und ist Eigentümer einer Wohnung in Weimar, die er an finnische Erasmus-Studierende vermietet, die für weniger als sechs Monate in Weimar studieren und die Wohngemeinschaft anschließend wieder auflösen. F kann wegen Ansprüchen aus dem Mietvertrag sowohl in Deutschland als Belegenheitsort als auch in Finnland, an seinem Wohnsitz, verklagt werden.

51 Dass ein alternativer Gerichtsstand für bestimmte kurzfristige Mietverträge existiert, ändert allerdings nichts an dem Charakter eines **ausschließlichen Gerichtsstands**.[131] Auch für diese Mietverträge sind **sämtliche anderen Gerichtsstände der EuGVVO ausgeschlossen** und eine **rügelose Einlassung** führt nicht zur internationalen Zuständigkeit eines anderen Staates **(Art. 26 Abs. 1 S. 2 EuGVVO)**.[132]

II. Sonstige Rechtsstreitigkeiten

52 Für Klagen, die ihren Ursprung nicht unmittelbar im Mietvertrag haben, gelten die allgemeinen und besonderen Gerichtsstände der EuGVVO. Für sonstige Klagen der Mitbewohner gegeneinander oder gegen Dritte kommt insbesondere der allgemeine Gerichtsstand am Wohnsitz in Betracht (1. → Rn. 53 ff.). Daneben kann sich, abhängig von dem Gegenstand des jeweiligen Rechtsstreits, auch eine besondere internationale Zuständigkeit ergeben (2. → Rn. 56). Abweichende Zuständigkeitsregeln gelten für Verbrauchersachen (3. → Rn. 58).

---

[127] Vgl. EuGH Slg. 2000, I-393 = NJW 2000, 2009 Rn. 23 (zu Art. 16 Nr. 1 EuGVVO aF)
[128] vgl. *Dörner* in Saenger ZPO EuGVVO Art. 24 Rn. 10; *Mankowski* in Rauscher EuZPR/EuIPR Brüssel Ia-VO Art. 24 Rn. 42; *Wagner/Diehl* GPR 2014, 230 (233).
[129] Die kollisionsrechtliche Regel der Rom I-VO wurde insofern der Zuständigkeitsvorschrift in Art. 22 Nr. 1 S. 2 EuGVVO aF nachgebildet, vgl. hierzu *Magnus* IPRax 2010, 27 (36).
[130] Vgl. *Dörner* in Saenger ZPO EuGVVO Art. 24 Rn. 15; *Mankowski* in Rauscher EuZPR/EuIPR Brüssel Ia-VO Art. 24 Rn. 53.
[131] Vgl. *Mankowski* in Rauscher EuZPR/EuIPR Brüssel Ia-VO Art. 24 Rn. 53.
[132] Vgl. hierzu auch *Hüßtege* IPRax 2015, 220.

1. Allgemeiner Gerichtsstand: Wohnsitz

Der **allgemeine internationale Gerichtsstand** einer Person liegt in dem Staat, in dem sie ihren **Wohnsitz** hat, **Art. 4 Abs. 1 EuGVVO** *(actor sequitur forum rei)*.[133] Dies gilt allerdings nur soweit der Wohnsitz in einem Mitgliedstaat liegt, weil die EuGVVO **nicht universell anwendbar,** sie also (grundsätzlich) nicht im Verhältnis zu Drittstaaten gilt, Art. 6 Abs. 1. Nur ausnahmsweise kann die internationale Zuständigkeit gegenüber Personen, die ihren Wohnsitz nicht in einem Mitgliedstaat haben, angewendet werden. Neben den Fällen einer ausschließlichen internationalen Zuständigkeit (→ Rn. 46 ff.), ist dies beispielsweise in Verbrauchersachen der Fall. Außerhalb dieser Konstellationen bestimmt ein deutsches Gericht die internationale Zuständigkeit in **„doppelfunktionaler" Anwendung der örtlichen Zuständigkeitsvorschriften der ZPO.**[134] Auch für Drittstaatler besteht daher eine internationale Zuständigkeit in Deutschland, wenn sie hier ihren Wohnsitz haben, § 13 ZPO. 53

Wie der Wohnsitz einer Partei bestimmt wird, regelt – innerhalb des Anwendungsbereichs der EuGVVO – **Art. 62 für natürliche Personen** und **Art. 63 für Gesellschaften.** Für den Wohnsitz natürlicher Personen enthält die EuGVVO **keine autonome Definition,** sondern verweist auf das **Recht des Prozessgerichts** *(lex fori)*.[135] Bei einer Klage vor einem deutschen Gericht werden also die §§ 7 ff. BGB herangezogen.[136] Hiernach begründet seinen Wohnsitz, „wer sich an einem Orte ständig niederlässt", § 7 Abs. 1 BGB. Der Wohnsitz wird daher definiert als der „räumliche Mittelpunkt des gesamten Lebens einer Person, das Zustandsverhältnis, das durch die Verknüpfung der Lenkung und Leitung der Angelegenheiten einer Person mit einem Ort hergestellt wird".[137] Damit besteht – nach hier vertretener Ansicht – ein Gleichlauf zwischen Wohnsitz und gewöhnlichem Aufenthalt im Sinne des Europäischen Kollisionsrechts.[138] 54

S aus Stockholm ist Erasmus-Student in Bayreuth und lebt in einer WG. Als K, der aus Kanada stammt, aber vor einem Jahr nach Deutschland ausgewandert ist, die WG besucht, kommt es zu einem Zwischenfall, bei dem K den Laptop von S beschädigt und S das iPhone von K zerstört. Für eine Klage des S gegen K sind deutsche Gerichte international zuständig, weil K hier seinen dauerhaften Daseinsmittelpunkt hat. K wiederum kann S (auch) in Schweden verklagen, weil dieser, trotz zwischenzeitlichem Studienaufenthalt in Bayreuth, seinen Wohnsitz in Stockholm nicht aufgegeben hat.

Für **juristische Personen** und **andere Gesellschaften** ist nach **Art. 63 Abs. 1 EuGVVO** entscheidend, wo sich ihr **satzungsmäßiger Sitz** (lit. a), ihre **Hauptverwaltung** (lit. b) oder ihre **Hauptniederlassung** (lit. c) befindet. Die Hauptverwaltung einer Gesellschaft befindet sich an dem Ort, an dem die **grundlegenden unternehmerischen Entscheidungen** getroffen werden.[139] Agiert eine WG in Form einer Außengesellschaft und schließt Verträge in eigenem Namen, hat sie ihre Hauptverwaltung typischerweise in dem Staat, in dem die Wohnung liegt. 55

A, B und C aus Griechenland sind für ein Erasmus-Semester in Konstanz. Sie leben im WG Typ D und schließen im Namen der WG einen Vertrag über einen Telefonanschluss. Für eine Klage des Telefonbieters gegen die WG sind deutsche Gerichte, unabhängig von Nationalität und Wohnsitz der WG-Mitglieder, international zuständig.

---

[133] Vgl. *Mankowski* in Rauscher EuZPR/EuIPR Brüssel Ia-VO Art. 4 Rn. 1.
[134] Vgl. *Patzina* in MüKoZPO § 12 Rn. 90; *Staudinger* in Rauscher EuZPR/EuIPR Brüssel Ia-VO Art. 62 Rn. 2.
[135] Vgl. *Staudinger* in Rauscher EuZPR/EuIPR Brüssel Ia-VO Art. 62 Rn. 1.
[136] Vgl. *Dörner* in Saenger ZPO EuGVVO Art. 62 Rn. 3; *Staudinger* in Rauscher EuZPR/EuIPR Brüssel Ia-VO Art. 62 Rn. 1.
[137] RGZ 67, 191 (193).
[138] *Staudinger* in Rauscher EuZPR/EuIPR Brüssel Ia-VO Art. 62 Rn. 9, fordert *de lege ferenda* anstatt des (national zu bestimmenden Wohnsitzes) den gewöhnlichen Aufenthalt als Kriterium heranzuziehen.
[139] Vgl. *Dörner* in Saenger EuGVVO ZPO Art. 63 Rn. 6; *Staudinger* in Rauscher EuZPR/EuIPR Brüssel Ia-VO Art. 63 Rn. 1.

2. Besondere Zuständigkeiten

56 Ebenso wie das nationale Zuständigkeitsrecht, hält auch die EuGVVO verschiedene besondere Gerichtsstände bereit. Diese besonderen Zuständigkeiten finden sich in den **Art. 7 -9 EuGVVO**. Voraussetzung ist wiederum, dass der Wohnsitz des Beklagten in einem Mitgliedstaat liegt. Die Gerichtsstände sind dabei **fakultativ;** der Kläger kann also zwischen der allgemeinen Zuständigkeit am Wohnsitz und einem einschlägigen besonderen Gerichtsstand wählen.[140] Teilweise verweisen die besonderen Gerichtsstände auf einen bestimmten „Ort" und begründen damit nicht nur die internationale, sondern zugleich die örtliche Zuständigkeit.

Für die Klage von K gegen S wegen des in der WG in Bayreuth zerstörten Telefons sind neben schwedischen auch deutsche Gerichte international zuständig., weil der Anspruch des K auf einer unerlaubten Handlung von S beruht. Nach Art. 7 Nr. 2 EuGVVO ist das Gericht am Ort des schadensbegründenden Ereignisses (der Ort „an dem das schädigende Ereignis eingetreten ist oder einzutreten droht") zuständig. Dementsprechend kann K zwischen dem zuständigen Gericht in Bayreuth und dem in Stockholm wählen.

57 Auch für Klagen, die sich aus einem **Vertragsverhältnis** ergeben, enthält die EuGVVO eine besondere Zuständigkeit. Nach **Art. 7 Nr. 1** ist der **Erfüllungsort** entscheidend. Für **Kaufverträge** und **Dienstleistungen** wird der Erfüllungsort **autonom bestimmt (lit. b).** Für Dienstleistungen ist dies „der Ort in einem Mitgliedstaat, an dem sie nach dem Vertrag erbracht worden sind oder hätten erbracht werden müssen" (Art. 7 Nr. 1 lit. b S. 2). Der Begriff des Dienstleistungsvertrags ist ebenfalls autonom zu bestimmen. Eine Dienstleistung liegt demnach vor, „wenn eine Partei sich zur Erbringung einer bestimmten Tätigkeit gegen Entgelt verpflichtet".[141]

Für eine Klage des Telefonanbieters gegen die WG in Konstanz ergibt sich eine internationale Zuständigkeit deutscher Gerichte auch nach Art. 7 Nr. 1 lit. b). Der Vertrag über den Telefonanschluss ist autonom als Dienstleistungsvertrag zu qualifizieren und die vertragscharakteristische Leistung wird in Deutschland erbracht.

3. Verbrauchergerichtsstand

58 Für Klagen, die sich aus einem **Verbrauchervertrag** ergeben, trifft die EuGVVO in **Art. 17** eine besondere Regelung. Um den Verbraucher möglichst davor zu schützen, vor einem ausländischen Gericht verklagt zu werden beziehungsweise Rechtsschutz suchen zu müssen, erhält er in bestimmten Fällen die Möglichkeit, das Verfahren vor den **Gerichten seines Heimatstaates** zu führen. Dies gilt insbesondere für **Teilzahlungskäufe (lit. a)** und **Darlehensverträge (lit. b).** Darüber hinaus sind sämtliche Verträge erfasst, in denen der Vertragspartner im **Wohnsitzstaat des Verbrauchers** „eine berufliche oder gewerbliche Tätigkeit **ausübt** oder eine solche auf irgendeinem Wege auf diesen Mitgliedstaat oder auf mehrere Staaten, einschließlich dieses Mitgliedstaats, **ausrichtet** und der Vertrag in den Bereich dieser Tätigkeit fällt" (lit. c). Eine „Ausrichtung" kommt dabei auch in Betracht, wenn der Unternehmer eine Webseite betreibt, deren Charakter auf einen Willen hindeutet, mit Verbrauchern aus einem anderen Mitgliedstaat Verträge abzuschließen.[142] Dabei ist etwa relevant, ob touristische Leistungen angeboten und Vorkehrungen getroffen werden, um einen Abruf der Webseite aus dem Ausland zu fördern.[143] Zwar werden bestimmte Beförderungsverträge gem. Art. 17 Abs. 3 EuGVVO ausgenommen, es besteht jedoch **kein Gleichlauf** mit den Ausnahmen nach Art. 6 Abs. 4 Rom I-VO.[144] Dem-

---

[140] Vgl. *Leible* in Rauscher EuZPR/EuIPR Brüssel Ia-VO Art. 7 Rn. 1.
[141] *Leible* in Rauscher EuZPR/EuIPR Brüssel Ia-VO Art. 7 Rn. 67.
[142] Vgl. EuGH Slg. 2010, I-12527 = NJW 2011, 505 Rn. 80 ff.
[143] So EuGH Slg. 2010, I-12527 = NJW 2011, 505 Rn. 83.
[144] Vgl. *Staudinger* in Rauscher EuZPR/EuIPR Brüssel Ia-VO Art. 17 Rn. 23.

entsprechend sind weder **Mietverträge,** noch **Dienstleistungsverträge,** die vollständig an einem anderen Ort als dem Aufenthaltsort des Verbrauchers erbracht werden, ausgenommen.

A und B aus Paris vermieten regelmäßig ein Zimmer über Airbnb. Sie haben M, einen Gast aus München, zu Besuch. Sie vergessen, das Zimmer vor der Übergabe zu reinigen. M klagt gegen A und B vor dem Amtsgericht München wegen entgangener Urlaubsfreuden.

Über Airbnb können weltweit Zimmer oder Wohnungen gefunden werden. Die Webseite wird dabei – je nach Abrufstaat – in unterschiedlichen Sprachen und mit unterschiedlichen Währungen dargestellt.[145] Zwar ist Airbnb nicht selbst Vertragspartner, aber ein Anbieter, der Airbnb als Plattform nutzt, richtet damit seine Tätigkeit auch auf ausländische Staaten aus. Im Beispielsfall wäre das Gericht in München daher international zuständig, würde jedoch französisches Recht anwenden.

---

[145] Vgl. zu einem ähnlichen Fall *Staudinger/Frensing-Deutschmann* JuS 2015, 1092 (1095).

§ 27 Wohngemeinschaften als Bedarfsgemeinschaften

Übersicht

	Rn.
A. Einführung	1
B. Ausgangssituation	2
C. Die Bedarfsgemeinschaft	13
I. Sozialrechtliche Bedeutung und Herkunft	14
II. Voraussetzungen	18
1. Person vs. Partner	23
a) Ausschließlichkeit	28
b) Möglichkeit der Heirat	32
2. Zusammenleben in einem Haushalt	33
a) Zusammenleben	36
b) Gemeinsamer Haushalt	37
3. Wechselseitiger Wille, füreinander Verantwortung zu tragen und füreinander einzustehen	40
4. Widerlegung des Verantwortungs- und Einstehenswillens	43
D. Verfahren	45
I. Ermittlung	46
II. Vertretung	49
III. Im Prozess	50
E. Weitere Gemeinschaften	51
I. Wohngemeinschaft	52
II. Haushaltsgemeinschaft	53
III. Gemeinschaften nach dem SGB XII	56
F. Fazit	58

Schrifttum:

von Brosius-Gersdorf, Bedarfsgemeinschaften im Sozialrecht, in: NZS 2007, 410; *Greiser/Ottenströer,* Die ehe-ähnliche Gemeinschaft im SGB II, in: ZFSH/SGB 2013, 181; *Reinecke,* Die Bedarfsgemeinschaft, in: FPR 2009, 452; *Schoch,* Die Bedarfsgemeinschaft, die Einsatzgemeinschaft und die Haushaltsgemeinschaft nach dem SGB II und SGB XII, in: ZfF 2004, 169; *Spellbrink,* Die Bedarfsgemeinschaft gemäß § 7 SGB II eine Fehlkonstruktion?, in: NZS 2007, 121; *Stephan,* Die Ansprüche zusammenlebender Personen nach SGB II und SGB XII, Berlin 2008; *Weinreich,* Die Amtsermittlungspflicht und die Arbeit des Außendienstes im Rahmen des § 7 Abs 3 Nr 3c SGB II, in: Sozialrecht aktuell 2014, 177; *Wettlaufer,* Höchstrichterlicher Stolperstein zur Verantwortungs- und Einstehensgemeinschaft, in: SGb 2016, 496.

A. Einführung

Das gemeinsame Bewohnen einer Wohnung durch mehrere Personen bringt eine Vielzahl an juristischen Problemen mit sich, die auch – aber eben nicht nur – zivilrechtlicher Natur sind. Denn auch das Sozialrecht kennt verschiedene Gemeinschaften zusammenlebender Personen, deren wohl bedeutsamste die Bedarfsgemeinschaft im Sinne des SGB II ist. Vor dem Hintergrund der Blickrichtung dieses Handbuchs ist es Ziel dieses Beitrags, sich der sozialrechtlichen Bedarfsgemeinschaft aus der Perspektive der Wohngemeinschaft zu nähern und aufzuzeigen, unter welchen Voraussetzungen aus sozialrechtlicher Sicht eine bloße Wohngemeinschaft und wann eine leistungsrechtlich relevante Bedarfsgemeinschaft vorliegt. Da die Bedarfsgemeinschaft nicht die einzige Gemeinschaft des Sozialrechts ist, wird im Anschluss an die Untersuchung der Bedarfsgemeinschaft ein vergleichender Blick auf

1

die so genannte Haushaltsgemeinschaft des SGB II und die so genannte Einsatzgemeinschaft des SGB XII geworfen.

B. Ausgangssituation

2 Die Frage, ob eine Bedarfsgemeinschaft im Sinne des SGB II vorliegt, erlangt erst Bedeutung, sofern ein Mitbewohner der Wohngemeinschaft einen Antrag auf Leistungen nach dem SGB II stellt. Denn die Zahlung von Arbeitslosengeld II setzt zunächst gemäß § 37 Abs. 1 SGB II die Antragstellung voraus.

3 Aus sozialrechtlicher Sicht irrelevant ist von vornherein, welche zivilrechtliche Konstruktion (siehe dazu → § 1) der Wohngemeinschaft zu Grunde liegt.[1] Ein Anspruch auf Grundsicherung für Arbeitssuchende[2] setzt voraus, dass der Antragsteller zwischen 15 und grundsätzlich 65 Jahre alt,[3] seinen gewöhnlichen Aufenthalt in Deutschland hat und erwerbsfähig im Sinne des § 8 SGB II ist.[4] Darüber hinaus muss der Antragsteller hilfebedürftig sein.

4 Diese Hilfebedürftigkeit, die § 7 Abs. 1 Nr. 3 SGB II verlangt, bestimmt sich nach § 9 SGB II und liegt verkürzt formuliert dann vor, wenn der Antragsteller seinen Lebensunterhalt nicht selbst sichern kann. Dabei ist zunächst sein eigenes Vermögen und Einkommen sowie die Unterstützung von Angehörigen oder von Trägern anderer Sozialleistungen zu berücksichtigen.[5] Für diejenigen, die in einer Wohngemeinschaft zusammenleben, ist die Aussage des § 9 Abs. 2 S. 1 SGB II zentral: „Bei Personen, die in einer Bedarfsgemeinschaft leben, sind auch das Einkommen und Vermögen des Partners zu berücksichtigen."

5 Für den Fall einer Wohngemeinschaft, die aus den Personen A und B besteht, stellt sich die Situation somit wie folgt dar:

6 Decken beide Mitglieder der Wohngemeinschaft ihren Bedarf selbst, ist für die Thematik der Bedarfsgemeinschaft kein Raum. Interessant wird es, erst wenn ein Mitbewohner nicht in der Lage ist, seinen Lebensunterhalt selbst zu sichern. Visualisiert lässt sich dies durch zwei Säulen darstellen, deren Höhe jeweils den Bedarf des einzelnen Mitbewohners kennzeichnet, der im hiesigen Beispiel von Mitbewohner A nicht selbstständig gedeckt werden kann:

---

[1] Zu den verschiedenen Typen vgl. die Aufstellung im ersten Beitrag dieses Handbuchs; praktisch relevant für die hier in Rede stehende Konstellation dürfte vor allem der Typ E (Mitbewohner ohne Mieter; siehe dazu → § 1 Rn. 28) sein.
[2] Zum Inhalt dieses Anspruchs vgl. § 4 Abs. 1 SGB II.
[3] Diese in §§ 7 Abs. 1 Nr. 1 und 7a SGB II enthaltenen Altersgrenzen basieren auf dem regulären Ende der gesetzlichen Schulpflicht bzw. dem Ende des Beschäftigungsverbots nach dem Jugendarbeitsschutzgesetz einerseits und dem Erreichen der Altersgrenze für die Regelaltersrente nach § 35 SGB VI andererseits, *Mushoff* in BeckOK SozR, 50. Ed. 1.9.2018, SGB II § 7 Rn. 11.
[4] § 8 SGB II: „Erwerbsfähig ist, wer nicht wegen Krankheit oder Behinderung auf absehbare Zeit außerstande ist, unter den üblichen Bedingungen des allgemeinen Arbeitsmarktes mindestens drei Stunden täglich erwerbstätig zu sein."
[5] Hierdurch kommt die Nachrangigkeit der Sozialleistung zum Ausdruck, vgl. *J. Neumann* in BeckOK SozR, 50. Ed. 1.9.2018, SGB II § 9 Rn. 3.

B. Ausgangssituation § 27

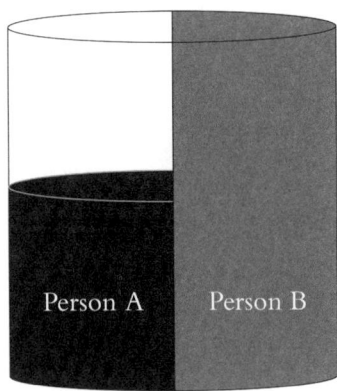

Vor der Anwendung des § 9 Abs. 2 S. 1 SGB II würde der Person A also ein Anspruch in der Höhe zustehen, die zu Bedarfsdeckung notwendig ist. Die Anwendung der Vorschrift, die die Existenz einer Bedarfsgemeinschaft voraussetzt, kann zunächst zu einem Ausschluss der Bedürftigkeit des Antragstellers führen, wenn dieser über einen gut verdienenden Mitbewohner verfügt, dessen Einkommen ausreicht, um den Lebensunterhalt von beiden zu sichern, was grafisch dargestellt dann folgendermaßen aussieht: **7**

Die Existenz einer Bedarfsgemeinschaft kann den Anspruch auf Sozialleistungen somit verkürzen oder sogar ausschließen, weil innerhalb von Bedarfsgemeinschaften die private (Eigen-)Verantwortung der Partner füreinander staatlicher Unterstützung vorgehen soll.[6] **8**

Im Falle eines Mitbewohners, der über ein eigenes Einkommen verfügt, das zwar den eigenen, aber nicht den Lebensunterhalt der Bedarfsgemeinschaft decken kann, führt dies letztlich auch dazu, dass auch dieser dann hilfebedürftig im Sinne des SGB II wird. Der Gesetzgeber formuliert insofern: „Ist in einer Bedarfsgemeinschaft nicht der gesamte Bedarf aus eigenen Kräften und Mitteln gedeckt, ist jede Person der Bedarfsgemeinschaft im Verhältnis des eigenen Bedarfs zum Gesamtbedarf an der Hilfebedürftigkeit beteiligt."[7] **9**

Diese für den eigentlich seinen Bedarf selbstständig deckenden Mitbewohner drastische Folge stellt sich dann wie folgt dar: **10**

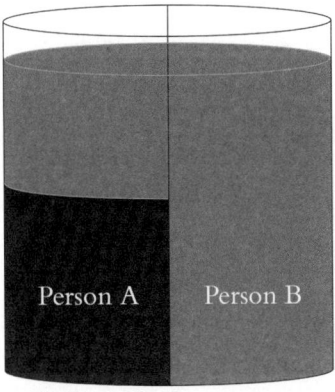

Die Mitgliedschaft zur Bedarfsgemeinschaft kann sich allerdings nicht nur anspruchsverkürzend beziehungsweise –ausschließend auswirken, denn für erwerbsunfähige Mitbewoh- **11**

---

[6] *Brosius-Gersdorf* NZS 2007, 410 (411).
[7] BT-Drs. 15/1516, 53.

ner, die Teil der Bedarfsgemeinschaft sind, folgt daraus ein eigener Leistungsanspruch, der sich ansonsten nach dem SGB XII richten würde.

12 Unter welchen Voraussetzungen eine Wohngemeinschaft also eine Bedarfsgemeinschaft im Sinne des SGB II darstellt, kann damit für beide Mitglieder der Wohngemeinschaft von zentraler Bedeutung sein, da es die gesetzgeberische Konzeption mit sich bringt, dass mit der Zuordnung beziehungsweise Einordnung einer natürlichen Person in eine Bedarfsgemeinschaft ihr individueller Anspruch unmittelbar berührt wird.[8]

C. Die Bedarfsgemeinschaft

13 Das macht es notwendig zu wissen, unter welchen Bedingungen das Vorliegen einer Bedarfsgemeinschaft zu bejahen ist.

I. Sozialrechtliche Bedeutung und Herkunft

14 Die Vorschrift des § 7 SGB II, die auch die maßgeblichen Regelungen zur Bedarfsgemeinschaft enthält, ist in ihrer ursprünglichen Fassung am 1.1.2005 in Kraft getreten; sie war Teil des Vierten Gesetzes für moderne Dienstleistungen am Arbeitsmarkt,[9] mit dem die Trennung von Arbeitslosen- und die Sozialhilfe für erwerbsfähige Hilfedürftige aufgehoben und im heutigen SGB II zusammengeführt wurde.[10] Im Zuge dessen wurde auch der Begriff der Bedarfsgemeinschaft neu eingeführt, der in den Vorläufergesetzen[11] nicht enthalten war, aber heute die zentrale Begrifflichkeit des SGB II darstellt.[12] Der Einführung zugrunde liegt die politische Entscheidung, derzufolge Personen, die besondere persönliche oder verwandtschaftliche Beziehungen zueinander haben und die in einem gemeinsamen Haushalt leben, sich in Notlagen gegenseitig materiell unterstützen und ihren Lebensunterhaltsbedarf gemeinsam decken sollen.[13]

15 Zuvor hatte der Deutsche Verein für öffentliche und private Fürsorge das Konzept einer **„reinen" Bedarfsgemeinschaft** entwickelt,[14] das eine Zusammenfassung aller Bedarfe und aller Einkommen in einer gemeinsamen Bedarfsberechnung vorsah, ohne die Aufteilung auf die einzelnen Personen vorzusehen. In der Konsequenz ist in diesem Konzept nicht der Einzelne Inhaber des Anspruchs, sondern die Bedarfsgemeinschaft an sich, deren Gesamtbedarf auch die Höhe des Anspruchs bestimmt.[15]

16 Demgegenüber lag dem vor Erlass des SGB II die Sozialhilfe regelnden BSHG das Konzept der **Einsatzgemeinschaft** zu Grunde, was bedeutete, dass bei der Bedarfsermittlung des einzelnen, der auch Anspruchsinhaber war, das Einkommen und Vermögen von näher bezeichneten Familienmitgliedern bedarfsdeckend Berücksichtigung finden konnte.[16]

17 Der Gesetzgeber hat sich zwar – ohne nähere Begründung[17] – begrifflich für die Einführung der Bedarfsgemeinschaft entschieden, diese entspricht jedoch nicht dem skiz-

---

[8] *Spellbrink* NZS 2007, 121 (127).
[9] BGBl. I S. 2954, 2999; vgl. *Valgolio* in Hauck/Noftz SGB II, 6. EL November 2018, § 7 Rn. 1.
[10] BT-Drs. 15/1516, 2.
[11] BSHG und AFG.
[12] *Spellbrink* NZS 2007, 121 meint, die Bedarfsgemeinschaft sei geradezu Schlussstein im architektonischen Konzept des SGB II, das im wahrsten Sinne des Wortes mit der Bedarfsgemeinschaft stehe und falle; *Reinecke* FPR 2009, 452 spricht von einer zentralen Rolle der Bedarfsgemeinschaft.
[13] *Reinecke* FPR 2009, 452.
[14] *Spellbrink* NZS 2007, 121 (122); *Schoch* ZfF 2004, 169 (171).
[15] Vgl. die Darstellung bei *G. Becker* in Eicher/Luik SGB II § 7 Rn. 69.
[16] So die Darstellung bei *Spellbrink* NZS 2007, 121 (122); zur Einsatzgemeinschaft im heutigen SGB XII Rn. 56, 57.
[17] *Stephan*, Die Ansprüche zusammenlebender Personen nach SGB II und SGB XII, S. 34.

zierten Konzept der „reinen" Bedarfsgemeinschaft, sondern stellt eine **Mischform** dar.[18] Dem Einzelnen wird einerseits ein Einzelanspruch zuerkannt,[19] bei dessen Berechnung jedoch die einzelnen Bedarfe derer zusammengerechnet werden, die Mitglieder einer Bedarfsgemeinschaft sind, und dem in der Gemeinschaft vorhandenen Einkommen und Vermögen gegenübergestellt.[20] Weil es somit aber keinen gemeinsamen Bedarf gibt, sondern dieser nur eine Berechnungsgrundlage ist, wäre es zutreffender, nicht von einer Bedarfs- sondern von einer **„Leistungsberechnungsgemeinschaft"** zu sprechen.[21]

II. Voraussetzungen

Die Bedarfsgemeinschaft selbst ist nicht definiert, sondern § 7 Abs. 3 SGB II benennt nur **18** ihre Mitglieder.[22] Für die hiesige Betrachtung aus dem Blickwinkel der Wohngemeinschaft ist dabei vor allem die Regelung des § 7 Abs. 3 Nr. 3c SGB II von Bedeutung, die lautet:

> „Zur Bedarfsgemeinschaft gehören (…)
> 3. als Partnerin oder Partner der erwerbsfähigen Leistungsberechtigten (…)
>   c) eine Person, die mit der erwerbsfähigen leistungsberechtigten Person in einem gemeinsamen Haushalt so zusammenlebt, dass nach verständiger Würdigung der wechselseitige Wille anzunehmen ist, Verantwortung füreinander zu tragen und füreinander einzustehen."

Der Gesetzgeber beschreibt dort die so genannte **Verantwortungs- und Einstehens-** **19** **gemeinschaft** als Unterfall der Bedarfsgemeinschaft.[23] Führt man sich zudem vor Augen, dass der in § 7 Abs. 3 Nr. 3c SGB II beschriebene Wille, füreinander Verantwortung zu tragen und einzustehen, nach der in § 7 Abs. 3a SGB II enthaltenen Vermutung u. a. dann anzunehmen ist, wenn Partner länger als ein Jahr zusammenleben, scheint der Weg von der Wohngemeinschaft zur Bedarfsgemeinschaft nicht weit: So verlangt der Gesetzeswortlaut nach Personen, die in einem gemeinsamen Haushalt so zusammenleben, dass ein gemeinsamer Verantwortungs- und Einstehenswille anzunehmen sei, wobei letzterer schon bei einem Zusammenleben von länger als einem Jahr vorliegen soll.

Liest man das Gesetz so, dann drängt sich der Eindruck auf, dass die seit mindestens **20** einem Jahr in einer Wohngemeinschaft lebenden Personen regelmäßig eine Bedarfsgemeinschaft im Sinne des SGB II bilden. Dass an eine Bedarfsgemeinschaft höhere Anforderungen gestellt werden als das bloße längere Zusammenleben, zeigt aber ein genauer Blick auf die Anforderungen, die das BSG im Hinblick auf die einzelnen Tatbestandsmerkmale formuliert hat. In seiner – auch kritisierten[24] – Entscheidung vom 23.8.2012[25] hat es erstmals die Voraussetzungen für das Vorliegen der hier in Rede stehenden Verantwortungs- und Einstehensgemeinschaft formuliert,[26] die es später bestätigt hat.[27]

Dem BSG zufolge soll eine Verantwortungs- und Einstehensgemeinschaft nur vorliegen, **21** wenn es sich erstens um **Partner** handelt, die zweitens in einer **Wohn- und Wirtschaftsgemeinschaft** leben und dies – drittens – so, dass nach verständiger Würdigung der **wechselseitige Wille** anzunehmen ist, **Verantwortung füreinander zu tragen und füreinan-**

---

18 *G. Becker* in Eicher/Luik SGB II § 7 Rn. 81.
19 *G. Becker* in Eicher/Luik SGB II § 7 Rn. 81.
20 *Stephan*, Die Ansprüche zusammenlebender Personen nach SGB II und SGB XII, S. 37.
21 So zutreffend *Stephan*, Die Ansprüche zusammenlebender Personen nach SGB II und SGB XII, S. 37.
22 *Mushoff* in BeckOK SozR, 50. Ed. 1.9.2018, SGB II § 7 Rn. 61 ff; *Stephan*, Die Ansprüche zusammenlebender Personen nach SGB II und SGB XII, S. 34.
23 *Stephan*, Die Ansprüche zusammenlebender Personen nach SGB II und SGB XII, S. 78.
24 Das BSG habe die Rechtsanwendung erschwert, so *Wettlaufer* SGb 2016, 496.
25 BSGE 111, 250 = NJW 2013, 957.
26 *Greiser/Ottenströer* ZFSH/SGB 2013, 181.
27 BSG NJOZ 2017, 511.

der einzustehen.[28] Die drei Kriterien müssen zur Annahme einer Bedarfsgemeinschaft kumulativ vorliegen, bei der Partnerschaft und der Wohn- und Wirtschaftsgemeinschaft handelt es sich um objektive Voraussetzungen, demgegenüber stellt der darüber hinaus festzustellende Verantwortungs- und Einstehenswille ein subjektives Tatbestandsmerkmal dar.[29]

22 Die nähere Betrachtung der einzelnen Tatbestandsmerkmale wird zeigen, dass der im Vergleich zum bloßen Wortlaut restriktivere Ansatz des BSG zwar geboten ist, die angedachte Trennung zwischen rein objektiven und einem gänzlich subjektiven Tatbestandsmerkmal aber nur schwer durchzuhalten ist.[30]

1. Person vs. Partner

23 Zentrale Frage in Bezug auf das erste Tatbestandsmerkmal ist, ob der Mitbewohner, um Mitglied der Bedarfsgemeinschaft zu werden, lediglich eine „Person" sein muss, die mit in der Wohnung lebt, oder ob es sich bei dieser Person um einen „Partner" handeln muss.

24 Der bloße **Gesetzeswortlaut** ist zumindest nicht eindeutig, denn einleitend werden zwar diejenigen zur Bedarfsgemeinschaft gezählt, die „als Partner oder Partnerin" des erwerbsfähigen Leistungsberechtigten gelten, wobei es nach der weiteren Konkretisierung unter lit. c ausreicht, eine „Person" zu sein. In der Konsequenz wird vertreten, dass der Wortlaut das Verständnis als Person zuließe.[31] Auch die **innere Systematik** der Norm vermag diesen Befund zumindest nicht gänzlich zu widerlegen.[32] Denn die übrigen, unter den lit. a und b enthaltenen Beschreibungen rekurrieren gerade nicht die vorangestellte Voraussetzung der „Partnerschaft", sondern sind schon dann zu bejahen, wenn das jeweils geforderte Merkmal Ehegatte[33] (lit. a) beziehungsweise Lebenspartner (lit. b) vorliegt. Lebt diese(r) nicht dauernd getrennt vom erwerbsfähigen Leistungsberechtigten, bilden beide eine Bedarfsgemeinschaft, ohne dass es auf die Erfüllung des weiteren, vorangestellten Tatbestandsmerkmals „Partnerschaft" ankäme. Dies bei der Verantwortungs- und Einstehensgemeinschaft nach lit. c zu verlangen, würde also von der Vorgehensweise bei den anderen Fällen des § 7 Abs. 3 Nr. 3 SGB II abweichen. Spricht dies systematisch noch gegen die Forderung, dass eine Partnerschaft bestehen muss, ändert sich dies schon mit einem Blick in den folgenden Absatz 3a. Dort sind die objektiven Voraussetzungen geregelt, bei deren Vorliegen der Leistungsträger auf den Willen schließen kann, dass die Mitglieder der Gemeinschaft füreinander Verantwortung tragen und einstehen wollen. Anders als in § 7 Abs. 3 Nr. 3c SGB II spricht das Gesetz hier gerade nicht nur von Personen, sondern von Partnern, bei denen ein solcher Wille etwa dann anzunehmen ist, wenn diese länger als ein Jahr zusammenwohnen. Dies legt auch aus systematischer Sicht nahe, hier eher von einer Partnerschaft auszugehen.

25 Das entscheidende Argument für das Erfordernis einer Partnerschaft entstammt der jüngeren **Gesetzeshistorie,** aus der sich das **gesetzliche Regelungsziel** entnehmen lässt. Die Vorschrift des § 7 Abs. 3 Nr. 3c SGB II hatte in ihrer ursprünglichen Fassung[34] zunächst nicht die hier diskutierte Verantwortungs- und Einstehensgemeinschaft vorgesehen, sondern „die Person, die mit dem erwerbsfähigen Hilfebedürftigen in ehelicher Gemeinschaft lebt" sollte nach § 3 Abs. 3 Nr. 3b SGB II a. F.[35] ebenfalls der Bedarfs-

---

[28] BSGE 111, 250 = NJW 2013, 957.
[29] *Greiser/Ottenströer* ZFSH/SGB 2013, 181 (186).
[30] Letzteres schätzen auch *Greiser/Ottenströer* ZFSH/SGB 2013, 181 (188) so ein.
[31] So *Spellbrink* NZS 2007, 121 (127); *Wettlaufer* SGb 2016, 496 (498).
[32] *Wettlaufer* SGb 2016, 496 (499) geht sogar davon aus, es widerspräche der gesetzlichen Systematik, eine Partnerschaft zu fordern.
[33] Bzw. Ehegattin.
[34] Dh in der Fassung des Vierten Gesetzes für moderne Dienstleistungen am Arbeitsmarkt vom 24.12.2003, BGBl I 2954, BT-Drs. 15/1516, 52.
[35] Hinsichtlich der Reihenfolge hat es mit der Schaffung der Verantwortungs- und Einstehensgemeinschaft eine Änderung gegeben, die bis dato in lit. c enthaltene Regelung wurde in lit. b verschoben, die Verantwortungs- und Einstehensgemeinschaft wurde in lit. c geregelt.

gemeinschaft angehören. Diese Regelung hat – zu Recht – Kritik erfahren,[36] weil mit der Formulierung **„eheähnlicher Gemeinschaft"**[37] nur Personen erfasst wurden, die in einer heterosexuellen Partnerschaft leben, homosexuelle Verbindungen aber nicht. Diese – und nur diese – nicht gerechtfertigte Bevorzugung der gleichgeschlechtlichen Paare wollte der Gesetzgeber durch die Neufassung der Norm als Verantwortungs- und Einstehensgemeinschaft beseitigen.[38] Die Voraussetzungen, die im Übrigen an das Vorliegen einer eheähnlichen Gemeinschaft gestellt wurden, sollten jedoch erhalten bleiben.[39] Das gesetzgeberische Ziel bestand dabei gerade nicht darin, auch sonstige Personen, die zusammenleben, wie Geschwister, Studenten oder Arbeitskollegen, als Bedarfsgemeinschaft zu erfassen.[40] Vielmehr müssen auch bei der Verantwortungs- und Einstehensgemeinschaft des § 7 Abs. 3 Nr. 3c SGB II die seitens der Rechtsprechung zur eheähnlichen Gemeinschaft entwickelten Voraussetzungen vorliegen, lediglich erweitert um den Umstand, dass auch eine gleichgeschlechtliche Partnerschaft eine Verantwortungs- und Einstehensgemeinschaft bilden kann.[41]

Das Konzept des SGB II weicht insofern nicht von den Vorläuferregelungen in § 137 **26** AFG und § 122 BSHG ab, die auch im Verständnis der Rechtsprechung ebenfalls eine objektiv festzustellende Partnerschaft verlangt haben, um das Vermögen beziehungsweise Einkommen des einen bei der Ermittlung der Bedürftigkeit des anderen zu berücksichtigen.[42] Eine Ausweitung der Bedarfsgemeinschaft, die mit einem Verzicht auf das Erfordernis einer Partnerschaft einhergehen würde, dürfte zudem in Bezug auf die Position des verdienenden Mitbewohners verfassungsrechtlich nicht zu rechtfertigen sein.[43]

Unter entsprechender Heranziehung der Rechtsprechung des BVerfG[44] sowie des BSG[45] **27** zu den Voraussetzungen einer eheähnlichen Gemeinschaft ist von einer Partnerschaft im Sinne des § 7 Abs. 3 Nr. 3c SGB II auszugehen, wenn erstens eine **gewisse Ausschließlichkeit der Beziehung** gegeben ist, die keine vergleichbare Lebensgemeinschaft daneben zulässt und zweitens zwischen den Mitbewohnern die grundsätzlich rechtlich zulässige **Möglichkeit der Heirat beziehungsweise Begründung einer Lebenspartnerschaft** besteht.[46]

a) Ausschließlichkeit

Ob die Beziehung zwischen den Mitbewohnern ein Niveau der Ausschließlichkeit erreicht **28** hat, ist tatsächlich schwer zu beurteilen. In der Praxis wird hierzu auf Indizien zurückgegriffen, wie etwa ein gemeinsamer Mietvertrag, gemeinsame Umzüge, gemeinsame Freizeitgestaltung, Besuche von Verwandten des jeweils anderen, gemeinsame Anschaffungen, Versicherungen und sonstige Verträge.[47] Für die hier besonders interessierende Frage der Abgrenzung zu einer bloßen Wohngemeinschaft wird der Existenz von gemeinsamen Umzügen ein hohes Gewicht beigemessen, weil dies bei bloßen Mitbewohnern einer Wohngemeinschaft eher untypisch ist.[48]

---

[36] Namentlich vom SG Düsseldorf NJW 2005, 845.
[37] Zum Begriff der eheähnlichen Gemeinschaft vgl. auch die Ausführungen unter § 23.
[38] BSGE 111, 250 = NJW 2013, 957; BT-Drs. 16/1410, 19; so auch die Einschätzung von *G. Becker* in Eicher/Luik SGB II § 7 Rn. 106.
[39] BSGE 111, 250 = NJW 2013, 957; zu den Übrigen aus dem Zusammenleben als eheähnliche Gemeinschaft folgenden Problemen → § 23.
[40] *Mushoff* in BeckOK SozR 50. Ed. 1.9.2018 SGB II § 7 Rn. 83.
[41] So auch *G. Becker* in Eicher/Luik SGB II § 7 Rn. 105.
[42] Hierauf weist BSGE 111, 250 = NJW 2013, 957 hin.
[43] Vgl. hierzu näher *Spellbrink* NZS 2007, 121 (126).
[44] BVerfGE 87, 234 = NJW 1993, 643.
[45] BSGE 90, 90 = BeckRS 9999, 01102.
[46] BSGE 111, 250 = NJW 2013, 957.
[47] *Greiser/Ottenströer* ZFSH/SGB 2013, 181 (187).
[48] *Greiser/Ottenströer* ZFSH/SGB 2013, 181 (187).

29 Auch die Frage von sexuellen Kontakten zwischen den Mitbewohner gehört hierher: So setzte auch die frühere Rechtsprechung von BVerfG[49] und BSG[50] für die Annahme einer eheähnlichen Gemeinschaft nicht voraus, dass die Partner geschlechtlich verkehren.[51] Bestehen zwischen den Mitbewohnern sexuelle Kontakte, dann kommt diesen eine Indizwirkung zu Gunsten einer Partnerschaft zu,[52] entscheidend ist aber auch insofern mit Blick auf die geforderte Ausschließlichkeit, dass die Beziehung ein Maß erreicht, das eine vergleichbare Beziehung daneben unmöglich macht.[53]

30 In der Konsequenz haben die Instanzgerichte der Sozialgerichtsbarkeit eine Bedarfsgemeinschaft im Fall einer leistungsberechtigten Frau abgelehnt, die mit mehreren Männern in einer polyandrischen Lebensform zusammenlebt[54] beziehungsweise auf die Existenz von sexuellen Beziehungen zu Dritten abstellt.[55]

31 Das von der Rechtsprechung geforderte Ausschließlichkeitskriterium setzt demnach eine enge Verbundenheit zwischen den Partnern voraus, die zwar auch anhand von objektiven Kriterien bestimmt wird, aber nicht ohne Gewichtung der subjektiven Komponente auskommt. Der Vorwurf, dass es sich – anders als vom BSG formuliert – bei der Partnerschaft nicht um ein rein objektives Tatbestandsmerkmal handelt, dürfte daher nicht ganz von der Hand zu weisen sein.[56]

b) Möglichkeit der Heirat

32 Neben der Ausschließlichkeit der Partnerschaft muss infolge der von der Rechtsprechung erarbeiteten Kriterien zur eheähnlichen Gemeinschaft zwischen den Mitgliedern der Wohngemeinschaft die Möglichkeit bestehen, zu heiraten beziehungsweise eine Lebenspartnerschaft zu begründen. Damit scheiden Bedarfsgemeinschaften zwischen engen Verwandten wie Geschwistern[57] ebenso aus wie eine Verantwortungs- und Einstehensgemeinschaft zwischen mehr als zwei Personen.

2. Zusammenleben in einem Haushalt

33 Auch im Hinblick auf das zweite objektive Tatbestandsmerkmal des § 7 Abs. 3 Nr. 3c SGB II fasst das BSG die Voraussetzungen, die zu dessen Bejahung bestehen müssen, enger als ein flüchtiger Blick auf den Wortlaut nahelegen würde.

34 Zur Begründung wird diesmal allerdings nicht auf die Gesetzeshistorie abgestellt, vielmehr sei es bereits der Wortlaut, der mehr verlange als das Bestehen einer Wohngemeinschaft. Diese Anknüpfung an den Normtext ist kritisiert worden.[58] Im Ergebnis handelt es sich aber um die weitere Übertragung der zur eheähnlichen Gemeinschaft entwickelten Voraussetzungen,[59] die – mit dieser Begründung – auch zu rechtfertigen ist.

35 Aus der Gesetzesformulierung des Zusammenlebens in einem Haushalt liest das BSG zwei Voraussetzungen heraus, die kumulativ vorliegen müssen: Das **Zusammenleben** einerseits und das **gemeinsame Wirtschaften in einem Haushalt** andererseits.[60]

---

[49] BVerfGE 87, 234 = NJW 1993, 643; BVerfGE 9, 20 = NJW 1959, 283.
[50] BSG NZS 2003, 667; BSGE 90, 90 = BeckRS 9999, 01102.
[51] Aus der aktuelleren Instanzrechtsprechung: LSG NRW BeckRS 2016, 65878.
[52] LSG BW NJW 2006, 2349.
[53] *Greiser/Ottenströer* ZFSH/SGB 2013, 181 (187).
[54] LSG NRW ZFE 2009, 276.
[55] LSG Bln-Bbg BeckRS 2014, 68000.
[56] Zur entsprechenden Kritik vgl. *Greiser/Ottenströer* ZFSH/SGB 2013, 181 (190).
[57] So auch im Ergebnis *Stephan* Die Ansprüche zusammenlebender Personen nach SGB II und SGB XII S. 100.
[58] *Wettlaufer* SGb 2016, 496 (498).
[59] *Hänlein* in Gagel SGB II, 71. EL September 2018, § 7 Rn. 48.
[60] BSGE 111, 250 = NJW 2013, 957.

a) Zusammenleben

Schon aus der gesetzlichen Forderung nach einem Zusammenleben folgt das BSG eine **36** für die „reine" Wohngemeinschaft zentrale Einschränkung. Denn das bloße „Zusammenwohnen" von Wohngemeinschaften sei gerade noch kein „Zusammenleben" im Sinne der gesetzlichen Formulierung.[61] Damit ist bereits die Weiche in Richtung der zweiten Voraussetzung gestellt, die von den Zusammenlebenden auch die gemeinsame Haushaltsführung verlangt.

b) Gemeinsamer Haushalt

Das BSG verlangt für das Zusammenleben in einem gemeinsamen Haushalt ein gemein- **37** sames Wirtschaften, welches eben über die gemeinsame Nutzung von Bad und Küche hinausgehe. Auch der in Wohngemeinschaften häufig anzutreffende gemeinsame Einkauf von Grundnahrungsmitteln, Reinigungs- und Sanitärartikeln aus einer von allen Mitbewohnern zu gleichen Teilen gespeisten Gemeinschaftskasse begründe noch keine Wirtschaftsgemeinschaft. Der Haushalt müsse von beiden Partnern gemeinschaftlich aus „einem Topf" geführt werden. Dazu ist eine Absprache notwendig, wie die Beteiligten die Haushaltsführung zum Wohle des partnerschaftlichen Zusammenlebens untereinander aufteilen.[62] Mit der Forderung nach einer Wohn- und Wirtschaftsgemeinschaft für die Verantwortungs- und Einstehensgemeinschaft wird die Parallele zur Forderung des „nicht dauernd getrennt leben" gezogen,[63] die bei den Partnern der Bedarfsgemeinschaft nach § 7 Abs. 3 Nr. 3a und b gefordert wird. Mit Blick auf die dortigen Voraussetzungen lässt sich auch das hiesige Tatbestandsmerkmal konkretisieren.

Das BSG stellt im Hinblick auf das Merkmal des Getrenntlebens ausschließlich auf die **38** familienrechtlichen Grundsätze ab.[64] Ein Getrenntleben im Sinne des § 1567 Abs. 1 S. 1 BGB setzt neben einer räumlichen Trennung als wesentlichstes Element einen Trennungswillen voraus,[65] der verlangt, dass die häusliche Gemeinschaft willentlich nicht besteht, d. h. das Zusammenleben nicht allein aufgrund äußerer Umstände[66] unmöglich ist, sondern willentlich von einem Partner verhindert wird.[67]

Führt man sich diesen Umstand vor Augen, lässt sich die zum ersten Tatbestandsmerkmal **39** geschilderte Kritik, es handele sich entgegen der Auffassung des BSG nicht um ein rein subjektives Merkmal, auch an dieser Stelle erneuern.

3. Wechselseitiger Wille, füreinander Verantwortung zu tragen und füreinander einzustehen

Auch in der Vorstellung des BSG handelt es sich bei dem von § 7 Abs. 3 Nr. 3c SGB II **40** geforderten wechselseitigen Willen, Verantwortung füreinander zu tragen und füreinander einzustehen, um ein subjektives Tatbestandsmerkmal.[68] Die Beurteilung, ob ein solcher vorliegt, soll vom Leistungsträger nach verständiger Würdigung vorgenommen werden, wobei er dem Untersuchungsgrundsatz des § 20 SGB X entsprechend den Sachverhalt von Amts wegen zu ermitteln hat.[69] Weil dies aber in der Praxis Schwierigkeiten bereitet, hat der Gesetzgeber für den Leistungsträger mit der Regelung in § 7 Abs. 3a SGB II eine

---

[61] BSGE 111, 250 = NJW 2013, 957.
[62] BSGE 111, 250 = NJW 2013, 957; kritisch hierzu *Wettlaufer* SGb 2016, 496 (499).
[63] *Hänlein* in Gagel SGB II, 71. EL September 2018, § 7 Rn. 48.
[64] BSGE 105, 291 = NJW 2011, 172; kritisch zu dieser Heranziehung und für einen eigenen Begriff: *Valgolio* in Hauck/Noftz SGB II, 6. EL November 2018, § 7 Rn. 187.
[65] *G. Becker* in Eicher/Luik SGB II § 7 Rn. 102; *Neumann* in BeckOK BGB, 48. Ed. 1.11.2018, § 1567 Rn. 1.
[66] ZB Strafhaft, Krankenhausaufenthalt, vgl. genauer *Kappler* in BeckOGK, 1.8.2018, BGB § 1567 Rn. 49.
[67] *Kappler* in BeckOGK, 1.8.2018, BGB § 1567 Rn. 49.
[68] BSGE 111, 250 = NJW 2013, 957.
[69] Darauf weist auch der Gesetzgeber hin, vgl. BT-Drs. 16/1410, 19.

Vereinfachung geschaffen. Rechtstechnisch handelt es sich dabei um eine gesetzliche Vermutungsregel, die im Falle ihres Vorliegens eine Beweislastumkehr zur Folge hat. Sie bezieht sich allerdings nur auf das eine, subjektive Tatbestandsmerkmal und nicht auf das Vorliegen einer Bedarfsgemeinschaft an sich.

41   Voraussetzung ist zunächst, dass einer der vier genannten Vermutungstatbestände vorliegt. Hierzu gehört auch das länger als einjährige Zusammenleben der Partner gemäß § 7 Abs. 3a Nr. 1 SGB II.[70] Bei der Schaffung der Vermutungstatbestände hat der Gesetzgeber auch an dieser Stelle die seitens des BVerfG und daran anschließend des BSG formulierten Anforderungen an die eheähnliche Gemeinschaft aufgegriffen.[71] Bei der Bemessung der Dauer des notwendigen Zusammenlebens hat der Gesetzgeber den zuvor vom BSG angenommenen Zeitraum jedoch verkürzt. Das BSG ging in seiner Rechtsprechung zur eheähnlichen Gemeinschaft bei einer mindestens dreijährigen Dauer der Beziehung davon aus, dass hierdurch eine genügende Ernsthaftigkeit und Kontinuität der Verbindung bezeugt würde.[72] Damit hat das BSG jedoch nach Ansicht des Gesetzgebers keine absolute zeitliche Mindestanforderung formuliert.[73] Weil die Instanzgerichtsbarkeit auch einen **einjährigen Zeitraum** hat ausreichen lassen,[74] wurde für die Regelung des § 7 Abs. 3a Nr. 1 SGB II diese Grenze festgelegt. Damit gelingt es dem Kriterium zwar, die Bedarfsgemeinschaft von flüchtigen, vor allem sexuell motivierten Kontakten abzugrenzen,[75] der kurze Zeitraum führt jedoch schnell zu einer Beweislastumkehr im Hinblick auf das Vorliegen des Verantwortungs- und Einstehenswillens. Auch aus diesem Grund wurde etwa vorgeschlagen, die Regelung dahingehend zu verändern, dass der Vermutungstatbestand nur greift, wenn neben dem einjährigen Zusammenleben kumulativ ein weiteres Hinweiskriterium vorliegt.[76] Darüber hinaus wird vorgebracht, dass eine Alternativität der Hinweistatsachen unvereinbar mit der Rechtsprechung des BVerfG zum vorherigen BSHG sein könnte, da das Verfassungsgericht dort jeweils auf das Gesamtbild der bestehenden Gemeinschaft abgestellt und lediglich sich ergänzende Indizien als ausreichend erachtet hat.[77] Wenn man aber dem oben vorgestellten Partnerschaftsbegriff des BSG folgt, dann dürfte bei der dortigen Subsumtion schon die notwendige Begrenzung ebenso Berücksichtigung finden wie die an Indizien ausgerichtete Gesamtbetrachtung. Letztere kommt gerade auch dadurch zum Tragen, dass die in § 7 Abs. 3a SGB II genannten Hinweistatsachen gerade keine abschließende Liste der Indizien darstellen, die bei der Beurteilung, ob eine Bedarfsgemeinschaft vorliegt, zu berücksichtigen sind. Der Leistungsträger kann auch anhand von anderen Umständen darauf schließen, dass ein Verantwortungs- und Einstehenswille vorliegt. Nur greift diesbezüglich dann nicht die Beweislastumkehr des § 7 Abs. 3a SGB II.[78]

42   Andererseits besteht für den Betroffenen – wenn er zum Beispiel länger als ein Jahr mit seinem Partner zusammenwohnt – die Möglichkeit, die gesetzliche Vermutung durch den Beweis des Gegenteils zu widerlegen.

---

[70] Der Verantwortungs- und Einstehenswille wird außerdem vermutet, wenn Partner mit einem gemeinsamen Kind zusammenleben (2.); Kinder oder Angehörige im Haushalt versorgen oder befugt sind, über Einkommen oder Vermögen des anderen zu verfügen (4.).
[71] *G. Becker* in Eicher/Luik SGB II § 7 Rn. 111; vgl. BT-Drs. 16/1410, 19.
[72] BSG NZS 1998, 581.
[73] BT-Drs. 16/1410, 19 mit Verweis auf BSG NZS 2003, 667.
[74] Namentlich das LSG Bln-Bbg NJW 2006, 239.
[75] Worin nach *Stephan*, Die Ansprüche zusammenlebender Personen nach SGB II und SGB XII, S. 105 das Ziel dieses Hinweiskriteriums bestehen soll.
[76] *Brosius-Gersdorf* NZS 2007, 410 (417).
[77] *Schumacher* in Oestreicher/Decker SGB II, 85. EL Oktober 2018, § 7 Rn. 20.
[78] Vgl. insofern auch BT-Drs. 16/1410, 19; ebenso *Wettlaufer* SGb 2016, 496 (501).

4. Widerlegung des Verantwortungs- und Einstehenswillens

Hierzu muss der Betroffene entweder darlegen und nachweisen, dass die Kriterien des § 7 **43**
Abs. 3a SGB II nicht erfüllt sind oder die Vermutung durch andere Umstände entkräften.[79]

Insofern wird der Antragsteller aber regelmäßig nicht einzig versuchen, die Vermutung **44**
des Verantwortungs- und Einstehenswillens zu widerlegen. Erfolgversprechender dürfte es
hier sein, Umstände vorzutragen, die gegen die Annahme des – vermeintlich objektiven –
Kriteriums der Partnerschaft sprechen, also etwa solche, die gegen die insofern notwendige
Ausschließlichkeit der Beziehung sprechen.

D. Verfahren

Dies leitet über zu der Frage, wie das Vorliegen einer Bedarfsgemeinschaft tatsächlich **45**
ermittelt wird. Außerdem folgen aus der Zugehörigkeit zur Bedarfsgemeinschaft einige
verfahrensrechtliche Besonderheiten, die es ebenfalls zu berücksichtigen gilt.

I. Ermittlung

Die Beweislastumkehr des § 7 Abs. 3a SGB II wurde gerade vor dem Hintergrund geschaf- **46**
fen, dass grundsätzlich der Leistungsträger nach § 20 SGB X dem dort geregelten Untersuchungsgrundsatz zufolge den Sachverhalt zu ermitteln hat. Zu diesem Zwecke können
sich die Leistungsträger der in § 21 SGB X genannten Beweismittel bedienen.[80] Für die
Frage, ob eine Bedarfsgemeinschaft vorliegt, wird in diesem Zusammenhang häufig die
Frage der Notwendigkeit und Rechtmäßigkeit von **Hausbesuchen** durch den gemäß § 6
Abs. 1 S. 2 SGB II einzurichtenden Außendienst der Leistungsträger. Der Hausbesuch fällt
insofern unter die Inaugenscheinnahme nach § 21 Abs. 1 S. 2 Nr. 4 SGB X.[81]

Hierbei ist zunächst zu beachten, dass die Bestimmung der **erforderlichen Beweis-** **47**
mittel durch den Leistungsträger nach **pflichtgemäßem Ermessen** zu erfolgen hat,[82] die
Anforderungen an die Erforderlichkeit des jeweiligen Beweismittels ergeben sich aus der
jeweiligen Rechtsmaterie.[83] Für die Frage der Notwendigkeit eines Hausbesuchs ist auch
und gerade vor dem Hintergrund des Art. 13 GG von Bedeutung, ob der Leistungsträger
die zur Beurteilung, notwendigen Informationen im Wege eines weniger grundrechts-
relevanten Beweismittels erhalten kann beziehungsweise ob eine Inaugenscheinnahme der
Wohnung überhaupt zu weiterführenden Erkenntnissen führen kann. Vor diesem Hintergrund wird zu Recht angeführt,[84] dass im Rahmen des Hausbesuchs gewonnene Erkenntnisse über die Anzahl von Zahnbürsten, Art und Menge verwendeter Kosmetikartikel, die
Aufteilung des Kühlschrankes etc. von vornherein ungeeignet seien, um die Frage nach
dem Vorliegen einer Verantwortungs- und Einstehensgemeinschaft zu beantworten. In
diesen Fällen ist die Inaugenscheinnahme im Wege eines Hausbesuchs schon kein erfor-
derliches Beweismittel. Andernfalls ist der Leistungsträger durch § 21 Abs. 1 S. 2 Nr. 4 SGB II
nicht ermächtigt, die Wohnung des Antragstellers gegen dessen Willen zu betreten. Der
Hausbesuch hängt in jeden Fall von dessen Zustimmung ab.[85] Für die aus einer verweiger-

---

[79] BT-Drs. 16/1410, 19; *Spellbrink* NZS 2007, 121 (126).
[80] *Weinreich* Sozialrecht aktuell 2014, 177.
[81] *Mutschler* in KassKomm SGB X, 101. EL September 2018, § 21 Rn. 11.
[82] *Luthe* in Schlegel/Voelzke jurisPK-SGB X, 2. Auflage 2017 Ed. 26.11.2018, § 21 Rn. 10.
[83] *Luthe* in Schlegel/Voelzke jurisPK-SGB X, 2. Auflage 2017 Ed. 26.11.2018, § 21 Rn. 10.
[84] *Weinreich* Sozialrecht aktuell 2014, 177, 181.
[85] *Luthe* in Schlegel/Voelzke jurisPK-SGB X, 2. Auflage 2017 Ed. 26.11.2018, § 21 Rn. 36; *Mutschler* in KassKomm SGB X, 101. EL September 2018, § 21 Rn. 11; *Vogelgesang* in Hauck/Noftz SGB X, 4. EL November 2018, § 21 SGB Rn. 8.

ten Zustimmung resultierenden Folgen ist es jedoch zentral, ob der Antragsteller verpflichtet ist, eine Inaugenscheinnahme seiner Wohnung zu dulden. Die **Duldungspflicht des Hilfebedürftigen** folgt dem LSG Rheinland-Pfalz[86] zufolge aus der allgemeinen Mitwirkungspflicht der Verfahrensbeteiligten nach § 21 Abs. 2 S. 1 SGB X. Diese Mitwirkungspflicht beinhaltet dann im Hinblick auf den Hausbesuch die Ermöglichung der Inaugenscheinnahme im Wege der Zustimmung zur Wohnungsbesichtigung durch den Außendienst.

48 Verweigert der Antragsteller die Zustimmung, kann der Leistungsträger den Hausbesuch nicht mit Zwangsmitteln durchsetzen.[87] Die fehlende Mitwirkung eines Beteiligten hat vielmehr zur Folge, dass sich die Ermittlungspflicht der Behörde einschränkt.[88] Im Falle des verweigerten Hausbesuchs kann der Leistungsträger die Leistung ablehnen, wenn Zweifel an der Hilfebedürftigkeit verbleiben, beziehungsweise der Leistungsträger darf – wenn sich die Hilfebedürftigkeit nicht aus anderen Umständen hinreichend klar ergibt – vom für den Betroffenen ungünstigsten Ergebnis der Inaugenscheinnahme ausgehen, also ggf. von Umständen, die für das Bestehen einer Verantwortungs- und Einstehensgemeinschaft sprechen, was dann im Ergebnis eine Minderung beziehungsweise den Ausschluss des Anspruchs auf Arbeitslosengeld II zur Folge haben kann.

II. Vertretung

49 Dass die Bedarfsgemeinschaft ihrem Namen insofern keine Ehre macht, als dass es einen gemeinsamen Bedarf der Mitglieder tatsächlich gar nicht gibt, sondern vielmehr eine „Leistungsberechnungsgemeinschaft" (→ Rn. 17), infolgedessen jedes Mitglied einen eigenen Leistungsanspruch gegenüber dem zuständigen Träger hat.[89] In Zusammenhang mit dieser Konstruktion der Bedarfsgemeinschaft steht die Vorschrift des § 38 SGB II.[90] Da eigentlich jedes Mitglied der Bedarfsgemeinschaft einen eigenen Antrag stellen und einen eigenen Anspruch auf Auszahlung des Arbeitslosengeld II hätte, ginge mit der vom Gesetzgeber gewählten Konstruktion ein erheblicher Verwaltungsaufwand einher, den zu verringern das Ziel der Regelung des § 38 SGB II ist.[91] Deswegen enthält § 38 Abs. 1 S. 1 SGB II enthält eine Vermutung über die rechtsgeschäftliche Bevollmächtigung, soweit Anhaltspunkte nicht entgegenstehen, dass das erwerbsfähige Mitglied als Hauptleistungsberechtigter auch mit Wirkung der anderen Mitglieder seiner Bedarfsgemeinschaft Leistungen beantragen und in Empfang nehmen kann.[92] Sind mehrere Mitglieder der Bedarfsgemeinschaft erwerbsfähig, so regelt § 38 Abs. 1 S. 2 SGB II das Konkurrenzverhältnis in der Gestalt, dass derjenige Vertreter der anderen Mitglieder der Bedarfsgemeinschaft ist, der die Leistungen zuerst beantragt.[93]

III. Im Prozess

50 Die Vorschrift des § 38 SGB II soll das Verfahren im Hinblick auf die Beantragung von und die Entgegennahme der Sozialleistungen vereinfachen, betrifft also das außergerichtliche

---

[86] LSG Rheinland-Pfalz BeckRS 2014, 72660.
[87] LSG Rheinland-Pfalz BeckRS 2014, 72660.
[88] *Mutschler* in KassKomm SGB X, 101. EL September 2018, § 21 Rn. 20.
[89] So etwa BSG NZS 2007, 328.
[90] *Valgolio* in Hauck/Noftz SGB II, 6. EL November 2018, § 38 Rn. 4.
[91] *Valgolio* in Hauck/Noftz SGB II, 6. EL November 2018, § 7 Rn. 319; *Burkiczak* in BeckOK SozR, 50. Ed. 1.9.2018, SGB II § 38 Rn. 1; der Gesetzgeber selbst spricht von Gründen der Verwaltungspraktikabilität und Verwaltungsökonomie, vgl. BT-Drs. 15/1516, 63.
[92] *Kallert* in Gagel SGB II, 71. EL September 2018, § 38 Rn. 1; *Valgolio* in Hauck/Noftz SGB II, 6. EL November 2018, § 7 Rn. 319.
[93] BT-Drs. 15/1516, 63.

Verfahren. Die vermutete Bevollmächtigung des § 38 SGB II gilt nicht im gerichtlichen Verfahren.[94] Weil die Bedarfsgemeinschaft aber nicht als prozessfähiges Rechtssubjekt ausgestaltet ist, muss jedes Mitglied seine eigenen Ansprüche einklagen.[95] Der soeben schon im Hinblick auf die Behörde angesprochene Untersuchungsgrundsatz gilt im Sozialgerichtsverfahren auch für das Gericht, das Ausmaß der Ermittlungen steht hier ähnlich wie im Verwaltungsverfahren im pflichtgemäßen Ermessen des Gerichts, das auch die Belange des Antragstellers berücksichtigen muss, wie oben am Beispiel des Hausbesuchs und Art. 13 GG gilt, aber auch Bedeutung entfaltet bei der (Sozial-)Datenerhebung durch das Gericht und dem hier entsprechend zu berücksichtigenden Recht auf informelle Selbstbestimmung des Hilfebedürftigen.[96]

E. Weitere Gemeinschaften

Das Sozialrecht kennt neben der bis hierher erörterten Bedarfsgemeinschaft noch weitere Gemeinschaften, die es auch aus der Perspektive der Wohngemeinschaft lohnt, kurz in den Blick zu nehmen.[97] **51**

I. Wohngemeinschaft

Nach dem Vorgesagten lässt sich für das Verhältnis von Bedarfs- zu Wohngemeinschaft zunächst festhalten, dass letztere dann vorliegt, wenn (erwachsene) Menschen zusammenleben, die nicht miteinander verwandt oder verschwägert sind und auch keine eheähnliche Gemeinschaft bilden. Jedes hilfebedürftige Mitglied einer Wohngemeinschaft bildet seine eigene Bedarfsgemeinschaft.[98] **52**

II. Haushaltsgemeinschaft

Für die Hilfebedürftigkeit der Bedarfsgemeinschaft ist es darüber hinaus von Bedeutung, ob die Hilfebedürftigen in einer Haushaltsgemeinschaft mit Verwandten oder Verschwägerten im Sinne des § 9 Abs. 5 SGB II leben. Ist dies der Fall, so wird vermutet, dass diese die Hilfebedürftigen unterstützen, was zu einer Minderung der Hilfebedürftigkeit führt. **53**

Der Begriff der Haushaltsgemeinschaft ist enger zu verstehen als eine bloße Wohngemeinschaft und weiter als derjenige der Bedarfsgemeinschaft.[99] Denn eine Haushaltsgemeinschaft ist gegenüber einer Wohngemeinschaft dadurch gekennzeichnet, dass ihre Mitglieder auf familiärer Grundlage in einem Haushalt leben und „aus einem Topf" wirtschaften, ohne dabei eine Bedarfsgemeinschaft zu bilden.[100] Die Annahme einer Bedarfsgemeinschaft kann dabei etwa an der wegen der verwandtschaftlichen Beziehung fehlenden rechtlichen Möglichkeit, eine Ehe zu schließen, fehlen, sodass zur Haushaltsgemeinschaft zum Beispiel erwachsene Kinder über 25 Jahre und ihre hilfebedürftigen Eltern zählen oder sie kann zum Beispiel aus einem hilfebedürftigen Ehepaar bestehen, das mit der (nicht **54**

---

[94] *Valgolio* in Hauck/Noftz SGB II, 6. EL November 2018, § 7 Rn. 328.
[95] BSG BeckRS 2011, 65660.
[96] Im Kontext mit dem SGB II vgl. hierzu BSGE 101, 260–268 = NVwZ-RR 2009, 1005, zu Sozialdaten allgemein *Husemann* in Mülheims ua (Hrsg.), Handbuch Sozialversicherungswissenschaft, S. 977.
[97] Zur häuslichen Gemeinschaft iSd § 86 Abs. 3 VVG und den daraus ggfs. folgenden versicherungsrechtlichen Konsequenzen für die Mitglieder der Wohngemeinschaft vgl. → § 7 Rn. 65.
[98] *Stephan* SozSich 2009, 434.
[99] Zum Verhältnis zur Wohngemeinschaft siehe auch *Reinecke* FPR 2009, 452 (453).
[100] BT-Drs. 15/1516, 53; *Hengelhaupt* in Hauck/Noftz SGB II, 6. EL November 2018, § 9 Rn. 158.

hilfebedürftigen) Schwester der Ehefrau gemeinsam in einer Wohnung lebt und wirtschaftet.[101]

55 Liegt eine Haushaltsgemeinschaft vor, so folgert das Gesetz daraus die – widerlegbare[102] – Rechtsvermutung, dass in einem gemeinsamen Haushalt zusammenlebende Verwandte/Verschwägerte sich in finanziellen Notsituationen auch ohne zivilrechtliche Unterhaltsverpflichtung gegenseitig unterstützen, soweit sie dazu in der Lage sind.[103] Diese Vermutung greift wegen des in § 9 Abs. 1 und 2 SGB II verankerten **Subsidiaritätsprinzips** erst, wenn weder eine Bedarfsgemeinschaft vorliegt noch der Leistungsbegehrende positiv festgestellte Unterstützungsleistungen von seinen Verwandten erhält.[104]

III. Gemeinschaften nach dem SGB XII

56 Lebt eine nicht erwerbsfähige Person mit einem erwerbsfähigen Hilfebedürftigen in einer Bedarfsgemeinschaft nach dem SGB II, so richten sich ihre Ansprüche allein nach dem SGB II, nach dem sie als Mitglied der Bedarfsgemeinschaft gemäß § 7 Abs. 2 S. 1 SGB II ebenfalls anspruchsberechtigt sind. Diesen Vorrang regelt § 21 SGB XII.

57 Andernfalls haben nicht erwerbsfähige Hilfebedürftige einen Anspruch auf Hilfe zum Lebensunterhalt nach § 27 Abs. 1 SGB XII. In diesem Zusammenhang regeln § 27 Abs. 2 S. 2 und 3 SGB XII die so genannte Einsatzgemeinschaft des Sozialhilferechts. Ähnlich wie bei der Bedarfsgemeinschaft werden hier die Einkommen der Mitglieder der Einsatzgemeinschaft bei der Berechnung der Bedürftigkeit berücksichtigt, allerdings zählt die Vorschrift nur Ehegatten und Lebenspartner sowie minderjährige Kinder zur Einsatzgemeinschaft. Weil nach § 20 SGB XII Personen, die in eheähnlicher oder lebenspartnerschaftsähnlicher Gemeinschaft leben, hinsichtlich der Voraussetzungen sowie des Umfangs der Sozialhilfe nicht besser gestellt werden dürfen als Ehegatten, erfasst die Vorschrift des § 27 Abs. 2 S. 2 SGB XII auch diese Lebensformen.[105] Zwar wird vertreten, dass die Einsatzgemeinschaft wegen des im SGB XII nicht normierten Verantwortungs- und Einstehenswillens nicht so weit reiche wie die Bedarfsgemeinschaft,[106] dies dürfte mit Blick auf die obigen Ausführungen und der Maßgeblichkeit des Partnerschaftsbegriffs jedoch zu bezweifeln sein. Auch das SGB XII enthält einen doppelten Vermutungstatbestand, der unter den Begriff der Haushaltsgemeinschaft verwendet und in § 39 SGB XII verortet ist. Lebt eine Sozialhilfe beanspruchende Person mit anderen Personen in einer Wohnung, wird zunächst vermutet, dass eine Haushaltsgemeinschaft besteht, d. h. das oben näher beschriebene wirtschaften „aus einem Topf" stattfindet. An diese Vermutung schließt sich dann die Vermutung an, dass die grundsätzlich bedürftige Person Leistungen von ihren Mitbewohnern erhält, sofern dies nach deren Einkommen und Vermögen erwartet werden kann. Beide Vermutungen sollen die Arbeit des Sozialhilfeträgers vereinfachen, können aber durch den Bedürftigen – auch und gerade bei Bestehen einer bloßen Wohngemeinschaft – widerlegt werden.[107]

---

[101] *Stephan* SozSich 2009, 434.
[102] *Hengelhaupt* in Hauck/Noftz SGB II, 6. EL November 2018, § 9 Rn. 478; *Striebinger* in Gagel SGB II, 71. EL September 2018, § 9 Rn. 84.
[103] *Hengelhaupt* in Hauck/Noftz SGB II, 6. EL November 2018, § 9 Rn. 423; *Striebinger* in Gagel SGB II § 9 Rn. 69.
[104] *Hengelhaupt* in Hauck/Noftz SGB II, 6. EL November 2018, § 9 Rn. 425; *Striebinger* in Gagel SGB II, 71. EL September 2018, § 9 Rn. 70.
[105] *Falterbaum* in Hauck/Noftz SGB XII § 27 Rn. 20; *Gebhardt* in BeckOK SozR, 51. Ed. 1.6.2018, SGB XII § 27 Rn. 4.
[106] *Falterbaum* in Hauck/Noftz SGB XII § 27 Rn. 20.
[107] *Gebhardt* in BeckOK SozR, 51. Ed. 1.6.2018, SGB XII § 39 Rn. 5.

F. Fazit

Nähert man sich den sozialrechtlichen Gemeinschaften, insbesondere der Bedarfsgemein- **58**
schaft des SGB II, aus dem Blickwinkel der Wohngemeinschaft und versucht hier eine
Grenzbegehung, so ist zunächst festzustellen, dass die aus der Zugehörigkeit zur Gemeinschaft folgende Einkommens- und Vermögensberücksichtigung nicht auf zivilrechtliche
Unterhaltsverpflichtungen abstellt.[108] Zentral ist bei einem richtigen Verständnis des Gesetzes vielmehr, ob eine ehe- oder lebenspartnerschaftsähnliche Beziehung anzunehmen ist.
Dies liegt dann nahe, wenn die Partner heiraten könnten und ihre Beziehung eine Form
der Ausschließlichkeit angenommen hat.

---

[108] *Schoch* ZfF 2004, 169 (170).

§ 28 Ambulant betreute Wohngruppen (Pflege-WG) – Sozialrechtliche Fragestellungen

Übersicht

	Rn.
A. Grundlagen	1
B. Leistungsvoraussetzungen	4
I. Allgemeine Leistungsvoraussetzungen (SGB XI)	5
1. Versicherungsverhältnis und Wartezeit	5
2. Pflegebedürftigkeit des Anspruchstellers im Sinne von § 14 SGB XI	8
3. Leistungsantrag	9
4. Leistungsbezug nach §§ 36, 37, 38, 45a oder § 45b SGB XI	10
II. Anforderungen an die Wohngruppe	13
III. Gemeinschaftlich beauftragte Unterstützungskraft	19
IV. Ambulante Versorgungsform	26
C. Leistungen (§§ 38a und 45e SGB XI)	29
I. Zusätzliche monatliche Leistung (§ 38a SGB XI)	29
1. Wohngruppenzuschlag	29
2. Inanspruchnahme von Leistungen der Tages- und Nachtpflege neben dem Wohngruppenzuschlag	32
II. Anschubfinanzierung (§ 45e SGB XI)	33
D. Leistungskonkurrenzen	37

Schrifttum:
Basche, Wohngruppenzuschlag gemäß § 38a SGB XI – fragwürdige Sanierung der Sozialhilfeträger durch die Pflegekassen, RDG 2015, 144–147; *Dalichau*, Neue Anforderungen an die ambulant betreute Wohngruppe, GuP 2015, 61–72; *Dalichau*, Förderung neuer Wohnformen – ambulant betreute Wohngruppen nach dem PNG, GuP 2013, 50–57; *Griep*, Der neue Wohngruppenzuschlag nach § 38a SGB XI – Bravourstück oder Verschlimmbesserung, PflR 2015, 439–452; *Griep*, Wohngruppenzuschlag nach § 38a SGB XI, Sozialrecht aktuell 2013, 186–190; *Hahn*, Die Kosten der Unterkunft und Heizung nach § 42a SGB XII (2017–2019), 6–11; *Kaminski*, Finanzierung von ambulant betreuten Wohngemeinschaften, RDG 2014, 198–200; *Richter*, Das Pflegestärkungsgesetz I, NJW 2015, 1271–1275; *Schieder*, Das Pflegestärkungsgesetz II: Die neue Gesetzeslage für Pflegeeinrichtungen, 2016; *Schieder*, Das Pflegestärkungsgesetz I: Auswirkungen der neuen Gesetzeslage für die Pflege, 2015; *Schölkopf/Hoffer*, Das Erste Pflegestärkungsgesetz (PSG I) – Inhalte und Bedeutung für die pflegerische Versorgung, NZS 2015, 521–531; *Weber*, Häusliche Krankenpflege an sonst geeigneten Orten, NZS 2019, 52–56; *Wieprecht/Wieprecht-Kotzsch*, Praxisratgeber Pflegeversicherung, 2017.

A. Grundlagen

Durch das Gesetz zur Neuausrichtung der Pflegeversicherung (**Pflege-Neuausrichtungs-** 1 **Gesetz**) hat der Gesetzgeber die Leistungen des SGB XI mit Wirkung zum 30.10.2012 (BGBl. I 2246) um einen Anspruch auf zusätzliche Leistungen für Pflegebedürftige in ambulant betreuten Wohngruppen – weithin als Pflege-WG bezeichnet – ergänzt. Danach wird unter den inzwischen mehrfach geänderten Voraussetzungen des § 38a SGB XI zusätzlich zu ambulanten Pflegesachleistungen, Pflegegeld oder Kombinationsleistungen ein monatlicher und pauschal[1] bemessener Zuschlag in Höhe von derzeit 214 EUR gewährt. Die Regelung zielt darauf ab, weitere Anreize für die häusliche **Pflege in selbst organisierten Wohngruppen** zu setzen,[2] die gegenüber ihrem stationären[3] Pendant in der Regel

---
[1] Die stationäre Pflege soll vermieden werden: *Griep* Sozialrecht aktuell 2013, 186; *Dalichau* GuP 2013, 50.
[2] BT-Drs. 17/9369, 40 f.
[3] *Griep* Sozialrecht aktuell 2013, 186.

geringere Kosten verursacht und zudem der gewünschten Lebensform im Alter für etwa ein Viertel[4] der Deutschen entspricht. Die Förderung ambulant betreuter Wohngruppen – synonym auch Wohngemeinschaft –[5] verfolgt zudem den Zweck, Pflegebedürftigen ihr angestammtes Wohnumfeld zu bewahren, um einerseits deren soziale Kontakte zu erhalten und gegebenenfalls in die Pflege zu integrieren und andererseits auch den Pflegebedürftigen selbst besser in dessen Alltagsgestaltung einzubinden.[6] Die Höhe des **pauschalen Zuschlags** soll sich an dem tatsächlichen Mehraufwand für eine gemeinschaftliche Organisation des Alltags mit Pflege und Betreuung in einer Wohngruppe orientieren.[7]

2 Der § 38a SGB XI wurde mit Wirkung zum 1.1.2015 durch das Erste Pflegestärkungsgesetz (BGBl. I S. 2222) und das Gesetz zur besseren Vereinbarkeit von Familie, Pflege und Beruf (BGBl. I S. 2462) sowie mit Wirkung zum 1.1.2017 durch das Zweite Pflegestärkungsgesetz (BGBl. I S. 2424) inhaltlich mehrfach abgeändert. Die letzte Anpassung erfolgte zum 1.1.2019 durch das Pflegepersonal-Stärkungsgesetz (BGBl. I S. 2419). Für Personen, die am 31.12.2014 einen Anspruch auf den Wohngruppenzuschlag nach § 38a SGB XI hatten, wird diese Leistung bei unveränderten tatsächlichen Verhältnissen (insbesondere mehr als zwölf Personen, weniger als drei Anspruchsberechtigte, keine Präsenzkraft, Umwidmung des Wohnzwecks oder der Wohnform zum Beispiel in Apartments, betreutes Wohnen oder in eine vollstationäre Pflegeeinrichtung sowie Wegfall der Pflegebedürftigkeit)[8] nach der **Besitzstandsregel** des § 144 I SGB XI ungeachtet der aktuellen Anspruchsvoraussetzungen weiter erbracht. Außerdem wurde im Zuge der Umwandlung der Pflegestufen in Pflegegrade mit dem Dritten Pflegestärkungsgesetz (BGBl. I S. 3191) § 28a I Nr. 3 SGB XI neu eingeführt, nachdem nunmehr auch Personen mit dem Pflegegrad 1 einen Anspruch auf Leistungen nach § 38a SGB XI haben. Im Jahr 2013 bezogen im Bundesgebiet 9.616 Personen und im Jahr 2015 16.604 Personen[9] einen Wohngruppenzuschlag nach § 38a I SGB XI.[10]

3 Neben dem monatlichen Zuschuss können Pflegebedürftige, die anspruchsberechtigt nach § 38a SGB XI sind, nach § 45e SGB XI eine **Anschubfinanzierung zur Gründung von ambulant betreuten Wohngruppen** in Höhe von insgesamt bis zu 10.000 EUR erhalten. Diese Regelung wurde ebenfalls durch das Pflege-Neuausrichtungs-Gesetz mit Wirkung zum 30.10.2012 eingeführt (BGBl. I 2246) und durch das Erste Pflegestärkungsgesetz (BGBl. I S. 2222) abgeändert. Der Anspruch besteht nach § 28 Ib SGB XI bis zur Erschöpfung der Gesamtbudgetgrenze des § 45e II 2 SGB XI in Höhe von 30.000.000 EUR. Die Ausgaben für den Zuschlag stiegen von 190.000 EuR (2013) auf 440.000 EuR (2015).[11]

B. Leistungsvoraussetzungen

4 Bei den Ansprüchen aus den §§ 38a und 45e SGB XI handelt es sich um **zusätzliche Leistungen für pflegebedürftige Personen** nach den §§ 14 ff. SGB XI. Der Anspruchsteller muss daher sowohl die allgemeinen Voraussetzungen für Leistungen nach dem SGB XI als auch die besonderen Anforderungen an eine ambulant betreute Wohngruppe im Sinne von § 38a I SGB XI erfüllen.

---

[4] Statista, Umfrage zum bevorzugten Lebensmittelpunkt im Falle einer Pflegebedürftigkeit im Alter in Deutschland im Jahr 2014, https://tinyurl.com/k8g2gu3 (abgerufen am 5.5.2017).
[5] BT-Drs. 17/9369, 40 (42).
[6] BT-Drs. 18/2909, 41.
[7] BT-Drs. 18/2909, 41.
[8] GKV-Spitzenverband/Verbände der Pflegekassen auf Bundesebene, Gemeinsames Rundschreiben zu den leistungsrechtlichen Vorschriften des SGB XI v. 13.2.2018, S. 175.
[9] BT-Drs. 18/2357, 1.
[10] BT-Drs. 18/10707, 56; zur Entwicklung vgl. *Schölkopf/Hoffer* NZS 2015, 521 (522).
[11] BT-Drs. 18/10707, 56.

I. Allgemeine Leistungsvoraussetzungen (SGB XI)

1. Versicherungsverhältnis und Wartezeit

Wohngruppenzuschlag und Anschubfinanzierung sind Leistungen der gesetzlichen Pflegeversicherung, sodass sich der Anspruchsteller nach § 35 S. 1 SGB XI in einem Pflegeversicherungsverhältnis nach § 33 SGB XI befinden und die Berechtigung zur Inanspruchnahme von Leistungen nach dem SGB XI **dem Grund** nach bestehen müssen. Die **Versicherungspflicht** richtet sich nach den §§ 20 ff. SGB XI und orientiert sich i. d. R. an der Art der Krankenversicherung. Darüber hinaus muss der Antragsteller die **Wartezeit** nach §§ 33 II 1 SGB XI erfüllt haben, nach der er in den letzten zehn Jahren vor der Antragstellung mindestens zwei Jahre als Mitglied versichert oder nach § 25 SGB XI familienversichert gewesen sein muss. Bei versicherten Kindern werden nach § 33 II 3 SGB XI die Vorversicherungszeiten ihrer Eltern und bei Wechslern aus der privaten Pflegeversicherung werden nach § 33 III SGB XI die dort zurückgelegten Vorversicherungszeiten angerechnet.

Aufgrund der **Gleichwertigkeitsklausel** des § 23 I 2 SGB XI müssen privatrechtliche Pflegeversicherungsverträge Leistungen vorsehen, die nach Art und Umfang den Leistungen nach den §§ 28 – 45f. SGB XI entsprechen. In Umsetzung dieser Vorgabe enthält § 4 VIIa AVB/PPV 2017 einen dem § 38a I SGB XI entsprechenden Anspruch in Höhe von ebenfalls 214 EUR.[12]

Vergleichbare Ansprüche können nach den **Beihilfeverordnungen** der Länder und des Bundes bestehen, die sich an den Regelungen des SGB XI orientieren.[13] Exemplarisch ist hier § 38 f. BBhV zu nennen.

2. Pflegebedürftigkeit des Anspruchstellers im Sinne von § 14 SGB XI

Alle Personen, die Ansprüche auf zusätzliche Leistungen für Pflegebedürftige in ambulant betreuten Wohngruppen geltend machen, müssen pflegebedürftig im Sinne von § 14 SGB XI sein, das heißt sie müssen körperliche, kognitive oder psychische Beeinträchtigungen oder gesundheitlich bedingte Belastungen oder Anforderungen aufweisen, die sie nicht selbständig kompensieren oder bewältigen können. Die **Pflegebedürftigkeit muss auf Dauer** und dabei voraussichtlich für mindestens sechs Monate bestehen und die Schwere der in § 15 SGB XI festgelegten Pflegegrade 1–5 erreichen.

3. Leistungsantrag

Wie andere Leistungen der gesetzlichen Pflegeversicherung werden auch der Wohngruppenzuschlag und die Anschubfinanzierung nach § 33 I 1 SGB XI nur auf **Antrag des Berechtigten** gewährt. Dieser wirkt nach § 33 I 3 SGB XI auf den Anfang des Monats der Antragstellung zurück, sodass der Zuschlag bei Vorliegen der sonstigen Voraussetzungen für den Gesamtmonat zu erbringen ist.

4. Leistungsbezug nach §§ 36, 37, 38, 45a oder § 45b SGB XI

Bei der Gewährung des Zuschlags handelt es sich um eine **ergänzende Leistung**. Aus diesem Grund setzt § 38a I 1 Nr. 2 SGB XI den tatsächlichen Bezug von Grundleistungen nach § 36 (Pflegesachleistung), § 37 (Pflegegeld für selbst beschaffte Pflegehilfen), § 38 (Kombinationsleistung), § 45a (Angebote zur Unterstützung im Alltag) oder § 45b (Entlastungsbetrag) SGB XI durch den Antragsteller voraus. Allein das Vorliegen des Leistungs-

---
[12] Vgl. dazu SG Münster NZS 2014, 422.
[13] Vgl. dazu VG Schleswig BeckRS 2017, 105782.

anspruchs ohne dessen Inanspruchnahme reicht nicht aus.[14] Ein **Ruhen** des Leistungsanspruchs nach § 34 I Nr. 2 SGB XI schadet nicht.[15]

11 Die **Notwendigkeit des tatsächlichen Leistungsbezugs** ist an den Anspruchsteller im Sinne von § 38a I 1 SGB XI und nicht – wie zum Beispiel abweichend interpretiert –[16] an alle (mindestens drei) pflegebedürftigen Mitbewohner der Wohngruppe nach § 38a I 1 SGB XI gerichtet.[17] Der gegenteiligen Auffassung, die wohl von einer Bezugnahme von § 38a I 1 Nr. 2 auf Nr. 1 SGB XI und nicht auf den Satzanfang ausgeht, steht die bis zum 31.12.2014 geltende Ursprungsfassung der Regelung (BGBl. I 2246) entgegen. Dort konnten mit „sie" nur die Pflegebedürftigen und nicht die erst später eingefügten – Mitbewohner gemeint sein.

12 Für Personen mit **Pflegegrad 1** kommt aus dem Leistungskatalog des § 38a I 1 Nr. 2 SGB XI regelmäßig nur der Entlastungsbetrag nach § 45b I 1 SGB XI in Betracht.[18] Wird dieser nicht bezogen oder nach § 45b II 3 SGB XI angespart, wäre die Gewährung des Wohngruppenzuschlags zumeist ausgeschlossen. Aus diesem Grund entkoppelt § 28a I Nr. 3 SGB XI den Anspruch auf den Wohngruppenzuschlag bei dieser Personengruppe vom tatsächlichen Leistungsbezug.

II. Anforderungen an die Wohngruppe

13 Die Wohngruppe muss neben dem Anspruchsberechtigten aus mindestens zwei und höchstens elf weiteren Personen bestehen, von denen mindestens zwei pflegebedürftig im Sinne der §§ 14, 15 SGB XI sind. Für die übrigen Mitbewohner der damit insgesamt zwischen drei- und zwölfköpfigen **Wohngruppe** ist diese Voraussetzung weder erforderlich noch hinderlich für den Anspruch.[19] Ob die weiteren pflegebedürftigen Personen gesetzlich oder privat pflegeversichert sind, ist wegen der **Gleichwertigkeitsklausel** in § 23 I 2 SGB XI unerheblich.[20] Die in der Fassung des Ersten Pflegestärkungsgesetzes[21] ursprünglich auf maximal zehn Personen festgelegte Deckelung folgte der Annahme, dass darüber die für ein gemeinschaftliches Zusammenleben übliche Größe überschritten sei.[22] Zutreffend wird im Schrifttum aber darauf hingewiesen, dass die eigentlich zum Schutz der Bewohner geschaffene Obergrenze in der Praxis durchaus geeignet sein kann, die somit zwangsläufig kleiner gehaltenen Wohngruppen vor unüberwindbare Finanzierungshürden zu stellen.[23] Nähere Erläuterungen für die konkret gewählte **Kappungsgrenze** fehlen.[24] Die spätere Erhöhung auf zwölf Personen durch das Gesetz zur besseren Vereinbarkeit von Familie, Pflege und Beruf dient einem Gleichlauf der Regelung mit – den teilweise willkürlich festgelegten –[25]

---

[14] BT-Drs. 18/9518, 68.
[15] Dazu *Linke* in Krauskopf, Soziale Krankenversicherung, Pflegeversicherung, 101. EL November 2018, SGB XI § 38a Rn. 14; *Udsching* in Udsching/Schütze SGB XI § 38a Rn. 7; GKV-Spitzenverband/Verbände der Pflegekassen auf Bundesebene, Gemeinsames Rundschreiben zu den leistungsrechtlichen Vorschriften des SGB XI v. 13.2.2018, S. 172.
[16] So bei *Diepenbruck* in BeckOK-SozR, 52. Ed. 1.3.2019, SGB XI § 38a Rn. 13; *Linke* in Krauskopf, Soziale Krankenversicherung, Pflegeversicherung, 101. EL November 2018, SGB XI § 38a Rn. 14; *Udsching* in Udsching/Schütze SGB XI § 38a Rn. 7; *Wieprecht/Wieprecht-Kotzsch*, Praxisratgeber Pflegeversicherung, Abschnitt 23; GKV-Spitzenverband/Verbände der Pflegekassen auf Bundesebene, Gemeinsames Rundschreiben zu den leistungsrechtlichen Vorschriften des SGB XI v. 13.2.2018, S. 172.
[17] IE wie hier *Leitherer* in Kasseler Kommentar zum Sozialversicherungsrecht, 102. EL Dezember 2018, SGB XI § 38a Rn. 11.
[18] Zur Frage, ob § 28a I Nr. 3 SGB XI für Personen mit Pflegegrad 1 – insbesondere im Hinblick auf § 37 III SGB XI – konstitutiv ist, vgl. *Baumeister* in BeckOK-SozR, 52. Ed. 1.3.2019, SGB XI § 28a Rn. 4.
[19] *Griep*, Sozialrecht aktuell 2013, 186 (187); *Wieprecht/Wieprecht-Kotzsch*, Praxisratgeber Pflegeversicherung Abschnitt 23.
[20] BSG BeckRS 2016, 69694; vgl. dazu *Hahn* info also 2018, 6 (8) und *Rein* ZfSH/SGB 2017, 271 (381).
[21] BGBl. 2014 I, 2223.
[22] BT-Drs. 18/2909, 41.
[23] *Griep* PflR 2015, 439 (446).
[24] Vgl. BT-Drs. 18/2909, 41.
[25] *Griep* PflR 2015, 439 (446).

Obergrenzen der landesrechtlichen Vorschriften des Heimrechts.[26] Sollten hier dennoch Differenzen bestehen, kommt es für den Wohngruppenzuschlag seit dem 1.1.2015 durch die bewusste Ablösung vom Heimrecht allein auf § 38a I 1 Nr. 1 SGB XI an.[27]

Im Hinblick auf die erforderliche **Kontinuität der Wohngruppe** lässt § 38a SGB XI **14** offen, ob bzw. bis zu welchem Zeitraum eine Unterschreitung der Zahl von drei pflegebedürftigen Personen unschädlich für den Leistungsanspruch ist. Die ursprüngliche Fassung von § 38a I 1 Nr. 4 SGB XI verlangte, dass „regelmäßig mindestens drei Pflegebedürftige" in einer Wohnung zusammenleben. Das Merkmal „regelmäßig" wurde so interpretiert, dass eine **vorübergehende Abwesenheit** – etwa zum Zweck der Therapie, Rehabilitation oder Urlaubsreise – hinzunehmen ist,[28] solange sich der Lebensmittelpunkt von mindestens drei Pflegebedürftigen weiterhin in der gemeinsamen Wohnung befindet.[29] An dieser Lesart hat sich nach der zustimmungswürdigen Auffassung der Verbände der Pflegekassen nichts geändert.[30] Zwar fehlt seit der Neufassung des Ersten Pflegestärkungsgesetzes die Formulierung „regelmäßig", ausweislich der Gesetzesbegründung war damit aber keine veränderte Erwartung an die Mitglieder der Wohngruppe verbunden.[31] Für die Abgrenzung zwischen einer unschädlichen vorübergehenden Abwesenheit und einem anspruchsausschließenden dauerhaften Ausscheiden wird im Schrifttum empfohlen, auf die Regelung zum „vorübergehenden" Auslandsaufenthalt in § 34 I Nr. 1 SGB XI abzustellen,[32] nach dem eine Abwesenheit von bis zu sechs Wochen im Kalenderjahr dem Leistungsanspruch nicht entgegensteht. In jedem Fall endet die Mitgliedschaft in der Wohngruppe mit dem Tod oder dem Auszug.[33] Wird dadurch die anspruchsbegründende Mindestzahl (drei) pflegebedürftiger Mitbewohner unterschritten, besteht nach § 60 I 1 Nr. 2 SGB I für die übrigen Leistungsbezieher die Pflicht zur unverzüglichen Information ihrer Pflegekassen.[34]

Das Zusammenleben muss in einer **gemeinsamen Wohnung** erfolgen. Der Begriff der **15** „Wohnung" wird im SGB XI – abweichend etwa zu § 42a II 2 SGB XII –[35] nicht definiert. Der GKV-Spitzenverband als Spitzenverband Bund der Pflegekassen gemäß § 53 SGB XI und die Verbände der Pflegekassen auf Bundesebene haben jedoch gemeinsame **Auslegungskriterien** für die leistungsrechtlichen Vorschriften des SGB XI entwickelt,[36] denen sich der Gesetzgeber ausdrücklich („in der Praxis bewährt") angeschlossen hat.[37] Danach sind folgende Anhaltspunkte zu berücksichtigen: „Von einer gemeinsamen Wohnung kann ausgegangen werden, wenn der **Sanitärbereich**, die **Küche** und, wenn vorhanden, der **Aufenthaltsraum** einer **abgeschlossenen Wohneinheit** von allen Bewohnern **jederzeit** allein oder gemeinsam **genutzt** werden. Die Wohnung muss von einem **eigenen**, abschließbaren **Zugang** vom Freien,[38] von einem Treppenhaus oder von einem Vorraum zugänglich sein. Es handelt sich nicht um eine gemeinsame Wohnung, wenn die Bewohner jeweils in einem Apartment einer Anlage oder eines Hauses leben.[39] Ferner

---

[26] Schieder, Das Pflegestärkungsgesetz I, S. 33; BT-Drs. 18/3449, 13.
[27] Schieder, Das Pflegestärkungsgesetz I, S. 35; BT-Drs. 18/2909, 41.
[28] Griep Sozialrecht aktuell 2013, 186 (187).
[29] Linke in Krauskopf, Soziale Krankenversicherung, Pflegeversicherung, 101. EL November 2018, SGB X § 38a I Rn. 12.
[30] GKV-Spitzenverband/Verbände der Pflegekassen auf Bundesebene, Gemeinsames Rundschreiben zu den leistungsrechtlichen Vorschriften des SGB XI v. 13.2.2018, S. 172.
[31] Vgl. BT-Drs. 18/2909, 41 f.
[32] Linke in Krauskopf, Soziale Krankenversicherung, Pflegeversicherung, 101. EL November 2018, SGB XI § 38a Rn. 13.
[33] GKV-Spitzenverband/Verbände der Pflegekassen auf Bundesebene, Gemeinsames Rundschreiben zu den leistungsrechtlichen Vorschriften des SGB XI v. 13.2.2018, S. 172.
[34] Griep Sozialrecht aktuell 2013, 186 (187).
[35] Vgl. dazu Hahn info also 2018, 6 (7).
[36] GKV-Spitzenverband/Verbände der Pflegekassen auf Bundesebene, Gemeinsames Rundschreiben zu den leistungsrechtlichen Vorschriften des SGB XI v. 13.2.2018, S. 171 f.
[37] BT-Drs. 18/2909, 41. Ebenso BSG BeckRS 2016, 69694; kritisch dazu noch SG Münster NZS 2014, 422 (423).
[38] Ebenso: Griep, Sozialrecht aktuell 2013, 186 (187).
[39] Wieprecht/Wieprecht-Kotzsch, Praxisratgeber Pflegeversicherung Abschnitt 23.

kann ein Indiz gegen eine gemeinsame Wohnung sein, wenn die Privaträume der Bewohner über vollausgestattete Sanitärbereiche verfügen.[40] Hinweise können sich beispielsweise aus dem abgeschlossenen Mietvertrag, der Teilungserklärung (notarielle Differenzierung zwischen Sondereigentum und Gemeinschaftseigentum) oder dem Wohnungsgrundriss ergeben."[41] Derzeit umstritten ist die Frage, ob und unter welchen Voraussetzungen der Charakter einer gemeinsamen Wohnung dadurch ausgeschlossen wird, dass die Bewohner durch die Ausstattung ihrer Zimmer (z. B. Küchenzeile) in der Lage sind, zumindest weitgehend selbständig darin zu leben.[42] Allein das Zusammenleben im selben Haus ohne Nutzung einer gemeinsamen Wohnung erfüllt die Voraussetzung jedenfalls nicht.[43]

16   Die **rechtliche Konstruktion des Zusammenlebens** zwischen den Mitbewohnern ist für den Leistungsanspruch nach den §§ 38a und 45e SGB XI ohne Bedeutung. Die Mitglieder der Wohngemeinschaft können daher etwa durch separate oder gemeinsame Mietverträge, die Zugehörigkeit zu einer (gegebenenfalls sogar selbst mietenden) GbR nach § 705 ff. BGB,[44] die Mitgliedschaft in einer Genossenschaft oder einem Verein[45], durch Mit- oder Wohnungseigentum oder auch durch das Mitwohnenlassen im Rahmen eines schlichten Gefälligkeitsverhältnisses verbunden sein. In jedem der genannten Fälle kommen daher zu den Anforderungen des § 38a I SGB XI zusätzliche Hürden sowie Gestaltungs- und Verwaltungserfordernisse auf die Mitbewohner zu.[46]

17   § 38a SGB XI lässt ausdrücklich **anbieterorientierte Wohngruppen** zu, bei der die unterschiedlichen Leistungen (unter anderem Wohnen) durch einen Anbieter vermittelt werden.[47] Die Grenze bilde hier eine quasi-stationäre[48] Versorgung aus einer Hand.[49] Stationär versorgte Wohngruppen in Pflegeheimen sind ebenfalls nicht erfasst.[50]

18   Das gemeinsame Leben in einer Wohnung muss zum **Zweck der gemeinschaftlich organisierten pflegerischen Versorgung** erfolgen. Die Erfüllung dieses Merkmals richtet sich nach den im Einzelfall gegebenen inneren und äußeren Umständen und dabei insbesondere nach dem Inhalt des Vertrags mit dem Leistungserbringer.[51] Nach der 2018 erneut bekräftigten Ansicht der Verbände der Pflegekassen sei das nicht der Fall, wenn mehrere Personen innerhalb des Familienverbunds zusammenleben.[52] Bereits mit Urteil vom 18.2.2016 hat das BSG dieser Ansicht jedoch eine klare Absage erteilt und klargestellt, dass § 38a SGB XI bei verfassungskonformer Auslegung unter Beachtung von Art. 6 I und 3 I GG auch Wohngruppen erfasst, in denen die Mitglieder – wie etwa Eltern mit gemeinsamen Kindern – familiär miteinander verbunden sind.[53] Dazu ist es allerdings auch in diesen Fällen erforderlich, dass die gemeinschaftlich organisierte pflegerische Versorgung

---

[40] So auch SG Aurich BeckRS 2017, 126490; abl. SG Münster NZS 2014, 422 (423), allerdings vor der Bestätigung dieser Merkmale in BT-Drs. 18/2909, 41.
[41] GKV-Spitzenverband/Verbände der Pflegekassen auf Bundesebene, Gemeinsames Rundschreiben zu den leistungsrechtlichen Vorschriften des SGB XI v. 13.2.2018, S. 171.
[42] Vgl. dazu LSG NRW BeckRS 2018, 35411; SG Aurich BeckRS 2017, 126486; SG Münster NZS 2014, 422 ff.
[43] *Linke* in Krauskopf, Soziale Krankenversicherung, Pflegeversicherung, 101. EL November 2018, SGB XI § 38a Rn. 11.
[44] *Griep* PflR 2015, 439 (443); *Griep* Sozialrecht aktuell 2013, 186 (188); *Dalichau* GuP 2013, 50 (56).
[45] *Dalichau* GuP 2013, 50 (52, 54); BT-Drs. 18/2357, 1.
[46] *Griep* Sozialrecht aktuell 2013, 186 (188).
[47] BSG BeckRS 2016, 69694; SG Mainz BeckRS 2016, 65204; BT-Drs. 354/15, 134 f.; BT-Drs. 18/9669, 21; So auch *Griep* Sozialrecht aktuell 2013, 186 (189) mit ausführlicher Begründung; aA *Philipp* in Knickrehm/Kreikebohm/Waltermann, Kommentar zum Sozialrecht, SGB XI § 38a Rn. 6.
[48] *Dalichau* GuP 2015, 61 (63); *Richter* NJW 2015, 1271 (1274); BT-Drs. 18/2909, 42.
[49] Als Unterscheidungskriterium kann uA berücksichtigt werden, ob die Vereinbarungen der verschiedenen Serviceleistungen dezentral erfolgt: *Griep* PflR 2015, 439 (444).
[50] *Griep* Sozialrecht aktuell 2013, 186 (187).
[51] LSG Bln-Bbg BeckRS 2018, 37453.
[52] GKV-Spitzenverband/Verbände der Pflegekassen auf Bundesebene, Gemeinsames Rundschreiben zu den leistungsrechtlichen Vorschriften des SGB XI v. 13.2.2018, S. 172.
[53] BSG BeckRS 2016, 69694; vgl. dazu *Hahn* info also 2018, 6 (8) und *Rein* ZfSH/SGB 2017, 271 (381).

den nach inneren und äußeren Umstände zu ermittelnde Hauptzweck des gemeinschaftlichen Wohnens bildet.[54]

III. Gemeinschaftlich beauftragte Unterstützungskraft

Der Wohngruppenzuschlag setzt nach § 38a I 1 Nr. 3 SGB XI voraus, dass eine Person **19** durch die Mitglieder der Wohngruppe gemeinschaftlich beauftragt ist, unabhängig von der individuellen pflegerischen Versorgung allgemeine organisatorische, verwaltende, betreuende oder das Gemeinschaftsleben fördernde Tätigkeiten zu verrichten oder die Wohngruppenmitglieder bei der Haushaltsführung zu unterstützen. Die gemeinsame Beauftragung, die erneut erforderlich ist, wenn **zusätzliche Personen** zur Wohngruppe hinzukommen,[55] dient in erster Linie der **Transparenz der tatsächlichen Mittelverwendung** und soll der Abtretung der einzelnen Zuschlagsansprüche an Pflegedienstleister – ohne erkennbaren Verwendungszweck – entgegenwirken.[56] Eine gewillkürte oder gesetzliche **Vertretung** ist im Rahmen der Beauftragung möglich. Unbeachtlich für den Umstand ist es, wenn die Kosten für die beauftragte Person neben der Nutzung des Zuschlags einen zusätzlichen Rückgriff auf Eigenmittel der Bewohner erfordert.[57] Obwohl die Auftragserteilung weder nach dem Wortlaut des Gesetzes noch nach dem Willen des Gesetzgebers[58] an eine bestimmte **Form** gebunden ist, scheint das BSG[59] eine schriftliche Fixierung zu verlangen.

Die nach § 38a I 1 Nr. 3 SGB XI zulässigen **Tätigkeiten** stehen in einem Alternativ- **20** verhältnis,[60] sodass es ausreicht, wenn die Unterstützungskraft nur eine von ihnen übernimmt. Der Tätigkeitskatalog soll die Abgrenzung von den Pflegesachleistungen nach § 36 SGB XI verdeutlichen,[61] deren Selbstbeschaffung weder der Wohngruppenzuschlag noch die Anschubfinanzierung nach § 45e SGB XI dient. Die Übertragung von „Körperpflege, Zubereitung der Mahlzeit, ‚Betreuung', Einkauf, Reinigung"[62] soll daher als bereits pflegetypische Leistung nicht ausreichen. Die zu übertragenden Tätigkeiten müssen zwischen der Wohngruppe und der – **vor Antragstellung** feststehenden –[63] **namentlich benannten** Präsenzkraft **mit konkretem Inhalt**[64] vereinbart werden.[65] Die Beauftragung muss **gemeinschaftlich** erfolgen. Dabei ist jedoch nicht primär darauf abzustellen, ob die Bewohner eine individuelle oder eine kollektive Vereinbarung mit der Unterstützungskraft getroffen haben,[66] sondern – nach Sinn und Zweck der Regelung –[67] darauf, dass die Beauftragung auf einer kollektiven Entschließungs- und Auswahlentscheidung beruht.[68] Für eine solche **Kollektiventscheidung** kann etwa der Umstand sprechen, dass in den Einzelverträgen mit der Betreuungskraft jeweils ein Sonderkündigungsrecht des Auftraggebers für den Fall eines Mieterwechsels in der Wohngemeinschaft vorgesehen wurde.[69] Dieselbe Indizwirkung wird einem Kündigungsausschluss für den einzelnen Bewohner beigemes-

---

[54] BSG BeckRS 2016, 69694.
[55] LSG Bln-Bbg BeckRS 2018, 37453; BeckRS 2016, 113790; SG Berlin BeckRS 2018, 27541; SG Stralsund NZS 2016, 905 (907); BeckRS 2016, 73377.
[56] BT-Drs. 18/2909, 42. Zur Abtretung vgl. auch BSG BeckRS 2016, 69694.
[57] *Dalichau* GuP 2015, 61 (62).
[58] BT-Drs. 18/2909, 42.
[59] BSG BeckRS 2016, 69694.
[60] BSG BeckRS 2016, 69694.
[61] *Udsching* in Udsching/Schütze SGB XI § 38a Rn. 9; vgl. dazu auch BT-Drs. 19/4453, 100.
[62] LSG Bln-Bbg BeckRS 2016, 113790.
[63] SG Stralsund BeckRS 2016, 73377.
[64] BSG BeckRS 2016, 69694.
[65] LSG Bln-Bbg BeckRS 2016, 113790; SG Stralsund NZS 2016, 905 (907); BeckRS 2016, 73377.
[66] LSG NRW BeckRS 2018, 35411; a.A LSG Bln-Bbg BeckRS 2019, 536; LSG Rheinland-Pfalz Urt. v. 7.1.2016 – L 5 P 32/15; SG Aurich BeckRS 2017, 126490 und wohl SG Mainz BeckRS 2016, 65204 und SG Stralsund BeckRS 2016, 73377.
[67] Selbständige und gemeinschaftliche Organisation.
[68] *Griep* PflR 2015, 439 (441).
[69] Vgl. dazu SG Aurich BeckRS 2017, 126490.

sen.⁷⁰ Der zum 1.1.2019 geänderte Wortlaut von § 38a I 1 Nr. 3 SGB XI soll zudem verdeutlichen, dass sich die „Fähigkeiten auf die Unterstützung der gesamten Wohngruppe als solche richten"⁷¹ müssen.

21 Die Variante „**Unterstützung der Wohngruppenmitglieder bei der Haushaltsführung**" soll nach der Vorstellung des Gesetzgebers nicht auf die Haushaltsführung als solche, sondern vielmehr auf die einzelnen anfallenden hauswirtschaftlichen Tätigkeiten bezogen sein.⁷² Das bedeutet konkret, dass die Vollübernahme von Teilbereichen der Hauswirtschaft – etwa die **Übertragung der Wohnungsreinigung** an eine Fachkraft – auch dann nicht die Voraussetzung von § 38a I 1 Nr. 3 Alt. 5 SGB XI erfüllen könnte, wenn andere Bereiche den Pflegebedürftigen selbst überlassen bleiben. Anspruchsauslösend sollen nur solche Tätigkeiten sein, die den Pflegebedürftigen – wie etwa das gemeinsame Kochen – einbeziehen.⁷³ Die Aufgaben der Unterstützungskraft werden in diesem Zusammenhang „als Beaufsichtigung der [...] Verrichtung oder [...] Anleitung zur Selbstvornahme"⁷⁴ beschrieben. Dieses Anknüpfungsmerkmal ist – ungeachtet des zustimmungswürdigen Regelungsziels einer sozialen Aktivierung des Pflegebedürftigen – problematisch. Zum einen stellen sich erhebliche Abgrenzungsprobleme im Hinblick auf die notwendige Einbeziehung des Pflegebedürftigen und das Verbot der Vollübernahme: So stellt sich etwa die Frage, ob die Voraussetzungen für die Gewährung des Zuschlags erfüllt sind, wenn der Pflegekraft die Reinigung von Küche und/oder Bad vertraglich vollübertragen wurde, während die Säuberung der Zimmer den Pflegebedürftigen vorbehalten bleibt. Unklar ist auch, ob die zwischen den Pflegebedürftigen und der Unterstützungskraft „aufgeteilten" Tätigkeiten parallel (gemeinsamer Putztag und identische Mahlzeit?) erfolgen müssen oder auch zeitlich versetzt stattfinden können. Zum anderen setzt die mit der „**Unterstützung bei der Haushaltsführung**" zumindest grammatikalisch verwandte und in vielfältigen Bereichen des Sozialrechts vorkommende „Haushaltshilfe" nicht voraus, dass der Letztgenannten keine Teilbereiche der Haushaltsführung vollübertragen werden können.⁷⁵ Wenn die „Haushaltshilfe" demnach allein putzen dürfte, während dieses einer „Haushaltsunterstützung" untersagt wäre, ließe sich dieser – zumindest im Gesetzeswortlaut nicht angelegte – Unterschied nur mit der Zielstellung einer verstärkten Einbeziehung des Pflegebedürftigen rechtfertigen. Dabei würde aber die eigentliche Hauptintention der Regelung, nämlich dem Pflegebedürftigen einen möglichst langen Verbleib in „seiner" Wohnung und seinem sozialen Umfeld zu ermöglichen,⁷⁶ missachtet werden: Wenn dieses – etwa aufgrund körperlicher Leiden – gerade durch die Übertragung der Reinigungstätigkeiten sichergestellt werden kann, wäre der Intention des Gesetzes genügt. Zu berücksichtigen ist außerdem, dass der Umzug in eine ambulant betreute Wohngruppe häufig gerade erst dann in Betracht gezogen wird, wenn die häusliche Versorgung durch Angehörige mit zumindest teilweise eigener Haushaltsführung des Pflegebedürftigen – aus gesundheitlichen Gründen – nicht mehr möglich ist.⁷⁷ Eine Aufnahme in die Wohngruppe wäre dann aber problematisch. Darüber hinaus erscheint es im Hinblick auf das Ziel der **Einbeziehung** nicht nachvollziehbar, weshalb diese gerade in der Form hauswirtschaftlicher Tätigkeit erfolgen muss, während bei anderen allgemeinen organisatorischen, verwaltenden, betreuenden oder das Gemeinschaftsleben fördernden Tätigkeiten (§ 38a I 1 Nr. 3 Alt. 1–4 SGB XI) eine Vollübertragung von Teilbereichen möglich bleibt. Unerheblich ist

---

70 LSG NRW BeckRS 2018, 35411.
71 BT-Drs. 19/4453, 100.
72 BT-Drs. 18/2909, 42.
73 BT-Drs. 19/4453, 100; BT-Drs. 18/2909, 42; GKV-Spitzenverband/Verbände der Pflegekassen auf Bundesebene, Gemeinsames Rundschreiben zu den leistungsrechtlichen Vorschriften des SGB XI v. 13.2.2018, S. 173.
74 BSG BeckRS 2016, 69694.
75 Vgl. dazu etwa die Anforderungen in § 24h und § 38 Abs. 1 S. 3 SGB V sowie § 54 Abs. 2 S. 1 SGB VII („Weiterführung des Haushalts [...] nicht möglich").
76 BT-Drs. 18/2909, 41.
77 Zu diesem Problem vgl. *Griep* PflR 2015, 439 (450).

es jedenfalls, wenn einzelne Mitglieder der Wohngruppe – etwa aus gesundheitlichen Gründen – nicht an der hauswirtschaftlichen Tätigkeit mitwirken, solange die Mitwirkungsmöglichkeit einiger Mitbewohner die Vollübertragung ausschließt.[78]

Bei der Unterstützungsperson muss es sich nicht um **eine ausgebildete Pflegefachkraft** 22 handeln.[79] Alltagsbegleiter und andere Assistenzkräfte können diese Aufgabe ebenfalls übernehmen.[80] Die Angehörigen der Wohngruppe können aber auch eine nach § 77 SGB XI anerkannte Person beauftragen,[81] für die dann aber – zumindest im Verhältnis zur Pflegekasse (Anerkennungsvertrag) – die Ausschlussgründe des § 77 I 1 HS. 2 SGB XI gelten: Danach sind „Verträge mit Verwandten oder Verschwägerten des Pflegebedürftigen bis zum dritten Grad sowie mit Personen, die mit dem Pflegebedürftigen in häuslicher Gemeinschaft leben, […] unzulässig". Trotz der in der Gesetzesbegründung zu findenden Bezeichnung als „Präsenzkraft"[82] ist keine **Daueranwesenheit** in der Wohngruppe erforderlich.[83] Unter der Berücksichtigung moderner (elektronischer) Kommunikationsmöglichkeiten soll auch eine durchschnittlich einmal wöchentliche Anwesenheit in der Wohnung bei sonst täglichem Kontakt per Telefon genügen.[84] Eine bloße **Rufbereitschaft** genügt jedoch ebenfalls nicht.[85]

Bei der die Pflegeleistungen erbringenden Fachkraft und der Unterstützungsperson nach 23 38a I 1 Nr. 3 Alt. 5 SGB XI kann es sich um dieselbe Person handeln,[86] die (nur!) für allgemeine organisatorische, verwaltende, betreuende oder das Gemeinschaftsleben fördernde Tätigkeiten oder die hauswirtschaftliche Unterstützung mithilfe des Wohngruppenzuschlags vergütet wird.[87]

Bereits nach der bis zum 31.12.2014 geltenden Fassung von § 38a SGB XI, der noch 24 eine freie Wählbarkeit der Pflege- und Betreuungsleistungen verlangte, war es unschädlich, wenn zwischen dem Vermieter der Wohngruppe und der Unterstützungskraft eine **personelle oder gesellschaftsrechtliche Verbindungen** bestand.[88] Dieses gilt erst recht für die aktuelle Fassung, die bewusst auf die Voraussetzung der freien Wählbarkeit verzichtet.[89] Die Präsenzkraft kann für die Mitglieder der Wohngruppe im Rahmen eines abhängigen **Beschäftigungsverhältnisses** oder **selbständig** tätig sein.[90] Möglich ist darüber hinaus auch ein **Servicevertrag** mit einem Dienstleistungsunternehmen,[91] wenn in der Abrede sichergestellt wird, dass eine konkrete, namentlich benannte Person, für die Leistungsausführung verantwortlich ist.[92] Handelt es sich bei dem Dienstleister um einen ambulanten **Pflegedienst**,[93] ist in der vertraglichen Abrede eine hinreichende **Abgrenzung** der mit dem Wohngruppenzuschlag finanzierten Tätigkeiten von der pflegerischen Versorgung

---

[78] *Dalichau* GuP 2015, 61 (68); abl. gegenüber diesem Merkmal: *Griep* PflR 2015, 439 (450).
[79] *Griep* Sozialrecht aktuell 2013, 186 (187); *Schieder*, Das Pflegestärkungsgesetz I, S. 35; *Wieprecht/Wieprecht-Kotzsch*, Praxisratgeber Pflegeversicherung Abschnitt 23; BT-Drs. 10170, 16.
[80] *Weber* NZS 2019, 52 (55).
[81] BT-Drs. 17/9369, 41; *Weber*, NZS 2019, 52 (56).
[82] BT-Drs. 18/3449, 13; 17/9369, 41.
[83] *Schieder*, Das Pflegestärkungsgesetz I, S. 35; *Wieprecht/Wieprecht-Kotzsch* Praxisratgeber Pflegeversicherung Abschnitt 23; GKV-Spitzenverband/Verbände der Pflegekassen auf Bundesebene, Gemeinsames Rundschreiben zu den leistungsrechtlichen Vorschriften des SGB XI v. 13.2.2018, S. 173.
[84] LSG NRW BeckRS 2018, 35411; vgl. dazu auch *Linke* in Krauskopf, Soziale Krankenversicherung, Pflegeversicherung, 101. EL November 2018, SGB XI § 38a Rn. 16.
[85] *Griep* Sozialrecht aktuell 2013, 186 (187); *Schieder*, Das Pflegestärkungsgesetz I, S. 35; GKV-Spitzenverband/Verbände der Pflegekassen auf Bundesebene, Gemeinsames Rundschreiben zu den leistungsrechtlichen Vorschriften des SGB XI v. 13.2.2018, S. 173.
[86] *Diepenbruck* in BeckOK-SozR, 52. Ed. 1.3.2019, SGB XI § 38a Rn. 14; *Kaminski* RDG 2014, 198 (199).
[87] *Linke* in Krauskopf, Soziale Krankenversicherung, Pflegeversicherung, 101. EL November 2018, SGB XI § 38a Rn. 1; BT-Drs. 17/9369, 41.
[88] LSG Rheinland-Pfalz BeckRS 2016, 66278.
[89] BT-Drs. 18/2909, 41; iE ebenso *Weber* NZS 2019, 52 (56).
[90] *Dalichau* GuP 2015, 61 (68); *Weber*, NZS 2019, 52 (56).
[91] *Griep* PflR 2015, 439 (441); *Wieprecht/Wieprecht-Kotzsch*, Praxisratgeber Pflegeversicherung Abschnitt 23.
[92] AA *Philipp* in Knickrehm/Kreikebohm/Waltermann, Kommentar zum Sozialrecht, SGB XI § 38a, Rn. 6.
[93] Präsenzkraft kann auch bei einem Pflegedienst beschäftigt sein *Griep* Sozialrecht aktuell 2013, 186 (187).

erforderlich.[94] Wie bei der unmittelbaren Beauftragung müssen die Mitglieder der Wohngruppe die Möglichkeit haben, mit ihren Anweisungen – wenn auch mittelbar durch ein delegiertes Weisungsrecht des Serviceanbieters – auf die Tätigkeit der Unterstützungskraft einzuwirken.[95] Pauschale trägerorientierte Servicevereinbarungen mit der Möglichkeit zur Leistungsausführung durch **wechselnde Personen** sind dagegen unzureichend.[96] Ausgeschlossen ist auch eine Beauftragung der Präsenzkraft durch den Vermieter/Anbieter der Wohngruppe im eigenen Namen im Rahmen der durch den Anbieter der Wohngruppe fest vorgegebenen Strukturen.[97]

25 Das BSG hat in seiner Entscheidung aus dem Jahr 2016 ausdrücklich offen gelassen, ob die – eigentlich nur für die Anerkennung einzelner geeigneter Pflegekräfte für die Erbringung häuslicher Pflegeleistungen geltende – Beschränkung des § 77 I 1 HS. 2 SGB XI auch bei der unmittelbaren Beauftragung der Unterstützungskraft durch die Wohngruppe nach § 38a I 1 Nr. 3 SGB XI zur Anwendung kommt.[98] Die Tendenz dürfte jedoch – trotz des Hinweises auf das Fehlen von Anhaltspunkten für die Zulässigkeit im Gesetz und den Materialien –[99] in die Richtung zulässiger **Familienbeschäftigungsverhältnisse** zeigen, da das BSG zumindest eine hinreichende Abgrenzung der Unterstützungsleistungen von „rein familiären Verpflichtungen" fordert.[100] Dieses Kriterium ist nur bei innerfamiliärer Beauftragung sinnvoll.

IV. Ambulante Versorgungsform

26 In der Wohngruppe darf nach § 38a I 1 Nr. 4 HS. 1 SGB XI keine Versorgungsform – im Grundsatz einschließlich der teilstationären Pflege – vorliegen, in der ein Anbieter der Wohngruppe oder ein Dritter den Pflegebedürftigen Leistungen anbietet oder gewährleistet, die dem im jeweiligen Rahmenvertrag nach § 75 I SGB XI für vollstationäre Pflege vereinbarten Leistungsumfang weitgehend entsprechen. Mit dem – ohne feststehenden Leistungskatalog schwer abgrenzbaren –[101] Ausschluss für stationäre Versorgungsformen soll der Entstehung und faktischen finanziellen Förderung von heimähnlichen Einrichtungen entgegengewirkt werden, bei denen die Einbindung der Bewohner durch eine zumindest teilweise erfolgende Selbstversorgung nicht gewährleistet ist.[102] Zugleich löst der Gesetzgeber den Anspruch durch eine Anknüpfung an Leistungsart und -umfang von dem bis zum 31.12.2014 maßgeblichen, aber schwer ermittelbaren Merkmal der freien Wählbarkeit von Pflege- und Betreuungsleistungen.[103] Der Anbieter einer ambulant betreuten Wohngruppe hat die Pflegebedürftigen nach § 38a I 1 Nr. 4 HS. 2 SGB XI vor deren Einzug in die Wohngruppe in geeigneter Weise darauf **hinzuweisen,** dass dieser Leistungsumfang von ihm oder einem Dritten nicht erbracht wird, sondern die Versorgung in der Wohngruppe auch durch die aktive Einbindung ihrer eigenen Ressourcen und ihres sozialen Umfelds sichergestellt wird. Dabei ist nicht das tatsächliche Engagement der Bewohner der Wohngruppe oder ihres sozialen Umfelds maßgeblich, sondern vielmehr, dass die Versorgungsform die **Möglichkeit** bietet, **sich durch eigene Leistungen in die Alltagsgestaltung einzubringen.**[104]

---

[94] Weber NZS 2019, 52 (56); *Wieprecht/Wieprecht-Kotzsch,* Praxisratgeber Pflegeversicherung Abschnitt 23; BSG BeckRS 2016, 69694 LSG Bln-Bbg BeckRS 2018, 37453.
[95] Zur Notwendigkeit eines Weisungsrechts vgl. SG Mainz BeckRS 2016, 65204.
[96] SG Stralsund NZS 2016, 905 (907); BeckRS 2016, 73377.
[97] SG Speyer BeckRS 2016, 66955.
[98] BSG BeckRS 2016, 69694.
[99] BSG BeckRS 2016, 69694.
[100] BSG BeckRS 2016, 69694.
[101] Vgl. dazu *Griep* PflR 2015, 439 (448).
[102] BT-Drs. 18/2909, 41.
[103] *Richter* NJW 2015, 1271 (1274); BT-Drs. 18/2909, 41. Kritisch gegenüber der Aufgabe des Merkmals wegen nun fehlender Abgrenzbarkeit: *Griep* PflR 2015, 439 (443).
[104] *Wieprecht/Wieprecht-Kotzsch,* Praxisratgeber Pflegeversicherung Abschnitt 23; BT-Drs. 18/2909, 42.

Eine ambulante Versorgungsform ist bereits dadurch ausgeschlossen, dass das von einem **27** Träger anbieterorientierter Wohngruppen unterbreitete **Vollversorgungsangebot** von Teilen der Bewohner wahrgenommen wird.[105] Diese Konsequenz ist im Hinblick auf die Zielstellung von § 38a SGB XI als sehr problematisch zu bewerten, da sie *de facto* dazu führt, dass progressive Pflegefälle (Mitbewohner) aus der WG ausgeschlossen werden müssen, sobald bei ihnen aus gesundheitlichen Gründen eine Vollversorgung erforderlich wird, wenn die Mehrarbeit nicht von den Mitbewohner übernommen werden soll oder kann.[106]

Die Gesetzesbegründung nennt als mögliche **Beiträge der Wohngruppenmitglieder** **28** oder ihres sozialen Umfelds „die Sicherstellung der Arztbesuche, die Gestaltung und kleine Reparaturen in der Wohnung, Entscheidungen über neue Bewohnerinnen und Bewohner,[107] die Neuanschaffung von Geräten, den Einkauf von Lebensmitteln oder die Verwaltung der Gruppenkasse"[108]. Gegen das Vorliegen einer ambulanten Versorgungsform können etwa das Fehlen eines Hausrechts der Bewohner in allen zur Wohngruppe gehörenden Räumen oder Einschränkungen bei dem Recht zur Einbringung von Gegenständen (insbesondere in Gemeinschaftsräume) sprechen.[109]

C. Leistungen (§§ 38a und 45e SGB XI)

I. Zusätzliche monatliche Leistung (§ 38a SGB XI)

1. Wohngruppenzuschlag

Der monatlich **im Voraus** als **Geldleistung**[110] im Sinne von § 11 SGB I gewährte und **29** **zweckgebundene**[111] Leistungsanspruch nach § 38a I 1 SGB XI beträgt derzeit **214 EUR** und ist – anders als beim Verhältnis von Pflegegeld und Pflegesachleistung – in der Höhe nicht vom Professionalisierungsgrad[112] des Leistungserbringers unabhängig. Er wird ab dem Monat der **Antragstellung** gewährt und auch bei Erfüllung der Leistungsvoraussetzungen nur in einem Teil des Monats (zum Beispiel bei Veränderung der Bewohnerstruktur) ungekürzt ausgezahlt.[113]

Auf einen **Nachweis der** konkreten **Mittelverwendung** gegenüber dem Leistungsträger **30** hat der Gesetzgeber bewusst verzichtet.[114] Nach § 38a II SGB XI darf die Pflegekasse aber zur Feststellung der Anspruchsvoraussetzungen beim Antragsteller **Auskunft** über die Adresse und das Gründungsdatum der Wohngruppe sowie über Vorname, Name, Anschrift, Telefonnummer und die vereinbarten Aufgaben der Präsenzkraft einschließlich deren Unterschrift verlangen und diese Informationen auch verarbeiten und nutzen. Außerdem kann sie eine formlose Bestätigung des Antragstellers über das Vorliegen der Leistungsvoraussetzungen nach § 38a I SGB XI und die Vorlage des Mietvertrags einschließlich eines Grundrisses der Wohnung und – soweit die Pflege nicht anderweitig erfolgt –[115] des Pflegevertrags nach § 120 SGB XI verlangen. Nach der Intention der Vorschrift dürfte die

---

[105] SG Mainz BeckRS 2016, 65204; GKV-Spitzenverband/Verbände der Pflegekassen auf Bundesebene, Gemeinsames Rundschreiben zu den leistungsrechtlichen Vorschriften des SGB XI v. 13.2.2018, S. 173.
[106] *Griep* PflR 2015, 439 (449).
[107] So auch VG Leipzig BeckRS 2012, 46325.
[108] BT-Drs. 18/2909, 42.
[109] Vgl. dazu SG Mainz BeckRS 2016, 65204.
[110] *Schieder*, Das Pflegestärkungsgesetz I, S. 34.
[111] *Dalichau* GuP 2013, 50.
[112] BSG BeckRS 2016, 69694.
[113] GKV-Spitzenverband/Verbände der Pflegekassen auf Bundesebene, Gemeinsames Rundschreiben zu den leistungsrechtlichen Vorschriften des SGB XI v. 13.2.2018, S. 175.
[114] *Griep* Sozialrecht aktuell 2013, 186; BT-Drs. 18/2909, 42.
[115] BT-Drs. 18/2909, 42.

Vorlagepflicht auf Teilungserklärungen nach dem WEG oder ähnliche Vereinbarungen über die Aufteilung und Nutzung des Wohnraums entsprechend anzuwenden sein. Andere Informationen – insbesondere zu den weiteren Mitbewohnern des eigenen Versicherten – darf die Pflegekasse nicht erheben.[116]

31 Das BSG leitet – ohne tiefergehende Erörterung – aus § 38a II Nr. 5 SGB XI die Pflicht zur schriftlichen Fixierung des Auftragsverhältnisses und der vereinbarten Aufgaben ab („das schriftlich zu fixieren ist"[117]). Ein Schriftformerfordernis ist aber weder dem Wortlaut des Gesetzes („folgende Daten zu erheben, zu verarbeiten und zu nutzen und folgende Unterlagen anzufordern: [...] die vereinbarten Aufgaben der Person nach Absatz 1 Nummer 3") noch dem Willen des Gesetzgebers („Abfrage der mit der Präsenzkraft vereinbarten Aufgaben [...], was **beispielsweise durch die Vorlage einer entsprechenden Vereinbarung [...]** beantwortet werden kann."[118]) zu entnehmen.

2. Inanspruchnahme von Leistungen der Tages- und Nachtpflege neben dem Wohngruppenzuschlag

32 Leistungen der Tages- und Nachtpflege im Sinne von § 41 SGB XI können gemäß § 38a I 2 SGB XI mit dem Wohngruppenzuschlag nur kombiniert werden, wenn gegenüber der zuständigen Pflegekasse durch eine Prüfung des Medizinischen Dienstes der Krankenversicherung (MDK) nachgewiesen wurde, dass die Pflege in der ambulant betreuten Wohngruppe ohne teilstationäre Pflege nicht in ausreichendem Umfang sicherzustellen ist. Auf diese Weise soll verhindert werden, dass Anbieter von Wohngruppen vertraglich eine nicht dem Sinn des Zuschlags entsprechende Zwangskombination mit Angeboten der teilstationären Pflege ohne etwaigen Zusatznutzen für den Versicherten vorgeben.[119] Auch diese Regelung gilt für private Pflegeversicherungsverhältnisse entsprechend. Die Prüfung des MDK muss alle in der Wohngruppe durch die Präsenzkraft – und gegebenenfalls durch einen ambulanten Pflegedienst – erbrachten Leistungen sowie etwaige Entlastungserfordernisse (zum Beispiel den Abbau von Störungen des Tages- und Nachtrhythmus) zugunsten anderer Mitbewohner berücksichtigen.[120] Die Ermächtigung des MDK zur Erhebung, Verarbeitung und Nutzung personenbezogener Daten findet sich in § 97 I SGB XI.

II. Anschubfinanzierung (§ 45e SGB XI)

33 Die Mitglieder einer den Anforderungen des § 38a I 1 SGB XI genügenden Wohngruppe, die einen eigenen Anspruch auf den Zuschlag haben und an deren gemeinsamer Gründung beteiligt sind, können nach § 45e SGB XI – zusätzlich zu den nicht vorrangigen finanziellen Zuschüssen für Maßnahmen zur Verbesserung des individuellen Wohnumfeldes nach § 40 IV SGB XI –[121] einen einmaligen Betrag von bis zu **2.500 EUR** erhalten. Aus der Formulierung „bis zu" folgt, dass der konkrete Mitteleinsatz – im Unterschied zu § 38a I SGB XI – zu belegen ist.[122] Für jede Wohngruppe ist der **Gesamtbetrag** auf **10.000 EUR** begrenzt, die bei mehr als vier Leistungsberechtigten gleichmäßig nach Köpfen aufzuteilen sind. Um einen Anreiz für die Wahl dieser Wohnform zu schaffen,[123] kann die zu finanzierende Maßnahme nach § 45e I 4 SGB XI bereits vor Gründung der Wohngruppe und

---

[116] *Richter* NJW 2015, 1271 (1274); *Schieder*, Das Pflegestärkungsgesetz I, S. 35.
[117] BSG BeckRS 2016, 69694.
[118] BT-Drs. 18/2909, 42.
[119] *Schieder*, Das Pflegestärkungsgesetz II, S. 56; BT-Drs. 354/15, 135.
[120] BT-Drs. 354/15, 135.
[121] *Dalichau* GuP 2013, 50 (57); GKV-Spitzenverband/Verbände der Pflegekassen auf Bundesebene, Gemeinsames Rundschreiben zu den leistungsrechtlichen Vorschriften des SGB XI v. 13.2.2018, S. 285.
[122] *Dalichau* GuP 2013, 50 (56).
[123] BT-Drs. 18/1798, 38.

Einzug in die gemeinsame Wohnung durchgeführt werden.[124] Die Auszahlung erfolgt nach § 45a II 1 SGB XI aber erst später, wenn die Wohngruppe im Sinne von § 38a I SGB XI gegründet und bezogen wurde.[125] Der ebenfalls erforderliche Leistungsantrag muss dann jedoch nach § 45e I 3 SGB XI innerhalb eines Jahres nach Vorliegen der Anspruchsvoraussetzungen gestellt werden. Die bloße Erweiterung einer bereits in der Vergangenheit gegründeten und nach §§ 38a I, 45e SGB XI förderfähigen Wohngruppe – etwa durch Aufnahme weiterer Personen oder Erweiterung des Wohnraums – ist keine (erneut) förderfähige Neugründung im Sinne von § 45e I SGB XI.[126]

Die Mittel können nur für die **altersgerechte oder barrierereduzierende Umge-** 34 **staltung** der Wohnung, nicht hingegen für den Wohnungsneubau eingesetzt werden.[127] Eine Verbesserung der gegenwärtigen Pflegesituation des Leistungsberechtigten durch die geförderte Maßnahme ist im Unterschied zu § 40 IV 1 SGB XI nicht erforderlich, steht dem Anspruch aber auch nicht entgegen.[128] Als förderfähige Maßnahmen kommen etwa „das Anbringen von Handläufen, Türvergrößerungen, rutschhemmender Bodenbelag [...] und die] Installation von Armaturen mit verlängertem Hebel oder Schlaufe"[129] in Betracht.

Die Regelung über die Anschubfinanzierung gilt nach § 45e I 5 SGB XI für Versicherte 35 einer **privaten Pflegepflichtversicherung** entsprechend. Sind durch die mindestens drei pflegebedürftigen Personen in der Wohngruppe mehrere Pflegekassen oder private Pflegeversicherungen beteiligt, werden die Gesamtkosten nach der jeweils zugehörigen Anzahl der Pflegebedürftigen aufgeteilt. In verfahrensrechtlicher Hinsicht haben sich die Verbände der Pflegekassen selbst dazu verpflichtet, jedem Antragsteller auf einer Kopie der eingereichten Rechnung die Höhe des Erstattungsbetrages, die Einhaltung der Frist und die Anzahl der Pflegebedürftigen in der Wohngruppe zu vermerken.[130] Zusätzlich wird dem Einreicher der Originalrechnung bestätigt, dass das Original der Pflegekasse vorliegt.[131]

Nach § 45e II 3 SGB XI regelt der **Spitzenverband Bund der Pflegekassen** im 36 Einvernehmen mit dem **Verband der privaten Krankenversicherung** e. V die Einzelheiten zu Voraussetzungen und Verfahren der Förderung. Die Form der Regelung ist dabei nicht vorgegeben.[132]

D. Leistungskonkurrenzen

Neben den unmittelbar in § 38a I 1 Nr. 2 und § 38a I 2 SGB XI geregelten besonderen 37 Leistungskonkurrenzen ist allgemein § 13 I SGB XI zu beachten. Danach sind Leistungen der Pflegeversicherung gegenüber Entschädigungsleistungen wegen Pflegebedürftigkeit in unmittelbarer oder mittelbarer Anwendung des BVG, gegenüber Entschädigungsleistungen aus der gesetzlichen Unfallversicherung und aus öffentlichen Kassen auf Grund gesetzlich geregelter Unfallversorgung oder Unfallfürsorge nachrangig. Dagegen gehen nach § 13 III 1 SGB XI die Leistungen der Pflegeversicherung den Fürsorgeleistungen zur Pflege nach dem SGB XII, nach dem LAG, dem RepG und dem FlüHG sowie den Leistungen in

---

[124] *Dalichau* GuP 2013, 50 (55).
[125] BT-Drs. 18/1798, 38; GKV-Spitzenverband/Verbände der Pflegekassen auf Bundesebene, Gemeinsames Rundschreiben zu den leistungsrechtlichen Vorschriften des SGB XI v. 13.2.2018, S. 286.
[126] *Dalichau* GuP 2013, 50 (56).
[127] BT-Drs. 18/1798, 38.
[128] GKV-Spitzenverband/Verbände der Pflegekassen auf Bundesebene, Gemeinsames Rundschreiben zu den leistungsrechtlichen Vorschriften des SGB XI v. 13.2.2018, S. 285 f.
[129] GKV-Spitzenverband/Verbände der Pflegekassen auf Bundesebene, Gemeinsames Rundschreiben zu den leistungsrechtlichen Vorschriften des SGB XI v. 13.2.2018, S. 286.
[130] GKV-Spitzenverband/Verbände der Pflegekassen auf Bundesebene, Gemeinsames Rundschreiben zu den leistungsrechtlichen Vorschriften des SGB XI v. 13.2.2018, S. 286.
[131] GKV-Spitzenverband/Verbände der Pflegekassen auf Bundesebene, Gemeinsames Rundschreiben zu den leistungsrechtlichen Vorschriften des SGB XI v. 13.2.2018, S. 286.
[132] *Dalichau* GuP 2013, 50 (55).

unmittelbarer oder mittelbarer Anwendung des BVG im Regelfall vor. Von diesem Grundsatz sind nach § 13 III 3 SGB XI – ausdrücklich auch mit Blick auf § 38a SGB XI –[133] die Leistungen der **Eingliederungshilfe für Menschen mit Behinderungen** nach dem SGB XII, dem BVG und dem SGB VIII ausgenommen und bleiben unberührt.

38 Umstritten war die Frage, ob der Wohngruppenzuschlag auf die **Hilfe zur Pflege** nach den §§ 61 ff. SGB XII anzurechnen ist. Anlass für die Diskussion war unter anderem die in § 63b I SGB XII enthaltene Formulierung, dass Leistungen der Hilfe zur Pflege nicht erbracht werden, soweit Pflegebedürftige gleichartige Leistungen nach anderen Rechtsvorschriften erhalten. Darüber hinaus wurde geltend gemacht, dass nach § 45b III 1 SGB XI (vormals § 13 IIIa SBG XI) nur der Entlastungsbetrag bei den Fürsorgeleistungen zur Pflege nach § 13 III 1 SGB XI keine Berücksichtigung findet, während eine entsprechende Regelung für § 38a SGB XI fehlt.[134] Von einer anrechnungspflichtigen Identität der bedarfsdeckenden Leistungen für an Demenz erkrankte Menschen in Wohngemeinschaften in Form von **Tagespauschalen** im Land Berlin nach § 61 V SGB II aF und des Wohngruppenzuschlags nach § 38a I SGB XI ging etwa das LSG Berlin-Brandenburg aus.[135] Im Einzelfall sei danach zu prüfen, „ob entsprechende Bedarfe, die speziell auf die Inanspruchnahme der Hilfen in der Wohnform der Wohngruppe zurückgehen, bereits bei der Bedarfsdeckung berücksichtigt waren"[136]. Für dieses Ergebnis spricht zumindest der Hinweis des Gesetzgebers, dass sich „für die Träger der Sozialhilfe […] durch […] die Förderung von Wohngruppen Entlastungen gegenüber dem geltenden Recht"[137] ergeben sollen. Das BSG hat diese Entscheidung jedoch aufgehoben und zur weiteren Sachverhaltsermittlung zurückverwiesen. Dabei hat es aber (nicht nur) deutlich gemacht, dass „dass der von der Pflegekasse gewährte Wohngruppenzuschlag nach § 38a SGB XI nicht zum Einkommen gehört"[138]. Vielmehr hat das BSG auch klarstellte, dass es sich beim Wohngruppenzuschlag nicht um eine der Hilfe zur Pflege nach den §§ 61 ff. SGB XII zweckentsprechende Leistung handelt, da diese nicht unmittelbar der individuellen pflegerischen Versorgung des Leistungsberechtigten dient.[139]

39 Mit Änderung der §§ 61 ff. SGB XII durch das Dritte Pflegestärkungsgesetz (BGBl. I S. 3191) zum 1.1.2017 wurde in § 63 SGB XII ein neuer Leistungskatalog geschaffen. In diesem fehlt zwar die ausdrückliche Nennung eines Wohngruppenzuschlags im Sinne von § 38a SGB XI, durch den Verweis auf § 64b SGB XII wird aber auch die häusliche Pflegehilfe umfasst. Zu dieser Leistungsgruppe sollen nach der Vorstellung des Gesetzgebers – bei Bedarf ohne eigenständige Anspruchsgrundlage – auch Tätigkeiten im Sinne von § 38a I 1 Nr. 3 SGB XI zählen.[140] Zumindest danach könnte bei entsprechender Leistungsgewährung durch den SGB XII-Leistungsträger von Identität im Sinne von § 63b I SGB XII auszugehen sein. Teilweise wird eine Anrechenbarkeit auch für Konstellationen angenommen, in denen – mangels hinreichender **Dokumentation der mit dem Wohngruppenzuschlag finanzierten Leistungen** – die Identität mit den nach §§ 61 ff. SGB XII bereits gedeckten Bedarfen nicht überprüft werden kann.[141]

---

[133] BT-Drs. 17/9369, 41.
[134] Argument etwa im Parteivortrag zu LSG Bln-Bbg BeckRS 2016, 68943. Vgl. dazu auch § 45b Abs. 3 S. 2 SGB XI.
[135] LSG Bln-Bbg BeckRS 2016, 68943. Revision anhängig unter B 8 SO 14/16 R. Ebenso SG Berlin BeckRS 2015, 71470; BeckRS 2015, 65726; LSG Bln-Bbg BeckRS 2014, 73087. Gegen eine Anrechnung nach § 63b Abs. 1 SGB XII (vormals § 64 Abs. 4 SGB XII) etwa SG Halle BeckRS 2014, 67322. Ebenfalls kritisch: *Basche* RDG 2015, 144 (145)
[136] LSG Bln-Bbg BeckRS 2014, 73087.
[137] BT-Drs. 17/9369, S. 22.
[138] BSGE 123, 171.
[139] BSGE 123, 171; vgl. dazu auch *Türpe* NZS 2017, 956.
[140] BR-Drs. 410/16, 22.
[141] SG Berlin Beschl. v. 5.6.2014 – S 47 SO 1141/14 ER.

§ 29 Alternative Wohnprojekte

Übersicht

	Rn.
A. Einleitung	1
B. „Wohnen für Mithilfe" und andere Wohnformen zur Unterstützung einer Vertragspartei	6
I. Grundlagen	7
1. Dienstleistung als Leistungspflicht	8
2. Abgrenzung zum Arbeitsvertrag	9
3. Allgemeine Hinweise zur Vertragsgestaltung	12
II. „Wohnen für Mithilfe" als Mietvertrag mit (teilweise) atypischer Gegenleistung	13
1. Vorliegen eines Mietvertrags mit atypischer Gegenleistung	15
2. Anwendung des Mietrechts im Einzelnen	17
3. Sonderfall: Möblierter Wohnraum	25
4. Sonderfall: Wohnen für Mithilfe in angemietetem Wohnraum	26
III. „Wohnen für Mithilfe" als typengemischter Vertrag	28
1. Vorliegen eines typengemischten Vertrags	29
2. Anwendung des Dienstvertrags- und des Mietrechts im Einzelnen	33
a) Leistungsstörungen	34
b) Vertragsbeendigung	37
IV. Weitere Hinweise für die Vertragsgestaltung	41
C. „Plus-WG" und andere Modelle ohne Unterstützungsleistungen Dritter	42
I. Verhältnis der Wohngemeinschaft zu außenstehenden Dritten	45
II. Verhältnis der Mitbewohner untereinander	52
1. Genossenschaftsinterne Rechtsverhältnisse	53
a) Verhältnis der Mitglieder zur Genossenschaft	54
b) Verhältnis der Genossenschaftsmitglieder untereinander	66
2. Innenverhältnis der BGB-Gesellschafter	69
D. „Senioren-WG" und andere Modelle mit Unterstützungsleistungen Dritter	73
I. Spezielle gesetzliche Vorschriften	74
1. Pflichten nach dem Heimrecht	75
2. Rechte des Verbrauchers nach dem WBVG	77
3. Sozialrechtliche Leistungen	78
II. Verhältnis der Wohngemeinschaft zu außenstehenden Dritten	79
III. Verhältnis der Mitbewohner untereinander	82
E. Wohngemeinschaft als „Kommune"	87
I. Die Kommune als BGB-Innengesellschaft	89
II. Fehlen des Rechtsbindungswillens	95
F. Sonderfall: Alternative Wohnprojekte in zwischenvermieteten Räumen	98

Schrifttum:

Beuthin, Ist die Innengesellschaft nicht rechtsfähig, NZG 2011, 161; *Degenhardt*, Ist die Besetzung leerstehender Häuser Hausfriedensbruch?, JR 1984, 30; *Drasdo*, Genossenschaftliches Wohnen als Wohnraumüberlassung an der Schnittstelle von Miete und Gesellschaftsrecht, NZM 2012, 585; *Drasdo*, Heimunterbringung und „Betreutes Wohnen", NZM 2015, 601; *Grunewald*, Gesellschaftsrecht, 9. Aufl. 2014; *Grziwotz*, Auseinandersetzung einer faktischen Lebensgemeinschaft, NZFam 2015, 543; *H. Müller*, Baugemeinschaften und ökologisch nachhaltige Quartiere, WuM 2015, 712; *Pauly*, Hauptprobleme der Untermiete, WuM 2008, 320; *Reinicke*, Rechtsprechung des BAG zum Arbeitnehmerstatus – Eine kritische Bestandsaufnahme, NZA-RR 2016, 393; *Richardi*, Der Arbeitsvertrag im Licht des neuen § 611a BGB, NZA 2017, 36; *Schön*, Besetzung leerstehender Häuser – Hausfriedensbruch?, NJW 1982, 1126.

§ 29

A. Einleitung

1 Der Begriff „alternative Wohnprojekte" steht für eine Form des Zusammenlebens von mindestens zwei Personen, die in gleichberechtigter Selbstverwaltung gesellschaftliche Entwicklungen aufgreifen mit dem Zweck, legale Alternativen zu ihnen zu finden.[1] Meist ist das Ziel, der zunehmenden Individualisierung der Gesellschaft und dem daraus resultierenden Anstieg der Singlehaushalte[2] Formen der gemeinsamen Alltagsbewältigung entgegen zu setzen. Allgemein bekannt ist das generationenübergreifende Wohnen, das Alternativen speziell zur Segregation der Generationen im demographischen Wandel[3] aufzeigen will.

2 In ihrer gesellschaftspolitischen Zielsetzung unterscheiden sich die alternativen Wohnformen von anderen Formen des Zusammenlebens. So fehlt der gesellschaftspolitische Bezug etwa beim Zusammenleben allein aufgrund familiärer oder personenstandsrechtlicher Beziehungen, aber auch beim Zusammenleben aus primär wirtschaftlichen und finanziellen Motiven heraus, wie es etwa Wohngemeinschaften von pendelnden Berufstätigen kennzeichnet. Zugleich trennt das Ziel des gemeinsamen Zusammenlebens die Wohnprojekte von reinen Baugemeinschaften, deren Gründung daneben auch oft von ökonomischen Motiven getragen ist.[4]

3 Die Suche nach legalen Alternativen zu gesellschaftlichen Entwicklungen schließt Wohnformen aus, die die Rechtsordnung in ihrer Gesamtheit ablehnen oder die zumindest ihre Wohnform auf Verletzung von Gesetzesrecht gründen (Hausbesetzungen;[5] „Staatsgründungen").

4 Die gleichberechtigte Selbstverwaltung der WG-Mitglieder, ohne Vorrang und Vorrechte Einzelner, unterscheidet schließlich die alternativen Wohnformen vom Zusammenleben etwa in Alten-, Pflege- oder Jugendheimen (zu alternativen Wohnformen bei Betreuungsbedarf einzelner Beteiligter s. noch → Rn. 6 ff. und 73 ff.).

5 In der Praxis haben sich einige Grundmodelle des alternativen Wohnens mit jeweils eigenen rechtlichen Problemkreisen herauskristallisiert, die hier näher betrachtet werden – das „Wohnen für Mithilfe", die „Plus-WG", die „Senioren-WG" und die „Kommune".

B. „Wohnen für Mithilfe" und andere Wohnformen zur Unterstützung einer Vertragspartei

6 Unterstützt eine Vertragspartei die andere bei der Alltagsbewältigung und erhält dafür von dieser im Gegenzug vergünstigten Wohnraum, spricht man auch vom „Wohnen für Mithilfe".

---

[1] Abweichende Definition, aber ebenfalls im Wesentlichen auf die Selbstverwaltung abstellend, das Institut für Urbanistik, https://difu.de/publikationen/difu-berichte-42014/neues-wohnen-gemeinschaftliche-wohnformen-bei.html, zuletzt abgerufen am 25.4.2019.
[2] Mehr als ein Drittel aller Haushalte in Deutschland sind Single-Haushalte, Statistisches Bundesamt, https://www.destatis.de/DE/PresseService/Presse/Pressemitteilungen/2014/05/PD14_185_122.html, zuletzt abgerufen am 2.5.2017.
[3] In nicht einmal 9 % der Haushalte in Deutschland leben Personen, die älter sind als 64 Jahre, mit jüngeren zusammen, Statistisches Bundesamt, https://www.destatis.de/DE/PresseService/Presse/Pressemitteilungen/2014/05/PD14_185_122.html, zuletzt abgerufen am 2.5.2017.
[4] Überblick über soziale und ökologische Probleme bei der Quartiersgestaltung durch Baugemeinschaften bei *H. Müller* WuM 2015, 712.
[5] Zum Vorliegen einer Verletzung von Gesetzesrecht (Hausfriedensbruch gem. § 123 StGB) bei Hausbesetzungen OLG Stuttgart NStZ 1983, 123; *Degenhart* JR 1984, 30; aA *Schön* NJW 1982, 1126; diff. KG Berlin NZM 2009, 781 (782); *Schall* NStZ 1983, 241 (247).

I. Grundlagen

Beim „Wohnen für Mithilfe" nimmt eine etwa aufgrund von Alter oder Krankheit hilfebedürftige Person eine andere, nicht hilfebedürftige Person in ihrer Wohnung auf. Die aufgenommene Person zahlt für die Überlassung des Wohnraums entweder gar keine oder eine gegenüber der marktüblichen eine verringerte Miete in Geld. Sie verpflichtet sich dafür aber, die hilfebedürftige Person durch Dienstleistungen zu unterstützen, typischerweise durch Hilfe im Haushalt (Kochen, Einkaufen, Kleinreparaturen, Gartenarbeit). Die hilfebedürftige Person wird durch die Unterstützung in die Lage versetzt, weiterhin ein selbstbestimmtes Leben in ihrem gewohnten Umfeld zu führen. Die aufgenommene Person (unterstützende Person) erhält günstigen Wohnraum, oft in Städten oder Vierteln mit angespanntem Wohnungsmarkt. Meist handelt es sich um eine Form von intergenerationellem Zusammenwohnen, zum Beispiel in der Konstellation Rentnerin/Studentin.

1. Dienstleistung als Leistungspflicht

Die Pflicht der unterstützenden Person zur Dienstleistung ist beim „Wohnen für Mithilfe" typischerweise Leistungspflicht gem. § 241 Abs. 1 BGB und steht im Gegenseitigkeitsverhältnis mit der Überlassung des Wohnraums. Dies unterscheidet das „Wohnen für Mithilfe" von anderen Formen des Zusammenwohnens wie der „klassischen" WG, bei denen die Mitglieder Dienstleistungen untereinander nur gelegentlich und als **Gefälligkeit** erbringen. Beim „Wohnen für Mithilfe" hat die hilfebedürftige Person ein starkes eigenes Interesse, aufgrund der Unterstützungsleistungen weiterhin zum selbstbestimmten Leben befähigt zu sein; nur deshalb erhält die unterstützende Person überhaupt Wohnraum zu günstigeren als marktüblichen Bedingungen. Der Inhalt und Umfang der Unterstützungspflicht kann im Einzelnen bereits im Vertrag bestimmt, aber auch dem Gläubiger, der hilfebedürftigen Person, zur Bestimmung nach billigem Ermessen im Sinne des § 315 BGB überlassen sein.

2. Abgrenzung zum Arbeitsvertrag

Kein „Wohnen für Mithilfe" liegt vor, wenn die unterstützende Person im Rahmen eines Arbeitsvertrags in die Wohnung der hilfebedürftigen Person aufgenommen wird. Es fehlt dann am gleichberechtigten Miteinander, das alternative Wohnformen kennzeichnet. Die hilfebedürftige Person ist weisungsbefugter Arbeitgeber, die unterstützende Person von ihr persönlich abhängig.

Zur Abgrenzung des Wohnens für Mithilfe vom Zusammenwohnen mit dem Arbeitgeber ist zu prüfen, ob die unterstützende Person im Dienste eines anderen zur Leistung weisungsgebundener, fremdbestimmter Arbeit in persönlicher Abhängigkeit verpflichtet ist (s. § 611a Abs. 1 S. 1 BGB).

Die persönliche Abhängigkeit als besonders starker Hinweis auf das Vorliegen eines Arbeitsverhältnisses kann sich etwa aus dem zeitlichen Umfang oder der zeitlichen Lage der dem Vertrag nach geschuldeten Tätigkeit ergeben. Nehmen die Unterstützungsdienste für die hilfebedürftige Person einen solchen zeitlichen Umfang an oder liegen sie zeitlich so ungünstig, dass der unterstützenden Person für eine (andere) berufliche Tätigkeit keine ausreichende Zeit mehr verbleibt, ist dies ein Indiz für das Vorliegen eines Arbeitsvertrags. Allgemeine Grenzen können hier nicht gezogen werden; Einzelheiten sind insbesondere abhängig von der (neben der Betreuung der hilfebedürftigen Person ausgeübten) beruflichen Tätigkeit der unterstützenden Person.[6]

---

[6] Überblick über die BAG-Rechtsprechung zum Arbeitnehmerbegriff bei *Reinecke* NZA-RR 2016, 393; zur Abgrenzung von Dienst- und Werkvertrag *Richardi* NZA 2017, 36.

3. Allgemeine Hinweise zur Vertragsgestaltung

12 Da Verträge in der Konstellation „Wohnen für Mithilfe" sich an der Grenze von Miet- und Dienstvertrag bewegen, sollten in der Vertragsgestaltung für die wesentlichen, typischerweise im Verlauf der Vertragsbeziehung auftretenden Fragen – Inhalt und Umfang der Dienstleistungspflicht, Leistungsstörungen, insbesondere Verhinderung der unterstützenden Person an der Dienstleistung, und Vertragsbeendigung – im Vertrag ausdrückliche Antworten gefunden werden. Dienst- und mietrechtliche Vorschriften können hier als Orientierung dienen, eine bloße Verweisung auf das Dienst- und/oder Mietrecht des BGB pauschal ist allerdings meist wenig weiterführend. Fehlt eine vertragliche Regelung zu einer offenen Rechtsfrage, kann, abhängig vom sich aus der Gestaltung des Vertrags im Übrigen ergebenden Willen der Parteien, eine Ergänzung primär durch das gesetzliche Mietrecht oder durch Miet- und Dienstvertragsrecht gleichermaßen erfolgen (dazu sub 2. und 3.).

II. „Wohnen für Mithilfe" als Mietvertrag mit (teilweise) atypischer Gegenleistung

13 Steht beim „Wohnen für Mithilfe" nach dem Willen der Parteien die Überlassung von Wohnraum im Vordergrund, spricht dies für eine Auslegung des Vertrags gem. §§ 133, 157 BGB als Mietvertrag mit (teilweise) atypischer Gegenleistung.[7] Die Miete, die der Mieter gem. § 535 Abs. 2 BGB zu entrichten verpflichtet ist, muss nicht zwingend in Geld zu leisten sein.[8] Das Entgelt für die Überlassung von Wohnraum an die unterstützende Person kann somit ganz oder teilweise in der Erbringung einer Dienstleistung bestehen.

14 In einem solchen Fall gehen die Regelungen des Mietrechts (§§ 535 ff. BGB) etwaigen dienstvertraglichen Regelungen vor (sogenannte Absorptionsmethode[9]).

1. Vorliegen eines Mietvertrags mit atypischer Gegenleistung

15 Hinweise darauf, dass eine mietrechtliche Vertragsgestaltung von den Parteien gewollt ist, sind zum Beispiel die Bezeichnung als Mietvertrag oder ein deutliches quantitatives Übergewicht der mietrechtlichen Bestimmungen des Vertrags: Die Dienstleistungspflicht des Mieters erscheint im Vertrag nur im Zusammenhang mit der Pflicht zur Mietzahlung, etwa in Form einer Regelung, nach welcher der Mieter verpflichtet ist, einen bestimmten Anteil der im Vertrag bezeichneten Miete statt in Geld in Dienstleistungen von einem bestimmten zeitlichen und inhaltlichen Umfang zu erbringen. Der Umfang der Dienstleistungen selbst ist eher gering und umfasst überwiegend einfache Handreichungen im Haushalt.

16 Indiz für das Vorliegen eines Mietvertrags kann zwar außerdem sein, dass die zu erbringenden Dienstleistungen in Inhalt und Umfang im Vertrag nicht näher umschrieben wurden.[10] Genauso gut ist aber denkbar, dass die Dienstleistungspflicht deswegen nicht konkretisiert ist, weil sie der Weisung der hilfebedürftigen Person überlassen bleiben soll. Dies wäre ein Hinweis auf das Vorliegen eines typengemischten Vertrags, der nicht nur über miet-, sondern auch über dienstvertragliche Elemente verfügt (dazu sub 3.).

---

[7] Zu derartigen Verträgen allg. *Emmerich* in MüKoBGB § 311 Rn. 31.
[8] BGH NJW-RR 1994; *H. Schmidt* in: BeckOGK, 1.4.2019, BGB § 535 Rn. 465.
[9] *Emmerich* in MüKoBGB § 311 Rn. 28.
[10] LG Aachen BeckRS 1989, 2239.

2. Anwendung des Mietrechts im Einzelnen

Zu messen ist der Mietvertrag mit atypischer Gegenleistung grundsätzlich am Mietrecht (§§ 535 ff. BGB), denn allein der Umstand, dass als Miete bestimmte Dienstleistungen geschuldet sind, nimmt dem Vertrag nicht den Charakter des Mietvertrags.[11]

Der **Wirksamkeit** der vertraglich vereinbarten Miethöhe können insbesondere zivil- und strafrechtliche Mieterschutznormen wie §§ 291 StGB, 5 WiStG, aber auch § 138 BGB entgegen stehen (→ § 4 Rn. 30 ff.). Der Vertrag selbst bleibt bei einem Verstoß gegen die durch § 291 StGB und § 5 WiStG gezogenen Grenzen unter Zugrundelegung der höchstzulässigen Miete aufrecht erhalten.[12] Insbesondere sind Verträge über „Wohnen für Mithilfe" anfällig für Unwirksamkeit, wenn sie der hilfebedürftigen Person das Recht einräumen, über die in Geld zu zahlende Miete hinaus theoretisch nach Belieben Dienstleistungen von der unterstützenden Person einzufordern.

Leistungsstörungen werden beim Mietvertrag mit atypischer Gegenleistung ebenfalls nach mietrechtlichen Grundsätzen behandelt. Ist der Mieter an der Erbringung der Dienstleistung verhindert, ohne dass die Leistung unmöglich oder unzumutbar wird (§ 275 BGB), ist er grundsätzlich zur Nachleistung verpflichtet. Unter den Voraussetzungen des § 286 BGB gerät er in **Schuldnerverzug.** Da die Dienstleistung zur Miete gehört, droht, nicht anders als bei allen anderen gesetzlich zulässigen, wirksam vereinbarten und periodisch wiederkehrenden Leistungen, die mit der Überlassung der Mietsache in Zusammenhang stehen,[13] auch bei Verzug mit der Dienstleistung im äußersten Fall eine außerordentliche Kündigung des Mietvertrags durch die hilfebedürftige Person als Vermieter, gestützt auf § 543 Abs. 2 Nr. 3 BGB.

Gerät die hilfebedürftige Person in **Annahmeverzug** (zu ermitteln anhand der §§ 293 ff. BGB) gelten keine Besonderheiten gegenüber einem gewöhnlichen Mietverhältnis. Die Dienstleistung ist „Miete", die Schuld bleibt bestehen, die Dienstleistung ist nachzuholen. Eine „Umrechnung" der nicht erbrachten Dienste in Geld oder ein „Wiederaufleben" der Geldschuld kann nur bei entsprechender Vereinbarung der Parteien angenommen werden.

Wird die neben der Mietzahlung in Geld geschuldete Dienstleistung **unmöglich** (§ 275 Abs. 1 BGB), liegt Teilunmöglichkeit in Bezug auf die Mietzahlung vor. Da die Gegenleistung der hilfebedürftigen Person – die Wohnraumüberlassung – unteilbar ist, kann es nicht zur Anwendung des § 326 Abs. 1 S. 1 Hs. 2 BGB kommen. Ist die (Teil-) Unmöglichkeit der Mietzahlung von der unterstützenden Person nicht zu vertreten, entspricht es den Interessen der Vertragsparteien am besten, wenn die Pflicht der hilfebedürftigen Person zur Überlassung des Wohnraums unangetastet bleibt, zum Ausgleich für die entfallene Dienstleistung die unterstützende Person aber den Wert ihrer Dienstleistung in Geld ersetzen muss.[14]

Fügt eine Vertragspartei der anderen bei Vertragsdurchführung **Schäden** zu, greifen die §§ 280 ff. BGB. Soweit zwischen Vermieter und Mieter ausnahmsweise – zu bestimmen nach den allgemeinen gesellschaftsrechtlichen Grundsätzen – eine Innen-GbR im Sinne des § 705 BGB vorliegt (zu den Voraussetzungen → § 14 Rn. 6), kann es zur Anwendung der Haftungsprivilegierung des § 708 BGB kommen: Die Gesellschafter haben bei der Erfüllung der ihnen obliegenden Verpflichtungen nur für diejenige Sorgfalt einzustehen, welche sie in eigenen Angelegenheiten anzuwenden pflegen (diligentia quam in suis, s. § 277 BGB). Arbeitsrechtliche Privilegierungen zugunsten des Haftenden (wie zum Beispiel § 619a BGB) finden keine Anwendung. Die unterstützende Person ist beim „Wohnen für Mithilfe" nicht Arbeitnehmer der hilfebedürftigen Person.

Die **Beendigung** des Vertrags folgt mietrechtlichen Grundsätzen, und zwar für den Vertrag insgesamt (dazu → § 20). Teilkündigungen sind unzulässig.[15] Mietvertrag und Ver-

---

[11] *Häublein* in MüKoBGB Vor § 535 Rn. 23.
[12] Wegen § 134 letzter Hs. BGB, BGHZ 89, 316 Rn. 11 = NJW 1984, 722.
[13] *Blank* in Blank/Börstinghaus MietR BGB § 543 Rn. 132.
[14] In diesem Sinne *Ernst* in MüKoBGB § 326 Rn. 33; erwogen auch von LG Aachen BeckRS 1989, 2239.
[15] Allgemein *Blank* in Blank/Börstinghaus MietR BGB § 542 Rn. 96.

pflichtung zur Dienstleistung gehören untrennbar zusammen und können nicht unabhängig voneinander gekündigt werden, etwa weil der Vermieter der Dienstleistung nicht mehr bedarf oder der Mieter sie nicht mehr erbringen will.[16]

24 Ist die Wohnung des Mieters **nicht möbliert**, liegt sie aber innerhalb der vom hilfebedürftigen Vermieter **selbst bewohnten Wohnung** oder in einem Gebäude, das vom Vermieter selbst bewohnt ist und das über nicht mehr als zwei Wohnungen verfügt, wird dem hilfebedürftigen Vermieter die Kündigung durch § 573a BGB erleichtert: Der Vermieter kann in Abweichung von § 573 BGB dem Mieter ordentlich auch dann kündigen, ohne dass er ein berechtigtes Interesse an der Beendigung des Mietverhältnisses hat. Gleichsam als Ausgleich für den so geminderten Schutz des Mieters verlängert sich die in § 573c Abs. 1 BGB für ordentliche Kündigungen des Vermieters eigentlich vorgesehene, von der Dauer des Mietverhältnisses abhängige Kündigungsfrist um drei Monate (§ 573a Abs. 1 S. 2 BGB). Zu darüber hinausgehenden Erleichterungen bei der Beendigung des Mietverhältnisses über möblierten Wohnraum → § 20 Rn. 40.

3. Sonderfall: Möblierter Wohnraum

25 Bei **überwiegend möbliertem** Wohnraum,[17] der Teil der vom Vermieter selbst bewohnten Wohnung ist, erleichtert § 549 Abs. 2 Nr. 2 BGB dem Vermieter die Vereinbarung der Miethöhe, die Mieterhöhung und die Vertragsbeendigung:[18] Die Vorschriften zur „Mietpreisbremse" (§§ 556d–556g BGB) und zur Mieterhöhung (§§ 557–561 BGB), die die Miethöhe und Mieterhöhung bei gewöhnlichen Mietverträgen über Wohnraum begrenzen, greifen nicht. Für die Kündigung des Vertrags gelten ebenfalls Erleichterungen. Insbesondere muss der Vermieter in Abweichung von § 573 Abs. 1 BGB kein berechtigtes Interesse an der Vertragsbeendigung haben, um eine ordentliche Kündigung aussprechen zu können. Anders als bei Mietverträgen über nicht möblierten Wohnraum innerhalb der Vermieterwohnung (soeben → Rn. 24) verlängert sich die Kündigungsfrist nicht. Die Kündigung ist gem. § 573c Abs. 3 BGB spätestens zum 15. des Monats zum Ablauf dieses Monats zulässig.

4. Sonderfall: Wohnen für Mithilfe in angemietetem Wohnraum

26 Ist der hilfebedürftige Vermieter selbst nur Mieter des Wohnraums, in welchem das Wohnen für Mithilfe praktiziert werden soll, ist das Mietverhältnis zwischen hilfebedürftiger und unterstützender Person ein Untermietverhältnis. Zur Untervermietung ist die Erlaubnis des (Haupt-)Vermieters einzuholen (§ 540 Abs. 1 S. 1 BGB) (siehe für Details → § 3 Rn. 2 ff.). Der Mieter kann ihre Erteilung verlangen, wenn er ein berechtigtes Interesse an der Gebrauchsüberlassung an die dritte Person hat (s. § 553 Abs. 1 S. 1 BGB). Ein solches muss in der Konstellation „Wohnen für Mithilfe" regelmäßig bejaht werden, da die unterstützende Person dem Mieter ein weiterhin selbständiges Leben ermöglichen und ihn bei der Alltagsbewältigung entlasten soll. So wird etwa ein berechtigtes Interesse des Mieters an der Aufnahme eines Untermieters angenommen, wenn der Untermieter „den Schwierigkeiten des Alleinlebens" des Mieters entgegenwirken[19] oder die Mieterin bei der Betreuung ihres Kleinkindes entlasten soll.[20]

27 Im Übrigen ist das Untermietverhältnis zwischen hilfebedürftiger und unterstützender Person grundsätzlich ein gewöhnlicher Mietvertrag und damit nach den Vorschriften des

---

[16] LG Aachen BeckRS 1989, 2239.
[17] Zum Begriff der überwiegenden Möblierung zB *Blank* in Schmidt-Futterer MietR BGB § 549 Rn. 6 ff.
[18] Beachte aber die Rückausnahme zugunsten von Mietern, denen der Wohnraum zum dauerhaften Gebrauch mit ihrer Familie oder anderen Haushaltsangehörigen überlassen ist, s. § 549 Abs. 2 Nr. 2 BGB aE.
[19] LG Berlin GE 1983, 1111.
[20] LG Berlin MM 1990, 287.

allgemeinen Mietrechts zu behandeln. Zu Besonderheiten der Untermiete etwa bei Vertragsbeendigung und Zwangsvollstreckung, vgl. die allgemeinen Erläuterungen zu WG-Typ A (Untermiete).[21]

III. „Wohnen für Mithilfe" als typengemischter Vertrag

Soll die unterstützende Dienstleistung nach den Vorstellungen der Vertragsparteien eine eigenständige Bedeutung haben und damit zwischen ihnen nicht die Überlassung von Wohnraum allein im Vordergrund stehen, liegt ein sogenannter typengemischter Vertrag mit in etwa gleich wichtigen miet- und dienstvertraglichen Elementen vor. Auf die Überlassung des Wohnraums ist dann das Mietrecht, auf die Dienstleistung das Dienstvertragsrecht anzuwenden (sogenannte Kombinationsmethode).[22] 28

1. Vorliegen eines typengemischten Vertrags

Ob die miet- und dienstvertraglichen Elemente jeweils so wichtig sein sollen, dass ihnen eigenständige Bedeutung zukommt, ist durch Auslegung gem. §§ 133, 157 BGB zu ermitteln. Für eine gleichberechtigte Anwendung von Miet- und Dienstvertragsrecht ist nicht erforderlich, dass für die Tätigkeit des Mieters eine Entlohnung in Geld vereinbart ist. Es genügt, wenn sich aus dem Vertrag neben der Verknüpfung von Miete (in Geld) und überlassenem Wohnraum auch eine eigenständige Verpflichtung zur Dienstleistung ergibt. 29

Eigenständiges Gewicht kommt der Verpflichtung zur Dienstleistung etwa zu, wenn ihre Modalitäten im Vertrag ausführlicher, und systematisch nicht nur im Zusammenhang mit der Miete, geregelt werden. Für einen typengemischten Vertrag spricht grundsätzlich auch, wenn die Leistung für beide oder zumindest einen Vertragsteil von besonderem Interesse ist, dokumentiert etwa dadurch, dass die Dienstleistungspflicht einen erheblichen zeitlichen Umfang annimmt. 30

Besonders deutlich wird das eigenständige Gewicht der Dienstleistungspflicht, wenn sich der Vertrag an den §§ 611 ff. BGB orientiert und einige klassische dienstvertragliche Elemente enthält. Dies kann zum Beispiel der Fall sein, wenn der hilfebedürftigen Person das Recht zustehen soll, Weisungen zu erteilen (§ 106 GewO), oder wenn Vereinbarungen das Risiko des Ausfalls der Dienstleistung der hilfebedürftigen Person zuweisen. Deutlichstes Beispiel dafür ist das folgenlose Entfallen der Dienstleistungspflicht, wenn die unterstützende Person an der Ausübung ihrer Dienste aus persönlichen Gründen ohne ihr Verschulden verhindert ist (Rechtsgedanke des § 616 BGB). 31

Nicht zwingend für eine eigenständige Bedeutung der Dienstleistung spricht, wenn die geschuldete Tätigkeit ihrem Inhalt und Umfang nach näher geregelt ist, etwa unter Angabe von genauer zeitlicher Lage oder Dauer. Dies kann auch als detaillierte Beschreibung der als Miete zu erbringenden Gegenleistung zu werten sein. 32

2. Anwendung des Dienstvertrags- und des Mietrechts im Einzelnen

Soll zur Prüfung oder Ergänzung des Vertrags die gesetzliche Regelung herangezogen werden, ist beim typengemischten Vertrag in einem ersten Schritt zu ermitteln, ob der mietrechtliche oder der dienstvertragliche Teil der Vereinbarung betroffen ist, etwa durch eine Nichtleistung der in Geld zu zahlenden Miete oder die Nichtleistung der versprochenen Unterstützung. Für Probleme des mietrechtlichen Teils der Vereinbarung sind die §§ 535 ff. BGB, für den dienstvertragsrechtlichen Teil die §§ 611 ff. BGB heranzuziehen. 33

---

[21] S. außerdem insbesondere zum Schicksal des Untermietverhältnisses bei Wegfall des Hauptmietverhältnisses *Blank* in Blank/Börstinghaus MietR BGB § 540 Rn. 9 ff.; Überblick über praktisch häufige Probleme bei *Pauly* WuM 2008, 320.
[22] Zu dieser Methode *Emmerich* in MüKoBGB § 311 Rn. 28 ff.

a) Leistungsstörungen

34 Eine **Nichterbringung von Diensten durch die unterstützende Person** muss in Anwendung des Rechtsgedankens des dienstvertraglichen § 616 BGB die Pflicht zur Dienstleistung ohne negative Folgen für die verpflichtete Person entfallen lassen, wenn sie aus einem in ihrer Person liegenden Grund ohne ihr Verschulden an der Leistung verhindert und zugleich zur Dienstleistung nur persönlich (§ 614 BGB) verpflichtet war. Zwar erhält die unterstützende Person beim „Wohnen für Mithilfe" keine Vergütung in Geld, § 616 BGB ist insoweit nicht unmittelbar anwendbar. Der Norm lässt sich aber die gesetzgeberische Erwägung entnehmen, dass das Risiko des Arbeitsausfalls aufgrund Verhinderung des persönlich verpflichteten Dienstverpflichteten der Dienstberechtigte trägt. Sie muss auch hier Anwendung finden, da die Interessenlage, soweit die unterstützende Person persönlich zur Dienstleistung verpflichtet ist, keine andere ist als beim reinen Dienstvertrag. Aus der Heranziehung des § 616 BGB folgt damit etwa, dass die unterstützende Person nicht statt der Dienstleistung eine höhere Mietzahlung in Geld erbringen muss.

35 Im **Annahmeverzug des Dienstberechtigten** (zu ermitteln anhand der §§ 293 ff. BGB) kann der Dienstverpflichtete die vereinbarte Vergütung verlangen, ohne zur Nachleistung verpflichtet zu sein (§ 615 S. 1 BGB), eine Wertung, die zum Schutz der unterstützenden, auf ihren Wohnraum angewiesenen Person auf typengemischte Verträge über „Wohnen für Mithilfe" zu übertragen ist: Gerät die hilfebedürftige Person mit der Annahme der Dienste in Verzug, dürfen der unterstützenden Person daraus keine Nachteile erwachsen. Sie kann weiterhin in der Wohnung wohnen, ohne zur Nachleistung der versprochenen Dienste verpflichtet zu sein.

36 **Schadensersatzansprüche** richten sich nach mietrechtlichen Grundsätzen, wenn Rechtsgüter des anderen Teils im Rahmen des Bewohnens der Mietsache verletzt werden. Dienstvertragliche Grundsätze sind einschlägig, wenn Rechtsgüter des anderen Teils bei der Ausführung oder Entgegennahme der Dienstleistung verletzt werden. Da kein Arbeitsvertrag vorliegt, ist die Haftungsprivilegierung des § 619a BGB auf die unterstützende Person nicht anwendbar.

b) Vertragsbeendigung

37 Die methodische Herangehensweise, miet- und dienstvertragliche Elemente getrennt zu behandeln, stößt dort an Grenzen, wo Miet- und Dienstvertragsrecht zu gegenläufigen Ergebnissen führen. Dies gilt vor allem bei der **Vertragsbeendigung.** Grundsätzlich kann der Vertrag als Einheit, die er ist, (nur) im Ganzen gekündigt werden. Die Vorschriften über die Kündigung von Dienstverträgen sind jedoch für den Dienstberechtigten günstiger als die Vorschriften zur Kündigung von Wohnraummietverträgen für den Vermieter.

Bewohnt die unterstützende Person **Wohnraum in der vom hilfebedürftigen Vermieter selbst bewohnten Wohnung,** verlängert sich, als Ausgleich dafür, dass dieser kein berechtigtes Interesse an der Vertragsbeendigung nachweisen muss, die regelmäßige Frist für eine ordentliche Kündigung durch den Vermieter (§ 573c Abs. 1 BGB) um drei Monate (§ 573a Abs. 1 S. 2 BGB). Demgegenüber gestattet § 621 Nr. 3 BGB für Dienstverträge, bei denen die Vergütung nach Monaten bemessen ist, die Kündigung durch den Dienstberechtigten spätestens am 15. eines Monats zum Monatsende.

38 In derartigen Kollisionsfällen muss zwingenden Vorschriften der Vorzug eingeräumt werden, oder solchen, die der unterstützenden Person, die durch Störungen im dienstvertraglichen Bereich immer auch Gefahr läuft, ihren Wohnraum und damit ihren persönlichen räumlichen Lebensmittelpunkt zu verlieren, das höhere Schutzniveau bieten. Regelmäßig wird es sich dabei um die mietrechtlichen Vorschriften handeln.

39 Nicht anwendbar auf Sachverhalte des „Wohnens für Mithilfe" ist § 576b BGB, der für **Werkdienstwohnungen,** dh. Wohnraum, der „im Rahmen" eines Dienstverhältnisses überlassen wird, für die Beendigung des Rechtsverhältnisses die Vorschriften über Mietverhältnisse für entsprechend anwendbar erklärt. Eine Werkdienstwohnung setzt zwar das Vorliegen eines typengemischten Vertrags voraus.[23] Bei diesem muss jedoch das „Schwergewicht" auf der Dienstverpflichtung liegen.[24] Beispiel ist etwa die einem Hausmeister im von ihm zu betreuenden Objekt überlassene Wohnung.[25] In Inhalt und Umfang wird die Tätigkeit der unterstützenden Person beim „Wohnen für Mithilfe" daran typischerweise nicht heranreichen, sodass regelmäßig kein „Schwergewicht" auf der Dienstverpflichtung liegt.

Ebenfalls nicht anwendbar auf das „Wohnen für Mithilfe" sind die §§ 576, 576a BGB zur **40** Vertragsbeendigung bei **Werkmietwohnungen.** §§ 576, 576a BGB gehen davon aus, dass zwei eigenständige Verträge vorliegen (ein Mietvertrag, ein davon unabhängiger Dienstvertrag).[26] Ein reiner, von der Wohnraumüberlassung unabhängiger Dienstvertrag liegt jedoch beim „Wohnen für Mithilfe" typischerweise nicht vor.

IV. Weitere Hinweise für die Vertragsgestaltung[27]

Zunächst ist bei der Vertragsgestaltung über „Wohnen für Mithilfe" eine grundlegende **41** Richtung zu finden: Soll die Überlassung von Wohnraum im Vordergrund stehen oder der Dienstverpflichtung eigenständige Bedeutung zukommen? Eine Orientierung am Mietrecht stärkt die Stellung der hilfebedürftigen Person etwa in Fällen der Nichtleistung der zu erbringenden Dienste. Starke dienstvertragliche Elemente hingegen dienen hier dem Schutz der unterstützenden Person.

Regelungsbedürftige Punkte sind insbesondere:
– der Inhalt und der Umfang der geschuldeten Tätigkeit und wer dies im Einzelfall nach welchen Maßstäben konkretisiert
– die Rechtsfolgen bei vorübergehender und dauerhafter Verhinderung des Mieters an der Erbringung der Dienstleistung
– die Rechtsfolgen bei vorübergehender und dauerhafter Verhinderung des Vermieters an der Annahme der Dienstleistung
– die Vertragsbeendigung, wobei der Vertrag insbesondere zwingende mietrechtliche Vorgaben einhalten muss.

C. „Plus-WG" und andere Modelle ohne Unterstützungsleistungen Dritter

Die sogenannte Plus-WG, die auch unter verschiedenen anderen Bezeichnungen in der **42** öffentlichen Diskussion sehr präsent ist, steht für Formen des Zusammenlebens, die allen Bewohnern ein „Plus", ein Mehr an Zusammenwohnen gegenüber einer klassischen Wohngemeinschaft, bieten. Die Beteiligten, meist mehr als zwei Personen, schließen sich zum gegenseitigen Ausgleich von bei allen Bewohnern in etwa gleich bestehendem Unterstützungsbedarf bei der Alltagsbewältigung zusammen.

Die Unterstützungsleistungen kennzeichnet, dass sie keine besonderen Fachkenntnisse **43** voraussetzen und nicht einseitig bestimmten hilfebedürftigen Mitgliedern der Wohngemeinschaft zugute kommen. Vielmehr haben alle Mitglieder der Wohngemeinschaft

---

[23] *Artz* in MüKoBGB § 576b Rn. 1; für Vorliegen eines reinen Dienstvertrags *Blank* in Blank/Börstinghaus MietR BGB § 576b Rn. 1.
[24] *Artz* in MüKoBGB § 576b Rn. 1.
[25] *Artz* in MüKoBGB § 576b Rn. 3; s. auch LG Aachen BeckRS 1989, 2239.
[26] *Artz* in MüKoBGB § 576b. Rn. 4.
[27] Überblick über grundlegende regelungsbedürftige Fragen, die bei Vertragsschluss mindestens bedacht werden sollten.

Unterstützungsbedarf, können aber auch selbst Unterstützungsleistungen erbringen. Externe Unterstützung durch Dritte wird allenfalls im haushaltsüblichen Maß hinzugezogen (zum Beispiel Reinigungskraft).

44 Der Unterstützungsbedarf kann zum Beispiel bei der Haushaltführung, bei der Betreuung und Pflege von Kindern oder älteren oder sonst hilfebedürftigen Mitbewohnern bestehen. Bekannt ist dieser WG-Typ vor allem in der Form des „generationenübergreifenden Wohnens", bei dem ältere und jüngere Bewohner sich gegenseitig entlasten. Denkbar sind aber auch beliebige andere Zusammenschlüsse zur gegenseitigen Selbsthilfe, etwa als Zusammenwohnen von Alleinerziehenden zur wechselseitigen Kinderbetreuung.

I. Verhältnis der Wohngemeinschaft zu außenstehenden Dritten

45 Häufig anzutreffen sein werden bei der „Plus-WG" die hier im Handbuch als WG-Typen A (Untermiete), C (Gesamtschuld) und D (Außen-GbR) bezeichneten Formen der Wohngemeinschaft mit den damit zusammenhängenden Rechtsfragen zum Verhältnis der Wohngemeinschaft zu außenstehenden Dritten (zur Einteilung nach WG-Typen → § 1 Rn. 20 ff.).

46 Die Plus-WG wird jedoch daneben auch häufig in der Form der eingetragenen Genossenschaft (eG) geführt.[28] Ihre Rechtsverhältnisse werden dann maßgeblich durch das GenG geprägt.[29]

47 Die eG ist eigenständige juristische Person und mit Eintragung im Genossenschaftsregister rechtsfähig (§ 17 Abs. 1 GenG). Sie wird durch ihren Vorstand vertreten (§ 24 Abs. 1 S. 1 GenG). Obwohl nach ursprünglicher gesetzgeberischer Konzeption auf die Verfolgung wirtschaftlicher Interessen gerichtet, darf die eG mittlerweile auch zur Förderung sozialer Zwecke ihrer Mitglieder eingesetzt werden (s. § 1 GenG). Hierzu gehört auch die Unterstützung der gemeinsamen Alltagsbewältigung. Da die eG nach den Grundsätzen der Selbsthilfe, Selbstverwaltung und Selbstverantwortung arbeitet, entspricht sie in besonderer Weise dem Selbstverständnis der alternativen Wohnformen. Zugleich ist ihre Mindestmitgliederzahl geringer als die eines eingetragenen Vereins (drei gegenüber sieben, §§ 4 GenG, 56 BGB), was ihre Gründung insoweit vereinfacht.

48 Anders als für die Verbindlichkeiten einer BGB-Gesellschaft **haftet** für die Verbindlichkeiten einer Genossenschaft erst einmal diese selbst (§ 2 GenG). Die Satzung der eG wiederum kann die Haftung der Mitglieder für Verbindlichkeiten der Genossenschaft auf ihre Anteile begrenzen (s. § 6 Nr. 3 GenG).

49 Dem Vorteil der Haftungsbeschränkung stehen besondere **Formerfordernisse** insbesondere bei der Errichtung der eG gegenüber. So ist die eG ins Genossenschaftsregister einzutragen (§ 10 GenG). Die Satzung bedarf der Schriftform (§ 5 GenG). Zudem sind bestimmte Standardangaben auf allen Geschäftsbriefen zu tätigen (s. § 25a GenG).

50 Ihrem ursprünglich wirtschaftlichen Charakter geschuldet ist die eG **Form-Kaufmann** (§ 17 Abs. 2 GenG). Das HGB ist anwendbar. Hinzuweisen ist insbesondere auf Einschränkungen beim handelsrechtlichen Mängelgewährleistungsrecht gegenüber dem des bürgerlich-rechtlichen Verbrauchsgüterkaufs. Die §§ 474 ff. BGB finden, soweit die eG Vertragspartner ist, keine Anwendung. Einschränkungen zulasten der eG als Form-Kaufmann bestehen aber auch gegenüber dem allgemeinen bürgerlich-rechtlichen Kaufrecht. So trifft bei beiderseitigen Handelsgeschäften die als Käuferin auftretende eG die kaufmännische Rügeobliegenheit des § 377 HGB.[30]

---

[28] Dies ist der Fall bei ca. einem Drittel aller alternativen Wohnprojekte, Schätzung des Bundesinstituts für Bau-, Stadt- und Raumforschung, zit. nach Deutsches Institut für Urbanistik, Difu-Berichte 4/2014, https://www.difu.de/publikationen/difu-berichte-42014/neues-wohnen-gemeinschaftliche-wohnformen-bei.html, zuletzt abgerufen am 25.4.2019.
[29] Überblick über das Genossenschaftsrecht etwa bei *Grunewald* GesR S. 427; *Saenger* GesR S. 255.
[30] Zu dieser instruktiv *Petersen* Jura 2012, 796.

II. Verhältnis der Mitbewohner untereinander

Das Rechtsverhältnis der Mitglieder in der „Plus-WG" untereinander wird durch Satzung geregelt, wenn die Wohngemeinschaft in der Form einer eG geführt wird, oder durch Gesellschaftsvertrag, wenn eine BGB-Gesellschaft im Sinne des § 705 BGB vorliegt.

1. Genossenschaftsinterne Rechtsverhältnisse

Wird das alternative Wohnprojekt in Form der eG geführt, wird das Verhältnis der Mitglieder untereinander und zur Genossenschaft im Wesentlichen durch das Verbandsrecht, insbesondere die Satzung, und damit durch die eG, bestimmt.

a) Verhältnis der Mitglieder zur Genossenschaft

Der Bestand der eG ist unabhängig von ihren einzelnen Mitgliedern (s. § 1 GenG). Der Ein- und Austritt einzelner Mitglieder kann in seinen Voraussetzungen durch die Satzung grundsätzlich[31] frei festgelegt werden.[32] Nach der gesetzgeberischen Konzeption ist der **Beitritt** zur Genossenschaft offen. Er kann aber durch Satzung begrenzt werden auf eine maximale Personenzahl oder Personen, die bestimmte Merkmale erfüllen (etwa: erfolgreiches Durchlaufen eines Auswahlverfahrens).

Die Mitglieder beteiligen sich an der Genossenschaft nach den in der Satzung festgelegten Bestimmungen, vor allem durch **Einzahlungen auf einen Geschäftsanteil** (vgl. §§ 7 Nr. 1a, 15a GenG). Unklar ist, inwieweit als (gem. § 7a Abs. 3 GenG grundsätzlich zulässige) Sacheinlage auch die Verpflichtung zur Erbringung von Dienstleistungen zählen kann.[33] Für die gängigen „Plus-WGs" ist dies jedoch von untergeordneter Bedeutung, da die Pflicht zu gegenseitigen **Unterstützungsleistungen** etwa bei der Hausarbeit – unabhängig von der Einlagepflicht – durch Satzung begründet werden kann. Die Satzung kann sowohl im Rahmen des Zumutbaren Teilnahme- und Leistungspflichten für die Mitglieder enthalten, etwa Stimmrechte auszuüben oder eine Tätigkeit in der eG zu übernehmen,[34] als auch einzelnen oder allen Mitgliedern Sonderpflichten auferlegen, die auf Sach- und/oder Dienstleistungen gerichtet sind.[35] Zudem können, auch ohne Satzungsgrundlage, durch Beschluss der Generalversammlung weitere, besondere Pflichten für einzelne Mitglieder begründet werden, wenn dem die betroffenen Mitglieder zustimmen.[36]

Überlässt die eG Wohnraum an ihre Mitglieder, kann sie hierfür ihr Verbandsrecht allein zugrunde legen. In diesem Fall sind für das Rechtsverhältnis über den Besitz und die Nutzung der Räume nicht die §§ 535 ff. BGB, sondern Genossenschaftsrecht einschließlich der verbandsspezifischen Regelungen (zum Beispiel Satzung) anwendbar.[37] Praktisch häufiger ist jedoch die Wohnraumüberlassung durch Vereinbarung eines Dauernutzungsverhältnisses zusätzlich zur Mitgliedschaft. Es handelt sich hierbei um einen eigenständigen schuldrechtlichen Vertrag, der kein Mietvertrag im Sinne des § 535 BGB, auf den aber das

---

[31] Ausnahme: § 18 S. 2 GenG.
[32] Die Satzung unterliegt aber gem. § 11a GenG der gerichtlichen Prüfung mit den Nichtigkeitsgründen nach § 95 GenG.
[33] Dagegen *Geibel* in Henssler/Strohn GesR § 7a GenG Rn. 4; zweifelnd BT-Drs. 16/1025, 81 („in aller Regel").
[34] *Pöhlmann* in Pöhlmann/Fandrich/Bloehs GenG § 18 Rn. 12.
[35] *Geibel* in Henssler/Strohn GesR § 18 GenG Rn. 14.
[36] *Geibel* in Henssler/Strohn GesR § 18 GenG Rn. 14.
[37] *Drasdo* NZM 2012, 585 (587).

bürgerlich-rechtliche Mietrecht entsprechend anwendbar ist.[38] Daneben bestehen aber auch die verbandsrechtlichen Treuepflichten des eG-Mitglieds, welche bei Auslegung der mietrechtlichen Vorschriften zu berücksichtigen sind.[39]

57 In ihren Rechtsfolgen unterscheiden sich die beiden genannten Konstellationen ganz erheblich. Besteht über die Nutzung des Wohnraums ein eigener Vertrag zwischen Bewohner und eG, ergibt sich die Antwort auf von im Verlauf der Wohnraumüberlassung typischerweise auftretende Fragen aus dem Vertrag und ergänzend aus den §§ 535 ff. BGB. Die **Beendigung des Nutzungsverhältnisses** erfolgt nicht „automatisch" mit Ausscheiden des Bewohners aus der eG. § 572 Abs. 2 BGB verbietet es dem Vermieter, sich auf eine auflösende Bedingung zu berufen, die zur Beendigung des Mietverhältnisses führen soll, und ist auf Nutzungsverträge mit Genossenschaften anwendbar.[40] Das Ausscheiden aus der eG ist eine unzulässige auflösende Bedingung. Die eG als Vermieter kann jedoch bei Ausscheiden eines Mitglieds die Wohnraumüberlassung an dieses durch Kündigung des Nutzungsverhältnisses beenden.[41] Dem Mieter hingegen ist es gestattet, sich für die Beendigung des Nutzungsverhältnisses auf sein Ausscheiden aus der eG zu berufen,[42] wie sich aus dem Wortlaut des § 572 Abs. 2 BGB ergibt.

58 Erfolgt die Wohnraumüberlassung hingegen allein auf verbandsrechtlicher Grundlage, müssen sämtliche Rechtsfragen, die typischerweise bei der Wohnraumüberlassung auftreten, durch Verbandsrecht geregelt werden, denn die Wohnraumüberlassung steht in diesem Fall außerhalb des Mietrechts.[43] Grundsätzlich kann das Verbandsrecht auch anordnen, dass bei Ausscheiden des Genossen aus der eG genossenschaftliche Rechte und Pflichten entfallen,[44] und so die Wohnraumüberlassung an die Mitgliedschaft koppeln. Zum Schutz des dann ehemaligen eG-Mitglieds, das seinen Lebensmittelpunkt in den von der eG überlassenen Räumen hat, und um eine Gefährdung der Belange der eG-Mitglieder auszuschließen, wird die Satzung jedoch in diesem Fall ausgleichende Bestimmungen treffen müssen. Denkbar ist etwa eine an mietrechtlichen Kündigungsfristen orientierte Räumungsfrist.

59 Lässt die Satzung es zu, kann die eG mit **Nicht-Mitgliedern Mietverträge** abschließen. Anwendbar sind auf diese Verträge dann ausschließlich die §§ 535 ff. BGB ohne verbandsrechtlichen Einschlag.[45]

60 Im Verhältnis der eG zu ihren Mitgliedern gilt der verbandsrechtliche **Gleichbehandlungsgrundsatz**. Die eG hat im Wesentlichen gleiche Tatbestände gleich zu behandeln.[46]

61 Die Satzung kann grundsätzlich nicht nur Pflichten der eG-Mitglieder festlegen, sondern auch Folgen und Sanktionen für ihre **Nicht- oder Schlechterfüllung**.[47] Darüber hinaus besteht im Verhältnis von eG und Mitgliedern eine **Treuepflicht**, die bei der eG, die auf persönliches Zusammenwirken, auf Selbsthilfe in Selbstverantwortung, angelegt ist, als vergleichsweise stark ausgeprägt angesehen werden muss. Sie kann Grundlage für Erfüllungs-, Unterlassungs- oder Schadensersatzansprüche sein.[48]

62 Für **Schadensersatzansprüche der Mitglieder gegen die eG** gelten keine Besonderheiten gegenüber allgemeinen zivilrechtlichen Grundsätzen. Insbesondere ist das Verhalten

---

[38] Letztlich Gleichsetzung von Miete und Nutzungsvertrag bei Wohnungsbaugenossenschaften, zB durch BGH BeckRS 2012, 07295; BeckRS 2010, 15622; NZM 2004, 25.
[39] *Drasdo* NZM 2012, 585 (587).
[40] *Drasdo* NZM 2012, 585 (587).
[41] BGH NZM 2004, 25; näher zB *Flaute* in Hannemann/Wiegner MAH MietR § 33 Rn. 237 ff.
[42] AA *Blank* in Blank/Börstinghaus MietR BGB § 572 Rn. 15.
[43] *Drasdo* NZM 2012, 585 (587).
[44] BGHZ 103, 219 = NJW 1988, 1729; BGH NJW 1960, 1858.
[45] *Drasdo* NZM 2012, 585 (587).
[46] BGH NJW-RR 2010, 226; NZM 2009, 375 (376); NJW 1960, 2142; zu Einzelfragen bei der Wohnraumüberlassung bei Wohnungsgenossenschaft *Drasdo* NZM 2012, 585 (588).
[47] ZB zur „Verbandsstrafe" BGH NZG 2003, 230.
[48] *Pöhlmann* in Pöhlmann/Fandrich/Bloehs GenG § 18 Rn. 14; zur Treuepflicht bei Ausschluss eines Mitglieds OLG München NZM 2016, 312; zur Nutzungspflicht der Genossen OLG Frankfurt a. M. NZG 2001, 904 (905).

des Vorstands der eG dieser über § 31 BGB zuzurechnen.[49] Anwendung finden muss damit zwingend auch der zu § 31 BGB entwickelte Grundsatz,[50] dass „Dritte" nicht nur Außenstehende, sondern auch Mitglieder des Verbands sein können. In Anwendung vereinsrechtlicher Grundsätze[51] muss die Verletzung von **Mitgliedschaftsrechten** durch den Vorstand, etwa durch einen unrechtmäßigen Ausschluss des Mitglieds, Schadensersatzpflichten der eG auslösen.

Für **Schadensersatzansprüche der eG gegen ihren Vorstand,** seine Stellvertreter 63 und den Aufsichtsrat wegen Verletzung ihrer Geschäftsleiter- beziehungsweise Aufsichtsratspflichten sieht das Genossenschaftsrecht eigene Anspruchsgrundlagen vor (§§ 34 Abs. 2 bis Abs. 6, 35, 41 GenG).

Bei schweren Verstößen eines Mitglieds gegen Satzung und/oder Treuepflicht kommt 64 ein **Ausschluss** des Mitglieds nach § 68 GenG in Betracht. Näheres regelt die Satzung, die aber im Hinblick auf die gegenüber dem Mitglied zu beachtende Treuepflicht der eG in der Festlegung der Ausschlussgründe nicht völlig frei ist.[52] In jedem Fall muss der Ausschluss verhältnismäßig sein und dabei auch das Interesse des Mitglieds an seiner Mitgliedschaft berücksichtigen.[53]

Scheidet ein Mitglied aus der eG aus, durch Ausschluss nach § 68 GenG oder durch 65 **Kündigung durch das Mitglied** gem. §§ 65, 67 GenG, folgt gem. § 73 GenG nach Beendigung der Mitgliedschaft eine Auseinandersetzung der Genossenschaft mit dem ausgeschiedenen Mitglied. Die Genossenschaft selbst bleibt vom Ausscheiden eines einzelnen Mitglieds in ihrer Existenz unberührt.

b) Verhältnis der Genossenschaftsmitglieder untereinander

Zwischen den Mitgliedern der eG selbst werden keine Rechtsverhältnisse begründet.[54] Das 66 Verhältnis der Mitglieder untereinander wird im Wesentlichen durch die Satzung bestimmt.

Die Mitglieder **haften** einander daher grundsätzlich nicht aufgrund der Verletzung von 67 Pflichten aus ihrer Genossenschaftsmitgliedschaft, etwa gem. §§ 280 Abs. 1, 241 Abs. 2 BGB. Ansprüche können lediglich aus von der Genossenschaft unabhängigen sonstigen Sonderbeziehungen entstehen. Mit der darin liegenden Einschränkung der Haftung innerhalb der Genossenschaft sind die Mitglieder untereinander allerdings nicht schutzlos gestellt. Über die Treuepflicht der Mitglieder gegenüber der eG und etwaige Ansprüche im Verhältnis zur eG werden die Interessen aller Mitglieder geschützt.[55]

Da die Genossenschaft in besonderer Weise durch das Leitbild der gemeinschaftlichen 68 Selbsthilfe und Solidarität geprägt ist (s. nur § 1 Abs. 1 GenG), müssen die Mitglieder untereinander allerdings einer genossenschaftlichen Treuepflicht unterliegen,[56] aus der in Ausnahmefällen auch Ansprüche der Mitglieder gegeneinander folgen können müssen, subsidiär zu Ansprüchen aus dem vorrangigen Verhältnis eG/Mitglied und Mitglied/eG.

2. Innenverhältnis der BGB-Gesellschafter

Liegt im Innenverhältnis der Bewohner eine BGB-Gesellschaft im Sinne des § 705 BGB 69 vor, unterscheidet sich diese von der BGB-Innengesellschaft, wie sie bei einer herkömmlichen Wohngemeinschaft auftritt (dazu → § 14), durch einen umfassenderen Gesellschaftszweck: Der von § 705 BGB vorausgesetzte, von allen Gesellschaftern zu fördernde gemein-

---

[49] BGH NJW 1986, 2941; NJW 1959, 379.
[50] BGH NJW-RR 1991, 281 (282); BGHZ 90, 92 (95) = NJW 1984, 1884 (1885).
[51] BGHZ 110, 323 = NJW 1990, 2877, 2878; BGHZ 90, 92 (95) = NJW 1984, 1884.
[52] *Fandrich* in Pöhlmann/Fandrich/Bloehs GenG § 68 Rn. 4.
[53] *Fandrich* in Pöhlmann/Fandrich/Bloehs GenG § 68 Rn. 4, 14.
[54] *Pöhlmann* in Pöhlmann/Fandrich/Bloehs GenG § 18 Rn. 14.
[55] *Pöhlmann* in Pöhlmann/Fandrich/Bloehs GenG § 18 Rn. 14.
[56] Dafür *Geibel* in Henssler/Strohn GesR § 18 GenG Rn. 12; aA *Pöhlmann* in Pöhlmann/Fandrich/Bloehs GenG § 18 Rn. 14.

same Zweck erschöpft sich nicht im gemeinsamen Wohnen, sondern erfasst auch gemeinsame Alltagsbewältigung, etwa wechselseitige Haushaltshilfe, Pflege oder Kinderbetreuung.

70 Die **Beiträge** der Gesellschafter beschränken sich dementsprechend nicht auf (anteilige) Mietzahlung, sondern umfassen typischerweise auch die Erbringung von Dienstleistungen. Diese sind zulässiger Beitrag, wie § 706 Abs. 3 BGB klarstellt. Die Einzelheiten regelt der Gesellschaftsvertrag, insbesondere Umfang und Inhalt der zu erbringenden Dienste und etwaiger Ersatz in Fällen der Verhinderung. Der Gesellschaftsvertrag ist auch in diesen Teilen nicht formbedürftig.[57]

71 Da alternative Wohnprojekte von einem gleichberechtigten Miteinander der Beteiligten ausgehen, ist im Zweifel nicht davon auszugehen, dass die Wohngemeinschaft von der Möglichkeit Gebrauch macht, einen geschäftsführenden Gesellschafter zu bestimmen (§ 710 BGB), sondern dass sie beim Grundsatz der **gemeinsamen Geschäftsführung** (§ 709 BGB) bleibt.

72 Für das **Leistungsstörungsrecht** gelten keine Besonderheiten gegenüber dem Leistungsstörungsrecht bei klassischen Wohngemeinschaften in Form der BGB-Gesellschaft (→ § 14 Rn. 55 ff.). Es greift grundsätzlich das allgemeine Schuldrecht.[58]

D. „Senioren-WG" und andere Modelle mit Unterstützungsleistungen Dritter

73 Der Begriff der „Senioren-WG" steht der Sache nach für all jene Wohngemeinschaften, die zwar – wie die Plus-WG – mit dem Ziel der gemeinsamen Alltagsbewältigung begründet werden, die aber hierzu im mehr als haushaltsüblichen Umfang auf die Unterstützung externer Dritter zugreifen. Das Zusammenleben mehrerer älterer Menschen mit Unterstützungs- und Pflegebedarf ist das wohl praktisch häufigste Beispiel für diesen WG-Typ. Denkbar sind aber auch andere Konstellationen, etwa der Zusammenschluss von jüngeren Menschen mit Behinderungen oder generationenübergreifendes Wohnen.

I. Spezielle gesetzliche Vorschriften

74 Die „Senioren-WG" richtet sich im Ausgangspunkt nach denselben Rechtsgrundsätzen wie die Plus-WG. Insbesondere besteht die Möglichkeit, die Wohnform als eingetragene Genossenschaft oder in einer der weiteren hier vorgestellten Formen der Wohngemeinschaft (→ § 1) zu führen. Diese Grundsätze können jedoch durch spezielle gesetzliche Vorschriften ergänzt oder überlagert werden.

1. Pflichten nach dem Heimrecht

75 Das Zusammenleben der WG-Mitglieder und ihr Verhältnis zu der Person, welche der Wohngemeinschaft die Wohnräume überlässt, kann durch (öffentlich-rechtliches) **Heimrecht** überlagert werden.

76 Näheres hierzu bestimmen die landesrechtlichen Heimgesetze. Sie unterscheiden sich je nach Bundesland deutlich oder weniger deutlich in Name[59] und Inhalt, insbesondere in ihrer Anwendbarkeit auf solche Wohngemeinschaften, die zum Ausgleich von Hilfebe-

---

[57] *Schäfer* in MüKoBGB § 706 Rn. 8.
[58] Überblick zB *Gummert* in MAH PersGesR Teil C. § 5 Rn. 66 ff.; *Schäfer* in MüKoBGB § 706 Rn. 24 ff.; speziell zur Haftung bei Nichterbringung von Dienstleistungen BGH NJW 1983, 1188 (1189).
[59] ZB Pflege- und Wohnqualitätsgesetz (Bayern); Wohnteilhabegesetz (Berlin); Wohn- und Betreuungsqualitätsgesetz (Hamburg); Wohn- und Teilhabegesetz (Nordrhein-Westfalen); Auflistung etwa durch die Bundesinteressenvertretung für alte und pflegebetroffene Menschen, https://www.biva.de/gesetze/laender-heimgesetze, zuletzt abgerufen am 25.4.2019.

dürftigkeit ihrer Mitglieder (auch) Unterstützungsleistungen Dritter hinzuziehen.[60] Voraussetzung für die Anwendbarkeit des Heimrechts sind zumeist, faustformelartig umschrieben, die rechtliche und tatsächliche Nähe von Vermieter und unterstützenden Dienstleistern und die Möglichkeit des Vermieters oder sonstiger Dritter, auf die Auswahl und Zusammensetzung der WG-Bewohner Einfluss zu nehmen.[61] Fällt die Wohngemeinschaft unter das Heimrecht, liegt sie damit zugleich in der Zuständigkeit der jeweiligen landesrechtlichen Aufsichtsbehörde. Im Verhältnis von Betreiber und Bewohnern entstehen etwa Informationspflichten des Betreibers und Mitwirkungsrechte der Bewohner.

2. Rechte des Verbrauchers nach dem WBVG

Das verbraucherprivatrechtliche **Wohn- und Betreuungsvertragsgesetz** (WBVG) ist auf Wohn- und Betreuungsverträge anwendbar. Es greift – vereinfacht gesagt –, wenn zwischen dem den Wohnraum überlassenden Unternehmer (im Sinne des § 14 BGB) und etwaig hinzugezogenen externen Dienstleistern ein rechtlicher oder wirtschaftlicher Zusammenhang besteht (s. im Einzelnen § 1 WBVG).[62] Fällt die Wohngemeinschaft unter das WBVG, fehlt es jedoch typischerweise an der Selbstorganisation der Mitglieder, sodass eine alternative Wohnform nicht vorliegt. 77

3. Sozialrechtliche Leistungen

Die Wohngemeinschaft kann, abhängig von ihrer Zusammensetzung, zugleich „**ambulant betreute Wohngruppe**" sein. Ihre pflegebedürftigen Bewohner haben dann Anspruch auf zusätzliche Leistungen nach dem SGB XI. Die Voraussetzungen hierfür finden sich in § 38a SGB XI (zu ihnen → § 28 Rn. 4 ff.). 78

II. Verhältnis der Wohngemeinschaft zu außenstehenden Dritten

Im Verhältnis der Wohngemeinschaft zu Dritten bestehen grundsätzlich keine Besonderheiten gegenüber der „Plus-WG". Die Wohngemeinschaft organisiert sich in einer der in § 1 dieses Handbuchs vorgestellten Formen oder als eG (→ Rn. 47 ff.), und danach bestimmen sich ihre Rechtsverhältnisse mit Dritten, insbesondere auch, neben dem Verhältnis zum Vermieter, das Verhältnis zu externen Dienstleistern. 79

Verglichen mit den klassischen Formen der Wohngemeinschaft kann bei der „Senioren-WG" lediglich in besonderem Maße notwendig werden, durch Auslegung zu ermitteln, inwieweit beim **Vertragsschluss mit Dritten** die Wohngemeinschaft als eigenständige Rechtspersönlichkeit verpflichtet werden soll. Die „Senioren-WG" zieht stärker als andere Wohnformen Dritte zu Unterstützungsleistungen heran, wobei der durch die Dritten gedeckte Pflege- oder Unterstützungsbedarf unter Umständen nur bei einzelnen Mitgliedern der Wohngemeinschaft besteht. Faustformel für die Auslegung muss sein, dass Verträge mit Dritten, die einen persönlichen Unterstützungsbedarf eines Mitglieds der Wohngemeinschaft ausgleichen sollen, bei Fehlen einer ausdrücklichen gegenteiligen Vereinbarung als nur mit eben jenem Mitglied abgeschlossen angesehen werden müssen, in dessen Person der spezielle Unterstützungsbedarf vorliegt (s. für das Innenverhältnis noch → Rn. 84). 80

Soll eine zur Unterstützung der Wohngemeinschaft hinzugezogene Person in die Wohnräume der Wohngemeinschaft aufgenommen werden, und sind diese Wohnräume ange- 81

---

[60] Vgl. nur die Anwendbarkeit auf betreute Wohngemeinschaften nach § 4 WTG-Berlin gegenüber zB Art. 2 Abs. 3 BayPfleWoqG.
[61] S. zB VG Leipzig BeckRS 2012, 46325.
[62] Überblick etwa bei Drasdo, NZM 2015, 601 ff.

mietet, ist die **Erlaubnis des Vermieters** (→ Rn. 26) hierfür nicht erforderlich, wenn es sich bei der unterstützenden Person um einen Bediensteten des Wohnprojekts oder eines seiner Mitglieder handelt. Bedienstete sind keine „Dritten" im Sinne des § 540 BGB.[63] Ihre Aufnahme in die Wohnung ist vom bestimmungsgemäßen Gebrauch der Mietsache gem. § 535 Abs. 1 BGB umfasst.[64]

III. Verhältnis der Mitbewohner untereinander

82 Im Innenverhältnis der Mitbewohner untereinander geht es, neben den bereits bei der Plus-WG vorgestellten Rechtsfragen (→ Rn. 42 ff.), primär um die Verteilung der aus der Hinzuziehung externer Dritter erwachsenden Belastungen.

83 Ist die **Wohngemeinschaft** als **Verein oder eG** organisiert, wird das Innenverhältnis durch das Verbandsrecht geregelt, insbesondere durch die Satzung. Sie bestimmt auch, unter welchen Voraussetzungen Leistungen externer Dritter hinzugezogen und wie die daraus erwachsenden finanziellen Belastungen durch die Mitglieder getragen werden.

84 Handelt es sich hingegen bei der „Senioren-WG" um eine **BGB-Gesellschaft,** ist für das Innenverhältnis der Gesellschaftsvertrag maßgeblich, ergänzend die §§ 705 ff. BGB. Der Gesellschaftszweck ist beim Modell „Senioren-WG" weiter als bei der „Plus-WG". Er umfasst grundsätzlich auch die Alltagsbewältigung durch gemeinsame Hinzuziehung externer Dienstleister. Geschuldete Beiträge sind dann nicht nur anteilige Mietzahlung und ggf. eigene Dienstleistung, sondern auch Mitwirkung an der Auswahl externer Dienstleister und anteilige Kostentragung. Liegt keine andere Vereinbarung vor, sind gleiche Beiträge zu leisten (§ 706 Abs. 1 BGB).

85 Allerdings ist im Einzelfall durch Auslegung zu ermitteln, wie weit der Zweck der gemeinsamen Alltagsbewältigung durch Hinzuziehung externer Dritter und damit die Förderpflicht der Gesellschafter reicht. Im Regelfall kann davon ausgegangen werden, dass die Hinzuziehung Dritter zur allgemeinen Haushaltführung (Kochen, Waschen, Putzen) vom Gesellschaftszweck umfasst ist. Ebenso kann die Hinzuziehung von Leistungen zur gemeinsamen Freizeitgestaltung und Beschäftigung (Personal Trainer, Musiktherapeut, Kunstlehrer) noch vom Gesellschaftszweck gedeckt sein.

86 Anders liegt der Fall, wenn bei einzelnen Bewohnern zum Beispiel aufgrund von Alter, Krankheit oder Behinderung ein besonderer Betreuungs- oder Pflegebedarf besteht. Ist dies nicht ausdrücklich vereinbart, kann regelmäßig nicht davon ausgegangen werden, dass auch die gemeinsame Bewältigung von persönlichem Betreuungs- oder Pflegebedarf noch vom Gesellschaftszweck umfasst ist und hierfür Beiträge von der Gesellschaft oder von allen Gesellschaftern zu leisten sein sollen. Vielmehr muss das jeweilige Mitglied bei Verträgen über individuelle Unterstützungsleistungen allein berechtigt und verpflichtet werden. Die Festlegung des individuellen Betreuungs- oder Pflegebedarfs und die Auswahl einer geeigneten Pflegeperson oder eines geeigneten sonstigen Dienstleisters berühren den höchstpersönlichen Lebensbereich der hilfebedürftigen Person in einem solchen Maße, dass ihr allein die Einschätzung ihrer Bedürfnisse und die Auswahl geeigneter Personen überlassen werden muss. Damit muss jedoch korrelieren, dass sie selbst die Kosten hierfür trägt.

---

[63] *Bieber* in MüKoBGB § 540 Rn. 5
[64] *Bieber* in MüKoBGB § 540 Rn. 5.

E. Wohngemeinschaft als „Kommune"

Bei der „Kommune" handelt es sich um eine Wohngemeinschaft, die bürgerliche Vorstellungen hinsichtlich Eigentum, Leistung, Konkurrenz und Moral ablehnt.[65] Für die Rechtsanwendung im Verhältnis zu außenstehenden Dritten ist dies, vorbehaltlich abweichender Vereinbarung, unbeachtlich. Es gelten im Verhältnis zu Dritten daher keine Besonderheiten gegenüber sonstigen Wohngemeinschaften. 87

Rechtlich relevant ist hingegen vor allem die Ablehnung des Eigentums im Innenverhältnis. Die Kommune beruht auf dem Gedanken „allen alles"[66]. 88

I. Die Kommune als BGB-Innengesellschaft

Wollen die Mitglieder der Kommune Rechtsfolgen herbeiführen, kann im Innenverhältnis der Bewohner eine BGB-Gesellschaft gem. § 705 BGB vorliegen. 89

Die Mitglieder der WG müssen hierfür einen **gemeinsamen Zweck** verfolgen, den sie durch gegenseitige materielle und immaterielle Unterstützungsleistungen zu fördern haben (das Zusammenleben und -haushalten). Der Gedanke „allen alles" wird schuldrechtlich dadurch verwirklicht, dass jedes Mitglied verpflichtet ist, zumindest seine in der Wohnung befindlichen beweglichen Sachen als **Sacheinlage** in die Gesellschaft einzubringen. Die Sachen werden so gemeinschaftliches Vermögen der Gesellschafter (Gesellschaftsvermögen, § 718 Abs. 1 BGB). Die Verfügung über das Vermögen erfolgt gemeinschaftlich, das einzelne Mitglied kann nicht über seinen Anteil am Gesellschaftsvermögen und an den einzelnen dazu gehörenden Gegenständen verfügen (§ 719 Abs. 1 BGB). 90

In Anbetracht der streng auf Gleichheit ausgerichteten Struktur der Wohngemeinschaft ist im Zweifel davon auszugehen, dass die Verwaltung nur **gemeinschaftlich** erfolgen soll, das heißt ohne dass die Bewohner von der Möglichkeit Gebrauch machen wollen, einen geschäftsführenden Gesellschafter (§ 710 BGB) einzusetzen. 91

Die Ablehnung des (Allein-)Eigentums führt nicht zur völligen Unanwendbarkeit des bürgerlich-rechtlichen **Sachenrechts**, ist aber auch nicht unbeachtlich. Den Gedanken „allen alles" kennt das BGB mit dem Gesamthandseigentum. Es ist folglich davon auszugehen, dass die in die Wohnung eingebrachten Sachen nicht (mehr) im Allein- oder Miteigentum eines oder mehrerer Gesellschafter stehen, sondern Gesamthandseigentum sind. 92

Wie weit die Gesamthand inhaltlich reicht, ob sie etwa nur Einrichtungsgegenstände der Wohngemeinschaft erfasst oder auch persönliche Gegenstände, ist im Einzelfall durch Auslegung zu ermitteln. 93

Tritt die Kommune nicht auch nach außen hin als BGB-Gesellschaft auf, sondern wirkt sie als **reine Innengesellschaft,** ändert sich an dieser sachenrechtlichen Rechtslage nichts. Die Gesellschaft ist dann zwar nicht rechtsfähig, sie verfügt aber dennoch über Gesamthandvermögen; hingegen ist, vorbehaltlich anderweitiger Vereinbarung, nicht ein Gesellschafter allein dinglich berechtigt und den anderen Mitgliedern der Wohngemeinschaft lediglich treuhänderisch gebunden.[67] Ein derartiger *primus inter pares* widerspräche der Interessenlage der Mitbewohner, die streng auf Gleichheit aller achtet.[68] 94

---

[65] So die Definition im Duden.
[66] *Der Spiegel*, 5.4.1971, http://www.spiegel.de/spiegel/print/d-43732431.html, zuletzt abgerufen am 25.4.2019.
[67] Für eine solche Lösung bei der reinen BGB-Innengesellschaft aber *Schäfer* in MüKoBGB § 705 Rn. 280.
[68] Wie sich das Vorhandensein von Gesamthandsvermögen auf die Innengesellschaft auswirkt, ist str.; für Rechtsfähigkeit der Innen-GbR *Beuthin* NZG 2011, 161; abl. *Schäfer* in MüKoBGB § 705 Rn. 280.

II. Fehlen des Rechtsbindungswillens

95 Lehnen, wovon im Regelfall auszugehen ist, die Mitglieder der Kommune jedoch jede Form der rechtlichen Bindung als „bürgerlich" ab und wollen nur gemeinsam wohnen, liegt keine BGB-Innengesellschaft vor. Für die Abwicklung der Wohngemeinschaft – bei einer „funktionierenden" Kommune entstehen insoweit keine Probleme – ist dann maßgeblich, dass die Mitglieder keine über die Verwirklichung ihres Zusammenlebens hinausgehenden rechtlichen Vorstellungen hatten. Es fehlt der Rechtsbindungswille der Mitglieder der Kommune. Die Interessenlage ähnelt insoweit derjenigen bei Beendigung einer „eheähnlichen" oder „faktischen" Lebensgemeinschaft,[69] nur ohne die dort bestimmende emotionale Komponente und die im Nachhinein enttäuschte Erwartung, das gemeinsame Zusammenleben werde von Dauer sein.

96 **Ausgleichsansprüche** ausscheidender Mitglieder der Kommune gegen ihre Mitbewohner müssen in Anwendung der Rechtsprechung zu faktischen Lebensgemeinschaften (→ § 23 Rn. 14 ff.)[70] soweit ausscheiden, als sie auf Ausgleich für Leistungen gerichtet sind, die das Zusammenleben erst ermöglichen.[71] Wie bei Mitgliedern der faktischen Lebensgemeinschaft ist davon auszugehen, dass jedes Mitglied der Kommune seinen Beitrag zur Deckung des täglichen Lebensbedarfs (Lebensmittel, Wohnen) nach seinen individuellen Möglichkeiten leisten will, ohne je Ausgleich zu verlangen. Dass keine Erwartung besteht, das gemeinsame Zusammenleben werde von Dauer sein, kann zu keinem Unterschied in der rechtlichen Bewertung führen. Maßgeblich ist, dass jedenfalls für die Zeit des Zusammenlebens auch ein gemeinsames Wirtschaften gewollt war und die persönlichen Beziehungen im Vordergrund standen.

97 Zu einer generellen Änderung in der Zuordnung des **Eigentums** an in die Kommune eingebrachten Sachen kommt es mangels Rechtsbindungswillens in dieser Konstellation nicht.

F. Sonderfall: Alternative Wohnprojekte in zwischenvermieteten Räumen

98 Wird Wohnraum an einen gemeinnützigen Hauptmieter zum Zweck der Weitervermietung an die Mitglieder des Wohnprojekts vermietet, häufig mit dem Ziel der Förderung alternativer Wohnkonzepte, gewährleistet diese Konstruktion eine gewisse Institutionalisierung der Wohnform und kann ihre Verwaltung erleichtern. Der Hauptmieter organisiert das Zusammenleben, betreut das Objekt, dient als zentraler Ansprechpartner für den Vermieter und erbringt darüber hinaus oft noch weitere Unterstützungsleistungen für die als (End-)Mieter auftretenden Mitglieder des Wohnprojekts. Die Selbstbestimmung und Selbstorganisation der Mitglieder wird durch weitreichende Beteiligungsrechte gewährleistet.

99 Wird das Mietverhältnis zwischen Hauptvermieter und Hauptmieter (Zwischenmieter) beendet, tritt gem. § 565 Abs. 1 S. 1 BGB der Hauptvermieter in die Rechte und Pflichten aus den Mietverträgen mit den Endmietern ein. Mit dieser Überleitung des Endmietvertrags auf den Hauptvermieter werden die Endmieter, vom Gesetz „Dritte" genannt, bei Ende des Hauptmietverhältnisses geschützt,[72] insbesondere gegen das Herausgabeverlangen des Hauptvermieters nach § 546 Abs. 2 BGB.

---

[69] Zu dieser BGH NJW 2011, 2880 (2881).
[70] BGHZ 77, 55 = NJW 1980, 1520 (1521). Für Ausgleich außerhalb von Leistungen im täglichen Leben aufgegeben durch BGHZ 177, 193 = NJW 2008, 3577.
[71] Überblick über die Rechtsprechung, auch zu für Kommunen typischerweise nicht bedeutsamen Fragen des Ausgleichs größerer Vermögensverschiebungen, *Grziwotz* NZFam 2015, 543 (548).
[72] Den Vorgaben des BVerfG folgend, BVerfGE 84, 197 = NJW 1991, 2272.

§ 565 Abs. 1 S. 1 BGB gilt jedoch nur, wenn die Zwischenvermietung gewerblich **100** erfolgt.[73] Ist sie hingegen – wie regelmäßig bei alternativen Wohnprojekten – gemeinnützig, ist § 565 BGB seinem Wortlaut nach nicht anwendbar. Eine analoge Anwendung des § 565 BGB auf die gemeinnützige Zwischenvermietung schließt der BGH mangels Vergleichbarkeit der Interessenlage mit der gewerblichen Zwischenmiete aus.[74] Die Rechtsprechung behandelt die Endmieter stattdessen als Untermieter des Hauptmieters (zu dessen Stellung bei Beendigung des Mietvertrags → § 3 Rn. 48 ff.).[75] Die Mitglieder alternativer Wohnprojekte stehen mithin bei Vertragsbeendigung schlechter, wenn sie den Wohnraum von einem gemeinnützigen Zwischenvermieter angemietet haben.

---

[73] Zum Begriff der gewerblichen Zwischenvermietung iSd § 565 Abs. 1 BGB BGH NZM 2018, 281.
[74] BGH NJW 2016, 1086; krit. *Tonner* in jurisPK-BGB, 8. Aufl. 2017, § 565 Rn. 13 unter Hinweis auf Art. 3 Abs. 1 GG.
[75] BVerfG NJW 1994, 848; OLG Hamburg NJW 1993, 2322; NJW-RR 1992, 207; AG Hamburg WuM 1992, 480.

Sachverzeichnis

Die fetten Zahlen verweisen auf die Paragraphen, die mageren Zahlen auf die Randnummern.

Abgrenzung von Gesamtschuld und Außen-GbR 2 60 ff.
Abmahnung
- Abmahngebühren **17** 11, 19, 27
- Ersatz der aufgewendeten Rechtsanwaltskosten **17** 6, 28
- Rechtsschutz **17** 27 ff.

Abwehrrechte
- besitzrechtliche Abwehrrechte **13** 26 ff.
- Betretung und Besichtigung **13** 13 ff.
- deliktische Abwehrrechte **13** 45
- Hausrecht **13** 37 ff.
- Interessenabwägung **13** 10 ff.
- nachträgliche Abwehrrechte **13** 24
- Notwehr **13** 39 ff.
- Selbsthilfe **13** 44
- Vertragliche Abwehrrechte **13** 4 ff.
- vertragsähnliche Abwehrrechte **13** 24

Airbnb 24 1
Aktivlegitimation 13 84
Akzessionsprinzip 25 9, 17
Allgemeine Geschäftsbedingungen s. *Formularmietverträge*
Allgemeines Gleichbehandlungsgesetz 2 43 ff.
- Anwendungsvoraussetzungen **2** 44 ff.
- Ausnahmen und Rechtfertigung **2** 48 ff.
- Besonderheiten bei Wohngemeinschaften **2** 54 ff.
- Kontrahierungszwang **2** 51
- Rechtsfolgen eines Verstoßes **2** 50 ff.

Alternative Wohnprojekte 29 1 ff.
- Abgrenzung **29** 2 ff.
- Begriffsbestimmung **29** 1
- Zwischenvermietete Räume **29** 98 ff.

Analogie
- § 566 BGB **12** 284 f.

Anfechtung 2 15 ff.
- Anfechtungsgrund **2** 16
- Besonderheiten bei Außen-GbR **2** 41 f.
- Besonderheiten bei Gesamtschuld **2** 38 ff.
- Rechtsfolgen **2** 18
- nach Überlassung **2** 17

Anschubfinanzierung 28 3, 33 ff.
- Gesamtbetrag **28** 33
- Gründung **28** 33
- Individualbetrag **28** 33
- Kopfteilprinzip **28** 33
- private Pflegeversicherung **28** 35 f.
- Verwendungsnachweis **28** 33
- Verwendungszweck **28** 34

Anzeige des Mangels
s. *Mangelanzeige*
Aufhebungsvertrag 20 98 ff.
Auflösung
- Vollbeendigung **22** 29
- Wirkung **22** 28 f.
- Wohngemeinschaft **22** 1, 6 ff.

Auflösung der GbR
- Verbraucherinsolvenz **19** 75 ff.

Auflösungsgründe
- Insolvenz der WG **22** 24 ff.
- Insolvenz des Mitbewohners **22** 18 ff.
- Tod **22** 9, 16, 32
- Wohngemeinschaft **22** 8

Aufsichtspflichtverletzung 17 13
Aufwendungsersatz 8 42 ff.
Auseinandersetzung
- Auseinandersetzungsbilanz **22** 50
- Wohngemeinschaft **22** 37 ff.

Auskunftsanspruch 17 3 f., 7
Auslegung
- Gesellschaftsvertrag der WG **22** 32

Ausscheiden eines Mitbewohners 18 8 ff.
- Aufhebungsvertrag **18** 27 f.
- Ausschluss s. *Kündigung*
- Haftung **18** 33, 37, 38
- Insolvenz **18** 30
- Kaution **18** 37
- Kündigung **18** 18 ff.
- Personengesellschaftsrechtliche Grundsätze **18** 8 ff.
- Rechtsfolgen **18** 31 ff.
- Zeitablauf **18** 13 ff.

Ausschluss der Mängelrechte aus §§ 536, 536a 8 49, 94, 110 ff.
Außen-GbR 1 27; **15** 9, 38 f.
Außengesellschaft 14 6 ff.
- Rechtsfähigkeit **14** 10
- Verbindlichkeiten **14** 10
- Vertretung **14** 10

Barrierefreiheit 25 75
Bauliche Veränderungen 10 34 ff.; **21** 21, 37
- Allgemeines **10** 34 ff.
- Außen-GbR **10** 41
- Eigentümer als Mitbewohner **10** 43
- gegenseitige Rücksichtnahmepflichten **10** 40, 42
- Gesamtmietvertrag **10** 39 f.
- Innengesellschaft **10** 40
- Untervermietung **10** 37

Sachverzeichnis

fette Zahlen = §§

Bedarfsgemeinschaft
- Bedingungen für Vorliegen **27** 13 ff.
- Begriffsbestimmung **27** 13 f.
- Einsatzgemeinschaft **27** 16
- Ermittlung **27** 46 f.
- Hilfebedürftigkeit **27** 4 f.
- Im Prozess **27** 50
- Leistungsberechnungsgemeinschaft **27** 17
- Mischform **27** 17
- Mitbewohner **27** 23 ff.
- Reine Bedarfsgemeinschaft **27** 15
- Sozialrechtliche Bedeutung und Herkunft **27** 14 f.
- Verantwortungs- und Einstehungsgemeinschaft **27** 19
- Verfahren **27** 45 ff.
- Vertretung **27** 49
- Voraussetzungen **27** 18 ff.
- Wechselseitiger Wille, füreinander Verantwortung zu tragen und füreinander einzustehen **27** 40 f.
- Widerlegung des Verantwortungs- und Einstehungswillens **27** 43 f.
- Zusammenleben in einem Haushalt **27** 33 f.

Beendigung des Mietverhältnisses
- Aufhebungsvertrag **20** 98 ff.
- Insolvenz **20** 111 f.
- Kündigung **20** 2 ff.; *s. auch unter Kündigung*
- Rechtsfolgen **20** 117 ff.
- Rücktritt **20** 3
- Todesfälle **20** 103 ff.
- Zeitablauf **20** 95 ff.

Behördliche Hilfe 13 80 ff.
Beihilfe 28 6
Beitrag
- Sacheinlage **15** 7 ff.

Beitragspflichten 14 11 ff.
- Beitragspflichten, typische **14** 12
- Haushaltsführung **14** 19 ff.
- Mietanteil **14** 17, 18
- Mietsicherheit **14** 15, 16
- Mietvertrag **14** 11, 13
- Rechtsgrundlage **14** 14

Belege 25 103
Beschädigung der Mietsache 11 19 ff.
- Beweislast **11** 25
- durch Dritte **11** 19 ff.
- Erfüllungsgehilfe **11** 20 ff.
- Verschuldenszurechnung **11** 20 ff.

Beschaffenheitsvereinbarung 8 5, 52 ff.
- mit einzelnen Mietern **8** 6 ff.
- negative **8** 6 ff.
- positive **8** 6 ff.
- Vollmacht zum Abschluss **8** 11 ff.

Beschlüsse 25 25
Beschränkte Geschäftsfähigkeit 2 107 ff.
Besitz
- Begriff **13** 27
- Berliner Modell **13** 30
- Besitzentziehung **13** 30
- Besitzstörung **13** 31
- fehlerhafter Besitz **13** 29
- Immissionen **13** 35
- kalte Räumung **13** 30
- Unterbrechung von Versorgungsleistungen **13** 33 ff.
- verbotene Eigenmacht **13** 29 ff.

Bestandsschutz 3 25
Betretung und Besichtigung
- Ankündigung **13** 18
- Anlass **13** 15 ff.
- Dauer **13** 19
- Häufigkeit **13** 15 ff.
- sachlicher Grund **13** 15 ff.
- sachlicher Umfang **13** 20
- Uhrzeit **13** 19

Betriebskosten 4 84; **6** 1 ff.
- Abgrenzung **6** 9 ff.
- Abrechnungszeitraum **6** 1, 36, 42, 51 f., 53, 59, 66, 81, 82, 84 f., 97
- Bedeutung **6** 1 f.
- Begriff **6** 4 ff.
- Betriebskostenabrechnung **6** 53 ff.
- Betriebskostenpauschale **6** 33, 40, 42, 44, 70, 84
- Betriebskostenverordnung **6** 3, 12 ff., 101
- Bruttomiete **6** 47, 70
- Formularverträge **6** 34
- Gesetzliche Grundlagen **6** 3
- Heizkostenverordnung **6** 3, 45, 47, 74 f., 82 f.
- Inklusivmiete **6** 47, 49, 70, 84
- Nettomiete **6** 35 ff., 44, 47, 53
- Vereinbarung **6** 32 ff.
- Verschulden bei Vertragsverhandlungen **6** 38
- Verwaltungskosten **6** 9 ff.
- Vorauszahlung **6** 33 ff., 44, 47, 49, 52 f., 56, 63 f., 70
- Wartungsverträge **6** 14

Betriebskostenabrechnung 6 53 ff.; **25** 76, 83 ff.
- Abflussprinzip **25** 86, 95, 111
- Abrechnungsreife **6** 54, 63
- Abrechnungszeitpunkt **25** 85
- Abrechnungszeitraum **25** 85, 110
- Anscheinsbeweis **6** 85
- Belegeinsicht **6** 95 f.
- Einwendungen **6** 58, 97 ff.
- Erstellung **25** 91 ff.
- Form **6** 58 ff.
- Formelle Richtigkeit **6** 65 ff.
- Frist **6** 85 ff.
- Gesamtschuldner **6** 85, 89
- Gestaltungsmöglichkeiten **25** 104 ff.
- Grundsteuer **25** 87, 92
- Guthaben **6** 94
- Heizkosten **25** 88 ff., 92

magere Zahlen = Rn.

Sachverzeichnis

– Inhaltliche Richtigkeit **6** 69 ff.
– Leistungsprinzip **25** 86, 95
– Mieterwechsel **6** 64, 81 ff.
– Nachforderung **6** 85, 88, 99
– Pauschale **25** 88, 112
– Rechtsnatur **6** 56 f.
– Umlageschlüssel **25** 83 f., 91, 105 ff.
– Unterschiede Verwalterabrechnung **25** 83 ff.
– Vermieterwechsel **6** 84
– Wohngemeinschaften **25** 97 ff., 112
Betriebskostenarten 6 12 ff.
– Beleuchtung **6** 22
– Gartenpflege **6** 11, 21, 25
– Gebäudereinigung **6** 19 f.
– Grundsteuer **6** 13
– Hauswart **6** 20 f., 23 ff.
– Müllbeseitigung **6** 17 f.
– Personenaufzug **6** 6, 14 f., 42
– Pförtner **6** 26
– Straßenreinigung **6** 16
Bevollmächtigung 8 11 ff., 56, 61 ff.
Beweislast 23 32 ff.
Binnenmarkt-Sachverhalte 26 16 f.
Bürgschaft 5 29

Concubinage **23** 2
Couchsurfing 24 2
Culpa in contrahendo
 s. *Verschulden bei Vertragsschluss*

Dauerschuldverhältnisse
– Auseinandersetzung **22** 39
Dienstleistungen
– Abrechnung bei Auflösung **22** 45
Doppelfunktionale Anwendung 26 53
Dritter 23 10 ff.
DSL-Vertrag 17 1

Ehe 1 14
– Wohnungsüberlassung anlässlich der Scheidung **20** 110
Eheähnliche Gemeinschaft 23 3
Eigenbedarfskündigung 20 32 ff.
Eigengebrauch 3 4
Eigentum
– Anschaffung **15** 37, 41 ff.
– Gesamthandseigentum **15** 40
– Instandhaltung **15** 48 f.
– Mitbewohner **15** 11, 37 ff.
– Sachgefahr **15** 50 f.
– Schadensersatz **15** 47, 63
– Sorgfaltspflichten **15** 46
– Treuepflichten **15** 46
– Vermieter **15** 54 ff.
– WG **15** 9, 38 f.
Eigentümerversammlung 25 57
Eigentumsvermutung 23 32 ff., 47

Eigentumswohnung
– Zwangsversteigerung **19** 37 ff.
Eigenübliche Sorgfalt 23 41
Einbauküche 15 54 ff.
Eingriffsnormen 26 25 ff.
Einlagen
– Rückzahlung bei Auflösung **22** 44 ff.
Einsicht s. *Belege*
Einstweiliger Rechtsschutz
– Arten **13** 56
– einstweilige Räumung **13** 64 ff.
– Leistungsverfügung **13** 60 ff.
– Sicherungsverfügung **13** 57 f.
Eintritt eines Mitbewohners 18 39 ff.
– Ablehnung **18** 41, 45 f.
– Bestimmungsrecht **18** 41 f.
– Haftung **18** 41, 51
– Personengesellschaftsrechtliche Grundsätze **18** 39 ff.
– Rechtsfolgen **18** 41, 51 ff.
– Voraussetzungen **18** 41 ff.
Erfüllungsanspruch 8 4, 19, 26, 88 ff.
Erfüllungsgehilfe 3 19; **8** 21, 36, 66, 91 ff.
– beim Mitverschulden **8** 36 ff.
Erhaltungsmaßnahmen 15 60
– Kleinreparaturen **9** 8
– Schönheitsreparaturen **9** 4, 9
– Umfang und Grenzen **9** 4
Erinnerung 13 75 ff.
Erlaubniserteilung
– Anspruch auf **24** 17 ff.
Erlaubniserteilung Gebrauchsüberlassung 3 8 ff.
– Ausschluss **3** 33
– Durchsetzung **3** 30 ff.
Erscheinungsformen von Wohngemeinschaften 10 18
Erwerbsschaden 23 37

Favor negotii **26** 19
Fernabsatz
– Vertragsschluss **24** 57
– Widerrufsrecht **24** 60
Feststellungsklage
– negative Feststellungsklage **13** 53
– Rechtsverhältnis **13** 52 ff.
Form
– Auftrag der Unterstützungskraft **28** 19, 31
Form des Mietvertrags 2 69 ff.
– Anforderungen an die Schriftform **2** 74 ff.
– Anwendungsbereich des § 550 BGB **2** 70
– Ausschluss der Berufung auf Formmängel **2** 83
– Folgen von Formverstößen **2** 81 f.
– Formbedürftiger Inhalt nach § 550 BGB **2** 71 ff.
– Schriftformheilungsklauseln **2** 84 ff.
– Unterzeichnung durch alle Vertragspartner **2** 76 ff.
– Vereinbarte Schriftform **2** 87 ff.

Sachverzeichnis

fette Zahlen = §§

Formstatut 26 18, 29 ff.
Formularmietverträge 2 68, 89, 90 ff.
– Anwendungsbereich der §§ 305 ff. BGB **2** 91
– Besonderheiten bei Verbraucherverträgen **2** 97, 101
– Besonderheiten bei Wohngemeinschaften **2** 105 f.
– Einbeziehungskontrolle **2** 98 ff.
– Inhaltskontrolle **2** 68, 98 ff.
– Rechtsfolgen unwirksamer AGB **2** 103 f.
– Verwendung von AGB **2** 92 ff.
Fortsetzungsbeschluss 22 31, 33 ff.
Fortsetzungsklausel 22 30 ff.
Fragerechte 2 19 ff.
– Innenverhältnis der Mitbewohner **2** 26 f.
– Rechtsfolgen falscher Angaben **2** 24 f.
– Umfang des Vermieterfragerechts **2** 20 f.
Fristsetzung 8 43
Fürsorge- und Aufklärungsplichten des Vermieters 10 136 ff.
– Aufklärungspflichten **10** 138 f.
– Außen-GbR **10** 141
– Eigentümer als Mitbewohner **10** 141
– Fürsorgepflichten **10** 136 f.
– Gesamtmietvertrag **10** 141
– Untervermietung **10** 141

GbR 8 27
Gebrauch der Mietsache 10 5 ff.
– Begriff **10** 5 ff.
Gebrauchsrechte 25 51, 67 ff.
Gebrauchsüberlassung 3 4; **23** 10 ff.
– Abmahnung **3** 46
– Abreden **15** 18
– Beendigung **15** 31 ff.
– befugte **3** 48 ff.
– Beitragsleistung **15** 19
– Berechtigtes Interesse **3** 9, 26
– Erlaubnis zur **24** 26 ff.
– Erlaubnispflichtigkeit **24** 8 ff.
– Instandhaltung **15** 26 ff.
– Kündigung **23** 13
– kurzfristige **24** 1
– Miete **15** 19 f.
– Nutzungsverhältnisse **15** 21 ff., 63
– Persönlichkeitssphäre **24** 9 f.
– Pflichtverletzung **3** 40
– Reparaturkosten **15** 26
– Sachgefahr **15** 29 ff.
– Schadensersatz **15** 24
– Sorgfaltspflichten **15** 24 f.
– Teil des Wohnraums **3** 14 ff.
– Treuepflichten **15** 24 f.
– unbefugte **3** 36 ff.
– Vermieter **15** 54, 58 ff.
– Vertragsgestaltung **15** 14 ff.
– Wegnahme **15** 34
Gebrauchsüberlassung an Dritte 21 30 ff.

Gefälligkeitsverhältnis 14 3
– Rechtsbindungswille **14** 3
– Rücksichtnahmepflichten **14** 3
Geförderter Wohnraum 4 64
Gegenstände
– Rückgabe bei Auflösung **22** 40
Gemeinschaftsflächen und –räume; Gartennutzung 10 68 ff.
– Allgemeines **10** 68 ff.
– Außen-GbR **10** 80 f.
– Eigentümer als Mitbewohner **10** 82 f.
– Einzelmietvertrag **10** 77
– Gesamtmietvertrag **10** 78
– Untervermietung **10** 75
Gemeinschaftskasse
– Ausgestaltungsmöglichkeiten **14** 54
– Außen-GbR **14** 54
Gesamtrechtsnachfolge 12 4, 119 f.
Gesamtschuldner 8 33; **23** 27
Geschäftseinheit 8 17
Geschäftsführung 14 38 ff.
– Grenzen **14** 42 f.
– Information **14** 50 f.;
  s a Auskunftsverlangen
– Inhalt **14** 38 ff.
– Kostenerstattung **14** 44 ff.
Geschäftsführungsbefugnis 14 38 ff.
– Mehrheitsbeschluss **14** 40
Geschäftsführungsgrenzen 14 42 f.
– Gleichbehandlungsgrundsatz **14** 42
– Rücksichtnahmepflichten **14** 43
Gesellschaft bürgerlichen Rechts 14 1 ff.
– Abgrenzung **14** 3
– Entstehung/Gründung **14** 2
– Form **14** 2
– Gefälligkeitsverhältnis **14** 3
– Mietvertrag **14** 5
– nichteheliche Lebensgemeinschaft **14** 4, 5
– Zeitpunkt **14** 11
Gesellschaftsstaut
– der Außengesellschaft **26** 37 f.
– der Innengesellschaft **26** 33 ff.
Gesellschaftsvertrag
– Fortsetzungsklausel **19** 34, 76 ff.
Gestaltungsempfehlungen 12 139 ff.
Gewahrsam 23 46 f.
Gewahrsamsvermutung 23 47
Gewaltschutz 23 56
Gewerblicher Gebrauch 10 44 ff.
– Allgemeines **10** 44
– Außen-GbR **10** 53
– Eigentümer als Mitbewohner **10** 54
– Einzelmietvertrag **10** 48
– Gesamtmietvertrag **10** 51
– Untervermietung **10** 47 f.
Gewöhnlicher Aufenthalt 26 8, 15
Gleichrangige Mitbewohner 18 5
Gutgläubiger Erwerb 12 17

magere Zahlen = Rn.

Sachverzeichnis

Haftpflichtversicherung 7 33 ff.
- Deckungsbereich **7** 35
- Sachschäden **7** 44 ff.
- Umlagefähigkeit **7** 26

Haftung 14 55 ff.
- Beitragspflichten (Verletzung) **14** 55
- Haftungsmaßstab **14** 57
- Rücksichtnahmepflichten (Verletzung) **14** 56
- Vertragsstrafen **14** 58

Haftung für Urheberrechtsverletzungen
- Abmahnkosten **17** 11
- Beweislast **17** 21
- Sekundäre Darlegungslast **17** 21 ff.
- Sperranspruch **17** 11, 19
- Störer **17** 9, 12 ff.
- Täter **17** 6, 20 ff.
- Teilnehmer **17** 8
- Unionsrechtliche Vorgaben **17** 2, 11

Haftung Internetanschlussinhaber
- Netzsperren **17** 19
- Regelungsmöglichkeiten **17** 30 ff.
- Sekundäre Darlegungslast **17** 21 ff.
- Störerhaftung **17** 9 ff.

Haftungserleichterung 23 41

Hauptmietverhältnis
- Kündigung **3** 37 f.
- Räumungsklage **3** 39

Haushaltsführung 14 19 ff.
- Haushaltspflichten, individuelle **14** 23
- Haushaltspflichten, vergemeinschaftete **14** 24
- Haushaltsplichten, kollektive **14** 21, 22
- Rechtsgrundlage **14** 19
- Sauberkeit **14** 19
- Übertragung auf Dritte **14** 25, 26

Haushaltsführung durch Dritte 14 25 f.
- Kostenersatz **14** 26
- Reinigungskraft **14** 25

Haushaltsführungsschaden 23 37

Haushaltsgegenstände
- Ausgleichsansprüche **23** 78 f.
- Besitz und Eigentum **23** 30 ff.
- Beweislast **23** 32 ff.
- Eigentumsvermutung **23** 32 ff.
- Trennung der nichtehelichen Partner **23** 58

Hausordnung 25 71 f.

Hausratversicherung 7 30, 56 ff.
- Häusliche Gemeinschaft **7** 65 ff.
- Regressprivileg **7** 90
- Unterversicherung **7** 84 ff.
- Versicherte Gefahren **7** 57
- Versicherte Sache **7** 58
- Vertragsgestaltungsmöglichkeiten **7** 68 ff.

Hausrecht
- Besichtigungsrecht **16** 13, 24 ff.
- Besitz **16** 16 f., 19, 29 ff.
- Betretungsrecht s. *Besichtigungsrecht*
- Dritte **16** 18, 34 ff.
- Drogenkonsum **16** 45 f.
- Duldungspflichten **16** 15, 37 ff.
- Durchsetzung **16** 24, 55 ff.
- Eigentumsschutz **16** 10 ff.
- Einstweilige Verfügung **16** 56
- Gäste **16** 20 ff., 34, 37 ff.
- Gemeinschaftsräume **16** 32, 37 ff.
- Geschichte **16** 3 f.
- Gleichrangigkeit **16** 32, 38, 49
- Grundlage **13** 37
- Grundrechte **16** 9, 15
- Hausfrieden **16** 21
- Hausfriedensbruch **16** 3, 47 ff.
- Hausverbot **16** 8, 22, 42, 50, 56
- Hausverweis **16** 8, 50, 56
- Notwehr **16** 57 f.
- Platzverweis **16** 62
- Polizeirecht **16** 59 ff.
- Rechtsnatur **16** 5 ff.
- Soziale Prägung **16** 44
- Strafantrag **16** 53 f.
- Umfang **13** 38
- Vereinbarungen **16** 14, 25
- Verhältnismäßigkeit **16** 41 ff.
- WEG **16** 23, 48

Haustiere 23 59

Herausgabetitel 3 27

Hierarchische Wohngemeinschaft 18 4

Identität von Vermieter und Eigentümer 12 14, 53 ff.

Innen-GbR 1 24 ff.; **23** 14 ff.

Innengesellschaft 14 6 ff.
- Abgrenzung **14** 6
- Auflösung **22** 2, 37
- Gesamthandsvermögen **14** 9
- Geschäftsführung **14** 7
- Untermietverträge **14** 5
- Vertretung **14** 7

Insolvenz 5 75 ff.
- des Mieters **20** 113
- Mitbewohner **22** 18 ff., 24, 30, 34
- des Vermieters **20** 111 ff.
- Wohngemeinschaft **22** 24, 43

Instandhaltung 15 26 ff., 48 f., 58 ff.

Instandsetzungsanspruch 8 4 ff., 46 f., 50, 88 ff., 100 ff.
- Ausschluss **8** 19 ff., 89 ff., 101
- Geltendmachung **8** 26 ff., 102
- Verjährung **8** 4

Internationale Zuständigkeit 26 45 ff.
- allgemeine **26** 53 ff.
- ausschließliche **26** 46 ff.
- besondere **26** 56 ff.
- Verbrauchergerichtsstand **26** 58 f.

Internetanschluss
- Haftung **17** 6 ff.
- Interessenlage **17** 4, 20

669

Sachverzeichnis

fette Zahlen = §§

Internetsperre
– Passwortschutz **17** 19
Internetsperren
– Voraussetzungen **17** 19

Jahresabrechnung 25 76 ff., 80, 90 f., 114

Kappungsgrenze
– bei Mieterhöhung auf ortsübliche Vergleichsmiete **4** 71
– bei Mieterhöhung nach Modernisierungsmaßnahmen **4** 76
– bei Mietpreisbremse **4** 47 ff.
Kaution 5 1 ff.; **18** 37, 58 ff.
– Verbraucherinsolvenz **19** 66 ff.
Kommune 29 87 ff.
– Begriffsbestimmung **29** 87 f.
– BGB-Innengesellschaft **29** 89 ff.
– Fehlen des Rechtsbindungswillens **29** 95 ff.
Kooperationsvertrag sui generis 23 68
Kostenerstattung Geschäftsführung 14 44 ff.
– Aufwendungsersatz **14** 44
– Begleitschäden **14** 47
– Gesamtschuldnerinnenausgleich **14** 49
– Rechtsgrundlage **14** 45
– Tätigkeitsvergütung **14** 48
– Umfang **14** 45
– Vorschuss **14** 46
Kündigung 23 49 ff., 55
– Abmahnung **24** 47 ff.
– Anspruch auf Zustimmung **20** 81 f.
– außerordentliche Kündigung **20** 50, 86 ff.
– Außerordentliche Kündigung **24** 39 ff.
– Eigenbedarfskündigung **20** 32 ff.
– Formerfordernis **20** 20 ff.
– GbR **22** 10, 13
– Gebrauchsüberlassung **23** 13
– Gesundheitsgefährdung **20** 91 ff.
– Kündigungsadressat **20** 7 ff.
– Kündigungsberechtigter **20** 5 f., 74 ff.
– Kündigungsfrist **20** 42 f.
– Kündigungsschutz wegen sozialer Härte **20** 44 ff.
– ordentliche **20** 26, 84 ff.
– Pflicht zur Angabe der Kündigungsgründe **20** 24 f., 83
– Sonderkündigungsrecht **19** 38 f., 65
– Störung des Hausfriedens **20** 58 ff.
– unbefugte Überlassung **20** 54 ff.
– Untermieter **20** 11 f.
– Verbraucherinsolvenz **19** 48, 51 ff., 56, 71
– durch den Vermieter **20** 4 ff.
– Verpflichtung zur Zustimmung **23** 50
– Verwertungskündigung **20** 38 ff.
– Vollmacht **20** 5 f., 14
– Vorenthaltung des Gebrauchs **20** 88 ff.
– Wohngemeinschaft **22** 9

– durch die Wohngemeinschaft **20** 73 ff.
– Zahlungsverzug **20** 62 ff.
Kündigungsschutz 23 53
Kurzzeitmietverhältnisse 26 7 ff.

Lärmentwicklung 10 23 ff.
– Allgemeines **10** 23 ff.
– Außen-GbR **10** 31
– Eigentümer als Mitbewohner **10** 32
– Einzelmietvertrag **10** 27
– gesellschaftsrechtliche Rücksichtnahmepflicht **10** 29, 32
– Untervermietung **10** 25
Leistungsantrag 28 9
Leistungsklage
– Arten **13** 48
– Grundlagen **13** 47
– Sonderformen **13** 51
– Unterlassungsklagen **13** 49 f.
Leistungskonkurrenz 28 37 ff.
– Auskunftsanspruch **28** 30
Lex fori **26** 25
Lex rei sitae **26** 5

Mahnung 8 43, 45, 65 ff.
Maklervertrag 23 21 ff.
Mangelanzeige 8 31, 65 ff.
Mängelanzeige 15 61
Mangelfolgeschäden 8 35, 108
Mängelgewährleistung 15 61; **25** 73 ff.
Mängelprotokoll 8 15
Mietanteil 14 17, 18
– Besonderheiten WG-Typen **14** 18
– Innenverhältnis **14** 17
Miete 4 1 ff.; **23** 27 ff.
– Aufrechnung **4** 22 ff.
– Ausgleichsanspruch **23** 28, 76 f.
– Bruttowarmmiete **4** 2
– Erfüllung **4** 16
– Fälligkeit **4** 3 ff.
– Gefälligkeitsmiete **4** 1
– Gesamtschuldner **23** 27
– Karenzzeit **4** 4
– Leistung **4** 5, 15
– Leistung an Erfüllung statt **4** 20 f.
– Leistungsgegenstand **4** 1
– Nettokaltmiete **4** 2
– Rechtzeitigkeitsklausel **4** 5
– Regressansprüche **4** 17 ff.
– Schuldner **4** 10 ff.
– Schuldnerwechsel **4** 10 ff.
– Verjährung **4** 27
– Verwirkung **4** 27
– Zurückbehaltungsrecht **4** 28 f.
Mieterhöhung 4 66 ff.
– Abwälzung auf WG-Mitglieder **4** 79 ff.
– im Fernabsatz **4** 72
– außerhalb von Geschäftsräumen des Vermieters **4** 72

670

magere Zahlen = Rn.

Sachverzeichnis

- Indexmiete **4** 70
- Kappungsgrenze **4** 71, 76
- Klage auf Zustimmung **4** 73
- Mieterhöhungsverlangen **4** 72
- bei Modernisierungsmaßnahmen **4** 75 ff.
- ortsübliche Vergleichsmiete **4** 71 ff.
- Staffelmiete **4** 69
- Vereinbarung **4** 68
- Wirtschaftlichkeitsgebot **4** 76

Mietervorkaufsrecht
- Voraussetzungen **12** 68 ff.

Mieterwechsel 23 51

Mietmangel 8 5, 28, 34, 49 ff.
- Minderung **8** 28, 60 ff.
- Schadensersatz **8** 34 ff., 108 f.
- Verantwortlichkeit des Mieters **8** 19 ff.

Mietminderung 4 83; **8** 28 ff., 60 ff., 93 ff., 106; **15** 61
- Auswirkung der Mangelkenntnis **8** 60 ff., 63
- Bestimmung des Mangels **8** 29
- Verteilung im Innenverhältnis **8** 30

Mietpreisbremse 4 37 ff.
- Abschluss des Mietvertrags **4** 45 f.
- Anwendbarkeit **4** 39 ff.
- Auskunftspflichten **4** 54 ff.
- Gebiete mit angespanntem Wohnungsmarkt **4** 42 ff.
- Mietpreisgrenzen **4** 47 ff.
- Mietspiegel **4** 47
- Modernisierungszuschlag **4** 49
- ortsübliche Vergleichsmiete **4** 47 f.
- Rechtsfolgen beim Verstoß **4** 58 ff.
- Rückzahlungsanspruch **4** 58
- Rüge als Wissenserklärung **4** 62
- Rüge des Mieters **4** 59 f.
- Schadensersatzanspruch **4** 59
- Verfassungsmäßigkeit **4** 38
- Verordnung der Landesregierung **4** 42 ff.
- Vormiete **4** 50 ff.

Mietpreisüberhöhung 4 32 ff.

Mietsachschaden 7 53

Mietsicherheit 5 1 ff.

Mietstatut
- für dingliche und quasi-dingliche Wirkungen **26** 23 f.
- Reichweite des **26** 18

Mietverhältnis
- Beendigung **15** 62; **20** 1 ff.
- Stillschweigende Verlängerung **20** 126 ff.

Mietwucher 4 35 f.

Minderjährigkeit *s. Beschränkte Geschäftsfähigkeit*

Minderung *s. Mietminderung*

Mitbesitz 23 31

Mitbewohner
- Ausscheiden **15** 31 ff., 52 f.; *s. Ausscheiden eines Mitbewohners*
- Eintritt *s. Eintritt eines Mitbewohners*
- Wechsel *s. Mitbewohnerwechsel*

Mitbewohnerwechsel 18 52 ff.
- Ablehnung **18** 61
- Anspruch auf Zustimmung **18** 47, 51, 63
- Doppelvertrag **18** 53, 57, 60
- Kaution **18** 65
- Mieterhöhung **18** 62
- Personengesellschaftsrechtliche Grundsätze **18** 52 ff.
- Vertragsübernahme **18** 58 ff.

Miteigentum 12 13, 61 ff.
- Vorkaufsrecht **12** 81

Mitgläubiger 8 26, 33, 46

Mitverschulden 8 36 ff.

Modernisierungsmaßnahmen 15 60
- Ankündigung **9** 18, 29 ff.
- Mieterhöhung **9** 20
- Sonderkündigungsrecht **9** 20
- Unzumutbare Härte **9** 19, 29 ff.

Musizieren 10 112 ff.
- Allgemeines **10** 112 ff.
- Außen-GbR **10** 119
- Eigentümer als Mitbewohner **10** 120 f.
- Einzelmietvertrag **10** 116
- Gesamtmietvertrag **10** 117
- Untervermietung **10** 114

Nachschüsse
- Auflösung **22** 47

Nebenpflichtverletzung 8 19 ff.
- Zurechnung von Verhalten und Verschulden **8** 21 ff.

Nichteheliche Lebensgemeinschaft 1 13, 28; **14** 4, 5; **18** 36, 38, 43; **23** 1 ff.
- Begriff **23** 3
- Geschichte **23** 1
- Rechtsgrundlage **23** 6 ff.
- Trennung **23** 48 ff.
- Untermieter **14** 5

Notwehr
- Grundlagen **13** 39
- notwehrfähige Rechtsgüter **13** 41 f.
- Notwehrlage **13** 40

Nutzungsersatz 23 86

Nutzungsgegenstände
- Anschaffung, gemeinsame **15** 35 ff.
- Eigentumsverhältnisse **15** 37 ff.

Nutzungsverhältnis
- Gegenstand, gemeinsamer **15** 43 ff.

Nutzungsverhältnisse
- Ausschluss **15** 23
- Grenzen **15** 23, 45
- Nutzungspläne **15** 22, 44
- Rechtsbindungswille **15** 22, 25

Obhuts- und Anzeigepflichten des Mieters 10 130 ff.
- Anzeigepflicht **10** 131, 134
- Außen-GbR **10** 132, 134

671

Sachverzeichnis

fette Zahlen = §§

- Eigentümer als Mitbewohner **10** 132, 134
- Einzelmietvertrag **10** 134
- Gesamtmietvertrag **10** 133 f.
- Schutzpflichten **10** 130
- Untervermietung **10** 133

Obhutspflichten 3 16 ff.

PACS (Pacte civil de solidarité) **23** 2
Parteiautonomie 26 11
Partnerschaftsverträge 23 5
Personenschäden 7 35
Pflege
- MDK **28** 32
- Pflegebedürftigkeit **28** 8
- Tages- und Nachtpflege **28** 32
- teilstationär **28** 26, 32
- vollstationär **28** 26

Pflegebedürftigkeit 28 8
Pflegedienst
- Unterstützungskraft **28** 24

Pflegeversicherung
- Besitzstandswahrung **28** 1
- Leistungsbezug **28** 10 f.
- MDK **28** 32
- private **28** 5 f., 13, 32, 35 ff.
- Ruhen des Leistungsanspruchs **28** 10
- Versicherungsverhältnis **28** 5

Pflege-WG 1 19
„Plus-WG" 29 42 ff.
- Begriffsbestimmung **29** 42 ff.
- Genossenschaftsinterne Rechtsverhältnisse **29** 53 ff.
- Innenverhältnis BGB-Gesellschafter **29** 69 ff.
- Verhältnis der Mitbewohner untereinander **29** 52 ff.
- Verhältnis Genossenschaftsmitglieder untereinander **29** 66 ff.
- Verhältnis Mitglieder zu Genossenschaft **29** 54 ff.
- Verhältnis zu außenstehenden Dritten **29** 45 ff.

Polizeiliche Hilfe 13 80 ff.
Preisgebundener Wohnraum 4 65
Private Pflegeversicherung 28 5 f., 13, 32, 35 ff.
Privilegierte Zentralfigur s. *Hierarchische Wohngemeinschaft*
Prozessführungsbefugnis 13 84
Prozessstandschaft 8 26, 102

Rauchen 10 97 ff.
- Allgemeines **10** 97 ff.
- Außen-GbR **10** 107
- Eigentümer als Mitbewohner **10** 109 f.
- Einzelmietvertrag **10** 103 f.
- Gesamtmietvertrag **10** 105
- Untervermietung **10** 100

Räumlich-gegenständlicher Bereich der Ehewohnung 23 26

Räumung 21 18 ff.
- bauliche Veränderungen **21** 21
- eingebrachte Sachen **21** 19
- Kosten **21** 22

Räumungsklage 21 47 ff.
Räumungsvollstreckung 23 46
Rechenschaft siehe *Geschäftsführung, Rechnungslegung* **14** 44, 51
Rechtsbindungswille 23 14, 16, 18 ff., 65 f.
Rechtsnachfolge
- Arten **12** 1 ff.
- Einzelrechtsnachfolge **12** 3 ff.
- Gesamtrechtsnachfolge **12** 4 ff.
- Nachweis **12** 127 ff.
- Wissenszurechnung **12** 132 ff.

Rechtsverfolgungskosten 13 85 ff.
Rechtswahl 26 11 ff.
- bei Binnenmarkt-Sachverhalten **26** 16 f.
- in Formularverträgen **26** 12
- bei reinen Inlandssachverhalten **26** 13 ff.

Regress des Versicherers 7 7
Reinigung 21 23
Renovierung 23 80
Reparaturkosten 15 26, 48 f., 63
Rückgabeanspruch 21 2 ff.
- Besitzverschaffung **21** 16 f.
- Durchsetzung **21,** 41 ff.
- Gläubiger **21** 4 ff.
- Inhalt **21** 16 ff.
- Räumung **21** 18 ff.
- Reinigung **21** 23
- Schönheitsreparaturen **21** 24
- Schuldner **21** 7 ff.
- vorzeitige Rückgabe **21** 15
- Zeitpunkt der Rückgabe **21** 12 ff.
- Ziehfrist **21** 14

Rückgabepflicht 20 121 ff.
Rückgabepflicht Dritter 21 28 ff.
- Inhalt **21** 35 ff.
- Voraussetzungen **21** 30 ff.

Rücksichtnahmepflichten 14 27 ff.
- Abwägung **14** 29 f.
- Erheblichkeitsschwelle **14** 29 f.
- Feiern **14** 33
- Gäste **14** 32 f.
- Hausordnung **14** 28
- Lärmbelästigung **14** 31
- Privatsphäre **14** 36
- Rauchen **14** 34 f.
- Rechtsgrundlage **14** 27 ff.
- Ruhezeit **14** 31 ff.
- Tierhaltung **14** 37
- Treuepflicht **14** 27

Sacheinlage
- Eigentumsverhältnisse **15** 8 ff.
- quoad dominum **15** 9 f.

magere Zahlen = Rn.

Sachverzeichnis

– quoad sortem **15** 11 f.
– quoad usum **15** 13
Sachgefahr 15 9 ff., 29 ff., 38, 50 f.
Sachherrschaft
– Aufgabe **3** 20
– Wohnraum **3** 20
Sachschäden 7 35, 44 ff.
sambolag **23** 2
Schadensersatz 8 19, 34, 65 ff.
– bei fehlender Mangelanzeige **8** 65 ff.
– bei Mietmängeln **8** 34 ff.
– Verhältnis zur Minderung **8** 19
Schadensersatz statt der Leistung 8 43 ff.
Schlüssel 21 16 f., 36, 63
Schlüsselgewalt 23 9
Schönheitsreparaturen 21 24
– Ausführungspflichtiger **9** 22 ff.
– Übertragung auf den Mieter **9** 10 ff.
Schriftform 18 16, 25, 28, *s. Form des Mietvertrages*
Schulden
– Wohngemeinschaft **22** 24, 41 ff.
Schwebende Geschäfte
– Auflösung **22** 39
Selbsthilfe 13 44
Selbsthilferecht 23 54
Selbstvornahme
– eigenmächtige **8** 35, 43
Selbstvornahmerecht 8 42 ff.
„Senioren-WG" 29 73 ff.
– Begriffsbestimmung **29** 73
– Heimrecht **29** 75 f.
– Leistungen nach SGB **29** 78
– Rechte nach dem WBVG **29** 77
– Verhältnis der Mitbewohner untereinander **29** 82 ff.
– Verhältnis zu außenstehenden Dritten **29** 79 ff.
Share economy 24 4
Sofortige Beschwerde 13 79
Sollbeschaffenheit 8 5 ff., 52
Soll-Zustand 8 5 ff., 52
Sperranspruch
– Rechtsgrundlage **17** 19
– Sperrmaßnahmen **17** 19
– Umwidmung der Störerhaftung **17** 11
Statusverhältnisse 25 2 ff.
Stellvertretung 2 66 ff.; **8** 11 ff.
– Regelung in Formularklauseln **2** 68
– Voraussetzungen **2** 66
Stillhalteverpflichtung 23 42
Störerhaftung
– Belehrungspflichten **17** 13 ff.
– Mittelbare Verantwortlichkeit **17** 9
– Umfang der Pflichten **17** 13
– Umwidmung in Sperranspruch **17** 11
– Voraussetzungen **17** 9 ff.
Störung der Geschäftsgrundlage 2 28; **23** 72 ff.

Studenten-WG 1 17
superficies solo cedit **25** 9

Täterhaftung
– Ansprüche **17** 6 f.
Teilnehmerhaftung
– Vorsatz **17** 8
Telemediengesetz 17 2
Tierhaltung 10 84 ff.; **14** 37
– Allgemeines **10** 84 ff.
– Außen-GbR **10** 95
– Eigentümer als Mitbewohner **10** 96
– Einzelmietvertrag **10** 92
– Gemeinschaftsräume **14** 37
– Gesamtmietvertrag **10** 93 f.
– Haltung **14** 37
– Innen-GbR **10** 90
– Kleintiere **14** 37
– Nutztiere **14** 37
– Rücksichtnahmepflicht **14** 37
– Tier, gefährlich **14** 37
– Untervermietung **10** 89
Tod 23 82 ff.
– Mitbewohner **22** 9, 16, 32 f.
Tod eines Mitbewohners 18 66 ff.
– Außenverhältnis **18** 67, 71
– Haftung **18** 70, 72 f.
– Innenverhältnis **18** 68 ff., 72
– Personengesellschaftsrechtliche Grundsätze **18** 66 ff.
– Rechtsfolgen **18** 70, 72 f.
Todesfall 20 103 ff.
TV- und Radioempfang 10 55 ff.
– Allgemeines **10** 55 ff.
– Außen-GbR **10** 66
– Eigentümer als Mitbewohner **10** 67
– Einzelmietvertrag **10** 63
– Gesamtmietvertrag **10** 64
– Untervermietung **10** 60

Überbelegung 3 27
Übergabeprotokoll 21 25 ff.
Überwachungspflichten 17 13 ff., 16
Umlagefähigkeit von Versicherungsprämien 7 8 ff.
– Eigenversicherungsfonds **7** 20
– Gebäudeversicherung **7** 19
– Grundsatz der Wirtschaftlichkeit **7** 14 ff.
– Mietausfallversicherung **7** 24, 28
– Regressschutz des Mieters **7** 29 ff.
– Reparaturversicherung **7** 18
– Rückvergütung **7** 12
– Selbstbehalte **7** 13
– Spezialversicherungen **7** 19
– Terrorschadenversicherung **7** 22
– Vandalismusversicherung **7** 21
Unbefugte Gebrauchsüberlassung 10 19 f.
– Ausnahmen **10** 20

673

Sachverzeichnis

fette Zahlen = §§

- Rechtsfolgen **10** 21
- Voraussetzungen **10** 19
- **Unbenannte Zuwendung 23** 67
- *União estável* **23** 2
- **Unterhalt 23** 37 ff.
- Kindesmutter **23** 38
- nachehelich **23** 39
- Schwangerschaft **23** 38
- Tod **23** 37
- **Unterlassungsanspruch 23** 26
- **Unterlassungsklage 3** 37
- **Unterlassungspflichten**
- Aufnahme Dritter **14** 12
- Hausfriedensstörung **14** 12
- **Unterleihvertrag 23** 14
- **Untermiete 1** 24
- Herausgabepflicht **24** 51 ff.
- **Untermieter**
- Kündigung **20** 11 f.
- **Untermietverhältnis**
- befugte Gebrauchsüberlassung **3** 53 ff.
- Bestandsschutz **3** 55
- Entziehung **3** 44
- Kündigung **3** 41, 44, 55 ff.
- Rechtsmangel **3** 44
- unbefugte Gebrauchsüberlassung **3** 44 ff.
- **Untermietvertrag 23** 14
- Bedingung **3** 45
- **Unternehmereigenschaft des Vermieters 2** 30
- **Unterstützungskraft**
- angestellt **28** 23
- Anwesenheit in der Wohngruppe **28** 23
- Aufgaben **28** 19 ff.
- Beauftragung **28** 18 f., 24
- Einbeziehung der Wohngruppe **28** 21, 26 f.
- Familienangehörige **28** 25
- Form der Beauftragung **28** 19, 31
- Personenwechsel **28** 19
- Pflegedienst **28** 24
- Präsenzzeit **28** 23
- Qualifikation **28** 22, 25
- Rufbereitschaft **28** 23
- selbständig **28** 24
- Unterstützungstätigkeit **28** 21
- Vollübertragung von Aufgaben **28** 21
- Vollversorgung **28** 27
- **Untervermieter**
- Informationspflicht **24** 59 ff.
- Unternehmer **24** 57 f.
- **Untervermietung 3** 1 ff.
- Anspruch auf Erlaubnis **3** 8 ff.
- Außergeschäftsraumvertrag **24** 63
- BAföG **24** 71
- Dritte **3** 5
- Einkommensteuer **24** 65 ff.
- Entgegenstehende Interessen **3** 26 ff.
- Erlaubniserteilung **3** 28 f.

- Erlaubnispflicht **3** 2 ff.
- Gegenleistung **24** 11 f.
- Herausgabeanspruch **3** 41, 50, 62
- Kündigungsgrund **24** 40 ff.
- kurzfristige **24** 11
- Mieterhöhung **3** 28 f.
- Nutzungsherausgabe **3** 42, 63 ff.
- Recht zum Besitz **3** 42, 47
- Rechtsverhältnisse **3** 37 ff.
- Schadenersatz **3** 43
- unberechtigte **24** 40 ff.
- Vermieterinteressen **24** 24 f.
- Werbungskosten **24** 65 ff.
- Zustimmung Mitbewohner **24** 36 f.
- **Urheberrechtsverletzung 17** 4

- **Verantwortungs- und Einstehungsgemeinschaft 23** 3
- **Veräußerung**
- Altvertrag **12** 18 ff.
- Einheitstheorie **12** 36
- Eintritt **12** 37 ff.
- Personenmehrheit, Mieter **12** 33 ff.
- Personenmehrheit, Vermieter **12** 53 ff.
- Spaltungstheorie **12** 36
- Vertragsübergang **12** 18 ff.
- Vorkaufsrecht **12** 78 ff.
- **Verbrauchereigenschaft der Außen-GbR 2** 31
- **Verbraucherinsolvenz 19** 41 ff.
- Auflösung der GbR **19** 75 ff.
- Aussonderung **19** 45, 69
- Direktzahlung **19** 59 ff.
- Enthaftungserklärung **19** 49, 55, 61
- Kaution **19** 66 ff.
- Kündigung **19** 48, 51 ff., 56, 71
- Wohnungsgenossenschaft **19** 70 ff.
- **Verbraucherschützendes Widerrufsrecht 2** 29 ff.
- Fernabsatzvertrag **2** 33
- außerhalb von Geschäftsräumen geschlossener Vertrag **2** 32
- Rechtsfolgen **2** 29, 35
- Verbrauchervertrag **2** 30 f.
- vorherige Besichtigung **2** 34
- **Verbrauchervertrag 2** 30 f.
- **Vereinbarte Schriftform** s. *Form des Mietvertrages*
- **Vereinbarungen 25** 25
- **Verhinderung des Mieters 4** 25 f.
- **Verkehrssicherungspflicht 15** 59
- **Vermieter**
- Rechtsnachfolge **20** 116
- **Vermieter, mehrere 12** 60
- **Vermieterfragerecht** s. *Fragerechte*
- **Vermieterpfandrecht 5** 3 ff.; **21** 67 f., 70
- Beweislast **5** 20 f.
- Enthaftung **5** 15 f.

674

magere Zahlen = Rn.

- Gläubigerwechsel **5** 62
- Insolvenz des Mieters **5** 75
- Insolvenz des Vermieters **5** 76
- für künftige Mietforderungen **5** 6
- Pfändungsschutz **5** 14
- Schuldnerwechsel **5** 64
- Selbsthilferecht des Vermieters **5** 18
- Umfang **5** 9 ff.
- Verbraucherinsolvenz **19** 46
- Verwertung **5** 17
- Zwangsvollstreckung **5** 75

Vermittlungsplattform 24 57

Vermutung der Vollständigkeit und Richtigkeit einer Urkunde 8 14 ff.

Verschulden bei Vertragsschluss 2 6 ff.
- Abbruch von Vertragsverhandlungen **2** 7 ff., 7 f.
- Verletzung von Aufklärungspflichten **2** 9 ff.

Versicherungsvertrag 7 5 f.

Vertrag mit Schutzwirkung zugunsten Dritter 11 10 ff.; **23** 43
- Einbeziehungsinteresse **11** 14
- Erkennbarkeit **11** 15
- Gläubigernähe **11** 14
- Leistungsnähe **11** 13
- Schutzbedürftigkeit **11** 16 f.

Vertrag zugunsten Dritter 11 4 ff.
- Duldungspflichten **11** 9
- Gestaltungsrechte **11** 8
- Mängelbeseitigung **11** 6
- Nebenpflichtverletzung **11** 6
- Obliegenheitsverletzung des Dritten **11** 7

Vertragliche Mietsicherheit 5 22 ff.
- Arten **5** 29 ff.
- Beendigung des Mietverhältnisses **5** 54 ff.
- Eintritt eines Dritten in den Mietvertrag **5** 37
- Gläubigerwechsel **5** 66
- Höhe **5** 34 ff.
- Insolvenz des Mieters **5** 77
- Insolvenz des Vermieters **5** 78
- Kündigung **5** 44
- Schuldnerwechsel **5** 72 f.
- Teilzahlungen **5** 39
- Veräußerung der Mietsache **5** 68 f.
- Verjährung **5** 43, 55
- Vertragsübernahme **5** 67
- Verwertung **5** 51 ff.
- Wohnungsbindungsgesetz **5** 49
- Zwangsversteigerung **5** 70 f.

Vertragseintritt
- Umfang **12** 18 ff.

Vertragsgemäßer Gebrauch
- Grenzen **10** 7 f.

Vertragsparteien 2 58 ff.
- Abgrenzung von Gesamtschuld und Außen-GbR **2** 60 ff.
- bei einheitlichem Mietvertrag **2** 60 ff.
- bei selbstständigen Einzelverträgen **2** 59

Sachverzeichnis

Vertragsschluss 2 3 ff.
- Angebot und Annahme **2** 12 ff.
- Konkludenter Vertragsschluss **2** 12
- Vertragsabschlussfreiheit **2** 4 f.

Vertragsübergang
- Umfang **12** 18 ff.

Vertragswidriger Gebrauch
- Rechte des Mieters **10** 15 ff.
- Rechte des Vermieters **10** 13 ff.

Vertretungsmacht 8 11 ff., 56, 61 ff.

Verwalterabrechnung 25 76 ff.
- Abrechnungszeitpunkt **25** 80, 85, 114
- Abrechnungszeitraum **25** 80, 85
- Belegeinsicht *s. Belege*
- Einzelabrechnung *s. Jahresabrechnung*
- Gesamtabrechnung **25** 80
- Grundsätze **25** 79 ff.
- Heizkosten **25** 88 ff.
- Unterschiede Betriebskostenabrechnung **25** 83 ff.
- Verteilungsschlüssel **25** 82, 91, 105 f.
- Wirtschaftsplan **25** 79
- Zu-/Abflussprinzip **25** 81, 86, 90

Verwaltervertrag 25 113 ff.

Verwertungskündigung 20 38 ff.

Verzug
- mit der Mangelbeseitigung **8** 42, 45 ff.

Vindikation 21 39 f.

Vollmacht 8 11 ff., 56, 61 ff.
- Kündigung **20** 5 f.

Vollstreckungsabwehrklage 13 71 ff.

Vor- und nachvertragliche Rechte und Pflichten 10 122 ff.
- Auskunfts- und Mitteilungspflichten **10** 124 f., 128
- Außen-GbR **10** 126
- Gesamtmietvertrag **10** 128
- Sorgfaltspflichten **10** 122
- Verwahrungspflichten **10** 129

Vorkaufsrecht
- Ausübung **12** 79 ff.
- Erwerbermehrheit **12** 104 ff.
- gemeinschaftliches **12** 105 ff.
- Rechtsfolge **12** 89 ff.
- Umfang **12** 94 ff.
- Verzicht **12** 93

Wartezeit 28 5

Wegnahmerecht 10 143 ff.
- Außen-GbR **10** 153
- Begriff und Umfang **10** 143 ff.
- Duldung der Maßnahmen **10** 147
- Eigentümer als Mitbewohner **10** 154
- Einzelmietvertrag **10** 152
- Gesamtmietvertrag **10** 152
- Innen-GbR **10** 152
- Mitwirkungspflicht **10** 147
- Nutzungsentschädigung **10** 146

675

Sachverzeichnis

fette Zahlen = §§

- Untervermietung **10** 151
- Verweigerung der Wegnahme **10** 147

WG-Kasse 15 22, 28, 44
- Auflösung **22** 47

WG-Konto/WG-Kasse 14 52 ff.
- Bruchteileigentum **14** 53
- Rechnungslegung/Rechenschaft **14** 51
- WG-Kasse/WG-Konto (Gemeinschaftskasse/ Ausgestaltungsmöglichkeiten/Außen-GbR) **14** 52 ff.
- WG-Konto **14** 54

Willensmängel 2 15 ff., *s. Anfechtung*
Wissenszurechnung 8 57, 81, 111
WLAN 17 3
Wohneigentum 23 29, 76, 79, 85
Wohnen für Mithilfe 29 6 ff.
- Abgrenzung zum Arbeitsvertrag **29** 9 ff.
- Begriffsbestimmung **29** 6 f.
- Dienstleistung als Leistungspflicht **29** 8

Wohnen für Mithilfe als Mietvertrag mit atypischer Gegenleistung 29 13 ff.
- Angemieteter Wohnraum **29** 26
- Anwendung des Mietrechts **29** 17 ff.
- Möblierter Wohnraum **29** 25
- Typengemischter Vertrag **29** 28 ff.
- Vorliegen **29** 15 ff.

Wohnen für Mithilfe als typengemischter Vertrag 29 28 ff.
- Anwendbarkeit §§ 576 ff. BGB **29** 39 f.
- Anwendung Dienstvertrags/Mietrecht **29** 33 ff.
- Leistungsstörungen **29** 34 ff.
- Vertragsbeendigung **29** 37 ff.
- Vertragsgestaltung **29** 41
- Vorliegen **29** 29 ff.

Wohnen im Alter 1 18
Wohngemeinschaft 27 52
- Anzahl der Mitbewohner **1** 6 ff.
- Bedeutung in der Praxis **1** 16 ff.
- Begriff **1** 1 ff.; **25** 1 ff.
- Belegeinsicht *s. Belege*
- Betriebskostenabrechnung **25** 97 ff.
- andere Bewohner **25** 60 ff.
- Dauer **1** 15
- Drittschuldnerin **25** 59
- Gebrauchsrechte **25** 51, 67 ff.
- Gemeinsames Wirtschaften **1** 10 f.
- Gemeinsames Wohnen **1** 8 f.
- gleichberechtigte **1** 31 ff.
- hierarchische **1** 31 ff.
- rechtliche Erscheinungsformen **1** 20 ff.
- Schnittstellenproblematik **1** 34 ff.
- typische Merkmale **1** 6 ff.
- WG-Typen **1** 22 ff.
- Wohnungseigentum **25** 17 ff., 46, 49 f., 51 ff.
- Zwecksetzung **1** 8 ff.

Wohngemeinschaften
- Bedarfsgemeinschaft **27** 2 ff.

- Gemeinschaften nach dem SGB XII **27** 56 f.
- Haushaltsgemeinschaft **27** 53 ff.
- Weitere Gemeinschaften **27** 51

Wohngruppe
- anbieterorientiert **28** 17
- Anschubfinanzierung **28** 3, 33 ff.
- Einbeziehung durch die Unterstützungskraft **28** 21, 26 f.
- Familienverband **28** 18
- gemeinsame Wohnung **28** 15
- Gründung **28** 33
- Innenverhältnis **28** 16
- Kontinuität **28** 14
- Neumitglied **28** 19
- Personenanzahl **28** 13
- räumliche Gestaltung **28** 15
- Rechtsbeziehung **28** 16
- Vertrag mit dem Leistungserbringer **28** 18 f., 24
- Vollversorgung **28** 27
- Zuschlag **28** 29 ff.
- Zweck des Zusammenlebens **28** 18

Wohngruppenzuschlag 28 1, **29** ff.
- Eingliederungshilfe **28** 37
- Hilfe zur Pflege **28** 38
- Höhe **28** 1, 29
- Leistungskonkurrenz **28** 37 ff.
- mehre Leistungsträger **28** 31
- Tagespauschalen **28** 38
- Verwendungsnachweis **28** 30

Wohnungseigentum
- Beendigung des Mietverhältnisses **20** 114 f.
- Begriff **25** 8 ff.
- Dogmatik **25** 15 f., 23
- Miteigentum **25** 10 ff., 22, 47, 67
- Sondereigentum **25** 10 ff., 22 f., 47, 67
- Vermietung **25** 17 f., 55, 63 ff.
- Wohngemeinschaft **25** 17 ff., 46, 49 f., 51 ff.

Wohnungseigentümer 25 21 ff., 47 f.
Wohnungseigentümergemeinschaft 25 13, 21 ff.
- Haftungsverfassung **25** 41 ff.
- Kreditabwicklung/-aufnahme **25** 45
- Rechtsfähigkeit **25** 26, 28 f.
- Teilrechtsfähigkeit **25** 29
- Vermögen **25** 27, 30 ff.
- Wahrnehmungskompetenzen **25** 38 ff.
- Wohngemeinschaft **25** 57 ff.

Wohnungseigentumsbegründungsabsicht
- Mietervorkaufsrecht **12** 76 ff.

Wohnungsgenossenschaft
- Verbraucherinsolvenz **19** 70 ff.

Wohnungsvermittlung 23 21 ff.
Wohnungszuweisung 23 56

Zahlungsunfähigkeit
- Wohngemeinschaft **22** 43

Zahlungsverzug 20 62 ff.

magere Zahlen = Rn.

Zeitablauf 20 95 ff.
Ziehfrist 21 36
Zugesicherte Eigenschaft 8 5, 28 ff.
Zurechnung 8 20, 24, 36 ff.
– der Kenntnis von Mängeln **8** 55 ff.
– bei Mitverschulden **8** 36 ff.
– von Verhalten und Verschulden **8** 20, 36, 66, 91 ff.
– von Verhalten und Verschulden bei der Verletzung von Nebenpflichten **8** 24 ff.
Zurückbehaltungsrecht 8 31 ff., 50, 107
Zutrittsrecht des Vermieters 10 155 ff.
– Eigentümer als Mitbewohner **10** 160
– Eigentümerrechte- und -pflichten **10** 155
– Gesamtmietvertrag **10** 160
– Wohngemeinschaften **10** 159
Zwangsräumung 21 44 ff.
– „Berliner Räumung" **21** 65 ff.
– gegen Dritte **21** 53 f.
– einstweilige Verfügung **21** 53 f.
– Härtefall **21** 59 ff.
– praktische Probleme **21** 65 f.
– Räumungsfrist **21** 55 ff.
– Räumungsklage **21** 47 ff.
– Räumungsvergleich **21** 47
– Räumungsvollstreckung **21** 62 ff.
– Vollstreckungsschutz **21** 55 ff.
– Vollstreckungstitel **21** 47 ff.
Zwangsvollstreckung 19 1 ff.
– Austauschpfändung **19** 21, 23
– Betreten der Wohnung **19** 8 ff.
– Bewegliches Vermögen **23** 47
– Durchsuchung **19** 8 ff.
– Eigentumswohnung **19** 37 ff.
– Gesellschaftsanteil **19** 31 ff.
– Gewahrsam **19** 14 ff.
– Haushaltsgegenstände **19** 13 ff.
– Herausgabevollstreckung **19** 24 ff.
– Miteigentum **19** 28 ff.
– Räumungsvollstreckung **23** 46
– Unpfändbare Sachen **19** 19, 23
– Zustellung **19** 2 ff.
Zweckentfremdungsverbot 24 31 ff.
– Genehmigung **24** 34
– Verstoß **24** 35
Zweckverfehlung 23 69 ff.